Dieses Buch ist allen Mahnern und einsamen Rufern gewidmet, denen das Wohlergehen unserer Gesellschaft am Herzen liegt. Jeder kritische Geist ist einsam und gehört zu einer Minderheit. Die Minderheit von heute kann jedoch die Mehrheit von morgen sein.

Dieses Buch ist auch meiner Frau Marlene gewidmet für ihre kritischen und klugen Ratschläge, die mich in meinem Leben begleitet und die stets eine gute Ratgeberin ist.

Bonn, im November 2020

Michael Ghanem

„Die Gedanken sind frei"

Die Deutschen

Ein

verfluchtes Volk?

© 2020 Michael Ghanem

Verlag und Druck: tredition GmbH, Halenreie 40-44, 22359 Hamburg

978-3-347-18364-3   (Paperback)
978-3-347-18365-0   (Hardcover)
978-3-347-18366-7   (e-Book))

Über den Autor: **Michael Ghanem**

https://michael-ghanem.de/
https://die-gedanken-sind-frei.org/

Jahrgang 1949, Studium zum Wirtschaftsingenieur, Studium der Volkswirtschaft, Soziologie, Politikwissenschaft, Philosophie und Ethik, arbeitete viele Jahre bei einer internationalen Organisation, davon fünf Jahre weltweit in Wasserprojekten, sowie einer europäischen Organisation und in mehreren internationalen Beratungsunternehmen.

Bonn, im Januar 2020

Er ist Autor von mehreren Werken, u.a.

„ich denke oft…. an die Rue du Docteur Gustave Rioblanc – Versunkene Insel der Toleranz"
„Ansätze zu einer Antifragilitäts-Ökonomie"
„2005-2018 Deutschlands verlorene 13 Jahre Teil 1: Angela Merkel – Eine Zwischenbilanz"
„2005-2018 Deutschlands verlorene 13 Jahre Teil 2: Politisches System – Quo vadis?"
„2005-2018 Deutschlands verlorene 13 Jahre Teil 3: Gesellschaft - Bilanz und Ausblick
„2005-2018 Deutschlands verlorene 13 Jahre Teil 4: Deutsche Wirtschaft- Quo vadis?"
„2005-2018 Deutschlands verlorene 13 Jahre Teil 5: Innere Sicherheit- Quo vadis?"
„2005-2018 Deutschlands verlorene 13 Jahre Teil 6: Justiz- Quo vadis?"
„2005-2018 Deutschlands verlorene 13 Jahre Teil 7: Gesundheit- Quo vadis? Band A, B und C"

„2005-2018 Deutschlands verlorene 13 Jahre Teil 8: Armut, Alter, Pflege - Quo vadis?"

„2005-2018 Deutschlands verlorene 13 Jahre Teil 9: Bauen und Vermieten in Deutschland - Nein danke"

„2005-2018 Deutschlands verlorene 13 Jahre Teil 10: Bildung in Deutschland"

„2005-2018 Deutschlands verlorene 13 Jahre Teil 11: Der Niedergang der Medien"

„2005-2018 Deutschlands verlorene 13 Jahre Teil 12: Literatur – Quo vadis - Teil A"

„2005-2018 Deutschlands verlorene 13 Jahre Teil 13: Entwicklungspolitik – Quo vadis - Teil A"

„Eine Chance für die Demokratie"

„Deutsche Identität – Quo vadis?"

„Sprüche und Weisheiten"

„Nichtwähler sind auch Wähler"

„AKK – Nein Danke!"

„Afrika zwischen Fluch und Segen Teil 1: Wasser"

„Deutschlands Titanic – Die Berliner Republik"

„Ein kleiner Fürst und eine kleine blaue Sirene"

„21 Tage in einer Klinik voller Narren"

„Im Würgegriff von Bevölkerungsbombe, Armut, Ernährung Teil 1"

„Im Würgegriff von Rassismus, Antisemitismus, Islamophobie, Rechtsradikalismus, Faschismus, Teil 1"

„Im Würgegriff der politischen Parteien, Teil 1"

„Die Macht des Wortes"

"Im Würgegriff des Finanzsektors, Teil 1"

"Im Würgegriff von Migration und Integration"

„Weltmacht Wasser, Teil 1"

„Herr vergib ihnen nicht! Denn sie wissen was sie tun!"

„Verfallssymptome Deutschlands – Müssen wir uns das gefallen lassen?"

„Deutsche identität und Heimat – Quo vadis?

„I know we can! Eine Chance für Deutschland"

„Im Würgegriff der Staatsverschuldung, Teil 1 und Teil 2"

„50 Jahre Leben in Deutschland – Ein Irrtum? Ein Schicksal"

„Eine Straße ohne Seele"

„Ist Deutschland auf Sand gebaut?"

„Leonidas der Große – Ich bin ein Mensch"

„Vier Millionen entrechtete Deutsche"

„Der Teich des Teufels – ein Märchen"

„Die heutigen Reiter der Apokalypse"

Inhaltsverzeichnis

1. Vorwort

In diesem Buch befasst sich der Autor vor allem mit den Geißeln der Menschheit wie Rassismus, Antisemitismus, Islamophobie und der Bedeutung der deutschen Identität für diese Phänomene.

Die Gründe warum diese Erscheinungen eine Rolle in der Geschichte Deutschlands gespielt haben, werden im zweiten Teil des Buches behandelt, das sich auf die Entwicklungen nach dem zweiten Weltkrieg konzentriert.

Diese Ursachen jedoch prägen Deutschland seit dem Mittelalter. Dabei spielt die katholische Kirche eine erhebliche Rolle für die Ausgrenzung von Andersgläubigen und Menschen und für den Rassismus und vor allem den Antisemitismus. Sei es, dass man den Juden nicht die Freiheit zugestanden hat, alle Tätigkeiten auszuüben. Sei es das Verbot der Aufnahme von Juden in den Staatsdienst. Man hat damit die Juden in direkter Weise zum Handel oder zum Geldverleih gezwungen. Als Beispiel dient die Judengasse in Frankfurt oder Sondersteuern wie das Judenregal. Und die Ironie bei der Geschichte ist, dass Jesus Christus ein Jude war.

Die Reduzierung in der öffentlichen Wahrnehmung der deutschen Identität auf eine bestimmte Anzahl von Verhaltensweisen stellt schlicht einfach nicht dar, welche Facetten die Identität hat.

Die deutsche Identität war jedoch auch durch die Entwicklung der Geschichte erheblich manipuliert worden und letztendlich verknüpft mit einer angeblichen Rasse, die diese alleinige Merkmale besitzen würde. Dies war die Geburt des Rassenwahns, der letztendlich über 100 Millionen Menschen das Leben gekostet hat. Dieses Buch soll kein erhobener Zeigefinger sein, sondern lediglich widerspiegeln, was man aus dem Ausland über Deutschland sieht.

Der zweite Teil dieses Buchs befasst sich vor allem mit der Entwicklung in Deutschland nach 1945. Insbesondere ist es dem Autor wichtig festzustellen, dass anscheinend das allgemeine Gewissen und das Vergessen nicht - wie viele meinen - zwei Generationen überdauern, sondern lediglich eine Generation - insbesondere in Deutschland.

Diese Entwicklung ist in Deutschland nicht aus heiterem Himmel gekommen, sondern ist das Ergebnis einer Vielzahl von Fehlentwicklungen und Fehlern der gesellschaftlichen und der politischen Eliten und vor allem auch der Familie.

Tatbestand ist jedoch, dass Rassismus und Antisemitismus unter dem Teppich gegärt haben. Die Leugnung, insbesondere durch CDU/CSU und mancher konservativen Kreise, dass Deutschland über Jahrzehnte schon ein Einwanderungsland war, stellt die Grundlage dieser Fehlentwicklung dar. Man sprach immer von Gastarbeitern, es kamen aber Menschen. Und das heißt, dass menschliches Fehlverhalten miteingeschlossen ist. Der Beitrag dieser Gastarbeitergeneration hat dazu geführt, dass Deutschland in relativ wenigen Jahren wieder zu einem prosperierenden Land geworden ist.

Der Aufstieg Deutschlands zu einer Wirtschaftsmacht war in den Augen vieler die Bestätigung dafür, dass das deutsche Volk gegenüber anderen Völker überlegen ist. Dies ist objektiv nicht richtig. Denn für den wirtschaftlichen Aufschwung Deutschlands waren sehr viele Faktoren notwendig. Tatsache ist ja auch, dass bei der Wiedervereinigung ein Teil der Bevölkerung kaum Demokratie gekannt hatte und schon gar nicht die Parteiendemokratie. Tatsache ist jedoch, dass die Überheblichkeit der „Wessis" gegenüber den „Ossis" dazu geführt hat, dass die Ossis sehr oft an Minderwertigkeitskomplexen gelitten haben.

Tatsache ist auch, dass man dem beginnenden Antisemitismus und Rassismus sowohl in der Bevölkerung als auch in den Institutionen nicht frühzeitig Einhalt geboten hat.

Festzustellen ist aber, dass die Verarbeitung von Nazitum und Rassismus über alle Gesellschaftsgruppen nie richtig stattgefunden hat. Der Hinweis, dass man im Geschichtsunterricht die Nazizeit behandelt hätte, ist nicht ausreichend, denn die Zusammenhänge und die Gründe wurden nie richtig beleuchtet.

Und es ist Tatsache, dass anscheinend ein Teil der jungen Generation und auch der älteren gar nicht daran interessiert war, der Schuldfrage ehrlich zu begegnen. Es wurden alle möglichen Entschuldigungen gesucht, um das Nazi Regime als eine One-Man-Show - nämlich Hitlers - darzustellen.

Es stellt sich heute die Frage, inwieweit sich in Deutschland eine Entwicklung vollzieht, dass man die innere Sicherheit für einen Teil der Bevölkerung nicht mehr gewährleisten kann. Es kann nicht angehen, dass politische Entwicklungen in der Polizei, in der Justiz und bei der Verwaltung gegenüber angeblichen Deutschen zweiter Klasse bzw. Fremden stattfinden. Ein Viertel der deutschen Bevölkerung ist nun mal ausländischer Herkunft. Im Übrigen war dies auch schon unter Wilhelm II. und sogar bei Friedrich dem Großen der Fall. Dies wird jedoch stets verdrängt oder zu nennen vergessen.

Die Frage, inwieweit die deutsche Bevölkerung die Lehre aus der Geschichte gezogen hat, ist äußerst schmerzhaft zu stellen. Jedoch bedarf sie einer ehrlichen Antwort.

Nach 1945 hat lediglich eine Pseudo- Entnazifizierung stattgefunden. Über 15.000 Nazis sind teilweise mithilfe des Vatikans nach Südamerika geflohen. Tatsache ist aber auch, dass die Erziehung während der Jahre von 1945 bis Mitte der sechziger Jahre problematisch in Deutschland war, denn für ein Teil der Jungen und Mädchen war der Vater erst wieder ab 1955 zuhause. Manche überzeugten Nazis sind überhaupt nicht entdeckt worden und haben die Werte weitergegeben. Ein Teil der überzeugten Nazis hat schlicht einfach die Schuldfrage ausgeblendet und versucht, ihren Kindern eine heile Welt vorzumachen und die Gesamtschuld nur auf Hitler zu schieben.

Ein Teil der sogenannten Vertriebenen, die zum Teil auch überzeugte Nazis waren, hat versucht sich reingewaschen und die Schuld für den Verlust der Heimat schlicht einfach auf die Russen zu schieben.

In Ostdeutschland haben sie zu großen Teilen geleugnet, dass überhaupt noch Nazis vorhanden waren, denn die Nazis waren angeblich alle nach Westdeutschland geflohen. Insoweit hat Ostdeutschland keine Akklimatisierung an die Demokratie gekannt wie Westdeutschland - was bis heute ein Problem darstellt.

Es ist daher zu befürchten, dass auch nach dem Krieg nach Feststellung mancher Beobachter sogar 10-12 % der Bevölkerung noch Anhänger des Nazis-Systems oder Rassisten sind.

Dies macht auch vor Abgeordneten und politischen Mandatsträger keinen Halt. Eine Adlige wie Beatrix von Storch - deren Vorfahr Finanzminister bei Hitler war - hat wieder ihr angestammtes Milieu gefunden und hatte sich schon als Studentin für den Rechtskonservatismus entschieden und dort agiert. Ein Vertriebener wie Gauland, dessen Eltern ihre Heimat in Ostpreußen verloren hatten, hatte zuerst Heimat in der CDU gefunden um sich anschließend einer rechtsradikalen Partei anzuschließen. Das gleiche gilt für Björn Höcke, der einer Familie entstammt, die sich als völkisch bezeichnet, und der sich wiederum in völkischen Kreisen umtreibt.

Es ist angesichts der aktuellen politischen Entwicklung in Deutschland umso wichtiger, dass endlich eine Befreiung der Gesellschaft von diesen Gespenstern vorgenommen werden kann.

Der Autor versichert, dass er für das Zustandekommen dieses Buches nicht auf das Wissen und die Kenntnisse seiner beruflichen Tätigkeiten zurückgegriffen hat, sondern vor allem öffentlich zugängliche Quellen genutzt hat.

2. Einführung oder Schreiben über die „Deutschen"

Der Autor wurde beauftragt etwas über die Deutschen zu schreiben und zwar darüber, wie die Deutschen von außen wahrgenommen werden. 70 Jahre nach Ende des Zweiten Weltkriegs gibt es im Ausland immer noch ein enormes Rätsel über die Deutschen. Hinzu kommt, dass die neuen Entwicklungen in Deutschland für das Ausland nicht verborgen geblieben sind, sodass sich schon wieder kritische Stimmen mit der Frage erheben, ob die Deutschen „zum dritten Mal anfangen".

Der Autor, der immerhin seit 1966 in Deutschland lebt, hatte am Anfang Schwierigkeiten das Thema einzugrenzen und plastisch darzustellen. Hinzu kommt, dass ein großer Teil der Leser nicht alle historischen und politischen Grundlagen beherrscht. Deswegen hat sich der Autor entschlossen, durchaus polemisch zu fragen, ob das deutsche Volk aufgrund seiner ganzen Geschichte ein „verfluchtes Volk" sei. Denn ein Teil des Auslands glaubt langsam, dass ein Fluch über Deutschland liegt.

Hinzu kommt bei vielen Europäern der Glaube, dass die Deutschen zu Extremen neigen. Im Guten wie im Schlechten traut man den Deutschen alles zu. Dies ist eines der hartnäckigen Vorurteile, die immer noch vorhanden sind und mit denen der Autor konfrontiert wird. Mit der Bearbeitung dieser Fragen des Buches unter den Gesichtspunkten von Identität, Rassismus, Nazitum und Antisemitismus und der Geschichte der Deutschen wurde dem Autor sehr vieles klarer. Er stellt sich auch der Frage, ob das deutsche Volk ein verfluchtes Volk ist.

Zur Beantwortung der Frage wird zunächst die Bedeutung der Identität behandelt.

Kein Mensch kann ohne eine Identität leben, denn die Identität ist mit seiner Geburt mehr oder weniger bestimmt. Angefangen mit der Muttersprache, über die seine Mutter in den ersten Monaten die Grundlage für die Sozialisierung bei jedem Baby legt. Mit der Sozialisierung beginnt jedoch die Unterscheidung zwischen dem Ich und den anderen.

Mit den Unterscheidungen sind jedoch auch die durch die Sozialisierung mitgegebenen Vorurteile verbunden. Die Vorurteile entstanden in Europa in hohem Maß durch die starke Einwirkung der Kirche - und insbesondere der katholischen Kirche - in die Geschichte der Länder.

Die Geschichte der katholischen Kirche bis zum 21. Jahrhundert ist bei genauer Analyse keinesfalls mit Ruhm belegt. Die katholische Kirche hat sich angesichts ihrer Macht in den letzten Jahrhunderten sehr oft kriminell verhalten und stets versucht, die Schwächeren der Gesellschaft als Sündenbock darzustellen, denn sie hatte das Monopol des Glaubens und vor allem das Monopol auf einen Platz im Paradies oder im Himmel bzw. in der Hölle. Sie bestimmte wer nach seinem Tod und nach seinem Glauben die Plätze auswählen konnte, und zwar nur wenn er die uneingeschränkte Macht der Kirche bejahte und ihre kriminellen Machenschaften guthieß. Damit begann, dass der Fremde bei der einheimischen Bevölkerung grundsätzlichen Angst hervorrief, und vor allem wenn er nicht den katholischen Glauben teilte, was bei den Juden der Fall war.

Insoweit ist der Auslöser für Judenhass und Antisemitismus das Verhalten der katholischen Kirche, denn sie predigte, dass die Juden mit der Ursünde belegt seien. Diese Haltung führte dazu, dass die Herrscher in Europa die Juden stets an den Rand der Gesellschaft gedrückt haben. Sie durften weder Handwerker sein noch in den Staatsdienst aufgenommen werden. Ihnen blieb der Handel und sie waren teilweise zu Geldverleih gezwungen. Mit dem Geldverleih jedoch erlangten die Juden eine gewisse Macht, denn die Herrscher Europas waren stets knapp bei Kasse. Diese wirtschaftliche Position führte aber auch zu Anfeindungen und der Haltung „Traue nie einem Juden, denn er verfolgt lediglich seine Interessen".

Aber da sie anzahlmäßig sehr wenige waren konnte man sie jederzeit physisch vernichten.

Es fragt sich jedoch, ob die Juden jemals von der christlichen, katholischen und evangelischen lutherischen Kirche akzeptiert worden sind, obwohl Jesus Christus ein geborener Jude war. Insoweit sahen die Kirchenoberhäupter die Juden indirekt mit Argwohn an, denn sie befürchteten einen Mitbewerber.

Festgestellt werden muss jedoch die angeborene Angst vor dem Fremden. Dies bildet wiederum die Grundlage von Rassismus in jeglicher Schattierung. Angesichts der Entwicklung Europas mit der Aufklärung des 18. /19. und 20. Jahrhunderts muss man sich fragen, was der Humanismus und Liberalismus in dieser Gesellschaft produziert hat oder gehörte diese Tugend lediglich einem ganz kleinen Teil der Eliten?

Mit Rassismus und Antisemitismus erwuchs am Ende des 20. Jahrhunderts jedoch auch eine zweite Erscheinung des Rassismus: die Islamophobie, die nichts anderes ist als auch der Hass gegen sogenannte semitische Rassen. Der Islam - und dabei insbesondere der saudi-arabische Islam - machte der sogenannten aufgeklärten Welt Angst und produzierte eine Ablehnung, denn die Auslegung dieser Religion aus dem Mittelalter unterdrückt jeglichen Freigeist, die Gleichberechtigung der Frauen, kritisches Denken.

Es wird daher im folgenden versucht, die Zusammenhänge zwischen Identität, Rassismus, der Rolle der Kirche bei der Entstehung des Antisemitismus sowie der Islamophobie darzustellen und die Wirkung in der deutschen Gesellschaft zu beschreiben.

3. Die deutsche und die europäische Identität

3.1 Was bedeutet „deutsche Identität?"

Der Autor, der immerhin seit 1966 in Deutschland lebt und ein zweites universitäres Studium hier absolviert hat, hat stets versucht, im Zusammenhang mit seiner Entscheidung für die Einbürgerung zu erfahren, was es heißt Deutsch zu werden und deutsch zu sein.

Heißt dies Sauberkeit, Pünktlichkeit, Fleiß und Zuverlässigkeit, heißt es das Bekenntnis zur deutschen Verfassung, heißt es Bekenntnis zur deutschen Geschichte, heißt es Bekenntnis zur deutschen Kultur und Übernahme von speziellen deutschen Werten?

Eine Zusatzfrage kam hinzu: Wenn man diese zweite Identität annimmt, ist man dann Deutscher 1. Klasse oder 2. Klasse oder heißt es einfach, mit der Annahme des Passes Annehmlichkeiten zu erhalten?

Alle diese Fragen haben den Autor beschäftigt. Eine klare Antwort hat er nicht gefunden. Denn im Grunde genommen ist die deutsche Identität etwas von allen oben genannten Aspekten. Insoweit hat sich der Autor entschlossen, sich zu Deutschland inklusive seiner Verfassung, seiner Kultur, seiner Werte zu bekennen. Vor allem in Hinblick auf die Geschichte vor der preußischen Zeit und vor allem für den Bereich der gescheiterten Revolution von 1838-1848. Er hat erhebliche innere Widerstände gegenüber der Glorifizierung von Persönlichkeiten wie Bismarck, Hindenburg, von Moltke und Papenburg.

3.2 Die Entwicklung der deutschen Identität nach 1945

Die weltweite Verbreitung der Informationen über die Gräueltaten der Nationalsozialisten und damit quasi des deutschen Volkes hat dazu geführt, dass bis auf wenige Ausnahmen „deutsch zu sein" einer Schande gleichgekommen ist. Der Stolz des deutschen Volkes wurde damit zumindest auf lange Zeit gebrochen. Aus dieser Erfahrung abgeleitet wurde in Westdeutschland eine Verfassung ins Leben gerufen, die Historiker wie Heinrich August Winkler als eine „Verfassung der Angst" bezeichnen. Dies bezieht sich nicht nur auf das Erschwernis zentraler politischer Entscheidungen, sondern auch auf die Zerteilung der Macht in einem föderalen System, das den heutigen Anforderungen nicht mehr gewachsen ist. Zudem wurde die Mitwirkung des „deutschen Volkes" nur indirekt zugelassen, da nur Parteien gewählt werden und nicht Personen.

Selbst der Bundespräsident und der Bundeskanzler werden nur indirekt durch das Volk gewählt. Viele Historiker sehen in dem Ausschluss der Bevölkerung an der direkten Mitwirkung zu politischen Entscheidungen eine Art der kollektiven Bestrafung. Unverständlich ist außerdem, dass wenn eine kollektive Bestrafung eines Volkes wegen angeblicher „moralischer Verfehlungen" in der Zeitachse nicht limitiert ist, so entsteht bei den nachfolgenden Generationen des „deutschen Volkes" ein Gefühl der Ungerechtigkeit.

Das Verhalten von jungen Deutschen im Ausland im Vergleich mit Jugendlichen aus anderen Völkern sticht laut führenden amerikanischen Soziologen immer noch durch das unsichere Verhalten hervor.

Die eindimensionale Lehre der Geschichte, die sich stets nur auf die Jahre 1931-1945 bezieht, ist ideologisch indoktriniert von Rassenhass und Antisemitismus und bedingt eine äußerst gefährliche Entwicklung. Denn nach und nach werden sich die Generationen von dieser Geschichtsperiode abwenden und die konsequente Lehre ablehnen.

Der Erfolg der westdeutschen Nachkriegsgeneration wurde außer der technischen Fähigkeit, wieder eine Industrie aufzubauen, getrieben durch den Ehrgeiz in der Spitzentechnologie weltweit Ansehen zu erreichen.

Dieser wirtschaftliche Erfolg diente in der deutschen Identität als Quasi-Ersatz für eine nationale-politische-militärische Identität.

Nach Erzielung ebendieser Erfolge wurde man wieder als Westdeutscher gefragt, gesucht und hofiert. Gleichzeitig wurde mit der Schaffung eines Grundgesetzes, orientiert an Menschlichkeit und Moral, der folgende Versuch unternommen: Schaut, wir sind die moralistischen Gutmenschen dieser Welt.

Da wir Westdeutschen gleichzeitig „auf der guten Seite" (Westallianz) waren, waren wir sowieso die freiheitlichste und nur an den Menschen orientierte deutsche Kulturnation.

Gleichzeitig wurde mit der deutsch-französischen Freundschaft das Bild des hässlichen Deutschen in Europa getilgt.

Erstaunlicherweise wurde ein analoger Prozess auch in der DDR vollzogen. Aufgrund ihrer Zugehörigkeit zum Warschauer Pakt waren die Deutschen in der DDR per Definition die besseren Deutschen, denn Kommunisten und Sozialisten hatten einst gegen die NSDAP und das Hitler-Regime gekämpft und da die DDR Mitglied des Warschauer Pakt war, der mit sehr vielen Entbehrungen gesiegt hatte, fühlten sich die Menschen in der DDR grundsätzlich auf Seiten der Sieger.

Da der Kommunismus das Paradies auf Erden versprach und da die ostdeutsche Bevölkerung unbedingt an diesem Glück teilnehmen wollte, wurde sie getrieben von Ehrgeiz auf höchste wirtschaftliche Leistungen getrimmt. Daher wurde die DDR in wenigen Jahren die zweite Wirtschaftsmacht hinter der UdSSR im Warschauer Pakt. Dies wiederum erlaubt mit hoch erhobenem Kopf keine richtige Geschichtsbewältigung zu vollziehen. Umso schlimmer war der Fall der Ostdeutschen nach der Wiedervereinigung, die sich dann als Deutsche zweiter Klasse empfanden.

Dieses Identitätsproblem der ostdeutschen Bevölkerung darf nicht unterschätzt werden und könnte in dem Zusammenfügen der beiden Identitäten zu ernsthaften Problemen führen.

Erstaunlicherweise fühlen sich heute (im Jahre 2010-2016) die „Westdeutschen" von den „Ostdeutschen" übernommen, denn die Schlüsselpositionen im Staat gehören momentan hauptsächlich ehemaligen Ostdeutschen.

Diese Führungskräfte sind jedoch von ihrer Ursozialisierung (Grundidentität) so behaftet, dass viele „Westdeutsche" sich nicht mehr in der ausgeübten Politik wiederfinden.

3.3 Das Waterloo der deutschen Identität

Mit dem Aufstieg Adolf Hitlers und der NSDAP, die die deutsche Identität auf eine „überlegene" Rasse reduziert haben, wurde eine Pervertierung der deutschen Kultur, der Religion, der Sprache, der Vielfältigkeit, des kritischen Denkens und sonstigen alleinstehenden Merkmalen vorgenommen. Die deutsche Identität wurde von Hitler und den Nationalsozialisten mit ethnischen Merkmalen einer Bevölkerungsgruppe (Rasse) definiert, die sich dadurch kennzeichnet, dass im Vergleich zu allen anderen Identitäten per Definition eine Überlegenheit deklariert wurde.

Das heißt nichts anderes, als dass Hitler und die NSDAP versuchten, in diesen ethnischen Zugehörigkeiten auch physiologische Merkmale zu definieren, sodass die Identität zuerst durch ebendiese zu bewerten war. Unter Hitler und den Nationalsozialisten war die deutsche Identität mit den Schmalspurkriterien der „deutschen Rasse" definiert, das heißt, eine nicht der Ethnie zugehörige Person konnte niemals diese Identität annehmen. Diese selektive Art der Identitätsbestimmung und damit verbundenen Repressalien haben schon in den Jahren vor Kriegsausbruch zu einer geistigen Verarmung Deutschlands geführt. Kritisches Denken wurde „ausgemerzt", indem die Personen in KZs (beispielsweise Karl von Ossietzky) gesperrt wurden.

Das Perfide an Hitler und der NSDAP war die Suggestion, dass „individuelle Identitäten" sich in der Masse auflösen und diese lediglich über eine so genannte „Rassenangehörigkeit" bestimmt wurde. Diese „Rassenangehörigkeit" bezog sich de facto auf angebliche morphologisch-physiologische Faktoren.

Verheerend kam hinzu, dass die Indoktrinierung der Massen die Überzeugung erwirkte, dass die anderen Völker minderwertig wären, und daher die so genannte „Herrenrasse" alle Rechte besaß und als einzige Pflicht den unbedingten Gehorsam Hitler und der Führung gegenüber hatte. Das heißt, dass jeder Deutsche selbst aus der niedrigsten sozialen Herkunft auf jeden Fall höhergestellt und damit wertvoller sei gegenüber einem „Ausländer", selbst dann, wenn dieser aus der höchstmöglichen sozialen Herkunft stammt. Dieses Gefühl des Stolzes und des Wertvoll Seins und die Überlegenheit des „reinen Blutes" sorgte dafür, dass nach der Niederlage eine Zeit der „Volkspsychosen" sich über Deutschland ausbreitete.

3.4 Ist die deutsche Identität eine glückliche Identität?

3.4.1 Vorbemerkung

Vor dieser Frage hat sich der Autor lange gesträubt, jedoch spätestens bei der Annahme der deutschen Staatsbürgerschaft musste er sich die Frage stellen, welche Zusatzidentität er neben seiner Grundidentität annehmen würde. Betrachtet man die öffentliche Meinung in vielen Ländern Europas, Amerikas, Asien, Russland, usw., so sind drei Grundtendenzen erkennbar:

3.4.2 Den Deutschen traut man alles Gute und Schlechte zu

Dieser Frage ist der Autor nähergetreten und er hat versucht, während seiner zahlreichen Auslandsreisen die Meinung der dort lebenden Bevölkerung auf die Bezeichnung „deutsch" zu erfahren. Die Ergebnisse waren verblüffend:

In allem, was Technik und Wissenschaft anbelangte, wurde der Begriff „deutsch" sehr positiv belegt.

In allem, was Seriosität und Geschäftstreue anbelangt, wurde eine ähnliche Bewertung abgegeben.

Es wurde sogar eine hohe Bewunderung für diese Fähigkeiten ausgedrückt.

Was die Geschichte anbetrifft, wurden die Meinungen und Bewertungen jedoch extremer: Die einen waren voller Bewunderung, was Hitler und die Nazis geschafft hatten und insbesondere der General Rommel. Die Fähigkeit, der ganzen Welt die Stirn geboten zu haben, sorgte für tiefe Bewunderung. Die anderen waren voller Entsetzen über die Herrschaft der Deutschen und die Gräueltaten an Gefangenen oder unterlegenen Völkern und Soldaten.

Der Autor wird nie das Gespräch mit einer deutschen Jüdin aus Berlin vergessen, die 1937 nach Dakar geflohen war. Sie erzählte ihm, wie sie den Umschwung erlebt hatte, dass von heute auf morgen ihre besten „deutschen, katholischen Freunde" ihre schlimmsten Feinde wurden, sie als „Nichtdeutsche" beschimpften, obwohl ihre Familie mehr als 700 Jahre in Berlin lebte, wie sie sie demütigten, sie mit Füßen traten und die gleichen Personen unwahrscheinlich viel Liebe und Respekt gegenüber ihren Schäferhunden hatten. Dieses Gespräch hat der Autor 1976 geführt. Die Frau hatte bis zur damaligen Zeit nicht verstanden, wie ein Mensch sich in so kurzer Zeit so sehr wandeln konnte. Der Autor wollte die Geschichte erst nicht glauben und musste sich ähnliche Geschichten von französischen Juden anhören. Das Fazit der Frau war: „Den Deutschen kann man alles zutrauen, im Guten wie im Bösen."

3.4.3 Die heutigen Deutschen

Bei vielen dieser Reisen hat der Autor die Bevölkerung gefragt, wie die neuen Deutschen zu bewerten wären und ob sie aus der Geschichte gelernt hätten und es wurde unisono nachgefragt: „Darf die heutige, in Deutschland lebende Generation überhaupt sagen, was sie denkt? Wird sie überhaupt frei erzogen? Wie viele historische Tabus kennt die heutige deutsche Generation? Ist die „wahre" deutsche Seele nicht gebrochen? Sind die heutigen deutschen Generationen überhaupt fähig, objektiv geopolitische Probleme zu beurteilen? Wie tief hat der Holocaust die deutsche Identität verändert? Wie weit gingen die US- und sowjetische Kolonialisierung der deutschen Bevölkerung? Welche kulturellen Höhepunkte bringt die heutige deutsche Kultur hervor? Ist Deutschland noch ein Land der Dichter und der Denker? Wieviel Humor besitzt die deutsche junge Generation gegenüber den 20er Jahren? Ist ein kritisches Denken in der heutigen deutschen Gesellschaft überhaupt vorhanden?

Der Autor sah sich überfordert, solche Fragen angemessen zu beantworten und hat versucht, sich mit einem Ausflug in die „Vor-Verpreußung" Deutschlands zu retten. Manche Fragen und vor allem wie sie gestellt worden sind, konnten den Eindruck erwecken, dass die deutsche Politik seit Kriegsende bemüht war, weltweit ein Bild der Harmlosigkeit zu propagieren, ohne jedoch Standfestigkeit aufzuzeigen. Vor allem der Holocaust und die ständige Erinnerung seitens des Staates Israel erweckt bei sehr vielen Staaten den Eindruck, dass de facto Deutschland eine geistig-moralische Kolonie von Israel sei. Der Autor hat versucht, mit all seinen Argumenten dagegen anzureden und aufzuzeigen, dass der Antisemitismus von der katholischen Kirche schon im Mittelalter europaweit propagiert wurde. Diesem wurde von vielen seiner Gesprächspartner jedoch mit dem Gegenargument widersprochen: „Aber was die Deutschen machen, machen sie perfekt."

Nach 50 Jahren Leben in Deutschland ist der Autor zu einer subjektiven Bewertung gekommen. Er ist der festen Überzeugung, dass die deutsche Identität eine zwiespätige Identität ist. Einerseits hat kein Land der Welt sich mit den dunklen Kapiteln seiner Geschichte so intensiv auseinandergesetzt wie das deutsche Volk. Kein anderes Land der Welt versucht die nationalen Gesichtspunkte der Identität so herunterzuspielen. Kein Volk der Welt hat für in der Vergangenheit begangene Fehler so teuer bezahlt.

Die deutsche Identität kann sich jedoch nicht nur auf die wilhelminische/nationalsozialistische Zeit beschränken. Es darf nicht vergessen werden, dass das 18. und 19.Jahrhundert die Freigeister und eine Hochzeit der Kultur hervorgebracht hat. Es darf ebenfalls nicht vergessen werden, dass mit der Erfindung des Buchdrucks der Menschheit ein Dienst erwiesen worden ist, der seinesgleichen sucht. Es darf nicht vergessen werden, dass deutsche Physiker, Chemiker und Astronauten dafürstanden und stehen, dass manche Träume realisiert werden konnten. Daher ist nach Meinung des Autors die deutsche Identität aus der historischen Entwicklung heraus einerseits eine glückliche, ohne die Gräuel zu vernachlässigen.

Auf der anderen Seite muss man sehen, dass eine umfassende und nachhaltige Aufarbeitung der Nazizeit und ihrer Gräueltaten nicht stattgefunden hat.

3.4.4 Fazit: Die deutsche Identität

Der Autor möchte mit diesem Buch aufzeigen, dass die Auseinandersetzung mit der Identität eines Volkes eine unabdingbare Voraussetzung für die Entwicklung der Gesellschaft ist. Nach 50 Jahren Aufenthalt in diesem Land hat der Autor sehr oft bemerkt, dass sogar geistige Eliten des Landes gewisse Unsicherheiten und Probleme an den Tag legen, wenn man über die deutsche Identität spricht.

Festzustellen ist, dass die deutsche Identität stets mehr ist als die Reduktion auf die 12 Jahre Nazi-Zeit oder auf wilhelminische Zeiträume. Es darf nie vergessen werden, dass das 19. Jahrhundert (außer der Zeit Bismarcks) eine Epoche der geistigen Eliten war. Es kann nicht hoch genug angerechnet werden, dass mit dem Hambacher Fest, den gescheiterten Revolutionen und dem Entstehen der Paulskirche ein Zeichen der Freiheit und des Geistes existierte. Es kann ebenfalls nicht hoch genug angerechnet werden, dass Philosophen wie Kant, Nietzsche, Leibnitz, Hegel und Marx Höhepunkte der deutschen Philosophie waren.

Es darf nicht vergessen werden, dass in der Nachkriegszeit in Deutschland Schulen wie die Kölner Schule der Soziologie einen Weltruf erlangten, der der deutschen Identität eine gewisse Reputation verlieh.

Musiker wie Beethoven, Brahms, Schumann, Schriftsteller wie Heine, Goethe, Schiller, Grass, Böll, Lessing, Lenz, Fontane, Kleist, Brecht, Wissenschaftler, wie Einstein, Hahn und andere bilden eine weitere Komponente der deutschen Identität. Das friedliche Zusammenkommen der beiden deutschen Staaten stellt ein weiteres alleinstehendes Merkmal der deutschen Identität da. Dies darf jedoch nicht den Holocaust verniedlichen. Das heißt, die deutsche Identität ist viel komplexer als man dies mit einer Schmalspur-Bewertung aufnehmen sollte. Die Identität spielt auch eine Rolle im Rahmen der Einwanderung. Denn Deutschland ist und bleibt auf überschaubare Zeit ein Einwanderungsland.

Daher dürfen identitäre Gesichtspunkte der Einwanderungs- und der Integrationspolitik, die als unabdingbare Voraussetzung zum sozialen Frieden gelten muss, nicht außer Acht gelassen werden. Im Hinblick auf die Einbettung Deutschlands im europäischen Verbund ist nach Ansicht des Autors trotz sehr oft gegenteiliger Meinung eine europäische Identität vorhanden.

Angesichts unseres gemeinsamen Kulturguts, gemeinsam erlebter europäischer Geschichte, unserer gemeinsamen Philosophen und Maler, unserem gemeinsamen Musik Gut und unserer gemeinsamen Werte stellen diese die wichtigsten Elemente einer europäischen Identität dar, die möglicherweise verschieden in der Sprache ist, jedoch durch die Reste der Kultur verbunden.

Wenn man von Identität spricht, ist die Gefahr sehr groß, dass die Ausführungen entweder von der rechten Szene, von Pseudopopulisten oder vom braunen Mob missbraucht werden. Für den Autor ist es jedoch äußerst wichtig, endlich die Diskussion über die deutsche Identität anzustoßen, damit sehr viele Unsicherheiten zumindest besprochen werden können.

Die deutsche Identität beschränkt sich nicht auf das letzte Jahrhundert, sondern ist eigentlich mit dem Beginn der deutschen Sprache verbunden. Denn mit dem Beginn der Sprache fängt die Erkenntnis der Zugehörigkeit zu einer Kultur an, zu einer genauer definierten Örtlichkeit, zu einer genauer definierten „sozialen Menge" und damit letztendlich eine Zuordnung zu dem eigenen Ich.

Es ist auch wichtig festzustellen, dass die Definition der Identität ex definitionem verbunden ist mit einer Grenzziehung zu anderen Identitäten. Dies heißt nicht, die anderen auszugrenzen. Und spätestens hier fängt die Problematik des Verständnisses von Toleranz und „Weltoffenheit" an. Dieser Diskurs über die beiden Bereiche wird nur noch mit Schlagwörtern durchgeführt, ohne sich genau darüber klar zu sein, was wirklich Toleranz ist und was wirklich „Weltoffenheit" und Liberalität bedeutet.

Diese drei Begriffe werden oft missbraucht von den Anhängern der zügellosen Globalisierung (im negativen Sinn). Es ist daher notwendig und wichtig im Angesicht der zukünftigen Herausforderungen, dass dieser Diskurs wirklich angestoßen wird. Der Autor, der seit fünfzig Jahren versucht, ein Deutscher zu werden, sieht sich des Öfteren als einen Dauergast. Dabei ist er in der deutschen Kultur bewandert, er ist auch der deutschen Geschichte bewandert und trotzdem wird ihm öfter vorgeworfen, er hätte nicht die deutsche DNA.

Auf die Frage, was deutsche DNA heiße, wurde gesagt: Gründlichkeit, Pünktlichkeit, Sauberkeit, Verlässlichkeit. Als der Autor dies hörte, selbst im Kreis seiner engen Familie, musste er schmunzeln. Er fragte die Personen, ob diese Eigenschaften nicht die Eigenschaften waren, die Friedrich der Große von seinen Untertanen bzw. seinen Soldaten forderte. Nein, wurde ihm geantwortet, dies sei immer typisch deutsch gewesen. Daraufhin wies der Autor auf die Schlachten der Germanen gegen die Römer hin und fragte, ob die Germanen damals diese Eigenheiten hatten. Dies würde keine Rolle spielen, erhielt er als Antwort. Als der Autor darauf hingewiesen hat, dass Karl der Große diese Eigenschaften auch nicht hatte und Mitbegründer des Deutschen Reiches sei, wurde ihm geantwortet, dies sei zu lange her.

Daraufhin machte sich der Autor die akribische Mühe, die Rolle der Preußen für die heutige deutsche Identität zu untersuchen. Festzustellen ist, dass die Blüte der deutschen Kultur mit der preußischen „Zwangsjacke" für die Rheinländer, die Badenser, die Bayern, die norddeutschen Länder endete. Tatbestand ist auch, dass Bismarck dies durch Militär und List erzwang. Tatsache ist auch wiederum, dass bei der Ermordung der badischen Nachkommen Bismarck eine gewisse Rolle spielte. Und dass er nach manchem Historiker sogar bei der sogenannten Selbsttötung des bayerischen Königs Ludwigs II. eine Rolle spielte. Zudem hat der Autor seine engere Umgebung darauf hingewiesen, dass bereits Wilhelm II. zehn Jahre seiner 30-jährigen Regentschaft damit verbrachte, eine Integration des Vielvölkerstaats Deutschland zu unternehmen. Er scheiterte bis auf die Integration der evangelischen und katholischen Bevölkerung. Hier sei auch darauf hingewiesen, dass bereits 1896 eine Fraktion der Antisemiten im Reichstag vertreten war.

Zu den neuen Problemen der deutschen Identität gehört, dass die Bildung bei einem großen Teil der Jugend versagt. Insbesondere wurde die Geschichte weder auf ihre Ursachen hin untersucht oder im richtigen Ausmaß der Jugend vermittelt, um zu verhindern, dass negative Züge der Geschichte sich wiederholen. So wurden Personen entweder „hochgeschrieben" oder „niedergeschrieben", das heißt durch die Geschichtsschreibung positiver oder negativer dargestellt. Insbesondere die Person von Bismarck wurde stets gelobt, obwohl die neueste historische Forschung zeigt, dass diese Person sehr ambivalent war. Dem gegenüber wurde Wilhelm II. „niedergeschrieben", obwohl er nachweißlich für den Mutterschutz, das Verbot der Kinderarbeit unter 14 Jahren und die Gleichstellung der Juden im Reich verantwortlich war. Doch wurde lediglich das falsche Bild des Kriegstreibers und des Waffennarrens mit seiner Person verbunden. Auch hier sei darauf hingewiesen, dass von Moltke und Hindenburg ihn dazu trieben, bereits 1914 den Krieg zu beginnen.

Gerade in der globalisierten Zeit, gerade bei den Fragen nach dem freien Verkehr von Menschen und Waren ist es notwendig für die Menschen, alleinstehende Merkmale zu haben, damit sie nicht in der gesamten Masse untergehen. Dies hängt wiederum eindeutig mit der Sprache, Kultur und Denkweise zusammen. Viele Psychologen, Soziologen und Philosophen haben vergessen, dass man in Worten denkt. Die ersten Worte, die ein Kind von seiner Mutter in seiner Muttersprache lernt, sind bereits bewertet. Gut, schlecht, Gefahr, keine Gefahr usw. Dieses ist jedoch bedingt durch die Sprache und die soziale Umgebung, in der die Mutter aufgewachsen ist. Die Rolle der Mutter wird für die Grundlage und Festigung der Identität nicht genug gewürdigt. Selbst dann, wenn erwachsene Deutsche in andere Kulturkreise gehen würden, würde man sehr schnell merken, dass sie eben „deutsch denken". Diese Erkennungsmerkmale sind Merkmale einer sozialen Gruppe, die zufälligerweise in Deutschland lebt und die die deutsche Kultur und Bewertungsmaßstäbe, Bewertung der Werte und möglicherweise „Sicht der Dinge" ihrer Einwohner zumindest in groben Zügen prägt. Dies verhindert jedoch nicht, dass sie sich „anpassen".

Der Begriff Anpassung wird bei der Diskussion um die Identität zwiespältig bewertet. Anpassung bedeutet hier nicht Assimilation, das heißt, dass man aus einem Türken einen 100-prozentigen Deutschen machen könnte. Übrigens ist die französische Form der Integration, die nicht ursprünglichen Franzosen zu Franzosen zu machen, gescheitert. Frankreich und England sind dem Irrtum unterlegen, dass man aus einer aus Afrika stammenden Bevölkerung zu 100 Prozent Franzosen machen könnte, die die gleichen Werte und Sicht der Dinge haben. Dies hat nicht zum Erfolg geführt.

Die gleichen Fehler sind aber auch innerhalb der deutschen Politik der 70er, bzw. 80er Jahre gegeben, als man glaubte, indem man den deutschen Pass einem Türken gäbe, würde der Türke zum Deutschen. Diese zusätzliche Integrationsschale, die auf die originäre Schale kam, ist in den Augen vieler Psychologen und Soziologen eine künstliche Schale, die sehr oft Probleme mit der originären Schale verursacht.

Integration heißt, dass man demjenigen seine ursprüngliche Schale lässt und er seinem Verhalten und seiner Sozialisierung diese zweite Schale „überzieht", ohne große Verwerfungen mit seinem Umfeld zu haben.

Insoweit ist Integration das Erreichen, die anderen Werte der neuen Gesellschaft anzunehmen, ohne seine eigenen wegzulassen.

Das heißt, ein Moslem kann durchaus seine Religion behalten und die Auslegung seiner Religion behalten und gleichzeitig die Werte des Grundgesetzes annehmen. Ein Zielkonflikt besteht doch darin, dass bei manchen Auslegungen des Islams die Rolle der Frau zumindest eine gewisse Ambiguität beinhaltet. Bei genauerer Betrachtung des Korans ist jedoch festzustellen, dass keine Sure vorsieht, dass Frauen geschlagen werden. Die Vollverschleierung und Kopfbedeckung basieren jedoch bereits schon auf dem Alten Testament der Bibel und da nun mal der Koran alle heiligen Bücher vor ihm anerkennt, das heißt Altes und Neues Testament, ist es ein leichtes für sogenannte Gelehrte dies abzuleiten. Zudem muss festgestellt werden, dass Religionen in ihrer Entstehung Kinder ihrer Zeit sind. Dadurch sind die damaligen Bräuche mit in der Auslegung von Religionen verarbeitet worden. Die Bräuche haben im engeren Sinne jedoch nichts mit dem Kern der Religion zu tun, sind aber jedoch mitbestimmend für ihre Ausübung.

Die heutige Angst vor dem Verlust von Merkmalen der deutschen Identität kann der Autor als davon Betroffener nicht als gerechtfertigt ansehen. Es bedarf jedoch einer Offensive der Geschichtsausbildung, um die Zusammenhänge mit Niederlagen und Höhepunkten zu vermitteln und dass ähnliche Abläufe in allen europäischen Ländern vorgekommen sind. Gleichzeitig muss auch klargestellt sein, dass die Kolonialherren England, Frankreich, Italien, Spanien und Portugal auch Völkermorde in den jeweiligen Kolonien begangen haben, auch wenn sie dies nicht zugeben wollen.

Dies verhindert jedoch nicht das Alleinstellungsmerkmal des Naziregimes. Gleichzeitig muss auch festgestellt werden, dass in der deutschen Geschichte der Antisemitismus nicht mit Hitler begonnen hat, sondern verschiedene Höhepunkte schon im Mittelalter hatte (die jüdische Regale = jüdische Steuern), die die jüdische Bevölkerung an die Herrscher zahlen mussten, um ihren Schutz zu erhalten). In diesem Zusammenhang ist auch darauf hinzuweisen, dass in Frankfurt bereits unter Karl. V. jüdische Regale von den Stadtabgeordneten an den König verkauft wurden und er den jüdischen Bürger nicht mehr schützen wollte, sondern in ein Ghetto in Frankfurt, in der jüdischen Gasse, brachte. Das Ganze mit Zustimmung der Katholischen Kirche.

Häufig wird vergessen, dass Deutschland durch seine Philosophen, wie Kant, Habermas und Adorno auch für Toleranz steht. Auch Friedrich der

Große, dessen Motto, jeder solle nach seiner Façon leben, das Prinzip von Voltaire annahm und der den Hugenotten politisches Asyl anbot und ein sicheres Zuhause. Es darf auch nicht vergessen werden, dass Heinrich Heine in Frankreich mehr geehrt wird als in Deutschland.

Es darf nicht vergessen werden, dass ein Deutscher den ersten Friedensnobelpreis erhielt, der immerhin Präsident der Friedensgesellschaft war. Es darf nicht vergessen werden, dass Gustav Stresemann wegen seiner Friedensbemühungen (Vertrag von Locarno und Beitritt zum Völkerbund) einen Nobelpreis erhielt. Es darf nicht vergessen werden, dass Carl von Ossietzky wegen seiner pazifistischen Haltung im KZ war. Es darf nicht vergessen werden, dass Willi Brandt wegen seiner Friedensbemühungen mit Osteuropa den Friedensnobelpreis erhielt.

Es darf aber gleichzeitig auch nicht vergessen werden, dass der Antisemitismus nicht nur Deutschland, sondern auch Frankreich betraf. Hier ist auf das Urteil in der Dreyfus-Affäre und den berühmten Aufsatz von Emile Zola „J'accuse" hinzuweisen. Es darf aber auch nicht vergessen werden, dass Deutschland nach dem Krieg sich eine gewisse Zurückhaltung im Hinblick auf die geistige Auseinandersetzung mit der Nazizeit auferlegt hat, bis auf wenige Filme („Der Untertan").

Gleichzeitig ist auch zu bedauern, dass Deutschland trotz Sonntagsreden kaum ernsthafte Bemühungen unternommen hat, um die Deutsch-Französische Freundschaft mit Leben zu füllen durch den Austausch von Bildung, Kultur, Geschichte und gemeinsamen Erlebnissen. Es ist sehr wichtig festzuhalten, dass wir in Europa gemeinsame Werte haben, eine gemeinsame Kultur, gemeinsame Schriftsteller, Musik, Malerei, Philosophie, Soziologie und selbst gemeinsame Erlebnisse von Leib und Leben durch Kriege. Diese geschichtlichen Gemeinsamkeiten und Erlebnisse müssen eigentlich die Basis für ein gemeinsames Verständnis über Werte, Frieden und Freundschaft sein.

Dies ist leider in den letzten Jahren angesichts von Klein-Klein-Denken, Egoismus, mangelnden Visionen, ernsthafter Rückschritte im Streben nach gemeinsamen Werten und einer Rückkehr zu den nationalen Kleinstaatlichkeiten immer mehr verloren gegangen. Dies wird uns teuer zu stehen kommen. Angesichts einer äußerst labilen Welt, in der autokratische Systeme schleichend die Übermacht nehmen.

Trotz alledem ist der Autor optimistisch in Hinblick auf die weitere Entwicklung der deutschen Identität und in der Hoffnung, dass wir nicht Angst haben müssen vor dem Verlust unserer Identität.

3.5 Europäische Identität

3.5.1 Vorwort

Gibt es eine europäische Identität? Für viele Wissenschaftler gibt es diese nicht. Der Autor ist fest davon überzeugt, dass Grundzüge einer europäischen Identität mit der Geschichte des Kontinents fest verbunden sind. Folgende Kriterien einer Identität können dafür maßgebend sein.

3.5.2 Der christlich-jüdische Ursprung Europas

Über 2000 Jahre prägt die christlich-jüdische Geschichte die Länder und Kleinstaaten Europas. Sei es in Italien, sei es in Frankreich, sei es in Spanien, Portugal, in England, in Deutschland, in Polen und den nördlichen Ländern. Während dieser gesamten Zeit wurden positive und negative Entwicklungen sei es durch Päpste, sei es durch orthodoxe Patriarchen bestimmt. Das Leben der Fürsten und Könige wäre ohne diese Kirchen nicht denkbar gewesen. Die beiden Organisationen haben sich sehr oft zwar selbst diskreditiert, blieben jedoch mächtig. Das Judentum machte eine wechselhafte, aber stets leidvolle Geschichte durch. Entweder wurden die Juden geduldet oder ausgestoßen, man akzeptierte oder verfluchte sie. Diese religiösen Entwicklungen bestimmen bis heute die politische und soziale Entwicklung der europäischen Länder.

Während der Zurückdrängung der katholischen und evangelischen Kirchen und die durch die französischen Revolutionen erzwungene Teilung von Staat und Kirche entstand eine säkulare Entwicklung, eine solche Entwicklung fand bei den Orthodoxen nicht statt. Somit spielt heute die orthodoxe Kirche in Russland - Ausnahme war die Zeit der kommunistischen Diktatur - eine tragende Rolle bei der Bestimmung der Innen- und Außenpolitik Russlands.

Mit der Säkularisierung der Gesellschaft ging eine Entwicklung der katholischen und evangelischen Kirche einher. Somit wurden öffentliche Diskussionen und kritische Ansätze über die Kirche möglich. Bis auf wenige Ausnahmen (Deutschland) sind die Zuwendungen seitens des Staates für die Kirche nicht mehr vorgesehen. In Frankreich gehören die Kirchengebäude dem Staat und die römisch-katholische Kirche darf die Örtlichkeiten nur benutzen.

Was jedoch wesentlich prägend in der religiösen Facette der Identität ist, sind die Vorgaben der katholischen Kirche für die Menschen. Diese Vorgaben haben sich in den letzten hundert Jahren sehr stark zu einem Humanismus und einer Toleranz entwickelt. Mit Toleranz ist nicht gemeint, dass eine andere Religion oder Philosophie angenommen wird, sie stellt lediglich dar, dass diese andere Art des Denkens akzeptiert wird, mit Verzicht darauf die Anders-Denkenden zu missionieren. Diese falsch verstandene Toleranz hat dazu beigetragen, dass in den letzten Jahren sehr viele Andersgläubige (Muslime) diese Haltung als Schwäche ansahen. Dies ist nicht der Fall.

Angesichts dessen, dass Länder wie Saudi-Arabien das Streben der Herrschaft einer nach ihrer Ansicht „guten" Form des Islam verfolgen und damit eine Supra-Identität über die jeweils andere Identität legen, müsste das christlich-jüdische Erbe Europas zumindest eines der Elemente einer „europäischen Identität" sein.

3.5.3 Die griechisch-lateinischen Ursprünge

Vorbemerkung: Ohne Griechenland wäre die Kultur der meisten europäischen Länder nicht möglich gewesen. Die griechische Kultur bestimmte das Wesen und die Organisation des Staates und hat die Demokratie hervorgebracht, das heißt, sie hat die Art des Streitens mitgegründet und das Philosophieren oder das Nachdenken über wesentliche Elemente des Menschseins. Ohne die griechischen Mathematiker wäre die Mathematik wesentlich ärmer. Das Übertragen dieses Wissens in die lateinische Sprache geschah sehr oft über den Umweg der arabischen Sprache und stellte einen erheblichen Wissenszuwachs der europäischen Kultur dar. Die Rolle der lateinischen Sprache hinsichtlich der Weiterentwicklung der europäischen Staaten ist nicht zu unterschätzen, selbst dann, wenn Nordeuropa anders geartete Sprachursprünge hat (auch die Deutschen und die nordischen Länder haben sich selbstständig über den Rahmen des Indogermanischen entwickelt).

3.5.4 Bestimmungsfaktoren der europäischen Sprachen

Alle diese Sprachen und damit Kulturen basieren auf der Festlegung eines Alphabets in Schriftform, festgelegte Formen hinsichtlich Grammatik und einer kultivierten Art des Sprechens und Schreibens (siehe das Heilige Buch in lateinischer Sprache oder die Odyssee von Homer oder die Metamorphosen von Ovid). Es war sogar eine Kunst, die von den Griechen und Römern entwickelt wurde, Dichtungen und Märchen öffentlich zu erzählen bzw. zu deklamieren. Diese Grundsätze haben ihren Niederschlag in der spanischen Sprache, der italienischen Sprache, in der französischen Sprache, in der englischen Sprache und nicht zuletzt in der deutschen und polnischen Sprache gefunden. Vertreter dieser Sprache sind maßgebende Elemente der Weltkultur geworden.

Insoweit ist diese europäische Komponente einer Identität ein wesentlicher Bestandteil dieses so diversen Kontinents. Eine Frage taucht jedoch auf: Ist dieser Kontinent durch diese Sprache eine multikulturelle Gesellschaft? Diese Frage ist eher zu verneinen, da der Ursprung dieser Diversifikation sich de facto auf zwei Sprachkulturen bezieht. Diese Facette der Identität sollte jeden Europäer, abgesehen von jedem politischen Lager, zu einer so genannten Identität zwingen.

3.5.5 Die Philosophie und die Dichtung

Auch hier bilden die Ursprünge der griechischen Philosophie die Grundlage einer europäischen Philosophie. Ohne Platon, Sokrates und Aristoteles wären keine lateinischen Denker möglich gewesen. Selbst Franz von Assisi wäre ohne die griechische Philosophie undenkbar. Philosophen wie Kant, Montaigne, Goethe, Victor Hugo, Rousseau, Voltaire, Theodor von Adorno, Hegel, Montesquieu, Leibnitz, Spinoza und Descartes wären ohne Grundlage der Stoiker und der Epikureer, der Skeptiker, Eklektiker und den neuen Platonikern nicht möglich. Die griechische Philosophie mit den hellenistischen Naturphilosophen Pythagoras und den hellenistischen, Herakles und den Naturphilosophen und den Sophisten bestimmen bis heute Tendenzen in der europäischen Philosophie. Selbst neue Philosophen wie Adorno, Habermas, Heidegger, Schopenhauer, Kierkegaard, Nietzsche, der englische und französische Positivismus wären nicht möglich ohne Grundlage der griechischen Philosophie.

Dies zeigt abermals, dass auch dies eine Facette einer europäischen Identität ist, denn alle diese Philosophen, so verschieden sie auch seien, basieren auf dieser Art des Denkens. Alle diese griechischen und lateinischen Philosophen des Mittelalters trugen dazu bei, dass die Gesellschaft und die ihr inhärenten Menschen sich zu einem so genannten „Europa der Aufklärung" entwickelten. Alle Philosophen trugen zum Mythos Europa als Kontinent der Dichter und Denker bei. Dieser Mythos ist die Hauptattraktivität einer europäischen Identität, die durch dieses Erbe ein festes Element als alleinstehendes Merkmal hat.

3.5.6 Die Schriftsteller

Die europäischen Schriftsteller bilden trotz ihrer Verschiedenheit eine Facette der europäischen Identität. Seit der Antike werden die verschiedenen Werke in alle europäischen Sprachen übersetzt und dienen als Basis für eine gemeinsame Kultur, die Sicht der Realität, die Art des Denkens, die Art der Beschreibungen des Umfeldes. Seien es Homer oder Ovid, seien es die Schriftsteller des Mittelalters wie z.B.: Rabelais, Cervantes, sei es Gottfried von Straßburg, Chretien de Troyes, Joinville, Francois Villon, Francesco Petrarca, Molière, Pierre Corneille, Jean Racine, Shakespeare, Blaise Pascal und Andreas Gryphius, Schiller, Goethe, von Unbekannten geschriebene Werke wie das Nibelungenlied, Lessing, Herder, Clemens von Brentano, Voltaire, Jean-Jacques Rousseau, Montesquieu, Diderot, Beaumarchais, Chenier, Machiavelli, Marivaux, Prevost, de Laclos, Mercier, Gresset. All diese Schriftsteller haben sich sowohl dem Menschen und dem Menschenbild verschrieben als auch sich gesellschaftspolitisch kritisch geäußert.

Alle diese Autoren verbindet trotz sprachlicher Unterschiede eine gemeinsame Sicht der Dinge und eine allgemeine, ungeschriebene ethische Wahrnehmung. Alle diese Schriftsteller trugen dazu bei, dass ein gemeinsames kulturelles Fundament für die europäische Identität entstanden ist. Alle diese Schriftsteller trugen dazu bei, dass selbst nach den Weltkriegen zwischen den verschiedenen Schriftstellern eine „gemeinsame Sprache" trotz sprachlicher Unterschiede vorhanden ist.

Neben den oben genannten Schriftstellern muss man sehr stark den Einfluss neuerer Autoren nennen, wie Heine, Novalis, Clemens von Brentano, Eichendorff, Edgar Allen Poe, E.T.A. Hoffmann, Chateaubriand, Madame de Stael, La Martin, Alfred de Vigny, Victor Hugo, Alfred de Musset, Theophil Gautier, Prosper Mérimée, Alfons Daudet, Alexandre Dumas, Georges Sand, Walter Scott, Balzac, Baudelaire, Leconte de Lisle, August Comte, Les Frères Goncourt, Gustave Flaubert, Emil Zola, Jean Rimbaud, Günter Grass, Heinrich Böll, Jean-Paul Sartre, Camus, Simone de Beauvoir, Marcel Proust, Guilliaume Apollinaire, Thomas und Heinrich Mann, Erich Kästner, Wilhelm Busch, André Gide, Paul Valerie, Jules Romains, Jules Verne, Georges

Duhamel, Luis Aragon, Antoine Saint-Exupery, Julien Green, André Malraux, Henri Bergson, Colette, Jean Giono, Jean Anouilh, Luis-Ferdinand Celine, Eugene Ionesco, Samuel Beckett, Marcel Pagnol, Sacha Guitry, Wolfgang Koeppen und anderen.

Das heißt, selbst im 20. Jahrhundert hat die Mehrzahl der Schriftsteller das gesellschaftliche Leben sehr stark geprägt. Dieser Teil der Kultur trägt dazu bei, dass Europa über seine Grenzen hinaus attraktiv ist und stellt in bewegten Zeiten ein alleinstehendes Merkmal dar.

3.5.7 Märchen, Traditionen und Mythen

Märchen haben in Europa immer eine sehr große Rolle gespielt, seien es die Märchen und Mythen der griechischen oder römischen Zeit, im Mittelalter, zur Zeit der Aufklärung und bis zum 20. Jahrhundert. Die Bindung der Nationen an Märchen und Mythen und damit verbundenen Traditionen ist nicht zu unterschätzen. Die meisten Europäer schätzen die griechischen Mythen, sowohl als unterhaltsame Bildung, als auch als moralisch-ethische Grundlage. Die Märchen und Mythen der Römer-Zeit stellen lediglich eine Weiterentwicklung der griechischen Mythen dar. Mythen und Märchen im Mittelalter stellen wie beispielsweise „Die Ritter der Tafelrunde" oder das „Nibelungenlied" eine kritische Darstellung von Fehlverhalten dar. Damit verbunden wird eine quasi-ideale Verhaltensweise angepriesen. Diese Ethik des Verhaltens des Ritters spiegelt eine allgemeine Moral im gesamten Europa.

Die Mythen um die Kreuzzüge und damit verbunden über die Kreuzritter beschreiben auch das menschliche ideale Verhalten in diesen geschichtlichen Zusammenhängen. Die Mythen und Märchen der Gebrüder Grimm und Charles Perrault, sowie Les Fables de La Fontaine, stellen ebenfalls eine kritische Betrachtung der menschlichen Unzulänglichkeiten dar. Diese Märchen zeigen eine gewisse Anforderung an die Ethik des Mittelalters. Die Märchen von Jean Rabelais bildeten mithilfe von Märchen und Mythen die Vorgabe für die Erziehung von Prinzen und Königen. Montaigne beschrieb mit seinen Hofgeschichten und mithilfe seiner Märchen die Anforderungen an einen zukünftigen Führer. Die Tafelrunde König Arthurs stellte ein Hohelied auf die Integrität der Führungsklasse dar. Die neuen Märchen, wie „Der kleine Prinz" stellen den Versuch dar, schwierige Fragen für Kinder leichter zu erklären. Wilhelm Busch hat mit seinen Beschreibungen ebenfalls versucht, Ethik und moralisches Verhalten den Kindern näher zu bringen. Hans-Christian Andersen versuchte mit seinem Märchen „Die kleine

Meerjungfrau", die Tragik der Gefühle Kindern näher zu bringen. Heinrich Heine versuchte mit „Die Sage um die Lorelei" auf Gefahren der Gefühle hinzuweisen. „Der Rattenfänger von Hameln" nach den Gebrüdern Grimm zeigt die Konsequenz von Fehlverhalten von Führungspersonen auf. Alle diese Märchen und deren Wirkung zeigen, dass in ganz Europa zu verschiedenen Zeiten in verschiedenen Ländern die Sehnsucht nach gemeinsamen Werten ausgeprägt ist.

3.5.8 Die Musik

Ein weiteres Hauptkriterium der europäischen Identität stellen die Musik und die Musikgeschichte dar. Aus griechischer Zeit wurde die Musik des Orpheus über die Minnesänger überliefert. Die Musik ab dem 15. Jahrhunderts- unter anderem geprägt durch das Ehepaar Schumann, Schubert, Beethoven, Mozart, Haydn, Bach, Chopin, Vivaldi, Puccini, Rossini, Paganini, Monteverdi, Ravel, Debussy, Brahms, die Familie Strauß, Grieg, de Fesch, Mendelssohn, Wagner, Orff, Offenbach, Furtwängler und Stockhausen - bildet eine Grundlage des Weltkulturerbes.

Neben der klassischen Musik wurden weltberühmte Sänger und Sängerinnen wie Maria Callas, Anna Moffo, Johannes Heesters oder Richard Tauber bekannt. In der leichten Musik und den Cancans bilden folgende Interpreten einen Teil der Weltkultur: Edith Piaf, Maurice Chevalier, Georges Brassens, Gilbert Becaud, Charles Aznavour, Dalida, Jacques Brel, Yves Montand, René Kollo, Hannes Wader, Georges Moustaki, Juliette Gréco, Charles Trenet, Josephine Baker, Georg Danzas, Mikis Theodorakis, Melina Mercouri, Georg Kreisler, Freddie Mercury, Marius Müller-Westernhagen, Reinhard Mey, Adriano Celentano, Rocco Granata, Klaus Lage, Adamo, Cliff Richard, Hans Albers, Unheilig, Engelbert Humperdinck, Leo Ferre, Joe Dassin, Michel Sardou, Tom Jons, Gianna Nannini, Tito Puccio, Andrea Botticelli und andere. Sie bieten weltweit eine ausgesprochen breite Palette von Liedern und politischen Songs, gesellschaftlichen Chansons, die zum Welterbe der Musik gehören.

Diese europäische Musik ist ein wesentlicher Baustein der europäischen Identität.

3.5.9 Die Malerei

Von den Griechen wurden auf Wände in Häusern Szenen aus der Mythologie oder aus den Sagen gemalt, Szenen wurden mit Hilfe von Mosaik-Bildern für die Ewigkeit festgelegt. Die europäische Malerei, sei es die römische, später die Malerei des Mittelalters, sei es italienischen Ursprungs, sei es spanischen, französischen, holländischen, deutschen oder englischen Ursprungs, hat dazu beigetragen, dass die Stufen der Entwicklung der Gesellschaft festgehalten wurden. Diese Malerei wurde entweder auf Leinwände oder direkt auf Wände aufgebracht, oft auch in Form von kirchlichen Motiven und Glasmalerei in den Kathedralen des Mittelalters. Maler wie unter anderem Jean Fouquet, die Tapisserie De l'Apocalypse, Dürer, Michelangelo, Leonardo da Vinci, Rafael, Botticelli, Masaccio, Tizian, Holbein, Rembrandt, Hieronymus Bosch, El Greco, Francesco Bianci, van Gogh, Cézanne, Monet, Manet, Degas, Picasso, Pissarro, Kandinsky, Marc, Macke, Dalí, Klimt, Míro, Chagall, Klee und Modigliani bilden eine unverzichtbare Grundlage der Malerei, die als Erbgut der Menschheit eingestuft ist.

Diese Facette der europäischen Identität ist unverzichtbar für das Selbstverständnis des Kontinents.

3.5.10 Technische und wissenschaftliche Entwicklungen

Seit den Griechen hat eine rasante Entwicklung stattgefunden, - sei es in der Waffenentwicklung, in der Schifffahrt, in der Medizin - an der verschiedene europäische Länder teilgenommen haben und die mehr denn je den heutigen technischen Fortschritt ausmacht. Die mathematischen Grundlagen der Griechen bildeten die Grundlage mathematischer und physikalischer Entwicklungen in der Medizin. So ist zum Beispiel der Eid des Hippokrates bis heute für alle Ärzte bindend, die Erfindung des Rades durch die Griechen/Römer bildet eine der Grundlagen der Fortbewegung und des Transports. Der Schiffbau hat in verschiedenen Entwicklungen der Geschichte erheblich dazu beigetragen, die Völker Europas mobil zu machen.

Wissenschaftler und Entdecker wie Leonardo da Vinci, der als Genie gelten muss, entdeckten sogar das Prinzip des Fallschirmes. Im Bauwesen wurden beim Bau von Kathedralen Maschinen entwickelt, die heute immer noch Anwendung finden, wie beispielsweise der Kran. Mithilfe des Wassers wurden Mühlen entwickelt, die Getreide in größeren Mengen Maß mahlten, in der Landwirtschaft wurden Maschinen entwickelt, die mit wenig realem Arbeitseinsatz erhebliche Ergebnisse zu Tage brachten. Mit der Erfindung der Dampfmaschine wurde der Straßenverkehr revolutioniert, mit der Erfindung der Brüder Montgolfier wurden die ersten Schritte in der Luftfahrt gemacht. Teile der ersten Flugzeuge wurden in Frankreich, England und

Deutschland gebaut, der Schienenverkehr wurde in England, Frankreich und Deutschland entwickelt. Die Mitentwickler des Automobils, seien es Citroen, Peugeot, Renault, Daimler haben dazu beigetragen, dass das Auto eine wesentliche Komponente des heutigen Verkehrs ist. Wissenschaftler wie Robert Koch, Alexander Fleming, Charles Mantoux, Pierre und Marie Curie, Röntgen, Otto Hahn, Albert Einstein, Gustav Eiffel, Hausmann, Charles Darwin, Michael Faraday, John Dalton, William Smith, Joseph Wilson Swan, William Bateson, Francis Bacon, die Stahlbarone der Ruhr und des französischen Creusot, die Werkzeugmacher um Schneider, Siemens, IG Farben, Faber-Castell, von Braun, Messerschmitt, Ernst Henkel, Ferdinand Porsche und bis zum heutigen Tag die Airbus-Industrie bildet ein gesamtgemeinschaftliches, technologisches Wissen, das einen Teil der europäischen Identität darstellt.

3.5.11 Die Aufklärung

Für die Aufklärung bildeten die griechischen Philosophen wie Aristoteles, Sokrates und Platon eine nicht unerhebliche Grundlage, auf der Philosophen und Kirchendeuter, wie Franz von Assisi, Montaigne, Rabelais, Voltaire, Rousseau, Kant regelrecht die Aufklärung und die Abkehr von den dunklen Zeiten der Auslegung des Christentums vorantrieben. Philosophen wie Leibnitz, Spinoza und Descartes bilden ein Grundsystem im Zeitalter des Barock. Philosophen wie Montesquieu, Voltaire, Rousseau und Kant bilden die Grundlage der Aufklärung. In England haben Locke, Berkeley und Hume dazu beigetragen, dass Aufklärung und kritisches Denken Grundlage der Vernunft wird. Hegel trug dazu bei, in der Romantik und im deutschen Idealismus in aufgeklärte Gesellschaften zu überführen. Der französische und englische Positivismus und Marx mit seinen Schriften trugen dauerhaft zur Entzweiung von Kirche und Staat bei. Schopenhauer, Kierkegaard und Nietzsche haben zu einem Weltbild beigetragen, dass sowohl pessimistisch, als auch optimistisch erscheint.

Die Philosophen der Gegenwart mit Karl Jaspers, Moore, Adorno, Camus und Sartre und Habermas bestimmten die Faktoren der europäischen Aufklärung. Sie brachten die ausgeprägte Toleranz gegenüber fremden Kulturen, die Freiheit der Gedanken, sei es politisch oder gesellschaftlich, und den Abschluss der Aufklärung, der in den Menschenrechten gipfelte. Ohne die Philosophie der Aufklärung wäre das Zustandekommen von allgemeinem Menschenrecht überhaupt nicht denkbar. Die Menschenrechte wurden von der UNO in die Grundlage des Zusammenlebens aufgenommen und damit zu einem Welterbe für alle Menschen. Revolutionen und Völker aller Welt berufen sich heute auf die Grundlage der Menschenrechte. Dieses historische Merkmal der Universalität der Menschenrechte hat ihren Ursprung im europäischen Menschenverständnis. In der Politik und der politischen Entwicklung der letzten Jahrhunderte haben historische Figuren wie Machiavelli, Clausewitz, Montaigne, Blaise Pascal und Montesquieu Grundlagen der Führung von Staaten entwickelt, denn sie alle trugen zur Erziehung von Prinzen und Königen bei.

3.5.12 Kriege und Leid

Trotz der Perversion dieser Worte haben die Kriege Europas, die Siege und die Niederlagen dazu beigetragen, dass die Vielzahl der Völker des Kontinents ähnliche oder ähnlich geartete Erfahrungen machten: Sei es der 30-jährige Krieg in Mitteleuropa, der 100-jährige Krieg zwischen England und Frankreich, die Invasion der Normannen in England, die Invasion der Araber in Spanien, die Kreuzzüge der Europäer in Israel, die gescheiterten Revolutionen in Frankreich, England, Deutschland und Italien, die Nationalisierung von Staaten, wie die Bildung des Nationalstaats in Deutschland oder des Nationalstaates in Italien, die Napoleonischen Kriege, der Erste und Zweite Weltkrieg und die Schrecken des Holocaust, die Kolonialkriege - sie bilden eine Facette der europäischen Identität, sei es als angegriffenes Volk oder als Angreifer.

Diese Erfahrungen in dieser Intensität haben kaum Völker anderer Kontinente gemacht. Somit stellen sie ein alleinstehendes Merkmal der europäischen Identität dar.

3.5.13 Gesundheit und Soziale Systeme

Ein alleinstehendes Merkmal, das Europa verbindet, ist die Errungenschaft, dass fast überall in Europa Gesundheitsweisen, Altersversorgung und Altersbetreuung durch die Allgemeinheit getragen werden. Sei es in Form von Versicherungen, sei es in Form von staatlichen Aufgaben. Diese Errungenschaften machen Europa weltweit einzigartig, denn in anderen Kulturkreisen ist die Entwicklung noch nicht so weit. Dieses und andere alleinstehende Merkmale dürften dazu beitragen, dass trotz noch vorhandener Probleme in der Form oder in der Qualität Europa als sogenanntes El Dorado unter dem anderen Kontinent.

Bedenkt man, dass in den USA trotz des Reichtums fast 60 Mio. Amerikaner lediglich eine kleine Grundversorgung haben bzw. nicht krankenversichert sind (trotz Obama Care) und diese noch in Frage gestellt wird, so sind diese Diskussionen in Europa fast vergessen worden. Dies heißt nicht, dass alle europäischen Systeme gleichwertig sind, dies heißt aber auch nicht dass diese Systeme vollkommen sind, sondern es zeigt lediglich, dass in diesem kleinen Kontinent (im Vergleich zu anderen) mit verschiedenen Völkern eine Verständigung über gewisse Grundsätze möglich ist was angesichts der heutigen Geopolitik schon allein ein Wert an sich ist.

4. Rassismus

Rassismus ist ein weltweites Phänomen, das in Deutschland aufgrund des Nazitums und seiner Gräueltaten eine besondere Bedeutung hat.

Rassismus ist eine Gesinnung oder Ideologie, nach der Menschen aufgrund weniger äußerlicher Merkmale – die eine bestimmte Abstammung vermuten lassen – als „Rasse" kategorisiert und beurteilt werden. Die zur Abgrenzung herangezogenen Merkmale wie Hautfarbe, Körpergröße oder Sprache – umstrittenerweise teilweise auch kulturelle Merkmale wie Kleidung oder Bräuche – werden als grundsätzlicher und bestimmender Faktor menschlicher Fähigkeiten und Eigenschaften gedeutet und nach Wertigkeit eingeteilt. Dabei betrachten Rassisten alle Menschen, die ihren eigenen Merkmalen möglichst ähnlich sind, grundsätzlich als höherwertig, während alle anderen (oftmals abgestuft) als geringerwertig diskriminiert werden. Mit solchen Rassentheorien, die angeblich wissenschaftlich untermauert sind, wurden und werden diverse Handlungen gerechtfertigt, die den heute angewandten allgemeinen Menschenrechten widersprechen.

Der Begriff Rassismus entstand zu Beginn des 20. Jahrhunderts in der kritischen Auseinandersetzung mit auf Rassentheorien basierenden politischen Konzepten. In anthropologischen Theorien über den Zusammenhang von Kultur und rassischer Beschaffenheit wurde der Begriff der Rasse mit dem ethnologisch-soziologischen Begriff „Volk" vermengt, z. B. von der „völkischen Bewegung" in Deutschland und Österreich.

Rassismus zielt dabei nicht auf subjektiv wahrgenommene Eigenschaften einer Gruppe, sondern stellt deren Gleichrangigkeit und im Extremfall deren Existenzberechtigung in Frage. Rassische Diskriminierung versucht typischerweise, auf (projizierte) phänotypische und davon abgeleitete persönliche Unterschiede zu verweisen.

Unabhängig von seiner Herkunft kann jeder Mensch von Rassismus betroffen sein. Das Internationale Übereinkommen zur Beseitigung jeder Form von Rassendiskriminierung unterscheidet nicht zwischen rassischer und ethnischer Diskriminierung. Ein erweiterter Rassismus Begriff kann auch eine Vielzahl anderer Kategorien einbeziehen. Menschen mit rassistischen Vorurteilen diskriminieren andere aufgrund solcher Zugehörigkeit, institutioneller Rassismus verweigert bestimmten Gruppen Vorteile und Leistungen oder privilegiert andere. Rassistische Theorien und Argumentationsmuster dienen der Rechtfertigung von Herrschaftsverhältnissen und der Mobilisierung von Menschen für politische Ziele. Die Folgen von Rassismus reichen von Vorurteilen und Diskriminierung über Rassentrennung, Sklaverei und Pogrome bis zu sogenannten „ethnischen Säuberungen" und Völkermord.

Zur Distanzierung vom Rassebegriff wird in der Humanbiologie heute nur noch eine (willkürliche) Untergliederung des Menschen in Populationen vorgenommen. In der Biologie ist Homo sapiens die einzige rezente Art und wird weder in „Rassen" noch in Unterarten unterteilt.

Der Begriff des Rassismus überlappt mit dem der Fremdenfeindlichkeit und lässt sich oft nur ungenau von diesem unterscheiden. Teile der Sozialwissenschaft unterscheiden zwischen Fremdenfeindlichkeit und Rassismus.

Allgemeines

Rassismus, im strengen Sinne des Wortes, erklärt soziale Phänomene anhand pseudowissenschaftlicher Analogieschlüsse aus der Biologie. Als Reaktion auf die egalitären Universalitätsansprüche der Aufklärung versucht er eine scheinbar unantastbare Rechtfertigung sozialer Ungleichheit durch den Bezug auf naturwissenschaftliche Erkenntnisse. Kultur, sozialer Status, Begabung und Charakter, Verhalten etc. gelten als durch die erbbiologische Ausstattung determiniert. Eine vermeintlich natur- oder gottgegebene, hierarchisch-autoritäre Herrschaftsordnung und die daraus gefolgerten Handlungszwänge dienen der Rechtfertigung von Diskriminierung, Ausgrenzung, Unterdrückung, Verfolgung oder Vernichtung von Individuen und Gruppen – sowohl auf individueller als auch auf institutioneller Ebene. Unterschiede in Hautfarbe, Sprache, Religion und Kultur stabilisieren die Abgrenzung zwischen den verschiedenen Gruppen und sollen die Vorrangstellung des Eigenen vor dem Fremden sichern. Der zivilisatorische Fortschritt der Moderne wird als dekadente, einer natürlichen Ungleichheit der Menschen widersprechende Verfallsgeschichte interpretiert.

Die Wurzeln des Rassismus reichen zurück bis in die frühe Geschichte der Menschheit. Der Historiker Imanuel Geiss sieht in den historischen Grundlagen des indischen Kastenwesens die „älteste Form quasi-rassistischer Strukturen" (Geiss, S. 49 f.). Laut Geiss nahmen sie ihren Anfang spätestens mit der Eroberung Nordindiens durch die Arier gegen 1500 v. Chr.; „Hellhäutige Eroberer pressten unterworfene Dunkelhäutige als ‚Sklaven' in die Apartheid einer Rassen-Kasten-Gesellschaft, die sich auf Dauer in der ursprünglichen Form nicht halten ließ, aber zur extremen Fragmentierung und Abschottung der Kasten als unübersteigbare Lebens-, Berufs-, Wohn-, Essens- und Ehegemeinschaften führte" (ebenda). Im antiken Griechenland wurden die Barbaren zwar nicht als „rassisch minderwertig", sondern „nur" als kulturell, bzw. zivilisatorisch Zurückgebliebene betrachtet, aber auch hier sprechen einige Historiker von prototypischem oder auch „Proto-Rassismus".

Der „moderne" Rassismus entstand im 14. und 15. Jahrhundert und wurde ursprünglich eher religiös begründet (Fredrickson, S. 14). Ab 1492, nach der Reconquista, der Rückeroberung Andalusiens durch die Spanier, wurden Juden und Muslime als „fremde Eindringlinge" oder schlicht als „marranos" (Schweine) verfolgt und aus Spanien vertrieben. Zwar existierte die formale Möglichkeit der (mehr oder weniger freiwilligen) Taufe, um Vertreibung oder Tod zu entrinnen, jedoch wurde angenommen bzw. unterstellt, dass die Conversos (konvertierte Juden) oder Moriscos (konvertierte Mauren) weiterhin heimlich ihren Glauben ausübten, wodurch den Konvertiten faktisch die Möglichkeit genommen wurde, vollwertige Mitglieder der Gesellschaft zu werden. Das „Jüdische" oder das „Islamische", aber auch das „Christliche", wurde zum inneren Wesen, zur „Essenz" des Menschen erklärt und die Religionszugehörigkeit so zur unüberwindlichen Schranke. Die Vorstellung, die Taufe oder Konversion reiche nicht, um den Makel zu tilgen, essentialisiert oder naturalisiert die Religion und gilt vielen Historikern daher als Geburt des modernen Rassismus. Die Vorstellung, ein Jude oder Moslem behielte auch dann sein jüdisches oder muslimisches „Wesen", wenn er seine Religion geändert hat – es liege ihm gewissermaßen im Blute –, ist im Kern rassistisch. „Die alte europäische Überzeugung, dass Kinder dasselbe ‚Blut' haben wie ihre Eltern, war eher eine Metapher und ein Mythos als ein empirischer wissenschaftlicher Befund, aber sie sanktionierte eine Art genealogischen Determinismus, der in Rassismus umschlägt, wenn er auf ganze ethnische Gruppen angewandt wird" (Fredrickson, S. 15). Die „Estatutos de limpieza de sangre" („Statuten von der Reinheit des Blutes"), erstmals niedergelegt 1449 für den Rat der Stadt Toledo, gelten einigen Autoren als Vorwegnahme der Nürnberger Rassegesetze. „Die spanische Doktrin von der Reinheit des Blutes war in dem Maße, wie sie tatsächlich durchgesetzt wurde, zweifellos eine rassistische Lehre. Sie führte zur Stigmatisierung einer ganzen ethnischen Gruppe aufgrund von Merkmalen, die – so die Behauptung – weder durch Bekehrung noch durch Assimilation zu beseitigen waren." (Fredrickson, S. 38 f.).

Aus der christlichen Glaubensgemeinschaft, der eigentlich jeder angehört, der durch die Taufe zu einem Teil der Gemeinschaft geworden ist, war eine Abstammungs-gemeinschaft, ein Rassenäquivalent, geworden – ein Vorgang, in dem sich fast 500 Jahre vor dem Nationalsozialismus das rassistische Ideologem vom „Volkskörper" mit den damit einhergehenden Vorstellungen, beispielsweise von der „Unreinheit des jüdischen Blutes", ankündigt.

Dieser mittelalterliche Rassismus blieb jedoch zunächst eingebunden in den Zusammenhang mythischer und religiöser Vorstellungen, es fehlte der Bezug auf eine naturwissenschaftlich begründete Biologie. Erst als religiöse Gewissheiten in Frage gestellt und die Trennung zwischen Körper und Seele zugunsten eines materialistisch-naturwissenschaftlichen Weltbildes aufgehoben wurden, waren die geistes-geschichtlichen Voraussetzungen für einen Rassismus neuzeitlicher Prägung gegeben. „Der Rassismus konnte sich in dem Maße zu einer komplexen Bewusstseinsform entwickeln, wie sich rassistische Bewusstseinselemente aus den theologischen Bindungen des Mittelalters „emanzipieren" konnten." Pseudowissenschaftliche Rassentheorien sind gewissermaßen ein „Abfallprodukt der Aufklärung" deren scheinbar naturwissenschaftliche Argumentation auch und gerade von großen Aufklärern rezipiert wurde. „Mit ihrem leidenschaftlichen, manchmal an Fanatismus grenzenden Bestreben, die Welt ‚logisch' zu ordnen, mit ihrer Manie, alles zu klassifizieren, haben die Philosophen und Gelehrten der Aufklärung dazu beigetragen, jahrhundertealten rassistischen Vorstellungen eine ideologische Kohärenz zu geben, die sie für jeden anziehend machte, der zu abstraktem Denken neigte."

So schrieb Voltaire 1755: *„Die Rasse der Neger ist eine von der unsrigen völlig verschiedene Menschenart, wie die der Spaniels sich von der der Windhunde unterscheidet ... Man kann sagen, dass ihre Intelligenz nicht einfach anders geartet ist als die unsrige, sie ist ihr weit unterlegen."* Ursprünglich metaphysisch und religiös begründet, erhielt der Rassismus durch die Aufklärung ein weiteres, ein säkulares Fundament.

Teilte 1666 der Leydener Professor Georgius Hornius die Menschheit in Japhetiten (Weiße), Semiten (Gelbe) und Hamiten (Schwarze), weil er gemäß der biblischen Überlieferung glaubte, die gesamte Menschheit stamme von den drei Söhnen Noachs, Japhet, Sem und Ham ab, so stellte keine 20 Jahre später, 1684, der französische Gelehrte François Bernier eine Rassensystematik vor, in der er die Menschen anhand äußerer Merkmale wie Hautfarbe, Statur und Gesichtsform in vier bis fünf ungleich entwickelte Rassen kategorisierte. Lastete auf den Schwarzen zuvor der Fluch des Ham und auf den Juden die kollektive „Schuld des Gottesmordes", so wurden nun »wissenschaftliche« Gründe angeführt, die deren »rassische« Andersartigkeit oder Minderwertigkeit »beweisen« sollten.

Naturforscher wie Carl von Linné, Georges-Louis Leclerc de Buffon, Johann Friedrich Blumenbach, Immanuel Kant und viele andere katalogisierten und klassifizierten Tier- und Pflanzenreich, aber auch die damals bekannte Menschheit und schufen so die Grundlagen der „Naturgeschichte des Menschen", der Anthropologie. Doch war deren Arbeit von Anfang an durch überlieferte Mythen und Vorurteile belastet. Besonders die von der mittelalterlichen Theologie überlieferte und in die säkulare neuzeitliche Wissenschaft übernommene Scala Naturae, die »Stufenleiter der Wesen«, spielte dabei eine gewichtige Rolle. Diese Vorstellung ordnete allem Leben einen festen Platz in einer Hierarchie »niederer« und »höherer« Wesen zu. Sie trug einerseits zur Bildung von Theorien über Evolution und Höherentwicklung bei, führte jedoch andererseits, übertragen auf den Menschen, zur Unterscheidung älterer und jüngerer »Rassenschichten«, die mit »primitiv« und »fortschrittlich« gleichgesetzt wurden. So wurde die Gattung Homo 1758 von Carl von Linné in der 10. Auflage von Systema Naturae eingeführt. Schon zuvor hatte er vier räumlich getrennt lebende Varianten des anatomisch modernen Menschen anhand ihrer Hautfarbe unterschieden, nun aber erweiterte er die Charakterisierung dieser vier geografischen Varietäten des Menschen um die Merkmale Temperament und Körperhaltung: Die Europäer unterschieden sich ihm zufolge von den anderen menschlichen Varietäten durch die Merkmale weiß, sanguinisch, muskulös („albus, sanguineus, torosus"), die Amerikaner durch die Merkmale rot, cholerisch, aufrecht, („rufus, cholericus, rectus"), die Asiaten durch die Merkmale gelb, melancholisch, steif („luridus, melancholicus, rigidus") und die Afrikaner durch die Merkmale schwarz, phlegmatisch, schlaff („niger, phlegmaticus, laxus"). „Hätten sich die Anthropologen darauf beschränkt, die Menschengruppen nach ihren physischen Merkmalen zu gliedern und daraus keine weiteren Schlüsse zu ziehen, wäre ihre Arbeit so harmlos wie die des Botanikers oder Zoologen und lediglich deren Fortsetzung gewesen. Doch stellte sich schon gleich zu Beginn heraus, daß diejenigen, *die die Klassifikationen vornahmen, sich das Recht anmaßten, über die Eigenschaften der Menschengruppen, die sie definierten, zu Gericht zu sitzen: indem sie von den physischen Merkmalen Extrapolationen auf geistige oder moralische vornahmen, stellten sie Hierarchien von Rassen auf." „Was immer Linné, Blumenbach und andere Ethnologen des 18. Jahrhunderts beabsichtigt hatten – sie waren jedenfalls die Wegbereiter für einen säkularen beziehungsweise „wissenschaftlichen" Rassismus" (Fredrickson, S. 59).*

Durch die Wertung phänotypischer Merkmale anhand ästhetischer Kriterien sowie ihrer Verknüpfung mit geistigen, charakterlichen oder kulturellen Fähigkeiten bereiteten die im 18. Jahrhundert ausgearbeiteten Rassentypologien den Boden für den voll entfalteten biologischen Rassismus des 19. und 20. Jahrhunderts (vgl. Fredrickson, S. 61–63). Joseph Arthur Comte de Gobineau, den Poliakov als den „großen Herold biologisch gefärbten Rassismus" bezeichnet, gilt mit seinem vierbändigen Versuch über die Ungleichheit der Menschenrassen als Erfinder der arischen Herrenrasse und Begründer der modernen Rassenlehre bzw. als theoretischer Vordenker des modernen Rassismus. Den Niedergang seines Standes erklärte der französische Adlige als Folge der rassischen Degeneration. Zudem prophezeite er, dass die Vermischung des Blutes unterschiedlicher Rassen unweigerlich zum Aussterben der Menschheit führe.

Im 20. Jahrhundert haben sich in vielen Ländern ausgeprägte Formen des Rassismus herausgebildet, die zum Teil zu offiziellen Ideologien der jeweiligen Staaten wurden – Beispiele sind:

- *Die Jim Crow-Ära, die Zeit der Rassendiskriminierung in den USA, die zwischen 1890 und 1960 ihren Höhepunkt erreichte*
- *die Rassengesetze der Nationalsozialisten in Deutschland und in anderen europäischen Staaten zwischen 1933 und 1945*
- *das Apartheidsregime in Südafrika, das nach 1948 seine extremste Entwicklung nahm*
- *die Politik der australischen Regierung gegenüber den Aborigines*

Seit der UNESCO-Deklaration gegen den „Rasse"-Begriff auf der UNESCO-Konferenz Gegen Rassismus, Gewalt und Diskriminierung im Jahre 1995 im österreichischen Stadtschlaining wird nicht nur jede biologische, sondern auch jede soziologische Ableitung rasseähnlicher Kategorien geächtet. Diese Ächtung wird wie folgt begründet:

Kriterien, anhand derer Rassen definiert werden, seien beliebig wählbar.

Die genetischen Unterschiede zwischen Menschen innerhalb einer „Rasse" seien im Durchschnitt quantitativ größer als die genetischen Unterschiede zwischen verschiedenen „Rassen".

Es bestehe kein Zusammenhang zwischen ausgeprägten Körpermerkmalen wie der Hautfarbe und anderen Eigenschaften wie Charakter oder Intelligenz.

Der bedeutende italienische Populationsgenetiker Cavalli-Sforza, Professor an der Stanford University in Kalifornien, kommt in seinem monumentalen Werk „The History and Geography of Human Genes" zum Ergebnis, dass es keine wissenschaftliche Basis für die Unterscheidung von Menschenrassen gibt. Die Einteilung der Menschheit in taxonomische Untergruppen sei im Kern willkürlich und nicht mittels statistischer Methoden reproduzierbar. Die geringen genetischen Unterschiede, die zwischen bestimmten Populationen überhaupt nachweisbar seien, sind aufgrund des geringen evolutionären Alters der modernen Menschheit sehr gering und zudem vermutlich durch Wanderungen und anschließende Vermischung bis fast zur Unkenntlichkeit verwischt. Die optisch auffälligen Unterschiede, etwa der Hautfarbe, korrelieren zudem überhaupt nicht mit diesen genetisch definierten Populations-Clustern. Keine Population besitzt eigene Gene, und selbst eigene Allele sind bedeutungslos, wesentliche Unterschiede bestehen nur in deren Frequenz. Je nach gewähltem genetischen Marker sind die genetischen Cluster zudem verschieden umgrenzt und nicht stabil.

Der 21. März ist der Internationale Tag gegen Rassismus. Im Jahr 2018 stand dort die Förderung von Toleranz, Inklusion und Respekt für Diversität im Vordergrund. UNO-Berichterstatter über Rassismus und Fremdenfeindlichkeit ist Doudou Diène.

Begriff

Begriffsgeschichte

Rassismus als soziales und psychisches Phänomen existiert unabhängig von Rassentheorien, als rassistisch zu beschreibende Gruppenkonflikte lassen sich bis in die frühe Menschheitsgeschichte nachweisen. Rassismus als systematisches Lehrgebäude dagegen entwickelte sich seit dem ausgehenden 18. Jh. im kontinentalen Europa und der angelsächsischen Welt.

Der Begriff „Rassismus" tauchte jedoch erst zu einem Zeitpunkt auf, als am Rassenbegriff oder zumindest an einigen seiner Verwendungen Zweifel aufkamen. Er entstand im frühen 20. Jahrhundert, in der Auseinandersetzung mit völkischen Theorien. In der Endung ‚-ismus' sollte sich die Auffassung von Historikern und anderen Autoren niederschlagen, „dass es sich dabei um fragwürdige Ansichten und Überzeugungen handele, nicht um unbestreitbare Naturtatsachen" (Fredrickson, S. 159). Die Rassisten selbst hingegen verstanden sich positiv als Vertreter einer „Rassenkunde" oder „Rassenlehre" und lehnten infolgedessen «Rassismus» zur Umschreibung ihrer Ansichten ab (Geiss, S. 17 und 341). Meyers Lexikon definierte 1942 Rassismus folgendermaßen:

„Rassismus, urspr. Schlagwort des demokr.-jüd. Weltkampfes gegen die völkischen Erneuerungsbewegungen und deren Ideen u. Maßnahmen, ihre Völker durch Rassenpflege zu sichern und das rassisch wie völkisch und politisch-wirtschaftlich zerstörende Judentum sowie anderweitiges Eindringen fremden Blutes abzuwehren und auszuschlagen, als inhuman und ihre Träger als ‚Rassisten' zu verleumden."

Pionierarbeit in vielerlei Hinsicht leistete Théophile Simar. Sein 1922 erschienenes Werk Étude critique sur la formation de la doctrine des races au XVIIIe siècle et son expansion au XIXe siècle gilt als das erste, in dem die Begriffe „Rassismus" und „rassistisch" Anwendung fanden. Darin setzte er sich äußerst kritisch mit der These der germanischen bzw. teutonischen Überlegenheit über die anderen europäischen – besonders die romanischen – Völker auseinander und kam dabei zu dem Schluss, dass derartige Konzepte wissenschaftlich nicht stichhaltig seien und ausschließlich politischen Zwecken dienen (Fredrickson, S. 161–162).

Im Jahre 1935 kritisierten Julian Huxley und Alfred C. Haddon in ihrem Buch We Europeans: A survey of Racial problems, dass es für die Idee verschiedener, voneinander abgegrenzter Menschenrassen keinerlei wissenschaftliche Beweise gebe. Klassifikationen anhand phänotypischer oder somatischer Merkmale und darauf basierende Bewertungen sowie jede Form von „Rassenbiologie" lehnten sie als pseudowissenschaftlich ab. Sie forderten daher, das Wort Rasse aus dem wissenschaftlichen Vokabular zu streichen und durch die Bezeichnung „ethnische Gruppe" zu ersetzen. Die Rassentheorien der Nazis bezeichneten sie als „Glaubensbekenntnis eines leidenschaftlichen Rassismus". „Der Rassismus ist ein Mythos und ein gefährlicher dazu. Er ist ein Deckmantel für selbstsüchtige ökonomische Ziele, die in ihrer unverhüllten Nacktheit hässlich genug aussehen würden." Die biologische Anordnung der europäischen Menschentypen sei ein subjektiver Vorgang und der Mythos des Rassismus ein Versuch, den Nationalismus zu rechtfertigen.

Jacques Barzun klassifizierte in seinem richtungsweisenden Werk Race: a Study in Superstition von 1937 den „Rassengedanken" (racialism) als modernen Aberglauben und eine Form irregeleiteten Denkens. Rasse, so erklärte er, „war in Deutschland ein Mittel, um dem deutschen Volk nach der nationalen Erniedrigung von Versailles und danach ein Gefühl der Selbstachtung zurückzugeben." Er beschreibt ferner, wie auch schon früher und an anderen Orten Rassismus dazu benutzt wurde, um dem «Nationalen» Aufschwung zu verleihen (vgl. Fredrickson, S. 167). Bereits im ersten Kapitel wies er darauf hin, dass nicht nur die deutsche Einstellung gegenüber den Juden rassistisch sei, sondern ebenso die Annahme der «weißen Überlegenheit gegenüber den Schwarzen», die Furcht vor der asiatischen „Gelben Gefahr" oder die Überzeugung, Amerika müsse die angelsächsische Rasse davor beschützen, durch südeuropäisches, jüdisches oder das „Blut der Neger" verunreinigt zu werden. Seine umfassende Analyse der rassistischen Ideenwelt seiner Zeit beinhaltete u. a.:

- die rassische Umdeutung der Rivalität zwischen Deutschland und Frankreich zu einer Auseinandersetzung zwischen Ariern und Kelten;
- die Zurückführung des Siegeszuges des Sozialismus auf eine jüdische Verschwörung;
- die Behauptung, die germanischen Rassen seien im Aufstieg und die romanischen im Niedergang begriffen;

- sowie die Überzeugung, die Weißen müssen sich gegen «die farbigen Horden von Schwarzen, Roten und Gelben» verbünden, um die «europäische Kultur» bzw. die Zivilisation überhaupt vor dem Untergang zu bewahren (Fredrickson, S. 167).

Größeren Bekanntheitsgrad erlangte der Begriff „Rassismus" erst durch den Sexualwissenschaftler Magnus Hirschfeld, dessen zwischen 1933 und 1934 verfasste Analyse und Widerlegung der nationalsozialistischen Rassendoktrin posthum, in englischer Übersetzung, unter dem Titel Racism veröffentlicht wurde. In dem 1938 erschienenen Werk erklärte Hirschfeld den Aufstieg des deutschen Antisemitismus als Folge der Probleme, die aus der Niederlage im Ersten Weltkrieg erwuchsen. Rassismus diene als Sicherheitsventil gegen ein Katastrophengefühl und scheine für die Wiederherstellung der Selbstachtung zu sorgen, zumal er sich gegen einen leicht erreichbaren und wenig gefährlichen Feind im eigenen Land richte und nicht gegen einen achtenswerten Feind jenseits der nationalen Grenzen. Dem Konzept der „Rasse" konnte auch er nichts abgewinnen, was von wissenschaftlichem Wert wäre; stattdessen empfahl er die Streichung des Ausdrucks, „soweit damit Unterteilungen der menschlichen Spezies gemeint sind". Doch bot auch Hirschfeld keine formale Definition des «Rassismus» und machte auch nicht deutlich, worin seiner Ansicht nach der Unterschied zum Begriff der «Xenophobie» besteht, den er ebenfalls verwandte.

Die erste Rassismus-Definition stammt von der Amerikanerin Ruth Benedict. In ihrem 1940 erschienenen Buch Race – Science and Politics bezeichnet sie Rassismus als „das Dogma, dass eine ethnische Gruppe von Natur aus zu erblicher Minderwertigkeit und eine andere Gruppe zu erblicher Höherwertigkeit bestimmt ist. Das Dogma, dass die Hoffnung der Kulturwelt davon abhängt, manche Rassen zu vernichten und andere rein zu erhalten. Das Dogma, dass eine Rasse in der gesamten Menschheitsgeschichte Träger des Fortschritts war und als einzige auch künftig Fortschritt gewährleisten kann".

Bereits diese frühe Definition verwendet „Rasse" und „ethnische Gruppe" synonym, der Terminus „Rasse" wird dabei als soziologische Kategorie aufgefasst und kommt ohne biologischen Bezug aus. Benedict unterschied zunächst scharf zwischen religiösen und rassischen Differenzkonzepten und versuchte so, den Rassismusbegriff auf den biologischen Rassismus einzugrenzen. Im weiteren Verlauf ihrer Studien gab sie diese Trennung jedoch auf und leitete eine «funktionale Äquivalenz» zwischen religiösem Fanatismus und solchen Abneigungen her, die mit Merkmalen der physischen Erscheinung oder der Abstammung gerechtfertigt werden. Beide führen, so Benedict, zu Formen der Verfolgung, für die lediglich unterschiedliche Rechtfertigungen formuliert werden, die sich aber in ihrem Wesen nicht unterscheiden. „In den Augen der Geschichte jedenfalls bleibt der Rassismus lediglich ein anderes Beispiel für die Verfolgung von Minderheiten zum Vorteil derer, die an der Macht sind" (Fredrickson, S. 168). Populär wurde Benedicts Definition durch Martin Luther King, der sie mehr als 25 Jahre später in seinem Buch Where do we go from here: Chaos or Community? verwandte.

1965 definiert die UNO im Internationalen Übereinkommen zur Beseitigung jeder Form von Rassendiskriminierung den Begriff der „Rassendiskriminierung" als „jede auf der Rasse, der Hautfarbe, der Abstammung, dem nationalen Ursprung oder dem Volkstum beruhende Unterscheidung, Ausschließung, Beschränkung oder Bevorzugung, die zum Ziel oder zur Folge hat, dass dadurch ein gleichberechtigtes Anerkennen, Genießen oder Ausüben von Menschenrechten und Grundfreiheiten im politischen, wirtschaftlichen, sozialen, kulturellen oder jedem sonstigen Bereich des öffentlichen Lebens vereitelt oder beeinträchtigt wird."

Die Europäische Kommission gegen Rassismus und Intoleranz definiert Rassismus als „die Überzeugung, dass ein Beweggrund wie Rasse, Hautfarbe, Sprache, Religion, Staatsangehörigkeit oder nationale oder ethnische Herkunft die Missachtung einer Person oder Personengruppe oder das Gefühl der Überlegenheit gegenüber einer Person oder Personengruppe rechtfertigt".

Gegenstand und Definition

Begriffliche Differenzierung

In der Wissenschaft existieren heute verschiedene Definitionen des Begriffs Rassismus. Tragweite, Gültigkeit und Erklärungsmacht der jeweiligen Definitionen variieren je nach Deutungsebene und Schwerpunkt. Der Begriff ist stark ideologisiert, so dass die Akzeptanz oder Ablehnung verschiedener Definitionen auch von politischen oder ethischen Präferenzen abhängen kann. Die jeweils extremsten Deutungen weiten den Begriff entweder sehr aus, bis hin zum sogênannten „Speziesismus", oder schränken ihn stark ein, so dass er lediglich den „klassischen", also auf Rassentheorien basierenden Rassismus umfasst. Definitionsgegenstände können historische Tatbestände sein, praktische Strukturen und Prozesse, aber auch Theorien, Ideologien, Denkmethoden und abstrakte Konzepte oder der «Rassismus an sich».

Der marxistische Rassismusforscher Étienne Balibar stellte fest, „dass es nicht «einen» invarianten Rassismus, sondern «mehrere» Rassismen gibt, die ein ganzes situationsabhängiges Spektrum bilden ... Eine bestimmte rassistische Konfiguration hat keine festen Grenzen, sie ist ein Moment einer Entwicklung, dass je nach seinen eigenen latenten Möglichkeiten, aber auch nach den historischen Umständen und den Kräfteverhältnissen in den Gesellschaftsformationen einen anderen Platz im Spektrum möglicher Rassismen einnehmen kann."

Der Historiker Patrick Girard sah bereits 1976 die Notwendigkeit eines differenzierteren Rassismusbegriffes: „Zum Beispiel waren offensichtlich Juden, Indianer und Schwarze alle Opfer verschiedener Spielarten des Rassismus. Sie waren das aber auf Grund ganz unterschiedlicher Voraussetzungen in ganz verschiedenen Epochen und aus ganz verschiedenen Gründen. Daher ist es vorzuziehen, von «Rassismen» und nicht von «Rassismus» zu sprechen, wobei der Antisemitismus, wie wir sehen werden, eine Sonderstellung einnimmt".

Auch Soziologen wie Stuart Hall unterscheiden aus praktischen und analytischen Erwägungen heraus zwischen dem «allgemeinen Rassismus» und seinen verschiedenen Ausformungen, den Rassismen:

„Es gibt keinen Rassismus als allgemeines Merkmal menschlicher Gesellschaften, nur historisch-spezifische Rassismen." – STUART HALL: ‚Rasse', Artikulation und Gesellschaften mit struktureller Dominante, in Rassismus und kulturelle Identität, Ausgewählte Schriften Band 2, Argument-Verlag, Hamburg 1994, ISBN 3-88619-226-1, S. 127

„Empirisch hat es viele Rassismen gegeben, wobei jeder historisch spezifisch und in unterschiedlicher Weise mit den Gesellschaften verknüpft war, in denen er aufgetreten ist." – STUART HALL (1978): nach Robert Miles

„Ich habe bislang über den allgemeinen Begriff des Rassismus gesprochen, über Rassismus im allgemeinen. Aber wo immer wir Rassismus vorfinden, entdecken wir, daß er historisch spezifisch ist, je nach der bestimmten Epoche, nach der bestimmten Kultur, nach der bestimmten Gesellschaftsform, in der er vorkommt. Diese jeweiligen spezifischen Unterschiede muß man analysieren. Wenn wir über konkrete gesellschaftliche Realität sprechen, sollten wir also nicht von Rassismus, sondern von Rassismen sprechen." – STUART HALL: Rassismus als ideologischer Diskurs

In gleicher Weise argumentiert der Historiker George M. Fredrickson:

„Diese Kontinuitäten strukturelle Ähnlichkeiten von biologisch begründetem und «neuem kulturellem Rassismus» weisen meiner Ansicht nach darauf hin, dass es eine allgemeine Geschichte des Rassismus und eine Geschichte partikulärer Rassismen gibt; doch um die verschiedenen Formen und Funktionen des allgemeinen Phänomens zu verstehen, mit denen wir uns befassen, ist es notwendig, den jeweils spezifischen Kontext zu kennen."

Die Soziologen Loïc Wacquant und Albert Memmi empfehlen, „ein für alle mal auf die allzu dehnbare Reizvokabel Rassismus zu verzichten oder sie allenfalls zur Beschreibung empirisch analysierbarer Doktrinen und Überzeugungen von Rassen zu verwenden;" bzw. den Terminus «Rassismus», wenn überhaupt, dann ausschließlich zur Bezeichnung des Rassismus im biologischen Wortsinne zu gebrauchen (Memmi, S. 121).

Memmi fasst den «Rassismus im weiteren Sinne» als einen «allgemeinen Mechanismus» auf, der jedoch in verschiedenen Spielarten auftritt, von denen der «Rassismus im engeren Sinne» nur eine ist. Weil ein Rassismus sich ohne ein Verständnis des anderen nur unzureichend begreifen lasse und der «Rassismus im weiteren Sinne» wesentlich stärker verbreitet sei, schien es ihm sinnvoll, „den biologischen Rassismus, historisch eine relativ junge Erscheinung, einer allgemeineren und viel älteren Verhaltensweise unterzuordnen" (Memmi, S. 97). „Tatsächlich stützt sich die rassistische Anklage bald auf einen biologischen und bald auf einen kulturellen Unterschied. Einmal geht sie von der Biologie, dann wieder von der Kultur aus, um daran anschließend allgemeine Rückschlüsse auf die Gesamtheit der Persönlichkeit, des Lebens und der Gruppe des Beschuldigten zu ziehen. Manchmal ist das biologische Merkmal nur undeutlich ausgeprägt, oder es fehlt ganz. Kurz, wir stehen einem Mechanismus gegenüber, der unendlich mannigfaltiger, komplexer und unglücklicherweise auch stärker verbreitet ist, als der Begriff Rassismus im engen Wortsinne vermuten ließe. Es ist zu überlegen, ob man ihn nicht besser durch ein anderes Wort oder eine andere Wendung ersetzt, die sowohl die Vielfalt als auch die Verwandtschaft der einzelnen Formen des Rassismus zum Ausdruck bringt" (Memmi, S. 165–166). *„Der Begriff Rassismus passt genau für die biologische Bedeutung"* und solle daher künftig ausschließlich für den Rassismus im biologischen Sinne gebraucht werden. Zur Bezeichnung der allgemeinen Erscheinung schlug Memmi ursprünglich Ethnophobie vor, entschied sich jedoch 1982 für den Begriff Heterophobie, denn *„damit ließen sich jene phobischen und aggressiven Konstellationen begrifflich fassen, die gegen andere gerichtet sind und mit unterschiedlichen – psychologischen, kulturellen, sozialen oder metaphysischen – Argumenten gerechtfertigt werden, und von denen der Rassismus im engeren Sinne lediglich eine Variante wäre"* (Memmi, S. 121–122).

„Mit «Rassismus» soll ausschließlich die Ablehnung des anderen unter Berufung auf rein biologische Unterschiede, mit «Heterophobie» soll die Ablehnung des anderen unter Berufung auf Unterschiede jedweder Art gemeint sein. Damit wird der Rassismus zu einem Sonderfall der Heterophobie" (Memmi, Seite 124). Mit dem Begriff «Heterophobie» ließen sich nach Ansicht Memmis auch weitere terminologische Probleme lösen, weil er einerseits alle Spielarten einer *„aggressiven Ablehnung des anderen"* erfasse und sich umgekehrt auch leicht in seine verschiedenen Formen ummünzen lasse. *„Statt von Antisemitismus zu sprechen, einem offensichtlich ungenauen Terminus, könnte man den Begriff «Judenphobie» gebrauchen, der eindeutig die Angst vor dem Jüdischen und dessen Ablehnung bezeichnet; dasselbe gilt für die Begriffe ‚Negrophobie', ‚Arabophobie' usw."* (Memmi, S. 123).

Rassismusdefinition nach Albert Memmi

Die in der Rassismusforschung aktuell am breitesten akzeptierte Definition stammt von dem französischen Soziologen Albert Memmi:

„Der Rassismus ist die verallgemeinerte und verabsolutierte Wertung tatsächlicher oder fiktiver Unterschiede zum Nutzen des Anklägers und zum Schaden seines Opfers, mit der seine Privilegien oder seine Aggressionen gerechtfertigt werden sollen" – Memmi, S. 103 u. 164

Diese Definition ist nicht auf rassenbiologisch begründete Rassismen beschränkt, so stützt sich die „rassistische Anklage bald auf einen biologischen und bald auf einen kulturellen Unterschied. Einmal geht sie von der Biologie, dann wieder von der Kultur aus, um daran anschließend allgemeine Rückschlüsse auf die Gesamtheit der Persönlichkeit, des Lebens und der Gruppe des Beschuldigten zu ziehen." (Memmi, S. 165 f.).

Sie enthält drei Elemente, die Memmi für wesentlich erachtet und denen auch in der aktuellen Rassismusforschung zentrale Bedeutung zukommt. Memmi betont, dass keines dieser Elemente für sich allein schon den Rassismus ausmache, dieser entstehe erst durch die Verknüpfung (Memmi, S. 44).

Differenz

Die Grundlage des Rassismus besteht in der nachdrücklichen (Über-)Betonung oder Konstruktion tatsächlicher oder fiktiver Unterschiede zwischen Rassist und Opfer. „Der Unterschied ist der Angelpunkt rassistischer Denk und Handlungsweise" (Memmi, S. 48). Memmi weist ausdrücklich darauf hin, dass es sich dabei um einen «allgemeinen Mechanismus» handelt, er „Der Rassismus beschränkt sich weder auf die Biologie noch auf die Ökonomie, die Psychologie oder die Metaphysik; er ist eine vielseitig verwendbare Beschuldigung, die von allem Gebrauch macht, was sich anbietet, selbst von dem, was gar nicht greifbar ist, weil sie es je nach Bedarf erfindet" (Memmi, S. 83). „Die Rassisten verabscheuen die Araber jetzt nicht mehr wegen ihrer sonnenverbrannten Haut oder ihrer levantinischen Gesichtszüge, sondern weil sie – «machen wir uns doch nichts vor» – einer lächerlichen Religion anhängen, ihre Frauen schlecht behandeln, grausam oder einfach rückständig sind" (Memmi, S. 101). Die Benutzung des Unterschiedes sei zwar für die rassistische Argumentation unentbehrlich, „aber es ist nicht der Unterschied, der stets den Rassismus nach sich zieht, es ist vielmehr der Rassismus, der sich den Unterschied zunutze macht". Dabei spiele es keine Rolle, ob der Unterschied real sei oder reine Fiktion, für sich allein wichtig oder unbedeutend. „Wenn es keinen Unterschied gibt, dann wird er vom Rassisten erfunden; gibt es ihn hingegen, dann wird er von ihm zu seinem Vorteil interpretiert" (Memmi, S. 167).

Wertung

Das bloße Aufzeigen einer Verschiedenheit zwischen zwei Individuen oder Gruppen stellt, so Memmi, für sich allein genommen noch keinen Rassismus dar. „Der Rassismus liegt nicht in der Feststellung eines Unterschieds, sondern in dessen Verwendung gegen einen anderen" (Memmi, S. 214). „Der Rassismus ist die Wertung ...", er beginnt dort, wo der Unterschied eine Interpretation erfährt und ihm eine (zusätzliche) Bedeutung beigemessen wird, in der Art, dass sie (ab)wertend wirkt und Nachteile für den Bewerteten nach sich zieht. „Erst im Kontext des Rassismus nimmt diese Betonung des Unterschieds eine besondere Bedeutung an ..." (Memmi, S. 166). Die Hervorhebung von tatsächlichen oder eingebildeten Unterschieden ist für Memmi lediglich ein „bequemes Werkzeug für etwas ganz anderes, nämlich die Infragestellung des Opfers", woraus sich als Konsequenz ergibt, dass die Merkmale des anderen stets negative sind, sie bezeichnen etwas Schlechtes, während die Merkmale des Rassisten gut sind. „Der Rassist ist liebenswert, weil sein Opfer verabscheuungswürdig ist. Die Welt des Rassisten ist die des Guten, die Welt seines Opfers die des Bösen" (Memmi, S. 98–99).

Verallgemeinerung

Verallgemeinerung wird von Memmi in zweifacher Hinsicht aufgefasst. Sie drückt sich zum einen als „Entindividualisierung" oder „Entpersönlichung", die gleichsam mit einer „Entmenschlichung" einhergeht, zum anderen als „Verabsolutierung" oder „Verewiglichung" aus; er spricht in diesem Sinne von einer „doppelten Verallgemeinerung". „Die Beschuldigung richtet sich fast immer zumindest implizit gegen fast alle Mitglieder der Gruppe, so daß jedes andere Mitglied derselben Beschuldigung ausgesetzt ist, und sie ist zeitlich unbegrenzt, so daß kein denkbares Ereignis in der Zukunft dem Prozeß jemals ein Ende machen kann" (Memmi, S. 114). Das Individuum wird nicht mehr für sich betrachtet, sondern als Mitglied einer Gruppe, deren Eigenschaften es zwangsläufig, a priori besitzt, es wird entindividualisiert. „Zugleich verdient die gesamte Fremdgruppe, der das Stigma des Schädlichen und Aggressiven anhaftet, daß man sie angreift; umgekehrt verdient jeder Angehörige der Fremdgruppe a priori die Sanktion ..." (Memmi, S. 116). Mit dem Verlust der Individualität geht der Verlust der persönlichen und menschlichen Rechte und Würde einher. Der Mensch wird nicht in differenzierender Weise beschrieben; „er hat nur das Recht darauf, in einem anonymen Kollektiv zu ertrinken" (vgl. Memmi, S. 183–186). Jeder wirkliche oder erfundene Mangel des Einzelnen wird auf die ganze pseudoverwandtschaftliche Gruppe ausgedehnt, und gleichzeitig wird der Einzelne aufgrund eines kollektiven Makels verurteilt. „Individuelles und kollektives Merkmal stehen in einer Art dialektischem Verhältnis zueinander" (vgl. Memmi, S. 170 f.).

Die andere Form der Verallgemeinerung ist die zeitliche Unbegrenztheit der Beschuldigungen. „Der Rassist möchte in dem Stempel, den er dem Gesicht seines Opfers aufdrückt, dessen endgültige Züge sehen. Nicht nur, daß das Opfer einer Gruppe angehört, deren Mitglieder alle diese Makel tragen, sie tun es außerdem für immer. Damit hat alles seine Ordnung für die Ewigkeit. Ein für allemal sind die Bösen böse und die Guten gut ..." (Memmi, S. 117 f.).

Funktion

Für Memmi dient Rassismus primär der Herrschaftssicherung, Sinn und Zweck des Rassismus liegt in der Vorherrschaft (Memmi, S. 60). Sekundär kompensiert er psychische Defizite, „man festigt die eigene Position gegen den Anderen. Psychoanalytisch gesprochen ermöglicht der Rassismus eine individuelle und kollektive Stärkung des Ichs" (Memmi, S. 160). „Um groß zu sein, genügt es dem Rassisten, auf die Schultern eines anderen zu steigen" (Memmi, S. 202).

Rassismusdefinition nach Fredrickson

Während bei Memmi die Wertung ein zentrales Element darstellt, verzichtet George M. Fredrickson vollständig auf dieses Kriterium, wodurch seine Definition auch bestimmte ethnozentrische, vor allem aber ethnopluralistische Konzepte einschließt (vgl. Fredrickson, S. 18 f.). Fredricksons Theorie oder Konzeption des Rassismus aus dem Jahr 2002 basiert lediglich auf zwei Komponenten: „Differenz" und „Macht".

„Rassismus entspringt einer Denkweise, wodurch «sie» sich von «uns» dauerhaft unterscheiden, ohne dass es die Möglichkeit gäbe, die Unterschiede zu überbrücken. Dieses Gefühl der Differenz liefert ein Motiv beziehungsweise eine Rechtfertigung dafür, dass «wir» unseren Machtvorteil einsetzen, um den ethnorassisch Anderen auf eine Weise zu behandeln, die wir als grausam oder ungerecht ansehen würden, wenn Mitglieder unserer eigenen Gruppe davon betroffen wären." – Fredrickson, S. 16

„Wollten wir eine knappe Formulierung wagen, so könnten wir sagen, dass Rassismus vorliegt, wenn eine ethnische Gruppe oder ein historisches Kollektiv auf der Grundlage von Differenzen, die sie für erblich und unveränderlich hält, eine andere Gruppe beherrscht, ausschließt oder zu eliminieren versucht." – Fredrickson, S. 173

Nicht die „Differenz", sondern bereits das „Gefühl der Differenz" dient – nach Fredrickson – Rassisten als Motiv zur Machtausübung bzw. als Rechtfertigung, um „ethnorassisch Andere" grausam oder ungerecht zu behandeln. Zur Konstruktion von „wir" und „sie" bedarf es keines realen Unterschiedes, es reicht bereits ein «gefühlter Unterschied». Weder konkretisiert er die Art der Machtausübung, diese kann von „einer inoffiziellen, aber durchgängig praktizierten sozialen Diskriminierung bis zum Völkermord" reichen (Fredrickson, S. 16 f.), noch legt er fest, ob die Differenz biologischer, kultureller, religiöser oder sonstiger Natur ist. „Gewöhnlich greift die Wahrnehmung des Anderen als ,Rasse' jedoch Differenzen auf, die in irgend einem Sinne „ethnisch" sind. Nach der Definition des Politikwissenschaftlers Donald L. Horowitz gründet Ethnizität „auf einem Mythos gemeinsamer Abstammung, die zumeist mit vermeintlich angeborenen Merkmalen einhergeht. Eine gewisse Vorstellung von Merkmalszuschreibung und einer daraus resultierenden Affinität sind vom Konzept der Ethnizität untrennbar." Die Kennzeichen und Identifizierungsmerkmale, an die man dabei gewöhnlich denkt, sind Sprache, Religion, Bräuche sowie (angeborene oder erworbene) physische Eigenschaften. Eines oder mehrere davon (manchmal alle), können als Quellen ethnischer Verschiedenheit dienen; jedes von ihnen kann Verachtung, Diskriminierung oder Gewalt seitens der anderen Gruppe hervorrufen, die das Merkmal oder die Merkmale, die zum Kriterium des ethnisch Anderen geworden sind nicht teilt. Man kann, wie ich es in einem früheren Essay einmal getan habe, das Wesen des Rassismus als hierarchisch geordnete Ethnizität beschreiben; mit anderen Worten, Differenz wird unter Einsatz von Macht zu etwas, das Haß erregt und Nachteile mit sich bringt" (Fredrickson, S. 142).

Während Memmi den Fokus auf die Hierarchisierung, also die Wertung, der Differenzen legt, betont Fredrickson besonders deren Verabsolutierung; die «Differenz», die „ethnorassische" Andersartigkeit muss dauerhaft sein und ohne die Möglichkeit, die Unterschiede zu überbrücken. Die Gruppenkonstruktion wird dadurch biologisiert oder auch essentialisiert, dass die ethnischen, kulturellen oder sonstigen Differenzen zu unüberbrückbaren, quasibiologischen Unterschieden erklärt werden; die Gruppenkonstruktion wird zum Rassenäquivalent. „Zwar mögen Shoah und Entkolonialisierung auf Dauer Regimes in Mißkredit gebracht haben, die ich als ,offen rassistisch'

bezeichnet habe; doch sollte diese gute Nachricht nicht zu der Überzeugung aufge-
bauscht werden, der Rassismus als solcher sei tot oder liege im Sterben ... Was als
«neuer Rassismus» in den USA, Großbritannien und Frankreich bezeichnet wurde, ist
eine Denkweise, die kulturelle Differenzen anstelle von genetischer Ausstattung ver-
dinglicht und zu Wesensunterschieden erstarren lässt, die also mit anderen Worten
Kultur zum funktionalen Äquivalent von Rasse macht" (Fredrickson, S. 144). „Von der
Existenz einer rassistischen Einstellung kann man sprechen, wenn Differenzen, die
sonst als ethnokulturelle betrachtet werden, für angeboren, unauslöschlich und un-
veränderbar erklärt werden" (Fredrickson, S. 13).

Rassismus, so Fredrickson, „leugnet die Möglichkeit, dass die Rassisten und ihre Opfer
in derselben Gesellschaft zusammenleben können, es sei denn auf der Grundlage von
Herrschaft und Unterordnung". In Anlehnung an Pierre-André Taguieff spricht er von
Rassismen der Inklusion und solchen der Exklusion. „Ebenfalls gilt als ausgeschlossen,
dass die ethnorassische Differenz aufgehoben werden kann, wenn Menschen ihre Iden-
tität ändern" (Fredrickson, S. 17). Dauerhaftigkeit und Unüberbrückbarkeit der Diffe-
renz sind für Fredrickson das entscheidende Merkmal, um Rassismen von anderen
Formen der Intoleranz und Diskriminierung abzugrenzen. „Es könnte sinnvoll sein,
einen anderen Begriff, etwa ‚Kulturalismus', zu verwenden, um die Unfähigkeit oder
die mangelnde Bereitschaft zur Duldung kultureller Differenzen zu beschreiben; doch
wenn eine echte Assimilation angeboten wird, würde ich auf die Verwendung des Ras-
sismusbegriffs verzichten" (Fredrickson, S. 14–15).

Jedoch gelte es zwischen verschiedenen Konzeptionen von Kultur zu unterscheiden.
„Geht man davon aus, dass Kultur historisch konstruiert ist und etwas Fließendes, zeit-
lich und räumlich Variables darstellt, das sich an äußere Umstände anpassen kann,
dann ist der Begriff Kultur dem der Rasse diametral entgegengesetzt. Aber Kultur
kann in einem solchen Maße verdinglicht und essentialisiert werden, dass sie zum
funktionalen Äquivalent des Rassenbegriffs wird" (Fredrickson, S. 15). „Ein determi-
nistischer kultureller Partikularismus kann das gleiche bewirken wie ein biologisch
begründeter Rassismus ..." (Fredrickson, S. 16) Die Grenzlinie zwischen „Kulturalis-
mus" und Rassismus ist, nach Fredrickson, rasch überschritten, „Kultur und sogar Re-
ligion können so sehr zu Wesensmerkmalen erstarren, dass sie als funktionales Äqui-
valent für biologischen Rassismus dienen können. Das gilt seit einiger Zeit in gewissem
Umfang für die Wahrnehmung der Schwarzen in den USA und Großbritannien sowie
für die der Muslime in einigen vorwiegend christlichen Nationen" (Fredrickson, S.
148).

Individualität und Menschenrechte

Für Christoph Butterwegge ist Rassismus ein „Denken, das nach körperlichen bzw.
nach kulturellen Merkmalen gebildeten Großgruppen unterschiedliche Fähigkeiten,
Fertigkeiten, und/oder Charaktereigenschaften zuschreibt, wodurch selbst dann,
wenn keine gesellschaftliche Rangordnung (Hierarchie) zwischen ihnen entsteht, die
Ungleichverteilung sozialer Ressourcen und politischer Rechte erklärt, also die

Existenz von Privilegien bzw. der Anspruch darauf legitimiert, die Gültigkeit univer-
seller Menschenrechte hingegen negiert wird."

Nach Manfred Kappeler benachteiligt Rassismus größere Gruppen von Menschen auf-
grund ihrer biologisch oder kulturell begründeten Fremdheit und bestreitet ihren An-
spruch auf Menschen- bzw. Bürgerrechte sowie Menschenwürde. Sein „zutiefst inhu-
maner Kern" bestehe darin, dass er Menschen nicht als Persönlichkeiten mit eigenen
Anlagen und Begabungen, sondern nur als Mitglieder ihrer »Rasse« oder ihres «Kul-
turkreises» ansehe und ihnen damit jede individuelle, über vermeintliche Kollektivei-
genschaften hinausgehende Entwicklungsmöglichkeit abspreche.

Menschenrechte und -würde stehen auch für den Historiker Georg Kreis im Mittel-
punkt, ebenfalls betont er die Verallgemeinerung der Differenz:

„Die Grenzen zwischen Rassismus und Fremdenfeindlichkeit sind nicht scharf zu zie-
hen. Aus der Opfersicht ist es nicht besonders wichtig, welcher analytische Kategorie
man eine Tat zuschreibt. Verschiedene Diskriminierungsformen gehen in einander
über. Im Kern geht es um Menschenrechte, um Respekt vor Menschenwürde. Vielleicht
möchte man doch eine Definition haben, darum der Vorschlag, den Rassismus als eine
Position zu verstehen, aus der heraus gegenüber einer Gruppe aufgrund unpersönli-
cher Merkmale eine abschätzige Haltung eingenommen und der Einzelne wegen des
negativen Gruppenbildes wie auch die gesamte Gruppe wegen negativer Einzelerfah-
rungen negativ beurteilt wird."

Rassismusdefinition nach Philomena Essed

Für Philomena Essed ist Rassismus „eine Ideologie, eine Struktur und ein Prozeß, mit-
tels derer bestimmte Gruppierungen auf der Grundlage tatsächlicher oder zugeschrie-
bener biologischer oder kultureller Eigenschaften als wesensmäßig andersgeartete
und minderwertige «Rassen» oder ethnische Gruppen angesehen werden. In der Folge
dienen diese Unterschiede als Erklärung dafür, daß Mitglieder dieser Gruppierungen
vom Zugang zu materiellen und nicht-materiellen Ressourcen ausgeschlossen werden.
Rassismus schließt immer den Gruppenkonflikt hinsichtlich kultureller und materiel-
ler Ressourcen ein." „... Rassismus ist ein strukturelles Phänomen. Das bedeutet, daß
ethnisch spezifizierte Ungleichheit in ökonomischen und politischen Institutionen, im
Bereich von Bildung und Erziehung und in den Medien wurzelt und durch diese Struk-
turen reproduziert wird."

Damit erweitert sie den Begriff «Rassismus» dahingehend, dass sie damit nicht nur
eine Ideologie oder konkrete historische Erscheinungsformen verbindet, sondern auch
reale Strukturen und Prozesse, wodurch ihre Definition auch Phänomene, beispiels-
weise Alltagsrassismus oder institutionellen Rassismus, enthält.

Rassismusdefinition nach Robert Miles

Robert Miles hingegen versteht unter Rassismus einen „Prozess der Konstruktion von
Bedeutungen", durch den „bestimmten phänotypischen und/oder genetischen

Eigenschaften von Menschen Bedeutungen der Gestalt zugeschrieben werden, dass daraus ein System von Kategorisierungen entsteht", in dem den Betroffenen „zusätzliche (negativ bewertete) Eigenschaften zugeordnet werden". Diese Definition betont wiederum den ideologischen Aspekt des Rassismus. Gleichzeitig verknüpft sie ihn aber eng mit dem „Prozess der Rassenkonstruktion" und beschränkt ihn so auf seine klassische Variante.

Rassismusdefinition nach Mark Terkessidis

Mark Terkessidis hat 1998 die Verengung der Rassismusdiskussion auf Vorurteile und Ideologie kritisiert. In Anlehnung an Immanuel Wallerstein versteht er Rassismus als eine Trennung zwischen „Uns" und „Ihnen", die in der Moderne durch Ausschluss durch Einbeziehung konstituiert wurde. Durch die Sklaverei, die Kolonisierung und später durch die Arbeitsmigration wurden jeweils Gruppen von Menschen in ein System einbezogen und durch spezifische Ausgrenzungspraxen ausgeschlossen. Das „rassistische Wissen" entstand, um die Praxis der Diskriminierung und die so entstandenen Trennungen zu legitimieren und zu erklären.

Terkessidis definiert Rassismus in drei Punkten: 1. Ausgrenzungspraxis (in Anlehnung an Robert Miles verstanden als Benachteiligung bei Verteilung gesellschaftlicher Ressourcen, Dienstleistungen und Positionen); 2. Rassifizierung (Festlegung einer Gruppe als natürliche Gruppe und gleichzeitig Festlegung der „Natur" dieser Gruppe) und 3. „Differenzierende Macht" (eine Form von Gewaltverhältnis, etwa die Macht, bestimmte Personen zu beherrschen, sie Sondergesetzgebungen zu unterstellen oder abzuschieben). Nur wenn diese Elemente zusammenkommen, könne sinnvoll von Rassismus ge-sprochen werden.

Terkessidis weist auch darauf hin, dass der Aspekt der „Abwertung" nicht immer vorhanden sein muss, sondern die Trennung zwischen „Uns" und „Ihnen" entlang letztlich beliebiger Eigenschaften selbst schon rassistischen Charakter haben kann. Insofern begreift er Rassismus als einen Apparat, in dem sich diskriminatorische Praxis und Wissensbestände ständig stützen.

Kritik an der Verwendung des Begriffs

Fredrickson bemerkt, dass der Begriff „Rassismus" häufig unpräzise und unreflektiert verwendet würde, „um die feindseligen oder negativen Gefühle eines ‚Volkes' oder einer ethnischen Gruppe gegenüber einer anderen und die aus dieser Einstellung resultierenden Handlungsweisen zu beschreiben" (Fredrickson, S. 9). Auf einem Workshop „Neue Begriffe für die Einwanderungsgesellschaft" einigten sich 2013 die Teilnehmer der Gruppe „Rassismus" darauf, dass Fälle von Rassismus dann vorlägen, wenn Menschen aufgrund von Zuschreibungen diskriminiert oder verfolgt würden. Rassistisches Denken gehe von der unveränderlichen Zugehörigkeit des Menschen zu einer Gruppe aus, die als der „eigenen" Gruppe des Zuschreibenden unterlegen bewertet werde.

Kurt Horstmann schlug vor, nicht jegliche Diskriminierung irgendwelcher Gruppen als Rassismus zu bezeichnen, und hält es für angebracht, etwa in der Flüchtlingsforschung auf den Ausdruck „Rassismus" zu verzichten und stattdessen auf die Begriffe „Fremdenfeindlichkeit", „Xenophobie", „Ausländerfeindlichkeit" und dergleichen auszuweichen.

In Norwegen wurde vom Gesetzgeber der Begriff „Rasse" aus den sich mit Diskriminierung befassenden nationalen Gesetzen entfernt, da der Begriff als problematisch und unethisch gilt. Das norwegische Gesetz gegen Diskriminierung verwendet lediglich die Begriffe ethnische und nationale Herkunft, Abstammung und Hautfarbe.

Geschichtliche Erscheinungen

Altertum

Antikes Griechenland und Rom

Die Frage, ob es im alten Griechenland und im alten Rom Rassismus gegeben habe, wird unterschiedlich beantwortet. Sie ist im Zusammenhang damit zu sehen, wie die antiken Griechen seit Homer und Herodot die „Barbaren" sahen.

David Theo Goldberg, der das „Konzept der Ausschließung" als zentral für die Untersuchung und Unterscheidung rassistischer Diskriminierungen betrachtet, verneint Rassismus, weil die Griechen die „Barbaren" gerade nicht kategorisch verabscheuten (siehe Homer, Herodot, Aischylos, Xenophon und andere).

Auch Yves Albert Dauge bestreitet, dass es in der römischen Welt Rassismus gegeben habe. Obschon in der Antike Überlegenheitsgefühle eines Stammes oder Volkes über andere Gruppen und ethnische, religiöse oder kulturelle Stereotype verbreitet waren, existiert für die Begriffe „Rasse" oder „Rassismus" kein exaktes Äquivalent in der griechischen oder lateinischen Sprache. Aus dem gleichen Grunde sieht auch Christopher Tuplin keine Veranlassung, von Rassismus in der griechischen Welt zu sprechen; die Diskussion des Rassismus müsse seiner Meinung nach eine Definition von Rasse einschließen.

Autoren wie Christian Delacampagne oder Benjamin Isaac, Professor für Alte Geschichte an der Universität Tel Aviv, sind anderer Auffassung und betonen, dass einerseits dem Rassenbegriff analoge ideologische Konstruktionen existiert hätten und andererseits Rassismus ohnehin im Kern kulturell argumentiere. Beide verweisen ausführlich auf Aristoteles' Konstruktion des Barbaren und eine mit ihr betriebene Legitimation der Sklaverei. Barbaren sei ein minderes Menschsein zugeschrieben worden, weil sie nur bedingt über Vernunft verfügten.

Proto-Rassismus

Benjamin Isaac benutzt für die Antike, neben „frühem Rassismus" oder „antikem Rassismus", hauptsächlich den Begriff „Proto-Rassismus", der in den 1970er Jahren von dem französischen Ägyptologen Jean Yoyotte geprägt wurde. Er will damit zweierlei zum Ausdruck bringen: Zwar habe es in der Antike eine Art von Rassismus gegeben, aber dieser habe sich vom klassischen Rassismus unterschieden, wie er sich im 18. und 19. Jahrhundert entwickelt hat. Doch ist der antike Rassismus insofern Proto-Rassismus, also Vorläufer des Rassismus, als er – nach Isaac – späteres rassistisches Denken beeinflusst hat. Für Isaac zeichnet sich Rassismus dadurch aus, dass hierbei Individuen oder ganze Gruppen von Menschen mit unveränderlichen körperlichen oder geistigen Eigenschaften in Verbindung gebracht werden. Diese kollektiven Eigenschaften sind für den Rassisten vorgegeben, sie können nicht verändert werden, da sie entweder vererbt oder aber durch klimatische und geografische Bedingungen determiniert wurden. Einige Stereotype seien bereits in der Antike zur Legitimierung imperialistischer Aggressionen gegenüber „minderwertigen" Völkern benutzt worden.

Antike Elemente des Proto-Rassismus seien ferner zu grundlegenden Bausteinen des modernen Rassismus geworden. Sie seien über Autoren des 18. Jahrhunderts den Begründern der modernen rassistischen Ideologie übermittelt worden. Die griechisch-römische Antike kenne zwar keine Theorie eines biologischen Determinismus, dennoch finde sich schon früh, spätestens ab dem 5. Jahrhundert v. Chr., die Vorstellung, dass Menschen je nach ihrer geografischen Herkunft entsprechende Eigenschaften besitzen. Nach dieser Theorie seien die Menschen im heißen Süden intelligenter, wenn auch ängstlicher und zaghafter als die Menschen im kalten Norden, die auf Grund der unwirtlichen Landschaft erfinderisch, impulsiv, wenn auch leichtsinnig seien. Athen und später dann Rom hätten sich als ideale Mitte zwischen Extremen gesehen, wobei das angenehme Klima Griechenlands und Italiens als Argument gedient habe. Proto-Rassismus gibt es nach Isaac zum einen also in diesen anthropogeografischen Vorstellungen – zum anderen hat vor allem Aristoteles (und nach ihm andere) die Ansicht vertreten, dass gewisse Menschen zum Sklavendasein geboren wurden. Es gibt gemäß dieser Ansicht Menschen höherer Ordnung und solche einer niedrigeren Ordnung. Auch diese Unterscheidung zeugt, nach Isaac, von Proto-Rassismus: The question to be considered is what are the explanations given in ancient literature for the presumed superiority or inferiority of specific groups. If these consist of theories regarding heredity or unalterable exterior influences, it is possible to speak of proto-racism.

Zur Klima-Theorie

Antiker (Proto-)Rassismus zeigte sich nach Isaac insbesondere in Form der sogenannten „Klimatheorie", die unterschiedlichen nichtgriechischen Völkern gewisse Eigenschaften zuschreibt. Sie spiegelt sich erstmals in der hippokratischen Schrift Über die Umwelt (lateinisch De aeribus aquis locis). Wahrscheinlich gab es eine ursprüngliche Klimatheorie, die von dieser und anderen Schriften rezipiert wurde. Im Hinblick auf das mythische Volk der „Makrokephalen", welches der Verfasser von De aeribus als historisches Volk beschrieb, wird klimatheoretischer Proto-Rassismus mit der Vorstellung der Vererbbarkeit der entsprechenden Merkmale vermengt. Diese Ausführung der Theorie bleibt jedoch uneindeutig – sicher nicht zuletzt wegen des beschränkten Wissens damaliger Zeit hinsichtlich der Erbbiologie. Der Klimatheorie ist in De aeribus immer die Theorie der Inferiorität von Fremdvölkern aufgrund ihrer politischen Verfassung (Despotie) beigeordnet. Ob nun die Politik und Ordnung (Nomos) oder die Natur des Menschen (Physis) ausschlaggebend für das Bild des Fremden sein sollte, ist nicht genau zu beantworten. Durch die sophistisch geprägte Rhetorik, die möglichst Vertreter unterschiedlicher Theorien für sich gewinnen möchte, war das Ausmaß und die Art und Weise der Anwendung der Klimatheorie vielgestaltig.

Haut- und Haarfarben-Rassismus

Vincent Rosivach schrieb, dass das (meist) rote und blonde Haar der Thraker und anderer Völker im Norden Griechenlands oft als Kennzeichen der minderwertigen Menschen galt. Thraker bildeten die erste ethnisch geschlossene Gruppe von Sklaven im Athen archaischer Zeit. Sie sind unter Solon angekauft worden. Menschen mit diesem Phänotyp traten in Athen fast ausschließlich als Sklaven auf. Entsprechende Assoziationen seitens der griechischen Bevölkerung waren die Folge. In Komödien wurden die Charaktere von Sklaven ausschließlich mit rotem Haar dargestellt. „Rot-" bzw. „Blondschopf" waren typische Sklavennamen.

Ein bekannteres Beispiel aus klassischer Zeit für eine ethnisch einheitliche Gruppe von Sklaven sind die mit Polizeiaufgaben betrauten skythischen Staatssklaven.

Gegen die Annahme der Existenz eines Hautfarbenrassismus in der Antike wendet sich seit den 1980er Jahren Frank M. Snowden, Jr.

Gender-Aspekte, Dichotome und graduelle Abwertung

Bei Platon gab es neben dieser dichotomen Sichtweise, die alles Unathenische als weibisch (bzw. weiblich), fremd, feige, verlogen, standpunktlos, primitiv oder dekadent abtat, einige „Argumentationshilfen", die eine unterschiedliche Bewertung der verschiedenen Fremdvölker aus griechischer Sicht als damalige attische oder griechische communis opinio als Basis nahelegt. So setzt er in seiner Politeia die drei Seelenteile in Beziehung zu den einzelnen Fremdvölkern zugewiesenen Charaktereigenschaften; ihm gelten Thraker und Skythen als kriegerisch, Phönizier und Ägypter als erwerbsstrebig. Sein Schüler Aristoteles nennt die gleichen Beispiele kriegerischer Völker. Thraker und Skythen, die beiden Fremdvölker im Norden, werden also von beiden als kriegerisch benannt; als zum Herrschen bzw. zur besten Herrschaft geeignet nennen beide ausschließlich das eigene Volk.

Eine einfachere Differenzierung als Platon nimmt Aristoteles vor, wenn er ein Europa-Asien-Gefälle unter den nichtgriechischen Völkern postuliert, die kleinasiatischen seien „sklavischer". Nach Aristoteles seien diejenigen, die von Natur aus sklavisch seien, nicht eindeutig von der Natur durch körperliche Erscheinung und charakteristische Merkmale gekennzeichnet. Die servile Eigenart wird den Barbaren insbesondere deswegen von Aristoteles zugesprochen, da es ihnen an den politischen Strukturen mangele, die eine Gemeinschaft der Freien und Gleichen ermöglichen.

Altertümliches Indien, China und Japan

In Asien gibt es ebenfalls weit zurückreichende Formen rassistischer Diskriminierung, die klassenbezogene und kulturbezogene Grundlagen hatten und ohne Rassenbegriff funktionierten. Die Chinesen entwickelten schon Jahrhunderte vor den Griechen kulturalistische Vorstellungen von Barbaren. Nachdem sie ursprünglich davon ausgingen, dass diese durch den Kontakt mit der chinesischen Kultur zivilisiert werden könnten, wurden sie schließlich mit Tieren verglichen, die kulturell grundsätzlich defizitär seien. Frank Dikötter hat darauf hingewiesen, dass es im Kaiserreich China eine lang währende eigene rassistische Tradition gab, ehe man dort mit dem europäischen Rassengedanken in Kontakt kam.

Das gilt auch für Indien, wo Kastenschema und Unberührbarkeit mit Hilfe von organischen Metaphern (Purusha) und Vermischungsverboten legitimiert wurden. Diese Biologisierung sozialer Unterschiede war durchaus nicht einzigartig. Sie wurde im Zuge der durch den europäischen Imperialismus importierten Rassentypologie und mit Hilfe des auf sie gestützten arischen Mythos einer völkischen Interpretation unterzogen, die behauptete, das Kastenschema wäre das Produkt hellhäutiger arischer Einwanderer, die die dunkelhäutige Urbevölkerung unterworfen hätten. Gail Omvedt schreibt dazu: „Punjabi Brahmans and Punjabi Untouchables were ethnically the same, and Tamil Brahmans and Tamil Untouchables were not racially different." (etwa: „Die Brahmanen des Pundschab und die Unberührbaren des Pundschab waren ethnisch identisch, und die tamilischen Brahmanen unterschieden sich in der Rasse nicht von den tamilischen Unberührbaren.")

Sozial begründete Kastendifferenzen gab es auch in Japan. Die rassistische Diskriminierung der Buraku, einer mit niederen und als unrein geltenden Tätigkeiten beschäftigten Kaste, reicht bis ins 14. Jahrhundert zurück. Neben diesem nach innen gerichteten Rassismus gab es auch die nach außen gerichtete rassistische Diskriminierung der Ainu. Sowohl auf die Buraku als auch auf die Ainu wurde später der von den Europäern entlehnte Rassenbegriff angewandt und so, wie Richard Siddle, Michael Weiner und andere gezeigt haben, deren auf Kastendenken und Kulturchauvinismus gestützte Diskriminierung rassisiert. In allen Fällen wird deutlich, dass Rassismus ohne Rassen funktioniert und im Kern kulturalistisch bestimmt ist.

Mittelalter

Der Proto-Rassismus des europäischen Mittelalters lässt sich an verschiedenen Indikatoren aufzeigen. Einmal ist es die Zeit eines umkämpften Bildes vom Afrikaner, zu dem Peter Martin Material zusammengetragen hat, das auf widersprüchliche Konzeptionen verweist, die zwischen Wolfram von Eschenbachs schöner, schwarzer Königin Belakane und den schwarzen, moslemischen Teufeln des Rolandsliedes schwanken. Später treten mit den judenfeindlichen Pogromen während des ersten Kreuzzuges und der großen Pest Ideologien und Praktiken der Ausgrenzung und Vernichtung zutage, die für Léon Poliakov und andere zur Geschichte des Antisemitismus und

Rassismus gehören. Entgegenhalten ließe sich dem allerdings, dass die Ablehnung der Juden sich vornehmlich religiös artikulierte (s. Antijudaismus).

Reconquista und Conquista

Das Jahr 1492 steht mit dem Fall von Granada, der Vertreibung der Mauren und Juden aus Spanien und der europäischen Entdeckung Amerikas für eine Vermengung und Überlagerung unterschiedlicher praktischer und ideologischer Formen rassistischer Diskriminierung.

Norman Roth und andere haben gezeigt, wie der Antisemitismus in der Politik der Blutsreinheit (limpieza de sangre) gegenüber den Juden seine moderne Form anzunehmen begann. Zielgruppe dieser Politik waren zum Christentum konvertierte Juden oder deren Nachkommen (Marranos), deren religiösem Bekenntnis weiterhin misstraut wurde. Ihnen gegenüber wurde mit der Frage nach der Blutsreinheit ihre Herkunft geltend gemacht und nach bis zu einem Sechzehntelanteil angeblich jüdischen Blutes gefahndet. Es galt sogar als gefährlich, christliche Kinder von Ammen aus konvertierten Familien stillen zu lassen, weil sich deren Milch angeblich schädlich auswirken könne.

Erste Begegnungen der Seefahrer aus Spanien 1492 mit dem indigenen Volk der Arawak verliefen friedlich, die Arawaken boten den Seefahrern laut dem Logbuch von Kolumbus unter anderem Baumwolle an, und die Seefahrer tauschten unter anderem Glasperlen ein. In seinem Logbuch betrachtete sie Christoph Kolumbus aber bereits zu diesem Zeitpunkt als zukünftige Untertanen oder gar als Sklaven. Die Eroberung Amerikas hatte mit der massenweisen Versklavung und dem Genozid an den Indianern, der nach Jared Diamond jedoch vor allem durch eingeschleuste Seuchen erfolgte (das eigentliche Ziel war die vollständige Unterwerfung der Indianer, nicht die Auslöschung), und der anschließenden Verschleppung afrikanischer Sklaven gleich zwei rassistische Dimensionen. In der Aus-einandersetzung zwischen Bartolomé de Las Casas und Juan Ginés de Sepúlveda über die Frage, ob die indigene Bevölkerung des späteren Amerika Menschen seien und wie sie behandelt werden müssten, wurde einerseits nach wie vor auf den von Aristoteles geprägten Begriff des Barbaren zurückgegriffen. Andererseits begann sich aufgrund der Herausbildung einer vielfältig gemischten Gesellschaft ein an Hautfarben orientiertes Kastensystem zu entwickeln, das zahlreiche Blutskombinationen und Abschattierungen kannte. Imanuel Geiss hat eine der gängigen Unterteilungen dokumentiert:

„Aus Spanier und Indianerin entsteht Mestize. Aus Spanier und Mestizin entsteht Kastize. Aus Kastize und Spanierin entsteht Spanier. Aus Spanier und Negerin entsteht Mulatte. Aus Spanier und Mulattin entsteht Morisco. Aus Spanier und Morisca entsteht Albino. Aus Spanier und Albina entsteht Torna Atras. Aus Indianer und Negerin entsteht Lobo. Aus Indianer und Mestizin entsteht Coyote. Aus Lobo und Indianerin entsteht Chino. Aus Chino und Negerin entsteht Cambuxo. Aus Cambuxo und Indianerin entsteht Tente en el aire. Aus Tente en el aire und Mulattin entsteht Albarasado. Aus

Albarasado und Indianerin entsteht Varsino. Aus Varsino und Cambuxa entsteht Campamulatte."

Colin Tatz, Direktor des Centre for Comparative Genocide Studies in Sydney, erläutert in diesem Zusammenhang, dass der sogenannte Rassismus ohne Rassen kein neues, sondern ein altes, dem am Rassenbegriff orientierten Rassismus vorausgehendes Konzept ist. Den europäischen Völkermördern in Amerika stand der Rassenbegriff noch nicht zur Verfügung. Sie bedienten sich zur Legitimation ihres Vorgehens der überkommenen kulturalistischen Vorstellung von Barbaren als minderwertigen Menschen.

Neuzeit

Amerika

Im Zuge der Eroberung Amerikas kamen weitere rassistische Aspekte zum Ausdruck: als Eroberung mit ausgrenzenden Folgen für die Indianer, als transatlantische Sklaverei und als Machtkampf um die Teilhabe an einer postulierten weißen Vorherrschaft.

Sklaverei

Die transatlantische Sklaverei war ökonomisch ein Dreiecksverhältnis, in dem Billigwaren, Schnaps und Waffen aus Europa zumeist unter Einbezug afrikanischer und arabischer Sklavenhändler gegen Sklaven aus Afrika und diese gegen amerikanische Kolonialwaren eingetauscht wurden (siehe Atlantischer Sklavenhandel). Die Kolonisierung Amerikas vom 16. Bis 19. Jahrhundert ging mit einer Massenversklavung von Afrikanern einher, die in allen Teilen des dünn besiedelten Doppelkontinents (Nord-, Mittel- und Südamerika) als billige Arbeitskräfte eingesetzt wurden: in britischen, niederländischen, französischen und spanischen Kolonien (später USA, Brasilien und die europäischen Kolonien in der Karibik). Auf dem nordamerikanischen Festland erlangte die Sklaverei besonders drastische Ausprägungsformen.

Sklaverei war auch bei den Indianern Nordamerikas eine Erscheinung, jedoch nicht in allgemeiner Verbreitung. Zunächst nutzten sie wie die Europäer zur Legitimation ihres Vorgehens überkommene Vorstellungen über die in Kriegen Unterlegenen, und die Gouverneure der Kolonien versuchten eine Aversion zwischen Indianern und Schwarzen zu schüren, um Kooperation oder Kollusion zu verhindern. Während z. B. die Seminolen entflohenen afroamerikanischen Sklaven Zuflucht gewährten (Schwarze Seminolen), führten etwa die Cherokee nach ihrer versuchten Anpassung an die Gesellschaft der europäischen Einwanderer (siehe Fünf Zivilisierte Stämme) ebenfalls die Sklaverei ein und betrieben sie in ähnlicher Härte wie die europäischen bzw. US-amerikanischen Sklavenbesitzer.

Die transatlantische Sklaverei war ein System, das (wie Orlando Patterson formuliert hat) neben seinem ökonomischen Kalkül den „sozialen Tod" der Sklaven bezweckte. Laut seiner Analyse liegt der Kern rassistischer Diskriminierung in der Zerstörung der sozialen und kulturellen Identität derer, die ihr unterworfen sind bzw. werden. Schätzungen über die Anzahl der Betroffenen schwanken zwischen 11 Millionen und 15 Millionen. Die wichtigsten europäisch geprägten Betreiber dieser Politik waren im 18. Jahrhundert (laut Zahlen, die Albert Wirz wiedergab): „1. England mit einem Anteil von 41,3 %, 2. Portugal (29,3 %), 3. Frankreich (19,2 %), 4. Holland (5,7 %), 5. Brit. Nordamerika/USA (3,2 %), 6. Dänemark (1,2 %), 7. Schweden und Brandenburg (0,1 %).“

Ab dem 17. Jahrhundert entwickelte sich der Besitz von Sklaven neben dem Landbesitz zu einem zentralen Statusmerkmal. Die Sklavenfrage entzweite in den USA zunehmend die Süd- von den Nordstaaten. In den Nordstaaten setzte die Industrialisierung ein und die Anzahl der Sklaven nahm langsam ab, während die Besitzer der riesigen Reis- und Baumwollplantagen in den Südstaaten weiterhin Sklaverei in wachsendem Ausmaß betrieben. In der viel beachteten Präambel zur Unabhängigkeitserklärung hatte Thomas Jefferson das Leben, die Freiheit und das Streben nach Glück zum unveräußerlichen Menschenrecht erklärt. Die Sklaverei geriet (obwohl sie dort nicht direkt angesprochen wurde) unter Rechtfertigungsdruck.

Anfangs wurde die Sklaverei überwiegend mit religiösen und philosophischen Erwägungen verteidigt; später verwendeten Befürworter überwiegend „wissenschaftliche“ Rechtfertigungen. Zum Beispiel wurden unterstellte biologische Unterschiede wie etwa eine andere Blutfarbe oder die angeblich kleineren Gehirne von Schwarzen als Beweis€ für die Unterlegenheit der schwarzen „Rasse“ gewertet. Auch statistische und psychologische Argumente wurden verwendet, wie z. B. die Behauptung, dass Geisteskrankheiten unter Sklaven viel seltener sind als unter freien Schwarzen. „Drapetomanie“ (der Wunsch wegzulaufen) wurde als eine psychiatrische Diagnose erfunden. Solche Rassismen (wissenschaftlicher Rassismus), die angebliche Erkenntnisse aus den Natur- und Sozialwissenschaften heranziehen, um rassistische Praktiken zu begründen und zu rechtfertigen, nahmen nach der Abschaffung der Sklaverei noch deutlich zu.

Der Rassismus entwickelte sich unterschiedlich, die Bewegung zur Abschaffung der Sklaverei (siehe Abolitionismus) hatte in den Nordstaaten stärkeren Zulauf als in den Südstaaten. Auch nach der formalen Abschaffung der Sklaverei unter Abraham Lincoln existierten jedoch noch weiterhin Probleme des Rassismus, und noch bis ins 20. Jahrhundert wurde von einigen Historikern die These vertreten, dass die Sklaverei für Schwarze zu ihrer Zivilisierung nötig sei.

Weiße Vorherrschaft

Im 17. Jahrhundert war der Rassismus unter den weißen Bediensteten, die ähnliche Arbeiten verrichteten, in den Kolonien noch kaum ausgebreitet. Der Historiker Kenneth M. Stampp, Verfasser mehrerer Standardwerke zur Sklavereigeschichte, beurteilte die schwarzen und weißen Arbeiter allgemein als „bemerkenswert uninteressiert an den sichtbaren Unterschieden“. Dies sorgte für Unbehagen bei den Besitzern, und es wurde als Gegenmaßnahme z. B. in Virginia 1691 ein Gesetz zum Verbot von Ehen zwischen Weißen und Schwarzen oder Indianern erlassen. Teils halfen die weißen Arbeiter auch den schwarzen Sklaven bei Widerstandsaktionen. Ab dem 18. Jahrhundert nahmen mit dem Anwachsen der rasseneingeteilten Sklaverei und dem Einsetzen der weißen Arbeiter als deren bezahlte Aufseher der Rassismus zu und die Rebellionen von weißen Bediensteten ab.

Das System der White Supremacy nahm in Amerika unterschiedliche Formen an, die jeweils Weißsein als zentrale Norm der Teilhabe an politischen Rechten und sozialen Entfaltungsmöglichkeiten setzten. In Brasilien schlug sie sich unter anderem in der Politik des branqueamento nieder, mit der die „weißen" Brasilianer die „brasilianische Rasse" verbessern und durch Zumischung von mit Hilfe von europäischen Einwanderern importierten „weißen Blutes" das „schwarze Element" in der brasilianischen Bevölkerung bis zum Jahre 2012 zum Verschwinden bringen wollten. Brasilien gilt auch als extremes Beispiel für die „soziale Konstruktion" von Rasse, wo eine direkte Zuweisung von Hautfarbe und sozialem Erfolg (bis heute) der Fall ist und sich bei einer Person der soziale Aufstieg auch in der Einordnung in eine „weißere" Farbklasse widerspiegelt.

In den USA kam die White Supremacy nicht nur in der Politik der Rassentrennung zum Ausdruck, sondern äußerte sich auch als Verdacht ungenügender „Weißheit" gegenüber verschiedenen europäischen Einwanderergruppen. Karen Brodkin hat für die Juden und Noel Ignatiev für die Iren beschrieben, wie diese in langwierigen und schmerzhaften Prozessen „weiß werden" beziehungsweise Anteil an der lokalen Führungsschicht erlangen konnten. Die irischstämmigen Amerikaner hätten ihre „Weiße" in einem rassistischen Qualifikationsprozess, das heißt durch teilweise gewalttätige wie gehässige Absetzbewegungen von anderen Minderheiten, überhaupt erst errungen.

Umkehrt stellte der Anthropologe John Ogbu die umstrittene These vom „acting white" (weiß agieren oder auch schauspielern) auf, nach der die schwarze Minderheit (ehemaliger Sklaven) in den USA einen als kastenartig beschriebenen internen Zusammenhalt aufweise und dadurch Schwarzen selber den Aufstieg verwehre.

Imperialismus

Im Zeitalter des Imperialismus ließ Leopold von Belgien eine Schreckensherrschaft (Kongogräuel) im Kongo errichten. In Australien führte der Rassismus der Arbeiterbewegung zur exklusiven „weißen" Staatsgründung unter dem Motto „White Australia". In Ostasien fiel das europäische Vorbild auf fruchtbaren Boden und ließ Japan sich als Hoffnung der nichtweißen Rassen präsentieren. in den USA wurde die Ideologie des manifest destiny auf imperiale Politik übertragen und als Zivilisationsmission ausgegeben.

Die britische Herrschaft in Indien ist insoweit differenziert zu sehen, als die lokalen Herrschaftsformen lange beibehalten wurden. Vom 18. bis Mitte des 19. Jahrhunderts war es nicht weiter auffällig, wenn britische Soldaten und Angestellte der Ostindien-kompagnie sich mit indischen Frauen verheirateten. Die gemeinsamen Kinder und die so etablierten Gemeinden wurden damals Eurasier genannt. Erst mit dem stärkeren Nachwandern von britischen und europäischen Frauen und nach dem Sepoyauf-stand wurden die Angloinder von Briten wie Indern stärker separiert und gemieden und spielen bis in die Gegenwart als Anglo-Indian eine besondere Rolle.

Yamato-Rasse in Japan

Die Modernisierung der Meiji-Zeit führte in Japan auch zur Entwicklung imperialisti-scher Ambitionen, die unter anderem im Ersten Japanisch-Chinesischen Krieg und im Russisch-Japanischen Krieg umgesetzt wurden. Unter der Parole „Asien den Asia-ten!" bediente man sich dabei einerseits einer ideologischen Umkehrung des europä-isch-amerikanischen Stereotyps von der „Gelben Gefahr" und warnte die asiatische Staatengemeinschaft vor der „weißen Gefahr". Andererseits wurde die eigene aggres-sive und expansionistische Kolonialpolitik mit rassistischem Paternalismus legiti-miert. Danach sollte sich die asiatische Bevölkerung aus den „fünf Rassen" der Japa-ner, Chinesen, Koreaner, Mandschu und Mongolen zusammensetzen, von denen die japanische „Yamato-Rasse" am weitesten entwickelt und am fortschrittlichsten und deswegen berufen wäre, die anderen zu erleuchten, kulturell und moralisch zu ver-vollkommnen und vor allem zu führen. Bis heute werden – so Jared Diamond – in Ja-pan Untersuchungen, nach denen mit gewisser Wahrscheinlichkeit die Japaner selber hauptsächlich von koreanischen Einwanderern abstammen, nicht ohne Widerstände zur Kenntnis genommen.

Als der von Japan bei den Friedensverhandlungen von Versailles eingebrachte Vor-schlag einer Erklärung zur Gleichberechtigung der Rassen trotz mehrheitlicher Zu-stimmung zurückgewiesen wurde, verstärkte dieses seine imperialistischen Anstren-gungen im pazifischen Raum. Die sich zuspitzenden Widersprüche zwischen den japa-nischen und den Ambitionen Englands und der USA führten schließlich zu der als „Ras-senkrieg" geführten militärischen Auseinandersetzung, die John Dower, Gerald Horne und andere beschrieben haben.

Historisch gesehen gab es in Japan stets eine Diskriminierung der Buraku. Noch heute werden viele Menschen der Minderheit der Buraku in Japan diskriminiert. Obwohl sie sich weder in Religion, Sitten noch im Aussehen merklich von anderen Japanern un-terscheiden, galten sie als eigene Rasse. Sie wurden teilweise sogar als Hinin (非人, „Nicht-Menschen") bezeichnet. Sie mussten in bestimmten Ortschaften leben, ihre Kin-der durften keine normalen Schulen besuchen und sie durften nur als unrein betrach-tete Berufe wie den des Totengräbers ausüben. Im Jahre 1871 wurden die Buraku den anderen Japanern rechtlich gleichgestellt. Noch heute haben die Buraku mit Diskri-minierung zu kämpfen. Da auch der Familienname Auskunft über die Herkunft geben kann, ist es den Nachfahren der Burakumin seit einigen Jahren erlaubt, ihren Namen zu ändern.

Osmanisches Reich

Von 1915 bis 1917 wurden die seit Jahrtausenden in Ost-Anatolien siedelnden Armenier im Osmanischen Reich Opfer eines Genozids.

Deutschland

Deutscher Bund (1815–1870)

Ansätze rassistischer Theoriebildung gab es in Deutschland bereits in der ersten Hälfte des 19. Jahrhunderts u. a. bei Ernst Moritz Arndt und Friedrich Ludwig Jahn.

Kaiserreich (1871–1918)

Im Zuge der Reichsgründung 1871 wurde das preußische Staatsbürgerrecht, das die Emanzipation der Juden seit 1812 enthielt, für das ganze Reichsgebiet übernommen.

Ab 1884 beteiligte sich Deutschland mit dem Erwerb der deutschen Kolonien und Schutzgebiete am Imperialismus und Kolonialismus. Auch in Deutschland berief man sich auf die angebliche Überlegenheit der Nordeuropäer.

Das wirtschaftlich und militärisch erstarkte Deutschland widmete sich zunehmend der Weltpolitik. Unter dem Einfluss der um die Jahrhundertwende aufkommenden Alldeutschen Bewegung und Völkischen Bewegung erstarkte der Antisemitismus und Antislawismus. Die Idee vom Lebensraum im Osten zulasten „minderwertiger" Völker wurde geboren.

Seit den Teilungen Polens lebten im deutschen Kaiserreich auch zahlreiche Polen. Ab 1880 betrieb das Deutsche Reich im geteilten Polen eine verschärfte Germanisierungspolitik, durch die Schaffung der „Preußischen Ansiedlungskommission" sollten laut Bismarck deutsche Neuansiedler einen „lebendigen Wall gegen die slawische Flut" bilden. Im Laufe der Industrialisierung setzten die ostelbischen Großgrundbesitzer viele polnische Arbeiter ein, die als minderwertige Slawen angesehen und diskriminiert wurden. Die im Bergbau tätigen Ruhrpolen galten als „Lohndrücker und Einschlepper von Krankheiten" und unterlagen kommunalen Polenüberwachungsstellen.

1899 wurde die „Reichszentrale zur Bekämpfung des Zigeunerunwesens", kurz „Zigeunerzentrale", in München zur polizeilichen Erfassung von „Zigeunern" und „nach Zigeunerart umherziehenden Personen" gegründet. Diese Personengruppe wurde systematisch diskriminiert und durch Sondergesetze kriminalisiert. Alle Zigeuner wurden unabhängig von Straftaten sukzessive erkennungsdienstlich erfasst.

1900 kam es in China zum Boxeraufstand gegen die Kolonialmächte. Diese schlugen den Aufstand unter deutscher Beteiligung in einer brutalen Art der Kriegsführung auch gegen die Zivilbevölkerung nieder. Die „Strafexpeditionen", welche das deutsche Expeditionskorps ab September 1900 durchführte, waren in besonderer Weise von einem rassistischen Rachegedanken geleitet.

Kaiser Wilhelm II. hatte den deutschen Soldaten auf den Weg gegeben, sie mögen den Namen Deutschland in China in einer solchen Weise bekannt werden lassen, „dass niemals wieder ein Chinese es wagt, etwa einen Deutschen auch nur scheel anzusehen". Diese sogenannte „Hunnenrede" wird rückblickend als brutaler Ausdruck „eines sozialdarwinistisch aufgeladenen Gesinnungsmilitarismus" rezipiert. Der Sinologe Klaus Mühlhahn entdeckte in Wilhelms Rede zahlreiche religiöse Ausdrücke, die ihn veranlassten, den Boxerkrieg vor allem als einen Glaubenskrieg zu deuten.

Der Aufstand der Herero und Nama in Deutsch-Südwestafrika führte 1904 zum Völkermord an den Herero und Nama. Im Konzentrationslager Shark Island (Haifischinsel) wurden vereinzelt medizinische Menschenversuche an Häftlingen durchgeführt. Leichenpräparate von Gefangenen wurden auch zur Rassenforschung nach Deutschland gesandt. Die deutsche Literatur der Zeit schwelgte in rassistischen Phantasien und forderte kurzen Prozess mit der „schwarzen Masse".

Ab 1905 erfolgte in den Kolonien ein Verbot der „standesamtlichen Eheschließung zwischen Weißen und Eingeborenen" und außereheliche Sexualbeziehungen wurden von der Gesellschaft geächtet, um die „Verkafferung" zu unterbinden. 1912 kam es zur Mischehendebatte im deutschen Reichstag. Die Verbote bestanden bis zum Verlust der Kolonien im Ersten Weltkrieg weiter.

Während des Ersten Weltkriegs kämpften hunderttausende Afrikaner, Inder und Angehörige anderer Nationen im Dienste ihrer Kolonialmächte England (z. B. Gurkha) und Frankreich (z. B. Tirailleurs sénégalais) auf dem westeuropäischen Kriegsschauplatz. In der deutschen Presse wurden in den Kriegsjahren von 1914–1918 diese afrikanischen und asiatischen Soldaten als besonders bestialische und lüsterne Kämpfer dargestellt.

Wegen des wachsenden Antisemitismus im Offizierskorps verbunden mit dem Vorwurf des Drückebergertums an die Juden wurde 1916 die Judenzählung im Deutschen Heer angeordnet.

In der Weimarer Republik – wie auch in Österreich – wurden die Juden im Rahmen der Dolchstoßlegende als hinterhältige Kriegsgewinnler dargestellt und es wurden jüdische Kriegsgräber geschändet. Als Gegenreaktion wurde der Reichsbund jüdischer Frontsoldaten gegründet. Rechtsradikale und völkische Gruppen riefen offen zum Mord an exponierten jüdischen Politikern wie z. B. dem Außenminister Walter Rathenau auf und es kam zu zahlreichen Gewalttaten.

1920 verkündete die Nationalsozialistische Deutsche Arbeiterpartei ihr 25-Punkte-Programm, das in den Punkten 4 bis 8 antisemitisch geprägt war. Die Deutsche Burschenschaft als Dachverband der deutschen und österreichischen Burschenschaften beschloss in Eisenach, den Rassestandpunkt einzuführen, so dass nur noch deutsche Studenten arischer Abstammung aufgenommen werden sollten.

Von 1923 bis 1945 gab Julius Streicher die antisemitische Wochenzeitung Der Stür-
mer heraus. Ziel und Inhalt war die Diffamierung der Juden in Hetzartikeln.

Die Agitation gegen die Besetzung des Rheinlandes war nicht nur in den Kampf-blät-
tern der extrem rechten Parteien bzw. politischen Gruppierungen von „rassistischer
Begleitmusik" durchzogen. Anlass boten hier besonders die teilweise aus Afrika stam-
menden französischen Besatzungstruppen. Die in dieser Zeitspanne geborenen Kinder
einiger schwarzer Soldaten und deutscher Frauen wurden als Schwarze Schmach und
zum Teil als „Gefahr für die deutsche Rassenreinheit" instrumentalisiert. Die betroffe-
nen Kinder wurden als sogenannte „Rheinlandbastarde" später von den NS-Behörden
erfasst und illegal zwangssterilisiert.

Die neuen Musikrichtungen wie Swing und Jazz wurden von vielen Menschen speziell
aus der völkischen Bewegung als undeutsch und „Negermusik" angesehen und es kam
zu häufigen Störungen von Musikveranstaltungen wie der Oper Jonny spielt auf. 1930
veröffentlichte der thüringische Volksbildungs- und Innenminister, der Nationalsozi-
alist Wilhelm Frick, einen Erlass wider die Negerkultur für deutsches Volkstum.

Nationalsozialismus (1933–1945)

Rassismus war ein Teil der Ideologie des Nationalsozialismus. Nach der sogenannten
„Rassenkunde" postulierte die NS-Forschung die Existenz höherwertiger und minder-
wertiger Menschenrassen. Danach ließe sich die gesamte Menschheit in drei Rassen-
gruppen einteilen:

- *kulturstiftende Rassen (die nordisch-arische Rasse), die sogenannte Herrenrasse*
- *kulturtragende Rassen (beispielsweise asiatische und afrikanische Rassen)*
- *kulturzersetzende Rassen (semitische Rasse)*

Juden, Sinti und Roma wurden der semitischen Rasse zugerechnet (vgl. hierzu Nürn-
berger Rassengesetze). Hochwertige Menschen konnten dabei nur aus der ersten
Gruppe stammen. Die Mitglieder jeder Rasse hätten die Aufgabe, diese Rasse „rein zu
halten", weshalb sexueller Kontakt zwischen Angehörigen der „hohen" und der „min-
derwertigen" Rasse (Rassenschande) verhindert werden sollte. Bestimmten, von den
Nationalsozialisten als „Rasse" definierten Gruppen wie Juden oder Zigeu-
nern (Gruppe 3) unterstellten sie, dass diese „die Herrenrasse (Gruppe 1) zersetzen"
wollten und daher zum Schutze der „Volksgemeinschaft" vernichtet werden müssten.
Auch die Slawen galten als „Untermenschen".

Die theoretischen, pseudo-wissenschaftlichen und pseudo-juristischen Grundlagen lie-
ferten neben Adolf Hitler selbst (Mein Kampf) primär die NS-Ideologen Alfred Rosen-
berg und Hans F. K. Günther, der Justizminister Otto Georg Thierack, der Präsident
am Volksgerichtshof und Richter Roland Freisler und einige weitere, in zahlreichen
Publikationen. Allerdings ist dabei zu bemerken, dass ihre Gedanken wohl zumeist auf
älteren rassistischen Theorien aufbauten und der Rassismus bis 1933 in ganz Europa
relativ stark verbreitet war. Neu war am NS-Rassismus, dass

die Wissenschaftsfreiheit unter politischen Vorbehalt gestellt wurde. Unter den zahlreichen Rassetheoretikern des 19. und frühen 20. Jahrhunderts hatten der Franzose Arthur de Gobineau (1816–1882) und der Brite Houston Stewart Chamberlain (1855–1927) den stärksten Einfluss auf die nationalsozialistische Rassenideologie. Hitler, der Chamberlain 1923 traf, galt als großer Bewunderer seines Werks.

Die Opfer des NS-Rassismus wurden in der Zeit des National-sozialismus verfolgt, zwangssterilisiert, deportiert und ermordet. Die gesamte Gesundheitsvorsorge, Sozialpolitik sowie die Bevölkerungspolitik wurden unter „rassischen" Gesichtspunkten gleichgeschaltet, die auch die Zulässigkeit von Eheschließungen bestimmten. Zu diesem Programm gehörten auch Ahnenpässe. Der aufgrund dieser Ahnenpässe zu führende Ariernachweis bzw. der „Große Ariernachweis" war Bedingung für eine Karriere bei der SS. NS-Stellen verwendeten Eintragungen zu Geburten in alten Kirchenbüchern (mit ihnen ließen sich Stammbäume verifizieren); die Pfarrämter von Kirchengemeinden lieferten ihnen diese Informationen.

Bundesrepublik Deutschland (seit 1945)

1946 erfolgte die Restauration der Reichszentrale zur Bekämpfung des Zigeunerunwesens als „Landfahrerstelle" im bayerischen Landeskriminalamt. Die Landfahrerstelle wurde 1970 wegen Grundgesetzwidrigkeit aufgelöst.

Der Bundesgerichtshof lehnte es 1956 ab, einem „Zigeunermischling" Entschädigung für seine Zwangsumsiedlung im Jahre 1940 zu zahlen. Die von den Nationalsozialisten betriebene Ausgrenzungs- und Umsiedlungspolitik der „Zigeuner" sei nicht „rassisch" motiviert gewesen, sondern eine damals „übliche polizeiliche Präventivmaßnahme" zur „Bekämpfung der Zigeunerplage". 2015 distanzierten sich Richter des BGH von der Urteilspraxis ihrer Vorgänger, von denen viele bereits vor 1945 als Richter aktiv gewesen waren.

1950 wurde die Konvention zum Schutze der Menschenrechte und Grundfreiheiten (Europäische Menschenrechtskonvention) des Europarates beschlossen. Die Vertragsstaaten vereinbarten ein Diskriminierungsverbot nach Rasse, Hautfarbe, Sprache und Religion (Artikel 14 und 12. Protokoll).

Die Bundesrepublik trat dem Internationalen Übereinkommen zur Beseitigung jeder Form von Rassendiskriminierung (ICERD) einem Menschenrechtsabkommen der Vereinten Nationen bei, das 1969 in Kraft trat. Es richtet sich gegen jede rassistische Diskriminierung aufgrund von Rasse, Hautfarbe, Abstammung, nationaler und ethnischer Herkunft.

In den 1990er Jahren kam es in der Bundesrepublik Deutschland, vermehrt in den Neuen Bundesländern, zu rassistisch motivierten Pogromen und Anschlägen. Die aufsehenerregendsten waren der Mordanschlag von Mölln, der Mordanschlag von Solingen, die Ausschreitungen in Rostock-Lichtenhagen, die Ausschreitungen von Hoyerswerda, die Hetzjagd in Guben, der Mordanschlag auf Amadeu Antonio Kiowa und die Magdeburger Himmelfahrtskrawalle. Viele dieser Ausschreitungen und Morde wurden von Jugendlichen oder jungen Erwachsenen verübt, die der sogenannten Neonaziszene zuzurechnen sind. Auch Sachbeschädigungen, die sich zum Beispiel gegen jüdische Friedhöfe richten oder als rassistische Graffiti sichtbar werden, waren keine Ausnahme.

Vorfälle mit rassistischem Hintergrund waren zuvor in West-Deutschland nur vereinzelt öffentlich wahrgenommen worden, wie zum Beispiel die 1981 erfolgte Selbsttötung des elfjährigen Tadesse Söhl, über dessen Beweggründe es erst infolge literarischer und filmischer Verarbeitung in den 1990er Jahren zur öffentlichen Diskussion kam.

Laut einem Bericht der Bundeszentrale für Politische Bildung über rassistische Vorurteile, geschrieben von Werner Bergmann, gab es von 1990 bis 2003 mehr als 100 Todesopfer rechtsextremer Gewalt in der Bundesrepublik Deutschland. Im Bericht wird erwähnt, dass in der Vergangenheit der Europarat und die Vereinten Nationen mehrmals Kritik am Vorgehen der deutschen Polizei gegenüber Ausländern geübt hätten. Einem Bericht der Europäischen Kommission gegen Rassismus und Intoleranz (ECRI) von 2003 zufolge sind „Schwarze" als eine „äußerlich erkennbare Minderheit" in Deutschland besonders von Rassismus betroffen. Das Bundesamt für Verfassungsschutz zählt in seinem Bericht über das Jahr 2005 insgesamt 355 Straftaten mit fremdenfeindlichen und 49 Straftaten mit antisemitischen Motiven auf.

In den Jahren 2000 bis 2006 wurden vermutlich durch den rechtsterroristischen Nationalsozialistischen Untergrund (NSU) zahlreiche völkisch-rassistisch motivierte Morde und Bombenanschläge begangen. Zwölf parlamentarische Untersuchungsausschüsse und ein Gerichtsprozess haben seitdem versucht, die einhergehenden zahlreichen Ermittlungsfehler zu klären.

Anhand der von Thilo Sarrazin mit abwertenden Aussagen zu Türken und Arabern in den Jahren 2009 (Interview in Lettre International) und 2010 (Deutschland schafft sich ab) ausgelösten und teilweise rassistisch geführten Migrationsdebatte zeigten die ICERD-Rüge der Vereinten Nationen und der 5.ECRI-Prüfbericht des Europarates den mangelhaften Schutz vor Diskriminierung und Hassreden in Deutschland auf. Die Bundesregierung versprach eine Untersuchung.

Die Leiterin des Netzwerks „Schule ohne Rassismus – Schule mit Courage" Sanem Kleff äußerte Mitte März 2018 in einem Interview, dass zwar entsprechende Zahlen im Zusammenhang mit der Ausübung körperlicher Gewalt zurückgingen, verbale Angriffe an deutschen Schulen jedoch massiv zunähmen.

Der Sozialwissenschaftler Johannes Zuber kam in seiner 2015 veröffentlichten Studie zu dem Schluss, dass der gegenwärtige Rassismus in Deutschland kein Randphänomen darstelle, wie dies Politik und gesellschaftliche Eliten überwiegend behaupteten, sondern wieder ein Bestandteil des Lebensalltags in der deutschen Gesellschaft sei. Die biologistisch-rassistische Ideologie bleibe der theoretische Mittelpunkt abwertender, *ausgrenzender sowie diskriminierender Praktiken und Verhaltensweisen. Erschreckend dabei scheinen aus heutiger Perspektive die tiefen Wurzeln, die biologistisch-rassistische sowie partiell nationalsozialistische und eugenische Theoreme in der deutschen Gesellschaft aufweisen.*

Österreich

Unmittelbar nach dem Anschluss Österreichs kam es in den Wochen nach dem 12. März 1938 zu pogromartigen Ausschreitungen gegen Juden und deren Eigentum. Mit Unterstützung der NSBO und nationalsozialistischer Mittelstandsorganisationen setzte ein regelrechter Arisierungswettlauf ein. Tausende von österreichischen Nationalsozialisten und deren Mitläufer nisteten sich im rechtsfreien Raum als kommissarische Verwalter in jüdischen Geschäften und Betrieben ein und konfiszierten gegen unleserliche Quittungen eigenmächtig Vermögen jüdischer Bürger.

Allgemeine gegenwärtige Erscheinungen

In den deutschsprachigen Ländern wird oftmals bis zum heutigen Zeitpunkt angenommen, dass Rassismus in erster Linie in Form von Xenophobie (von griech.: xenos fremd, Gast/phóbos Furcht) vorhanden ist. Zwischen Rassismus und Xenophobie besteht eine Verwandtschaft, allerdings sind Rassismus und Xenophobie nicht einfach gleichzusetzen. Im rassistischen deutschen Nationalsozialismus wurden einheimische „Nichtarier" (Juden) viel schlechter behandelt als ausländische „Arier" (beispielsweise Skandinavier und andere Nord- und Westeuropäer). Von der Xenophobie nimmt man dagegen an, dass sie keine Rassenbegriffe kennt, sondern eher einen Ethnopluralismus befördert. Man nimmt auch an, dass rassistisch denkenden Menschen häufig nicht bewusst ist, dass sie rassistisch denken, was gleichzeitig impliziert, dass sie ihre Wahrnehmungen nicht mit dem Begriff „Rasse" verbinden. Der Begriff der Xenophobie (Furcht vor dem Fremden) wird daher oftmals auch anstelle von „Rassismus" verwendet.

Diese generelle Annahme wird unterstützt durch Untersuchungen in der Schweiz, wo aufgrund einer Studie der Eidgenössischen Kommission gegen Rassismus anzunehmen ist, dass Rassismus im engeren Sinne in der Schweiz sehr viel weiter verbreitet ist als ursprünglich angenommen. So sind Schwarze trotz Assimilierung, Integration und Einbürgerung auch nach Jahrzehnten gesellschaftlich marginalisiert und werden, teilweise sogar unter eindeutiger Nennung der Hautfarbe als abwertender Faktor, bei Bewerbungen zurückgewiesen.

So wird in der Rassismusforschung vermehrt darauf hingewiesen, dass Rassismus kein individuelles Problem sei, sondern dass rassistisches Wissen von gesellschaftlichen Diskursen bestimmt werde. Nach Arndt ist Rassismus „an gesellschaftliche Gegebenheiten geknüpft, die sehr widerstandsfähig und resistent, vielleicht sogar irreparabel sind." Das bedeutet, dass Rassismus „(k)ein individuelles Problem" ist und deshalb „auch nicht individuell bewältigbar" ist. Dazu gehöre es auch, „sich bewusst zu machen, dass durch die Omnipräsenz des Rassismus in Vergangenheit und Gegenwart sozialpolitische Identitäten gewachsen sind – dass das Herzstück des Rassismus die Konstruktion und Hierarchisierung von Schwarzen und Weißen ist." Arndt beschreibt die gesellschaftlichen Aspekte dieser Konstruktionen: „In der vom Rassismus gepräg- ten Sozialisation wurden diese Konstrukte vermittelt und globalen Macht- und Herr- schaftsverhältnissen zugrunde gelegt. Eine Realität soziopolitischer Identitäten wurde geschaffen. Wir werden nicht als Schwarze oder Weiße geboren, sondern zu diesen gemacht. Dies macht es erforderlich, Schwarze und Weiße Erfahrungen und Perspektiven wahrzunehmen und zu repräsentieren. Wo dies ignoriert wird, kann Rassismus nicht überwunden werden."

Seit den 1990er Jahren findet auch ein Perspektivwechsel in der Wissenschaft statt. So sind – wie in der Kritischen Weißseinsforschung – nicht vorrangig die Objekte des Ras- sismus der Gegenstand der Forschung, sondern die Strukturen, die Rassismus ermög- lichen.

Der Sonderberater der Vereinten Nation für die Verhinderung von Genoziden teilte Anfang 2013 mit, dass weltweit die Gefahr von religiös und ethnisch motivierter Ge- walt möglicherweise höher sei als jemals zuvor, und nannte Spannungen in der De- mokratischen Republik Kongo, dem Irak, Kirgisistan, Mali, Myanmar, Pakistan, Su- dan und in Syrien als Beispiele.

Ursachen rassistischen Denkens

Über die Ursachen rassistischen Denkens gibt es schon immer verschiedene Vorstel- lungen. Nach rationalistisch orientierten Theorien bildete sich der klassische Rassis- mus im 18. Jahrhundert heraus. Führende Theoretiker der westlichen Welt (wie Im- manuel Kant und Georg Wilhelm Friedrich Hegel) versuchten damals, die rassischen Unterschiede wissenschaftlich zu erklären. Sie nahmen an, dass die menschlichen Ras- sen nicht nur biologische (vorwiegend körperliche) Unterschiede aufweisen, sondern auch feststehende und unveränderbare Merkmale hinsichtlich ihrer Mentalität und ihres Charakters. Später schien die moderne Biologie und Genetik im Gefolge von Charles Darwin dazu Anhaltspunkte zu liefern. Andere Vertreter der Aufklärung, wie Johann Gottfried Herder, distanzierten sich dagegen klar von der Einteilung der Menschen in Rassen. Herder schrieb:

„Ich sehe keine Ursache dieser Benennung. Rasse leitet auf eine Verschiedenheit der Abstammung, die hier entweder gar nicht stattfindet, oder in jedem dieser Weltstriche unter jeder dieser Farben die verschiedensten Rassen begreift. ... Kurz, weder vier oder fünf Rassen, noch ausschließende Varietäten gibt es auf der Erde."

Nach 1945 trat offener Rassismus in der Wissenschaft zurück.

Psychologisch orientierte Theorien sehen die Ursachen rassistischen Denkens vor al- lem in psychisch begründeten Abgrenzungstendenzen zwischen der eigenen Gruppe und Fremdgruppen, die der Stärkung des Identitäts- und Selbstwertgefühls dienen und meist mit stereotypen Vorurteilen und Klischees gegenüber den „Anderen" und „Fremden" einhergehen.

Dabei kommt der Projektion eigener psychischer Komponenten auf die fremde Gruppe als Mittel zur Bewältigung eigener innerer Konflikte besondere Bedeutung zu (siehe Abwehrmechanismus). So sieht die Psychoanalytikerin Julia Kristeva die Abwehr des Fremden als Abwehr projizierter unbewusster, angstauslösender Aspekte des Eigenen, bei der all jene Komponenten des Fremden Angst auslösen, die nicht in den eigenen „symbolischen Haushalt" zu integrieren seien.

„Der Fremde, Figur des Hasses und des anderen, ist weder das romantische Opfer unserer heimischen Bequemlichkeit noch der Eindringling, der für alle Übel des Gemeinwesens die Verantwortung trägt. … Auf befremdliche Weise ist der Fremde in uns selbst."

Sie befürwortet das Eingeständnis und das Akzeptieren der Nichtintegrierbarkeit des Fremden und spricht sich für ein Auskommen mit ihm jenseits traditioneller Strategien wie Nivellierung, Ausgrenzung, Auslöschung, Überhöhung oder Erniedrigung aus.

Eher gruppenpsychologisch orientierte Ansätze wie die Theorie der Sozialen Identität nach Henri Tajfel verweisen auf die Relevanz der Zugehörigkeit zu bestimmten sozialen Gruppen für das Selbstbild eines Individuums. Nach ihm konstituiere sich eine Gruppe in Abgrenzung zu anderen Gruppen, wobei bestimmte Unterscheidungsmerkmale stereotypisierend und zum Teil abwertend hervorgehoben würden.

Soziologisch orientierten Theorien (siehe unter Begriffliche Dimensionen) gilt Rassismus als Ideologie, die der Aufwertung der eigenen Gruppe und der Stabilisierung des eigenen Selbstgefühls dient und in diesem Sinn eine Abwertung und Ausgrenzung anderer Menschen vornimmt.

Der Rassismus ist von Formen kultureller oder religiöser Intoleranz abzugrenzen, die auf der Basis der gleichen psychischen Mechanismen ebenfalls zu Ablehnung und Unterdrückung anderer Menschengruppen führen. Anders als beim Rassismus wird die Differenz zur eigenen Gruppe in diesen Fällen aber nicht als erblich und unveränderbar angesehen. Durch die religiöse Konversion oder die Annahme einer anderen kulturellen Identität ist eine Integration unterschiedlicher Bevölkerungsgruppen grundsätzlich möglich.

Peter Schmitt-Egner kritisiert sowohl sozialpsychologische als auch ökonomisch-funktionalistische Erklärungen des Rassismus. Ausgehend von Karl Marx' Werttheorie beabsichtigt Schmitt-Egner stattdessen, „den Rassismus als gesellschaftlich notwendigen Schein der bürgerlichen Gesellschaft nachzuweisen, d. h. zu entwickeln, wie sich in den Widersprüchen der Ökonomieform die objektive Möglichkeit des Rassismus verbirgt."

Prävention und Bekämpfung von Rassismus

Auf internationaler Ebene arbeiten mehrere Organisationen an der Prävention und Bekämpfung von Rassismus. Auf Ebene des Europarates führt ECRI und auf der Ebene der UNO führt CERD ein regelmäßiges Monitoring der Mitgliedsstaaten in Hinblick auf Rassismus durch. Beide Kommissionen richten in ihren Länder-Monitoringberichten Empfehlungen an die Behörden der Mitgliedsstaaten zur Vorbeugung und Bekämpfung von Rassismus.

Auf dieser Basis haben die 47 Mitgliedsstaaten des Europarats in den Strafgesetzbüchern Regeln zur Bestrafung von sogenannter Hasskriminalität erlassen. Zur Hasskriminalität gehören alle rassistisch motivierten Straftaten, z. B. Völkermord und andere rassistisch motivierte Straftaten gegen die Menschlichkeit und Kriegsverbrechen, rassistisch motivierter Mord, Körperverletzung und Brandstiftung, Volksverhetzung, rassistisch motivierte Beleidigungen, Verleumdungen und Bedrohungen und die Leugnung von Völkermord. Die OSZE sammelt Statistiken zu rassistisch motivierten Straftaten in ihren Mitgliedsstaaten.

Fast alle Mitgliedsstaaten des Europarats haben auch ein Anti-Diskriminierungsgesetz erlassen, das u. a. rassistische Diskriminierungen verbietet. Die 28 EU-Staaten haben sich zum Erlass solcher Gesetze zudem in den EU-Gleichheitsrichtlinien verpflichtet. Deutschland hat das sogenannte Allgemeine Gleichbehandlungsgesetz erlassen.

Fast alle Mitgliedsstaaten des Europarats haben auch eine oder mehrere nationale Gleichstellungsbehörden oder Antidiskriminierungsstelle eingerichtet, deren Aufgabe es ist, rassistischer Diskriminierung auf nationaler, regionaler und lokaler Ebene vorzubeugen und zur Bekämpfung von Rassismus beizutragen. In Deutschland ist das auf Bundesebene die Antidiskriminierungsstelle des Bundes.

ECRI hilft mit ihren 16 Allgemeinen Politikempfehlungen und CERD mit ihren 35 General Recommendations den Mitgliedsstaaten und den Gleichheitsbehörden mit konkreten Empfehlungen bei ihrer Arbeit.

Quelle: Seite „Rassismus". In: Wikipedia, Die freie Enzyklopädie. Bearbeitungsstand: 2. März 2020, 10:42 UTC. URL: https://de.wikipedia.org/w/index.php?title=Rassismus&oldid=197341962 (Abgerufen: 2. März 2020, 13:01 UTC)

4.1 Institutioneller Rassismus

*Als **institutioneller Rassismus** (auch: struktureller Rassismus) werden Rassismen bezeichnet, die von Institutionen der Gesellschaft, von ihren Gesetzen, Normen und ihrer internen Logik ausgehen, unabhängig davon, inwiefern Akteure innerhalb der Institutionen absichtsvoll handeln oder nicht. Er kann als ein Gegensatz zum personellen Rassismus verstanden werden, der sich beispielsweise im alltäglichen Rassismus und im Rechtsextremismus in Vorurteilen oder Gewalt ausdrückt.*

Institutionellen Rassismus erfahren Menschen durch Ausgrenzung, Benachteiligung oder Herabsetzung in gesellschaftlich relevanten Einrichtungen wie beispielsweise:

- *bei der politischen Beteiligung (Wahlrecht, fehlende Repräsentanz in politischen Einrichtungen)*
- *im Bildungssystem*
- *auf dem Arbeitsmarkt*
- *auf dem Wohnungsmarkt*

Geschichte

Der Begriff wurde erstmals 1967 von Stokely Carmichael und Charles V. Hamilton in „Black Power" verwendet, einem grundlegenden Werk der Schwarzenbewegung. Da dieser Form von Rassismus nicht unbedingt ein Rassebegriff zugrunde liegt, kann hierbei oft auch von einem Rassismus ohne Rassen gesprochen werden. Die Psychologin Ute Osterkamp stellt fest, „dass rassistische Denk- und Handlungsweisen nicht Sache der persönlichen Einstellungen von Individuen, sondern in der Organisation des gesellschaftlichen Miteinanders verortet sind, welche die Angehörigen der eigenen Gruppe systematisch gegenüber den Nicht-Dazugehörigen privilegieren."

Studien

In ihrer Untersuchung über institutionelle Diskriminierung haben Mechthild Gomolla und Frank-Olaf Radtke festgestellt, dass schlechtere Deutschkenntnisse von Migrantenkindern in Deutschland häufiger dazu führen, dass diese unangemessen in Sonderschulen eingewiesen werden – eine Schulform, die in der Regel schlechtere Voraussetzungen für das spätere Leben schafft. Auch bei der Schullaufbahnempfehlung (also der Grundlage für den Übergang in die Sekundarschule) werden sie aufgrund der institutionellen Logik tendenziell schlechter gestellt.

Intersektionelle Unterschiede

Laut Cátia Candeias zeigten sich Unterschiede, wenn man die Überschneidungen (Fachbegriff: Intersektionen) von Rassismus und Geschlecht betrachte. Männer erführen eher eine Institutionalisierte Diskriminierung, Frauen eher eine interpersonelle Diskriminierung.

Institutioneller Rassismus in verschiedenen Staaten

Südafrika

Der Staat Südafrika ist in zweierlei Hinsicht ein Example par Excellence für institutionellen Rassismus. Zum einen stellte die Apartheid einen institutionellen Rassismus dar, zum anderen bildete sich nach dem Ende der Apartheid im Jahr 1994 und der Bildung einer neuen Regierung im Jahr 1997 unter der ANC mit Nelson Mandela die Grundlage eines neuen institutionellen Rassismus. Diese Form des Rassismus wird in den westlichen Ländern weitestgehend ignoriert. Dieser Rassismus manifestiert sich in der steigenden Anzahl von Gewaltdelikten (Körperverletzung, Totschlag und Mord)

und der gesellschaftlichen Bereitschaft, dies zu ignorieren, ebenso wie in einem sinkenden Schutz durch das Gesetz und ausführende Polizeikräfte.

Deutschland

*2009 besuchte Githu Muigai, der UN-Sonderberichterstatter zu Rassismus, Deutsch-
land und bemängelte Defizite im Kampf gegen den Alltagsrassismus in Politik und Gesellschaft. So werde in Deutschland immer noch Rassismus mit Rechtsextremismus gleichgesetzt und damit nicht ausreichend wahrgenommen. Dies sei Teil einer institutionellen Diskriminierung: „Polizei, Behörden und Gerichte müssen noch einiges
tun." Als einen Schritt in die richtige Richtung bezeichnete der UN-Sonderberichterstatter die Einführung des Allgemeinen Gleichbehandlungs-gesetzes (AGG). Das Gesetz sei jedoch noch reformbedürftig. Muigai forderte auch eine bessere personelle
Ausstattung der Antidiskriminierungsstelle des Bundes. Kritisiert wurde auch die geringe Präsenz von People of Colour im öffentlichen Leben der Republik und ihre geringe politische Teilhabe. Ein ausführlicher Bericht wurde im Februar 2010 vorgestellt. Mit Muigai besuchte nach 14 Jahren zum ersten Mal wieder ein UN-Sonderberichterstatter zu Rassismus die BRD.*

*Im Jahr 2013 stellte das Deutsche Institut für Menschenrechte einen latenten Rassis-
mus bei den deutschen Polizeibehörden fest, anhand zum Beispiel Racial Profiling.
Verbotenerweise legt mindestens ein Paragraf nahe, bestimmte Personengruppen besonderer Beobachtung und Kontrollen zu unterziehen.*

*Amnesty International attestiert im Juni 2016 in einem über 80-seitigen Bericht dem
Staat Deutschland, deutschen Sicherheitsbehörden, einen institutionellen Rassismus
gegenüber ausländischen Bürgern bzw. deutschen Bürgern mit ausländischen Wurzeln.*

*Die Generalsekretärin, Selmin Çalışkan, von Amnesty Deutschland beklagte im Juni
2016: „... gibt es deutliche Hinweise darauf, dass deutsche Behörden ein Problem haben: institutionellen Rassismus – also das Unvermögen, alle Menschen angemessen
und professionell zu behandeln, unabhängig von ihrer Hautfarbe, ihres kulturellen
Hintergrunds oder ethnischen Herkunft ... Leider wird oft das rassistische Motiv einer
Tat verkannt ..."*

*Wissenschaftliche Studien zeigten auf, dass Nichtweiße deutlich mehr von deutschen
Polizeibehörden kontrolliert wurden als weiße Menschen und weiße Deutsche, dies sei
auch ein Anzeichen für institutionellen Rassismus. Daraufhin fällte im Februar 2017
eine Expertengruppe der Vereinten Nationen, UN-Ausschuss gegen Rassismus (CERD), ein kritisches Urteil in Deutschland existiere ein „institutionellen Rassismus" und die deutsche Polizei betreibe „Racial Profiling".*

Israel

*Human Rights Watch kritisierte Israel, dass die Kürzungen des Kindergeldes für El-
tern, die keinen Wehrdienst geleistet haben, arabische Kinder diskriminierten: „Diese*

Kürzungen werden auch die Kinder von ultra-orthodoxen Juden treffen, die keinen Wehrdienst leisten; diese haben jedoch Anspruch auf zusätzliche Unterstützungen wie Bildungszuschüsse, die palästinensisch-arabische Kinder nicht bekommen können."

Quelle: Seite „Institutioneller Rassismus". In: Wikipedia, Die freie Enzyklopädie. Bearbeitungsstand: 24. August 2019, 10:52 UTC. URL: https://de.wikipedia.org/w/index.php?title=Institutioneller_Rassismus&oldid=191633187 (Abgerufen: 3. März 2020, 08:25 UTC)

4.2 Rassismus ohne Rasse

Der Begriff **Rassismus ohne Rassen** gehört zu einem von den Sozialwissenschaftlern Étienne Balibar (1992) und Stuart Hall (1989) geprägten Theorieansatz der Rassismusforschung. Er geht dabei von der Existenz eines Rassismus aus, bei dem der Begriff der Rasse nicht verwendet werde. Er ist heute ein weitverbreiteter Topos in der Rassismusforschung. Anstelle des Begriffs Rassismus ohne Rassen werden teilweise auch die Begriffe Kulturalismus sowie kultureller Rassismus und Neo-Rassismus verwendet.

Rassismus ohne Rassen nach Étienne Balibar

Der Rassismus ohne Rassen geht nach Balibar einher mit der „Naturalisierung des Kulturellen, des Sozialen oder der Geschichte, wodurch diese sozusagen stillgestellt und jeglichem Versuch einer Veränderung entzogen sei" (SIEGFRIED JÄGER[4]).

„Ideologisch gehört der gegenwärtige Rassismus in den Zusammenhang eines ‚Rassismus ohne Rassen', ... eines Rassismus, der – jedenfalls auf den ersten Blick – nicht mehr die Überlegenheit bestimmter Gruppen oder Völker über andere postuliert, sondern sich darauf beschränkt, die Schädlichkeit jeder Grenzverwischung und die Unvereinbarkeit der Lebensweise und Traditionen zu behaupten." – ÉTIENNE BALIBAR: Rasse, Klasse, Nation. Ambivalente Identitäten

Balibar bezieht sich auch auf das seiner Auffassung nach ähnlich gelagerte Phänomen des „Antisemitismus ohne Juden". Dieser Begriff beschreibt die Theorie, dass auch in Gegenden ohne jüdische Bevölkerung Antisemitismus mitunter fortbestehen oder sogar noch ausgeprägter sein könne als in Regionen mit einer jüdischen Gemeinde.

Rassismus ohne Rassen nach Stuart Hall

Stuart Hall sieht im Alltagsbewusstsein vieler Menschen einen „Rassismus ohne Rassen", der sich als soziale Ausschließungspraxen manifestiere, aber keine ausgeprägte Rassentheorie zur Grundlage habe. Danach läge Rassismus vor, wenn eine ausgrenzende Mehrheitsgruppe die Macht besäße, eine Minderheit als nicht „normal" oder „anders" zu definieren und sie in ihren Lebensbedingungen zu benachteiligen.

„Wenn dieses Klassifikationssystem dazu dient, soziale, politische und ökonomische Praxen zu begründen, die bestimmte Gruppen vom Zugang zu materiellen oder symbolischen Ressourcen ausschließen, dann handelt es sich um rassistische Praxen." – STUART HALL: Rassismus als ideologischer Diskurs

Nach Hall ermögliche es der Rassismus ohne Rassen „Identität zu produzieren und Identifikationen abzusichern. Er sei Bestandteil der Erzielung von Konsens und der Konsolidierung einer sozialen Gruppe in Opposition zu einer anderen, ihr untergeordneten Gruppe. Allgemein wird dies von Hall als Konstruktion ,des Anderen' beschrieben."

Kultureller Rassismus

Gedankengebäude, die Kultur nicht als „historisch bedingt" und nicht als veränderbar betrachten und in denen Vorstellungen von Kultur „in einem solchen Maße verdinglicht und essentialisiert werden", dass Kultur „zum funktionalen Äquivalent des Rassenbegriffs wird", werden als kultureller Rassismus bezeichnet.

„John Solomos und Les Back vertreten die Auffassung, daß Rasse heute ,als Kultur kodiert' wird und daß das zentrale Merkmal dieser Prozesse darin besteht, daß die Eigenschaften von sozialen Gruppen fixiert, naturalisiert und in einen pseudobiologisch definierten Kulturalismus eingebettet werden." – GEORGE M. FREDRICKSON: Rassismus. Ein historischer Abriß.

Hall sieht eine Ablösung des genetischen durch einen „kulturellen Rassismus". Statt von Rasse würden in neu-rechten Ideologien Ethnizität und Kultur als Ersatzbegriffe verwandt und statt von „genetischem Mangel" sei von einem „Kulturdefizit" die Rede. Dabei würden „bestimmte Lebensgewohnheiten, Sitten und Gebräuche einer bestimmten Menschengruppe verabsolutiert und naturalisiert ..., sozusagen als die einzig normale Form zu leben angesehen ..., und andere, davon abweichende Lebensformen ... negativ (oder auch positiv) bewertet ..., ohne daß dies unbedingt genetisch oder biologisch begründet wird ... Auch dies dient der genannten Ausschließung anderer Menschen, der Abgrenzung und der Legitimation, die Anderen zu bekämpfen" (SIEGFRIED JÄGER).

In Deutschland ist nach dem Nationalsozialismus das Wort Rasse auf Menschen bezogen diskreditiert. Dies führe nach Theodor Adorno häufig zur Vermeidung des Begriffes Rasse und der Ersetzung des Begriffes, um rassistische Theorien und Inhalte zu kaschieren. Als Klassifizierungsschema der Biologie für Pflanzen und Tiere ist es weiterhin allgemein üblich.

„Das vornehme Wort Kultur tritt anstelle des verpönten Ausdrucks Rasse, bleibt aber ein bloßes Deckbild für den brutalen Herrschaftsanspruch." – THEODOR W. ADORNO:

Dass die Vorstellung von biologischen Rassen wissenschaftlich widerlegt ist, hindere nach Ansicht der Psychologin Sabine Grimm Rassisten nicht daran, Menschen aus nationalistischen und rassistischen Motiven anzugreifen:

„Der aufklärerische Hinweis darauf, daß die Wissenschaft die Vorstellung von biologischen Rassen widerlegt hat, hat noch keinen Rassisten davon abgehalten, genau zu wissen, wen er angreift. Denn für die Individuen, die als ‚Rasse' identifiziert werden und sich zum Teil selbst identifizieren, ist es ziemlich egal, ob die Biologie oder der Diskurs, Natur oder Kultur als Erklärungen dafür herangezogen werden, daß sie ausgegrenzt, stigmatisiert oder verbrannt werden." – SABINE GRIMM

Benjamin Bauer führt die Renaissance des Rassismus unter dem Begriff der Kultur auf die Entstehung des wissenschaftlichen Antirassismus in der Kulturanthropologie des frühen zwanzigsten Jahrhunderts zurück. Mit den Forschungen der Gruppe um Franz Boas gelang es den Anthropologen zwar, den wissenschaftlichen Rassismus zu widerlegen. Auf den Forschungsergebnissen der 'Boasians' fußte die Ablehnung des Rassismus durch die Vereinten Nationen nach dem Zweiten Weltkrieg. Gleichzeitig übernahmen sie mit der Vorstellung in sich geschlossener, eigenen Entwicklungsgesetzen unterlegener Kulturen wesentliche Grundannahmen der Rassenanthropologie.

Nach Auffassung von Verena Stolcke sind Debatten um Migration ein Ausdruck „kulturellen Fundamentalismus". In dessen ausschließender Rhetorik, so Halleh Ghorashi, gehe es nicht mehr um einen Schutz der Rasse, sondern um eine „historisch verwurzelte, homogene Nationalkultur". Dieser „Rassismus ohne Rassen" betone mit seiner Definition von „Nation" und „Kultur" die Unvereinbarkeit verschiedener Kulturen und die Notwendigkeit, die angestammte Kultur und Identität „vor kultureller Invasion zu bewahren", und führe damit zu einer neuen „Exklusion im Namen der Kultur" (HALLEH GHORASHI).

In der Forschung zum „Neorassismus" wird synonym zum Begriff des kulturellen Rassismus auch inkorrekterweise der Begriff „Kulturalismus" verwendet. (vgl. Magiros). Der Kulturalismus als „kultureller Rassismus" bezeichnet Konzepte, die mittels ihres Kulturbegriffes völkische Lehren weiter verfolgen. Neorassisten vertreten demnach keinen Kulturalismus im philosophischen Sinne, sondern gerade entgegengesetzt einen Biologismus, den sie auch auf die Kultur übertragen. Der Kulturbegriff der Neorassisten ist kein kulturalistischer, sondern ein naturalistischer. Die Rhetorik ändert sich zwar, aber das biologistische Denken bleibt. Das Wort Rasse werde hier durch Kultur, Ethnie, Volk, Nation oder andere Begriffe ersetzt. Der Begriff Rasse werde in dieser Form von Rassismus aufgegeben, „ohne dass in ihm die Abwertung und Ausgrenzung des ‚Anderen' an Schärfe" verloren gehe.

Als Merkmale kulturalistischer Konzepte werden folgende Eigenschaften beschrieben:

- *Ethnische Formulierung: Kultur wäre alleine mit der (ethnischen, völkischen) Herkunft verbunden.*
- *Homogenität: Alle Mitglieder einer ethnischen Gruppe sollten die gleiche Kultur haben.*
- *Reduzierbarkeit: Die wesentlichen Eigenschaften einzelner Menschen wären auf die kulturellen Eigenschaften einer Gruppe beschränkt.*

- *Starrheit: Kulturen seien nicht oder nur über lange Zeiträume (im Rahmen von Generationen) veränderbar.*

Solchen Konzepten zufolge wird „Kultur" als eine unüberwindliche Schranke betrachtet, die politisch nicht zu überwinden sei. Entsprechende naturalisierende und biologisierende Argumentationen kämen sowohl im Rechtsextremismus als auch in verkürzten ethnopluralistischen Ansätzen der Neuen Rechten in der Gestalt von „Kulturalisierungen der Differenz" (Müller) vor. Der emanzipatorische „Kultur"-Begriff des Multikulturalismus werde hier in seiner politischen Bedeutung umgedreht (bei Taguieff als „Retorsion" bezeichnet). Dieser „kulturalistische" (eigentlich naturalistische) „Kultur"-Begriff sei mit emanzipatorischen Vorstellungen der prinzipiellen Veränderbarkeit von Gesellschaften nicht vereinbar, die davon ausgingen, dass Menschen sich ständig mit ihrer Umgebung auseinandersetzten, so dass sie nicht passive Kulturträger sind, sondern sich aktiv Kultur aneignen und die Kulturen ihrer Umwelt auch verändern.

Gazi Çağlar geht soweit, objektiv sehr verschiedenartige Kreislaufmodelle als „kulturzyklische" zu bündeln und in die Kulturalismus-Debatte einzubeziehen. Dazu zählt er insbesondere Samuel P. Huntingtons clash of civilizations. Zyklische Kreislauftheorien interpretieren nach ihm die Geschichte von Gesellschaften als „Summe der Geschichte einzelner Kulturen bzw. Zivilisationen". Der kulturalistische Rassismus verwende Bruchstücke aus den Zyklentheorien zumal von Oswald Spengler und Arnold J. Toynbee. Auf diesen Zyklentheorien baue – nach Gazi Çağlar – auch das Zivilisationsparadigma auf, wie es von Samuel P. Huntington in Kampf der Kulturen ausgeführt wird:

„Es basiert auf Annahmen zyklischer Geschichtstheoriebildung, den grundlegenden Bildern des Eurozentrismus und des kulturalistischen Rassismus über das Eigene und das Fremde, und der politischen Ambitionierung mit den geopolitischen, geomilitärischen, geowirtschaflichen Interessen gegenwärtiger Zentren der Weltpolitik und -ökonomie mit Vorzugsstellung des europäischen und US-amerikanischen."– GAZI ÇAĞLAR

Gazi Çağlar sieht in Huntingtons Kampf der Kulturen eine „Rassentheorie ohne Rassen" aus unserer Zeit. In diesem Buch spricht Huntington von 7 oder 8 Kulturen, deren Grenzen allerdings nicht entlang der Linien verlaufen, die Rassentheoretiker des 19. Jahrhunderts für ihre Konstruktionen genutzt haben.

Huntington lehnt einen Zusammenhang zwischen Kulturkreis und Rasse allerdings ausdrücklich ab:

„Es gibt eine signifikante Entsprechung zwischen der an kulturellen Merkmalen orientierten Einteilung der Menschen in Kulturkreise und ihrer an physischen Merkmalen orientierten Einteilung in Rassen. Freilich sind Kulturkreis und Rasse nicht identisch. Angehörige einer Rasse können durch ihre Zugehörigkeit zu unterschiedlichen Kulturkreisen tief gespalten sein; Angehörige verschiedener Rassen können durch einen Kulturkreis geeint sein. ... Die wesentlichen Unterschiede zwischen

Menschengruppen betreffen ihre Werte, Überzeugungen, Institutionen und Gesellschaftsstrukturen, nicht ihre Körpergröße, Kopfform und Hautfarbe." – SAMUEL P. HUNTINGTON: Kampf der Kulturen. Die Neugestaltung der Weltpolitik im 21. Jahrhundert

Hakan Gürses schreibt zum Rassenbegriff, dass mit der Ablehnung eines Begriffs nicht seine sprachliche Funktion und ebenso wenig die ihn hervorbringende rationale/sprachliche Ordnung getilgt werden könne. In vielen seiner Gebrauchsweisen ersetze der Kulturbegriff den Rassebegriff. Demgegenüber betont Gürses, dass der politische Einsatz des Kulturbegriffs in kolonialistischen oder (neo)rassistischen Kontexten diesen nicht von vornherein obsolet machen müsse, denn derselbe Begriff werde auch für emanzipatorische oder antirassistische Zwecke eingespannt. Die Kultur stelle heute im Rahmen kulturwissenschaftlicher und philosophischer Debatten einen Begriff dar, der gleichzeitig und auf gleicher Ebene sowohl als Determinante wie auch als Determiniertes eingesetzt werde.

Gürses beklagt umso mehr die Instrumentalisierung des Kulturbegriffes durch (neo)rassistische oder (neo)kolonialistische Theorien. Zur unrühmlichen Rolle des Kulturbegriffs im Kolonialismus komme sein durchaus verherrlichender Gebrauch in politisch aktuellen Debatten. Der Rassismus handele Kultur als eine „Quasi-Rasse" ab. Kulturelle Differenz diene als Paradigma bei der Formulierung jeder Differenz, und jede Differenz werde allmählich auf die Kultur zurückgeführt oder als eine in letzter Instanz kulturelle entschlüsselt. Die Artikulation jeder (kulturellen) Differenz bringe eine (kulturelle) Identität hervor. Der neo-rassistische Slogan „Recht auf Differenz", begleitet vom Zwang zur ethnisch-kulturellen Identität, finde in diesem Kulturbegriff einen guten Nährboden. Wer heute über kulturelle Identität rede, für den Kulturerhalt plädiere, ohne auf die problematischen Funktionen des Kulturbegriffs zu verweisen, mache sich verdächtig.

Den Antirassismus erklärt Gürses angesichts der neuen Erscheinungsformen des Rassismus für gescheitert. Der traditionelle Rassismus werde durch einen differentialistischen Neo-Rassismus abgelöst, kulturelle Differenzen verabsolutiert. Vermischung verursache, so der rassistische Diskurs, einen Ethnozid bzw. Ethnosuizid, der von Antirassisten an der eigenen Kultur begangen werde. Taguieff, der den Begriff des differentialistischen Rassismus' geprägt hat, spricht vom rassistischen Antisemitismus des Nationalsozialismus als bereits kulturalistischem Rassismus.

Neorassismus

Unter dem Stichwort „New Racism" löst Martin Barker Rassismus weitgehend von der Verknüpfung an biologische Rassenkonstruktionen und wendet ihn als komplexen Diskriminierungszusammenhang auch auf ähnliche Einteilung und Bewertungen aufgrund von Klasse, Geschlecht, Nation, Kultur und Religion an.

Kritik an Begriff und Theorie

Kritiker bezeichnen Balibars Konzept des Rassismus ohne Rassen als „Inflation des Rassismus" (CHRISTOPH TÜRCKE). Der Gefahr der Verschleierung des Rassismus stehe dann die Gefahr entgegen, den negativ besetzten Rassismusbegriff zur Tabuisierung und intellektuellen Abwertung von sachlich unverwandten Themenstellungen zu missbrauchen. Dies wiederum verzerre den intellektuellen Diskurs.

Ulrich Bielefeld plädiert für einen vorsichtigeren und präziseren Umgang mit dem Begriff des Rassismus, der immer in einem spezifischen historischen Kontext auftrete. Weite man den Begriff zu sehr aus, stehe er nicht mehr für die Fälle zur Verfügung, in denen er gleichzeitig als analytischer Begriff tatsächlich benötigt werde.

Der Soziologe Wulf D. Hund sieht die kulturelle Dimension des Rassismus als zentralen Bestandteil rassistischer Ausgrenzungsmechanismen:

„Die Verbindung rassistischer Diskriminierung mit der Kategorie Rasse umfasst zwar eine sehr wirkungsmächtige, aber vergleichsweise kurze Phase der Geschichte des Rassismus. Die überwiegende Zeit seiner Umsetzung wurde er mit Hilfe kultureller Konzepte begründet und vermittelt. Das ist auch heute wieder der Fall. Nach der Diskreditierung des Rassenbegriffs bedient sich die rassistische Rhetorik verstärkt kultureller Argumente. Obwohl das von der Rassismusforschung analysiert und theoretisiert wird, betrachten viele Beiträge dies als neues Phänomen und erstrecken ihre Recherche nicht auf kulturalistische Formen des Rassismus, die vor der Entwicklung des Rassenbegriffs oder außerhalb seiner Reichweite existierten." – WULF D. HUND: Negative Vergesellschaftung

Allerdings kann daraus auch gefolgert werden, dass kulturelle (z. B. religiöse) Ausgrenzungsmechanismen länger existieren und dauerhafter sind als biologisch-rassistische, die für den frühen Kolonialismus und das Zeitalter des Imperialismus besonders kennzeichnend sind. Nach Hund entwickelte sich die Vorstellung von einer besonderen, durch Klima und Boden determinierten Befähigung der weißen Rasse (ebenso wie der Rassenbegriff selbst) in Deutschland erst in der zweiten Hälfte des 18. Jahrhunderts. Besonders prägend waren die Werke des Anatomen Johann Friedrich Blumenbach und des Philosophen Immanuel Kant. In seiner Königsberger Vorlesung zur physischen Geographie postuliert Kant, dass die gemäßigten Zonen in biologischer Hinsicht einen „wohlgebildeten" Menschen hervorgebracht haben, im Gegensatz zu den „ausgearteten" Menschen der Polarregionen und der Äquatorialzone: „Die Menschheit ist in ihrer größten Vollkommenheit in der Race der Weißen. Die gelben Indianer die Inder haben schon ein geringeres Talent. Die Neger sind weit tiefer, und am tiefsten steht der Theil der amerikanischen Völkerschaft".

Für die USA zeigte der haitianische Anthropologe Michel-Rolph Trouillot, dass der einst explizit gegen die Annahme der Determination durch die biologische „Rasse" lancierte Kulturbegriff der angelsächsischen Kulturanthropologie im Kontext der rassistischen US-Gesellschaft allerdings dieselbe Funktion übernehmen konnte, was an der

Bestimmung des kulturanthropologischen Kulturbegriffs als „Negation von Klasse und Geschichte" lag. Damit wurde implizit die Entpolitisierung des Sozialen betrieben.

Rassismus ohne Rassen in den Konzepten der Neuen Rechten

Gemäß Ines Aftenberger ist ein sich als „Rassismus ohne Rassen" präsentierender „Neorassismus" ein „zentrales Ideologem" der Neuen Rechten. Die rassistische Konzeption dahinter heißt Ethnopluralismus, die davon ausgeht, „dass es nebeneinander existierende kulturelle und genetisch unterschiedliche Gemeinschaften gäbe". In dieser Konzeption wird über „Kultur" geredet, jedoch „Rasse" gemeint und verstanden.

Nach Auffassung des „Etnhopluralismus" sind Völker und Volksgemeinschaften nur dann fähig, Konflikte zu lösen, wenn sie sich auf die eigenen kulturellen und geographischen Eigenheiten konzentrieren. Die Ideologie geht davon aus, „dass die einzelnen Volksgemeinschaften jeweils einheitliche Kulturen bilden, die man gegen fremde Einflüsse verteidigen müsse".

Begriffsdebatte in der Rassismusforschung

Auch in der Rassismusforschung ist der Begriff Rasse aus etymologischen Gründen umstritten. Forscher wie Philip Cohen erläutern, dass es keinen Zusammenhang zwischen Rasse und Rassismus geben müsse:

„Rasse ist das Objekt des rassistischen Diskurses, außerhalb dessen sie keine Bedeutung besitzt; sie ist ein ideologisches Konstrukt und keine empirische Gesellschaftskategorie." – PHILIP COHEN: Gefährliche Erbschaften: Studien zur Entstehung einer multirassistischen Kultur in Großbritannien

Ausgehend von der Annahme, dass der Begriff zwar verschwinden kann, aber sein Sinngehalt weiterhin existent bleibe, ergaben sich dagegen für Forscher wie etwa Robert Miles Ansätze, Rassismus in seiner ideologischen Form zu untersuchen. Dabei verwendet Miles eine begrifflich strengere Definition als Hall, bei der nur eine „Ideologie von der Ungleichheit von Rassen" als Rassismus bezeichnet wird. Vorgänge, in denen bei formaler Gleichbehandlung aller Personen die Folgeerscheinungen einer früheren diskriminierenden Politik fortgeschrieben werden, zählt Miles nicht automatisch zum Rassismus.

Wikipedia® ist eine eingetragene Marke der Wikimedia Foundation Inc.

Quelle: Seite „Rassismus ohne Rassen". In: Wikipedia, Die freie Enzyklopädie. Bearbeitungsstand: 20. Dezember 2019, 13:07 UTC. URL: https://de.wikipedia.org/w/index.php?title=Rassismus_ohne_Rassen&oldid=195078789 (Abgerufen: 2. März 2020, 13:02 UTC)

5. Bedeutung der katholischen Kirche für den Antisemitismus

Festzuhalten ist, dass die katholische Kirche und selbst Martin Luther jahrhundertelang eine antijüdische Denkweise nach Kräften gefördert haben. Das kann man nicht verleugnen, denn das Verbot für Juden, normale Tätigkeiten aufzunehmen sowie die Einrichtung der früheren Ghettos wie der Judengasse in Frankfurt und in vielen anderen Städten und vor allem die Reduzierung der erlaubten Tätigkeiten auf den Handel sowie Gold- oder Geldverleih stellt einen unwiderrufbaren Beleg dafür dar, dass die katholische Kirche alles dafür getan hat, damit die Juden am Rande der Gesellschaft leben. Jüdisches Leben hatte sogar in der Frühzeit des Islams mehr Rechte als unter der katholischen Herrschaft. Die katholischen Herrscher waren jedoch in der Regel sehr eng verbunden mit den Päpsten in Rom.

Fest steht jedoch auch, dass Jesus eine jüdische Identität hat, denn Jesus von Nazareth war nicht als Christ geboren, sondern als Jude. Er war als Sohn einer jüdischen Mutter geboren und nach den Vorschriften des Gesetzes am achten Tag beschnitten worden. Damals schon hatte der Apostel Paulus Jesus als Diener der Beschneidung bezeichnet. Der Zusammenhang zwischen dem Alten und dem Neuen Testament wird immer wieder infrage gestellt. Es ist daher verwunderlich, dass die heutige Kirche sich als Freund des Judentums ansieht. Sie hat seit dem Mittelalter, in der Zeit der Aufklärung und bis zum 19. Jahrhundert als Bollwerk gegen das Judentum gedient und vor allem hat sie alles darangesetzt, dass den Juden Tätigkeiten verwehrt wurden, die die Christen ausüben konnten.

Es ist auch festzuhalten, dass viele geistige Väter des Nazitums eine religiöse Grundlage über die Kirchen herbeizuführen versuchten. Bei kritischer Betrachtung müsste der gesamten katholischen Kirche die Fragen gestellt werden, inwieweit sie den über die Person von Jesus bestehenden Bund zwischen Juden und Christen nicht zerstört haben, wie viele Juden durch die katholische Kirche und ihre Schergen gelitten haben, wie viele Juden ohne Heimat und stets auf der Flucht waren . Dies lässt sich heute nicht vollständig feststellen. Der Tatbestand allein des sogenannten Judenregals oder die Besteuerung zum Schutz der Juden durch die Fürsten in Deutschland stellt eine Erniedrigung des Judentums gegenüber dem Christentum dar.

Sehr viele Lehren des Christentums beziehen sich auf Christus selber. Jedoch wurden die Schriften nicht von Jesus selbst geschrieben, sondern von seinen Jüngern und Anhängern. Die katholische Kirche leitet aus diesen Schriften ihren Machtanspruch ab. Es ist daher - auch wenn das schmerzhaft ist - eindeutig ein starkes Verschulden der katholischen Kirche im Hinblick auf die Judenverfolgung seit dem Mittelalter bis zum 20. Jahrhundert festzuhalten. Ob es die Königin von Spanien war, ob es der König von Frankreich oder die verschiedenen Fürsten in Italien oder in Osteuropa oder die Königin von England waren: alle haben das Judentum als minderwertigen Glauben gegenüber dem echten Glauben des Christentums angesehen. Es fragt sich daher, wie viel Heuchelei und Verlogenheit die Kirche der Allgemeinheit noch verkaufen will.

6. Antisemitismus

6.1 Überblick

Als **Antisemitismus** werden heute alle Formen von **Judenhass**, pauschaler **Judenfeindschaft**, **Judenfeindlichkeit** oder **Judenverfolgung** bezeichnet. Der Ausdruck wurde 1879 von deutschsprachigen Antisemiten geprägt und entwickelte sich seit dem Holocaust zum Oberbegriff für alle Einstellungen und Verhaltensweisen, die Einzelpersonen oder Gruppen aufgrund ihrer angenommenen oder realen Zugehörigkeit zu „den Juden" negative Eigenschaften unterstellen. Damit werden Ausgrenzung, Abwertung, Diskriminierung, Unterdrückung, Verfolgung, Vertreibung bis hin zur Vernichtung jüdischer Minderheiten (Völkermord) gefördert, vorbereitet und/oder gerechtfertigt.

Pauschale Judenfeindschaft hat eine rund 2500 Jahre alte Tradition, in der sich eine Vielzahl Bilder, Gerüchte, Klischees, Vorurteile, Ressentiments, Stereotype von „dem" oder „den" Juden bildeten, überlagern und durchdringen. Während die Anlässe, Motive, Begründungen und Zwecke der Judenfeindschaft je nach Zeitumständen und Trägergruppen wechselten, zeigen die dafür benutzten Bilder große Konstanz und Ähnlichkeiten. Die Antisemitismusforschung hat daher keine allgemeingültige Definition des Phänomens aufgestellt. Die deutschsprachige Forschung unterscheidet zumindest vier Hauptformen:

- den christlichen Antijudaismus, der Juden vorwiegend aus religiösen Motiven ablehnt und darum auch sozial und politisch ausgrenzt. Er herrschte in der Kirchengeschichte seit der Spätantike bis in die Neuzeit.
- den neuzeitlichen Antisemitismus, der Juden vorwiegend mit biologistischen und pseudowissenschaftlichen Begründungen als „Fremdkörper" aus der Mehrheitsgesellschaft ausgrenzt. Er entstand seit der Aufklärung und verband sich im 19. Jahrhundert mit Nationalismus, Sozialdarwinismus und Rassismus. Der „Rassenantisemitismus" gewann in der Zeit des Nationalsozialismus als Staatsideologie seine genozidale Wirkung.
- den „sekundären" Antisemitismus. Dieser lehnt Juden nicht trotz, sondern gerade wegen des Holocaust ab. Er speist sich in Tätergesellschaften aus Schuldabwehr und dem Bedürfnis nach Täter-Opfer-Umkehr und passt Motive des traditionellen, „primären" Antisemitismus den aktuellen Zeitumständen an. Eine Sonderform davon ist der „Antisemitismus ohne Juden".
- den Antizionismus, der sich gegen den 1948 gegründeten Staat Israel richtet. Sofern seine Vertreter das Existenzrecht Israels bestreiten und judenfeindliche Stereotype in delegitimierender Absicht auf Israel übertragen, handelt es sich um israelbezogenen Antisemitismus.

In allen Hauptformen lassen sich religiöse, soziale, politische, kulturelle und verschwörungstheoretische Motive unterscheiden, die historisch jedoch meist miteinander verbunden auftreten. Zudem unterscheidet die Forschung latente und manifeste, oppositionelle und staatliche Ausdrucksformen.

Im Unterschied zu allgemeiner Fremdenfeindlichkeit wird Antisemitismus mit angeblich unveränderlichen Eigenschaften von Juden begründet, die oft auch gleichbleibend bezeichnet und dargestellt werden. Juden sollten als „Feinde der Menschheit" (Antike), „Brunnenvergifter", „Ritualmörder", „Wucherer" (Mittelalter und frühe Neuzeit), „Parasiten", „Ausbeuter", „Verschwörer" und heimliche „Weltherrscher" (seit der Aufklärung) immer die angeblichen Verursacher aller möglichen negativen Fehlentwicklungen und menschengemachten Katastrophen sein. So ähneln sich antijüdische Karikaturen durch die Jahrhunderte stark. Diese fiktiven Trugbilder (Chimären) haben sich bis in die Gegenwart als außergewöhnlich stabil und anpassungsfähig erwiesen. Sie haben nichts mit der Realität jüdischen Daseins zu tun, sondern verzerren dessen Besonderheiten ideologisch und benutzen sie für verschiedene Zwecke. Sie gelten daher laut Wolfgang Benz als besonders typisches und wirkungsmächtiges Beispiel „für Bildung von Vorurteilen und politische Instrumentalisierung daraus konstruierter Feindbilder".

Statistik

1947 stellte die US-amerikanische Militärregierung (OMGUS) im Rahmen einer Befragung in ihrer Besatzungszone fest, dass rund 40 Prozent der deutschen Bevölkerung entschiedene Antisemiten und nur 20 Prozent weitgehend frei von Ressentiments seien.

Die Anti-Defamation League (ADL) stellte gemäß einer Umfrage aus dem Jahr 2014 in über 100 Ländern (4.161.578.905 Erwachsene) fest, dass weltweit davon 26 % – über eine Milliarde Menschen – antisemitisch eingestellt sind. 35 % der Menschen haben noch nie vom Holocaust gehört. 41 % glauben, dass Juden Israel gegenüber loyaler sind als ihrem eigenen Land gegenüber. 74 % der Menschen in der Türkei, im Nahen Osten und in Nordafrika sind antisemitisch – der höchste regionale Prozentsatz der Welt. Von den Menschen, die antisemitische Ansichten vertreten, haben 70 % noch nie eine jüdische Person getroffen.

Laut den seit 2001 veröffentlichten Zahlen des Bundesministeriums des Innern, für Bau und Heimat wurden in Deutschland bis 2009 durchschnittlich 1690, damit täglich vier bis fünf antisemitische Straftaten verübt. Bundesweit wurden seit 2010 laut der kriminalpolizeilichen Meldestatistik insgesamt 11.786 judenfeindliche Straftaten erfasst, davon 327 Gewalttaten. In ostdeutschen Bundesländern lag die Zahl antisemitischer Straftaten in den Jahren 2010 bis 2018 deutlich über dem Bundesdurchschnitt. Am niedrigsten war die Zahl der Straftaten je 100.000 Einwohner in südlicheren Bundesländern. Die antisemitischen Straftaten sind nach einem deutlichen Anstieg im Jahr 2014 von 1596 auf 1366 im Jahr 2015 zurückgegangen und im Jahr 2016 wieder *auf 1468 angestiegen. 2017 wurden 1504 Straftaten gezählt. Im Jahre 2018 nahmen die antisemitischen Straftaten um 20 % auf 1800 zu. Siehe auch Liste von Anschlägen auf Juden und jüdische Einrichtungen im deutschsprachigen Raum nach 1945.*

Eine zentrale Meldestelle für antisemitische Handlungen, die unterhalb der Schwelle für eine Straftat stehen, gibt es in Deutschland nicht. In Rheinland-Pfalz ist eine Meldestelle dafür im Aufbau (Stand: 2020).

In einer Anfang Oktober 2019 veröffentlichten repräsentativen Umfrage des Jüdischen Weltkongresses wurden 1000 Teilnehmer in Deutschland Mitte Juli 2019 zum Thema Antisemitismus befragt, demnach vor dem Anschlag auf die Synagoge in Halle am 9. Oktober 2019. Der Umfrage nach hegen 27 Prozent aller Deutschen und 18 Prozent einer als „Elite" kategorisierten Bevölkerungsgruppe antisemitische Gedanken, 41 Prozent meinen, Juden redeten zu viel über den Holocaust. Auch unter Hochschulabsolventen, mit einem Jahreseinkommen von mindestens 100.000 Euro, sind antisemitische Stereotypen verbreitet. 28 Prozent von ihnen behaupten, Juden hätten zu viel Macht in der Wirtschaft, 26 Prozent attestieren Juden „zu viel Macht in der Weltpolitik". 12 Prozent aller Befragten sind der Meinung, dass Juden für die meisten Kriege weltweit verantwortlich sind. 11 Prozent sagen, die Juden hätten kein Recht auf einen eigenen Staat Israel. Nach Meinung der Befragten sind weit überwiegend die Rechtsextremisten (39 %), rechte Politiker und Parteien (36 %), muslimische Extremisten (33 %) und muslimische Immigranten (18 %) für den Antisemitismus in Deutschland verantwortlich, linksextreme und linke Parteien und Politiker jedoch nur zu 3 %.

Die Französische Revolution von 1789 hatte die Durchsetzung der allgemeinen Menschenrechte und die Bildung von Nationalstaaten europaweit begünstigt. Damit begannen auch andere Staaten ihre Staatsbürger rechtlich gleichzustellen und leiteten eine jüdische Emanzipation ein. Nationalistische Einigungsbewegungen bekämpften diese und suchten der veränderten historischen Lage angepasste Gründe für den tradierten Judenhass des vom Christentum geprägten Mittelalters.

Der Ausdruck „Antisemitismus" ist eine Neuschöpfung deutscher Antisemiten im Umfeld des Journalisten Wilhelm Marr. Er zielte darauf, „die Judenfeindschaft mit der Zugehörigkeit der Juden zur semitischen Rasse und Völkerfamilie zu begründen und ihr das Gepräge einer auf letzte Ursachen zurückgehenden wissenschaftlichen Lehre zu geben" (Edmond Jacob: Artikel Antisemitismus, in: Encyclopaedia Judaica, 1928, Sp. 957). Historisch richtete sich der neue Begriff jedoch nie gegen die semitischen Völker insgesamt, obwohl die semitische Sprachfamilie viele verschiedene Völker umfasst; sondern immer nur gegen Juden als ethnisches Kollektiv. Der Begriff ist demnach eine etymologische Fehlprägung und vom Ursprung her rassistisch und pseudowissenschaftlich.

Als „Semiten" wurde seit 1771 eine Sprach- und Völkerfamilie bezeichnet, um sie von der Sprachfamilie der „Arier" zu unterscheiden. Nationalisten wie Christian

Lassen und Ernest Renan machten beide Bezeichnungen zu ideologischen Sammelbegriffen für entgegengesetzte Nationalcharaktere und Kulturtypen. Indem man Juden als „Semiten" bezeichnete, wurden sie als ethnische Abstammungsgemeinschaft mit minderwertigen Eigenschaften dargestellt. Ab 1855 wurde dieses Gegensatzpaar auch mit der Rassentheorie von Arthur de Gobineau verknüpft. 1860 wies der Bibliograph Moritz Steinschneider Renans Thesen, das Judentum behindere den politischen Fortschritt der Menschheit durch seine Zerstreuung und sein religiöses Erwählungsbewusstsein, als „antisemitische Vorurteile" zurück. Bis 1865 war „Semitismus" oder „Semitentum" als Schlagwort lexikalisch etabliert. Es lag daher nahe, das Antonym „Antisemitismus" für die Ideologie und Ziele judenfeindlicher Organisationen zu verwenden.

Das Substantiv ist erstmals im Dezember 1879 in einem Zeitungsbericht über die Antisemitenliga belegt, die Marr im September 1879 gegründet hatte. Es bezeichnete deren politisches Programm, den „Semitismus" zu bekämpfen. Der Ausdruck diente Antisemiten dazu, sich vom affektgeladenen Judenhass des Mittelalters abzugrenzen und ihren Zielen einen rationalen, aufgeklärten Anstrich zu geben. Ab 1880 bezeichnete „Antisemitismus" auch die Ziele der „Berliner Bewegung" um Adolf Stoecker und Heinrich von Treitschke und der Unterzeichner der „Antisemitenpetition".

Da die jüdische Minderheit keine einheitliche Ideologie und Partei vertrat, die die Antisemiten hätten bekämpfen können, konstruierten sie einen völkisch-rassischen Gegensatz und machten das tradierte Schimpfwort „der Jude" zum Inbegriff aller negativ erlebten und gedeuteten Zeiterscheinungen seit der Aufklärung. Er besitze und lenke die kritische Presse, infiltriere die Nation mit egoistischem Gewinnstreben, kalter Zweckrationalität, fremden Ideen und Tendenzen: Rationalismus, Materialismus, Internationalismus, Individualismus, Pluralismus, Kapitalismus (Manchesterliberalismus), Demokratie, Sozialismus und Kommunismus. Er sei schuld am Zerfall („Zersetzung") traditioneller Gesellschaftsstrukturen, an Ausbeutung, Wirtschaftskrisen, Kapitalkonzentration und Inflation, Uneinigkeit und Schwäche der Nation. Als Zusammenfassung solcher anti-jüdischen und rassistischen Stereotype wurde der Begriff „Antisemitismus" im Kaiserreich wie auch im Zarenreich Russland, Kaisertum Österreich und nachrevolutionären Frankreich rasch Allgemeingut. Er blieb etwa 75 Jahre lang die Eigenbezeichnung „prinzipieller" Judenfeinde, die mit der Bekämpfung des „Semitismus" die Isolierung, Vertreibung und schließlich die Vernichtung der Juden anstrebten.

Um gerade auch europäische, assimilierte Juden als eigene „Rasse" von anderen „semitischen Völkern" abzugrenzen, lehnte schon der Antisemit Eugen Dühring den Begriff „Antisemitismus" ab. Um die Zusammenarbeit des NS-Regimes mit den Arabern machttaktisch zu gewährleisten, forderte das Reichspropaganda-ministerium im August 1935 die deutsche Presse auf, „das Wort: antisemitisch oder Antisemitismus zu vermeiden, weil die deutsche Politik sich nur gegen die Juden, nicht aber gegen die Semiten schlechthin richtet. Es soll stattdessen das Wort: antijüdisch gebraucht werden." 1943 verlangte Alfred Rosenberg von der deutschen Presse, die Bezeichnung Antisemitismus mit Rücksicht auf die arabische Welt zu unterlassen. Denn mit dem Begriff bekunde das feindliche Ausland, die Deutschen würden „Araber und Juden in einen Topf werfen".

Seit 1945 bezeichnet „Antisemitismus" alle Aspekte judenfeindlicher Ideologie, die den Holocaust ermöglicht, vorbereitet, begleitet und gerechtfertigt haben. Antisemitismusforscher in Israel, Großbritannien und den USA verwenden das Wort als Oberbegriff für pauschale, auch nichtrassistische Judenfeindlichkeit mit „eliminatorischen" Zügen. Reinhard Rürup und Thomas Nipperdey (1972) wollten es dagegen auf jene rassistische Judenfeindschaft seit 1880 begrenzen, in der der Begriff aufgekommen war. Diese sei eine „grundsätzlich neue judenfeindliche Bewegung", so dass deren Begriff nicht auf ältere, nichtrassistische Judenfeindlichkeit übertragbar sei. Auch Alex Bein, Jacob Katz, Helmut Berding und Hermann Greive betonten bei aller Kontinuität den Unterschied des „modernen" Antisemitismus zu früherem Judenhass und lehnten den Ausdruck daher als Oberbegriff für „Judenfeindlichkeit" ab. Laut Georg Christoph Berger Waldenegg legt das Weiterverwenden des Begriffs nahe, dass es „spezifisch jüdisch-semitische Eigenschaften gegeben habe und immer noch gebe".

Ernst Simmel dagegen urteilte: „Der Antisemitismus ist sich über Jahrhunderte hin im wesentlichen gleich geblieben, auch wenn sich seit der Aufklärung seine Ausdrucksformen verändert haben, so wie die ethischen Maßstäbe und die Sozialstrukturen jeder Epoche." Auch Shulamit Volkov zufolge ist es „mit der Neuheit des modernen Antisemitismus nicht weit her". Rita Botwinick sieht „Antisemitismus" als „modernes Wort für eine althergebrachte Bösartigkeit". Eberhard Jäckel nennt den Begriff eine „sprachlich unzutreffende Bezeichnung für Judenhass". Léon Poliakov plädierte daher für „Antijudaismus" als Oberbegriff für religiösen und rassistischen Judenhass, Steven T. Katz verwendete „Antijudaismus" und „Antisemitismus" austauschbar.

Umstritten blieb auch die Einordnung der nicht mehr religiösen, noch nicht explizit rassistischen Judenfeindschaft zwischen 1750 und 1880. Alphons Silbermann unterscheidet darin „klassischen" und „modernen", Winfried Frey „frühen" oder „vormodernen" und „modernen" Antisemitismus. Wolfgang Altgeld spricht für die Zeit bis 1800 von „aufgeklärter Judenfeindschaft", bis 1848 von „frühnationalistischem Antijudaismus". Paul L. Rose nennt Judenfeindschaft ab 1800 „Antisemitismus".

In der Umgangssprache wurde der Ausdruck „Antisemitismus" seit 1945 gleichbedeutend mit „Judenhass" oder „Judenfeindlichkeit". In der Forschung ist „Antisemitismus" heute „Sammelbegriff für negative Stereotypen über Juden, für Ressentiments und Handlungen, die gegen einzelne Juden als Juden oder gegen das Judentum insgesamt sowie gegen Phänomene, weil sie jüdisch seien, gerichtet sind".

Antijudaismus

Als „Antijudaismus" wird Judenfeindschaft bezeichnet, die sich auf die jüdische Religion bezieht, durch spezifische christliche Theologie begründet wird und sich oft *auf antijüdisch ausgelegte Stellen des Neuen Testaments beruft. Hauptbedingung dafür war die christliche Mission unter Nichtjuden, so dass eine Mehrheit von Heidenchristen das überwiegend judenchristliche Urchristentum ablöste. Die Substitutionstheologie behauptete seit dem 2. Jahrhundert, Gott habe die Erwählung der Juden zum Volk Gottes aufgrund ihrer Ablehnung der Messianität Jesu Christi gekündigt und das Judentum bleibend verflucht, so dass Juden das Heil nur durch die christliche Taufe, also den Übertritt in die nunmehr erwählte Kirche erlangen könnten.*

Nachdem diese um 380 zur Staatsreligion des Römischen Reiches mit universalem Herrschaftsanspruch geworden war, wirkten sich die antijudaistischen Dogmen als sozial- und religionspolitische Diskriminierung jüdischer Minderheiten in Europa aus. Christen grenzten Juden seit dem 9. Jahrhundert aus den meisten Berufsbereichen aus und überließen ihnen nur noch verachtete Berufe wie den Trödelhandel, das Pfand- und Kreditwesen. Daraus entstanden Klischees wie das der arbeitsscheuen Wucherjuden, die zudem heimlich die Herrschaft über alle Christen oder sogar ihre Vernichtung anstrebten.

Aus der seit 180 bekannten Anklage des „Gottesmords", die allen Juden eine Kollektivschuld am Tod Jesu Christi gab, entwickelten sich im Hochmittelalter Ritualmordlegenden und Zuschreibungen wie der angebliche „Hostienfrevel". Die antijüdische Kirchenpolitik nahm Züge einer systematischen Verfolgung an: Juden wurden zwangsgetauft, ghettoisiert, kriminalisiert und dämonisiert.   fanden oft an hohen christlichen Feiertagen, besonders während der Kreuzzüge im 12. und 13. Jahrhundert, der Pestpandemie im 14. Jahrhundert und der Reconquista in Spanien im 15. Jahrhundert statt (~1450 limpieza de sangre, 1492 Alhambra-Edikt).

In der Reformation schien Martin Luther 1521 zunächst eine Abkehr vom christlichen Antijudaismus anzubahnen, forderte nach jüdischen Missionserfolgen jedoch alle Fürsten zur Zerstörung der Synagogen und jüdischen Wohnungen, Internierung, Zwangsarbeit oder Vertreibung der Juden auf (Von den Juden und ihren Lügen 1543; siehe Martin Luther und die Juden).

Die Aufklärung übernahm einige antijudaistische Stereotype, etwa die Gegenüberstellung einer vermeintlich national begrenzten und materialistischen jüdischen Hassreligion zu einer universalen und idealistischen christlichen Liebesreligion. Im 19. Jahrhundert gingen christliche und rassistische Judenfeindschaft ineinander über. So belebten christliche und antisemitische Judenfeinde gemeinsam die mittelalterlichen Ritualmordlegenden neu. Seit 1900 waren nationalistische Christen zugleich Antisemiten, so die evangelische Kirchenpartei „Deutsche Christen" der NS-Zeit. Erst ab etwa 1960 wandten sich einige Kirchen infolge des Holocaust allmählich von der traditionellen Substitutionstheologie ab. Im Verhältnis von Kirchen und Judentum nach 1945 blieb die Judenmission Streitthema.

Neuzeitlicher Antisemitismus

Sozialer Antisemitismus bezieht sich auf den tatsächlichen oder eingebildeten sozialen Status von Juden in der Gesellschaft. Durch Berufsbeschränkungen wurden Juden in der Vergangenheit in die Berufe des Handels und Geldverleihens gedrängt. Im sozialen Antisemitismus kommt es zu einer Gleichsetzung von Börse, Finanzkapital und Geldgier mit dem Judentum.

Beim politischen Antisemitismus gelten die als homogenes Kollektiv gedachten Juden als einflussreiche soziale Macht, die sich in politischer Absicht zu gemeinsamem Handeln zusammengeschlossen haben, um die Herrschaft in einem Land oder gleich die Weltherrschaft zu erreichen. Dies soll durch eine geheime Planung in Gestalt einer „jüdischen Weltverschwörung" geschehen. In den Bereich des politischen Antisemitismus fallen die Protokolle der Weisen von Zion.

Der kulturelle Antisemitismus steht in engem Zusammenhang mit dem sozialen und politischen Antisemitismus. Hier werden Juden auf kultureller Ebene für die angeblich verderblichen Entwicklungen verantwortlich gemacht. Irritierende Neuerungen in Architektur, Kunst, Literatur oder Musik sahen Antisemiten als Folge des jüdischen Einflusses, der als dekadent bewertet, mit der kulturellen Moderne identifiziert und mit ihr abgelehnt wurde. Als Beispiel für den kulturellen Antisemitismus gilt die von der NS-Propaganda so bezeichnete „entartete Kunst".

In Umkehrung des behaupteten „Gottesmords" haben im Rahmen der Aufklärung atheistische und agnostische Autoren, wie Voltaire, der Baron von Holbach oder Friedrich Hegel, und mit ihnen hauptsächlich das revolutionäre Bürgertum der Französischen Revolution, die Juden der „Erfindung" Gottes und des Monotheismus und der aus ihrer Sicht verwerflichen Hervorbringung des Juden Jesus Christus beschuldigt. Von Antiklerikalen wird so den Juden das Christentum angelastet. So äußerte sich Voltaire gegenüber Juden: „Ihr übertrefft sämtliche Nationen mit euren unverschämten Märchen, eurem schlechten Benehmen und eurer Barbarei. Ihr habt es verdient, bestraft zu werden, denn das ist euer Schicksal." Und an anderer Stelle: „Mich würde nicht im mindesten wundern, wenn diese Leute eines Tages gefährlich würden für das Menschengeschlecht." Voltaires Aussagen standen auch im Zusammenhang mit seinem Bestreben, den jüdisch-christlichen Ursprungsmythos der Bibel (Genesis) durch eine von ihm in Indien verortete arische Urheimat der Menschheit zu ersetzen. So schrieb er an den Astronomen M. Bailly: „Seit langem betrachte ich die alte Dynastie der Brahmanen als diese Ursprungsnation."

Der nationalistische Antisemitismus sieht in den Juden eine ethnisch, kulturell oder sozial nicht zur jeweiligen Nation gehörende Minderheit, die als Fremdkörper wahrgenommen und der Illoyalität gegenüber der Nation beschuldigt wird. Im Gegensatz zum rassistisch motivierten Antisemitismus im engeren Sinne könnte hier durch Assimilation und Religionsübertritt die Diskriminierung überwunden und die Integration in die Gesellschaft erreicht werden. Der nationalistische Antisemitismus hebt nicht allein auf die angeblichen ethnischen Unterschiede ab, sondern betont behauptete kulturelle Gegensätze oder mangelnde Loyalität gegenüber der jeweiligen Nation. Durch eine solche Ausgrenzung nimmt diese Form der Judenfeindschaft auch fremdenfeindliche Züge an. Teilweise wird auch der nationalistische Antisemitismus unter das engere Begriffsverständnis des Antisemitismus gefasst.

Sekundärer Antisemitismus

„Sekundärer Antisemitismus" bezeichnet eine Form der Judenfeindschaft „nach Auschwitz", die aufgrund des inhaltlichen Kontextes mit der Shoah auch, unter einem psychologisch-moralischen Gesichtspunkt, als „Schuldabwehr"-Antisemitismus bezeichnet wird. Nach dem Holocaust trat der Antisemitismus als Staatsdoktrin zurück und seit den 1960er Jahren dominierten andere Ausdrucksformen. In Deutschland unterstellt man hierbei in der öffentlichen Auseinandersetzung über die Massenvernichtung der Juden während des Zweiten Weltkriegs, sie diene nur der Diffamierung der nationalen Identität, der Gewährung fortgesetzter Wiedergutmachungszahlungen an Israel und der politischen Legitimation von deren Politik im Nahen Osten.

Antizionismus

Antizionismus bezeichnet die Ablehnung des Zionismus und damit des Staates Israel als solchen; er spricht letzterem also sein Existenzrecht ab. Antizionismus enthält oder verdeckt häufig judenfeindliche Motive. Ein großer Anteil aller Juden weltweit (2010: 43 Prozent, mit steigender Tendenz) lebt seit 1945 in Israel, das sich als Zufluchtsort aller Juden versteht. Antizionismus bzw. „Israelkritik" wird darum oft als „getarnter" Antisemitismus beurteilt. Ein bekannter Test, um legitime Kritik an der Politik des Staates Israel von Judenfeindlichkeit zu unterscheiden, ist der 3-D-Test für Antisemitismus: Wenn Aussagen Israel dämonisieren, delegitimieren, oder doppelte Standards anlegen, dann sind diese antisemitisch.

Der Antizionismus entstand seit 1918 aus Konflikten zwischen den in Palästina ansässigen Arabern und den in mehreren Wellen (Alijot) zuwandernden europäischen Juden. Diese Konflikte eskalierten 1936 zum arabischen Aufstand, führten nach der Staatsgründung Israels 1948 zu sechs Kriegen arabischer Staaten gegen Israel und zu zahlreichen bewaffneten Konflikten, die bis heute andauern (siehe Nahostkonflikt). Diese verstärkten den Antizionismus in und außerhalb der Nahostregion. Die Sowjetunion betrachtete Israel seit 1950 als Brückenkopf der Vereinigten Staaten in der Region. Diese Ansicht übernahmen seit 1967 Teile der politischen Linken; im Spektrum des Antiimperialismus ist sie bis heute gängig. Islamische Organisationen wie die Muslimbrüder und die Hamas übernahmen Elemente des europäischen Antisemitismus. In Bezug auf die islamische und arabische Welt spricht man dann von einem islamischen oder islamisierten Antisemitismus. Auch bei Nicht-muslimen dient Antizionismus oft dazu, sich gegen Vorwürfe des Antisemitismus zu immunisieren, um Israel semantisch und inhaltlich auf analoge Weise wie „die Juden" zu dämonisieren, zu delegitimieren und zu isolieren. Die Israelfeindschaft verbindet damit linken

Antiimperialismus, Rechtsextremismus und islamischen Extremismus und wirkt als potentielle Bedrohung aller Juden.

Judenregal

*Das **Judenregal**, auch Judensteuer, war im Mittelalter und der Frühen Neuzeit ein königlich verliehenes Privileg. Dieses stellte im Heiligen Römischen Reich vermögende Juden, zumeist Kaufleute, in ihrer Eigenschaft als Kammerknechte und religiöse Minderheit gegen Bezahlung von Gebühren unter den Schutz des Kaisers. Neben anderen finanziell nutzbaren Hoheitsrechten (Regalien) trug auch das Judenregal zur Finanzierung des Herrscherhaushalts bei.*

Historische Entwicklung

Es war im Mittelalter und in der Frühen Neuzeit geradezu typisch, nicht oder zumindest nur teilweise dem (sich in dieser Zeit erst herausbildenden) allgemeinen Land- oder Stadtrecht unterworfen, sondern Mitglied einer Bevölkerungsgruppe zu sein, die sich durch die Zuerkennung eines speziellen Rechtsstatus auszeichnet.

Der Königsfrieden, unter den unterschiedlichste Personen gestellt werden konnten, war von alters her eine Einkunftsquelle für die königlichen Kassen. Juden spielten dabei eine herausragende Rolle. Schon in der Karolingerzeit wurden die Juden gegen Zahlung eines Schutzzinses unter königlichen Schutz gestellt und erhielten dafür Zollbefreiungen und vereinzelte königliche Privilegien. Die Karolinger unterschieden verschiedene Statusgruppen von Juden, die aber nicht als Leibeigene angesehen wurden. Im Wormser Privileg von 1090 erneuerten und verbesserten die Salier den Judenschutz und unterstellten sie der königlichen Kammer. Friedrich II. unterstellte sich 1236 alle Juden reichsweit als königliche „Kammerknechte" und gewährte ihnen Schutz vor Verfolgungen gegen die Zahlung von Schutzgeldern. Schutzbriefe wurden nicht mehr von Fürsten oder Bischöfen an einzelne oder Gruppen von Juden vergeben wie im frühen Mittelalter, sondern sie waren der kaiserlichen Kammer zinspflichtig. Dieses Steuerprivileg war übertragbar. Infolgedessen wiesen nach 1241 auch Steuerlisten deutscher Städte eine „Reichsjudensteuer" auf. Mit dieser rechtlichen Konstruktion knüpfte er an den Begriff der Regalien an.

Unter Rudolf von Habsburg wurde das Judenregal als königliche Leibeigenschaft interpretiert, woraus sich das Recht ableitete, Juden gegebenenfalls entschädigungslos zu enteignen. Seit dem Interregnum verlieh der König das Judenregal an die emporkommenden deutschen Territorialfürsten. Karl IV. schützte zwar die Juden in seinem eigenen Hausmachtbereich, tat jedoch nichts zu ihrem Schutz auf Reichsebene. In der Goldenen Bulle übertrug er dann 1356 das Judenregal auf die Kurfürsten. Aus der ursprünglich persönlichen Bindung an den Kaiser wurde nun eine verkäufliche Ware, die auch verliehen und beliehen werden konnte. Aus dem Schutzinstrument wurde das Gegenteil: aus aktiven „Teilnehmern am wirtschaftlichen Geschehen" wurden „Objekte der Wirtschaftspolitik", deren Duldung von den wirtschaftlichen Interessen des Inhabers des Judenregals abhing.

Über das Revidierte General-Privileg von 1750 und das Preußisches Judenedikt von 1812 emanzipierten sich die ehemaligen Schutzjuden mit der Aufklärung zu gleichberechtigten Staatsbürgern.

1833 unterteilte der Preußische Staat die Juden in Posen „in naturalisierte juden und schutzjuden .... der schutzjude durfte weder das bürgerrecht in den gemeinden erwerben noch in eine andere provinz übersiedeln." Die Naturalisierung (Einbürgerung) hingegen war eine Aufnahme „in den einheimischen staatsverband .... mit dem recht oder den freiheiten seiner nation begaben." Als Schutzjuden wurden dort jene bezeichnet, die ortsansässig also lateinisch judaeus sub protectione superiorum ‚Juden unter dem Schutz der Obrigkeit' waren, im Gegensatz zu jenen die nur temporär zureisten.

Wikipedia® ist eine eingetragene Marke der Wikimedia Foundation Inc.

Quelle: Seite „Judenregal". In: Wikipedia, Die freie Enzyklopädie. Bearbeitungsstand: 9. April 2019, 09:07 UTC. URL: https://de.wikipedia.org/w/index.php?title=Judenregal&oldid=187399553 (Abgerufen: 23. Februar 2020, 07:23 UTC)

Dreyfussaffaire

Die Dreyfussaffaire ist ein Beispiel für Antisemitismus in den europäischen Gesellschaften und insbesondere in ihren bürgerlichen Schichten und staatstragenden Institutionen.

Die Dreyfus-Affäre war ein Justizskandal, der die französische Politik und Gesellschaft in den letzten Jahren des 19. Jahrhunderts tief spaltete. Er betraf die Verurteilung des Artillerie-Hauptmanns Alfred Dreyfus 1894 durch ein Kriegsgericht in Paris wegen angeblichen Landesverrats zugunsten des Deutschen Kaiserreichs, die in jahrelange öffentliche Auseinandersetzungen und weitere Gerichtsverfahren mündete. Die Verurteilung des aus dem Elsass stammenden jüdischen Offiziers basierte auf rechtswidrigen Beweisen und zweifelhaften Handschriftengutachten. Für die Wiederaufnahme des Verfahrens und den Freispruch Dreyfus' setzten sich zunächst nur Familienmitglieder und einige wenige Personen ein, denen im Verlauf des Prozesses Zweifel an der Schuld des Angeklagten gekommen waren.

Der Justizirrtum weitete sich zum ganz Frankreich erschütternden Skandal aus. Höchste Kreise im Militär wollten die Rehabilitierung Dreyfus' und die Verurteilung des tatsächlichen Verräters Major Ferdinand Walsin-Esterházy verhindern. Antisemitische, klerikale und monarchistische Zeitungen und Politiker hetzten Teile der Bevölkerung auf, während Menschen, die Dreyfus zu Hilfe kommen wollten, ihrerseits bedroht, verurteilt oder aus der Armee entlassen wurden. Der bedeutende naturalistische Schriftsteller und Journalist Émile Zola musste beispielsweise aus dem Land fliehen, um einer Haftstrafe zu entgehen. Er hatte 1898 mit seinem berühmt gewordenen

Artikel J'accuse...! (Ich klage an ...!) angeprangert, dass der eigentlich Schuldige freigesprochen wurde.

Die im Juni 1899 neu gebildete Regierung unter Pierre Waldeck-Rousseau setzte auf einen Kompromiss, nicht auf eine grundsätzliche Korrektur des Fehlurteils, um die Auseinandersetzungen in der Affäre Dreyfus zu beenden. Wenige Wochen nach seiner zweiten Verurteilung wurde Dreyfus begnadigt. Ein Amnestiegesetz garantierte gleichzeitig Straffreiheit für alle mit der Dreyfus-Affäre im Zusammenhang stehenden Rechtsbrüche. Lediglich Alfred Dreyfus war von dieser Amnestie ausgenommen, was es ihm ermöglichte, sich weiter um eine Revision des Urteils gegen sich zu bemühen. Am 12. Juli 1906 hob schließlich das zivile Oberste Berufungsgericht das Urteil gegen Dreyfus auf und rehabilitierte ihn vollständig. Dreyfus wurde wieder in die Armee aufgenommen, zum Major befördert und darüber hinaus zum Ritter der französischen Ehrenlegion ernannt. Der strafversetzte Major Marie-Georges Picquart, ehemals Leiter des französischen Auslandsnachrichtendienstes (Deuxième Bureau) und eine Schlüsselfigur bei der Rehabilitierung von Alfred Dreyfus, kehrte mit dem Rang eines Brigadegenerals in die Armee zurück.

Die Dreyfus-Affäre war nach dem Panamaskandal und parallel zur Faschoda-Krise der dritte große Skandal in dieser Phase der Dritten Republik. Mit Intrigen, Fälschungen, Ministerrücktritten und -stürzen, Gerichtsprozessen, Krawallen, Attentaten, dem Versuch eines Staatsstreiches (23. Februar 1899) und einem zunehmend offenen Antisemitismus in Teilen der Gesellschaft stürzte die Affäre das Land in eine schwere politische und moralische Krise. Insbesondere während des Kampfes um die Wiederaufnahme des Gerichtsverfahrens war die französische Gesellschaft bis in die Familien hinein tief gespalten.

Antisemitismus

Die Dreyfus-Affäre wird häufig als der Höhepunkt des Antisemitismus im Frankreich des 19. Jahrhunderts bezeichnet. Er wandte sich nicht mehr gegen das Judentum als Religion, sondern war rassistisch geprägt. Nach Ansicht der Historiker Eckhardt und Günther Fuchs zeigte sich diese Form des Antisemitismus erstmals in den 1880er Jahren, als konservative Kräfte aller Schattierungen begannen, sich in ihrem Kampf gegen die Republik des Antisemitismus zu bedienen. „Gegnerschaft, Angst vor und Zweifel an der gegebenen Realität des Kapitalismus, der Demokratie, der Wissenschaft und der Kultur" ließen Teile der Gesellschaft den Juden als Ursache aller Misere sehen. Der Zusammenbruch der in katholischem Besitz befindlichen Banque Union Générale im Jahr 1882 war wesentlich an der Entstehung dieser modernen antisemitischen Ideologie beteiligt. 1878 gegründet, um katholischen Familien und Institutionen eine Bank zu bieten, die weder in protestantischer noch jüdischer Hand war, war sie vier Jahre später auf Grund von Fehlwirtschaft zahlungsunfähig. Tausende von Kleinanlegern verloren bei dieser Insolvenz ihr Geld. In weiten Teilen der Presse kursierten danach erfundene Berichte, dass jüdische Bankiers für den Bankrott dieser Bank gesorgt hätten. Wesentlich beteiligt an diesen Gerüchten war die vom Assumptionisten-Orden herausgegebene katholische Tageszeitung La Croix (Das Kreuz).

Wikipedia® ist eine eingetragene Marke der Wikimedia Foundation Inc.

Quelle: Seite „Dreyfus-Affäre". In: Wikipedia, Die freie Enzyklopädie. Bearbeitungs-stand: 1. März 2020, 17:52 UTC. URL: https://de.wikipedia.org/w/in-dex.php?title=Dreyfus-Aff%C3%A4re&oldid=197323684 (Abgerufen: 2. März 2020, 13:05 UTC)

6.2 Holocaust

Der Holocaust ist in seiner Ungeheuerlichkeit das größte Verbrechen, das das deutsche Volk an der Welt begangen hat. Unterstützer und Mittäter finden sich vor allem in Österreich, aber auch in den osteuropäischen Ländern sowie in Frankreich, Italien und selbst in den USA. Eine der wesentlichen Ursachen ist die verheerende Wirkung der christlichen und vor allem der katholischen Kirche, die bei ihrer Eroberung der Welt stets das Verbrechen der Juden an Jesus gepredigt hat: die Juden sind die Mörder von Jesus. Dabei vergisst die Kirche zu erwähnen, dass Jesus selbst Jude war.

*Der **Holocaust** 'ho:lokaʊst, holo'kaʊst (englisch, aus altgriechisch ὁλόκαυστος holókaustos „vollständig verbrannt"; auch **Schoah** bzw. Schoa, Shoa o-der Shoa; hebräisch הַשּׁוֹאָה ha'Schoah für „die Katastrophe", „das große Unglück/Un-heil") war der nationalsozialistische Völkermord an 5,6 bis 6,3 Millionen europäi-schen Juden. Deutsche und ihre Helfer führten ihn von 1941 bis 1945 systematisch, ab 1942 auch mit industriellen Methoden durch, mit dem Ziel, alle Juden im deutschen Machtbereich zu vernichten. Dieses Menschheitsverbrechen gründete auf dem staat-lich propagierten Antisemitismus und der entsprechenden rassistischen Gesetzge-bung des NS-Regimes. In der NS-Ideologie wurde der Völkermord an den Juden seit dem Überfall auf Polen als „Vernichtung lebensunwerten Lebens" gerechtfertigt und mit den NS-Krankenmorden der „Aktion T4" und der Kinder-„Euthanasie" auf eine Stufe gestellt. Der endgültige Entschluss zur Ermordung aller Juden fiel in engem Zu-sammenhang mit dem Vernichtungskrieg gegen die UdSSR ab dem Sommer 1941.*

Bezeichnungen

Die Nationalsozialisten nannten ihr Ziel, alle Juden aus Europa zu vertreiben seit 1940 offiziell „Endlösung der Judenfrage". Seit 1941 umschrieb dieser Ausdruck zur Tarnung ihre systematischen Judenmorde. Er wird oft in historischen Werken dar-über zitiert. Auch der nach außen hin häufig gebrauchte Begriff „Umsiedlung" diente der Verschleierung der NS-Verbrechen.

Im deutschen Sprachraum wurde der Genozid (bzw. Demozid) seit Mai 1945 als Judenvernichtung, Judenmord oder Massenmord an den europäischen Juden bezeichnet. Infolge des ersten Frankfurter Auschwitzprozesses bürgerte sich seit 1963 auch Auschwitz, der Name des größten nationalsozialistischen Vernichtungslagers (KZ Auschwitz-Birkenau), als symbolische Bezeichnung für das gesamte Geschehen ein.

Die heute übliche Bezeichnung Holocaust leitet sich vom griechischen Adjektiv ὁλόκαυστον (holókauston) ab, das „vollständig verbrannt" bedeutet und ein vollständig auf Altären verbranntes Tieropfer bezeichnet. Seit etwa 1600 bezeichnete das englische Wort Holocaust auch Feuertode, seit etwa 1800 auch Massaker, seit 1895 auch ethnische Massaker wie den späteren Völkermord an den Armeniern. Erstmals für Adolf Hitlers Vernichtungsplan an den Juden verwendete die britische Tageszeitung News Chronicle das Wort im Dezember 1942, allerdings noch ohne Kenntnis der NS-Vernichtungsmethoden. Bis 1972 wurde es in der Geschichtswissenschaft der Vereinigten Staaten dafür üblich. Seit 1978 verbreitete die Fernsehserie Holocaust – Die Geschichte der Familie Weiss es in vielen weiteren Staaten, darunter in der Bundesrepublik Deutschland. Seither wird der Begriff meist auf die systematische Ermordung der europäischen Juden begrenzt. Manchmal schließt er auch den Porajmos, den Völkermord an mehreren hunderttausend Roma ein, welche die Nationalsozialisten als „Zigeuner" ebenfalls zur „minderwertigen Fremdrasse" erklärten und ausrotten wollten. Nur selten wird er auf die gesamte nationalsozialistische Vernichtungspolitik bezogen.

Die Bezeichnung der Judenvernichtung als „Holocaust" wurde wegen der Herkunft des Wortes aus dem religiösen Opferkult und der früheren Verwendung im christlichen Antijudaismus oft als problematisch angesehen. In Israel und im udentum wird das Verbrechen seit 1948 als Shoa („Katastrophe", „großes Unglück") bezeichnet. Daran erinnert seit 1959 der Gedenktag Jom haScho'a. Seit 1985 wird das hebräische Wort auch in Europa für den Holocaust verwendet. Jüdische Theologen bezeichnen das Ereignis mitunter als dritten Churban (hebräisch: „Vernichtung", „Verwüstung") und deuten es damit wie die beiden Zerstörungen des Jerusalemer Tempels (586 v. und 70 n. Chr.) als eine alle Nachfahren der Israeliten, also alle Juden betreffende Großkatastrophe.

„Verbrechen gegen die Menschlichkeit", „Kriegsverbrechen", „Völkermord" und „Holocaust" werden häufig fälschlicherweise als Synonyme verwendet. Bei den ersten drei Begriffen handelt es sich um Rechtsbegriffe, die zugleich wissenschaftliche Kategorien sind.

„Verbrechen gegen die Menschlichkeit" sind breit angelegte oder systematische Übergriffe auf die Zivilbevölkerung. Im Völkerrecht stellen sie einen Oberbegriff dar, unter den sowohl „Kriegsverbrechen", „Verbrechen gegen den Frieden", als auch „Völkermord" fallen.

Kriegsverbrechen sind kriminelle Handlungen, die während eines bewaffneten Konflikts begangen werden und die vor allem gegen die Genfer Konventionen verstoßen.

Als Völkermord wird die koordinierte und geplante Zerstörung einer Gruppe von Menschen bezeichnet, wobei diese „Gruppe" von den Tätern definiert wird.

Vorgeschichte

Zu den historischen Voraussetzungen des Holocaust gehört der moderne Antisemitismus, der seit etwa 1870 in Europa entstand und seinerseits eine lange Vorgeschichte im christlichen Antijudaismus hatte. Zu den Entstehungs- und Aufstiegsbedingungen des Nationalsozialismus gehören vor allem der Erste Weltkrieg 1914–1918 und die Weltwirtschaftskrise 1929–1932.

Ziele des Nationalsozialismus

Die 1919 gegründete NSDAP strebte mit ihrem 25-Punkte-Programm die Ausgrenzung und Vertreibung der Juden aus der deutschen „Volksgemeinschaft" an. Adolf Hitler hatte schon 1919, vor seinem Parteibeitritt, die „Entfernung der Juden überhaupt" zum politischen Ziel eines solchen Staates erklärt. In einem Interview mit einem katalanischen Journalisten vom November 1923 erklärte er, sämtliche Juden Deutschlands umzubringen, „wäre natürlich die beste Lösung". Da dies aber nicht möglich sei, bleibe als Lösung nur die Massenvertreibung. In seiner zweiteiligen Programmschrift Mein Kampf (1925/1926) sowie seinem unveröffentlichten Zweiten Buch (1928) führte er seinen Rasse-Antisemitismus aus, befürwortete Massenmorde an Juden im Falle eines neuen Weltkriegs und erklärte die Vernichtung des „jüdischen Bolschewismus" zum Hauptziel nationalsozialistischer Außenpolitik. Gemeint war die kriegerische Eroberung der von einem angeblichen „Weltjudentum" beherrschten Sowjetunion und die folgende Germanisierung durch Massen-umsiedlungen und Massenmorde.

Der konsistente, fanatische „Erlösungsantisemitismus" Hitlers und seiner Anhänger (eine Begriffsprägung Saul Friedländers) gilt als wesentliche, aber nicht als alleinige und hinreichende Bedingung für den Holocaust.

Judenverfolgung im Deutschen Reich 1933–1939

Bis 1941 strebten die Nationalsozialisten die Vertreibung und Enteignung der deutschen Juden an. Sofort nach Hitlers Machtantritt am 30. Januar 1933 begannen die NSDAP und ihre Unterorganisationen SA, SS, NSDStB und Hitlerjugend mit teils ungeplanten, teils organisierten Gewalttaten gegen Juden. Eine staatliche „Judenpolitik" entstand erst als Reaktion darauf. Wichtige Stationen waren der „Judenboykott" vom 1. April 1933 und das Gesetz zur Wiederherstellung des Berufsbeamtentums vom 7. April 1933, das die Entlassung aller „nichtarischen" Beamten vorsah und so erstmals ein Rasse-Kriterium in ein Staatsgesetz einführte. Es leitete die gesellschaftliche Ausgrenzung von Juden aus Berufsverbänden, Unternehmen, Vereinen, Schulen und dem Kulturleben ein. Diese wurde mit zahlreichen weiteren antijüdischen Gesetzen und Verordnungen fortgesetzt und bis 1945 ständig verschärft. Ebenfalls 1933 entstanden Konzentrationslager (KZ), meist unter Leitung der SA. Inhaftiert wurden zunächst politische Gegner. Das von der SS betriebene KZ Dachau wurde Modell für spätere Arbeits- und Vernichtungslager für Juden und andere rassistisch verfolgte Gruppen. Verhungern, Folter und willkürliche Morde gehörten schon in den ersten KZs zum Alltag. Jüdische Lagerhäftlinge wurden dort bereits besonders schikaniert und hatten die höchsten Sterblichkeitsraten. Am 12. April 1933 wurden im KZ Dachau erstmals auch Juden ermordet, z. B. Rudolf Benario, ein halbes Jahr später wurde mittels der „Postenpflicht" die Ermordung von KZ-Häftlingen legalisiert.

Im Sommer 1935 organisierte die Parteibasis der NSDAP erneut Boykottaktionen. Daraufhin erließ das NS-Regime im September hastig die Nürnberger Gesetze, die die Bürgerrechte deutscher Juden stark einschränkten. „Volljuden" und „jüdische Mischlinge" wurden in Verordnungen definiert, die später nachgereicht wurden. Nichtjuden, die einen Juden bzw. eine Jüdin heirateten oder zur jüdischen Religion konvertiert waren, wurden unabhängig von ihrer Herkunft zu „Geltungsjuden" erklärt. 1936 und 1937 redete Hitler kaum über Juden und ergriff keine weiteren Initiativen zu ihrer vollständigen Vertreibung. Doch am 30. November 1937 bekräftigte er laut Joseph Goebbels: „Die Juden müssen aus Deutschland, ja aus ganz Europa heraus." Das werde noch dauern, doch er sei dazu „fest entschlossen". 1938, parallel zur laufenden Aufrüstung der Wehrmacht und Kriegsvorbereitung, verschärfte das NS-Regime die Verfolgung der Juden erneut. Sie mussten zum Beispiel zusätzlich „typisch jüdische" Vor- und Zunamen annehmen (Januar), wurden nach dem Anschluss Österreichs massenhaft beraubt (März), mussten ihr ganzes Vermögen „anmelden" (26. April), erhielten keine staatlichen Aufträge und Approbationen mehr (September), aber einen Judenstempel in ihre Reisepässe (Oktober), der mit Auslandsmaßnahmen gegen jüdische Emigranten gerechtfertigt wurde. Juden ohne „typischen jüdischen" Namen mussten aufgrund der Namensänderungsverordnung im August 1938 zusätzlich bei Frauen den Namen „Sara" bzw. bei Männern den Namen „Israel" annehmen.

Bei der „Polenaktion" vom 27. Oktober 1938 wurden etwa 15.000 Juden gewaltsam aus Deutschland nach Polen deportiert. Der Mord des Betroffenen Herschel Grynszpan an dem deutschen Diplomaten Ernst vom Rath diente als willkommener Vorwand für die reichsweiten Novemberpogrome 1938, bei denen etwa 400 Personen ermordet, über 1400 Synagogen, andere Versammlungsräume und Friedhöfe zerstört und bis zu 36.000 Juden in KZs interniert wurden. Mit der am 12. November verhängten „Judenbuße" mussten die Opfer für die Zerstörungen aufkommen; mit der Verordnung zur Ausschaltung der Juden aus dem deutschen Wirtschaftsleben und der Verordnung über den Einsatz des jüdischen Vermögens wurde die staatliche „Arisierung" beschleunigt. Die Maßnahmen des NS-Regimes schufen auch ohne einen „grundlegenden Plan" wesentliche administrative Voraussetzungen, die den Holocaust ermöglichten: darunter die gesetzliche Definition des Begriffs „Jude", Enteignung und Konzentration in besonderen Wohnbereichen. Nationalsozialistische Verfolgung und Ermordung der Juden werden daher als ineinander übergehende, untrennbare „Vernichtungspolitik" beschrieben.

Von 510.000 deutschen Juden, die 1933 den israelitischen Kultusgemeinden angeschlossen waren, wanderten bis zum Kriegsbeginn im September 1939 278.000 bis
315.000 aus; bis 1940 flohen nochmal 15.000. Im Oktober 1941 verhängte die nationalsozialistische Führung ein Auswanderungsverbot für Juden. Von in „Mischehen" o-
der versteckt im Reich lebenden Juden entkamen 10.000 bis 15.000 dem Holocaust.
Bis zu 195.000 deutsche Juden wurden darin ermordet. Etwa 6000 überlebten die Lager. Von etwa 200.000 österreichischen Juden wurden etwa 65.500 in der NS-Zeit getötet, die übrigen konnten nach dem Anschluss und nach Kriegsbeginn fliehen.

Verlauf

Eskalation

Als „Holocaust" oder „Völkermord an den Juden" bezeichnet die Holocaustforschung jenen Vernichtungsprozess, der im Zweiten Weltkrieg von angeordneten Massenerschießungen osteuropäischer Juden bis zur systematischen Vergasung von Juden
aus allen von Deutschland besetzten Gebieten Europas in eigens dazu eingerichteten Vernichtungslagern reichte.

Für einige Historiker begann der Holocaust im September 1939, weil im Polenfeldzug und danach schon tausende Juden ermordet (siehe auch Juden in Polen) und dabei
die meisten späteren Vernichtungsmethoden erprobt wurden: Isolierung in Ghettos
und Lagern, Verhungernlassen, Deportation, Massenerschießungen und Morde mit
Giftgas. Für viele Historiker begann der Holocaust mit dem Krieg gegen die Sowjetunion am 22. Juni 1941, weil dann systematische, zentral vorbereitete und befohlene
Massenmorde an Juden in ganzen Regionen einsetzten. Raul Hilberg beschrieb in seinem Hauptwerk Die Vernichtung der europäischen Juden deren Beginn bereits ab
1933 mit der systematischen und quasilegalen Ausgrenzung der Bevölkerungsgruppe.

Die Morde geschahen regional in verschiedenem Tempo und zeitlich versetzt. Sie wurden auf immer mehr Opfergruppen ausgeweitet und mit immer radikaleren Methoden
vollzogen. Während einige Opfergruppen noch vertrieben oder deportiert wurden,
wurden andere schon vernichtet, so dass sich „Konzeption, Entscheidungsbildung und
Durchführung nicht immer klar abgrenzen lassen".

Peter Longerich folgert aus den Angaben des Jäger-Berichts, dass zwischen dem 5. bis
spätestens 16. August 1941 ein Befehl an das Rollkommando Hamann gelangt sein
müsse, dem zufolge prinzipiell kein Unterschied mehr zwischen der Ermordung von
Männern und Frauen gemacht und die Tötung von Kindern freigestellt wurde. Ab Oktober wurden auch deutsche Juden deportiert und der Bau der ersten Vernichtungslager begonnen. Ab 25. November wurden auch deutsche Juden erschossen. Ab 8. Dezember wurden Juden mit Abgasen ermordet. Ab Februar 1942 wurden auch west-
und südeuropäische Juden nach Osteuropa deportiert. Ab März wurden Vernichtungslager mit Gaskammern in Betrieb genommen und dorthin deportierte Juden sofort
nach ihrer Ankunft ermordet. Ab Juli wurden Juden aus allen besetzten Ländern

Europas in Vernichtungslager deportiert. Das NS-Regime schob einzelne dieser Schritte allenfalls auf, setzte den Morden aber keine Grenze, hielt sie nie an und nahm keine Entscheidung dazu zurück. Die zeitweise ausgesetzte Ermordung der ungarischen Juden wurde fortgesetzt und beschleunigt, als die Kriegsniederlage längst feststand. Die Überlebenden von aufgelösten Vernichtungs- und Arbeitslagern wurden auf Todesmärsche geschickt.

Erste Massenmorde und Deportationen

Mit dem Polenfeldzug gelangten rund zwei Millionen polnische Juden unter die Herrschaft der Nationalsozialisten. Am 3. September 1939, zwei Tage nach Kriegsbeginn, verübten Deutsche ein erstes Massaker an polnischen Juden, das sie als Rache für den Bromberger Blutsonntag ausgaben. Bis Ende Dezember 1939 ermordeten deutsche SS-, SD- und Wehrmachtangehörige rund 7000 polnische Juden, zum Teil wahllos. Diese Morde begleiteten die Massaker deutscher Einsatzgruppen an über 60.000 Polen, die das NS-Regime befohlen und mit Listen von Zielpersonen vorbereitet hatte. Sie sollten die polnische Oberschicht entmachten, einschüchtern und möglichst viele polnische Juden aus dem deutsch besetzten Teil Westpolens nach Ostpolen vertreiben.

Am 21. September 1939 hatten Adolf Hitler, Heinrich Himmler, Reinhard Heydrich und Albert Forster in Berlin als Nahziel vereinbart, binnen eines Jahres alle „Reichsjuden" in ein überwachtes, unwirtliches „Judenreservat" bei Lublin in Polen zu bringen und dort Zwangsarbeit leisten zu lassen. Zu diesem Zweck erstellte Adolf Eichmann, damals Leiter der „Zentralstelle für jüdische Auswanderung in Prag", den Nisko-Plan. Vom 18. bis 26. Oktober 1939 ließ er etwa 5000 Juden aus Wien, Kattowitz und Ostrau nach Nisko bringen und zwang sie zum Bau eines angeblichen Durchgangslagers für spätere „Umsiedlungen". Diese Transporte sollten umfassende Deportationen aus dem „Altreich" erproben und vorbereiten, wurden aber nach örtlichen Protesten eingestellt. Die Deportierten flohen großenteils über die Grenze nach Ostpolen oder starben an Hunger und Kälte im Lager.

Die deutsche Sicherheitspolizei im annektierten Westpolen wollte alle Juden ihres Gebiets in das neugeschaffene Generalgouvernement vertreiben. Von Dezember 1939 bis März 1940 wurden rund 175.000 Polen, darunter viele Juden, dorthin deportiert. Im März 1940 wurden diese Transporte wegen organisatorischer Probleme vorerst eingestellt, ohne die „Umsiedlungs"pläne aufzugeben. Damit hatte sich ein Muster des Umgangs mit Juden in den eroberten Gebieten etabliert: Deutsche Bezirksverwaltungen drängten auf ihre Abschiebung in Nachbargebiete, diese wurde kurzfristig organisiert und mit Bahntransporten ohne Rücksicht auf Menschenleben brutal umgesetzt. Dabei erschossen SS und Polizei bereits manche Deportierte bei der Ankunft.

Die ersten Euthanasiemorde mit Gaswagen geschahen in Polen. Ab Mai 1940 wurden jüdische Patienten deutscher Heil- und Pflegeanstalten ausgesondert und im Rahmen der Aktion T4, später der Aktion 14f13, mit Giftgas ermordet.

Ghettoisierung

Die Ghettoisierung von „Reichsjuden" war 1938 erwogen, aber nur in Form von Juden-häusern realisiert worden. Seit Kriegsbeginn begannen die deutschen Kommunen von sich aus, Juden in besonderen Wohnbereichen zu separieren oder abzuschieben. Tau-sende im Deutschen Reich lebende polnische Juden wurden in KZs und deren Nebenla-gern interniert.

Anstelle des vorerst gescheiterten „Judenreservats" wurde in Polen ein „Reichsghetto" geplant. Gauleiter im Wartheland und die Stadtverwaltung von Łódź begannen im Dezember 1939 von sich aus, das Ghetto Litzmannstadt einzurichten, das bis 1944 be-stand. Bis April 1940 zwangen sie 157.000 Juden, dorthin umzuziehen. Es war um-mauert und polizeilich bewacht; wer zu fliehen versuchte, durfte erschossen werden. Im Herbst 1940 teilte die deutsche Stadtverwaltung in Warschau ein „Seuchensperr-gebiet" ab und machte daraus das hermetisch abgeriegelte Warschauer Ghetto (jüdi-schen Wohnbezirk). Dort wurden bis Mai 1941 circa 500.000 polnische Juden gefan-gen gehalten.

Schon im Winter 1940/41 starben tausende Ghettobewohner, vor allem Kinder und Alte, an Hunger, Kälte, unbehandelten Krankheiten und Entkräftung. Die offiziellen Lebensmittelrationen waren extrem niedrig und auf Massensterben angelegt. Hinzu kamen täglich willkürliche Morde der NS-Wachmannschaften. Bis Herbst 1942 star-ben dadurch um die 100.000 Juden in Warschau und um die 25.000 in Łódź. Überle-benschancen hatten fast nur die wenigen Bewohner, die noch Beziehungen nach au-ßerhalb der Ghettogrenzen hatten und über eine gute körperliche Konstitution ver-fügten.

Im Frühjahr 1941 richteten die deutschen Stadt- und Bezirksverwaltungen ohne zent-rale Order viele Ghettos im Generalgouvernement ein, um Wohnungen für Wehr-machtsoldaten frei zu machen und die erwartete baldige Abschiebung der polnischen Juden in eroberte sowjetische Gebiete vorzubereiten. Dabei beschränkten sich manche Beamte auf Ausgangsverbote in nicht ummauerten „jüdischen Wohnbezirken". Ab 1942 dienten die neuen Ghettos direkt zur Vorbereitung der Transporte der Juden zu ihrer Ermordung.

Große Ghet-tos	Staat	internierte Juden	von	bis	Transporte nach
Budapest	Ungarn	120.000	November 1944	Januar 1945	Auschwitz
Ghetto Lem-berg	Ukra-ine	115.000	November 1941	Juni 1943	Belzec, Janowska
Ghetto Litz-mannstadt	Polen	200.000	Februar 1940	August 1944	Chelmno, Auschwitz

Große Ghettos	Staat	internierte Juden	von	bis	Transporte nach
Warschauer Ghetto	Polen	450.000	Oktober 1940	Mai 1943	Treblinka, Majdanek

Quelle: Wikipedia

Deportationspläne

Am 7. Oktober 1939, nach dem Sieg im Polenfeldzug, ernannte Hitler den Reichsführer SS Heinrich Himmler zum „Reichskommissar für die Festigung deutschen Volkstums". Damit erhielt Himmler die Zuständigkeit für alle rassistischen „Umvolkungspläne" in den schon oder künftig eroberten Gebieten Osteuropas. Himmler gab den Generalplan Ost in Auftrag, der ab 24. Juni 1941 erweitert wurde und die Deportation von bis zu 31 Millionen Slawen und ihr millionenfaches Massensterben vorsah. Juden blieben darin unerwähnt, da ihr „Verschwinden" vorausgesetzt wurde.

Im Mai 1940, als sich der Sieg im Westfeldzug abzeichnete, erwogen das Auswärtige Amt und das Reichssicherheitshauptamt den Madagaskarplan: Er sah vor, die Insel Madagaskar vom besiegten Frankreich zu übernehmen und bis zu 5,8 Millionen europäische Juden dorthin abzuschieben. Himmler hoffte, den „Begriff der Juden" durch diese „Auswanderung" „völlig auslöschen zu sehen". Das Assimilieren „rassisch wertvoller Elemente" aus nichtjüdischen Minderheiten durch Kindsraub und Bildungsentzug hielt er für das „mildeste und beste", wenn man die „bolschewistische Methode der physischen Ausrottung eines Volkes aus innerer Überzeugung als ungermanisch und unmöglich" ablehne. Demnach wurde in Himmlers Umgebung schon an Völkermord gedacht.

Am 22. Oktober 1940 (Tag des Laubhüttenfests) begann die systematische Deportation von 6504 Juden aus Südwestdeutschland nach Südfrankreich zum Internierungslager Camp de Gurs (nach den Gauleitern „Wagner-Bürckel-Aktion" genannt). Für den Eisenbahntransport war Adolf Eichmann zuständig. Am 23. Oktober unterzeichnete Wagner einen Erlass, das gesamte Vermögen der aus Baden ausgewiesenen Juden werde „dem Land für verfallen erklärt". Schon vorher waren die Juden aus dem eroberten Elsass und Lothringen in das besetzte Frankreich deportiert worden.

Im November 1940, nach der Luftschlacht um England, wurde der Madagaskar-Plan illusorisch. Dennoch erwähnten manche NS-Akten ihn noch bis Anfang 1942. Dokumente sprachen ab 1941 von einer „territorialen Endlösung" „in einem noch zu bestimmenden Territorium". Himmler und Heydrich erwogen, die Juden nach dem Krieg gegen die Sowjetunion, der damals vorbereitet wurde, in unwirtliche Regionen hinter dem Ural, die Pripjatsümpfe oder die Eismeer-Lager abzuschieben und dort zugrunde gehen zu lassen.

Die Vorhaben spiegeln einen fehlenden Gesamtplan, Kompetenzchaos und Konkurrenz beteiligter NS-Behörden ebenso wie ihr kontinuierliches Drängen auf eine

„Endlösung". Da sie die Juden während des Krieges einerseits leichter als innere Kriegsgegner behandeln, andererseits nicht mehr einfach in unbesetzte Gebiete abschieben konnten, gewannen radikalere Lösungsideen an Boden. Laut Dieter Pohl zielten alle diese großangelegten Deportationspläne auf einen schleichenden Völkermord, weil sie schlechte Lebensbedingungen, Zwangsarbeit und Zwangssterilisierung beinhalteten: Die Deportierten sollten die letzte Generation Juden sein.

Entschlussbildung

Wie das NS-Regime zu dem Entschluss kam, die Juden nicht nur aus dem deutschen Herrschaftsbereich zu entfernen, sondern allesamt umzubringen, ist in der historischen Forschung umstritten. Zum einen ist nicht klar, ob dieser Entschluss unmittelbar Ausfluss von Hitlers radikalantisemitischem „Programm" war, wie die so genannten Intentionalisten annehmen, oder ob er innerhalb der nationalsozialistischen Polykratie zwischen verschiedenen, miteinander rivalisierenden Akteuren in Berlin und an der Peripherie „improvisiert" wurde – dies ist die Ansicht der so genannten Funktionalisten.

Außerdem ist umstritten, wann bzw. ob überhaupt Hitler den Befehl zum Holocaust gab. Das NS-Regime ließ möglichst wenige Beschlüsse zu NS-Verbrechen schriftlich festhalten, behandelte sie als Geheime Reichssache und ließ viele Akten vernichten, da den Entscheidungsträgern Ausmaß und Tragweite dieser Verbrechen klar waren. Schriftdokumente dienten oft nachträglicher Legitimation, setzten also informelle Entscheidungen voraus und können von weiter gehenden mündlichen Anweisungen begleitet gewesen sein.

Hitlers Reden waren zwar bewusst allgemein, mehrdeutig und verschleiernd, wirkten aber als Richtlinien für zahlreiche Maßnahmen der mit Juden befassten NS-Behörden, die dem „Führerwillen" entgegenkamen und die Hitler dann wiederum absegnete. Am 30. Januar 1939 drohte er im Reichstag die „Vernichtung der jüdischen Rasse in Europa" im Falle eines neuen Weltkriegs an. Ob dies als Folge von Abschiebungen oder direkte Mordabsicht zu verstehen war, ließ er offen; ein Vernichtungsplan existierte noch nicht. Auf diese Rede kam er während des Holocaust oft zurück, je viermal allein 1941 und 1942, und deutete seinen Vollzug an: „Die Juden haben einst auch in Deutschland über meine Prophezeiungen gelacht. ... Von denen, die damals lachten, lachen heute Unzählige nicht mehr ..." Laut dem Historiker Hans Mommsen ging es Hitler in dieser Rede vor allem darum, einerseits den Westmächten im Zusammenhang mit den gleichzeitig stattfindenden Verhandlungen des Rublee-Komitees Devisen zur Finanzierung der jüdischen Auswanderung abzupressen und sie andererseits – mit den Juden als Geiseln – zu politischem Wohlverhalten gegenüber dem Deutschen Reich zu nötigen.

Ein schriftlicher Holocaustbefehl Hitlers wurde nicht gefunden und hat wahrscheinlich nicht existiert. Mehrere schriftliche und mündliche Befehle Hitlers für einzelne Vernichtungsschritte sind jedoch belegt. Er hatte im Oktober 1939 die Aktion T4 befohlen und den schriftlichen Erlass auf den 1. September 1939, den Beginn des Polenfeldzugs, zurückdatiert. Er verstand die „Vernichtung unwerten Lebens" zur „Reinerhaltung arischen Blutes" also als Teil seines Krieges. Der Erlass legitimierte die geheim vorbereiteten Krankenmorde, um ein öffentliches Euthanasiegesetz zu vermeiden und bei beteiligten Ärzten Ängste vor strafrechtlichen Folgen auszuräumen. Nachdem trotz der Geheimhaltung kirchliche Proteste laut geworden waren, ließ Hitler die Aktion T 4 am 24. August 1941 einstellen, aber die Krankenmorde in den besetzten Gebieten Osteuropas fortsetzen. Das zeigte laut Karl Schleunes sein Kalkül, die innenpolitische Zustimmung zu seiner Politik nicht zu gefährden, um so die rassistische Vernichtung ungehindert durchzuführen. Diese Haltung habe auch sein Vorgehen beim Holocaust bestimmt.

Ab Februar 1941 plante das NS-Regime mit SS und Wehrmachtgenerälen den Vernichtungskrieg gegen die Sowjetunion. Massentötungen wurden bei verschiedenen Treffen besprochen. Am 3. März gab Hitler dem OKW Richtlinien, mit SS und Polizei zusammenzuarbeiten, um die „jüdisch-bolschewistische" Intelligenz zu beseitigen. Wie in Polen 1939 sollten zuerst die Eliten in Staat, Partei und Armee dezimiert werden. Der von Hitler angeordnete Kriegsgerichtsbarkeitserlass des OKW vom 13. Mai 1941 erlaubte den Wehrmachtsoldaten, des Widerstands verdächtige Zivilisten sofort zu erschießen, ohne militärstrafrechtliche Folgen befürchten zu müssen. Hitlers Kommissarbefehl vom 6. Juni 1941 befahl, kriegsgefangene politische Offiziere der Roten Armee sofort auszusondern und zu erschießen. Hinzu kam das Hungerkalkül, die deutschen Truppen vor Ort zu ernähren und dafür Millionen sowjetische Zivilisten dem Verhungern auszuliefern. Diese Befehle und Pläne betrafen Juden besonders, da sie mit Unruhestiftern und „Bolschewisten" identifiziert wurden und vorrangig in Städten lebten.

Im Mai 1941 ließ Heydrich auf Befehl Hitlers vier mobile „Einsatzgruppen der Sicherheitspolizei und des SD" (A bis D) aufstellen und in wenigen Wochen ausbilden. Ab Juli kamen mehrere Einsatzgruppen „zur besonderen Verwendung" (z. b. V.) hinzu. Ihr offizieller Auftrag war die Partisanenbekämpfung hinter den vorrückenden Heeresgruppen der Wehrmacht durch „Repressalien", also Massaker als Vergeltung für angebliche oder wirkliche Anschläge auf deutsche Soldaten. Das Oberkommando des Heeres erlaubte ihnen mit einem Abkommen eigenständiges Vorgehen und sagte ihnen zugleich enge Zusammenarbeit zu. Hinzu kamen einige Bataillone der Ordnungspolizei und zwei Brigaden der Waffen-SS unter dem „Kommandostab Reichsführer SS" ohne besondere Aufgabenstellung. Die Himmler direkt unterstellten drei Höheren SS- und Polizeiführer (HSSPF) Erich von dem Bach-Zelewski, Friedrich Jeckeln und Hans-Adolf Prützmann lenkten und koordinierten die Mordeinsätze all dieser Gruppen.

Himmler berief sich in Tagebucheinträgen und in seinen Posener Reden vom Oktober 1943 öfter auf Hitlers persönlichen Auftrag zur „Ausrottung" der Juden. Laut seinem Leibarzt Felix Kersten soll er diesen Auftrag im Frühjahr 1941 erhalten haben. Daher war lange die These verbreitet, Hitler habe den Befehl zum Holocaust bereits im Frühjahr oder Sommer 1941 erteilt. Am 21. Mai unterstellte Himmler die HSSPF schriftlich einem „Sonderauftrag des Führers", seine „Sonderbefehle" in den künftig besetzten Gebieten durchzuführen. Am 17. Juni wies Heydrich sie in Berlin mündlich an, eine „Selbstreinigung" – Pogrome – gegen Juden und Kommunisten in den bald besetzten Gebieten auszulösen. In seinen Einsatzbefehlen vom 29. Juni 1941 erinnerte er sie daran. Am 2. Juli listete er ihnen die Personengruppen auf, die sie auftragsgemäß ermorden sollten. Dabei ergänzte er explizit „Juden in Partei- und Staatsstellungen" und erlaubte den Tätern mit bewusst vagen Begriffen, die Opfergruppen auszuweiten. Weitere Befehle aus dem RSHA verlangten von der Wehrmacht, alle jüdischen Kriegsgefangenen der SS auszuliefern. Demnach lag den Adressaten also noch kein allgemeiner Judenmord-Befehl aus der Reichskanzlei vor.

Am 16. Juli 1941 übertrug Hitler Himmler auf dessen Drängen die Führung über SS, Polizei und SD auch im Osten. Himmler verstärkte die Einsatzgruppen bis zum Jahresende von 3000 auf 33.000 Mann, wobei er hilfswillige Einwohner der besetzten Gebiete einbezog. Am 31. Juli erteilte Hermann Göring Heydrich den Auftrag, einen „Gesamtentwurf" für eine „Gesamtlösung der Judenfrage" zu erstellen. Der Text wurde im Reichssicherheitshauptamt verfasst und Göring nur zur Unterschrift vorgelegt, sollte also schon laufende Pläne autorisieren. Nach Darstellung von Lars Lüdicke verfasste Göring das Schreiben selbst, basierend auf einem von Heydrich in Auftrag gegebenen Entwurf. Hitler befahl den Einsatzgruppenleitern per Funk am 1. August, ihm laufend über ihre Ergebnisse zu berichten.

Nach übereinstimmenden späteren Aussagen beteiligter Kommandeure befahl Jeckeln ihnen im August, die Exekutionen auf Frauen und Kinder zu erweitern, „um keine Rächer entstehen zu lassen." Am 15. August listete ein Einsatzgruppenbericht erstmals „Juden, Jüdinnen und Judenkinder" als Mordopfer auf. Ende August berichtete Einsatzgruppe D, ihr Operationsgebiet sei nunmehr „judenfrei". Parallel dazu sollten nun alle Juden der eroberten Gebiete in Ghettos gebracht und registriert werden; die registrierten Juden wurden alle bald darauf erschossen. Einsatzkommandoleiter Otto Bradfisch zufolge antwortete Himmler auf seine Nachfrage in Gegenwart aller Schützen bei einer Massenerschießung in Minsk: Es gebe einen „Führerbefehl über die Erschießung aller Juden", der Gesetzeskraft habe. Laut Jeckeln beauftragte Himmler ihn vor dem „Rigaer Blutsonntag" (30. November 1941), Hinrich Lohse mitzuteilen: „...es ist mein Befehl, was auch des Führers Wunsch ist." Diese Nachkriegsaussagen werden auf den ab August verallgemeinerten Kommissarbefehl bezogen. Hans Mommsen dagegen sieht die Ausweitung der zu Ermordenden auch auf jüdische Frauen und Kinder nicht durch explizite Befehle motiviert, sondern durch eine Eigendynamik: Die Führer der Einsatzgruppen verstanden ihre Abordnung als Möglichkeit, sich zu bewähren, und sahen sich demnach in einem Wettbewerb miteinander um die höchsten Quoten; der Mythos vom Jüdischen Bolschewismus ließ die Täter Widerstand jeweils mit noch mehr Morden an Juden vergelten.

Als Ende August der deutsche Vormarsch ins Stocken geriet, wurde deutlich, dass die Hoffnungen auf einen raschen deutschen Sieg trogen. Hitler hatte bis dahin die „Endlösung der Judenfrage" auf die Zeit nach dem erhofften Sieg über die Sowjetunion terminiert. Am 17. September 1941 gab er dann dem Drängen Alfred Rosenbergs und Joseph Goebbels' nach, die die Juden aus dem Deutschen Reich und dem Protektorat Böhmen und Mähren schon während des Krieges nach Osten deportieren lassen wollten. Der französische Historiker Philippe Burrin glaubt, dies sei die Situation gewesen, in der Hitler die endgültige Entscheidung zum Völkermord getroffen habe: Angesichts des Scheiterns seiner Blitzkriegsstrategie habe er versucht, die Initiative wieder an sich zu reißen und beschlossen, die zu vernichten, die er als Urheber seines Misserfolgs ansah. Nach dem Historiker Peter Longerich hatte der Beschluss zur Deportation der deutschen und tschechischen Juden andere Gründe: Die von den Nationalsozialisten angegebene Begründung, Vergeltung zu üben für die Deportation der Wolgadeutschen nach Sibirien und Kasachstan, sei allenfalls der Anlass für Hitlers Meinungswandel gewesen. Wichtiger sei ihm das drohende Eintreten der Vereinigten Staaten in den Krieg gewesen: Da Hitler fest an eine jüdische Weltverschwörung geglaubt habe, in der Bolschewismus und Finanzkapitalismus zwei Seiten derselben Medaille wären, habe er gemeint, mit der Deportation Einfluss auf die amerikanische Außenpolitik nehmen zu können. Hinzugekommen sei das innenpolitische Motiv, dem eigenen Volk einen Sündenbock für den beginnenden Bombenkrieg zu präsentieren.

Am 2. Oktober schlug Himmler Hitler vor, Juden aus Deutschland und dem Reichsprotektorat in die Ghettos von Riga, Reval und Minsk zu „verlagern". Heydrich bekräftigte am 10. Oktober im RSHA Hitlers Ziel, das Deutsche Reich bis zum Jahresende „judenfrei" zu machen, und nannte neben Ghettos auch neugebaute KZs als Zielorte. Im Oktober 1941 erging ein deutschlandweites Ausreiseverbot für Juden. Viktor Brack bot am 25. Oktober an, arbeitsunfähige Juden aus den Ghettos im Osten mit seinen Euthanasie-Apparaten zu vergasen. Am 1. November begann die SS, das Vernichtungslager Belzec zu bauen, das zur Leerung überfüllter Ghettos dienen sollte.

In diesen Wochen häuften und steigerten sich Hitlers interne hasserfüllte Aussagen über Juden, die er als „Weltfeind" hinter allen gegen Deutschland kriegführenden Mächten sah. Die „Ausschaltung" der Juden sei Bedingung für jeden positiven Wandel in den besetzten oder verbündeten Ländern, da sie sonst durch Rassenmischung destruktiv wirkten. Am 21. Oktober erklärte er: „Wenn wir diese Pest ausrotten, so vollbringen wir eine Tat für die Menschheit, von deren Bedeutung sich unsere Männer draußen noch gar keine Vorstellung machen können." Am 25. Oktober erinnerte er die NS-Spitzen an seine „Prophezeiung" vom 30. Januar 1939: „Es ist gut, wenn uns der Schrecken vorangeht, daß wir die Juden ausrotten."

In der Forschung wird ein Zusammenhang der Entschlussbildung zum Holocaust mit dem Führen des Vernichtungskrieges gegen die UdSSR vermutet. Der britische Historiker und Hitlerbiograph Ian Kershaw betont, dass die Vernichtung des „jüdischen Bolschewismus" im Mittelpunkt dieses Krieges stand. Hitler äußerte sich im Sommer und Herbst 1941 immer wieder in brutalster Weise über die Zerschlagung der UdSSR und erging sich in barbarischen Verallgemeinerungen über die Juden insgesamt. So habe „aus den Widersprüchen und dem Mangel an Klarheit in der antijüdischen Politik ein Programm zur Ermordung aller Juden im von den Deutschen eroberten Europa konkrete Gestalt" annehmen können. Dem amerikanischen Holocaustforscher Christopher Browning zufolge „setzten die Vorbereitungen auf das ‚Unternehmen Barbarossa' eine Kette von verhängnisvollen Ereignissen in Gang, und der mörderische ‚Vernichtungskrieg' führte dann rasch zum systematischen Massenmord, zuerst an den sowjetischen und bald darauf auch an den anderen europäischen Juden".

Der Historiker Christian Gerlach dagegen interpretiert zwei Quellen aus dem Dezember 1941 als Hitlers Befehl zum Holocaust: Zum einen erklärte dieser am 12. Dezember, einen Tag nach seiner Kriegserklärung an die USA, den in der Reichskanzlei versammelten Gauleitern: Da der Weltkrieg nun eingetreten sei, müsse die Judenvernichtung „die notwendige Folge" sein. Zum andern verweist Gerlach auf eine Notiz in Himmlers Dienstkalender vom 18. Dezember, in der es nach einem Gespräch mit Hitler heißt, die Juden seien „als Partisanen auszurotten".

Heydrich hatte die wichtigsten Ministerialbeamten mit Berufung auf Görings Auftrag zur Wannseekonferenz am 11. Dezember eingeladen, die wegen Hitlers Kriegserklärung auf den 20. Januar 1942 verschoben wurde. Dort besprachen sie die weitere Organisation des laufenden Holocaust. Laut dem einzigen erhaltenen Konferenzprotokoll waren 11 Millionen Juden Europas zur Deportation vorgesehen. Alle wichtigen NS-Machtbereiche sollten daran mitwirken, alle Teilnehmer stimmten der Durchführung zu. Heydrichs „Judenreferent" Adolf Eichmann, Organisator und Protokollant der Konferenz, ʹsagte 1961 während seiner Haft in Israel aus, Heydrich habe ihm einige Tage vor der Konferenz persönlich und wörtlich mitgeteilt: „Der Führer hat die physische Vernichtung der Juden befohlen." Im Eichmann-Prozess bestätigte er ferner, was die Tarnsprache des Protokolls meinte: „Es wurde von Töten und Eliminieren und Vernichten gesprochen."

Wegen des Verlaufs und der erhaltenen Dokumente gehen Historiker davon aus, dass Hitler und die NS-Spitzenvertreter den Holocaust nicht an einem einzigen Datum, sondern über längere Zeit beschlossen, planten, anordneten bzw. geschehen ließen. Sie nehmen an, erst nach Beginn der Morde der Einsatzgruppen sei beschlossen worden, auch die übrigen europäischen Juden zu deportieren und zu ermorden. Einen ausdrücklichen Befehl Hitlers zur „Endlösung" habe es nicht gegeben. Die NS-Tätergruppen vor Ort hätten im engen Zusammenspiel mit den Zentralbehörden die Opfergruppen ausgeweitet. Hans Mommsen sieht den Holocaust als Endergebnis eines komplexen Prozesses der zunehmenden Radikalisierung von Judenverfolgung und Kriegführung. Den entscheidenden Wendepunkt in der Radikalisierung der antisemitischen Politik des NS-Regimes habe der Überfall auf die Sowjetunion dargestellt. Wenige Monate danach sei das „Szenario für die Durchführung des Holocaust … im Oktober 1941 bereits vorhanden" gewesen. An einen konkreten Befehl Hitlers zum Holocaust glaubt

Mommsen gleichwohl nicht: Er habe eine förmliche Identifizierung mit dem in der deutschen Bevölkerung unpopulären Mordprogramm bewusst vermieden und die Initiative Himmler, Heydrich und Odilo Globocnik überlassen.

Systematische Massenerschießungen

Die Einsatzgruppen erschossen am 24. Juni 1941, zwei Tage nach dem Überfall auf die Sowjetunion, in Garsden erstmals die erwachsenen männlichen Juden einer Ortschaft. In den ersten sechs Wochen folgten Massenmorde an hunderten bis tausenden Personen bei jedem Einsatz.

Ab Juli verübten auch faschistische Freischärler in Nordostpolen, der Westukraine, Litauen und Weißrussland in enger Kooperation mit deutschen Einsatzgruppen und Wehrmacht pogromartige Massenmorde an jüdischen Männern, die sie als Rache für vorherige, angeblich von Juden gesteuerte Massenmorde des NKWD rechtfertigten. Solche Milizen wie das Kommando Arājs waren aus nationalistischen und paramilitärischen Bewegungen wie der litauischen Gruppe „Eiserner Wolf" (Geležinis vilkas) und dem lettischen „Donnerkreuz" (Pērkonkrusts) hervorgegangen; auch in der Ukraine gab es mehrere solche Gruppen wie die OUN. Seit Frühjahr 1941 hatten das Reichssicherheitshauptamt und deutsche Militärgeheimdienste Kontakte zu ihnen aufgebaut und geplant, sie nach dem Überfall als Auslöser von Pogromen gegen „jüdische Bolschewisten" zu benutzen. Dieser Mordwelle fielen um die 40.000 sowjetische Juden zum Opfer.

Am 15. Juli wurden in Mitau erstmals alle Juden einer Ortschaft ermordet. Ab 15. August erschoss besonders das Einsatzkommando 3 in Litauen und Lettland fast täglich auch jüdische Frauen, Kinder und Greise auf Sammelplätzen eroberter sowjetischer Orte; in Kaunas, Ponar bei Wilna, die ein Judenghetto hatten, auch mehrmals. In Estland konnten etwa 1.000 Juden fliehen; 950 wurden ermordet.

Beim Massaker von Kamenez-Podolsk am 29./30. August 1941 wurden nach einer Absprache zwischen Jeckeln und Wehrmacht erstmals alle Juden einer größeren Stadt ermordet. Unter den 23.000 Opfern waren 14.000 aus Ungarn deportierte Juden. Ab 15. September begannen die Einsatzgruppen C und D sowie die Polizeibataillone, alle Juden größerer Städte der Ukraine zu ermorden: zuerst in Shitomir, in der Schlucht von Babyn Jar bei Kiew, dann in der Schlucht von Drobyzkyj Jar bei Charkiw. Ab Oktober ermordeten Einsatzgruppen und Bataillone in der Westukraine alle Juden, die sie bei der ersten Mordwelle übrig gelassen hatten. Auch in Weißrussland ermordeten Schutzstaffel, Polizei und die 707. Infanterie-Division ab Oktober die Juden in größeren Städten wie Witebsk, Polozk, Borissow und in ländlichen Gegenden. In weiter östlichen Gebieten Russlands konnten viele Juden rechtzeitig fliehen; die Verbliebenen wurden ebenfalls ermordet, so in Smolensk, Rostow und Kalinin. Am 30. November und 7./8. Dezember ließ der neue Höhere SS- und Polizeiführer Friedrich Jeckeln in Riga mit allen verfügbaren Polizeibataillonen den Großteil der lettischen Juden ermorden, um das dortige Ghetto für nachrückende Judentransporte aus dem Deutschen Reich zu leeren.

In Kaunas trafen vom 25. bis 29. November 1941 die ersten Transporte von deportierten Berliner Juden ein. Einsatzkommandos erschossen sie sofort nach ihrer Ankunft; so auch am 30. November in Riga. Zwar verbot Himmler die Erschießungen von Berliner Juden am 30. November und rügte Friedrich Jeckeln für die Missachtung seiner „Richtlinien". Doch man nimmt an, dass er die Ermordung nur noch etwas aufschieben wollte, um das Durchsickern der Nachrichten davon im Reich zu verhindern. Im Februar 1942 wurden erneut deutsche Juden nach Lublin deportiert und in Riga erschossen. Fortan waren deutsche Juden in den laufenden Holocaust einbezogen.

Während die meisten Juden im Generalgouvernement bereits in Vernichtungslagern ermordet wurden, wurden die Massenerschießungen in früher sowjetisch-, nun deutsch besetzten Gebieten fortgesetzt. In Wäldern bei Großstädten richtete die Ordnungspolizei abgeriegelte Exekutionsorte ein: Ponar bei Wilna, der Wald von Rumbula, der Wald von Biķernieki bei Riga, das Vernichtungslager Bronnaja Gora bei Brest und weitere. Die dorthin transportierten Opfer mussten sich entkleiden und wurden gruppenweise an Rändern ausgehobener Gruben erschossen, in die sie dann hineinfielen. Das Reserve-Polizei-Bataillon 101 war an der Exekution von 38.000 Juden und der Deportation von 45.000 Juden in Vernichtungslager beteiligt. Darunter war auch das Massaker von Józefów am 13. Juli 1942. Auch in Serbien, Kroatien und Rumänien wurden dort lebende Juden seit September 1941 massenhaft erschossen.

Ort	Datum	Tätereinheit	Opfer
Garsden	24. Juni 1941	EK Tilsit	200 Männer, 1 Frau
Białystok	27. Juni 1941	PB 309	2.000 Frauen
Lemberg	30. Juni bis 2. Juli 1941	OUN	4.000 Männer
Dünaburg	1./2. Juli 1941	EK 1a	1.150 Männer
Riga	Anfang Juli 1941	EG A, litauische Hilfspolizei	400
Solotschiw	Anfang Juli 1941	SK 4b, OUN, SS-Wikinger	2.000
Ternopol	7. Juli 1941	SK 4b, OUN	800
Luzk	2. Juli 1941	SK 4a	1.160 Männer
Lemberg	2.–6. Juli 1941	EK 5, 6, z. b. V.	2.500 Männer
Kaunas	4.–6. Juli 1941	EK 3	2.977 Männer
Brest	6. Juli 1941	PB 307	4.000 Männer
Białystok	8. Juli 1941	PB 316, 322	3.000 Männer
Mitau	15. Juli 1941	EK 2	1.550

Kaunas	25.–28. Juli 1941	LAF	3.800
Lemberg	29.–31. Juli 1941	OUN	2.000
Pinsk	7./8. August 1941	SS-Kavalleriebrigade	9.000
Kamenez-Po-dolsk	27.–29. August 1941	PB 320, SS	26.500
Shitomir	19. September 1941	EG C, D	3.145
Kiew, Babyn Jar	29./30. September 1941	SK 4a, PB 45, 314	33.771
Weißrussland	ab Oktober 1941	707. Infanterie-Division	19.000
Dnepropetrowsk	13./14. Oktober 1941	PB 314	11.000
Rowno	5./6. November 1941	EK 5, PB 320	15.000
Riga	30. 11, 7./8.12. 1941	alle PB, Kommando Arājs	26.000
Simferopol	13.–15. Dezember 1941	EG D, Wehrmacht	12.000
Charkow	ab 1. Januar 1942	PB 314	12.000
Minsk	28.–30. Juli 1942	OP	10.000
Luzk	19.–23. August 1942	OP	14.700
W. Wolynsk	1.–3. September 1942	OP	13.500
Brest	15./16. Oktober 1942	OP, PB 310	19.000
Pinsk	28. Oktober 1942	PB 306, 310	18.000

Quelle: Wikipedia

Die unvollständige Tabelle umfasst nur größere und exemplarische kleinere Massenerschießungen. Abkürzungen für Einsatzgruppe = EG, Einsatzkommando = EK, Litauische Aktivistenfront = LAF, Organisation Ukrainischer Nationalisten = OUN, Polizeibataillon = PB, Sonderkommando = SK, Sicherheits- und Ordnungspolizei = OP.

Am 31. Dezember 1941 meldete Himmler an Hitler 363.000 von August bis November als „Partisanen" ermordete Juden. Bis zum Jahresende ermordeten die Tätereinheiten mindestens 500.000 von etwa 2,5 Millionen sowjetischen Juden, die in den von Deutschen besetzten Gebieten lebten. Bis zur Wannseekonferenz am 20. Januar waren etwa 900.000 Juden ermordet worden. Die Einsatzgruppen und Polizeibataillone erschossen insgesamt mindestens 2,2 Millionen Menschen, meist Juden, also etwa ein Drittel der Holocaustopfer.

Vernichtungslager

Im Frühjahr 1941, bei der Planung des Vernichtungskrieges gegen die Sowjetunion, hatte Hitler Hans Frank zugesagt, das Generalgouvernement dürfe als erstes „judenrein" werden, also die dort lebenden Juden in die eroberten Gebiete abschieben. Als sich abzeichnete, dass der Kriegsverlauf dies vereiteln würde, forderten die Gauleiter im besetzten Polen, die Juden der dortigen Ghettos massenhaft zu ermorden. In den Ghettos breiteten sich infolge der gewollten Überfüllung und völligen Abriegelung

Seuchen aus. Angebliche Arbeitsunfähigkeit, Ansteckungsgefahren und Belastungen der Deutschen und der Wehrmacht durch „unnütze Esser" waren einige der Vorwände, um „radikale Lösungen" für die Ghettobewohner zu fordern.

Massenerschießungen galten bald als „ineffizient". Gemeint war nicht nur das geringe Mordtempo, sondern auch die Probleme der Täter mit der Mordarbeit, die ihnen zu aufwändig, nervenbelastend und vor allem zu auffällig wurde. Anonymisierte Tötungsmethoden sollten die psychische Hemmschwelle der Täter senken oder beseitigen.

Im Oktober 1941 erreichte der Gauleiter des Warthelands, Arthur Greiser in Absprache mit Viktor Brack, einem der Organisatoren der NS-Euthanasie, dass die bei der Aktion T4 angewandte Mordmethode der Vergasung mit Kohlenstoffmonoxid in seinem Gau angewandt werden durfte. Dazu errichtete ein Sonderkommando der SS, dessen Mitglieder an den Krankenmorden 1939/40 beteiligt waren, in wenigen Wochen das Vernichtungslager Kulmhof (Chelmno). Am 8. Dezember 1941 wurden dort eine erste, aus Prag stammende Gruppe von Juden vergast.

Um die deutschen Großghettos im besetzten Polen wie geplant durch die Ermordung ihrer Bewohner zu leeren, wurden von November 1941 bis Juli 1942 die Vernichtungslager Belzec, Sobibor und Treblinka gebaut. Die dortigen Ärzte, Verwaltungs- und Transportspezialisten stammten überwiegend aus der Aktion T4 und stiegen zum Teil in der SS-Hierarchie auf. Am 26. September 1941 gab Himmler dem Lagerkommandanten Rudolf Höß den Auftrag, das seit 1940 bestehenden Zwangsarbeitslager zum Vernichtungslager auszubauen. Weitere Vernichtungslager waren das KZ Majdanek und Maly Trostinez bei Minsk in Weißrussland.

Am 16. März 1942 begannen SS und Polizei in Absprache mit der Militärverwaltung, zunächst die Ghettos von Lemberg und Lublin, ab Mai die im Distrikt Krakau zu leeren und die Bewohner nach Belzec zu transportieren. Judenräte zwang man zur Auswahl der Opfer, die sofort nach Ankunft ermordet wurden. Ab Mai 1942 wurden als „arbeitsunfähig" eingestufte Juden der näheren Umgebung in Sobibor ermordet. Die Zivilverwaltungsstellen in Polen stuften alle Juden in die drei Kategorien „kriegsfähig", „arbeitsfähig" und „arbeitsunfähig" ein. Ende Mai herrschte unter all diesen Stellen Konsens, sämtliche „Arbeitsunfähigen" zu ermorden. Auch in kleineren Orten wurden nun jüdische Ghettos eingerichtet. Die Vorbereitungen wurden in Lublin zentral organisiert; das gesamte Mordvorhaben wurde nach dem kurz zuvor ermordeten Reinhard Heydrich Aktion Reinhardt genannt. Als Mordmethode wurden meist Motorabgase benutzt. Fast alle Ankömmlinge wurden ungeachtet ihrer Arbeitsfähigkeit umgebracht und nur ausnahmsweise verschont, um in ein internes Häftlingskommando eingegliedert zu werden.

Ab August 1942 wurden auf Befehl der Militärverwaltungen, die Nahrungsmittelkontingente einsparen wollten, noch bestehende Ghettos in Weißrussland und der Ukraine „geräumt": Das bedeutete die vollständige Ermordung ihrer Bewohner, besonders *in Wolhynien, Luzk, Wladimir Wolynsk, Brest-Litowsk und Pinsk. Dabei wurden in Maly Trostinez auch Gaswagen eingesetzt. An vielen dieser Massaker waren Wehrmachteinheiten, drei Polizeibataillone, die stationäre Schutzpolizei, die Gendarmerie und ausländische Helfer direkt beteiligt.*

Zur Tarnung der geplanten Ermordung diente für einen Kreis privilegierter Juden das „Ghetto Theresienstadt" genannte KZ Theresienstadt in Terezín bei Prag. 1941 wurde es als Durchgangslager zum späteren Abtransport in die Vernichtungslager eingerichtet. Juden aus Deutschland konnten sich dort unter der vorgeblichen Zusage, versorgt zu werden, sogar „einkaufen". Im KZ lebten mehr als 140.000 Juden auf engstem Raum mit einer minimalen „jüdischen Selbstverwaltung". Einer Delegation des Roten Kreuzes wurde dieses KZ im Juli 1944 als Ort eines vermeintlich relativ „normalen Lebens" der Häftlinge vorgeführt.

Hauptziel der Transporte aus allen Teilen Europas wurde 1942 das größte aller Vernichtungslager, Auschwitz-Birkenau II. Dort gehörten einzelne Morde durch Wachpersonal zum Alltag. So ließ Karl Fritzsch zwischen dem 31. August und dem 5. September 1941 auf eigene Initiative zur Erprobung des giftgashaltigen Produkts Zyklon B erstmals 850 sowjetische Kriegsgefangene und kranke Häftlinge ermorden. Für das Zusatzlager waren sechs große Krematorien vorgesehen. Ob sie schon bei Baubeginn für Morde gedacht waren, ist ungewiss. Ende Juni 1942 begannen die Selektionen von arbeitsfähigen und sofort zu ermordenden Juden an der Rampe, wo die Züge eintrafen. Ab Juli 1942 waren zwei Gaskammern („Bunker") fertiggestellt, wo bis Februar 1943 die Morde stattfanden. Im März 1943 waren die Krematorien mit jeweils einer Gaskammer fertiggestellt und dienten dann zur täglichen Ermordung und sofortigen Verbrennung von tausenden Ankömmlingen.

Aus dem von deutschen Truppen besetzten Europa ließen die Nationalsozialisten Menschenmassen per Eisenbahn in die Vernichtungslager deportieren. Nicht wenige Deportierte starben beim Zugtransport in ungeheizten Viehwaggons. Bei der Ankunft im Lager selektierte die SS die Häftlinge teils in Arbeitsfähige und Nicht-Arbeitsfähige. Kinder, ihre Mütter sowie Alte und Kranke wurden gleich nach der Selektion in Gaskammern geführt, die als Duschräume getarnt waren. In Auschwitz benutzte die SS Zyklon B für die Ermordung. Die große Mehrheit der Deportierten wurde, ohne eine tätowierte Häftlingsnummer zu erhalten, sofort vergast. Das Cyanwasserstoff-Gas verursachte eine Cyanidvergiftung, die je nach Inhalationsstärke eine qualvolle, bis zu 20 Minuten dauernde innere Erstickung bewirken konnte. Haare, Goldzähne und Privatgüter der Opfer, wie Kleidung, Schuhe, Brillen, Koffer, ließ die SS finanziell verwerten. Häftlinge mussten die Leichen anschließend in Krematorien und Verbrennungsgruben verbrennen.

Die SS ließ in diversen Konzentrationslagern Menschenversuche zu militärischen, medizinischen und anderen Zwecken durchführen. Die Opfer wurden zum Beispiel in Druckkammern extrem hohem oder niedrigem Luftdruck ausgesetzt, in Eiswasser unterkühlt, mit Bakterien infiziert und für chirurgische Versuche missbraucht. Die Täter, etwa der SS-Arzt Josef Mengele, nahmen den Tod oder lebenslange Gesundheitsschäden der Versuchspersonen bewusst und ohne jede Skrupel in Kauf. An vielen deutschen und schweizerischen Forschungseinrichtungen fanden sich noch bis vor kurzem menschliche Körperteile, die einst von den Nationalsozialisten zu „Untersuchungszwecken" angefordert und geliefert worden waren.

Eine exemplarische Beschreibung für Auschwitz-Birkenau gibt Raul Hilberg in seinem Standardwerk: Nach der Entladung der Deportations-Züge erfolgte die Selektion; Alte, Kranke und gelegentlich auch kleine Kinder wurden bereits auf der Rampe aussortiert. Im Stammlager Auschwitz brachte man die Alten und Kranken auf Lastwagen zu den Gaskammern, kräftige Personen kamen zunächst zum Arbeitseinsatz. Die Selektion verlief dabei oberflächlich, die Angekommenen wurden an dem Arzt vorbeigetrieben, der in eine von zwei Richtungen wies: entweder zum Arbeitseinsatz oder sofort in die Gaskammer. Auch in den Lagern selbst (zum Beispiel auf dem Appellplatz und im Lager-Lazarett) kam es zu regelmäßigen Selektionen. Die der Gaskammer zugeteilten Männer und Frauen mussten sich entkleiden, wobei der Eindruck erweckt wurde, dass die Kleider nach dem angekündigten gemeinsamen Duschen zurückgegeben würden. Zur Täuschung, zur Vermeidung von Panik und zur Beschleunigung des Ablaufes behauptete die Wachmannschaft beispielsweise, man solle sich beeilen, da sonst das Wasser in den Duschen oder die Suppe nach dem Duschen kalt würde. Es kam gelegentlich auch im Winter vor, dass die entkleideten Menschen stundenlang barfuß im Freien stehen mussten, bis sie an die Reihe kamen, wobei sie in manchen Fällen die Schreie derer hörten, die vor ihnen in die Gaskammern gegangen waren. Die Opfer entdeckten in den Gaskammern, dass die vermeintlichen Duschen nicht funktionierten. Nach dem Schließen der Türen löschte die Wachmannschaft die elektrische Beleuchtung, da das Giftgas in hoher Konzentration leicht entzündlich ist. Ein SS-Mann mit spezieller Gasmaske öffnete den Deckel des Einwurfschachtes an der Decke und schüttete Zyklon-B-Pellets auf den Boden der Gaskammer. Die leicht flüchtige Blausäure gaste aus dem Granulat aus und verteilte sich im Raum. In Panik stießen die stärkeren die schwächeren Menschen nieder, drängten von der Einwurfstelle weg, stellten sich auf Umfallende und Liegende, um giftgasfreiere Luftschichten zu erreichen. Bewusstlosigkeit oder Tod trat bei den ersten Opfern nahe der Einwurfstelle nach etwa zwei Minuten ein. Das Schreien hörte auf und die Sterbenden fielen übereinander, sofern genügend Platz war. Nach fünfzehn Minuten waren alle in der Gaskammer tot. Die SS ließ das Gas entweichen und nach etwa einer halben Stunde öffnete das Häftlings-Sonderkommando die Türe. Die Leichen fand man turmartig angehäuft, manche in sitzender und halbsitzender Position, Kinder und ältere Menschen zuunterst.

An der Stelle, wo das Gas eingeworfen worden war, befand sich ein freier Raum, da die Menschen von dort zurückgewichen waren. Eine Häufung von Menschen befand sich gepresst an der Eingangstüre, die sie zu öffnen versucht hatten. Die Haut der Leichen war rosafarben, teilweise stand Schaum vor den Lippen oder es hatte

Nasenbluten eingesetzt. Einige Leichen waren mit Kot und Urin bedeckt, bei manchen schwangeren Frauen hatte die Geburt eingesetzt. Jüdische Sonderkommandos mit Gasmasken mussten zunächst die Leichen an der Tür wegräumen, um sich den Weg freizumachen. Dann mussten sie die Leichen abspritzen und auseinanderzerren. Sofern den Frauen das Haar noch nicht geschoren worden war, mussten sie es nun schneiden und vor dem Einpacken in Salmiaklösung waschen. In allen Lagern wurden die Körperhöhlen nach versteckten Wertsachen durchsucht, die Goldzähne gezogen. Abschließend wurden die Leichen zu den Krematorien abtransportiert.

Lager	Baubeginn	Mordbeginn	Ende der Massentötungen	Ermordete
Auschwitz-Birkenau II	Oktober 1941	März 1942	November 1944	900.000–1.100.000
Kulmhof	Oktober 1941	Dezember 1941	Juli 1944	> 150.000
Belzec	November 1941	März 1942	Dezember 1942	435.000
Sobibor	Februar 1942	April 1942	Oktober 1943	150.000–250.000
Treblinka	Juni 1942	Juli 1942	August 1943	> 900.000
Majdanek	Oktober 1941	Februar 1943	Juli 1944	mind. 78.000
Maly Trostinez	November 1941	Mai 1942	Juni 1944	60.000

Europaweite Judenvernichtung
Quelle: Wikipedia

Über drei Millionen Menschen wurden durch Giftgas getötet; ein Drittel von ihnen durch Zyklon B, die meisten durch Motorabgase.

Beginn systematischer Deportationen

Datum	Land, Stadt	Ziel
16. Oktober 1941	Böhmen und Mähren, Luxemburg	Ghetto Łódź
24. November 1941	Prag	Theresienstadt
25. November 1941	Berlin	Kaunas, Riga
16. März 1942	Lublin	Belzec
30. Juni 1942	Wien	Sobibor

17. Juli 1942	Frankreich, Belgien, Niederlande	Auschwitz
22. Juli 1942	Warschau	Auschwitz
4. März 1943	Thrakien, Mazedonien, Pirot	Treblinka
15. März 1943	Griechenland	Auschwitz
2. Oktober 1943	Dänemark	Theresienstadt
17. Oktober 1943	Italien	Auschwitz
15. Mai 1944	Ungarn	Auschwitz

Quelle: wikipedia

Benelux-Staaten

Die Deportation von Juden aus Luxemburg begann schon am 16. Oktober 1941, da man Luxemburg bei der Judenfrage stillschweigend zum Reich gehörend behandelte. Bis 17. Juni 1943 wurden 683 Juden unterschiedlicher Nationalität aus Luxemburg deportiert.

Im Juli 1942 begannen die Deportationen von etwa 25.000 Juden aus Belgien und etwa 107.000 Juden aus den Niederlanden.

Von den 140.000 niederländischen Juden wurden über 110.000 deportiert. Über 100.000 wurden umgebracht; etwa 6.000 überlebten. Die Niederlande haben die mit Abstand höchste Deportationsquote in ganz Westeuropa. Zum Vergleich: die Verschleppungsquote lag in Belgien und Norwegen bei 40 %, in Frankreich bei 25 %, in Italien bei 20 % und in Dänemark bei 2 %. Die Verfolgung der Juden begann 1940 nach deutschem Vorbild mit der Entlassung der Juden aus dem öffentlichen Dienst, führte über die Registrierung sämtlicher Juden 1941 zur gesellschaftlichen Ächtung und zum Verbot, öffentliche Einrichtungen zu betreten. Im Sommer 1942 schließlich begannen die Deportationen, bereits 1943 galten die Niederlande praktisch als „judenrein". Über das polizeiliche Durchgangslager Westerbork nahe der deutschen Grenze rollten die Züge in die Vernichtungslager. Der in den Niederlanden geborene Historiker Rémy Limpach veröffentlichte 2007 eine Arbeit zu der Frage, wie die Niederlande, ein für liberale und tolerante Traditionen bekanntes Land, eine derart hohe Deportationsquote erreichen konnten.

Bulgarien

In Bulgarien führte die Regierung im Januar 1941 das Gesetz zum Schutz der Nation als Rassengesetz gegen die jüdische Bevölkerung ein. Im Frühjahr 1943 gab sie die jüdische Bevölkerung der griechischen Gebiete Ost-Makedonien und Westthrakien, die sie im Balkanfeldzug 1941 besetzt hatte, auf deutschen Wunsch zur Deportation frei. Mindestens 11.343 jüdische Griechen wurden von bulgarischer Armee und Polizei zusammengetrieben und ausgeliefert. So gut wie alle wurden in den deutschen Konzentrationslagern Auschwitz und Treblinka umgebracht. Dem deutschen

Ansinnen, auch die jüdischen Bulgaren auszuliefern, folgte Bulgarien nicht. König Boris III., der Metropolit Stefan der Bulgarisch-orthodoxen Kirche von Sofia, das bulgarische Parlament und die bulgarische Bevölkerung lehnten dies einhellig ab.

Deutschland

Am 17. September 1941 entschied Hitler, die bis dahin für die Nachkriegszeit vorgesehene Deportation aller deutschen und europäischen Juden aus von Deutschland besetzten Gebieten nach Osteuropa noch während des Krieges zu beginnen. Nun fuhren die ersten Transportzüge aus Berlin, München, Wien, Prag nach Łódź, um zunächst 19.000 Juden in das ohnehin völlig überfüllte dortige Ghetto zu sperren. Dafür wurden ab Januar 1942 nichtdeutsche Ghettobewohner nach Kulmhof zur Vergasung gebracht. Ab März mussten auch Juden im Alter von über 65 Jahren, die bis dahin verschont worden waren, die Deportationszüge besteigen. Die Presse durfte nichts mehr darüber berichten. Im Mai wurden größere Gruppen auch deutscher Juden in Minsk und Kulmhof ermordet. Ab Juni sind erste direkte Transporte aus dem Reich in Vernichtungslager wie Sobibor und Belzec nachgewiesen.

Frankreich

Am 27. März 1942 wurden erstmals auch französische Juden deportiert: ein Zug transportierte 1112 Menschen von Compiègne ins KZ Auschwitz. Im Mai besuchte Heydrich Paris, um ein großes Deportationsprogramm mit dem Vichy-Regime zu besprechen. Dazu gehörte die Einführung des Judensterns. Am 16. und 17. Juli nahm die Polizei in Paris bei einer großen Razzia etwa 13.000 Juden ohne gültige Pässe fest. Sie wurden mit regelmäßigen Zügen vom Sammellager Drancy ins KZ Auschwitz gebracht und dort meist sofort ermordet. Auch aus der unbesetzten Zone Frankreichs wurden ab 17. August 1942 eingewanderte Juden mitsamt ihren Kindern, die eigentlich als französische Staatsbürger rechtlichen Schutz genossen, in ein osteuropäisches Vernichtungslager deportiert. Nach dem Einmarsch der Wehrmacht in den bislang unbesetzten Teil Frankreichs am 11. November 1942 („Unternehmen Anton") wurden diese Transporte von Gefolgsleuten Eichmanns organisiert. Französische und italienische Behörden in der bis September 1943 italienisch besetzten Zone um Nizza verweigerten oft die Auslieferung; mehr als die Hälfte aller französischen Juden entging dem Abtransport. Etwa 75.000 von ihnen wurden deportiert, etwa 3000 davon überlebten.

Italien

Nach den italienischen Rassengesetzen wurden die Juden ab 1938 mit dem Ziel, sie zur Auswanderung zu bewegen, diskriminiert. Mit dem Kriegseintritt Italiens im Juni 1940 wurden die ausländischen und als gefährlich betrachtete inländische Juden wie Angehörige von Feindstaaten behandelt und interniert. Bis zum Waffenstillstand von Cassibile im September 1943 lebten die Juden unter den Härten der Internierung und der Rassengesetze im italienischen Machtbereich besser als Juden irgendwo im NS-Machtbereich. Italien lieferte keine Juden aus. Offiziere und Diplomaten in den italienisch besetzten Gebieten von Kroatien, Griechenland und Südfrankreich schützten auch die dortigen Juden vor Deportationsforderungen der Deutschen.

Nach dem Sturz Mussolinis und dem Waffenstillstand von Cassibile besetzten Truppen der Wehrmacht im September 1943 große Teile Italiens (Fall Achse). Etwa einen Monat nach der Besetzung wurde eine mobile Einheit unter dem SS-Hauptsturmführer Theodor Dannecker von Eichmann mit der Verhaftung und Deportation beauftragt. Die Einheit führte mehrere Razzien durch, darunter die von Rom am 16. Oktober mit 1.259 gefangenen Juden. Währenddessen konstituierte sich mit deutscher Hilfe die Italienische Sozialrepublik und erklärte die italienischen Juden in der Charta von Verona zu feindlichen Ausländern. Am 30. November 1943 wurde durch den Innenminister Guido Buffarini-Guidi die Verhaftung und Einlieferung aller Juden in italienische Konzentrationslager angeordnet. Von deutscher Seite wurde daraufhin Dannecker abgelöst und Friedrich Boßhammer organisierte beim BdS Italien in Verona die Endlösung der Judenfrage. Deutsche Durchgangs- und Sammellager für die Deportationen in Italien waren Polizeihaftlager Borgo San Dalmazzo, Durchgangslager Fossoli, Risiera di San Sabba und Durchgangslager Bozen. Über 9.000 Juden wurden zwischen Oktober 1943 und Dezember 1944 verschleppt, zum allergrößten Teil nach Auschwitz. Im Raum Triest war bis Kriegsende das Personal der „Aktion Reinhard" als Sonderabteilung Einsatz R aktiv, das im September 1943 aus Polen nach Italien wechselte. Noch am 26. April 1945 ereigneten sich dort Morde.

Die Beteiligung der italienischen Polizei, der faschistischen Miliz und der kommunalen Verwaltungen an der Verschleppung wurde lange Zeit in der öffentlichen Wahrnehmung, Forschung und juristischen Aufarbeitung durch den Brava-Gente-Mythos kaum wahrgenommen.

Griechenland

In Griechenland wurden die Juden je nach Besatzungsland sehr verschieden behandelt. Im italienisch besetzten westlichen Landesteil schützten die Behörden sie bis September 1943; in den deutsch und bulgarisch besetzten östlichen Teilen wurden die Juden aus mehreren Sammellagern von Saloniki aus ab März 1943 in 19 Güterzügen vor allem ins Konzentrationslager Auschwitz-Birkenau zur Ermordung transportiert. Nach der Kapitulation Italiens vor den Westalliierten (September 1943) schickten die Deutschen mit großem logistischem Aufwand tausende weiterer Juden aus Korfu und dem damals italienischen Rhodos ebenfalls in Vernichtungslager. Zumindest 58.885 Juden aus Griechenland wurden ermordet. Es gab einige Rettungsaktionen, zum Beispiel die Rettung nahezu aller Juden der Insel Zakynthos durch die Inselbevölkerung oder die Ausgabe falscher Personalausweise und Geburtsurkunden für Juden durch Athener Behörden.

Kroatien

In damaligen Unabhängigen Staat Kroatien (NDH) erließ das faschistische Ustascha-Regime unter Ante Pavelić schon im April 1941 Rassegesetze gegen Serben, Juden und

Roma, denen bald Kleiderkennzeichen für Juden in Form eines runden, gelben Emblems mit einem „Z" für Židov (=Jude) folgten. Zusätzlich entstanden auf dem Gebiet des Staates um die 40 Konzentrations- und Internierungslager. Nach Angehörigen der serbischen Minderheit ermordeten sie ab August 1941 auch tausende kroatische und bosnisch-herzegowinische Juden in dazu eingerichteten Lagern. Ab August 1942 deportierten sie auf Drängen der Deutschen 5500 internierte Juden nach Auschwitz-Birkenau. Im Mai 1943 wurden die auf italienischen Druck hin zwischenzeitlich eingestellten Transporte wieder aufgenommen. Um die Juden im italienisch besetzten Teil Jugoslawiens vor der Ermordung zu bewahren, ließ das italienische Militär auf Befehle von Marshall Cavallero sie im Herbst 1942 internieren und brachte sie im Sommer 1943 auf die Insel Rab in das KZ Kampor, wo sie sich nach dem Waffenstillstand von Cassibile im September 1943 selbst befreiten und überwiegend den jugoslawischen Partisanen Titos anschlossen.

Nach Yad Vashem wurden im NDH-Staat insgesamt 30.000 Juden ermordet, etwa 40 % allein im KZ Jasenovac.

Rumänien

Die Regierung Rumäniens unter Antonescu ließ etwa 350.000 rumänische Juden in den von ihr besetzten Gebieten in großen Massenmorden nahezu vollständig ausrotten. Nur die Juden Transsylvaniens blieben bis März 1944 unter dem Schutz Ungarns, bis auch sie mit den ungarischen Juden direkt nach Auschwitz deportiert wurden. Die bereits fest geplante Deportation der Juden Altrumäniens ließ der Staatschef im Oktober 1942 überraschend stoppen. Diese waren jedoch weiterhin Verfolgung und Pogromen ausgesetzt.

Serbien

Nach dem Balkanfeldzug ließ die deutsche Militärverwaltung in Serbien Lager für Gegner, Partisanen und Juden einrichten. Ab September 1941 veranlasste sie Massenmorde an männlichen Juden in den Ortschaften. Ab dem 16. Oktober wurden nach jedem Partisanenanschlag hunderte internierte Juden ermordet. Ab Dezember 1941 wurden jüdische Frauen, Kinder und Greise Serbiens in das KZ Sajmište interniert. Im Mai 1942 ermordete die dortige Gestapo 6000 von ihnen mit einem Gaswagen. Das serbische Nedić-Kollaborationsregime erließ Rassengesetze und war an der Inhaftierung von Juden beteiligt. Das Serbische Freiwilligenkorps unter Dimitrije Ljotić stand hierbei der SS zur Seite.

Skandinavien

Dänemark wurde ab 9. April 1940 von der Wehrmacht besetzt. Seine demokratisch gewählte Regierung durfte unter deutscher Besatzung zunächst weiterarbeiten. Sie verhinderte erfolgreich die Einführung von Judenstern und Rassengesetzen. Als der dänische Widerstand im Sommer 1943 anwuchs, beschloss die deutsche Militärverwaltung die Deportation der dänischen Juden. Weil der 1./2. Oktober 1943 als Termin der Festnahme durchgesickert war, konnten 7200 von ihnen rechtzeitig mit Fischerbooten in das neutrale Schweden fliehen. 483 dänische Juden wurden nach Theresienstadt deportiert, wo bis auf 50 alle überlebten (siehe Rettung der dänischen Juden).

In Norwegen ging die Kollaborationsregierung unter Vidkun Quisling überwacht vom Reichskommissar Josef Terboven zunächst nicht offen gegen die Juden vor. Von Oktober 1942 bis Februar 1943 wurden dann die Deportationen und die Arisierung des Vermögens in rasch folgenden systematischen Schritten durch norwegische und deutsche Kräfte durchgeführt. Ein Judenstern wurde anders als in den sonstigen besetzten westeuropäischen Ländern nicht eingeführt. 734 norwegische Juden fanden in Auschwitz den Tod.

Finnland lehnte eine Auslieferung der finnischen Juden ab. Von diesen kämpften einige auf deutscher Seite gegen die Sowjetunion.

Slowakei

Das im März 1939 gebildete Marionettenregime der Slowakei unter Jozef Tiso hatte schon im November 1938 mit eigenen Deportationen slowakischer Juden nach Ungarn und in Arbeitslager begonnen. Auf das Drängen des slowakischen Ministerpräsidenten Vojtech Tuka hin wurden ab März 1942 unter der Regie Eichmanns etwa 58.000 slowakische Juden in den Distrikt Lublin, nach Auschwitz und Majdanek deportiert. Die meisten starben dort an Hunger, Zwangsarbeit und Seuchen. Im August 1942 wurden diese Transporte nach kirchlichen Protesten vorübergehend gestoppt. Zwei Jahre später besetzte die Wehrmacht die Slowakei; eine eigene Einsatzgruppe inhaftierte und deportierte etwa 12.000 untergetauchte slowakische Juden.

Tschechien

Das am 16. März 1939 unmittelbar nach der Zerschlagung der Tschechoslowakei errichtete Protektorat Böhmen und Mähren war unmittelbares Reichsgebiet und verfügte nur über eine äußerst beschränkte Selbstverwaltung. Im Juli errichtete die SS die Zentralstelle für jüdische Auswanderung in Prag, welche ab 1941 die systematische Deportation der tschechischen Juden in Vernichtungslager exekutierte. Im Oktober 1941 gab Reinhard Heydrich den Befehl, alle Juden im Protektorat in das KZ Theresienstadt zu deportieren, das als Sammel- und Durchzugslager eingerichtet wurde. Ab Dezember 1941 galt für Juden ein generelles Ausreiseverbot. Insgesamt wurden 81.000 Juden aus den tschechischen Ländern in Konzentrations- und Vernichtungslager deportiert. Rund 10.500 von ihnen überlebten den Krieg.

Ungarn

Ungarn war von Ende 1940 bis Oktober 1944 durch seinen Beitritt zum Dreimächtepakt offiziell mit NS-Deutschland verbündet. Es hatte die Karpato-Ukraine besetzt und erhielt 1940 von Hitler den nördlichen Teil Siebenbürgens zugesprochen.

Unmittelbar nach dem Überfall auf die Sowjetunion (ab 22. Juni 1941), an dem Ungarn beteiligt war, begann die Regierung von Miklós Horthy, die Juden aus den ungarisch besetzten Gebieten über die östlichen Grenzen zu treiben und nach Ost-Galizien zu deportieren. Dies war eine Mitursache für das Massaker von Kamenez-Podolsk, wo sich 14.000 deportierte ungarische Juden gesammelt hatten. Danach unterließ Horthy weitere Deportationen, schuf aber Bataillone aus jüdischen Zwangsarbeitern, die mit den ungarischen Truppen gegen die Rote Armee kämpfen mussten. Davon starben etwa 42.000, viele auch durch Morde deutscher Polizisten.

Weil Horthy die übrigen ungarischen Juden trotz der Nähe der Roten Armee noch nicht deportieren ließ, besetzte die Wehrmacht im März 1944 Ungarn (Operation Margarethe). Ein auf Hitlers Befehl entsandtes SS-Einsatzkommando, das Eichmann-Kommando (benannt nach seinem Leiter Adolf Eichmann), richtete mit Hilfe deutschfreundlicher ungarischer Beamter und Polizei Ghettos für die Juden ein. Ab 15. Mai 1944 wurden insgesamt 437.000 ungarische Juden zunächst aus den Randprovinzen, ab Juli 1944 auch aus Budapest nach Auschwitz deportiert; 320.000 davon wurden dort direkt vergast. Viele Leichen wurden unter freiem Himmel verbrannt, weil die Krematorien nicht schnell genug arbeiteten. 15.000 Juden wurden entgegen Hitlers Prinzip von 1941, keine Juden mehr ins Deutsche Reich zu bringen, nach Strasshof an der Nordbahn in Niederösterreich deportiert.

Nach massiven Protesten der Westmächte und des Vatikans ließ Horthy die Transporte am 6. Juli unterbrechen. Eichmann konnte danach noch einige wenige Transporte durchführen.

Am 15. Oktober gelang den rechtsextremen Pfeilkreuzlern mit deutscher Hilfe ein Putsch gegen Horthy. Sie ermordeten etwa 9000 Juden aus dem Budapester Ghetto. Viele Ghettobewohner konnten zeitweise mit schwedischen oder schweizerischen Schutzpässen überleben. Etwa 78.000 der verbliebenen Juden Ungarns wurden aber gefasst und von Eichmann auf Todesmärsche Richtung Österreich geschickt. Juden mussten in Lagern am Südostwall Zwangsarbeit leisten. Der General der Waffen-SS Hans Jüttner war so schockiert über das, was er bei einer Inspektionsfahrt sah, dass er sich bei dem Höheren SS- und Polizeiführer in Ungarn, Otto Winkelmann, beschwerte.

Schlussphase

Schon Ende 1941, nach der verlorenen Schlacht vor Moskau, planten die Holocausttäter im RSHA, die Spuren von NS-Massenmorden zu beseitigen, bevor die Rote Armee sie entdecken konnte. Ab Herbst 1942 wurden zuerst in Kulmhof und Belzec Leichen exhumiert und verbrannt. Das Lager wurde geschlossen. Die Gebäude und Zäune des Lagers Treblinka mussten „Arbeitsjuden" abreißen; dann wurden sie erschossen. Das Gelände wurde umgepflügt und Bäume darauf gepflanzt.

Nachdem Wehrmachtsoldaten im April 1943 Massengräber von Opfern des sowjetischen Massakers von Katyn entdeckt hatten, ließ das RSHA die „Sonderaktion 1005" einleiten: Mehrere Sonderkommandos zwangen Juden und sowjetische Kriegsgefangene zum Aufgraben der Massengräber von Juden und Verbrennen ihrer Leichen, etwa in Babyn Jar bei Kiew. Sie mussten die Knochen der Mordopfer zermahlen und zusammen mit der Asche der Leichen in Wäldern verstreuen. Im März 1944 wurden auch diese Zwangsarbeiter als unliebsame Zeugen ermordet. Solche Vertuschungsversuche folgten in Polen und auf dem Balkan. Da sich Massenerschießungen und Lagerstandorte aber kaum geheim halten ließen, wurden nach Kriegsende fast alle Massengräber der NS-Verbrechen entdeckt.

Seit der verlorenen Schlacht um Stalingrad im März 1943 zog sich die Wehrmacht allmählich aus Osteuropa zurück. Gefangene der Deutschen sollten der Roten Armee auf keinen Fall in die Hände fallen. Beim Rückzug verübten Wachpersonal, Gestapo und Sicherheitspolizei daher viele Massaker an zehntausenden Gefängnis- und Lagerhäftlingen, teils auf eigene Initiative, teils auf zentralen Befehl. So befahl der Chef der Sicherheitspolizei im Generalgouvernement am 20. Juli 1944 die „Totalräumung" aller dortigen Gefängnisse, die „Liquidierung" der Insassen, falls Transporte unmöglich seien, das Verbrennen der Leichen und Sprengen der Gebäude.

Demgemäß hatten Lagerverwaltungen und regionale Polizeiführer seit Dezember 1943 die ersten Transporte nach Westen organisiert und dabei „nicht transportfähige" Menschen selektiert und direkt ermordet. Im Januar 1945 begann die „Evakuierung" aller KZs im Osten, die bis in die letzten Kriegstage im April fortgesetzt wurde. Aus dem KZ Stutthof mussten 17.000, aus Auschwitz 58.000 Menschen zu Fuß nach Westen marschieren. Wer nicht mitkam oder stürzte, wurde von Bewachern, teils auch Einheimischen beim Durchzug eines Ortes, erschossen. Auch bei Weitertransporten in völlig überfüllten Zügen starben tausende, ebenso in Aufnahmelagern. Nur etwa 1500 Personen dieser beiden Todesmärsche erreichten das Altreich lebend.

Bei diesen Maßnahmen wurden die etwa 200.000 Juden, die die Zwangsarbeits- und Vernichtungslager bis dahin überlebt hatten, erneut besonders brutal behandelt. Man schätzt, dass etwa 100.000 Menschen durch Todesmärsche, insgesamt 300.000 durch Gefangenenmorde umkamen.

Ab Februar 1945 ließen NS-Behörden auch Akten verbrennen. Per Runderlass ordneten Gauleiter an, besonders „Geheimbefehle des Führers" und andere Geheimdokumente zu Mord- und Ausrottungsbefehlen zu vernichten.

Gesamtzahlen jüdischer Opfer

Die Opferzahlen des Holocausts ließen sich bis 1990 nur annähernd schätzen. NS-Zeitungen hatten während des Holocaust öfter realistische Opferzahlen genannt: So schrieb die Zeitung Der Danziger Vorposten am 13. Mai 1944 über „schwere Einbußen" des Judentums in Osteuropa. Allein in Polen und Ungarn seien fünf Millionen Juden „ausgeschaltet" worden, weitere 1½ Millionen seien entsprechenden „gesetzlichen Maßnahmen" ausgesetzt. Im Nürnberger Prozess gegen die Hauptkriegsverbrecher wurde 1946 erstmals die ungefähre Zahl von sechs Millionen ermordeter Juden genannt. In einer eidesstattlichen Erklärung sagte Wilhelm Höttl, bis 1945 Mitarbeiter im Reichssicherheitshauptamt, aus, Eichmann habe ihm berichtet:

„In den verschiedenen Vernichtungslagern seien etwa vier Millionen Juden getötet worden, während weitere zwei Millionen auf andere Weise den Tod fanden, wobei der größte Teil davon durch die Einsatzkommandos der Sicherheitspolizei während des Feldzuges gegen Rußland durch Erschießen getötet wurde."

Holocaustforscher nahmen jedoch zunächst an, von 1939 bis 1945 seien weniger Juden ermordet worden: Gerald Reitlinger schätzte sie 1953 auf 4,2 bis 4,7, Raul Hilberg 1961 auf 5,1 Millionen. Martin Gilbert kam 1982 auf 5,7 Millionen. 1987 trug die von einem internationalen Autorenkollektiv verfasste Enzyklopädie des Holocaust die damals möglichen genauesten Schätzungen aus vielen Einzelländern zusammen und kam so auf etwa 5,6 Millionen.

Durch die Freigabe sowjetischer Archive seit 1990 konnten die bis dahin ungewissen Opferzahlen für Polen und die Sowjetunion etwa anhand von Deportationslisten, Zugfahrplänen und Mitgliedlisten jüdischer Gemeinden vor und nach dem Holocaust überprüft werden. Dabei stellte sich heraus, dass die Opferzahlen der Konzentrationslager Auschwitz zwar niedriger lagen als zuvor vermutet, dass aber allein dort 1,1 Millionen Menschen, darunter mindestens 900.000 Juden, ermordet worden waren.

Wolfgang Benz befasste sich in Dimension des Völkermords (erschienen 1991, 2. Auflage 1996) mit allen seit 1990 zugänglichen Quellen, Auswertungs- und Berechnungsmethoden der Opferzahlen. Burkhard Asmuss veröffentlichte 2002 eine Aufstellung mit teilweise gröberen Schätzungen. Insgesamt erhärtete sich dabei eine Gesamtopferzahl von mindestens 5,6 bis zu 6,3 Millionen ermordeten jüdischen Menschen. Dazu kommen Zahlen für Verletzte und Vertriebene.

Land	Dimension des Völkermords (2/1996)	Enzyklopädie des Holocaust (4/2002)	Burkhard Asmuss (1/2002)
Albanien	591	—	—
Belgien	28.518	28.900	25.000
Bulgarien	11.393	—	—
Dänemark	116	60	—
Deutschland	160.000	134.500	165.000
Estland	—	—	1.000
Frankreich	76.134	77.320	75.000
Griechenland	59.185	60.000	59.000
Italien	6.513	7.680	7.000
Jugoslawien	60.000	56.200	65.000
Lettland	—	—	67.000

Land	Dimension des Völkermords (2/1996)	Enzyklopädie des Holocaust (4/2002)	Burkhard Asmuss (1/2002)
Litauen	—	—	160.000
Luxemburg	1.200	1.950	—
Niederlande	102.000	100.000	102.000
Norwegen	758	762	—
Österreich	65.900	50.000	65.000
Polen	2.700.000	2.900.000	3.000.000
Rumänien	211.214	271.000	350.000
Sowjetunion	2.100.000	1.211.500	1.000.000
Tschechoslowakei	143.000	146.150	260.000
Ungarn	550.000	550.000	270.000
weitere Länder	—	—	2.800
Spaninen	6.276.522–6.316.522	5.596.022–5.863.122	5.673.800

Quelle: Wikipedia

Anmerkungen: Keine Angaben: —

Nach Asmuss (Holocaust) beziehen sich die Zahlen auf Juden aus bulgarisch besetzten Gebieten; alle bulgarischen Juden wurden gerettet.

Benz (Dimension des Völkermords) nennt 165.000 als realistische Schätzung.

Asmuss fasst die Opfer aus Albanien, Dänemark, Luxemburg, Norwegen und Nordafrika in einer Zahl unter „weitere Länder" zusammen.

Die Gedenkstätte Yad Vashem in Jerusalem nannte im Dezember 2010 über vier Millionen Opfer in ihrer Personenkartei namentlich, also als identifiziert. 2,2 Millionen dieser Namen wurden von Angehörigen oder Freunden beigesteuert, die anderen stammen aus Archiven oder Recherchen.

Täter

Der Holocaust war kein Projekt einer Einzelbehörde und wurde nicht nur von bestimmten dazu beauftragten Tätern durchgeführt, sondern von vielen Institutionen aller deutschen Gesellschaftsbereiche ermöglicht, mitgetragen, geplant, organisiert und vollzogen. Seit den Forschungen Raul Hilbergs werden dabei bürokratische Entscheidungsabläufe, Arbeitsteilung, Zuständigkeiten und ihr Zusammenwirken untersucht, aber auch gemeinsame Interessen, ideologischer Konsens und praktische Bündnisse zwischen alten und neuen Eliten, Führung und Bevölkerungen.

Historiker gehen heute von bis zu 500.000 „an den Schreibtischen wie auf den Schau-
plätzen" an den Judenmorden beteiligten, meist männlichen, Deutschen und Österreichern sowie nochmals einigen Hunderttausend Kollaborateuren aus den von Deutschland besetzten oder mit ihm verbündeten Staaten aus. Haupttäter waren Mitglieder
aller Machtsäulen des NS-Staates:

- Hitler und der engere Führungszirkel des NS-Regimes, die die Leitlinien der Vernichtungspolitik bestimmten und in allgemeine Befehle und Verordnungen umsetzten,
- die Massenpartei NSDAP, die die Hetzpropaganda entfaltete, die den Holocaust
  vorbereitete und begleitete, deren Gauleiter und Ortsgruppenleiter die Entrechtung und Deportation der Juden und anderer Opfergruppen in ihrem Bereich vorantrieben, deren SA und Hitlerjugend direkt an Verfolgungs- und Mordaktionen
  in der Vorkriegszeit (zum Beispiel Judenboykotte 1933ff., Novemberpogrome
  1938) und gegen Kriegsende (Endphaseverbrechen gegen KZ-Häftlinge auf To-
  desmärschen usw.) teilnahmen;
- die SS als dem „Führer" persönlich verpflichtete elitäre Terrororganisation, deren
  weitverzweigte Untergliederungen die rassistische Bevölkerungs- und Vernichtungspolitik in den eroberten und eingegliederten Gebieten durchführten und
  dort das entsprechende Lager- und Ghettosystem organisierten. Hier wird nicht
  nur den Einsatzgruppen, sondern auch den Polizeibataillonen und ihren jeweiligen Vorgesetzten, den Höheren SS- und Polizeiführern sowie den SS-Hauptämtern
  – besonders dem Reichssicherheitshauptamt – eine Haupt-verantwortung an den
  Massenmorden zugewiesen.
- die Gestapo, Ordnungs-, Sicherheits- und Kriminalpolizei: Sie sollten möglichst
  alle „Reichs- und Volksfeinde" aufspüren, überwachen und „ausschalten" und
  wirkten dabei mit der SS zusammen.
- die Wehrmacht: Deren Oberkommandos und Generäle trugen die Vernichtungs-
  ziele des Krieges gegen die Sowjetunion mit, setzten sie in völkerrechtswidrige
  Befehle um und halfen auf vielfältige Weise bei der Judenvernichtung, etwa indem
  sie Soldaten für Massenerschießungen bereitstellten, die Judenkennzeichnung in
  besetzten Gebieten erzwangen, jüdische Kriegsgefangene aussonderten und Juden als Partisanen ermorden ließen oder selbst ermordeten.
- viele Wirtschafts- und Industrieverbände und Unternehmen, die von der Arisierung, Zwangsarbeit und vom Aufbau der Vernichtungsindustrie in den Lagern
  profitierten und daran mitwirkten
- die zivilen und militärischen Besatzungsverwaltungen, besonders in Osteuropa,
  die die wirtschaftliche Ausbeutung und rassistische Bevölkerungspolitik in ihren
  Gebieten organisierten, durchführten, zum Teil in einen Wettlauf bei deren „Ent-
  judung" eintraten und dazu Druck auf die Berliner Zentralbehörden ausübten.
  Zuständig war das Reichsministerium für die besetzten Ostgebiete unter Alfred
  Rosenberg in Berlin, dem sog. Ostministerium, dem zum Beispiel auch das Reichs-
  kommissariat Ostland unterstand.

- das Personal vieler Staats- und Verwaltungsbehörden, die mit Gesetzen, Verordnungen, Verwaltungsakten und konkreten Maßnahmen an der Judenverfolgung, -ausgrenzung, -deportation und -vernichtung mitwirkten: „Es gab kaum eine Behörde, …, die nicht ‚von Amts wegen' für die ‚Lösung' einer ‚Judenangelegenheit' zuständig war."

Als indirekte, aber deswegen nicht weniger verantwortliche Tätergruppen werden erachtet:

- Wissenschaftsinstitute, Universitäten und Fakultäten, die – z. B. in der Medizin, Völkerkunde und Raumplanung – mit interessegeleiteter Forschung ideologische Gründe lieferten, Pläne erstellten, Aufträge vergaben und sich – etwa durch die Abnahme von Leichen für „anatomische Rassestudien" oder von lebenden Häftlingen für Menschenversuche – an Mordaktionen beteiligten.
- die Kirchen, die ihre Tauf- und Eheregister zur Erfassung der „Nichtarier" zur Verfügung stellten, selbst „Ariernachweise" erstellten und die ausführenden Täter überwiegend moralisch entlasteten.
- Bevölkerungsteile im Deutschen Reich und in den besetzten Gebieten, die die Judenverfolgung unterstützten.

Holocaustkenntnis während der NS-Zeit

Deutsches Reich

Die NS-Propaganda verfolgte in der Öffentlichkeit eine Doppelstrategie: Einerseits redeten die Sprecher der NS-Diktatur offen über „die Judenfrage", über Ausrottung und Vernichtung der Juden, andererseits ließen sie bewusst offen, wann und wie diese geschehen würde. Mehrdeutige Rhetorik war beabsichtigt, um die Deutschen über das konkrete Geschehen im Unklaren zu lassen. Die zunehmende Judenverfolgung in Europa geschah vor aller Augen. Die Deportationen vollzogen sich auf öffentlichen Plätzen und Bahnhöfen, wurden jedoch als „Umsiedlungen" in Arbeitslager dargestellt. Im Hinblick auf die Vernichtungsaktionen befahl das Regime strengste Geheimhaltung, SS-Angehörigen war es unter Androhung der Todesstrafe verboten, darüber zu berichten.

Die Isolation, Entrechtung, Verarmung und das allmähliche Verschwinden der Juden aus dem gesellschaftlichen Leben im Deutschen Reich waren offensichtlich. Die Deportationen wurden von den meisten Deutschen hingenommen. Im Lauf des Holocaust sickerten immer mehr Einzelheiten durch; die Geheimhaltung konnte zeitweise nicht streng überwacht werden und Verstöße wurden manchmal nicht bestraft. Dass „Umsiedlung" tatsächlich Massenmord bedeuten sollte, erfuhren manche Deutsche von Soldaten auf Heimaturlaub, durch Hören von Feindsendern, durch „Flüsterpropaganda" (Hannah Arendt). Der Widerstandskämpfer Helmuth James Graf von Moltke schrieb 1943: „Mindestens neun Zehntel der Bevölkerung weiß nicht, dass wir Hunderttausende von Juden umgebracht haben." Doch selbst das Zehntel, das nähere Information erhalten hatte, unternahm – von wenigen Ausnahmen abgesehen – nichts

*dagegen. Nichtwissen und Nicht-wissen-Wollen über den Holocaust gingen dabei in-
einander über.*

Alliierte

*Seit 1933 kritisierten ausländische Staaten die nationalsozialistische Innenpolitik, be-
sonders die Verfolgung von Juden und anderen Minderheiten. Die Einwanderungsquo-
ten für die jüdischen Flüchtlinge in die USA blieben jedoch unverändert. Bei der von
US-Präsident Roosevelt angestoßenen Konferenz von Évian im Juli 1938 war fast kein
Teilnehmerstaat zur Aufnahme jüdischer Flüchtlinge oder Erhöhung seiner Einwan-
derungsquoten bereit.*

*Nach Kriegsbeginn verstärkte sich die Kritik der Alliierten; dennoch wurden die euro-
päischen Juden nicht umfassend präventiv vor den vorrückenden Truppen der Achsenmächte evakuiert. Seit 1941 wurde den Alliierten die systematische Ausrottungspolitik des NS-Regimes durch Entschlüsselung der Codes für die regelmäßigen Polizeibe-
richte nach Berlin bekannt. Sie verurteilten diese äußerst scharf und begründeten damit auch ihre Kriegsstrategie. Mitte Dezember 1942 warnten die USA, Großbritannien
und weitere zehn Regierungen die deutsche Regierung, dass „die Verantwortlichen einer Vergeltung nicht entgehen" würden (Interalliierte Erklärung zur Vernichtung der
Juden vom 17. Dezember 1942). Gezielte Maßnahmen, um den Holocaust zu beenden
oder aufzuhalten, ergriffen sie aber nicht. Ihre Kriegsführung richtete sich seit Kriegseintritt der USA auf die vollständige Kapitulation des NS-Regimes.*

*Als die ersten Nachrichten über die Massenvernichtung, wie etwa ein von Szmul Zygi-
elbojm verfasster Artikel im Daily Telegraph über Vergasungen von Juden veröffentlicht wurden, versuchte das US-Außenministerium deren Publikation zu unterdrücken. Auf Druck der öffentlichen Meinung trat im April 1943 auf Bermuda erneut eine
internationale Konferenz zusammen, um Lösungen für Flüchtlinge zu erörtern. Wie
die Vorkriegskonferenz von Évian verlief auch sie ergebnislos. Erst nach Intervention
des Finanzministers Henry Morgenthau kündigte Roosevelt am 22. Januar 1944 die
Einsetzung des War Refugee Board an. Dieses Gremium trug zur Rettung mehrerer
Tausend Juden bei.*

*Die britische Regierung behinderte und unterließ in einzelnen Fällen mögliche Hilfe-
leistungen. Als im Dezember 1942 einige britische Abgeordnete verlangten, jüdischen
Flüchtlingen müsse sichere Zuflucht versprochen werden, lehnte der britische Außenminister dies mit der Begründung ab, es gebe „Sicherheitsbedenken" und „geografische Probleme". Anfang 1943 wurde bekannt, dass man gegen Hinterlegung einer gewissen Summe in der Schweiz 70.000 rumänische Juden hätte retten können. Die Regierung hatte den Plan jedoch blockiert, da sie eine Schwächung der eigenen und eine
Stärkung der deutschen Position befürchtete.*

*Die sowjetischen Behörden lieferten deutsche Juden – darunter viele Kommunisten,
die in der Sowjetunion Zuflucht gesucht hatten – nach Abschluss des Hitler-Stalin-
Paktes im August 1939 den Nationalsozialisten aus. Nach dem Überfall der*

Wehrmacht im Juni 1941 blieb die besondere Gefährdung der sowjetischen Juden unberücksichtigt. Die sowjetische Berichterstattung verschwieg die deutsche Ausrottungspolitik. Jüdische Flüchtlinge fanden oft keine Unterstützung durch die Partisanen, wurden von diesen nicht als Mitkämpfer aufgenommen und zum Teil ihrer Waffen und Nahrungsmittel beraubt.

Widerstand und Rettungsversuche

Juden

Am 31. Dezember 1941 rief Abba Kovner die Juden in aller Welt mit einem Flugblatt zum Widerstand auf und kritisierte, die Opfer ließen sich „wie Schafe zur Schlachtbank" führen. Damit entstand das hartnäckige Klischee vom widerstandslosen Verhalten aller Opfer. Erst seit den 1980er Jahren hat die Forschung dieses Bild differenziert und korrigiert.

Nur wenige Juden ahnten das Ausmaß des ihnen zugedachten „Schicksals". Viele hielten Informationen über Massenvernichtungslager, die um 1942/43 zunehmend in den jüdischen Ghettos Polens, Litauens und Weißrusslands kursierten, nur für Gerüchte. Ein Ausrottungsplan gegen alle Juden schien den meisten anfangs schon wegen der Dimension unglaubhaft. Viele glaubten, wenigstens als Sklavenarbeiter überleben zu können, bis die Deutschen besiegt seien.

Ein Gegenbeispiel und ein Anstoß für den jüdischen Widerstand insgesamt war der Aufstand im Warschauer Ghetto vom 19. April bis zum 16. Mai 1943. Diesen organisierte die jüdische Kampforganisation „ZOB", als die Nationalsozialisten das Ghetto gänzlich auflösen und alle noch übrigen Juden in die Vernichtungslager, vor allem nach Treblinka, deportieren wollten. Kuriere hatten unter Lebensgefahr Waffen in das abgeriegelte jüdische Ghetto geschmuggelt. Damit konnte die Untergrundorganisation den eindringenden Räumkommandos der SS anfangs hohe Verluste beibringen und sie in die Flucht schlagen. Als die SS mit Panzern und Artilleriegeschützen zurückkehrte, hielten sich die jüdischen Widerstandsgruppen trotz der Übermacht noch in einem etwa vierwöchigen Häuserkampf. Zuletzt mussten sie aufgeben und wurden meist erschossen. Nur wenige Beteiligte konnten sich durch Abwasserkanäle retten.

Auch in anderen jüdischen Ghettos bildeten sich Widerstandsgruppen, die Ghettobewohnern zur Flucht verhalfen und einzelne Revolten begannen, etwa in Białystok und Vilnius. Ferner gab es in manchen Lagern Aufstände jüdischer Häftlinge, so den Aufstand von Treblinka von etwa 400 Häftlingen am 2. August 1943, der zu einer Massenflucht jüdischer Lagerinsassen führte und das Lager zerstören sollte. Am 14. Oktober 1943 führten sowjetisch-jüdische Kriegsgefangene den Aufstand von Sobibór in Ostpolen an. Die Beteiligten töteten neun Angehörige der Wachmannschaften, was einen Massenaufstand der Häftlinge bewirkte. 65 jüdischen Gefangenen gelang die Flucht. Ende 1943 gaben die Nationalsozialisten das Lager auf.

Im KZ Auschwitz-Birkenau gab es etwa 700 Fluchtversuche, davon etwa 300 erfolgreiche. Am 7. Oktober 1944 erfolgte dort ein Aufstand des jüdischen Sonderkommandos, das an den Verbrennungsöfen für die vergasten Leichen eingesetzt war. Mit von Frauen eingeschmuggeltem Sprengstoff wurde ein Teil des Krematoriums IV zerstört. 250 Gefangene versuchten zu flüchten, wurden aber bald gefasst und umgebracht.

Europaweit waren tausende untergetauchte Juden am Partisanenkrieg gegen die deutschen Besatzer beteiligt, besonders in Frankreich, Belgien, den Niederlanden, Italien, den Balkanstaaten und Griechenland. In Osteuropa, besonders im katholisch geprägten Polen, konnten sich aus KZs und Ghettos entkommene Juden nur selten bestehenden Partisanengruppen anschließen, da dort auch manche NS-Gegner Antisemiten waren. Darum bildeten sich dort eigene jüdische Partisaneneinheiten, die trotz ihrer anfänglichen Unerfahrenheit bald als besonders entschlossene und motivierte Kämpfer gegen die Deutschen galten. Die vorrückende Rote Armee versorgte sie daraufhin teilweise bevorzugt mit Waffen, besonders für den „Schienenkrieg" mit Anschlägen und Sabotageaktionen gegen Eisenbahntransporte der Wehrmacht an die Ostfront. Jüdische Widerstandskämpfer stürmten bei der „Operation Torch" die als uneinnehmbar geltende Festung Algier von innen und leisteten damit einen entscheidenden Beitrag für die Landung der Alliierten und deren anschließenden erfolgreichen Feldzug gegen die deutsche Wehrmacht in Nordafrika.

Viele Juden, die in den 1930er Jahren und zum Kriegsbeginn ins sichere Ausland emigrieren konnten, schlossen sich dort den Truppen der Alliierten an. In vielen Armeen gab es eigene jüdische Einheiten, etwa die Jüdische Brigade in der British Army. 10.000 deutschsprachige Juden kämpften dort, ca. 9500 in den US-Streitkräften. Gegen Ende des Krieges wurde die jüdische Fluchthilfe-Bewegung Beriha (hebräisch „Flucht") gegründet, mit deren Hilfe zwischen 1944 und 1948 etwa 250.000 Juden aus osteuropäischen Ländern flüchten konnten. Nach dem Krieg dienten emigrierte deutsche Juden den Alliierten oft als Übersetzer im besetzten Deutschland. Man schätzt, dass europaweit bis zu 1,5 Millionen Juden am regulären militärischen Kampf und am Partisanenkampf gegen die NS-Herrschaft beteiligt waren.

Die zionistische Gruppe Chug Chaluzi versuchte in Berlin, Fluchtwege ins Ausland zu finden oder das Leben jüdischer Menschen in der Illegalität zu organisieren, indem sie Lebensmittelkarten, gefälschte Ausweispapiere und Geld beschaffte und verteilte.

Nichtjüdische Deutsche

Vereinzelt setzten sich auch nichtjüdische Deutsche gegen den geplanten und laufenden Genozid an den Juden zur Wehr. Solche Rettungstaten waren mit ständiger Lebensgefahr verbunden und selten.

Der deutsche Industrielle Oskar Schindler bewahrte im Deutschen Reich 1200 jüdische Zwangsarbeiter vor der Vernichtung, indem er sie bis Kriegsende als kriegswichtig für seinen Betrieb deklarierte und für ihren Unterhalt persönlich aufkam.

Auch die als Rote Kapelle bezeichnete Berliner Gruppe versteckte Juden und verhalf ihnen zu falschen Pässen, mit denen sie ausreisen konnten. Das Büro Grüber der Bekennenden Kirche half seit 1938 Christen jüdischer Herkunft, aber auch Juden zur Ausreise. Eine ähnliche Anlaufstelle gab es auch auf katholischer Seite.

Am 27. Februar 1943 versammelten sich die Ehepartner und Angehörigen von „Mischjuden", die als Zwangsarbeiter in Berliner Rüstungsbetrieben beschäftigt waren und nun deportiert werden sollten, vor dem Gestapohauptquartier in der Berliner Rosenstraße. Dies war die einzige öffentliche Protestdemonstration während des Krieges gegen eine Deportation, die zudem erfolgreich war: Die inhaftierten Personen wurden freigelassen.

Das Untertauchen von jüdischen Bewohnern während der NS-Zeit zur Rettung vor der Deportation führte zu der Redewendung „als U-Boot leben". Zum Teil wurde von den betreffenden Personen versucht, dieses Verschwinden durch einen vorgetäuschten Selbstmord oder die Ankündigung einer Reise plausibel zu machen. Das Verschwinden aus der Einwohnerliste konnte für die als U-Boot bezeichnete Person und für ihre Helfer schwerwiegende Folgen haben.

Im Falle der Entdeckung wurde die Person ohne gültige Aufenthaltsgenehmigung verhaftet. Allerdings konnte sie nicht mit einem gerichtlichen Verfahren rechnen, sondern wurde dadurch in aller Regel zum Häftling in einem Konzentrationslager. Davor kam jedoch eine Zeit der Vernehmungen und Folter durch die Gestapo, die auf diese Weise weitere „U-Boote" suchte. Sollte die Verbindung zu weiteren Helfern bekannt werden, waren auch diese massiv gefährdet. Die rechtlichen oder faktischen Bedrohungen konnten sich nach Reichsgebiet oder Besatzungsstatut und nach Position der jeweiligen Person zur Besatzungsmacht, der Polizei bzw. den NSDAP-Stellen unterscheiden.

Es gab in Deutschland relativ viele lokale verdeckte Netzwerke von Helfern, die Menschen in Not (Flüchtlingen, vor allem Juden) halfen. Oftmals hatten die Flüchtlinge Adressen von Menschen bei sich, die sie zwar nicht kannten, von denen sie aber durch andere wussten, dass sie ihnen auf ihrer Flucht weiterhelfen würden. Oft bekamen die Flüchtlinge dann von diesen Helfern eine weitere Adresse als neuen Anlaufpunkt auf ihrem Weg. Es waren in aller Regel Privatleute, die aus ihrem Gewissen heraus Menschen auf der Flucht versteckten oder anderweitig weiterhalfen und keine Rücksicht darauf nahmen, dass sie und ihre Familie, würden sie entdeckt, Schlimmes zu erwarten hätten. Solche Netzwerke sind zum einen Teil aus den verfolgten politischen Parteien und Organisationen heraus entstanden, zum anderen aus christlichen Gruppierungen heraus. Vielfach handelten Menschen deshalb zugunsten dieser Flucht-Netzwerke, weil Angehörige durch die NSDAP oder Gestapo-Stellen bereits zu Tode gekommen waren und sie deshalb möglicherweise ihr eigenes Leben gering schätzten oder auch aus einem tiefen, inneren Humanismus heraus, den die inzwischen Jahre dauernde Propaganda der Nationalsozialisten nicht erschüttert hatte: Tiefgreifendere wissenschaftliche Untersuchungen sind dazu noch erforderlich.

Das Untertauchen einer Person in einem von Kriegswirtschaft geprägten Land war schwierig. Lebensmittel waren nicht auf dem freien Markt erhältlich, sondern nur gegen Abschnitte von Lebensmittelkarten, die eine Bezugsberechtigung und deren Überprüfung voraussetzten. Das Mitsichführen von Gepäck konnte bei Kontrollen sofort Verdacht auslösen. Der länger als übliche Aufenthalt in einer Gaststätte, Bibliothek oder einem Kino konnte Nachfragen zur Identität auslösen. Die Gestapo versuchte, Spitzel in Netzwerke einzuschleusen – ein bekanntes Beispiel hierfür ist Stella Goldschlag.

Besetzte oder verbündete Staaten

Eine kleine Anzahl von Juden wurde gerettet, weil die Regierungen ihrer Heimatländer der Forderung des Deutschen Reichs zu ihrer Auslieferung nicht nachgaben.

Finnland, seit 1941 Deutschlands Verbündeter im Krieg gegen die Sowjetunion, lieferte seine Juden größtenteils nicht aus, obwohl Himmler dies im Sommer 1942 bei einem Finnland-Aufenthalt von der finnischen Regierung gefordert hatte. Regierungschef Rangell soll darauf geantwortet haben, Finnlands Juden seien Bürger wie alle anderen und dienten auch als Soldaten im Krieg gegen die Sowjetunion. Diese Praxis wurde aber schon ab Dezember 1942 eingestellt, nachdem Zeitungen und einige Politiker dagegen protestiert hatten. Zwar wurde jüdischen Flüchtlingen zeitweise die Einreise nach Finnland verweigert; aber die etwa 1.800 finnischen Juden entgingen dem Zugriff der Deutschen. Einige ausländische Juden wurden dennoch ausgeliefert, weil sie Kommunisten waren. Neuere Forschungen ergaben, dass Finnland von 1941 bis 1944 insgesamt 129 Flüchtlinge an das Deutsche Reich auslieferte, dazu über 2800 sowjetische Kriegsgefangene, von denen 78 Juden waren.

Boot mit Juden bei der Überfahrt von Falster nach Ystad in Schweden, September/Oktober 1943

In Dänemark ergriff König Christian X. Partei für die Juden, als die deutschen Besatzungsbehörden auch sie zum Tragen des Judensterns zwingen wollten. Der deutsche Georg Ferdinand Duckwitz warnte den dänischen Widerstand vor drohenden Razzien der SS. Daraufhin gelang es unter Mithilfe großer Teile der Bevölkerung im September und Oktober 1943, die meisten der im Land lebenden ca. 6.000 Juden in das aufnahmebereite neutrale Schweden zu schleusen. Auf diplomatischen Druck der Dänen wurde von Adolf Eichmann am 2. November 1943 die lebensrettende Zusage erhalten, dass die deportierten Juden aus Dänemark nicht aus Theresienstadt in die Vernichtungslager weiter transportiert werden sollten.

In Italien unterstützte die jüdische Delegazione per l'Assistenza degli Emigrant Ebrei (DELASEM) zunächst ausländische und italienische Juden in den Internierungslagern und bei der Ausreise in sichere Länder. Nach der Besetzung Italiens im September 1943 musste sie in den Untergrund und versorgte mit Unterstützung von Priestern, Partisanen und Polizisten die verfolgten Juden mit gefälschten Papieren, Geld und Unterkunftsmöglichkeiten. Während die Haltung der Kirche und von Papst Pius XII. beim

Holocaust kritisch gesehen wird, halfen einzelne Geistliche, Kardinäle, Klosterbruder-schaften und Konvente uneigennützig den Juden.

Auch das Beispiel Bulgariens – ebenfalls ein Verbündeter Deutschlands – beweist, dass ein entschiedener Widerstand die deutschen Pläne erfolgreich durchkreuzen konnte. Hier wurden dank der festen Haltung von Regierung und Bevölkerung etwa 50.000 Juden gerettet.

In Polen gab es neben Personen, die Juden auslieferten – viele auch um selbst zu über-leben –, einige (auch katholische) Gruppierungen wie die Żegota, die den Juden halfen, obwohl dafür, anders als in Westeuropa, nicht nur die Todesstrafe für den einzelnen Helfer, sondern regelmäßig auch für seine Familie oder das ganze Dorf drohte. Mehr als eine halbe Million polnischer Juden überlebten den Holocaust, viele durch Hilfen aus der Bevölkerung. Viele Polen waren entsetzt über die Ermordung jüdischer Kinder und versteckten sie zum Beispiel auf dem Land, bei den Partisanen oder in katholi-schen Klöstern. So stellen die Polen auch mehr als ein Drittel aller in Yad Vas-hem als Gerechte unter den Völkern Ausgezeichnete dar.

Schweiz

Die von den Achsenmächten umschlossene neutrale Schweiz lieferte keine Juden mit Schweizer Bürgerrecht aus. Während des Krieges nahm sie zigtausende von Flücht-lingen, darunter auch viele Juden, legal auf, viele weitere schafften den Grenzübertritt illegal und wurden von den Behörden (geduldet) oder von Privaten (illegal) im Land behalten. Insgesamt überlebten in der Schweiz 275.000 Flüchtlinge – davon 26.000 aus dem Ausland in die Schweiz geflüchtete Juden. Es wurde aber auch eine große un-bekannte Anzahl von Flüchtlingen an der Grenze zurückgewiesen oder illegal Einge-reiste den Nationalsozialisten übergeben.

Die Schweiz wurde von Deutschland mehrfach aufgefordert, keine weiteren Juden auf-zunehmen und geflüchtete Juden auszuliefern. Zumindest letzterer Forderung wurde nicht entsprochen. Die Schweiz versuchte während des Krieges, zwischen ihren huma-nitären Grundsätzen (Aufnahme von Flüchtlingen) und militärischen Selbstschutz-In-teressen (Geringhalten von Invasionsabsichten seitens der Nationalsozialisten) die Balance zu finden.

Befreiung der Lager durch Alliierte und Konfrontation der Bevölkerung

Entsprechend dem Fortschritt der alliierten Angriffe gegen die Hitler-Koalition wur-den Überlebende in den Lagern zu sehr verschiedenen Zeitpunkten befreit. Als Bei-spiele werden hier jeweils KZ genannt, die von einem der Alliierten als erste in seinem Frontabschnitt erreicht wurden.

1944

23. Juli: Die Rote Armee befreite das KZ Majdanek als erstes der großen KZ bzw. Ver-nichtungslager im von Deutschland besetzen Polen.

Im August 1944 konnten auch westliche Journalisten erstmals aus dem KZ Majdanek berichten (Titelgeschichten des Life-Magazin am 28. August und in der New York Times am 30. August 1944).

1945

Im Osten: 27. Januar: Das KZ Auschwitz-Monowitz wurde am Vormittag, das Stamm-lager Auschwitz I und das Vernichtungslager Auschwitz-Birkenau am frühen Nach-mittag durch die Soldaten der sowjetischen 322. Division befreit.

Im Westen: 11. April: Um 14:30 Uhr erreichte die 6. Panzerdivision der 3. US-Ar-mee das Konzentrationslager Buchenwald.

12. April: Das KZ Westerbork in den Niederlanden wurde von kanadischen Soldaten befreit.

15. April: Das KZ Bergen-Belsen wurde durch die Wehrmacht an britische Trup-pen übergeben.

29. April: Die Befreiung des Konzentrationslagers Dachau fand durch US-Truppen statt, die bei ihrer Ankunft u. a. den Todeszug aus Buchenwald entdeckten. Dieses KZ bei München war Ziel verschiedener Evakuierungs- und Todesmärsche gewesen, auf die Häftlinge geschickt wurden.

Am 10. Mai konnten in Flensburg die letzten KZ-Häftlinge befreit werden.

In den Monaten darauf erfolgte die Rückführung der meisten noch lebenden ehemali-gen KZ-Häftlinge in die Heimatorte/-länder (Stichworte Displaced Persons – DP-Camps). Nach dem strengen Winter 1945/1946 blieben Gruppen von DPs aus ganz verschiedenen Gründen heimatlos in Deutschland und wurden nicht mehr repatriiert.

Fast überall in den befreiten Lagern entstanden Häftlingsvereinigungen, die dort zu-nächst wichtige soziale (Überlebens-)Funktionen für die Mitgefangenen ausübten.

Die Alliierten Truppen konfrontierten in einigen Fällen die Bevölkerung der umliegen-den Orte mit den Taten in Konzentrationslagern, auch kam es zu Dokumentationsfil-men wie Nazi Concentration Camps (1945).

Folgen

Traumatisierung der Überlebenden

Viele Überlebende der Vernichtungslager und Menschen, die sich der drohenden Er-mordung durch Flucht oder andere Umstände entziehen konnten, litten und leiden unter einer Posttraumatischen Belastungsstörung (PTBS). Der Psychiater und Psy-choanalytiker William Niederland prägte dafür in den 1960er Jahren den Begriff vom Überlebenden-Syndrom. Einigen Holocaust-Überlebenden war und ist es zum Teil bis heute nicht möglich, über ihre Erfahrungen in den Todeslagern zu sprechen, andere berichteten und berichten als Zeitzeugen in den Auschwitzprozessen.

Traumafolgen sind – wie bei Kriegsteilnehmern ebenfalls – bis in die zweite Generation bekannt, können also Enkel der Überlebenden betreffen.

Juristische Aufarbeitung

Das ganze Ausmaß der nationalsozialistischen Verbrechen kam erst ans Licht der Weltöffentlichkeit, als alliierte Truppen die Gebiete befreiten, in denen sich die Konzentrations- und Vernichtungslager befanden. Die Alliierten hatten auf der Konferenz von Jalta im Februar 1945 neben der Entmilitarisierung auch die durchgehende „Entnazifizierung" Deutschlands für die Zeit nach ihrem Sieg vereinbart und diesen Beschluss auf der Potsdamer Konferenz Ende Juli 1945 bekräftigt.

Die Bestrafung nationalsozialistischer Verbrechen begann mit den von den alliierten Mächten eröffneten Nürnberger Prozessen und den Folgeprozessen zwischen 1945 und 1948, insbesondere mit dem Nürnberger Prozess gegen die Hauptkriegs-verbrecher.

Seit 1945 sind in Westdeutschland insgesamt 912 Gerichtsverfahren gegen 1875 Personen wegen während des Zweiten Weltkrieges begangener NS-Tötungsverbrechen durchgeführt worden. Von den Angeklagten wurden 14 zum Tode, 150 zu einer lebenslangen und 842 zu einer zeitlich begrenzten Freiheitsstrafe verurteilt.

Ab 1949, nach der Gründung der beiden deutschen Staaten, ging die Strafverfolgung in deren Zuständigkeit über. Sie kam aber infolge des Kalten Krieges bald zum Erliegen. Parallel hierzu wurde jedoch auch die Aufhebung von NS-Unrechtsurteilen sowie die Deutsche Wiedergutmachungspolitik insbesondere bezüglich enteigneter Opfer betrieben.

In der DDR fanden einige Schauprozesse gegen untergeordnete Funktionsträger des NS-Regimes statt, in denen es weniger um deren individuelle Verantwortung als um Schuldzuweisungen an die westdeutsche Seite ging. Ehemalige NSDAP-Mitglieder konnten in der DDR Karriere machen, solange sie die alleinige SED-Herrschaft anerkannten.

In der Bundesrepublik Deutschland wird die wenig nachdrückliche Strafverfolgung oft erklärt mit mangelndem Interesse in der Bevölkerung bzw. dem Einfluss ehemaliger NSDAP-Mitglieder in Staat und Verwaltung. Die Initiative zur Aufspürung von Holocausttätern wurde überwiegend Privatleuten wie Simon Wiesenthal und Beate Klarsfeld überlassen.

Erst im Gefolge des Ulmer Einsatzgruppen-Prozesses und durch die Gründung der Zentralen Stelle der Landesjustizverwaltungen zur Aufklärung nationalsozialistischer Verbrechen begann die westdeutsche Justiz ab 1958 in größerem Umfang, NS-Verbrechen zu verfolgen. Damals erreichten der Präsident des Internationalen Auschwitz Komitees Hermann Langbein und der hessische Generalstaatsanwalt Fritz Bauer die Weiterverfolgung einer Strafanzeige von Adolf Rögner. Sie führte zur Verhaftung des ehemaligen SS-Manns und Folterers Wilhelm Boger.

Nachdem der israelische Geheimdienst Mossad Adolf Eichmann 1960 aus seinem Fluchtland Argentinien nach Jerusalem entführt hatte, erfolgte dort 1961 der international beachtete Eichmann-Prozess. Die Prozessbeobachterin Hannah Arendt beschrieb Eichmanns gezeigte bürokratische Gefühlskälte in ihrem Buch „Eichmann in Jerusalem" als „Banalität des Bösen" und beförderte damit die Diskussion über die Tätermotive in der Bundesrepublik. Eichmann wurde zum Tod verurteilt und 1962 gehängt.

Nach langjährigen Ermittlungen Bauers wurde 1963 das Hauptverfahren der Auschwitzprozesse in Frankfurt am Main eröffnet. Die Zeugenberichte und das große Medienecho auf diese Prozesse machten die NS-Verbrechen vielen Deutschen bewusst, verstärkten aber auch öffentliche Forderungen nach einem „Schlussstrich". Die Angeklagten in den Auschwitz-Prozessen ließen keine Reue erkennen und beriefen sich stets auf den sogenannten „Befehlsnotstand". Ihre Verteidiger und ein Teil der Medien versuchten, die Gerichtsverfahren als „Schauprozesse" zu diskreditieren.

Da die NS-Verbrechen ursprünglich 20 Jahre seit der Tatzeit 1945 verjähren sollten, kam es 1965 im Deutschen Bundestag zu einer Verjährungsdebatte. Zunächst wurde die Verjährungsfrist auf 1969 verschoben, indem das Gründungsjahr der Bundesrepublik 1949 zugrunde gelegt wurde. 1969 wurde die Verjährungsfrist um zehn Jahre verlängert, 1979 wurde sie für Mord und Völkermord aufgehoben.

In den folgenden Prozessen wurden meist (wie bei vielen Großverbrechen) nur die unmittelbar ausführenden Täter der unteren Ränge in der Befehlskette belangt. Die letzten größeren Verfahren gegen NS-Täter waren die Majdanek-Prozesse von 1975 bis 1981 vor dem Landgericht Düsseldorf. Von ursprünglich 15 Angeklagten wurden acht verurteilt, sieben davon zu Haftstrafen zwischen drei und zwölf Jahren, eine zu lebenslänglich. Das Urteil löste weltweite Proteste aus.

In Österreich wurden Kriegsverbrechen der NS-Zeit kaum strafverfolgt. Nur 20 Personen wurden seit 1955 in Österreich verurteilt, 23 freigesprochen. Ein kritisches Memorandum Simon Wiesenthals zum Umgang österreichischer Behörden mit NS-Verbrechen blieb folgenlos.

Entschädigungen

Die alliierten Militäradministrationen für das besetzte Deutschland und Österreich erließen – ebenso wie die späteren Regierungen der Bundesrepublik, der DDR und Österreichs – Regelungen, die alle Maßnahmen des Hitler-Regimes zur Entrechtung und Enteignung der Juden außer Kraft setzten. Eine vollständige Entschädigung zumindest für die materiellen Verluste der Betroffenen fand nicht statt. Zahlreiche Überlebende der Vernichtungslager und ihre gesetzlichen Erben mussten zum Teil über Jahrzehnte vor deutschen und österreichischen Gerichten um die Rückerstattung von Eigentum oder um Entschädigungszahlungen klagen.

Die Regierung der DDR erklärte sich selbst als in einer antifaschistischen Tradition stehend. Sie wies bis kurz vor der Wende alle Ansprüche zurück, die sich aus Handlungen des Deutschen Reichs ergeben konnten. Nach bundesdeutscher Auffassung hingegen ist die Bundesrepublik Rechtsnachfolgerin des Reichs. Dies führte bereits unter dem ersten Bundeskanzler Konrad Adenauer zu einer Wiedergutmachungspolitik, die zumindest ansatzweise eine kollektive Entschädigung vorsah.

In Verhandlungen mit David Ben-Gurion einigte sich Adenauer auf Unterstützungszahlungen für den Staat Israel, der als Rechtsnachfolger der ermordeten Juden betrachtet wurde. Diese Zahlungen lagen nicht zuletzt im Interesse der Bundesrepublik, die geachtetes Mitglied der internationalen Staatengemeinschaft sein wollte. Die sogenannten Wiedergutmachungszahlungen werden von deutschen Rechtsextremisten bis heute abgelehnt. Sie stießen aber auch in Israel auf heftige Kritik („Blutgeld").

Bis Ende 2010 erbrachte die Bundesrepublik nach Angaben des Bundesfinanzministeriums rund 68 Milliarden Euro an Entschädigungen für NS-Unrecht, darunter lebenslange Renten für rund 29.000 Überlebende von nationalsozialistischer Verfolgung.

Kirchliche Aufarbeitung

Erste Erklärungen in der EKD nach Kriegsende wie das Stuttgarter Schuldbekenntnis (Oktober 1945) und das Darmstädter Wort (1947) nannten den Holocaust, den Antisemitismus und Antijudaismus nicht, sondern sprachen von einer Mitschuld der Christen am Weltkrieg, an Aufstieg und Verbrechen des Nationalsozialismus. Bereits diese allgemeinen Aussagen lösten in Westdeutschland weithin öffentliche Empörung und heftigen Widerspruch aus und fanden wenig Zustimmung. In einem Wort zur Judenfrage (1948) deutete die EKD-Leitung das „jüdische Schicksal" sogar als Strafe Gottes zur Warnung für Juden und als Mahnung an sie, Christen zu werden. Erst ab 1950 distanzierte sich die EKD von dieser Sicht und vom Antisemitismus. In den 1960er Jahren begann eine intensive Diskussion, die sich seit der Rheinischen Synodalerklärung von 1980 in zahlreichen landeskirchlichen Bekenntnissen zum „ungekündigten Bund" Gottes mit dem Volk Israel und in Verfassungsänderungen der Landeskirchen niederschlug: Das Christsein sei ohne jüdisches Leben selbst in Frage gestellt.

Inner- und außerhalb der katholischen Kirche ist das Verhalten von Papst Pius XII. während des Holocaust bis heute umstritten. Er hatte sich einerseits für die Rettung der römischen Juden eingesetzt, andererseits zum Holocaust geschwiegen, obwohl ihm die Tatsachen bekannt geworden waren. Die kritische Auseinandersetzung mit der eigenen Schuld an Antijudaismus und Antisemitismus und mit der Verantwortung von Katholiken für den Holocaust begann erst nach Pius' Tod im Jahr 1958. Sein Nachfolger Johannes XXIII. sprach die Juden erstmals in der Geschichte des Papsttums als „Brüder" an. Das von ihm initiierte Zweite Vatikanische Konzil verabschiedete 1965 die Erklärung Nostra aetate, die die Gottesmordtheorie zurückweist, die Eigenständigkeit des Judentums anerkennt und die Bekämpfung des Antisemitismus zur christlichen Pflicht erklärt.

Ursachenforschung

Leugnung und Verharmlosung

Antisemiten und Geschichtsrevisionisten begannen unmittelbar nach Kriegsende, den Holocaust entweder zu leugnen oder zu relativieren, manchmal sogar ihn zu verherrlichen. Holocaustleugnung ist eine Grundtendenz im Rechtsextremismus, wird auch von Teilen der Neuen Rechten, des Islamismus und Antizionismus vertreten und hat sich zu einer international vernetzten Strömung entwickelt. Leugnung und Relativierung ordnet die Antisemitismusforschung als sekundären Antisemitismus ein.

Holocaustleugnung ist in der Bundesrepublik Deutschland nach § 130 Abs. 3 StGB als Volksverhetzung, nach § 189 StGB als Verunglimpfung des Andenkens Verstorbener strafbar. Ähnliche Gesetze gegen Holocaustleugnung gelten auch in einigen anderen Staaten.

Mahnung und Erinnerung

Weltweit werden jährlich verschiedene Holocaust-Gedenktage begangen, z. B. Mitte April in Israel als Nationalfeiertag der Jom haScho'a am 27. Nissan des jüdischen Kalenders: Es heulen die Sirenen im ganzen Land, und die Nation steht für eine Minute still.

Heute erinnern zahlreiche Mahnmale und Museen in der ganzen Welt an den Holocaust (siehe Liste der Gedenkstätten für die Opfer des Nationalsozialismus). Zudem leisten Initiativen und Organisationen auf unterschiedlichsten Ebenen und mit den unterschiedlichsten Mitteln ihren Beitrag zur Erinnerung und Aufarbeitung des Holocaust. Einige solche Initiativen der Versöhnungsarbeit sind zum Beispiel die Aktion Sühnezeichen und die österreichischen Gedenkdienste.

Die bedeutendste Holocaustgedenkstätte ist Yad Vashem in Jerusalem, wo sich unter anderem die Allee der Gerechten unter den Völkern befindet. In Deutschland und den ehemals deutsch besetzten Gebieten sind vor allem die Gedenkstätten auf den Geländen der ehemaligen Konzentrationslager von Bedeutung, insbesondere das polnische Staatliche Museum Auschwitz-Birkenau. Bedeutende Einrichtungen sind etwa das Dokumentationszentrum des Bundes Jüdischer Verfolgter des Naziregimes in Wien, das US-Holocaust Memorial in Washington, D.C., das ungarische Dokumentationszentrum in Budapest, das Jüdische Museum in Berlin und das 2005 eingeweihte Denkmal für die ermordeten Juden Europas in Berlin. Die Datenbank JewishGen eröffnet genealogische Einblicke. In vielen europäischen Städten gibt es zudem sogenannte Stolpersteine, welche an Opfer der Nationalsozialisten individuell erinnern.

In Deutschland ist seit 1996 der 27. Januar Tag des Gedenkens an die Opfer des Nationalsozialismus. „Am 27. Januar 1945 wurde das Konzentrationslager Auschwitz durch russische Soldaten befreit. Auschwitz steht symbolhaft für millionenfachen Mord – vor allem an Juden, aber auch an anderen Volksgruppen. Es steht für Brutalität

und Unmenschlichkeit, für Verfolgung und Unterdrückung, für die in perverser Per-
fektion organisierte ‚Vernichtung' von Menschen." Am 1. November 2005 erklärte
die Generalversammlung der Vereinten Nationen den 27. Januar durch eine Resolution zum Internationalen Tag des Gedenkens an die Opfer des Holocaust. Seit 2006
wird er weltweit begangen.

Das Projekt A Letter To The Stars wurde im Frühjahr 2002 initiiert und ist ein wichtiges Zeitgeschichteprojekt in Schulen der Republik Österreich. 2008 wurden Zeitzeugen bzw. Überlebende aus Israel an viele Schulorte eingeladen. In Serbien wird am 22.
April ein Nationaler Gedenktag des Genozids an den Serben, an den Holocaust und die
anderen Opfer des Faschismus begangen.

Die Wanderausstellung Sonderzüge in den Tod erinnert seit 2006 (Frankreich) bzw.
2008 (Deutschland) vor allem in Bahnhöfen an die Deportationen hunderttausender
Menschen mit der damaligen Reichsbahn in die nationalsozialistischen Konzentrati-
ons- und Vernichtungslager.

Das Gedenkbuch – Opfer der Verfolgung der Juden unter der nationalsozialistischen
Gewaltherrschaft 1933–1945 ist ein vom deutschen Bundesarchiv herausgegebenes
Namensverzeichnis, das Personen auflistet, die wegen ihrer wirklichen oder vermeint-
lichen jüdischen Religion oder Herkunft der nationalsozialistischen Judenverfolgung
zum Opfer fielen. Neben der gedruckten Ausgabe gibt es seit 2007 auch eine Online-
Ausgabe.

Quelle: Seite „Holocaust". In: Wikipedia, Die freie Enzyklopädie. Bearbeitungsstand:
14. Februar 2020, 11:57 UTC. URL: https://de.wikipedia.org/w/in-
dex.php?title=Holocaust&oldid=196807394 (Abgerufen: 2. März 2020, 13:14
UTC)

6.3 Entwicklung des Antisemitismus seit 1945

Antisemitismus, eine seit der Aufklärung entstandene Judenfeindlichkeit, verlor **seit
1945** mit dem Ende des NS-Staates weithin seine Funktion als politische Ideologie, besteht aber in vielfältiger Form bei Bevölkerungsteilen jeder sozialen Schicht, religiösen und politischen Orientierung fort.

Der Antisemitismus bis 1945 hatte zum Holocaust geführt. Danach traten der Antisemitismus politischer Organisationen mit offen judenfeindlichen Zielen und traditionelle Stereotype des   christlichen Antijudaismus zurück.   Begünstigt   durch   mangelnde Aufarbeitung der Zeit des Nationalsozialismus und Geschichts-revisionismus,
gibt es jedoch in Deutschland und vielen anderen Staaten weiterhin erhebliche antisemitische Vorurteile und Angriffe auf Juden. Diese nahmen nach den Terroranschlägen am 11. September 2001 vielerorts zu.

Heute verbreitet sind:

- *sekundärer Antisemitismus, eine Schuldabwehr und Schuldprojektion auf Juden, Täter-Opfer-Umkehr,*
- *struktureller Antisemitismus, der Juden nicht nennt, aber meint und leicht auf Juden bezogen wird,*
- *Antizionismus oder Israel-bezogener Antisemitismus, der diesen Staat ablehnt, ihn für alle möglichen politischen Übel oder alle Juden für dessen Politik haftbar macht. Die Arbeitsdefinition für Antisemitismus der EUMC von 2005 nennt einige der heute besonders virulenten israelfeindlichen Stereotype:*
- *das Selbstbestimmungsrecht von Juden abzulehnen,*
- *Israel als rassistisches Projekt darzustellen,*
- *doppelte Standards anzuwenden, also von Israel Verhalten zu fordern, das von keiner anderen demokratischen Nation erwartet wird,*
- *klassisch-antisemitische Symbole und Bilder wie den Gottesmordvorwurf oder die Ritualmordlegende auf Israel oder Israelis anzuwenden,*
- *Israels aktuelle Politik mit der Vernichtungspolitik des Nationalsozialismus zu vergleichen,*
- *eine Kollektivverantwortung der Juden für Israels Politik zu behaupten.*

Kritik an Israel, die ähnlich auch gegenüber anderen Ländern geäußert wird, könne jedoch nicht als antisemitisch eingestuft werden.

Öffentliche antisemitische Hetze ist in Deutschland seit 1994 als Volksverhetzung, in Österreich als Verhetzung oder NS-Wiederbetätigung, in der Schweiz nach der Rassismus-Strafnorm strafbar.

Ostblock

Sowjetunion

Die Sowjetunion (SU) unter Josef Stalin hatte die Juden des Landes seit dem Überfall Deutschlands im Juni 1941 anders als andere Minderheiten als loyale Sowjetpatrioten betrachtet und 1942 ein Jüdisches Antifaschistisches Komitee (JAK) erlaubt, das internationale Hilfen für die Rote Armee im Kampf gegen die Wehrmacht einwarb. Zugleich blendete das Regime den Antisemitismus des NS-Regimes als eigenes Phänomen aus, verschwieg ab 1941 weitgehend den Holocaust, strich ab 1944 das Wort „Juden" aus Berichten über NS-Verbrechen und betonte stattdessen die Verbrechen des Faschismus an „friedlichen Sowjetbürgern". Dies folgte aus der staatlichen Faschismustheorie und richtete sich gegen das jüdische Nationalbewusstsein, das durch die akute Vernichtungsgefahr auch unter loyalen sowjetischen Juden geweckt und gestärkt worden war. Nach Kriegsende begann das Regime die sowjetischen Juden ebenso wie andere Minderheiten als illoyal zu verdächtigen und ihre Texte zu zensieren. Zugleich ließ es antisemitische Pogrome im eigenen Herrschaftsbereich zu (so ab 1945 in Kiew und der Ukraine) und stellte lokale Berichte darüber als antisowjetische Propaganda von „Zionisten" dar. Antisemitismus in nichtjüdischen Bevölkerungsteilen und deren Kollaboration mit den NS-Verbrechern wurden ignoriert oder nur als Spätfolge der deutschen Besetzung erklärt. Dabei war der SU auch vor dem Krieg die Überwindung des Antisemitismus nicht gelungen, die man ideologisch versprochen hatte.

Weil die SU einen Sozialismus in Israel und regionalpolitische Vorteile erwartete, unterstützte sie Israels Staatsgründung (Mai 1948). Diese beflügelte die sowjetischen Juden. Weil deren proisraelische Haltung die Nationalitätenpolitik der SU aus Sicht des Regimes gefährdete, änderte es seinen Kurs und ging zur Ausschaltung jüdischer Aktivisten in der SU und jüdischer Parteikader in anderen Ostblockstaaten über.

Schon 1946 hatte die SU eine repressive Kulturpolitik gegen „bourgeois-dekadente" Tendenzen in Kultur und Wissenschaft eingeleitet, um Vertreter der Intelligenz, die im Krieg Freiräume erhalten hatten, wieder der staatlichen Kontrolle zu unterwerfen. Ab Herbst 1948 griff die sowjetische Presse angeblich staatsfeindliche Tätigkeiten „wurzelloser Kosmopoliten" an. Die Kampagne verwendete gezielt antisemitische Stereotype vom „heimatlosen Juden" und der „jüdischen Weltverschwörung". Im Januar 1949 beschloss das ZK eine landesweite Aktion gegen „antipatriotische" Kritiker, entließ und inhaftierte hunderte Intellektuelle, meist Juden. Sie wurden schon wegen ihrer Herkunft mit „Kosmopoliten" und „Zionisten" gleichgesetzt, wobei diese Vorwürfe auch Nichtjuden treffen konnten. Die Kampagne sollte jede jüdische Autonomie im Land unterdrücken, der Bevölkerungsmehrheit einen Sündenbock für katastrophale ökonomische Zustände bieten und die Parteidiktatur festigen. Hinzu kamen Geheimprozesse gegen führende JAK-Mitglieder. Auch ihnen wurde eine angeblich jüdische, „kosmopolitische", vagabundierende Lebensweise, eine „stammesübliche" Solidarität und eine Verschwörung mit der US-Regierung und Israel gegen Stalins Regime vorgeworfen. Im Zuge eines Machtkampfs im Politbüro erfanden Stalins Anhänger ab 1951 eine großangelegte „Ärzteverschwörung" gegen das Sowjetregime, verhafteten und folterten viele vor allem jüdische Angeklagte, ließen einige davon ermorden oder in Schauprozessen hinrichten. Genaue Opferzahlen sind nicht bekannt. Das Vorgehen wurde bis zu Stalins Tod 1953 fortgesetzt und verstärkte den Antisemitismus in der sowjetischen Bevölkerung erheblich. Pogrome wurden erwartet. Die antisemitische Kampagne hatte auch auf die übrigen Ostblockstaaten großen Einfluss.

Unter Nikita Sergejewitsch Chruschtschow ging der öffentlich-staatliche Antisemitismus in den osteuropäischen Staaten (außer in Polen) zurück. Nach Israels Sechstagekrieg 1967 wurde er als Antizionismus wiederbelebt. Unter Kossygin entstanden antizionistische Karikaturen, Schriften und Filme mit offensichtlichen Parallelen zum Stürmer-Stil. Juden („Zionisten") wurden wieder als Bedrohung für die Welt dargestellt, und das „Weltjudentum" bzw. der „internationale Zionismus" wurden als Verbündeter des US-Imperialismus charakterisiert.

Juden wurde zudem vorgeworfen, sie hätten nach der Herrschaft über den letzten Zaren gestrebt und würden hinter den antisowjetischen Unabhängigkeits-bestrebungen Polens und dem Prager Frühling stecken.

Gorbatschow stand schließlich ab 1985 für eine neue Politik auch gegenüber den Juden. Ende der 1980er erlaubte die Sowjetunion vielen Juden die Ausreise nach Israel. Wegen des von der Staatsmacht teils geförderten, teils geduldeten Antisemitismus verließen bis 1989 rund 16.000 Juden die Lettische Sozialistische Sowjetrepublik.

Tschechoslowakei

Auf sowjetischen Wunsch lieferte die Tschechoslowakei 1948 Waffen an Israel, die dessen Sieg im Palästinakrieg ermöglichten. Doch 1951 klagte Stalin 14 führende tschechoslowakische KP-Mitglieder um Rudolf Slánský, darunter zwölf Juden, einer zionistischen antisowjetischen Agententätigkeit an. Für die Verhöre wurden nach Opferberichten auch antisemitische Verehrer Adolf Hitlers eingesetzt. Die tschechische Presse betonte das Judesein der Angeklagten und behauptete gemäß den „Protokollen der Weisen vom Zion", Slánský habe sich in den USA mit westlichen Juden wie Henry Morgenthau und Georges Mandel heimlich zur Bildung eines jüdischen Spionagerings in den Ostblockregimes verabredet. So wurde der Zionismus als Spielart des US-Imperialismus und neue Form des Faschismus dargestellt.

Polen

Nach dem Krieg kehrten polnische Juden, die den Holocaust durch Flucht in die Sowjetunion überlebt hatten, in ihre Herkunftsorte in Polen zurück und wollten ihre Häuser wieder beziehen. Dabei kam es zu Pogromen wie dem Pogrom von Krakau (1945) oder dem Pogrom von Kielce (1946). Bis zu 1.500 Juden wurden dabei getötet.

Als Hintergründe der Übergriffe sowie der judenfeindlichen Einstellungen nannte der Historiker Feliks Tych eine Demoralisierung und Abstumpfung der polnischen Bevölkerung, für die es während der deutschen Okkupation zur Gewohnheit geworden sei, dass man Juden misshandeln oder töten konnte, da das besetzte Polen als Hauptarena für die Vernichtung der Juden in Europa ausgewählt worden sei. Außerdem habe die Bevölkerung Nutzen aus den Deportationen, der Ghettoisierung sowie den Morden gezogen. Die Rückkehr jüdischer Überlebender habe bei den Profiteuren die Furcht geweckt, das Gewonnene wieder zu verlieren. Auch in der katholischen Kirche Polens waren weiterhin antijüdische Einstellungen verbreitet. Der Primas von Polen, Kardinal August Hlond, machte die Juden für den Pogrom in Kielce verantwortlich.

Unter den überzeugten Kommunisten, die der polnischen KP 1944 zur Etablierung eines stalinistischen Regimes in Polen verhalfen, waren auch Juden. Mit antisemitischer Propaganda versuchten ihre Gegner in der KP sie ab 1949 zu entmachten: Juden seien an allen Verbrechen des Stalinismus in Polen Schuld, nur ihre Ausschaltung in der KP könne dem entgegenwirken. 1953 beschuldigte ein KP-Blatt die „Zionisten", sie hätten mit Hitler beim Holocaust zusammengearbeitet und hielten das auf Weisung des US-Außenministeriums geheim. Israels Ministerpräsident David Ben-Gurion führe in Israel mit Billigung der USA einen Ausrottungsfeldzug gegen die Araber und gleiche darin Hitler. 1957 kam es in Szczecin, Wałbrzych, Poznań, Dzierżoniów und anderen Städten zu gewalttätigen Übergriffen gegen Juden und zur Schändung jüdischer

Friedhöfe. Bald überwachte die KP alle jüdischen Staatsbeamten, bis 1965 alle jüdi-
schen Bürger in Polen. Nach dem Sechstagekrieg im Nahen Osten nahm der Antizio-
nismus weiter zu. Eine „Abteilung für jüdische Angelegenheiten" baute einen großen
Polizeiapparat auf, der alle Polen mit jüdischen Vorfahren registrierte, bis zurück in
die dritte Generation. Im Zusammenhang der März-Unruhen 1968 in Polen kam es zu
antisemitischen Übergriffen und polnische Juden wurden massenhaft entlassen. Fast
alle verließen daraufhin das Land.

1992 glaubten 25 Prozent der Polen, dass zwischen einer Dreiviertelmillion und 3,4
Millionen Juden in Polen lebten. 10 Prozent waren der Ansicht, es gäbe bis zu 7,2 Mil-
lionen Juden im Land, und 25 Prozent waren der Ansicht, Juden hätten zu große Macht
in Politik, Wirtschaft und Kultur. In Wirklichkeit lebten 2005 in Polen rund 5000 Juden
und in der Volkszählung 2011 klassifizierten sich nur 7353 Polen als Juden, das waren
0,019 Prozent der Bevölkerung. 1997 wurde die Synagoge in Warschau in Brand ge-
setzt. Antisemitismus wird in der Rhetorik von Nationalisten innerhalb wie außerhalb
der Kirche, die Polen als homogenen Staat darzustellen versuchen, weiter verwendet.
Verschiedene Medien wie die viertgrößte Zeitung, die katholisch-nationalisti-
sche Nasz Dziennik, oder der viertgrößte Radiosender Radio Maryja verbreiten wei-
terhin Antisemitismus.

Ungarn

Eine ähnliche Situation wie in Polen gab es auch in Ungarn, sie schwächte sich hier im
Laufe der Zeit verglichen mit anderen Ostblockstaaten aber ab. Bis Anfang der 1950er
mussten aus einer Vielzahl von Gründen etwa 150.000 osteuropäische Juden aus ihrer
Heimat fliehen und lebten in den DP-Lagern in Westdeutschland, wo die meisten von
ihnen auf eine Einreisemöglichkeit nach Israel warteten. Insgesamt brachte die Flucht
vor dem Antisemitismus in Osteuropa in den Jahren 1950–1951 425.000 Juden nach
Israel.

Bulgarien, Rumänien, Jugoslawien

Bis 1956 wanderten 90 % der bulgarischen Juden aus. Obwohl Rumänien als einziger
Ostblockstaat normale Beziehungen zu Israel unterhielt, verließen bis 1975 300.000
Juden ihre rumänische Heimat (siehe auch Geschichte Rumäniens).

In Jugoslawien war die Entwicklung besonders heftig.

SBZ und DDR

In der SBZ gab es eine Diskrepanz zwischen der offiziellen Parteilinie, die die Juden
als Opfer des Faschismus anerkannte (wenngleich sie materiell schlechter gestellt
wurden als die politisch Verfolgten, die Kämpfer gegen den Faschismus), und Teilen
der Bevölkerung, die ihren Judenhass besonders im Jahre 1947 durch antisemitische
Akte wie Friedhofsschändungen offenbarten. In der SBZ folgte nur Thüringen dem

Vorbild westdeutscher Länder, überlebende Juden zu entschädigen. Die DDR kannte kein zum Bundesentschädigungsgesetz vergleichbares Gesetz.

So wurde beispielsweise in der DDR der Holocaust zwar nicht ausgeblendet, aber auch nicht besonders hervorgehoben. Dies entsprach der sowjetischen Linie, den Judenmord nur als sekundäres Merkmal der nationalsozialistischen Diktatur anzusehen. Die jüdischen Opfer wurden als Opfer zweiter Klasse gegenüber kommunistischen Opfern gesehen:

„Opfer des Faschismus sind Juden, die als Opfer des faschistischen Rassenwahns verfolgt und ermordet wurden, sind die Bibelforscher und die ‚Arbeitsvertragssünder‘. Aber soweit können wir den Begriff ‚Opfer des Faschismus‘ nicht ziehen. Sie alle haben geduldet und Schweres erlitten, aber sie haben nicht gekämpft!"

Allerdings blieb auch hier der Einfluss Stalins auf die SED nicht ohne Folgen. So erschien 1949 in der DDR, in Anlehnung an den Sprachgebrauch der KPdSU, eine Artikelserie gegen „Kosmopoliten" und gegen „Amerikanismus" in der von der SED herausgegebenen Zeitschrift Einheit. Die Lage verschlechterte sich im Zuge des Slánský-Prozesses gegen Rudolf Slánský und weitere tschechoslowakische Politiker. Betroffen von der neuen Israelpolitik war beispielsweise der Umgang mit Paul Merker. Merker war zunächst Mitglied des Politbüros der SED, wurde 1950 aus der Partei ausgeschlossen und später zu acht Jahren Zuchthaus verurteilt. Vorgeworfen wurden ihm dabei u. a. „zionistische" Positionen. Auch in der DDR wurden Prozesse gegen Jüdinnen und Juden vorbereitet. Im Frühjahr 1953 flohen ein großer Teil der jüdischen Gemeindevorstände und mehrere hundert Mitglieder der jüdischen Gemeinde in der DDR. Unter ihnen befand sich auch der Präsident des Landesverbandes der Jüdischen Gemeinden in der DDR, Julius Meyer. Nach einem Verhör durch die SED-Parteikontrollkommission flüchtete er am 15. Januar 1953 nach West-Berlin.

Zu einem Aufleben des populären Antisemitismus kam es in der Sowjetunion nach 1967. Die DDR folgte der antizionistischen Politik. In der Aktuellen Kamera wurde der Sechstagekrieg mit anti-israelischen Parolen kommentiert, Zionismus wurde mit Rassismus und Nationalsozialismus gleichgesetzt und in Anknüpfung an das durch die NS-Propaganda verbreitete Feindbild des Juden als Kapitalisten wurde auf vermeintliche „imperialistische Hintermänner des israelischen Aggressors" an der New Yorker Börse verwiesen. In der Indoktrination von Kindern und Jugendlichen wurden antiisraelische Emotionen geweckt, indem eine internationale Solidarität mit palästinensischen Kindern propagiert wurde, wobei auch hier eine Rückbindung an die Tradition judenfeindlicher Ideologeme festzustellen ist.

Im Politbüro der SED, dem eigentlichen Machtzentrum der DDR, war ab 1958 bis 1989 mit Albert Norden und dem Auschwitz-Überlebenden Hermann Axen durchgängig mindestens ein Jude vertreten.

Die Stiftung für Sozialgeschichte des 20. Jahrhunderts hat antijüdische Ausschreitungen, überwiegend Friedhofsschändungen, in der SBZ bzw. DDR von 1947 bis 1989 aufgelistet.

Bundesrepublik Deutschland

Entwicklung

Nach dem Zweiten Weltkrieg 1945 beendeten die Alliierten die nationalsozialistische Propaganda, bestraften und ächteten ihre Fortsetzung. Doch der Antisemitismus unter den Deutschen bestand fort. Sie reagierten auf die alliierte Reeducation und Konfrontation mit den NS-Verbrechen fast überall mit Schutzbehauptungen wie „Davon haben wir nichts gewusst" oder Abwenden, Aggression, Schweigen und Trotz. In den ersten Nachkriegsjahren dominierten Alltagssorgen; NS-Zeit und eigene Beteiligung an NS-Verbrechen wurden verdrängt.

Besonders die rund 250.000 jüdischen Displaced Persons waren massiven Vorurteilen und Angriffen ausgesetzt. Diese Holocaustüberlebenden mussten vor neuen Pogromen aus Osteuropa fliehen und wurden in den Westzonen teils bis 1954 ohne Arbeitserlaubnis in eigenen Lagern und beschlagnahmten Wohnungen interniert. Die ortsansässige Bevölkerung griff sie mit häufigen Eingaben an die Behörden als Schwarzhändler, Kriminelle und „Gefahr für die Deutschen" an. Entgegen den Statistiken der Alliierten unterstellte man ihnen, den Schwarzmarkt zu beherrschen, sich mit Preiswucher und unproduktiver Arbeit zu bereichern und Wohnraum zu missbrauchen. Die dabei wirksamen Klischees vom „Wucherjuden" hatten mit der realen Lage verarmter und vertriebener Ostjuden nichts gemein. Die Vorwürfe wiesen ihnen die Schuld an ihrer Verfolgung und Lage zu. Diese Täter-Opfer-Umkehr diente zur Entlastung, um sich nicht mit dem eigenen Verhalten in der NS-Zeit auseinanderzusetzen. Die deutsche Polizei reagierte mit Razzien in den Lagern und provozierte so Proteste der DPs. Als ein Polizist 1946 in Stuttgart einen Auschwitzüberlebenden erschoss, verbot die US-Militärregierung der deutschen Polizei den Zutritt zu jüdischen DP-Lagern. Nach der Lockerung der alliierten Pressezensur bezeichneten Zeitungsartikel die DPs als „Deutschlands Parasiten" (1. Juni 1947); die Süddeutsche Zeitung druckte einen antisemitischen Leserbrief ab (9. August 1949). Dagegen demonstrierten am Folgetag rund 1000 jüdische DPs vor der Chefredaktion und forderten den Entzug der Drucklizenz. Die deutsche Polizei wollte sie auseinandertreiben, provozierte damit einen Tumult, schoss in die Menge und verletzte drei Teilnehmer. Erst die amerikanische Militärpolizei beendete den Tumult. Im Lager Föhrenwald verhinderten DPs 1952 mit einer Fahrzeugblockade eine behördliche Razzia. Die Beamten reagierten mit Rufen wie „Die Krematorien gibt es noch" oder „Die Gaskammern warten auf euch" und gaben einen Warnschuss ab.

Ab 1947 wurden in den Westzonen wieder häufig jüdische Friedhöfe mit antisemitischen Parolen und Zeichen geschändet. Westdeutsche Landesregierungen konnten sich auf kein Entschädigungsgesetz für Opfer der „Arisierung" einigen. Kurz vor der Bundestagswahl 1949 betonte der US-amerikanische Hochkommissar: „Das Leben und das Wohlergehen der Juden in Deutschland wird ein Prüfstein der demokratischen Entwicklung in Deutschland sein." Bundeskanzler Konrad Adenauer erwähnte die Juden in seiner ersten Regierungserklärung jedoch nicht. Erst später erklärte er, er wolle die Bekämpfung des Antisemitismus, die Bestrafung nationalsozialistischer Verbrechen, eine deutsche Wiedergutmachungspolitik und den Aufbau jüdischer Gemeinden in der Bundesrepublik fördern. Ab 1951 verhandelte die Bundesregierung direkt mit Israel und schloss 1952 das Luxemburger Abkommen, 1956 das Bundesentschädigungsgesetz.

Weil rechtsextreme Zeitschriften erlaubt blieben, wurden 1951 „Nation Europa" und die „Deutsche Soldatenzeitung" gegründet, die bis heute Antisemitismus und Geschichtsrevisionismus verbreiten. Der Prozess gegen Veit Harlan, den Regisseur des NS-Propagandafilms Jud Süß von 1940, deckte die Kontinuitäten zur NS-Zeit in der westdeutschen Polizei, Justiz, Filmindustrie und Öffentlichkeit auf. Die Jüdin Karina Niehoff, die massive antisemitische Eingriffe Harlans in das Drehbuch des Films bezeugte, wurde im Gerichtssaal als „Judensau" beschimpft und brauchte Polizeischutz. Richter Walter Tyrolf, ein früheres NSDAP-Mitglied, bestritt den Zusammenhang zwischen antisemitischer Filmpropaganda und staatlicher Judenverfolgung, behauptete einen „Nötigungsnotstand" Harlans und sprach ihn von Verbrechen gegen die Menschlichkeit frei. Harlan erlebte 1951 ein Comeback als Filmregisseur. Der Hamburger Senatsdirektor Erich Lüth rief zum Boykott neuer Harlan-Filme auf und warb mit seiner Aktion „Friede mit Israel" für Aufarbeitung der NS-Zeit, Anerkennung Israels und Wiedergutmachung. Gegen Kinopremieren der Harlan-Filme und gerichtliche Boykottverbote protestierten bis 1954 landesweit Studenten, Akademiker und Opferverbände. In Salzburg, Freiburg und Göttingen verprügelten Polizisten als „jüdisch" angesehene Studenten und nahmen sie fest, während Zuschauer sie mit antisemitischen Rufen anfeuerten, die Studenten ihrerseits bedrohten und schlugen. 1958 erlaubte das Bundesverfassungsgericht mit dem Lüth-Urteil den Boykottaufruf und stärkte so die Meinungsfreiheit auch im Zivilrecht.

Die 1948 entstandene Gesellschaft für Christlich-Jüdische Zusammenarbeit befasste sich für eine umfassende Erziehung zur Demokratie gezielt mit Antisemitismus. Nur wenige überlebende Juden beteiligten sich. Die jährliche Woche der Brüderlichkeit (ab 1952) blieb ein kaum beachtetes philosemitisches Ritual. 1952 verbot das Bundesverfassungsgericht die rechtsextreme Sozialistische Reichspartei (SRP) und verdrängte rechtsextreme Parteien damit zehn Jahre lang aus Landtagen und Bundestag. Viele Westdeutsche erwarteten nun einen „Schlussstrich" unter die Vergangenheitsbewältigung. Jedoch kam es 1959/60 zu mehreren antisemitischen Skandalen und einer Hakenkreuz-Schmierwelle. Bücher wie das „Tagebuch der Anne Frank", Filme wie „Nacht und Nebel" (1955/56), der Eichmann-Prozess (1961) und die Auschwitzprozesse (ab 1963) verstärkten dagegen die öffentliche Auseinandersetzung mit der NS-Zeit und Anteilnahme für jüdische Holocaustopfer. Nach der Ausstellung „Ungesühnte Nazijustiz" (1959/60) und ersten Strafanzeigen gegen ehemalige

NS-Juristen gründeten die Bundesländer eine Zentrale Stelle der Landesjustizverwaltungen zur Aufklärung nationalsozialistischer Verbrechen.

1967 konstatierten die Psychoanalytiker Margarete und Alexander Mitscherlich jedoch, dass die meisten Deutschen ihre Verstrickung in den Nationalsozialismus kaum verarbeitet hatten und die NS-Verbrechen weiter tabuisierten. Daher könnten emotionale Bindungen an autoritäre und antisemitische Denkmuster fortwirken: „Vorerst fehlt das Sensorium dafür, dass man sich zu bemühen hätte – vom Kindergarten bis zur Hochschule –, die Katastrophen der Vergangenheit in unseren Erfahrungsschatz einzubeziehen, und zwar nicht nur als Warnung, sondern als die spezifisch an unsere nationale Gesellschaft ergehende Herausforderung, mit ihren darin offenbar gewordenen brutal-aggressiven Tendenzen fertig zu werden."

Die 1964 gegründete Nationaldemokratische Partei Deutschlands (NPD) verpasste den Einzug in den Bundestag bei der Bundestagswahl 1969 nur knapp. Ihre Anhänger propagierten die „Auschwitzlüge" und behaupteten, der Holocaust sei eine Erfindung „der Juden", um Deutschland als Tätervolk zu brandmarken und politisch-finanzielle Reparationen zu „erpressen". Diese Holocaustleugnung wurde im deutschsprachigen Rechtsextremismus üblich.

Infolge der Ostpolitik der sozialliberalen Bundesregierung verlor die NPD große Wähleranteile. Die Neonazigruppen von Michael Kühnen und Manfred Roeder, Aktionsfront Nationaler Sozialisten/Nationale Aktivisten, Deutsche Aktionsgruppen, Volkssozialistische Bewegung Deutschlands und Freiheitliche Deutsche Arbeiterpartei, waren radikale Holocaustleugner, Antisemiten und Rassisten. Ihre Anschläge richteten sich jedoch gegen Asylbewerber, Ausländer und deren Unterstützer.

Der 1979 ausgestrahlte Fernsehfilm „Holocaust – Die Geschichte der Familie Weiss" verstärkte die kollektive Ächtung des Antisemitismus. Doch auch bürgerliche Politiker äußerten sich weiterhin öfter judenfeindlich. So sagte Hermann Fellner (CSU) zur 1986 geforderten Entschädigung von Zwangsarbeitern der NS-Zeit, „die Juden" meldeten sich seinem Eindruck nach immer schnell, wenn in deutschen Kassen Geld klimpere. Bürgermeister Wilderich Graf von Spee (CDU) meinte in einer Ratssitzung, man müsse zur Sanierung des städtischen Haushalts „ein paar reiche Juden erschlagen". Heftige Proteste veranlassten beide, sich zu entschuldigen bzw. zurückzutreten. Demnach war die Sensibilität gegenüber Verstößen gegen die gesellschaftliche Ablehnung von Antisemitismus seit 1960 gewachsen.

Antisemitismus wurde in der Bitburg-Kontroverse und der Fassbinder-Affäre von 1985, im Historikerstreit (1987) und im Fall Jenninger (1988) sichtbar, etwa indem lebende Juden als „rachsüchtig", „auf ihren finanziellen Vorteil bedacht" oder als Störenfriede im deutsch-amerikanischen Verhältnis angegriffen wurden. Ernst Noltes geschichtsrevisionistische Thesen wurden im Historikerstreit zwar entkräftet, blieben aber verbreitet: Er hatte deutsche Konzentrationslager 1986 als Reaktion auf Josef

Stalins massenvernichtende Gulags relativiert und den Rasse-Antisemitismus aus dem Antikommunismus der Nationalsozialisten erklärt.

Verbreitung

Ab 1945 erhoben alliierte Behörden, ab 1949 auch bundesdeutsche Institute und Sozialforscher empirische Daten zu Ausmaß, Arten und Trägern antisemitischer Vorurteile. Nach Umfragen in der US-Besatzungszone sahen sich 1945 23 %, 1946 21 %, 1948 noch 19 % der Befragten als Antisemiten. Bis zu 40 % weitere teilten antisemitische Einstellungen.

Viele Umfragen bestätigten einen stabilen Anteil von 14 bis 30 % eindeutigen Antisemiten sowie erhebliche latente oder diffuse antisemitische Vorurteile unter den übrigen Bundesdeutschen. Dieser Anteil lag laut einer Studie von Alphons Silbermann (1974) bei 50 %. In einer Studie von Badi Panahi (1977/78) stimmten 14 % der Aussage zu, „dass die Juden einen schädlichen Einfluss auf die christlich-abendländische Kultur ausüben". 37 % stimmten der Aussage zu: „Die Juden sind vor allem darauf aus, alles, was mit Geld zu tun hat, zu kontrollieren und dadurch eine Macht auszuüben". Allensbach- und TNS Emnid-Umfragen von 1986, 1987 und 1989 bestätigten trotz verschiedener Methoden und Frage-Items den Anteil von 15 % eindeutigen und 30–40 % latenten oder potentiellen Antisemiten quer durch alle Bevölkerungsschichten. Bei insgesamt sinkender Tendenz blieb dieses Potential bis 1990 bestehen und abrufbar. Die relative Abnahme wird vor allem auf Bildung und demokratische Erziehung der jüngeren Generation zurückgeführt.

Nach Umfragen vom Institut für Demoskopie Allensbach stieg der Anteil „bekennender" Antisemiten im Kontext der Debatte um Reparationen an Israel 1949 auf 23 %, 1952 auf 34 %. Die Frage „Würden Sie sagen, es ist wäre für Deutschland besser, keine Juden im Land zu haben?" beantworteten die befragten Deutschen anteilig in Prozent wie folgt:

Demnach sanken antisemitische Haltungen kontinuierlich, stiegen zeitweise aber wieder an. Nur 1987 erreichte das Ja zu Juden in Deutschland eine Mehrheit.

Jahr	Ja	Nein	Egal	Jahr	Ja	Nein	Egal
1952	37	19	44	1956	26	24	50
1958	22	38	40	1963	18	40	42
1965	19	34	47	1983	9	43	48
1987	13	67	20				

Quelle: Wikipedia

Deutschland seit 1990

Gesellschaftsmitte

Antisemitismus zeigt sich seit 1990 auch in der Mitte der deutschen Gesellschaft. Vertreter der CDU/CSU nahmen die deutsche Wiedervereinigung zum Anlass für Forderungen, mit der NS-Vergangenheit abzuschließen und die deutsche Geschichte neu zu interpretieren. So sagte der konservative Bundespräsidentschafts-kandidat Steffen Heitmann 1993: Er glaube nicht, dass aus dem Holocaust „eine Sonderrolle Deutschlands abzuleiten ist bis ans Ende der Geschichte". Mit der deutschen Einheit sei die Zeit gekommen, „dieses Ereignis einzuordnen". Auf Kritik von Ignatz Bubis (Zentralrat der Juden in Deutschland) und dem JWC warnte Klaus-Jürgen Hedrich (CDU) die „jüdischen Repräsentanten", „vor dem Hintergrund des Antisemitismus den Holocaust gegen uns zu instrumentalisieren". Auf Kritik von Bundestagspräsidentin Rita Süssmuth, Heitmann verharmlose den Holocaust, reagierte die CDU-Bundestagsfraktion mit Hohngelächter. Infolge starker Proteste zog Heitmann seine Kandidatur zurück. Darin wirkte die bundesdeutsche Ächtung des Antisemitismus weiter.

Antisemitische Reaktionen traten unter anderem in landesweiten Debatten um bloße Bewährungsstrafen für den Holocaustleugner Günter Deckert (1992; 1994), um Daniel Goldhagens Buch „Hitlers willige Vollstrecker" (1996) und Norman Finkelsteins Buch „Die Holocaust-Industrie" (2001), während der Wehrmachtsausstellungen (1995–1998, 2001–2004), im Streit um Zwangsarbeiterentschädigungen (bis 2000), besonders seit Martin Walsers Rede zum Friedenspreis des Deutschen Buchhandels 1998 und seiner Debatte mit Ignatz Bubis dazu auf. Walsers Roman „Tod eines Kritikers" (2002) wurden antisemitische Tendenzen bescheinigt. Jürgen Möllemanns antisemitisches Wahlkampfflugblatt (2002) und sein Streit mit Michel Friedman, damals im Zentralrat der Juden in Deutschland, sowie die Hohmann-Affäre 2003 zeigten, dass sich das Verhältnis der Mehrheitsgesellschaft zur jüdischen Minderheit verschlechterte. Die Zweite Intifada (ab 2000), die islamistischen Terroranschläge seit 2001, der Irakkrieg 2003 verstärkten die Zustimmung zu antisemitischen Verschwörungstheorien. Die Tarnung illegaler Parteispenden als „jüdische Vermächtnisse" durch Ministerpräsident Roland Koch und Innenminister Manfred Kanther (beide CDU) in der hessischen Parteispendenaffäre von 1999/2000 sollte Bundesbehörden von Nachprüfung abschrecken und bediente das antisemitische Klischee, Juden seien reiche Hintermänner der Politik.

Finkelsteins These einer „Holocaustindustrie" bestärkte das im sekundären Antisemitismus gängige Vorurteil, Juden würden die Aufarbeitung der NS-Vergangenheit aus Gewinnstreben für überhöhte Entschädigungsansprüche missbrauchen. Mit Möllemanns Wahlkampfflugblatt versuchte 2002 erstmals ein Spitzenpolitiker einer etablierten Partei, durch ressentimentgeladene öffentliche Kritik an Juden und an Israel Stimmen aus dem rechten Spektrum zu gewinnen. Dieser Tabubruch löste antisemitische Reaktionen aus. Das in Coburg erscheinende Szenemagazin Kult forderte 2002 öffentlich: „Don't buy Jewish!" Die Rede des Bundestagsabgeordneten Martin

Hohmann, wonach man Juden wegen ihrer angeblichen Führungsrolle in der Oktober-revolution 1917 und folgenden sowjetischen Verbrechen ebenso wie die Deutschen als Tätervolk bezeichnen könne, legte eine Täter-Opfer-Umkehr nahe.

Diese Vorgänge verschoben laut einigen Antisemitismusforschern allmählich die Grenzen des Sagbaren und verbanden vergangenheits- und gegenwartsbezogenen Antisemitismus zur Schuldabwehr. Für Lars Rensmann begann mit der Goldhagen-Debatte eine Enttabuisierung antisemitischer Ressentiments, die sich in Debatten über Walsers Rede, die Zwangsarbeiterentschädigung und Möllemann fort-setzte. Werner Bergmann geht von einer Abnahme dieser Einstellungen in West-deutschland seit 1990 aus, stellt aber auch eine höhere Anfälligkeit bei ostdeutschen Jugendlichen fest. Er räumt in einer mit Wilhelm Heitmeyer verfassten Arbeit über den neuen Antisemitismus ein, dass sich die „Grenzen des Sagbaren" mit der Mölle-mann-Affäre eventuell bewegt haben und verbrämte antisemitische Sprüche zuneh-mend geduldet würden. Dabei ging es immer um den heutigen Umgang mit den NS-Verbrechen. Die Verantwortung, die das „Volk der Täter" (Lea Rosh) dafür zu tragen habe, wird immer wieder als Belastung, nicht als Chance empfunden. Dabei erschie-nen neue antisemitische Vorwürfe: „Die Juden" wollten die Schuldgefühle der Deut-schen verlängern (Goldhagen-Debatte), sich am Holocaust bereichern (Finkelstein-Debatte) und ihre eigenen „Verbrechen an den Palästinensern" tabuisieren (Mölle-mann-Debatte). Politiker wie Möllemann und Hohmann bedienten Wünsche nach ei-ner „Entlastung" von früherer Schuld und heutiger Verantwortung und normalisier-ten rechtsradikales Gedankengut für Wählerstimmen. Wurde früher gefordert, die De-batte über deutsche Schuld zu beenden, hieß es nun, eine Debatte über Israels ver-meintliche Schuld müsse „wieder möglich" sein. Dabei wurde stets die Situation der hier lebenden jüdischen Minderheit ausgeblendet. Deutsche Juden erlebten in jedem öffentlichen Streit vermehrte Anfeindung und Bedrohung. In vielen Reaktionen zeigte sich ein antisemitischer „Bodensatz" sowie der „sekundäre" Antisemitismus, der Juden nicht trotz, sondern wegen des Holocaust und seiner Folgen ablehnt und abwertet.

Rechtsextreme

Rechtsextreme Gruppen und Parteien gehören nach wie vor 1990 zu den Hauptträ-gern antisemitischer Hetze und Straftaten in Deutschland, obwohl Ausländer, Asylbe-werber und Einwanderer zur Hauptzielgruppe ihrer Angriffe geworden sind. Dabei bejahen nur einige Neonazigruppen offen den rassistischen Vernichtungsantisemitis-mus der NS-Zeit. Aus machttaktischen Gründen und um Strafverfolgung zu vermeiden, vertreten sie meist den sekundären, geschichtsrevisionistischen und Israel-bezogenen Antisemitismus, der sich als Antizionismus ausgibt. Dabei benutzen sie „die Zionisten" als Codewort für „die Juden". Jedoch greift ihre Propaganda, etwa die der National-Zeitung (München), unverkennbar auf traditionelle Stereotype des „geldgierigen Ju-den" zurück, der das deutsche Volk moralisch belaste, finanziell auspresse und kultu-rell „zersetze".

Rechtsextremisten verbreiten in Deutschland verbotene holocaustleugnende Texte über Auslandsserver und in pseudowissenschaftlicher Aufmachung im Internet. Auch wo sie Juden nicht explizit erwähnen, unterstellen sie den Holocaustüberlebenden in antisemitischer Tradition eine konspirative, systematische Manipulation und Fabrikation von Holocaustdokumenten für „Geschichtslügen".

Die von Gary Lauck (USA) gegründete NSDAP-Aufbauorganisation verbreitete Plakate und Aufkleber mit antisemitischen Parolen, etwa „Kampf den Judenparteien", „Kommunismus – Werkzeug der Juden" und „Kauft nicht bei Juden", sowie Spiele wie „Jude ärgere dich nicht", „KZ-Manager" oder Anleitungen zum Erschießen von „Kindern der Juden". Die Rechtsrock-Band Macht & Ehre hetzte mit Zeilen wie „Er ist kein Mensch, er ist ein Jud', drum denk nicht nach und schlag ihn tot". Rechtsextreme Esoteriker beschreiben „die Illuminaten" als heimliche Weltverschwörer und identifizieren sie mit „den Juden". Jan Udo Holeys Pamphlet Geheimgesellschaften (1993; 1995) griff auf die „Protokolle der Weisen vom Zion" zurück und verknüpfte sie mit UFO- und Alien-Fiktionen.

Anders als anderen aus der „Volksgemeinschaft" ausgegrenzten und bekämpften Gruppen schreiben Rechtsextremisten Juden eine sehr große, heimtückische und gefährliche Macht zu. Antisemitismus ist Grundkonsens und ein Integrationsfaktor der ansonsten uneinheitlichen Szene. Juden gelten ihnen als moralisch verdorben, als ausbeuterische „Finanzmacht" oder als biologische Gefährdung der deutschen „Rasse". Westdeutsche Neonazis benutzten die deutsche Wiedervereinigung dazu, ihren Einfluss über Kontakte in ostdeutsche Länder zu vergrößern. 1991 begann eine Reihe neonazistischer Aufmärsche, rassistischer und fremdenfeindlicher Anschläge. Auch antisemitische Straftaten nahmen ab 1990 erheblich zu. Rechtsextreme Parteien wie NPD, Deutsche Volksunion (DVU) und Die Republikaner (REP) gelangten in einige Landtage. Nachdem die Bundesregierung 1992 einige Neonazigruppen verboten hatte, unterliefen sie die Verbote als dezentrale „Freie Kameradschaften".

Deutsche Rechtsextremisten griffen Walsers Friedenspreisrede und Finkelsteins These einer Holocaustindustrie zum angeblichen Ausbeuten jüdischen Leides begeistert auf, da sie ihr antisemitisches Bild bestätigte, „die Juden" seien Eintreiber überhöhter Entschädigungsansprüche und Verursacher von Finanzlasten für „die Deutschen". Hinter der gesamten Erinnerungskultur zur NS-Zeit und der Holocaustforschung stehe ein ausbeuterisches jüdisches Netzwerk für Macht und Profit. Finkelstein diente dabei als klassischer „Alibijude", der es ja wissen müsse. Weil er wie Ernst Nolte geschichtsrevisionistische Autoren gewürdigt hatte, feierten ihn Holocaustleugner wie Ernst Zündel besonders.

Die Terrorgruppe Nationalsozialistischer Untergrund (NSU), die 2000 bis 2007 unentdeckt neun gezielt ausgesuchte Muslime ermordete, war auch antisemitisch eingestellt. Ihr Mitglied Uwe Böhnhardt hängte 1996 an einer Autobahnbrücke einen Puppentorso mit einem gelben Judenstern auf und zeigte damit, das auch Juden im Visier des NSU waren.

Linke

Antisemitismusforscher stellen auch bei deutschen Linken antisemitische Tendenzen fest. Diese äußern sich seit dem Sechs-Tage-Krieg 1967 als Antizionismus, der Kritik an israelischer Politik gegenüber den Palästinensern zur Ablehnung des jüdischen Staates verallgemeinert. Antiimperialisten sehen Israel als Brückenkopf des US-Imperialismus zur Unterdrückung der Palästinenser und Beherrschung der Nahostregion. Sie solidarisieren sich oft kritiklos mit Terrorgruppen wie Hamas und Hisbollah, die das Existenzrecht Israels bestreiten und diesen Staat zerstören wollen. Bei dieser Solidarität zeigen sich auch ideologische Gemeinsamkeiten mit Islamisten, etwa bei Linksruck.

Bei Linken verbreitet ist auch eine verkürzte Kapitalismuskritik, die ein „schaffendes" (nationales, deutsches) von einem „raffenden" (jüdischen) Kapital unterscheidet. Die Gegenüberstellung ist seit den Wirtschaftskrisen im Kaiserreich gängig: Als der Kapitalismus die Gleichheitsversprechen der Bürgerrechte nicht einlöste, identifizierten rechte wie linke Antisemiten „die Juden" mit dem zirkulierenden, sich ohne Arbeit vermehrenden Finanzkapital und stellten sie als das Schicksal der Menschheit bestimmende weltumspannende „jüdische Geldmacht" dar, etwa mit Symbolen von Kraken, Schlangen und Spinnen. Solche Metaphern erscheinen heute auch im Kontext von Antiamerikanismus, etwa als das Mitgliedermagazin der IG Metall US-Firmen als Stechmücke mit krummer Nase darstellte und „Aussauger" nannte, oder als Franz Müntefering (SPD) US-amerikanische Hedgefonds mit das deutsche Kapital bedrohenden Heuschrecken verglich.

In der Globalisierungskritik von Attac Deutschland wurden 2003 antisemitisch interpretierbare Plakate und Aussagen vom „Finanzkapital" und „der Wall Street" bemerkt. Die Kritik führte zu einer intensiven, von Wissenschaftlern begleiteten Mitgliederdebatte. Tendenzen zur Aufteilung der Welt in Gut und Böse, zur Konstruktion von Verschwörungstheorien und Personalisierung abstrakter Herrschaftsverhältnisse wurden wahrgenommen, aber die Gleichsetzung jeder Kritik an Finanzmärkten mit Antisemitismus wurde zurückgewiesen. Auch in anderen linken Gruppen führte Kritik etwa seitens der Antideutschen zu einer kritischen Reflexion antisemitischer Aussagen, zu ihrer Einstellung oder zur Isolation der Betroffenen innerhalb der linken Bewegung.

Viele linke Nichtregierungsorganisationen unterstützen die 2005 entstandene Kampagne Boycott, Divestment and Sanctions (BDS). Dagegen verweisen Antisemitismusforscher auf die Ziele der BDS-Gründer, den Staat Israel aufzulösen, und die historische Kontinuität zum nationalsozialistischen Judenboykott.

Muslime

Ab 2002 während der zweiten Intifada griffen muslimische Jugendliche aus Zuwandererfamilien Juden in Deutschland wie überhaupt in Europa öfter an, begingen aber nur vereinzelt antisemitische Straftaten. Als Tatmotiv wurde dabei kaum die Religion festgestellt, sondern eine durch die Medienpräsenz des Nahostkonflikts verschärfte diffuse Israelfeindschaft, bei der sich die Täter mit den Palästinensern identifizieren, weil sie sich ausgeschlossen und perspektivlos fühlen, Diskriminierung und Rassismus erleben. Laut einer Studie für das Bundesinnenministerium von 2007 stimmten 15,7 % der befragten muslimischen Schüler gegenüber 7,4 % der nichtmuslimischen Jugendlichen mit Migrationshintergrund und 5,7 % der nichtmuslimischen Einheimischen dem Satz zu, dass „Menschen jüdischen Glaubens überheblich und geldgierig" seien. Da nach anderen Umfragen seit 2002 auch etwa 20 % aller unterschiedslos befragten Deutschen Juden für geldgierig und 36 % für „zu mächtig" in der Wirtschafts- und Finanzwelt halten, werden Unterschiede zwischen Muslimen und Nichtmuslimen in Deutschland nicht bei diesen antisemitischen Vorurteilen, sondern deren Motiven gesucht. Auch eine vom Institut IFES im Auftrag des österreichischen Parlaments durchgeführte Antisemitismus-Studie kommt zum Ergebnis, dass Judenfeindlichkeit unter türkisch- oder arabischsprachigen Personen in Österreich massiv erhöht ist. In dieser Gruppe liegt der Antisemitismus bei 50 bis 70 %, während in der österreichischen Gesamtbevölkerung ein Wert von lediglich 10 % erhoben wurde.

In einer Studie des Projekts „Gruppenbezogene Menschenfeindlichkeit" der Universität Bielefeld von 2010 stimmten 20,2 % der befragten deutschen Jugendlichen ohne, 26,7 % mit polnischem Migrationshintergrund der Aussage „Ich bin es leid, immer wieder von den Verbrechen an den Juden zu hören" voll zu. Der Aussage „Was der Staat Israel mit den Palästinensern macht, ist im Prinzip nichts anderes als das, was die Nazis im Dritten Reich mit den Juden gemacht haben" stimmten 7,2 % der befragten deutschen Jugendlichen voll, 25,5 % eher zu; anteilig etwa gleich viele aus der Sowjetunion oder Polen stammende Befragte. 40,7 % der Befragten mit muslimisch-arabischem Sozialisationskontext stimmten dieser Aussage voll, 18,7 % eher zu. Die Autoren führen diesen höheren Zustimmungsgrad auf die für muslimische Jugendliche größere Rolle des Nahostkonflikts sowie häufiger erlebte Benachteiligung und Versagenserlebnisse zurück. Letztere Faktoren korrelierten auch bei anderen Befragten mit höherer Zustimmung zu sekundär antisemitischen Stereotypen. Auch deutsche Schüler kompensierten eigene Abwertungserfahrung mit Aufwertung der eigenen Gruppe gegenüber den „Fremden" und trugen einen islamfeindlichen Alltagsdiskurs in die Schule.

Antisemitismusforscher bemerken seit etwa 2010 ein gewachsenes Medieninteresse an antisemitischen Einstellungen bei Muslimen, vor allem Jugendlichen arabischer oder türkischer Herkunft. Juliane Wetzel vermutet, dass es islamfeindliche Stimmungen bedient und eine Stellvertreterfunktion erfüllt, um sich nicht mit antisemitischen Stereotypen in der Mehrheitsgesellschaft auseinanderzusetzen. Viele Medienberichte missachteten die historische Tatsache, dass christliche Missionare und europäische Kolonialmächte Antisemitismus in die arabische Welt trugen, nicht umgekehrt. Die isolierte Betrachtung antisemitischer Tendenzen bei Muslimen könne deren Ausgrenzung verstärken. Das Thema dürfe nicht ausgepart, müsse aber als gesamtgesellschaftliches Phänomen betrachtet werden. Klaus Holz betonte schon 2006, dass es

zwischen Herkunft und Antisemitismus keine monokausale Beziehung gibt und Anti-
semitismus unter zugewanderten Muslimen sich häufig erst wegen Erfahrungen im
Einwanderungsland entwickelt.

Infolge der Flüchtlingskrise ab 2015 in Deutschland wurden Probleme mit antisemi-
tisch eingestellten Migranten befürchtet. Da viele Geflüchtete aus Ländern wie Syrien,
Afghanistan und dem Irak stammen, in denen der Antisemitismus ebenso wie die Ab-
lehnung Israels stark ausgeprägt sind, entwickelte sich vor allem in jüdischen Gemein-
schaften die Angst vor einem importierten Antisemitismus. Die seit 2012 gezielt gegen
Juden gerichteten Terroranschläge und die Ausschreitungen während des Gaza-Krie-
ges spielten hier ebenfalls eine Rolle. So befürchtete Josef Schuster, Präsident des Zent-
ralrats der Juden in Deutschland, ein unkontrollierter Zuzug von Flüchtlingen könne
jüdisches Leben in Deutschland gefährden. Er warnte vor juden- und israelfeindlichen
Tendenzen bei Flüchtlingen aus mit Israel verfeindeten Staaten und schlug vor, anti-
semitische Ressentiments zu einem zentralen Thema in den Integrationskursen zu
machen sowie mit den Kursteilnehmern KZ-Gedenkstätten oder jüdische Museen zu
besuchen. Inwiefern solche verordneten Besuche z. B. von KZ-Gedenkstätten eine
schnelle Haltungsänderung bewirken, ist laut Embacher/Edtmaier/Preitschopf frag-
lich, zumal „Empathie mit jüdischen Opfern nicht unbedingt ein positives Israel-Bild
zur Folge haben" müsse.

Eine im Auftrag des American Jewish Committee Berlin (AJC) 2015/16 durchgeführte
Befragung von Lehrerinnen und Lehrern an 21 Berliner Schulen in acht Bezirken be-
legte wachsende salafistische Einflüsse und Judenfeindschaft unter Schülern mit tür-
kischem und arabischem Migrationshintergrund. Der Hass gegen Juden sei dabei ein
zentraler Bestandteil der salafistischen Ideologie.

Einige Studien zum Antisemitismus unter Flüchtlingen aus arabischen und nordafri-
kanischen Ländern bzw. Regionen des Nahen und Mittleren Ostens zeigen, dass es ein
relativ hohes Ausmaß antisemitischer Einstellungen und deutliche Wissenslücken
zum Judentum wie auch zum Holocaust und dem Israelisch-Palästinensischen Kon-
flikt gibt, wenn auch Unterschiede zwischen den Herkunftsländern deutlich werden.
Die Ablehnung Israels ist verbreitet, wobei viele Befragte zwischen Juden, Israelis und
dem Staat Israel unterscheiden wollen. Laut einem Gutachten für den Integrationsbe-
auftragten der Bundesregierung führt jedoch die mit antisemitischen Motiven kombi-
nierte Delegitimation des Staates Israel, etwa bei der jährlichen Demonstration
zum al-Quds-Tag in Berlin, die „immer wieder behauptete Unterscheidung von Zionis-
ten und Juden ad absurdum".

Eine 2016 und 2017 durchgeführte Studie, bei der 152 Geflüchtete aus Syrien und dem
Irak befragt worden waren, ergab, dass antisemitische Stereotype eher die Regel als
die Ausnahme waren, auch wenn sich kaum offener Hass zeigte. Verschwörungsfan-
tasien hinsichtlich der Entwicklungen im Nahen und Mittleren Osten und die Überzeu-
gung, die Welt würde von Juden oder Israel kontrolliert, wurden oft als normal und
legitim empfunden. Entsprechende Denkweisen waren auch unter denjenigen

verbreitet, die betonten, dass sie das Judentum „respektieren" oder dass das Zusammenleben von Juden, Muslimen und Christen in den Herkunftsländern oder Deutschland unproblematisch sei. Für fast alle arabischen Interviewten war ein negatives Israelbild bzw. eine Infragestellung des Existenzrechts Israels selbstverständlich; vor allem angesichts der Verbrechen des IS wie auch des syrischen Regimes brach jedoch das Feindbild Israel vereinzelt auf. Kurdische Interviewte äußerten sich in Bezug auf Israel (zumindest in rein kurdischen Gruppen) des Öfteren neutral oder sogar positiv. Auch andere Angehörige von ethnischen und religiösen Minderheiten im jeweiligen Herkunftsland wie Jesiden zeigten pro-jüdische und pro-israelische Einstellungen. Allerdings waren diese teilweise philosemitisch durchsetzt, das heißt, „die Juden" wurden für ihre vermeintliche Macht und Cleverness bewundert.

Antisemitische Einstellungen

Eine sozialwissenschaftliche Studie der Universität Erlangen in den neuen Bundesländern ergab 1990 folgende Zustimmungswerte:

Aussage	Prozent
„Juden arbeiten mehr mit Tricks als andere"	11,6
„Alle Juden sollen nach Israel gehen"	11,4
„Es gibt Fehler, die liegen den Juden im Blut"	10,9
„Juden kümmern sich nur um das eigene Wohlergehen"	10,8

Quelle: Wikipedia

Emnid ermittelte dagegen 1991 für andere antisemitische Items durchschnittlich nur 4 % Zustimmung bei Ostdeutschen gegenüber 16 % bei Westdeutschen. Bei fast allen Fragen außer zu Israel lag der ostdeutsche deutlich unter dem westdeutschen Wert. Dies wird auf das Nachwirken der DDR-Propaganda (Tabuisierung des Antisemitismus bei gleichzeitigem Antizionismus) zurückgeführt.

Während der Serie ausländerfeindlicher Anschläge ab 1991 nahmen antisemitische Einstellungen in der Gesamtbevölkerung nicht zu, wohl aber bei ostdeutschen jungen Männern: Der Aussage „Die Juden sind Deutschlands Unglück" stimmten 14 % der 14- bis 18-Jährigen zu, dabei 33 % Lehrlinge (weibliche 10 %), 16 % Schüler (weibliche 4 %), besonders die, die sich politisch rechts einordneten. In Sachsen und Sachsen-Anhalt fanden bei dieser Altersgruppe antisemitische Vorgaben 12 %, fremdenfeindliche 29 % und nationalistische 50 % Zustimmung. Während von 1990 bis 1996 weniger erwachsene Ostdeutsche als Westdeutsche antisemitisch eingestellt waren, lag der Anteil bei Jugendlichen in Brandenburg doppelt bis dreimal so hoch wie in Nordrhein-Westfalen (NRW), besonders bei Schülern der 8./9. Klasse (34 % / 11 %) und Lehrlingen im dritten Lehrjahr (44 % / 25 %). Gegen den Bundestrend einer Abnahme antisemitischer Vorurteile besonders in der jüngsten befragten Altersgruppe (1998: 10 % bei 14- bis 20-Jährigen) wurden die gering gebildeten, handarbeitenden und rechtsorientierten jungen Männer in Ostdeutschland immer stärker antisemitisch, ausländerfeindlich und nationalistisch. So erhielt die rechtsextreme DVU bei 18- bis 30-jährigen Männern in Sachsen-Anhalt 1998, in Brandenburg 1999 anteilig die meisten Stimmen. Dabei lässt sich der Zuwachs antisemitischer Vorurteile nur teilweise aus Faktoren wie Arbeitslosigkeit der Väter, Vereinzelung, Fremdsteuerungs- und Ohnmachtsgefühlen und fehlenden Zukunftsperspektiven erklären.

Nach Allensbach-Umfragen von 1995 neigten 15 bis 25 % der Deutschen zu antisemitischen Meinungen oder vertraten sie. Bei Umfragen der Universität Potsdam von 1996 in einzelnen Bundesländern ergaben sich im Osten etwa doppelt so hohe Zustimmungswerte zu antisemitischen Aussagen (etwa zum Verständnis für Schändungen jüdischer Friedhöfe) wie im Westen.

Danach waren 1998 durchschnittlich mindestens 20 % der Deutschen klare Antisemiten. Bei latenten antisemitischen Vorurteilen gab es keine Ost-West-Unterschiede mehr. Bei über 65-Jährigen lagen die Anteile mit 38 % am höchsten. Unter den Jüngeren waren sie bei Hauptschülern mit 30 % gegenüber 12 % bei Abiturienten am höchsten. Unter denen, die sich „Rechts" einordneten, lagen sie bei 24, „Mitte" bei 20, „Links" bei 11 %. Bei der erneuten Forsa-Umfrage 2003 äußerten sich durchschnittlich 23 % antisemitisch. 61 % stimmten der Aussage „Man soll endlich einen Schlussstrich unter die Diskussion der Judenverfolgung ziehen" zu. Das Ost-West-Gefälle bei Jugendlichen verstärkte sich: Im Jahr 2000 waren in Brandenburg im Durchschnitt 29,5 %, in NRW 11 % der Jugendlichen antisemitisch.

Eine repräsentative Forsa-Umfrage von 1998 ergab folgende prozentuale Zustimmungswerte:

Aussage / Frage	%
„Der Einfluß von Juden auf die Wirtschaft steht im Mißverhältnis zu ihrem Bevölkerungsanteil."	41
„Viele Juden versuchen aus der Vergangenheit ihren Vorteil zu ziehen und die Deutschen dafür zahlen zu lassen."	38
„Juden fühlen sich mit Israel verbunden. Sie interessieren sich wenig für die Belange ihres Heimatlandes."	25
„Juden haben zuviel Einfluß."	21
„Juden haben etwas Besonderes und Eigentümliches an sich und passen deshalb nicht zu uns."	18
„Man kann Juden an ihrem Aussehen erkennen."	18
„Durch ihr Verhalten sind Juden an ihrer Verfolgung nicht ganz unschuldig."	17

„Die Juden haben deswegen soviele Schwierigkeiten, weil Gott sie dafür bestraft, dass sie Jesus Christus gekreuzigt haben."	*8*
„Wäre es für uns Deutsche am besten, wenn alle Juden nach Israel gingen?"	*9*

Quelle: Wikipedia

Nach Umfragen von 2002 und 2003 nahmen antisemitische Einstellungen bei den Deutschen erheblich zu:

Aussage	Prozent
„Israel ist eine große Bedrohung für den Frieden in der Welt"	*65 (europaweit: 59)*
„Die Juden nutzen die Holocausterinnerung zu ihrem eigenen Vorteil"	*52*
„Die Juden üben einen zu großen Einfluss auf das Weltgeschehen aus"	*40*
Man kann *„gut verstehen, dass manchen Leuten Juden unangenehm sind"*	*36 (1999: 20)*
„Rache und Vergeltung spielen für Juden eine größere Rolle als für andere Menschen"	*35*
„Juden fühlen sich mit Israel verbunden. Sie interessieren sich wenig für die Belange ihres Heimatlandes"	*35*
„Der jüdische Einfluss auf die US-Politik war ein entscheidender Faktor bei der Militäraktion gegen den Irak"	*26*
„Die Juden sind schuld daran, dass wir so große Weltkonflikte haben"	*20*
Möglich, *„dass die US-Regierung die Anschläge vom 11. September selbst in Auftrag gegeben haben könnte"*	*19*

Quelle: Wikipedia

Nach einem Ländervergleich der Anti Defamation League vertraten im Jahr 2014 durchschnittlich 27 % der befragten Deutschen antisemitische Einstellungen. Die Zunahme geht mit weltweit gestiegener Akzeptanz für Antisemitismus und Abwehr, Relativierung und Bagatellisierung dieses Problems einher, besonders im Internet.

Nach einer 2019 veröffentlichten Mitte-Studie der Friedrich-Ebert-Stiftung stimmten zwar nur acht bzw. 7,5 Prozent der Bevölkerung den Thesen zu, dass *„Juden in Deutschland zuviel Einfluss"* hätten bzw. *„durch ihr Verhalten an Verfolgungen mitschuldig"* seien. Hingegen stimmten 21,6 Prozent der Befragten Aussagen des sekundären Antisemitismus wie z. B. *„Viele Juden versuchen, aus der Vergangenheit des Dritten Reichs heute ihren Vorteil zu ziehen"* zu. Als Israelkritik kostümierter Antisemitismus war deutlich ausgeprägter: Die Aussage *„Bei der Politik, die Israel macht, kann ich gut verstehen, dass man etwas gegen Juden hat"* fand bei 26,6 Prozent

Zustimmung. Fast 40 Prozent stimmten mit einer Täter-Opfer-Umkehr wie der These, dass Israel sich den Palästinensern gegenüber genauso verhalte, wie Deutschland es während der NS-Zeit gegenüber Juden getan habe, überein.

Eine Anfang Oktober 2019 (vor dem Anschlag auf die Synagoge in Halle) veröffentlichte repräsentative Umfrage des Jüdischen Weltkongresses mit 1000 Teilnehmern ergab 2019, dass 27 Prozent aller Deutschen und 18 Prozent einer als „Elite" kategorisierten Bevölkerungsgruppe (Hochschulabsolventen mit einem Jahreseinkommen von mindestens 100.000 Euro) antisemitische Gedanken hegen. 41 Prozent der Deutschen sind laut der Studie der Ansicht, Juden redeten zu viel über den Holocaust. 28 Prozent der befragten Hochschulabsolventen behaupteten zudem, Juden hätten zu viel Macht in der Wirtschaft, und 26 Prozent attestierten Juden „zu viel Macht in der Weltpolitik". 48 Prozent vertraten die Ansicht, dass Juden sich loyaler zu Israel als zu Deutschland verhielten. 12 Prozent aller Befragten gaben an, Juden trügen die Verantwortung für die meisten Kriege auf der Welt, und 22 Prozent meinten, Juden würden wegen ihres Verhaltens gehasst. 11 Prozent sagten, die Juden hätten kein Recht auf einen eigenen Staat Israel. Nach Meinung der Befragten sind weit überwiegend die Rechtsextremisten (39 %), rechte Politiker und Parteien (36 %), muslimische Extremisten (33 %) und muslimische Immigranten (18 %) für den Antisemitismus in Deutschland verantwortlich, Linksextreme und linke Parteien und Politiker jedoch nur zu 3 %. Zwei Drittel der Befragten der sogenannten Elite würde eine Petition gegen Antisemitismus unterzeichnen und ein Drittel aller Befragten würden gegen Antisemitismus auf die Straße gehen.

Antisemitische Straftaten

Die polizeiliche Kriminalstatistik-Staatsschutz (PKS-S) des Bundeskriminalamts (BKA) wies antisemitische Straftaten bis 1993 nicht aus, sondern subsumierte sie unter „fremdenfeindliche" oder „normale" Kriminalität. Ab Mitte 1993 wurde ein Kriminalpolizeilicher Meldedienst für versuchte und vollzogene antisemitische, fremdenfeindliche und rechtsextreme Straftaten eingerichtet. Diese Statistiken erfassen zeitnah mehr solche Delikte, geben aber keine Auskunft über die weiteren Ermittlungen.

Von 1990 bis 1994 vervierfachten sich die registrierten antisemitischen Straftaten und sanken dann bis 1999 auf rund 150 % mehr als anfangs. Insgesamt stiegen sie langsamer und weit geringer als (andere) rechtsextreme Taten, die sich bis 1993 verneunfachten.

Jahr	Menge	Jahr	Menge	Jahr	Menge
1990	339	1991	388	1992	628
1993	649	1994	1366	1995	1155
1996	846	1997	976	1998	991
1999	817				

Quelle: Wikipedia

Seit 2001 werden polizeilich gemeldete antisemitische Straftaten als Hasskriminalität in der Kategorie Politisch motivierte Kriminalität (PMK) erfasst. Als antisemitisch gilt „der Teil der Hasskriminalität, der aus einer antijüdischen Haltung heraus begangen wird." Dazu zählen vor allem Holocaustleugnung, die Diffamierung jüdischer Institutionen und ihrer Vertreter und Sachbeschädigungen an jüdischen Mahnmalen, Gedenkstätten und Gräbern. Solche Taten gelten generell als extremistisch, können aber je nach objektiven Tatumständen und subjektiven Tatmotiven in mehrere Statistiken eingeordnet werden.

Jedoch wird in Deutschland nur ein Bruchteil antisemitischer Angriffe bekannt. 2013 hatten laut Umfragen nur 28 %, 2016 nur 23 % der Opfer die Tat angezeigt; nur für 2 % hatten andere die Tat angezeigt oder die Polizei hatte selbst ermittelt. Als Grund, die Tat nicht zu melden, nannten 47 %, dass nach einer Anzeige nichts geschehe oder sie nichts ändere, 27 %, dass solche Taten andauernd passieren, 18 %, dass eine Anzeige zu bürokratisch und zeitaufwändig sei. Antisemitische Schmierereien und andere Propagandadelikte werden oft nicht angezeigt, weil sie niemand direkt treffen. Antisemitische Straftaten bei Demonstrationen werden kaum registriert. Bei antisemitischen Angriffen, die Beleidigung, Raub, Körperverletzung und ähnliches einschließen, werden nur die am höchsten bestraften Tatanteile statistisch gezählt. Antiisraelische Straftaten werden teils als antisemitische, teils als vom Nahostkonflikt bedingte Hasskriminalität erfasst; wonach beides zu unterscheiden ist, erklärt der PMK-Themenkatalog nicht. Deutsche Polizisten kennen nicht alle Codes, Symbole und Parolen, etwa ausländischer Rechtsextremisten, und können daher antisemitische Tatmotive übersehen. Diese lassen sich bei nicht ermittelten Tätern, etwa von Schmierereien, nur vermuten. Oft vermeiden am Extremismuskonzept orientierte Polizeimeldestellen, selbst evidente politische Motive einer antisemitischen Tat anzuerkennen. Andererseits werden unspezifische Delikte (etwa ein Graffiti „Juden raus") unbekannter Täter, für die andere Anhaltspunkte fehlen, meist als „rechtsmotiviert" registriert. Aus all diesen Gründen wird ein großes Dunkelfeld gar nicht registrierter sowie falsch eingestufter antisemitischer Straftaten angenommen. Der vom Bundestag eingesetzte „Unabhängige Expertenkreis Antisemitismus" betonte 2017 daher: „Man darf ... die Zahlen der PMK-Statistik nicht als Abbild der Realität missverstehen, vielmehr ist aufgrund des Aufbaus des PMK-Erfassungssystems und der Routinen der polizeilichen Erhebungspraxis mit einer systematischen Unterschätzung antisemitischer Vorfälle zu rechnen."

Antisemitisch sind vor allem Zerstörungsaktionen gegen jüdische Friedhöfe. Diese haben seit dem Mittelalter gerade in deutschsprachigen Gebieten eine lange Tradition. Sie geschehen auch heute noch vermehrt während der Karwoche und um den 9. November (das Hauptdatum der Novemberpogrome 1938) herum. Anders als bei anderen Grabschändungen sind jüdische Gräber nicht von zertrampelten Beeten und geraubten Blumen oder Leuchten betroffen, sondern vom Umstürzen und Zertrümmern der Grabsteine oder Grabplatten, Herausreißen von Grab-begrenzungen, Eintreten von Friedhofstoren usw. Hinzu kommen Schmähparolen als Graffitis wie „Juda

verrecke", „Tod den Juden", „Juden raus", „Sieg Heil", „Blut und Ehre", „Viertes Reich",
„SS", „SA", „Judenschwein", „Judensau".

Die Schändung jüdischer Friedhöfe wird seit 1945 statistisch zu erfassen versucht. Registriert wurden in Deutschland bis 1990 rund 1000 gemeldete Fälle; die vermutete Dunkelziffer liegt weit höher. Von 1990 bis 2000 gab es 409 registrierte Fälle, mehr als doppelt so viel wie von 1970 bis 1990. Das Grabmal von Heinz Galinski, dem früheren Leiter des jüdischen Zentralrats, wurde 1998 zwei Mal gesprengt, so dass sein Nachfolger Ignatz Bubis sich in Israel beerdigen ließ. Nach einer Studie von Adolf Diamant aus dem Jahr 1982 konnten nur 36,5 % der bis dahin bekannten Fälle aufgeklärt werden; davon ordneten die Behörden 36,2 % eindeutig antisemitischen Tätern, den Rest meist „Jugendlichen" ohne „politische Motive" zu. Nachfragen ergaben damals, dass die meisten Landesbehörden nicht darüber Buch führten und die angegebenen Motive auf reinen Annahmen beruhten. 2018 wurden 27 antisemitisch motivierte Schändungen jüdischer Friedhöfe erfasst (im Vergleich 2017: 20 Schändungen), statistisch wurde somit alle zwei Wochen ein entsprechendes Delikt verübt. Lediglich drei Fälle konnten aufgeklärt werden.

Auch Synagogen (2018: 21 Anschläge; 2017: 27) und jüdische Personen sind Ziel von Anschlägen. Ebenso haben sich Graffiti-Anschläge auf Erinnerungsstätten des Holocaust seit der deutschen Einheit enorm vermehrt. Die Täter werden besonders in Deutschland nur sehr selten gefunden. Die Verfolgung von Grabschändungen wird hier meist nach fünf Monaten eingestellt. Die Aufklärungsrate liegt im europäischen Vergleich fast an letzter Stelle.

Das Bundesamt für Verfassungsschutz nennt in seinen Jahresberichten ab 2001 folgende Zahlen:

Jahr	Antisemitische Straftaten	davon Gewalttaten	Anti-israelische Straftaten	davon Gewalttaten
2001	1.691			
2002	1.771			
2003	1.344			
2004	1.449			
2005	1.748			
2006	1.809			
2007	1.657			
2008	1.559			
2009	1.690			
2010	1.268			

2011	1.239			
2012	1.374			
2013	1.275	51	41	0
2014	1.596	45	575	91
2015	1.366	36	62	1
2016	1.468			
2017	1.504			
2018	1.799	69		

Quelle: Wikipedia

Antisemitische Straftaten werden vor allem von Journalisten wie Anton Maegerle, Medien wie dem SPD-nahen Blick nach Rechts und Privatinitiativen registriert, etwa in Form einer regelmäßig veröffentlichten „Chronik des Hasses". Seit 2002 erstellt die Amadeu Antonio Stiftung kontinuierlich eine Chronik antisemitischer Vorfälle, die sie auf ihrer Homepage dokumentiert.

Die 2015 in Berlin gegründete Recherche- und Informationsstelle Antisemitismus (RIAS) registriert auch strafrechtlich nicht relevante und von Opfern nicht angezeigte antisemitische Übergriffe. Sie führte 2018 allein für Berlin 1083 (2017: 947) Delikte auf, darunter 46 (2017: 18) Angriffe, 46 (2017: 23) Bedrohungen, 43 (2017: 42) Sachbeschädigungen, 831 (2017: 679) Fälle verletzenden Verhaltens (davon 442 online – 2017: 325) und 117 (2017: 185) weitere Propagandavorfälle. Wegen fehlender einheitlicher Kriterien riet der Unabhängige Expertenkreis Antisemitismus der deutschen Polizei und Justiz dazu, mit Nichtregierung-sorganisationen zusammen ein möglichst realistisches Bild antisemitischer Straftaten zu erstellen. Im Durchschnitt kommt es mindestens viermal täglich in Deutschland zu solchen Taten. Im Mai 2018 stellte RIAS die meisten Anzeigen seit Erfassungsbeginn fest. In diesem Monat wurde die US-Botschaft nach Jerusalem verlegt und der Staat Israel feierte den 70. Jahrestag seiner Gründung – beides Ereignisse, die laut Alexander Rasumny von RIAS „in Berlin als Anlass für Antisemitismus genommen wurden". Insgesamt sei die Hälfte aller gemeldeten Vorfälle 2018 mit Hass auf Israel verknüpft. Nach Auswertung der Zahlen der ersten Jahreshälfte 2019 gab RIAS bekannt, dass in Berlin im Schnitt pro Tag zwei judenfeindliche Vorfälle bekannt würden; die Dunkelziffer werde noch höher eingeschätzt. Besonders gefährdet seien Personen, die „als jüdisch erkennbar" seien, beispielsweise durch Tragen einer Kippa oder Telefonieren auf Hebräisch.

Im Mai 2019 räumte der Berliner Senat ein, dass man antisemitische Straftaten ohne erkennbare Motive vielfach pauschal rechtsextremen Tätern zugeordnet hatte und so die Zahl dieser Straftaten durch Rechtsextremisten statistisch nahezu verdoppelte, während man die Fälle mit unklarer Motivation mit drei angab. Die Berliner Recherche- und Informationsstelle Antisemitismus (RIAS) ordnete für das Jahr 2018 18 %

der Vorfälle dem Rechtsextremismus zu, gefolgt vom israelfeindlichen Aktivismus (9 %) und dem islamistischen Spektrum (2 %). Der politische Hintergrund eines Vorfalls konnte allerdings nur in der Hälfte der Fälle eindeutig zugeordnet werden, in 49 % war er unbekannt.

Aktuelle Tendenzen

Seit dem 11. September 2001 sprechen einige Forscher von einem „neuen" Antisemitismus. Klaus Holz sieht das Neue in der Einigung radikaler Islamisten, Neonazis und mancher Linksextremisten auf einen antisemitischen Antizionismus: Sie alle sähen die Welt und sich selbst als Opfer irgendeiner jüdisch-zionistisch-kapitalistischen Verschwörung in Politik, Wirtschaft und Medien. Dabei stellten sie sich „die Juden" als treibende Kräfte hinter den Kulissen vor, die zusammen mit der US-Regierung und Israel eine Weltherrschaft etablieren und die Völker zerstören wollten. Auch der Sozialwissenschaftler Samuel Salzborn sieht „Verbindungslinien zwischen rechtem, linkem und islamischem Antisemitismus". Diese Formen betrachtet er „als negative Leitidee der Moderne". In ihnen werde der Hass auf Freiheit und Gleichheit projiziert. Ihr Weltbild schließe die abstrakten Strukturen und Logiken der modernen Gesellschaft und des bürgerlichen Staates aus. Das Gefühl hingegen richte sich in einer „kalten Instrumentalität" nicht auf Individuen, sondern auf das „homogen phantasierte Kollektiv." Die Verantwortung der gesellschaftlichen Mitte liege darin, dass „in einem öffentlichen Klima, in dem Israelhass und antisemitische Schuldabwehr fortwährend öffentlich kommuniziert werden, auch rechter, linker und islamistischer Antisemitismus wieder alltäglicher" würden. Anfang 2019 kritisierte Salzborn, dass an deutschen Schulen eine Auseinandersetzung „mit dem aktuellen, gerade sogar tagesaktuellen Antisemitismus" kaum stattfinde. Schüler bekämen „das Gefühl, dass mit der Niederschlagung des Nationalsozialismus der Antisemitismus aus der Welt geschafft worden sei". Es gebe laut Salzborn sogar Schulbücher, die die gegen Israel gerichtete Täter-Opfer-Umkehr befeuerten und Israel im Konflikt mit den Palästinensern als alleinigen Aggressor darstellen. Ein verbindliches Meldesystem für Antisemitismus an Schulen sei notwendig und Lehrkräfte müssten sich „allein an der Wahrheit orientieren und nicht an einer schwammigen, willkürlichen Diversität".

Laut Salzborn (2019) liegt der „antisemitische Bodensatz in Deutschland" weiter bei einem hohen Wert von 15 bis 20 Prozent, verändert habe sich jedoch die intensivere weltweite Vernetzung der Antisemiten untereinander in sozialen Medien, beispielsweise in Online-Spielen, Foren und Chatboards. Auch der Politikwissenschaftler Florian Eisheuer von der Amadeu Antonio Stiftung bestätigte, dass es „gerade im Online-Bereich die Tendenz zur Grenzüberschreitung" gebe. Der stark gestiegene Online-Antisemitismus habe „natürlich auch Effekte auf die Offlinewelt".

Der ehemalige Präsident des Zentralrats der Juden in Deutschland Dieter Graumann warnte beim Holocaustgedenktag 2014 vor einem neuen Antisemitismus in Deutschland. Er verwies darauf, dass „Jude" in Schulen wieder als Schimpfwort benutzt wird, dass jüdische Menschen manche deutsche Orte nicht gefahrlos betreten und dort keine jüdischen Symbole wie Kippa oder Davidstern tragen können. Das dürfe niemand in Deutschland akzeptieren. Auch Charlotte Knobloch, die Präsidentin der Israelitischen Kultusgemeinde München und Oberbayern, beklagte Ende 2018 eine Radikalisierung des Antisemitismus in Deutschland. Früher sei „Antisemitismus die Ablehnung einer gewissen Bevölkerungsgruppe" gewesen. Heute sei es „schlicht und einfach Judenhass". Zwar habe auch „der muslimische Antisemitismus Einfluss in Deutschland", allerdings sei es nicht zulässig, wenn die Flüchtlingspolitik als Ursache für die Zunahme des Antisemitismus genannt werde. Sie stellte fest: „Wir haben nicht ein Antisemitismusproblem, weil Menschen aus anderen Kulturkreisen zu uns kommen." Anfang 2019 äußerte der Vizepräsident des Zentralrats der Juden in Deutschland Abraham Lehrer, dass es in der Bundesrepublik zusätzlich zum klassischen rechten Antisemitismus einen „abnehmenden Respekt" der Mehrheitsgesellschaft gegenüber Juden gebe. Dies äußere sich in Schuld- und Erinnerungsabwehr, beispielsweise durch Kritik an vermeintlich „übertriebenen Formen" des Holocaust-Gedenkens, sowie in Hass auf Israel. Die jüdische Gemeinschaft müsse „so vehement wie lange nicht" für ihre Grundrechte kämpfen. Man mache sich Sorgen, aber lebe „nicht in Angst", so Lehrer.

Am 25. Mai 2019 riet der Antisemitismusbeauftragte der Bundesregierung, Felix Klein, Juden davon ab, überall in Deutschland die Kippa zu tragen. Er begründete das mit der „zunehmenden gesellschaftlichen Enthemmung und Verrohung", die einen fatalen Nährboden für Antisemitismus darstelle. Etwa 90 Prozent der Straftaten seien dem rechtsradikalen Umfeld zuzurechnen. Bei muslimischen Tätern seien es zumeist Menschen, die schon länger in Deutschland lebten. „Viele von ihnen gucken arabische Sender, in denen ein fatales Bild von Israel und Juden vermittelt wird."

Poensgen/Steinitz (2019) zufolge sind antisemitische Aggressionen aufgrund ihrer Heterogenität (Bemerkungen, Beleidigungen, Sachbeschädigungen, Bedrohungen, gewalttätige Angriffe) eine „alltagsprägende Erfahrung" für Juden in Deutschland. Sie seien daher „gezwungen, in ihrem Alltag das Verhältnis zwischen ihren vielfältigen jüdischen Identitäten und der potentiellen und tatsächlichen Konfrontation mit antisemitischen Artikulationen permanent auszuhandeln".

Seit einigen Jahren klagen Personen des öffentlichen Lebens öfter auf Unterlassung von Antisemitismusvorwürfen, so Xavier Naidoo gegen die Amadeu-Antonio-Stiftung, Jürgen Elsässer gegen Jutta Ditfurth und „Die Bandbreite" gegen die taz. Immer öfter entscheiden deutsche Gerichte zugunsten der Kläger, bewerten deren Persönlichkeitsrecht also höher als die Meinungs- und Pressefreiheit. Josef Joffe (Die Zeit) kritisierte mit Blick auf die Debatte um Jakob Augstein, es sei heute schlimmer, „jemanden einen Antisemiten zu nennen, als einer zu sein."

Gegenmaßnahmen

Der Deutsche Bundestag empfahl die EUMC-Arbeitsdefinition ab 2008 „für die Arbeit staatlicher Behörden". Das Simon Wiesenthal Center veröffentlicht seit 2010 eine *jährliche Rangliste der Top Ten Anti-Semitic/Anti-Israel Slurs. Darauf landeten bis 2013 auch Äußerungen deutscher Autoren und Journalisten.*

Der Springer Konzern wurde von seinem Gründer, dem Zeitungsverleger Axel Springer, nach dessen Grundsatz 2. Das Herbeiführen einer Aussöhnung zwischen Juden und Deutschen, hierzu gehört auch die Unterstützung der Lebensrechte des israelischen Volkes. auf die Bekämpfung des Antisemitismus – als auch jede Kritik an der israelischen Regierungspolitik umfassend – festgelegt. Nach Ansicht der Bild-Zeitung gibt es ein Netzwerk von „deutschen Politikern, Verbänden und Journalisten", die „den Antisemitismus salonfähig machen" und zu denen auch das Zentrum für Antisemitismusforschung der TU Berlin gehöre.

Am 19. Januar 2015 bildete das Bundesministerium des Inneren den achtköpfigen Expertenkreis Antisemitismus, darunter Werner Bergmann, Klaus Holz, Armin Pfahl-Traughber und Juliane Wetzel. Dass jüdische Wissenschaftler fehlten, wurde stark kritisiert, daraufhin erfolgten entsprechende Nachberufungen. Sein zweiter Bericht von 2017 betonte die aktuelle Bedeutung eines „Antisemitismus ohne Antisemiten" sowie weiterer Formen und stellte Handlungsempfehlungen dazu vor.

Der Antisemitismusbeauftragte Felix Klein beobachtet in Debatten über den Nahostkonflikt, dass sich auch Kirchenvertreter antisemitisch äußerten: „Wenn deutsche Juden verantwortlich für die israelische Siedlungspolitik gemacht werden – dann ist das antisemitisch, und da erwarte ich, dass die Kirchenleitungen sich davon distanzieren." Laut Klein wird der Antisemitismus nicht nur von Extremisten im Netz befeuert, sondern auch von Menschen aus der „sogenannten Mitte unserer Gesellschaften, die an ihrer Ablehnung des Judentums keinen Zweifel lassen". Der Kampf dagegen sei eine „gesamtgesellschaftliche Aufgabe".

Im Juni 2019 wurde die Website www.stopantisemitismus.de von der Stiftung der Wochenzeitung Die Zeit freigeschaltet. Sie soll über Antisemitismus im Alltag aufklären, gibt situative Handlungsempfehlungen und bietet eine laufend aktualisierte Adressdatenbank, die auch Anlaufstellen für Menschen enthält, die mit Antisemitismus konfrontiert werden. Idee und Konzept stammen von der Journalistin Sarah Levy, an Konzept und Umsetzung waren auch der Zentralrat der Juden in Deutschland, der Zentralrat der Muslime in Deutschland, die Technische Universität Berlin mit ihrem Zentrum für Antisemitismusforschung, die Bundeszentrale für politische Bildung sowie Initiativen wie Junge Muslime in Auschwitz beteiligt.

Nach einem Angriff auf von einem Senatsempfang für Überlebende des Holocaust im Rathaus am 20. Juni 2019 kommende Juden, darunter Shlomo Bistritzky, Vorstandsmitglied der Jüdischen Gemeinde, haben dieser und Bürgermeister Peter Tschentscher (SPD) die Antidiskriminierungsinitiative "Wir sind Hamburg" gestartet.

Im Zusammenhang mit dem Anschlag auf eine Synagoge in Halle im Oktober 2019 forderte der ZdJ-Vizepräsident Abraham Lehrer eine Überprüfung sämtlicher pädagogischen Konzepte seit 1945 zur Bekämpfung von judenfeindlichem und rechtsradikalem

Gedankengut. Man müsse sich fragen: „War das richtig? Warum hat es nicht zum gewünschten Erfolg geführt? Was müssen wir ändern? Was braucht es zusätzlich?" Das müsse man „mit Pädagogen und Sozialwissenschaftlern genau besprechen".

Am 15. Oktober 2019 brachte der Freistaat Bayern einen Gesetzesantrag ein, mit dem die Strafzumessung bei antisemitischen Straftaten verschärft werden soll. Der Entwurf sieht vor, die Regelung zur Strafzumessung in § 46 Absatz 2 Satz 2 StGB um antisemitische Beweggründe und Ziele als ein weiteres Beispiel für menschenverachtende Tatmotivationen zu ergänzen. Bisher umfasst der Gesetzestext „rassistische, fremdenfeindliche oder sonstige menschenverachtende Beweggründe". Der Antrag wurde nach Annahme durch den Bundesrat am 29. November 2019 am 8. Januar 2020 dem Bundestag vorgelegt. Die Bundesregierung unterstützt das Anliegen des Gesetzentwurfs.

Da laut Salzborn/Kurth (2020) Antisemitismus die Unfähigkeit bzw. Unwilligkeit ist, abstrakt zu denken und konkret zu fühlen – im Antisemitismus werde beides vertauscht, das Denken solle konkret, das Fühlen abstrakt sein –, ist jeder Unterricht, der die Fähigkeit der Schüler zu abstraktem Denken und konkreter Empathiefähigkeit fördert, ein wichtiger Teil der Antisemitismusprävention. Abstraktes Denken könne in geistes- wie auch naturwissenschaftlichen Fächern geschult werden und konkrete Empathie, ebenso vermittelt in diversen Fächern, bestehe darin, „seine Gefühle nicht auf Kollektive zu richten, sondern auf konkrete Ereignisse und Personen". Pädagogik habe jedoch auch ihre Grenzen, da Antisemitismus ein autoritäres Weltbild sei und nicht einfach nur ein Vorurteil. Schulische Intervention gegen Antisemitismus sei daher letztlich „notwendigerweise immer eine Mischung aus Aufklärung, Prävention, Intervention und Repression".

Europa

Einstellungen

Erst seit 1990 wurden wieder soziologische Erhebungen über antisemitische Einstellungen in Osteuropa möglich. Dabei zeigte sich, dass der Antisemitismus gemeinhin den Linien von der Zeit vor dem Zweiten Weltkrieg folgte. In Polen und der Slowakei gab es in der Bevölkerung dabei häufiger antisemitische Vorstellungen als in Tschechien oder Ungarn.

Eine Kontinuität bzw. gar ein starkes Wiederaufleben von antisemitischen Tendenzen in den osteuropäischen Ländern, die inzwischen der EU beigetreten sind, wurde intensiv diskutiert; Antisemitismus war dort um das Jahr 1900 herum wie nach 1989/90 (Zerfall der Sowjetunion und des Ostblocks) eng verknüpft mit Vorbehalten gegenüber liberalen Eliten und städtischen Modernisierungspionieren.

In einer Umfrage der Anti Defamation League von 2009 in sieben EU-Staaten fanden durchschnittlich 44 % der Befragten und mehr als 55 % in Österreich, Polen und Ungarn, dass Juden zu oft über den Holocaust sprächen. In einer Emnid-Umfrage in acht *europäischen Staaten fanden 42 % der Befragten, dass die „Juden die Vergangenheit ausnutzen, um Geld zu erpressen". Die Abwehr der Erinnerung an die NS-Zeit und Feindseligkeit gegen Juden in Europa wachsen demnach korrelativ miteinander.*

Nach einer am Wissenschaftszentrum Berlin für Sozialforschung (WZB) durchgeführten Vergleichsstudie von 2013 meinten 28 % der befragten deutschen Muslime, man könne Juden nicht trauen (zum Vergleich: 43,4 % der Muslime in Frankreich, 56,7 % in Belgien, 64,1 % in Österreich, 36,8 % in Schweden).

Zwischen Juni 2015 und Juli 2016 führten drei Meinungsforschungsinstitute aus Großbritannien, Russland und Georgien im Auftrag des Pew Research Center eine Umfrage zu den religiösen Einstellungen von Erwachsenen in 18 Staaten Osteuropas und Südosteuropas durch. Die Teilnehmer wurden gefragt, ob sie Juden als Landsleute und Mitglieder ihrer Gesellschaft akzeptieren würden. 5 % der befragten Ukrainer, je 7 % der Bulgaren und Serben, 22 % der Rumänen, 23 % der Litauer und 32 % der Armenier verneinten dies.

In einer repräsentativen FRA-Umfrage von 2018 mit 16.395 jüdischen Teilnehmern aus zwölf EU-Staaten über einen Zeitraum von fünf Jahren gaben 30 % der Befragten Muslime, 21 % Linke und 13 % Rechtsextremisten als Täter antisemitischer Angriffe an (in Deutschland benannten 41 % der Befragten Muslime und 20 % Rechtsextreme als Täter). In acht der beteiligten Staaten landeten extreme Muslime auf einem der ersten drei Plätze der Täterrangliste. Zugleich gaben 70 % der Befragten an, mit Sorge auf eine wachsende Intoleranz gegenüber Muslimen zu blicken. Durchschnittlich 28 % (Deutschland: 41 %) gaben an, sie hätten im vergangenen Jahr eine antisemitische Erfahrung gemacht oder seien mit judenfeindlichen Belästigungen konfrontiert gewesen. 75 % der deutschen Juden gaben an, dass sie „manchmal, häufig oder immer" auf das Tragen jüdischer Symbole in der Öffentlichkeit verzichten; fast 50 % vermieden, gewisse Gegenden in ihrer Stadt aufzusuchen. 71 % beobachteten negative Vorurteile in den Medien. 89 % nehmen den Antisemitismus am schlimmsten im Internet und in den sozialen Medien wahr. Die große Mehrheit der Befragten ist sich einig, dass Entwicklungen im Nahostkonflikt sich auf die Intensität antisemitischer Vorfälle in Europa auswirken. Für 73 % der deutschen Juden (in Belgien und Frankreich 85 %) beeinträchtigt der Nahostkonflikt ihr Sicherheitsgefühl. Überdies wenden sich Opfer von Antisemitismus nur in 25 % der Fälle an die Polizei, da sie keine Änderung erwarteten und den Vorfall nicht als schwerwiegend genug empfanden. Laut EU-Justizkommissarin Věra Jourová fallen Deutschland, Belgien, Frankreich und Polen in die Kategorie „sehr problematisch".

Antisemitische Angriffe

Den Terroranschlägen am 11. September 2001 folgten weitere islamistische Terroranschläge gegen Israel. Während der zweiten Intifada ab Frühjahr 2002 gab es eine Welle von antisemitischen Angriffen auf Juden und jüdische Einrichtungen, Schulen, Friedhöfe, Begegnungsstätten und Holocaustgedenkstätten in Europa. In Frankreich wurden sogar Synagogen angezündet. Rhetorische Bezugnahmen auf den Holocaust dienten nun oft dazu, Juden und Israel anzugreifen und für die Angriffe auf sie selbst verantwortlich zu machen. Plakate wurden ausgehängt, die Israels Ministerpräsident Ariel Scharon mit Hitler gleichsetzten und den Davidstern mit dem Hakenkreuz verknüpften. Israel wurde umso mehr beschuldigt, je mehr die Angriffe von Palästinensern auf Israel zunahmen.

Während und nach den Euromaidan-Protesten in der Ukraine kam es zu Vorwürfen antisemitischer Ausschreitungen. Dem wurde aber aus in der Ukraine ansässigen jüdischen Kreisen widersprochen.

Gegenmaßnahmen

Die Organisation für Sicherheit und Zusammenarbeit in Europa (OSZE) verständigte sich 1990 auf Rechtsstandards zum Minderheitenschutz. Sie verurteilte Antisemitismus als eigenes Problem neben „Rassenhaß", „Haß zwischen Volksgruppen", „Fremdenhaß und Diskriminierung" und verpflichtete ihre Mitgliedsstaaten auf geeignete Maßnahmen dagegen. 2004 verurteilte die Berliner Erklärung der OSZE anlässlich antisemitischer Anschläge in Frankreich „vorbehaltlos alle Erscheinungsformen des Antisemitismus", konkret alle Angriffe auf Juden, Synagogen und andere religiöse Stätten, und schloss jede Rechtfertigung dafür aus, etwa mit Israels Politik und dem Nahostkonflikt. Sie verpflichtete die OSZE-Staaten, alle Lebensbereiche vor antisemitischen Übergriffen, Gewalt und Diskriminierung zu schützen, die Erinnerung an den Holocaust wachzuhalten, gegen Hassdelikte und entsprechende Propaganda in Medien und Internet vorzugehen, verlässliche, aktuelle Daten über antisemitisch motivierte Straftaten, ihre Verhütung und Bekämpfung zu sammeln und zu veröffentlichen, Verfahren zur regelmäßigen Prüfung des Problems festzulegen und dabei mit allen Expertengremien zusammenzuarbeiten.

Die 1998 gegründete International Holocaust Remembrance Alliance (IHRA) übernahm die EUMC-Arbeitsdefinition für ihre 31 Mitgliedsstaaten. Die Agentur der Europäischen Union für Grundrechte (FRA) nahm die EUMC-Arbeitsdefinition 2013 zwar von ihrer Webseite, behielt sie praktisch aber bei. Eine FRA-Umfrage von 2013 bestätigte die Aktualität des Israel-bezogenen Antisemitismus in der EU. Bis dahin hatte die OSZE die Definition für Polizeischulung übernommen; das US-Außenministerium, britische und kanadische Parlamentskommissionen empfahlen sie. 2018 veröffentlichte eine europäische Expertengruppe im Auftrag von OSZE und UNESCO praktische Richtlinien zum Erkennen und Bekämpfen von Antisemitismus, die auf die IHRA-Arbeitsdefinition zurückgreifen.

Österreich

Aufgrund der von den Alliierten im Jahr 1943 in der Moskauer Deklaration angeführten Bezeichnung des Landes als „erstes Opfer des Nationalsozialismus" war nach 1945 der Druck und die eigene Bereitschaft weit geringer als in Westdeutschland, die jüdischen Opfer zu entschädigen oder Emigranten zurückzurufen. Die jüdischen

Heimkehrer und Holocaustüberlebenden wurden oftmals ausgegrenzt und der Anteil der Österreicher an den Verbrechen des Nationalsozialismus auf die Reichsdeutschen abgewälzt. So verharmloste Staatskanzler Karl Renner, der auch schon vor 1945 grob antisemitisch agiert hatte, die nationalsozialistischen Verbrechen beziehungsweise den Holocaust oder meinte hinsichtlich der Wiedergutmachung, dass er es auch grundsätzlich nicht einsehe, „jeden kleinen jüdischen Kaufmann oder Hausierer" zu entschädigen. Auch Oskar Helmer war dazu maßgeblich an der Verschleppung der Entschädigungszahlungen für die Opfer des Nationalsozialismus beteiligt beziehungsweise setzte sich während seiner Zeit als Innenminister für die vorzeitige Begnadigung von verurteilten Nationalsozialisten ein. Innerhalb der Sozialdemokratie setzten sich die als bewusste Antisemiten bezeichneten Helmer und Adolf Schärf gegen die Rückkehr jüdischer Sozialdemokraten ein.

Auch gab es erhebliche Anstrengungen zur Reintegration ehemaliger Nationalsozialisten in die neue Parteienlandschaft. Sozialdemokraten, Konservative sowie die 1949 gegründete Partei Verband der Unabhängigen (VDU) warben um deren Unterstützung. Die vor 1938 große Israelitische Kultusgemeinde, die nach dem Krieg nur mehr ca. 4000 Mitglieder hatte und bis 1949 nur auf 8000 Mitglieder anwuchs, wurde jedoch nicht gefördert. Die von Simon Wiesenthal betriebene Suche nach NS-Verbrechern war vielen Österreichern ein Dorn im Auge. In der Zeit des Kalten Krieges und später kam es in Österreich lange Zeit zu keiner politischen, juristischen und schulischen Befassung mit der österreichischen NS-Vergangenheit und dem Antisemitismus. Auf der anderen Seite ist seit 1947 nationalsozialistische Wiederbetätigung und Holocaustleugnung verboten.

Nach 1960 kam es zu antisemitischen Schmierereien und zur Schändung jüdischer Friedhöfe ohne eindeutige Verurteilung seitens der österreichischen Bundesregierung.

In den 1970er kam es zur Kreisky-Peter-Wiesenthal-Affäre, einem heftigen persönlichen Konflikt zwischen Nazi-Jäger Simon Wiesenthal und dem österreichischen Bundeskanzler Bruno Kreisky, die beide jüdischer Abstammung waren. Wiesenthal thematisierte die NS-Vergangenheit von Ministern der Minderheitsregierung Kreiskys und von FPÖ-Obmann Friedrich Peter. Kreisky stellte dabei den Verdacht in den Raum, Wiesenthal sei selbst ein Nazi-Kollaborateur und Gestapo-Informant gewesen. Weltweite Empörung riefen Kreiskys Äußerungen in einem Interview hervor, wonach die Juden kein Volk seien, und wenn, ein „mieses Volk".

Zu heftigen öffentlichen Debatten um Antisemitismus und Österreichs NS-Vergangenheit kam es in den 1980er Jahren im Zusammenhang mit der Kandidatur Kurt Waldheims als Bundespräsident (Waldheim-Affäre) und dem Aufstieg der FPÖ unter Jörg Haider.

2010 schwenkte die FPÖ von einem zuvor antiisraelischen auf einen proisraelischen Kurs um und stilisierte sich zur „wahren" anti-antisemitischen Partei, um sich – laut

Embacher/Edtmaier/Preitschopf – als regierungsfähige Partei zu inszenieren. Antisemitismusvorwürfe gegen Migranten – ungeachtet weiterhin vorkommender antisemitischer Vorfälle in der Partei – lassen sich dabei mit der eigenen antiislamischen Ausrichtung verbinden und dienen der eigenen Entlastung gegen entsprechende Vorwürfe an die eigene Adresse.

Im Mai 2017 wurde öffentlich, dass Jura-Studierende und Vertreter der ÖVP-nahen Aktionsgemeinschaft (AG) und der Jungen ÖVP NS-verharmlosende und antisemitische Inhalte geteilt hatten; so wurden in Chats und Facebookgruppen Fotos von Aschehaufen mit dem Kommentar „Leaked Anne Frank nudes" gepostet. Die Verantwortlichen wurden aus der AG ausgeschlossen, juristische Konsequenzen erfolgten jedoch nicht; eines der damaligen Mitglieder arbeitete als Referent in der Integrationssektion der Regierung Kurz/Strache.

Im Januar 2018 wurde bekannt, dass in der Burschenschaft Germania zu Wiener Neustadt bis in die 1990er Jahre ein Liederbuch mit antisemitischen und den Holocaust verulkenden Liedern („Da trat in ihre Mitte der Jude Ben Gurion: ‚Gebt Gas, ihr alten Germanen, wir schaffen die siebte Million") in Gebrauch war. Zu der zum Liederbuch sich entwickelnden Debatte meinte der österreichische Bundespräsident Alexander Van der Bellen, „dass herauskommt, dass es in Österreich keinen Platz für Antisemitismus gibt. Das ist einhellige Meinung, von ganz wenigen Persönlichkeiten abgesehen. Aber wir müssen uns auch immer erinnern, wie es begonnen hat. Auschwitz ist nicht vom Himmel gefallen. Dem ging eine jahrelange systematische Diskriminierung, Entwürdigung, ich würde sagen, Entmenschlichung der jüdischen Mitbürgerinnen und Mitbürger voraus, sodass das schlussendlich dann möglich war." Im Oktober 2019 wurden Texte aus einem 2005 erschienenen Liederbuch zum 125-jährigen Bestehen der Burschenschaft Pennales Corps Austria zu Knittelfeld publik, in denen „Rothschild" – dieser Name steht in der rechtsextremen Szene als Codewort für antisemitische Stereotype – in entsprechender Weise diffamiert wurde („Rothschild hat das meiste Geld ... und ist das größte Schwein").

Ein am Wissenschaftszentrum Berlin für Sozialforschung (WZB) 2013 durchgeführtes Six Country Immigrant Integration Comparative Survey ergab, dass 64,1 % der Muslime in Österreich der Meinung sind, man könne Juden nicht trauen. Eine Studie des Zentrums für Politische Bildung an der Pädagogischen Hochschule Wien ergab, dass antisemitische Vorurteile bei muslimischen Jugendlichen besonders stark verbreitet sind. Eine weitere Untersuchung des Soziologen Kenan Güngör in den Jahren 2015 und 2016 zeigte bei 47 Prozent der Jugendlichen mit muslimischem Hintergrund eine abwertende Haltung gegenüber Juden. Güngör sieht einen nach Österreich „importierten Antisemitismus unter Muslimen". Erste Ergebnisse einer Studie zur bosnischen Community in Österreich zeigen Unterschiede zwischen den Generationen (ältere Bosnier seien beispielsweise noch von in „Tito-Jugoslawien" übernommenen antizionistischen Vorurteilen beeinflusst) wie auch Vergleiche zwischen dem Massaker von Srebrenica und dem Holocaust, den Juden angeblich instrumentalisieren würden, *während – wie behauptet wird – der Genozid an den bosnischen Muslimen weitgehend ignoriert werde.*

Der österreichische Antisemitismusbericht (Hrsg.: Forum gegen Antisemitismus des Innenministeriums) stellte für das Jahr 2015 eine markante Zunahme von Vorfällen mit islamistischem Hintergrund fest. Oskar Deutsch, Präsident der Israelitischen Kultusgemeinde Wien, meinte, dass der Antisemitismus von islamischer Seite stärker werde, und forderte eine bessere Integration von Zuwanderern mit einer besseren Vermittlung der österreichischen Werteordnung sowie einen Aktionsplan auf europäischer Ebene. Der Psychoanalytiker und ÖVP-Nationalratsabgeordnete Martin Engelberg, ehemaliges Mitglied im Vorstand der Israelitischen Kultusgemeinde in Wien (IKG), stellte fest, dass jene, die heutzutage in Wien antijüdische Slogans rufen, Muslime seien. Von ihnen komme in Österreich „die wahre antisemitische Bedrohung". Engelbergs Forderung, sich beim Thema Antisemitismus nicht auf die FPÖ zu „fixieren", und seiner Marginalisierung von Judenfeindschaft unter Rechtsextremen wurde wiederum von Oskar Deutsch widersprochen.

Der Antisemitismus-Bericht des Forums gegen Antisemitismus für 2017 listete 503 gemeldete antisemitische Vorfälle auf, doppelt so viele wie 2014. Von einer erheblich höheren Dunkelziffer werde ausgegangen. Neben Taten von Rechten, Linken und Muslimen seien 62 Prozent der Vorfälle ideologisch nicht zuordenbar. Der Präsident der IKG Wien und des Bundesverbands der Israelitischen Kultusgemeinden Österreichs Oskar Deutsch stellte fest, dass Antisemitismus „immer mehr zur Normalität" werde und eine immer stärker zunehmende „Enthemmung der Täter" zu bemerken sei; der FPÖ sprach Deutsch dabei die Glaubwürdigkeit im Kampf gegen Antisemitismus ab.

Im März 2019 wurde von Nationalratspräsident Wolfgang Sobotka die Studie „Antisemitismus in Österreich 2018" vorgestellt. Die Umfrageergebnisse, die sich auf mehr als 2700 Einzelinterviews stützten, ergaben, dass beim rassistischen Antisemitismus zehn Prozent entsprechenden Aussagen zustimmten, während bei sekundärem bzw. israelbezogenem Antisemitismus die Zustimmungsraten deutlich höher ausfielen. Zusammenhänge gab es mit soziodemographischen Merkmalen wie Alter, Bildung oder dem Vorhandensein rechtsautoritärer Einstellungen. Die Befragten aus den Gruppen der Arabisch- bzw. Türkischsprachenden stimmten dabei den meisten antisemitischen Aussagen prozentual häufiger zu als die Gesamtbevölkerung.

Schweiz

Im Jahr 2018 stieg die Zahl antisemitischer Vorfälle in der französischsprachigen Schweiz an. In der Deutschschweiz nahm die von den Nationalsozialisten verwendete Kriegsrhetorik einer angeblichen „jüdischen Weltverschwörung" erheblich zu.

Der Schweizerische Israelitische Gemeindebund (SIG) hat im Jahr 2018 in der Deutschschweiz 42 antisemitische Vorfälle registriert, ohne die Vorfälle in den sozialen Netzwerken. In der Deutschschweiz ist die Zahl der aufgenommenen antisemitischen Vorfälle im Vergleich zu den Vorjahren weitgehend konstant geblieben. In der französischsprachigen Schweiz hat die Coordination Intercommunautaire Contre l'Antisémitisme et la Diffamation (CICAD) im gleichen Zeitraum 174 Vorfälle von Judenhass gezählt, wovon 64 % in den sozialen Netzwerken stattfanden.

Frankreich

Ab der Jahrtausendwende stieg die Zahl antisemitischer Übergriffe in Frankreich; zahlreiche französische Juden wanderten aus. 2016 war jedes dritte Opfer einer rassistischen Straftat in Frankreich ein Jude, obwohl die jüdische Gemeinde dort nicht einmal ein Prozent der Gesamtbevölkerung stellt. Laut Georges Bensoussan, Experte für jüdische Kulturgeschichte im Europa des 19. und 20. Jahrhunderts an der Pariser Shoah-Gedenkstätte, wurden zwischen in den letzten Jahren vor 2017 14 Juden in Frankreich bei antisemitischen Angriffen ermordet. 2012 wanderten laut Statistik des israelischen Einwanderungsministeriums etwa 1900 Juden aus Frankreich nach Israel aus („Alija"); 2013 waren es 3288, 2015 bereits 7800.

Laut der jüdischen Organisation SPCJ (Service de protection de la communauté juive; etwa: Schutzdienst der jüdischen Gemeinschaft) und dem jüdischen Dachverband CRIF (Conseil Représentatif des Institutions juives de France) nahm die Zahl antisemitisch motivierter Taten in Frankreich im Jahr 2012 um 58 % gegenüber 2011 zu. Im Jahr 2013 verzeichnete die Beobachtungsstelle Kriminalität und strafrechtliche Verfolgung (ONDRP) in Frankreich 423 antisemitische Delikte, darunter auch Gewalttaten.

Laut einer Studie der Agentur der Europäischen Union für Grundrechte von 2013 beobachten 88 % der französischen Juden eine zunehmende Feindseligkeit gegenüber ihrer Religion in den vergangenen fünf Jahren, 46 % erwogen eine Auswanderung.

2014 bewegte eine Diskussion um Dieudonné M'bala M'bala, der als Komiker oder Kabarettist bekannt wurde, Frankreich. Sein Programm enthielt antisemitische Äußerungen. Der damalige Innenminister Manuel Valls hielt Dieudonnés Auftritte für politische Veranstaltungen, bei denen er antisemitische und rassistische Parolen verbreitete. Ein Auftritt in Nantes und später einer in Tours wurden verboten. Der Conseil français du culte musulman (CFCM) verurteilte am 8. Januar 2014 alle Provokationen unter dem Deckmantel von Humor und Spott.

Laut einer 2013 durchgeführten Studie des Wissenschaftszentrums Berlin für Sozialforschung (WZB) äußerten 43,4 % der Muslime in Frankreich, man könne Juden nicht trauen.

In den Jahren gab es islamistische Anschläge und andere Gewalttaten explizit gegen Juden oder jüdische Einrichtungen, so zum Beispiel 2006 die Entführung und brutale Ermordung des 23-jährigen Ilan Halimi, 2012 den Angriff auf eine jüdische Schule im Rahmen der Anschlagsserie in Midi-Pyrénées und 2015 den Überfall auf einen koscheren Supermarkt in Paris.

2015 filmte das israelische Online-Magazin NRG in Paris, wie ein Reporter mit Kippa auf dem Kopf 10 Stunden durch verschiedene Viertel läuft und dabei beschimpft und verfolgt wird. Die 2015/16 gedrehte Dokumentation Auserwählt und ausgegrenzt – Der Hass auf Juden in Europa thematisierte den damaligen Antisemitismus vor allem in Deutschland, Frankreich und den von Israel besetzten Palästinensischen Autonomiegebieten.

Nach dem Mordfall Sarah Halimi (April 2017), dem Überfall auf eine jüdische Familie in der Nähe von Paris und einigen gewalttätigen judenfeindlichen Vorfällen wurde das Thema Antisemitismus in Frankreich wieder verstärkt diskutiert. Die französische Regierung bezeichnete Antisemitismus in Frankreich als großes Problem; meist würden junge Muslime Juden beschimpfen und verprügeln. Im Jahr 2018 registrierten französische Behörden 541 antisemitische Übergriffe in Frankreich, 74 Prozent mehr als 2017 (311 Übergriffe). Im Jahr 2017 lebten in Frankreich etwa 456.000 Juden. (2002: etwa 500.000)

Der Historiker Denis Peschanski führte 2019 die neue Welle von Antisemitismus in Frankreich auf ein Gemisch von rechts- und linksextremistischen mit islamistischen Strömungen zurück; der gemeinsame Nenner sei die Suche nach einem Sündenbock. Auch bei der Gelbwestenbewegung sah er eine erhöhte Anfälligkeit auch für antisemitische Verschwörungstheorien. Zur Frage, ob man Antizionismus als Form von Antisemitismus unter Strafe stellen solle, meinte Peschanski, Antizionismus bemäntele häufig nur den Hass auf Juden; wenn man jedoch antizionistische Aussagen verbieten würde, erlaube man „den Urhebern, sich als Opfer zu inszenieren". Sie würden dann „rasch ein neues Tarnwort für ihre Judenfeindlichkeit finden".

Eine Studie der Jewish Claims Conference, deren Ergebnisse Anfang 2020 veröffentlicht wurden, ergab, dass 57 Prozent der Franzosen nicht wissen, dass sechs Millionen Juden während des Holocaust ermordet wurden. Bei Jüngeren mit Geburtsdatum ab 1980 betrug diese Unwissenheit sogar 69 Prozent. 44 Prozent dieser sogenannten Millenials und der nachfolgenden Generation „Z" nehmen an, dass es nicht einmal 2 Millionen Tote gab. Zwei Drittel der befragten Franzosen kannten das Vernichtungslager Auschwitz zumindest namentlich, aber nicht einmal jeder Fünfte hatte von den Lagern Dachau und Buchenwald gehört. Nur zwei Prozent der Befragten kannten zudem das Sammellager Drancy, von dem aus mehr als 60.000 Juden in die Vernichtungslager deportiert wurden. Die Claims Conference merkte zudem an, dass das schwindende Wissen über den Holocaust „mit einem immer stärker werdenden Antisemitismus in Frankreich" einhergehe.

Großbritannien

2016 behauptete der ehemalige Londoner Bürgermeister Ken Livingstone, Adolf Hitler habe den Zionismus, konkret die Aussiedelung der Juden nach Palästina unterstützt, bevor er verrückt geworden sei und sechs Millionen Juden umgebracht habe. Sein Parteikollege John Mann bezeichnete ihn deshalb als „Nazi-Apologeten".

Der 2015 zum Parteivorsitzenden der Labour Party gewählte Jeremy Corbyn bezeichnete die Terrororganisation Hamas und die Hisbollah als „Freunde". Bei einer Gedenkveranstaltung in Tunesien legte er einen Kranz auf dem Grab eines PLO-Terroristen nieder, der 1972 am Massaker an israelischen Sportlern bei den Olympischen Sommerspielen in München beteiligt gewesen war. Der Soziologe David Hirsh wirft Corbyn „Unterstützung für Terrorismus und Toleranz gegenüber dem Antisemitismus" vor.

Der Innenausschuss des Parlaments kam in einer Untersuchung zu dem Ergebnis, dass das Versagen der Labour Party, konsistent und effektiv auf antisemitische Vorfälle der letzten Jahre zu reagieren, Behauptungen Substanz verleihe, wonach Teile der Labour-Bewegung institutionell antisemitisch sind.

Die wissenschaftliche Studie „What British Muslims really think" ergab, dass 26 Prozent der Muslime der Meinung sind, dass Juden für die meisten Kriege in der Welt verantwortlich seien.

Laut der 2017 veröffentlichten Staetsky-Studie des Londoner Institute for Jewish Policy Research sind antisemitische Einstellungen unter britischen Muslimen zwei bis vier Mal häufiger als in der Gesamtbevölkerung. Relativ wenige der Befragten (acht Prozent religiöse bzw. zehn Prozent weniger religiöse – laut Eigendefinition) betrachteten den Holocaust als Mythos, 25 bzw. 29 Prozent waren der Ansicht, dass Juden den Holocaust für eigene Zwecke ausnutzen würden, 27 bzw. 33 Prozent glaubten, dass Juden auf Kosten anderer reich würden, und 27 bzw. 32 Prozent attestierten Juden in Großbritannien zu viel Macht. Dem Satz „A British Jew is just as British as any other British person" stimmten 61 bzw. 59 Prozent zu. Hinsichtlich der britischen Gesamtgesellschaft unterstützten 62 Prozent der befragten Briten das Existenzrecht Israels, 24 Prozent waren allerdings der Meinung, dass Israel an den Palästinensern einen Massenmord begehen würde.

In der Labour Party waren seit 2000 vermehrt antisemitische Tendenzen zu beobachten wie ein zum Antisemitismus mutierter Antizionismus, zu geringe Distanz zum radikalen Islam, Holocaustrelativierung durch Vergleiche mit Israels Politik gegenüber den Palästinensern sowie mit der Sklaverei, aber auch traditioneller Antisemitismus durch Benutzung des Klischees einer „jüdischen Lobby" sowie die Kategorisierung von Juden in Zionisten (gleichbedeutend mit „schlechten Juden") und Antizionisten (gleichbedeutend mit „guten Juden"). Als Hauptproblem erscheint, dass vor dem Hintergrund einer vereinfachten linken, antirassistischen und gleichzeitig antizionistischen Weltsicht Antisemitismus häufig nicht als solcher erkannt wird. Über den derzeit starken Focus auf die Labour Party und die muslimische Community ist jedoch auch die Gesamtgesellschaft zu berücksichtigen. Laut neueren Umfragen weisen radikale Rechte mit 14 Prozent den höchsten Anteil an „hard-core"-Antisemitismus auf, während die radikale Linke sich hinsichtlich antisemitischer Einstellungen wenig von der Gesamtgesellschaft unterscheidet.

Arabische und islamische Staaten

Antisemitismus im Islam stammt historisch aus Europa. Griechische Christen hatten die Ritualmordlegende um 1840 im Osmanenreich propagiert. 1908 hatte der türkische Journalist Ebüzziya Tevfik die Reformvorstöße der Jungtürken nach europäischem Vorbild auf eine jüdische Verschwörung zurückgeführt. 1926 waren die „Protokolle der Weisen von Zion" ins Arabische übersetzt und von panarabischen Nationalisten gegen Juden benutzt worden. Dabei spielte der Palästinenserführer Mohammed Amin al-Husseini, ein Freund der Nationalsozialisten und später Helfer beim Holocaust, eine wesentliche Rolle. Antisemitische Stereotype blieben jedoch im Islam bis 1970 marginal. Antisemitismusforscher wie Wolfgang Benz, Klaus Holz und andere weisen die seit dem 11. September 2001 von Robert S. Wistrich, Hans-Peter Raddatz und anderen vertretene These eines für den ganzen Islam konstitutiven „islamischen Antisemitismus" daher zurück und sprechen stattdessen vom importierten, nachträglich „islamisierten Antisemitismus".

Erst nach Israels Staatsgründung 1948 wurden die „Protokolle" und weitere antisemitische Schriften aus Europa und Nordamerika massenhaft im arabischen Raum verbreitet. In seiner Schrift „Unser Kampf gegen die Juden" (1950) vereinte Sayyid Qutb deren Stereotype mit antijüdischen Motiven aus islamischer Tradition und schuf damit den antisemitischen Islamismus. Er beschrieb die Juden als Vertreter eines „seelenlosen Materialismus" und kollektive Zerstörer der bislang moralisch intakten Gemeinschaft der Muslime. Der spätere Scheich der Azhar Muhammad Sayyid Tantawi behauptete 1966 in seiner Doktorarbeit Das Volk Israel im Koran und in der Sunna, „Gier nach Leben und dem Diesseits" und „übermäßiger Egoismus" seien unwandelbare Eigenschaften der Juden. Sie seien für Werteverfall, die Französische Revolution und die Oktoberrevolution verantwortlich. Dazu stützte er sich auf die „Protokolle".

Nach dem Sechstagekrieg 1967 verdrängte dieser Islamismus allmählich den arabischen Nationalismus. Daher enthalten die heutigen Programme vieler islamistischer Organisationen drei aus Europa stammende antisemitische Hauptmotive: den nach Weltherrschaft strebenden jüdischen Verschwörer, die Gegenüberstellung von (hier muslimischer) Gemeinschaft und (jüdischer) Gesellschaft und die Zuschreibung einer unfassbaren, destruktiven, unendlich einflussreichen, international verzweigten Macht der Juden zum Auflösen aller Unterschiede zwischen Völkern, Rassen und Religionen („Figur des Dritten", Klaus Holz). So verweist die Hamas-Charta von 1988 in Artikel 32 explizit auf die „Protokolle" und beschreibt Israel als illegitimen Pseudostaat einer internationalen, heimatlosen „Wir"-Gruppe, nicht als gewöhnlichen Nationalstaat. Sie beschreibt Juden als heimliche Herrscher der Welt und zugleich als armselige Feiglinge, indem sie den frühen antijüdischen Hadith zitiert: „Der jüngste Tag wird nicht kommen, bevor nicht die Muslime gegen die Juden kämpfen und sie töten, so dass sich die Juden hinter Bäumen und Steinen verstecken. Und jeder Baum *und Stein wird sagen: Oh Muslim, oh Diener Gottes, da ist ein Jude hinter mir. Komm und töte ihn."*

Die antisemitischen Motive des Islamismus sollen den Staat Israel als angeblich nur durch Täuschung und Fälschung zustandegekommen delegitimieren. So behauptete der iranische Staatsführer Ali Chamene'i in einer Rede zur Intifada der Palästinenser (24. April 2001), man habe „eine große Zahl nicht-jüdischer Randalierer und Strolche aus Osteuropa dazu gezwungen, nach Palästina zu emigrieren", um Israel gründen zu können. Auch das deutschsprachige Internetportal Muslim-Markt spricht stets vom „Pseudostaat Israel" oder vom „zionistischen Gebilde" ohne klare Grenzen und klar bestimmbares Staatsvolk.

Der Iran propagiert antisemitischen Antizionismus als Staatsideologie mit Veranstaltungen wie dem al-Quds-Tag und unterstützt Terrorgruppen wie Hamas und Hisbollah. Iranische Regierungsvertreter bezeichnen Israel als zu beseitigendes „Krebsgeschwür". Die iranische Zeitung Hamschahri schrieb im Februar 2006 einen Karikaturenwettbewerb unter dem Titel „Holocaust International Cartoon Contest" aus, der Holocaustleugnung belohnte. Der Wettbewerb wurde 2010, 2013 und 2015 wiederholt. 2014 wurde in Teheran die 2nd New Horizon Conference of Independent Thinkers abgehalten, wo neben klassischen Holocaustleugnern auch 9/11-Truther Vorträge hielten. 2018 fand die Ausschreibung zum First International Hourglass Festival statt; die entgegengenommenen Einreichungen sollten das erhoffte Ende Israels in spätestens 25 Jahren illustrieren. Festivalsymbol war ein Davidstern, der sich beim Durchlaufen einer Sanduhr auflöst. Da die staatliche Rhetorik des Iran regelmäßig eindeutig antisemitische Konnotationen und Bilder verwendet, gilt der iranische Antizionismus als nicht vom Antisemitismus trennbar.

Beşir Atalay, der Vizeregierungschef der türkischen Regierung Erdogan, behauptete während der Proteste in der Türkei 2013, diese seien von der jüdischen Diaspora in der Türkei organisiert worden; auch die internationale Presse und andere „ausländische Kräfte" hätten sich an einer „Destabilisierung" der Türkei beteiligt.

Die 2014 publizierte ADL 100 Studie der Anti Defamation League, die Ergebnisse aus Befragungen zu Einstellungen gegenüber Juden aus 100 Ländern zusammenfasst, ergab, dass das Ausmaß von Antisemitismus in mehrheitlich muslimisch geprägten Ländern zwar hoch ist, jedoch von Land zu Land stark variiert (West Bank/Gaza 93 Prozent, Irak 92, Türkei 69). Andererseits neigten mehr Befragte (67 Prozent) im christlich-orthodoxen Griechenland zu antisemitischen Einstellungen als im muslimisch geprägten Iran (56 Prozent). In Kamerun und Nigeria wiederum ist Antisemitismus unter der christlichen Bevölkerung stärker verbreitet als unter der muslimischen, im Libanon unter beiden Bevölkerungsgruppen annähernd gleich stark (82 Prozent Muslime, 75 Prozent Christen). Der Unabhängige Expertenkreis Antisemitismus kommt zu dem Schluss, dass weniger die Religion als solche als vielmehr religiöser Dogmatismus mit antisemitischen Einstellungen korreliert. Eine ebenso einflussreiche Rolle spielen familiäre und gruppenspezifische Narrative und

Identitätsherstellungen. Die Mehrheit (56 Prozent) der arabischen (überwiegend muslimischen) Bevölkerung in Israel hatte hingegen eine positive Meinung von Juden, 35 Prozent eine negative. Die Einstellungen von Sunniten und Schiiten zu Juden unterschieden sich kaum. Weit weniger als sie zeigen Aleviten antisemitische Einstellungen.

Nach einer globalen Untersuchung von 2018 vertreten 56 % bis 83 % der jeweils befragten Muslime Antisemitismus. Bei Christen lagen die Werte zwischen 16 % und 20 %.

Vereinigte Staaten von Amerika

In den 1940er Jahren waren antisemitische Vorurteile in evangelikalen Kreise der USA weit verbreitet. Populäre Prediger wie der Baptist William B. Riley verbreiteten Verschwörungstheorien wie die, Juden würden gemeinsam mit den Illuminaten hinter dem Weltkommunismus und supranationalen Organisationen wie der UNO stecken. Ihr Ziel wäre es, eine antichristliche Weltherrschaft zu errichten, die gemäß den Prophezeiungen der Bibel der Wiederkunft Christi vorausginge. In der unausweichlichen Endschlacht würde dann die Mehrheit aller Juden ums Leben kommen. Dabei stützten sich die evangelikalen Antisemiten unter anderem auf die „Protokolle der Weisen von Zion". Trotz der Anknüpfungsmöglichkeiten an den angeblich jüdischen Bolschewismus gingen antisemitische Tendenzen während des Kalten Krieges insgesamt aber deutlich zurück.

In der sowjetischen Atomspionage gegen die USA waren linke Juden – häufig Emigranten aus Europa – überproportional vertreten: Das Ehepaar Ethel und Julius Rosenberg war hierfür ein prominentes Beispiel. Dies trug dazu bei, dass die antikommunistischen Kampagnen der McCarthy-Ära der 1950er Jahre auch antisemitische Züge trugen. Die Regierungen der USA unterstützen jedoch traditionell den Staat Israel als Demokratiemodell für den Nahen Osten. Auch das Holocaustgedenken und die Holocaustforschung haben hier besonders seit 1967 einen starken Rückhalt. Das amerikanische Judentum ist stark säkularisiert: Heute heiraten ungefähr 60 % der Juden in Amerika – gegenüber weniger als 10 % vor 1914 – Andersgläubige.

Nach dem Zusammenbruch des Sowjetkommunismus nahm der Antisemitismus in den USA nicht weiter ab. Juden wurde zwar nicht mehr vorgeworfen, mit der Sowjetunion im Bunde zu stehen, dafür wurden sie nun als Vertreter inter- oder supranationaler Organisationen wie der UNO, der Weltbank oder des IWF kritisiert: Das verschwörungstheoretische Grundmuster blieb, nur die angebliche Verschwörung wurde ausgetauscht. Da die Massenverbrechen des Holocaust stärker ins öffentliche Bewusstsein traten, wurden diese Verdächtigungen aber seltener offen geäußert, sondern durch Anspielungen auf die Hochfinanz und andere Codewörter. Erzkonservative Christen, Evangelikale und Fundamentalisten unterstellen teilweise bis heute, dass der „jüdische Einfluss" der Kulturindustrie in Hollywood als Vorhut für die Schwächung der „traditionellen Familienwerte" verantwortlich sei. In manchen Country Clubs, Nachbarschaften und Konzernen sind Juden nicht willkommen: Sie orientieren sich an der Elite der White Anglo-Saxon Protestants („WASP"), d. h. den weißhäutigen Protestanten angelsächsischer (nordwesteuropäischer) Herkunft. Einzelne Prediger der Christian Right wie Jerry Falwell und John Hagee haben im Rahmen ihres apokalyptischen Weltbildes den Antichrist als jüdisch bezeichnet.

Gänzlich unverstellt ist der Antisemitismus weiterhin unter amerikanischen Rechtsextremen. In der Milizbewegung, in der Christian-Identity-Bewegung, die Arier für das auserwählte Volk der Bibel und Afroamerikaner für Untermenschen erklärt, beim Ku-Klux-Klan, den Aryan Nations und anderen Befürwortern einer White Supremacy ist das Schlagwort vom „Zionist Occupied Government" populär, der „zionistisch" (gemeint ist: jüdisch) „besetzten Regierung", mit dem die Regierung der Vereinigten Staaten als von einer fremden Macht ferngesteuert delegitimiert werden soll. Aus diesen Gruppen kam es seit den 1980er Jahren zu antisemitisch motivierten Gewalttaten wie der Ermordung des Radiomoderators Alan Berg durch die Terrorgruppe The Order oder den Drive-by-Shootings Benjamin Nathaniel Smiths, eines Anhängers des Creativity Movements 1999.

Seit den 1980er Jahren wuchs dem amerikanischen Antisemitismus eine neue Anhängerschaft unter den Afroamerikanern zu, was große Aufmerksamkeit erregte. Namentlich die Nation of Islam vertritt bis heute antisemitische Standpunkte, wobei sie sich der religiösen, wirtschaftlichen, rassistischen und verschwörungs-theoretischen Stereotype bedient, die der europäische Antisemitismus bis dahin hervorgebracht hat. Zusätzlich spielt in der Polemik ihres Führers Louis Farrakhan, der etwa „jüdischen Blutsaugern" die Schuld an der jahrhundertelangen Unterdrückung der angeblich „überlegenen schwarzen Minderheit" gibt, noch ein entschiedener Antizionismus eine Rolle.

Der Anteil der US-Amerikaner mit antisemitischen Ansichten liegt (Stand Anfang 2017) seit Jahren bei zwölf bis fünfzehn Prozent.

Im Rahmen rechtsextremer Demonstrationen in Charlottesville am 11. und 12. August 2017 riefen einige Teilnehmer den Slogan „Wir lassen uns von Juden nicht verdrängen".

Ende Oktober 2018 erschoss ein Mann in einer Synagoge in Pittsburgh elf Menschen. Der 46-jährige Täter war bereits zuvor in den sozialen Medien mehrfach durch antisemitische Kommentare aufgefallen. Laut Jonathan Greenblatt, dem Chef der Anti Defamation League, war es die bislang „vermutlich tödlichste Attacke gegen die jüdische Community in der Geschichte der USA".

Am 27. April 2019, dem letzten Tag des jüdischen Pessachfestes, verübte ein Attentäter einen Anschlag auf eine Synagoge in Poway (Kalifornien). Dabei tötete er eine 60-jährige Frau, drei weitere Personen wurden verletzt, darunter ein achtjähriges Mädchen und der Rabbiner der Synagoge. Laut Augenzeugen habe die Waffe anschließend eine Fehlfunktion gehabt. Der mutmaßliche Täter, ein 19-jähriger Student, konnte festgenommen werden. Ein unter seinem Namen veröffentlichtes Manifest mit rechtsextremen Verschwörungstheorien und einer Bezugnahme auf den Attentäter von Pittsburgh (siehe oben) und den Schützen, der im März 2019 einen Terroranschlag auf zwei Moscheen im neuseeländischen Christchurch verübt hatte, wurde im Internet entdeckt.

Wikipedia® ist eine eingetragene Marke der Wikimedia Foundation Inc.

7. Islamophobie

*Als **Islamfeindlichkeit** oder **Islamhass** wird die Feindseligkeit gegenüber Muslimen sowie deren kategorische Abwertung und Benachteiligung bezeichnet. Daneben existieren die konkurrierenden Bezeichnungen und Konzept **Muslimfeindlichkeit**, **Islamophobie** und **antimuslimischer Rassismus**, die unterschiedliche Schwerpunkte und Wertungen bei der Betrachtung des Phänomens setzen. Umstritten ist, ob Islamfeindlichkeit als Form des Rassismus oder als eine nahe verwandte Form gruppenbezogener Menschenfeindlichkeit zu betrachten sei. Islamophobie wird heute auch als „Kampfbegriff" verwendet.*

Definition und Benennung

Definitionen

Laut dem britischen Soziologen Chris Allen schafft Islamfeindlichkeit eine Wirklichkeit, in der es als normal gilt, Muslime als grundsätzlich verschieden von Nichtmuslimen anzusehen und sie folglich auch ungleich zu behandeln. Islamfeindlichkeit gilt als relativ junges Phänomen und hat erst in den letzten Jahren mediale Aufmerksamkeit erfahren. Die Anfänge der modernen Islamfeindlichkeit reichen jedoch weit ins 20. Jahrhundert zurück und haben mehrere historische Vorläufer, etwa im mittelalterlich-christlichen Bild des Islams, aber auch im westlichen Orientalismus der Neuzeit. Die wissenschaftliche Auseinandersetzung mit der Islamfeindlichkeit setzte vergleichsweise spät ein. Die erste umfassende Studie des Phänomens sowie der Versuch einer Definition stammen aus dem Jahr 1997. Benennung, Einordnung und Reichweite des Begriffs sind seitdem umstritten.

Chris Allen definiert Islamfeindlichkeit als eine Ideologie, die Muslime und den Islam als das negativ konnotierte „Andere" konstruiert und damit von der Gruppe ausschließt, mit der man sich selbst identifiziert. Islamfeindlichkeit verbreite einseitig negative Sichtweisen über Islam und Muslime und diskriminiere Letztere gegenüber anderen Menschen. Muslime identifiziere sie anhand vermeintlicher oder tatsächlicher Merkmale und Eigenheiten des Islams, also nicht anhand des Selbstbildes der betroffenen Personen. Allen betont, dass Islamfeindlichkeit nicht immer explizit zum Ausdruck gebracht werde. Vielmehr sei sie auch in alltäglichen Praktiken und Diskursen vorhanden, ohne dass sich die darin Involvierten notwendigerweise als islamfeindlich verstehen müssen. Die Diskriminierung von Muslimen äußere sich folglich auch in Handlungen und Äußerungen, die von allen Beteiligten als selbstverständlich wahrgenommen werden. Islamfeindlichkeit ziele darauf ab, negative Wahrnehmungen von Muslimen und Islam als „Wissen" zu etablieren, also als für objektiv wahr gehaltene Aussagen. Gleichzeitig strebe sie auch eine politische und soziale Benachteiligung von Muslimen in der Gesellschaft an. Laut Allen seien konkrete Inhalte deshalb auch von geringerer Bedeutung, da sie über die Zeit durch andere ersetzt werden könnten und Islamfeindlichkeit wandelbar sei – abgesehen von der negativen Bewertung des

Islams und der Muslime an sich. Dennoch seien historische Kontinuitäten empirisch beobachtbar.

Allen bezeichnet Islamfeindlichkeit als eine dem Rassismus verwandte, aber nicht identische Ideologie; zu ihrer Rechtfertigung würden schließlich vor allem kulturelle Argumentationsmuster verwendet. Ein solcher kultureller Rassismus sei nicht nur problematisch, weil er innerhalb der Rassismusforschung umstritten sei. Die „Kulturalisierung" von Islam und Muslimen trage überdies dazu bei, dass beide als homogen und monolithisch gesehen würden. Da man bei der Definition einer islamischen Kultur von einer bestimmten Ausprägung des Islam beziehungsweise Verfassung der Muslime ausgehen müsse, nehme man in Kauf, sowohl die Religion als auch die Menschen über deren Kopf hinweg zu kategorisieren.

In dieser Haltung findet Allen bei Robert Miles und Malcolm D. Brown Zustimmung, die in ihren Publikationen ebenfalls die Unterschiede zwischen Rassismus und Islamfeindlichkeit betonen: Zwar gebe es inhaltliche und funktionelle Überschneidung zwischen beiden Phänomenen, beide seien jedoch genauso voneinander zu trennen wie von Sexismus oder Homophobie, wenn man eine Inflation des Rassismuskonzepts vermeiden und die historischen Eigenheiten der Islamfeindlichkeit berücksichtigen wolle. Im Gegensatz dazu haben vor allem Rassismustheoretiker wie Étienne Balibar und David Theo Goldberg die Ansicht vertreten, dass Islamfeindlichkeit ebenso wie moderner Antisemitismus lediglich eine von vielen Formen des Rassismus sei. Sie sehen sowohl Kultur als auch Rasse als sozial konstruierte Kategorien, denen keine reale Essenz zugrunde liege. Gleichzeitig betonen sie die Verschmelzung religiöser Aspekte mit klassischen biologisch-rassistischen Diskursen.

Nach dem Islamwissenschaftler und Verfassungsschutz-Mitarbeiter Olaf Farschid sind folgende Ideologien Merkmale von Islamfeindlichkeit: (1) Die Annahme einer „unüberbrückbaren kulturellen Verschiedenheit von Muslimen und Nichtmuslimen"; (2) Die Annahme, Islam und Demokratie seien „grundsätzlich unvereinbar und Muslime daher in westlichen Gesellschaften niemals integrierbar"; (3) Die Annahme „Gewalt gehört konstitutiv zum Islam"; (4) Die Annahme, „Muslime betreiben eine heimliche Islamisierungsstrategie"; (5) Die Sorge „vor der angeblich bevorstehenden Einführung islamischer Traditionen und Normen in europäische Gesellschaften"; (6) Die Annahme, „Muslime arbeiten mit bewusster Täuschung" und (7) die „Gleichsetzung von Islam und Totalität, die aus dem Islam eine Ideologie macht und ihm den Status einer Religion abspricht."

Benennungsfragen

Die englischen beziehungsweise französischen Ausdrücke „islamophobia"/„islamophobie" lehnen sich an das dem Griechischen entlehnte Wort „Xenophobia" (Fremdenfeindlichkeit) an. Diese Bezeichnung gilt als problematisch, weil der Wortbestandteil der Phobie auf eine krankhafte beziehungsweise psychische Ursache des Phänomens hindeutet und es damit pathologisiert.

Der Begriff wurde 1997 erstmals in einer wissenschaftlichen Studie des britischen „Runnymede Trust" verwendet („Islamophobia – A Challenge for all of us"; „Islamophobie – eine Herausforderung für uns alle"). Freilich: „Der damalige Leiter des „Runnymede Trust", Trevor Phillips, der eben jene Studie in Auftrag gegeben hatte, hat sich inzwischen von dem Begriff 'Islamophobie' distanziert. In einem Kommentar für die Times beklagte er 2016, dass der Begriff dazu geführt habe, eine offene Debatte über den Islam zu verhindern und Kritiker der Zuwanderungs- und Integrationspolitik zu stigmatisieren". Der Begriff taugt nach Ansicht mancher Wissenschaftler daher nur für Fälle, in denen eine ausgeprägte, subjektive Angst vor dem Islam besteht. Teile der deutschsprachigen Forschung bevorzugen deshalb die (an Fremdenfeindlichkeit) angelehnte Bezeichnung der Islamfeindlichkeit und nehmen in Kauf, dass es sich um eine international weniger anschlussfähige Bezeichnung handelt.

Insbesondere wird auch der Fokus auf den Islam statt auf die betroffenen Individuen, die Muslime, als problematisch kritisiert. Yasemin Shooman befürwortet aus diesem Grund die Verwendung der Bezeichnung „antimuslimischer Rassismus" beziehungsweise „anti-Muslim racism". Damit sollen die Parallelen zu klassischen Rassismen unterstrichen und Muslime ausdrücklich als Opfer des Phänomens benannt werden. Allen weist ähnliche Vorschläge mit Verweis auf die Unterschiede zwischen Islamfeindlichkeit und Rassismus zurück und meint, dass keiner der Ausdrücke in der Lage sei, die komplexen Strategien zu erfassen, in denen Muslime indirekt über den Islam angegriffen würden oder der Islam als ganzes, nicht aber Muslime, im Fokus der Feindseligkeit stünden. Als Konsequenz argumentiert er dafür, vorerst bei den etablierten Ausdrücken zu bleiben.

Armin Pfahl-Traughber vertritt die Auffassung, dass es bei der Unterscheidung von Begriffen wie Islamophobie, Islamfeindschaft, Islamkritik, Muslimenfeindlichkeit und Muslimenkritik „keineswegs nur um einen Streit um Worte" gehe. Hinter den Begriffen stünden vielmehr „unterschiedliche Inhalte, die sich zwischen den beiden Polen einer aufklärerisch-menschenrechtlichen Islamkritik einerseits und einer fremdenfeindlich-hetzerischen Muslimenfeindlichkeit andererseits bewegen". Er plädiert für eine klare Trennung zwischen den Begriffen und eine Versachlichung einer Debatte, in der bei einer nicht zu vernachlässigenden Grauzone sowohl immer wieder Islamkritiker, die „einzelne Bestandteile oder Auslegungen der Religion und deren Wirken in der Gesellschaft hinterfragen", als „Islamfeinde" diffamiert würden, als auch tatsächliche Muslimenfeinde ihre Ressentiments als „Islamkritik" behaupteten. Der Soziologe Samuel Salzborn argumentiert dafür, den Begriff der Islamophobie gänzlich zu verwerfen. Nur Islamisten und Rechtsextremisten würden von der Unschärfe des Begriffs profitieren. Zudem werde seiner Ansicht nach der Begriff Islamophobie insbesondere von islamistischen Gruppierungen verwendet, die sich damit gegen Kritik an ihren eigenen demokratiefeindlichen Äußerungen und Taten zu immunisieren versuchen. Der französische Sozialwissenschaftler Gilles Kepel, der auch an der London School of Economics and Political Science lehrt, beklagte, dass zunehmend oft Lehrveranstaltungen und öffentliche Vorträge von Wissenschaftlern, die sich kritisch mit dem Islam auseinandersetzen, von pro-islamischen Gruppierungen mit dem Kampfbegriff der „Islamophobie" gestört würden.

Parallelen von Islamfeindlichkeit und Antisemitismus

Das Verhältnis zwischen Antisemitismus und Islamfeindlichkeit ist seit einigen Jahrzehnten Gegenstand wissenschaftlicher Analysen und Debatten. Etienne Balibar verwies schon 1988 auf Antisemitismus, um die „Feindschaft gegenüber Arabern" begreiflich zu machen. Unter anderem beschäftigten sich auch Konferenzen der Europäischen Stelle zur Beobachtung von Rassismus und Fremdenfeindlichkeit (EUMC) und der OSZE mit diesem Thema, weitere Studien wurden durch Historiker wie Dan Diner, Matti Bunzl und David Cesarani durchgeführt.

Die Vergleichbarkeit von Antisemitismus und Islamfeindlichkeit ist umstritten. So kritisierten Autoren wie Daniel Goldhagen, Matthias Küntzel und Clemens Heni den Vergleich 2008 als Gleichsetzung, die qualitative Unterschiede zwischen beiden Vorurteilsstrukturen verwische und damit Gefahr laufe, die Besonderheiten des Holocaust einzuebnen. Wolfgang Benz vertritt dagegen den Standpunkt, „die Antisemiten des 19. Jahrhunderts und manche ‚Islamkritiker' des 21. Jahrhunderts arbeiten mit ähnlichen Mitteln an ihrem Feindbild". Gemeinsam sei antisemitischen wie islamophoben Vorurteilen „die Einteilung in Gut und Böse sowie das Phänomen der Ausgrenzung". Beim Vergleich von Antisemitismus und Islamfeindlichkeit sei jedoch ein grundlegender Unterschied festzustellen: „Im Gegensatz zum ausgehenden 19. Jahrhundert geht es heute nicht mehr um die Emanzipation der Juden, sondern um die Integration der Muslime". Eine Gleichsetzung von Islamfeindlichkeit und Antisemitismus lehnt Benz ab, er vergleicht „die Methoden der Ausgrenzung". So wie es eine Methode „irgendwelcher ‚Experten'" gewesen sei, Judenfeindschaft zunächst mit Inhalten des Talmud und später aus rassistischer Sicht durch „jüdische" Gene zu begründen, durch die Juden „zum Bösen geführt" sein sollten, gebe es heute Experten, die ähnlich argumentierten: „Was früher Talmud-Hetze war, ist jetzt Koran-Hetze. Man stigmatisiert eine Minderheit als gefährlich, weil es ihr angeblich die Religion befiehlt." Micha Brumlik, der auf semantische Überschneidungen in den Äußerungen Treitschkes und Sarrazins hinwies, und Norbert Frei gaben Benz hinsichtlich der sozialpsychologischen Vergleichbarkeit heutiger Islamfeindlichkeit mit der Judenfeindschaft des späten 19. und frühen 20. Jahrhunderts Recht. Auch Salomon Korn und Sabine Schiffer sahen ähnliche Parallelen. Der Politik- und Islamwissenschaftler Thorsten Gerald Schneiders weist darauf hin, dass die Debatte über die Parallelen von Antisemitismus und Islamfeindlichkeit auch vor dem Hintergrund des islamfeindlichen Diskurses betrachtet werden müsse. Die Relevanz von Islamfeindlichkeit werde durch solche Vergleiche aufgewertet, was vor allem Protagonisten und Sympathisanten der islamfeindlichen Szene nicht recht sein könne.

Der These der Ähnlichkeit von Antisemitismus und Islamfeindlichkeit widersprach dagegen unter anderem Julius H. Schoeps, der argumentiert, es fehle der Islamfeindlichkeit an „parallelen Wahnvorstellungen", also Entsprechungen zu etwa den Ritualmordlegenden und der Theorie des Weltjudentums. Matti Bunzl lehnt den Vergleich nicht völlig ab, betonte aber, die Islamfeindlichkeit sei, im Gegensatz zum historisch gewachsenen Antisemitismus, ein Phänomen, das erst zum Anfang des 21. Jahrhunderts aufgekommen sei. Heribert Schiedel ist der Ansicht, dass der Antisemitismus deduktiv vorgehe, die einzelnen Juden würden also in eine zuvor bestehende genaue Vorstellung vom Judentum gepresst, der antimuslimische Rassismus hingegen induktiv, er verallgemeinere und schließe von einem oder mehreren auf alle Muslime. Ihm fehle auch die den Antisemitismus kennzeichnende „doppelte Unterscheidung": die Definition von Juden einerseits „als gemeinschaftsfremde Gruppe", andererseits ihre Identifizierung „mit der die Gemeinschaft zersetzenden Moderne". Der Antisemitismus erlaube es, „die ganze (soziale) Misere aus einem einzigen Punkt heraus zu begreifen und ursächlich auf einen Schuldigen zurückzuführen". Ähnlich argumentiert Volker Weiß, der betont, dass der Antisemitismus „ein viel dichteres Weltbild zu einer Abwehr der Aufklärung" biete. Die von der Rechten für schädlich gehaltenen Begleiterscheinungen der universalistisch ausgerichteten Moderne (Säkularisierung, Frauenemanzipation, Kulturindustrie, Marxismus, Liberalismus) würden nicht dem Islam angelastet, dessen Aufstieg zur Bedrohung „als Folgeerscheinung des Universalismus" gelte, dessen unmittelbare Gestalt vom Antisemiten im Judentum gesehen werde. Nach Monika Schwarz-Friesel fehlt das tertium comparationis zum Vergleich der Phänomene. Ein weiteres Argument gegen den Vergleich ist die Aussage, dass im Gegensatz zu Juden von einigen Muslimen tatsächlich reale Gewalt und Terrorismus unter explizitem Hinweis auf die Religion ausgehe.

Die Frankfurter Allgemeine Zeitung führt an, es wäre falsch zu behaupten, „dass der Islam selbst und das Verhalten der Muslime keinen Anteil daran haben, dass negative Ansichten über sie entstehen. Juden haben nie Terrorangriffe auf Zivilisten durchgeführt, Fatwas gegen Cartoonisten ausgesprochen, die krummnasige Rabbis gezeichnet hätten, oder öffentlich zum Ziel erklärt, den europäischen Kontinent zu ‚erobern', wie das prominente muslimische Vertreter wiederholt getan haben. Jüdische Schulen haben ihre Zöglinge nicht mit Hass auf die westliche Zivilisation indoktriniert". Henryk M. Broder fügte hinzu, dass Antisemitismus „auf hysterischen Ängsten, Erfindungen, Projektionen und Neidgefühlen" beruhe, während die Islamkritik „eine reale Basis" habe, „die jedes Vorurteil über die dem Islam innewohnende Toleranz in ein gefestigtes Urteil" verwandle. Dem widersprach Mathias Brodkorb, Broder verkenne das Wesen des nationalsozialistischen Antisemitismus. Dieser sei nicht in erster Linie „von mittelalterlich verbürgten Abstrusitäten wie der These von den ‚Brunnenvergiftern' oder ‚rituellen Kindstötern'" konstruiert, sondern im Gegenteil aus verschiedenen „Erfahrungen, die er allerdings … in abstruser und unzulässiger Weise im Rahmen einer Sündenbocktheorie verallgemeinerte", weshalb ein Vergleich zulässig sei.

Auch in einer Stellungnahme des Jüdischen Kulturvereins Berlin wurde die Islamfeindlichkeit des 21. Jahrhunderts mit Antisemitismus verglichen: „Zunehmend scheinen Antisemitismus und Islamophobie zwei Seiten jener Medaille zu sein, in die stereotypes Handeln und neues Unverständnis mit großen Lettern eingraviert sind."

Inhalte, Funktion und Folgen

Islamfeindlichkeit kann – je nach zeitlichem, regionalem und politischem Kontext – sehr verschiedene Formen annehmen. Ihre vordergründigen Inhalte können sich leicht wandeln, ohne dass dabei der anti-islamische und anti-muslimische Kern angetastet würde. Sie zeigt jedoch, ausgehend von ihrer ideologischen Grundannahme, stets ähnliche Funktionen und Wirkungsweisen.

Für die Islamfeindlichkeit spielen äußere Zeichen und Symbole eine wichtige Rolle. Sie dienen nicht nur der Identifikation von Muslimen, etwa einer Kopftuchträgerin als Muslima, sondern auch der Repräsentation von Muslimen und Islam. So wird eine Moschee nicht nur als architekturelles Symbol für die Anwesenheit von Muslimen, sondern als Wahrzeichen aller negativen Eigenschaften des Islams und der Muslime wahrgenommen. Chris Allen bezeichnet die Moschee in diesem Fall als „Zeichen", während die Negativbilder von Muslimen und Islam das „Bezeichnete" beziehungsweise die Bedeutung darstellen. Die Islamfeindlichkeit kennt eine Vielzahl solcher Zeichen, etwa Hidschabs, halāl-zertifizierte Lebensmittel oder den Koran, die alle dieselbe Funktion erfüllen. Sie werden in einer „konzeptuellen Landkarte" verortet, auf der ihnen eine spezifische Rolle in der Negativdeutung von Muslimen und Islam zukommt. Über diese Landkarte lassen sich einzelne Zeichen in den bestehenden ideologischen Kontext einordnen, mittels einzelner Zeichen können aber auch negative Vorstellungen zu ihrem Träger, dem Muslim, transportiert werden.

Chris Allen zieht einen Vergleich zwischen Islamfeindlichkeit und Rassismus gegenüber Schwarzen: Die Religion der Muslime, der Islam, habe einen ähnlichen Stellenwert wie die Hautfarbe für schwarze Männer. Beide würden primär durch die Brille dieses äußeren Zeichens verstanden, und zwar als homogene Gruppe. Damit würden negative Bedeutungen, die mit diesem Zeichen verbunden sind, auf alle seine Träger übertragen. Als eine Folge würden die betroffenen Gruppen diskriminiert: Während man etwa schwarze Männer unter den Generalverdacht der Kriminalität stelle und deshalb die Unschuldsvermutung missachte, würden Muslime durchweg als potenzielle Terroristen gesehen und damit strengeren Sicherheitsvorkehrungen unterworfen als andere Menschen. Nach Allen bedeutet dies, dass weniger die diskriminierenden Praktiken islamfeindlich seien, sondern eher die Deutungsmuster, die ihnen zugrunde liegen und als Legitimation für die Diskriminierung herangeführt werden. Dieser Behandlung können Angehörige der betroffenen Gruppen nicht entgehen, ohne sich aller äußerlichen Zeichen zu entledigen, weil sie über diese stets auf die eine, negative Deutung ihrer selbst reduziert werden. Die Akzeptanz der Ungleichbehandlung mit Verweis auf die negativ konnotierten Deutungen macht Muslime somit zu einer äußeren, einer „anderen" Gruppe, die sich essenziell von allen anderen Menschen unterscheidet. Im gleichen Zug wird die Eigengruppe positiv aufgewertet – sei es, weil ihr die negativ konnotierten Zeichen der muslimischen Außengruppe fehlen oder weil sie über positiv konnotierte Zeichen verfügt, die den Muslimen fehlen. So dient etwa der Hidschab im Kopftuchstreit dazu, seine muslimischen Trägerinnen als unemanzipiert und ihre Ehemänner und Väter als frauenfeindlich und rückwärtsgewandt darzustellen bzw. die Frauen selbst als Terroristinnen wahrzunehmen oder ihnen zumindest Extremismussympathien zu unterstellen. Was als Zeichen fungiert und was nicht, unterliegt stets einer Fluktuation und lässt sich deshalb nicht von vornherein festlegen. Die Zeichen lassen sich jedoch von außen stets durch ihren postulierten Bezug zum Islam identifizieren, auch wenn dieser Bezug nicht explizit formuliert werden muss.

Studien haben gezeigt, dass eine empfundene religiöse Diskriminierung und die Wahrnehmung einer islamophoben Gesellschaft dazu führen, dass Muslime in Europa sich mehr mit ihrer Religion und weniger mit dem jeweiligen europäischen Staat identifizieren. Zudem deuten Studien darauf hin, dass die Zunahme an negativen Haltungen gegenüber Muslimen die Gesundheit von Mitgliedern muslimischer Minoritäten in Europa negativ beeinflusst. Laut einer Studie aus dem Jahr 2012 ist allein die Wahrnehmung einer feindlichen Umgebung ausreichend, um eine negative Auswirkung auf die psychische Gesundheit von Muslimen zu bewirken, unabhängig davon, ob die Betroffenen persönliche Erfahrungen mit Diskriminierung gemacht haben.

Geschichte

Die Frage, inwiefern gegenwärtige Islamfeindlichkeit in der Tradition der mittelalterlichen Auseinandersetzung des christlichen Europa mit den muslimischen Reichen in Europa, Nordafrika und Asien zu sehen ist, wird in der Forschung kontrovers diskutiert. Ähnliches gilt für den Orientalismus des 19. und 20. Jahrhunderts. Konsens ist aber, dass die zeitgenössische Islamfeindlichkeit viele Motive aus der Zeit der Kreuzzüge, der Türkenkriege und des Orientalismus übernommen hat. Zu den wichtigsten dieser Elemente gehören das generalisierende Bild vom Muslim als gewalttätig, übersexualisiert und unzivilisiert sowie die Vorstellung eines angeblich unüberwindbaren Antagonismus zwischen christlichem und aufgeklärtem Abendland und einem romantisierten und ursprünglichen, aber auch irrationalen muslimischen Orient. Da Islamfeindlichkeit auch innerhalb von gleichen Zeiträumen sehr unterschiedliche Formen annehmen kann, fällt es schwer, klare Start- oder Endpunkte für ihre Entwicklung festzulegen. Allerdings lassen sich grob zwei Phasen – spätes 20. und frühes 21. Jahrhundert – festmachen.

20. Jahrhundert: Aufkommender Antagonismus

Ein einschneidendes Ereignis in der Geschichte der modernen Islamfeindlichkeit: die Machtübernahme Ruhollah Chomeinis im Iran 1979. Die Islamische Revolution wurde als fundamentaler Konflikt zwischen westlichen und islamischen Werten interpretiert.

Der häufigen Annahme, die Geburtsstunde der modernen Islamfeindlichkeit seien die Anschläge vom 11. September 2001 gewesen, wird von Gottschalk/Greenberg widersprochen. Die einschneidenden Ereignisse für die heutige Form der Islamfeindlichkeit, so ihre Gegenthese, lägen vielmehr in den 1970er und 1980er Jahren und seien sowohl in den westlichen Gesellschaften als auch in der politischen Entwicklung der muslimischen Staaten zu suchen. Zu ersten Konflikten zwischen islamisch und west-lich geprägten Staaten kam es im israelisch-palästinensischen Konflikt und während der Ölkrisen ab 1973. Beide Ereignisse wurden aber damals noch nicht primär in reli-giösen, sondern in nationalen Kategorien verstanden. Für Aufsehen in der westlichen Öffentlichkeit sorgte vor allem die iranische Revolution von 1979, bei der die iranische Bevölkerung den vom Westen gestützten Reza Schah Pahlavi stürzte. In der Folge setzte sich ein radikal islamistisches Regime unter Ruhollah Chomeini an die Spitze des Staates. Von den westlichen Medien wurde die Revolution vor allem als Konflikt zwischen westlichen Werten und Interessen und denen des Islam interpretiert und dargestellt. Gleichzeitig wurde der Islam in dieser Berichterstellung mit den gleichen Attributen versehen wie bereits im Orientalismus: Rückständig, gewaltbereit, unauf-geklärt; eine Religion, die vor allem durch das Schwert verbreitet werde. Dieser auf-kommende Antagonismus zwischen Westen und Islam blieb aber zunächst wenig wirkmächtig, unter anderem weil er von der kapitalistisch-kommunistischen Kon-frontation im Kalten Krieg überdeckt wurde. 1988 erschien Salman Rush-dies Buch Die satanischen Verse, in dem er auf die „Satanischen Verse" Bezug nahm und den Propheten Mohammed auftreten ließ. Von vielen Muslimen wurde das Werk als blasphemisch und als Herabwürdigung des Islam interpretiert. Zwar verbot der Staat Indien das Buch als erstes, die größte Aufmerksamkeit erregte aber 1989 die Fatwa Chomeinis gegen Rushdie, in der er zu dessen Tötung aufrief. Rushdie musste untertauchen, Übersetzer des Buches wurden von Angreifern ermordet oder schwer verletzt. Weltweit kam es zu Protesten gegen die Satanischen Verse. Eine öf-fentliche Verbrennung des Buches durch eine Gruppe muslimischer Briten wurde von den Medien aufgegriffen und mit der Bücherverbrennung 1933 in Deutschland vergli-chen. Damit wurden nicht nur die Negativbilder des Islams befeuert, die zehn Jahre zuvor aufgekommen waren. Die christlich geprägten Mehrheiten im Westen entwi-ckelten auch das erste Mal ein Bewusstsein dafür, dass Muslime nicht nur in Asien und Nordafrika, sondern auch in den nationalen Gesellschaften Europas und Nordameri-kas lebten. Gleichzeitig wurden in der medialen Darstellung alle Muslime gleichge-setzt und in die Nähe Chomeinis gestellt.

Etwa im gleichen Zeitraum kam es zu einem Wandel im Selbstbild vieler Minderheiten in Westeuropa. Die zahlreichen Gastarbeiter, Auswanderer aus den ehemaligen Kolo-nien und deren Nachkommen in westlichen Staaten hatten sich selbst lange Zeit an-hand nationaler oder ethnischer Kategorien definiert. Hingegen wurden beispiels-weise muslimische Pakistanis, buddhistische Singhalesen oder hinduistische Inder im Vereinigten Königreich seit den 1950er Jahren von Behörden und Regierungen unter-schiedslos zunächst über Hautfarbe (colour), Rasse (race) und schließlich „Blackness" definiert und zusammengefasst. Alle diese Kategorien waren von außen aufgeprägte Bezeichnungen und widersprachen dem Selbstbild der bisweilen miteinander im Kon-flikt stehenden Gruppen. Viele aus Südasien stammende Minderheiten verstanden sich nie als Schwarze und fühlten sich in diesem Minderheitendiskurs missachtet. Auch wenn die britische Rassendefinition später auch auf „monoethnische" Religionsge-meinschaften ausgedehnt wurde (etwa Sikhs oder Juden), fanden etwa aus Pakistan stammende Briten weder als Pakistanis noch als Muslime oder gar Briten im eigentlichen Sinn Anerkennung. Gleichzeitig verzichtete der rassistische Diskurs ab den 1970er Jahren auf klassische rassistische Argumentationsmuster und bezeichnete nun Eigenschaften und Merkmale von Minderheiten, die sich nicht mit einem biologistischen Rassismus deckten. Sowohl das Bedürfnis der Minderheiten, sich selbst zu definieren, als auch das Aufkommen des „Neuen Rassismus" führten dazu, dass sich Pakistanis, Bangladeshis oder Inder zunehmend entlang ihrer Religion definierten. Aus „Asians" wurden so Muslime, Hindus und Sikhs. Diese Redefinition der britischen Minderheiten ging in den westlichen Medien zeitlich mit der Wahrnehmung des Islams als äußere Bedrohung einher. Die Protestakte kleiner, radikaler Gruppen wurden als Haltung „des Islams" beziehungsweise „der Muslime" interpretiert und damit die nationalen muslimischen Minderheiten mit islamistischen Fundamentalisten gleichgesetzt. Ähnliche Entwicklungen spielten sich wenige Zeit später in Frankreich ab, wo die aus den ehemaligen Kolonien stammenden muslimischen Bevölkerungsgruppen zunehmend als Teil eines globalen, homogenen Islams wahrgenommen werden.

Nach dem Zusammenbruch des Ostblocks fiel der Kommunismus als Bedrohung der westlichen Welt und als gemeinsamer Feind des Westens und islamistischer Bewegungen weg. Der Fokus verlagerte sich damit auf den supponierten Gegensatz zwischen westlicher und islamischer Kultur. Dazu trugen auch Werke wie Samuel P. Huntingtons Kampf der Kulturen bei, das die Welt in monolithische, religiös-kulturell definierte und unvereinbare Blöcke einteilte und die Zunahme von Konflikten zwischen diesen Weltteilen voraussagte. Auseinandersetzungen wie der Zweite Golfkrieg, der Bosnienkrieg oder der erste Tschetschenienkrieg wurden zunehmend als Kampf zwischen christlichem Westen und islamischem Osten interpretiert.

21. Jahrhundert: Erstarken der Islamfeindlichkeit

Obwohl die Stereotype und Bilder aus diesem Diskurs an Bedeutung gewonnen hatten, standen sie bis zum Ende des 20. Jahrhunderts nicht im Zentrum öffentlicher und politischer Wahrnehmung. Die Irak-, Jugoslawien- und Tschetschenienkriege waren stark ethnisch und politisch dominiert, Religion spielte nicht notwendigerweise eine dominante Rolle. Dies änderte sich mit den Anschlägen vom 11. September 2001. Die Attacken islamistischer Terroristen schufen nicht nur ein Bewusstsein für die Existenz eines religiös motivierten Terrorismus. Sie boten in der Folge auch den Rahmen für einen Diskurs, in dem dieser Terrorismus, der Islam und die Muslime weltweit gleichgesetzt oder zumindest in eine große ideologische Nähe zueinander gesetzt wurden. Tendenzen dazu hatte es schon früher gegeben, aber erst durch die enorme mediale Wirkung der Anschläge von 2001 gelangten diese Interpretationsmuster ins Bewusstsein einer breiten Öffentlichkeit. Die Terroranschläge dienten nicht nur als Legitimation für Militäreinsätze gegen vermeintlich oder tatsächlich islamistische Regimes und Terrorgruppen in der Welt. Sie boten über die Identifikation des Islams mit dem Terrorismus auch die Grundlage für einen islamfeindlichen Diskurs in den westlichen Staaten, der sich um die nationalen Minderheiten drehte.

Rechtsextreme und rechtspopulistische Parteien in Westeuropa wandten sich Muslimen als neuem Feindbild zu und forderten ihre Entfernung aus der Gesellschaft, während ihnen in den 1990er Jahren noch Asylbewerber und Wirtschaftsflüchtlinge als zu bekämpfende Übel gegolten hatten. Der islamfeindliche Diskurs hielt aber auch in die etablierte Politik und in die Mainstream-Medien Nordamerikas, Australiens und Europas Einzug. So wurde die Frage nach der Vereinbarkeit des Islams und damit der Muslime mit den Grundsätzen westlicher Gesellschaften gestellt. Über Minderheiten wurde nicht länger als Albaner, Marokkaner oder Pakistanis gesprochen, sondern als Muslime. Die Darstellung islamisch geprägter Länder als unterentwickelt, das Bild des Islam als antiliberale Ideologie und die Vorstellung von Muslimen als tendenziell reaktionär, homophob und frauenfeindlich eingestellten Menschen dominierte in den Medien. Muslime wurden als potenzielle Terroristen gesehen und etwa im Flugverkehr verschärften Sicherheitskontrollen unterworfen. Die Mohammed-Karikaturen führten 2005 zu gewalttätigen Ausbrüchen seitens muslimischer Gruppen, die von westlichen Medien mehrheitlich als Ausdruck eines Angriffs auf Meinungs- und Religionsfreiheit aufgefasst wurde. Die Islamfeindlichkeit beschränkte sich nach 2001 nicht nur auf Wortäußerungen, es kam zu Schändungen von Moscheen, Morden wie dem an Marwa El-Sherbini oder den Anschlägen von Anders Behring Breivik, der die „Islamisierung Europas" als Grund für seine Taten angab. Die Opfer solcher Angriffe waren nicht nur Muslime, sondern auch Menschen, die für solche gehalten wurden, etwa Sikhs in Großbritannien. Dessen ungeachtet ist Islamfeindlichkeit weiterhin in allen Teilen der europäischen Gesellschaften verbreitet, beispielsweise auch im Tourismus, wobei Reisende bei Aufenthalten in islamischen Ländern neben einer exotistischen Haltung durchaus auch islamfeindliche Positionen einnehmen.

Forschungs- und Begriffsgeschichte

Der Ursprung des Begriffs „Islamophobie" lässt sich im französischen Sprachraum bis ins Jahr 1910 zurückverfolgen. Im Zuge der französischen Kopftuchdebatten 2003–2004 wurde auch im deutschsprachigen Raum eine von den Journalistinnen Caroline Fourest und Fiammetta Venner lancierte Interpretation diskutiert, wonach die iranischen Mullahs den Begriff „Islamophobie" in den 1980er Jahren geprägt haben sollten, um säkular orientierte Oppositionelle als unislamisch zu brandmarken; letztere lehnten demnach Verordnungen wie das Verhüllungsgebot aufgrund einer Abneigung gegen den Islam ab. Dieser Behauptung wurde jedoch etwa von Bernhard Schmid entgegengehalten, dass das Wort „Islamophobie" mit seiner griechischen Wurzel im Persischen freilich nicht existiert und das Khomeni-Regime unverschleierte Frauen deswegen auch nicht als „islamophob" bezeichnete, sondern wahlweise als zed-e eslam („gegen den Islam") oder auch als zed-e enqelab („gegen die Revolution"). Im heutigen sozialwissenschaftlichen Kontext wurde der Begriff wohl zuerst Ende der 1980er Jahre von Tariq Modood, einem muslimischen Forscher am britischen Policy Studies Institute, verwendet. Wahrscheinlich stammt er aber aus den britischen muslimischen Gemeinschaften selbst, die Anfang der 1980er Jahre mit diesem Terminus die ihnen entgegenschlagende Abneigung und Diskriminierung benannten.

Der antirassistische britische Runnymede Trust war 1994 die erste nichtmuslimische Instanz, die den Begriff aufgriff und Islamfeindlichkeit in dem Bericht A Very Light Sleeper: The Persistence and Dangers of Anti-Semitism als dem Antisemitismus ähnlich einstufte. Dieser Bericht bildete unter anderem die Basis für die Schaffung der Commission on British Muslims and Islamophobia (CBMI), die sich mit dem Phänomen der Islamfeindlichkeit beschäftigen sollte.

1997 erschien schließlich mit Islamophobia: A Challenge for Us All. Report of the Runnymede Trust Commission on British Muslims and Islamophobia die erste wissenschaftliche Publikation, die sich vorrangig mit der Definition, Beschreibung und Verortung von Islamfeindlichkeit beschäftigte. Herausgeber des meist kurz Runnymede Report genannten Berichts waren der Runnymede Trust und die CBMI. Der Bericht kam zu dem Schluss, dass Islamfeindlichkeit auf einer „geschlossenen Weltsicht" beruhe. Damit nahm der Bericht auf ein Konzept des US-amerikanischen Sozialpsychologen Milton Rokeach Bezug – eine Herangehensweise, die nicht nur wegen ihres Hangs zum Behavioralismus kritisiert wurde. Chris Allen bemängelte unter anderem auch die fehlende historische Verortung, die vorgefassten Urteile der Studie und fehlende theoretische Grundlagen für die Herleitung der Islamfeindlichkeits-Definition. Weiterhin kritisierte er latent islamfeindliche Positionen in der Studie selbst, die Muslimen unterstelle, für Islamfeindlichkeit mitverantwortlich zu sein. Der Runnymede Report wurde auch von vielen weiteren Soziologen kritisiert, seine wegbereitende Rolle in der Erforschung der Islamfeindlichkeit gilt aber als unbestritten. Malcolm Brown nahm 2000 einen frühen Vergleich von Rassismus und Islamfeindlichkeit vor. Er kam zu dem Schluss, dass beide Phänomene getrennte historische Wurzeln hätten. Sie seien zwar prinzipiell unterschiedlich, beeinflussten sich aber gegenseitig. Brown kam zu dem Schluss, dass Rassismus und Islamfeindlichkeit getrennt voneinander analysiert werden sollten. Während Rassismus eine Erscheinung der Moderne sei, handele es sich bei Islamfeindlichkeit um einen Anachronismus aus vormoderner Zeit. Browns Analyse wurde in seiner und Robert Miles' Neuauflage des Standardwerkes Racism von 2003 aufgegriffen und vertieft.

Nach dem 11. September 2001 und den darauf folgenden politischen Entwicklungen stieg die Aufmerksamkeit für Islamfeindlichkeit. Folglich stieg auch die Zahl wissenschaftlicher Werke an, die sich mit dem Phänomen beschäftigten. Die meisten dieser Publikationen arbeiteten jedoch mit relativ vagen und theoretisch nur wenig fundierten Definitionen. In der Regel beschränkten sie sich auf die Geschichte des Phänomens, oder aber sie analysierten nur aktuelle Erscheinungsformen. Erst 2010 legte Chris Allen eine umfangreichere Monografie vor, die sich speziell mit der Definition, den ideologischen Grundlagen und der Theorie der Islamfeindlichkeit widmete.

Historische Studien für einzelne Staaten liegen für Frankreich mit Thomas Deltombes L'Islam imaginaire und für die Vereinigten Staaten mit Islamophobia. Making Muslims the Enemy von Peter Gottschalk und Gabriel Greenberg vor. Die Geschichte der Islamfeindlichkeit im Vereinigten Königreich hat Chris Allen in mehreren

Publikationen nachgezeichnet. Achim Bühl hat einen Band Islamfeindlichkeit in Deutschland verfasst, und Thorsten Gerald Schneiders von der Universität Münster hat zwei umfangreiche Fachbände zum Thema herausgegeben, die sich mit Islamfeindlichkeit und vergleichend dazu mit der ablehnenden Haltung von Islamkritik befassen. Mit der aktuellen Situation in Deutschland beschäftigt sich unter anderem das Berliner Zentrum für Antisemitismusforschung; in Österreich gibt Farid Hafez das Jahrbuch für Islamophobieforschung heraus.

Auch die psychologische Forschung beginnt das Thema zu : Das Institut für Religiosität in Psychiatrie & Psychotherapie veranstaltete 2011 die erste psychologische Fachtagung im Islamischen Zentrum Wien unter dem Ehrenschutz des Wiener Bürgermeisters Michael Häupl. Der Psychiater Raphael M. Bonelli von der Sigmund Freud Privatuniversität Wien analysierte dabei die psychologischen Wurzeln der Islamophobie einerseits als Teil der Xenophobie, andererseits als Teil einer generellen Religionsfeindlichkeit, die für eine irrationale Angst vor dem Islam stehe.

Die Rolle der Medien im Zusammenhang mit der wachsenden Islamfeindlichkeit ist zunehmend Thema auf gesellschaftspolitischer und wissenschaftlicher Ebene. Die Agentur der Europäischen Union für Grundrechte – Agency for Fundamental Rights (FRA), die die Wahrung der Grundrechte in der EU überwacht, weist immer wieder auf islamfeindliche Haltungen von Medien hin. In den letzten Jahren belegen auch wissenschaftliche Erhebungen islamfeindliche Positionen und Aussagen in verschiedenen Medien. Die Erforschung von Web 2.0-Inhalten steht noch an den Anfängen. Lohlker und Schiffer widmeten sich den Islaminhalten von Blogs, Thurner untersuchte Online-Foren so genannter Qualitätszeitungen diskursanalytisch. Auch in journalistischem Rahmen wird das Hassposten diskutiert.

Situation in Deutschland

Islamfeindliche Straftaten

Im Juni 2014 antwortete die Bundesregierung auf eine kleine Anfrage zum Thema Islamfeindlichkeit. Demnach kam es im Zeitraum Januar 2012 bis März 2014 – also in 27 Monaten – in und um Moscheen 78 Mal zu antimuslimischen Vorfällen.

Seit 2017 werden islamfeindliche Straftaten systematisch von den Behörden erfasst (zuvor wurden nur allgemein „gegen die Religion gerichtete Straftaten" erfasst). In jenem Jahr kam es ca. 1.000 islamfeindlichen Straftaten, dazu gehören Anschläge, Schmierereien und Schändungen von Objekten. Dabei wurden 33 Menschen verletzt. Zum Vergleich: Die Anzahl der Angriffe auf Christen und ihre Einrichtung betrug im gleichen Zeitraum 127.

Islamfeindliche Einstellungen

Nach Wilhelm Heitmeyer (Deutsche Zustände) war die Zustimmung zu islamfeindlichen Aussagen zwischen 2003 und 2011 relativ stabil. Jeweils zwischen 20 und 30 %

der Bevölkerung war der Ansicht, Muslimen solle die Zuwanderung nach Deutschland untersagt werden, und zwischen 30 und 40 % fühlten sich „durch die vielen Muslime … manchmal fremd im eigenen Land."

Eine Studie von Andreas Zick und anderen stellte 2011 fest, dass 46,1 % der Befragten der Ansicht seien, es gebe zu viele Muslime in Deutschland, und 54,1 %, Muslime stellten zu viele Forderungen. Damit lag Deutschland im Mittelfeld im Vergleich mit weiteren europäischen Ländern (Großbritannien, Frankreich, Niederlande, Italien, Portugal, Polen, Ungarn).

Die repräsentative Leipziger Mitte-Studie von 2018 konstatiert, dass 44 % der Befragten vollständig oder teilweise der Ansicht seien, dass die „muslimische Zuwanderung nach Deutschland untersagt werden solle". Mehr als die Hälfte der Befragten äußerte, „sich wegen der Muslima und Muslime fremd im eigenen Land zu fühlen". Damit habe sich die ablehnende Haltung gegenüber Muslimen seit 2016 weiter erhöht. Die Islamfeindlichkeit (bzw. Muslimfeindlichkeit) ist nach dieser Erhebung in Ostdeutschland (50,7 %) höher als im Westen (42,4 %) und bei Personen ohne Abitur (48,4 %) stärker ausgeprägt als bei Personen mit Abitur (27,2 %).

Einer Repräsentativ-Befragung der Bertelsmann-Stiftung von 2017 bis 2019 zufolge empfinden ca. 50 % der Menschen in Deutschland den Islam als Bedrohung (Ost: 57 %; West: 50 %). Die Herausgeberin bezeichnete dieses als „weit verbreitete Islamskepsis", die jedoch „nicht unbedingt mit Islamfeindlichkeit gleichzusetzen" sei. Ferner wollten laut der Erhebung 30 % der Menschen im Osten und 16 % der Menschen im Westen keine Muslime als Nachbarn haben.

Der Historiker und Vorurteilsforscher Wolfgang Benz verweist auf Publizisten wie Hans-Peter Raddatz und Udo Ulfkotte, die publikumswirksam durch „Panikmache" Ängste gegenüber dem Islam schüren und Gefahren beschwören würden. Letzterer beschwöre eine „muslimische Weltrevolution" und einen „geheimen Plan zur Unterwanderung nichtmuslimischer Staaten", was rein seiner Fantasie entspringe, wie bei den Protokollen der Weisen von Zion aber den Fremdenfeinden als Versicherung ausreiche. Die Soziologin Naika Foroutan gibt Thilo Sarrazins Bestseller Deutschland schafft sich ab (2010) eine Mitverantwortung an zunehmender Islamophobie. Die „tendenziösen und pauschal abwertenden" Ausführungen hätten „Dämme brechen lassen". Der Diskursraum habe sich bis an den Punkt öffentlicher Diffamierung verlagert. Foroutan sieht einen Zusammenhang zu steigender Islamophobie. Sarrazin könne demnach „als Katalysator deutscher Befindlichkeiten verstanden werden".

Wolfgang Benz bezeichnet den 2004 gegründeten Weblog Politically Incorrect als eine der wichtigsten islamfeindlichen Seiten. Ende 2014 formierte sich zunächst die Bewegung „Hooligans gegen Salafisten" (HoGeSa) und später in Dresden sowie später auch andernorts die Bewegung „Patriotische Europäer gegen die Islamisierung des Abendlandes" (PEGIDA), wobei letztere vielfach als islamfeindlich charakterisiert wurde.

Wikipedia® ist eine eingetragene Marke der Wikimedia Foundation Inc.

8. Der Nachkriegsrassismus

8.1 Vorbemerkung

In Punkt 4 wurde das Thema Rassismus bereits ausführlich beschrieben.

Rassismus ist eine Gesinnung oder Ideologie, nach der aufgrund von physischen Merkmalen eine gemeinsame Abstammung vermutet wird, die Rasse genannt wird. Man geht dabei von Merkmalen wie Hautfarbe, Körpergröße oder Sprache, aber auch kulturellen Merkmalen wie Kleidung oder Bräuchen aus. Dabei betrachten Rassisten alle Menschen, die ihren eigenen Merkmalen möglichst ähnlich sind, grundsätzlich als höherwertig, während alle anderen (oftmals abgestuft) als geringer wertig diskriminiert werden. Mit solchen Rassentheorien, die angeblich wissenschaftlich untermauert sind, wurden und werden Handlungen gerechtfertigt, die heute den Menschenrechten widersprechen. Der Begriff „Rassismus" entstand zu Beginn des 20. Jahrhunderts in kritischen Auseinandersetzungen mit auf Rassentheorien basierenden politischen Konzepten, zum Beispiel in anthropologischen Theorien, in denen „Rasse" und „Volk" als Begriffe vermengt wurden.

Hierauf beruht der Nazismus in Deutschland.

Rassismus stellt auch die Gleichrangigkeit und Existenzberechtigung von anderen Menschen in Frage. Er kann jeden Menschen treffen. Es gibt auch Rassismus eines Teils der schwarzen oder auch indischen Bevölkerung gegenüber den Weißen . Die Folgen des Rassismus reichen von Vorurteilen und Diskriminierung über Rassentrennung und Sklaverei bis hin zum Völkermord. Dabei stammt der Urmensch aus Afrika. Dieser Urmensch hat die Wege nach Europa oder in den Osten beschritten. Die gesamte Menschheit kann also auf ein Paar Urmenschen zurückgeführt werden, Rassen gibt es nicht.

Betrachtet man die deutsche Geschichte, sieht man, dass Deutschland von Völkerwanderungen von Ost nach West und umgekehrt geprägt war. Die Deutschen haben sich stets mit anderen „Völkern" gekreuzt. Von einer reinen Rasse kann nicht die Rede sein. Dass Mongolen sich mit „Germanen" vermählt haben und dass Römer mit „Germanen" Kinder gezeugt haben, dürfte die Bandbreite der Mischungen hinreichend darstellen. Es ist notwendig, nicht mit Denkverboten und Mainstream-Denken auf das schmerzhafte Kapitel des Nationalsozialismus zu reagieren, sondern vielmehr mit einer besseren Aufklärung über die Geschichte der Menschheit.

8.2 Der Nachkriegsrassismus in der Familie

Im heutigen Deutschland ist in großen Teilen von Familien mindestens ein Mitglied entweder Ausländer oder ausländischer Herkunft. Diese Mitglieder werden so bewertet, als ob sie nicht gleichwertig wären und dies allein aufgrund der möglicherweise nicht korrekten Beherrschung der deutschen Sprache, der fehlenden blonden Haare und blauen Augen oder der Vermutung, dass ihre Herkunftsländer nicht so entwickelt wie Deutschland seien. Dies bekommt der Betroffene zu spüren: „Ach ja, du gehörst nicht zu uns.", „Ach ja, das kannst du nicht verstehen, du bist ja nicht von hier." Oder, mit einem Anklang von „positivem Rassismus:" „Ach ja, dem muss man helfen, er ist ja fremd hier."

Dies sieht der Autor als Alltagsrassismus an. Darunter versteht man ein Denkschema, das jede Abweichung von unserer so verstandenen Normalität zurückweist und ausschließt. Die Soziologen Peter Elberger und Thomas Luckmann sehen den Alltag als prägendsten Bereich für den Menschen. Entsprechend können die kleinen Ausprägungen des Rassismus besonders nachhaltig wirken und werden sowohl von Betroffenen als auch von Akteuren und Unbeteiligten verinnerlicht. Link beschreibt diese Verinnerlichung als Normalisierung. Laut der kritischen Weißseinsforschung stellt sich das Weiße auch in Deutschland als eine bestimmte Norm dar. Es wird als die dominante Kultur gesehen, die privilegierte Positionen erlangt. Diese Position wird erst durch Abgrenzung zu anderen Kulturen geschaffen. Dabei setzt sie sich in ein bestimmtes Verhältnis zu allem Fremden. Dadurch erfährt sie das Eigene. Sie erfährt sich als das Eigentliche und daher das Wichtige. Aufgrund dieser Dominanz erscheint dieses Verhältnis zum Fremden als unauffällig und alltäglich. Denn nicht das Weißsein wird wahrgenommen, sondern das Nichtweißsein. Dieses ausgrenzende Verhalten geschieht nicht unbedingt absichtsvoll, sondern wird von einem Weißen selbst im Alltag nicht wahrgenommen. Dies könnte zu der Aussage führen, dass der Weiße farbenblind ist.

Weiterhin problematisch ist, dass Identität stets mit körperlichen und kulturellen Eigenschaften verbunden wird. Diese perfide Verknüpfung wurde zu Beginn des 20. Jahrhunderts durch die Urväter des Rassismus und Nazismus festgelegt. Es war die Grundlage, auf der Hitler die Rassenüberlegenheit aufbaute und propagierte, dass die deutschen „Germanen" einen Ausleseprozess der gesammelten Völker als Sieger überstanden hätten und deshalb jetzt mehr Rechte als die anderen Völker besäßen. Daher wären sie überlegen und müssten die anderen Ethnien versklaven oder vernichten.

8.3 Der Nachkriegsrassismus in der Gesellschaft

In den letzten 30 Jahren und mit der Wiedervereinigung Deutschlands sowie im Kontext der negativen Effekte der Globalisierung konnte ein Trend beobachtet werden, der ständig an Zulauf gewinnt und der Ängste in Europa schürt: Der Rassismus oder auch die Abgrenzung von Teilen der Bevölkerung zu anderen. Positiv formuliert spricht man von einem Deutschen deutscher Herkunft oder einem Deutschen mit Migrationshintergrund. Damit verbunden wurde aber negativerweise, dass der Deutsche mit Migrationshintergrund ein Deutscher zweiter Klasse sei. Die Gesellschaft glaubt an die folgenden Lebenslügen:

1. Deutschland und insbesondere die Westdeutschen haben die nationalsozialistische Zeit überwunden und die Vergangenheit aufgearbeitet. Damit ist Schluss. Jedoch arbeiteten Nazis und hohe Würdenträger des Naziregimes bis Mitte der 70er Jahre als Professoren, Richter oder in anderen prestigeträchtigen und bedeutenden Berufen. Tatbestand ist auch, dass die Nazijustiz zu keinem Zeitpunkt ihre Vergangenheit aufgearbeitet hat. Das gleiche gilt für das Auswärtige Amt. Dabei ist auf die Akte Rosenburg hinzuweisen, die erst 2016 (!) die Nazivergangenheit des Justizministeriums final aufgearbeitet hat.
2. Die DDR, das sogenannte bessere Deutschland, in dem nie Nazis waren, selbst 1945 nicht, hat seine Vergangenheit niemals aufgearbeitet. Es fühlte sich den Polen und anderen sozialistischen Brüderstaaten überlegen. Es war nicht notwendig, die Geschichte aufzuarbeiten, da der Sozialismus sowieso für seinen Frieden bekannt war. Leider ist das Gegenteil die Wahrheit. Die DDR war in ihrem Wesen ein autoritärer Staat und hatte dieselben Strukturen wie Nazideutschland.
3. In ganz Europa und in Deutschland haben grundsätzlich 10 bis 15 Prozent der Bevölkerung Neigungen zum Rassismus und Faschismus. Dies würde für Deutschland etwa 10 Millionen erwachsene Menschen bedeuten.

4. In diese Zahlen sind nicht die Menschen eingerechnet, die konservative Werte in sich tragen. Dies dürften auch circa 10 Millionen sein, sie dürfen aber nicht zu den Rassisten gezählt werden. Sie sind aber anfällig für Rassismus.
5. Mindestens 20 Prozent der eingewanderten Türken neigen zu Rassismus oder religiöser Abgrenzung gegenüber den Christen. Dies dürften immerhin 500.000 Menschen sein, wenn man von den Zahlen von 2015 ausgeht.
6. Mit Denkverboten und Mainstream-Denken wird Deutschland den Rassismus nicht abschaffen.
7. Die Globalisierung und die Öffnung der Grenzen befeuern die Zunahme von Rassismus, da eine zunehmende Zahl von Menschen Angst vor einem grenzenlosen Land hat und sich auf die Sprache, die Kultur und die angebliche Herkunft zurückbesinnt. Damit steigt die Neigung zur Ausgrenzung. Dazu kommt das verheerende Verhalten der Medien Merkel'scher Ausprägung sowie das Mainstream-Denken, das letztendlich diesen Teil der Bevölkerung in seiner Meinung bestärkt: „Jetzt erst recht!"
8. Die verheerende Flüchtlingspolitik Merkels und ihre organisierte, durch die Presse befeuerte Befürwortung haben bei vielen Bürgern das Gefühl der Hilflosigkeit stärker denn je werden lassen und damit auch die Bestrebungen, sich mit Gleichgesonnenen zu verbinden, um gegen Merkel und ihre Clique (die öffentlichen und auch Teile der privaten Medien) Widerstand zu leisten. Dies erklärt teilweise die hohen Zustimmungswerte zum völkischen Teil der AfD.
9. Die Parallelgesellschaften sowie ihre Abgrenzung von der normalen deutschen Bevölkerung stellen eine der größten Treibkräfte der Zunahme des Rassismus und teilweise sogar des Faschismus in Deutschland dar. Dieses Mal sind es nicht die Urdeutschen, die die Minderheiten ausgrenzen, sondern diese Minderheiten grenzen sich selbst von den Deutschen ab. Diese Perversität ist bedingt durch falsch verstandene Toleranz. Es sollte daher mehr denn je der Begriff der Toleranz klar definiert, aber auch seine Grenzen deutlich angesprochen und festgelegt werden. Hier haben auch die Kirchen und ihre Denkverbote und –Gebote versagt.
10. Die deutsche Geschichte, die nicht auf die zwölf Jahre des Naziregimes reduziert werden sollte, steht an unseren Schulen auf verlorenem Posten. Der größte Teil der Abiturienten kennt trotz jahrelangen Geschichtsunterrichts die deutsche Geschichte in ihrer Gesamtheit nicht.

Es ist betrüblich festzustellen, dass alle europäischen Nationen bei weitem bessere Kenntnisse über ihre Vergangenheit haben als die Deutschen über die ihre. Hier besteht erheblicher Nachholbedarf, der nicht in der Vermittlung von Jahren und Zahlen besteht, sondern in der Verknüpfung von Zusammenhängen. Es ist notwendig, eine Diskussion über die deutsche Identität anzustoßen, damit die nächste Generation weiß, was eine solche ist (kulturell, herkunftsmäßig, ausbildungsmäßig, sprachlich und soziologisch).

8.4 Der Nachkriegsrassismus im Beruf

Der Nachkriegsrassismus im Beruf hat in Europa ein noch nie dagewesenes Niveau erreicht, weil die Islamophobie sich in Bewerbungen und im Personalbüro niederschlägt. Dies bildet ein ernstes Hindernis für Berufsanfänger. Islamische Vornamen oder Adressen in sozial schwachen Vierteln reichen, um den Bewerber gar nicht erst einzuladen. Dies ist inzwischen so schlimm, dass in Frankreich und Deutschland Bestrebungen im Gange sind, um anonymisierte Bewerbungen möglich zu machen. Das Gleiche gilt zum Erstaunen des Autors auch bei akademischen Berufen. Es trifft sogar in Berufen zu, wo es personelle Engpässe gibt, wie im Gesundheitswesen. Darüber hinaus ist auf dem Wohnungsmarkt das Tragen eines islamischen Vornamens oder ausländischen Nachnamens schon ein Grund für die Nichtberücksichtigung des Gesuchs in Städten mit Wohnungsknappheit. Unter Kollegen wird der türkische und arabische Mitarbeiter sehr oft direkt geduzt und ebenso häufig sind seine Aufstiegschancen klein (analog wie bei den Frauen). Vage Gründe für die Abweisung oder Angst im Hinblick auf extremen Islamismus befeuern den Rassismus außerdem. Gerade die Bekleidung der Frauen (Kopftuch, Nikab oder Burka) verursacht ein zunehmendes Unbehagen in Betrieben. Es werden klare Verhaltenslinien gefordert. Das Verhalten von bestimmten muslimischen Gruppen bezüglich dem Handschlag mit einer Frau, der Unterordnung unter eine weibliche Führungskraft oder dem Befolgen der Anordnungen einer Frau verursachen in vielen deutschen Betrieben (trotz Leugnen) immer größere Schwierigkeiten in den Abläufen. Das Führen von männlichen Gruppen in Betrieben durch europäische Frauen wird zunehmend zu einer Herausforderung. Hier fehlt es an klaren Ansagen, sei es von der Politik, sei es von der Industrie.

8.5 Der Nachkriegsrassismus in der Politik

Es ist leider festzustellen, dass nach der Wiedervereinigung und einer anschließenden Zeit der Besinnung diese politisch extremen Ansichten heute wieder öffentlich Unterstützung finden, sei es auch nur in Bierzelten. Zudem lassen sich seit dem Aufstieg der AfD verschiedene Parteien (CDU/CSU oder SPD) thematisch von dieser treiben. Es ist unverständlich, dass ein Björn Höcke, dessen Familie als völkisch eingestuft worden ist, und der selbst erst recht mit völkischen Thesen hantiert, Beamter werden kann oder Mitglied eines Parlaments sein darf. Hier darf darauf hingewiesen werden, dass Hitler durch Wahlen legal an die Macht gekommen ist und dass autokratische Parteien in unseren Nachbarländern wie Polen, Ungarn oder Tschechien ebenso aufgestiegen sind. Dass eine Beatrix von Storch, in deren Familie ein Mitglied Finanzminister unter Hitler und zuständig für die Wirtschaft mit den Goldzähnen der Juden aus den KZs war, überhaupt noch rassistische und islamophobe Ansätze öffentlich vorstellen darf und sogar in den Bundestag einziehen kann, ist eine Zumutung. Diese Frau, die extreme, faschistische und rechtskonservative Ansätze im negativen Sinne vertritt, kam stets ungeschoren davon. Es ist auch erstaunlich, dass die Presse zu dieser Person nicht endlich Stellung nimmt und ihre Familie und ihren Werdegang nicht detailliert beleuchtet und offenlegt. Hier haben die Medien abermals versagt.

Es ist ein Unding zu glauben, dass Deutschland von jeder Tendenz kuriert ist, die zu einem autokratischen System führt. Der Frust, insbesondere über die letzten 15 Jahre, und die empfundene Ohnmacht gegenüber der politischen Elite ist so groß, dass durchaus die Möglichkeit besteht, dass dieses verkrustete System analog zu Frankreich oder viel negativer zu Italien, Ungarn oder Polen, unterhöhlt wird und schließlich ins Wanken gerät.

8.6 Wie lange kann sich Deutschland eine Nazi-Partei leisten?

Ein Teil der AfD bezeichnet sich selbst als völkisch und damit deutet er die Abgrenzung der weißen Rasse zur restlichen Bevölkerung sowie die Relativierung des Nazisystems an. Wenn Gauland äußert, dass die NS-Zeit de facto „Peanuts" in der deutschen Geschichte ist, so hat er die Verhältnismäßigkeit aus den Augen verloren. Oder er kennt die deutsche Geschichte nicht. Selbst dann, wenn man Deutschland als Konstrukt 2500 Jahre Geschichte zuschreibt, haben laut Historikern alle von diesem Land geführten Kriege mit Ausnahme der Kriege im 20. Jahrhundert „gerade" zwei Millionen Menschen das Leben gekostet. Der Erste und Zweite Weltkrieg haben aber insgesamt 70 Millionen Menschen getötet. Allein der von Hitler angezettelte Zweite Weltkrieg hat 45 Millionen Opfer gefordert, auch Deutsche. Hinzu kam eine Teilung des Landes, die immerhin 50 Jahre gedauert hat. Gauland selber ist ein Flüchtling aus der DDR. Neben sechs Millionen Juden, die umgebracht wurden, sind 27 Millionen Russen gestorben, weil Nazideutschland Russland angegriffen hat – und nicht umgekehrt. Insoweit sind Abgrenzung, Nationalismus (im negativen Sinn) und Rassismus für ein Land wie Deutschland schlicht und einfach nicht zu verantworten. Jede politische Partei oder Bewegung, die auf diese Themen setzt und bewusst damit provoziert, müsste von Amts wegen verboten werden. Die Entscheidung Deutschlands und Berlins, in der Umgebung des Parlaments ein Mahnmal zur Erinnerung an rassistische Taten zu errichten, ist in der Welt im positiven Sinne einzigartig. Dafür werden Berlin und die Deutschen weltweit bewundert, denn andere Länder haben noch nicht einmal mit der Aufarbeitung ihrer Geschichte angefangen.

Kann sich Deutschland eine Partei wie die AfD leisten? Fällt die AfD nicht unter den oben genannten Radikalenerlass, der die Beschäftigung von rechts- und linksradikalen Menschen im öffentlichen Dienst verbietet? Ist es nicht ratsam, den völkischen Teil der AfD aus allen politischen und wirtschaftlichen Ämtern zu entfernen und zu versuchen, den „guten" Teil der AfD, die Wertkonservativen, zu ermuntern, eine neue Partei zu gründen?

9. Multikulturelle Gesellschaft

*Das politische Schlagwort **multikulturelle Gesellschaft** wird sowohl deskriptiv als auch normativ verwendet. In Deutschland wurde der Begriff in der öffentlichen Diskussion um die Einwanderungspolitik Ende der 1980er Jahre bekannt. Der Begriff bezeichnet eine Vision einer Gesellschaft innerhalb eines Staates, in der Menschen unterschiedlicher Nationalitäten, Sprachen, Religionen und Ethnien friedlich zusammenleben. Menschen verschiedener Kulturen können verschiedene Traditionen, Lebensstile und/oder Vorstellungen von Werten und Ethik haben. Dabei impliziert der Begriff der multikulturellen Gesellschaft ein Neben- bzw. Miteinander nach wie vor klar unterscheidbarer Kulturen in einer Gesellschaft und unterscheidet sich insoweit vom Begriff der transkulturellen Gesellschaft, der das Verschwimmen oder gar die Auflösung kultureller Grenzen diagnostiziert.*

Ehemalige Kolonialmächte werden als multikulturelle Gesellschaften besonderer Art bezeichnet: Dort leben oft Menschen aus ehemaligen Kolonien. Teilweise wanderten sie während der Kolonialzeit ein; teilweise kamen sie im Zuge der Dekolonisation in den 1950er und 1960er Jahren.

Kanada war im 18. und 19. Jahrhundert umstritten zwischen Briten und Franzosen im Osten (1763 verloren die Franzosen ihre Kolonie Neufrankreich an die Briten) sowie später im Westen zwischen Spaniern, Briten und Russen. Die Geschichte Kanadas gilt als ein Beispiel für legislative Umsetzung des Multikulturalismus.

Politische Debatte in Deutschland

Historische Entwicklung

In den 1970er Jahren zeichnete sich ab, dass die in zwischen 1955 und 1973 angeworbenen bzw. eingereisten Gastarbeiter nur selten nach einigen Jahren in ihre Heimatländern zurückkehrten, sondern dauerhaft in Deutschland blieben und öfter als prognostiziert ihre Familien nachholten.

1978 berief die damalige Bundesregierung unter Helmut Schmidt deshalb einen Beauftragten zur Förderung der Integration der ausländischen Arbeitnehmer und ihrer Familienangehörigen. Erster Beauftragter wurde Heinz Kühn. Er veröffentlichte 1979 das sogenannte Kühn-Memorandum (vollständiger Titel „Stand und Weiterentwicklung der Integration der ausländischen Arbeitnehmer und ihrer Familien in der Bundesrepublik Deutschland"). Es gilt als erster Meilenstein der dritten Phase der Integrationspolitik, der „Phase der Integrationskonzepte" 1979/1980. Die zentrale Aussage lautete, Deutschland sei faktisch ein Einwanderungsland. Jedoch wurde diesem Bericht erstaunlich wenig Beachtung geschenkt und nur wenige der Konzepte wurden umgesetzt. Dies lag vor allem daran, dass die Wirtschaftskrise und die Unsicherheit der frühen 1980er Jahre zu einem Aufflackern fremdenfeindlicher Stimmungen in der Gesellschaft führten, so dass die Regierungen von Helmut Schmidt in ihren letzten

Jahren und von Helmut Kohl eher bemüht waren, die Einwanderung zu begrenzen und den Familiennachzug einzudämmen. In den 1980er Jahren wurden mit dem Rückkehrhilfegesetz auch Prämien gezahlt, um ausländische Arbeitnehmer zur Rückkehr in ihr Heimatland anzuhalten. Parallel dazu wurden von Vertretern der Politischen Linken, vor allem aus den Reihen der Grünen, das Konzept der „Multikulturellen Gesellschaft" vorgebracht, seit Beginn der 1990er Jahre wurde dies auch Vertretern der konservativen Parteien als Gegenbild aufgegriffen. Eine tatsächliche Umsetzung des Leitbilds einer multikulturellen Gesellschaft wie etwa in Kanada, wo der Multikulturalismus in der Verfassung verankert ist, hat es in Deutschland nie gegeben, unter der rot-grünen Bundesregierung von Gerhard Schröder ging jedoch u. a. die Reform des Staatsbürgerschaftsrechts (Erleichterung der Einbürgerung, Einführung des Ius soli für in Deutschland geborene Kinder von Einwanderern) in diese Richtung.

Neuere politische Debatte

Seit den 1990er Jahren ist die Idee einer multikulturellen Gesellschaft in Deutschland beständig Teil von Debatten. Die Debatte in Deutschland ist davon geprägt, dass Befürworter und Gegner der multikulturellen Gesellschaft oft verschiedene Dinge meinen, wenn von „Multikulti" die Rede ist: Entweder die Tatsache, dass Deutschland ein Einwanderungsland ist und verschiedene ethnische und religiöse Gruppen Teil der Gesellschaft sind oder – in der eigentlichen Bedeutung des Wortes, dass auf Einwanderer keinerlei Druck ausgeübt werden soll, sich zu assimilieren oder einen verbindlichen gesellschaftlichen Wertekanon anzunehmen (teilweise als „Leitkultur" bezeichnet). Dies wurde vom damaligen Außenminister Guido Westerwelle (FDP) 2010 prägnant zusammengefasst: „Wenn Multikulti heißt, dass wir unsere Wertmaßstäbe aufgeben sollen, dann ist Multikulti ein Irrweg. Wenn Multikulti heißt, dass Vielfalt und Vernetzung mehr denn je unser aller Leben prägen, daheim und international, dann ist Multikulti Realität."

Kanzlerin Angela Merkel (CDU) erklärte 2004 und 2010 die multikulturelle Gesellschaft für „grandios gescheitert", Altkanzler Schmidt (SPD) bezeichnete sie als „Illusion von Intellektuellen". Der konservative Historiker Ernst Nolte kritisierte die Idee einer multikulturellen Gesellschaft als alternative Strategie des Klassenkampfes: „Diejenigen, welche die multikulturelle Gesellschaft propagieren, verbinden damit die Absicht, auf einem Umweg das zu realisieren, was die Sozialisten immer gefordert haben und was die DDR auch vollbracht hat, nämlich die deutsche führende Schicht auszuschalten." Erwin Huber (CSU) sieht in ihr eine „Brutstätte von Kriminalität")

Rita Süssmuth (CDU) verteidigte sie 2006 hingegen: „Multikulturalität ist kein Konzept, sondern ein Tatbestand. Da kann man nicht sagen, das sei alles gescheitert."

Claudia Roth (Die Grünen) verwies 2004 (1998–2005 regierte die rot-grüne Koalition unter Gerhard Schröder) auf den faktischen Bestand einer multikulturellen Gesellschaft: „Wir haben eine multikulturelle Gesellschaft in Deutschland, ob es einem *gefällt oder nicht ... Die Grünen werden sich in der Einwanderungspolitik nicht in die Defensive drängen lassen nach dem Motto: Der Traum von Multi-Kulti ist vorbei."*

Der Publizist Ralph Giordano sah 2007 in der multikulturellen Gesellschaft eine potentiell gefährliche Utopie, schloss aber ihre Umsetzung nicht völlig aus: „Das Multi-Kulti-Ideal ist ein Blindgänger, an denen die Geschichte schon überreich ist. Andererseits kennt sie auch Beispiele, dass das Unmögliche möglich wird."

Einige innenpolitische Debatten werden oder wurden unter dem Schlagwort des „Multikulturalismus" oder der „multikulturellen Gesellschaft" geführt. Diese beziehen sich dabei in Deutschland wie in anderen europäischen Ländern besonders oft auf muslimische Einwanderer sowie ihre religiösen und kulturellen Besonderheiten:

- *der Kopftuchstreit*
- *die Frage des gemischtgeschlechtlichen Schwimmunterrichts in Schulen*
- *die Debatte um Ganzkörperschleier (= Burka) sowie*
- *die Anerkennung der Gleichberechtigung von Mann und Frau*
- *die Vereinbarkeit von Schächten und Tierschutz*
- *die Frage, welche Einwanderungspolitik Deutschland betreiben sollte und wann man Einwanderern die deutsche Staatsangehörigkeit gewährt (ius soli vs. ius sanguinis und die Diskussion um die doppelte Staatsbürgerschaft)*
- *die Diskussion um die religiös motivierte Beschneidung von männlichen Säuglingen, Kindern und Jugendlichen in Deutschland (Kindeswohl und Recht auf körperliche Unversehrtheit vs. religiöser Brauch (Islam) oder Ritus (Judentum))*
- *der Ehrenmord*
- *die Zwangsheirat sowie*
- *der Vorrang der Rechtsordnung vor der Scharia.*

Politische Debatte in der Schweiz

Die eidgenössische Volksinitiative zur Aufnahme des Wortlautes «Der Bau von Minaretten ist verboten.» in die Bundesverfassung wurde 2007 angenommen. Allerdings entschied das Schweizerische Bundesgericht 2012 in einem anderen Zusammenhang, dass völkerrechtliche Verpflichtungen der Schweiz selbst später erlassenen abweichenden Verfassungsbestimmungen vorgehen. Es ist damit vorstellbar, dass trotzdem Minarette bewilligt werden können, sofern sie alle anderen Vorschriften einhalten.

Quelle: Seite „Multikulturelle Gesellschaft". In: Wikipedia, Die freie Enzyklopädie. Bearbeitungsstand: 20. Oktober 2019, 18:11 UTC. URL: https://de.wikipedia.org/w/index.php?title=Multikulturelle_Gesellschaft&oldid=193302525 (Abgerufen: 3. März 2020, 08:14 UTC)

10. Parallele Gesellschaften

Das Entstehen vom Parallelgesellschaften in Deutschland ist dadurch verschuldet, dass Mitte der 50er Jahre der Bedarf an ausländischen Arbeitskräften kontinuierlich zugenommen hat. Vor allem die offizielle Politik der CDU/CSU und FDP war es, Arbeiter auf Zeit zu wollen, aber es kamen Menschen. Die falsche Strategie war zu glauben, dass das Fehlen von Arbeitskräften nur eine vorübergehende Erscheinung sei und dass die Eingewanderten nach einer gewissen Zeit wieder nach Hause gehen würden; damit war eine Integration gar nicht nötig. Gerade CDU und CSU haben bis 2015 immer geleugnet, dass Deutschland ein Einwanderungsland ist, obwohl dies schon seit Mitte des 19. Jahrhunderts der Fall war, und haben damit jeglicher Integrationskonzept eine Absage erteilt. Insoweit hat die politische Elite Deutschlands dafür Sorge getragen, dass Ghettos entstanden sind und dass immer mehr Einwanderer aus dem gleichen Land sich in diesen Ghettos niedergelassen haben mit dem festen Glauben, dass ihr Ursprungsland sich 1:1 in Deutschland befindet.

Damit ist ihnen vermittelt worden „Wir Einwanderer brauchen uns nicht an die deutsche Gesellschaft anzupassen, wir können so weiterleben wie zuhause." Und damit wurden die Strukturen ihrer Ursprungs Gesellschaft hier implementiert. Sei es die Rolle der frau, die Rolle der Familie, die Ehrenmorde, die alternative Justiz u.a.

Parallelgesellschaft ist ein soziologischer Begriff. Er beschreibt die gesellschaftliche Selbstorganisation eines sozialen Milieus, das sich „von der Mehrheitsgesellschaft abschottet und ein alternatives Wertesystem befolgt". Es „kann ethnisch oder religiös oder von beidem zugleich geprägt werden", entspricht dabei nicht den überkommenen Regeln und Moralvorstellungen der Mehrheitsgesellschaft und wird von dieser mitunter als ablehnend empfunden. Der Begriff überschneidet sich in seinem Bedeutungsinhalt mit Gegenkultur und Subkultur. Er hat seit den 1990er Jahren zusehends Eingang in die wissenschaftliche und öffentliche Integrationsdebatte erhalten und wird kontrovers diskutiert.

Der Begriff in den Medien

Wortentstehung und Verbreitung

Das Wort Parallelgesellschaft wurde Anfang der 1990er Jahre von dem Bielefelder Soziologen Wilhelm Heitmeyer in die Debatte um Migration und Integration eingebracht, wobei das Wort zunächst kaum Beachtung gefunden hat. Im Jahre 1996 wurde es bereits gelegentlich, aber noch zögerlich verwendet. Populär wurde das Wort erst in den Jahren 2003 und 2004.

Nach der Ermordung des islamkritischen Filmemachers Theo van Gogh am 2. November 2004 erfolgten im Lauf des Novembers Anschläge auf eine Koranschule sowie auf Moscheen, islamische Schulen und auch Kirchen in den Niederlanden. In der folgenden öffentlichen Kontroverse wurde zunächst in den Niederlanden, dann im übrigen Europa das Schlagwort „Parallelgesellschaft" in den Massenmedien popularisiert. Es wurde oft mit der Auffassung kombiniert, dass die multikulturelle Gesellschaft gescheitert sei und die drohende Spaltung der Gesellschaft politisches Handeln erfordere. 2004 wählte die Gesellschaft für deutsche Sprache (GfdS) den Ausdruck Parallelgesellschaften bei den Wörtern des Jahres auf den 2. Platz, in Anlehnung an die gesellschaftliche Diskussion um die Integration von zumeist muslimischen Ausländern. Nach dem Terroranschlag am 7. Juli 2005 in London und den Unruhen in Frankreich 2005 wurde das Wort erneut verstärkt im Diskurs verwendet.

Kommentare in der Presse

Im Januar 2007 thematisierte der Kulturwissenschaftler Wolfgang Kaschuba in einem Kommentar im Berliner Tagesspiegel die Debatte über Parallelgesellschaften. Er betont, dass über den Begriff Parallelgesellschaft neue Ängste deutlich werden und dieser auch einen neuen Begriff von Fremdheit darstellt. „Zwei Bilder vor allem sind es, die gegenwärtig die öffentliche Wahrnehmung prägen. Zum einen werden Migranten verstärkt als ethnisch Fremde identifiziert. Als Fremde, die deshalb auch nicht der Mehrheitsgesellschaft angehören. Zum andern erfahren zunehmend islamistische Gruppen öffentliche Aufmerksamkeit. Seit jenem 11. September scheinen sie den Nährboden zu bilden für einen Terrorismus, der im Namen des Dschihad auch in Europa bereits seine blutigen Spuren von London bis Madrid hinterlassen hat." Kaschuba erwähnt dahingehend die öffentliche und mediale Dramatisierung und Diskriminierung von Migrantinnen und Migranten, wodurch ein neuer Alarmismus gefördert würde, „(...) der fremde Bedrohung überall sieht und fremdenfeindliche Züge trägt. Dazu gehört auch die Rede von der Parallelgesellschaft. (...) Der Begriff produziert selbst eine kulturelle Differenz, die er vorgeblich diagnostiziert. Er zieht eine innere kulturelle Grenze in die Gesellschaft ein, die 'uns' wie 'die anderen' homogenisiert und essenzialisiert".

Wissenschaftlicher Diskurs

Historische Forschung

Im November 2004 veröffentlichte die Redaktion von Spiegel Online ein Interview mit dem Historiker Klaus J. Bade. Darin brachte Bade zum Ausdruck, dass der Begriff Parallelgesellschaft Merkmale von Populismus aufweist. Er sagte:

„Parallelgesellschaften im klassischen Sinne gibt es in Deutschland gar nicht. Dafür müssten mehrere Punkte zusammenkommen: eine monokulturelle Identität, ein freiwilliger und bewusster sozialer Rückzug auch in Siedlung und Lebensalltag, eine weitgehende wirtschaftliche Abgrenzung, eine Doppelung der Institutionen des Staates. Bei uns sind die Einwandererviertel meist ethnisch gemischt, der Rückzug ist sozial *bedingt, eine Doppelung von Institutionen fehlt. Die Parallelgesellschaften gibt es in den Köpfen derer, die Angst davor haben: Ich habe Angst, und glaube, dass der andere daran Schuld ist. Wenn das ebenso simple wie gefährliche Gerede über Parallelgesellschaften so weitergeht, wird sich die Situation verschärfen. Dieses Gerede ist also nicht Teil der Lösung, sondern Teil des Problems."*

Soziologische Einordnung

Beim Konflikt zwischen Gesellschaft und Parallelgesellschaft geht es um die Interessenkollision zwischen einer alteingesessenen Mehrheit mit wenigen Erfahrungen des sozialen Abstiegs und einer eingewanderten Unterschicht mit bereits konkurrenzfähigen, obwohl schwachen Chancen sozialen Aufstiegs. Es ist zugleich ein sozialer Konflikt einer säkularisierten Mehrheit mit einer ihre mitgebrachten religiösen Traditionen „modernisierenden" Minderheit.

Der Soziologe Lewis A. Coser bezeichnete 1964 den Streit an einer derart aus der Ökonomie in die Moral verschobenen Konfliktfront als einen unrealistic conflict.

Politikwissenschaftliche Forschung

Im Frühjahr 2006 veröffentlichte die Bundeszentrale für politische Bildung in der politikwissenschaftlichen Fachzeitschrift Aus Politik und Zeitgeschichte eine Aufsatzsammlung unter dem Stichwort „Parallelgesellschaft?" Die Ergebnisse der jeweiligen Studien lassen sich so zusammenfassen:

Es ließen sich Indizien feststellen, dass je religiöser Muslime sind, umso mehr Distanz zu Nicht-Muslimen aufgebaut werde.

Der mit der Debatte um Parallelgesellschaften verbundene Gedanke, dass türkische Migranten und Migrantinnen möglicherweise Clan-ähnliche Strukturen aufbauen und Tendenzen zur Abschottung hätten, konnte nicht bestätigt werden.

Datenanalysen, die zwischen 1999 und 2004 durchgeführt wurden, zeigen, dass die Behauptung von Rückzügen von türkeistämmigen Schichten der Bevölkerung in die eigene Ethnie und der damit verbundene Gedanke eines drängendsten Integrationsproblems nur eine geringe empirische Substanz hat.

Hinsichtlich der Frage nach der Gleichberechtigung von Mann und Frau würden „mindestens die Hälfte" der in Deutschland lebenden Türken an türkisch-muslimischen Traditionen festhalten, weshalb deutsche und türkische Demokraten auf Gleichberechtigung, Rechtsstaatlichkeit und Schutz der Verwirklichung der Grundrechte des Einzelnen bestehen müssten. Die Migrationsdebatte in den deutschen Medien sei von Vereinfachungen, Verzerrungen und pauschalisierenden Aussagen mitgeprägt.

Quelle: Seite „Parallelgesellschaft". In: Wikipedia, Die freie Enzyklopädie. Bearbeitungsstand: 30. Januar 2020, 12:23 UTC. URL: https://de.wikipedia.org/w/index.php?title=Parallelgesellschaft&oldid=196334385 (Abgerufen: 3. März 2020, 08:15 UTC)

11. No Go Areas

In Deutschland finden wir immer mehr No Go Areas, die durchaus eine Gefahr für die gesamte Gesellschaft darstellen. Sie sind das Ergebnis einer fehlenden Integrationspolitik insbesondere in der Ära Merkel, verbunden mit der neoliberalen Wirtschaftspolitik und dem Abbau von Ressourcen in der Inneren Sicherheit und der Justiz.

*Der Begriff **No-go-Area** bzw. **No-go-Zone** entstammt der Militärterminologie und steht dort für militärisches Sperrgebiet. Als Teil der Psychologischen Kriegsführung wurde im Vietnamkrieg Südvietnam in Go-Areas, die heimischen Gebiete, in denen die Bevölkerung versorgt und unterstützt wurde, und No-Go-Areas, die gegnerischen Gebiete, aufgeteilt. Heute wird der Begriff in der gesellschaftlichen Diskussion im deutschsprachigen Raum, aber auch darüber hinaus allgemein für Örtlichkeiten mit angeblich rechtsfreien Räumen oder zum Teil gefühlt erhöhter Kriminalität (vgl. Angstraum) verwendet. Der Duden bezeichnet den Gebrauch insbesondere von Militär und Politik für „Stadtteil, Bezirk, in dem es immer wieder zu gewalttätigen Auseinandersetzungen kommt und wo die öffentliche Sicherheit nicht gewährleistet ist."*

Etymologische Überlegungen

„No-go-Area" ist eine neuenglische Wortschöpfung. Der Begriff wurde 1971 in das Merriam-Webster English Dictionary aufgenommen. Das zugrundeliegende Adjektiv „no-go" (dt. defekt, kaputt), ursprünglich ein Wort des Slang, ist seit 1865–1870 bekannt.

Übersicht

Ursprünglich war der Begriff militärischer Herkunft und wurde in den 1970er Jahren im Kontext des Buschkriegs in Südrhodesien benutzt, als die weiße Minderheitsregierung von aus dem benachbarten Ausland operierenden schwarzen Nationalisten bekämpft wurde. Die rhodesische Armee erhielt lediglich in strategisch wichtigen Gebieten, wie Industriezentren und Verkehrsknotenpunkten, eine dauerhafte Präsenz aufrecht und kontrollierte stattdessen andere Landesteile kaum. Diese wurden den Aufständischen überlassen und wurden zu „No-Go-Areas" für Zivilisten erklärt.

In der innerdeutschen gesellschaftlichen Debatte um rassistische Gewalt gewann der Begriff im Vorfeld der Fußballweltmeisterschaft 2006 eine internationale Bedeutung für Regionen in Deutschland, in denen Besucher mit rassistischer Gewalt rechneten.

Eine andere Form von No-go-Areas bezieht sich auf sogenannte national befreite Zonen, in denen das Straßenbild so sehr von Rechtsradikalen geprägt ist, dass sich etwa Ausländer und Angehörige linker Gruppen nicht öffentlich zeigen können, ohne gewalttätige Übergriffe zu riskieren.

Seit der Diskussion um Jugendkriminalität wird der Ausdruck No-go-Area auch verwendet, um auf die Problematik der Straßenkriminalität hinzuweisen.

Debatte im Vorfeld der Fußballweltmeisterschaft 2006

Die afrikanische Gemeinde in Berlin wollte ausländische Besucher wie Asiaten, Afrikaner, Amerikaner, Südeuropäer und Israelis in Deutschland besser vor rassistischen Übergriffen schützen und plante daher, zur Fußball-Weltmeisterschaft 2006 eine Karte mit den No-go-Areas in Deutschland vorzulegen. Nach heftigen Diskussionen nahm der federführende „Afrika-Rat Berlin/Brandenburg" von diesem Plan Abstand und beschränkte sich darauf, eine Reihe allgemein gehaltener Sicherheitsratschläge ohne Ortsangaben zur Verteilung der No-go-Areas zu veröffentlichen. Bekannt ist, dass es vergleichbare Karten bei den Wirtschaftsverbänden in den USA und in Japan bereits seit vielen Jahren gibt und diese eine Grundlage für Standortentscheidungen ausländischer Investoren bilden.

Im Mai 2006 sorgte der ehemalige Regierungssprecher Uwe-Karsten Heye für teilweise heftige Kritik, vor allem von ostdeutschen Politikern, als er unter anderem vor Brandenburg als potenzieller Gefahrenzone für dunkelhäutige Menschen warnte. Wörtlich sagte er „Es gibt kleine und mittlere Städte in Brandenburg und anderswo, wo ich keinem, der eine andere Hautfarbe hat, raten würde, hinzugehen. Er würde sie möglicherweise lebend nicht mehr verlassen". Später zog er seine Aussage mit der Entschuldigung zurück, dass er kein Bundesland stigmatisieren wollte. Gleichzeitig warnte er jedoch vor Kleinreden und Bagatellisieren von rassistischen Übergriffen in Deutschland. Der brandenburgische Innenminister Jörg Schönbohm nannte Heyes Äußerungen eine „unglaubliche Entgleisung". Nach anfänglicher Kritik bestätigte auch Brandenburgs Ministerpräsident Platzeck, dass Heye mit seiner Feststellung Recht habe, dass es in Deutschland und besonders im Osten ein Problem mit Rechtsextremismus, rechtsextremer Gewalt und Rassismus gebe. Ebenso kritisierte der Zentralrat der Juden in Deutschland, dass führende Politiker rechtsextreme Gewalt aufgrund der bevorstehenden Fußball-WM verharmlosen. Die Kriminalstatistik weise für Brandenburg vier rechtsextreme Gewaltdelikte auf 100.000 Einwohner auf, in Rheinland-Pfalz seien es dagegen nur 0,5.

Kritiker wie der Berliner Polizeipräsident Dieter Glietsch argumentierten dagegen, sogenannte „No-go-Areas" für Ausländer würden Neonazis in die Hände spielen, da sie ebendieses Ziel verfolgten. Nachdem von manchen Politikern diesbezüglich Kritik an der Polizei geübt wurde, erwiderte er „Wenn Politikern nach fremdenfeindlichen Übergriffen nichts Besseres einfällt als ungerechtfertigte Pauschalkritik an der Polizei, dann ist das ein Ausdruck der Hilflosigkeit. Jeder weiß, dass Rechtsextremismus und Gewalt nicht einfach Sicherheitsprobleme sind, die von der Polizei gelöst werden können". Der damalige Bundesinnenminister Wolfgang Schäuble sagte „No-go-Areas darf es nicht geben, es gibt keine Zonen in der Bundesrepublik Deutschland in denen das Gewaltmonopol des Staates nicht gilt."

In Deutschland, aber auch in anderen westeuropäischen Ländern, wird verstärkt von Problemen mit „No-Go-Areas" geredet, seitdem in einigen Großstädten sich v. a. arabisch-türkische Großfamilien, sog. Clans, angesiedelt haben und dort in ihren Quartieren das Straßenbild und die sozialen Umgangsformen bestimmen. Hier hat es die Polizei besonders schwer, das staatliche Gewaltmonopol und allgemeingültige gesellschaftliche Regeln mit einfachen Mitteln durchzusetzen. Der taktisch-„deeskalierende" Rückzug aus dem betreffenden Gebiet erscheint dann oftmals als das Mittel der Wahl – unter Aufgabe staatlicher Regelungsbefugnisse. Der bekannte deutsch-libanesische Politologe, Islam- und Clanforscher Ralph Ghadban beschreibt das Problem so: „Clansolidarität ... führt unter anderem dazu, dass sie innerhalb einer kurzen Zeit 30, 40 Verwandte mobilisieren können, um andere zu terrorisieren und auch die Polizei einzuschüchtern. Wenn Polizisten einen Verdächtigen kontrollieren wollen, sind sie plötzlich umkreist, werden geschubst, beschimpft, bedroht. So sind No-go-Areas entstanden".

Quelle: Seite „No-go-Area". In: Wikipedia, Die freie Enzyklopädie. Bearbeitungsstand: 8. November 2019, 10:56 UTC. URL: https://de.wikipedia.org/w/index.php?title=No-go-Area&oldid=193865145 (Abgerufen: 3. März 2020, 08:16 UTC)

12. Züchten wir moderne Nazis?

12.1 Die Antisystem-Bewegung in Deutschland

12.1.1 Gründe für die Entstehung der „Antisystem-Bewegung"

Unter „Antisystem Bewegung" versteht man einen Teil der Bevölkerung, der durch die Globalisierung entweder wirtschaftliche Nachteile erlitten hat oder zu erleiden glaubt und sich gegen die bestehenden Ordnungen wendet. Diese Bewegung allein auf wirtschaftliche Verlierer zu reduzieren, ist zu kurz gegriffen. Denn ein Teil dieser Bewegung hat schlicht Angst vor dem Verlust oder Teilverlust ihrer Identität. Sei es durch eine Religion (Islamisierung), sei es durch Migration, sei es durch Normierung einer entfernten Organisation (EU-Verwaltung) - ein Teil dieser Bewegung glaubt seine nationale Identität einzubüßen. Dieser Teil der Bevölkerung ist sehr oft weder arm noch gehört er zu den unteren sozialen Schichten. Im Gegenteil handelt es sich sehr oft um gut gebildete und der Mittelklasse angehörende Teile der Bevölkerung. Ein weiterer Teil dieser „Antisystem Leute" sind die so genannten Konservativen. Hierunter sind nicht nur die Rechtskonservativen zu verstehen, sondern durch aus auch Linkskonservative, die glauben ihre politische Heimat verloren zu haben und die sich nicht in den traditionellen Parteien wiederfinden.

Ein weiterer Teil dieser Bewegung sind sogenannte „Führer" der Bewegung. Sehr oft sind diese Leute gut ausgebildet, mit Charisma und sie sehen in der Bewegung ihre Chance eine wie auch immer geartete Machtergreifung zu erreichen. Viele dieser Führer sind Anhänger von scheinbar einfachen Lösungen, die stets auf die „gute alte Zeit" zurückgreifen, die die Globalisierung verdammen und eine Rückkehr zum Nationalstaat anstreben. Hier sollte man außerdem mit einer Lebenslüge aufräumen: nicht jeder Nationalstaat hat dazu geführt, dass Weltkriege entstanden sind, es kommt immer auf die Gestaltung des Nationalstaates an.

Zum Begriff „Populismus"

An dieser Stelle möchte der Autor sich verwahren über die herablassende Deutung des Wortes „Populismus" durch Journalisten und Machteliten, sowie Intellektuelle. Der Begriff Populismus kommt eigentlich von „Volk" und beschreibt de facto, dass eine politische Klasse sich auf den gesunden Menschenverstand beruft und die Stimme des „Volkes" hört. Dies wird von

Machteliten und deren Institutionen sowie einer gewissen intellektuellen Klasse und einem Mainstream in der Politik abgelehnt. Der Populismus hat an sich keine Wertskala und kann auch nicht über einen Wert beurteil werden. Er hat auch keine Ideologien, die sich von anderen Ideologien abgrenzen lässt. Er ist sehr oft als Bewegung zu verstehen, die in der Geschichte sehr oft auch mit Links- oder Rechtspopulismus anzusehen ist, wie zum Beispiel in Argentinien der Peronismus. Die Kritik der Machteliten und Intellektuellen hinsichtlich Politikern, die als Populisten bezeichnet werden ist nicht zutreffend, denn sowohl die sogenannten Eliten und Intellektuellen haben die Verpflichtung Probleme des einfachen Volkes anzuhören und Lösungen zu erarbeiten.

12.1.2 *Zur Rolle der Presse und der Medien*

Die negative Rolle der Presse und Medien insbesondere persönliche Verquickung zwischen Fernsehintendanten und Parteien, oder einer möglichen Freundschaft zwischen Frau Mohn und Frau Springer mit der Kanzlerin sind verheerend über objektive oder gefühlt objektive Berichte über die Politik oder Vorhaben der Regierung. Teile der Bevölkerung haben ihr Vertrauen in die Pressedarstellungen, sei es geschrieben oder gesendet, total verloren und fühlen sich von denselben verunglimpft. Viele dieser Bevölkerungsteile wenden sich mehr denn je zu parallelen Informationskanälen, die auch oft falsche Informationen verbreiten, aber bei denen der Bürger ein Sicherheitsgefühl hat oder einen sogenannten Vertrauensvorschuss gibt, da diese nicht zur der „Clique da oben" gehören. Betitelung der Presse als „Lügenpresse", die „Nimmersatten", die „Lückenpresse", „Lüge mit Zahlen", „Meinungsmacher", „so lügen Journalisten", „die vierte Macht", „Diktatur des Gutmenschen", die „Gefallsüchtigen", „gekaufte Journalisten" die Bild oder der Niedergang einer einst größten Zeitung zeigen nur einen kleinen Ausschnitt über die Bewertung der Medien durch einen großen Teils der Bevölkerung. Analog ausgeführte Zeitungen sind auch in Frankreich, Italien, Spanien, Österreich oder den Niederlanden vorzufinden. Dieses Misstrauen des Großteils der Bevölkerung in Europa gegenüber der Presse geht über das Gefühl nicht richtig über Sachverhalte informiert zu sein, deren Wichtigkeit für einen großen Teil der Bevölkerung wichtig ist. Dieses Misstrauen gegenüber Medien und Presse hat in den letzten Jahren stetig zugenommen und entlädt sich in ganz Europa, manchmal mit Gewalt gegen einfachen Journalisten und Reporter. Es ist umso erschreckender, dass die Führungselite der Medien und Presse keine Anstalten machen, ihre Fehler zu korrigieren. Die

Presse und Medien verlieren tagtäglich an Lesern und Zuschauern, sind aber jeder stets bemüht die Schuld bei anderen zu sehen. Entweder sind diese Teile der Bevölkerung ungebildet, dumm, arrogant, rechtsradikal oder Nazis, Rassisten oder sie haben „einfach keine Ahnung" und sind nicht fähig, den Wert der gut verarbeiteten Informationen zu würdigen. Der Anteil an inoffiziellen Informationsnetzwerken nimmt täglich zu, ohne dass jedoch korrektive Maßnahmen an der traditionellen Medienlandschaft vorgenommen werden. Diese Entwicklung wird „Antisystem" Bewegungen und Personen an die Macht bringen, das neueste und beste Beispiel stellt die Wahl von Donald Trump der wie keiner gegen die traditionelle Presse- und Fernsehlandschaft gearbeitet hat und sehr stark die alternativen Informationsnetzwerke genutzt hat. Analoge Phänomene sind zurzeit auch in Deutschland, Frankreich, Italien, Spanien, Belgien und den Niederlanden zu beobachten. Die traditionellen Medien werden erst wach, wenn es zu spät ist.

12.1.3 Verlust identitärer Merkmale in Bezug auf den Islam

Der dritte Punkt ist maßgebend für die Entwicklung von „Antisystemen" in ganz Europa ist schlicht und einfach der Verlust identitärer Merkmale eines Volkes. Sei es Überfremdung, eine Verschiebung und Auslegung vom Islam. Diese Problematik ist und wird stets von der Politik als „nicht relevant" oder nicht in ihrer Gesamtrelevanz beachtet. Bedenkt man, dass in Deutschland der türkische Staat über die Ditib eindeutig Einfluss auf die Innen- und oder Außenpolitik nimmt, so darf man sich nicht wundern, dass ein Teil der Bevölkerung anti-islamisch bzw. anti-türkisch wird. Sieht man, dass ein „Antisystem" Politiker in der Türkei die Macht übernimmt und tagtägliche Provokationen und Hasstiraden und empfundene Demütigung gegenüber Deutschland und ihrer Führung vornimmt und dass die Kanzlerin ihm noch mehr Zugeständnisse aufgrund einer tatsächlichen oder geglaubten Abhängigkeit macht, so darf man sich nicht wundern, dass ein Teil der Bevölkerung die Kanzlerin als „Volksverräterin" beschimpft. Was für mich sehr niederschmetternd ist.

Bedenkt man, dass sogar Kunst und Satire wie im Fall Böhmermann, unsere Kanzlerin dazu veranlasst öffentlich den Satiriker zu kritisieren und den Diktator rechtzugeben, so darf man sich nicht wundern, dass ein Teil der Bevölkerung sich mehr und mehr von dieser Frau abwendet. Bedenkt man, dass gleichzeitig pseudo Meinungsumfragen veröffentlicht werden, in denen die Beliebtheit der Kanzlerin noch steigen würde, so darf man sich nicht wundern, dass ein Teil der Bevölkerung Politiker und Medienmacher als

„Clique" bezeichnet. Bedenkt man, dass in der Gesellschaft plötzlich der Anteil muslimischer Frauen, der Kopftuch oder Burka tragen steigt, so darf man sich nicht wundern, dass dies rassistische Ausbrüche zur Folge hat. Bedenkt man, dass Kinderehen im großen Ausmaß in Deutschland geduldet werden, so darf man sich nicht wundern, dass der Islam und die dem Islam angehörige Bevölkerung auf Ablehnung bzw. Rassismus treffen.

Bedenkt man, dass junge Mädchen keinen Sport machen dürfen, weil angeblich eine Auslegung des Korans dies verbietet, so darf man sich nicht wundern, wenn ein Teil der Bevölkerung keine Muslime in ihrer Nähe duldet. Bedenkt man, dass verschiedene Islamvertreter das Grundgesetz ablehnen und eine Auslegung des Korans höher bewerten als jede Verfassung in der Welt, so darf man sich nicht wundern, dass ein Großteil der Bevölkerung schlicht und einfach Angst vor dem Islam hat. Bedenkt man, dass der von Saudi-Arabien propagierte Islam die andere Religion als „ungläubige" und daher als nicht gleichwertig betrachtet, so darf man sich nicht wundern, dass Gegenreaktionen vorkommen. Bedenkt man, dass die Auslegung des Korans als Dschihad angesehen werden muss und dass der IS zum Kampf gegen Ungläubige in ganz Europa ruft, so darf man sich nicht wundern, dass in ganz Europa die Angst vor den Arabern und vor dem „schwarzen Mann" steigt. Wenn gleichzeitig die politische Klasse und die Medien, ein Teil der Intellektuelle meinen eine Diktatur des Gutmenschen zu veranstalten, so darf man sich nicht wundern, dass sich ein großer Teil der Bevölkerung aus dem Konsens der Gesellschaft verabschiedet. Es ist verwunderlich, dass im Untergrund keine Bürgerkriege entstanden sind. Dies könnte möglicherweise der Fall sein, wenn Teile der Bevölkerung die Gefahr des Identitätsverlusts höher bewerten. Es ist unabdingbar, dass eine Lösung zur Begrenzung der Bevölkerung muslimischen Glaubens anzustreben ist. Diesen Satz lehnt der Autor im Herzen ab, aber die Gefahr einer Spaltung der Gesellschaft ist höher und gefährlicher als eine wie auch geartete Obergrenze von Moslems in ganz Europa. Hier ist zu erwähnen, dass in Südfrankreich bereits der Beginn eines Bürgerkrieges, trotz Polizei- und Militärschutz, begonnen hat. Viele Moscheen werden angezündet, was mich alarmiert und was trotz Diktatur der Gutmenschen den größeren Teil der Bevölkerung in die Fänge des Front National führt. Als Deutscher möchte er erleben, dass eine solche Entwicklung in Deutschland nicht beginnt. Im eigenen Interesse der hier lebenden Moslems, sollte die Auslegung des Islams unter dem Vorzeichen des Grundgesetztes befolgt werden. Zudem sollte bestrebt werden, dass eine einzige Kultur und hier meint der Autor Sprache und Bezug zu der deutschen Kultur irgendwie veranlasst werden. Ansonsten müssen wir mit

„Antisystem" Phänomenen rechnen, die noch viel schlimmer sind als das, was wir bisher weltweit beobachten konnten (z.B. Duerte in den Philippinen oder Wilmers in den Niederlanden oder der flämische rechte Block in Belgien). Der Autor hofft, dass uns solche Entwicklungen durch die Umsteuerung der Medien und der politischen Klasse erspart bleiben.

12.1.4 Verlust identitärer Merkmale als Effekt der Globalisierung

Das Problem der Identität ist stets in vielen Ländern die letzten Jahrzehnte unter den Teppich gekehrt worden, kommt jedoch mit voller Wucht wieder ans Licht. Diese identitären Probleme basieren vor allem auf einem subjektiven oder objektiven Glauben an den Verlust des Staates. Das heißt, dass die bis dahin schützenden Grenzen wegfallen, der Primat der eigenen Sprache verliert an Wert, man spricht weltweit englisch, eine geglaubte Kolonisierung der Kultur, das heißt wenn man Radio, Fernsehen oder Musik nur den kleinsten Teil in der Landessprache hört, diskutiert oder erklärt, aber der größte Teil in Englisch. Insbesondere trifft dieser Zustand auf die Niederlande, den flämischen Bereich Belgiens und die nordischen Länder und vor allem Deutschland zu. Viele Deutsche fühlen sich nicht mehr zuhause, da stets viele Moderatoren zu 90% amerikanische Lieder, Titel usw. präsentieren und versuchen zu verkaufen. Im Fernsehen laufen zum größten Teil amerikanische Serien, die Filme die auch gesellschaftlich ausgestrahlt werden, haben größtenteils amerikanische Hintergründe. Es ist zu beobachten, dass selbst der Anteil europäischer, sei es deutsch, französisch, spanisch, italienisch, belgischer, polnischer, usw. Filme, Sendungen kaum stattfinden. Ein Soziologe betrachtet Deutschland als „geistige Kolonie der USA", das tat mir sehr weh. Weil dies eine Rolle im Bereich der Identität spielt und das alleinstehende Merkmal einer Identität berührt. Betrachtet man diese Kultur ein wesentliches Merkmal der Ausprägung einer Identität, sei es durch die Muttersprache, Geschichte, Symbole des Staates durch die Globalisierung verwässert werden, so darf man sich nicht wundern, dass langfristig Gegenreaktionen bis zum negativen Nationalismus entstehen können. Sehr viele „Antisystem" Parteien bedienen sich dieses Fehlers der Kulturpolitik, um die Identität eines Volkes gegenüber der anderen abzugrenzen. Wenn ein Teil des Volkes seine Verankerung zu verlieren glaubt, dann bleibt nur noch Angst. Wenn Ihnen ein alter Lehrer sagt, Kultur ist das einzige das bleibt, wenn man alles verliert, so darf man sich nicht wundern, wenn Teile der Bevölkerung aufgrund der Globalisierung einen wirtschaftlichen Niedergang erlebt haben, dann darf man sich nicht wundern, dass sie zu einem politischen Extrem neigen. Diese Gefahren wurden stets von den Befürwortern der Globalisierung heruntergespielt, sie haben noch nicht verstanden, dass einen ganz starken Bumerang-Effekt zur Folge hat und dass langfristig zu einem negativen Nationalismus in den Staaten Europas zur Folge hat.

12.1.5 Zur importierten Kriminalität und zum Unsicherheitsgefühl

Durch den Wegfall der Grenzen hat sich die Kriminalität insbesondere in Europa internationalisiert, insbesondere die organisierte Kriminalität in Europa wurde sehr mächtig. Die osteuropäische Kriminalität ist in streng organisierten Organisationen, die ihre Taten in sogenannten reichen Ländern begehen, das heißt in erster Linie Deutschland, Frankreich, Norditalien, Belgien, Niederlange, Dänemark, Schweden, Norwegen. Die Polizei der einzelnen Länder ist sehr oft machtlos und überfordert. Die innenpolitische Klasse, sei es die französische, deutsche, versucht stets die Leute mit beruhigenden Worten, angeblichen oder tatsächlichen Statistiken zu beruhigen. Die Bevölkerung nimmt dies jedoch nicht mehr ernst und versucht europaweit sich zu bewaffnen. Die Eigentumsdelikte, insbesondere in Deutschland, haben eine inflationäre Tendenz bekommen, da die Polizei kaum Aufklärungen erzielt, ist damit zu rechnen, dass der Bürger zur Selbstjustiz greift. Bedenkt man, dass die Justiz täterorientiert und nicht opferorientiert ist, so muss man damit rechnen, dass eine parallele Justiz entsteht. Dieser Punkt der objektiven und subjektiven Unsicherheit von Personen spielt der „Antisystem" Bewegung in die Hände. Für eine solche Problemlösung hat die „Antisystem" Bewegung einfach Lösung: Rückkehr zur „guten alten Zeit". Das heißt Grenzen und eine opferorientierte Justiz. Betrachtet man Deutschland und Frankreich, so muss man feststellen, dass die letzten Jahrzehnte geprägt sind von einer Rationalisierung der Polizei und Justizpersonals und dass von vielen neoliberalen Politikern der Wert des Staates stets bekämpft worden ist. Die Medienlandschaft versucht auch diese zunehmende Kriminalität herunterzuspielen, anstatt die politische Verantwortlichen richtig zu kontrollieren. Außerdem gibt es einen Versuch der Verniedlichung subjektiver Ängste einer alternden Bevölkerung ist nicht nur falsch, sondern auch töricht. Und es rächt sich, indem sich die Leute vom gesamten politischen System abwenden.

12.1.6 Die „wirtschaftlich Abgehängten"

Hierunter versteht man eine Schattenseite der Globalisierung, die darin besteht, dass vorhandene Arbeitsplätze in ein Billiglohnland umgesiedelt werden. Dies hat sehr oft den Verlust des Arbeitsplatzes zur Folge. Bedenkt man, dass bei der Entlassungswelle sehr oft die älteren Mitarbeiter betroffen sind und dass sehr oft keine Ersatzarbeitsplätze vorhanden sind, so treiben diese Bevölkerungsteile auf die Armut zu. Unabhängig davon ist der volkswirtschaftliche Schaden durch den Verlust des Know-hows und der Erfahrung solcher Leute nie richtig untersucht worden und nicht in der Bilanz der Globalisierung bewertet worden. Für diese Verlierer der Globalisierung bleibt oft nur der Weg der Versorgung durch den Sozialstaat. Damit einhergehend wird automatisch ein sozialer Abstieg vorprogrammiert. Dieser Teil der Bevölkerung ist entgegen der öffentlichen Meinung weder der ungebildetste, noch der dümmste, sondern vielmehr handelt es sich um erfahrene und motivierte Menschen. Die verheerende Begleitung durch den Staat, der stets diesen Teil der Bevölkerung herabschauend behandelt, produziert bei diesem Bevölkerungsteil ein Gefühl der Rache. Dies kann sich sehr oft außerordentlich klug durch die „Antisystem" Bewegung ausgenutzt werden. Ein Teil des Erfolges von Trump besteht darin, dass ein Großteil der weißen Mittelschicht ihren Job durch Verlagerungen nach Mexiko oder China verloren hat. Ein ähnlicher Prozess ist in Frankreich zu beobachten, deswegen propagiert die Chefin des Front National den Auszug Frankreichs aus der EU. Dies hätte katastrophale Auswirkungen auf Deutschland. Eine ähnliche Bewegung ist auch in Deutschland zu beobachten, denn die Anzahl der prekären Arbeitsstellen hat sich vor allem in den letzten 15 Jahren mehr als vervierfacht. Diese durchgeführte neoliberale Politik und der unerschütterliche Glaube in die Kräfte des Marktes könnten und werden eine relativ teure Entwicklung des sozialen Friedens in Deutschland haben.

12.1.7 Die Umverteilung der Vermögen

Betrachtet man die Entwicklung der Verteilung des Reichtums in Europa, so muss man verstehen, dass aufgrund der durchgeführten neoliberalen Wirtschaftspolitik der letzten 20 Jahre eine verheerende Entwicklung stattfand. So hat sich die Zahl der sogenannten Hartz-IV-Bezieher in Deutschland versechsfacht. Die Anzahl der Milliardäre hat sich vervierfacht, die Anzahl der Millionäre hat sich verachtfacht, der Anteil des Mittelstandes wurde halbiert, die Hälfte dieses verlorenen Mittelstandes sind Hartz-IV-Empfänger geworden. Es ist erstaunlich, dass die Presse bis jetzt weder Meldungen noch Kritiken im richtigen Ausmaß geleistet hat. Der wichtigste Sport der oberen Mittelklasse und der Oberklasse besteht in Steuervermeidung. Manche einzelnen Erfolge wurden in der Presse sehr intensiv verbreitet, dabei wurde vergessen, dass Deutschland - trotz der ständigen Präsenz verschiedener Finanzminister in den Medien - die Vereinbarung über eine Mindestbesteuerung der Konzerne verhindert hat. Zur Konkretisierung würden alle aus- und inländischen Konzerne in Europa ihre Steuern bezahlen, so müsste man jedes Jahr zwischen 800 Milliarden und 2000 Milliarden an zusätzlichen Steuereinnahmen rechnen. Dies würde das Bestreben von Vermögenssteuern in Deutschland als lachhaft zeigen. Diese Umverteilung und angehäuften Reichtümer von wenigen weltweit, in Europa und Deutschland wird unweigerlich dazu führen, dass ein historischer Prozess wie in Europa zwischen den Jahren 1922 und 1928/30 folgen wird. Das heißt über eine Erweckung der Nationalstaates zu einer Verstaatlichung oder sogar zu einem Verbot dieser Unternehmen als Folge.

12.1.8 Zu den Gründen für die Entstehung der Bewegung

Vorab ist zu erwähnen, dass ähnliche Bewegungen in Deutschland und Europa von 1922 bis 1928 existierten. Auch während dieser Zeit gab es eine Art Globalisierung von Gütern und Dienstleistungen, man konnte sogar durch mehrere Staaten in Europa und den USA ohne Pässe reisen, und zu dieser Zeit fand eine Verarmung des größten Teils der Bevölkerung und eine Vereinigung des Reichtums in wenigen Händen statt.

Eine der Hauptursachen der modernen Entwicklung ist eindeutig die sogenannte neoliberale Wirtschaftspolitik, die in mehreren Staaten mit dieser Philosophie existiert. So wurde der Wert der Arbeit zugunsten des Kapitals entwertet. Damit verbunden kam es zu einer Zuspitzung in der Umverteilung des Reichtums zugunsten einer extrem kleinen Gruppe von Menschen und zu Lasten des Gros der Bevölkerung – 99% der Reichtümer dieser Erde gehören ca. 8000 Personen und der Rest der Bevölkerung teilt sich die verbliebenen 1%. Ein anderes Beispiel: über 1,5 Milliarden Menschen hungern zurzeit in der Welt, mehr als 30% der Weltbevölkerung muss mit weniger als 5 Liter Wasser pro Tag auskommen. Im Vergleich verbraucht ein Deutscher 132 Liter Wasser pro Tag.

Gleichzeitig mit diesem neoliberalen Ansatz kam es zu einer Verarmung der Staaten, denn alle großen Konzerne weltweit liefern sich einen Wettbewerb in der Nichtzahlung von Steuern. Dadurch entstanden Zwergstaaten, in denen sich die Hauptsitze dieser Konzerne befinden. Bedenkt man, dass Unternehmen wie Alphabet (Mutter von Google) lediglich 135$ pro Jahr an Steuern bezahlen (Apple 50$ Starbucks 200$, Microsoft 20 Millionen), muss man sich fragen zu wessen Lasten die entgangenen Steuereinnahmen dieser reichen Unternehmen gehen. Bedenkt man dabei, dass ein Sozialempfänger, sei es in Deutschland, Frankreich oder einem anderen europäischen Land, sich bis auf das Hemd überprüfen lassen muss entsteht das Gefühl, dass die Politik die Mächtigen schützt und den „kleinen Mann" drangsaliert. Wenn gleichzeitig der größte Teil der Politik in Sonntagsreden die moralische Keule schwingt, der sie selbst nicht folgen, so verstärkt dies das Gefühl der Hilflosigkeit bei den Menschen. Wenn zusätzlich zu diesem Verhalten der Politik, die Medien diese Missstände nicht hart genug anprangern und die Politik nicht heftig kritisieren, so führt das bei dem „kleinen Mann" automatisch zu der Überzeugung, dass sie alle zu einem System gehören.

Wenn die Journalisten und Medien (hier wird nicht von dem kleinen Journalisten oder dem kleinen Nachrichtenleser geredet, sondern von deren Führung) sich zwar als Elite sehen, aber die soziale Verpflichtung einer Elite vergessen, so muss man sich fragen welche Art von Elite diese Menschen verkörpern.

Der Autor, mit einem Studium der Soziologie, Wirtschaft und Ethik empfindet einen Ekel gegenüber diesen sogenannten politischen Diskussionen im Fernsehen. Auf Grund ihrer Hypokrisie und Heuchelei darf man sich nicht wundern, dass ein großer Teil der Bevölkerung sich total abwendet und ihr Glück im sogenannten sozialen Netzwerk sucht. In diesen sozialen Netzen sehen die sogenannten Rattenfänger die ideale Chance einen Teil der Bevölkerung zu radikalisieren. Der Autor hat die letzten zehn Jahre keine einzige Sendung, sei es von Maybrit Illner, von Anne Will, Sandra Maischberger oder Frank Plasberg gesehen, die auch nur fünf Minuten über ihr eigenes Tun kritisch reflektiert haben.

Es wurde in vielen dieser Sendungen bewusst und sogar manchmal plump versucht die Meinung der Leute zu manipulieren. Diese Beispiele werden von den Anführern der „Antisystem Bewegungen" zitiert und mit dem Begriff der „Lügenpresse" oder „Lückenpresse" tituliert. Wenn Minderheit von Journalisten hoch gelobt werden und mit Preisen überhäuft werden, wie z.B. Dunja Halali, weil sie eine Alibi Frau darstellt, so darf man sich nicht wundern, wenn ein großer Teil selbst gebildeter und aufgeklärter Liberaler und ein weltoffener Teil der Bevölkerung sich von der Politik abwendet.

Diese Beispiele werden als Rechtfertigung von den Anführern des „Antisystems" ausgenutzt. Für den normalen Bürger sind diese politischen Diskussionen Ausdruck für den Schaden des jetzigen politischen und gesellschaftlichen Systems.

Manche namhaften Philosophen und Soziologen sehen in diesen Entwicklungen de facto Verfallssymptome.

Manche Ethiker sehen, dass die Gesellschaften ihren inneren Kompass verloren haben. Manche namhafte Wirtschaftsethiker sind verzweifelt über die Entwicklung eines hemmungslosen Kasino-Kapitalismus und die Komplizenschaft der Medien in diesem Prozess.

Betrachtet man diese „Antisystem Bewegung", so muss man vier gemeinsame Gesichtspunkte erkennen.

12.2 Die Zuweisung des wirtschaftlichen, politischen, soziologischen, identitären Niedergangs

Für das Selbstverständnis der Identität spielt die Wirtschaft und die Gesellschaft eine fundamentale Rolle.

Hierunter sollten die Konsequenzen aus der sogenannten Globalisierungsfalle verstanden werden. Bevor man die Globalisierungsfalle genau darstellt, sei es erlaubt eine Aufklärung über die wirtschaftlichen und philosophischen Sichten der Gegenwart einzugehen.

Neoliberale Sicht vs. Post-keynesianische Sicht inklusive der Verhaltenstheoretiker

Diese beiden Ansichten schließen sich trotz gegenteiliger Meinung nicht aus.

Zur Neoliberalen Sicht der Wirtschaft und Gesellschaft:

Für die Neoliberalen regelt der Markt alle Probleme die in der Wirtschaft vorkommen können. Man braucht weder Einfluss und Eingriff des Staates, da der Mensch grundsätzlich rational entscheidet. So würden Fehlentscheidungen ignoriert werden. Da der Einzelne am Ort des Geschehens präsent ist, verliert er nicht so viel Zeit wie eine Organisation, die durch den Staat gesteuert wird. Der Einzelne muss äußerst misstrauisch gegenüber dem Staat sein. Einer der wesentlichen Vertreter dieser Richtung ist der Österreicher Friedrich A. Hayek. Er beschreibt, dass der Einfluss des Staates als

"Knechtschaft" angesehen wird. Da aber aus dieser Logik heraus der Staat als Regulator abgelehnt wird, braucht man keinen starken Staat, sondern einen schwachen. Damit ist wiederum verbunden, dass Steuern und Abgaben nur in einem sehr geringen Maß notwendig sind. Diese Theorie setzt jedoch voraus, dass alle Machtteilnehmer sich konform verhalten und alle Teilnehmer die gleiche Machtposition (Machanteile) haben und dass alle Machtteilnehmer zur gleichen Zeit den gleichen Informationsstand haben und dass jede Aktivität der Machtteilnehmer nur der Ratio gehorcht.

Erstaunlicherweise lehrt der größte Teil der Universitäten weltweit diese Sicht der Dinge obwohl sie zum großen Teil auf einer Lebenslüge basiert.

Keynesianismus und Verhaltenstheoretikern setzten jedoch auf einen anderen Ansatz. Der Mensch ist im Mittelpunkt des Systems, er ist nicht unfehlbar, die Entscheidungen des Menschen beruhen zum großen Teil auf psychologischen/Gefühlsgeleiteten Entscheidungen und daher braucht der Mensch Leitplanken. Da der Mensch nicht rational handelt, entstehen konjunkturelle Phasen in denen der Mensch von Angst oder Euphorie getrieben wird. In der ängstlichen Phase konsumiert der Mensch weniger, damit verbunden ist, dass die Nachfrage sinkt. Für diesen Fall, was in der Krise der 1930er Jahre der Fall war, hat Keynes seine berühmte Nachfrageorientierte Wirtschaftspolitik entwickelt. Das heißt, der Staat ist auf den Markt eingetreten und hat nachgefragt bzw. Investiert und dadurch wurde eine gewisse Nachfrage erzeugt, was wiederum die Unternehmen veranlasst hat mehr Personal einzustellen, was wiederum das Einkommen der Arbeiter und Angestellten gesteigert hat. Dies wiederum hat die Nachfrage nach Konsumgütern gesteigert, was wiederum die Steuereinnahmen des Staates gesteigert hat. Laut Keynes würde dieser Zustand ein Inflationsnahes Niveau erreichen, so muss der Staat über die mehr erhobenen Steuereinnahmen die Schulden zurückbezahlen. Der zweite Teil, die Rückzahlung der Schulden, wurde jedoch von den politischen Klassen nicht durchgeführt, da sie die jeweiligen Wählerschaften mit Sondermaßnahmen beglückten. Insoweit ist diese Theorie unter dem Namen Nachfragetheorie bekannt.

Bei der neoliberalen Sicht des Wirtschaftsgeschehens geht man nicht von einer Erhöhung der Nachfrage, sondern von einer Verbesserung des Angebots durch Kostensenkung aus. Denn der Glaube besteht, je niedriger der Preis eines Gutes ist, desto höher ist die Nachfrage danach. Der größte Teil der Kosten eines Produktes ist jedoch in den sogenannten entwickelten Ländern jedoch im Bereich des Lohnes. Daher ist erste Pflicht eines Neoliberalen dafür Sorge zu tragen, dass der Lohn und der Lohnkostenanteil an einem Produkt so niedrig wie möglich sind. Dies kann man durch den Einsatz von automatisierten Arbeitsprozessen oder durch die Senkung des Lohnes oder durch die Verlagerung von Produktionsstätten in Niedriglohnländer erreichen und sich auf einen Wanderzirkus der Lohnsenkung konzentriert. Parallel dazu ist ein Wettbewerb der Unternehmer hinsichtlich der Findung von Steuer- und Abgabe niedrigen Ländern entbrannt. Denn diese steigern ständig die Nettorenditen.

Voraussetzung für diesen Wanderzirkus ist, dass zunächst einfache Tätigkeiten ausgelagert werden, dann mittelschwere Tätigkeiten und zum Schluss sogar hochwertige Arbeitsplätze. Dafür braucht man jedoch einen liberalen Weltmarkt. Um diesen Weltmarkt zu schaffen, wird versucht den Segen und die Chancen der Globalisierung überall zu propagieren und Anhänger dieser Sicht der Wirtschaft schon in den Schulen zu implementieren.

Kritische Bemerkungen zur neoliberalen Sicht:

A. Laut weltweit psychologischen Untersuchungen sind Entscheidungen des Menschen gefühlsabhängig. Das heißt der Mensch entscheidet "aus dem Bauch" und versucht diesen Entscheidungen ein rationales Antlitz zu geben.

B. Die Marktteilnehmer eines Marktes sind niemals gleich. Das heißt es gibt verschiedene Marktteilnehmer, die mit verschiedenen Teilen des Marktes und damit der Macht für manche Produkte gibt es sogar nur noch Oligopole und Monopole, Wettbewerb regulierende Maßnahmen sind kaum vorhanden und de facto haben wir einen sogenannten "Machtmarkt". Zudem kaufen mächtige Finanzgruppen Unternehmen, mit dem einzigen Ziel sie zu zerlegen und wieder zu verkaufen.

C. Nicht alle Marktteilnehmer haben den gleichen Informationsstand, denn Informationsstand bedeutet Machtpositionen. Daher sind kleine und mittelständische Unternehmen, selbst wenn ihre Produkte Weltklasse sind, stets benachteiligt. Nach Prinzip des Marktes ist die Lohnfindung abhängig von Angebot und Nachfrage, wenn man dies zu Ende denkt, muss man für den Fall, dass so große Marktangebote wie z.B. für den Bereich der einfachen Tätigkeiten existieren, eine Lohnfindung finden, die im Extremfall Richtung Null tendieren würde. Würde dies der Fall sein, muss man die Frage stellen, wer die Güter kaufen soll.

D. Die Ablehnung des Einflusses des Staates und damit seine Schwächung innerhalb der Gesellschaft kann zur Folge haben, dass Ausbildung, Gesundheit und Innere Sicherheit zu privaten Angelegenheiten deklariert werden. Dies würde zum Ergebnis haben, dass die ärmeren und einkommensschwächeren Teile der Gesellschaft die Verlierer dieser Entwicklung sind. Diese Verlierer werden diese Entwicklung auf Dauer nicht hinnehmen, was wiederum mit politischen und sozialen Unruhen verbunden ist.

E. Ein weiterer Punkt ist die sogenannte Steuergerechtigkeit. Dieser Zustand der Steuergerechtigkeit ist aktueller denn je. Zurzeit tragen die großen international ausgerichteten Konzerne kaum zur Finanzierung der Staaten bei. Deren Aktionäre werden stets reicher und ein Rennen um Steueroasen ist aktueller denn je. Auch hier sind die ärmeren Bevölkerungsschichten und die Mittelklasse einer Gesellschaft die Verlierer, da sie sich mit stetigen Abgaben konfrontiert sehen. Diese Abgaben wären nicht notwendig, würden die "multinationalen" Unternehmen ihrer Pflicht einen gewissen Steueranteil ihrer Erträge zu entrichten nachkommen.

13. Wieviele Deutsche werden als Rassisten angesehen?

Eine häufige Frage wird gestellt - und zwar in allen Schichten der Gesellschaft - wenn man über Rassismus redet: ob es in Deutschland keine Rassisten mehr gibt, und ob sie ihre Lektion gelernt haben. Der Autor hat sich mit dieser Frage sehr oft beschäftigt und sie verfolgt ihn seit seinem Aufenthalt in Deutschland 1966. Er kämpfte seitdem gegen die negativen Vorurteile über die Deutschen, die dem Volk regelmäßig eine rassistische Tendenz bescheinigen. Nach 50 Jahren jedoch musste er feststellen, dass analog wie bei anderen Völkern rassistische Indikatoren bei mindestens 15-20 der Bevölkerung vorhanden sind. Diese rassistischen Indikatoren mögen möglicherweise begründet sein in einer Angst vor dem Verlust ihrer Identität.

Sie ist allerdings unbegründet. Angesichts der Feststellung, dass diese Identität sich nicht nur auf Pünktlichkeit, Sauberkeit, Zuverlässigkeit begründet, d. h. auf Verhaltensweisen, die eigentlich Friedrich der Große von seiner Verwaltung und von seinen Soldaten erwartet hat. Die deutsche Identität hat viel mehr Facetten als einen militärischen Drill, der das Gehirn einschränkt. Insoweit ist der Glaube, dass man verschiedene Rassen gewichten und bewerten kann, von Grund auf falsch.

Leider werden diese 15-20 % der Bevölkerung niemals zugeben, dass sie Rassisten sind, - denn Rassismus ist verpönt - auch wenn sie durch ihr Verhalten eindeutig darauf hinweisen, dass ihr wahres Selbstverständnis eine Aufspaltung der Gesellschaft in verschiedene abgegrenzte Rassen ist. Wer jedoch spaltet, hat immer noch nicht verstanden, dass schlicht einfach Spaltung Leid bedeutet.

Versteht man, dass mindestens 2-3.000.000 Deutsche rassistische Ansätze haben. Ob dies wie von vielen behauptet in ihren Genen eingebrannt ist, lässt sich nicht objektiv klären. Dass dies durch ihre Familien und ihre nächste Umgebung anerzogen wurde, ist eher wahrscheinlich. Damit ist jedoch festzuhalten, dass die deutsche Bevölkerung die Lehre aus dem zweiten Weltkrieg und dessen Konsequenzen wirklich nicht verarbeitet haben.

14. Der Nürnberger Prozess

Der Autor verweist auf Punkt 36.9 des Buches.

*Im **Nürnberger Prozess gegen die Hauptkriegsverbrecher** beziehungsweise Nürnberger Hauptkriegsverbrecherprozess wurden nach dem Zweiten Weltkrieg deutsche Politiker, Militärs und NS-Funktionäre erstmals für die Planung, Vorbereitung, Einleitung und Durchführung eines Angriffskrieges, Verbrechen an der Zivilbevölkerung und an Kriegsgefangenen sowie für den Massenmord in den Vernichtungslagern strafrechtlich zur Verantwortung gezogen. Von den vierundzwanzig Angeklagten wurden zwölf zum Tode und sieben zu Freiheitsstrafen verurteilt, drei Angeklagte wurden freigesprochen. Zwei Verfahren wurden ohne Verurteilung eingestellt.*

Dieser Prozess war der erste der dreizehn Nürnberger Prozesse. Die Verhandlung fand vor einem eigens von den Siegermächten eingerichteten Ad-hoc-Strafgerichtshof, dem Internationalen Militärgerichtshof (IMG; englisch International Military Tribunal, IMT), statt. Er dauerte vom 20. November 1945 bis zum 1. Oktober 1946 und fand im Justizpalast an der Fürther Straße in der Stadt Nürnberg statt. Die Angeklagten und zahlreiche Zeugen wurden im angrenzenden Zellengefängnis Nürnberg inhaftiert.

Die Folgeprozesse unter anderem gegen Ärzte, Juristen sowie führende Personen aus der Wirtschaft fanden ebenfalls in Nürnberg, der Stadt der NSDAP-Reichsparteitage, statt. Wegen des beginnenden Kalten Krieges war damit aber nicht mehr der IMG befasst, sondern US-amerikanische Militärgerichte.

Für das Kriegsvölkerrecht waren der Internationale Militärgerichtshof und der am 19. Januar 1946 für die Tokioter Prozesse eingerichtete Internationale Militärgerichtshof für den Fernen Osten ein Novum. Der im Vertrag von Versailles vorgesehene besondere alliierte Gerichtshof zur Anklage des ehemaligen deutschen Kaisers Wilhelm II. z. B. wegen der Verletzung des Neutralitätsvertrags mit Belgien (Rape of Belgium) war nach dem Ersten Weltkrieg nicht zustande gekommen. Es hatten nur Militärstrafverfahren vor nationalen Gerichten stattgefunden wie die Leipziger Prozesse in Deutschland. Zugleich waren die Internationalen Militärgerichtshöfe nach dem Zweiten Weltkrieg die Vorläufer des 2002 eingerichteten Internationalen Strafgerichtshof (IStGH) in Den Haag.

Die Urteile im Nürnberger Hauptkriegsverbrecherprozess überwanden die bis dahin verbreitete Auffassung, der Krieg sei die Fortsetzung der Politik mit anderen Mitteln.

Vorgeschichte

Unter den Alliierten der Anti-Hitler-Koalition sowie allen vom Zweiten Weltkrieg betroffenen Ländern bestand nach wiederkehrenden Berichten über „Kriegsverbrechen"

*und „Gräueltaten" Einigkeit, dass Personen aus der Führungsschicht des nationalso-
zialistischen Staates bestraft werden müssten. Im Oktober 1941 erklärten Churchill und Roosevelt, dass die Ahndung von Nazi-Verbrechen zu ihren Haupt-
kriegszielen gehöre. In der Moskauer Erklärung vom November 1943 kamen die drei
Hauptalliierten England, Amerika und Sowjetunion überein, dass Kriegsverbrecher in
den Staaten abgeurteilt werden sollten, in denen sie ihre Straftaten (Gräueltaten,
Massaker und Exekutionen) begangen hatten. Für sogenannte Hauptverbrecher (major criminals) aus dem Führungskreis, deren Verbrechen keinem besonderen geografischen Ort zugeordnet werden könnten, sollte die Bestrafung nach Kriegsende durch
eine gemeinsame Erklärung der Alliierten festgelegt werden. Dabei gab es unterschiedliche Meinungen, wer für welche Handlungen wie verantwortlich zu machen sei.*

*Das UNWCC, an dem sich die Sowjetunion nicht beteiligte und das den Verfolgungs-
druck der kleineren Länder aus der Erklärung von St. James auffangen sollte, sam-
melte ab 1943 Fälle von Kriegsverbrechen und erarbeitete Konzepte für eine juristische Verfolgung der Hauptkriegsverbrecher, die aber nicht zur Entscheidung kamen,
da Roosevelt und Churchill dem Thema keine Priorität einräumten. Währenddessen
hatte die Sowjetunion als Hauptopfer des barbarischen Barbarossa-Feldzugs mit
den Kriegsverbrecherprozessen von Krasnodar und Charkow signalisiert, dass sie an
einer publikumswirksamen juristischen Aufarbeitung interessiert wäre.*

*Als Churchill und Roosevelt in der Konferenz von Montreal dem Vorschlag von Finanz-
minister Morgenthau zur summarischen Erschießung der Hauptkriegsverbrecher zustimmten und etwa zeitgleich führende UNWCC-Mitglieder zurücktraten, kam es in
den Vereinigten Staaten während des laufenden Präsidentschaftswahlkampfes zur
Kontroverse mit dem Kriegsministerium unter Henry Stimson, der sich schon lange für
eine Fortentwicklung des Völkerrechts stark gemacht hatte. Nach einer heftigen
Kontroverse wurde die Entscheidung von Montreal nicht weiter verfolgt, sondern es
sollten Prozesse gegen die Hauptkriegsverbrecher geführt werden.*

*Nach der Amtsübernahme von Truman übernahmen die Vereinigten Staaten die Ini-
tiative, um sich mit der Sowjetunion, Frankreich und dem Vereinigten Königreich zu
verständigen. Bei der Konferenz von San Francisco wurde Anfang Mai 1945 der Vorschlag unterbreitet, die namentlich noch nicht benannten Hauptkriegsverbrecher vor
ein internationales Militärgericht der vier Siegermächte zu stellen. Nach sowjetischer
Bedenkzeit tauschten sich die führenden Juristen über das weitere Vorgehen aus.*

*Damit war der Weg für einen regulären Prozess frei, für den eigens der Internationale
Militärgerichtshof eingerichtet wurde. Er sollte die Planung und Führung eines An-
griffskriegs, Kriegsverbrechen, Verbrechen gegen die Zivilbevölkerung in den besetzten Gebieten sowie die Gräueltaten in den Konzentrations- und Vernichtungslagern
der Nationalsozialisten untersuchen, beweisen und ahnden.*

*Das Londoner Viermächteabkommen vom 8. August 1945, das die Rechtsgrundlage
des Prozesses für die Strafverfolgung der Hauptkriegsverbrecher kodifizierte und*

dessen Teil das Statut des Militärgerichtshofes ist, wurde nicht nur von den USA, Groß-britannien, Frankreich und der UdSSR unterzeichnet. Auch Griechenland, Dänemark, Jugoslawien, die Niederlande, die Tschechoslowakei, Polen, Belgien, Äthiopien, Aust-ralien, Honduras, Norwegen, Luxemburg, Haiti, Neuseeland, Indien, Venezuela, Uru-guay und Panama traten dem Abkommen bei.

Der Prozess

Die Sowjetunion wollte die Prozesse in Berlin durchführen lassen, für Nürn-berg sprach jedoch, dass der Justizpalast weitgehend unbeschädigt geblieben war und ein großes Gefängnis, das Zellengefängnis Nürnberg, unmittelbar angrenzte. Au-ßerdem war Nürnberg die Stadt der NSDAP-Reichsparteitage gewesen, und somit war es auch von symbolischer Bedeutung, den führenden Nationalsozialisten gerade an diesem Ort den Prozess zu machen. So wurde die Anklageschrift, die am 6. Oktober 1945 von den Anklägern der vier alliierten Mächte unterzeichnet worden war, am 18. Oktober 1945 im Gebäude des Alliierten Kontrollrats in der einzigen Sitzung in Berlin übergeben. Die eigentlichen Gerichtsverhandlungen begannen jedoch am 20. November 1945 in Nürnberg. Am 30. September und am 1. Oktober 1946 wurden dort auch die Urteile verkündet.

Die Richter

Auf der Richterbank saßen:

- Francis Beverley Biddle und John Johnston Parker (USA),
- Iona Nikittschenko und Alexander Woltschkow (UdSSR),
- Sir Geoffrey Lawrence und Norman Birkett (Großbritannien) sowie
- Henri Donnedieu de Vabres und Robert Falco (Frankreich).

Den Vorsitz des Gerichts übernahm der für seine Umsicht bekannte Brite Lawrence, die erste Sitzung des Gerichts im Kammergerichtsgebäude in Berlin wurde von Nikitt-schenko eröffnet.

Die Ankläger

Die vier Hauptankläger, die auch die Anklageschrift unterzeichnet hatten, waren

- Robert H. Jackson (USA),
- Roman Rudenko (UdSSR),
- Sir Hartley Shawcross (Großbritannien) und
- François de Menthon, nach seinem Rücktritt Auguste Champetier de Ri-bes (Frankreich).

Sie bedienten sich eines umfangreichen juristischen Mitarbeiterstabs, um die Anklage vertreten und den Prozess zügig vorantreiben zu können.

Die Anklagepunkte

Die vier Anklagepunkte lauteten

- *Erarbeitung und Ausführung eines Gemeinsamen Planes (Verschwörung) zur Begehung von Verbrechen gegen den Frieden, das Kriegsrecht und die Humanität (Grundlage: Artikel 6 besonders 6a des Statuts).*
- *Teilnahme an der Planung, Vorbereitung, Entfesselung und Führung von Angriffskriegen, die internationale Verträge, Abkommen und Zusicherungen verletzten (Grundlage: Artikel 6a des Statuts).*
- *Kriegsverbrechen (stricto sensu) waren Verbrechen gegen Mitglieder feindlicher Truppen und die Zivilbevölkerung der besetzten Gebiete (Grundlage: Artikel 6, besonders 6b des Statuts). Verbrechen vor dem Kriegsbeginn oder gegen die Zivilbevölkerung der Achsenmächte fielen nicht darunter.*
- *Unter Verbrechen gegen die Menschlichkeit fiel die Ermordung und Verfolgung von Oppositionellen und die Ermordung, Ausrottung, Versklavung, Deportation und andere unmenschliche Handlungen gegen Zivilbevölkerungen vor oder während des Krieges (Grundlage: Artikel 6, besonders 6c des Statuts).*

Unter Punkt 1 findet sich besonders eine Aufstellung der Machtübernahme durch die Nationalsozialisten und der Umgestaltung Deutschlands in eine totalitäre Diktatur und Kriegsvorbereitungen sowie der Bruch zahlreicher internationaler Verträge und Besetzungen von Nachbarländern. Punkt 2 ergänzt weitere Kriege. Unter Punkt 3 waren die Verbrechen an der Zivilbevölkerung angeklagt; die Verbrechen des Holocaust wurden unter dem vierten Anklagepunkt verhandelt. Ein Teil der Verbrechen des Holocausts, etwa die Ermordung der deutschen Juden auf polnischem Territorium, sind nicht nur ein Verbrechen gegen die Menschlichkeit, sondern auch ein Kriegsverbrechen.

Die vier Alliierten teilten die Anklagepunkte schon kurz nach der Londoner Konferenz auf. Sowjets und Franzosen hatten die Kriegsverbrechen und Verbrechen gegen die Menschlichkeit in Ost- und Westeuropa, die Briten den Vorwurf des Angriffskrieges übernommen und die Amerikaner kümmerten sich um den Plan einer gemeinsamen "Nazi-Verschwörung" sowie die Anklage gegen sogenannte kriminelle Organisationen. Der amerikanische Chefankläger Jackson konzentrierte aufgrund seiner Erfahrungen aus amerikanischen Antitrust-Verfahren die Beweisführung in erster Linie auf dokumentarische Beweise anstatt auf medienwirksame aber angreifbare Zeugenaussagen. Mit etwa 4.000 vorwiegend aus deutschen Archiven stammenden Dokumenten wurde die Anklage untermauert, um "unglaubliche Vorgänge durch Beweismittel" zu belegen. Das sowjetische Vorhaben, schon frühzeitig einen Schauprozess zu führen, erbrachte eine außerordentliche Zahl an Beweisen, die das russische Anklägerteam um Rudenko durch die Arbeit der Außerordentlichen Staatlichen Kommission zur Verfügung standen.

Die Angeklagten

Bei der Auswahl der Angeklagten stellte sich zunächst das Problem, wer überhaupt in Frage kommen konnte. Adolf Hitler und Joseph Goebbels waren tot, ebenso wie Heinrich Himmler und Reinhard Heydrich. Während die Briten aus einer tief verwurzelten

Skepsis gegen eine juristische Lösung den angeklagten Personenkreis klein halten wollte, bestanden Amerikaner, Franzosen und Russen darauf, auch eine Reihe hochrangiger Militärs und Wirtschaftsführer anzuklagen. Die Verfügbarkeit der Anzuklagenden und deren Repräsentativität spielten bei der Auswahl eine große Rolle und am 29. August einigte man sich auf eine gemeinsame Liste von 24 Personen. Im Fall von Krupp kam es zu einer Verwechselung. Statt Alfried Krupp von Bohlen und Halbach landete dessen Vater, der mittlerweile verhandlungsunfähige Gustav Krupp von Bohlen und Halbach auf der Anklageliste und wurde daher freigesprochen. Alfried Krupp wurde im Nürnberger Krupp-Prozess angeklagt und im Juli 1948 verurteilt.

Der US-amerikanische Psychologe Gustave Mark Gilbert ermittelte anhand des Wechsler-Bellevue-Intelligenztests die in der folgenden Tabelle angegebenen. Zur Klärung der Persönlichkeitsstruktur führte Gilbert mit 16 Angeklagten den Rorschach-Test sowie den Thematischen Auffassungstest durch.

Angeklagter	IQ	Verteidiger	Anklagepunkte	Schuldig in	Urteil	Anmerkung
Martin Bormann Leiter der Parteikanzlei		Friedrich Bergold	1,3,4	3,4	Tod durch den Strang	in Abwesenheit (war tatsächlich schon tot)
Karl Dönitz Befehlshaber der U-Boote, ab 1943 Oberbefehlshaber Kriegsmarine	138	Otto Kranzbühler	1,2,3	2,3	10 Jahre Haft	bis 1956 in Haft
Hans Frank Generalgouverneur im Generalgouvernement Polen	130	Alfred Seidl	1,3,4	3,4	Tod durch den Strang	am 16. Oktober 1946 hingerichtet
Wilhelm Frick Reichsminister des Inneren	124	Otto Pannenbecker	1,2,3,4	2,3,4	Tod durch den Strang	am 16. Oktober 1946 hingerichtet
Hans Fritzsche Reichspropagandaministerium	130	Heinz Fritz	1,3,4	—	Freispruch	Nachfolgend in einem deutschen Spruchkammerverfahren zu 9 Jahren Zwangsarbeit verurteilt; amnestiert 1950

Angeklagter	IQ	Verteidiger	Anklagepunkte	Schuldig in	Urteil	Anmerkung
Walther Funk Reichswirtschaftsminister und Reichsbankpräsident	124	Fritz Sauter	1,2,3,4	2,3,4	lebenslange Haft	begnadigt 1957
Hermann Göring Reichsluftfahrtminister u. Generalbevollmächtigter Vierjahresplan	138	Otto Stahmer	1,2,3,4	1,2,3,4	Tod durch den Strang	Suizid am 15. Oktober 1946
Rudolf Heß Stellvertreter des Führers	120	Günther von Rohrscheid, Alfred Seidl	1,2,3,4	1,2	lebenslange Haft	Suizid am 17. August 1987 (in Haft)
Alfred Jodl Chef Wehrmachtführungsstab	127	Franz Exner, Hermann Jahrreiß	1,2,3,4	1,2,3,4	Tod durch den Strang	am 16. Oktober 1946 hingerichtet
Ernst Kaltenbrunner Chef der Sicherheitspolizei und des SD, Leiter Reichssicherheitshauptamt	113	Kurt Kaufmann	1,3,4	3,4	Tod durch den Strang	am 16. Oktober 1946 hingerichtet
Wilhelm Keitel Oberkommando der Wehrmacht	129	Dr. Otto Nelte	1,2,3,4	1,2,3,4	Tod durch den Strang	am 16. Oktober 1946 hingerichtet
Gustav Krupp von Bohlen und Halbach Industrieller			1,2,3,4	—	—	Verfahrenseinstellung aus gesundheitlichen Gründen
Robert Ley Leiter Deutsche Arbeitsfront			1,2,3,4	—	—	Suizid am 25. Oktober 1945
Konstantin von Neurath Reichsprotektor in Böhmen und Mähren	125	Otto von Lüdinghausen	1,2,3,4	1,2,3,4	15 Jahre Haft	begnadigt 1954

Angeklagter	IQ	Verteidiger	Anklagepunkte	Schuldig in	Urteil	Anmerkung
Franz von Papen Vizekanzler und Diplomat	134	Egon Kubuschok	1,2	—	Freispruch	Nachfolgend in einem deutschen Spruchkammerverfahren zu 7 Jahren Zwangsarbeit verurteilt; im Januar 1949 vorzeitig entlassen
Erich Raeder Oberbefehlshaber Kriegsmarine	134	Walter Siemers	1,2,3	1,2,3	lebenslange Haft	begnadigt 1955
Joachim von Ribbentrop Reichsaußenminister	129	Fritz Sauter, Martin Horn	1,2,3,4	1,2,3, 4	Tod durch den Strang	am 16. Oktober 1946 hingerichtet
Alfred Rosenberg Reichsminister Ostgebiete	127	Alfred Thoma	1,2,3,4	1,2,3, 4	Tod durch den Strang	am 16. Oktober 1946 hingerichtet
Fritz Sauckel Generalbevollmächtigter Arbeitseinsatz	118	Robert Servatius	1,2,3,4	3,4	Tod durch den Strang	am 16. Oktober 1946 hingerichtet
Hjalmar Schacht Reichsbankpräsident und Reichswirtschaftsminister	143	Rudolf Dix	1,2	—	Freispruch	
Baldur von Schirach Reichsjugendführer	130	Fritz Sauter	1,4	4	20 Jahre Haft	bis 1966 in Haft
Arthur Seyß-Inquart Reichsstatthalter Österreich ab 1940 Reichskommissar Niederlande	141	Gustav Steinbauer	1,2,3,4	2,3,4	Tod durch den Strang	am 16. Oktober 1946 hingerichtet
Albert Speer Rüstungsminister	128	Hans Flächsner	1,2,3,4	3,4	20 Jahre Haft	bis 1966 in Haft

Angeklagter	IQ	Ver-teidi-ger	An-klage-punkte	Schul dig in	Urteil	Anmerkung
Julius Streicher Herausgeber Der Stürmer	106	Hans Marx	1,4	4	Tod durch den Strang	am 16. Okto-ber 1946 hin-gerichtet

Quelle: Wikipedia

Aufspüren der Angeklagten

Im Chaos des Zusammenbruchs war es nicht einfach, die späteren Angeklagten zu finden. Adolf Hitler und Joseph Goebbels hatten noch vor Kriegsende Selbstmord verübt. Heinrich Himmler wurde trotz gut gefälschter Papiere bei einer Kontrolle im Mai 1945 von den Briten verhaftet und beging wenige Tage später in Lüneburg Selbstmord. Heß war seit seinem „Englandflug" im Mai 1941 in britischer Gefangenschaft. Streicher hatte sich als Maler getarnt und wurde nach einem Hinweis aus der Bevölkerung Ende Mai 1945 in Waidring von US-Soldaten festgenommen. Schirach, der als tot galt, tauchte zunächst in Tirol unter, stellte sich aber Anfang Juni 1945 selbst. Göring begab sich Anfang Mai 1945 in Österreich mit seiner Familie und 17 Lkw voller Gepäck in die Gefangenschaft der 7. US-Armee. Von Papen wurde bereits Anfang April 1945 in einer Jagdhütte bei Meschede von US-Soldaten aufgespürt. Frank wurde Anfang Mai 1945 in Neuhaus am Schliersee von amerikanischen Soldaten festgenommen. Kaltenbrunner wurde am 12. Mai 1945 von US-Soldaten in der Wildenseehütte in der Nähe von Altaussee verhaftet. Seyß-Inquart wurde im Mai 1945 in Den Haag von Angehörigen der kanadischen Streitkräfte festgenommen. Gegen Bormann, der verschwunden blieb, wurde in Abwesenheit verhandelt. Im Sonderbereich Mürwik bei Flensburg, wohin sich im Mai 1945 die letzte Reichsregierung hin zurückgezogen hatte, wurden mehrere Angeklagte verhaftet. Rosenberg wurde am 18. Mai 1945 im dortigen Marinelazarett Flensburg-Mürwik entdeckt. Am 23. Mai wurde die letzte Reichsregierung mit Dönitz, Jodl und Speer im Sonderbereich Mürwik verhaftet. Ribbentrop, der zum Kriegsende ebenfalls nach Mürwik gegangen war, tauchte zuvor in Hamburg unter, wo er letztlich im Juni 1945 verhaftet wurde. Erst 1998 konnte durch eine DNA-Analyse zweifelsfrei bewiesen werden, dass es sich bei dem 1972 in der Nähe des Lehrter Bahnhofs in Berlin gefundenen Skelett um Bormanns Leiche handelt und er folglich vor Kriegsende bereits tot war.

Verhandlung

Die Verhandlung wurde nach dem Muster des amerikanischen Strafprozesses durchgeführt. So wurden die Angeklagten nach der Verlesung der Anklage einzeln aufgerufen zur Frage, ob sie sich schuldig oder nicht schuldig bekennen (alle bekannten sich für nicht schuldig). Außerdem wurde das für das amerikanische Prozessverfahren typische Kreuzverhör praktiziert, bei welchem auch die Angeklagten in den Zeugenstand treten konnten. Dokumente und Unterlagen (belastende wie entlastende)

wurden in die vier Arbeitssprachen Englisch, Französisch, Russisch und Deutsch übersetzt bzw. gedolmetscht. Insgesamt wurden 240 Zeugen gehört und 300.000 Versicherungen an Eides statt zusammengetragen; das Sitzungsprotokoll umfasst 16.000 Seiten.

Zeugen

Vor dem Gericht erschienen dreiunddreißig Zeugen der Anklage, neunzehn Angeklagte und 61 Zeugen wurden durch die Verteidigung in den Zeugenstand gerufen und
über hundert schriftliche Zeugenaussagen wurden vorgelegt. Rudolf Höß, der Lager-
kommandant des KZ Auschwitz sagte als Zeuge der Verteidigung überraschend aus,
dass während seiner Zeit in Auschwitz etwa 2,5 Millionen Opfer vergast worden waren und nicht weniger als 500.000 an Unterernährung und Krankheiten gestorben
seien. Erich von dem Bach-Zelewski, Otto Ohlendorf (Befehlshaber der Einsatzgruppe
D), Dieter Wisliceny (Mitorganisator der Judendeportationen in Griechenland und
Ungarn), Walter Schellenberg (Mitarbeiter Heydrichs), Friedrich Paulus (Stalingrad-
befehlshaber und als Oberquartiermeister der Wehrmacht an der Ausarbeitung der
Pläne für den Überfall auf Russland beteiligt), Wolfram Sievers (mitverantwortlich
für Menschenversuche in Konzentrationslagern), Erwin von Lahousen (Abwehroffi-
zier und Mitglied des Widerstandes), Karl Bodenschatz (ehemaliger Adjutant von Göring), Albert Kesselring (hoher Luftwaffenoffizier und Oberbefehlshaber in Italien
während Geiselerschießungen), Erhard Milch (als Generalluftzeugmeister für den
Einsatz von Zwangsarbeitern in der Rüstungsindustrie mitverantwortlich) und Erich
Buschenhagen (an den Kriegsplanungen mit Finnland beteiligter General) waren
wichtige Zeugen.

Weitere Zeugen waren u. a.: Marie-Claude Vaillant-Couturier sagte detailreich über
die Verbrechen in Auschwitz aus, Alfred Balachowsky hatte Zugang ins Archiv zu den
Menschenversuchen im KZ Buchenwald, Jaccobus Vorrink (Parteiführer der niederländischen Sozialisten) berichtete über die Nazifizierung und die Verfolgung aus politischen, rassischen und religiösen Gründen in den Niederlanden, Professor Van der
Essen von der belgischen Universität Löwen sagte über die Verfolgungen in Belgien
aus, Joseph Orbeli über die mutwillige Beschießung der Eremitage in Sankt Petersburg, Jacob Gigoriev über das Massaker in dem Dörfchen Kusnezovo, der orthodoxe
Priester Nikolai Lomakin über die mutwillige Beschießung von Kirchen und Klöstern
besonders an Feiertagen, Samuel Rajzman dass täglich drei Deportationszüge in
Treblinka ankamen, deren Insassen getötet wurden, die überlebende Severina
Schmaglevska von Auschwitz-Birkenau über die Ermordung jüdischer Kinder und die
Entführung nichtjüdischer Kinder, Abraham Sutzkever über die restlose Vernichtung
des Ghetto Wilna mit etwa 80.000 Toten, Birger Dahlerus zu Vermittlungsversuchen
Görings vor dem Kriegsausbruch, Max Wielen zu den Morden an den Piloten des Sta-
lag Luft III, Hans Gisevius über die Zusammenarbeit mit Schacht beim Sammeln von
Belastungsmaterial zu Gestapo und SS.

Die Verteidigung

Die Verteidiger wurden von den Angeklagten selbst gewählt oder auf deren Verlangen vom Militärgerichtshof ernannt. Für den abwesenden Angeklagten Bormann und zur Vertretung der angeklagten Gruppen und Organisationen ernannte der Militärgerichtshof Verteidiger. Zu Prozessbeginn legten alle Verteidiger eine gemeinsame Denkschrift vor, die die juristischen Grundlagen des Prozesses in Frage stellten. Insbesondere ging es um die Strafbarkeit „der Entfesselung des ungerechten Krieges". Die Verteidigung machte geltend, dass „soweit es sich um Verbrechen gegen den Frieden handelt, ... der gegenwärtige Prozess keine gesetzliche Grundlage im internationalen Recht hat, sondern ein Verfahren ist, das auf einem neuen Strafrecht basiert, einem Strafrecht, das erst nach der Tat geschaffen wurde". Der Vorsitzende Richter des Internationalen Militärgerichtshofs, Sir Geoffrey Lawrence lehnte diesen Antrag mit der Begründung ab, im Briand-Kellogg-Pakt von 1928 hätten sich 15 Staaten, darunter auch Deutschland, dafür ausgesprochen, den Krieg als „Werkzeug nationaler Politik" zu ächten und zwischenstaatliche Konflikte nur „durch friedliche Mittel" beizulegen.

Die Mehrzahl der Angeklagten gab zu, dass grauenhafte Verbrechen begangen worden waren, behauptete aber, dass sie persönlich in gutem Glauben gehandelt hätten. Viele erklärten, nur nach Befehl gehandelt zu haben, obwohl das nach den Statuten des Gerichtshofs keinen Strafausschlussgrund darstellte. Nur die Verteidiger von Streicher, Funk und Schacht forderten Freisprüche für ihre Mandanten.

Einsatz von Dokumentaraufnahmen

Die sowjetische Delegation führte Dokumentarfilme der Außerordentlichen Kommissionen zur Feststellung der faschistischen Greueltaten wie "Auschwitz", "Majdanek", "Die Zerstörung von Smolensk", "Die Zerstörung von Kulturbauten und Kunst" und "Die Zerstörung von Kirchen und Klöstern" vor und ein deutscher Film zur Zerstörung des tschechischen Lidice wurde dem Gericht gezeigt. Die amerikanischen Anklagevertreter zeigten die Filme "Nazi-Konzentrationslager" und "Der Nazi-Plan". Mit diesen Beweismittelfilmen wollte die Anklagevertretung Art und Ausmaß der Verbrechensdimension verdeutlichen, die sich weder angemessen juridisch repräsentieren noch in Sprache fassen ließ. Die Filme sollten gleichsam als Prima-facie-Beweise für die Schuld der angeklagten Hauptverbrecher gelesen werden und gleichzeitig der Reeducation der Deutschen dienen.

Die Schlussanträge der Anklage

Die französische und die sowjetische Anklage forderten die Todesstrafe für alle Angeklagten. Der britische Ankläger forderte unterschiedliche Urteile für die Angeklagten, der amerikanische Ankläger gab keine klare Empfehlung ab.

Urteil und Vollstreckung

Für eine Verurteilung der Angeklagten bedurfte es von vier Richterstimmen einer Mehrheit von drei Voten, die sich dafür aussprachen. Am 30. September und

1. Oktober 1946 wurden nach fast einem Jahr Verhandlungsdauer 12 der 24 Angeklagten zum Tode verurteilt; sieben Angeklagte erhielten langjährige oder lebenslange Haftstrafen. Drei Angeklagte wurden freigesprochen: In den Fällen Schacht und von Papen führte eine Patt-Situation (2 : 2) im Richterkollegium zum Freispruch; für eine Bestrafung des Angeklagten Fritzsche sprach sich nur der sowjetische Richter Nikittschenko aus. Das Urteil war nach Art. 26 des Londoner Statuts endgültig und nicht anfechtbar.

Mit Ausnahme von Speer und Kaltenbrunner stellten alle anderen Verurteilten Gnadengesuche bei der Militärregierung für Deutschland, dem Alliierten Kontrollrat. Diese wurden abschlägig beschieden. Von den zwölf Todesurteilen wurden zehn am 16. Oktober 1946 zwischen 1:00 und 2:57 Uhr im Zellengefängnis Nürnberg vollstreckt. Göring hatte keine drei Stunden zuvor mittels einer Zyankalikapsel Suizid begangen. Bormann war in Abwesenheit verurteilt worden. Die Hinrichtungen vollzog der amerikanische Henker John C. Woods, assistiert von Joseph Malta und Rex Morgan, in der Sporthalle des Gefängnisses. Alle Leichname wurden unter Morgans Leitung im Städtischen Krematorium auf dem Münchner Ostfriedhof eingeäschert und ihre Asche in den Wenzbach, einen kleinen Zufluss der Isar, gestreut. Die zu Haftstrafen Verurteilten blieben zunächst noch in Nürnberg und wurden 1947 in das Berliner Kriegsverbrechergefängnis Spandau verlegt, das von alliierten Truppen bewacht wurde.

Verbrecherische Organisationen

Die Artikel 9 und 10 ermöglichten es dem Gericht, auf Antrag der Anklage eine Gruppe oder Organisation zu einer verbrecherischen Organisation zu erklären, so dass Mitglieder dieser Organisation wegen Mitgliedschaft in einer verbrecherischen Organisation gemäß Kontrollratsgesetz Nr. 10 vor einem Militär- oder Okkupationsgericht angeklagt und verurteilt werden konnten, ohne dass darüber hinaus ein individuelles Verbrechen nachgewiesen werden musste. Da eine so weitreichende Feststellung große Ungerechtigkeiten hervorrufen könnte, sollte das Gericht nur davon Gebrauch machen, wenn sichergestellt wäre, dass keine unschuldigen Personen dadurch bestraft würden.

Die Anklage forderte vom Gericht, die folgenden Personengruppen zu verbrecherischen Organisationen zu erklären:

- Reichskabinett
- Führerkorps der NSDAP
- SS und SD
- SA
- Geheime Staatspolizei (Gestapo)
- Generalstab und Oberkommando der Wehrmacht (OKW)

Als verbrecherische Organisationen wurden im Urteil eingestuft das Korps der Politischen Leiter der NSDAP, die Geheime Staatspolizei (Gestapo), der Sicherheitsdienst (SD) sowie die Schutzstaffel (SS). Nicht dazu gezählt wurden die Reichsregierung, der Generalstab sowie das Oberkommando der Wehrmacht (OKW). Begründet wurde diese Entscheidung unter anderem mit dem Argument, bei der überschaubaren Anzahl von Personen könnte die persönliche Schuld nur im Einzelverfahren festgestellt werden. Die SA wurde nicht als verbrecherische Organisation eingestuft, weil ihre Mitglieder nach 1939 „im Allgemeinen" nicht an verbrecherischen Handlungen beteiligt gewesen seien.

Der Personenkreis, der nunmehr als Angehörige einer verbrecherischen Organisation galt, wurde im Urteil weiter eingegrenzt. Betroffen waren Funktionäre der NSDAP vom Kreisleiter an, sofern sie nach dem 1. September 1939 amtierten. Bei der Geheimen Staatspolizei und dem Sicherheitsdienst waren Mitglieder, die mit reinen Büroarbeiten, Pförtnerdiensten und dergleichen beschäftigt waren, vom Urteil ausgenommen. Bei der SS waren diejenigen nicht betroffen, die zwangsweise eingezogen worden waren oder an Verbrechen nicht teilgenommen hatten.

Urteile zu verbrecherischen Organisationen

Organisation	Verteidiger	Urteil	Anmerkung
Reichskabinett	Egon Kubuschok	keine verbrecherische Organisation	Begründung: Personenkreis klein genug für Einzelverfahren; nach 1937 nicht mehr tätig
Führerkorps der NSDAP	Robert Servatius	verbrecherische Organisation	Personenkreis auf Reichsleitung, Gauleitung und Kreisleitung eingeschränkt; nur bei Mitgliedschaft nach 1. September 1939
SS und SD	Ludwig Babel (für SS/SD), Horst Pelckmann und Carl Haensel (für die SS), Hans Gawlik (für den SD)	verbrecherische Organisation	nur bei Mitgliedschaft nach 1. September 1939; nicht Reiter-SS,
SA	Georg Boehm und Rudolf Aschenauer; Martin Löffler Wahlverteidiger Reiter-SA	keine verbrecherische Organisation	Begründung: nach Röhm-Putsch bedeutungslos
Geheime Staatspolizei (Gestapo)	Rudolf Merkel	verbrecherische Organisation	nicht Büroangestellte, Boten und Pförtner; nur bei Mitgliedschaft nach 1. September 1939

Urteile zu verbrecherischen Organisationen

Organisation	Verteidiger	Urteil	Anmerkung
Generalstab und Oberkommando der Wehrmacht	Franz Exner, Hans Laternser	keine verbrecherische Organisation	Begründung: Personenkreis klein genug für Einzelverfahren

Quelle: Wikipedia

Führung der Wehrmacht

Unter dem Oberbegriff „Generalstab und OKW" hatte die Anklage das Führungs-personal der Wehrmacht angeklagt, eine Liste von 130 namentlich aufgeführten Offizieren, die zwischen Februar 1938 und Kriegsende zeitweise im OKW, im Oberkommando des Heeres, der Marine, der Luftwaffe oder als Oberbefehlshaber von Truppen Dienst getan hatten. Sie wurden insgesamt als „verbrecherische Organisation" angeklagt. Der Gerichtshof kam zu der Einschätzung, dass weder der Generalstab noch das OKW eine „Organisation" oder eine „Gruppe" im Sinne der Gerichtssatzung seien und erklärte sie aus diesem formalen Grund nicht zu „verbrecherischen Organisationen". Allerdings war dies kein Freispruch, sondern der Gerichtshof betonte die Schuld der Wehrmachtführung an den Verbrechen der Wehrmacht und entschied, dass Einzelverfahren zu ihrer Ahndung durchzuführen seien. Diese Entscheidung wurde von den ehemaligen Berufssoldaten der Wehrmacht jedoch in einen „Freispruch der Wehrmacht selbst durch die Siegerjustiz" umgedeutet und so in der Öffentlichkeit unter dem Begriff der „sauberen Wehrmacht" propagiert.

Öffentlichkeit

Nach Abschluss der Verhandlungen, in denen zu jedem Angeklagten große Mengen von belastendem Material vorgelegt worden war, das Mitwisserschaft und Mittäterschaft an schwersten Verbrechen dokumentierte, erhielten die Angeklagten die Gelegenheit zu einer letzten Erklärung. In diesen Erklärungen finden sich bereits viele Formeln wieder, die in der Nachkriegszeit zur deutschen Selbstentlastung in der so genannten Vergangenheitsbewältigung benutzt wurden. Die eigene Verantwortlichkeit wurde mit diesen Formeln geleugnet oder verkleinert: „mißbrauchte soldatische Treue" (Keitel), „tragischer deutscher Idealismus" (Fritzsche, Dönitz), „gottlose Gesellschaft" (Frank), „unpolitische Beamtenpflicht" (Frick), „kalte technokratische Moderne" (Speer). Göring behauptete, die Verbrechen seien verschleiert worden, und er verurteile „diese furchtbaren Massenmorde auf das schärfste". Seyß-Inquart rechnete die Angriffskriege des Deutschen Reiches gegen die Beschlüsse der Teheran-Konferenz zur territorialen Aufteilung Osteuropas auf.

Das Verfahren war von Anfang an öffentlich. Etwa 250 Zeitungs- und Rundfunk-Be-richterstatter aus aller Welt waren akkreditiert. Zugelassen wurden nur Inhaber eines ausländischen Passes oder Staatenlose. Darunter waren viele bekannte Schriftsteller und Journalisten, beispielsweise: Louis Aragon, Willy Brandt, Alfred Döblin, Jan Drda, Ilja Ehrenburg, Konstantin Fedin, Janet Flanner, František Gel, Martha Gell-horn, Ernest Hemingway, Robert Jungk, Erich Kästner, Alfred Kerr, Erika Mann, Peter de Mendelssohn, Victoria Ocampo, John Dos Passos, Boris Nikolajewitsch Pole-woi, Gregor von Rezzori, Gitta Sereny, William L. Shirer, John Steinbeck, Elsa Trio-let, Nora Waln, Rebecca West und Markus Wolf. Außerdem wurden führende politi-sche Persönlichkeiten aus Deutschland eingeladen, damit sie Eindrücke vom Inhalt und Verlauf des Prozesses gewinnen konnten. Politische Parteien konnten im Wechsel 8 Sitzplätze belegen. Zudem wurde der Prozess auf Film und Fotos dokumentiert.

Nach Abschluss des Prozesses wurden die vollständigen Protokolle von der amerika-nischen Regierung in den Jahren 1949–1953 in authentischer englischer Textfassung veröffentlicht, die auch die Statuten und einige Dokumente enthält. Diese 15-bändige Edition der „Green Series" ist bis heute eine der wichtigsten Quellensammlungen zur NS-Geschichte. Sie blieb in den 50er Jahren in Deutschland weitgehend unbekannt. In dieser Zeit wurde in Deutschland nur ein Buch mit Material aus den Nürnberger Pro-zessen gedruckt. Es enthielt die Verteidigungsreden des Rechtsanwaltes Heinrich La-ternser aus dem OKW-Prozess. Im Übrigen herrschte die so genannte Schlussstrich-Mentalität. Erst Anfang der 60er Jahre publizierte der Ost-Berliner Verlag Rütten & Loening die in den Nachfolgeprozessen gesprochenen Urteile mit einem polemischen Vorwort im Zeichen des Ost-West-Konfliktes. Dieses Ignorieren der Nürnberger Pro-zesse als Bestandteil einer großen kollektiven Verdrängung bezeichnete Ralph Gi-ordano als „zweite Schuld der Deutschen".

Seit dem 21. November 2010 ist der ehemalige Gerichtssaal Teil des Museums der Stadt Nürnberg zu den Verfahren und Verfahrenszielen Memorium Nürnberger Pro-zesse.

Geplanter zweiter Prozess

Ein zweiter internationaler Prozess gegen Hauptkriegsverbrecher war vorgesehen. Insbesondere wollte Frankreich durch die Verurteilung von deutschen Rüstungsin-dustriellen die strafrechtliche Verfolgung eigener Wirtschafts-kollaborateure begüns-tigen und die Sowjets vertraten die marxistische Sichtweise, dass Hitler ein Instrument der deutschen Banken und Industriellen gewesen wäre. Auch Jackson stand gegen Wi-derstände in den USA zu dem Vorhaben und der britische Chefankläger Hartley Shawcross sagte die britische Teilnahme am Prozess zu. Aus verschiedenen Gründen, wie Geld- und Ressourcenknappheit, politischem Misstrauen gegenüber der linken französischen Regierung und den Sowjets wurde stattdessen nach Kontrollratsgesetz Nr. 10 vor amerikanischen Tribunalen in den Nürnberger Nachfolgeprozessen gegen führende Persönlichkeiten von Krupp, I.G. Farben und Thyssen verhandelt.

Wirkung

Die Ergebnisse des Prozesses sind noch heute von überragender Bedeutung sowohl für die Geschichtsforschung als auch für das internationale Recht. Die Rechtsgrundsätze wurden im Tokioter Prozess erneut angewandt und bestätigt. In der UN-Resolution 95 bestätigte die UN-Vollversammlung 1946 die im Prozess angewendeten Prinzipien und in Erfüllung der Resolution 177 vom November 1947 wurden von einer Kommission die Nürnberger Prinzipien erarbeitet, die zwar nicht kodifiziert wurden, aber den Stand des Völkergewohnheitsrechts darstellten. 1954 wurde der erste Entwurf zur Kodifizierung des Verbrechens gegen den Frieden und die Sicherheit vorgelegt, dem in 1991, 1994 und 1996 weitere folgten. Auf der Basis internationaler Verträge wurde das Völkergewohnheitsrecht 1948 durch die Konvention über die Verhütung und Bestrafung des Völkermordes und vier Genfer Konventionen ab 1948 verbessert. Die Nürnberger Straftatbestände waren dadurch konsolidiert ohne dass es zur Anwendung eine internationale Gerichtsinstanz dafür gab. Zu Beginn der 1990er Jahre entstanden nach dem Kalten Krieg die internationalen ad-hoc Strafgerichtshöfe für Jugoslawien und Ruanda. Mit dem Römischen Statut des Internationalen Strafgerichtshofs von 1998 wurde dann die Grundlage für den permanenten Gerichtshof in Den Haag geschaffen.

Im Rückblick präsentieren sich die Nürnberger Prozesse als Geburtsstunde des Völkerstrafrechts, das Individuen für Staatshandeln strafrechtlich verantwortlich macht und Regierungsimmunität ablehnt.

Sonstiges

Die amerikanischen Militärpastoren Henry F. Gerecke und Sixtus O'Connor betreuten im Prozess einige der Hauptangeklagten als Seelsorger.

Der Ort des Prozesses ist heute täglich im Rahmen der Dauerausstellung Memorium Nürnberger Prozesse, außer bei Gerichts-verhandlungen zu besichtigen: Justizpalast, Eingang: Bärenschanzstraße 72, Schwurgerichtssaal 600.

Vom Zellengefängnis Nürnberg, wo die Angeklagten inhaftiert waren, ist noch ein originaler Zellentrakt sowie die Gefängniskirche, in der die amerikanischen Militärpastoren tätig waren, erhalten. Die Gebäude sind Teil der JVA Nürnberg und daher nur mit einer besonderen Genehmigung zu besichtigen. Das Bayerische Justizministerium plant ihren Abriss wegen Baufälligkeit.

Der Prozess kostete 4.435.719 US-Dollar. Diese wurden aus den deutschen Erstattungen der Besatzungskosten bestritten.

Quelle: Seite „Nürnberger Prozess gegen die Hauptkriegsverbrecher". In: Wikipedia, Die freie Enzyklopädie. Bearbeitungsstand: 15. Februar 2020, 12:58 UTC. URL: https://de.wikipedia.org/w/index.php?title=N%C3%BCrnberger_Prozess_gegen_die_Hauptkriegsverbrecher&oldid=196836736 (Abgerufen: 23. Februar 2020, 09:46 UTC)

Quelle: Seite „Nürnberger Prozess gegen die Hauptkriegsverbrecher". In: Wikipedia, Die freie Enzyklopädie. Bearbeitungsstand: 15. Februar 2020, 12:58 UTC. URL: https://de.wikipedia.org/w/index.php?title=N%C3%BCrnberger_Prozess_gegen_die_Hauptkriegsverbrecher&oldid=196836736 (Abgerufen: 23. Februar 2020, 09:46 UTC)

15. Die Bundesrepublik Deutschland

Deutschland *(Vollform: **Bundesrepublik Deutschland**) ist ein Bundesstaat in Mitteleuropa. Er besteht seit 1990 aus 16 Ländern und ist als freiheitlich-demokratischer und sozialer Rechtsstaat verfasst. Die Bundesrepublik Deutschland stellt die jüngste Ausprägung des deutschen Nationalstaates dar. Deutschland hat 83 Millionen Einwohner und zählt mit durchschnittlich 232 Einwohnern pro km² zu den dicht besiedelten Flächenstaaten.*

An Deutschland grenzen neun Staaten, es hat Anteil an der Nord- und Ostsee im Norden sowie dem Bodensee und den Alpen im Süden. Es liegt in der gemäßigten Klimazone und verfügt über sechzehn National- und über hundert Naturparks. Bundeshauptstadt sowie bevölkerungsreichste deutsche Stadt ist Berlin. Weitere Metropolen mit mehr als einer Million Einwohnern sind Hamburg, München und Köln, der größte Ballungsraum ist das Ruhrgebiet, Frankfurt am Main ist als deutsches Finanzzentrum international von Bedeutung. Deutschlands Bevölkerung hat mit 1,57 Kindern pro Frau (2018) eine vergleichsweise niedrige Geburtenrate, die jedoch in den 2010er-Jahren leicht anstieg.

Auf dem Gebiet des heutigen Deutschlands ist die Anwesenheit von Menschen vor 500.000 Jahren durch Funde des Homo heidelbergensis, des Neandertalers sowie einiger der ältesten Kunstwerke der Menschheit aus der Altsteinzeit nachgewiesen. Seit der Antike ist die lateinische Bezeichnung Germania für das Siedlungsgebiet der Germanen bekannt. Das ab dem 10. Jahrhundert bestehende Heilige Römische Reich, das aus vielen Herrschaftsgebieten bestand, war wie der 1815 ins Leben gerufene Deutsche Bund ein Vorläufer des späteren deutschen Nationalstaates.

Das 1871 gegründete Deutsche Reich entwickelte sich rasch vom Agrar- zum Industriestaat. Nach dem verlorenen Ersten Weltkrieg wurde 1918 die Monarchie abgeschafft und die demokratische Weimarer Republik konstituiert. Ab 1933 führte die nationalsozialistische Diktatur zu politischer und rassistischer Verfolgung und gipfelte in der Ermordung von sechs Millionen Juden auch während des 1939 begonnenen verheerenden Zweiten Weltkrieges, der 1945 mit Deutschlands Niederlage endete. Das von den Siegermächten besetzte Land wurde 1949 geteilt. Der Gründung der Bundesrepublik als demokratischer westdeutscher Teilstaat mit Westbindung am 24. Mai 1949 folgte die Gründung der sozialistischen DDR am 7. Oktober 1949 als ostdeutscher Teilstaat unter sowjetischer Hegemonie. Die innerdeutsche Grenze war nach dem Berliner Mauerbau 1961 abgeriegelt. Nach der friedlichen Revolution in der DDR 1989 folgte die Lösung der deutschen Frage durch die Wiedervereinigung beider Landesteile am 3. Oktober 1990.

Deutschland ist Gründungsmitglied der Europäischen Union sowie deren bevölkerungsreichstes Land. Mit 18 anderen EU-Mitgliedstaaten bildet es eine Währungsunion, die Eurozone. Es ist Mitglied der UN, der OECD, der OSZE, der NATO, der G7, der G20 und des Europarates. Die Bundesrepublik Deutschland gilt als einer der politisch einflussreichsten Staaten Europas und ist ein gesuchtes Partnerland auf globaler Ebene.

Gemessen am Bruttoinlandsprodukt ist das marktwirtschaftlich organisierte Deutschland die größte Volkswirtschaft Europas und die viertgrößte der Welt. 2016 war es die drittgrößte Export- und Importnation. Aufgrund der Rohstoffarmut sowie der Automatisierung und Digitalisierung der Industrie entwickelt sich das Land, das auf die Qualität seines Bildungssystems angewiesen ist, zunehmend zur Informations- und Wissensgesellschaft. Gemäß dem Index der menschlichen Entwicklung zählt Deutschland zu den sehr hoch entwickelten Ländern.

Muttersprache der Bevölkerungsmehrheit ist die deutsche Sprache. Daneben gibt es Regional- und Minderheitensprachen und Migranten mit anderen Muttersprachen, bedeutendste Zweitsprache ist Englisch. Die Kultur Deutschlands ist vielfältig und wird neben zahlreichen Traditionen, Institutionen und Veranstaltungen beispielsweise in der Auszeichnung als UNESCO-Welterbe in Deutschland, in Kulturdenkmälern und als immaterielles Kulturerbe erfasst und gewürdigt.

Begriffsgeschichte: Deutsch und Deutschland

In der Berliner Handschrift des Sachsenspiegels von 1369 steht (auf Mittelniederdeutsch): „Iewelk **düdesch lant** hevet sinen palenzgreven" („jegliches deutsche Land hat seinen Pfalzgrafen")

Die etymologischen Vorformen von deutsch bedeuteten ursprünglich „zum Volk gehörig", wobei das Adjektiv zunächst die Dialekte des kontinental-westgermanischen Dialektkontinuums bezeichnete. Die Bezeichnung Deutschland wird seit dem 15. Jahrhundert verwendet, ist in einzelnen Schriftstücken aber schon früher bezeugt; in der Frankfurter Übersetzung der Goldenen Bulle (um 1365) heißt es Dutschelant. Davor sind nur Wortfügungen des Attributs deutsch mit Land belegt, beispielsweise in der unbestimmten Singularform „ein deutsches Land" oder der bestimmten Pluralform „die deutschen Länder", nicht aber in der bestimmten Singularform „das deutsche Land". Gemeint waren Länder mit einer Führungsschicht, die sich auf den politischen Herrschaftsanspruch des (Ost-)Fränkischen, ab dem 10. Jahrhundert des Heiligen Römischen Reiches bezog. Die Bezeichnung wurde damit vor allem für (vor-)staatliche Gebilde im deutschen Sprach- oder Herrschaftsgebiet verwendet, das über Jahrhunderte große Veränderungen erlebte.

Das Heilige Römische Reich, ursprünglich nur als „Reich" (lateinisch Imperium) bezeichnet, erhielt mehrere Namenszusätze: „Heilig" seit Mitte des 12. Jahrhunderts, „Römisch" seit Mitte des 13. Jahrhunderts und seit dem ausgehenden 15. Jahrhundert „Deutscher Nation" (Heiliges Römisches Reich Deutscher Nation). Nach dessen Ende 1806 wurde ein deutscher Nationalstaat, das Deutsche Reich, 1871 gebildet, das in unterschiedlichen Staatsformen in die heutige Bundesrepublik Deutschland übergegangen ist (siehe Rechtslage Deutschlands nach 1945). Da eine Fortführung des

Staatsnamens Deutsches Reich im Parlamentarischen Rat wegen seines „aggressiven Akzents" abgelehnt wurde, wurde Deutschland als Staatsname in der damals konstituierten „Bundesrepublik Deutschland" erstmals verwendet; in den Beratungen sagte Theodor Heuss 1948: „Mit dem Wort Deutschland geben wir dem Ganzen ein gewisses Pathos ... sentimentaler und nicht machtpolitischer Art."11 Die Deutsche Demokratische Republik (DDR) nutzte Deutschland nicht im Staatsnamen, aber als synonyme Bezeichnung für DDR in Art. 1 der Verfassung von 1949. Später verwendete die DDR fast nur noch das Attribut deutsch beziehungsweise den Namenszusatz „... der DDR" für staatliche Hoheitsbezeichnungen. Mit der deutschen Einheit 1990 konnte Deutschland zur amtlichen Kurzform der Staatsbezeichnung werden.

Humangeographie

Hochdiverse Kulturlandschaft in einer ländlichen Region des am dichtesten besiedelten Flächenlandes Nordrhein-Westfalen: Siedlungen, landwirtschaftlich genutzte Flächen, Waldflächen und ein Stausee.

In Deutschland werden insgesamt 51 Prozent der Landesfläche landwirtschaftlich genutzt (2016), Wälder bedecken weitere 30 Prozent. 14 Prozent werden als Siedlungs- und Verkehrsfläche genutzt (Tendenz steigend). Wasserflächen kommen auf 2 Prozent, die restlichen 3 Prozent verteilen sich auf sonstige Flächen, zumeist Ödland und auch Tagebaue.

Verwaltungsgliederung

Die föderal aufgebaute Bundesrepublik besteht aus 16 Gliedstaaten, die offiziell als Länder (Bundesländer) bezeichnet werden. Die Stadtstaaten Berlin und Hamburg bestehen jeweils aus gleichnamigen Einheitsgemeinden, während die Freie Hansestadt Bremen, als dritter Stadtstaat, mit Bremen und Bremerhaven zwei separate Stadtgemeinden umfasst. Im Unterschied zu anderen Föderalstaaten gibt es in Deutschland keine bundesunmittelbaren Gebiete.

Die Gemeinden sind die kleinsten selbständigen Gebietskörperschaften Deutschlands. Sie sind, mit Ausnahme der Stadtstaaten und der meisten kreisfreien Städte, in Landkreisen und anderen Gemeindeverbänden zusammengefasst. Kreise und Gemeinden unterliegen dem Kommunal-verfassungsrecht des jeweiligen Bundeslandes und sind daher bundesweit unterschiedlich organisiert. Einzig die Kreisstadt als Verwaltungssitz eines Landkreises findet sich deutschlandweit.

Land	Hauptstadt	Fläche in km²	Einwohner	Einwohner pro km²
Baden-Württemberg	Stuttgart	35.751	11.069.533	310
Bayern	München	70.550	13.076.721	185
Berlin	—	892	3.644.826	4.087
Brandenburg	Potsdam	29.654	2.511.917	85
Bremen	Bremen	419	682.986	1629
Hamburg	—	755	1.810.438	2.397
Hessen	Wiesbaden	21.115	6.265.809	297
Mecklenburg-Vorpommern	Schwerin	23.213	1.609.675	69
Niedersachsen	Hannover	47.616	7.982.448	168
Nordrhein-Westfalen	Düsseldorf	34.113	17.932.651	526
Rheinland-Pfalz	Mainz	19.854	4.084.844	206
Saarland	Saarbrücken	2569	990.509	386
Sachsen	Dresden	18.450	4.077.937	221
Sachsen-Anhalt	Magdeburg	20.452	2.208.321	108
Schleswig-Holstein	Kiel	15.802	2.896.712	183
Thüringen	Erfurt	16.202	2.143.145	132
Bundesrepublik Deutschland	Berlin	357.376	82.521.653	231

Quelle: Wikipedia

Ballungsgebiete

In Deutschland werden Verdichtungs- und Ballungsräume (Agglomerationen) nicht statistisch genau abgegrenzt. Es gibt 79 Großstädte (ab 100.000 Einwohner), davon 14 mit mehr als 500.000 Einwohnern, historisch bedingt überwiegend im Westen und Südwesten Deutschlands. Diese entlang des Rheins verlaufenden Ballungsräume bilden den Mittelteil der zentralen europäischen Bevölkerungskonzentration (Blaue Banane). Die meisten Agglomerationen sind monozentrisch, das Ruhrgebiet hingegen ist eine (polyzentrische) Konurbation.

Von der Ministerkonferenz für Raumordnung wurden elf Europäische Metropolregionen festgelegt. Diese gehen über die entsprechenden Agglomerationen weit hinaus. Köln/Düsseldorf/Dortmund/Essen gehören zur Metropolregion Rhein-Ruhr, Leipzig/Halle/Chemnitz zur Metropolregion Mitteldeutschland. Eine weitere ist die Metropolregion Rhein-Neckar um Ludwigshafen/Mannheim/Heidelberg.

Bevölkerung

Bevölkerungsentwicklung

Jahr	Einwohnerzahl	Jahr	Einwohnerzahl
1950	69.346.000	1985	77.661.000
1955	71.350.000	1990	79.753.000
1960	73.147.000	1995	81.817.000
1965	76.336.000	2000	82.260.000
1970	78.069.000	2005	82.438.000
1975	78.465.000	2010	81.752.000
1980	78.397.000	2015	82.176.000

Nach Fortschreibung des Zensus 2011 lebten am 31. Dezember 2016 in Deutschland 82.521.653 Einwohner auf einer Fläche von 357.376 Quadratkilometern. Das Land gehört mit rund 230 Menschen pro km^2 zu den dicht besiedelten Flächenstaaten. 18,3 Prozent der Bevölkerung waren im Jahr 2015 unter 20 Jahre, 24,5 Prozent zwischen 20 und 40 Jahre und 29,8 Prozent zwischen 40 und 60 Jahre alt. Im Alter von 60 bis 80 Jahren waren 21,6 Prozent der Bevölkerung, darüber 5,8 Prozent. Im Jahr 2015 lag das Durchschnittsalter bei 44,2 Jahren. Deutschland war damit nach Japan die zweit-älteste Gesellschaft der Welt.

Neben der Familie als der am häufigsten angestrebten Form des Zusammenlebens sind viele Lebensmodelle in der deutschen Gesellschaft vertreten. Die Anzahl der le-bend geborenen Kinder lag im Jahr 2015 bei 737.575, das war die höchste Geburten-zahl seit 15 Jahren. Dies entspricht einer Geburtenrate von 1,50 Kindern pro Frau bzw. 9,6 Geburten pro 1.000 Einwohner. Im selben Zeitraum wurden 925.200 Sterbefälle registriert, etwa 11,2 Fälle pro 1.000 Einwohner. Im Jahr 2017 erhöhte sich die Gebur-tenrate pro Frau auf 1,57 Kinder.

Weil seit 1972 die Sterberate alljährlich über der Geburtenrate liegt, wird politisch die Orientierung zu einer familienfreundlichen, kinder- und nachwuchsfördernden Gesellschaft mit Mehrkindfamilien angestrebt (Pronatalismus). Als zentrale Voraus-setzung dafür werten Experten die Vereinbarkeit von Familie und Beruf. Bei fortge-setzt niedrigen Geburtenraten, insbesondere in Bevölkerungsschichten mit mittleren und höheren Bildungsabschlüssen, werden für Deutschland soziale, ökonomische und geopolitische Probleme vorhergesagt.

Etwa 71,9 Millionen Personen (87,1 %) in Deutschland besaßen im Jahr 2017 die deut-sche Staatsangehörigkeit. Im Jahr 2017 hatten rund 18,9 Millionen Personen einen Migrationshintergrund (23 %). Als Personen mit Migrationshintergrund zählten im Zensus 2011 alle Ausländer sowie alle Deutschen, die nach 1955 auf das Gebiet der heutigen Bundesrepublik Deutschland zugewandert sind oder mindestens einen nach 1955 zugewanderten Elternteil haben. Unter ihnen bilden die Aussiedler und Spätaussiedler die größte Gruppe, gefolgt von Bürgern der Türkei, anderer Staaten der Europäischen Union und des ehemaligen Jugoslawien. Zwischen 1950 und 2002 wurden insgesamt 4,3 Millionen Menschen, entweder im Land geboren oder lange dort lebend, auf eigenen Antrag eingebürgert.

Das Institut der deutschen Wirtschaft (IW) prognostizierte 2017, die Bevölkerung Deutschlands werde durch Einwanderung weiter wachsen und im Jahr 2035 rund 83,1 Mio. Menschen umfassen. Im Jahr 2018 wuchs die deutsche Bevölkerung um 227.000 Einwohner, womit Deutschland die Marke von 83 Millionen Einwohnern überschritt.

Einwanderung

Ausländische Bevölkerung (2018)

Rang	Nationalität	Bevölkerung	Anteil unter allen Ausländern
1.	Türkei	1.476.410	13,5 %
2.	Polen	860.145	7,9 %
3.	Syrien	745.645	6,8 %
4.	Rumänien	696.275	6,4 %
5.	Italien	643.530	5,9 %
6.	Kroatien	395.665	3,6 %
7.	Griechenland	363.205	3,3 %
8.	Bulgarien	337.015	3,1 %
9.	Afghanistan	257.110	2,4 %
10.	Russland	254.325	2,3 %

In Deutschland leben Einwanderer aus nahezu allen Ländern der Welt. Laut Ausländerzentralregister machte der Bevölkerungsteil ohne deutsche Staatsangehörigkeit am 31. Dezember 2018 etwa 13,1 Prozent (10,9 Millionen) aus (2011: 8,5 Prozent, 6,9 Millionen). Im Jahr 2018 hatten gemäß amtlicher Statistik etwa 25 Prozent der Bevölkerung (20,8 Millionen) einen Migrationshintergrund. Dabei werden die ethnisch der deutschen Diaspora zugehörigen Spätaussiedler und Vertriebene, die ab 1949 im Bundesgebiet leben, im Zensus als Migranten geführt.

Die größte in Deutschland lebende Einwanderergruppe mit ausländischer Staatsbürgerschaft stellten im Jahr 2018 mit 1.476.410 Personen türkische Staatsangehörige. Die Zahl der Personen mit türkischer Nationalität nimmt seit einigen Jahren kontinuierlich ab, da im Gegenzug vermehrt die deutsche Staatsbürgerschaft von Türkischstämmigen angenommen wird. Aus Mitgliedstaaten der Europäischen Union kamen rund 4,8 Millionen Einwanderer. Den größten Anteil haben dabei Polen (860.145), Rumänen (696.275) und Italiener (643.530). Der Anteil der Europäer aus Nicht-EU-Ländern erhöhte sich durch Migration insbesondere aus Ex-Jugoslawien und aus den Staaten der ehemaligen Sowjetunion in den 1990er-Jahren. Darüber hinaus lebten in Deutschland 2.297.970 Menschen mit einer asiatischen Staatsangehörigkeit (davon 745.645 aus Syrien, 257.110 aus Afghanistan, 247.800 aus dem Irak und 119.645 aus China) sowie 539.385 Menschen mit einer afrikanischen und 271.425 mit einer amerikanischen Staatsangehörigkeit (davon 117.730 aus den Vereinigten Staaten). Im Jahr 2018 erwarben 112.340 Personen die deutsche Staatsbürgerschaft (2010: 101.570) durch Einbürgerung; die meisten davon waren Türkeistämmige (14,8 %).

Der Bevölkerungsanteil von Ausländern und Menschen mit Migrationshintergrund ist regional sehr unterschiedlich, wobei die höchsten Anteile in den Ballungsräumen des Westens sowie in Berlin erreicht werden, die niedrigsten in den ländlichen Gebieten Nordbayerns, Ost- und Norddeutschlands. 2015 waren Offenbach am Main (32,8 %), Frankfurt am Main (27,7 %), München (24,5 %) und Stuttgart (23,2 %) die kreisfreien Städte mit den höchsten Ausländeranteilen. Der Landkreis mit dem niedrigsten Ausländeranteil war Elbe-Elster (1,2 %).

Die Zahl der polnischen Diaspora in Deutschland, die seit dem 19. Jahrhundert besteht („Ruhrpolen"), beläuft sich auf über zwei Millionen, die seit Generationen assimiliert sind.

Deutschland gilt de facto seit Jahren als Einwanderungsland und war 2012 nach den Vereinigten Staaten das OECD-Land mit den zweitmeisten Einwanderern. Einige Wissenschaftler sehen aus demografischen und wirtschaftlichen Gründen die Notwendigkeit höherer Zuwanderung gut ausgebildeter Fachkräfte und Akademiker, was durch eine Einwanderungspolitik nach Vorbildern wie Australien und Kanada mit einer transparenten und an den Fertigkeiten der Zuwanderer orientierten Steuerung erreicht werden könne. Die Einwanderung mitsamt Familienzusammenführungen dürfe nicht zulasten der Sozialsysteme gehen. Internationale Expats monieren in Deutschland die Schwierigkeiten mit der deutschen Sprache und die Schwierigkeit, deutsche Freunde zu finden.

Religionen

Wie der Großteil West- und Mitteleuropas ist das heutige Deutschland bis zur Spätantike zurückreichend christlich-abendländisch und seit dem 18. Jahrhundert aufgeklärt-wissenschaftlich geprägt. Dem liegen Einflüsse aus der antiken griechischen und römischen Kultur ebenso zugrunde wie jüdische und christliche Traditionen, die sich seit Beginn der Christianisierung Nordwesteuropas, ab etwa dem 4. Jahrhundert, mit germanischen Traditionen vermischt hatten. Das Gebiet des heutigen Deutschland wurde seit dem frühen Mittelalter christianisiert. In der fränkischen Zeit wurde im Reich Karls des Großen die Missionierung, teilweise durch Zwang, abgeschlossen. Mit Martin Luthers Thesenanschlag 1517 begann die christliche Reformation und in der Folge die Bildung protestantischer Konfessionen, die in Deutschland neben der katholischen Konfession die religiöse Landschaft prägen.

Verhältnis von Staat und Religion

Die Religionsfreiheit in Deutschland garantiert Art. 4 des Grundgesetzes, individuell als Grundrecht und institutionell im Verhältnis von Religion und Staat. So wird die weltanschauliche Neutralität des Staates und das Selbstbestimmungsrecht der Religionsgemeinschaften festgeschrieben. Auf dieser Basis ist das Verhältnis von Religionsgemeinschaften und Staat partnerschaftlich; es gibt also keine strikte Trennung von Kirche und Staat, sondern in vielen sozialen und schulisch-kulturellen Bereichen bestehen Verflechtungen, beispielsweise über kirchliche, aber staatlich mitfinanzierte Trägerschaft von Kindergärten, Schulen, Krankenhäusern oder Pflegeheimen. Ebenso berufen sich einige deutsche Parteien auf die christliche Tradition des Landes. Die christlichen Kirchen besitzen den Status von Amtskirchen und sind Körperschaften des öffentlichen Rechts, aufgrund des geltenden Staatskirchenrechts jedoch sui generis. Als öffentlich-rechtlichen Religionsgesellschaften sollen den Kirchen bestimmte Gestaltungsmöglichkeiten eingeräumt werden, ohne dass sie dabei einer Staatsaufsicht unterliegen; stattdessen wird sowohl der kirchliche Öffentlichkeitsauftrag teilweise in Kirchenverträgen mit den Ländern oder den entsprechenden Regelungen in den Landesverfassungen anerkannt wie auch die besondere, originäre Kirchengewalt rechtlich bekräftigt. Bestimmte christliche Kirchen sowie die jüdischen Gemeinden erheben eine Kirchensteuer, die der Staat gegen eine Aufwandsentschädigung einzieht und an die jeweiligen Kirchen (beziehungsweise an den Zentralrat der Juden in Deutschland) weiterleitet. Des Weiteren ist der Religionsunterricht laut Grundgesetz fakultatives, aber dennoch ordentliches Unterrichtsfach in den öffentlichen Schulen (mit Ausnahme von Bremen, Berlin und Brandenburg). Dieses Fach wird oft von einem Vertreter einer der beiden großen Kirchen unterrichtet.

Bevölkerungsanteile

Etwa 59 Prozent der Bevölkerung gehören einer christlichen Konfession an: römisch-katholische Kirche 28,9 Prozent (überwiegend in West- und Süddeutschland), Evangelische Kirche in Deutschland (Lutheraner, Reformierte und Unierte) 27,1 Prozent (tendenziell vor allem in Norddeutschland); andere christlichen Kirchen wie orthodoxe und altorientalische Kirchen, die Zeugen Jehovas, die neuapostolische Kirche und Freikirchen insgesamt ca. 3 Prozent. Die Anzahl der Gottesdienstbesucher ist wesentlich geringer als die Anzahl der Kirchenmitglieder. An sogenannten

Zählsonntagen besuchten 2016 die katholischen Gottesdienste 2,4 Millionen Menschen (2,9 Prozent der Gesamtbevölkerung) und 0,8 Millionen (1 Prozent) jene der Evangelischen Kirche. An hohen kirchlichen Feiertagen, insbesondere zu Heiligabend, nehmen deutlich mehr Menschen an Gottesdiensten teil. Etwa 37 Prozent der Bevölkerung sind konfessionslos. In den neuen Ländern liegt deren Anteil zwischen 68 (Thüringen) und 81 Prozent (Sachsen-Anhalt). Die DDR hatte eine atheistische Weltanschauung propagiert und vermittelt (siehe Jugendweihe) und den Kirchenaustritt gefördert. Aufgrund langfristiger Prozesse der Säkularisierung und des Wertewandels stieg der Anteil von Konfessionslosen an der Gesamtbevölkerung auch in der alten Bundesrepublik an (1970: 3,9 %; 1987: 11,4 %). Diese Entwicklung setzte sich im vereinten Deutschland fort.

Ende 2015 lebten etwa 4,5 Millionen Muslime in Deutschland. Ihr Anteil an der Gesamtbevölkerung beträgt circa 5,5 Prozent, Über die Hälfte hat einen türkischen Migrationshintergrund, gut 17 Prozent kommen aus dem Nahen Osten. Zwischen 2011 und 2015 kamen 1,2 Millionen Muslime neu nach Deutschland. Als Dachverband der vielen islamischen Organisationen und Ansprechpartner für Außenstehende wurde der Koordinierungsrat der Muslime in Deutschland gegründet.

Die Deutsche Buddhistische Union geht von etwa 270.000 Buddhisten in Deutschland aus. Die Hälfte davon sind eingewanderte Asiaten. Dies entspricht 0,3 Prozent der Bevölkerung.

Etwa 200.000 Juden leben in Deutschland, dies entspricht 0,25 Prozent der Bevölkerung. Davon sind etwa die Hälfte in jüdischen Gemeinden organisiert. Seit den 1990er-Jahren verzeichnen diese einen starken Zuwachs durch Zuwanderer aus den ehemaligen Ostblockstaaten, vor allem aus der Ukraine und Russland. Nach Frankreich und dem Vereinigten Königreich hat Deutschland die drittgrößte jüdische Gemeinschaft Europas.

Geschichte

Urgeschichte, Kelten, Germanen und Römer

Die ältesten Belege für die Anwesenheit der Gattung Homo auf deutschem Gebiet sind etwa 700.000 Jahre alt, von einer dauerhaften Anwesenheit zumindest im Süden geht man seit 500.000 v. Chr. aus. Nach dem Fundort in der Nähe der Stadt Heidelberg wurde der Homo heidelbergensis benannt. Die mindestens 300.000 Jahre alten Schöninger Speere sind die ältesten vollständig erhaltenen Jagdwaffen der Menschheit und haben das Bild der kulturellen und sozialen Entwicklung des frühen Menschen revolutioniert.

Auf die Neandertaler, nach einem Fundort im Neandertal, östlich von Düsseldorf, benannt, folgte vor etwa 40.000 Jahren der aus Afrika zugewanderte Homo sapiens, der anatomisch moderne Mensch. Die Neandertaler verschwanden zwar, doch ließ sich *jüngst belegen, dass beide gemeinsame Nachkommen hatten. Die jungpaläolithische Kleinkunst ist die älteste bekannte Kunst der Menschheit.*

Aus dem Nahen Osten kommende jungsteinzeitliche Bauern, die mit ihrem Vieh und ihren Kulturpflanzen über Anatolien und den Balkan zuwanderten (Linearbandkeramiker), verdrängten ab etwa 5700/5600 v. Chr. die Jäger und Sammler der Mittelsteinzeit aus der Südhälfte Deutschlands. Sie erreichten jedoch erst um 4000 v. Chr. auch Norddeutschland. Damit wurden zugleich die aneignenden Kulturen der Jäger, Sammler und Fischer von bäuerlichen, nun durchgehend sesshaften Kulturen abgelöst; als letzte Kultur der Jäger in Norddeutschland gilt die Ertebølle-Kultur.

Mit über 1000 Jahren Verzögerung begann auf deutschem Gebiet die Bronzezeit um 2200 v. Chr. Zu ihren bedeutendsten Funden zählt die Himmelsscheibe von Nebra. Mit Beginn der Hallstattzeit (1200–1000 v. Chr.) waren Süd- und Mitteldeutschland von Kelten besiedelt, als bedeutendstes Metall begann sich das Eisen durchzusetzen. Um 600 v. Chr. kam es in Norddeutschland zur Herausbildung der Jastorf-Kultur, die als germanische Kultur angesehen wird. „Germanen" wurden im 1. Jahrhundert v. Chr. von antiken Autoren erstmals erwähnt und bezeichneten als ethnographischer Sammelbegriff kein einheitliches Volk.

Von 58 v. Chr. bis etwa 455 n. Chr. gehörten die Gebiete links des Rheins und südlich der Donau zum Römischen Reich, von etwa 80 bis 260 n. Chr. auch ein Teil Hessens sowie der größte Teil des heutigen Baden-Württemberg südlich des Limes. Diese römischen Gebiete verteilten sich auf die Provinzen Gallia Belgica, Germania superior, Germania inferior, Raetia und Noricum. Dort gründeten die Römer Legionslager, eine Reihe von Städten wie Trier, Köln, Augsburg und Mainz – die ältesten Städte Deutschlands.

Verbündete germanische Stämme sicherten diese Provinzen, zudem wurden Siedler aus anderen Reichsteilen hier sesshaft. Versuche, den Einflussbereich weiter in germanisches Gebiet auszuweiten, scheiterten mit der Varusschlacht im Jahr 9 n. Chr. Die Bemühungen der Römer zur Errichtung von Provinzen bis zur Elbe endeten schließlich. Tacitus' im Jahr 98 entstandene Schrift Germania ist die älteste Beschreibung der germanischen Stämme.

Völkerwanderung und Frühmittelalter (375–962)

Nach dem Einfall der Hunnen 375 setzte die Völkerwanderung ein, gleichzeitig bildeten sich im Übergang von der Spätantike zum Frühmittelalter mehrere Großstämme heraus, nämlich die der Franken und Alamannen, Sachsen, Bayern und Thüringer. Im Zuge des Untergangs Westroms kam es zur Bildung germanisch-romanischer Nachfolgereiche. In die weitgehend entvölkerten Gebiete des heutigen Ostdeutschlands wanderten im 7. Jahrhundert slawische Stämme ein. Erst im Zuge der hochmittelalterlichen Ostsiedlung wurden sie assimiliert. West- und Mitteleuropa wurde vom Ende des 5. Jahrhunderts entstandenen Frankenreich dominiert, das heutige

Norddeutschland von den Sachsen und Slawen. Alle heute zu Deutschland gehörigen Gebiete des Frankenreichs lagen im östlichen Teilreich Austrien.

Mitte des 8. Jahrhunderts trat im Frankenreich Pippin der Jüngere aus der Dynastie der Karolinger die Königsnachfolge der Merowinger an. Nach der Unterwerfung und Zwangsmissionierung der Sachsen und Eroberungen in Italien, Nordspanien und im östlichen Grenzraum unter Karl dem Großen wurde das Vielvölkerreich neu organisiert. Kirchenorganisation und Kulturförderung knüpften partiell an römische Traditionen an (Karolingische Renaissance). Zu Weihnachten 800 ließ sich Karl vom Papst in Rom zum Kaiser krönen und erhob damit Anspruch auf die Nachfolge des Römischen Reiches (Translatio imperii), was zur Konkurrenz mit den byzantinischen Kaisern führte (Zweikaiserproblem). Nach Karls Tod 814 kam es zu Kämpfen unter seinen Nachkommen, die 843 im Vertrag von Verdun zur Dreiteilung des Reiches in das Ostfrankenreich unter „Ludwig dem Deutschen", das Westfrankenreich und Lotharingien führten.

Im ostfränkischen Reich bildeten sich um 900 fünf große Herzogtümer heraus, nämlich die Stammesherzogtümer Sachsen, Baiern, Schwaben, Franken und Lothringen. Im 10. Jahrhundert starb die karolingische Dynastie in West- wie auch in Ostfranken aus, beide Reichsteile blieben politisch fortan getrennt. Die Schlacht auf dem Lechfeld beendete 955 jahrzehntelange Ungarneinfälle, führte zu einem Prestigegewinn König Ottos, der ab 962 Kaiser war, und zur Zuordnung des Erzengels Michael als Schutzpatron der Deutschen.

Vom Ostfrankenreich zum Heiligen Römischen Reich (962–1806)

Die Dynastie der Ottonen war für die Ausformung des Ostfrankenreichs wesentlich, sie gilt aber nicht mehr als Beginn der eigentlichen „deutschen" Reichsgeschichte. Der damit verbundene Prozess zog sich vielmehr mindestens bis ins 11. Jahrhundert hin. Der Begriff regnum Teutonicorum („Königreich der Deutschen") findet sich erstmals zu Beginn des 11. Jahrhunderts in den Quellen, er war aber nie Titel des Reiches (Imperium), sondern diente den Päpsten zur Relativierung des Herrschaftsanspruchs der römisch-deutschen Könige.

Die 951 von Otto I. angenommene langobardische Königswürde verband das Regnum Teutonicum mit Reichsitalien. 962 wurde Otto zum Kaiser gekrönt und vereinte damit die römisch-deutsche Königswürde mit dem Anspruch auf das westliche „römische" Kaisertum (Reichsidee). Dieses römisch-deutsche Reich nahm unter den Ottonen eine hegemoniale Stellung im westlichen Europa ein. 1024 traten die Salier die Königsnachfolge an, die bis zum Ende des Mittelalters stets an eine Wahl durch verschiedene Große des Reichs gekoppelt war. Die Verzahnung weltlicher und geistlicher Macht durch das Reichskirchensystem führte zum Investiturstreit mit dem reformierten Papsttum, zum Gang nach Canossa 1077 und zur Zwischenlösung des Wormser Konkordats 1122. Einen Höhepunkt erreichte die Auseinandersetzung zwischen Kaiser und Papst in staufischer Zeit, insbesondere unter Friedrich II., der im deutschen

Reichsteil viele Regalien aufgab. Mit seinem Tod 1250 brach die staufische Königs-herrschaft zusammen; das folgende Interregnum vergrößerte die Macht der Fürsten. Das Kaisertum bestand als politischer Ordnungsfaktor fort, verlor aber auf europäi-scher Ebene zunehmend an Einflussmöglichkeiten.

In Form der Territorialstaaten verselbstständigten sich zahlreiche Feudal-herrschaf-ten zu Lasten der königlich-kaiserlichen Macht, die aber nie stark ausgeprägt gewe-sen und deshalb auf konsensuale Herrschaft mit den Großen des Reiches angewiesen war. Kaiser Heinrich VI. war Ende des 12. Jahrhunderts mit dem Versuch gescheitert, durch den Erbreichsplan die Erbmonarchie einzuführen. Während sich das Westfran-kenreich zum französischen Zentralstaat entwickelte, blieb das ostfränkische oder rö-misch-deutsche Reich durch Landesherren und das Recht der Königswahl geprägt. Mitte des 13. Jahrhunderts setzte sich im Heiligen Römischen Reich – die Bezeich-nung Sacrum Imperium (Heiliges Reich) wurde bereits 1157 gebraucht, Sacrum Im-perium Romanum (Heiliges Römisches Reich) erstmals gesichert 1254 – die Auffas-sung durch, dass einem Kollegium von Kurfürsten die Wahl des Königs zustehe, was durch die Goldene Bulle 1356 verbindlich festgeschrieben wurde. Bis zum Ende des Reiches 1806 blieb das Reich somit formal eine Wahlmonarchie. Obwohl die Kaiser wiederholt versuchten, ihre Position zu stärken, blieb das Reich ein supranationa-ler Verband vieler verschieden großer Territorien sowie Reichsstädte.

Das spätmittelalterliche 14. und 15. Jahrhundert war vom Wahlkönigtum geprägt: Drei große Familien – die Habsburger, die Luxemburger und die Wittelsbacher – ver-fügten über den größten Einfluss im Reich und über die größte Hausmacht. Als bedeu-tendster König gilt Karl IV., der eine geschickte Hausmachtpolitik betrieb. Trotz Kri-sen wie der Pest (Schwarzer Tod), der Agrarkrise und des abendländischen Schis-mas florierten die Städte und der Handel; es begann der Übergang in die Renaissance. Im Reich traten die Habsburger das Erbe der Luxemburger an, die 1437 in männlicher Linie ausstarben, und stellten bis zum Ende des Reichs fast kontinuierlich die römisch-deutschen Herrscher. Durch geschickte Politik sicherten sich die Habsburger zusätzli-che Territorien im Reich und sogar die spanische Königskrone: Habsburg stieg damit zur europäischen Großmacht auf.

An der Wende zum 16. Jahrhundert scheiterte der Versuch weitgehend, durch eine umfassende Reichsreform frühneuzeitliche staatliche Strukturen herzustellen. Ab 1519 verfolgte Kaiser Karl V., zugleich spanischer König mit überseeischem Kolonial-reich, das Konzept einer Universalmonarchie. Seine Vorherrschaft in Europa begrün-dete den jahrhundertelangen habsburgisch-französischen Gegensatz. 1517 stieß Mar-tin Luther durch Forderungen nach innerkirchlichen und theologischen Reformen und eine anti-päpstliche Haltung die Reformation an, was zur Herausbildung „protes-tantischer" Konfessionen führte. Der Katholizismus reagierte mit der Gegenreforma-tion, doch behauptete sich die evangelische Kirche in weiten Teilen des Reiches. Der Augsburger Religionsfrieden 1555 schaffte einen vorläufigen Ausgleich; Landes-herren bestimmten die Konfession ihrer Untertanen (Cuius regio, eius religio).

Konfessionelle und machtpolitische Gegensätze lösten den Dreißigjährigen Krieg (1618–1648) mit vielen Todesopfern und verheerten Landschaften aus, beendet durch den Westfälischen Frieden, der dem Kaiser eine geschwächte, eher auf die Repräsentation des Reichs beschränkte Stellung zuwies (siehe Jüngster Reichsabschied). Die Reichsfürsten gingen gestärkt aus diesem Konflikt hervor; sie konnten mit auswärtigen Mächten Verträge abschließen. Das Reich wurde dadurch de facto zu einem Staatenbund, de jure blieb es ein monarchisch geführtes und ständisch geprägtes Herrschaftsgebilde. Ab 1663 erörterten Kaiser und Reichsfürsten ihre politischen Angelegenheiten durch Gesandte permanent (Immerwährender Reichstag).

Im Rahmen seiner Reunionspolitik führte Ludwig XIV. den Pfälzischen Erbfolgekrieg. Frankreich wirkte als Vorbild des Absolutismus, der im Reich nicht die königliche Zentralgewalt, sondern einzelne Fürstentümer zu bürokratisch organisierten Staaten werden ließ. Manche Herrscher, insbesondere Friedrich II. von Preußen, öffneten sich dem philosophischen Zeitgeist und führten Reformen durch (Aufgeklärter Absolutismus). Der politische Aufstieg Preußens im 18. Jahrhundert führte zum Dualismus mit dem Hause Habsburg. Nach der Französischen Revolution besetzten deren Truppen das linke Rheinufer. Nach dem Sieg Napoleon Bonapartes im Zweiten Koalitionskrieg kam es 1803 zum Reichsdeputationshauptschluss. 1806 legte der letzte Kaiser Franz II. die Krone nieder, womit das Reich erlosch.

Rheinbund, Deutscher Bund, Norddeutscher Bund (1806–1871)

Unter Napoleons Einfluss war zwischen 1801 und 1806 die Anzahl der Staaten im Gebiet des „Alten Reiches" von etwa 300 auf etwa 60 verringert worden. Frankreich annektierte den deutschen Westen und Nordwesten und schuf deutsche Vasallenstaaten, deren Throne Napoleon mit Familienangehörigen besetzte (Großherzogtum Berg, Königreich Westphalen, Großherzogtum Frankfurt). Einige deutsche Staaten baute Napoleon zu Bündnispartnern auf, vor allem das 1805 im Frieden von Pressburg neugeschaffene Königreich Bayern, Württemberg und Baden, indem er sie um die Gebiete der säkularisierten und mediatisierten Kleinstaaten erweiterte und in dem mit Frankreich verbündeten Rheinbund vereinigte. Dieser folgte mit den von Napoleon besiegten Gegnern Preußen und Österreich dem dadurch dreigeteilten, als Machtfaktor ausgeschalteten Heiligen Römischen Reich nach. Die „Franzosenzeit" brachte den Rheinbundstaaten erhebliche Modernisierungsanstöße, unter anderem bürgerliche Freiheiten, durch die Einführung des Zivilrechtsbuchs Code Napoléon. Auch in Preußen wurden ab 1806 tiefgreifende Reformen unternommen, um aus Untertanen Staatsbürger und den Staat wieder handlungs- und wehrfähig zu machen.

Ab 1809 regte sich Widerstand gegen französische Besatzung und Herrschaft; diverse Aufstände, etwa von Andreas Hofer in Tirol und Ferdinand von Schill in Preußen, wurden zunächst niedergeschlagen. Nach Napoleons Niederlage im Russlandfeldzug 1812 begannen Preußen und Österreich im Bündnis mit dem Russischen Reich die Befreiungskriege (1813–1815), die das deutsche Nationalgefühl stärkten, zunächst unter protestantischen Akademikern, etwa im Lützower Freikorps, das auch als

Ursprung der Farben Schwarz-Rot-Gold gilt. Die meisten Rheinbundstaaten schlossen sich den Verbündeten an, die nach dem Sieg bei der Leipziger Völkerschlacht 1813 Napoleon bis 1815 endgültig besiegten.

Anschließend restaurierte der Wiener Kongress (1814–1815) weitgehend die monarchische Herrschaft. Im Deutschen Bund, einem von Österreich und Preußen dominierten Staatenbund, organisierten sich 38 Staaten mit dem Frankfurter Bundestag als Entscheidungsgremium. 1833/1834 wurde der Deutsche Zollverein unter preußischer Vormacht geschaffen. Im Vormärz unterdrückte die alte Herrschaftselite das wirtschaftlich erstarkende Bürgertum (Demagogenverfolgung), das weiter politische Teilhabe und die Bildung eines Nationalstaats forderte, so 1817 beim studentischen Wartburgfest und 1832 beim Hambacher Fest mit dem Hissen von Schwarz-Rot-Gold, den späteren Nationalfarben.

Mit der bürgerlichen Märzrevolution 1848 mussten viele konservative Politiker abtreten, unter ihnen der epochenprägende österreichische Staatskanzler Fürst Metternich. Unter dem Revolutionsdruck in Berlin akzeptierte der preußische König Friedrich Wilhelm IV. die Einrichtung der Frankfurter Nationalversammlung. Deren Paulskirchenverfassung, die einen deutschen Nationalstaat als „Deutsches Reich" mit konstitutioneller Monarchie geschaffen hätte, lehnte er jedoch ebenso ab wie die ihm angetragene Kaiserkrone, die er als bürgerliche „Lumpenkrone" bezeichnete. Nach Niederschlagung des Maiaufstands endete die Revolution am 23. Juli 1849 mit der Einnahme der Festung Rastatt durch preußische Truppen. Das Scheitern der demokratischen Bewegung führte zu Flucht und Auswanderung der „Forty-Eighters" und zu einer Reaktionsära in den deutschen Staaten.

Bald danach brach der Konflikt Preußens mit Österreich um die Vormacht im Deutschen Bund auf (deutscher Dualismus), der in Preußens Sieg im Deutschen Krieg 1866 endete. Der Deutsche Bund wurde aufgelöst, Preußen annektierte etliche Gebiete nord- und mitteldeutscher Kriegsgegner. 1866 wurde unter Vorherrschaft Preußens der Norddeutsche Bund zunächst als Militärbündnis gegründet. Seine Verfassung von 1867 machte ihn zum souveränen Bundesstaat und leitete die kleindeutsche Lösung ein – also die Bildung eines deutschen Gesamtstaats ohne Österreich.

Deutsches Kaiserreich (1871–1918)

Das Deutsche Reich als erster deutscher Nationalstaat wurde im Deutsch-Französischen Krieg am 18. Januar 1871 gegründet, indem der preußische König Wilhelm I. im Spiegelsaal von Versailles zum ersten Deutschen Kaiser ausgerufen wurde. Neben den süddeutschen Staaten wurden die überwiegend polnischsprachige Provinz Posen, das teils dänischsprachige Schleswig und teils deutschsprachige Gebiete Frankreichs, das Reichsland Elsaß-Lothringen, eingegliedert.

Otto von Bismarck hatte als preußischer Ministerpräsident die Reichsgründung betrieben und wurde erster Reichskanzler. Die Bismarcksche Reichsverfassung stützte die Macht der konstitutionellen Monarchie, war aber auch auf Modernisierung ausgelegt und ambivalent; Gesetze zur Schule und Zivilehe waren teils liberal. Für den Reichstag galt ein allgemeines Wahlrecht (für Männer). Gegen die katholische Kirche führte Bismarck den Kulturkampf, gegen die Sozialdemokratie erließ er ab 1878 die Sozialistengesetze und versuchte, die Arbeiter durch eine Sozialgesetzgebung an den Staat zu binden. Die Hochindustrialisierung in Deutschland sorgte für Wirtschafts- und Bevölkerungswachstum, Landflucht und eine breite Steigerung des Lebensstandards; Deutschland stieg zur größten Volkswirtschaft Europas auf.

Die Bündnispolitik Otto von Bismarcks zielte auf die Isolierung Frankreichs mit Deutschland als halbhegemonialer Macht in der Mitte Europas. Nachdem deutsche Kaufleute und Vereine private Kolonialpolitik betrieben hatten, nahm das Reich infolge der Berliner Kongokonferenz 1884 trotz Bismarcks Skepsis am Wettlauf um Afrika teil. Deutsche Kolonien wurden von Bismarck als „Schutzgebiete" bezeichnet. Im „Dreikaiserjahr" 1888 kam Wilhelm II. an die Macht, forderte für das wirtschaftlich und militärisch aufgestiegene Deutsche Reich die Anerkennung der bisherigen Großmächte („Platz an der Sonne") und bemühte sich um Kolonienerwerb und Flottenaufbau im Imperialismus. Das herausgeforderte England schloss daraufhin in einem neuen Bündnissystem (Triple Entente) statt Frankreich nun Deutschland aus. Diese Spannungen lösten 1914 den Ersten Weltkrieg aus, einen verlustreichen Mehrfrontenkrieg; mehr als zwei Millionen deutsche Soldaten starben, rund 800.000 Zivilisten verhungerten.

Weimarer Republik (1919–1933)

Mit der Novemberrevolution und der Ausrufung der Republik am 9. November 1918 endete das Deutsche Kaiserreich, das mit seiner Kapitulation die Niederlage im Ersten Weltkrieg einräumte. Nach der Wahl der verfassunggebenden Nationalversammlung – bei der erstmals Frauen aktiv und passiv wahlberechtigt waren – trat die Weimarer Verfassung am 14. August 1919 in Kraft. Im Friedensvertrag von Versailles wurden erhebliche Gebietsabtretungen, die Alliierte Rheinlandbesetzung und Reparationen auf Grundlage einer festgeschriebenen deutschen Alleinschuld am Krieg bestimmt. Diese Ausgangslage belastete das politische Klima; Rechtsextreme verbreiteten die Dolchstoßlegende gegen die „Novemberverbrecher", was zu politischen Morden und Putschversuchen führte (Kapp-Putsch 1920 und Hitlerputsch 1923). Auch kommunistische Aufstände wie der Ruhraufstand 1920, die Märzkämpfe in Mitteldeutschland 1921 und der Hamburger Aufstand 1923 sorgten für Instabilität. Unzureichende Reparationsleistungen nahmen Belgien und Frankreich zum Anlass der Ruhrbesetzung von 1923 bis 1925.

In den kurzen „goldenen Zwanzigern" blühte die Kultur und ab 1924 auch die Konjunktur. Berlin war mit über vier Millionen Einwohnern die drittgrößte und eine der dynamischsten Städte der Welt. Die Prosperität endete 1929 mit der Weltwirtschaftskrise, auf deren Höhepunkt 1932 es in Deutschland mehr als sechs Millionen Arbeitslose gab, die größtenteils in Elend lebten. Radikale Parteien fanden starken Zulauf, sodass es für die gemäßigten Parteien zunehmend schwieriger wurde, stabile

Regierungen zu bilden. Nach dem Erdrutschsieg der Nationalsozialisten bei der Reichstagswahl 1930 verfügten die in rascher Folge wechselnden Reichskanzler über keine parlamentarische Mehrheit mehr; ihre Präsidialkabinette waren vom Reichspräsidenten Paul von Hindenburg und dessen Notverordnungen abhängig. Die Deflationspolitik des Reichskanzlers Heinrich Brüning verschärfte die wirtschaftliche Krise. Dessen Nachfolger Franz von Papen (Juni–November 1932) unterstellte die demokratische Regierung Preußens einem Reichskommissar („Preußenschlag") und ließ Neuwahlen abhalten, bei denen die Nationalsozialisten noch stärker wurden.

Reichskanzler Kurt von Schleicher versuchte durch eine „Querfront" von Gewerkschaften und Teilen der Nationalsozialisten eine Machtübernahme Adolf Hitlers zu verhindern, von Papen aber überredete den widerwilligen Hindenburg, Hitler am 30. Januar 1933 zum Reichskanzler zu ernennen. Am 27. Februar kam es zum – bis heute unaufgeklärten – Reichstagsbrand, den Hitler zur „Reichstagsbrandverordnung" nutzte, mit der auf unbestimmte Zeit die Grundrechte außer Kraft gesetzt wurden. Die folgenden Massenverhaftungen politischer Gegner, insbesondere von Kommunisten und Sozialdemokraten, prägten die Reichstagswahl 1933, bei der die NSDAP die absolute Mehrheit knapp verfehlte und mit der reaktionären DNVP weiterregierte. Die endgültige Machtübernahme erfolgte fünf Tage später, als der Reichstag mit den Stimmen der bürgerlichen Parteien, allein gegen die Stimmen der SPD, das Ermächtigungsgesetz verabschiedete und damit Hitlers Regierung auch die Gesetzgebung überließ.

Nationalsozialistische Diktatur (1933–1945)

Die NSDAP errichtete im Deutschen Reich innerhalb kürzester Zeit einen totalitären Einparteienstaat unter Führung Adolf Hitlers und der Gleichschaltung des Staatsapparats. Missliebige Personen und politische Gegner, insbesondere Kommunisten, Sozialdemokraten und Gewerkschafter, wurden aus allen Behörden entfernt, erste Konzentrationslager wurden errichtet, Bücher verbrannt und missliebige Kunst als „entartet" diffamiert. NS-Propaganda durchdrang auch das Privatleben; bereits auf Kinder wurde Druck ausgeübt, den Parteiorganisationen beizutreten. Im Oktober 1933 verkündete Hitler den Austritt Deutschlands aus dem Völkerbund. Er sicherte seine Herrschaft im Inneren, indem er auch innerparteiliche Gegner und ehemalige Weggefährten ermorden ließ, insbesondere während der Röhm-Morde am 30. Juni 1934, als die SA zugunsten der ihm bedingungslos ergebenen SS entmachtet wurde. Die Generalität der Reichswehr legte auf ihn persönlich den Führereid ab. Die Gestapo wurde als politische Polizei zur Bekämpfung der politischen und ideologischen Gegner eingesetzt.

Von Beginn an hatte Hitler zwei Ziele, einen Angriffs- und Vernichtungskrieg zur Schaffung von „Lebensraum im Osten" und die Verfolgung der Juden, die mit Diskriminierung, Demütigung und Ausgrenzung begann und als „Endlösung der Judenfrage" im Holocaust endete. 1934 begann die Aufrüstung der Wehrmacht. Eine enthemmt expansive Geldpolitik und Schuldenwirtschaft waren auf baldige Kriegsführung *ausgerichtet. Mit dem Reinhardt-Programm wurde die Arbeitslosigkeit gesenkt; dies wurde von der Bevölkerung als Einlösung wirtschaftlicher Versprechen begrüßt. Die deutschen Juden wurden immer schlechter gestellt; die Nürnberger Gesetze 1935 bestraften Beziehungen zwischen „Ariern" und Juden als „Rassenschande" schwer. Juden verloren alle öffentlichen Ämter, wurden willkürlich verfolgt, bestohlen und erpresst und schließlich mit einem völligen Berufsverbot belegt, alle jüdischen Unternehmen wurden enteignet („Arisierung"). Immer häufiger wurden auch Juden in Konzentrationslager eingewiesen. Viele fassten den Entschluss zur Emigration, die meisten aber blieben in Deutschland.*

Die rassistische NS-Ideologie zur Schaffung einer „gesunden" „Volksgemeinschaft" richtete sich gegen zwei weitere Gruppen, Roma und Slawen als „Untermenschen". Nicht als „fremdrassig", aber als die „Gesundheit" des „Volkskörpers" bedrohend, drangsalierten und ermordeten sie auch Homosexuelle, Behinderte und „Asoziale". Zugleich feierte das Regime Propagandaerfolge; 1936 verbesserten die Olympischen Spiele das Ansehen im Ausland, das entmilitarisierte Rheinland wurde besetzt. Die Expansion begann mit dem „Anschluss" Österreichs im März 1938, woraufhin Deutschland als „Großdeutsches Reich" bezeichnet wurde, der Annexion des Sudetenlandes im Oktober 1938 und der „Zerschlagung der Rest-Tschechei" im März 1939, was die bisherige Appeasement-Politik des westlichen Europa gegenüber Hitler als Fehler offenbarte.

Nachdem das Deutsche Reich am 1. September 1939 den Überfall auf Polen begonnen hatte, erklärten Großbritannien und Frankreich Deutschland den Krieg. Der Zweite Weltkrieg forderte in sechs Jahren etwa 55 bis 60 Millionen Tote. Deutschland gelangen zunächst einige als „Blitzkrieg" bezeichnete militärische Erfolge. Polen wurde im Nichtangriffspakt zwischen Hitler und Stalin aufgeteilt, die Wehrmacht warf anschließend ihre Armeen nach Westen, überfiel im Westfeldzug die neutralen Staaten Luxemburg, Belgien und Niederlande und besetzte 1940 innerhalb von sechs Wochen Frankreich. Hitlers Popularität erreichte ihren Höhepunkt.

Mit Kriegsbeginn verschlechterte sich auch die Lage der Juden und der anderen Verfolgten. Die Ausreise wurde verboten, die Juden wurden in Ghettos gezwungen und mussten den „Judenstern" tragen. Unter unzureichender Verpflegung und Seuchen starben viele bei der Zwangsarbeit. Im Jahr 1941 begann die systematische Ermordung der Juden. Die mit der Ausführung vor allem beauftragte SS errichtete auf ehemals polnischem oder sowjetischem Gebiet Vernichtungslager, in denen die meisten Opfer, in Viehwaggons herangebracht, sofort vergast wurden (siehe Aktion Reinhardt). Allein in den Gaskammern und Krematorien der Konzentrationslager Auschwitz wurden über eine Million Menschen ermordet. Insgesamt beläuft sich die Zahl der ermordeten Juden auf 6,3 Millionen.

Mit dem Unternehmen Barbarossa begann am 22. Juni 1941 der (Russlandfeldzug 1941–1945). Das deutsche Heer marschierte auf Moskau vor und wurde in der Schlacht um Moskau im Dezember 1941 gestoppt. Nachdem der Kriegsverbündete

Japan im selben Monat die amerikanische Marine im Angriff auf Pearl Harbor überfallen hatte, erklärte Deutschland auch den Vereinigten Staaten den Krieg. Mangelnde Ressourcen und die Übermacht des Gegners ließen bald die Kriegswende eintreten, die sich in der verlorenen Schlacht von Stalingrad mit der völligen Aufreibung der deutschen 6. Armee manifestierte. Je unvermeidlicher die Niederlage wurde, desto härter wurde die Politik nach innen geführt. In seiner Sportpalastrede vom 18. Februar 1943 proklamierte Joseph Goebbels den „totalen Krieg", während die deutschen Armeen an fast allen Fronten zurückwichen und zahlreiche deutsche Städte durch den Bombenkrieg zerstört wurden. Als sowjetische Armeen in der Schlacht um Berlin die Hauptstadt schon eingenommen hatten, nahm sich Hitler am 30. April 1945 im Führerbunker das Leben. Die bedingungslose Kapitulation der Wehrmacht folgte am 8. Mai, die letzte Reichsregierung wurde in Flensburg-Mürwik am 23. Mai 1945 verhaftet. Die überlebenden politischen und militärischen Hauptverantwortlichen wurden in den Nürnberger Prozessen verurteilt.

Alliierte Besatzung (1945–1949)

Deutschland wurde in den Grenzen vom 31. Dezember 1937 aufgeteilt; am 5. Juni 1945 legten die vier Siegermächte – USA, UdSSR, Großbritannien und schließlich auch Frankreich – Besatzungszonen fest und übten sodann westlich der Oder-Neiße-Linie die Hoheitsgewalt in ihrer jeweiligen Zone und gemeinsam mittels einer Alliierten Kommandantur über Groß-Berlin aus. Die deutschen Ostgebiete, ein Viertel der Reichsfläche, wurden durch das Potsdamer Abkommen ausgegliedert und auf Betreiben Stalins großenteils unter polnische und im nördlichen Ostpreußen unter sowjetische Verwaltung gestellt (Oblast Kaliningrad). Die Westmächte billigten dieses Vorgehen widerstrebend; die meisten deutschen Bewohner dieser Gebiete wurden vertrieben, ein Fünftel der früheren Reichsbevölkerung. Die Republik Österreich wurde in den Grenzen von 1938 wiederhergestellt und ebenfalls in vier Besatzungszonen aufgeteilt. 1946/1947 wurde das Saarland aus dem Besatzungsgebiet ausgegliedert und unter direkte französische Verwaltung gestellt.

Die Vier Mächte bemühten sich anfangs noch um eine gemeinsame Besatzungspolitik. Einig war man sich über eine Demilitarisierung und die sogenannte Entnazifizierung; schon bei der Frage, was unter Demokratie zu verstehen sei, zeigten sich Differenzen zwischen der Sowjetunion und den Westmächten, die sich im beginnenden Kalten Krieg verschärften. In den drei Westzonen stellten die Westalliierten die für den Wiederaufbau bedeutende Montanindustrie unter das Ruhrstatut. Mit der Währungsreform im Juni 1948 und der zeitgleichen Aufhebung der Preisbindung und Bewirtschaftung setzte der Wirtschaftsdirektor der Westzonen Ludwig Erhard eine vor allem psychologisch bedeutsame wirtschaftliche Zäsur; mit der wenige Tage später folgenden Währungsreform in der sowjetisch besetzten Zone Deutschlands und der Berlin-Blockade durch die UdSSR vertiefte sich die Trennung zwischen Ost und West.

Bundesrepublik Deutschland und DDR (1949–1990)

Die Bundesrepublik Deutschland wurde am 23. Mai 1949 in den drei westlichen Besatzungszonen gegründet und das Grundgesetz als provisorische Verfassung in Kraft gesetzt, dessen Präambel für eine Übergangszeit ein Wiedervereinigungs-gebot enthielt; Bonn wurde Hauptstadt. In der sowjetischen Besatzungszone wurde am 7. Oktober 1949 die Deutsche Demokratische Republik (DDR) gegründet. Beide Teilstaaten sahen sich jeweils in Kontinuität eines gesamtdeutschen Staates und erkannten den jeweils anderen nicht an. Beide blieben unter Kontrolle der Besatzungsmächte. Mit der Integration in die entgegengesetzten Militärbündnisse NATO und Warschauer Pakt erhielten sie 1955 ihre Unabhängigkeit Voraussetzung dafür war, dass im Juli 1951 die drei Westmächte die formelle Beendigung des Kriegszustandes mit Deutschland beschlossen; die Sowjetunion erklärte dies erst im Januar 1955, wobei weitere osteuropäische Staaten folgten. Den Alliierten verblieben die Verantwortung für Deutschland als Ganzes und ihre Rechte in Berlin.

Während in der DDR eine staatlich gelenkte Planwirtschaft errichtet wurde, entschied sich die Bundesrepublik für eine soziale Marktwirtschaft mit geringem staatlichem Einfluss. Die sowjetische Besatzungsmacht sorgte mit hohen Reparationsforderungen (vor allem Demontagen) für schwierige Startbedingungen auf dem Gebiet der DDR, während in der Bundesrepublik mit ausländischer Hilfe (Marshallplan) ein „Wirtschaftswunder" einsetzte, das zu anhaltend hohen Wachstumsraten, Vollbeschäftigung und Wohlstand führte.

Der Eiserne Vorhang durch Mitteleuropa teilte auch Deutschland; die fortgesetzte Auswanderung besonders Junger und Hochqualifizierter ließ die DDR die innerdeutsche Grenze zunehmend abriegeln, bis sie 1961 unter dem langjährigen SED-Generalsekretär Walter Ulbricht durch den Bau der Berliner Mauer vollständig geschlossen wurde, was selbst familiäre Kontakte zwischen West- und Ostdeutschland stark erschwerte. Wer die Republikflucht trotzdem versuchte, wurde gewaltsam aufgehalten (siehe Schießbefehl, Grenz- und Mauertote).

Außenpolitisch setzte der langjährige Bundeskanzler Konrad Adenauer für die teilsouveräne Bundesrepublik die Westintegration und die Beteiligung am wirtschaftlichen Zusammenschluss Westeuropas durch, der mit der Montanunion 1952 begann. Der Élysée-Vertrag 1963 begründete die deutsch-französische Freundschaft als Motor der europäischen Integration. Die DDR wurde im September 1950 Vollmitglied im östlichen Rat für gegenseitige Wirtschaftshilfe (RGW).

Im Innern der DDR wurde durch die Staatspartei SED und durch Massen-organisationen wie die FDJ der Sozialismus verbindlich festgeschrieben; freie Wahlen gab es nicht mehr, der Aufstand vom 17. Juni 1953 wurde niedergeschlagen. Abweichende Meinungen wurden durch Zensur und die umfassende Überwachung der Geheimpolizei Staatssicherheit verfolgt; dagegen bildete sich Protest in einer Dissidenten- und Bürgerrechtlerbewegung, die sich durch die Ausbürgerung Wolf Biermanns 1976 radikalisierte. In der sich durch Westernisierung liberalisierenden Bundesrepublik verstärkten sich Forderungen nach einem gesellschaftlichen Wandel und nach Vergangenheitsbewältigung, da die NS-Eliten weitgehend unbehelligt geblieben waren – insbesondere durch die westdeutsche Studentenbewegung der 1960er-Jahre. Gegen die 1966 gebildete Große Koalition mit ihren Notstandsgesetzen entstand eine außerparlamentarische Opposition. Die sozialliberale Koalition unter Willy Brandt baute ab 1969 den Sozialstaat und gesellschaftliche Freiheiten aus; die auf Entspannung mit Osteuropa zielende „Neue Ostpolitik" brachte Brandt 1971 den Friedensnobelpreis und Kritik von konservativer Seite ein.

Im Jahr 1973 wurden Bundesrepublik und DDR Mitgliedstaaten der UNO. Die Planwirtschaft der DDR hatte neben zunehmenden Versorgungsproblemen (Mangelwirtschaft) mit der demographischen Entwicklung zu kämpfen, der der von 1971 bis 1989 regierende Erich Honecker durch massive Familienförderung begegnete. Die Frauen- und Familienpolitik der DDR gilt ebenso wie die erreichte soziale Gleichheit und Sicherheit als teilweise erfolgreich. Die 1970er-Jahre waren in der Bundesrepublik durch steigende Verschuldung und Arbeitslosigkeit nach der Ölkrise und dem Terror der linksradikalen Rote Armee Fraktion geprägt. Bundeskanzler Helmut Schmidt (SPD) verlor wegen seiner Unterstützung des NATO-Doppelbeschlusses – angegriffen von der Friedensbewegung, Teil der entstehenden Neuen Sozialen Bewegungen – den Rückhalt in seiner Partei und wurde 1982 von Helmut Kohl (CDU) abgelöst, der 1989 die Chance zur Wiedervereinigung Deutschlands ergriff.

Die Unzufriedenheit der DDR-Bevölkerung war im ständigen, durch das Westfernsehen unterstützten Systemvergleich angewachsen. Ende der 1980er-Jahre bildete sich mit der Reformpolitik Michail Gorbatschows in der Sowjetunion auch in der DDR eine Protestbewegung, die in der maroden DDR im Herbst 1989 durch eine Ausreisebewegung über den löchrig gewordenen Eisernen Vorgang und durch Massendemonstrationen die politische Führung unter Druck setzte („Wir sind das Volk") und zum Rücktritt Honeckers führte. Am 9. November 1989 führte die Gewährung der Reisefreiheit durch die DDR-Führung zu einem Massenansturm und zur Öffnung der Grenzübertrittsstellen der Berliner Mauer. Kohl lenkte die Entwicklung ab seinem Zehn-Punkte-Programm Ende November in Richtung nationaler Einheit („Wir sind ein Volk") unter Erhaltung der militärischen und politischen Westbindung. Bei der ersten freien Volkskammerwahl vom 18. März 1990 gewann das von der Ost-CDU geführte Parteienbündnis „Allianz für Deutschland", das auf eine schnelle Wiedervereinigung setzte. Diese wurde in den nächsten Monaten im Einigungsvertrag und mit den Vertretern der Alliierten im Rahmen der „Zwei-plus-Vier-Gespräche" ausgehandelt.

Wiedervereinigtes Deutschland (seit 1990)

Die deutsche Wiedervereinigung wurde am 3. Oktober 1990 mit dem Beitritt der DDR zur Bundesrepublik Deutschland vollzogen; dieser Tag der Deutschen Einheit wurde Nationalfeiertag. Der 1991 in Kraft getretene Zwei-plus-Vier-Vertrag regelte die deutsche Frage endgültig: Die Vier Mächte gaben ihre Hoheitsbefugnisse auf,

*bis Ende 1994 verließen ihre Truppen das Land, das wiedervereinigte Deutschland er-
hielt seine volle staatliche Souveränität. Es verpflichtete sich zur Abrüstung auf maximal 370.000 Soldaten. Mit dem am 14. November 1990 in Warschau unterzeichneten deutsch-polnischen Grenzvertrag erkannte Deutschland die Oder-Neiße-
Grenze an; das Territorium östlich davon wurde damit völkerrechtlich endgültig pol-
nisch. Das wurde durch eine Politik der Aussöhnung mit den östlichen Nachbarn ergänzt, zuerst 1991 mit Polen, dann 1997 mit Tschechien. Außenpolitisch setzte sich
die Regierung unter Bundeskanzler Kohl für eine vertiefte Integration mit Bildung
der Europäischen Union, der anschließenden EU-Osterweiterung und der Euro-Ein-
führung ein.*

*Der Bundestag machte 1991 Berlin zur Hauptstadt, in die Regierung und Parlament
1999 zogen (siehe Reichstagsgebäude und Regierungsviertel). Nach kurzem Wieder-
vereinigungboom waren die 1990er-Jahre von wirtschaftlicher Stagnation, Massen-
arbeitslosigkeit und „Reformstau" geprägt. Insbesondere die neuen Länder entwickelten sich nach der Einführung der Marktwirtschaft nicht so schnell wie erhofft („blühende Landschaften"). 1991 bis 1993 kam es zu einer Welle von Ausschreitungen gegen Asylbewerber. Erst in den 2000er-Jahren stabilisierten sich die neuen Länder sozial und wirtschaftlich.*

*Bei der Bundestagswahl 1998 verlor Kohls schwarz-gelbe Koalition ihre Bundestags-
mehrheit, die bisherigen Oppositionsparteien SPD und Bündnis 90/Die Grünen bildeten die erste rot-grüne Koalition unter Bundeskanzler Gerhard Schröder, die tiefgreifende Veränderungen in der Sozial-, Renten- und Gesundheitspolitik durchsetzte. Ökologie erhielt stärkeres Gewicht, etwa mit dem Beginn des Atomausstiegs. Zu den ge-
sellschaftspolitischen Liberalisierungen zählten das Lebenspartnerschaftsgesetz und
ein neues Staatsbürgerschaftsrecht. Der erste Kampfeinsatz deutscher Soldaten seit
dem Zweiten Weltkrieg – 1999 im Kosovokrieg – markierte einen Wendepunkt der
Außenpolitik. Nach 9/11 sicherte Schröder den USA die „uneingeschränkte Solidarität" zu; Deutschland nahm am Krieg in Afghanistan teil, aber nicht am Irakkrieg, was
den „Friedenskanzler" Schröder populär machte.*

*Die zweite Amtszeit Schröders ab 2002 war von der Agenda 2010 und damit verbun-
den den Arbeitsmarktreformen des Hartz-Konzepts geprägt. Sozialleistungen für Arbeitslose wurden reduziert und an individuelle Fördermaßnahmen gekoppelt, was von
Betroffenen als ungerecht empfunden wurde. Dies führte zu deutschlandweiten Protesten und indirekt zu einer vorgezogenen Bundestagswahl 2005, worauf Angela
Merkel (CDU) Bundeskanzlerin wurde. Ihre Große Koalition war mit dem Zusammenbruch von Banken während der Weltfinanzkrise und der folgenden Großen Rezession konfrontiert. Nach deren Überwindung erlebte Deutschland einen andauernden
Wirtschaftsboom und einen nachhaltigen Rückgang der Arbeitslosigkeit. Eurokrise (ab 2010) und Flüchtlingskrise in Europa ab 2015 stellen seitdem die wichtigsten Herausforderungen der Politik dar, deren Bewältigung der Wirtschaftsboom wesentlich erleichtert. Beide Ereignisse führten jedoch auch zu erheblichen*

gesellschaftlichen Zerwürfnissen und zu einem Erstarken EU-skeptischer und islam-feindlicher Bewegungen (Pegida, Alternative für Deutschland).

Politik

Staatsgründung

Die Bundesrepublik Deutschland ist als Staat und Völkerrechtssubjekt nach herr-schender Lehre und ständiger Rechtsprechung des Bundes-verfassungsgerichts iden-tisch mit dem Deutschen Reich und seinem Vorläufer, dem Norddeutschen Bund, und steht damit seit 1867 in einer staatlichen Kontinuität. Die historisch verschiedenen Verfassungen geben Auskunft über das Selbstverständnis des jeweiligen Staates. Nachdem Deutschland 1945 von den Vier Mächten, den Siegermächten des Zweiten Weltkriegs, besetzt worden war, wurde das Grundgesetz der in Westdeutschland ent-standenen Bundesrepublik am 23. Mai 1949 verkündet und zum Folgetag in Kraft ge-setzt. Es war durch die deutsche Teilung und bis 1955 durch das Besatzungsstatut in seinem Geltungsbereich beschränkt. Im östlichen Teil Deutschlands wurde 1949 die DDR als eigener Staat gegründet und erhielt eine Verfassung, die 1968 ersetzt und 1974 revidiert wurde. Den provisorischen Charakter verlor das Grundgesetz mit der Wiedervereinigung, indem die DDR seinem Geltungsbereich zum 3. Oktober 1990 beitrat. Mit dem Ende der Viermächteverantwortung erlangte das vereinte Deutsch-land volle Souveränität.

Staatsgebiet

Das Staatsgebiet der Bundesrepublik (Bundesgebiet) ergibt sich aus der Gesamtheit der Staatsgebiete ihrer Länder. Das Hoheitsgebiet wurde mehrfach erweitert, 1957 durch die Eingliederung des Saarlandes, 1990 durch das sogenannte Beitrittsge-biet der DDR sowie Berlins (Ostteil Berlins und West-Staaken).

Nicht zum Staatsgebiet gehört die Ausschließliche Wirtschaftszone in Nord- und Ost-see.

Der Verlauf der Staatsgrenze ist heute bis auf Teile des Bodensees festgelegt. Noch im-mer umstritten ist die Deutsch-Niederländische Grenzfrage das Ems-Dollart-Gebiet betreffend, weil beide Nachbarstaaten ihre unvereinbaren Rechtsstandpunkte zum Grenzverlauf aufrechterhalten. Innerhalb Deutschlands ist der Verlauf der Länder-grenzen zwischen Schleswig-Holstein, Niedersachsen und eventuell Hamburg im Be-reich der Unterelbe nicht abschließend geklärt worden. Für diesen Bereich haben die Länder durch Verwaltungsabkommen und Staatsverträge Verwaltungs- und Ge-richtszuständigkeiten geregelt, die Gebietshoheit ist damit aber nicht geklärt. Exkla-vische Teile des Staatsgebietes sind das baden-württembergische Büsingen am Hoch-rhein, das von der Schweiz umschlossen wird und zum Schweizer Zollgebiet gehört, sowie einige kleine nordrhein-westfälische Gebiete, die durch die wenige Meter breite belgische Vennbahn-Trasse von Restdeutschland abgetrennt sind.

Politisches System

Das Grundgesetz (GG) ist die Verfassung der Bundesrepublik Deutschland. Staatsoberhaupt ist der Bundespräsident mit vor allem repräsentativen Aufgaben. Im protokollarischen Rang folgen ihm der Präsident des Deutschen Bundestages, der Bundeskanzler und der jeweils amtierende Präsident des Bundesrates, der den Bundespräsidenten vertritt. Hauptstadt und Regierungssitz ist Berlin.

Artikel 20 GG legt – durch die Ewigkeitsklausel gesichert – fest, dass Deutschland als demokratischer, sozialer Rechtsstaat und föderativ organisiert sein muss. Regierungssystem ist eine parlamentarische Demokratie. Die Bundesstaatlichkeit ist in zwei Ebenen im politischen System gegliedert: die Bundesebene, die den Gesamtstaat Deutschland nach außen vertritt, und die Länderebene, die in jedem der 16 Bundesländer existiert. Jede Ebene besitzt eigene Staatsorgane der Exekutive (ausführende Gewalt), Legislative (gesetzgebende Gewalt) und Judikative (rechtsprechende Gewalt). Die Länder wiederum bestimmen die Ordnung ihrer Städte und Gemeinden; beispielsweise sind fünf Länder in insgesamt 22 Regierungsbezirke untergliedert. Die Länder haben sich eigene Verfassungen gegeben; ihnen kommt grundsätzlich Staatsqualität zu, sie sind jedoch beschränkte Völkerrechtssubjekte, die nur mit Einwilligung der Bundesregierung eigene Verträge mit anderen Staaten eingehen dürfen (Art. 32 Abs. 3, Art. 24 Abs. 1 GG). Die Bundesrepublik kann als die staatsrechtliche Verbindung ihrer Bundesländer angesehen werden und erhält erst dadurch Staatscharakter, ist also Bundesstaat im eigentlichen Sinne.

Gesetzgebungsorgane des Bundes sind der Deutsche Bundestag und der Bundesrat. Bundesgesetze werden vom Bundestag mit einfacher Mehrheit beschlossen. Sie werden wirksam, wenn der Bundesrat keinen Einspruch eingelegt oder zugestimmt hat (Art. 77 GG). Eine Änderung des Grundgesetzes ist nur mit der Zweidrittelmehrheit der Mitglieder des Bundestages und des Bundesrates möglich (Art. 79 Abs. 2 GG). In den Bundesländern entscheiden die Landesparlamente über die Gesetze ihres Landes. Obwohl die Abgeordneten nach dem Grundgesetz nicht weisungsgebunden sind (Art. 38 GG), dominieren in der Praxis der Gesetzgebung Vorentscheidungen in den Parteien, die an der politischen Willensbildung mitwirken (Art. 21 GG).

Die Zuständigkeit zur Gesetzgebung liegt bei den Bundesländern, wenn nicht eine Gesetzgebungsbefugnis des Bundes besteht (Art. 70 bis 72 GG) – nämlich eine ausschließliche oder in bestimmten Fällen der konkurrierenden Gesetzgebung.

Die Exekutive wird auf Bundesebene durch die Bundesregierung gebildet, die der Bundeskanzler als Regierungschef leitet. Auf Länderebene leiten die Minister-präsidenten, in den Stadtstaaten Hamburg und Bremen die Präsidenten des Senats, in Berlin der Regierende Bürgermeister die Exekutive. Auch die Länder sind parlamentarische Demokratien und deren Regierungschefs durch die Landtage, Bürgerschaften bzw. das Abgeordnetenhaus von Berlin gewählt. Die Verwaltungen des Bundes und der Länder werden jeweils durch die Fachminister geleitet.

Der Bundeskanzler wird auf Vorschlag des Bundespräsidenten vom Bundestag mit der Mehrheit seiner Mitglieder gewählt (Art. 63 GG), seine Amtszeit endet mit der Wahlperiode des Bundestages (Art. 69 Abs. 2 GG). Vor deren Ablauf kann der Bundeskanzler gegen seinen Willen nur dadurch aus dem Amt scheiden, dass der Bundestag mit der Mehrheit seiner Mitglieder einen Nachfolger wählt (Art. 67 GG, sogenanntes konstruktives Misstrauensvotum). Die Bundesminister werden auf Vorschlag des Bundeskanzlers ernannt (Art. 64 Abs. 1 GG), sie und der Bundeskanzler bilden die Bundesregierung (Art. 62 GG), deren Richtlinienkompetenz der Bundeskanzler innehat (Art. 65 Satz 1 GG). Die Führungsaufgabe in der deutschen „Kanzlerdemokratie" kommt dem Bundeskanzler zu. Der Kanzler nominiert auch den deutschen Kandidaten für das Amt eines EU-Kommissars.

Die Ausübung der staatlichen Befugnisse und die Ausführung der Bundesgesetze obliegt grundsätzlich den Bundesländern, sofern das Grundgesetz keine abweichende Regelung trifft oder zulässt (Art. 30, Art. 83 GG).

Im sogenannten Demokratieindex der britischen Zeitschrift The Economist belegt Deutschland 2019 mit 8,68 von 10 Punkten Platz 13 von 167 Ländern, womit das Land als eine „vollständige Demokratie" gilt. Nach dem Korruptionswahrnehmungs-index von Transparency International lag Deutschland 2019 mit 80 von 100 Punkten auf dem 9. Platz von 180 Ländern.

Staatshaushalt

Der Staatshaushalt wies im Jahr 2018 Einnahmen durch Steuern, steuerähnliche Abgaben und Gebühren 1543,56 Milliarden Euro sowie Ausgaben von 1.485,55 Milliarden Euro auf. Dadurch konnte die Bundesrepublik Deutschland im Jahr 2018 Ihre Staatsschulden verringern. Von den Einnahmen waren 776,3 Milliarden Euro Steuereinnahmen von Bund, Ländern, Gemeinden und der EU. Aufgrund einer steigenden Zahl von sozialversicherungspflichtigen Erwerbstätigen und steigenden Löhnen steigen wichtige Steuereinnahmen wie die Einkommenssteuer und die Umsatzsteuer stetig.

Die Staatsverschuldung Deutschlands betrug im Jahr 2018 entsprechend dem Bericht der Deutschen Bundesbank 2069 Milliarden Euro. Bei einem Bruttoinlandsprodukt von 3386 Milliarden Euro für 2018 entsprach die Staatsschuldenquote damit etwa 61 % des Bruttoinlandsprodukts. Im Jahr 2005 betrugen die Staatschulden der Bundesrepublik Deutschland 1541 Milliarden Euro.

Die Bundesrepublik, deren Staatsanleihen Bundesanleihen genannt werden, erhält von den drei großen Ratingagenturen Standard & Poor's, Moody's und Fitch die bestmögliche Bonität. Die Nachfrage nach den als sichere Anlage geltenden Wertpapieren hat in den letzten Jahren die Zinsen deutlich gesenkt und teilweise sogar zu Negativzinsen geführt, was einen Hauptgrund für Deutschlands Haushaltsüberschuss darstellt.

Neben verschiedenen Verkehrsteuern (zum Beispiel Umsatzsteuer) erzielt der Staat einen Großteil seiner Einnahmen aus Steuern vom Einkommen und Ertrag: Hierzu zählen Einkommen-, Körperschaft- sowie Gewerbesteuer. Insofern Produkte oder Dienstleistungen der Umsatzsteuer unterliegen, beträgt der Steuersatz in Deutschland 19 (allgemeiner Satz) oder 7 Prozent (ermäßigter Satz, zum Beispiel Lebensmittel). Umgangssprachlich und im EU-Recht wird die Umsatzsteuer auch Mehrwertsteuer genannt. Laut einer OECD-Studie aus dem Jahr 2014 haben Deutsche durch die hohen Steuern und weitere Abgaben wie Sozialversicherungsbeiträge die weltweit höchste Abgabenlast, noch vor den skandinavischen Sozialstaaten. Laut einer von der UNO veröffentlichten Studie gehört Deutschland zu den Ländern mit der höchsten Bereitschaft, durch Steuern öffentliche Güter zu finanzieren. Der Bund kann sich teilweise Kredite über lange Laufzeiten (bis zu zehn Jahren) zu negativen Zinsen leihen.

Parteienlandschaft

Parteien wirken gemäß Art. 21 GG an der politischen Willensbildung des Volkes mit. Die Parteienlandschaft wird durch die im Bundestag vertretenen Parteien geprägt, ihm gehören seit Bestehen die beiden Volksparteien, die SPD und die Unionsparteien (in Fraktionsgemeinschaft CDU und CSU), an. Von den kleineren Parteien sind dort nach der Bundestagswahl 2017 außerdem Die Linke und Grüne sowie die AfD und die FDP vertreten, die 2013 beide an der Fünf-Prozent-Hürde gescheitert waren.

Alle genannten Parteien sind in den Fraktionen des Europäischen Parlaments vertreten. Nahezu allen einflussreichen Parteien stehen Jugendorganisationen zur Seite, weitere politische Vorfeldorganisationen umfassen etwa Schülervertreter, Studentenverbände, Wirtschaftsvereine, Kommunal-organisationen und internationale Verbände. Parteinahe Stiftungen bestimmen den politischen Diskurs – rechtlich unabhängig von den Parteien – mit.

Europapolitik

Deutschland ist Gründungsmitglied des Europarates und der Europäischen Gemeinschaften, die mittels zunächst vorwiegend wirtschaftlicher Integration in den 1990er-Jahren zur politischen Europäischen Union (EU) zusammenwuchsen. Die Bundesrepublik Deutschland trat 1990 der Europäischen Währungsunion bei und ist Teil des Europäischen Binnenmarktes. Seit 2002 ist der Euro als Zahlungsmittel eingeführt und hat in der Bundesrepublik die Deutsche Mark abgelöst. Deutschland ist zudem Teil des Schengenraums und der justiziellen und polizeilichen Zusammenarbeit mithilfe von Europol und Eurojust. Die Gemeinsame Außen- und Sicherheitspolitik der EU bestimmt die deutsche Außenpolitik mit. Den Rechtsrahmen der deutschen Europapolitik in der EU setzt Artikel 23 des Grundgesetzes.

In Deutschland haben mehrere EU-Institutionen ihren Sitz, die Europäische Zentralbank in Frankfurt am Main, die als Euro-Notenbank und oberste Bankenaufsicht agiert, die EU-Versicherungsaufsichtsbehörde ebenfalls in Frankfurt, die Europäische Agentur für Flugsicherheit in Köln und das Europäische Patentamt in München.

Außen- und Sicherheitspolitik

Die Leitlinien deutscher Außenpolitik sind die Westbindung und die europäische Integration. Sicherheitspolitisch zentral ist die Mitgliedschaft im transatlantischen Verteidigungsbündnis NATO seit 1955.

Während des Kalten Krieges war der Spielraum westdeutscher Außenpolitik begrenzt. Als eines der wichtigsten Ziele galt die Wiedervereinigung. Militäreinsätze im Ausland kamen nicht in Frage. Laut Grundgesetz darf sich die Bundeswehr an Angriffskriegen nicht beteiligen, ihre Aufgabe besteht lediglich in der Landes- und Bündnisverteidigung. Die von der sozialliberalen Koalition ab 1969 initiierte „Neue Ostpolitik" unter dem Motto Wandel durch Annäherung, die wichtige Verbündete zunächst skeptisch sahen, konnte eigenständige Akzente setzen und wurde von der liberalkonservativen Regierung Helmut Kohls ab 1982 fortgeführt. Seit der Wiedervereinigung trägt Deutschland international größere Verantwortung; seit 1991 nimmt die Bundeswehr unter Aufsicht des Bundestages und zusammen mit verbündeten Armeen an friedenserhaltenden und -erzwingenden Einsätzen außerhalb Deutschlands und des Territoriums der NATO-Verbündeten teil (Out-Of-Area-Einsätze). Die Bundesregierung Gerhard Schröders lehnte den Irakkrieg 2003 ab und stellte sich damit gegen den wichtigen Verbündeten USA.

Traditionell spielt Deutschland zusammen mit Frankreich eine führende Rolle in der Europäischen Union. Deutschland treibt die Bemühungen voran, über die Wirtschafts- und Währungsunion hinaus eine einheitliche, wirkungsvolle europäische Außen- und Sicherheitspolitik zu schaffen. Weitere außenpolitische Ziele sind die Verwirklichung des Kyoto-Protokolls zum Klimaschutz sowie die weltweite Anerkennung des Internationalen Strafgerichtshofs. Besonderes Interesse hat Deutschland an einer friedlichen Lösung des Nahostkonflikts, die es vor allem durch informelle Kontaktmöglichkeiten zwischen den beteiligten Parteien unterstützt. Zusammen mit den Verbündeten Großbritannien und Frankreich bemüht sich die Bundesrepublik, den Iran im Dialog dazu zu bewegen, auf die Weiterführung seines Kernenergieprogramms zu verzichten.

Im Jahr 2006 veröffentlichte das Bundesministerium der Verteidigung ein neues Weißbuch, das die Einbettung der Bundeswehr in friedenssichernde Maßnahmen auch in entlegenen Regionen der Erde vorsieht.

Militär

Nach ihrer Gründung 1949 durfte die Bundesrepublik Deutschland zunächst keine eigenen Streitkräfte aufstellen. Unter dem Eindruck des Koreakrieges und der Sowjetisierung Osteuropas wurde es der Bundesrepublik im Rahmen der Wiederbewaffnung gestattet, zunächst 1951 den paramilitärischen Bundesgrenzschutz als Grenzpolizei und ab 1955 vollwertige Streitkräfte aufzustellen, um der NATO beizutreten.

Nach der Wiedervereinigung 1990 wurden Teile der Nationalen Volksarmee (NVA) der DDR in diese Streitkräfte eingegliedert. Von 1956 bis 2011 kam in der Bundesrepublik gemäß Art. 12a des Grundgesetzes für alle Männer ab dem vollendeten 18. Lebensjahr eine allgemeine Wehrpflicht zur Anwendung. Die Wehrpflicht wurde 2011 ausgesetzt und durch den freiwilligen Wehrdienst ersetzt. Seit 2001 haben auch Frauen uneingeschränkten Zugang zum Dienst in den Streitkräften. Ihr Anteil beträgt 12,2 Prozent der Soldaten (Stand 2019). Rund 3.100 deutsche Soldaten befanden sich Mitte 2019 im Ausland im Einsatz.

Die als Bundeswehr bezeichnete militärische Gesamtorganisation besteht aus den Streitkräften und ihrer Verwaltung. Die Streitkräfte gliedern sich in die Teilstreitkräfte Heer, Luftwaffe und Marine sowie die unterstützenden Organisationsbereiche Streitkräftebasis, Zentraler Sanitätsdienst und Cyber- und Informationsraum. Nach Ende des Kalten Krieges wurde die Gesamtstärke der Bundeswehr von rund 500.000 bis 2015 schrittweise auf 180.000 Soldaten reduziert. Im Zwei-plus-Vier-Vertrag wurde eine maximale Friedensstärke von 370.000 deutschen Soldaten völkerrechtlich bindend festgelegt. Mit der Aussetzung der Wehrpflicht 2011 war eine umfassende Reform der Bundeswehr verbunden, die in erster Linie die Festsetzung einer maximalen personellen Stärke von 185.000 Soldaten und 55.000 zivilen Mitarbeitern bedeutete. Zudem wurden die Stückzahlen des schweren Geräts (Kampfpanzer, Artillerie) zugunsten leichteren, für globale Einsätze besser geeigneten Materials deutlich reduziert sowie Kürzungen beim Beschaffungswesen vorgenommen, was Finanzmittel einsparen sollte. Mit der Krimkrise sowie dem bewaffneten Konflikt in der Ostukraine 2014 änderte sich der Aufgabenschwerpunkt der Bundeswehr zurück zur Landes- und Bündnisverteidigung im Rahmen von NATO und EU. Zu diesem Zweck wurden seit 2015 Maßnahmen eingeleitet, die die starren Personalobergrenzen aufheben sowie die Rückkehr zur Vollausstattung mit schwerem Gerät (v. a. in den Kampftruppen) ermöglichen sollen. Mit Stand 2018 ist bis 2025 ein Aufwachsen der Sollstärke auf 203.000 aktive Soldaten vorgesehen.

Die Bundeswehr ist als erste Armee eines deutschen Nationalstaates eine Parlamentsarmee, über deren Einsätze ausschließlich der Bundestag auf Vorschlag der Bundesregierung entscheidet. Oberbefehlshaber („Inhaber der Befehls- und Kommandogewalt") ist in Friedenszeiten der jeweilige Bundesverteidigungsminister; im Verteidigungsfall geht diese Funktion auf den Bundeskanzler über. Das Traditionsverständnis der Bundeswehr distanziert sich sowohl von der Wehrmacht der NS-Zeit als auch von der NVA. Es bezieht sich auf die Preußische Heeresreform um 1810, die Befreiungskriege gegen Napoleon, den militärischen Widerstand gegen den Nationalsozialismus und ihre eigene Geschichte (siehe Traditionserlass). Für die Soldaten gilt das Leitbild des „Bürgers in Uniform". Als bedeutendstes militärisches Zeremoniell gilt der Große Zapfenstreich; öffentlichkeitswirksam sind die häufig außerhalb militärischer Anlagen durchgeführten Vereidigungen und Gelöbnisse der Soldaten.

Die Bundesrepublik Deutschland gab im Jahr 2019 43,2 Milliarden Euro für die Bundeswehr aus. Das ist der neuntgrößte Verteidigungsetat weltweit; er liegt mit einem Anteil von etwa 1,25 Prozent des Bruttoinlandsprodukts unter dem Durchschnitt der NATO-Mitgliedstaaten (2,3 Prozent). Eine Erhöhung des Etats in einen Bereich von 1,5 Prozent des Bruttoinlandsprodukts bis 2025 ist vorgesehen.

Polizei und Nachrichtendienste

Zuständig für die innere Sicherheit der Bundesrepublik sind aufgrund des Föderalismus in Deutschland grundsätzlich die Bundesländer und damit insbesondere die Landespolizeien und Landeskriminalämter. Innerhalb der Polizei wird häufig weiter unterschieden zwischen Schutzpolizei, Bereitschaftspolizei, Kriminalpolizei, Spezialeinheiten (wie dem Spezialeinsatzkommando (SEK) oder dem Mobilen Einsatzkommando (MEK)) sowie den Ordnungsbehörden. Zur Wahrung der öffentlichen Ordnung werden diese zusätzlich in einigen Kommunen durch Ordnungsämter unterstützt.

Dennoch existieren auch auf Bundesebene mehrere Organisationen zum Schutz der öffentlichen Sicherheit. Dazu gehört insbesondere die Bundespolizei (ehemals Bundesgrenzschutz), die etwa Aufgaben des Grenzschutzes, der Bahnpolizei und der Terrorabwehr übernimmt und dazu auch die Spezialeinheit GSG 9 unterhält, sowie das Bundeskriminalamt, das unter anderem besonders schwere Straftaten verfolgt. Beide sind direkt dem Bundesministerium des Innern unterstellt. Hinzu kommen die Vollzugsbehörden der Bundeszollverwaltung (etwa der Zollfahndungs-dienst, das Zollkriminalamt und die Zentrale Unterstützungsgruppe Zoll), die für die Durchsetzung von fiskalischen, handels- und arbeitsrechtlichen Regeln zuständig sind und dem Bundesministerium der Finanzen unterstehen.

In Deutschland bestehen außerdem drei Nachrichtendienste des Bundes: Der zivile Bundesnachrichtendienst (BND) als Auslandsnachrichtendienst sammelt zivile und militärische Informationen über das Ausland und wertet diese aus. Zuständig für Aufgaben des Verfassungsschutzes und die Spionageabwehr sind als Inlandsnachrichtendienste das Bundesamt für Verfassungsschutz (BfV), der Militärische Abschirmdienst (MAD) für den Geschäftsbereich des Bundesministeriums der Verteidigung (BMVg) und in den Bundesländern je eine Landesbehörde für Verfassungsschutz. Polizeiliche Vollzugsbefugnisse haben die Nachrichtendienste in Deutschland aufgrund des Trennungsgebotes nicht.

Kriminalität

Deutschland gehört zu den sichersten Ländern der Welt. Wie in allen wohlhabenden Ländern der westlichen Welt gab es von Anfang der 1960er bis Anfang der 1990er Jahre einen Anstieg der Kriminalität und seither einen Rückgang, vor allem bei Gewaltkriminalität und Diebstahl.

Für Vergleiche der Gewaltneigung über lange Zeiträume und große räumliche Distanzen hinweg wird die Rate der Tötungsdelikte pro Jahr als Index verwendet.

Deutschland kam hierbei im Jahr 2017 auf einen Fall pro 100.000 Einwohner, was dem Durchschnitt in Westeuropa entspricht. Der Durchschnitt in Gesamt-Europa lag bei 3 Fällen pro 100.000 Einwohner, der globale Durchschnitt bei 6,1. Ostasiatische Staaten liegen durchschnittlich bei 0,6, Singapur bei nur 0,2 Fällen pro 100.000 Einwohner.

Detaillierte, flächendeckende Daten werden seit 1953 (bis 1990 nur für die Altbundesländer) in der Polizeilichen Kriminalstatistik erfasst. Einen Höhepunkt der „Straftaten insgesamt" gab es 1993. Bis 2018 ist die Rate um 20 % gefallen. Die Rate der Diebstähle halbierte sich von 1993 bis 2017. Der Höhepunkt bei angezeigten Gewaltdelikten wurde jedoch nicht in den 1990er-Jahren, sondern 2007 erreicht. Der Rückgang lag hier bis 2018 bei 15 %. Es wird von einer steigenden Anzeigebereitschaft beziehungsweise einer sich verringernden Dunkelziffer ausgegangen, vor allem bei Gewalt gegen Frauen.

Recht

Das deutsche Recht gehört dem kontinentalen Rechtskreis an und beruht auf dem deutschen Recht, das auf germanische Stammesgesetze und mittelalterliche Rechtssammlungen wie den Sachsenspiegel zurückgeht, und der Rezeption des römischen Rechts ab dem 12. Jahrhundert, das wegen seiner Exaktheit und Universalität als überlegen galt. Außer wenigen Rechtssetzungen wie der Constitutio Criminalis Carolina 1532 war das Heilige Römische Reich von Partikularrechten geprägt. Im Lauf des 19. Jahrhunderts wurde eine Rechtsvereinheitlichung begonnen und im Deutschen Bund 1861 ein Allgemeines Deutsches Handelsgesetzbuch sowie im Kaiserreich unter anderem das Reichsgericht 1877 und die Reichsjustizgesetze 1879 eingeführt. 1900 trat das Bürgerliche Gesetzbuch in Kraft. Der Nationalsozialismus pervertierte das Recht zum Mittel der Gewaltherrschaft, wofür die Terrorurteile des Volksgerichtshofs stehen. In der DDR galt die Doktrin der „einheitlichen sozialistischen Staatsmacht"; Gewaltenteilung und Unabhängigkeit der Gerichte waren unbekannt.

Die Bundesrepublik Deutschland versteht sich als Rechtsstaat (Art. 20, Art. 28 Abs. 1 Satz 1 GG), was bedeutet, dass staatliche Tätigkeit nur durch das Recht begründet werden kann und durch das Recht begrenzt wird. Wer durch die öffentliche Gewalt in seinen Rechten verletzt wird, hat das Recht, bei Gericht um Rechtsschutz hiergegen nachzusuchen (Art. 19 Abs. 4 GG). Die Richter sind unabhängig und unterliegen bei der Rechtsprechung keinerlei Weisungen.

Die Rechtsprechung wird im Wesentlichen von Gerichten der Bundesländer ausgeübt: In Zivil- und Strafsachen durch die Amtsgerichte, die Landgerichte und die Oberlandesgerichte (ordentliche Gerichtsbarkeit); an Fachgerichtsbarkeit gibt es die Arbeits-, Verwaltungs-, Sozial- und Finanzgerichtsbarkeit. Für den gewerblichen Rechtsschutz besteht das Bundespatentgericht. Als Rechtsmittelgerichte dienen die obersten Gerichtshöfe des Bundes (Art. 95 GG): Der Bundesgerichtshof als oberstes Zivil- und Strafgericht, das Bundesarbeitsgericht, das Bundesverwaltungsgericht,

das Bundessozialgericht und der Bundesfinanzhof. Über verfassungs-rechtliche Strei-
tigkeiten urteilen die Verfassungsgerichte der Länder und das Bundesverfassungsge-
richt (Art. 93 GG), dessen Entscheidungen Gesetzeskraft entfalten können und so an-
dere Gerichte binden (vgl. § 31 Bundesverfassungsgerichtsgesetz).

Zunehmende Bedeutung haben das Europarecht und die Rechtsprechung des Ge-
richtshofs der Europäischen Union. Die Europäische Union übt erheblichen Einfluss
auf das deutsche Recht aus.

Wirtschaft

Grundlagen

Mit einem nominalen Bruttoinlandsprodukt von etwa 3,6 Billionen US-Dollar im Jahr
2017 ist Deutschland die größte Volkswirtschaft Europas und viertgrößte der Welt.
Gemessen am nominalen BIP pro Kopf steht Deutschland international an 19., in der
Europäischen Union an 8. Stelle (Stand 2016). Gemessen am Warenwert war das Land
2016 der drittgrößte Importeur und Exporteur der Welt. Deutschland gilt als sehr
hoch entwickeltes Land, dessen Lebensstandard laut Index der menschlichen Ent-
wicklung 2017 auf dem 5. Platz von 188 untersuchten Ländern liegt. Im Global Com-
petitiveness Index belegte es 2018 den 3. Platz. Deutschlands Wettbewerbsfähigkeit
speist sich vor allem aus der hohen Zahl an kleinen und mittleren Unternehmen (Mit-
telstand), die gerade in spezialisierten Bereichen der Industrie zu den Weltmarktfüh-
rern gehören.

Die Gesamtwirtschaftsleistung wird zu 2,1 Prozent im primären Wirtschaftssek-
tor (Landwirtschaft), 24,4 Prozent im sekundären (Industrie) und 73,5 Prozent im
tertiären (Dienstleistung) erbracht. 2014 verzeichnete Deutschland mit durchschnitt-
lich etwa 42,6 Millionen sozialversicherungspflichtig Beschäftigten einen Höchst-
stand. Die Zahl der Erwerbslosen lag im Schnitt 2014 bei 2,898 Millionen. Deutsch-
land wies gemäß Eurostat im Juni 2019 mit 3,1 % die zweitniedrigste Arbeitslosen-
quote in der Europäischen Union auf. Ein wichtiger Faktor zur Schaffung neuer Ar-
beitsplätze ist das Unternehmer- und Gründertum, worüber unter anderem der jähr-
liche KfW-Gründungsmonitor Auskunft gibt.

Deutschland verfügt über verschiedenste Rohstoffvorkommen und weist eine lange
Bergbautradition auf (unter anderem Kohle, Edelsalze, Industrieminerale und Bau-
stoffe sowie Silber, Eisen und Zinn). Die Industrie ist auf globale Rohstoffimporte an-
gewiesen.

Das Humanpotenzial mit guter Bildung und die Innovationskultur gelten als Voraus-
setzungen für den Erfolg der deutschen Wirtschaft und Wissensgesellschaft. Als welt-
weit konkurrenzfähigste Branchen der deutschen Industrie gelten die Automobil-
, Nutzfahrzeug-, elektrotechnische, Maschinenbau- und Chemieindustrie. Global be-
deutend sind auch die Luft- und Raumfahrttechnik, die Finanzbranche mit

dem Finanzplatz Frankfurt am Main und die Versicherungswirtschaft, insbesondere die Rückversicherungen. Der Stellenwert der Kultur- und Kreativwirtschaft nimmt zu.

Als Mitglied der Europäischen Union gehört Deutschland zum größten Binnenmarkt der Welt mit zusammen rund 500 Millionen Einwohnern und einem nominalen BIP von 17,6 Billionen US-Dollar 2011. Deutschland ist auch Teil der Eurozone, einer Währungsunion mit 19 Mitgliedsländern und etwa 337 Millionen Einwohnern. Deren Zahlungsmittel ist der Euro, dessen Währungspolitik von der Europäischen Zentralbank (EZB) gesteuert wird und der zweitwichtigste Reservewährung der Welt ist sowie gemessen am Bargeldwert die weltgrößte Währung im Umlauf.

Die Einkommensungleichheit in Deutschland lag 2005 knapp unter dem OECD-Durchschnitt. 2008 betrug ein mittleres verfügbares Einkommen 1.252 bei einem Gini-Index von 0,29. Die Vermögensverteilung in Deutschland ist mit einem Gini-Index von 0,78 deutlich stärker konzentriert als die Verteilung der Einkommen. Laut der Credit Suisse belief sich die Summe der Privatvermögen 2016 auf 12,4 Billionen Dollar. Im Durchschnitt verfügte jede erwachsene Person in Deutschland 2016 über ein Vermögen von 185.175 US-Dollar (Median-Vermögen: 42.833 US-Dollar). Das ist weltweit Platz 27 und weniger als in den meisten Nachbarländern Deutschlands – eine Ursache oder Folge (je nach Interpretation) ist ein niedriger Anteil an Immobilieneigentum. 2016 gab es in Deutschland 1.637.000 Millionäre und 2017 insgesamt 114 Milliardäre (in US-Dollar), die weltweit dritthöchste Anzahl.

Wirtschaftsentwicklung

Die deutsche Volkswirtschaft verzeichnete über Jahrzehnte mehr Exporte als jedes andere Land („Exportweltmeister"). Die Exporte erreichten im Jahr 2016 einen Gesamtwert von 1.204 Milliarden Euro, der Warenwert der Importe betrug 955 Milliarden Euro – ein Überschuss der Außenhandelsbilanz von 249 Milliarden Euro. Der Leistungsbilanzüberschuss war damit 2016 der höchste weltweit und lag bei über 7 % der Wirtschaftsleistung, was teilweise auf Kritik aus dem In- und Ausland stößt.

Die wichtigsten Handelspartner im Jahr 2016 waren die Volksrepublik China (170,2 Milliarden Euro Handelsvolumen), Frankreich (166,8), Vereinigte Staaten (164,8), Niederlande (161,6), Vereinigtes Königreich (121,6), Italien (113,0) und Polen (101,1). Die wichtigsten Importquellen waren im selben Jahr China, die Niederlande und Frankreich. Die größten Exportmärkte waren die Vereinigten Staaten, Frankreich und das Vereinigte Königreich. Mehr als die Hälfte seines Außenhandels führte Deutschland mit den Staaten der Europäischen Union. Der Wert aller Exporte von Gütern und Dienstleistungen machte 2016 46 % der Wirtschaftleistung aus, was Deutschland zu den Ländern mit hoher Exportquote macht. Das Land ist deshalb potenziell anfällig für Schwankungen im globalen Handel, auch wenn der Aufschwung der letzten Jahre vor allem konsumgetrieben war.

Deutschland wurde Ende 2008 und 2009 von der internationalen Finanzkrise erfasst, was zu einem Rückgang des Bruttoinlandsprodukts 2009 um 5,6 Prozent führte.

Anschließend wuchs die deutsche Volkswirtschaft wieder deutlich um 4,1 und 3,7 Prozent (2010 und 2011) und 2012 und 2013 moderater mit jeweils 0,5 Prozent. 2014 beschleunigte sich das Wirtschaftswachstum wieder auf 1,9 Prozent und 2015 und 2016 weiter auf 1,7 bzw. 1,9 Prozent. Für das Jahr 2017 lag das Wachstum bei 2,2 %.

Zwischen 2000 und 2011 lag die jährliche durchschnittliche Inflationsrate bei minimal 0,3 Prozent (2009) und bei maximal 2,6 Prozent (2008). Anfang 2015 verzeichnete Deutschland durch den niedrigen Ölpreis erstmals seit 2009 eine leichte Deflation (−0,3 Prozent).

Automobilindustrie

Deutschland ist international für die Entwicklung und Produktion von Personenkraftwagen mit Verbrennungsmotor bekannt. Das Automobil wurde 1886 von Carl Benz in Deutschland erfunden, was den Grundstein für die Entwicklung der gegenwärtig drittgrößten Automobilindustrie der Welt legte. Heute sind Konzerne wie Volkswagen, Mercedes-Benz und BMW ein wichtiger Bestandteil der deutschen Wirtschaft. Mehr als 400 Milliarden Euro Umsatz erwirtschaftete die deutsche Autoindustrie 2017 mit über 800.000 Mitarbeitern in Deutschland, etwa 7 % des BIP gehen auf sie zurück.

Informationstechnik und Telekommunikation

Die Informations- und Kommunikationstechnik (IKT) gilt als wesentlicher Standortfaktor. Die Digitalisierung der deutschen Wirtschaft wird unter dem Projektnamen Industrie 4.0 vorangetrieben. Das umsatzstärkste in Deutschland tätige Telekommunikationsunternehmen ist die Deutsche Telekom. SAP, die Software AG, Wincor Nixdorf und DATEV zählen zu den bedeutendsten Softwareherstellern der Welt mit Hauptsitz in Deutschland. Im Hardwarebereich ist vor allem die Entwicklung von Bedeutung, etwa bei Infineon und FTS. Neben angestammten Unternehmen der IKT-Branche gewinnen innovative StartUps und E-Ventures in Deutschland an Bedeutung.

2017 hatten 88 Prozent der Bevölkerung einen Internetzugang; etwa 87 Prozent konnten dabei auf einen Breitbandanschluss zurückgreifen. Insbesondere im ländlichen Raum ist die Breitbandversorgung unterdurchschnittlich. Laut Bundesregierung soll bis Ende 2018 eine flächendeckende Versorgung mit mindestens 50 MBit/s erreicht werden.

Deutschland war im Jahr 2010 der viertgrößte Produzent an Primärenergie in Europa und wurde auf Rang 24 unter den Energieproduzenten der Welt gelistet. 2012 betrug der Primärenergieverbrauch in Deutschland 13.757 PJ (2005: 14.238 PJ). Daran gemessen ist das Land der zweitgrößte nationale Energieverbraucher in Europa und siebtgrößte in der Welt. Die Stromversorgung wurde im Jahr 2012 von 1059 Unternehmen mit Hauptsitz in Deutschland gewährleistet.

Erneuerbare Energien lieferten im Jahr 2016 29,2 % der Bruttostromproduktion, 13,4 % des Endenergiebedarfs im Wärmesektor und 5,1 % der Kraftstoffe. Im Rahmen der Energiewende ist geplant, bis 2050 den Anteil der Erneuerbaren Energien am Stromverbrauch auf 80 % zu steigern, den Primärenergieverbrauch gegenüber 2008 um 50 % zu senken und den Treibhausgasausstoß in Einklang mit den EU-Zielen um 80 % bis 95 % gegenüber 1990 zu reduzieren. Insgesamt sollen 2050 mindestens 60 % des Energieverbrauchs durch erneuerbare Energien gedeckt werden.

Tourismus

Deutschland zählte 2016 mit über 35 Millionen ausländischen Übernachtungsgästen im Jahr zu den sieben meistbesuchten Ländern der Erde. Der Fremdenverkehr erzielte 2012 mit 2,8 Millionen direkt Beschäftigten einen Umsatz von 140 Milliarden Euro. 171,6 Millionen Gäste (Ankünfte) (136,0 Mio. aus dem Inland, 35,6 Mio. aus dem Ausland) kamen 2016 auf 447,2 Mio. Übernachtungen (366,4 Mio. Inländer und 80,8 Mio. Ausländer) in 50.824 Unterkünften mit etwa 3,6 Mio. Betten. Die wichtigsten Herkunftsländer ausländischer Touristen waren 2016 die Niederlande (4,5 Millionen Besucher (Ankünfte)), die Schweiz (3,1 Mio.), USA (2,6 Mio.), Vereinigtes Königreich (2,6 Mio.), Österreich (1,8 Mio.) und Frankreich (1,7 Mio).

Etwa 4.000 der 11.116 Gemeinden Deutschlands sind in Tourismusverbänden organisiert, 310 davon sind als Heilbäder, Seebäder und Kurorte anerkannt. Es stehen 6.135 Museen, 366 Theater, 34 Freizeit- und Erlebnisparks, 45.000 Tennisplätze, 648 Golfplätze, 190.000 km Wanderwegnetz, 40.000 Kilometer Radfernwege sowie Ferien- und Themenstraßen zur Verfügung.

Von herausragender Bedeutung ist der Geschäfts- und Kongresstourismus; Deutschland ist der international bedeutendste Messestandort mit mehreren Weltleitmessen. Die Internationale Tourismus-Börse Berlin ist die weltweit führende Tourismusmesse. Zudem gibt es in Deutschland die größte Dichte an Festivals.

Verkehr

Der von der Weltbank erstellte Logistics Performance Index 2018 weist Deutschland als das Land mit der weltweit besten Infrastruktur aus.

Aufgrund der dichten Besiedlung und zentralen Lage in Europa besteht in Deutschland ein sehr hohes Verkehrsaufkommen. Insbesondere für den Güterverkehr stellt es ein wichtiges Transitland dar. Durch das Konzept der Transeuropäischen Netze wird Deutschland als Transferraum zwischen dem ersten europäischen Kernwirtschaftsraum, der sogenannten Blauen Banane, und dem Kernwirtschaftsraum in Ostmitteleuropa gefördert. Wichtige Projekte in diesen Netzen sind die Eisenbahnachsen Lyon/Genua–Rotterdam/Antwerpen, POS (Paris–Ostfrankreich–Südwestdeutschland), PBKA (Paris–Brüssel–Köln–Amsterdam), Berlin–Palermo und die Magistrale für Europa. Ferner ist Deutschland der westliche Ausgangspunkt einiger Paneuropäischer Verkehrskorridore.

Der Güterverkehr hat sich in den vergangenen Jahrzehnten stetig von der Schiene auf die Straße verlagert. Als Gegenmaßnahme wurde 2005 eine Autobahnmaut für Lastkraftwagen eingeführt. Dennoch sind die Kohlendioxid-Emissionen des Straßengüterverkehrs in Deutschland von 1995 bis 2017 um 20 Prozent gestiegen. Im Schienenverkehr hat die Deutsche Bahn in den letzten Jahren unrentable Nebenstrecken, Güter- und Rangierbahnhöfe stillgelegt sowie Personenfernverkehrs-verbindungen eingestellt. Der Bundesverkehrswegeplan 2030 gilt für den Zeitraum von 2016 bis 2030.

Straßenverkehr

Bereits die Römer legten gepflasterte Straßen in Deutschland an, die wieder verfielen. Die ersten Chausseen wurden im 18. Jahrhundert erbaut. Die Erfindung des Automobils gab dem Straßenbau neue Impulse. Die erste Autobahn der Welt, die AVUS, wurde 1921 in Berlin eröffnet. Der Straßenverkehr hat in der zweiten Hälfte des 20. Jahrhunderts die Eisenbahn als wichtigsten Verkehrsträger abgelöst. Deutschland besitzt eines der dichtesten Straßennetze der Welt. Im Jahr 2012 umfasste das Bundesfernstraßennetz 12.845 Kilometer Autobahnen und 40.711 Kilometer Bundesstraßen. Weiterhin umfasste das überörtliche Straßennetz 86.597 Kilometer Landesstraßen, 91.520 Kilometer Kreisstraßen und die Gemeinde-verbindungsstraßen. Am 1. Januar 2017 waren in Deutschland 45,8 Millionen Personenkraftwagen zugelassen. Der Fahrzeugbestand aller Kraftfahrzeuge und Anhänger betrug 62,6 Millionen. Von 1995 bis 2017 sind die absoluten Kohlendioxid-Emissionen des Straßengüterverkehrs in Deutschland um 20 Prozent gestiegen.

Um die Gefahren und Belastungen des Straßenverkehrs zu reduzieren, wurden in vielen deutschen Städten Fußgängerzonen, verkehrsberuhigte Zonen und Tempo-30-Zonen eingerichtet. Die Anzahl der im Straßenverkehr Getöteten nahm seither kontinuierlich ab; 2015 waren es 3.459 Menschen, 2016 noch 3.206. Der Radverkehr spielt eine zunehmende Rolle, sein Ausbau wird politisch etwa durch den Radverkehrsplan unterstützt.

Schienenverkehr

Deutschlands Eisenbahnnetz ist etwa 38.500 Kilometer lang und wird täglich von bis zu etwa 50.000 Personen- und Güterzügen befahren. Im Rahmen der Bahnreform wurden die Staatsbahnen Deutsche Bundesbahn (West) und Deutsche Reichsbahn (Ost) zum 1. Januar 1994 in das privatwirtschaftliche Unternehmen Deutsche Bahn AG überführt. Es organisiert den Großteil des Eisenbahnverkehrs in Deutschland. Rund 350 weitere Eisenbahnverkehrs-unternehmen befahren das deutsche Eisenbahnnetz. Während sich der Staat aus dem operativen Betrieb zurückgezogen hat, finanziert er den Großteil des Netzunterhalts und -ausbaus sowie (über Regionalisierungsmittel) weitgehend den Regionalverkehr.

Regional- (Interregio-Express (IRE), Regionalbahn (RB), Regional-Express (RE) und S-Bahnen (S)) und Fernverkehr (Intercity (IC), Eurocity (EC) und Intercity-Express

(ICE)) fahren weitgehend nach Taktfahrplan. Für Fernzüge stehen Schnellfahrstrecken in einer Gesamtlänge von etwa 2000 Kilometer zur Verfügung.

Nahverkehr

1881 eröffnete Werner von Siemens in Lichterfelde bei Berlin die erste elektrische Straßenbahn der Welt. Dieses Verkehrsmittel dominierte in der ersten Hälfte des 20. Jahrhunderts den öffentlichen Nahverkehr der größeren Städte in Deutschland. Nach dem Zweiten Weltkrieg wurden vor allem in Westdeutschland viele stillgelegt, andere zu Stadtbahnen mit innerstädtischen Tunnelstrecken umgebaut. Ersetzt wurden sie durch Omnibus-Verkehr, die auch auf dem Land flächendeckend vorhanden sind und nahezu jeden Ort erschließen. Allerdings wurden die Busnetze durch den Bevölkerungsrückgang im ländlichen Raum ausgedünnt und häufig durch Rufbus-Systeme ersetzt. In den größten Städten wurden im 20. Jahrhundert U-Bahnen angelegt und mit S-Bahnen zu einem Schnellbahnnetz für Stadt und Umland kombiniert.

Seit den 1980er-Jahren wurden Radwegnetze in den Städten und auf dem Land angelegt und ausgebaut, sodass heute das Fahrrad wieder eine zunehmende Rolle im Nahverkehr spielt. Im internationalen Vergleich ist der öffentliche Nahverkehr in den größeren Städten Deutschlands durch hohe Effektivität und Flächendeckung gekennzeichnet.

Luftverkehr

Mit rund 700 Flugplätzen verfügt Deutschland über eine der größten Dichten an Start- und Landebahnen weltweit.

Der Flughafen Frankfurt am Main ist nach Passagieren (2016: 60,77 Millionen) der größte Deutschlands, der viertgrößte Europas und gemessen am Frachtaufkommen (2015: 2,1 Millionen Tonnen) der größte Flughafen Europas. Die größte deutsche Fluggesellschaft Lufthansa betreibt in Frankfurt und auf dem zweitgrößten deutschen Flughafen in München interkontinentale Drehkreuze. Seit dem Jahr 1999 betreiben die Länder Berlin und Brandenburg mit Partnern die Errichtung des Flughafens Berlin Brandenburg „Willy Brandt".

Einen eigenen Weltraumbahnhof (bzw. Raumhafen) für den Verkehr über die Kármán-Linie (100 km) hinaus bis in den Weltraum besitzt Deutschland nicht. Die Raumfahrt des Deutschen Zentrums für Luft- und Raumfahrt nutzt deshalb meist den CSG-Raumhafen in Französisch-Guayana oder das russisch betriebene Kosmodrom Baikonur.

Schiffsverkehr

Aufgrund des hohen Außenhandelsanteils ist Deutschland besonders auf den Seehandel angewiesen. Es verfügt über eine Anzahl moderner Seehäfen, wickelt aber auch große Anteile seines Handels nach Übersee über die Häfen von Nachbarländern, vor allem der Niederlande, ab. Die drei umschlagstärksten Seehäfen in Deutschland sind

Hamburg, Wilhelmshaven und die Bremer Häfen. Der JadeWeserPort in Wilhelmshaven ist der einzige Tiefwasserhafen in Deutschland. Die wichtigsten Ostseehäfen sind Rostock, Lübeck und Kiel. Rostock-Warnemünde ist der meistfrequentierte Kreuzfahrthafen Deutschlands.

Die wichtigsten Seeschifffahrtsstraßen sind Unterelbe und Unterweser. Der Nord-Ostsee-Kanal ist die meist befahrene künstliche Seeschifffahrtsstraße der Welt, vor der deutschen Ostseeküste liegt mit der Kadetrinne die meistbefahrene Schiffsroute der Ostsee.

Es gibt ein gut ausgebautes Netz von Wasserstraßen für die Binnenschifffahrt. Die wichtigsten schiffbaren Flüsse sind Rhein, Main, Mosel, Weser und Elbe. Bedeutende Binnenkanäle sind der Mittellandkanal, der Dortmund-Ems-Kanal, der Rhein-Herne-Kanal und der Elbe-Seitenkanal. Der Main-Donau-Kanal überwindet die europäische Hauptwasserscheide und ermöglicht so einen direkten Schifffahrtsweg von der Nord- und Ostsee zum Schwarzen Meer. Der Komplex der Duisburg-Ruhrorter Häfen ist der umschlagstärkste Binnenhafen Deutschlands und gilt als größter Binnenhafen Europas.

Kultur

Die deutsche Kunst- und Kulturgeschichte, deren Wurzeln bis in die Zeit der Kelten, Germanen und Römer zurückreichen, hat seit dem Mittelalter stil- und epochenprägende Persönlichkeiten hervorgebracht. In den verschiedensten Disziplinen wurden deutschsprachige Kulturschaffende Wegbereiter neuer geistiger Strömungen und Entwicklungen. Einige der einflussreichsten deutschen Künstler zählen zu den Protagonisten der westlichen Zivilisation.

Die deutsche Kultur hat sich, da Deutschland lange nicht als Nationalstaat existierte, über Jahrhunderte vor allem über die gemeinsame Sprache definiert; auch über die Reichsgründung 1871 hinaus ist Deutschland häufig als Kulturnation verstanden worden. Durch die Verbreitung von Massenmedien im 20. Jahrhundert hat die Populärkultur in der deutschen Gesellschaft einen hohen Stellenwert erhalten. Die Verbreitung des Internets im 21. Jahrhundert hat zu einer Differenzierung der Kulturlandschaft geführt und die mannigfaltigen Nischenkulturen in ihren Ausprägungen verändert.

Der Verbreitung der deutschen Sprache und Kultur in der Welt dienen die Goethe-Institute. Mit insgesamt 158 Standorten, inklusive Verbindungsbüros, ist das Institut im Jahr 2013 in 93 Ländern vertreten. Laut einer Umfrage in 22 Staaten für die BBC im Jahr 2013 genoss Deutschland international zum sechsten Mal in Folge seit dem Jahr 2008 das höchste Ansehen unter 16 untersuchten Ländern. Durchschnittlich bewerteten 59 Prozent der Befragten Deutschlands Einfluss und politisches Wirken als positiv, 15 Prozent hatten ein negatives Bild.

Gesellschaft

Laut World Values Survey werden in Deutschland, das sich auf die pluralistische Tradition der Aufklärung stützt, säkular-rationale Werte und persönliche Selbstentfaltung geschätzt. Die Bevölkerung nennt in den Bereichen Bildung, Work-Life-Balance, Beschäftigung, Umwelt, Sozialbeziehungen, Wohnen, Sicherheit und subjektives Wohlbefinden Zufriedenheitswerte über dem Durchschnitt der entwickelten Industrienationen und liegt nur bei Gesundheit darunter. Insgesamt lag Deutschland 2015 beim OECD Better Life Index mit 7 von 10 Punkten über dem OECD-Schnitt (6,5; Griechenland 5,5, Schweiz 7,6).

Im World Happiness Report 2018 der UN belegte Deutschland Platz 15 von 156 Ländern.

Soziales

Deutschland hat eine lange Tradition des gesetzlich beförderten sozialen Ausgleichs. Laut Gini-Index gilt das Land im internationalen Vergleich als Gesellschaft mit geringer Einkommensungleichheit. Der deutsche Staat bietet seinen Bewohnern umfangreiche rechtliche Ansprüche auf Familienförderung und soziale Absicherung. Die Geschichte der Sozialversicherung begann im Kaiserreich. Spätere Regierungen haben sie nach und nach erweitert und um zusätzliche soziale Transferleistungen ergänzt, wodurch heute ein großer Teil des Staatshaushalts für Soziales aufgewendet wird.

Die Bundesrepublik Deutschland ist ein kooperativ-föderalistischer Bundesstaat mit einer sozialen Marktwirtschaft.

Für Arbeitnehmer besteht eine Pflichtmitgliedschaft in der Sozialversicherung, die aus fünf Säulen besteht: Kranken-, Unfall-, Renten-, Pflege- und Arbeitslosenversicherung. Die soziale Grundsicherung wird in erster Linie durch Beiträge der Versicherten finanziert, Defizite durch Steuergelder ausgeglichen.

Im Jahr 2010 hatten in Deutschland 830.000 Euro-Millionäre (1 Prozent der Bevölkerung) ein Gesamtvermögen von 2.191 Milliarden Euro, während rund 12,4 Millionen Menschen (15,3 Prozent der Bevölkerung) in relativer Armut lebten oder als armutsgefährdet galten. 2016 waren 19,7 Prozent der Bevölkerung von Armut oder sozialer Ausgrenzung bedroht (EU: 23,5 Prozent).

Zu den innerstaatlichen Transferleistungen zählt der Länderfinanzausgleich, der Bundesländer mit hohem Steueraufkommen dazu verpflichtet, einen Teil ihrer Einnahmen an schlechter gestellte Länder abzugeben, damit die Lebensverhältnisse in Deutschland nicht zu weit auseinandergehen. Der auf die Einkommensteuer erhobene Solidaritätszuschlag soll teilungsbedingte Lasten in den neuen Ländern mildern.

Das Allgemeine Gleichbehandlungsgesetz soll Benachteiligungen aufgrund von Geschlecht, Rasse, der ethnischen Herkunft, der Religion oder Weltanschauung, einer

Behinderung,des Alters oder der sexuellen Identität (etwa Homosexualität) verhindern.

Gesundheit

Das deutsche Gesundheitswesen ist hoch entwickelt, wie die sehr niedrige Rate der Säuglingssterblichkeit von etwa 3,5 Jungen und 3,0 Mädchen bei 1000 Geburten und eine hohe Lebenserwartung deutlich machen, die im Jahr 2016 bei 78,2 Jahren für Männer und bei 83,1 für Frauen lag. Dabei hatten 2015 arme Männer eine Lebenserwartung von 70,1, wohlhabende von 80,9 Jahren (Frauen: 76,9 und 85,3 Jahre). 2015 ergab eine Studie der OECD, Patienten in Deutschland hätten kurze Wartezeiten, geringen eigenen Finanzaufwand und viel Auswahl. Die Vorbeugung sei hingegen verbesserungswürdig, was eine hohe Zahl von Krankheiten wie Herz-Kreislauf-Erkrankungen und Diabetes zeige. Die Qualität zeige sich aber unter anderem dadurch, dass ein Schlaganfall häufig überlebt werde. Die Zahl an Krankenhausaufenthalten und Operationen liege international in der Spitzengruppe, aber auch die Kosten für Medikamente; 2013 machten die Gesundheitsausgaben 11 Prozent des BIP aus (OECD-Schnitt: knapp 9 Prozent).

Das Gesundheitssystem umfasst die Leistungserbringer wie Ärzte, Apotheker, Pflegepersonal, den Staat (Bund, Länder und Gemeinden), die Kranken-, Unfall-, Pflege- und Rentenversicherungen, die Kassenärztlichen Vereinigungen, die Arbeitgeber- und Arbeitnehmerverbände, weitere Interessenverbände sowie die Patienten, zum Teil vertreten durch Verbände und Selbsthilfeorganisationen. Krankenhäuser werden häufig in gemeinnütziger Trägerschaft geführt, zunehmend jedoch privatisiert. Weitere Versorgungsleistungen werden weitgehend privat von Freiberuflern erbracht (niedergelassene Ärzte und Apotheker und Unternehmen, beispielsweise der pharmazeutischen und medizintechnischen Industrie). Der Staat beteiligt sich als Leistungserbringer nur nachrangig mit Gesundheitsämtern, kommunalen Krankenhäusern und Hochschulkliniken.

Der Großteil der Bevölkerung gehört der gesetzlichen Krankenversicherung (GKV) an, deren Beiträge sich hauptsächlich an der Einkommenshöhe orientieren. Familienmitglieder ohne eigenes Einkommen sind oft beitragsfrei mitversichert. Der Leistungsanspruch ist unabhängig von der Beitragshöhe. Etwa 10,8 Prozent der Versicherten waren 2017 privat krankenversichert.

Bildung

Das heutige deutsche Bildungswesen hat seine Wurzeln unter anderem im weltweit einstmals vorbildhaften humboldtschen Bildungsideal und den preußischen Bildungsreformen. Seine Ausgestaltung liegt in der Verantwortung der Länder („Kulturhoheit"), wird jedoch durch bundesweite Konferenzen der Kultusminister koordiniert, die auch gemeinsame Bildungsstandards setzen. Je nach Bundesland gibt es Vorschulzeiten und es besteht eine neun- bis dreizehnjährige Schulpflicht. Der Besuch der allgemeinbildenden Schulen dauert mindestens neun Jahre. Danach *können weiterführende Schulen bzw. berufsbildende Schulen besucht werden. Die meisten deutschen Bundesländer haben ein gegliedertes Schulsystem mit Hauptschule, Realschule und Gymnasium, es gibt jedoch Tendenzen zu mehr Gesamtschulen und Ganztagsschulen. Die Hochschulreife wird – je nach Bundesland – nach zwölf oder dreizehn Schuljahren erworben.*

Praktisch alle jungen Erwachsenen besuchen nach der Schule eine weiterführende Bildungseinrichtung. Auszubildende in Betrieben besuchen in der Regel an ein oder zwei Tagen in der Woche die Berufsschule, was als Erfolgsmodell der dualen Ausbildung weltweit bekannt ist. Die akademische Entsprechung ist das duale Studium. Studierende können zwischen universitären und anwendungsorientierten Hochschulen (Fachhochschulen) wählen. Die Akademikerquote stieg seit den 1970er-Jahren stetig an.

Auch die berufliche Weiterbildung spielt eine große Rolle. Für Arbeitslose stellt die Bundesagentur für Arbeit Weiterbildungsgutscheine bereit. Vor ihrer beruflichen Ausbildung können Jugendliche außerdem sogenannte Freiwilligendienste, wie ein Freiwilliges Soziales Jahr oder ein Freiwilliges Ökologisches Jahr, absolvieren. Weitere populäre Übergangsaktivitäten sind der Freiwillige Wehrdienst und Auslandsaufenthalte, etwa in Form von Work & Travel oder Jugendaustausch.

Bei Schulleistungsuntersuchungen schneidet Deutschland im weltweiten Vergleich häufig nur mittelmäßig oder sogar unterdurchschnittlich ab. In den letzten PISA-Studien konnte Deutschland sich verbessern: Im PISA-Ranking von 2015 erreichten deutsche Schüler Platz 16 von 72 in Mathematik, Platz 15 in Naturwissenschaften und Platz 10 beim Leseverständnis. Die Leistungen deutscher Schüler lagen damit in allen drei Kategorien über dem OECD-Durchschnitt. Die OECD kritisiert allerdings in den PISA-Studien die deutsche Bildungspolitik, da insbesondere die Schulerfolge von Kindern mit sozial- oder bildungsschwachem Elternhaus und mit Migrationshintergrund unter dem Durchschnitt lägen. Entgegen den Reformbemühungen der letzten Jahrzehnte ist es weiterhin statistisch signifikant unwahrscheinlicher, dass Arbeiterkinder das Abitur (Allgemeine Hochschulreife) oder einen Hochschulabschluss erreichen als Kinder aus den Mittel- oder Oberschichten. Zudem würde es an individueller Differenzierung und Förderung sowohl bei leistungsstarken als auch -schwachen Schülern mangeln. Die Ausgaben für Bildung (4,6 % des Bruttoinlandsprodukts) liegen im OECD-Vergleich unter dem Durchschnitt. Die schulische Förderung im Grundschulalter gilt als verbesserungswürdig, insbesondere was Betreuungsmöglichkeiten und gezielte Förderung schwächerer Schüler angeht.

Von der erwerbsfähigen Bevölkerung galten 2011 etwa 2,3 Millionen (4 Prozent) als vollständige und 7,5 Millionen als funktionale Analphabeten.

Wissenschaft

Deutschland ist ein international bedeutender Technologie- und Wissenschaftsstandort. Seit der industriellen Revolution waren deutschsprachige Forscher bei der

Gründung empirischer Wissenschaften maßgeblich beteiligt. Insbesondere die wirtschaftliche Leistungsfähigkeit verschiedenster Industrien und der Wissenstransfer in die Praxis wurde durch die kreative Arbeit von Ingenieuren vorangetrieben. Rund 8 Prozent aller weltweit gemäß PCT angemeldeten Patente im Jahr 2016 kamen aus Deutschland; damit rangierte Deutschland auf Platz 4 hinter den USA, Japan und China.

In Deutschland sind Universitäten, Technische Universitäten und Fachhochschulen Einrichtungen der Forschung und wissenschaftlichen Lehre. Die (Technischen) Universitäten sind zu Promotions- und Habilitationsverfahren berechtigt. Beide Verfahren sollen Bildung nachweisen und wissenschaftliche Erkenntnisse enthalten. Mit der Einführung internationaler Abschlussbezeichnungen im Zuge des Bologna-Prozesses wird im akademischen Bildungsbereich die bisherige Trennung der Abschlüsse zwischen Fachhochschulen und Universitäten aufgeweicht. Einzelne Hochschuleinrichtungen bilden überhaupt nicht im tertiären Bildungsbereich aus, sondern sind zur postgradualen Bildung oder ausschließlich zur Promotion und Habilitation eingerichtet. Die meisten deutschen Hochschulen sind in öffentlicher Trägerschaft, werden aber in ihrer Forschung über Drittmittel finanziert (Deutsche Forschungsgemeinschaft, Stiftungen, Unternehmen und andere).

Neben den Universitäten gibt es eine größere Anzahl von Forschungsorganisationen, die deutschlandweit und darüber hinaus tätig sind. Dabei wurde in Deutschland zum einen ein System der Arbeitsteilung der Universitäten untereinander und zum anderen eines zwischen den Universitäten und den außeruniversitären Forschungseinrichtungen geschaffen. Die Max-Planck-Gesellschaft verpflichtet sich der Grundlagenforschung. Sie führt 79 Institute in Deutschland und besitzt ein Jahresbudget von 1,8 Milliarden Euro. Die Helmholtz-Gemeinschaft ist die größte wissenschaftliche Gesellschaft in Deutschland und betreibt 15 sogenannte Großforschungszentren, die fächerübergreifend an wissenschaftlichen Komplexen arbeiten. Die Fraunhofer-Gesellschaft ist die größte Organisation der angewandten Forschung. Sie greift in ihren 56 Instituten Ergebnisse der Grundlagenforschung auf und versucht sie wirtschaftlich zu erschließen. Sie stellt der Wirtschaft die Dienstleistung der Auftragsforschung bereit. Weltweite Bekanntheit erlangte sie durch die Entwicklung des MP3-Audioformats. Sie gehört zu den wichtigsten Patentanmeldern und -besitzern in Deutschland. Die Leibniz-Gemeinschaft ist ein Verbund eigenständiger Forschungseinrichtungen, die sowohl in der Grundlagenforschung als auch in der angewandten Forschung arbeiten.

An die Universitäten und Hochschulen in Deutschland wurde im Jahr 2017 ein fortwährend steigendes Budget von über 54 Milliarden Euro an Finanzmitteln des Bundes und der Länder verteilt. Weitere 10 Milliarden Euro erhielten außeruniversitäre Institute wie die Fraunhofer-Gesellschaft, Helmholtz-Gemeinschaft, Leibniz-Gemeinschaft, Max-Planck-Gesellschaft, Akademien der Wissenschaften.

Aus Deutschland stammen zahlreiche Forscher aus allen Bereichen der modernen Wissenschaften. Mehr als 100 Nobelpreisträger werden dem Land zugeordnet. Albert

Einstein und Max Planck begründeten mit ihren Theorien wichtige Säulen der theoretischen Physik, auf denen beispielsweise Werner Heisenberg und Max Born weiter aufbauen konnten. Wilhelm Conrad Röntgen, der erste Physik-Nobelpreisträger, entdeckte und untersuchte die nach ihm benannte Röntgenstrahlung, die noch heute eine wichtige Rolle unter anderem in der medizinischen Diagnostik und der Werkstoffprüfung spielt. Heinrich Hertz schrieb bedeutende Arbeiten zur elektromagnetischen Strahlung, die für die heutige Telekommunikationstechnik maßgeblich sind. Die Entwicklungen von Karl von Drais, Nikolaus Otto, Rudolf Diesel, Gottlieb Daimler und Carl Benz haben das Verkehrswesen revolutioniert, die nach ihren Erfindern benannten Bunsenbrenner und Zeppeline sind weltweit ein Begriff. Die deutsche Raumfahrt leistete entscheidende Pionierarbeit im Bereich der Raumfahrt und der Weltraumforschung und besitzt heute mit dem Deutschen Zentrum für Luft- und Raumfahrt (DLR) eine leistungsfähige Raumfahrtagentur, zudem ist Deutschland das am meisten zur Europäischen Weltraumorganisation (ESA) beitragende Mitgliedsland.

Die chemische Forschung wurde unter anderem von Carl Wilhelm Scheele, Otto Hahn und Justus von Liebig mitgeprägt. Mit ihren erfolgreichen Erfindungen sind Namen wie Johannes Gutenberg, Werner von Siemens, Wernher von Braun, Konrad Zuse und Philipp Reis Bestandteile der technologischen Allgemeinbildung. Auch viele bedeutende Mathematiker wurden in Deutschland geboren, so zum Beispiel Adam Ries, Friedrich Bessel, Richard Dedekind, Carl Friedrich Gauß, David Hilbert, Emmy Noether, Bernhard Riemann, Karl Weierstraß und Johannes Müller (Regiomontanus). Weitere wichtige deutsche Forscher und Wissenschaftler sind der Astronom Johannes Kepler, der Archäologe Heinrich Schliemann, die Biologin Christiane Nüsslein-Volhard, der Universalgelehrte Gottfried Wilhelm Leibniz, der Naturforscher Alexander von Humboldt, der Religionsforscher Max Müller, der Historiker Theodor Mommsen, der Soziologe Max Weber und der Medizinforscher Robert Koch.

Quelle: Seite „Deutschland". In: Wikipedia, Die freie Enzyklopädie. Bearbeitungsstand: 18. Februar 2020, 10:09 UTC. URL: https://de.wikipedia.org/w/index.php?title=Deutschland&oldid=196924415 (Abgerufen: 23. Februar 2020, 09:50 UTC)

16. Deutsche Demokratische Republik

Die **Deutsche Demokratische Republik (DDR)** war ein Staat in Mitteleuropa, der von 1949 bis 1990 existierte. Die DDR entstand aus der Teilung Deutschlands nach 1945, nachdem die Sozialistische Einheitspartei Deutschlands (SED) auf Betreiben der sowjetischen Besatzungsmacht ein diktatorisches Regime errichtet hatte, das bis zur friedlichen Revolution im Herbst 1989 existierte. Offizielle Staatsideologie war der Marxismus-Leninismus. In der zeitgeschichtlichen Forschung wird das Herrschaftssystem in der DDR mal als realsozialistisch, mal als kommunistisch bezeichnet. Die Republik verstand sich als „sozialistischer Staat der Arbeiter und Bauern" und deutscher Friedensstaat, der die Wurzeln für Krieg und Faschismus beseitigt habe. Antifaschismus wurde zu einer Staatsdoktrin der DDR. Hervorgegangen aus der Sowjetischen Besatzungszone (SBZ), die mit der Aufteilung des besiegten Deutschland entstanden war, blieben die DDR und ihre Staatsführung, wie die anderen realsozialistischen Ostblockländer, während der vier Jahrzehnte ihres Bestehens weitgehend von der Sowjetunion abhängig.

Die herrschenden politischen und wirtschaftlichen Verhältnisse stießen teils auf Ablehnung, doch nur selten auf aktiven Widerstand in der Bevölkerung. Unverkennbar war dieser aber in der Frühphase beim Volksaufstand des 17. Juni 1953, der von sowjetischen Truppen niedergeschlagen wurde. Deutliche Ablehnung signalisierte auch die den Staat in seiner Existenz bedrohende Abwanderungsbewegung, die durch den Bau der Berliner Mauer 1961 drastisch eingedämmt wurde. Das Ministerium für Staatssicherheit (kurz MfS oder umgangssprachlich „Stasi") wurde ausgebaut zu einem die ganze Gesellschaft durchdringenden Organ der Überwachung und gezielten Zersetzung oppositioneller Aktivitäten und Gruppierungen. Das staatliche Erziehungs- und Bildungswesen war vom Kindergarten bis zur Universität auf die „Erziehung zur sozialistischen Persönlichkeit" gemäß der Ideologie des Marxismus-Leninismus ausgerichtet. Dem SED-Führungsanspruch waren Blockparteien und Massenorganisationen in der DDR unterworfen, nicht nur bei den über eine Einheitsliste abgehaltenen Volkskammerwahlen, sondern auch durch ein ausgedehntes Kontrollsystem bei der Besetzung von Leitungspositionen aller Art im Rahmen der Kaderpolitik.

Das undemokratische politische System und wirtschaftliche Schwächen führten zu einer zunehmend regimekritischen Einstellung der Bevölkerung, besonders seit der ersten Konferenz über Sicherheit und Zusammenarbeit in Europa (1973). Mit dieser Konferenz wurden Anträge auf Ausreise möglich, gegen welche der Staat trotz vielfältiger Schikanen im weiteren Verlauf nicht ankam. In der Endphase intensivierte die Weigerung Erich Honeckers, den von Michail Gorbatschow in der Sowjetunion angestoßenen Reformprozess auch in der DDR wirksam werden zu lassen, sowohl das Ausreisebedürfnis als auch die Protestbereitschaft. Auch innerhalb der Machtstrukturen der DDR schwand der Rückhalt für das System, die 1989 offen ausbrechenden friedlichen Proteste vieler Bürger wurden nicht mehr niedergeschlagen. Diese Proteste und eine

*Ausreisewelle über Ungarn und die Tschechoslowakei waren wesentliche Bestand-
teile der Wende und friedlichen Revolution in der DDR, die im unerwarteten Fall der
Mauer am 9. November 1989 gipfelte und letztendlich dem Ende der DDR und
der deutschen Wiedervereinigung den Weg bereitete.*

Bevölkerung

Einwohner

*In der DDR und Ost-Berlin lebten 1950 18,388 Millionen Menschen. Am Ende des Staa-
tes im Jahr 1990 waren es 16,028 Millionen Menschen. Die Abnahme hatte mehrere
Gründe:*

- *die permanente Flucht aus der Sowjetischen Besatzungszone und der DDR bzw.
die Übersiedlung aus der SBZ/DDR nach Westdeutschland;*
- *in den Anfangsjahren der Weiterzug von Heimatvertriebenen über die Zonen-
grenze in die Westzonen;*
- *die Verringerung der Geburtenrate, insbesondere durch die Einführung der
schwangerschaftsverhütenden Pille und infolge der Legalisierung von Schwan-
gerschaftsabbrüchen ("Geburtenknick", "Pillenknick"); dazu kam wie in anderen
entwickelten Ländern auch der Trend weg von größeren Familien hin zu Familien
mit ein bis zwei Kindern;*
- *der Anstieg der Sterberate durch Anpassung an eine normalisierte demografische
Entwicklung, nachdem diese kriegsbedingt in den Anfangsjahren von SBZ und
DDR gravierende Unterschiede in den jeweiligen Bevölkerungsgruppen aufgewie-
sen hatte.*

*Aufgrund internationaler Abkommen gab es zwei kleine, aber noch heute klar abge-
grenzte ausländische Bevölkerungsgruppen, die vietnamesischen Vertragsarbeiter und die 15.000 Vertragsarbeiter aus Mosambik, auch Madgermanes genannt.*

Religionen und Staatskult

Kirche

*In der DDR gab es verschiedene Religionsgemeinschaften. Die größten waren
die christlichen Kirchen. Neben den seit 1969 im Bund der Evangelischen Kirchen in
der DDR zusammengeschlossenen acht evangelischen Landeskirchen und der rö-
misch-katholischen Kirche gab es folgende Freikirchen: den Bund Evangelisch-Frei-
kirchlicher Gemeinden in der DDR, den Bund Freier evangelischer Gemeinden,
die Evangelisch-methodistische Kirche, die Herrnhuter Brüdergemeine, die Kirche
Jesu Christi der Heiligen der Letzten Tage (Mormonen), die Gemeinschaft der Sieben-
ten-Tags-Adventisten, die Mennoniten-Gemeinde und die Quäker. Hinzu kamen
die Evangelisch-Lutherische Freikirche, die Evangelisch-lutherische (altlutherische)
Kirche und der Kirchenbund Evangelisch-Reformierter Gemeinden in der DDR.*

1950 gehörten etwa 85 Prozent der DDR-Bürger einer evangelischen und etwa 10 Prozent der katholischen Kirche an. Bis 1989 ging der Anteil der Kirchenmitglieder an der Gesamtbevölkerung deutlich zurück: noch 25 Prozent der Bevölkerung waren Protestanten und 5 Prozent Katholiken. Der Anteil der Konfessionslosen an der Gesamtbevölkerung stieg von ungefähr 6 auf etwa 70 Prozent 1989. Während der Großteil der DDR protestantisch geprägte Gebiete waren, gab es auch einige traditionell katholische Gegenden: in Thüringen das Eichsfeld, die Rhön um Geisa, die traditionell bikonfessionelle Stadt Erfurt sowie das obersorbische Kernsiedlungsgebiet im Raum Kamenz/Bautzen.

„Volle Glaubens- und Gewissensfreiheit" war in Artikel 41 Absatz 1 der Verfassung der DDR 1949 zwar festgeschrieben. In der Verfassungswirklichkeit versuchten SED-Funktionäre und -Beauftragte die ungestörte Religionsausübung jedoch zu beschränken, den Einfluss der Kirchen zurückzudrängen und vor allem junge Menschen kirchlichem Einfluss zu entziehen. Das im Artikel 42 der DDR-Verfassung bestimmte Diskriminierungsverbot gegenüber Christen wurde durch viele einfach-gesetzliche Bestimmungen, die ein atheistisches Bekenntnis vorschrieben, untergraben. Ihre schärfste Form hatte die antikirchliche Politik der DDR Anfang der 1950er Jahre. Sie gipfelte 1953 in der Kriminalisierung der „Jungen Gemeinden". Dies führte zu Relegierungen in Schulen und Universitäten, auch zu Verhaftungen, die im Juni 1953 jedoch wieder zurückgenommen wurden. Auch danach blieb für bekennende Christen die Möglichkeit, zu studieren bzw. eine staatliche Laufbahn einzuschlagen, erschwert. Bis zum Ende der DDR gab es Schulpflichtige, denen der Übergang zur EOS wegen fehlender Jugendweihe verwehrt wurde.

Staatskult

Um die heranwachsenden Generationen zu „sozialistischen Persönlichkeiten zu formen" und von den Kirchen zu entfremden, führte die SED in den 1950er Jahren einen Kulturkampf gegen die christlichen Kirchen, um das atheistische Weiheritual der Jugendweihe einzuführen, das ab 1954 etabliert wurde. An dieser quasi-religiösen Ersatzhandlung, als Gegenveranstaltung zu Konfirmation und Kommunion, verbunden mit dem Gelöbnis der DDR zu dienen, nahmen ab den 1970er Jahren annähernd 99 % aller 14-jährigen teil. Daneben entstanden als Religionsersatz, analog zu den entsprechenden christlichen Riten, Individualfeiern, wie die Sozialistische Namensweihe (als Ersatz für die Taufe), die Sozialistische Eheschließung und Bestattung. 1957 gab Ulbricht der Jugendweihe einen staatlichen Charakter und machte sie mit diversen Druckmitteln de facto zu einer Zwangsveranstaltung. Während mehrere Versuche zur Einführung einer sozialistischen Arbeiterweihe missglückten, entwickelte sich ein ausgeprägter Staatskult, mit sozialistischen Festtagen, einer fast kultischen Verehrung von Persönlichkeiten und einer Ritualisierung des Militärischen. 1958 postulierte die sozialistische Staatsreligion, die von Walter Ulbricht als Ethikersatz geschaffen worden war, die Zehn Gebote der sozialistischen Moral und Ethik. Als Ersatz für seelsorgerische Angebote der Kirchen gründete die SED 1988 den von der Stasi kontrollierten Freidenkerverband.

Weitere Religionen

Es gab einige jüdische Gemeinden, deren Mitgliederzahl ständig schrumpfte. Juden in der DDR konnten aber ohne offenen Antisemitismus in Sicherheit leben. Andererseits lehnte die DDR jede Entschädigung für Holocaust-Überlebende ab, da sie sich anders als die Bundesrepublik nicht als Nachfolgestaat des Deutschen Reiches sah. Wie alle Ostblockstaaten bezog die DDR Stellung gegen den „zionistischen Imperialismus" des Staates Israel. In den 1980er Jahren kümmerte die SED sich stärker um das jüdische Erbe und lud auch jüdische Organisationen ein.

Obwohl die Zahl religiös gebundener Menschen erheblich abnahm, blieben die Kirchen ein eigenständiger gesellschaftlicher Faktor. Ab 1989/90 fanden sich dann gerade in den evangelischen Kirchen als halböffentlichen Versammlungsräumen viele Menschen ein, teilweise ohne selbst religiös zu sein, die zu Trägern der friedlichen Revolution in der DDR wurden.

Geschichte

Die vier Jahrzehnte zwischen der Gründung der DDR im Oktober 1949 und dem rapiden Machtzerfall der SED seit dem Oktober 1989 bilden den Hauptstrang der DDR-Geschichte. Vorausgegangen war die von den Siegermächten des Zweiten Weltkriegs beschlossene und vollzogene Aufteilung Deutschlands in Besatzungszonen. Von 1945 bis zur Staatsgründung 1949 war die Sowjetische Besatzungszone der Sowjetischen Militäradministration in Deutschland (SMAD) unterstellt, die mit einer Bodenreform und der Zwangsvereinigung von SPD und KPD zur SED bereits wichtige Weichen gestellt hatte. Auf die Grenzöffnung im November 1989 folgten die Anbahnung des Beitritts der DDR zur Bundesrepublik Deutschland und die damit einhergehende vertragliche Ausgestaltung zwischen den beiden deutschen Staaten sowie im Verhältnis zu den Siegermächten.

Gründung der DDR und Aufbau des Sozialismus (1949–1961)

Die Deutsche Demokratische Republik wurde am 7. Oktober 1949 (Tag der Republik) gegründet – wenige Monate nach der Gründung der Bundesrepublik Deutschland. An diesem Tag wurde die Verfassung der Deutschen Demokratischen Republik in Kraft gesetzt, die bereits seit Oktober 1948 vorlag. Der Zweite Deutsche Volksrat konstituierte sich als provisorische Volkskammer und beauftragte Otto Grotewohl als Ministerpräsidenten mit der Bildung einer Regierung. Sein Kollege im Vorsitz der SED, Wilhelm Pieck, wurde am 11. Oktober als Präsident der DDR gewählt.

Die DDR war eine realsozialistische Volksdemokratie, in der neben der SED auch „bürgerliche" Parteien wie die LDPD und die CDU geduldet wurden. CDU, DBD, LDPD und NDPD waren als Blockparteien zusammen mit der SED in die (offiziell am 7. Januar 1950 konstituierte) Nationale Front eingebunden. Der Ministerrat bildete formell die

Regierung der DDR, war aber faktisch dem Politbüro des ZK der SED – dem eigentlichen Machtzentrum – untergeordnet. Walter Ulbricht war Mitglied des Politbüros, zudem seit 1950 Generalsekretär des Zentralkomitees der SED. Die eigentliche Macht lag in den Händen der Sowjetischen Kontrollkommission unter dem Oberkommandierenden der Gruppe der Sowjetischen Besatzungstruppen in Deutschland, Armeegeneral Wassilij Tschuikow. Doch auch nachdem die sowjetische Regierung am 25. März 1954 erklärt hatte, dass „die Sowjetunion ... mit der Deutschen Demokratischen Republik die gleichen Beziehungen ... wie mit anderen souveränen Staaten" aufnehmen wolle, blieb die so gewährte Souveränität eingeschränkt: der Sozialhistoriker Hans-Ulrich Wehler bezeichnet die DDR daher als eine „Satrapie im westlichen Vorfeld des sowjetischen Imperiums".

Die ersten Wahlen zur Volkskammer wurden auf den 15. Oktober 1950 festgelegt und dann auf der Grundlage einer Einheitsliste abgehalten. Dieser Termin, über ein Jahr nach Inkrafttreten der Verfassung, widerstrebte den bürgerlichen Politikern in CDU und LDPD ebenso wie der Wahlmodus. Indessen erhielten ihre Vertreter hohe Posten in der neuen Regierung: Der LDPD-Vorsitzende Hans Loch wurde Finanzminister, der CDU-Vorsitzende Otto Nuschke wurde stellvertretender Regierungschef, sein Parteifreund Georg Dertinger wurde Außenminister. In seine Amtszeit fielen zwei der wichtigsten außenpolitischen Entscheidungen der DDR: am 6. Juli 1950 das Görlitzer Abkommen mit der Volksrepublik Polen, in dem die DDR die Oder-Neiße-Linie als „Staatsgrenze zwischen Deutschland und Polen" anerkannte, und am 29. September 1950 der Beitritt zum Rat für gegenseitige Wirtschaftshilfe (RGW/COMECON).

Die DDR erhob wie die Bundesrepublik den Anspruch, für ganz Deutschland zu sprechen. Man betonte anfänglich auch auf östlicher Seite demokratische Verfassungsmerkmale und lotete Möglichkeiten einer ost-westdeutschen Verständigung aus. Sie scheiterten allerdings wegen beiderseitigen Beharrens auf bestimmten miteinander unverträglichen Grundbedingungen ebenso wie Stalins Vorschlag eines vereinigten, neutralen und demokratischen Deutschlands im März 1952, da die Westmächte wiederum freie gesamtdeutsche Wahlen zur Vorbedingung machten.

Daraufhin gab Josef Stalin im Juli 1952 der SED-Führung um Ulbricht freie Hand für einen forcierten Aufbau des Sozialismus. Auf wirtschaftlichem Gebiet kam es nun verstärkt zur Verstaatlichung von Industriebetrieben, in der Landwirtschaft wurde die Kollektivierung nach dem Muster der LPG zum Leitbild erhoben. Propagandistisch begleitet wurden die Neuerungen von dem Langzeitmotto: „Von der Sowjetunion lernen heißt siegen lernen." Damit einher ging eine verstärkte ideologische Repression, die sich gegen alle Widersacher und speziell gegen die Kirchen richtete. An der bereits im Mai 1952 abgesperrten innerdeutschen Grenze wurden in der Aktion Ungeziefer alle fluchtverdächtigen Bewohner der grenznahen Gebiete zwangsumgesiedelt. Die schrittweise Übernahme des stalinistisch geprägten sowjetischen Gesellschaftsmodells, ohne Meinungsfreiheit, mangelnder Mitbestimmung der Arbeiter und einer materiell privilegierten Oberschicht, die die wichtigen Staats- und Verwaltungsstellen besetzte, ging mit einem von der SED forcierten Personenkult um den unfehlbaren Führer Stalin einher, dem als großer „Lehrer der deutschen Arbeiterbewegung und bestem Freund des deutschen Volkes" gehuldigt wurde.

Der nach Stalins Tod im März 1953 von der neuen sowjetischen Führung verordnete Kurswechsel, der eine Aussetzung des Sozialisierungs- und verschärften ideologischen Repressionskurses vorsah, wurde zwar von der SED befolgt, jedoch ohne Rücknahme der erhöhten Arbeitsnormen. Die dagegen sich richtenden Demonstrationen im östlichen Teil Berlins weiteten sich zum landesweiten Aufstand vom 17. Juni 1953 aus. Im Zusammenhang mit der Niederschlagung durch die in der DDR stationierten sowjetischen Truppen starben mindestens 55 Personen.

Durch Finanzhilfen der Sowjetunion, die zudem auf weitere Reparationen der DDR verzichtete und die verbliebenen sowjetischen Aktiengesellschaften in der DDR in volkseigene Betriebe umwandelte, kam es zu einer Entspannung der Versorgungslage und zu einer Restabilisierung des SED-Regimes unter der intern zwischenzeitlich stark umstrittenen Führung Ulbrichts. Die Entstalinisierung, die Nikita Chruschtschow auf dem XX. Parteitag der KPdSU eingeleitet hatte, wurde von der SED-Führung nur zögernd mitgemacht: In der DDR habe es weder Personenkult noch Massen-repressionen gegeben, weswegen man auch nicht viel zu ändern habe. Sie trug aber zu einem Tauwetter bei, in dem Studenten und Intellektuelle der Partei auf eine weitergehende Liberalisierung bis hin zu einer Wiedervereinigung Deutschlands hofften. Die Niederschlagung des ungarischen Volksaufstands im November 1956 durch sowjetische Truppen, die mehrere tausend Tote forderte und mehr als 2.000 Todesurteile nach sich zog, löste in der DDR eine neue Repressionswelle aus. Die Zeit für einen zweiten Anlauf zum „Aufbau des Sozialismus" hielt die SED 1959 für gekommen, indem sie mit allen Mitteln mehr oder minder starker Nötigung bewirkte, dass im ersten Quartal 1960 durch „freiwillige" Beitritte knapp 40 Prozent der landwirtschaftlichen Fläche in den Besitz landwirtschaftlicher Produktionsgenossenschaften gelangten und dass im Jahr darauf fast 90 Prozent der landwirtschaftlichen Produktion in sozialistischen Kollektiven erzeugt wurden. Neuerlich stieg dadurch die Zahl der Flüchtlinge stark an; allein 47.433 Menschen verließen die DDR noch in den beiden ersten Augustwochen 1961. Als Chruschtschow im Oktober 1961 den Terror des Stalin-Regimes verurteilte, distanzierte sich Ulbricht vom Personenkult um Stalin und den unter dessen Führung begangenen Verbrechen, worauf die DDR-Führung die Entstalinisierung in der UdSSR billigte.

Zwischen Mauerbau und Entspannungspolitik (1961–1971)

Die massenhafte Abwanderung bedrohte die DDR existenziell, zumal überdurchschnittlich viele junge und gut ausgebildete Menschen den Staat verließen. Mit Rückendeckung der sowjetischen Führung begannen in der Nacht vom 12. auf den 13. August 1961 Volksarmisten, Volkspolizisten und Angehörige der Kampfgruppen der Arbeiterklasse der DDR, die Grenze rings um West-Berlin mit Stacheldraht und bewaffneten Kräften abzusichern. Daraus entstand die Berliner Mauer, die zum Symbol der Teilung Deutschlands und Europas wurde. Im Weiteren wurde die Grenze durch Sperranlagen, Minensperren, Selbstschussanlagen und gezielt schießende Grenzsoldaten immer umfassender gesichert. Bei dem Versuch, dieses von der DDR-Propaganda als „antifaschistischer Schutzwall" bezeichnete Sperrsystem zu überwinden, wurden mehrere hundert Flüchtlinge an der innerdeutschen Grenze getötet. Diese und andere in der DDR verübten Menschenrechtsverletzungen wurden von der im November 1961 eingerichteten Zentralen Erfassungsstelle der Landesjustizverwaltungen im westdeutschen Salzgitter dokumentiert.

Bereits zwei Monate nach dem Beginn der Grenzvermauerung erhielt die SED-Führung inmitten einer Repressionswelle gegenüber den nun an der Flucht gehinderten Regimegegnern im Oktober 1961 neue Signale aus Moskau, wo KPdSU-Generalsekretär Chruschtschow eine zweite Welle der Entstalinisierung einleitete. In Ost-Berlin reagierte man mit der Umbenennung von nach Stalin benannten Straßen, Plätzen und Einrichtungen und mit einer Absage an den Personenkult. Dies verhinderte jedoch nicht, dass Ulbricht zu seinem 70. Geburtstag 1963 wegen seiner „Einfachheit, Geradheit, Schlichtheit, Offenheit, Ehrlichkeit, Sauberkeit" gefeiert und als „Staatsmann neuen Typus" propagiert wurde, den der „Adel der Menschlichkeit" auszeichne. An die Stelle rein repressiver Maßnahmen gegen latent oppositionelle Teile der Bevölkerung traten nun verstärkt ideologische Überzeugungsarbeit und eine auf Hebung des Lebensstandards orientierte Wirtschaftspolitik. Durch Einsatz am Arbeitsplatz suchten die Menschen, denen die Fluchtmöglichkeit nun genommen war, ihren Lebensstandard und ihre Aufstiegschancen nach Möglichkeit zu erhöhen. „Diese Haltung wirkte sich positiv auf die wirtschaftliche Entwicklung aus, die dadurch möglich werdenden materiellen Verbesserungen wiederum bauten oppositionelle Stimmungen ab, so dass sich die Beziehungen zwischen der Führung und der Bevölkerung allmählich versachlichten." Gegenüber den Jugendlichen gab die SED-Führung bestimmte Formen der Gängelung auf, insbesondere hinsichtlich der Importe westlicher Tanzformen. So hieß es in einem Politbürobeschluss 1963: „Niemandem fällt ein, der Jugend vorzuschreiben, sie solle ihre Gefühle und Stimmungen beim Tanzen nur im Walzer- oder Tangorhythmus ausdrücken. Welchen Takt die Jugend wählt, ist ihr überlassen: Hauptsache, sie bleibt taktvoll!" So legte sich nun auch der FDJ-Vorsitzende als öffentlicher Aktivist für den bis dahin verpönten Modetanz „Twist" ins Zeug, um dem „muffigen" Image der FDJ aufzuhelfen. Beim dritten und letzten Deutschlandtreffen der Jugend im Mai 1964 waren neben einer halben Million DDR-Jugendlicher auch 25.000 Teilnehmer aus der Bundesrepublik und West-Berlin vertreten. Ein Jugendprogramm des Berliner Rundfunks ging rund um die Uhr auf Sendung, fand großen Anklang und bekam als DT64 einen festen Sendeplatz.

Allerdings war diese Öffnungsperiode 1965 bald nach dem Sturz Chruschtschows am 14. Oktober 1964 und Jugendkrawallen in Leipzig am 31. Oktober 1965 schnell vorbei. Da hieß es, das „Rowdytum" einzudämmen und mit der Presse gegen „Gammler", „Langhaarige", „Verwahrloste" und „Herumlungernde" vorzugehen. Nun unterstützte die FDJ-Führung sogar Aktionen, bei denen Schülern von ihren Klassenkameraden die

Haare abgeschnitten wurden. Honecker wetterte gegen die Beatmusik bei DT64 und gegen die „zynischen Verse" des Liedermachers Wolf Biermann, gegen den ein Auftrittsverbot verhängt wurde.

Die mit dem Prager Frühling 1968 trotz des neuerlichen Klimas der Repression auch in der DDR-Bevölkerung entstandenen Hoffnungen auf einen mit mehr Freiheiten verbundenen Reformsozialismus wurden jäh zunichtegemacht, als Teile der Vereinten Streitkräfte des Warschauer Vertrages unter sowjetischer Führung das tschechoslowakische Reformmodell von KPČ-Parteichef Alexander Dubček mit militärischen Mitteln niederwarfen. Die in vielen Städten der DDR hauptsächlich von jungen Leuten in Kleingruppen dagegen gerichteten Proteste wurden von den Sicherheitsorganen im Keim erstickt. Das MfS konstatierte in diesem Zusammenhang bis zum November 1968 über 2000 „feindliche Handlungen".

Die nach wie vor ausschlaggebende Bedeutung der von Moskau ausgehenden Kursvorgaben für die Staatsführung der DDR zeigte sich erneut in dem 1970 ausbrechenden Machtkampf um die Parteiführung zwischen Ulbricht und Honecker. Dabei präsentierte Honecker sich als der den sowjetischen Vorgaben bezüglich der deutschdeutschen Annäherungspolitik enger verbundene DDR-Politiker und fand im SED-Politbüro Unterstützung für seine Kritik der wirtschaftspolitischen Strategie Ulbrichts, die auf Unterstützung von Zukunftsindustrien sowie von Forschung und Industrie gerichtet war, während Honecker Planrückstände und verminderte Produktionsziffern im konsumnahen Bereich beklagte. Erst Breschnews Mitwirken nach einigem Zögern und beobachtendem Abwarten führte schließlich im April 1971 zu Ulbrichts Rücktritt.

Von neuem Aufbruch zur Stagnation (1971–1981)

Nach dem Rücktritt von allen Ämtern bis auf das des Staatsratsvorsitzenden „aus gesundheitlichen Gründen" und seiner Kaltstellung durch Honecker starb Ulbricht am 1. August 1973. Honecker hatte bereits beim SED-Parteitag im Juni 1971 eine Kursänderung vorgegeben und die „weitere Erhöhung des materiellen und kulturellen Lebensniveaus des Volkes" der Partei als „Hauptaufgabe" gestellt. Die Werktätigen sollten in der „entwickelten sozialistischen Gesellschaft" nun mehr teilhaben an den Früchten ihrer Arbeit. Zur Kernlosung wurde die „Einheit von Wirtschafts- und Sozialpolitik". Einen Schwerpunkt legte man dabei auf den Wohnungsbau und die Bereitstellung angemessenen Wohnraums; bis 1990 sollte dieses soziale Problem gelöst sein. Die Mehrbeschäftigung von Frauen im Arbeitsprozess wurde durch Maßnahmen wie Arbeitszeitverkürzung und Verlängerung des Mutterschafts-urlaubs sowie durch die starke Ausweitung der Kinderbetreuungseinrichtungen (Kinderkrippe, Kindergarten) gefördert. Die Konzentration auf die Konsumgüterproduktion führte zu für DDR-Verhältnisse beachtlichen Ergebnissen bei der Ausstattung der Haushalte etwa mit Kühlschränken und Fernsehern und weckte Hoffnungen auf weiter zunehmenden Wohlstand, auch wenn bis 1976 die Anhebung der Mindestlöhne über 400 Mark und der Mindestrenten über 230 Mark nicht hinauskam. Allerdings war die Ankurbelung von

Wirtschaft und Konsum nur möglich durch eine erhöhte Verschuldung im westlichen Ausland.

Auch in der Kulturpolitik setzte Honecker im Dezember 1971 neue Akzente, die zunächst als Liberalisierung gedeutet und in diesem Sinne auch genutzt wurden, während sich spätestens nach der Mitte der 1970er Jahre eine restriktive Lesart durchsetzte:

„Wenn man von der festen Position des Sozialismus ausgeht, kann es meines Erachtens auf dem Gebiet von Kunst und Literatur keine Tabus geben. Das betrifft sowohl die Fragen der inhaltlichen Gestaltung als auch des Stils – kurz gesagt: die Fragen dessen, was man die künstlerische Meisterschaft nennt.“

Eine DDR-spezifische Rehabilitation erfuhr nun auch der Musikgeschmack der jüngeren Jahrgänge. Auf einer Tanzmusikkonferenz im April 1972 hieß es: „Wir verzichten nicht auf Jazz, Beat, Folklore, nur weil die imperialistische Massenkultur sie zur Manipulierung der ästhetischen Urteilsfähigkeit im Interesse der Profitmaximierung missbraucht.“ Mit der Bemerkung, dass „bei uns jeder nach Belieben“ die westlichen Medien ein- und ausschalten könne, stellte Honecker 1973 den Kampf gegen den Empfang westdeutscher Radio- und TV-Sender in der DDR ebenso ein wie die Vorbehalte gegen lange Haare, kurze Röcke und Blue Jeans, die „Niethosen“, die man vordem als Symbol westlicher Dekadenz gegeißelt hatte. In der Außen- und Deutschlandpolitik befolgte man die von Honecker bereits im Machtkampf mit Ulbricht verfochtene Linie einer engen Bindung an die Sowjetunion und beschwor die „feste Verankerung in der sozialistischen Staatengemeinschaft“. Die Beziehungen der DDR zur Sowjetunion stellten sich nach offizieller Lesart 1974 in einem Reifegrad dar, „daß es praktisch kein entscheidendes Gebiet des täglichen Lebens gibt, in dem sich nicht die Freundschaft zur Sowjetunion widerspiegelt.“

Im Zuge der Neuen Ostpolitik von Bundeskanzler Willy Brandt kam es, beginnend mit dem Erfurter Gipfeltreffen 1970, zu Verständigungsbemühungen zwischen der DDR und der Bundesrepublik Deutschland. Ein für die DDR devisenträchtiges Transitabkommen gewährleistete die vereinfachte Durchreise durch die DDR und verbesserte die Verkehrswegesituation von und nach West-Berlin. Mit dem Grundlagenvertrag vom 21. September 1972, der u. a. die beiderseitige Einrichtung Ständiger Vertretungen in Bonn und Ost-Berlin regelte, wurde die Existenz beider deutscher Staaten auf der Grundlage eines friedlichen Nebeneinanders wechselseitig anerkannt. Daraufhin wurden 1973 beide deutsche Staaten Mitglieder der UNO.

Mit der Unterzeichnung der KSZE-Schlussakte 1975 gewann die DDR-Staatsführung zwar außenpolitisch weiteres Renommee, bekam es innenpolitisch aber mit menschenrechtlich begründeten Forderungen zu tun, die sich auf die international neu eingegangenen Verpflichtungen stützten. Bürger, die nach Ablehnung eines Ausreiseantrags in einer Petition an den Generalsekretär der Vereinten Nationen und an die Regierungen der KSZE-Signatarstaaten den DDR-Verantwortlichen Freiheits-

beraubung vorwarfen, wurden im Oktober 1976 inhaftiert und wegen „staatsfeindlicher Hetze" verurteilt, ein Jahr später in die Bundesrepublik abgeschoben. Die westdeutsche Bundesregierung wandte für den Häftlingsfreikauf in den Jahren 1964 bis 1989 für 33.753 politische Häftlinge aus DDR-Gefängnissen insgesamt 3,4 Milliarden Deutsche Mark auf – der Historiker Stefan Wolle sieht hier Parallelen mit dem Soldatenhandel unter Landgraf Friedrich II. von Hessen-Kassel während des Absolutismus. Honecker suchte im Politbüro das Entstehen einer auf diese Weise motivierten Ausreisebewegung energisch zu unterbinden. Die Ersten SED-Sekretäre der Bezirksleitungen wurden bezüglich des weiteren Vorgehens folgendermaßen instruiert:

„In letzter Zeit versuchen revanchistische Kreise in der BRD krampfhaft, eine sogenannte Bürgerrechtsbewegung in der Deutschen Demokratischen Republik zu organisieren ... Es ist erforderlich, diesen Kreisen die entsprechende Abfuhr zu erteilen. Das erfordert auch, dass unsere zuständigen Organe alle Anträge ablehnen, die unter Berufung auf die Schlussakte von Helsinki oder andere Begründungen den Antrag auf Entlassung aus unserer Staatsbürgerschaft und Ausreise in die BRD stellen."

Honecker erteilte Weisung, dass alle derartigen Antragsteller aus ihren Arbeitsverhältnissen zu entlassen seien, und sorgte für deren Kriminalisierung im Rahmen einer Strafrechtsänderung vom April 1977.

Ebenfalls im Herbst 1976 endete durch die Ausbürgerung des Liedermachers Wolf Biermann die ansatzweise kulturpolitische Öffnung, die mit der die Ära Honecker begonnen hatte. Biermanns Konzert in Köln, bei dem er sich ebenso drastisch-kritisch zu den DDR-Funktionären wie kommunistisch-loyal zur DDR selbst gestellt hatte, lieferte den letzten Vorwand für die ohnehin bereits länger beabsichtigte Entfernung Biermanns aus der DDR. Unvorhergesehen für die SED-Oberen kamen allerdings die von bekannten Schriftstellern der DDR initiierten und eine breite Resonanz auch über ihre eigenen künstlerischen Kreise hinaus erzeugenden Proteste gegen diese Ausbürgerungsmaßnahme. Von den zwölf Erstunterzeichnern der Protestnote vom 17. November 1976 nahmen nur mehr zwei am achten Schriftstellerkongress im Mai 1978 teil. Die anderen bekamen keine Zulassung oder verzichteten von sich aus.

Hinsichtlich außenpolitischer Gegebenheiten komplizierte sich die Lage für die DDR-Staatsführung in der zweiten Hälfte der 1970er Jahre durch das Aufkommen des vom sowjetischen Modell sich absetzenden Eurokommunismus in Westeuropa, durch die Gründung der Menschenrechtsgruppe Charta 77 in der Tschechoslowakei sowie am Übergang zu den 1980er Jahren durch den sowjetischen Einmarsch in Afghanistan und durch die aus Proteststreiks in Polen im Sommer 1980 unter großem Zulauf sich formierende unabhängige Gewerkschaft Solidarność.

Niedergang und Wende (1981–1990)

Die zweite Ölkrise 1979/80 hatte für die Volkswirtschaft der DDR dramatische Folgen, die den beschleunigten wirtschaftlichen Niedergang einleiteten. Die selbst in wirtschaftlichen Schwierigkeiten steckende sowjetische Führung kürzte der DDR die jährlichen Rohöllieferungen zu Vorzugskonditionen von 19 auf 17 Millionen Tonnen. Mehrfach intervenierte Honecker dagegen und stellte Breschnew vor die Frage „ob es zwei Millionen Tonnen Erdöl wert sind, die DDR zu destabilisieren und das Vertrauen unserer Menschen in die Partei- und Staatsführung zu erschüttern". Die DDR hatte sich unterdessen darauf spezialisiert, Teile ihres sowjetischen Rohölkontingents unter Nutzung der Erdölraffinerien in Schwedt, Böhlen, Lützkendorf und Leuna (Leunawerke) weiterzuverarbeiten und mit gutem Gewinn sowie gegen westliche Devisen auf dem westeuropäischen Markt zu verkaufen. Da Honeckers Proteste nicht verfingen, sondern mit der Aufforderung beantwortet wurden, die Schwierigkeiten der UdSSR solidarisch mitzutragen, da sonst deren Stellung in der Welt mit „Folgen für die ganze sozialistische Gemeinschaft" gefährdet sei, geriet das finanzwirtschaftliche System der DDR in ein „Knäuel von Sorgen und Ausweglosigkeit" (so der Vorsitzende der Staatlichen Plankommission Gerhard Schürer).

Mitglieder der Partei- und Staatsführung der DDR sowie Repräsentanten aus dem Ausland auf einer Ehrentribüne bei der Parade in der Berliner Karl-Marx-Allee am 7. Oktober 1989, dem 40. Jahrestag der DDR

Im Jahr 1982 drohte der DDR die Zahlungsunfähigkeit. Davor bewahrt wurde sie maßgeblich durch zwei westdeutsche Milliardenkredite 1983 und 1984, eingefädelt von dem für Devisenbeschaffung zuständigen Leiter des Bereichs Kommerzielle Koordinierung und zugleich Stasi-Offizier im besonderen Einsatz (OibE) Alexander Schalck-Golodkowski, der den bayerischen Ministerpräsidenten Franz Josef Strauß als Fürsprecher gewinnen konnte, indem u. a. eine Entschärfung des DDR-Grenzregimes zugesagt wurde. Zuvor hatte das Kabinett Schmidt III (1980–1982) erwogen, der DDR über eine „Strohbank" in Zürich drei bis fünf Milliarden DM zu leihen. Die Versorgung der Bevölkerung mit hochwertigen Konsumgütern ließ sich damit aber nicht zufriedenstellend lösen. Farbfernsehgeräte, Kühlschränke mit Gefrierfach und Waschvollautomaten von annähernd westlichem Standard mussten nicht nur vergleichsweise teuer, sondern auch mit langen Wartezeiten bezahlt werden: „Dauerte die Lieferzeit eines Waschvollautomaten bis zu drei Jahre; blieb der Trabant mit mindestens einem Jahrzehnt Wartezeit der ungekrönte Spitzenreiter."

Auf sowjetischer Seite lösten die deutsch-deutschen Sonderabmachungen aber auch Misstrauen gegenüber der DDR-Führung aus. Auch deshalb kam der Besuch Honeckers in der Bundesrepublik, der als Krönung der internationalen Anerkennung der DDR verbucht wurde, erst 1987 zustande. Da hatte Michail Gorbatschow in der Sowjetunion mit Glasnost und Perestroika bereits einen Reformkurs eingeschlagen und ließ befreundeten Parteien und Regierungen in den Ostblockstaaten nunmehr freie Hand für die innere Entwicklung. Damit verschoben sich für die SED-Oberen, die in der sowjetischen Führung immer den Garanten der DDR und der eigenen Macht zu sehen gewohnt waren, die außenpolitischen Grundkoordinaten. Gorbatschows Modell zu folgen, lehnten sie strikt ab, verhängten nun sogar über sowjetische Medien eine Zensur und propagierten einen „Sozialismus in den Farben der DDR". Während eine

Reihe von Ostblockstaaten ihre Ausreisepolitik nach dem Amtsantritt Gorbatschows lockerte, blieb die DDR bei ihren Restriktionen, womit sie sich auf der KSZE-Folgekonferenz 1988, als es um die Anerkennung der Menschenrechte ging, auch im sozialistischen Lager isolierte.

Damit stießen die SED-Oberen in der DDR-Bevölkerung bis hinein in die eigenen SED-Reihen auf Unverständnis und zunehmenden Widerstand. Organisierte Formen des Protestes waren bis dahin hauptsächlich in einer seit den frühen 1980er Jahren entstandenen Friedensbewegung zu finden. Sie bestand aus lokal agierenden Kleingruppen, von denen sich manche auch für ökologische und Dritte-Welt-Belange engagierten und zum Teil unter kirchlichem Schutz und Zuspruch entwickelten. Die Unzufriedenheit mit dem SED-Regime nahm im Laufe des Jahres 1989 immer deutlichere Formen an, insbesondere beim Protest gegen die Ergebnisfälschungen der Kommunalwahlen im Mai, und mündete in eine vielfältig motivierte Bürgerrechtsbewegung. Zusätzliche gravierende Probleme bereitete der DDR-Staatsführung die einsetzende Massenflucht von DDR-Bürgern über Ungarn, das im Frühjahr 1989 seine Grenzsicherungen zu Österreich abgebaut hatte, die Flucht beim Paneuropa-Picknick ermöglichte und ab dem 11. September 1989 auch DDR-Bürgern offiziell die Ausreise nach Österreich erlaubte. Die Proteste der reformorientierten Bürgerrechtsbewegung kamen in den während des Herbstes regelmäßig stattfindenden Montagsdemonstrationen zum Ausdruck. Während bei den Jubelfeiern in Ost-Berlin zum 40. Gründungstag der DDR am 7. Oktober die Demonstranten von den Sicherheitskräften noch abgedrängt und drangsaliert wurden, kam es durch die Massendemonstration nur zwei Tage später in Leipzig zum wegweisenden Durchbruch für die friedliche Revolution in der DDR: Auch der Rücktritt Honeckers am 18. Oktober und seine Ersetzung durch Egon Krenz sowie das Angebot der neuen SED-Führung zum Dialog mit der Bevölkerung hielten den Machtverfall der Staatspartei nicht auf. Schon die Ankündigung bevorstehender Reisemöglichkeiten der DDR-Bürger in den westlichen Teil Deutschlands führte zum Ansturm auf die Berliner Mauer und zu deren Öffnung in der Nacht des 9. November 1989. 1989 verließen ca. 344.000 Menschen die DDR in Richtung Bundesrepublik.

Die neue Regierung unter Hans Modrow, bisheriger 1. Sekretär der Bezirksleitung der SED Dresden, wurde von den oppositionellen Kräften am Runden Tisch kontrolliert, die auch die Auflösung des Stasi-Apparats vorantrieben, während die Losung bei den fortgesetzten Montagsdemonstrationen wechselte: Hatte man mit „Wir sind das Volk!" bis dahin die Staatsmacht herausgefordert, so zielte die Parole „Wir sind ein Volk!" nun auf die deutsche Einheit.

Mit dem Sieg der Allianz für Deutschland bei der Volkskammerwahl am 18. März 1990 wurden die Weichen in diese Richtung gestellt (siehe Hauptartikel Deutsche Wiedervereinigung). Eine große Koalition unter dem ersten frei gewählten DDR-Ministerpräsidenten Lothar de Maizière verfolgte, von der Regierung Kohl/Genscher darin energisch gefördert, das Ziel des Beitritts der DDR zur Bundesrepublik *nach Artikel 23 des Grundgesetzes a.F. Nach Inkrafttreten einer Währungs-, Wirtschafts- und Sozialunion zum 1. Juli 1990, der Ratifizierung des Einigungsvertrags sowie – als außenpolitischer Voraussetzung – dem Abschluss des Zwei-plus-Vier-Vertrags mit den vormaligen Siegermächten des Zweiten Weltkriegs ging die DDR am 3. Oktober 1990 in der Bundesrepublik Deutschland auf.*

Politik

Verfassung und Wahlen

Die markanten Änderungen, die an der ursprünglichen Verfassung der DDR vorgenommen wurden, spiegeln die Entwicklung und die jeweiligen politischen Leitlinien der SED-Führung, bei der die eigentliche Macht im Staate lag. Denn sowohl der Staatsaufbau als auch die Organisation der Parteien und Massenorganisationen waren dem Prinzip des „Demokratischen Zentralismus'" unterworfen.

In Artikel 1 Abs. 1 der Verfassung der DDR von 1949 stand:

„Deutschland ist eine unteilbare Republik; sie baut sich auf den deutschen Ländern auf."

Seit 1968 hieß es stattdessen mit Betonung des sozialistischen Charakters und der SED-Führungsrolle:

„Die Deutsche Demokratische Republik ist ein sozialistischer Staat deutscher Nation. Sie ist die politische Organisation der Werktätigen in Stadt und Land, die gemeinsam unter Führung der Arbeiterklasse und ihrer marxistisch-leninistischen Partei den Sozialismus verwirklichen."

Mit der nochmaligen Änderung 1974 (nach Grundlagenvertrag und Aufnahme beider deutscher Staaten in die Vereinten Nationen) entfiel die Anbindung an die deutsche Nation:

„Die Deutsche Demokratische Republik ist ein sozialistischer Staat der Arbeiter und Bauern. Sie ist die politische Organisation der Werktätigen in Stadt und Land unter Führung der Arbeiterklasse und ihrer marxistisch-leninistischen Partei."

Der Ministerrat als Regierung der DDR war laut Verfassung das höchste exekutive Organ des Staates und wurde von der Volkskammer gewählt. Die Minister kamen aus den verschiedenen Parteien der Nationalen Front, hatten in der Praxis aber weniger Einfluss als die im Zentralkomitee der SED vertretenen, dem jeweiligen Ministerium zugehörigen Sekretäre und Abteilungsleiter.

Tatsächliches Machtzentrum war das Politbüro, in dem der Generalsekretär des Zentralkomitees der SED den Vorsitz hatte. Die auf dieser höchsten Ebene fallenden Entscheidungen wurden nach Art des demokratischen Zentralismus für die untergeordneten Ebenen verbindlich. Dazu trugen Kaderpolitik und „Nomenklatura" ebenso bei wie der immer ausgedehntere Überwachungsapparat des Ministeriums für

Staatssicherheit. Druckerzeugnisse, Hörfunk und Fernsehen, Literatur und Kunst unterlagen der Zensur, politisch Andersdenkende waren Repressionen ausgesetzt und wurden nicht selten kriminalisiert.

Der Staatsrat der DDR war – nach dem Tod des ersten und einzigen Präsidenten Wilhelm Pieck im September 1960 – als kollektives Präsidialgremium das Staatsoberhaupt der DDR. Erster Staatsratsvorsitzender wurde Walter Ulbricht. Den Staatsratsvorsitzenden stellte bis zur Wende immer die SED.

Bei allen Wahlen fanden die Wahlberechtigten nur eine Einheitsliste mit Kandidaten der Parteien und Massenorganisationen vor, die in der Nationalen Front zusammengebunden waren. Die Möglichkeit zur Wahl einzelner Personen oder Parteien bestand nicht. Für die auf eine reine Bestätigungsfunktion der Herrschenden angelegten Wahlen wurden die Wahlberechtigten aufwändig mobilisiert und in den Kollektiven, denen sie angehörten, mit einigem Nachdruck zur Teilnahme motiviert bzw. genötigt. Der individuelle Wahlvorgang selbst wurde üblicherweise ohne jeden Aufwand und nicht geheim durchgeführt: Die meisten Wähler verzichteten – unter aufmerksamer Beobachtung stehend – darauf, die im hinteren Teil des Wahllokals aufgestellten Wahlkabinen zu benutzen, sondern falteten lediglich ihren Zettel mit der Einheitsliste und warfen ihn ungelesen in die Urne. Dieser Vorgang wurde im Volksmund „falten gehen" genannt. Schon bei der ersten Volkskammerwahl 1950 kam es durch umfangreiche Wahlfälschungen zu dem dann, in dieser Größenordnung bereits von sowjetischen Abstimmungen bekannten, üblich gewordenen Bild: 98 Prozent Wahlbeteiligung und 99,7 Prozent Zustimmung.

Staatssymbole

Die Flagge der Deutschen Demokratischen Republik bestand aus drei waagerechten Streifen in den traditionellen deutsch-demokratischen Farben Schwarz-Rot-Gold mit dem Staatswappen der DDR in der Mitte, bestehend aus Hammer und Zirkel, umgeben von einem Ährenkranz als Symbol des Bündnisses von Arbeitern, Bauern und Intelligenz. Erste Entwürfe des Wappens von Fritz Behrendt enthielten nur Hammer und Ährenkranz, als Ausdruck des Arbeiter-und-Bauern-Staates. Die endgültige Version beruhte hauptsächlich auf der Arbeit von Heinz Behling.

Mit Gesetz vom 26. September 1955 wurde das Staatswappen mit Hammer, Zirkel und Ährenkranz bestimmt, als Staatsflagge weiterhin Schwarz-Rot-Gold. Mit Gesetz vom 1. Oktober 1959 wurde das Wappen in die Staatsflagge eingefügt. Das öffentliche Vorzeigen dieser Flagge wurde bis Ende der 1960er Jahre in der Bundesrepublik Deutschland und West-Berlin als ein Verstoß gegen Verfassung und öffentliche Ordnung angesehen und durch polizeiliche Maßnahmen verhindert (vgl. die Erklärung der Innenminister von Bund und Ländern, Oktober 1959). Erst 1969 verfügte die Bundesregierung, „dass die Polizei nirgendwo mehr gegen die Verwendung von Flagge und Wappen der DDR einschreiten sollte."

Auf Antrag der DSU beschloss die erste frei gewählte Volkskammer der DDR am 31. Mai 1990, dass das DDR-Staatswappen innerhalb einer Woche in und an öffentlichen Gebäuden entfernt werden sollte. Dennoch fand es bis zum offiziellen Ende der Republik beispielsweise auf Dokumenten weiter vielfältige Verwendung.

Der Text Auferstanden aus Ruinen der Nationalhymne der DDR stammt von Johannes R. Becher, die Melodie von Hanns Eisler. Von Anfang der 1970er Jahre bis Ende 1989 wurde der Text der Hymne aufgrund der Passage „Deutschland einig Vaterland" aber nicht mehr gesungen.

Rechtssystem

Wie die machtpolitischen Strukturen überhaupt war auch das Rechtssystem der DDR von dem in der Verfassung niedergelegten Führungsanspruch der SED geprägt. Eine auf die Unabhängigkeit der Gerichte gestützte Gewaltenteilung existierte nicht; ebenso fehlte es an anderen rechtsstaatlichen Standards. So waren Rechtsanwälte in politisch motivierten Verfahren bei der Wahrnehmung der Interessen ihrer Mandanten willkürlichen Beschränkungen unterworfen: Akteneinsicht wurde nur teilweise gewährt, Mandantengespräche waren mitunter gar nicht oder nur in überwachter Form zugelassen.

Maßgeblich für die Rechtsprechung waren vor allem das Strafgesetzbuch und die Strafprozessordnung der DDR. Im Bereich des Strafrechts kriminalisierte die DDR-Justiz zum Teil auf Basis vager und unbestimmter Tatbestände wie „staatsfeindliche Hetze", „öffentliche Herabwürdigung", „Beeinträchtigung staatlicher und gesellschaftlicher Tätigkeit", „Rowdytum", „asoziales Verhalten" oder „ungesetzliche Verbindungsaufnahme" politisch unerwünschtes Verhalten. Derart unscharf formulierte Tatbestände entsprachen nicht dem rechtsstaatlichen Bestimmtheitsgrundsatz. Hinzu kam eine extensive und kaum vorhersehbare Auslegung solcher Tatbestände. Besonders in den ersten Jahren der DDR wurden vielfach wegen „Boykotthetze" äußerst harte Strafen für objektiv harmlose Handlungen verhängt. Gerichte und die Staatsanwaltschaft der DDR waren in politisch bedeutsamen Verfahren aufgrund konkreter Vorgaben von Seiten der SED mitunter faktisch gezwungen, entgegen der Rechtslage zu handeln.

Die erste Verfassung aus dem Jahre 1949 enthielt noch demokratische und rechtsstaatliche Prinzipien wie Gewaltenteilung, bestimmte Grundrechte wie das Recht auf freie Meinungsäußerung oder die Versammlungsfreiheit, Rechtsstaatlichkeit, Pressefreiheit sowie Unabhängigkeit der Gerichte und der Rechtspflege. Einzelne Elemente blieben auch in den späteren Verfassungen der DDR erhalten, wurden aber tatsächlich nicht oder nur stark eingeschränkt gewährt. Die geringe Bindungswirkung der Verfassung und die mangelnde Unabhängigkeit der Judikative zeigten sich u. a. in Geheimverfahren wie den Waldheimer Prozessen. Neben ihrem Einfluss auf die Gerichte nutzte die SED interne Parteiverfahren (u. a. Paul Merker) zur Sanktionierung von Mitgliedern. Dafür war die Zentrale Parteikontrollkommission zuständig.

Da keine effektive Verwaltungsgerichtsbarkeit existierte, waren Grundrechte nicht einklagbar – einen Rechtsschutz gegen das Handeln der staatlichen Organe (so wurden die staatlichen Behörden genannt) gab es nicht. Stattdessen hatten Bürger, die mit deren Maßnahmen oder Entscheidungen nicht einverstanden waren, seit 1975 die gesetzlich verbriefte Möglichkeit, Eingaben an Verwaltungen, beispielsweise den Rat der Stadt, an Parteigliederungen, die Volkskammer oder auch den Staatsrat zu richten. Einen Rechtsanspruch auf Erfüllung ihres Anliegens besaßen die Petenten nicht. Solche Eingaben konnten auch an Betriebe und andere Einrichtungen gerichtet werden. Als gerechtfertigt angesehenen Eingaben wurde gegebenenfalls entsprochen, allerdings willkürlich und in für den Bürger oft nicht nachvollziehbarer Weise. Der Obrigkeit unliebsame Eingaben, vor allem in Bezug auf Ausreiseanträge, konnten zu Repressionen gegen die Antragsteller führen. Jährlich gingen schätzungsweise eine halbe bis eine Million solcher Eingaben bei Staat und Partei ein. Der Historiker Ilko-Sascha Kowalczuk sieht im Eingabewesen der DDR eine obrigkeits-staatliche Tradition, der Historiker Martin Sabrow vergleicht es mit dem aufgeklärten Absolutismus Friedrichs II.

Das Planungsrecht war Ausfluss der parteikontrollierten Planwirtschaft, die Austragung von Konflikten verschiedener Gebietskörperschaften und Behörden, wie etwa bei Infrastrukturprojekten, im Umweltschutz und Denkmalrecht nicht vorgesehen beziehungsweise ungeregelt.

International eingegangene Verpflichtungen der DDR, z. B. die im Rahmen der KSZE anerkannte Achtung der Menschenrechte und Grundfreiheiten, verschafften Oppositionellen und Dissidenten formalrechtlich mehr Bewegungsspielraum. Das galt ähnlich für die 1968 in die DDR-Verfassung aufgenommene Freiheit des religiösen Bekenntnisses.

Die Regelungen des Bürgerlichen Gesetzbuches waren in der DDR zunächst übernommen worden. Die Volljährigkeit war allerdings bereits 1950 auf 18 Jahre herabgesetzt worden (in der Bundesrepublik erfolgte dies erst 1975), abgeschafft wurde die obligatorische Amtsvormundschaft für uneheliche Kinder zugunsten der vollen elterlichen Gewalt der Mutter. 1966 wurde das Familienrecht in ein eigenständiges Gesetz, das Familiengesetzbuch ausgelagert und die Unterscheidung zwischen unehelichen und ehelichen Kindern abgeschafft. Das (verbleibende) Bürgerliche Gesetzbuch wurde 1976 durch das Zivilgesetzbuch der Deutschen Demokratischen Republik ersetzt. Eigentums-, Patent- und Erbrecht waren eng begrenzt, das Vertragsrecht war der Planwirtschaft verpflichtet. Wie in allen realsozialistischen Staaten bildete sich in der DDR ein gesellschafts- und fachübergreifendes Arbeitsrecht im Sinne eines Rechts auf Arbeit heraus. Dies entsprach dem Selbstverständnis der in den Traditionen der Arbeiterbewegung verankerten SED, wonach die Vermarktung der Arbeitskraft auf einem freien Arbeitsmarkt als Ausbeutung abgelehnt wurde.

Parteien und Massenorganisationen

Der auch in der DDR neben der dominanten SED von 1949 bis 1989 existierende Parteienpluralismus – das so genannte sozialistische Mehrparteiensystem – entstand aus dem frühen Bestreben der SMAD, die Umsetzung des Potsdamer Abkommens hinsichtlich Entnazifizierung und Demokratisierung zur Übereinstimmung mit den Zielen der eigenen Besatzungspolitik zu bringen. Deshalb sollte zur Wahrung des demokratischen Anscheins zunächst kein Einparteiensystem wie in der UdSSR eingerichtet werden. Auch bürgerlich geprägte und national ausgerichtete Teile der ostdeutschen Gesellschaft sollten in ein antifaschistisches Bündnis einbezogen werden, das dann zur Nationalen Front ausgeformt wurde. So förderte man nachdrücklich auch die Gründung von Parteien, die christliche, liberale und nationale Milieus zu erschließen versprachen, und fasste das Parteienspektrum zum Demokratischen Block zusammen. Als Blockparteien vertreten waren:

- *Christlich Demokratische Union Deutschlands (CDU)*
- *Demokratische Bauernpartei Deutschlands (DBD)*
- *Liberal-Demokratische Partei Deutschlands (LDPD)*
- *National-Demokratische Partei Deutschlands (NDPD)*

Dem Zweck der Erfassung und Einbindung möglichst aller Teile der Gesellschaft in den politischen Alltag nach Maßgabe der SED dienten ebenso die Massenorganisationen, in denen auch politisch weniger Interessierte zu kollektivem Miteinander angehalten werden konnten. Dazu gehörten:

- *Demokratischer Frauenbund Deutschlands (DFD)*
- *Freie Deutsche Jugend (FDJ)*
- *Freier Deutscher Gewerkschaftsbund (FDGB)*
- *Kulturbund (KB)*
- *Pionierorganisation Ernst Thälmann als politische Massenorganisation für Kinder*
- *Vereinigung der gegenseitigen Bauernhilfe (VdgB)*

Die Verteilung der Mandate und Ämter auf die Parteien und Organisationen war von den Wahlen unabhängig und blieb über lange Zeiten konstant. Zwar hatte die SED gemäß schon vor jeder Volkskammerwahl feststehendem Proporz nur gut ein Viertel der Mandate selbst inne; doch mit den Abgeordneten der Massenorganisationen, zumeist auch SED-Mitglieder, konnte sie die Mehrheit gar nicht verfehlen, selbst wenn die Blockparteien sich einmal weniger gefügig hätten verhalten wollen, als es unter dem Druck der Verhältnisse üblich war. In der 9. Wahlperiode (1986–1990) setzte sich die Volkskammer aus folgenden 500 Abgeordneten zusammen:

- *SED: 127*
- *DBD: 52*
- *CDU: 52*

- *LDPD: 52*
- *NDPD: 52*
- *FDGB: 61*
- *DFD: 32*
- *FDJ: 37*
- *Kulturbund: 21*
- *VdgB: 14*

Davon waren 271 Abgeordnete als Arbeiter, 31 Bauern, 69 Angestellte, 126 Angehörige der Intelligenz und drei als sonstige Abgeordnete ausgewiesen. In der Geschichte der Volkskammer kam es bis zum Wendejahr 1989 lediglich einmal zu Gegenstimmen, und zwar 1972 aus der CDU bei der Liberalisierung der Regelungen zum Schwangerschaftsabbruch durch das Gesetz über die Unterbrechung der Schwangerschaft. Neben der Volkskammer existierten Volksvertretungen auf Bezirkstagsebenen, Kreisebenen und kommunalen Ebenen, ebenfalls gemäß einer vorher erstellten Kandidatenliste gewählt.

Im Wendejahr 1989 entstanden zahlreiche neue Parteien und Organisationen wie Neues Forum, Demokratischer Aufbruch und die Sozialdemokratische Partei in der DDR. Am 1. Dezember wurde von der Volkskammer der SED-Führungsanspruch aus der Verfassung gestrichen. Die SED selbst versuchte, sich mit dem Parteiausschluss ihrer ehemaligen Führungsspitze sowie der schrittweisen programmatischen Umbenennung zur Partei des Demokratischen Sozialismus von ihrem diktatorischen Erbe zu befreien. Am 18. März 1990 traten diese Parteien zur ersten und einzigen freien Volkskammerwahl an.

Eingeschränktes öffentliches Leben

Die marxistisch-leninistische Doktrin in der Lesart der SED gab dem öffentlichen Leben in der DDR die Leitlinien vor und setzte ihm Grenzen. Das galt auch für die Auslegung der Grundrechte, zu denen es in der Verfassung von 1968 hieß, die DDR garantiere allen Bürgern „die Ausübung ihrer Rechte und ihre Mitwirkung an der Leitung der gesellschaftlichen Entwicklung. Sie gewährleistet die sozialistische Gerechtigkeit und Rechtsstaatlichkeit." (Art. 19 Abs. 1). Im Weiteren folgt als Grundsatz die Aussage: „Arbeite mit, plane mit, regiere mit!" (Art. 21 Abs. 1) Wie an vielen Stellen des Verfassungstextes ablesbar und in der gesellschaftlichen Realität der DDR spürbar, war die Rechteausübung seitens der Bürger an die Übereinstimmung mit dem DDR-Sozialismus gebunden:

Die freie Entfaltung der Persönlichkeit war dem Ziel der Heranbildung sozialistischer Persönlichkeiten untergeordnet und erfuhr nur in diesem Sinne Förderung.

Das Demonstrationsrecht hatte bei offiziellen Anlässen teilweise den Charakter einer kollektiven Verpflichtung, war im Falle oppositioneller Bekundungen aber nicht gelitten und stellte in Form der „Boykotthetze" bzw. der „staatsfeindlichen Hetze" einen Straftatbestand dar.

Die freie Meinungsäußerung in Form der veröffentlichten Meinung und die Gewähr-
leistung der Pressefreiheit waren in der DDR-Wirklichkeit an Linientreue im Rahmen
der je aktuellen Bandbreite gebunden. Davon abweichende Äußerungen unterlagen
der vielfältig gestuften staatlichen Zensur. Unter Strafe stand auch der „Missbrauch
der Medien für die bürgerliche Ideologie", was Autoren und Journalisten disziplinierte
und neben Zeitungen, Büchern und anderen Druckerzeugnissen auch Radio und Fernsehen, Satire, Kunst und Wissenschaft betraf.

Das öffentliche Leben war einer scharfen Kontrolle unterworfen, deren Intensität aber
schwankte. So war es Anfang der 1950er Jahre noch durchaus möglich, öffentlich z. B.
die unzureichende Ersatzteilversorgung für Kfz zu thematisieren und dabei die Vorgaben der Regierung und deren Organe ganz konkret als Schuldige zu benennen. In
späteren Jahren war die Veröffentlichung derartiger Aufsätze undenkbar. Im kulturellen Bereich war die stets begleitende Zensur Schwankungen unterworfen. Eine Zeit
der Lockerung war zu Beginn der 1970er Jahre, als Filme wie „Die Legende von Paul
und Paula" entstanden. Die Phase wurde mit dem Verbot der systemkritischen Rock-
band Renft 1975 sowie der Ausbürgerung Biermanns 1976 jedoch rigoros beendet.
Eine zweite Phase der Lockerung setzte Mitte der 1980er Jahre ein, als Filme wie Flüs-
tern & Schreien und Coming Out sowie Rockalben wie Aufruhr in den Augen von Pankow und Februar von Silly veröffentlicht wurden. Jene Zeit der Lockerung ging
schließlich in der friedlichen Revolution 1989 auf, bei der auf eine Niederschlagung
der öffentlichen Proteste verzichtet wurde.

Einen Mangel im von der Zensur zugelassenen Zeitschriftenangebot gab es vor allem
im Bereich der Wochen- und Hobbyzeitschriften. Illustrierte Zeitschriften, wie zum
Beispiel das Magazin „Neues Leben" oder die Fernsehzeitschrift „FF dabei" waren nur
sehr schwer erhältlich. Auch beliebte Medien, etwa „Das Magazin", die einzige Zeitschrift, die Aktfotos im Programm hatte, war in der DDR in ihrer Auflage begrenzt.
Aufführungen der wenigen politischen Kabaretts der DDR (u. a. Die Distel und
die Leipziger Pfeffermühle) waren zwar auf Jahre hin ausverkauft, die Vorstellungen
im Radio oder TV aber nur in Ausnahmen und ausschnittsweise übertragen. Bei Büchern, insbesondere Belletristik, führte das Druckgenehmigungsverfahren de facto zu
einer Vorzensur und zu einer werkspezifischen Steuerung.

Die nach Wolle einzigartig „lückenlose und perfekte" Überwachung des öffentlichen
Raums in der DDR – „Wie ein riesiger Krake lag die Staatssicherheit über dem Land
und drang mit ihren Saugnäpfen in den verborgensten Winkel der Gesellschaft" – erzeugte ein Klima dauernder Verunsicherung und eine Ersatzöffentlichkeit, die von politischen Witzen und von Gerüchten gespeist wurde. Die Unterdrückung einer eigenständigen Öffentlichkeit bewirkte das weitgehende Fehlen politischer Skandale. Skan-
dalartige öffentliche Auseinandersetzungen, etwa um Theateraufführungen der
1950er und 1960er Jahre, die Selbstverbrennung des Pfarrers Brüsewitz 1976, die
Ausbürgerung Biermanns oder die Kaffeekrise in der DDR ab 1977 blieben Ausnahmen. Sie standen auch in engem Zusammenhang mit der den DDR-Bürgern

zugänglichen Berichterstattung in Westmedien, gegen deren Nutzung die Staatsführung nicht ankam. Mit Ausnahme des so genannten Tals der Ahnungslosen waren überall in der DDR westdeutsche Rundfunk- und Fernsehprogramme zu empfangen. Gerade nach dem Mauerbau trugen politische Programme wie „Kennzeichen D" oder „Kontraste" mit Korrespondentenberichten aus der DDR zur Information über Veränderungen in der DDR bei. Da diese auch große Teile der DDR-Bevölkerung erreichten, suchte die DDR-Führung propagandistisch gegenzusteuern, insbesondere in der von Karl-Eduard von Schnitzler moderierten Sendung „Der schwarze Kanal". Die in der Ära Honecker geduldete allabendliche „kollektive Ausreise" mittels Westfernsehen unterminierte einerseits die Glaubwürdigkeit und Wirksamkeit der staatlichen Propaganda, brachte aber auch der physisch an Westreisen gehinderten Bevölkerung eine Erweiterung des Informationshorizonts nach Westen und sorgte damit für eine gewisse Erleichterung der Lage.

Eine allumfassende politische Steuerung der Gesellschaft war seitens der DDR-Führung demnach nicht realisierbar. So blieben etwa für die Kirchen weiterhin gewisse informelle Netzwerke und Freiräume. Auch die Planwirtschaft förderte mit ihren ungeplanten Nebenerscheinungen und Defiziten die Wahrnehmung von Eigeninteressen und informelle Selbsthilfeaktivitäten in den Kollektiven. Gewisse Freiräume bestanden bei aller generellen Linientreue auch zum Beispiel in den Blockparteien, wo man das bürgerliche „Sie" hochhielt und zwar keine Chance besaß, in die wirklichen Schlüsselpositionen des Staates aufzusteigen, aber mangels Masse im Verhältnis zur SED-Mitgliedschaft sogar mit besseren Chancen rechnen konnte, auf der „Parteischiene" voranzukommen und auf Proporzbasis in eine gegenüber dem DDR-Normalbürger privilegierte Stellung aufzurücken.

Die DDR wies eine der höchsten Selbstmordraten der Welt auf. Die Thematik der hohen Suizidneigung wurde von der SED-Führung größtenteils vertuscht und tabuisiert.

Politische Opposition und ihre Bekämpfung durch das MfS

Der Begriff DDR-Opposition bezieht sich auf vielerlei unterschiedliche Strömungen und Formen des Protests, die während der vier Jahrzehnte DDR-Geschichte neben- und nacheinander durchgängig existierten. Sie traten oft individuell oder in lokal organisierten Kleingruppen auf. In der Frühphase der DDR bildeten die „für einen besonderen deutschen Weg zum Sozialismus" eintretenden SED-Reformer ein Gegengewicht zum Ulbricht-Kurs, denen durch Säuberungen und gezielte Strafverfolgung aber der Boden entzogen wurde. Seit den 1970er Jahren entstanden oppositionelle Gruppierungen, die einem Sozialismus nach dem Vorbild des Prager Frühlings anhingen, die sich für Menschenrechte, Frieden und allseitige Abrüstung engagierten oder Initiativen gegen Umweltbelastung und -zerstörung starteten. Unterstützung fanden diese Widerständigen in Teilen der evangelischen Kirche, etwa durch die Bereitstellung von Räumen und Publikationsmöglichkeiten.

Bis in den Wendeherbst 1989 hinein, so auch bei der Gründung des Neuen Forums, traten die Bürgerrechtler der DDR hauptsächlich für Reformen, seltener für die Abschaffung der DDR ein. Gleichwohl mussten sie dafür berufliche Nachteile, Überwachung und teilweise Repressionen in Kauf nehmen. Politisch Andersdenkende wurden im flächendeckenden staatlichen Überwachungssystem besonders beobachtet, insbesondere mit Hilfe der offiziellen und inoffiziellen Einsatzkräfte des MfS (im Volksmund: „Firma Horch und Guck"). Je nach Grad des aus Sicht der Sicherheitsorgane zu erwartenden Widerstands wurden Stasiopfer mit einer ganzen Bandbreite von Methoden bekämpft, von bloßer Einschüchterung über Drangsalierung und Zersetzung bis hin zu langjähriger Haft in der Justizvollzugsanstalt Bautzen. Bei „Überläufern" aus den Reihen des MfS und Fluchthelfern kam es auch zu Entführungen und Morden im geheimen Auftrag des MfS. Folter und Einzelhaft gehörten insbesondere in den Untersuchungshaftanstalten des MfS zu den vielfältigen Zwangsmitteln, um politische Gefangene gefügig und geständig zu machen. Zumindest bis in die 1960er Jahre wurde eher die physische Folter angewandt. Später wurden mehr und mehr psychologische Foltermethoden praktiziert, um politische Häftlinge zu zermürben und ihren Willen zu brechen, da sich die Anwendung psychologischer Folter schwieriger beweisen lässt.

Frauen- und Familienpolitik

Die gesetzliche Grundlage der Frauen- und Familienpolitik in der DDR bildete das 1950 beschlossene Gesetz über den Mutter- und Kinderschutz und die Rechte der Frau. Die Vereinbarkeit von Beruf und Familie wurde für Frauen in der DDR als selbstverständlich angesehen und gezielt gefördert. Bis 1989 waren nahezu 92 Prozent der Frauen in das Erwerbsleben integriert, was eine deutlich höhere Erwerbsquote der Frauen gegenüber der Bundesrepublik Deutschland anzeigt: Die Erwerbstätigkeit der Frauen entsprach einerseits der sozialistischen Vorstellung von geschlechtlicher Emanzipation und diente andererseits der Deckung des Arbeitskräftebedarfs der DDR, der überproportional viele männliche Facharbeiter durch Flucht frühzeitig den Rücken gekehrt hatten. In Leitungspositionen blieben Frauen allerdings deutlich unterrepräsentiert.

Die Förderung der weiblichen Berufstätigkeit wurde beispielsweise durch den Aufbau eines umfassenden Säuglings- und Kinderbetreuungssystems oder durch spezielle Lehr- und Studienpläne für studentische Familien geschaffen. Im Rahmen der Familienpolitik förderte der Staat Ehepaare in erster Linie, wenn sie Kinder bekamen. Dies geschah durch spezielle Kredite und durch eine deutliche Bevorzugung bei der Wohnraumzuteilung. In der Abtreibungsfrage wurde den Frauen im Rahmen des 1972 eingeführten Abtreibungsgesetzes die Wahl gelassen, die Schwangerschaft innerhalb der ersten zwölf Wochen abbrechen zu lassen. Dennoch stieg die Zahl der Lebendgeburten zwischen 1973 und dem Höchststand im Jahre 1980 um ein Drittel.

Im Alltag ging die Frauenemanzipation durch Erwerbstätigkeit zumeist mit doppelter Belastung einerseits im Beruf, andererseits in Haushalt und Familie einher, indem herkömmlicherweise männliche Aufgaben einfach traditionell weiblichen Rollen hinzugefügt wurden. Eine Umfrage aus dem Jahre 1970 ergab, dass von den durchschnittlich 47 Stunden wöchentlich anfallender Hausarbeit 37 Stunden von den Frauen übernommen wurden, rund 6 Stunden von den Männern und etwa 4 Stunden von „anderen".

Umweltpolitik

Die Reindustrialisierung der Nachkriegszeit war in beiden Teilen Deutschlands mit einer stark zunehmenden Umweltbelastung verbunden. Sie gipfelte in den 1970er Jahren, wo der Umweltschutz erstmals Gewichtung in der Wirtschaftspolitik fand – nicht jedoch in der DDR: Fehlender Investitionsspielraum machte ein zügiges Angehen des Umweltschutzes angesichts der ohnehin schon unzureichenden Warenproduktion unmöglich. Die Annäherung an westliche Konsumverhältnisse wurde von der Parteiführung stets wichtiger eingeschätzt als Maßnahmen zum Umweltschutz. Hinzu kam die Ignoranz der DDR-Führung engagierten Bürgern gegenüber, die gern etwas für den Umweltschutz tun wollten. In den 1980er Jahren bildeten sich jedoch vermehrt Umweltaktive, Fahrradfahrvereine etc. In einer neuen Studie von 2009 wird die ökologische Bilanz der DDR als „katastrophal" bezeichnet. Mangels Steinkohlevorkommen verfeuerten Braunkohlekraftwerke in großem Umfang Rohbraunkohle. Folgen waren unter anderem der höchste Ausstoß von Schwefeldioxid und die höchste Staubbelastung aller europäischer Staaten. Die Luftverschmutzung verursachte eine erhöhte Sterblichkeit; an Bronchitis, Lungenemphysem und Asthma starben mehr als doppelt so viele Männer wie im europäischen Durchschnitt. Rund 1,2 Millionen Menschen hatten keinen Zugang zu Trinkwasser, das der allgemeinen Gütenorm entsprach. Nur 1 Prozent aller Seen und 3 Prozent aller Flüsse galten 1989 als intakt. Bis dahin waren nur 58 Prozent der Bevölkerung an eine Kläranlage angeschlossen. 52 Prozent aller Waldflächen galten als geschädigt. Mehr als 40 Prozent des Mülls wurden nicht ordnungsgemäß entsorgt. Für Sondermüll gab es keine Hochtemperaturverbrennungsanlagen. Mit der Begründung, die Umweltdaten würden vom Klassenfeind zur Diskreditierung benutzt, wurden ab 1970 die Daten als „Vertrauliche Verschlusssache" und ab Anfang der 1980er Jahre als „Geheime Verschlusssache" eingestuft und so der Öffentlichkeit vorenthalten. Kritik an der Umweltpolitik wurde rücksichtslos unterdrückt; ebenso Kritik an dem umfangreichen Uranabbau, der durch die Wismut in Sachsen und Thüringen betrieben wurde. Die DDR war lange Zeit der weltweit viertgrößte Uran-Förderer nach der Sowjetunion, den Vereinigten Staaten von Amerika und Kanada.

Mülleinfuhren aus westlichen Staaten (vor allem aus der Bundesrepublik Deutschland) brachten der DDR Deviseneinnahmen, die sie dringend brauchte. Die Dumping-Preise der DDR betrugen zum Teil weniger als ein Zehntel der in ordnungsgemäß geführten Deponien Westdeutschlands erhobenen Preise; für die Müll-Lieferanten (Unternehmen, Kommunen, Länder) lohnte sich der Mülltransport deshalb trotz der teils hohen Transportkosten. Ein Teil der bei diesen Geschäften erwirtschafteten Devisen, an denen der Bereich Kommerzielle Koordinierung und das Ministerium für Staatssicherheit federführend beteiligt waren, landete auf dem „Honecker-Konto" und dem „Mielke-Konto" der Deutschen Handelsbank und konnte zur Versorgung der SED-Elite in Wandlitz verwendet werden. Das MfS stellte gegen Ende der 1980er Jahre nicht nur in der Bundesrepublik, sondern ebenso in der Bevölkerung der DDR ein wachsendes Umweltbewusstsein und teilweise auch eine ablehnende Haltung gegenüber Müllimporten in die DDR fest. Dagegen nahmen Verantwortliche bei der Entsorgung westdeutschen Mülls in Ostdeutschland die Nichteinhaltung bundesdeutscher Umweltstandards in Kauf.

In der DDR wurde der öffentliche Personenverkehr und der Güterverkehr auf der Schiene stark gefördert, was damals zwar nicht vordergründig aus Umweltgründen geschah, aber dennoch ein nachhaltiges Verkehrskonzept darstellte, das im Zuge der Wende 1989 zunächst verworfen wurde. Angesichts des Klimawandels, schlechter Luft und Platzmangel in Großstädten, findet inzwischen ein Umdenken statt und Teile dieser Verkehrspolitik werden wieder aufgegriffen.

Die Automobilproduktion der DDR wurde wirtschaftlich vernachlässigt, sodass auch Weiterentwicklungen im Sinne des Umweltschutzes kaum umgesetzt wurden. Die von der DDR produzierten Pkw Trabant und Wartburg trugen mit den unzeit-gemäßen Zweitaktmotoren und deren schädlichen Abgasen maßgeblich zur Umweltverschmutzung bei. Abgase eines Zweitaktmotors sind wegen des hohen KH-Gehalts deutlich riech- und sichtbar (blaue Abgasfahnen). Verglichen mit einem Viertakter ohne Abgaskatalysator emittiert ein Zweitakter andererseits aber nur ein Zehntel der sauren Regen und Smog verursachenden Stickoxidmenge (NO_x). Die CO-Emission eines Trabis war ungefähr so hoch wie die von einhundert Autos aus westlicher Produktion mit Katalysator.

Verwaltungsgliederung und Hauptstadtproblematik

Seit ihrer Gründung war der Verwaltungsaufbau der DDR durch eine starke Zentralgewalt geprägt. Zwar konstituierte die erste Verfassung von 1949 eine föderale Struktur mit den Ländern Mecklenburg, Brandenburg, Sachsen-Anhalt, Thüringen und Sachsen. Diese fünf Länder waren ursprünglich auch über ein eigenes Verfassungsorgan, die Länderkammer, an der Gesetzgebung der DDR beteiligt, zusätzlich hatte Ost-Berlin eine beratende Stimme. Dennoch war die DDR kein echter Bundesstaat, sondern, wie der Verfassungsrechtler Karl Brinkmann schreibt, „ein Einheitsstaat, überdies als gewaltenvereinigender, zentralistischer. Es bestand keinerlei Föderalismus, doch ein strenger Unitarismus".

Mit der Verwaltungsreform von 1952 wurden die Länder ihrer Funktion enthoben. Als neue mittlere Ebene der staatlichen Verwaltung traten 14 Bezirke an ihre Stelle. Zugleich wurde im Rahmen einer Kreisreform die Anzahl der Stadt- und Landkreise stark erhöht. 1958 wurden die Länder schließlich auch formal abgeschafft.

Laut Verfassung war Berlin die Hauptstadt der DDR, was einen Verstoß gegen die 1945 von den Alliierten getroffene Vereinbarung auf der Jalta-Konferenz darstellte. Obwohl nach dieser Gesamt-Berlin als Viersektorenstadt unter gemeinsamer alliierter Kontrolle keiner der Besatzungszonen und damit nicht einem der beiden daraus entstandenen deutschen Staaten angehören konnte, wurde die schrittweise Vereinnahmung des Ostteils durch die DDR letztlich von den Westmächten de facto geduldet. Die drei westlichen Alliierten betonten aber stets den staatsrechtlichen Sonderstatus ganz Berlins, der sich aus der von allen vier Siegermächten ausgeübten Besatzungshoheit ergebe.

Außen- und Entwicklungspolitik

Eine eigenständige Außenpolitik zu betreiben, war der DDR-Führung unter sowjetischem Einfluss verwehrt. Noch in den Stalin-Noten 1952 stellte die DDR eine machtpolitisch-diplomatische Verfügungsmasse der sowjetischen Führung dar: „Hätte sich eine Wiedervereinigung der vier Besatzungszonen als durchführbar erwiesen, die den außenpolitischen Interessen der Sowjetunion besser entsprach als der Status quo, wäre das Regime der DDR nicht sakrosankt gewesen." Erst als Anfang 1954 die gesamtdeutsche Option an westlichen Vorbedingungen scheiterte, die freie gesamtdeutsche Wahlen forderten, und als die Aufnahme der Bundesrepublik in das westliche Militärbündnis NATO sich unmittelbar abzeichnete, gestand die UdSSR der DDR im März desselben Jahres zu, „nach eigenem Ermessen über die inneren und äußeren Angelegenheiten" zu bestimmen. Im Mai 1955 war die DDR dann schon unter den Gründungsmitgliedern des Warschauer Pakts.

Eines der vordringlichsten Ziele ihrer Außenpolitik war der Anspruch der DDR, gegenüber der westdeutschen Hallstein-Doktrin international als eigenständiger, souveräner Staat und als Völkerrechtssubjekt anerkannt zu werden. Vom 24. Februar bis zum 2. März 1965 besuchte Ulbricht die Vereinigte Arabische Republik und wurde dort von Gamal Abdel Nasser mit allen für ein Staatsoberhaupt üblichen Ehren empfangen. Mehrere arabische und afrikanische Staaten waren in der Folge zur Aufnahme von diplomatischen Beziehungen mit der DDR bereit. 1967 beschlossen die Warschauer Vertragsstaaten das Gegenstück zur Hallstein-Doktrin, die so genannte Ulbricht-Doktrin: „Kein Mitgliedsland des Bündnisses durfte die Bundesrepublik anerkennen, solange diese nicht die bestehenden Grenzen und die Existenz zweier deutscher Staaten anerkannt hatte." Auf Basis der Ulbricht-Doktrin brachte die DDR andere RGW-Staaten wie die Tschechoslowakei, Polen, Ungarn und Bulgarien dazu, beiderseitige Unterstützungsverträge abzuschließen, und kam damit einer Intensivierung der Beziehungen der osteuropäischen Nachbarn mit Westeuropa zuvor. Auf dem Gebiet des Hochleistungssports gelang es den DDR-Verantwortlichen durch gezielte Talentförderung wie auch teils mit Hilfe systematischen Dopings, den eigenen Staat im internationalen Wettkampfgeschehen aufsehenerregend weit nach vorn zu bringen. Bei den Olympischen Spielen 1968 in Mexiko-Stadt belegte die erstmals mit eigener Mannschaft vertretene DDR den fünften Platz in der Nationenwertung.

In der nationalen Frage setzte man seitens der SED seit 1963 darauf, „in dem ersten Arbeiter- und Bauernstaat die feste Grundlage dafür zu schaffen, daß in ganz Deutschland die Arbeiterklasse die Führung übernimmt, die Monopolbourgeoisie auch in Westdeutschland entmachtet und die nationale Frage im Sinne des Friedens und des gesellschaftlichen Fortschritts gelöst wird." Die unter Ulbricht noch vertretene Lesart, dass die zwei deutschen Staaten zu einer Nation gehörten, wurde nach dessen Ablösung durch Honecker verworfen und durch die Lehre von der sozialistischen Nation ersetzt, die sich in der DDR herangebildet habe.

Die neue Ostpolitik der Bundesregierung Brandt/Scheel ab 1969, die mit der Vorstellung eines „Wandels durch Annäherung" verknüpft war, wurde von der DDR-Führung mit einem Kurs beantwortet, der auf Selbstbehauptung und Anerkennung, auf demonstrative Abgrenzung und die Wahrnehmung eigener Interessen gerichtet war. Die Reserviertheit gegenüber Brandts Ostpolitik hatte auch damit zu tun, dass diese zunächst im Wesentlichen mit der Sowjetunion ausgehandelt wurde und die DDR-Führung zu Ulbrichts Verdruss dabei anfänglich gar nicht einbezogen war. Der Grundlagenvertrag mit der Bundesrepublik 1972 erkannte die Existenz zweier deutscher Staaten an und ermöglichte am 18. September 1973 die Aufnahme der DDR und der Bundesrepublik Deutschland als 133. bzw. 134. Vollmitglied per Akklamation durch die Generalversammlung der Vereinten Nationen; während dabei die „sozialistischen Bruderstaaten" sicherstellten, dass das Lob der DDR nicht leiser ertönte als das der Bundesrepublik, war es aber seitens der westlichen Staaten insbesondere Israel durch seinen UN-Botschafter Yosef Tekoah, das seine Gegnerschaft gegen eine Aufnahme der DDR zum Ausdruck brachte und dies mit der Weigerung der DDR begründete, die historische Verantwortung des deutschen Volkes für den Massenmord an sechs Millionen Juden anzuerkennen sowie ihrer Unterstützung arabischer Terroristen. Zwischen beiden deutschen Staaten bestand aber nach wie vor ein besonderes Verhältnis. So gab es keine Botschaften in Ost-Berlin und Bonn, sondern Ständige Vertretungen. Da es aus Bonner Sicht bis zuletzt nur eine deutsche Staatsangehörigkeit gab, war jeder DDR-Bürger automatisch berechtigt, alle Bürgerrechte eines Bundesbürgers wahrzunehmen. Nicht zuletzt dagegen waren 1980 Honeckers Geraer Forderungen gerichtet. Denn mehr als die friedliche Koexistenz der beiden deutschen Staaten und ihrer gegensätzlichen politischen Systeme bei fortbestehender Konkurrenz hatte die DDR-Führung keiner Bundesregierung anzubieten.

Bereits seit 1950 war die DDR in den RGW eingebunden, wo die Sowjetunion dominierte. Ansätze zu einer stärkeren wirtschaftlichen Integration der RGW-Staaten scheiterten Mitte der 1960er Jahre am Widerstand Rumäniens; die bilateralen Wirtschaftsbeziehungen zur Sowjetunion gestalteten sich nach dem Antritt Leonid Breschnews deutlich schwieriger. Über den innerdeutschen Handel hatte die DDR indirekt einen Zugang zur Europäischen Wirtschaftsgemeinschaft. Dabei war es für sie von Vorteil, dass ihre Grenze zur Bundesrepublik Deutschland aus westlicher Sicht keine Staatsgrenze und daher nicht zollpflichtig war.

Ab Mitte der 1960er Jahre wurde die DDR außenpolitisch auch in der Ausbildung von Sicherheitskräften und im Aufbau militärischer Infrastruktur, die Rüstungsexporte begleiteten, für eine Reihe von Regierungen und Revolutionsbewegungen tätig. Eine 1977 geplante intensive Wirtschafts- und Rüstungszusammenarbeit mit Libyen kam jedoch nicht zum Tragen, nachdem die beiden ZK-Mitglieder Werner Lamberz und Paul Markowski bei einem Hubschrauberabsturz nahe Tripolis 1978 ums Leben gekommen waren.

Anfang der 1980er Jahre waren mehrere Tausend Soldaten der NVA vor allem als Militärberater in Afrika und dem Mittleren Osten stationiert. Die Auslandspräsenz der NVA wurde im Warschauer Pakt nur von den sowjetischen und kubanischen Auslandseinsätzen übertroffen. Echte Kampfeinsätze regulärer Truppeneinheiten wurden von der DDR vermieden, die DDR-typische Kombination von Wirtschaftspolitik mit Militär- und Infrastrukturprojekten erregte aber früh internationales Aufsehen. Dabei ging es auch um Kompensationsanstrengungen für den Devisenmangel, der ab Mitte der 1970er Jahre immer stärker auf dem DDR-Staatshaushalt lastete.

So kam es zu einer deutlichen Intensivierung und Ökonomisierung der DDR-Außen- und Entwicklungspolitik jenseits des RGW. Tauschgeschäfte mit Parallelen zum klassischen Kolonialhandel, so von Waffen und Lkw aus der DDR gegen Rohkaffee und Energierohstoffe aus ausgewählten Partnerländern, insbesondere Vietnam, Mosambik, Äthiopien und Angola, wurden angestrebt. Bis heute wirkt die bedeutende Rolle von Vertragsarbeitern und die Ausbildung ausländischer ziviler und militärischer Fachkräfte seitens der DDR in den deutschen Beziehungen etwa zu Vietnam, Angola, Namibia, Mosambik und Äthiopien fort.

Erich Honeckers Reise nach Damaskus und Kuwait war 1982 ein Versuch, das Regime ökonomisch zu stabilisieren. Hans-Joachim Döring konstatiert am Beispiel von Mosambik den beispielhaft gescheiterten Versuch einer breiten wirtschaftlichen Zusammenarbeit, gekennzeichnet durch utopische und mangelhaft vorbereitete Großprojekte etwa beim Steinkohlebergbau. Moatize in Mosambik stellte dabei die einzige größere Kolonie von DDR-Bürgern außerhalb des RGW-Auslands dar, wobei die entsandten deutschen Beschäftigten rigide abgeschottet wurden. Unter diesen Umständen habe sich auch latenter Rassismus manifestiert. Die DDR-Auslandsaktivitäten waren der Geheimhaltung unterworfen; Handels- und Entwicklungskonzepte wurden so gut wie nicht öffentlich diskutiert. Private Entwicklungsinitiativen waren auf kleinere kirchliche Auslandsaktivitäten reduziert. Die Auswahl der Spezialisten fand weniger nach fachlichen als nach ideologischen und sicherheitsrelevanten Kriterien statt.

Die DDR fuhr eine politisch harte Linie gegen Israel, mit einer „antizionistischen Propaganda" überschritt sie wiederholt die Grenze zum Antisemitismus; die PLO wurde von der DDR politisch, finanziell und militärisch unterstützt.

Sicherheitspolitik

Schon bald nach dem Ende des Zweiten Weltkrieges kam es in den damals gegründeten beiden deutschen Staaten vor dem Hintergrund des aufziehenden Kalten Krieges zur so genannten Wiederbewaffnung, das heißt zur erneuten Einführung militärischer Strukturen. Dieser Aufbau vollzog sich in der DDR unter Anleitung der Sowjetunion und ab 1955 im Rahmen des Warschauer Paktes: 1948 entstanden mit den kasernierten Bereitschaften die ersten bewaffneten Einheiten nach dem Krieg. Diese wurden 1952 in die Kasernierte Volkspolizei (KVP) überführt. Am 1. März 1956 – knapp ein Jahr nach der Gründung der Bundeswehr – wurde die Nationale Volksarmee (NVA) gegründet. Beim Aufbau der Streitkräfte der DDR spielten, ebenso wie bei der Bundeswehr, ehemalige Offiziere der Wehrmacht wie auch Waffen-SS eine Rolle. Sie hatten sich überwiegend bereits während der sowjetischen Kriegsgefangenschaft dem Nationalkomitee Freies Deutschland zur Verfügung gestellt.

Sowjetische Streitkräfte in der DDR

Die Sowjetunion hatte mit ihrer Gruppe der Sowjetischen Streitkräfte in Deutschland (GSSD), welche aus den sowjetischen Besatzungstruppen hervorgegangen war, durchschnittlich 500.000 Offiziere, Soldaten und Familienangehörige in der DDR stationiert, die zirka 10 Prozent des DDR-Territoriums für sich beanspruchte. Die Truppen der GSSD waren der NVA und anderen militärischen Organisationen übergeordnet. Ihre Aufgabe bestand zentral in der Sicherung der DDR gegen den Westen. Die GSSD verfügte über offensive Bewaffnung, unter anderem auch mit Atomwaffen. Einer Studie zufolge war seit den 1960er Jahren im Kriegsfalle der breite und präemptive Einsatz taktischer Nuklearwaffen in Deutschland vorgesehen. Auch nachdem 1986 unter Michail Gorbatschow eine Abkehr von den offensiven Kriegsplänen des Ostblocks erfolgte, sei in der DDR noch in der NVA-Übung „Stabstraining 1989" der massive Einsatz von großkalibrigen Nuklearwaffen durchgespielt worden.

Nationale Volksarmee

Die Nationale Volksarmee (NVA) war von 1956 bis 1990 die Armee der DDR. Sie bestand aus den Landstreitkräften, der Volksmarine und den Luftstreitkräften. Nach Einführung der Wehrpflicht 1962 lag die Personalstärke der NVA bei etwa 170.000 Soldaten.

Ihrem Selbstverständnis nach war die NVA in der DDR das „Machtinstrument der Arbeiterklasse" zum Schutz und zur Sicherung der „sozialistischen Errungenschaften" vor Angriffen von außen. Sie sollte der Verteidigung der DDR und der im Warschauer Pakt mit ihr verbündeten anderen sozialistischen Staaten gegen eine eventuelle „imperialistische Aggression" dienen. Die NVA entwickelte sich von einer binnenorientierten, sehr stark politisch kontrollierten Parteiarmee zunehmend zu einem Instrument einer zunehmend eigenständigeren Außenpolitik. Die DDR war bemüht, militärische Konfrontationen zu vermeiden und setzte Sicherheitskräfte und Militärberater vor allem im Rahmen von Rüstungsexporten und Wirtschaftsprojekten ein.

Die SED sicherte sich durch die Politische Hauptverwaltung (PHV) und eine spezielle Struktur von Parteiorganisationen die politische Führung der Streitkräfte. Die Offiziere und Fähnriche waren bis auf wenige Ausnahmen Mitglieder der SED. Auch bei den Unteroffizieren wurde ein hoher Anteil an SED-Mitgliedern angestrebt.

Während ihres Bestehens waren NVA-Verbände an keinem Krieg beteiligt. Teile der NVA waren aber 1968 für militärische Aktionen zur Niederschlagung des Prager Frühlings vorgesehen. Es gab Pläne, sich mit zwei Divisionen am Einmarsch der Warschauer-Pakt-Staaten in die Tschechoslowakische Sozialistische Republik zu beteiligen. Wegen der zu erwartenden verheerenden außenpolitischen Wirkungen – es wäre der erste Kampfeinsatz deutscher Truppen im Ausland nach dem Zweiten Weltkrieg gewesen – beschränkte man sich auf eine logistische Unterstützung der Niederschlagung des Prager Frühlings.

Grenztruppen

Die Grenztruppen waren für die Bewachung der Grenzen der DDR zuständig. Sie wurden 1946 als Grenzpolizei aufgebaut und hatten 1948 eine Personalstärke von 10.000 Personen. 1956 wurde die Grenzpolizei der NVA als Teilstreitkraft Grenztruppen konzipiert. Im Rahmen des Helsinki-Abrüstungsprozesses wurde nach außen eine Selbstständigkeit der Grenztruppen postuliert, um sie nicht zur regulären Heeresstärke zu zählen. Sie waren aber weiter wie die Nationale Volksarmee dem Ministerium für Nationale Verteidigung (MfNV) unterstellt und wären im Ernstfall als motorisierte Schützen eingesetzt worden. Der weitaus größte Teil der Truppen diente der Bewachung der innerdeutschen Grenze zur Bundesrepublik Deutschland und West-Berlin und hier vor allem der Unterbindung von Fluchtversuchen von DDR-Bürgern in den Westen. Hierbei wurden von Angehörigen der Grenztruppen aufgrund des Schießbefehls mehrere hundert Menschen getötet. Eine Sonderstellung nahm die 6. Grenzbrigade Küste bezüglich der Sicherung der Seegrenze an der Ostsee ein.

Vergleichsweise geringe Kräfte kontrollierten die Oder-Neiße-Grenze zur VR Polen und die Grenze zur ČSSR.

Ab 1. Januar 1972 wurde zwischen der DDR und Polen sowie der ČSSR ein visumfreier Grenzverkehr eingerichtet, der von den Bürgern der DDR rege genutzt wurde. Allein zwischen Frankfurt (Oder) und Słubice (Polen) überschritten vom 1. Januar bis 20. September 1972 exakt 2.773.612 polnische und DDR-Bürger die Grenze. Auch nach Ungarn, Rumänien und Bulgarien waren Reisen relativ unkompliziert möglich. Voraussetzung dafür war, dass die einbezogenen sozialistischen Länder ihre Grenzen (einschließlich Häfen und Flughäfen) zum Westen genauso verschlossen hielten wie die DDR. Da das beispielsweise in Jugoslawien nicht der Fall war, konnten DDR-Bürger dorthin nur in den Ausnahmefällen reisen, die für westeuropäische Länder auch galten. Da die DDR-Führung die Streikbewegung und das politische Erstarken der systemkritischen Gewerkschaft Solidarność mit größter Sorge sah und ein Überschwappen auf die DDR befürchtete, wurden im November 1980 Reisen nach Polen wieder *stark erschwert, notwendig war nun eine persönliche Einladung, die von den polnischen Behörden auszustellen war. Im visafreien Grenzverkehr beschränkten sich die Grenztruppen beziehungsweise die Passkontrolleinheiten in den meisten Fällen auf die Kontrolle der Personalausweise, während die Zollorgane der DDR umso intensiver nach Ein- und Ausfuhren verbotener Handelswaren suchten. Unter Einfuhrverbot fielen nicht nur Waffen oder Rauschgift, sondern auch Zeitungen und andere periodisch erscheinende Presseerzeugnisse, Kalender, Almanache und Jahrbücher, soweit sie nicht in der Postzeitungsliste der DDR enthalten waren, sowie Tonbänder (auch als Cassetten) und Videos aller Art. Die Verbote galten auch für Bücher, „deren Inhalt gegen die Erhaltung des Friedens gerichtet ist oder deren Einfuhr in anderer Weise den Interessen des sozialistischen Staates und seiner Bürger" widersprach und für Schallplatten, „soweit sie nicht Werke des kulturellen Erbes oder des wirklich kulturellen Gegenwartsschaffens" betrafen.*

Weitere Sicherheitskräfte

Das Wachregiment „Feliks Dzierzynski" war der militärische Arm des Ministeriums für Staatssicherheit. Da das Regiment offiziell nicht den Streitkräften angehörte, konnte es so trotz des Viermächte-Status-bedingten Stationierungsverbots in Berlin stationiert werden. Die Mannschaften bestanden aus Wehrpflichtigen, die sich zu einem dreijährigen Wehrdienst verpflichteten und „politisch zuverlässigen" Familien entstammten. Die Aufgaben umfasste unter anderem die Sicherung von Staats- und Parteieinrichtungen auf dem Gebiet Ost-Berlins sowie der Waldsiedlung bei Wandlitz, wo die Partei- und Staatsführung wohnte. Die Personalstärke betrug in den 1980er Jahren etwa 10.000 Mann.

Die Kasernierten Einheiten, zu denen die VP-Bereitschaften (Bataillone) gehörten, waren eine militärische Gruppierung, die nicht zu den Dienstzweigen der Volkspolizei (VP) gehörten, aber in gleicher Weise dem Innenministerium unterstand (Stellvertreter des Ministers und Leiter der Hauptabteilung Bereitschaften/Kampfgruppen). Der Schwerpunkt ihrer Ausrichtung Ende der 1960er Jahre, die Bekämpfung hinter der Front operierender Diversions-Aufklärungsgruppen in Kriegszeiten, verschob sich immer mehr zugunsten einer Befähigung zur Aufgabenerfüllung bei der Beseitigung von „Störungen der öffentlichen Ordnung und Sicherheit". Die Angehörigen waren Wehrpflichtige.

Die Kampfgruppen der Arbeiterklasse waren eine besondere militärische Organisation, die hauptsächlich aus männlichen SED-Mitgliedern bestand und in Betrieben, staatlichen Einrichtungen, LPGs sowie Hoch- und Fachschulen organisiert waren. Die Angehörigen nahmen in ihrer Freizeit mehrmals im Jahr, meist an Freitagen oder Wochenenden, an militärischen Übungen oder Schulungen in Uniform teil, die durch VP-Offiziere angeleitet wurden. Die Kampfgruppen trugen so zur Militarisierung der DDR-Gesellschaft bei. Im Verteidigungszustand waren die Bezirkskampfkräfte zur Eingliederung in die NVA-Verbände vorgesehen.

Der historisch wichtigste Einsatz der Kampfgruppen war die Absicherung des Baus der Berliner Mauer 1961. Des Weiteren wurden sie zum Beispiel zur Unterstützung der Volkspolizei mobilisiert, wenn Sowjetsoldaten mit Munition fahnenflüchtig waren. Präsenz zeigten die Kampfgruppen insbesondere bei den jährlichen Paraden zum 1. Mai.

Als Polizei und Nachrichtendienste bestanden:

- Ministerium für Staatssicherheit (MfS) (Nachrichtendienst für In- und Ausland und „militärisches Organ")
- Hauptverwaltung Aufklärung (DDR-Auslandnachrichtendienst und Teil des MfS, aber mit einer separaten, über eine Hauptabteilung hinausgehenden Struktur)
- Verwaltung Aufklärung (militärischer Nachrichtendienst der NVA)
- Deutsche Volkspolizei inklusive Transportpolizei
- Zollverwaltung der DDR

Wirtschaft

Die Zentralverwaltungswirtschaft der DDR, die auf der Grundlage von Fünfjahresplänen produzierte und die Verteilung von Lebensmitteln und Konsumgütern organisierte, beruhte auf der großteils erzwungenen Sozialisierung privater Eigentumsformen in Industrie, Landwirtschaft, Handel und Handwerk; so wurden Privatunternehmer, wenn sie sich nicht in Staatsbetriebe eingliedern wollten, zum Beispiel mit Vorwürfen von nicht rechtzeitig gezahlten Steuern drangsaliert. An deren Stelle traten Volkseigene Betriebe (VEB), Landwirtschaftliche Produktions-genossenschaften (LPG), Handelsorganisationen (HO) und Produktions-genossenschaften des Handwerks (PGH). Basisgröße der Arbeitsorganisation war das Kollektiv, oft in Form der Brigade; die komplexeste Organisationsform stellte das Kombinat dar. Zu den Merkmalen des DDR-Wirtschaftssystems zählten Arbeitsplatzsicherheit und ein im Vergleich zur Sozialen Marktwirtschaft der alten Bundesrepublik hoher Beschäftigungsgrad von Frauen – bei demgegenüber deutlich geringerer gesamtwirtschaftlicher Produktivität trotz der Prämienanreize im „sozialistischen Wettbewerb". Ein Auseinanderdriften sozialer Schichten in materieller Hinsicht trat in der DDR im Vergleich zur Bundesrepublik nur in geringem Umfang auf. Sowohl die Preise als auch das Angebot an Gütern beruhten auf staatlichen Vorgaben, die ein ausgedehntes Subventionssystem ebenso zur Folge hatten wie eine unzureichende Bedarfsdeckung an bestimmten Lebensmitteln und gehobenen Konsumgütern. Der steigende Bedarf an Westimporten konnte durch die Exportleistung nicht kompensiert werden und erhöhte die Staatsverschuldung.

Die DDR-Wirtschaft wurde als Zentralverwaltungswirtschaft nach sowjetischem Vorbild durch die Staatliche Plankommission gesteuert. Neben den enteigneten, nunmehr staatlichen Großbetrieben, die meist in Kombinaten zusammengefasst waren, sowie Genossenschaften existierte auch in der DDR ein Mittelstand, der bis zu seiner Enteignung 1972 merklich zur Wirtschaftsleistung der DDR beitrug.

1949 trat ein Zweijahresplan in Kraft, 1951 folgte der erste Fünfjahresplan, um die DDR-Wirtschaft nach marxistisch-leninistischer Ideologie zu organisieren. Der Wiederaufbau vollzog sich in der DDR nicht nur aufgrund der angestrebten Zentralplanwirtschaft langsamer als in der Bundesrepublik Deutschland. Die vom Krieg hart getroffene UdSSR führte in der sowjetisch besetzten Zone umfangreiche Demontagen durch und transportierte Material und Erzeugnisse in großem Umfang als Reparationen ab. Auf Leistungen aus dem Marshallplan zum Wiederaufbau Europas musste die DDR wie andere Ostblockstaaten aufgrund sowjetischen Drucks verzichten. Ein weiterer Aspekt ungleicher Voraussetzungen war das begrenzte Rohstoffvorkommen: Auf dem Territorium der DDR gab es weder große Eisenerz- noch Steinkohlevorkommen. So vollzog sich der Aufschwung Ost erheblich langsamer als im Westen. Lebensmittel blieben in der DDR bis 1958 rationiert, während man in der Bundesrepublik schon seit 1950 keine Lebensmittelmarken mehr zum Einkaufen brauchte.

Gleichwohl gab Ulbricht 1958 das Ziel vor, dass innerhalb weniger Jahre die Pro-Kopf-Versorgung der DDR-Bewohner „mit allen wichtigen Lebensmitteln und Konsumgütern den Pro-Kopf-Verbrauch der Gesamtbevölkerung in Westdeutschland übertrifft." Maßstab sollten bald danach allerdings nicht „irgendwelche" Gebrauchsgüter oder „Schund" westlicher Machart sein, sondern Waren mit hohem Gebrauchswert, „die schön und geschmackvoll sind, die der arbeitende Mensch mit Freude kauft und benutzt." Die Schwierigkeiten, die sich aus diesem Wettbewerbsaufruf für die DDR-Führung langfristig ergaben, bilanzierte Hans-Werner Sinn dergestalt: „Mit abenteuerlichen Statistiken haben die DDR-Behörden ihren Arbeitern vorgerechnet, daß ihr Lebensstandard in vielen Bereichen dem ihrer westlichen Kollegen gleiche ...." Die Hoffnungen, den Westen tatsächlich wirtschaftlich überholen zu können, waren genährt von den Lehren Marx', die langfristig einen Zusammenbruch der kapitalistischen Produktionsweise vorhersagen. Infolge der Industrialisierung der Sowjetunion unter Stalin und ihrem Aufstieg zu einer Weltmacht erschien der Ausgang des Kalten Krieges damals noch offen. Beispiele der anfänglich stalinistischen Wirtschaftsstrategie und ihrer rücksichtslosen Durchsetzung sind die Fokussierung auf die Schwerindustrie, die monumentale Gestaltung der Stalinallee in Berlin sowie die blutige Niederschlagung der Arbeiterproteste gegen die harten Normen. Fortan hütete sich die SED davor, hohe Arbeitsleistungen zu erzwingen – die Phase der Entstalinisierung ab Mitte der 1950er Jahre führte unter anderem zu einer stärkeren Orientierung an den unmittelbaren Bedürfnissen der Bevölkerung. Im Laufe der 1960er Jahre versiegte die Hoffnung, den Westen wirtschaftlich mittelfristig überholen zu können. Die Devise Ulbrichts lautete künftig „Überholen ohne einzuholen".

Dennoch kann während der 1950er und 1960er Jahre auch in der DDR von einem deutlichen wirtschaftlichen Aufschwung gesprochen werden. Die Konsumgüterproduktion in der DDR steigerte sich fortlaufend. So kamen auf 100 Haushalte 1960 3,2 Pkw, 1970 waren es bereits 15,6 Pkw. Die Zahl der Fernsehgeräte erhöhte sich im gleichen Zeitraum von 18,5 auf 73,6, Kühlschränke von 6,1 auf 56,4 und Waschmaschinen von 6,2 auf 53,6 Geräte pro 100 Haushalte. Durch umfangreiche

Wohnungsbauprogramme konnte die Wohnsituation deutlich verbessert werden. Innerhalb des Ostblocks hatte die DDR trotz Umverteilungen durch den RGW den höchsten Lebensstandard und wurde seit den 1970er Jahren zu den bedeutenden Industriestaaten weltweit gezählt. In der Ära des Kalten Krieges war die Lage im Westen Orientierungsgrundlage sowohl für die Staatsführung als auch für die Bevölkerung. Mit dem Tempo des wirtschaftlichen Aufschwungs der Bundesrepublik konnte die DDR zum Verdruss ihrer Bevölkerung jedoch von Anfang an nicht mithalten.

Nach der Verstaatlichungskampagne von 1972 blieb die Privatwirtschaft auf Kleinbetriebe wie Fleischereien, Tischlereien etc. mit bis zu 10 Beschäftigten beschränkt, die jedoch bezüglich Materialversorgung, Steuer- und Rechtslage benachteiligt wurden und daher als wenig erfolgversprechend galten. Nach einigen Experimenten zur Verbesserung der wirtschaftlichen Konkurrenzfähigkeit mit dem Ausland war es 1970 zu einer Versorgungskrise im Inland gekommen. Mit Amtsantritt Erich Honeckers 1971 wurde unter der Losung „Einheit von Wirtschafts- und Sozialpolitik" versucht, durch umfangreiche soziale Subventionen zu demonstrieren, dass man dennoch der fortschrittlichere Staat sei. Die Wirtschaft wurde wieder auf die Erfüllung der Konsumbedürfnisse der eigenen Bevölkerung umorientiert, unter Hintanstellung der internationalen Konkurrenzfähigkeit. So überwand man tatsächlich die 1970 ausgebrochene Versorgungskrise und sah den neuen politischen Kurs bestätigt. Mit seiner Ablehnung von Honeckers Wirtschaftsstrategie behielt Ulbricht teilweise Recht: Zur Finanzierung der stark erhöhten Konsumtion reduzierte Honecker den Anteil des Investitionsvolumens im Staatshaushalt. Die Rate der Akkumulation für produktive Investitionen ging von 16,1 % 1970 auf 9,9 % 1988 zurück. Dies erwies sich als eine verheerende Fehlentscheidung, die letztlich zur wirtschaftlichen Erstarrung der DDR führte.

Die vorhandenen Investitionsmittel wurden bei sträflicher Vernachlässigung anderer Industriezweige auf Großprojekte wie etwa die Entwicklung der Mikroelektronik konzentriert. „Zum Aufbau einer autarken mikroelektronischen Industrie gab es für die DDR keine Alternative, wollte sie einen vorderen Platz in der Gruppe der entwickelten Industrieländer behaupten." Bedingt auch durch die ideologisch geprägte Personalpolitik in Forschung und Entwicklung (vgl. Werner Hartmann), konnte wegen der mangelnden Innovationsfähigkeit der Zentralplanwirtschaft und der Kooperationsverweigerung im RGW dem westlichen Technologie-Embargo des CoCom nur ungenügend begegnet werden. Deshalb versuchte die SED bei der Entwicklung der Mikroelektronik- und Computerindustrie durch eine Strategie des „Nacherfindens" diese technologischen Defizite unter breitem Einsatz geheimdienstlicher Methoden durch das MfS zu beseitigen. „Diese Strategie konnte den Rückstand zu den führenden Herstellern der Welt prinzipiell nicht beseitigen, sondern bestenfalls verringern. Letztlich aber hielten auch die technischen Möglichkeiten der DDR, Produkte der Konkurrenz zu kopieren, mit der rasanten Entwicklung nicht Schritt, ..."

Innerhalb der DDR bestand ein historisch gewachsener Unterschied zwischen dem stark industrialisierten Süden und dem agrarisch geprägten Norden. Die staatliche

Strukturpolitik versuchte mit großem Aufwand, diesen Unterschied abzubauen, etwa durch die Ansiedlung von Großkombinaten wie dem Eisenhüttenkombinat Ost in Eisenhüttenstadt oder dem Petrolchemischen Kombinat (PCK) in Schwedt. Zudem wurde der Rostocker Hafen massiv ausgebaut und es entstanden mehrere Großwerften entlang der Ostseeküste. Damit einher ging eine Binnenwanderungsbewegung von den alten Industriegebieten des Südens in die stark erweiterten Städte des Nordens wie Neubrandenburg, Rostock oder Schwerin.

Das Warenangebot verblieb auf einem unverändert unbefriedigendem Niveau. Technischen Innovationen oder neuem Denken, wie etwa dem damals aufkommenden Umweltbewusstsein, konnte nicht Rechnung getragen werden. Die unflexible Mangelwirtschaft demoralisierte die Bevölkerung und im Laufe der 1980er Jahre sogar Teile der SED, wie das so genannte Schürer-Papier vom 30. Oktober 1989 belegt. Die unter Honecker vernachlässigte Exportleistung reichte längst nicht mehr aus, um die Importe zu decken. Im geheimen Schürer-Papier wurden bei der Berechnung des Schuldenstands die Guthaben der Außenhandelsunternehmen der DDR KoKo aus Gründen der Geheimhaltung nicht berücksichtigt, so dass eine weitaus höhere Verschuldung angenommen wurde als tatsächlich vorhanden war. Dies bestätigte auch Schürer selbst in späteren Veröffentlichungen. Gegenüber dem nichtsozialistischen Wirtschaftsgebiet betrug die Nettoauslandsverschuldung 19,9 Mrd. DM. Die Devisenliquidität war 1989 nach den Zahlen der Bank für Internationalen Zahlungsausgleich und der Bundesbank tatsächlich vorhanden. Gegenüber den Ländern des sozialistischen Wirtschaftsgebiet erreichte die DDR 1989 eine Netto-Gläubigerposition (Guthaben) von 6,0 Mrd. Valutamark. Hinzu kamen Verbindlichkeiten staatlicher Betriebe gegenüber dem DDR-Staatshaushalt.

Die SED-Führung befürchtete selbst eine drohende Zahlungsunfähigkeit nach den Erfahrungen der Liquiditätskrise von 1982. Diese Krise wurde 1983 durch die von Schalck-Golodkowski mit Strauß ausgehandelten Milliardenkredite überwunden und stellte die Kreditwürdigkeit bei westlichen Banken wieder her. Anschließend wurde nach dem Motto „Liquidität geht vor Rentabilität" die Zahlungsfähigkeit der DDR gesichert. Ob die Wende durch die Gefahr einer akuten Zahlungsunfähigkeit ausgelöst oder begleitet wurde, ist in der Forschung umstritten. Nach Wolle stand das SED-Regime in seinem letzten Jahr „kurz vor der Zahlungsunfähigkeit". Dies wird bestritten von dem Historiker Armin Volze. Nach Hans-Werner Sinn „befand sich die DDR 1989 in einem abgewirtschafteten Zustand, zur Produktivitätssteigerung oder zu Verbesserungen des Warenangebots kaum noch in der Lage. Das durchschnittliche Reallohnniveau der DDR-Bevölkerung betrug allenfalls ein Drittel des Westniveaus."

Produktion

Der erste Fünfjahrplan von 1951 bis 1955 verfolgte hauptsächlich das Ziel, die Kriegsfolgen zu beseitigen und die Produktion speziell der Energiewirtschaft, der Schwer- und der chemischen Industrie zu steigern. 1955 existierten in der DDR noch über 13.000 Privatbetriebe, und in der Landwirtschaft war die Kollektivierung erst 1960 abgeschlossen.

Die Produktionszahlen der DDR erreichten 1957 die doppelte Höhe des Vorkriegsstandes. Im selben Jahr wurden in der DDR 213 Mio. Tonnen Rohbraunkohle gefördert (50 Prozent der Weltförderung), 32,7 Mrd. Kilowattstunden Strom und 2,9 Mio. Tonnen Stahl (14-mal so viel wie noch 1947) produziert. In der Chemieproduktion hatte die DDR weltweit die zweithöchste Produktionsrate und war der größte Maschinenexporteur aller Ostblockstaaten. Bis 1965 stieg die Industrieproduktion auf etwa das Fünffache des Vorkriegsstandes.

Nationaleinkommen der DDR in Milliarden Mark der DDR nach vergleichbaren Preisen (Basis 1985, S. 13):

Jahr	Gesellschaftliches Gesamtprodukt	Produziertes Nationaleinkommen
1950	98,186	30,352
1960	240,271	79,379
1970	405,477	121,563
1980	655,212	193,644
1988	810,963	268,410

Einkommen und Konsum

Allgemein

Löhne und Preise unterlagen in der Regel der staatlichen Festlegung. Manche Konsumgüter, vor allem Importartikel, waren in der DDR durchgängig knapp. Essenzielle Konsumgüter waren meist ausreichend vorhanden, Produktvielfalt und Auswahlmöglichkeiten jedoch wesentlich geringer im Vergleich zur damaligen Bundesrepublik. Mit einem einheitlichen Verkaufspreis subventioniert wurden hauptsächlich Dinge des täglichen Bedarfs. Technische Geräte und andere Waren, die auch gegen Devisen exportiert werden konnten, waren dagegen (an der Kaufkraft der Bevölkerung gemessen) oft sehr teuer. Ein Farbfernseher kostete in den 1980er Jahren zwischen 3.500 und 6.900 Mark, während ein Brötchen für fünf Pfennige zu haben war. Bemerkenswert ist, dass die meisten Konsumgüter der DDR aus eigener Herstellung stammten. Allerdings wurden die besten Produkte oftmals exportiert und standen der eigenen Bevölkerung kaum oder gar nicht zur Verfügung. Ein wegen der Bürgerproteste markantes Beispiel für die Knappheit von Importwaren war die Kaffeekrise Ende der 1970er Jahre. Die Parteiführung versuchte, Devisen durch Reduzierung des Kaffeeimportes einzusparen. Wegen breiter Proteste in der Bevölkerung mussten die

Maßnahmen wieder verworfen werden. In Ost-Berlin war das Warenangebot besser als in der übrigen DDR.

Die Staatsführung propagierte von Anfang an absolute Preisstabilität. Tatsächlich änderten sich die Preise der meisten Waren über die Jahrzehnte kaum bis gar nicht. Das Einkommen stieg dagegen kontinuierlich an. So verdiente ein einfacher Fabrikarbeiter im Sachsenring-Werk 1960 6.586 Mark und 1989 16.237 Mark. Da sich die Warenproduktion aber nicht äquivalent dazu entwickelte, baute sich ein massiver Kaufkraftüberhang auf. Die Bevölkerung sparte ihr Geld lieber, weil sie im verfügbaren Warenangebot keinen adäquaten Gegenwert sah. Die Verteilung der Geldvermögen in der DDR konterkarierte sozialistische Grundsätze: Etwa zehn Prozent der Konteninhaber besaßen 60 Prozent der Geldvermögen.

Der hohe Zinssatz auf Spareinlagen von über 3 Prozent verzerrte die Verhältnisse noch weiter. Der Staat sah sich unfähig, das Problem zu lösen, da er die Spareinlagen der Bevölkerung als Investitionskredite verwendete. Mit den steigenden Gehältern bzw. den stabilen Preisen wurde der Bevölkerung ein Wohlstand suggeriert, der nicht vorhanden war.

Einkommen

Die Einkommen einer Verkäuferin (mit etwa 600–800 Mark), eines Ingenieurs (etwa 500–1.200 Mark) und eines Bauarbeiters (etwa 900–1.800 Mark) unterschieden sich in der Höhe und damit auch im Sparpotenzial; die Einkommensschere klaffte aber nicht so stark auseinander wie in den westlichen Industrieländern. Gefragte Handwerker verdienten nicht selten mindestens so gut wie leitende Ärzte. Die Einkommen stiegen im Laufe der Jahrzehnte kontinuierlich an, vor allem die Gehälter einfacher Fabrikarbeiter erhöhten sich teilweise unproportional stark. So verdienten im Sachsenring-Werk der 1980er Jahre einfache Produktionsarbeiter teilweise mehr Geld als qualifizierte Meister und Diplomingenieure des Werkes. Die mittelständische Privatwirtschaft, wie sie bis Anfang der 1970er Jahre in der DDR existierte, ermöglichte es einzelnen Personen, sich zum Millionär hochzuarbeiten. Dies gelang unter anderem einem Dresdner Seifenhersteller. In der DDR der 1970er und 1980er Jahre war dies infolge von Verstaatlichungen und rechtlicher Einengung aber nicht mehr möglich.

Geld und Vermögen spielte in der DDR aufgrund der sozialistisch regulierten Märkte eine weitaus geringere Rolle als heute. Fragen des Wohlstands waren Fragen der sozialen Stellung, der politischen Haltung, der privaten Beziehungen, des Erfindergeistes und anderem mehr. Die höchsten Parteikader genossen zwar erhöhten Wohlstand, lebten aber nicht in Dekadenz. Geschichten von vergoldeten Wasserhähnen in Wandlitz und dergleichen haben sich als unwahr herausgestellt.

Einzelhandel

In der Nachkriegszeit spielte Geld kaum eine Rolle. Die knappen Konsumgüter wurden zentral kontrolliert und in rationierten Mengen gegen Karten an die Konsumenten verteilt. 1958 hob die DDR verbliebene Reste der Lebensmittelrationierung auf, weil die SED nach der Währungsreform im Juni 1948 in den westlichen Besatzungszonen, dem sich dort entwickelnden effizienten Wirtschaftssystem nichts entgegenzusetzen hatte. Die Wirtschaftswissenschaftler und -bürokraten der jungen DDR verkannten allerdings die Bedeutung des privaten Konsums und entwickelten die auf ein Netzwerk großer Industriebetriebe fixierte Planwirtschaft, in deren Nischen der Konsumgüterabsatz improvisiert wurde.

In Einzelhandelsläden, vor allem denen der genossenschaftlichen Konsum-Organisation sowie der HO, wurden die „Waren des täglichen Bedarfs" vertrieben. Neben kleinen Geschäften gab es größere Selbstbedienungsläden, die „Kaufhallen" genannt wurden. In größeren Städten wurden Waren- und Kaufhäuser eingerichtet. Die Handelsorganisation führte diese als Centrum-Warenhäuser, die Konsumgenossenschaften ihre als Konsument-Warenhäuser. „Waren des gehobenen Bedarfs" wurden zwecks Kaufkraftabschöpfung in speziellen, konzessionierten Läden angeboten: Zunächst für Bekleidung und Schuhe die Exquisit-Läden. Fünf Jahre später wurden luxuriöse Feinkost-Geschäfte mit Nahrungs- und Genussmitteln eröffnet, die Delikat-Läden. Zur Devisenbeschaffung wurden die Intershop-Läden gegründet, die ab 1962 Importwaren oder in der DDR gefertigte Waren westlicher Marken gegen Devisen verkauften.

1969 und 1970 kam es durch die schnell gestiegenen Einkommen und Guthaben der Bevölkerung und dem schlechten Konsumgüterangebot zu einem von den Planern nicht vorhergesehenen Kaufkraftüberhang. Die zurückgestaute Inflation und das Unvermögen, weiterhin Knappheitspreise für hochwertige Erzeugnisse zu bilden, veranlassten die Regierung 1974, die bereits von DDR-Bürgern bevorrateten DM- und Devisenvorräte zu legalisieren und diese über die Öffnung der Intershops zu vereinnahmen.

Die Versorgung mit vielen Produkten unterlag großen Schwankungen. Insbesondere in den 1950er und seit den 1970er Jahren kam es immer wieder zu Versorgungsengpässen, wovon einzig Grundnahrungsmittel, Tabakprodukte und Alkohol ausgenommen waren. Alles andere war zumindest phasenweise nur als Bückware oder auf dem Schwarzmarkt zu haben: Dieser wurde gespeist durch die private Einfuhr von Konsumgütern aus der Bundesrepublik, die mit der neuen Ostpolitik der sozialliberalen Koalition in Schwung kam und schließlich einen Umfang von mehreren Milliarden erreichte. Bezahlt wurde mit DM, mit Mark der DDR zu deutlich überteuerten Preisen oder es wurde getauscht. Dieser Schwarzmarkt wurde vom Regime toleriert, weil er die Nachfrage der Bevölkerung befriedigte, die nicht zuletzt das Werbefernsehen aus dem Westen immer neu anheizte; gleichzeitig trug er dadurch zu einer Destabilisierung des Regimes bei, da er nach Einschätzung Ilko-Sascha Kowalczuks die „Sehnsucht nach dem ‚richtigen' Westen" wachhielt. Ab 1978 entwickelte sich die DDR vom Bier- zum Branntweinland. Beim Spirituosenkonsum nahm die DDR ab 1975 den dritten Rang und ab 1987 den ersten Rang unter den europäischen Ländern ein.

Elektronik und Medientechnik

Elektronikartikel wie Radios, Kassettenrekorder, Stereoanlagen und Fernsehgeräte stammten in der Regel aus landeseigener Produktion von RFT. Diese Güter waren politisch als nicht essenziell für jedermann eingestuft und hatten als Luxusgüter entsprechend ihren Preis. Die Produktion von Computertechnik erfolgte in den Kombinaten Robotron und Mikroelektronik Erfurt. Ab Mitte der 1980er Jahre wurden neben professionellen Computern zwar auch Konsumgüter wie der Home-Computer Robotron KC 87 produziert, aber bis zum Ende der DDR blieben die Produktionszahlen solcher Geräte eher gering.

1989 waren lediglich 17,2 % der Haushalte mit einem Telefonanschluss ausgestattet. Bevorzugt erhielten Ärzte, Polizisten und Mitarbeiter des MfS einen privaten Telefonanschluss.

Verkehrsmittel

Die Versorgung mit Pkw spielte in der DDR keine vordergründige Rolle. Den Rückstand gegenüber Westdeutschland begründete man mit den ausbeuterischen Arbeitsverhältnissen im Westen, die man in der DDR nicht nötig habe, sowie mit den schwierigen Anfangsbedingungen aufgrund der deutschen Teilung und dem damit verbundenen Wegfall zahlreicher Grundstoff- und Zulieferbetriebe. Die SED kritisierte, dass sich die Bundesrepublik einseitig auf die Förderung der Automobilindustrie fokussiere. Die Pläne, den Westen bald einzuholen, wurden Anfang der 1960er Jahre aufgegeben. Das zunehmende Verkehrschaos in westlichen Großstädten durch private PKW sahen Verkehrsexperten der DDR als Bestätigung der Richtigkeit der Orientierung auf öffentliche Verkehrsmittel.

Der öffentliche Personenverkehr wurde gefördert. Straßenbahnen wurden bis 1965 im Inland von Mitgliedsbetrieben der LOWA wie der Gothaer Waggonfabrik fabriziert, hernach wurden aber aufgrund der RGW-Vorgaben Konstruktionen des Herstellers ČKD Tatra aus der ČSSR importiert. Busse wurden von den Ikarus-Werken aus der Volksrepublik Ungarn bezogen. Die Fahrpreise in öffentlichen Verkehrsmitteln waren niedrig. Besonderer Wert wurde im Gegensatz zur Verkehrsplanung der Bundesrepublik auf den Ausbau eines umfangreichen Straßenbahnnetzes gelegt. Exemplarisch ist dieser Unterschied noch heute im Straßenbahnnetz Berlins zu erkennen. Bei der Neuanlage von Wohnvierteln wurden Trassen für Straßenbahnen in der DDR stets mit eingeplant. Beispielhaft dafür ist das Berliner Neubaugebiet Marzahn-Hellersdorf. Der Zugverkehr der Deutsche Reichsbahn war ebenfalls sehr preiswert. Der Güterverkehr wurde vorwiegend über die Schiene abgewickelt, die meisten Betriebe waren an das Schienennetz angeschlossen.

Etwa die Hälfte des Pkw-Bestands machte in den 1970er/80er Jahren der Trabant aus. Er wurde in den VEB Sachsenring Automobilwerken Zwickau gebaut, war ein Kleinwagen und wurde nach Einführung des Modells Trabant 601 seit 1964 nur noch im Detail weiterentwickelt. Die Produktionsanlagen im PKW-Sektor liefen *größtenteils auf Verschleiß, Gewinne wurden kaum bis gar nicht reinvestiert. Vielversprechende Entwicklungen wie der Trabant 603 oder Wartburg 355 wurden politisch gestoppt. Ab Ende der 1960er Jahre entfernten sich die Fahrzeugmodelle daher zunehmend vom Weltstand und veralteten sogar im Vergleich zu den Autos anderer sozialistischer Länder. Der Trabant wurde zu einem Symbol für die erstarrte Wirtschaft in der DDR.*

Die Lkw-Produktion der DDR beschränkte sich im Wesentlichen auf den Kleintransporter Barkas, den Drei-Tonner Robur und den Fünf-Tonner W 50. Größere Lastkraftwagen wurden aus anderen RGW-Staaten importiert, wie etwa Tatras und KAMAZ. Für den Fernverkehr wurden oftmals Volvo-Fahrzeuge eingesetzt. Der Mangel an Kleintransportern war besonders akut, daran änderten auch Importe der polnischen Żuk, der russischen UAZ-452 und der rumänischen Rocar TVs, genannt Balkanziege, wenig. Zu Transportzwecken wurden daher oftmals Pkw mit Lastanhängern genutzt. Multicar ist der einzige Kfz-Hersteller der DDR, der noch heute existiert. Die kleinen wendigen Mini-Lkw füllen eine bestehende Marktlücke.

Die DDR war ein Land der Zweiräder: Simson produzierte von 1955 bis 1990 über fünf Millionen Kleinkrafträder, die zum Großteil im Inland verblieben. Die Zahl vermittelt – gemessen an den 17 Millionen Einwohnern – einen Eindruck davon, wie weit verbreitet Mopeds damals waren. Dies hing auch mit recht freizügigen Zulassungsrichtlinien zusammen; eine kleine Fahrprüfung reichte aus, um mit 15 Jahren ein 60 km/h schnelles Moped fahren zu dürfen. Hinzu kam die Simson Suhl AWO 425 und noch einmal knapp drei Millionen Motorräder aus Zschopau von MZ. Im Gegensatz zu den Personenkraftwagen hinkten die Zweiräder der DDR dem internationalen Stand nicht so weit hinterher, auch in den 1980er Jahren gab es noch fortschrittliche Produkte wie etwa das Simson SR50.

Auch sämtliche Fahrräder wurden in der DDR selbst hergestellt. Die wichtigsten Hersteller waren dabei Diamant und MIFA. Erstere galten aufgrund ihrer internationalen Rennradsporterfolge bis in die 1960er Jahre als angesehene Marke.

Vom Reisebüro der DDR wurden auch Flugreisen angeboten. So kostete beispielsweise ein Flug von Leipzig-Mockau nach Barth an der Ostsee 80 Mark. Allgemein war Flugverkehr zu privaten Urlaubszwecken jedoch nicht sehr verbreitet. Auch ferne Ziele wie Bulgarien wurden häufig mit dem eigenen Auto oder per Zug angesteuert.

Wohnen

Einen offenen Wohnungsmarkt gab es in der DDR nicht. Je nach sozialer Stellung, ob verheiratet oder wie viele Kinder usw., wurden Wohnungen zugeteilt. Individuelle Wünsche ließen sich meist nur über vereinbarte Wohnungstauschs realisieren. Vor allem als unverheirateter Erwachsener ohne Kinder war es problematisch, überhaupt eine eigene Wohnung zu erhalten. Die Kaltmiete für eine Wohnung betrug je nach Ausstattung meist etwa 30, seltener bis zu 120 Mark im Monat. Dies ist, auch unter

Berücksichtigung des damaligen Einkommens von durchschnittlich 1300 Mark pro Arbeitnehmer (1989), ausgesprochen wenig.

Die Kriegszerstörungen machten umfangreiche Wohnungsbauprogramme erforderlich. Ab Anfang der 1970er Jahre wurde mit der Plattenbautechnik eine maximale Rationalisierung und Standardisierung des Wohnungsneubaus erreicht. Ergebnis war der Aufbau etlicher Wohnkomplexe und ganzer Stadtviertel in Plattenbauweise. Da der Bedarf neuer Wohnungen immens war, zählte jede neue Wohnung, und individuelle Ansprüche an die Wohnkomplexe mussten weitgehend zurückgesteckt werden. Trotz des umfangreichen Wohnungsneubaus wurde selbst in den 1980er Jahren keine wirklich entspannte Wohnungssituation erreicht. Hauptgrund war die grobe Vernachlässigung der Altbausubstanz; es gab lange Wartezeiten auf Neubauwohnungen. Angesichts der Wohnungsnot nach dem Krieg, musste die kostenintensive und daher uneffiziente Sanierung von Altbauten aufgeschoben werden, was zum Verfall der Substanz führte. Teilweise kam es auch zum Abriss noch intakter Altbauten, um Platz für kostengünstigere Neubauten zu schaffen. Bis zur Wende konnten in der DDR nur selten umfassende Sanierungsmaßnahmen verwirklicht werden; ein Beispiel ist das 1987 aufwändig sanierte Areal Kollwitzplatz in Berlin-Prenzlauer Berg. Häufig war die Altbausubstanz der DDR 1989 bis zur Baufälligkeit heruntergewirtschaftet. Der Bedarf an Bauleistungen überstieg somit „deutlich das in der DDR effektiv erbrachte Bauaufkommen." Ernstzunehmende Schätzungen stuften 1991 20 Prozent des Gebäudebestands als „unrettbar" ein.

Die Wohnviertel waren weniger nach Einkommensgruppen homogenisiert als heute in vielen westlichen Ländern und wiesen großteils eine hohe soziale Durchmischung auf: Angehörige verschiedener sozialer Schichten wohnten oft dicht beieinander. Allerdings wurden die Parteinomenklatura und die Mitarbeiter vieler Staatsorgane in bestimmten Wohngebieten durch staatliche Wohnungszuteilungen konzentriert.

Der Bau von Einfamilienhäusern wurde zunächst wegen Materialknappheit in nur engen Grenzen ermöglicht (es gab zum Beispiel Vorschriften zur verbauten Menge an Steinen und vorgeschriebene Haustypen in Abhängigkeit von der Familiengröße), erfuhr aber durch staatliche Förderprogramme für Einfamilienhäuser vor allem in den 1980er Jahren einen gewissen Aufschwung. Von derartigen Förderprogrammen abgesehen blieb es stets schwierig, privat an Baumaterial zu kommen, sodass der Neubau oder die Sanierung von Häusern in Eigeninitiative mit großen Hürden verbunden war. Baumärkte gab es nicht; selbst eine neue Badewanne oder Fliesen privat zu beschaffen, war nicht leicht und häufig nur mit Kontakten in die staatliche Bauwirtschaft möglich. Die ungünstigen Rahmenbedingungen für Bau und Instandhaltung privater Grundstücke, wirkten sich auch auf die Grundstückspreise aus, die extrem niedrig waren.

Medizinische Versorgung

Die Medizin war in der DDR umfassend ausgeprägt, jedoch nicht immer auf höchstem Niveau. Insbesondere bei Ausstattung und Arzneimittelversorgung konnte die DDR auch aus Devisenmangel den international neuesten Stand nicht überall gewährleisten. Versorgungs- und Ausstattungsmängel zeigten sich in erhöhtem Maße bei Rentnern und Pflegebedürftigen, allerdings war hierbei auch die Versorgungsleistung in der Bundesrepublik nicht mit dem heutigen Stand vergleichbar. Die ambulante medizinische Versorgung war in Polikliniken und mittels Gemeindeschwestern organisiert, beide Versorgungsmodelle wurden im Zuge der Wende 1989 zunächst verworfen. Inzwischen gibt es Betrebungen, beides wieder einzuführen. Ähnlich verhält es sich mit der Impfpflicht, die im Zuge der Wiedervereinigung zunächst abgeschafft und im Jahr 2019 teilweise wieder eingeführt wurde.

Reisen

Die Reisefreiheit der DDR-Bürger war stark eingeschränkt. Hintergrund war die starke Tendenz zur Abwanderung vor allem qualifizierter Arbeitskräfte, der durch Beschränkungen der Reisefreiheit entgegengewirkt werden sollte. Somit verweigerte die Staatsführung bis zur Wende 1989 der Mehrheit der DDR-Bevölkerung freie Reisen in das westliche und selbst in das sozialistische Ausland. Die meisten Urlauber blieben in der DDR, bevorzugt an der Ostsee, im Thüringer Wald und im Elbsandsteingebirge. Reisen ins sozialistische Ausland unterlagen einer sehr restriktiven Genehmigungspraxis. Sie bedurften so genannter Reiseanlagen, die bei der Volkspolizei beantragt werden mussten. Lediglich in die ČSSR und zwischen 1972 und 1980 nach Polen war die Reise ohne vorherige Genehmigung möglich. Nach Abschluss eines Rechtshilfeabkommens zwischen Belgrad und Ost-Berlin zur Auslieferung abtrünniger DDR-Bürger durften jährlich 2000 auserwählte DDR-Bürger unter besonderen Sicherheitsvorkehrungen nach Jugoslawien reisen. Reisen ins nichtsozialistische Ausland konnten von DDR-Bürgern unter 65 Jahren laut der im DDR-Gesetzblatt veröffentlichten Reiseverordnung zwar beantragt werden, die Anträge wurden jedoch von der Stasi hinter den Kulissen überwiegend als „ungesetzlich" eingestuft und abgelehnt. Ausnahmen wurden bei „dringenden Familienangelegenheiten" oder aus beruflichen Gründen gemacht, wenn eine Rückkehr in die DDR als wahrscheinlich galt, z. B. wenn Kinder oder der Ehepartner als Pfand zurückblieben. Ab 1964 durften Rentner für mehrere Wochen im Jahr ins westliche Ausland reisen, weil deren eventuelles Fernbleiben keinen Verlust an Arbeitskräften für die DDR darstellte. Obschon die DDR den Internationalen Pakt über bürgerliche und politische Rechte und auch die Schlussakte von Helsinki unterzeichnete, änderte sich für die DDR-Bürger bis zum Mauerfall nichts.

Gescheiterte Wirtschaftsreformen

Als die in der Ära Ulbricht beschworenen Erwartungen, man werde den Westen in der wirtschaftlichen Effizienz und beim Konsumangebot einholen und übertreffen, sich am Ende der 1950er Jahre als Illusion entpuppten, suchte man die Ursachen zunächst in einer „Überzentralisierung". Der sollte mit dem Neuen Ökonomischen System der Planung und Leitung der Volkswirtschaft (NÖSPL) abgeholfen werden, das neue Impulse und Messgrößen der Bedarfsermittlung und Rentabilitätssteigerung vor Ort versprach. An eine Abkehr von der parteigesteuerten Planwirtschaft war dabei ebenso wenig gedacht wie an eine sozialistische Marktwirtschaft nach jugoslawischem Vorbild.

Nachdem das von Ulbricht geförderte Konzept der zielgerichteten Förderung führender Industriezweige die in Aussicht gestellten Erfolge nicht erbracht hatte, kam es unter Honecker zu einem neuerlichen Zentralisierungsschub, bei dem in der ersten Hälfte der 1970er Jahre die meisten der noch in Privatbesitz verbliebenen Betriebe über aufgezwungene Mehrheitsbeteiligungen verstaatlicht wurden: „Es blieb nur ein kleiner privater Rest in Handwerk, Einzelhandel und Gastronomie ...."

Seit Ende der 1960er Jahre wurden die bis dahin zur wirtschaftlichen Vernetzung üblichen Vereinigungen Volkseigener Betriebe zunehmend abgelöst durch Kombinate, in denen zu Rationalisierungszwecken die Bereiche Produktion, Forschung, Entwicklung und Absatz eines bestimmten VEB-Segments zusammengefasst und mit einer einheitlichen Leitung versehen wurden. Die damit häufig verbundene hohe Fertigungstiefe ging auf Kosten einer stärkeren Arbeitsteilung, Effizienz und Produktivität. Grundlegende Mängel konnten auf diesem Wege nicht behoben werden.

„Denn in zahlreichen Betrieben gab es endlose Verschleiß- und Reparaturprobleme, da die Mittel für eine modernisierte Ausrüstung fehlten. Eine verhängnisvolle Folge davon war die nicht abreißende Serie von Unfällen, darunter viele mit tödlichem Ausgang. Als weitere Folge stellte sich ein drastischer Ausfall von Arbeitsstunden ein, deren Zahl durch das häufige Ausbleiben von Materiallieferungen noch vermehrt wurde."

Nicht nur die Industrieproduktion lag bereits in den 1970er Jahren deutlich hinter den Erwartungen der Planer. So mussten im Zeitraum von 1971 bis 1981 für rund 15 Milliarden Valutamark Getreide und Futtermittel aus dem NSW importiert werden, da die Landwirtschaft, u. a. wegen schlechter Ernten (1969) und der weiteren Umgestaltung, keine Überschüsse mehr produzierte. Ende der 1970er Jahre erfolgte eine weitere Spezialisierung der Landwirtschaft. Die sowohl horizontale als auch vertikale Integration konnte bei vergleichsweise hohem Personalbestand nur geringe positive Skaleneffekte vorweisen. Diese Industrialisierung der Landwirtschaft bewirkte zudem ökologische Nebenfolgen wie Bodenerosion, hohes Gülleaufkommen und Grundwasserbelastung. Dabei litten die landwirtschaftlichen Betriebe ebenso wie die Kombinate an Kapital- und Investitionsmangel; verschlissene Anlagen konnten nur schleppend ersetzt werden, da landwirtschaftliche Maschinen ein wichtiges Exportgut waren. Im Systemvergleich der Agrarproduktion zeigte sich, dass in der DDR die Anreize eines funktionierenden Kapitalmarktes genauso fehlten wie aufgrund der hoch subventionierten Grundnahrungsmittel Preissignale am Nachfragemarkt.

Mit der auf dem VIII. Parteitag der SED 1971 beschlossenen Neuausrichtung zur Einheit von Wirtschafts- und Sozialpolitik stellte Honecker bereits zu Beginn seiner Amtszeit die Weichen für ein kostenintensives Programm erweiterter Konsumangebote und sozialer Leistungen (die „zweite Lohntüte"), die den Staatshaushalt der DDR auf Dauer teuer zu stehen kamen und die Staatsverschuldung fortlaufend in die Höhe trieben. Der Schürer-Bericht vom Oktober 1989 zog die Bilanz dieser Entwicklung:

„Im Zeitraum seit dem VIII. Parteitag (1971) wuchs insgesamt der Verbrauch schneller als die eigenen Leistungen. Es wurde mehr verbraucht als aus eigener Produktion erwirtschaftet wurde zu Lasten der Verschuldung im NSW, die sich von 2 Mrd. VM 1970 auf 49 Mrd. VM 1989 erhöht hat. Das bedeutet, daß die Sozialpolitik seit dem VIII. Parteitag nicht in vollem Umfang auf eigenen Leistungen beruht, sondern zu einer wachsenden Verschuldung im NSW führte."

Die erste Ölkrise in den 1970er Jahren traf die DDR-Wirtschaft nicht unmittelbar. Anfangs profitierte die DDR sogar von der verzögerten Anpassung der Ölpreiserhöhungen im RGW-Handel, da sie über die Veredlung sowjetischen Erdöls mehr Devisen im Westen erwirtschaften konnte. In diese Zeit fallen auch die stärkste Wirtschaftsleistung der DDR sowie wichtige außenpolitische Erfolge und internationale Anerkennung. Zugleich wuchsen die Ausgaben für Honeckers Sozialpolitik ab 1972 ungleich stärker als das Nationaleinkommen. Als die Sowjetunion wegen eigener wirtschaftlicher Probleme dann 1981/82 ihre Rohöl-Liefermengen zu Vorzugspreisen von 19 auf 17 Mio. Tonnen verminderte, war die DDR wieder zunehmend auf die heimische Braunkohle angewiesen: eine zusätzliche Umweltbelastung.

Der wachsenden Devisennot suchte man durch Devisenbeschaffungsmaßnahmen beizukommen, etwa durch die Förderung von Außenhandelsbetrieben, durch Intershops und durch die Einnahmenerhöhung aus dem westlichen DDR-Besuchern aufgezwungenen Mindestumtausch. Dabei ging die Exportförderung zunehmend auf Kosten des inländischen Angebots an Konsumgütern und zu Lasten der betrieblichen Modernisierungsinvestitionen. Einen Sonderzweig der Devisenbewirtschaftung bildete der Bereich Kommerzielle Koordinierung, der von Schalck-Golodkowski geleitet wurde und spezielle Verbindungen zum westlichen Ausland unterhielt. Die Aktivitäten erstreckten sich auf verschiedenste Felder. Man enteignete Kunst- und Antiquitätenbesitzer in der DDR und verkaufte die Sammlungsgegenstände im Westen. Weitere Deviseneinnahmen wurden aus dem Handel mit Blutspenden erzielt, zu denen DDR-Bewohner aus Solidarität mit auswärtigen Befreiungsbewegungen angehalten wurden. Selbst die Lagerung und Entsorgung von westdeutschem Müll und Giftstoffen auf DDR-Gebiet wurde gegen Devisen ermöglicht. Als besonders einträglich in diesem Sinne erwies sich nicht zuletzt der Häftlingsfreikauf, bei dem die Bundesrepublik Deutschland der DDR für die Freilassung und Übersiedlung regimekritischer Häftlinge erkleckliche Summen zahlte. Im Zeitraum zwischen 1964 und 1989 wurden für insgesamt 33.755 Häftlinge mehr als 3,4 Milliarden DM aufgebracht. Auch

Rüstungsexporte, etwa nach Afrika und in den Mittleren Osten wurden zur Devisenbeschaffung eingesetzt.

Besondere Anstrengungen unternahm die DDR-Führung ab 1977 beim Aufbau einer eigenen Mikroelektronikindustrie mit militärischem Anwendungsschwerpunkt, in die man bis 1990 etwa 15 Milliarden DDR-Mark investierte. Die Sowjetunion nahm aber die Rüstungsprodukte ab Mitte der 1980er Jahre nicht mehr ab, und die Umstellung auf rein zivile Produktion führte wegen boykottbedingter mangelnder Verfügbarkeit westlicher Basistechnologien zu absurden Kostenstrukturen.

Auch bei dem zentralen sozialpolitischen Vorhaben der Wohnraumschaffung blieb die DDR-Führung hinter den gesetzten Zielen deutlich zurück. Die Zahlenangaben etwa bei der Übergabe 1984 der zweimillionsten Neubauwohnung seit Beginn des Wohnungsbauprogramms 1973 sowie der dreimillionsten Wohnung durch Honecker 1988 waren gefälscht. In Wirklichkeit waren nur etwa zwei Drittel der besagten Neubauwohnungen geschaffen worden, während gleichzeitig die Substanz der Altbauten in Städten und Dörfern unsaniert mehr und mehr verfiel.

Die staatlichen Investitionsprogramme konnten ein immer weiteres Zurückfallen der DDR-Wirtschaft hinter den technischen Fortschritt nicht verhindern. Negativ wirkte sich hierbei vor allem die Ineffektivität der Planwirtschaft sowie die Innovationsschwäche der DDR-Wirtschaft aus. Alle wirtschaftlichen Reformbemühungen, die seit der Ära Ulbricht dem Überholen der Bundesrepublik gegolten hatten, blieben vergeblich. Der Vergleichswert in Bezug auf das reale Bruttoinlandsprodukt je Einwohner, das 1950 in der DDR noch bei 50 Prozent im Verhältnis zur Bundesrepublik gelegen hatte, lag 1985 nur mehr bei 36 Prozent. Am Ende betrug der Modernisierungsrückstand der DDR-Wirtschaft im innerdeutschen Vergleich laut Klaus Schroeder mindestens 20 Jahre. Unmittelbar vor seiner Absetzbewegung nach Westdeutschland prophezeite Schalck-Golodkowski dem Vorsitzenden der SED-Parteikontrollkommission, Werner Eberlein, Anfang Dezember 1989 brieflich, dass zum Jahresende oder bald danach die Zahlungsunfähigkeit der DDR eintreten werde. Die tatsächliche Auslandsverschuldung war der Wirtschaftsführung aufgrund der DDR-internen Informationsverschleierung nicht bekannt. Wegen geheim gehaltener Außenstände und Devisenreserven, die unter anderem vom Bereich Kommerzielle Koordinierung angelegt worden waren, wurde sie von Schürer seinerzeit deutlich zu hoch angesetzt.

Auch die finanzielle Ausstattung der Betriebe war in den 1980er Jahren zunehmend ungünstig. Honeckers 'Konsumsozialismus' hatte die Gewinne der Betriebe großzügig in den Staatshaushalt eingestellt und ihnen Investitionen, einschließlich solcher für betriebsfremde Leistungen wie z. B. FDGB-Ferienheime, als Kredite in Rechnung gestellt. So beliefen sich die Schulden der volkseigenen Betriebe bei der Staatsbank 1989 auf 260 Milliarden Mark. Zudem führte steigender Reparaturaufwand zu sinkenden Ersatzinvestitionen und daher zu Kapitalverschleiß. Weitere betriebsfremde Leistungen wie Betriebskampfgruppen (KG) und Betriebsparteiorganisationen (BPO) blähten die Verwaltungen unnötig auf und belasteten die Betriebe zusätzlich. Ein

selbsttragender Aufschwung in der DDR wäre daher nur mit extremer Konsumein-
schränkung möglich gewesen.

„Der ökonomische Kollaps deutete sich 1981 an und wurde 1983 offensichtlich. ...
Ohne die Wiedervereinigung wäre die DDR einer ökonomischen Katastrophe mit un-
absehbaren sozialen Folgen entgegengegangen, weil sie auf Dauer allein nicht über-
lebensfähig war. ... Die DDR-Industrie wäre niemals aus eigener Kraft wieder auf die
Beine gekommen."

Arbeits- und Sozialrecht

Typisch für sozialistische Gesellschaften war die Regelung eines einheitlichen Arbeits-
rechts. Es basierte auf Rechten und Pflichten des Individuums gegenüber der Gesell-
schaft (nicht also auf Vertragsfreiheit etwa im Sinne des BGB); siehe hierzu das Ar-
beitsrecht in der DDR. In der DDR gab es das Recht auf Arbeit und die Pflicht, zu ar-
beiten, festgeschrieben in Paragraf 24 der Verfassung der DDR. Wer sich dieser Pflicht
entzog, galt als asozial und erfüllte damit nach Paragraf 249 StGB ab dem 16. Lebens-
jahr einen Straftatbestand.

Die Sozialversicherung, einschließlich Kranken- und Rentenversicherung, war für Ar-
beiter und Angestellte als einheitliche Pflichtversicherung der Sozialversicherung des
FDGB zugeordnet sowie für selbstständige Unternehmer der Staatlichen Versiche-
rung der DDR.

Außenhandel

Die DDR war als hochindustrialisiertes Land auf den Import diverser Waren, Nah-
rungsgüter und Rohstoffe angewiesen. Die Mark der DDR war eine Binnenwährung,
das heißt nicht frei konvertibel in andere Währungen. Einkäufe außerhalb des Ost-
blocks musste die DDR mit konvertiblen Währungen (Devisen) bezahlen. Eine Alter-
native waren Tauschgeschäfte. Die Außenhandelsvolumina der DDR nahmen im Lauf
der Jahre zu (Angaben in Milliarden Valutamark, effektive Preise):Eines der Haupt-
probleme der DDR-Volkswirtschaft war, dass Exporte in das „Nichtsozialistische
Wirtschaftsgebiet" (NSW) mit enormem Aufwand subventioniert werden mussten. So
verdoppelte sich zwischen 1980 und 1988 der Exportaufwand, da die Grund- und Roh-
stoffpreise auf dem Weltmarkt stark angestiegen waren und in die eigene Volkswirt-
schaft nicht ausreichend investiert wurde. Der Produktivitäts-abstand zwischen
Westeuropa und der DDR wuchs weiter an. Zudem hatte die DM (= Valutamark) in der
Zwischenzeit gegenüber dem US-Dollar stark aufgewertet.

Die wichtigsten Außenhandelspartner waren die Sowjetunion und die Bundesrepub-
lik. Die vergleichsweise kleine DDR war mit einem Anteil von 11 Prozent am Außen-
handel der Sowjetunion deren größter Handelspartner. Umgekehrt betrug der sowje-
tische Anteil am DDR-Außenhandel 40 Prozent. Der Warenaustausch mit der Sowjet-
union wuchs von 1,5 Milliarden Valutamark (1950) über 7,9 Milliarden Valutamark
(1960) und erreichte im Jahr 1987 einen Wert von 71 Milliarden Valutamark.

Während in den ersten Jahren nach dem Zweiten Weltkrieg noch Reparationsleistungen darunter fielen, entwickelte sich bald unabhängig davon ein reger Warenaustausch. Der gründete sich auf die industrielle Leistungsfähigkeit wie auch auf den Rohstoffbedarf der DDR; denn diese war im geteilten Deutschland z. B. von Steinkohlelieferungen aus dem Ruhrgebiet und Oberschlesien abgeschnitten und musste diese mit Braunkohlenhochtemperaturvergasung ersetzen. Die DDR war im RGW – neben der heimischen Braunkohle – vor allem auf Erdöl aus der UdSSR als Basis ihrer Energiewirtschaft und chemischen Industrie angewiesen. Die Sowjetunion ihrerseits hatte einen bedeutenden Bedarf an Industrie-, Konsum- und (auch militärischen) Elektronikgütern.

Mit dem Beitritt der DDR in den RGW im Herbst 1950 wurde versucht, die Volkswirtschaften der Mitgliedsländer arbeitsteilig zu koordinieren und durch wechselseitige Spezialisierung und Kooperation Mangelerscheinungen zu beseitigen. Die DDR-Wirtschaft hatte unter anderem die Aufgabe, den Industrialisierungsbedarf der Sowjetunion zu decken. Dies betraf die Infrastruktur, landwirtschaftliche Maschinen und Transportausrüstungen, Schiffe, Reisezugwagen, Werkzeugmaschinen und Krane. Darüber hinaus lieferte die DDR über die dafür gegründete Wismut AG Uranpechblende in die UdSSR, die für die Atomwaffenproduktion eingesetzt wurde. Der 1983 gefasste Entschluss, im Rahmen der so genannten Mikroelektronikinitiative die Militärindustrie und Rüstungsexporte erheblich zu erweitern, kam aufgrund der Politik Gorbatschows nicht mehr zum Tragen.

15 Prozent des DDR-Außenhandelsvolumens wurden zollfrei im so genannten Interzonenhandel mit der Bundesrepublik abgewickelt und getauscht. Die DDR ermöglichte damit Technologietransfer aus dem Westen in die Sowjetunion und konnte indirekt auch auf den westeuropäischen Markt zugreifen. An diesen zum Teil illegalen Einfuhren, die auch rüstungsrelevante Güter beinhalteten und westliche Embargobestimmungen umgingen, waren der Bereich Kommerzielle Koordinierung und das MfS ebenso beteiligt wie an Ausfuhren in die Bundesrepublik. Der Handel mit Westdeutschland bot der DDR beachtliche Exportchancen. Auf diesem Weg konnte sie Waren aus eigener Produktion und aus anderen sozialistischen Staaten, entgegen dem Handelsabkommen mit Westdeutschland (Berliner Abkommen/ Ursprungslandbindung), bevorzugt in die Bundesrepublik Deutschland und in EWG-Partnerstaaten der Bundesrepublik liefern. Dabei bediente sie sich illegaler Methoden, wie Schmuggel, Fälschung von Ursprungszeugnissen usw. Dadurch entstand eine paradoxe Situation. Einerseits propagierte die SED die Zugehörigkeit der DDR zum RGW, dessen herausragende Bedeutung sowie die Überlegenheit des planwirtschaftlichen Systems gegenüber dem Kapitalismus. Andererseits förderte sie insgeheim ihren Westhandel, vor allem jedoch den lukrativen innerdeutschen Handel. Um diesen „Spagat zwischen Ökonomie und propagierter Ideologie" zu verschleiern und sich vor einer Maßregelung durch die UdSSR zu schützen, gab die DDR ihre Umsätze im Handel mit der Bundesrepublik zu niedrig an. In den 1970er Jahren profitierte die DDR durch ihre Westverbindungen erheblich vom Zwischenhandel mit sowjetischem Rohöl und davon

abgeleiteten Chemierohstoffen und Treibstoff. Zu den knappen und für die Verbraucher relativ teuren Importgütern gehörte Kaffee. Die Einstellung der sowjetischen Kaffeelieferungen 1954 führte zu einer der ersten DDR-Versorgungskrisen. Bis in die 1970er Jahre entwickelte sich Kaffee zu einem der wichtigsten Posten im Budget vieler DDR-Haushalte. Eine Stütze der Kaffeeversorgung für DDR-Bewohner mit persönlichen Verbindungen in die Bundesrepublik waren über lange Zeit die entsprechend bestückten „Westpakete". Der durch Missernten ausgelöste Anstieg der Weltmarktpreise 1977 bewirkte in der DDR ein merklich verringertes Kaffeeangebot. Drastische Preiserhöhungen und der gescheiterte Versuch, der Bevölkerung ersatzkaffeehaltige Kaffeemischungen schmackhaft zu machen, führten zu breiten und ungewohnt heftigen Protesten der Bevölkerung und zu einem erheblichen Gesichtsverlust der politischen Führung, die zuletzt doch wieder in den Kaffeehandel zu Weltmarktkonditionen einstieg.

Technik und Wissenschaft

Als Industrieland versuchte die DDR sich auf vielen industriellen und technischen Gebieten vom Westen unabhängig zu machen und ihre technischen Aufgaben im Rahmen des RGW und der „sozialistischen Integration" zu erfüllen. Eine wesentliche Rolle spielten dabei Wissenschaftler und Techniker der DDR. Bekannte Namen in diesem Bereich sind zum Beispiel der Erfinder Manfred von Ardenne, der Kosmonaut Sigmund Jähn und der Molekularbiologe Jens Reich. Auf einigen Gebieten waren beachtliche Erfolge zu verzeichnen. Die Forschung und Wissenschaft in der DDR war vornehmlich anwendungsorientiert und praxisbezogen.

Kultur, Bildung, Sport

Kultur und Bildungswesen in der DDR wurden im Sinne der Staatsdoktrin intensiv gefördert und stark reglementiert. Die Verfassung von 1968 propagierte eine sozialistische Kultur, das kulturvolle Leben der Werktätigen und eine enge Verbindung der Kulturschaffenden mit dem Leben des Volkes. „Körperkultur, Sport und Touristik als Elemente der sozialistischen Kultur dienen der allseitigen körperlichen und geistigen Entwicklung der Bürger."

Abseits des offiziellen DDR-Kulturbetriebs entstanden jedoch auch Subkulturen, die der staatlichen Zensur nur eingeschränkt zugänglich waren. In privaten Zirkeln organisiert, boten sie Rückzugs- und Entfaltungsräume, die für das DDR-Alltagsleben teilweise den Eindruck einer „Nischengesellschaft" entstehen ließen.

Kultur

In dem von der SED stark gelenkten Kulturleben der DDR wechselten sich während der vier Jahrzehnte ihres Bestehens mehrmals Phasen der Öffnung mit solchen rigider Bevormundung ab. In der Sowjetischen Besatzungszone ging es noch hauptsächlich um die Überwindung der faschistischen Barbarei, der man den Kulturbund zur demokratischen Erneuerung Deutschlands (KB) entgegensetzte. Mit dem Aufbau des

Sozialismus wurde auf kulturellem Gebiet ein Sozialistischer Realismus eingefordert, der „wahrheitsgetreue, historisch konkrete Darstellung der Wirklichkeit in ihrer revolutionären Entwicklung" zum Ziel haben sollte. Der 1958 begonnene Bitterfelder Weg stellte eine besonders breit angelegte Form der Zielannäherung dar, indem sich gemäß der Parole: „Greif zur Feder, Kumpel, die sozialistische Nationalkultur braucht dich!", eine kulturpolitische Massenbewegung der Arbeiterklasse nach Ulbrichts Vorgaben auch literarisch ans Werk machen sollte. Namengebend für diese Ausrichtung war der Bezug zu den der SED-Führung seinerzeit besonders wichtigen DDR-Chemiestandorten um Bitterfeld, deren Arbeitswelt nun von den Werksarbeitern selbst im sozialistischen Geist dargestellt werden sollte. Da die Ergebnisse der Kampagne den Erwartungen qualitativ nicht entsprachen, distanzierten sich die DDR-Verantwortlichen später wieder von dem Ansatz, die sozialistische Kunst und Literatur von den Werktätigen selbst hervorbringen zu lassen. In der DDR-Spätphase der 1980er Jahre wurden die Bewahrung und die Auseinandersetzung mit dem bürgerlich-humanistischen Erbe kulturpolitisch aufgewertet, etwa im Zusammenhang mit dem Lutherjahr 1983 oder mit der 750-Jahr-Feier Berlins 1987.

Gab es 1957 allein 86 Theater, 40 Sinfonieorchester, 11.092 Bibliotheken, 284 Heimat-Kunst- und Naturkundemuseen, 803 Kulturhäuser, 451 Klubhäuser, 6 hauptberufliche Volkskunstensembles und 3078 Kinos, so zählte man 1988 18.505 staatliche, Gewerkschafts- und wissenschaftliche Bibliotheken, 1.838 Kultur- und Klubhäuser, 962 Jugendklubs, 111 Musikschulen, 213 Theater, 88 Orchester, 808 Kinos, 10 Kabaretts, 741 Museen und 117 zoologische oder Heimattiergärten. Die berühmte, im Zweiten Weltkrieg zerstörte Dresdner Semperoper konnte im Jahr 1985 wiedereröffnet werden. Der Friedrichstadt-Palast in Berlin ist der letzte große Prachtbau, der in der DDR errichtet wurde.

Als Besonderheit der DDR-Kultur ist das breite Spektrum an Deutschrock-Bands zu werten. Die Skala reichte von „Staatsrockern" wie den Puhdys bis hin zu kritischen Bands wie Silly und Renft. Einige Formationen wie Karat oder City feierten auch international Erfolge.

Die Auftragskunst der DDR und fast sämtliche im Staatsbesitz befindlichen Kunstwerke der DDR wurden kurz vor der Wiedervereinigung vom letzten Kulturminister der DDR Herbert Schirmer aus allen Städten, volkseigenen Betrieben, Schulen, Kulturhäusern, Pionierhäusern, Klubs etc. eingezogen und in die Burg Beeskow gebracht. Es waren 23.000 Werke, bestehend aus 1500 Gemälden, 12.000 Grafiken, 2000 Zeichnungen, aus Fotos, Plakaten, Plastiken, und Gastgeschenken an staatliche Stellen und Betriebe. Seitdem wurden diese Werke vom Kunstarchiv Beeskow verwaltet, das damit regelmäßig Ausstellungen zusammenstellt.

Jugendkulturen

„Die Entwicklung der jungen Menschen zu sozialistischen Persönlichkeiten ist Bestandteil der Staatspolitik der Deutschen Demokratischen Republik und der gesamten

Tätigkeit der sozialistischen Staatsmacht." Solche gesetzlichen Vorgaben, die in allen staatlichen Einrichtungen zu beachten und umzusetzen waren, stellten hohe Erwartungen an das systemkonforme Verhalten von Jugendlichen, die aber, durch westliche Medien vermittelt, auch von Rock- und Beatmusik sowie von der Popkultur beeinflusst wurden.

Die an der bündischen Jugendbewegung und den politischen Jugendorganisationen zu Beginn des Jahrhunderts orientierte Freie Deutsche Jugend (FDJ) knüpfte an Jugenderfahrungen der DDR-Führungsschicht an, die von den DDR-Jugendlichen der 1960er Jahre jedoch nur noch teilweise angenommen wurde. Als die Repressionen im Anschluss an den Mauerbau einer Phase neuer Werbung der SED um Zustimmung in der Bevölkerung wichen, wurden vorübergehend auch die aus dem Westen importierten Musikangebote und Tanzformen offiziell toleriert und gefördert. 1964 wurde das DDR-Jugendradio DT64 gegründet, das auch im Westen Anhänger fand. Nach dem Aufleben einer DDR-eigenen Beatbewegung mit Gruppen wie den Sputniks, den Butlers und dem Diana Show Quartett reagierte die DDR-Führung seit Ende 1965 wieder entschieden abwehrend auf die neue Entwicklung. Es kam zu strengen Kontrollen, Auflagen und Verboten, die zur Leipziger Beatdemo führten. Bekannt wurde Walter Ulbrichts Aussage „Ist es denn wirklich so, dass wir jeden Dreck, der vom Westen kommt, nu kopieren müssen? Ich denke, Genossen, mit der Monotonie des Je-Je-Je, und wie das alles heißt, ja, sollte man doch Schluss machen."

Für die DDR-Jugendkultur bedeutsame Filme waren unter anderen „Heißer Sommer" Ende der 1960er und „Die Legende von Paul und Paula" (1973). Anfang der 1970er Jahre wurde Ulrich Plenzdorfs Text „Die neuen Leiden des jungen W." zu einem Dokument einer DDR-spezifischen Außenseiterkultur. Durch das Festival der Jugend und andere der SED genehme Veranstaltungen in der Bundesrepublik kamen Bands wie die Puhdys, Karat und Pankow, die Singebewegung und die DDR-spezifische Liedermacherkultur zu Westerfahrungen, die Wechselwirkungen begünstigten. Die Ausbürgerung Wolf Biermanns 1976 führte zu einer von zahlreichen DDR-Literaten und Künstlern getragenen Protesthaltung gegen die SED-Oberen: ein neuerlicher Bruch in der kulturellen Entwicklung der DDR. Es folgte ein Exodus vieler prominenter Künstler, wie z. B. Manfred Krug oder Nina Hagen.

Nonkonformistische Jugendliche waren in der DDR dauernden Repressionen unterworfen.

Der Rechtsextremismus in der DDR wurde verheimlicht oder von der Stasi als „dekadent-amoralische Auffassungen" Jugendlicher sprachlich kaschiert. Ab Mitte der 1970er Jahre setzte ein Loyalitätsverfall der DDR-Jugend gegenüber dem sozialistischen System ein, und das Interesse an westlichen Jugend- und Subkulturen und ihren Musikstilen erwachte. Jugendliche aus der Blueser- oder Kundenszene engagierten sich zunehmend innerhalb der kirchlichen Jugendarbeit, später auch die Punks in der DDR, weil es hier Gestaltungsmöglichkeiten abseits von staatlicher Kontrolle gab: offene Gespräche, geeignete Räumlichkeiten, Konzerte in der DDR verbotener Bands. Zu

Höhepunkten in diesem Rahmen wurden die Blues-Messen in Ost–Berliner Kirchen mit bis zu 7000 Teilnehmern (24. Juni 1983) dar, darunter auch Publikum aus West-Berlin.

Seit etwa 1985 entstand die Grufti-Bewegung. Parallel dazu machten sich Die anderen Bands auf den Weg, um eine Musik- und Jugendkultur zwischen Punk-, New-Wave-, Indierock- oder Metal unabhängig von staatlicher Lenkung zu etablieren.

Mitte der 1980er Jahre nahmen die Mitgliederzahlen rechtsextremistischer Skin-, Fascho- und Nazi-Popper-Gruppen, die um ihre hohe Gewaltbereitschaft und Brutalität von Westskins beneidet wurden, verstärkt zu, was 1988 zu gehäuften Gerichtsverfahren in ostdeutschen Großstädten führte. Rechtsextreme Jugendliche sammelten sich unter anderem im Umfeld einiger Fußballclubs.

Bildungswesen

Wesentliche Merkmale des Schulsystems der DDR waren

- einheitliche Bildungsinhalte für alle Kinder bis Klasse 8 (später 10) und Beginn der äußeren Differenzierung nach Klasse 10; diese Einheitlichkeit war die Grundlage der Abschlussprüfungen der 10. Klasse und des Abiturs;
- die gezielte Vorbereitung auf die spätere Arbeitswelt durch polytechnische Ausbildung und eine Schwerpunktsetzung auf die mathematisch-naturwissenschaftlichen Fächer, während die geisteswissenschaftlichen Fächer stark ideologisch ausgerichtet waren;
- das Bemühen um eine Einheit von Bildung und Erziehung mit dem Ziel der vollständigen Integration der Absolventen in die sozialistische Gesellschaft (und geringer Toleranz für Andersdenkende).

Wehrerziehung

Ab 1978 mussten Mädchen und Jungen der 9. und 10. Klasse am Wehrunterricht teilnehmen, eine Freistellung war nicht möglich. Hier wurde in einem theoretischen Teil militärisches und politisches Grundlagenwissen über die NVA und die „sozialistische Landesverteidigung" vermittelt. Wesentlicher Teil des praktischen Wehrunterrichts war ein Wehrlager für die Jungen oder ein Lehrgang für Zivilverteidigung für Mädchen sowie für Jungen, die nicht am Wehrlager teilnahmen.

Die vormilitärische Ausbildung setzte sich für die meisten Jugendlichen in der Berufsausbildung und an den EOS sowie im Studium fort. Die Gesellschaft für Sport und Technik (GST) trainierte nicht nur Jugendliche auf freiwilliger Basis in militärischen Sportarten, sondern war auch für einen Großteil der vormilitärischen Ausbildung für alle Jugendlichen verantwortlich.

Historisch-politologische Einordnung

Zur historisch-politologischen Einordnung des DDR-Regimes gibt es in der Forschung sehr unterschiedliche Thesen. Einigkeit besteht allenfalls darüber, dass es sich um eine Diktatur gehandelt hat. Die SED-Formeln für die DDR wie „Arbeiter- und Bauern-staat", „Friedensstaat" oder „sozialistische Demokratie" sind nicht mehr gebräuch-lich.

„Totalitarismus"

Weit verbreitet, aber auch umstritten ist die Bezeichnung der DDR als totalitär. So kennzeichnet sie der Zeithistoriker Klaus Schroeder als „(Spät-) totalitären Überwa-chungs- und Versorgungsstaat"; der Sozialhistoriker Hans-Ulrich Wehler beschreibt sie als „totalitäre Parteidiktatur eines Kollaborationsregimes auf der Basis eines Ok-kupationskommunismus, der ... mit allen Mitteln einer kolonialen Neugründung durchgesetzt wurde". Die im Totalitarismusbegriff implizierte Ähnlichkeit zum NS-Regime wird von Karl Dietrich Bracher herausgestrichen, der die DDR als „zweite deutsche Diktatur" (nach der der Nationalsozialisten) bezeichnet.

Andere betrachten den Totalitarismusbegriff als nur eingeschränkt auf die DDR an-wendbar oder lehnen ihn entschieden ab. Dabei wird teilweise geltend gemacht, dass sich der Charakter des Regimes im Lauf der Zeit gewandelt habe: In der Ära Ulbricht und insbesondere während der fünfziger Jahre sei das Regime durchaus totalitär ge-wesen, wohingegen die Ära Honecker eher durch eine Aufweichung der Repression und des staatlichen Propagandamonopols gekennzeichnet sei. Der Politikwissen-schaftler Eckhard Jesse sieht die DDR der siebziger und achtziger Jahre daher nur mehr als autoritären Staat, wenn auch mit totalitären Zügen. Zu einem ähnlichen Er-gebnis war bereits 1968 der Politikwissenschaftler Peter Christian Ludz gekommen. Er versuchte nachzuweisen, dass die für moderne Industriestaaten typischen Moder-nisierungs- und Differenzierungsprozesse auch in sozialistischen Staaten abliefen. Im Zuge einer solchen Modernisierung sei der Machtanspruch der alten Führungselite durch eine modernere „technokratische Gegenelite" in Frage gestellt worden, die den Herrschaftscharakter des Regimes hin zu einem „konsultativen Autoritarismus" abge-mildert habe.

Der Historiker Stefan Wolle sieht zwischen NS- und SED-Diktatur zwar zum Teil „frap-pierende Übereinstimmungen" hinsichtlich Führerkult, Massenparaden, nächtlichen Fackelzügen und Art der Propagandareden, verweist aber auf strukturelle Unter-schiede bei Wirtschaftsorganisation, Machtkonzentration sowie hinsichtlich der Zu-stimmung in der Bevölkerung und betont den vergleichsweise unblutigen Charakter des SED-Regimes, das weder rassische Verfolgungen noch einen industriell organisier-ten Massenmord zu verantworten habe. Diese Unterschiede machten „eine für beide sinnvolle Verwendung der Totalitarismustheorie unmöglich". Auch Wolfgang Wip-permann lehnt die These von der Gleichartigkeit beider Diktaturen ab, hinter der er zwei außerwissenschaftliche Absichten vermutet: Zum einen gehe es darum, das NS-Regime zu verharmlosen und die deutsche Schuld am Holocaust zu relativieren, zum anderen sei eine Dämonisierung der DDR beabsichtigt, die tagesaktuellen politischen Zwecken diene, neuerdings der Delegitimierung der Partei Die Linke. Für den Zeithis-toriker Martin Sabrow ergibt sich „die fundamentale Differenz" zwischen NS- und

SED-Regime aus den heute „universal anerkannten Normen" menschlichen Zusammenlebens:

„Dem Nationalsozialismus ist der Glaube an die Ungleichwertigkeit der Menschen und das Recht des Stärkeren inhärent, während sich mit dem Kommunismus als politischem Manifest ungeachtet seiner strukturellen Gewaltorientierung und seines heilsgewissen Erlösungscharakters Ziele wie Gleichheit, Gerechtigkeit und Solidarität verbinden, die mit seinem politischen Scheitern ihren Wert nicht verloren haben. Der sozialistische Traum lässt mehr Lesarten zu als der nationalsozialistische Zivilisationsbruch."

Gegner einer Bezeichnung der DDR als totalitär verweisen zudem darauf, dass der staatliche Zugriff auf den Einzelnen bei Weitem nicht so groß gewesen sei wie angenommen. Private oder kirchliche Zirkel und Vereine, ebenso staatsferne Milieus wie die Schrebergärten hätten vielmehr Nischen geboten, in denen sich Selbstverwirklichung, privates Glück oder sogar eine „Gegenrationalität" habe realisieren lassen, die der staatlich verordneten Ideologie ganz andere Sinnbildungen entgegengesetzt habe. Der Begriff „Nischengesellschaft" war bereits 1983 von dem Publizisten Günter Gaus geprägt worden, der von 1974 bis 1981 als Leiter der Ständigen Vertretung der Bundesrepublik in Ost-Berlin gelebt hatte.

„Partizipatorische Diktatur" versus „Fürsorgediktatur"

Die Londoner Zeithistorikerin Mary Fulbrook stellt die repressiven Züge des SED-Regimes der Vielzahl der an seinem Funktionieren Beteiligten gegenüber und bringt das Ganze auf den Begriff der „partizipatorischen Diktatur". Ungezählte ehrenamtlich wirkende Funktionäre in einem Großgeflecht regimenaher Organisationen seien in den 1970er und 1980er Jahren von „einem ganz erheblichen Anteil der Bevölkerung" als selbstverständlich hingenommen worden in ihrem systemtreuen Auftreten und Handeln, durch das sie teilhatten an den „Mikrostrukturen der Macht". Laut Fulbrook war die große Mehrheit der Ostdeutschen in ein System verwickelt, „an dem sie sich beteiligen mussten; und aufgrund ihrer Partizipation wurden sie selbst verändert. Es war daher letzten Endes eine Diktatur, die durch das Agieren und Interagieren der großen Mehrheit der Bevölkerung aufrechterhalten wurde." Viele Menschen in der DDR hätten nie Veranlassung gehabt, gegen die Landes- und Systemgrenzen anzurennen, und meinten daher, ein „ganz normales Leben" führen zu können.

Zur Erfassung sowohl der sozialen als auch der repressiven Aspekte des Regimes verwendet der deutsch-amerikanische Historiker Konrad Jarausch den Begriff der „Fürsorgediktatur".

„Unrechtsstaat" versus „Doppelstaat"

Einen weiteren Versuch, den Charakter der DDR terminologisch zu fassen, stellt der Begriff Unrechtsstaat dar, der im Zusammenhang mit einer umstrittenen Äußerung des Ministerpräsidenten von Mecklenburg-Vorpommern Erwin Sellering im Frühjahr

2009 in den deutschen Massenmedien diskutiert wurde. Dagegen wurde u. a. eingewandt, dass dieser Begriff die Lebenswirklichkeit der DDR-Bürger ausklammere, die zum Teil keine oder kaum Erfahrung mit dem staatlichen Repressionsapparat gemacht hätten.

Die Politikwissenschaftlerin Gesine Schwan schlägt vor, die DDR in Anlehnung an Ernst Fraenkel als „Doppelstaat" zu charakterisieren. Wie im nationalsozialistischen Deutschland habe es auch in der DDR neben dem „Normenstaat" einen „Maßnahmenstaat" gegeben: Während sich ersterer im Rahmen einer bestehenden Rechtsordnung um das reibungslose Funktionieren von Wirtschaft und Gesellschaft kümmerte, sei es dem Maßnahmenstaat um die Durchsetzung der Ideologie gegangen. Zu diesem Zweck habe er die rechtsstaatliche Ordnung jederzeit außer Kraft setzen können. Ein Rechtsstaat sei die DDR also nicht gewesen, ihre einseitige Beschreibung als „Unrechtsstaat" stelle aber Arbeit und Leben sämtlicher ehemaligen DDR-Bürger unter einen moralischen Generalverdacht.

Wikipedia® ist eine eingetragene Marke der Wikimedia Foundation Inc.

Quelle: Seite „Deutsche Demokratische Republik". In: Wikipedia, Die freie Enzyklopädie. Bearbeitungsstand: 22. Februar 2020, 22:35 UTC. URL: https://de.wikipedia.org/w/index.php?title=Deutsche_Demokratische_Republik&oldid=197070831 (Abgerufen: 23. Februar 2020, 09:49 UTC)

17. Berlin

Berlin ist die Hauptstadt der Bundesrepublik Deutschland und zugleich eines ihrer Länder. Die Stadt ist mit rund 3,7 Millionen Einwohnern die bevölkerungsreichste und mit 892 Quadratkilometern auch die flächengrößte Gemeinde Deutschlands. Außerdem ist sie damit die einwohnerstärkste Stadt der Europäischen Union. In ihrer Stadtagglomeration leben rund 4,5 Millionen Einwohner, in der Metropolregion Berlin/Brandenburg sind es gut sechs Millionen. Der Stadtstaat besteht aus zwölf Bezirken. Neben den Flüssen Spree und Havel befinden sich im Stadtgebiet kleinere Fließgewässer sowie zahlreiche Seen und Wälder. Im Jahr 1237 erstmals urkundlich erwähnt, war Berlin im Lauf seiner Geschichte Residenz- und Hauptstadt Brandenburgs, Preußens und Deutschlands. Nach dem Ende des Zweiten Weltkriegs wurde die Stadt 1945 von den Siegermächten geteilt: Ost-Berlin hatte ab 1949 die Funktion als Hauptstadt der Deutschen Demokratischen Republik, während West-Berlin sich eng an die alte Bundesrepublik Deutschland anschloss. Mit dem Fall der Berliner Mauer 1989 und der deutschen Wiedervereinigung im Jahr 1990 wuchsen die beiden Stadthälften wieder zusammen und Berlin erhielt seine Rolle als gesamtdeutsche Hauptstadt zurück. Seit 1999 ist die Stadt auch endgültig der Sitz der Bundesregierung, des Bundespräsidenten, des Bundestages, des Bundesrates sowie zahlreicher Bundesministerien und Botschaften.

Zu den bedeutenden Wirtschaftszweigen in Berlin gehören unter anderem der Tourismus, die Kreativ- und Kulturwirtschaft, die Biotechnologie und Gesundheitswirtschaft mit Medizintechnik und pharmazeutischer Industrie, die Informations- und Kommunikationstechnologien, die Bau- und Immobilienwirtschaft, der Handel, die Optoelektronik, die Energietechnik sowie die Messe- und Kongresswirtschaft. Die Stadt ist ein europäischer Knotenpunkt des Schienen- und Luftverkehrs. Berlin zählt zu den aufstrebenden, internationalen Zentren für innovative Unternehmensgründer und verzeichnet jährlich hohe Zuwachsraten bei der Zahl der Erwerbstätigen.

Berlin gilt als Weltstadt der Kultur, Politik, Medien und Wissenschaften. Die Universitäten, Forschungseinrichtungen, Sportereignisse und Museen Berlins genießen internationalen Ruf. Die Metropole trägt den UNESCO-Titel Stadt des Designs und ist eines der meistbesuchten Zentren des Kontinents. Berlins Architektur, Festivals, Nachtleben und vielfältige Lebensbedingungen sind weltweit bekannt.

Geschichte

Namensbildung und erste Besiedlungen

Der Name Berlin leitet sich vermutlich von dem slawischen Begriff br'lo bzw. berlo mit den Bedeutungen ‚Sumpf, Morast, feuchte Stelle' oder ‚trockene Stelle in einem Feuchtgebiet' sowie dem in slawischen Ortsnamen häufigen Suffix -in ab. Dafür spricht vor allem, dass der Name in Urkunden immer wieder mit Artikel auftaucht („der Berlin").

Der Stadtname ist weder auf den angeblichen Gründer der Stadt, Albrecht den Bären, noch auf das Berliner Wappentier zurückzuführen. Hierbei handelt es sich um ein redendes Wappen, mit dem versucht wird, den Stadtnamen in deutscher Interpretation bildlich darzustellen. Das Wappentier leitet sich demnach vom Stadtnamen ab, nicht umgekehrt.

Markgrafschaft und Kurfürstentum

Die auf der Spreeinsel gelegene Stadt Kölln wurde 1237 erstmals urkundlich erwähnt. 1244 folgte dann die Erwähnung (Alt-)Berlins, das am nordöstlichen Ufer der Spree liegt. Neuere archäologische Funde belegen, dass es bereits in der zweiten Hälfte des 12. Jahrhunderts vorstädtische Siedlungen beiderseits der Spree gegeben hat. 1280 fand der erste nachweisbare märkische Landtag in Berlin statt. Dies deutet auf eine frühe Spitzenstellung, wie sie auch aus dem Landbuch Karls IV. (1375) erkennbar wird, als Berlin mit Stendal, Prenzlau und Frankfurt/Oder als die Städte mit dem höchsten Steueraufkommen nachgewiesen werden. Die beiden Städte Berlin und Kölln bekamen 1307 ein gemeinsames Rathaus.

Berlin teilte das Schicksal Brandenburgs unter den Askaniern (1157–1320), Wittelsbachern (1323–1373) und Luxemburgern (1373–1415). Im Jahr 1257 zählte der Markgraf von Brandenburg zum ersten Mal zum einzig zur Königswahl berechtigten Wahlkollegium. Die genauen Regeln wurden 1356 mit der Goldenen Bulle festgelegt; seitdem galt Brandenburg als Kurfürstentum. Nachdem der deutsche König Sigismund von Luxemburg 1415 Friedrich I. von Hohenzollern mit der Mark Brandenburg belehnt hatte, regierte diese Familie bis 1918 in Berlin als Markgrafen und Kurfürsten von Brandenburg und ab 1701 auch als Könige in bzw. von Preußen.

Im Jahr 1448 revoltierten Einwohner von Berlin im „Berliner Unwillen" gegen den Schlossneubau des Kurfürsten Friedrich II. („Eisenzahn"). Dieser Protest war jedoch nicht von Erfolg gekrönt, und die Stadt büßte viele ihrer mittlerweile ersessenen politischen und ökonomischen Freiheiten ein. Kurfürst Johann Cicero erklärte 1486 Berlin zur Hauptresidenzstadt des brandenburgischen Kurfürstentums.

Bereits seit 1280 gab es Handelsbeziehungen zur Hanse, insbesondere zu Hamburg. Ab dem 14. Jahrhundert war Berlin Mitglied der Hanse und 1518 trat Berlin formal aus der Hanse aus bzw. wurde von ihr ausgeschlossen.

Die Reformation wurde 1539 unter Kurfürst Joachim II. in Berlin und Kölln eingeführt, ohne dass es zu großen Auseinandersetzungen kam.

Der Dreißigjährige Krieg zwischen 1618 und 1648 hatte für Berlin verheerende Folgen: Ein Drittel der Häuser wurde beschädigt, die Bevölkerungszahl halbierte sich. Friedrich Wilhelm, bekannt als der Große Kurfürst, übernahm 1640 die Regierungsgeschäfte von seinem Vater. Er begann eine Politik der Immigration und der religiösen Toleranz. Vom darauf folgenden Jahr an kam es zur Gründung der Vorstädte Friedrichswerder, Dorotheenstadt und Friedrichstadt.

Im Jahr 1671 wurde 50 jüdischen Familien aus Österreich ein Zuhause in Berlin gegeben. Mit dem Edikt von Potsdam 1685 lud Friedrich Wilhelm die französischen Hugenotten nach Brandenburg ein. Über 15.000 Franzosen kamen, von denen sich 6.000 in Berlin niederließen. Um 1700 waren 20 Prozent der Berliner Einwohner Franzosen, und ihr kultureller Einfluss war groß. Viele Einwanderer kamen außerdem aus Böhmen, Polen und Salzburg.

Von 1658 bis 1683 erfolgte der Ausbau der Doppelstadt Berlin/Cölln zur Festung mit insgesamt 13 Bastionen.

Preußen und Deutsches Kaiserreich

Berlin erlangte 1701 durch die Krönung Friedrichs I. zum König in Preußen die Stellung der preußischen Hauptstadt, was durch das Edikt zur Bildung der Königlichen Residenz Berlin durch Zusammenlegung der Städte Berlin, Kölln, Friedrichswerder, Dorotheenstadt und Friedrichstadt am 17. Januar 1709 amtlich wurde. Die Einwohnerzahl Berlins stieg dadurch auf etwa 55.000. Bald darauf entstanden neue Vorstädte, die Berlin vergrößerten.

Nach der Niederlage Preußens 1806 gegen die Armeen Napoleons verließ König Friedrich Wilhelm III. Berlin Richtung Königsberg. Behörden und wohlhabende Familien zogen aus Berlin fort. Französische Truppen besetzten die Stadt von 1806 bis 1808. Unter dem Reformer Freiherr vom und zum Stein wurde 1808 die neue Berliner Städteordnung beschlossen, was zur ersten frei gewählten Stadtverordnetenversammlung führte. An die Spitze der neuen Verwaltung wurde ein Oberbürgermeister gewählt. Die Vereidigung der neuen Stadtverwaltung, Magistrat genannt, erfolgte im Berliner Rathaus.

Bei den Reformen der Schulen und wissenschaftlichen Einrichtungen spielte die von Wilhelm von Humboldt vorgeschlagene Bildung einer Berliner Universität eine bedeutende Rolle. Die neue Universität (1810) entwickelte sich rasch zum geistigen Mittelpunkt von Berlin und wurde bald weithin berühmt. Weitere Reformen wie die Einführung einer Gewerbesteuer, das Gewerbe-Polizeigesetz (mit der Abschaffung der Zunftordnung), unter Staatskanzler Karl August von Hardenberg verabschiedet, die bürgerliche Gleichstellung der Juden und die Erneuerung des Heereswesens führten zu einem neuen Wachstumsschub in Berlin. Vor allem legten sie die Grundlage für die spätere Industrieentwicklung in der Stadt. Der König kehrte Ende 1809 nach Berlin zurück. Am 28. Mai 1813 wurden in der Jungfernheide letztmals in Preußen Todesurteile durch Verbrennen auf dem Scheiterhaufen vollstreckt.

In den folgenden Jahrzehnten bis um 1850 siedelten sich außerhalb der Stadtmauern neue Fabriken an, in denen die Zuwanderer als Arbeiter oder Tagelöhner Beschäftigung fanden. Dadurch verdoppelte sich die Zahl der Einwohner durch Zuzug aus den östlichen Landesteilen. Bedeutende Unternehmen wie Borsig, Siemens oder die AEG entstanden und führten dazu, dass Berlin bald als Industriestadt galt. Damit einher ging auch der politische Aufstieg der Berliner Arbeiterbewegung, die sich zu einer der stärksten der Welt entwickelte.

Im Ergebnis der Märzrevolution machte der König zahlreiche Zugeständnisse. 1850 wurde eine neue Stadtverfassung und Gemeindeordnung beschlossen, wonach die Presse- und Versammlungsfreiheit wieder aufgehoben, ein neues Dreiklassen-Wahlrecht eingeführt und die Befugnisse der Stadtverordneten stark eingeschränkt wurden. Die Rechte des Polizeipräsidenten Hinckeldey wurden dagegen gestärkt. In seiner Amtszeit bis 1856 sorgte er für den Aufbau der städtischen Infrastruktur (vor allem Stadtreinigung, Wasserwerke, Wasserleitungen, Errichtung von Bade- und Waschanlagen). Eine ausführliche Darstellung der damaligen Situation in Berlin findet sich in dem Werk von Robert Springer Berlins Straßen, Kneipen und Clubs im Jahre 1848.

Im Jahr 1861 wurden Moabit und der Wedding sowie die Tempelhofer, Schöneberger, Spandauer und weitere Vorstädte eingemeindet. Den Ausbau der Stadt regelte ab 1862 der Hobrecht-Plan. Die Blockbebauung mit einer Traufhöhe von 22 Metern prägt viele Berliner Stadtviertel. Durch den rasanten Bevölkerungsanstieg, Bauspekulation und Armut kam es zu prekären Wohnverhältnissen in den Mietskasernen der entstehenden Arbeiterwohnquartiere mit ihren für Berlin typischen mehrfach gestaffelten, engen Hinterhöfen.

Mit der Einigung zum kleindeutschen Nationalstaat durch den preußischen Ministerpräsidenten Otto von Bismarck am 18. Januar 1871 wurde Berlin Hauptstadt des Deutschen Reichs (bis 1945). Nach der Entstehung des Kaiserreichs folgte die Gründerzeit, in der Deutschland zur Weltmacht und Berlin zur Weltstadt aufstieg. Berlin wurde im Jahr 1877 zunächst Millionenstadt und überstieg die Zweimillionen-Einwohner-Grenze erstmals im Jahr 1905. Der vier Jahrzehnte während Frieden endete mit dem Beginn des Ersten Weltkriegs 1914. Nach der Niederlage Deutschlands 1918 kehrte Kaiser Wilhelm II. nicht mehr nach Berlin zurück. Er floh in die Niederlande.

Weimarer Republik und Groß-Berlin

Nach dem Ende des Ersten Weltkriegs wurde am 9. November 1918 in Berlin die Republik ausgerufen. In den Monaten nach der Novemberrevolution kam es mehrfach zu teils blutigen Auseinandersetzungen zwischen der Regierung und ihren Freikorps sowie revolutionären Arbeitern. Anfang 1919 erschütterte der Januaraufstand die Stadt, zwei Monate später ein Generalstreik. Bei den Berliner Märzkämpfen wurden auf Befehl des sozialdemokratischen Reichswehrministers Gustav Noske Feldgeschütze, Mörser und Flugzeuge mit Bomben gegen die Bevölkerung eingesetzt. In Lichtenberg starben vom 3. bis zum 16. März insgesamt 1200 Menschen.

1920 kam es zum Blutbad vor dem Reichstag und später zum Kapp-Putsch. In der zweiten Jahreshälfte folgte dann aber mit der Gründung Groß-Berlins die größte Eingemeindung der Stadtgeschichte, was mit einem großen Zukunftsaufbruch einherging und bei der sich das bis dahin bestehende Berlin mit mehreren umliegenden Städten und Landgemeinden sowie zahlreichen Gutsbezirken zu dem vereinigte, was heute unter „Berlin" verstanden wird. Die so vergrößerte Stadt hatte damit rund vier Millionen Einwohner und war in den 1920er Jahren die größte Stadt Kontinentaleuropas und die nach London und New York drittgrößte Stadt der Welt. Die Stadt erlebte in den Folgejahren eine Blütezeit der Kunst, Kultur, Wissenschaft und Technik und wurde aufgrund der Eingemeindung der industriereichen Vororte 1920 in der Statistik zur größten Industriestadt Europas. Diese Epoche wurde später auch als die „Goldenen Zwanziger" bekannt, die dann mit der Weltwirtschaftskrise zum Ende des Jahrzehnts, auch in Berlin, ihr jähes Ende fand.

Nationalsozialismus

Nach der „Machtergreifung" der Nationalsozialisten 1933 gewann Berlin als Hauptstadt des Dritten Reichs zunächst erneut an Bedeutung, vor allem aufgrund der Zentralisierung, die mit der „Gleichschaltung" der Landesregierungen verbunden war. Adolf Hitler und Generalbauinspektor Albert Speer entwickelten architektonische Konzepte für den Umbau der Stadt zur „Welthauptstadt Germania", die jedoch nie verwirklicht wurden.

Das NS-Regime zerstörte Berlins jüdische Gemeinde, die vor 1933 rund 160.000 Mitglieder zählte. Nach den Novemberpogromen von 1938 wurden tausende Berliner Juden ins nahe gelegene KZ Sachsenhausen deportiert. Rund 50.000 der noch in Berlin wohnhaften 66.000 Juden wurden von 1941 an in Ghettos und Arbeitslager nach Litzmannstadt, Minsk, Kaunas, Riga, Piaski oder Theresienstadt deportiert. Viele starben dort unter den widrigen Lebensbedingungen, andere wurden später während des Holocausts in Vernichtungslager wie Auschwitz verschleppt und ermordet.

Während des Zweiten Weltkriegs wurde Berlin erstmals am 25. August 1940 von britischen Bombern angegriffen. Die alliierten Luftangriffe steigerten sich massiv ab 1943, wobei große Teile Berlins zerstört wurden. Die Schlacht um Berlin 1945 führte zu weiteren Zerstörungen. Fast die Hälfte aller Gebäude war zerstört, nur ein Viertel aller Wohnungen war unbeschädigt geblieben. Von 226 Brücken standen nur noch 98.

Geteilte Stadt

Nach der Einnahme der Stadt durch die Rote Armee und der bedingungslosen Kapitulation der Wehrmacht am 8. Mai 1945 wurde Berlin gemäß den Londoner Protokollen – der Gliederung ganz Deutschlands in Besatzungszonen entsprechend – im Juli 1945 in vier Sektoren aufgeteilt. Es entstanden die Sektoren der USA, des Großbritannien, Frankreichs und der Sowjetunion. Weder in der Konferenz von Jalta noch im Potsdamer Abkommen war eine förmliche Teilung in Westsektoren und Ostsektor (West-Berlin und Ost-Berlin) vorgesehen. Diese Gruppierung ergab sich 1945/46 unter anderem durch das gemeinsame Interesse der West-Alliierten.

Die Sowjetische Militäradministration in Deutschland schuf schon am 19. Mai 1945 einen Magistrat für Berlin. Er bestand aus einem parteilosen Oberbürgermeister, vier Stellvertretern und 16 Stadträten. Für Groß-Berlin blieb allerdings eine

Gesamtverantwortung aller vier Siegermächte bestehen. Die zunehmenden politischen Differenzen zwischen den Westalliierten und der Sowjetunion führten nach einer Währungsreform in den West-Sektoren 1948/1949 zu einer wirtschaftlichen Blockade West-Berlins, die die Westalliierten mit der „Berliner Luftbrücke" überwanden.

Mit der Gründung der Bundesrepublik Deutschland im Westen Deutschlands und der Deutschen Demokratischen Republik (DDR) im Osten Deutschlands im Jahr 1949 verfestigte sich der Kalte Krieg auch in Berlin. Während die Bundesrepublik ihren Regierungssitz in Bonn einrichtete, proklamierte die DDR Berlin als Hauptstadt. West-Berlin war somit seit 1949 de facto ein Land der Bundesrepublik mit rechtlicher Sonderstellung und Ost-Berlin de facto ein Teil der DDR. Der Ost-West-Konflikt gipfelte in der Berlin-Krise und führte zum Bau der Berliner Mauer durch die DDR am 13. August 1961.

Der Osten und Westen der Stadt waren seitdem voneinander getrennt. Der Übergang war nur an bestimmten Kontrollpunkten möglich, allerdings nicht mehr für die Bewohner der DDR und Ost-Berlins und bis 1972 nur in Ausnahmefällen für Bewohner West-Berlins, jene die nicht nur im Besitz des Berliner Personalausweises waren.

Berlin-Blockade und Luftbrücke 1948/1949

Im Juni 1948 verhängte die sowjetische Besatzungsmacht nach der Einführung der D-Mark eine Blockade über sämtliche Straßen-, Wasserstraßen- und Schienen-verbindungen der westlichen Besatzungszonen durch die Sowjetische Besatzungszone nach den Westsektoren Berlins, in der Hoffnung, die wirtschaftliche Kontrolle über die gesamte Stadt zu erlangen. Die Regierung der Vereinigten Staaten reagierte, indem sie die Luftbrücke einrichtete, bei der Nahrung, Brennstoffe und andere Versorgungsgüter in die Stadt eingeflogen wurden. Die Sowjetunion gab die Blockade am 12. Mai 1949 auf. Als Teil des Projektes hatten Ingenieure der US-Armee den Flughafen Tempelhof erweitert. Da die Piloten gelegentlich Süßigkeiten für Kinder bei der Landung aus dem Fenster warfen, wurden die Flugzeuge von den Berlinern Rosinenbomber genannt. Pakete mit Süßigkeiten wurden auch über Ost-Berlin abgeworfen.

Das Ziel der Sowjetunion, die Westsektoren wirtschaftlich mit ihrem Umland zu verzahnen und eine dauerhafte wirtschaftliche Loslösung zu verhindern, war gründlich misslungen. Mehr noch: Die West-Berliner Bevölkerung fühlte sich nach der Blockade, die mit der Teilung der Stadt einherging, politisch und wirtschaftlich noch stärker mit Westdeutschland verbunden als jemals zuvor. Nach der politischen Teilung im Jahr 1948 war die wirtschaftliche Teilung somit nicht mehr aufzuhalten.

Berlin und die beiden deutschen Staaten

Als am 23. Mai 1949 die Bundesrepublik Deutschland in den drei westlichen Besatzungszonen gegründet wurde, listete Artikel 23 des Grundgesetzes auch Groß-Berlin als Bundesland mit auf. Ähnlich verhielt es sich mit der am 7. Oktober 1949 gegründeten DDR. Die damalige Fassung der Verfassung der DDR beschreibt Deutschland als

„unteilbare Republik", in der es nur eine deutsche Staatsangehörigkeit gebe und deren Hauptstadt Berlin sei. Gemeint war zweifellos das gesamte Groß-Berlin, das nach DDR-Sichtweise auf dem Gebiet der sowjetischen Besatzungszone lag und deren westliche Sektoren nur von den Westalliierten verwaltet wurden. Somit beanspruchten beide deutschen Staaten die ehemalige Reichshauptstadt, ohne jedoch vor dem 3. Oktober 1990 jemals Verfügungsgewalt über ganz Berlin gehabt zu haben.

West-Berlin während der Teilung (1950–1990)

Im Jahr 1950 trat in West-Berlin die Verfassung von Berlin (VvB) in Kraft. Nach Art. 2 Abs. 1 VvB war Berlin ein Land der Bundesrepublik Deutschland; dieser Artikel konnte jedoch keine Wirkung entfalten, da er von den in Berlin maßgeblichen Alliierten gemäß Genehmigungsschreiben vom 29. August 1950 zurückgestellt war. Die Bindung West-Berlins an die Bundesrepublik wurde jedoch durch „Übergangsregelungen", die in Art. 87 VvB für die Zeit der alliierten Einschränkungen getroffen wurden, weitgehend gewährleistet, insbesondere durch regelmäßige Übernahme der Bundesgesetze durch das Berliner Abgeordnetenhaus. Am 3. Dezember 1950 folgte die erste Wahl zum Abgeordnetenhaus von Berlin, das seinerseits den Senat von Berlin wählte. Erster Regierende Bürgermeister von Berlin wurde Ernst Reuter. Bis 1961 folgten ihm Walther Schreiber (CDU), Otto Suhr (SPD) und Willy Brandt (SPD).

Aufstand vom 17. Juni 1953

Am 17. Juni 1953 begann eine Demonstration von anfänglich 60 Bauarbeitern, die später als Volksaufstand bekannt wurde. Am Beginn war es nur Protest über eine kürzlich von der DDR-Regierung beschlossene Arbeitsnormerhöhung. Ihren Ausgang nahm die Demonstration an der im Bau befindlichen Stalinallee (heute: Karl-Marx-Allee). Als insbesondere der RIAS von der Demonstration berichtete, solidarisierten sich viele Ost-Berliner mit dem Protestzug und reihten sich ein. Unterstützung erhielten die Ost-Berliner, die zum Potsdamer Platz zogen, auch von Berlinern aus den Westbezirken. Auch in zahlreichen Städten der DDR kam es infolge der Aufstände in Ost-Berlin zu Arbeitsniederlegungen und Demonstrationen.

Als der Aufstand außer Kontrolle zu geraten drohte, rief die Regierung der DDR sowjetische Truppen zu Hilfe. In der Folge kam es zu Straßenkämpfen, bei denen auf kaum bewaffnete Arbeiter scharf geschossen wurde. Während der Niederschlagung des Aufstandes wurden mindestens 153 Personen getötet. Die Beteiligung von West-Berliner Arbeitern, die Berichterstattung des RIAS, Angriffe auf Volkspolizisten und das Niederbrennen des Columbushauses nutzte die DDR-Regierung, um diesen Aufstand als konterrevolutionär und von West-Berlin gesteuert zu bezeichnen. Die unbeliebten Normerhöhungen wurden aber dennoch zurückgenommen und Kampfgruppen aus politisch besonders linientreuen Bürgern gegründet, um zukünftige Aufstände ohne sowjetische Soldaten niederschlagen zu können.

Am 13. August 1961 begann die ostdeutsche Regierung mit dem Bau der Berliner Mauer, die die Trennung Berlins endgültig festigte. Der Plan zum Bau der Mauer in

Berlin war ein Staatsgeheimnis der DDR-Regierung. Die Mauer sollte die Emigration der ostdeutschen Bevölkerung in den Westen verhindern, da die DDR wirtschaftlich und personell auszubluten drohte (sogenannte „Abstimmung mit den Füßen").

Auswirkung des Mauerbaus 1961

Als am 13. August 1961 die ersten Steinblöcke in den frühen Morgenstunden am Potsdamer Platz gelegt wurden, standen amerikanische Truppen mit scharfer Munition bereit, schauten dem Bau der Mauer jedoch nur zu. Zwar wurden die Westalliierten durch Gewährsleute über die Planung „drastischer Maßnahmen" zur Abriegelung von West-Berlin informiert, vom konkreten Zeitpunkt und Ausmaß der Absperrung gaben sie sich öffentlich überrascht. Da ihre Zugangsrechte nach West-Berlin nicht beschnitten wurden, griffen sie nicht militärisch ein.

US-Präsident Kennedy besuchte am 26. Juni 1963 Berlin. Vor dem Rathaus Schöneberg hielt er eine Rede über die Mauer, in der er die historischen Worte sprach: „Ich bin ein Berliner". Dies bedeutete den West-Berlinern auf ihrer demokratischen Insel inmitten der DDR viel, war jedoch in Anbetracht der amerikanischen Akzeptanz beim Bau der Mauer teilweise Symbolik. Für die Westalliierten und die DDR bedeutete der Mauerbau eine politische und militärische Stabilisierung, der Status quo von West-Berlin wurde im wahrsten Sinne des Wortes zementiert – die Sowjetunion gab ihre im Chruschtschow-Ultimatum noch 1958 formulierte Forderung nach einer entmilitarisierten, „freien" Stadt West-Berlin auf.

Im Jahr 1971 sicherte das Viermächteabkommen über Berlin die Erreichbarkeit West-Berlins und beendete die wirtschaftliche und politische Bedrohung, die mit einer Schließung der Zufahrtsrouten möglich gewesen wäre. Ferner bekräftigten alle vier Mächte die gemeinsame Verantwortung für ganz Berlin und stellten klar, dass West-Berlin kein Bestandteil der Bundesrepublik sei und nicht von ihr regiert werden dürfe. Während die Sowjetunion den Vier-Mächte-Status nur auf West-Berlin bezog, unterstrichen die Westalliierten 1975 in einer Note an die Vereinten Nationen ihre Auffassung vom Viermächte-Status über Gesamt-Berlin.

Studentenbewegung, Terror und Hausbesetzerszene (1960–1980)

Ab 1967 wurde West-Berlin Zentrum der Studentenrevolten, die von der Freien Universität ausging, und die ihr Zentrum in Charlottenburg hatte. Ein weiterer Brennpunkt war die Zentrale der Springer-Verlage in der damaligen Kreuzberger Kochstraße (heute: Rudi-Dutschke-Straße). Es ging hier um einen gesellschaftlichen Konflikt, der die Bevölkerung spaltete. Studenten und Polizei standen sich oft gewalttätig gegenüber.

Die Erschießung des Studenten Benno Ohnesorg bei der Demonstration am 2. Juni 1967 in West-Berlin gegen den Besuch des Schahs von Persien durch den Polizeibeamten Karl-Heinz Kurras war ein entscheidender Anstoß für die Verbreitung der Studentenbewegung.

Ab Anfang der 1970er Jahre entwickelte sich in West-Berlin eine Terroristenszene. Neben Personen aus der Rote Armee Fraktion war in West-Berlin auch die Bewegung 2. Juni aktiv, die sich nach dem Todesdatum von Benno Ohnesorg benannt hatte. Am 10. November 1974 wurde der Kammergerichtspräsident Günter von Drenkmann ermordet und 1975, kurz vor der Wahl zum Abgeordnetenhaus von Berlin 1975, der Vorsitzende der Berliner CDU, Peter Lorenz, von Terroristen entführt.

Als Reaktion auf den Wohnungsmangel bei gleichzeitigem spekulationsbedingtem Leerstand entwickelte sich im östlichen Teil Kreuzbergs, dem alten Postbezirk SO 36, Ende der 1970er Jahre eine vergleichsweise große und aktive Hausbesetzerbewegung. Im Juli 1981 erreichte die Anzahl der besetzten Häuser in Berlin mit 165 ihren Höhepunkt. Von diesen Besetzungen wurden 78 bis zum November 1984 durch den Abschluss von Miet-, Kauf- oder Pachtverträgen legalisiert, die Restlichen wurden geräumt. Bereits im Dezember 1980 war es infolge einer versuchten Besetzung zu schweren Zusammenstößen zwischen Hausbesetzern und der Polizei gekommen (siehe Schlacht am Fraenkelufer). Bei einer Demonstration gegen die Räumung von acht besetzten Häusern starb in der Potsdamer Straße der Demonstrant und Hausbesetzer Klaus-Jürgen Rattay, der infolge eines Polizeieinsatzes unter einen Bus der BVG geraten war.

Berlinpolitik

Der Westteil der Stadt wurde von der Bundesrepublik massiv subventioniert, auch um mit dem „Schaufenster des Westens" propagandistische Wirkung in der DDR zu entfalten. Unternehmen erhielten massive Investitionszuschüsse. Die Berlinzulage (genannt: „Zitterprämie"), ein achtprozentiger Lohnaufschlag, sollte den fortgesetzten Arbeitskräftemangel lindern. Sowohl für Berliner Ehepaare als auch für die Zuzügler wurde ein zinsloses Familiengründungsdarlehen in Höhe von 3000 DM eingeführt, das „abgekindert" werden konnte. Trotzdem blieb die Bevölkerungsentwicklung West-Berlins von Abwanderung und Überalterung geprägt.

Landespolitik

Nach Willy Brandt (bis 1966) amtierten als Regierende Bürgermeister Heinrich Albertz, Klaus Schütz, Dietrich Stobbe, Hans-Jochen Vogel (alle SPD). Ab der Wahl zum Abgeordnetenhaus von Berlin 1981 regierten mit Richard von Weizsäcker und Eberhard Diepgen Politiker der CDU. Ab der Abgeordnetenhauswahl 1989 war in dem von Walter Momper (SPD) geleiteten Senat Momper erstmals die Alternative Liste an der Landesregierung beteiligt.

Mauerfall und Wiedervereinigung (1988–1990)

Zentren der Oppositionsbewegung im Ostteil Berlins während der 1980er Jahre waren beispielsweise Gethsemanekirche, Samariterkirche und Zionskirche. Am 17. Januar 1988 protestierten Bürgerrechtler auf der offiziellen Liebknecht-Luxemburg-Demonstration. Im Herbst 1989 kam es zur Wende und friedlichen Revolution in der

DDR. Am 4. November 1989 fand mit der Alexanderplatz-Demonstration die größte nicht staatlich gelenkte Demonstration in der Geschichte der DDR statt.

Bei den Feierlichkeiten zum 40. Jahrestag der DDR in Ost-Berlin im Oktober 1989 hielt Ehrengast Michail Gorbatschow eine Rede, in der er andeutete, dass er eine restriktive Politik der DDR-Regierung in Bezug auf die Flüchtlinge, die zu diesem Zeitpunkt über die Grenzen von Ungarn und der Tschechoslowakei flüchteten, nicht zulassen würde.

Am 9. November ließen die Grenztruppen zunächst am Übergang Bornholmer Straße, später auch an anderen Grenzübergängen nach einer missverstandenen Äußerung des Politbüromitgliedes Günter Schabowski auf einer Pressekonferenz die dort wartende Menge passieren. Viele Ost-Berliner fuhren noch in der Nacht nach West-Berlin. Am Brandenburger Tor erklommen Menschen die Mauer, es herrschte Volksfeststimmung. Die Reisefreiheit wurde nicht mehr zurückgenommen und die Mauer wurde in der Folgezeit abgerissen, wobei viele Berliner als sogenannte „Mauerspechte" mit Hammer und Meißel Teile der Mauer als Souvenirs abschlugen.

Der Ost-Berliner Oberbürgermeister Tino Schwierzina und der West-Berliner Regierende Bürgermeister Walter Momper arbeiteten fortan in enger Absprache, um die große Menge an Aufgaben, die die bevorstehende Wiedervereinigung der Stadthälften aufwarf, in Angriff zu nehmen. Das Bürgermeistergespann wurde scherzhaft in den Medien als „Schwierzomper" oder „Mompzina" verballhornt, die beiden Stadtregierungen Senat (West) und Magistrat (Ost) wurden von Walter Momper bald als „Magi-Senat" tituliert. Die Ost-Berliner Bevölkerung stand nun vor der Herausforderung, den Systemübergang und die damit verbundenen grundlegenden Veränderungen der gesellschaftlichen und wirtschaftlichen Ordnung zu bewältigen.

Der Einigungsvertrag erklärte Berlin mit der Wiedervereinigung am 3. Oktober 1990 zur Hauptstadt Deutschlands. Mit der Zustimmung zum Einigungsvertrag verzichteten die Alliierten auf ihre Kontrolle über Berlin, wodurch der umstrittene rechtliche Status Berlins geklärt und damit die Berlin-Frage gelöst war. Am 2. Dezember 1990 fanden die ersten Wahlen zum Abgeordnetenhaus des wiedervereinigten Berlins statt. Der Sitz von Bundestag und Bundesregierung blieb allerdings zunächst noch in Bonn. Erst nach einer kontroversen – auch von der Öffentlichkeit geführten – Debatte beschloss der Bundestag am 20. Juni 1991, dass die Hauptstadt Berlin auch Parlaments- und Regierungssitz sein solle (siehe Hauptstadtbeschluss).

Eine mit dem West-Berliner Vorbild vergleichbare Hausbesetzerbewegung entwickelte sich erst im Rahmen der politischen Wende 1989 in den Ost-Berliner Stadtteilen Friedrichshain und Prenzlauer Berg. Diese war insbesondere durch das passive Verhalten der Ost-Berliner Volkspolizei begünstigt. Dies änderte sich allerdings nachdem im Juli 1990 der Ost-Berliner Magistrat unter den Einfluss des Senats von West-Berlin geraten war. In der Folge kam es zu den schweren Straßenschlachten bei der Räumung der Mainzer Straße. Viele der Besetzungen wurden ähnlich wie bei der ersten Besetzungswelle legalisiert. Die letzten besetzen Häuser, die im Rahmen der

„Berliner Linie" toleriert worden waren, ließ der Berliner Innensenator Jörg Schönbohm zwischen 1996 und 1998 räumen.

Im Jahr 1972 trat das Viermächteabkommen über Berlin in Kraft. Während die Sowjetunion den Viermächte-Status nur auf West-Berlin bezog, unterstrichen die Westmächte 1975 in einer Note an die Vereinten Nationen ihre Auffassung vom Viermächte-Status über Gesamt-Berlin. Die Problematik des umstrittenen Status Berlins wird auch als Berlin-Frage bezeichnet.

In der DDR kam es 1989 zur politischen Wende, die Mauer wurde am 9. November geöffnet.

Wiedervereinte Stadt

Am 3. Oktober 1990 wurden die beiden deutschen Staaten durch den Beitritt der DDR zu Bundesrepublik Deutschland wiedervereinigt und Berlin per Einigungsvertrag Bundeshauptstadt.

Am 20. Juni 1991 beschloss der Bundestag mit dem Hauptstadtbeschluss nach kontroverser öffentlicher Diskussion, dass die Stadt Sitz der deutschen Bundesregierung und des Bundestages sein solle. 1994 wurde das Schloss Bellevue auf Initiative Richard von Weizsäckers zum ersten Amtssitz des Bundespräsidenten. In der Folgezeit wurde das Bundespräsidialamt in unmittelbarer Nähe errichtet. Ebenfalls 1994 zogen sich die russischen, amerikanischen, britischen und französischen Truppen aus Berlin zurück.

Im Jahr 1999 nahmen Regierung und Parlament ihre Arbeit in Berlin auf. 2001 wurde das neue Bundeskanzleramt eingeweiht und vom damaligen Bundeskanzler Gerhard Schröder bezogen. Die überwiegende Zahl der Auslandsvertretungen in Deutschland verlegten in den folgenden Jahren ihren Sitz nach Berlin.

Zum 1. Januar 2001 wurde die Zahl der Bezirke von 23 auf 12 reduziert, um eine effizientere Verwaltung und Planung zu ermöglichen.

Deutsche Hauptstadt

Der Deutsche Bundestag entschied 1991 nach der Wiedervereinigung im sogenannten „Hauptstadtbeschluss", dass Berlin als Bundeshauptstadt auch Sitz des Bundestages und der Bundesregierung werden sollte. Das Berlin/Bonn-Gesetz ist eine Folge des Hauptstadtbeschlusses vom 20. Juni 1991, in dem Berlin auch zum Regierungssitz bestimmt wurde.

Seit 1994 befindet sich der Erste Amtssitz des Bundespräsidenten im Schloss Bellevue in Berlin. 1999 zog der größte Teil der Bundesregierung von Bonn nach Berlin um. Bundestag (im Reichstagsgebäude), Bundesrat und Bundesregierung haben seitdem ihren Betrieb in der Bundeshauptstadt aufgenommen. Im Jahr 2001 wurde das Bundeskanzleramt eingeweiht und erstmals von Bundeskanzler Gerhard Schröder bezogen. Die neuerrichtete Zentrale des Bundesnachrichtendienstes wurde im November 2018 bezogen.

Von den derzeit 14 Bundesministerien des 17. deutschen Bundeskabinetts haben acht ihren Hauptsitz in Berlin. Darunter sind das Auswärtige Amt sowie die Bundesministerien für Finanzen; für Familie, Senioren, Frauen und Jugend; für Arbeit und Soziales; des Innern; der Justiz und für Verbraucherschutz; für Wirtschaft und Energie; für Verkehr und digitale Infrastruktur. Die übrigen sechs Bundesministerien haben ihren Hauptsitz in der Bundesstadt Bonn. Alle Ministerien, auch die in der Hauptstadt ansässigen, haben einen Zweitsitz in der jeweils anderen Stadt.

In Berlin sind die Bundesministerien für Bildung und Forschung; für Ernährung und Landwirtschaft; für Gesundheit; für Umwelt, Naturschutz, Bau und Reaktorsicherheit; der Verteidigung und für wirtschaftliche Zusammenarbeit und Entwicklung mit einem Zweitsitz vertreten. Etwa zwei Drittel der Ministeriumsbeschäftigten, rund 12.600 Beamte und Tarifbeschäftigte (Stand: 2018), arbeiten in Berlin.

In Berlin haben 158 Staaten ihren deutschen Botschaftssitz, während die 16 Bundesländer mit Landesvertretungen repräsentiert sind. Eine Vielzahl der diplomatischen Vertretungen sind im Tiergartenviertel niedergelassen.

Als Regierungssitz des Staates mit der größten Volkswirtschaft Europas zählt Berlin zu den einflussreichen und gesuchten Zentren der europäischen Politik. Parteizentralen, Gewerkschaften, Stiftungen, Verbände und Lobbyvertretungen von Unternehmen haben dort ihren Sitz, um vor Ort ihren Einfluss auf Entscheidungsprozesse in Parlament und Regierung geltend machen zu können. Staatsbesuche und Empfänge auf allen politischen Ebenen sowie Staatsakte und gesellschaftlich bedeutende Feierlichkeiten prägen den politischen Jahreskalender Berlins. Das Bundesgesetzblatt hingegen wird bis heute in Bonn herausgegeben, und kein einziges Bundesgericht hat seinen Sitz in Berlin.

Land Berlin

Von 1808 bis 1935 und von 1945 bis 1948 wurde die preußische Landeshauptstadt Berlin von einem Magistrat verwaltet, an dessen Spitze ein Oberbürgermeister stand. In der Zeit von 1935 bis 1945 gab es gemäß der Deutschen Gemeindeordnung keinen Magistrat. Von 1948 bis zur Wiedervereinigung 1990 bestanden in der geteilten Stadt ein Magistrat in Ost-Berlin und ein Senat in West-Berlin.

Das heutige Berlin (Länderanhangscode BE) ist im staatsrechtlichen Sinne erst seit der Wiedervereinigung auch ein deutsches Land. Dieses umfasst exakt die Stadt Berlin. Zwar erklärte neben der Berliner Landesverfassung von 1950 auch das deutsche Grundgesetz das Land Berlin zum Gliedstaat der Bundesrepublik Deutschland, wegen der Vorbehalte der Alliierten war dies bis dahin jedoch völkerrechtlich unwirksam. Faktisch war West-Berlin seit 1949 mit einigen Einschränkungen Teil der Bundesrepublik Deutschland, während dasselbe für das formal miteinbezogene Ost-Berlin keine faktische Wirksamkeit hatte. In Artikel 3 des Einigungsvertrages ist die ständige Rechtsauffassung der Bundesrepublik, dass das Grundgesetz in West-Berlin bereits vor der Wiedervereinigung gegolten hat, festgeschrieben.

Das Land Berlin ist in zwölf Bezirke untergliedert. Das Landesparlament des Landes, die gesetzgebende Gewalt, ist nach der Verfassung von Berlin das Abgeordnetenhaus von Berlin. In ihm sind derzeit Abgeordnete aus SPD, CDU, Linken, Bündnis 90/Die Grünen, AfD und FDP vertreten.

Der Senat von Berlin, bestehend aus dem Regierenden Bürgermeister und zehn Senatoren bildet die Landesregierung. Der Regierende Bürgermeister ist zugleich das Oberhaupt des Landes und der Stadt und seit 2016 auch zuständig für die Senatsverwaltung für Wissenschaft und Forschung. Die Senatsverwaltungen entsprechen den Ministerien in Flächenländern und konstituieren sich gegenwärtig (Stand: 2017) wie folgt: Senatsverwaltung für Finanzen, Senatsverwaltung für Integration, Arbeit und Soziales, Senatsverwaltung für Bildung, Jugend und Familie, Senatsverwaltung für Gesundheit, Pflege und Gleichstellung, Senatsverwaltung für Inneres und Sport, Senatsverwaltung für Justiz, Verbraucherschutz und Antidiskriminierung, Senatsverwaltung für Stadtentwicklung und Wohnen, Senatsverwaltung für Wirtschaft, Energie und Betriebe, Senatsverwaltung für Kultur und Europa, sowie die Senatsverwaltung für Umwelt, Verkehr und Klimaschutz. Der Berliner Senat wird seit 2001 von der SPD angeführt. Daran beteiligt war seitdem zumeist die Partei Die Linke, teilweise aber auch die CDU und Bündnis90/Die Grünen.

Nach der Wahl zum Abgeordnetenhaus vom 18. September 2011 wurde der Senat von SPD und CDU unter Führung von Klaus Wowereit (SPD) als Regierendem Bürgermeister gebildet. Nach Wowereits Rücktritt bildete der Senat Müller I am 11. Dezember 2014 die neue rot-schwarze Regierung. Seit 2016 regiert mit dem Senat Müller II in Berlin die bundesweit erste rot-rot-grüne Landesregierung, die von der SPD geführt wird.

Die Ausgaben des Landes Berlin im Jahr 2012 betrugen 22,5 Milliarden Euro. Die Gesamtverschuldung des Landes Berlin betrug 2013 etwa 59,8 Milliarden Euro bzw. 57,72 % des Bruttoinlandsprodukts. Für den Gesamthaushalt erhielt das Land 2012 etwa 3,2 Milliarden Euro aus dem Länderfinanzausgleich und etwa 2,4 Milliarden Euro Bundesergänzungszuweisungen. Die Europäische Union steuert während der Periode 2014–2020 rund 850 Millionen Euro zum Haushalt hinzu. 2018 führte Berlin mit 4,4 Milliarden Euro an Zuwendungen aus dem Länderfinanzausgleich die Liste der vier Empfängerländer mit deutlichem Abstand an.

Berliner Republik (seit 1990)

Nach dem Mauerfall stand Berlin vor der Herausforderung, die beiden eigenständigen Teilstädte wieder zu einer Gesamtstadt zusammenzuführen und den wirtschaftlichen Strukturwandel zu bewältigen. Ein Drittel aller Erwerbstätigen in Ost-Berlin waren im Staatssektor beschäftigt, in West-Berlin arbeiteten ein Viertel aller Erwerbstätigen im öffentlichen Dienst, während dagegen die Dienstleistungen des Wirtschaftssektors nur schwach entwickelt waren. Berlin war 1990 gemessen an der Zahl der Beschäftigten die größte Industriestadt Deutschlands. In Ost-Berlin hatte die

Industriebeschäftigung einen Anteil von 25 %. Die krisenhafte Deindustrialisierung der Region in den folgenden Jahren und der Abbau der Staatsbeschäftigung führte zu einem drastischen Anstieg der Arbeitslosigkeit. Der Dienstleistungssektor entwickelte sich langsamer als erhofft, der Aufbau neuer High-Tech-Industrien, wie in Adlershof, konnte nur mit langfristiger Perspektive begonnen werden. Anfänglich optimistische Annahmen über das Wachstum Berlins sowie steuerliche Anreize für Immobilieninvestitionen befeuerten einen Bauboom bei Bürogebäuden und im Wohnungsbau. Mitte der 1990er Jahre wurden jährlich 20.000 Wohnungen fertiggestellt.

Im Zuge der Wiedervereinigung wurde im Einigungsvertrag der Grundsatz „Rückgabe vor Entschädigung" festgelegt, was zu einer Neuaufteilung des Grund und Bodens in der Berliner Mitte führte. Haupteigentümer waren die Treuhandanstalt und die Oberfinanzdirektion Berlin aber nur zu geringen Teilen die Stadt Berlin selbst. Die wichtigen Entscheidungen zur weiteren Entwicklung der Innenstadt wurden in geheimen Sitzungen zwischen Februar 1991 und September 1993 vom Koordinierungsausschuß für innerstädtische Investitionen (KOAI) getroffen. Nach den Vorstellungen der Politik sollte Berlin zu einer „Global City" aufsteigen und die Konzernzentralen der Global Player in der Stadt angesiedelt werden. Ein Leuchtturmprojekt in dieser Hinsicht war der Potsdamer Platz, die damals größte Baustelle Deutschlands. Auf Initiative von Stadtentwicklungssenator Volker Hassemer wurde ab 1991 das Stadtforum durchgeführt. Bausenator Wolfgang Nagel berief 1991 Hans Stimmann zum Senatsbaudirektor. Um die Neubebauung der Berliner Innenstadt entzündete sich der „Berliner Architekturstreit". Zahlreiche städtebauliche Maßnahmen, wie der Wiederaufbau des Pariser Platzes oder die Schaffung des neuen Parlaments- und Regierungsviertels, wurden begonnen. Der Verlauf der ehemaligen Mauer ist in Teilen des Stadtzentrums heute anhand einer Linie von doppelten Kopfsteinpflastersteinen nachzuvollziehen. Im Sommer 1995 wurde das Reichstagsgebäude verhüllt.

Als erstes Verfassungsorgan verlegte zum 1. Januar 1994 der damalige Bundespräsident Richard von Weizsäcker seinen Dienstsitz nach Berlin. Am 7. September 1999 nahm der Bundestag und am 29. September 2000 der Bundesrat ihre Arbeiten in Berlin auf.

Die Fusion der Bundesländer Berlin und Brandenburg scheiterte 1996 in einer Volksabstimmung am Veto der brandenburgischen Wähler.

Mitte der 1990er Jahre begann ein Jahrzehnt der Stagnation geprägt durch Bevölkerungsverluste mit Abwanderung ins Umland und Rückgang der Wirtschaftsleistung.

Die Loveparade entwickelte sich während der 1990er Jahre zu einer Massenveranstaltung der Technokultur.

Der Entfall der meisten staatlichen Subventionen infolge der Deutschen Teilung und seit 1997 zusätzlich der Berliner Bankenskandal brachten das Land Berlin in enorme finanzielle und fiskalische Schwierigkeiten, die dessen Handlungsfähigkeit einschränken. Der Bankenskandal führte 2001 zu einem Misstrauensvotum gegen den

Regierenden Bürgermeister Eberhard Diepgen. Nachfolger Klaus Wowereit regierte Berlin anschließend über 13 Jahre lang in unterschiedlichen Koalitionen.

Eine Phase drastischer Kürzungen bei den öffentlichen Ausgaben wurde unter der Parole „Sparen, bis es quietscht" eingeleitet. Kommunales Eigentum wurde privatisiert, so die städtischen Wohnungsunternehmen GEHAG seit 1998 und GSW 2004 mit ihrem Bestand an mehreren zehntausend Wohnungen. Die Mehrheitsanteile am Energieversorger Bewag wurden 1997 verkauft, wie auch 1999 die Hälfte der Anteile an den Berliner Wasserbetrieben, wogegen 2011 ein erfolgreicher Volksentscheid durchgeführt wurde.

Berlin klagte 2003 beim Bundesverfassungsgericht wegen einer „extremen Haushaltsnotlage", um eine Bundesergänzungszuweisung von 35 Milliarden Euro zum Schuldenabbau zu erhalten. Diese Klage wurde 2006 zurückgewiesen. Die defizitäre Lage Berlins (Zitat Klaus Wowereit: „Berlin ist arm, aber sexy") konnte durch Wachstum der Wirtschaft, besonders des Tourismus, und der Bevölkerung in der Folgezeit abgemildert werden; seit 2013 macht Berlin keine neuen Schulden mehr.

Seit der Abgeordnetenhauswahl 2016 regiert eine rot-rot-grüne Koalition aus SPD, Linken und Grünen, die von Michael Müller geführt wird.

Am 19. Dezember 2016 ereignete sich der Anschlag auf den Berliner Weihnachtsmarkt an der Gedächtniskirche.

Quelle: Seite „Berlin". In: Wikipedia, Die freie Enzyklopädie. Bearbeitungsstand: 24. Oktober 2020, 09:07 UTC. URL: https://de.wikipedia.org/w/index.php?title=Berlin&oldid=204842062 (Abgerufen: 24. Oktober 2020, 12:39 UTC)

Quelle: Seite „Geschichte Berlins". In: Wikipedia, Die freie Enzyklopädie. Bearbeitungsstand: 21. Februar 2020, 09:57 UTC. URL: https://de.wikipedia.org/w/index.php?title=Geschichte_Berlins&oldid=197018996 (Abgerufen: 23. Februar 2020, 09:52 UTC)

18. Berlin als Hauptstadt: das falsche Symbol

Der Aufstieg Berlins ist sehr stark verknüpft mit der Geburt des National-staates 1871 und vor allem durch die Person von Bismarck. Es bleibt dabei, dass Berlin das Symbol der Reaktion war, Symbol des Untergangs Deutschlands und vor allem der gescheiterten Revolution von 1848.

Dabei waren doch die Höhepunkte der deutschen Kultur in der Weimarer Republik und die Kulturschaffenden im Exil während der Nazizeit zu finden.

Schriftsteller wie unter anderem Berthold Brecht, Thomas und Heinrich Mann, Carl von Ossietzky, Erich Kästner, Hans Fallada, Erwin Jünger, Werner Bergengruen oder Victor Klemperer bezeugen, dass maßgebliche Literaturvertreter aus der Nazizeit humanistische und tolerante Werke hinterlassen haben und ließen sogar, wie im Fall Ossietzkys, ihr Leben im Konzentrationslager. Ausgewanderte Regisseure wie u.a. Fritz Lang (u.a. Metropolis, Die Nibelungen) und Josef von Sternberg (u.a. Der blaue Engel, Das Testament des Dr. Mabuse, usw.) und Musiker wie die Comedian Harmonists, James Simon, Carlo Sigmund Taube oder Gustav Ernest waren während der Weimarer Republik Säulen der deutschen Kultur. Diese Kulturschaffenden, die heutzutage teilweise vergessen sind, standen für die moralische und menschliche Seite Deutschlands während der Nazi Diktatur. In der Nachkriegszeit wurde jedoch ein strategischer Fehler begangen, indem Kulturschaffende, die auf die deutsche Sprache angewiesen waren, mehr oder weniger versteckt wurden.

Der Autor, der lateinischer Herkunft ist, sieht einen Fehler der Besatzungsmächte darin, die deutschen Kulturschaffenden beim Wiederaufbau der Gesellschaft vernachlässigt zu haben. Der Glaube, dass man die Identität eines Volkes verändern kann, indem man Toleranz und fremde Kulturen aufoktroyiert, ist auf lange Sicht zum Scheitern verurteilt. Auch wenn Deutschland über Jahrzehnte hinsichtlich Musik, Malerei und Poesie eine Wüste darstellte, wird es auf lange Sicht wieder dazu kommen, dass deutsche Schriftsteller und Märchenerzähler wie Michael Ende neue Märchen deutscher Prägung erzählen werden.

Folgende Beiträge hat Berlin in der deutschen Geschichte geleistet:

Symbole:

- Symbol von Preußen und der Unterdrückung von anderen Völkern
- Symbol von Bismarck und einer aggressiven Machtpolitik

- Symbol der Zwangsvereinigung - Zentralstaat-
- Symbol der wilheminischen Ära
- Symbol des ersten Weltkrieges
- Symbol der Nazis
- Symbol des Holocaust
- Symbol des zweiten Weltkrieges
- Symbol des Unrechtstaates DDR
- Symbol der Teilung

Was hat Berlin zu der Deutschen Kultur beitragen?

Kultur

Deutsche Schriftsteller und Dichter

- Goethe
- Schiller
- Hauptmann
- Heine
- Lessing
- Grimm
- Von Eichendorf
- Schlegel
- Theodor Fontane
- Heinrich Mann
- Berthold Brecht
- Erich Kästner
- Arnold Zweig
- Joachim Ringelnatz
- Kurt **Tucholsky**

Philosophen

- Kant
- Habermas
- Adorno
- Marx
- Friedrich Engel
- Hegel
- Fichte
- Herder

- Schoppehauer
- Nietzsche
- Popper
- Jaspers
- Heidegger

Musik

- Beethoven
- Brahms
- Bach
- Händel
- Haydn
- Mendelsohn Bartholdy
- E.T.A Hoffmann
- Schuman
- Wagner
- Offenbach

Fazit:

- 95% dieser Künstler und Wissenschaftler haben mit Berlin nichts zu tun!
- Kaum ein Nobelpreisträger kommt aus Berlin
- Kein Friedensnobelpreisträger kommt aus Berlin

Warum also Berlin?

Betrachtet man die oben genannte Auflistung über Schriftsteller, Philosophen, Soziologen und andere Wissenschaftler sowie die Friedensnobelpreisträger so muss festgestellt werden, dass kaum einer davon aus Berlin kommt.

Es fragt sich dann: Warum soll dann Berlin die Hauptstadt Deutschlands sein? Wen vertritt sie?

Betrachtet man die Zeit von 1871 bis heute so muss festgestellt werden, dass das Symbol von Berlin mit dem Symbol von Bismarcks verbunden ist: eine umstrittene geschichtliche Persönlichkeit, die durch Kriege einen nationalen Staat geschaffen hat und zum ersten Mal in der Geschichte Deutschlands Kriege gegenüber Nachbarn durchgeführt hat. Danach kam Wilhelm II, der zumindest eine Mitschuld an dem ersten Weltkrieg und dem daraus resultierenden katastrophalen Friedensvertrag von Versailles hatte. Die

Inflation von 1914-23 mit der Hungersnot, der Aufstieg von Hitler und die NSDAP, mit dem Beginn des zweiten Weltkriegs, mit Holocaust und Rassenwahn und mit immerhin 70 Millionen Toten. Mit dem Ergebnis, dass Deutschland geteilt worden ist und dass Schlesien, Ostpreußen, Danzig und Teile von Böhmen verloren gingen. Verbunden mit einer Besatzung, die bis zur Wiedervereinigung angedauert hat. Ein weiteres Ergebnis stellt die Diktatur der SED in den Ostteilen Deutschlands mit all ihren negativen stalinistischen Erscheinungen dar.

In den Augen vieler ist es unverständlich und ungerecht, dass Berlin schon wieder zur Hauptstadt geworden ist, denn von außen betrachtet ist Berlin das Symbol einer deutschen Hegemonie und vor allem von drei Kriegen, die insgesamt mehr als 100 Millionen Menschen das Leben gekostet haben.

Warum nicht Frankfurt als Hauptstadt?

Es fragt sich, warum eigentlich nicht Frankfurt Hauptstadt Deutschlands geworden ist. Es wird vergessen, dass mit dem Hambacher Fest die Grundlegung der Idee eines nationalen Staates verbunden ist, der frei ist von jeglichen Zwängen. Wenn man von den Paulskirche redet und sie als Symbol der Toleranz, der Freiheit, und der Demokratie sieht, muss die Frage gestellt werden, warum bei der Wiedervereinigung wieder ein Symbol der Unterdrückung, ein Symbol des Völkermordes, und ein Symbol der Unterdrückung der Vielfältigkeit der Völker Deutschlands unter den Preußen ausgesucht worden ist.

Berlin war, ist, und bleibt nicht die natürliche Hauptstadt Deutschlands. Geographisch liegt es an der Grenze. Kulturell und zwar in den Bereichen des Buches, der Philosophie, der Malerei und Kultur spielt Berlin in der deutschen Geschichte kaum eine Rolle. Hinzu kommt, dass die sogenannten Schätze in den Museen zum größten Teil ausländische Kunstwerke sind, die im Lauf der Geschichte auf die eine oder andere Weise, sei es legal oder sei es illegal, entwendet wurden.

Es ist eine Schande, dass man die Wiedervereinigung nicht dazu genutzt hat, das Joch der Preußen und der preußischen Kultur endlich abzuschütteln und der Vielfalt Deutschland gerecht werdend zum Beispiel Frankfurt ausgesucht hat.

19. Die Heimatvertriebenen

Als **Heimatvertriebene** werden nach der Legaldefinition in § 2 des Bundesvertriebe-nengesetzes von 1953 Vertriebene bezeichnet, die am 31. Dezember 1937 oder bereits einmal vorher ihren Wohnsitz in dem gesetzlich bestimmten Vertreibungsgebiet hatten. Darunter fallen Menschen mit deutscher Staatsangehörigkeit und Volksdeutsche, die nach dem Zweiten Weltkrieg die Ostgebiete des Deutschen Reiches, das Sudetenland und alte Siedlungsgebiete in Ost- und Südosteuropa verlassen mussten und bis 1993 im Geltungsbereich des Grundgesetzes der Bundesrepublik Deutschland Aufnahme fanden.

Rechtliche Stellung in Deutschland

In den amtlichen Bevölkerungsstatistiken wurde als Heimatvertriebener gezählt, wer am 1. September 1939 in den deutschen Ostgebieten (Gebietsstand 31. Dezember 1937), im Saargebiet oder im Ausland wohnte, letztere nur mit deutscher Muttersprache. Weil die Staatsangehörigkeit volksdeutscher Vertriebener zur Zeit der Zählungen von 1946 und 1950 ein unzuverlässiges Kriterium darstellte, wurde bei ihnen stattdessen die Muttersprache als Kriterium verwendet. Die Zuordnung für nach dem 1. September 1939 geborene Kinder wurden in der Regel nach dem Wohnsitz des Vaters getroffen (im Freistaat Bayern allerdings nach der Flüchtlingseigenschaft der Mutter).

Das Lastenausgleichsgesetz vom August 1952 unterschied nicht, wer als „Vertriebener" gilt und welcher Vertriebene als „Heimatvertriebener". Die Begriffsdefinition aus dem Lastenausgleichsgesetz wurde im Bundesvertriebenen-gesetz (BVFG) vom 19. Mai 1953 erstmals neu formuliert. Der Begriff des Heimatvertriebenen und seine Rechtsstellung wurden darin geregelt. Es enthält eine Rechtsdefinition des Begriffs „Heimatvertriebener", deren Unterscheidungs-merkmal der Wohnsitz des Vertriebenen am 31. Dezember 1937 war. Nur wer vor 1938 bereits in den Vertreibungsgebieten wohnte, konnte nun geltend machen, aus seiner Heimat vertrieben worden zu sein.

§ 2 BVFG in der ursprünglich geltenden Fassung lautete:

Heimatvertriebener ist ein Vertriebener, der am 31. Dezember 1937 oder bereits einmal vorher seinen Wohnsitz in dem Gebiet desjenigen Staates hatte, aus dem er vertrieben worden ist (Vertreibungsgebiet); die Gesamtheit der Gebiete, die am 1. Januar 1914 zum Deutschen Reich oder zur Österreichisch-Ungarischen Monarchie oder zu einem späteren Zeitpunkt zu Polen, zu Estland, zu Lettland oder zu Litauen gehört haben (Memelgebiet), gilt als einheitliches Vertreibungsgebiet.

Als Heimatvertriebener gilt auch ein vertriebener Ehegatte oder nach dem 31. Dezember geborener Abkömmling, wenn der Ehegatte oder bei Abkömmlingen ein Elternteil als deutscher Staatsangehöriger oder deutscher Volkszugehöriger am 31. Dezember 1937 oder bereits einmal vorher seinen Wohnsitz im Vertreibungsgebiet gehabt hat.

Diese Definition unterscheidet sich von der des Vertriebenen in § 1 BVFG, der Personen umfasst, die ihren Wohnsitz nicht bereits am Stichtag 31. Dezember 1937 im Vertreibungsgebiet hatten.

Rechte und Vergünstigungen nach dem BVFG in seiner ursprünglichen Fassung konnten nur Heimatvertriebene in Anspruch nehmen, die im Geltungsbereich des Grundgesetzes oder in West-Berlin ihren ständigen Aufenthalt hatten, außerdem Sowjetzonenflüchtlinge.

Ältere amtliche Terminologie

Während die 1953 erstmals eingeführten gesetzlichen Begriffe eine relativ klar umrissene juristische Bedeutung haben, die sich beispielsweise in den Flüchtlingsausweisen A, B oder C auswirkt, werden in älteren amtlichen Aktenbeständen die Begriffe „Flüchtling" oder „Vertriebener" meistens synonym und für alle Personen verwendet, die von Umsiedlung, Evakuierung, Flucht und Vertreibung betroffen waren. Eingeschlossen sind auch nach dem Abschluss der Vertreibungen aufgenommene Aussiedler, oft auch Evakuierte, Fremdarbeiter, Ausländer, und Displaced Persons. Während die Volkszählungen von 1946 und 1950 als Kriterium den Wohnsitz vom 1. September 1939, also bei Kriegsbeginn, verwenden, zeigt die Palette der Begriffe mit Bezeichnungen wie „Ostrückwanderer", „Rückkehrer" oder „Rückwanderer", dass die Thematik von Flucht und Vertreibung im engen Zusammenhang steht mit den während des Krieges vom Deutschen Reich durchgeführten Umsiedlungen deutscher Bevölkerungsgruppen in Ost- und Südosteuropa. Im vereinfachenden Begriffspaar „Flucht und Vertreibung", das heute meistens benutzt wird, ist die Vielfalt der Zuwanderungsgründe nicht mehr sichtbar.

Flucht und Vertreibung

Noch vor der erzwungenen Migration der deutschen Bevölkerung aus den Gebieten östlich der Oder-Neiße-Grenze, der Tschechoslowakei, aus Ungarn und aus anderen Siedlungsgebieten in Ost-, Ostmittel- und Südosteuropa flohen am Ende des Zweiten Weltkriegs Hunderttausende in den Westen.

Bereits ab Herbst 1944 setzten sich große Flüchtlingsströme aus Ostpreußen, Pommern, Schlesien, Ostbrandenburg, seit 1945 auch aus dem annektierten Sudetenland in Bewegung. Die Flucht wurde von deutschen Behörden angeordnet oder erfolgte aus Angst vor den Gefahren der näherrückenden Kriegsfront wie Bombardierungen oder Artilleriebeschuss. Berichte und Gerüchte über Massaker, Massenvergewaltigungen und Plünderungen in bereits von der Roten Armee oder Partisanenverbänden erreichten Gebieten taten ein Übriges.

Im Oktober 1944 begannen sogenannte wilde Vertreibungen durch die ortsansässige nichtdeutsche Bevölkerung, besonders in Gebieten mit deutschen Minderheiten wie etwa auf dem Balkan oder in der Slowakei. Neusiedler kamen an, die zuvor oft selbst vertrieben worden waren. Das Potsdamer Abkommen vom August 1945 legte

schließlich fest, dass die Ausweisung der Deutschen „in ordnungsgemäßer und huma-
ner Weise" zu erfolgen habe. Es markiert den Zeitpunkt des offiziellen Übergangs von
individueller und wilder Flucht zur organisierten und planmäßigen Vertreibung
und Zwangsumsiedlung. Damalige amtliche Schätzungen gingen von 13–14 Millionen
Flüchtlingen aus dem Gebiet östlich von Oder und Neiße im Zeitraum von Januar 1945
bis Juli 1946 aus.

Zwischen 1944 und 1948 mussten 11.900.000 Deutsche ihre Heimat verlassen:

Herkunftsgebiet	Flüchtlinge und Vertriebene
Ostbrandenburg	400.000
Ostpreußen	1.960.000
Pommern	1.430.000
Posen, Westpreußen, Danzig, Baltikum	1.160.000
Schlesien	3.200.000
Sudetenland	3.000.000
Jugoslawien, Rumänien, Ungarn	760.000

Flüchtlinge und Vertriebene im Westen

Die alliierten Planungen orientierten sich am Übereinkommen von Potsdam und sa-
hen Aufnahmequoten für die einzelnen Besatzungszonen vor. Eingewiesen wurde vor-
nehmlich in die britische und amerikanische Zone. Frankreich hatte an der Potsda-
mer Konferenz nicht teilnehmen dürfen und verweigerte die Aufnahme der organi-
sierten Transporte in seine Zone bis 1948.

1946 verboten die Westalliierten politisch orientierte Vereinigungen der Flüchtlinge
und ließen nur noch kulturelle zu. Als 1948 die Kommunisten die Herrschaft in der
Tschechoslowakei übernahmen, lockerten sie das Koalitionsverbot schrittweise, weil
nun nicht mehr die Assimilierung der Flüchtlinge Priorität hatte, sondern im Ost-
West-Konflikt die antikommunistische Einstellung der meisten Vertriebenen hoch im
Kurs stand. Für kurze Zeit gab es in Westdeutschland ein Notparlament der Vertrie-
benen in eigener Regie. Der Bund der Heimatvertriebenen und Entrechteten verfolgte
als Interessenvertretung wirtschaftliche und sozialpolitische Ziele und kandidierte
bei Landtags- und Bundestagswahlen.

In den Landsmannschaften der Vertriebenen bildete die gemeinsame Herkunft das
verbindende und tragende Element. In Deutschland wurde als Dachorganisation der
Heimatvertriebenen der Bund der Vertriebenen gegründet. Er umfasst 21 Lands-
mannschaften, worunter die mitgliederstärksten die Sudetendeutsche Landsmann-
schaft und die Schlesische Landsmannschaft sind. Nach Gründung der Bundesrepu-
blik fanden jährliche Bundestreffen der Vertriebenenverbände statt. Bekannt sind ihre

großen Pfingsttreffen. In der Charta der deutschen Heimatvertriebenen von 1950 verzichteten diese auf Rache und Vergeltung.

In Österreich fanden etwa 430.000 Vertriebene Aufnahme. Hier entstand bereits im Jahr 1945 der Verband der Volksdeutschen Landsmannschaften Österreichs. Ende der 1940er Jahre stand die Entschädigung des verloren gegangenen Besitzes durch den so genannten Lastenausgleich im Vordergrund des politischen Engagements der Organisationen, in denen Flüchtlinge und Vertriebene sich zusammengeschlossen hatten. Deutschland und Österreich erließen 1952 bzw. 1956 Lastenausgleichsgesetze.

Aufnahme in Deutschland

Aufnahme der 11.935.000 Vertriebenen in der Bundesrepublik Deutschland und DDR (1950):

Land	Besatzungs- zone	Anzahl	Anteil der Vertriebenen (in D)	Wohn- bevölkerung
Baden-Württemberg	FBZ/ABZ	862.000	7,2 %	13,5 %
Bayern	ABZ	1.937.000	16,2 %	21 %
Brandenburg	SBZ	581.000	4,9 %	23 %
Bremen	ABZ	48.000	0,4 %	8,6 %
Hamburg	BBZ	116.000	1 %	7,2 %
Hessen	ABZ	721.000	6 %	16,5 %
Mecklenburg-Vorpommern	SBZ	981.000	8,2 %	45 %
Niedersachsen	BBZ	1.851.000	15,5 %	27 %
Nordrhein-Westfalen	BBZ	1.332.000	11,2 %	10 %
Ost-Berlin	SBZ	?	?	6 %
Rheinland-Pfalz	FBZ	152.000	1,3 %	5 %
Sachsen	SBZ	781.000	6,5 %	14 %
Sachsen-Anhalt	SBZ	961.000	8,1 %	23 %
Schleswig-Holstein	BBZ	857.000	7,2 %	33 %
Thüringen	SBZ	607.000	5,1 %	20,5 %
West-Berlin	ABZ/FBZ/BBZ	148.000	1,2 %	6,9 %

Das sind 1950 zusammen 11.935.000, davon 3.911.000 in der DDR und 8.024.000 in der Bundesrepublik (später als 1950 gekommene Vertriebene und SBZ/DDR-Flüchtlinge sind nicht enthalten).

Das Saarland war 1950 autonom und wirtschaftlich an Frankreich angeschlossen, es wird daher nicht aufgelistet.

Baden-Württemberg war 1950 noch nicht gegründet; die ehemaligen Länder Württemberg-Baden (ABZ), Württemberg-Hohenzollern (FBZ) und Südbaden (FBZ) gingen in ihm auf.

Die niedrigen Zahlen in den französisch besetzten Gebieten rühren daher, dass in der Französischen Besatzungszone zunächst keine Vertriebenen aufgenommen wurden; das änderte sich erst 1949 mit der Gründung der Bundesrepublik Deutschland.

Quelle: Seite „Heimatvertriebener (Bundesvertriebenengesetz)“. In: Wikipedia, Die freie Enzyklopädie. Bearbeitungsstand: 8. Februar 2020, 15:01 UTC.
URL: https://de.wikipedia.org/w/index.php?title=Heimatvertriebener_(Bundesvertriebenengesetz)&oldid=196627498 (Abgerufen: 23. Februar 2020, 09:48 UTC)

20. Die deutsche Wiedervereinigung

Die **deutsche Wiedervereinigung** oder **deutsche Vereinigung** (in der Gesetzes-sprache **Herstellung der Einheit Deutschlands**) war der durch die friedliche Revolution in der DDR angestoßene Prozess der Jahre 1989 und 1990, der zum Beitritt der Deutschen Demokratischen Republik zur Bundesrepublik Deutschlandam 3. Oktober 1990 führte. Die damit vollzogene deutsche Einheit, die seither an jedem 3. Oktober als Nationalfeiertag mit dem Namen Tag der Deutschen Einheit begangen wird, beendete den als Folge des Zweiten Weltkrieges in der Ära des Kalten Krieges vier Jahrzehnte währenden Zustand der deutschen Teilung.

Richtungweisend für diese Entwicklung waren die Ausreisewelle aus der DDR, die erstarkende Opposition in der DDR und die Öffnung der Berliner Mauer am 9. November 1989, die den endgültigen Zerfall des politischen Systems der DDR bewirkte. Notwendige äußere Voraussetzung der deutschen Wiedervereinigung war das Einverständnis der vier Siegermächte des Zweiten Weltkrieges, die bis dahin völkerrechtlich noch immer die Verantwortung für Deutschland als Ganzes innehatten beziehungsweise beanspruchten. Durch den Zwei-plus-Vier-Vertrag oder offiziell Vertrag über die abschließende Regelung in bezug auf Deutschland wurde der Einheit der beiden deutschen Staaten zugestimmt und dem vereinten Deutschland die volle Souveränität über seine inneren und äußeren Angelegenheiten zuerkannt.

Maßgebliche Zwischenstationen auf dem Weg der deutschen Wiedervereinigung waren die Volkskammerwahl im März 1990 sowie der Staatsvertrag über die Währungs-, Wirtschafts- und Sozialunion. Am 20. September 1990 stimmten die Volkskammer der DDR und der Deutsche Bundestag dem Einigungsvertrag zu, am darauf folgenden Tag der Bundesrat.

Die Begriffe Wiedervereinigung oder Vereinigung sind dabei historisch ungenau, da nur ein Beitritt der auf dem Staatsgebiet der DDR neu gebildeten Bundesländer zum Geltungsbereich des Grundgesetzes nach Artikel 23 GG alter Fassung erfolgte, wobei der Beitrittsvertrag jedoch von der Regierung der DDR ausgehandelt wurde und die Länder in der DDR noch keine demokratisch legitimierten (Landes-)Regierungen besaßen, da die Landtage erst nach dem Vollzug des Beitritts gewählt wurden.

Zwei deutsche Staaten als Erben des Zweiten Weltkrieges

Die parallele Existenz zweier deutscher Staaten in der zweiten Hälfte des kurzen 20. Jahrhunderts war der zeitgeschichtlichen Entwicklung geschuldet, die nach dem Ersten Weltkrieg und der Weimarer Republik die Machtübernahme der Nationalsozialisten unter Adolf Hitler ermöglicht sowie deren zum Zweiten Weltkrieg und in die bedingungslose Kapitulation führende großdeutsche Expansionspolitik zugelassen hatte. Heinrich August Winkler sieht den Zeitraum der deutschen Zweistaatlichkeit durch einen eigentümlichen 12-Jahres-Rhythmus gegliedert, der sich von der beiderseitigen Staatsgründung 1949 über das einschneidende Datum des Mauerbaus

1961 und das Inkrafttreten des Grundlagenvertrages zwischen der Bundesrepublik und der DDR 1973 bis zu der mit dem Amtsantritt Michail Gorbatschows 1985 sich anbahnenden neuen Ära der internationalen Beziehungen im Ost-West-Konflikt erstreckte.

Nachkriegssituation und Gründung der beiden deutschen Staaten

Nach der deutschen Kapitulation im Mai 1945 wurde das Deutsche Reich nicht aufgelöst oder annektiert, sondern das nach der Westverschiebung Polens übrige Deutschland in die gemeinsame Verantwortung der alliierten Siegermächte übernommen. Gemäß den in der Anti-Hitler-Koalition auf der Konferenz von Jalta getroffenen Vorvereinbarungen, die 1945 mit der Juni-Deklaration umgesetzt wurden, teilten die Siegermächte Deutschland in vier Besatzungszonen auf: die sowjetische, die amerikanische, die britische und die französische. Eine entsprechende Aufteilung schuf die künftige Viersektorenstadt Berlin. In gleicher Weise verfuhren die Alliierten auch in Österreich und Wien.

Als gemeinsames Verwaltungsorgan der vier Hauptsiegermächte für Deutschland als Ganzes sollte ein Alliierter Kontrollrat fungieren, der auch die Beschlüsse der Potsdamer Konferenz hätte umsetzen sollen. Der aber bereits 1947 sich anbahnende Kalte Krieg, der den Westzonen im Zuge des Marshallplans wirtschaftliche Aufbauhilfen eintrug und getrennte Währungsreformen im Vereinigten Wirtschaftsgebiet und in der Sowjetischen Besatzungszone (SBZ) zur Folge hatte, gelangte 1948 mit Berlin-Blockade und Luftbrücke zu einer ersten Zuspitzung, die 1949 in die entgegengesetzte Gründung zweier deutscher Staaten mündete. Das Grundgesetz für die Bundesrepublik Deutschland wurde vom Parlamentarischen Rat als vorläufige Verfassung angelegt und gemäß Präambel mit dem Wiedervereinigungsgebot verknüpft und markiert mit der Ausfertigung und Verkündung am 23. Mai 1949 die Umwandlung der bisherigen Trizone in die Bundesrepublik Deutschland, Berlin behielt dabei einen Sonderstatus. Die Deutsche Demokratische Republik, deren Regierung sogleich den sowjetischen Sektor Berlins als Hauptstadt beanspruchte, wurde am 7. Oktober 1949 durch die Verabschiedung der Verfassung der Deutschen Demokratischen Republik durch Umwandlung der SBZ gegründet.

Die beiden deutschen Staaten 1949–1961

Unter dem Eindruck der deutschen Teilung und eines fehlenden Selbstbestimmungsrechts der Ostdeutschen wurde die DDR seitens der Bundesrepublik von Beginn an nicht als eigener Staat anerkannt. Vielmehr kam eine Rechtsposition zum Tragen, wonach das Deutsche Reich als Staat und Völkerrechtssubjekt 1945 nicht untergegangen, sondern in den Grenzen von 1937 weiterexistiere und lediglich handlungsunfähig geworden sei. Die Gründung der Bundesrepublik Deutschland stellte demnach lediglich eine staatsrechtliche Neuorganisation von dessen westlichem Teil dar. Auf das Fehlen freier Wahlen beziehungsweise des Selbstbestimmungsrechts in der DDR gründete man westdeutscherseits einen Alleinvertretungsanspruch der Bundesrepublik

Deutschland für alle Deutschen; um diesem international Nachdruck zu verleihen, wurde als wichtigstes Instrument die sogenannte Hallstein-Doktrin formuliert und strikt angewendet. Eine eigene Staatsbürgerschaft der DDR erkannte die Bundesrepublik bis 1990 förmlich nicht an, sodass jeder DDR-Flüchtling in der Bundesrepublik gleichberechtigt als deutscher Staatsangehöriger anerkannt war.

Die Deutsche Demokratische Republik verstand sich ausdrücklich nicht als Nachfolgerin des Deutschen Reiches, sondern bezeichnete sich selbst als erster sozialistischer Arbeiter- und Bauernstaat auf deutschem Boden. Zudem negierte man seitens der DDR damit jegliche historische Verantwortung und auch Wiedergutmachungsansprüche. Die Regierung der DDR unterzeichnete das Görlitzer Abkommen vom 6. Juli 1950, das die Oder-Neiße-Linie als endgültige „deutsch-polnische Staatsgrenze" anerkannte und im offiziellen DDR-Sprachgebrauch als „Oder-Neiße-Friedensgrenze" bezeichnet wurde.

Einen Tag nach der Unterzeichnung des Generalvertrags zwischen der Bundesrepublik und den Westalliierten schloss die DDR mit Datum vom 26. Mai 1952 die Interzonengrenze. Als Schlupfloch für Menschen, die die DDR verlassen wollten, verblieb jetzt nur noch Berlin, wo solche Maßnahmen wegen des Viermächte-Status der Stadt zunächst weder möglich waren noch schienen. Der niedergeschlagene Volksaufstand vom 17. Juni 1953 in der DDR, in dem auch Forderungen nach Wiedervereinigung laut geworden waren und der in der Folge in der Bundesrepublik alljährlich als Tag der deutschen Einheit begangen wurde, bestärkte Tendenzen zur Abwanderung und Flucht aus der DDR. Bis Ende der 1950er Jahre blieben die Abwanderungsverluste der DDR insbesondere nach West-Berlin so hoch, dass Chruschtschow die zweite Berlin-Krise auslöste: Im nach ihm benannten Chruschtschow-Ultimatum drohte er den USA, Großbritannien und Frankreich, die Sowjetunion würde der DDR die Kontrolle über die Verbindungswege zwischen der Bundesrepublik und West-Berlin übertragen, wenn nicht innerhalb eines halben Jahres eine alliierte Übereinkunft zustande kommen würde, mit der Berlin zu einer Freien Stadt würde. Dies Ultimatum verstrich ohne Folgen; US-Präsident Kennedy hatte in einer Antwort seine Three Essentials verkündet: Verbleib der Westalliierten in Berlin, ihren freien Zugang dahin und die Wahrung der Freiheitsrechte der West-Berliner. Das SED-Regime löste das Problem der Massenabwanderung ab dem 13. August 1961 durch die Errichtung der Berliner Mauer.

Deutsch-deutsche Beziehungen 1961–1989

Nachdem sich die neue Teilungssituation – die großen Flüchtlingsströme waren versiegt, dafür kam es immer wieder zu Todesfällen bei Fluchtversuchen über die Berliner Mauer sowie im übrigen Grenzverlauf zwischen der DDR und der Bundesrepublik – als anhaltende Wirklichkeit im allseitigen Bewusstsein niedergeschlagen hatte, ging es im Westen bald zunehmend darum, auf menschliche Erleichterungen und grenzüberschreitende Begegnungsmöglichkeiten insbesondere zwischen Verwandten hinzuwirken. Als Impulsgeber fungierte dabei vor allem Willy Brandt, unter dessen Verantwortung als Regierendem Bürgermeister in West-Berlin es ab 1963 zu Passierscheinabkommen mit der DDR kam und der im Zeichen des von seinem engen Berater Egon Bahr entwickelten Konzepts „Wandel durch Annäherung" als Bundeskanzler jene neue Ostpolitik vorantrieb, die Anfang der 1970er Jahre nach vertraglichen Regelungen mit der Sowjetunion im Moskauer Vertrag und der Volksrepublik Polen im Warschauer Vertrag zum Viermächteabkommen über Berlin und zum Grundlagenvertrag zwischen beiden deutschen Staaten führte. Die Bundesregierung wies die Sowjetunion bei der Unterzeichnung des Moskauer Vertrages explizit auf ihr Ziel der Wiedervereinigung hin.

Der DDR-Führung kam es in diesem Prozess vor allem darauf an, nach dem Prinzip der friedlichen Koexistenz die gleichberechtigte Anerkennung der DDR als eigenständigen Staat auch im Westen durchzusetzen. Hoch verschuldet und für Importe aus dem Westen an notorischer Devisenknappheit leidend, suchte sie aus den innerdeutschen Beziehungen finanzielle Vorteile zu ziehen, sei es im Rahmen von Transitabkommen, sei es beim Häftlingsfreikauf.

Die von der sozialliberalen Regierung begonnene neue Ostpolitik wurde durch die Regierung Kohl/Genscher bruchlos fortgesetzt, obwohl diese zu Beginn Anfang der 1970er heftig bekämpft worden war. Ausdruck gravierender Probleme der DDR-Staatsfinanzen war bereits 1983 der maßgeblich vom bayerischen Ministerpräsidenten Franz Josef Strauß eingefädelte Milliardenkredit für die DDR. Als besonderen Erfolg des Bemühens um Eigenständigkeit und Anerkennung konnte die DDR-Staatsführung noch 1987 den Besuch Erich Honeckers in der Bundesrepublik verbuchen. Unter dem Titel „Der Streit der Ideologien und die gemeinsame Sicherheit" war kurz zuvor als Ergebnis mehrjähriger Beratungen ein gemeinsames „Streitkulturpapier" von ostdeutscher SED und westdeutscher SPD veröffentlicht worden, in dem es u. a. hieß: „Keine Seite darf der anderen die Existenzberechtigung absprechen. Unsere Hoffnung kann sich nicht darauf richten, daß ein System das andere abschafft. Sie richtet sich darauf, daß beide Systeme reformfähig sind und der Wettbewerb der Systeme den Willen zur Reform beider Seiten stärkt."

Krise, friedliche Revolution und Wende in der DDR

Seit Mitte der 1980er Jahre erlaubte die Lockerung des Eisernen Vorhangs städtepartnerschaftliche Beziehungen zwischen DDR- und bundesdeutschen Gemeinden: Eisenhüttenstadt und Saarlouis 1986 sowie Schwerin und Wuppertal 1987. Zur selben Zeit geriet die DDR immer mehr in einen Zustand der Stagnation und Krise. Dieser war zum einen bedingt durch die weiter wachsende Staatsverschuldung, zum anderen durch eine zunehmende Isolierung innerhalb des Ostblocks, da die DDR-Staatsführung jedes Eingehen auf die von der Sowjetunion unter Gorbatschow im Zeichen von Glasnost und Perestroika angestoßenen Reformen ablehnte und nun sogar sowjetische Publikationen der Zensur unterwarf. Noch im August 1989 bekräftigte Otto Reinhold, Rektor der Akademie für Gesellschaftswissenschaften beim Zentralkomitee der SED und maßgeblicher Widerpart von Erhard Eppler bei den besagten SED-SPD-Konsultationen, was für ihn die Kernfrage der „sozialistischen Identität der DDR" sei, indem er einen Unterschied zu allen anderen sozialistischen Ländern hervorhob: „Sie alle haben bereits vor ihrer sozialistischen Umgestaltung als Staaten mit kapitalistischer oder halbfeudaler Ordnung bestanden. Ihre Staatlichkeit war daher nicht in erster Linie von der gesellschaftlichen Ordnung abhängig. Anders als die DDR. Sie ist nur als antifaschistische, als sozialistische Alternative zur BRD denkbar. Welche Existenzberechtigung sollte eine kapitalistische DDR neben einer kapitalistischen Bundesrepublik haben? Natürlich keine. Nur wenn wir diese Tatsache immer vor Augen haben, wird klar erkennbar, wie wichtig für uns eine Gesellschaftsstrategie ist, die kompromißlos auf die Festigung der sozialistischen Ordnung gerichtet ist."

Ausreisewelle und erstarkende Reformkräfte

Im 40. Jahr nach der Staatsgründung geriet das SED-Regime nun auch von innen auf zweifache Weise unter Druck: Bei nachlassender Bereitschaft der „sozialistischen Bruderstaaten", DDR-Bürger konsequent an der Flucht in bundesdeutsche Botschaften oder über noch bewachte Grenzen zu hindern und den DDR-Staatsorganen auszuliefern, gelang es einer zunehmenden Zahl politisch und ökonomisch frustrierter DDR-Bürger, über Drittstaaten in die Bundesrepublik zu flüchten. So gelangten im August 1989 beim Paneuropa-Picknick bei Sopron 661 Ostdeutsche über die Grenze von Ungarn nach Österreich. Es war die größte Fluchtbewegung aus Ostdeutschland seit dem Bau der Berliner Mauer. Diese durch Massenmedien verbreitete Grenzöffnung löste dann die nachfolgenden Ereignisse aus. Drei Tage nach dem Paneuropäischen Picknick überwanden erneut 240 Menschen die österreichisch-ungarische Grenze. Die Situation spitzte sich zu, als ungarische Grenztruppen weitere Übertritte mit Waffengewalt verhinderten und mehrere Flüchtlinge verletzt wurden. In der Nacht auf den 11. September 1989 öffnete Ungarn seine Grenze für DDR-Bürger. Zur „Wir-wollen-raus!"-Bewegung kam jedoch eine „Wir-bleiben-hier!"-Bewegung hinzu, die ein Ende der SED-Diktatur durch demokratische Reformen anstrebte.

Aus landesweiten Protestansätzen gegen die gefälschten Kommunalwahlen vom Mai 1989 entstanden Oppositionsgruppen wie das Neue Forum und Ansätze zu SED-unabhängiger Parteibildung wie im Falle der Ost-SPD. Insbesondere unter dem Dach kirchlicher Einrichtungen fanden Ausreisewillige wie Protestmotivierte Schutz und eigene Entfaltungsmöglichkeiten. Gotteshäuser waren auch die Ausgangspunkte der Leipziger Montagsdemonstrationen, durch die auf friedlichem Wege das Zurückweichen der Staatsmacht bewirkt wurde.

Untergang der SED-Diktatur

Der „Republikgeburtstag" am 7. Oktober 1989 fand bereits unter sehr spannungsgeladenen Umständen statt, mit Protestaktionen und polizeilichen Übergriffen am Rande der Festlichkeiten in Berlin. Zwei Tage später wichen in Leipzig die in großer Zahl drohend aufgebotenen Einsatzkräfte vor der schieren Masse von geschätzt 70.000 Demonstranten ohne Gewaltanwendung zurück. Es war nach Winkler eine „neuartige Revolution, die sich mit der Parole ,Keine Gewalt!' selbst zügelte und nicht *zuletzt deshalb ihr Ziel erreichte. Die ‚friedliche Revolution' hatte bewusste und unbewusste Teilnehmer: Die bewussten waren die Gründer der Bürgerrechtsgruppen und die Demonstranten, die am 2. Oktober zur Masse zu werden begannen, die unbewussten jene, die um ebendiese Zeit die DDR in Massen verließen."*

Diesem zweifachen, zangenartigen Druck fortlaufend ausgesetzt, fiel das SED-Regime in sich zusammen. Wichtige Stationen dabei waren die Ablösung des Staatschefs Honecker durch Egon Krenz am 18. Oktober 1989, die Großdemonstration auf dem Berliner Alexanderplatz am 4. November, der Mauerfall und die damit verbundene Grenzöffnung an der Berliner Mauer in der Nacht vom 9. auf den 10. November, die Kontrolle der neu gebildeten Regierung Modrow durch den Zentralen Runden Tisch und die erzwungene Auflösung des Stasi-Apparats.

Die DDR auf West- und Wiedervereinigungskurs

Mit der Maueröffnung und den nachfolgenden massenhaften Erkundungsbesuchen der DDR-Bewohner im Westteil Berlins und in der Bundesrepublik änderte sich die Stoßrichtung der politischen Willensbekundung im öffentlichen Raum und auf Demonstrationszügen. Sie ist sprechend festgehalten in einer Abwandlung des Slogans „Wir sind das Volk!", der auf politische Beteiligungsrechte und innerstaatliche Reformen in der DDR zielte, zu „Wir sind ein Volk!", was auf die Forderung nach Herstellung der deutschen Einheit hinauslief. Unter den besonderen innerdeutschen und außenpolitischen Umständen der Wende-Zeit wurde damit ein durchschlagender Impuls gesetzt.

Schnell erwiesen sich dadurch langfristige Pläne vertraglicher Bindungen und enger Zusammenarbeit bis hin zu konföderativen Strukturen, wie sie Bundeskanzler Helmut Kohls am 28. November 1989 vorgetragener Zehn-Punkte-Plan enthielt, als überholt. Die wirtschaftliche Zwangslage und politische Instabilität der DDR ließen auch Regierungschef Hans Modrow auf einen Kurs „Deutschland einig Vaterland" einschwenken. Der Termin für die am Runden Tisch vereinbarte freie Wahl zu einer neuen DDR-Volkskammer wurde angesichts fortschreitenden Zerfalls der staatlichen Ordnung vom 6. Mai auf den 18. März 1990 vorgezogen.

Joachim Gauck, der als Rostocker Mitglied des Neuen Forums zunächst seine örtlichen Mitstreiter und Ende Januar 1990 in Berlin auch die Mehrheit aller Delegierten dieser Bürgerbewegung für die Idee der deutschen Einheit gewonnen hatte, beschreibt die eigenen Gefühle anlässlich der Stimmabgabe zur Volkskammerwahl, die mit einer Wahlbeteiligung von 93,4 Prozent stattfand: „Dann kam der Wahltag, der 18. März 1990. Als ich meine Stimme abgegeben hatte, liefen mir die Tränen über das Gesicht. Ich musste fünfzig Jahre alt werden, um erstmals freie, gleiche und geheime Wahlen zu erleben. Und nun hatte ich sogar die Möglichkeit, ein wenig an der politischen Gestaltung der Zukunft mitzuwirken." Bei insgesamt enttäuschendem Ergebnis für die politisch organisierten DDR-Bürgerrechtler und einem in diesem Ausmaß als sensationell empfundenen Wahlsieg der Allianz für Deutschland zog Gauck als einer von zwölf Abgeordneten für Bündnis 90 in die neue Volkskammer ein.

Von der Volkskammerwahl zur Währungs-, Wirtschafts- und Sozialunion (März bis Juli 1990)

Gauck saß unter insgesamt 409 Abgeordneten in der neuen Volkskammer, in der die drei größten Fraktionen mit 163 Mandaten die CDU, mit 88 die SPD und mit 66 Sitzen die PDS stellten. „Und was 40 Jahre eine Lüge gewesen war", schreibt Gauck, „würde Wahrheit werden: eine Deutsche Demokratische Republik. ... Doch bei näherem Hinsehen trübten sich meine Freude und mein Stolz: Etwa 185 der neuen Abgeordneten hatten im untergegangenen System der SED oder einer Blockpartei angehört." Nur wenige von ihnen waren allerdings auch bereits Mitglieder der vorherigen Volkskammer. Obwohl die PDS als aus der SED hervorgegangene Partei politisch isoliert war, einte die Beteiligten im Umgang untereinander zumindest das gemeinsame Aufwachsen in der DDR. Die Atmosphäre in den Volkskammersitzungen beschreibt Gregor Gysi als vergleichsweise ungezwungen: „Man applaudierte, wenn jemand einen klugen Gedanken geäußert hatte, selbst wenn der Abgeordnete zu den politischen Gegnern gehörte. Einen Fraktionszwang zu Buhrufen oder kollektiven Beifallskundgebungen gab es nicht. Abstimmungsresultate waren mitunter offen." Es ist vorgekommen, dass die Regierungsfraktionen von CDU und SPD aneinandergerieten, weil bei kontroversen Abstimmungen die PDS-Abgeordneten mal für die eine, mal für die andere Seite votierten.

Neuer Ministerpräsident wurde am 12. April 1990 der CDU-Vorsitzende Lothar de Maizière, der bereits stellvertretender Ministerpräsident in der Regierung Modrow gewesen war und der für den Zentralen Runden Tisch die Geschäftsordnung entworfen hatte. In der neuen Funktion lernte de Maizière das ganze Ausmaß der desolaten Wirtschafts- und Finanzsituation der DDR kennen: „Während in Westdeutschland 47 Prozent des Bruttosozialprodukts in die öffentlichen Haushalte und 53 Prozent in Investitionen gingen, waren es in der DDR 85 Prozent für den Konsum und nur 15 Prozent für Investitionen. Damit konnten nur die geringsten Reparaturen bezahlt und überhaupt keine Innovationen finanziert werden. Das gesamte Vermögen des Landes (Betriebe, Wohnungen, Infrastruktur) war veraltet, verwahrlost."

Gegenüber Modrow war de Maizière als frei gewählter Ministerpräsident für die Regierung Kohl nun allerdings in der Rolle des unverzichtbaren Verhandlungspartners und des nicht zu umgehenden Hauptverantwortlichen auf Seiten der DDR im Einigungsprozess. Dafür wurden in der Volkskammer Zweidrittelmehrheiten gebraucht, sodass die Regierungsbeteiligung der Ost-Sozialdemokraten an der Regierung de Maizière beiderseits in Frage und dann auch zustande kam.

Weichenstellungen und Beschleunigungsfaktoren

Die nun eintretende Entwicklung war auf westlicher Seite zuerst vom vormaligen Chef des Kanzleramts und seinerzeitigen Innenminister Wolfgang Schäuble vorgedacht

worden. Als enger Berater des Bundeskanzlers hatte er Kohl gegenüber schon im No-
vember 1989 die Erwartung geäußert, dass die deutsche Einheit binnen Jahresfrist
erreicht sein werde und hatte Mitte Dezember im Kanzleramt den allerdings vorerst
skeptisch aufgenommenen Vorschlag unterbreitet, der Regierung Modrow unverzüg-
lich eine Wirtschafts- und Währungsunion anzubieten, um den Übersiedlerstrom aus
der DDR in die Bundesrepublik zu stoppen.

Bei anhaltender finanzieller Zwangslage und drohender Zahlungsunfähigkeit der
DDR sowie einem im Januar 1990 ungebremsten Übersiedlerstrom – täglich verließen
unterdessen zwischen zwei- und dreitausend Menschen die DDR, sodass die Produk-
tion in vielen Betrieben nur mehr äußerst schwierig aufrechtzuerhalten war – stellte
die Bundesrepublik der DDR am 7. Februar 1990 die Wirtschafts- und Währungsunion
in Aussicht. In Kohls Regierungserklärung vom 15. Februar hieß es dazu:

„Es geht jetzt darum, ein klares Signal der Hoffnung und der Ermutigung für die Men-
schen in der DDR zu setzen ... Für die Bundesrepublik Deutschland ... bedeutet das,
daß wir damit unseren stärksten wirtschaftlichen Aktivposten einbringen: Die Deut-
sche Mark. Wir beteiligen so die Landsleute in der DDR ganz unmittelbar und direkt
an dem, was die Bürger der Bundesrepublik Deutschland in jahrzehntelanger beharr-
licher Arbeit aufgebaut und erreicht haben."

Ein gravierendes Problem waren die Übersiedlerzahlen jedoch nicht nur für die DDR.
Die Bundesregierung kam auch unter Druck seitens der westlichen Bundesländer und
der Opposition. Wie eine Bombe sei die Leipziger Losung: „Kommt die D-Mark, bleiben
wir, kommt sie nicht, geh'n wir zu ihr", in Bonn eingeschlagen, bezeugt Richard
Schröder. Bereits im November 1989 hatte der saarländische Ministerpräsident Oskar
Lafontaine, Kanzlerkandidat in spe der SPD, eine Änderung des Staatsbürgerrechts
mit dem Ziel gefordert, sowohl Übersiedlern als auch „volksdeutschen" Aussied-
lern aus dem osteuropäischen Raum „den Zugriff auf die sozialen Sicherungssysteme
der Bundesrepublik" unmöglich zu machen. Der DDR und ihren Bewohnern sollten auf
dem eingeschlagenen Demokratiekurs besser Hilfen zum „Dableiben" als zum „Weg-
gehen" geboten werden.

Durch seinen Erfolg – eine absolute SPD-Mehrheit bei den saarländischen Landtags-
wahlen im Januar 1990 – zusätzlich gestärkt, fand Lafontaine für seine Position in
Meinungsumfragen zeitweise bis zu 80 Prozent Zustimmung, was angesichts der Ende
des Jahres bevorstehenden Bundestagswahlen in den Reihen von CDU und CSU bis in
die Parteispitzen hinein Eindruck machte und einigen Unmut auslöste gegenüber der
von Bundesinnenminister Schäuble vertretenen Position, der weder vor noch nach der
Volkskammerwahl vom 18. März am bisherigen Aufnahmeverfahren rühren lassen
wollte, sondern dessen Auslaufen mit der möglichst baldigen Verwirklichung der
Wirtschafts- und Währungsunion verknüpfte.

Anders als Lafontaine setzte Richard Schröder als Fraktionsvorsitzender der Ost-SPD
ebenfalls auf Tempo bei der Realisierung einer Währungsunion. Es galt, „einen Pflock

auf dem Weg zur deutschen Einheit einzuschlagen und den Weg unumkehrbar zu machen. Das war für mich ein ganz wichtiger Gesichtspunkt. Wir konnten nicht sicher sein, wie lange Gorbatschow sich hält. ... Lieber mit einer ruinierten Wirtschaft in die Einheit als mit einer fast ruinierten weiter im Sowjetblock."

Die Stunde der Exekutive

Aus der Entscheidung für eine rasch zu realisierende Währungsunion ergab sich die Verteilung der politischen Gewichte im Einigungsprozess, nämlich eine strukturelle Dominanz der bundesdeutschen Verantwortlichen, da es auf Seiten der DDR an ökonomischer und administrativer Expertise für die Angleichung von Wirtschaftsordnung und Sozialsystemen auf der Basis des bundesdeutschen Modells naturgemäß fehlte. „Die Bundesrepublik übernahm das Kommando", heißt es lapidar bei Andreas Rödder. Dabei hatte der am 7. Februar 1990 eingerichtete Kabinettsausschuss Deutsche Einheit mit seinen für bestimmte Sachbereiche zuständigen Arbeitsgruppen eine die Gesamtabläufe koordinierende Funktion; die detaillierte Ausgestaltung der politischen Vorgaben blieb wesentlich der Ministerialbürokratie überlassen, die dabei erheblich größere Gestaltungsräume ausfüllte als in den üblichen Gesetzgebungsverfahren.

Bis zur Regierungserklärung Lothar de Maizières am 19. April stand der Bundesregierung noch nicht einmal ein einigermaßen handlungsfähiger Partner gegenüber, sodass die wichtigen Weichenstellungen zunächst allein von den westdeutschen Regierungs- und Verwaltungsstellen ausgingen. Diese waren mit Plänen schon vordem zum Teil schnell bei der Hand. Der von Finanzstaatssekretär Horst Köhler am 26. Januar damit beauftragte Leiter des Referats Nationale Währungsfragen Thilo Sarrazin präsentierte bereits drei Tage später ein Konzept für die unverzügliche Einführung der D-Mark in der DDR zum Umstellungskurs 1:1, verbunden mit einer Freigabe der Preise sowie dem Ende von Subventionen und Planwirtschaft. Davon ließen sich durch Köhler erst Finanzminister Theo Waigel, dann auch Bundeskanzler Helmut Kohl überzeugen. Zum Zeitpunkt der Offerte einer Währungsunion lagen folglich Grundzüge eines Umsetzungsplans bereits vor. Gerd von Scheven, Referatsleiter im Bundesfinanzministerium, besorgte auf dem Finanzmarkt Milliarden D-Mark.

Mit der Ausarbeitung entsprechender Grundlagen für einen Staatsvertrag zwischen Bundesrepublik und DDR von Kohl beauftragt wurde Hans Tietmeyer, früherer Finanzstaatssekretär und Mitglied des Bundesbankdirektoriums. Der erste Entwurf dazu glich nach Ansicht Claus J. Duisbergs, des damaligen Leiters des Arbeitsstabes Deutschlandpolitik im Kanzleramt, in Substanz und Sprache nahezu einem Unterwerfungsvertrag und musste, da er so der neuen DDR-Regierung nicht präsentabel war, überarbeitet werden. Fünf Tage nach de Maizières Regierungserklärung, am 24. April 1990, legten beide Seiten die Zeithorizonte für die Währungsunion fest: Schon zu den DDR-Kommunalwahlen am 6. Mai sollten die Bürger in etwa absehen, was sie erwartete; die Bundesbank wiederum sah sich zur Währungsumstellung in der DDR mit Datum 1. Juli 1990 technisch in der Lage.

Wirtschaftlicher Umbruch in der DDR

Eine Währungsunion ohne entsprechende Umgestaltung des DDR-Wirtschaftssystems kam für die Bundesregierung und die sie tragenden politischen Kräfte nicht in Frage. Marktwirtschaftliche Strukturen, freie Preisbildung und Privatisierung der Staatsbetriebe gehörten folglich zu den Begleiterscheinungen des Einigungsprozesses. Zum wichtigsten Förderinstrument des wirtschaftlichen Umbruchs sollte die bereits von der Modrow-Regierung am 1. März 1990 gegründete „Anstalt zur treuhänderischen Verwaltung des Volkseigentums" werden, die der Umwandlung von Volkseigenen Kombinaten, Betrieben und Einrichtungen in Kapitalgesellschaften dienen sollte. Westliches Kapital wurde da aber noch außen vor gehalten, eine durch den Treuhand-Gründungsbeschluss der Volkskammer vom 17. Juni 1990 korrigierte Ausrichtung.

Mit Inkrafttreten des Gesetzes am 1. Juli 1990 übernahm die Treuhandanstalt 7894 Volkseigene Betriebe mit vier Millionen Beschäftigten, etwa 40 Prozent aller Arbeitskräfte, sowie eine mehr als die Hälfte der DDR umfassende Grundfläche. Dazu gehörten auch Kraftwerke und Bergbauunternehmen, ausgedehnte Ländereien mit land- und forstwirtschaftlichen Betrieben sowie Hotels und Gaststätten bis hin zu Zirkusbetrieben. „Praktisch war die Treuhandanstalt damit für den ganz überwiegenden Teil der DDR-Wirtschaft zuständig", schreibt Duisberg. Nur 2 Prozent der Betriebe wurden als fähig eingeschätzt, rentabel zu arbeiten; 48 Prozent hielt man für in diesem Sinne entwickelbar; 25 Prozent galten mit Abstrichen als sanierungsfähig, 21 Prozent für stillzulegen nötig (30 Prozent wurden es schließlich).

Auf Vorerfahrungen hinsichtlich der Überführung einer Zentralverwaltungs- bzw. Planwirtschaft in marktwirtschaftliche Strukturen konnte nicht zurückgegriffen werden. Die Treuhand-Führung verschrieb sich der Devise: „schnell privatisieren – entschlossen sanieren – behutsam stilllegen". An verlässlichem Wissen über die ostdeutsche Wirtschaft mangelte es im Westen; für eine sorgfältige Bestandsaufnahme war keine Zeit: „Rasch entfernten sich die tatsächlichen Erfahrungen von den ursprünglichen Erwartungen."

Die Produktivität der DDR-Wirtschaft im Vereinigungsjahr lag bei weniger als einem Drittel im Vergleich zur westdeutschen. Dies beruhte zu einem Gutteil auf einem Prunkstück der DDR-Sozialpolitik: dem Recht auf Arbeit als allgemeiner Beschäftigungsgarantie. Denn damit verbunden war eine unökonomische Überbeschäftigung in vielen Betrieben und Verwaltungen und als Folge „eine geringe Arbeitsmotivation und fast unüberwindliche Hindernisse für die Anpassung der Betriebe an veränderte Produktions- und Marktbedingungen." Der unmittelbare Übergang zur Marktwirtschaft auf allen Ebenen entpuppte sich daher für viele als Schockerlebnis.

„Die DDR-Wirtschaft verlor 1990 schlagartig fast alle ihre Kunden, nämlich die Inlandskunden, weil die DDR-Bürger nur noch Westwaren kaufen wollten. Sie verlor viele Auslandskunden aus dem Osten, weil der sozialistische Wirtschaftsverbund RGW

Anfang 1990 in Sofia beschloss, den internen Handel auf Devisen umzustellen. Daraufhin kauften die Ungarn lieber japanische Autos als DDR-Autos. Und sie verlor ihre westdeutschen Kunden, weil die Ostwaren nicht mehr als Billigprodukte (z. B. IKEA) zur Verfügung standen, wenn die Löhne im Osten mit Westgeld bezahlt werden mussten."

Zusätzlich beeinträchtigt wurde die Wettbewerbsfähigkeit der DDR-Unternehmen im Einigungsprozess durch steigende Lohnkosten: Unter dem Eindruck der Diskussion um die Währungsunion setzten die Beschäftigten der ostdeutschen Unternehmen im zweiten Quartal 1990 eine Lohnerhöhung um etwa 20 Prozent durch, in den ersten 15 Monaten nach der Währungsunion um noch einmal 50 Prozent.

Der Umstellungskurs im sozioökonomischen Spannungsfeld

Die zunehmend deutlicher hervortretende geringe Arbeitsproduktivität und Schwäche der DDR-Wirtschaft ließen Bundesbank und Bundesfinanzministerium von der geplanten 1:1-Währungsumstellung abrücken. Am 29. März 1990 kam es zu einer Entschließung des Zentralbankrats, wonach die Umstellung hauptsächlich im Verhältnis 2 Ost-Mark zu 1 DM durchzuführen sei. (Als marktgerechter Kurs konnte sogar die Relation von 4,3 zu 1 gelten.)

Dies stand allerdings im Widerspruch zu den von allen Parteien im Volkskammer-Wahlkampf gemachten Versprechungen und führte zu Empörung und Protestdemonstrationen in der ostdeutschen Bevölkerung. Tenor der in Ost-Berlin und mehreren DDR-Städten abgehaltenen Demonstrationen: „Eins zu eins, oder wir werden niemals eins!" Eine Halbierung der Nettolöhne (von 1988 durchschnittlich 854 Mark) hätte bedeutet, dass die Ostlöhne zunächst großteils bei weniger als einem Fünftel der Westlöhne gelegen hätten. Gewichtiger Fürsprecher des 1:1-Kurses in dieser Lage war Bundesarbeitsminister Norbert Blüm, der sich bereits am 27. März brieflich an Kohl gewandt und gemahnt hatte, „daß ein Umstellungssatz, der unter der Relation von 1:1 liegt, zu tiefgreifenden sozialen Verwerfungen sowie zu destabilisierenden politischen Folgewirkungen führen würde."

Die politisch Verantwortlichen in der DDR hielten durchgängig an der Forderung nach 1:1-Umstellung fest. Der Vorsitzende der Ost-SPD Markus Meckel machte die Regierungsbeteiligung seiner Partei davon abhängig; Ministerpräsident de Maizière legte sich ebenfalls darauf fest und bezeichnete ein solches Umtauschverhältnis in seiner Regierungserklärung vom 19. April 1990 als grundlegend. Hinsichtlich einer 1:1-Umstellung sämtlicher privaten Guthaben von geschätzt 190 Milliarden Mark wurde aber westlicherseits ein inflationstreibender Geldüberhang befürchtet, bei 1:1-Bewertung der Unternehmensschulden andererseits der finanzielle Ruin zahlloser Betriebe, die nun den üblichen Kapitalmarktzins bei der Bedienung ihrer Schulden zu erwarten hatten.

Aus der internen Kompromisssuche von Bundesregierung und Bundesbank sowie den anschließenden Verhandlungen zwischen beiden Regierungsspitzen ergab sich am 2.

Mai 1990 die letztgültige Regelung: Laufende Einkommen und Rentenzahlungen wurden im Verhältnis 1:1 umgestellt; Sparguthaben und Verbindlichkeiten (so auch die Unternehmensschulden) generell 2:1. Davon ausgenommen und wiederum 1:1 umgestellt wurden private Sparguthaben in bestimmter, nach Alter differenzierter Höhe: 2.000 Mark pro Kind im Alter bis zu 14 Jahren; 4.000 Mark für Personen bis 59 Jahren und 6.000 Mark für die noch Älteren.

Sozialunion in Wunsch und Wirklichkeit

Neben die Währungsunion und die anlaufende marktwirtschaftliche Transformation trat als drittes Element im Ersten Staatsvertrag zwischen Bundesrepublik und DDR die Sozialunion. Zwar hatten Wirtschaftskreise und Bundesbank zunächst Bedenken erhoben, dass die vollständige Übertragung der sozialen Sicherungssysteme auf die DDR private Investitionen und den wirtschaftsstrukturellen Umbau behindern könnten; doch behielten die hierin einigen Wirkkräfte von Bundesarbeitsministerium, Gewerkschaften, Sozialdemokraten und Volkskammerparteien die Oberhand. In Anbetracht der vielfältig einschneidenden Änderungen der Lebensverhältnisse ging es schließlich darum, den Ostdeutschen eine neue Form sozialen Halts zu verschaffen, da die überschaubare und geregelte bisherige Existenz zu Ende ging. De Maizière als Regierungschef hatte dabei etwa folgenden typischen Werdegang eines in Kombinatsnähe geborenen DDR-Bürgers vor Augen:

„War er geboren, kam er in die kombinatseigene Krippe, um nach drei Jahren in den kombinatseigenen Kindergarten überzuwechseln. War er krank, ging er in die Poliklinik des Kombinats. Im Sommer besuchte er das Ferienlager, das dem Kombinat gehörte, und anschließend war er noch 14 Tage mit den Eltern in der kombinatseigenen Ferieneinrichtung. Seine Lebenserwartungen waren gradlinig, quasi schienenfahrzeughaft: 14. Lebensjahr Jugendweihe mit Moped-Geschenk und Trabant-Anmeldung; 16. Lebensjahr Facharbeiterabschluß; 20. Lebensjahr Ende der NVA-Dienstzeit und Eintritt ins volle Erwerbsleben. Nach dem Besuch der kombinatseigenen Betriebsberufsschule war die Übernahme in den Betrieb gesichert. Und wenn er nicht silberne Löffel stahl, blieb er dort. Es galt als ehrenrührig, seinen Arbeitsplatz zu kündigen. Man wechselte eben nicht. Dem folgte eine frühe Eheschließung, weil nur ein Ehepaar einen Antrag auf Zuweisung einer gemeinsamen Wohnung stellen konnte, auf die man ohnehin acht Jahre zu warten hatte."

Die Erwerbsquote von Frauen im arbeitsfähigen Alter lag in der DDR 1989 bei 81 % und damit weit über der in Westdeutschland. Sie wurde gefördert durch bezahlte Freistellung im Rahmen eines Babyjahres und durch ein weitreichendes Angebot an Kinderbetreuungsstätten.

Als Orientierungsgrundlage für die DDR-Verantwortlichen diente in den Verhandlungen über die Sozialunion die noch vom Zentralen Runden Tisch entworfene und am 7. März 1990 von der Volkskammer beschlossene Sozialcharta. Man strebte die Einheit auf dem Wege eines „wechselseitigen Reformprozesses beider deutschen

Sicherungssysteme" an, woraus sich insgesamt ein höheres soziales Sicherungsniveau ergeben sollte. Gefordert wurden unter anderem die Bewahrung der Rechte auf Arbeit, Wohnung mit wirksamem Mietschutz, kostenlose Aus- und Weiterbildung sowie gesundheitliche Betreuung. Bei der aus der Sozialcharta resultierenden Kombination von bundesdeutschen Sozialleistungen mit sozialer Sicherheit nach DDR-Muster blieb allerdings die Frage der Finanzierung offen. Westdeutscherseits wurde das heftig kritisiert und als Ausdruck fehlenden Realitätssinns angeprangert.

Akut besserungsbedürftig stellte sich unter DDR-Bedingungen vor allem die Lage von Rentnern, Invaliden, Behinderten und Hinterbliebenen dar, denen also, die nicht unmittelbar am Produktionsprozess beteiligt waren: „Die Alten- und Invalidenrenten aus der Pflichtversicherung boten nicht mehr als eine weitgehend nivellierte Grundversorgung auf sehr niedrigem Niveau, die nur wegen der hohen Subventionierung der Güter des Grundbedarfs nicht zur völligen Verarmung führte. ... Das durchschnittliche Haushaltseinkommen der ostdeutschen Rentner lag 1983 nominal nur bei einem Viertel, bei Berücksichtigung der Kaufkraftunterschiede bei etwa einem Drittel des westdeutschen Niveaus." Mit der Übertragung des westlichen Rentenrechts stiegen die Ostrenten von 30 % bis 40 % des durchschnittlichen Arbeitseinkommens auf 70 % nach 45 Beitragsjahren.

Auch insgesamt führte die Sozialunion zu einer Übertragung des westdeutschen sozialen Sicherungssysteme auf die DDR, wobei hier übergangsweise einige günstigere Regelungen z. B. für Frauen erhalten blieben. Nachdem der Staatsvertrag in der Volkskammer mit 302 gegen 82 Stimmen, im Bundestag mit 444 zu 60 Stimmen und im Bundesrat gegen die Stimmen des Saarlands und Niedersachsens schließlich am 22. Juni angenommen war, hatten vom Datum des Inkrafttretens am 1. Juli 1990 ab West- und Ostdeutsche die D-Mark als gemeinsame Währung.

Äußere Voraussetzungen des Einigungsprozesses

Der außenpolitische Schlüssel zur deutschen Einheit lag nach der Überzeugung beider deutschen Regierungen, auch bereits zu Zeiten der Regierung Modrow und des Zentralen Runden Tisches, in Moskau. Dort machte Gorbatschow der Bundesregierung am 10. Februar 1990 das grundlegende Zugeständnis, dass die Deutschen in Ost und West selbst wissen müssten, welchen Weg sie gehen wollten. Sie hätten das Recht, die Einheit anzustreben. In der sowjetischen Presse betonte er 11 Tage später die Verantwortung der Vier Mächte, denen die Deutschen nicht einfach ihre Vereinbarungen zur Billigung vorlegen dürften, die „Unverrückbarkeit" der Nachkriegsgrenzen in Europa und die Notwendigkeit der Einbettung einer Wiedervereinigung in die Schaffung einer neuen gesamteuropäischen Sicherheitsstruktur.

Bereits am 2. Februar hatte Bundesaußenminister Hans-Dietrich Genscher den Vorschlag des State Departements gutgeheißen, die äußeren Rahmenbedingungen des Einigungsprozesses in Zwei-plus-Vier-Verhandlungen festzulegen. Als beim Treffen der Außenminister von NATO und Warschauer Pakt am 13. Februar in Ottawa die

Vertreter Italiens und der Niederlande die eigene Beteiligung an den Verhandlungen über die deutsche Einheit forderten, war die Zwei-plus-Vier-Konstellation unter den Beteiligten bereits so verankert, dass Genscher den Kollegen energisch entgegnen konnte: „You are not part of the game!" Von da an vergingen aber noch zwei Monate, bis am 12. April mit Markus Meckel der DDR-Vertreter für diese Verhandlungen die Amtsgeschäfte überhaupt erst aufnehmen konnte.

Auch auf diesem Feld waren also bereits Weichen gestellt, bevor die DDR-Seite sich wirksam einzubringen vermochte. Vom Zentralen Runden Tisch her bestand die Vorstellung eines entmilitarisierten Status für das geeinte Deutschland. Die Friedensbewegung der DDR war ein wichtiger Sammelpunkt früher SED-Opposition nicht zuletzt im Schutze der Kirchen gewesen. Das neue Außenministerium unter Führung des Theologen Meckel ging mit Idealismus und Gestaltungsanspruch an die Arbeit, wollte nicht bloß die Rolle des Bonner Juniorpartners und Erfüllungsgehilfen spielen. Mit Vorstellungen über eine gesamteuropäische Sicherheitsordnung, Neutralität und Überwindung des Blockdenkens sah man sich den Zielen Gorbatschows näher als denen der Bundesregierung. Insgesamt aber fehlte es nicht nur an internationaler und diplomatischer Erfahrung, sondern angesichts akuter wirtschaftlicher Schwäche und absehbar befristeter Wirkungsmöglichkeiten an tatsächlichem Einfluss.

Herstellung einer gemeinsamen Haltung des Westens

Wenig angetan von der Perspektive einer Vereinigung von DDR und Bundesrepublik waren unter den für die deutsche Frage immer noch mitverantwortlichen Westmächten die Regierungen Frankreichs und Großbritanniens, die eine künftige Dominanz Deutschlands und eine Störung des europäischen Gleichgewichts fürchteten. Seit der Reichsgründung zur Zeit Bismarcks, argumentierte die britische Premierministerin Margaret Thatcher, habe Deutschland „stets auf unberechenbare Weise zwischen Aggression und Selbstzweifeln geschwankt". Vom Wesen her sei Deutschland eher eine destabilisierende Kraft im europäischen Gefüge. Im Ergebnis ähnlich äußerte sich zunächst auch Frankreichs Staatspräsident François Mitterrand, der den Deutschen zwar das Selbstbestimmungsrecht zubilligte, sie aber nicht berechtigt sah, „die politischen Realitäten in Europa durcheinanderzubringen". Wie zur Unterstreichung diesbezüglicher französischer Vorkehrungen reiste Mitterrand vom 20. bis 22. Dezember 1989 zum Staatsbesuch in die DDR und schloss mit der Regierung Modrow ein langfristiges Handelsabkommen.

Eine andere, letztlich den Ausschlag gebende Position nahm die US-Administration unter George H. W. Bush ein, indem sie frühzeitig die deutsche Einheit befürwortete und dies mit der Vorgabe verknüpfte, dass ein wiedervereinigtes Deutschland dem NATO-Bündnis angehören sollte. Bush verständigte sich Ende Februar 1990 in Camp David mit Bundeskanzler Kohl über die gemeinsame Linie in den Zwei-plus-Vier-Verhandlungen, wobei Bush auch bereits Thatchers Einlenken mitteilen konnte. Die britische Regierung misstraute Gorbatschows Vision einer gesamteuropäischen Friedensordnung unter Auflösung der Bündnisblöcke und wollte die engen Beziehungen zu den USA nicht aufs Spiel setzen. Für Frankreich aber war ein Kernziel die Fortsetzung der europäischen Integration im Wege einer Wirtschafts- und Währungsunion, zu der die deutsche Bundesregierung eine grundsätzliche Bereitschaft zugesagt hatte, während Großbritannien sie ablehnte. „Beide Mächte sahen schließlich, dass der innere Einigungsprozess Deutschlands nicht aufzuhalten war, da die Sowjetunion schließlich kein Veto gegen die deutsche Einheit einlegen würde, und dass in dieser Situation ihren sicherheitspolitischen Interessen durch die Einbindung eines vereinigten Deutschlands in die NATO am besten entsprochen würde."

Bereits im Januar 1990 wurden seitens der Europäischen Gemeinschaft (EG) unter dem französischen Kommissionspräsidenten Jacques Delors die Weichen für eine zügige Aufnahme der DDR in die EG gestellt, wobei Delors da auch die deutsche Einheit bereits ausdrücklich befürwortete. Vor dem Europäischen Parlament erklärte er die DDR zu einem Sonderfall, auf den der vorläufige Erweiterungsstopp nicht anzuwenden sei. Bei einem Sondergipfel in Dublin begrüßten die Staats- und Regierungschefs der EG am 28. April die sich anbahnende Vereinigung Deutschlands und bewerteten sie als positiven Faktor für die künftige Entwicklung der Gemeinschaft. Mit ihrer vornehmlich in wirtschaftlicher Hinsicht konstruktiven Unterstützung hat insbesondere die Europäische Kommission auch die kleineren EG-Mitgliedsstaaten in den deutschen Einigungsprozess eingebunden.

Bündnisfrage und Endgültigkeit der deutschen Grenzen

Während unter den Westmächten noch vor der Volkskammerwahl im März Übereinstimmung in Bezug auf die Förderung der deutschen Einheit und auf die NATO-Zugehörigkeit des vereinten Deutschlands hergestellt war, blieb einstweilen offen, ob die Sowjetunion das auch hinzunehmen bereit war, was noch Anfang 1990 kaum erwartet wurde. In den Moskauer Verhandlungen vom 10. Februar brachte Gorbatschow eine Blockfreiheit nach dem Vorbild Indiens oder Chinas ins Gespräch und machte deutlich, dass er eine Schwächung des Warschauer Pakts im Kräfteverhältnis zur NATO als Folge der deutschen Einheit nicht hinnehmen würde. Anfänglich hatte auch Bundeskanzler Kohl Zweifel an der diesbezüglichen amerikanischen Linie und war am 18. Januar mit Meinungsverschiedenheiten gegenüber Washington zitiert worden: „Er denke aber, dass sich die amerikanische Auffassung bei einer Veränderung des Verhältnisses zwischen NATO und Warschauer Pakt ändern könnte." Erst bei den direkten Kontakten mit Bush in Camp David legte Kohl sich auf die amerikanische Linie einer uneingeschränkten gesamtdeutschen NATO-Mitgliedschaft als westliches Verhandlungsziel fest (mit einer militärischen Übergangsregelung für das Gebiet der DDR), während er zuvor Genschers vermittelnde Position eingeschränkter NATO-Zuständigkeiten für das DDR-Territorium unterstützt hatte. Danach allerdings verfocht Kohl den neuen Kurs auch teils mit der bestimmten Aussage, er sei nicht bereit, die NATO-Bündniszugehörigkeit für die deutsche Einheit auf das Spiel zu setzen.

Die sowjetische Haltung in dieser Frage war veränderlich und schwankend, sodass auf Seiten der Bundesregierung zunehmend Optimismus überwog, die westliche Linie durchsetzen zu können. Vor Beginn der Zwei-plus-Vier-Verhandlungen gab Gorbatschow die Devise aus: „Deutschland darf nicht in die NATO eintreten und damit basta." Wenige Wochen später pflichtete er aber bei Konsultationen in Washington am 31. Mai George Bush bei, als der sagte: „Die USA plädieren eindeutig für die Mitgliedschaft des vereinten Deutschlands in der NATO, wenn Deutschland jedoch eine andere Wahl trifft, werden die USA nicht dagegen einschreiten, sondern diese respektieren." Diese Konzession wurde von allen überrascht aufgenommen, auch innerhalb der sowjetischen Verhandlungsdelegation selbst. In den Wochen danach kam es mit Rücksicht auf den bevorstehenden KPdSU-Parteitag Anfang Juli, wo der Eindruck außenpolitischer Schwäche vermieden werden sollte, neuerlich zu einer härteren sowjetischen Gangart in der Bündnisfrage. Beim zweiten Außenministertreffen im Rahmen der Zwei-plus-Vier-Konferenzen am 22. Juni 1990, dem 49. Jahrestag des NS-deutschen Angriffs auf die Sowjetunion, forderte Eduard Schewardnadse eine fünfjährige Übergangszeit des Verbleibs beider Teile Deutschlands in den jeweiligen Bündnissystemen, während die DDR-Delegation unter Meckel eine künftige europäische Sicherheitsordnung als zentral bedeutsamen Verhandlungsgegenstand etablieren wollte. Beides stand in deutlichem Gegensatz zu westlichen Interessen und Positionen.

Mit der Vereinigung beider deutschen Staaten stand 1990 die völkerrechtlich endgültige Anerkennung der Oder-Neiße-Grenze als polnische Westgrenze auf der Tagesordnung, da die Frage der Grenzregelung im Osten in Ermangelung eines Friedensvertrags nie abschließend geklärt worden war. Hierzu gab es keine sinnvolle Alternative, da sie frühzeitig von allen Verhandlungspartnern der Bundesrepublik gefordert worden war – US-Präsident Bush hatte seine Zustimmung zur Wiedervereinigung direkt von ihr abhängig gemacht.

Auf bundesdeutscher Seite wurde diese Frage lange in der Schwebe gehalten, seitens der DDR lag die Anerkennung der „Oder-Neiße-Friedensgrenze" bereits ab 1950 vor. Die nachkommunistische Regierung Mazowiecki machte dies zur Bedingung ihrer Zustimmung zur deutschen Einheit. Kohl andererseits konnte sich auf ein Bundesverfassungsgerichtsurteil von 1973 stützen, wonach die deutsch-polnische Grenze erst durch ein vereinigtes und vollständig souveränes Deutschland anerkannt werden könne. Diesbezüglich lag nach Rödder eine Inkompatibilität von völkerrechtlichen und politischen Argumentationsebenen vor, zudem überlagert von äußeren Forderungen und inneren Rücksichten. Einerseits hielt Kohl die Grenzanerkennung womöglich noch als Gegengewicht gegen eventuelle polnische Reparationsforderungen vor; hauptsächlich aber galten seine Vorbehalte der Rücksichtnahme auf die Heimatvertriebenen als wichtige Wahlklientel der Unionsparteien.

Gegen Kohls Unbeweglichkeit in dieser Frage standen aber nicht nur die Regierungen Polens und der Sowjetunion, sondern auch die Westmächte, die DDR-Regierung und der Koalitionspartner FDP mit Bundesaußenminister Genscher. Als wichtiges Zugeständnis gemeint war die Einigung der Koalitionsfraktionen auf eine Bundestagsresolution vom 8. März 1990, der zufolge bald nach den Volkskammerwahlen beide

deutschen Parlamente erklären sollten, dass mit Blick auf die deutsche Einheit die Un-
verletzlichkeit der Grenzen gegenüber der Republik Polen bekräftigt und alsbald von
einer gesamtdeutschen Regierung auch vertraglich besiegelt werden würde. Auch damit gaben sich aber weder Tadeusz Mazowiecki noch Mitterrand zufrieden, sondern
forderten gemeinsam weitergehende Sicherheiten und die Beteiligung Polens an den
Zwei-plus-Vier-Gesprächen, was wiederum Kohl verärgerte. Ende Mai äußerte er sich
in einem Brief an de Maizière besorgt über das weitere Vorgehen in dieser Frage,
nachdem die DDR-Verhandlungsführung einen unabgesprochenen Vertragsentwurf
in die trilateralen Gespräche mit Polen eingeführt hatte.

Für endgültige Klarheit in den eigenen Reihen und nach außen sorgte Kohl in der Bundestagsdebatte am 21. Juni 1990, in der er erklärte: „Entweder wir bestätigen die bestehende Grenze, oder wir verspielen heute und für jetzt unsere Chance zur deutschen
Einheit." Die Zeit für eine endgültige und dauerhafte Aussöhnung mit dem polnischen
Volk sei reif; was zwischen Deutschen und Franzosen möglich war, könne und müsse
auch zwischen Deutschen und Polen möglich werden. Aus den Reihen der den Vertriebenen nahestehenden Abgeordneten kamen nur 15 Gegenstimmen, als der Bundestag
– und in einem gleichlautenden Beschluss die Volkskammer am Tag darauf – den Willen erklärte, dass der Verlauf der Grenze zwischen dem vereinten Deutschland und
Polen durch einen völkerrechtlichen Grenzvertrag endgültig bekräftigt werden
würde.

Interessenausgleich mit der Sowjetunion

Die in der zweiten Runde der Zwei-plus-Vier-Verhandlungen am 22. Juni von Schewardnadse verfochtene fünfjährige Übergangsregelung bei der Bündniszugehörigkeit
des vereinten Deutschlands, die als deutlicher Rückschlag gegenüber den vorherigen
Signalen der Moskauer Führung aufgefasst wurde, unterstrich die Notwendigkeit, den
politischen Interessen Gorbatschows und seiner Mitstreiter entgegenzukommen, um
den mit der Währungsunion voll in Fahrt gekommenen deutschen Einigungsprozess
auch außenpolitisch zeitnah abschließen zu können. Nur mit Gorbatschow und den
ihn stützenden Reformkräften in der Sowjetunion, so die Überzeugung in den westlichen Regierungszentralen, konnte das gelingen.

Gorbatschow aber steckte mit seinem Reformprojekt 1990 bereits in großen Schwierigkeiten. Der wirtschaftliche Umbau kam kaum voran, Versorgungsmängel wurden
spürbar; und im sowjetischen Staatsverband kam es insbesondere durch die Unabhän-
gigkeitsbestrebungen der baltischen Staaten zu ersten Auflösungs-erscheinungen.
Während der US-Senat das baltische Selbstbestimmungsrecht und Loslösungsbestre-
ben klar unterstützte, war die deutsche Bundesregierung wesentlich darauf bedacht,
Gorbatschow auf keine Weise nachhaltig zu verprellen. Außenminister Genscher hatte
bereits Anfang 1987 eine Kursänderung angemahnt: „Sitzen wir nicht mit verschränk-
ten Armen da und warten, was Gorbatschow uns bringt! Versuchen wir vielmehr, die
Entwicklung von unserer Seite voranzutreiben und zu gestalten ... Festigkeit ist geboten, aber eine Politik der Stärke, des Strebens nach Überlegenheit, des In-die-Ecke-

Rüstens muß ein für allemal zu den Denkkategorien der Vergangenheit gehören – auch im Westen." Im Einigungsprozess 1990 war Genscher mehr als Kohl bereit, eine stärkere Truppenreduzierung bei der Bundeswehr und einen militärischen Sonderstatus der DDR im Zuge der Wiedervereinigung zu akzeptieren. Beide Seiten strebten seit Beginn der Zwei-plus-Vier-Verhandlungen eine „Paketlösung" hinsichtlich des Interessenausgleichs an, wobei die Gewährung der Einheit und Souveränität Deutschlands für die sowjetische Seite sowohl machtpolitisch gesichtswahrend zustande kommen als auch ökonomisch und finanziell möglichst einträglich kompensiert werden sollte.

Bereits im Januar 1990 war ein dringliches sowjetisches Ersuchen um Lebensmittelhilfe als Chance genutzt worden, das politische Klima zu verbessern. Kohl befürwortete diese Hilfe mit dem Satz, wenn Gorbatschow stürze, könne man auch die Wiedervereinigung vergessen. Das Eintreten für Wirtschaftshilfen zugunsten der Sowjetunion und Osteuropas auf dem Weltwirtschaftsgipfel in Houston (9.–11. Juli 1990) begründete Kohl vorab im CDU-Bundesvorstand mit der Einschätzung, für die UdSSR sei die Frage der künftigen Wirtschaftsbeziehungen am Ende wichtiger als die NATO-Zugehörigkeit Deutschlands. So reagierte Kohl auch auf die Anfrage Schewardnadses am Vorabend der ersten Zwei-plus-Vier-Runde positiv, der dringlich um Kredithilfe bat. Verhandlungen darüber wurden von Horst Teltschik und Vertretern deutscher Großbanken am 14. Mai in Moskau auch direkt mit Gorbatschow geführt, dem Kohl am 22. Mai ein Kreditangebot über 5 Milliarden DM zukommen ließ. Den wegen Bonität und Zahlungsfähigkeit der Sowjetunion besorgten Bankern erklärte der Kanzler mit Bezug auf die Wiederherstellung der deutschen Einheit, man befinde sich in der Lage des Bauern, der vor dem heraufziehenden Gewitter die Ernte noch rechtzeitig in die Scheune bringen müsse.

Die reale Getreideernte in der DDR war im Sommer 1990 sehr üppig ausgefallen: zwölf Millionen Tonnen bei nur sieben Millionen DDR-Eigenverbrauch. Im August machten die Bauern Anstalten, die Felder anzuzünden – aus der Sicht de Maizières einer der dramatischsten Momente seiner Regierungszeit: „Ich dachte, das Land würde untergehen, wenn es so weiterging." Mit Hilfe der Bundesregierung wurden dann Getreideverkäufe nach Russland organisiert. „Es war eigentlich ein Geschenk an die Russen, die ja nicht zahlungsfähig waren."

Als wichtige Etappe auf dem Weg, die NATO-Zugehörigkeit des vereinten Deutschlands für die Sowjetunion akzeptabel zu machen, gilt der Londoner NATO-Gipfel der Staats- und Regierungschefs vom 5./6. Juli 1990, der eine neue, defensive Ausrichtung des Bündnisses beschloss und die Mitglieder des Warschauer Paktes einlud, sich gemeinsam über den Verzicht auf die Androhung und Anwendung von Gewalt zu einigen. Diese politische Umorientierung der NATO bedeutete zugleich einen außenpolitischen Erfolg und zusätzlichen Prestigegewinn für Gorbatschow auf dem zeitgleich stattfindenden KPdSU-Parteitag in Moskau, der seine vordem fraglich gewordene Stellung festigte. Von der im Zuge dieser Verhandlungen der Sowjetunion zugesagten

Zurückhaltung bei der NATO-Osterweiterung wich der Westen später ab, was in Russland Unmut hervorrief.

Danach war Gorbatschow bereit, in der deutschen Frage, die er in seinem Parteitagsreferat mit keinem Wort erwähnt hatte, reinen Tisch zu machen. Bei Verhandlungen und Gesprächen in Moskau und in Gorbatschows kaukasischer Heimat am 15. und 16. Juli, die in lockerer Atmosphäre und in einem teils privaten Ambiente stattfanden, kam Gorbatschow der bundesdeutschen Verhandlungsdelegation unter Führung des Bundeskanzlers in allen noch ungeklärten Fragen weit entgegen: Der unmittelbare Verbleib des vereinten Deutschlands in der NATO wurde zugestanden, was für die Einwilligung der USA notwendig war, wobei der Geltungsbereich des westlichen Verteidigungsbündnisses für eine Übergangszeit bis zum vollständigen Abzug der sowjetischen Truppen 1994 sich nicht auf DDR-Gebiet erstrecken sollte. Übergangslos und zeitgleich mit der Vereinigung wurde nun auch das Ende der Viermächte-Verantwortung gewährt. Die Obergrenze der gesamtdeutschen Streitkräfte wurde Kohls Vorstellungen entsprechend auf 370.000 fixiert. Als „sensationell" wertete Horst Teltschik Gorbatschows Zugeständnis, dass Teile der Bundeswehr bereits im Zuge der Vereinigung auf DDR-Gebiet und in Berlin stationiert und mit dem Abzug der sowjetischen Streitkräfte in die NATO integriert werden konnten.

Truppenabzugsregelung und Erlangung der vollen Souveränität

Wie bereits Ende Mai gegenüber Bush traf Gorbatschow auch im Juli 1990 beim Treffen mit der von Kohl geführten westdeutschen Delegation die zentralen deutschlandpolitischen Entscheidungen im Alleingang. Die Auflösungserscheinungen innerhalb des Warschauer Pakts waren unterdessen fortgeschritten. Bis zum Juli 1990 waren wichtige Mitgliedsstaaten zu der Einschätzung gelangt, die NATO-Mitgliedschaft eines vereinten Deutschlands sei gegenüber einer Neutralisierung vorzuziehen. Die Aufrechterhaltung eines militärischen Außenpostens durch fortgesetzte Präsenz sowjetischer Truppen auf DDR-Territorium ergab unter diesen Umständen auch für die im Reformprozess befindliche Sowjetunion immer weniger Sinn.

Das Gesamtpaket des deutsch-sowjetischen Interessenausgleichs nach den Vereinbarungen des Kaukasus-Treffens im Juli bestand aus fünf Verträgen, die im Einzelnen auszuhandeln blieben: ein deutsch-sowjetischer Generalvertrag, der Vertrag über die Stationierung und den Abzug der sowjetischen Truppen, der Überleitungsvertrag über die damit verbundenen Kosten, ein allgemeiner Wirtschaftsvertrag sowie der Zwei-plus-Vier-Vertrag. Die gebotene Eile angesichts des für den 3. Oktober vorgesehenen Termins der Vereinigung stärkte die sowjetische Verhandlungsposition vor allem in der Frage des Truppenabzugs: Je schneller der gewünschte Abzug durchzuführen wäre, desto teurer konnte man sich ihn bezahlen lassen. Bei Ausgangsberechnungen und Angebotsvorstellungen über 4–6 Milliarden DM deutscherseits sah sich Kohl mit sowjetischen Forderungen für ein Wohnungsbauprogramm, für Transportkosten und Umschulungsmaßnahmen für das Sowjetmilitär von zusammen 18,5 Milliarden DM konfrontiert. Gorbatschow ließ keinen Zweifel, dass die deutschen Ziele mit den von Kohl erst angebotenen acht Milliarden und nach Gesprächsvertagung elf Milliarden DM nicht erreichbar waren. Man einigte sich schließlich am 10. September bei zwölf Milliarden DM, auf vier Jahre verteilt, zuzüglich eines zinslosen Kredits über drei Milliarden DM mit fünfjähriger Laufzeit.

Während die höchst problematische Entwicklung der sowjetischen Perestroika und die daraus resultierende prekäre Stellung Gorbatschows im Westen bekannt waren und das Handeln mitbestimmten, kam mit der militärischen Intervention des Iraks in Kuwait am 2. August 1990 ein Vorgang ins Spiel, der das „window of opportunity", das Zeitfenster zur Herstellung der deutschen Einheit, für Teltschik auch bezüglich der USA begrenzte. Man könne sich angesichts des sofortigen energischen Kuwait-Engagements der USA glücklich schätzen, dass während der ersten Jahreshälfte nichts Wichtiges sonst die Aufmerksamkeit von der deutschen Frage abgezogen habe und dass die außenpolitischen Rahmenbedingungen der Einheit bereits geklärt seien: „Ich frage mich, ob es uns gelungen wäre, die notwendigen Entscheidungen im Rahmen des amerikanisch-sowjetischen Gipfels, des Sondergipfels der NATO und des Weltwirtschaftsgipfels so reibungslos durchzusetzen, wenn etwa der Golf-Konflikt zwei Monate früher begonnen hätte."

Am Vorabend der Unterzeichnung des Zwei-plus-Vier-Vertrages in Moskau spitzte sich die Verhandlungssituation noch einmal zu, als Großbritannien und die USA verlangten, mit eigenen Truppen NATO-Manöver auf DDR-Gebiet auch vor dem sowjetischen Truppenabzug bestreiten zu können. Erst eine nächtliche Intervention Genschers bei US-Außenminister James Baker brachte auch dafür zuletzt eine diplomatische Lösung. So kam es am 12. September zum einvernehmlichen Verhandlungsabschluss und zur Unterzeichnung des Vertrages über die abschließende Regelung in bezug auf Deutschland, der das vereinte Deutschland innerhalb der Grenzen von DDR und Bundesrepublik endgültig definierte, Bündnisfreiheit festschrieb, ABC-Waffen ausschloss, Truppenstärken für die deutschen Streitkräfte festlegte und den sowjetischen Truppenabzug bis 1994 regelte. Da die vier Mächte ihre Rechte und Verbindlichkeiten mit einer Erklärung vom 1. Oktober 1990 suspendierten, war Deutschland nach Vollzug der Einheit von Anbeginn ein souveräner Staat.

Der Weg zum Einigungsvertrag

Unmittelbar nach dem Inkrafttreten der Währungsunion wurden am 6. Juli 1990 innerdeutsche Verhandlungen über einen zweiten Staatsvertrag aufgenommen, der auf Wunsch der DDR-Vertreter aber so nicht heißen sollte. Dem Eindruck der Zweitrangigkeit sollte entgegengetreten werden und in dem Begriff Einigungsvertrag zum Ausdruck kommen, dass die DDR anders als bei der Währungsunion wesentlich Eigenes einzubringen hatte. Die Hauptverantwortlichen für die Vertragsverhandlungen waren auf westlicher Seite Bundesinnenminister Wolfgang Schäuble und für die DDR der Parlamentarische Staatssekretär beim Ministerpräsidenten Günther Krause, der die DDR-Seite bereits bei den Verhandlungen zum Ersten Staatsvertrag vertreten hatte und gleichzeitig CDU-Fraktionsvorsitzender in der Volkskammer war.

Das Verhandlungsergebnis musste aber nicht nur mit Krause und de Maizière abgestimmt werden, sondern es brauchte auch jeweils Zweidrittelmehrheiten in der Volkskammer, im Bundestag und im Bundesrat. Daher kam es für Schäuble auch darauf an, die Vertreter der westlichen Bundesländer erfolgreich in die Verhandlungen einzubinden, zumal im Bundesrat die SPD-geführten Länder unterdessen eine Mehrheit besaßen. Länderinteressen waren u. a. bei finanziellen Regelungen und bei der künftigen Stimmenverteilung im gesamtdeutschen Bundesrat, bei der Aushandlung eines Wahlgesetzes für die ersten Bundestagswahlen nach der Vereinigung und in der Hauptstadtfrage zu berücksichtigen. Weitere wichtige Verhandlungsgegenstände betrafen die verfassungsrechtliche Form der Vereinigung, die partielle Fortgeltung von DDR-Recht, die Klärung von Eigentumsfragen bzw. Rückerstattungsansprüchen, die Reorganisation von Verwaltung und Bildungseinrichtungen auf DDR-Gebiet sowie den Umgang mit der Stasi-Erblast.

Verfassungsrechtliche Optionen im politischen Kräftefeld

Verfassungsrechtlich konnten nach dem Grundgesetz zwei Wege zur deutschen Einheit beschritten werden, nämlich der Beitritt der DDR zur Bundesrepublik Deutschland gemäß Artikel 23 oder die Ablösung des ursprünglichen Provisoriums Grundgesetz durch eine neue gemeinsame Verfassung gemäß Art. 146 GG a.F. und eine Fusion von DDR und Bundesrepublik. Für die zweite Alternative und eine Volksabstimmung über die neue Verfassung setzten sich weite Teile der DDR-Bürgerrechts- und Oppositionsbewegung ein, dazu die westdeutsche Linke, die Grünen und viele Sozialdemokraten. Dieser weit aufwändigere und kompliziertere Weg hatte aber von Anbeginn nur geringe Verwirklichungschancen. Die Volkskammerwahl im März, das Bekenntnis der Regierung de Maizière zu zügiger und verantwortungsvoller Realisierung der deutschen Einheit auf der Grundlage von Art. 23 GG a.F. und die unverzüglich umgesetzte Währungs-, Wirtschafts- und Sozialunion ließen für Aushandlung, öffentliche Debatte und Abstimmung einer neuen gesamtdeutschen Verfassung keinen Raum.

So lief alles auf den Einigungsplan zu, den Bundesinnenminister Schäuble mit Kohls Unterstützung von Anbeginn verfolgte. Im Rahmen des am 7. Februar 1990 konstituierten Kabinettsausschusses „Deutsche Einheit" leitete Schäuble die Arbeitsgruppe „Staatsstrukturen und öffentliche Ordnung" und bildete im Innenministerium einen eigenen Arbeitsstab „Deutsche Einheit".

„Meine Vorgabe für den Arbeitsstab lautete, daß wir – ohne den Weg zur oder den Zeitpunkt der deutschen Einheit schon zu kennen – dafür arbeiten mußten, im Falle des Falles nicht unvorbereitet zu sein. Dabei habe ich es für unerheblich gehalten, ob die Einheit durch einen Einigungsvertrag vorbereitet werden würde oder ob sie unmittelbar nach der Volkskammerwahl, etwa bei einer wie immer begründeten krisenhaften Zuspitzung plötzlich und rechtlich unvorbereitet zustande kommen würde. In jedem Fall war eine Überleitung des Rechts der Bundesrepublik Deutschland auf die DDR, gegebenenfalls in Stufen mit Einschränkungen und Vorbehalten, zu leisten,

*unabhängig davon, ob diese Überleitung im Voraus per Vertrag vereinbart oder da-
nach als Überleitungsgesetzgebung vom Gesetzgeber zu beschließen war. Für diese
Überleitung war das Innenministerium federführend zuständig, und deswegen mussten wir uns darauf vorbereiten. Schließlich habe ich meinen Mitarbeitern auch gesagt,
daß man gedanklich immer die schnellere Entwicklung zugrunde legen sollte. Hätte
man sich auf die schnellere Entwicklung vorbereitet, war man es zugleich auch für die
langsamere Variante."*

*Tatsächlich bestand jederzeit die Möglichkeit, dass die DDR per Volkskammerbe-
schluss auch ohne Einigungsvertrag einseitig ihren Beitritt gemäß Art. 23 GG a.F. erklärte. Einen solchen Vorstoß seitens der DSU gab es dann auch am 17. Juni 1990.
Nach einer Gedenkveranstaltung im Konzerthaus am Berliner Gendarmenmarkt, bei
der Hauptredner Manfred Stolpe als Ergebnis des zügig umzusetzenden Einigungsprozesses etwas Neues anmahnte: „Der Westen kommt in die DDR, aber die DDR
kommt auch in den Westen", beantragte die DSU noch am selben Tag in der Volkskammer, den sofortigen Beitritt der DDR zur Bundesrepublik Deutschland zu beschließen. Der Antrag gelangte gegen die Mehrheit des Hauses allerdings nicht auf die Tagesordnung, wurde in den zuständigen Ausschuss verwiesen und dort auf die lange
Bank geschoben.*

*Zu den von Schäuble vertretenen verhandlungsstrategischen Grundpositionen ge-
hörte die Beschränkung der Regelungsmaterie auf das unmittelbar Nötige, damit sowohl rechtzeitig als auch mit den nötigen Zweidrittelmehrheiten in den drei Gesetz-
gebungskammern der Einigungsvertrag unter Dach und Fach kommen könnte. Diese
Linie vertrat er sowohl in der ersten Verhandlungsrunde am 6. Juli gegenüber de Mai-
izière, der u. a. Vorschläge zur Erweiterung des Grundgesetzes um die Staats-
ziele Recht auf Arbeit und Umweltschutz einbrachte, als auch weiterhin gegenüber
westlichen sozialdemokratischen Ländervertretern und den mit Überleitungsregelun-
gen befassten Ressortmitarbeitern der diversen beteiligten Ministerien, die im Wege
der Einigung womöglich Wunschregelungen durchzubringen versuchten, die bis dahin gescheitert waren.*

Gesamtdeutscher Föderalismus und Finanzausgleich

*Durch ein Verwaltungsgesetz vom 23. Juli 1952 wurde die DDR neu gegliedert, indem
die Länder der DDR auf Basis von Kreisgrenzen in zu schaffende Bezirke aufgeteilt
wurden sowie die Aufgaben der bisherigen Landesregierungen auf die Verwaltungen
der neuen Gebietsadministrationen übertragen. Mit dem daraus resultierenden Ende
des Föderalismus in der DDR unterschieden sich ab diesem Zeitpunkt die politischen
Strukturen in beiden Teilen Deutschlands erheblich.*

*Mit dem Ziel, die kommunale Selbstverwaltung zu fördern, war schon in der Umbruch-
phase nach der Grenzöffnung im November 1989 von der neuen Regierung Modrow
der politische Zentralismus des SED-Regimes abgelöst worden. Zwar blieben unter
Einbindung lokaler Bürgerkomitees vorläufig etwa drei Viertel der bisherigen*

kommunalen Mandatsträger im Amt, doch kam es bereits am 17. Mai 1990 zur Verabschiedung einer neuen Kommunalverfassung mit einer Mischung aus diversen westdeutschen Regelungen und betont plebiszitären Elementen in Form der Bürgerbeteiligung und der Bürgerentscheide. Mit der Gründung von Partei- und Landesverbänden und bei Demonstrationen wurden die bis 1952 bestehenden amtlichen Landesfarben bereits reaktiviert, bevor am 22. Juli 1990 in der Volkskammer das Ländereinführungsgesetz (LEG) verabschiedet wurde. Das Gesetz enthielt Beschlüsse zur:

- Außerkraftsetzung des erwähnten Gesetzes zur Schaffung von Bezirken vom 23. Juli 1952,
- Gründung der Länder Brandenburg, Mecklenburg-Vorpommern, Sachsen, Sachsen-Anhalt, Thüringen und
- Verleihung von Landesbefugnissen für Berlin, die Hauptstadt der DDR.

Mit dem 3. Oktober 1990 entstanden gemäß Art. 1 Einigungsvertrag die in dem fortgeltenden Ländereinführungsgesetz der DDR vorgesehenen neuen Länder sowie aus der Vereinigung seines westlichen und östlichen Teils das neue Land Berlin. Die neuen Länder waren zunächst noch nicht handlungsfähig. Erst mit den Landtagswahlen vom 14. Oktober 1990 bekamen sie Parlamente, die zugleich als verfassunggebende Landesversammlungen fungierten. Als Starthilfe wurden Partnerschaften mit westlichen Bundesländern eingerichtet. Die Kooperationen bestanden mit Nordrhein-Westfalen für Brandenburg, Schleswig-Holstein, Hamburg und Bremen für Mecklenburg-Vorpommern, Bayern und Baden-Württemberg für Sachsen, Niedersachsen für Sachsen-Anhalt sowie Hessen und Rheinland-Pfalz für Thüringen. Die westlichen Hilfspartner vertraten im Einigungsprozess aber auch eigene politische Interessen, indem sie die Eigenbeteiligung an der Finanzierung der Einheit möglichst gering zu halten und einen Zentralisierungsschub von Bundesseite zu vermeiden trachteten.

Dies betraf auch die Einbeziehung der neuen Bundesländer in das System des Länderfinanzausgleichs, das den wirtschaftlich starken Ländern Beihilfen für die schwächeren abverlangt. Damit nicht die relativ schwachen westlichen Bundesländer angesichts der noch weit schlechteren Ausgangsposition der neuen Länder ebenfalls von Empfängern zu Gebern im Länderfinanzausgleich würden, schloss man die fünf neuen zunächst bis 1994/95 von diesem Umverteilungssystem aus. Dafür beteiligten sich die alten Länder zur Hälfte an der Schuldenaufnahme für den Fonds Deutsche Einheit, aus dem der Finanzierungsbedarf der neuen Länder gedeckt werden sollte. Eine darüber hinausgehende Kostenbeteiligung lehnten sie bereits im Mai 1990 ab.

Ähnlich problematisch gestaltete sich die Einigung über die Stimmenverteilung im künftigen gesamtdeutschen Bundesrat. Nach bis dahin gültigem Schlüssel würden sich die Gewichte im Bundesrat zugunsten der bevölkerungsärmeren kleinen Bundesländer verschoben haben. Die vier großen westdeutschen Länder hätten mit 20 von insgesamt 65 Stimmen keine Sperrminorität bei Entscheidungen mit Zweidrittelmehrheit mehr bilden können. Nach einigem Hin und Her bestand die Lösung *schließlich darin, den großen Bundesländern statt bisher fünf künftig sechs Stimmen zuzugestehen: mit 24 von 68 Stimmen hatten sie die Sperrminorität wieder.*

Wiedervereinigte Stadt Berlin

Die wiedervereinigte Stadt Berlin bildete künftig ein eigenes Land und wurde Bundeshauptstadt, zumal Bonn bereits 1949 nur als provisorische Hauptstadt der Bundesrepublik bestimmt worden war. Im Einigungsvertrag erfolgte zwar die Anerkennung Berlins als neue Hauptstadt, aber noch keine Entschließung über den künftigen Sitz von Bundestag und Regierung. In der ersten Verhandlungsrunde zum Einigungsvertrag erklärte de Maizière die Hauptstadtfunktion Berlins zur Grundbedingung einer Annahme des Einigungsvertrags. Dagegen stand aber eine weitgehende Ablehnung der westlichen Länderregierungen, die, vom Berliner Senat abgesehen, nahezu einhellig Parlament und Regierung in Bonn halten wollten. In der Kompromissformel hieß es, dass die Entscheidungen der gesetzgebenden Körperschaften in dieser Frage erst nach der Wahl des ersten gesamtdeutschen Bundestags und nach der Herstellung der vollen Mitwirkungsrechte der neuen Länder zu treffen seien. Im Hauptstadtbeschluss 1991 entschied der Bundestag nach kontroverser Diskussion, Berlin auch zum Sitz von Parlament und Regierung zu machen und deren Umzug bis 1999 abzuschließen, wobei alle Ministerien auch einen Dienstsitz in Bonn behalten sollten.

Berlin war die einzige Stadt in Deutschland, die durch die Mauer geteilt war und unmittelbar ‚zusammenwachsen' musste. Hier trafen nicht nur die Menschen aus West-Berlin und Ost-Berlin sofort nach dem Mauerfall aufeinander, hier traten auch die Probleme schnell zutage:

„Die ökonomischen Konsequenzen des Veränderungsprozesses blieben angesichts der politischen Dimensionen zu Anfang nahezu unbeachtet. Das änderte sich schnell, ... als das wirtschaftliche Desaster der DDR deutlich wurde. Die erschreckende Bilanz beschränkte sich nicht nur auf den Produktionssektor, sondern gleichermaßen auf die gesamte Wohnungswirtschaft. Insbesondere die Situation der innerstädtischen Altbauquartiere in Ost-Berlin war alarmierend."

Bilanziert wurde für Berlin und die Region von der „Expertengruppe »Stadterneuerung« des Provisorischen Regionalausschusses" im Überblick für das Gebiet mit 1,57 Millionen Wohnungen einen „Erneuerungsbedarf allein für ca. 178.000 Wohnungen in dem bis 1918 errichteten Wohnungsbestand."

Für die Stadt wurde festgestellt: „Hoher Leerstand, in Ost-Berlin ca. 25.000 Wohnungen, allein im Bezirk Prenzlauer Berg ca. 8.000, d. h. fast doppelt soviel wie in West-Berlin insgesamt zu Beginn der achtziger Jahre, als die Hausbesetzungen und die Auseinandersetzungen über die Wohnungspolitik ihren Höhepunkt erreichten; jahrzehntelang unterlassene Instandhaltung und fortgeschrittener Verfall eines großen Teils der Altbausubstanz, Mangel an dringend benötigten Baumaterialien; keine kostendeckende Bewirtschaftung der Häuser aus den laufenden Mieteinnahmen;

Stadterneuerung ohne Bürgerbeteiligung, Abriß historisch wertvoller Gebäude, »Diktat des Plans« ohne Rücksicht auf soziale Strukturen und individuelle Bedürfnisse."

Vor diesem Hintergrund und in Anbetracht der gebotenen Eile beschloss am 6. Februar 1990 „der Senat die ‚außerplanmäßige Mittelbereitstellung zur Förderung dringender Stadterneuerungsmaßnahmen im Großraum Berlin' in Höhe von 25 Millionen DM für in den Jahren 1990 und 1991 zu realisierende Maßnahmen." Die Vergabe war „an die Bedingung geknüpft, daß aus Ost-Berlin Komplementärmittel für die Erneuerungsmaßnahmen bereitgestellt werden." Damit wurde insgesamt „ein Bauvolumen von ca. 60 Millionen DM aktiviert."

Reorganisation von Recht und Verwaltung im Beitrittsgebiet

Die Beitrittsperspektive nach Art. 23 GG a.F. bedeutete nicht, dass auch das gesamte in der DDR geltende Recht unmittelbar mit Vollzug der Einheit hinfällig war. Vielmehr gehörte es zu den besonders aufwendigen Begleitaktivitäten bei der Aushandlung des Einigungsvertrages zu prüfen, welche der vielen bestehenden bundesdeutschen Gesetze und Verordnungen mit Vollzug der Einheit zwingend gesamtdeutsch zur Anwendung gelangen mussten. Diese Aufgabe war nur ressortübergreifend von den jeweiligen Ministerialverwaltungen zu leisten. Da für das DDR-Recht keine kodifizierte Sammlung existierte, stellte sich der Abgleich der jeweiligen Materie umso schwieriger dar; er geschah in Abstimmung mit den jeweiligen Ressorts seitens der DDR.

Zunehmend dringlich nach Aufnahme der Verhandlungen bedurfte es einer Grundsatzentscheidung darüber, ob im Regelfall zunächst DDR-Recht weitergelten und bundesdeutsches Recht bis auf weiteres nur nötigenfalls zur Anwendung kommen sollte oder ob umgekehrt Bundesrecht die Norm und DDR-Recht die Ausnahme bilden sollte. Während Schäuble die dem Saarbeitritt 1957 entsprechende erstere Variante bevorzugte, weil er sich von einer vergleichsweise geringen Regelungsdichte eine schnellere Angleichung der Lebensverhältnisse versprach, gab es andererseits u. a. die Sorge, im Beitrittsgebiet hätte dann etwa der Umweltschutz das Nachsehen. Die entgegengesetzte Position vertraten das Bundesjustizministerium, die Arbeitgeber und Bundesarbeitsminister Blüm. Letzterer favorisierte die zweite Alternative als Signal für den mit der Sozialunion begonnenen Aufbau eines leistungsfähigen Sozialversicherungssystems nach bundesdeutschem Muster und erwartete dadurch eine erleichterte Anpassung der DDR an EG-Recht. Den damit bereits kurzfristig verbundenen Kosten stellte sich auch Bundesfinanzminister Waigel nicht in den Weg. Zu einer Änderung der Haltung von DDR-Verhandlungsführer Günther Krause, der bis dahin mit Schäuble übereingestimmt hatte, kam es in der zweiten Verhandlungsrunde zum Einigungsvertrag Ende Juli 1990. Dazu heißt es bei Schröder:

„Die Übernahme der westlichen Ordnung ist von der letzten Volkskammer beschlossen worden, die aus freien Wahlen hervorgegangen ist. Es ist deshalb eine eklatante Missachtung des Volkswillens der Ostdeutschen, wenn behauptet wird, der Westen habe dem Osten seine Ordnung übergestülpt, wie ich oft von Westdeutschen gehört habe."

Man habe Schäuble östlicherseits erklärt, dass ein Zivilgesetzbuch für eine zentralistische Planwirtschaft und eine Diktatur untauglich sei für eine Marktwirtschaft mit eigenverantwortlichem wirtschaftlichen Handeln der Bürger. Damit war die Sache entschieden.

Ähnlich wie bei Wirtschafts- und Rechtssystem standen auch Verwaltungs- und Bildungseinrichtungen der DDR im Zuge der innerdeutschen Vertragsverhandlungen auf dem Prüfstand. Die von der DDR-Delegation dazu vorgelegten Zahlen riefen, so Duisberg, auf westdeutscher Seite Betroffenheit hervor: Insgesamt 1,74 Millionen Beschäftigte in der öffentlichen Verwaltung, dazu die Bahnbeschäftigten (252.000), die Post (229.000) und die NVA (183.000). Die 1,74 Millionen Staatsdiener der DDR entsprachen laut Schäuble mehr als dem Dreifachen der zur nämlichen Zeit im öffentlichen Dienst des vergleichbar großen Bundeslandes Nordrhein-Westfalen beschäftigten Beamten und Angestellten. Erheblicher Personalabbau schien ihm unvermeidlich geboten, damit die finanzielle Leistungsfähigkeit von Bund und Ländern nicht erdrosselt würde. Den von Krause auf Art. 36 GG bezogenen Ableitungen einer weitreichenden Übernahmepflicht der DDR-Bediensteten unter Berücksichtigung von Quoten hielt Schäuble Art. 33 GG entgegen, der den Zugang zu öffentlichen Ämtern an Eignung, Befähigung und fachliche Leistung binde.

Als Instrument zur Durchführung des Verwaltungsstellenabbaus wurde zunächst von Seiten des Bundesaußenministeriums, das gar keine Möglichkeiten zur Übernahme von DDR-Diplomaten sah, wie auch von anderen Ministerien eine zentrale Personal-Treuhandstelle vorgeschlagen. Eine solche Einrichtung wäre nach Schäubles Auffassung auf die Zuständigkeit des Innenministeriums für das gesamte Personal öffentlicher Verwaltung auf DDR-Gebiet hinausgelaufen. „Ein einzelnes Ressort aber konnte die Aufgabe, über zwei Millionen Menschen künftig in den Verwaltungen von Bund, neu zu schaffenden Ländern und Kommunen unterzubringen oder – zu einem erheblichen Teil – aus dem öffentlichen Dienst zu entlassen, niemals bewältigen." Schäuble setzte sich damit durch, dass jedes Ressort „die Verantwortung für das seiner Zuständigkeit obliegende Personal zu übernehmen und Überleitungsregeln zu schaffen habe." Für Bedienstete in künftiger Länderzuständigkeit waren die Länder zuständig, in der Übergangszeit die sogenannten Landessprecher unter der Aufsicht des Bundesinnenministers.

Für die individuell von Entlassungen Betroffenen war dies allerdings kein tröstlicher Umstand. Sie kostete das geeinte Deutschland den bisherigen gesicherten Arbeitsplatz, auf den in höheren Stellen nicht selten Westdeutsche nachrückten. Richard Schröder weist aber die Rede von der Kolonisierung des Ostens durch den Westen zurück:

„In Wahrheit waren es die Betriebsbelegschaften und Lehrerkollegien, Gemeindevertretungen und Bürgerversammlungen, die im Herbst 1989 die Ablösung der bisherigen Direktoren und Bürgermeister erfolgreich ins Werk gesetzt und einen ersten

Elitenwechsel herbeigeführt haben. Das war ein Ost-Ost-Elitenwechsel. Westdeutsche waren da noch gar nicht in Sicht."

Es sei dann mit der Übernahme der westlichen Ordnung ganz selbstverständlich ein westlicher Fachleute-Bedarf entstanden. „Das kann man wieder als Entmündigung der Ostdeutschen beklagen. Es setzt sich aber niemand gern in ein Flugzeug, wenn ihm erklärt wird: Der Pilot lernt grad noch."

Neuordnung der Eigentumsverhältnisse

Da im Staatssozialismus der DDR kollektives Eigentum eine klare Vorrangstellung vor dem Privateigentum der Individuen hatte, insbesondere im Bereich der Wirtschaft, aber je nach Bedarf auch bei den Immobilien, bedurften im Zuge des Einigungsprozesses auch die Eigentumsverhältnisse in der DDR einer Neuregelung.

„Infolge der kollektiven und individuellen Enteignungen sowie von sonstigen staatlichen Eingriffen jeglicher Art war in der DDR eine Lage entstanden, in der nicht nur die Eigentumsverhältnisse schwer durchschaubar waren, sondern auch die Eigentumsrechte selbst weitgehend ihre alte Bedeutung verloren hatten. Rechte am Grundstück und an dem darauf stehenden Gebäude fielen oft auseinander, ohne daß dies klar erkennbar war. Auch die Grundbücher wurden meistens nur noch unzulänglich geführt. Soweit es noch privaten Haus- und Grundbesitz gab, war er überdies in vielen Fällen durch Zwangsmiete und extensiven Kündigungsschutz mehr Last als Vermögen. Insofern zählte weniger das Eigentum als das Nutzungsrecht; dieses allein war von wirklichem Wert."

Da es bei diesen Verhältnissen im vereinten Deutschland nicht bleiben konnte, stellte sich bei der Herstellung einer den bundesdeutschen Verhältnissen entsprechenden Eigentumsordnung das Problem, wie mit den in der ostdeutschen Vergangenheit erfolgten entschädigungslosen Enteignungen umzugehen sei. In dieser Frage gab es politischen Entscheidungsspielraum, da die Eigentumsgarantie gemäß Art. 14 GG sich nicht ohne weiteres rückwirkend auf die DDR vor ihrem Beitritt erstreckte. Auf bundesdeutscher Seite entwickelte man die Maßgabe, dass in 40 Jahren DDR neue wirtschaftliche und soziale Umstände entstanden seien, die nicht ohne Weiteres rückgängig gemacht werden könnten, wollte man nicht teils altes Unrecht durch neues ersetzen. Es komme auf sozialverträgliche Kompromisse unter Berücksichtigung der Interessen aller Beteiligten an. Weder die Festschreibung der DDR-Zwangsmaßnahmen bis 1989 noch deren komplette Rückgängigmachung bis zum Mai 1945 seien in diesem Sinne als realisierbar anzusehen.

Zwei gesondert zu betrachtende Phasen gab es bezüglich der stattgefundenen Enteignungsmaßnahmen: die Phase der sowjetischen Besatzungshoheit 1945 bis 1949 und die Zeit der sowjetisch gestützten SED-Herrschaft in der DDR 1949 bis 1989. Bereits im Dezember 1989 war anlässlich des Besuchs von Bundeskanzler Kohl in Dresden beim Treffen mit Modrow eine gemeinsame Kommission zu Eigentumsfragen vereinbart worden, in deren Verhandlungen die Sowjetunion mit einbezogen wurde. Dort wie auch in den Zwei-plus-Vier-Verhandlungen forderte die Sowjetunion, dass die Unantastbarkeit ihrer Maßnahmen als Besatzungsmacht verbürgt würde, speziell in Boden- und Eigentumsfragen. „Im Sommer 1990 wollte die Volkskammer ein Häftlingsentschädigungsgesetz beschließen, das auch politische Häftlinge zwischen 1945 und 1949 entschädigen sollte. Die Legitimität der Urteile wollten wir nicht thematisieren. Trotzdem protestierte die sowjetische Seite umgehend und drohte, den Zwei-plus-Vier-Prozess anzuhalten, wenn wir dieses Gesetz beschließen." Schäuble sah die größte Entschiedenheit in dieser Frage auf Seiten der DDR und insbesondere bei de Maizière, der erklärte, die DDR werde keinen Vertrag unterschreiben, der vor die Bodenreform zurückwolle, und hinzufügte: „das wird keine politische Gruppierung in der DDR jemals unterschreiben. Dafür gibt es keine Mehrheiten."

Mit der Suche nach einer Konsensformel beauftragt wurden die Staatssekretäre Günther Krause für die DDR-Seite und Klaus Kinkel auf Seiten der Bundesregierung. In der Gemeinsamen Erklärung vom 15. Juni 1990 hieß es schließlich: „Die Regierungen der Sowjetunion und der Deutschen Demokratischen Republik sehen keine Möglichkeit, die damals getroffenen Maßnahmen zu revidieren. Die Regierung der Bundesrepublik Deutschland nimmt dies im Hinblick auf die historische Entwicklung zur Kenntnis. Sie ist der Auffassung, dass einem künftigen gesamtdeutschen Parlament eine abschließende Entscheidung über etwaige staatliche Ausgleichsleistungen vorbehalten bleiben muß."

Eine differenziertere Lösung angestrebt wurde für die 40 Jahre DDR-Geschichte zwischen 1949 und 1989. Dabei ging es um Enteignungen im staatlichen Interesse mit nur minimaler Entschädigung, um beschlagnahmte Immobilien und Vermögen von DDR-Flüchtlingen sowie um in Westdeutschland lebende Grundeigentümer, die ihre Liegenschaften durch Zwangsverwaltung und Zwangsversteigerung vielfach ebenfalls an den Staat verloren hatten. Den vormaligen Eigentümern gegenüber standen in großer Zahl gutgläubige Besitzer von enteigneten oder unter Zwangsverwaltung stehenden Grundstücken, die darauf mit behördlicher Duldung ein Gebäude errichtet hatten, oft in Form der gartenhausähnlichen Datsche, die aber ausgebaut oft auch als ständige Wohnung diente.

„Ein solches privates Refugium war der Traum vieler; und wer das Glück hatte, sich ihn zu erfüllen, scheute keine Mühe, seinen Besitz so schön und bequem wie möglich auszugestalten. Nur wer wusste, wie schwer in der DDR Baumaterial zu bekommen war – oft nur mit Beziehungen oder gegen Westgeld –, der konnte ermessen, welche Energie, Zeit und Arbeitskraft darauf gewendet worden war. Diese Welt aber, an der das Herz – und ein Stück Lebensarbeit – vieler kleiner Leute hing, war nun an nicht wenigen Stellen durch Rückgabeansprüche von Alteigentümern ernsthaft bedroht."

In der genannten Gemeinsamen Erklärung vom 15. Juni 1990 hieß es dazu entgegen mehrheitlichen Interessen auf DDR-Seite wie auch seitens der westlichen Sozialdemokratie, dass grundsätzlich die Rückgabe des Grundvermögens an den ehemaligen Eigentümer oder seine Erben erfolgen sollte. Nicht zum Tragen kommen sollte diese

Regelung, wo Grundstücke oder Gebäude gewerblicher oder öffentlicher Nutzung unterlagen, im Wohnungs- oder Siedlungsbau verwendet oder von Dritten in „redlicher" Weise erworben worden waren. Richard Schröder schreibt im Rückblick:

„Zunächst war die Aufregung über den Grundsatz Rückgabe vor Entschädigung im Osten riesengroß. Skandalöse Einzelfälle von Westdeutschen, die vor der Haustür standen und den Bewohnern ohne Rechtsgrundlage erklärten, das Haus gehöre ihnen und sie müssten schnellstens ausziehen – andere platzierten gleich auf ‚ihrem' Grundstück ihren Wohnwagen –, gingen wie ein Lauffeuer durch die Presse und mobilisierten Vertreibungsängste. Dadurch wurde der Grundsatz ‚Rückgabe vor Entschädigung' als Bevorzugung Westdeutscher wahrgenommen, von denen manche Omas Häuschen längst vergessen hatten. Anderen war ununterbrochen der Verlust des Elternhauses bewusst geblieben. Es haben aber auch sehr viele Ostdeutsche von ihm profitiert. Auch ich habe mit meinen Geschwistern unser Elternhaus zurückbekommen."

In der Praxis sei die Regelung der Eigentumsfrage sehr kompliziert geraten, so Richard Schröder, „weil immer wieder neue Fallgruppen auftauchten und dem Mieter- und Naturschutz Rechnung getragen werden sollte." Mehr Alt- als Neueigentümer dürften demnach von der Rechtsprechung enttäuscht worden sein. „Ob man diese Regelung ‚Rückgabe vor Entschädigung mit vielen Ausnahmen' oder ‚Entschädigung vor Rückgabe mit vielen Ausnahmen' nennt, macht keinen großen Unterschied."

Vorkehrungen gegen die in der DDR sich ausbreitende „Angst vor dem Ausverkauf" hatte noch die Regierung Modrow getroffen, indem sie mit Gesetz vom 7. März den Verkauf enteigneter Immobilien zu günstigen Bedingungen in die Wege leitete, wovon vor allem Privilegierte des alten SED-Regimes bevorzugt profitierten. In den Verhandlungen zum Einigungsvertrag verpflichtete sich die DDR bis auf Weiteres zur Nichtveräußerung von Grundstücken mit ungeklärten Eigentumsansprüchen. Veräußerungen aus der Zeit nach Honeckers Sturz am 18. Oktober 1989 sollten überprüft werden, was auch gegen das Gesetz der Modrow-Regierung vom 7. März gerichtet war. Klaus Schroeder zufolge war die angesetzte Überprüfung aber nur von geringer Wirkung:

„So wurden z. B. die Häuser der Versorgungseinrichtungen des Ministerrates (VEM) an Nomenklaturkader verkauft, die konspirativ genutzten Gebäude des MfS an Angehörige des Repressionsapparates. Wie viele Grundstücke und Immobilien hierdurch kostengünstig in die Hand verdienter Genossen gelangten und sich dort noch befinden, lässt sich nicht beziffern. Das jüngste Urteil des Bundesverfassungsgerichts, das den Modrow-Erlass für nicht rechtens erklärt hat, scheint hieran wenig geändert zu haben."

Das Berliner Abgeordnetenhaus hat laut Schroeder die damaligen Käufe quasi legalisiert; Kommunen hätten durch Nachbeurkundungen und den Verzicht auf die Ausübung ihres Vorkaufsrechts den besagten Transaktionen ihrerseits dauerhaft Fortgeltung verschafft. „Unter dem Strich bleibt wohl nur die Erkenntnis, dass auch auf diesem Feld die ehedem Privilegierten nach einem Systemwechsel ihre alten Vorteile in erheblichem Umfang sichern konnten."

Umgang mit der Stasi-Erblast

Zu den besonders umstrittenen Feldern im deutsch-deutschen Einigungsprozess gehörte die Hinterlassenschaft des Stasi-Apparates (MfS), dessen offizielle Auflösung ja bereits in der Wende-Zeit längst vor den Märzwahlen zur neuen Volkskammer durchgesetzt worden war im Zusammenwirken der Oppositionskräfte am Zentralen Runden Tisch mit Demonstranten und Bürgerkomitees überall in der DDR.

Noch in Auflösung und Zerfall schafften es nicht wenige MfS-Mitarbeiter, sich seit Ende 1989 aus verdeckten Ressourcen, über die dieser Machtapparat verfügte, einiges zur eigenen weiteren Verwendung abzuzweigen bzw. zuschanzen zu lassen, darunter Geld, Grundstücke, Immobilien, technisches Gerät u. a. m. Ein Vermerk der zentralen Abteilung Finanzen des MfS vom 13. Dezember 1989 empfahl den Mitarbeitern, sich Geldbeträge besser von der Sparkasse der Dienststelle überweisen zu lassen, weil hohe Bareinzahlungen von Angehörigen des Amtes für Nationale Sicherheit (AfNS, zeitweilige MfS-Nachfolgeorganisation unter der Regierung Modrow) bei zivilen Sparkassen bereits aufgefallen waren.

So wurde das Jahr des Einigungsprozesses auch eines der alten „Seilschaften", der Funktionärselite des sich auflösenden Staatsapparats, die einander halfen beiseitezuschaffen oder umzuwidmen, was noch zu „retten" war bzw. wessen man habhaft werden konnte:

„Dabei geht es um die Aneignung von Grundstücken, dubiose Umgründungen von genossenschaftlichen und kooperativen Wirtschaftseinheiten in privater Hand, unkontrollierte Ausgründungen aus Großbetrieben sowie Vermögensverschiebungen aller Art. Solche Seilschaften nutzen die Beziehungen in die noch nicht erneuerten Verwaltungen, zu dem nicht ausgetauschten Justizpersonal, sie üben Druck auf Mitwisser und Alteigentümer aus oder zahlen mit Beteiligungen und Schweigegeldern."

Weniger günstig für die MfS-Hauptamtlichen und -Unterstützer entwickelte sich allerdings der Umgang mit der umfänglichen schriftlichen Stasi-Hinterlassenschaft. Das energische Vorgehen der Oppositionskräfte gegen die Stasi-Objekte hatte entscheidend dazu beigetragen, dass ein Großteil des Aktenmaterials zu den DDR-weiten Bespitzelungsvorgängen erhalten geblieben war. Was damit im vereinten Deutschland weiter geschehen sollte, wurde in Ost und West kontrovers eingeschätzt. Da das MfS nicht nur in der DDR, sondern auch in Westdeutschland Mitarbeiter angeworben hatte, gab es auf beiden Seiten viele Personen, die an der Unzugänglichkeit, wenn nicht Vernichtung des Stasi-Aktenmaterials interessiert waren.

In den Absprachen zum Einigungsvertrag zeichnete sich zunächst ein restriktiver Umgang mit diesem Stasi-Erbe ab. Bundesinnenminister Schäuble als westlicher Verhandlungsführer vertrat den Standpunkt, man solle gerade als Außenstehender zurückhaltend urteilen, wo „ein Großteil der Menschen versuchte, aus seinem Leben für sich das Beste zu machen, ohne sich allzu sehr in persönliche Schuld zu verstricken. Jeder von uns im Westen hätte sich wohl im Zweifel nicht anders verhalten, wenn er in diesen vierzig Jahren in der DDR hätte leben müssen." Schäuble plädierte dafür, sich auf „die schweren Fälle wirklicher Schuld" zu konzentrieren. Die wechselseitige Spionage wollte er als „teilungsbedingte Straftaten" außer Verfolgung stellen. Die Stasiakten sollten der Verfügungsgewalt des Bundesarchivs in Koblenz „unter strenger Aufsicht des Datenschutzbeauftragten" unterstellt werden.

Damit war auch DDR-Verhandlungsführer Krause zunächst einverstanden. Anders fiel dagegen die Reaktion vieler Volkskammerabgeordneter aus, denen schon die Behinderung der Bürgerkomitees bei der Sicherung des Stasi-Materials unter der Modrow-Regierung als Aufklärungsvereitelung und Täterbegünstigung erschienen war.

„Und nach der Volkskammerwahl wurde die Situation nicht besser, sondern schlechter, da der neue Innenminister Peter-Michael Diestel erklärte, ein Bürgerkomitee sei nicht mehr erforderlich. Er sperrte ihnen kurzerhand den Zugang zum Archiv und schickte den Komiteemitgliedern für Ende Juni 1990 die Entlassungsbescheide."

Von Mitte Juni ab gab es einen Sonderausschuss der Volkskammer zur Auflösung der Stasi unter Vorsitz Joachim Gaucks. So sollte auf parlamentarischer Basis die Arbeit der Bürgerkomitees fortgesetzt werden. „Das von Modrow eingesetzte Staatliche Auflösungskomitee, das die Regierung de Maizière umstandslos übernommen hatte, hat sich unserer Kontrolle allerdings weitgehend zu entziehen versucht, und der Innenminister hat es gedeckt." Als besondere Herausforderung für Gauck und seine Mitstreiter entpuppten sich die Stasi-Offiziere im besonderen Einsatz (OibE). Dabei handelte es sich um verdeckt arbeitende MfS-Kräfte, die sicherheitsrelevante Positionen in Wirtschaft, Polizei und Armee innehatten und dort als eine geheime Reserve für den Notfall das Überleben der Stasi sichern sollten. „Obwohl die elektronischen Datenträger der Stasi mit personenbezogenen Angaben auf Beschluss des Runden Tisches im März 1990 vernichtet worden waren, konnten wir eine Liste von knapp 2000 OibE zusammenstellen. Es ging uns nicht darum, diese Leute anzuprangern – noch gab es keinerlei Regelung über den Umgang mit den Stasi-Akten –, aber aus ihren Stellen wollten wir sie unbedingt entfernen."

In der politischen Perspektive verfolgte der Stasi-Ausschuss das Ziel, den Aktenbestand zu sichten und zur Aufarbeitung in politischer, juristischer und historischer Hinsicht zugänglich zu machen. Unverzüglich wurde ein „Gesetz über die Sicherung und Nutzung der personenbezogenen Daten des ehemaligen MfS/AfNS" auf den Weg gebracht und am 24. August 1990 in der Volkskammer nahezu einstimmig angenommen.

Der für den Einigungsvertrag vorgesehene restriktive Umgang mit dem Stasi-Material und dessen geplante Unterstellung unter das Bundesarchiv stießen in wie außerhalb der Volkskammer auf geballten Widerstand. Am 4. September besetzten aus Protest unter anderen Bärbel Bohley und Wolf Biermann die vormalige MfS-Zentrale in Ost-Berlin und traten am 12. September sogar in einen Hungerstreik. Gauck wandte sich mit dem ausdrücklichen Hinweis an Krause, dass auch die CDU-Volkskammerfraktion mit der vertraglich vorgesehenen Regelung nicht einverstanden war. Der frühere Fraktionsvorsitzende der Ost-SPD Richard Schröder erinnert daran, dass viele seiner Fraktionskollegen ihre Zustimmung zum Einigungsvertrag von der westlichen Zusage abhängig machten, dass die Stasiakten zugänglich würden. „Die Zusage kam eine Stunde vor der entscheidenden Volkskammersitzung." Der mit Gauck in Bonn am 18. September ausgehandelte Kompromiss bestand darin, den Einigungsvertrag um eine Zusatzklausel zu ergänzen, wonach der Bundestag unmittelbar nach der Vereinigung ein eng an dem Volkskammerbeschluss orientiertes Gesetz verabschieden sollte. Gauck selbst wurde am 28. September 1990 in der Volkskammer als „Sonderbeauftragter der Bundesregierung für die Verwaltung der Akten und Dateien des ehemaligen Ministeriums für Staatssicherheit" gewählt.

Als in der letzten Arbeitssitzung der Volkskammer am 29. September 1990 die Berichterstattung des Stasi-Sonderausschusses über seine Arbeitsergebnisse anstand, kam es zu einer über Stunden sich hinziehenden hoch emotionalen Auseinandersetzung darüber, ob und auf welche Weise die Namen von Abgeordneten mit Stasi-Vorbelastung bekannt gegeben werden sollten. Aus den Fraktionen von SPD und Bündnis 90 wurde dies vehement gefordert, von CDU-Vertretern dagegen entschieden abgelehnt. Der zuständige Prüfungsausschuss verweigerte die Namensnennung mit Berufung auf die Schweigepflicht. Abgeordnete von Bündnis 90/Grüne begannen daraufhin einen Sitzstreik vor dem Präsidiumstisch. Der Volkskammer-Vizepräsident Reinhard Höppner handelte nach Unterbrechung der Sitzung mit beiden Seiten einen Kompromiss aus: Die Namen der 15 Hauptbelasteten sollten genannt werden, den Genannten aber zugleich Gelegenheit zu einer Erklärung gegeben werden. Allerdings waren da den Journalisten außerhalb des Sitzungssaals bereits Listen mit allen 56 Beschuldigten zugespielt worden.

„Die Betroffenen beteuerten ihre Unschuld oder erklärten, Mitleid erheischend, wie sie in diese Situation gekommen waren. Einige verteidigten auch ihre Tätigkeit. Für die Zuhörer waren diese Auftritte eher peinlich. Zur Wahrheitsfindung trugen sie nicht bei. Später stellte sich heraus, dass viele schlimme Fälle nicht genannt worden waren, manche Personen dagegen zu Unrecht auf der Liste gestanden hatten."

Turbulente Zielankunft

Auch nach der technisch reibungslos gelungenen Einführung der Währungs-, Wirtschafts- und Sozialunion kam es in der DDR nicht zu einer politischen Stabilisierung. In den Sommermonaten Juli und August 1990 zerbrach die Große Koalition mit dem Austritt zunächst der Liberalen aus dem Kabinett de Maizière, mit der Entlassung der Minister für Finanzen, Wirtschaft und Landwirtschaft durch den Ministerpräsidenten sowie mit dem nachfolgenden Ausscheiden aller SPD-Minister. Diese Auflösungserscheinungen waren begleitet von einem so drastisch empfundenen raschen

Niedergang der DDR-Wirtschaft, dass de Maizière am 1. August Bundeskanzler Kohl in dessen Urlaubsort am Wolfgangsee aufsuchte, um ihn zu einem möglichst frühen Vereinigungstermin und zu gesamtdeutschen Wahlen bereits am 14. Oktober zu drängen: Die Landwirtschaft der DDR schien vor dem Zusammenbruch zu stehen, und die Rentenzahlungen galten als nicht mehr lange leistbar – trotz der im Ersten Staatsvertrag vereinbarten finanziellen Hilfsmittel in Höhe von 14 Milliarden DM. Ein Wahltermin für Bundestagswahlen vor dem 2. Dezember scheiterte jedoch an einer nötigen Zweidrittelmehrheit im Bundestag. Als Tag der Vereinigung von DDR und Bundesrepublik wurde aber der frühestmögliche nach der abschließenden Zwei-plus-Vier-Konferenz bestimmt, der 3. Oktober 1990.

Für die ersten gesamtdeutschen Wahlen am 2. Dezember 1990 wurde ein den veränderten Verhältnissen angepasstes neues Wahlgesetz gebraucht. Als problematisch erwies sich dabei die bestehende Fünf-Prozent-Sperrklausel, die über die Vertretung oder den Nichteinzug einer Partei in den Deutschen Bundestag entscheidet. Hier war mit deutlichen Wettbewerbsnachteilen für die neugegründeten Parteien in der weit bevölkerungsärmeren DDR zu rechnen, sofern es nicht bereits zu Zusammenschlüssen mit westdeutschen Parteien gekommen war. Ein von Schäuble und Krause am 2. August paraphierter Wahlvertrag, der eine Fünf-Prozent-Hürde für das gesamtdeutsche Wahlgebiet mit der Möglichkeit von Listenverbindungen (etwa von CSU und DSU) kombinierte, scheiterte in der Volkskammer an der notwendigen Zweidrittelmehrheit. Das Bundesverfassungsgericht entschied schließlich am 9. September 1990, dass für diese erste gesamtdeutsche Bundestagswahl nur eine je gesonderte Fünf-Prozent-Sperrklausel für die Gebiete der bisherigen DDR und der alten Bundesrepublik zulässig sei. Am 1. Oktober brachte die Bundesregierung einen entsprechenden Gesetzentwurf in den Bundestag ein.

Als gravierende Komplikation, die zu einer Terminverschiebung bei der Paraphierung des Einigungsvertrags führte und sein mögliches Scheitern heraufbeschwor, erwies sich die Regelung zum Schutz des ungeborenen Lebens. In der alten Bundesrepublik bestand für Schwangerschaftsabbrüche seinerzeit die Indikationsregelung, während in der DDR jeder Abbruch innerhalb der Fristenregelung zulässig war. Zumindest für eine Übergangszeit bestand die DDR-Seite darauf, dass auf dem Gebiet der neuen Bundesländer die Fristenregelung fortgelten müsste. Auf bundesdeutscher Seite ergab sich daraus die Frage, ob westdeutsche Frauen im Zuge der Übergangsfrist nun nach dem „Tatortprinzip" auf dem Gebiet der neuen Bundesländer ebenfalls gemäß dortiger Regelung würden abtreiben lassen können (dies favorisierte neben der SPD auch die Regierungspartei FDP) oder ob nach dem von CDU und CSU favorisierten „Wohnortprinzip" auf alle westdeutschen Schwangeren auch weiterhin die Indikationsregelung anzuwenden wäre. Die Einigung in letzter Stunde basierte auf dem „Tatortprinzip", bei allerdings von fünf auf zwei Jahre verkürzter Übergangsfrist.

Der mit einwöchiger Verspätung am 31. August 1990 um 2:08 Uhr im Bonner Bundesinnenministerium von Schäuble und Krause paraphierte Einigungsvertrag wurde nach der vormittäglichen Billigung durch beide Regierungskabinette noch am selben Tag um 13:15 Uhr im Ost-Berliner Kronprinzenpalais wiederum von beiden unterzeichnet, damit er mit Blick auf den Beitrittstermin der DDR am 3. Oktober, für den die Volkskammer am 23. August 1990 mit 294 gegen 62 Stimmen gestimmt hatte, noch rechtzeitig das Gesetzgebungsverfahren durchlaufen konnte. Das fast 1000 Seiten umfassende deutsch-deutsche Vertragswerk wurde noch durch eine „Vereinbarung zur Durchführung und Auslegung" am 18. September 1990 ergänzt. Die Modalitäten des Beitritts der DDR wurden u. a. wie folgt geregelt:

- *Vollzug der deutschen Einheit am 3. Oktober 1990, dem künftigen Tag der Deutschen Einheit; die fünf neuen Länder Brandenburg, Mecklenburg-Vorpommern, Sachsen, Sachsen-Anhalt und Thüringen werden Länder der Bundesrepublik Deutschland;*
- *die Volkskammer entsendet 144 Abgeordnete in den Deutschen Bundestag; in den Bundesrat werden (bis zur Regierungsbildung nach den jeweils ersten Landtagswahlen) Landesbevollmächtigte mit beratender Stimme entsandt;*
- *Berlin wird die Hauptstadt Deutschlands (mit der Einschränkung: „Die Frage des Sitzes von Parlament und Regierung wird nach der Herstellung der Einheit Deutschlands entschieden");*
- *Fortgeltung der während der sowjetischen Besatzungszeit vorgenommenen Enteignungen;*
- *Verbleib der Stasi-Akten auf vormaligem DDR-Gebiet (also keine Übergabe an das Bundesarchiv);*
- *diverse gesetzliche Übergangsregelungen im Beitrittsgebiet.*

In ihrer 36. Tagung votierte die Volkskammer der DDR am Morgen des 20. September 1990 mit 299 gegen 80 Stimmen für den Einigungsvertrag, an demselben Tag auch der Bundestag mit 442 gegen 47 Stimmen und tags darauf der Bundesrat einstimmig.

Feierlichkeiten zum Vollzug der Einigung am 3. Oktober 1990

Die Wiederherstellung der staatlichen Einheit Deutschlands war landesweit von einer Vielzahl festlicher Veranstaltungen und Aktivitäten begleitet, in deren Zentrum am 2. und 3. Oktober das Geschehen im Ost- und Westteil der nun wieder gemeinsamen Hauptstadt Berlin stand. Die Festlegung auf den 3. Oktober als Datum der Vereinigung und damit künftigen Tag der Deutschen Einheit war in der Volkskammer vorgenommen worden.

Abschiede nach vier Jahrzehnten getrennter Vergangenheit

Als letzter Tag in der DDR-Geschichte war der 2. Oktober ein von ganz unterschiedlichen Emotionen geprägter Tag der Abschiede, nicht erst bei der Ostberliner Abendveranstaltung im Konzerthaus am Gendarmenmarkt, sondern bereits am frühen Nachmittag, als der Berliner Senat die drei westlichen Stadtkommandanten in der Philharmonie feierlich verabschiedete. Ihre besondere Funktion als Träger der obersten Gewalt in der Westhälfte der Stadt ging nun zu Ende. Laut Claus J. Duisberg ließen sie deutlich erkennen, dass ihnen der Rückzug aus diesen für hohe Militärs sowohl einträglichen als auch seit langem recht ruhigen Schutzmächte-Posten nicht leichtfiel. „Ich meinte auch bei den Berlinern einen Hauch von Wehmut zu spüren, da für sie ebenfalls eine Zeit zu Ende ging, in der West-Berlin als von Bonn alimentiertes, sonst aber quasi-autonomes Gebilde zuletzt ganz gut gelebt hatte."

Bundeskanzler Kohl betonte in einer Fernsehansprache nicht zuletzt die wichtige Rolle der westlichen Verbündeten im Rahmen des Einigungsprozesses, außerdem die von Gorbatschow dafür geschaffenen Voraussetzungen und den entscheidenden Anteil der demokratischen Protestbewegung gegen das SED-Regime im Zuge der friedlichen Revolution. Zu den innergesellschaftlichen Perspektiven im vereinten Deutschland äußerte er die Erwartung, dass die bevorstehende schwierige Wegstrecke erfolgreich bestanden würde, wenn Zusammenhalt und Opferbereitschaft zum Tragen kämen. Nie sei man auf die Wiedervereinigung wirtschaftlich besser vorbereitet gewesen als eben zu diesem Zeitpunkt. Dazu kämen Fleiß und Leistungsbereitschaft der Ostdeutschen. „Durch unsere gemeinsamen Anstrengungen, durch die Politik der Sozialen Marktwirtschaft werden schon in wenigen Jahren aus Brandenburg, aus Mecklenburg-Vorpommern, aus Sachsen, aus Sachsen-Anhalt und aus Thüringen blühende Landschaften geworden sein." Von besonderer Bedeutung sei die Entwicklung wechselseitigen Verständnisses von West- und Ostdeutschen füreinander und die Überwindung eines Denkens, das Deutschland in „hüben" und „drüben" weiterhin aufteile.

Im Konzerthaus am Gendarmenmarkt gab es am Abend außer der Aufführung von Beethovens 9. Symphonie unter Kurt Masur eine Ansprache des scheidenden Ministerpräsidenten de Maizière, in der er den Rückblick auf 40 Jahre DDR-Geschichte mit dem Ausblick auf das geeinte Deutschland verband. Mauer, Stacheldraht und Staatssicherheit hätten den Sozialismus zum Knüppel verkommen lassen, zitierte er Václav Havel. Ausführlich würdigte de Maizière unter dem Beifall des Auditoriums die Akteure der friedlichen Revolution des Herbstes 1989. In der Zukunft habe man es mit den hoffnungsvoll veränderten Bedingungen von Freiheit, Demokratie, Rechtsstaatlichkeit und sozialer Gerechtigkeit zu tun, die höher einzuschätzen seien als die materiellen Vorteile, die nach vielen Entbehrungen verständlicherweise so leicht in den Vordergrund rückten. Das in hohem Ansehen stehende Grundgesetz habe als Grundprinzip die verantwortete Freiheit.

„Die Freiheit ist der beste Förderer unserer individuellen Fähigkeiten; sie gehört zugleich zu den größten Prüfungen des menschlichen Charakters. Sie für sich und zugleich auch im Sinne des Gemeinwohls zu verwirklichen, ist eine faszinierende Aufgabe für uns alle. Nicht was wir gestern waren, sondern was wir morgen gemeinsam sein wollen, vereint uns zum Staat. Von morgen an wird es ein geeintes Deutschland geben. Wir haben lange darauf gewartet, wir werden es gemeinsam prägen, und wir freuen uns darauf."

Vereinigung nach Mitternacht

Am späten Abend des 2. Oktober versammelte sich eine unübersehbare Menschenmenge auf dem Platz der Republik vor dem Reichstagsgebäude, um den Vereinigungszeitpunkt dort zusammen zu begehen. Zu einem im Vorfeld diskutierten landesweiten Kirchenglockengeläut anlässlich der deutschen Einheit kam es wegen Widerständen in der Evangelischen Kirche nicht; doch wurde am 3. Oktober um 0:00 Uhr parallel zum Hissen der Bundesflagge das Läuten der von amerikanischen Bürgern 1950 gestifteten Freiheitsglocke vom Schöneberger Rathaus her übertragen, bevor Bundespräsident Richard von Weizsäcker vor den Mikrofonen verkündete:

„Die Einheit Deutschlands ist vollendet. Wir sind uns unserer Verantwortung vor Gott und den Menschen bewusst. Wir wollen in einem vereinten Europa dem Frieden der Welt dienen."

Anschließend wurde die deutsche Nationalhymne von einem Bläserchor angestimmt, zudem gab es ein Feuerwerk.

Aufbruch in ein neues Deutschland

Kirchlich wurde der Tag der Wiedervereinigung am Vormittag mit einem zentralen ökumenischen Gottesdienst in der St.-Marien-Kirche begangen, die als älteste noch genutzte Predigtkirche im historischen Stadtkern Berlins liegt. Karl Lehmann als Vorsitzender der Deutschen Bischofskonferenz sprach einerseits von den Chancen und noch gar nicht absehbaren neuen Möglichkeiten der Einheit, wies aber auch auf Probleme hin: „Viele sind ratlos und können sich nicht zurechtfinden. Was recht und schlecht funktionierte, aber so immerhin vertraut war, gibt es nicht mehr, und das verheißungsvolle Neue ist oft noch nicht überzeugend da. Viele Menschen wurden in Lernprozesse hineingeworfen, die ihnen keine Zeit lassen. Arbeitslosigkeit bedroht viele. Es ist schwer, mit einem auslaufenden Staat zu leben. ... Das Gewicht einer wohlhabenden und erfolgreichen Bundesrepublik kann (so) auf dem anderen, der sich immer wieder in die Vorschulklasse zurückgesetzt empfinden muss, schwer lasten. Die noch so gut gemeinte Hilfe des Besitzenden kann für den, der darauf angewiesen ist, zur Zumutung werden."

Wiederum in der Berliner Philharmonie hatte Bundespräsident von Weizsäcker für den 3. Oktober 1990 einen Staatsakt angesetzt, bei dem außer ihm selbst auch die als letztes Staatsoberhaupt der DDR fungierende bisherige Präsidentin der DDR-Volkskammer Sabine Bergmann-Pohl, die Bundestagspräsidentin Rita Süssmuth sowie Walter Momper als Regierender Bürgermeister von Berlin Reden hielten. Von Weizsäcker betonte in seiner Ansprache wie de Maizière am Vorabend, dass die Vereinigung Deutschlands als Teil eines gesamteuropäischen geschichtlichen Prozesses aufzufassen sei, der eine neue Friedensordnung für den Kontinent zum Ziel habe. Diesem Ziel wollten die Deutschen dienen, ihm sei ihre Einheit gewidmet. „Wir haben jetzt einen Staat, den wir selbst nicht mehr als provisorisch ansehen und dessen Identität und Integrität von unseren Nachbarn nicht mehr bestritten wird. Am heutigen Tag findet die vereinte deutsche Nation ihren anerkannten Platz in Europa."

Für den erst begonnenen Prozess der inneren Einigung forderte der Bundespräsident vor allem wechselseitige Achtung. Es seien die Systeme, die im Großen unterschiedlichen Erfolg bewirkten, nicht die Menschen. Jedes Leben habe seinen Sinn und seine eigene Würde. „Kein Lebensabschnitt ist umsonst, zumal nicht einer in der Not." Die Deutschen in der DDR seien nun einem Prozess der Umstellung ausgesetzt, der „oft übermenschliche Anforderungen" mit sich bringe. Auch unter denen, die den Untergang des SED-Regimes und die gewonnene Freiheit begrüßten, gebe es Menschen, die daran verzagten, „fast alle Elemente des eigenen Lebens von heute auf morgen durch etwas Neues, Unbekanntes ersetzen zu sollen".

Auch im Hinblick auf die Stasi-Erblast wandte sich von Weizsäcker gegen ein bloßes Abschütteln der Vergangenheit. Über sie einen Mantel des Vergessens zu breiten, bezeichnete er als menschlich unzumutbar und rechtsstaatlich unerträglich. „Recht und Gesetz nehmen ihren Lauf. Bei der Behandlung der Akten darf der erforderliche Datenschutz nicht zum Täterschutz werden. Dabei wird aber niemand die Zweifelhaftigkeit der Aufklärungsmittel verkennen. In einem System, das ohne Lügen nicht auskommt, können auch Akten lügen." Darüber hinaus aber gebe es eine politisch-ethische Verantwortlichkeit ohne Ahndungsmöglichkeit: „Schuld reicht weiter als Strafbarkeit." Ziel aber sei eine Gerechtigkeit, der es nicht um Vergeltung gehe, sondern um Aussöhnung und inneren Frieden.

Gegen die „in der Marketingsprache zeitgemäßer politischer Kommunikation" verbreitete Vorstellung, dass im Zuge des Einigungsprozesses niemandem etwas genommen werden solle und dass es nur auf die Verteilung von Zuwächsen ankomme, gab der Bundespräsident zu bedenken, dass damit das nötige Teilen nur in die Zukunft verschoben würde, für manche außerhalb der eigenen Lebenserwartung. Es führe aber kein Weg an der Erkenntnis vorbei: „Sich zu vereinen, heißt teilen lernen. Mit hochrentierlichen Anleihen allein wird sich die deutsche Einheit nicht finanzieren lassen."

Am Ende seiner Ansprache gab von Weizsäcker der Überzeugung Ausdruck, dass das menschliche Gelingen der Einheit nicht entscheidend von Regierungsverträgen, Verfassung oder Gesetzgebung abhänge, sondern von der Bereitschaft zur zwischenmenschlichen Offenheit und Zuwendung. Es sei im Sinne Ernest Renans das „Plebiszit eines jeden Tages", aus dem sich „der Charakter unseres Gemeinwesens" ergeben werde. „Wir können den gewachsenen Verfassungspatriotismus der einen mit der gelebten menschlichen Solidarität der anderen Seite zu einem kräftigen Ganzen zusammenführen. Wir wissen, wie viel schwerer es andere Völker auf der Erde zur Zeit haben. Wir haben den gemeinsamen Willen, die großen Aufgaben zu erfüllen, die unsere Nachbarn von uns erwarten. Die Geschichte gibt uns die Chance. Wir wollen sie wahrnehmen, mit Zuversicht und mit Vertrauen."

Tags darauf tagte erstmals seit 1932 wieder ein gesamtdeutsches Parlament im Reichstagsgebäude. Gemäß Einigungsvertrag gehörten dem Bundestag nun auch 144 noch von der Volkskammer gewählte Abgeordnete an. Als neue Bundesminister für besondere Aufgaben wurden fünf Mitglieder der vormaligen Regierung de Maizière ernannt und vereidigt, darunter auch der letzte Ministerpräsident der DDR selbst.

Quelle: Seite „Deutsche Wiedervereinigung". In: Wikipedia, Die freie Enzyklopädie. Bearbeitungsstand: 18. Februar 2020, 09:13 UTC. URL: https://de.wikipedia.org/w/index.php?title=Deutsche_Wiedervereinigung&oldid=196923133 (Abgerufen: 23. Februar 2020, 07:46 UTC)

21. Die NPD

Die **Nationaldemokratische Partei Deutschlands** (Kurzbezeichnung: **NPD**) ist eine 1964 gegründete rechtsextreme Kleinpartei, die in keinem überregionalen Parlament vertreten ist. Nach Einschätzung zahlreicher Politikwissenschaftler, Historiker sowie des Bundesverfassungsgerichts weist sie eine programmatische und sprachliche Nähe zur NSDAP auf und vertritt eine völkisch-nationalistische und revanchistische Ideologie. Auf internationaler Ebene ist sie Mitglied der Allianz für Frieden und Freiheit.

Gegen die Partei lief ein Verbotsverfahren vor dem Bundesverfassungsgericht nach Art. 21 des Grundgesetzes. Der Verbotsantrag wurde im Januar 2017 als unbegründet zurückgewiesen. Die NPD sei zwar eindeutig verfassungsfeindlich, wesensverwandt mit dem historischen Nationalsozialismus und wolle „die bestehende Verfassungsordnung durch einen an der ethnisch definierten ‚Volksgemeinschaft' ausgerichteten autoritären Nationalstaat ersetzen", stelle aber aktuell angesichts ihrer Bedeutungslosigkeit im politischen Geschehen keine konkrete Bedrohung für die freiheitliche demokratische Grundordnung dar.

Inhaltliches Profil

Allgemeine Inhalte

Die NPD verfolgt die Idee einer homogenen Volksgemeinschaft, die sie als Gegenmodell zur liberalen Demokratie der westlichen Welt versteht. Die Zugehörigkeit zu dieser völkischen Gemeinschaft wird von ihr nach rassischen sowie eugenischen Kriterien definiert. Nach Ansicht der Partei müsse die „wahre" Demokratie als „deutsche Volksherrschaft" konzipiert sein (daher die Eigenbezeichnung „nationaldemokratisch"), woraus sie zahlreiche weitere Forderungen ableitet.

Laut Verfassungsschutzbericht des Bundes 2012 sind die Zielvorstellungen der NPD aufgrund ihrer „antipluralistischen, ausgrenzenden und antiegalitären Merkmale" unvereinbar „mit den demokratischen und rechtsstaatlichen Wesensmerkmalen des Grundgesetzes". Die ideologischen Positionen der Partei seien „Ausdruck eines geschlossen rechtsextremistischen Weltbilds."

Die NPD propagiert einen völkischen Nationalismus, der bereits im Grundsatzprogramm zum Ausdruck kommt. Dort wird die Würde des Menschen an die Zugehörigkeit zu einem Volk gebunden. Dieses Volk, nicht den einzelnen Menschen, stellt die NPD in den Mittelpunkt ihrer Politik und unterscheidet sich damit von demokratischen Parteien. Dem Staat komme dabei die Aufgabe zu, die Verantwortung für das Volk zu tragen. Die NPD sieht das Volk als eine ethnisch und rassisch homogene Einheit, wonach ein Deutscher nur aufgrund seiner deutschen Abstammung Deutscher (Volksdeutscher) ist und nicht allein aufgrund seiner deutschen Staatsangehörigkeit (Passdeutscher). Laut dem politischen Lexikon der Partei können Nicht-Weiße keine Deutschen werden, für Europäer (z. B. Franzosen, Italiener, Engländer, Polen) *können dagegen Ausnahmen gemacht werden. In den Parteiprogrammen wie auch öffentlichen Äußerungen ihrer Mitglieder bzw. Mandatsträger lassen sich sowohl ethnopluralistische als auch biologistisch-rassistische Argumentationen feststellen.*

Aus diesen Grundsätzen leitet die Partei ihre konkreten politischen Forderungen ab. Dazu gehört die Forderung, Deutschland von „negativen Einflüssen aus dem Ausland" abzugrenzen. Alle Lebensbereiche, sei es in der Wirtschaft, der Politik oder in der Kultur, sollen ausschließlich national ausgerichtet werden. „Multiethnische Exzesse, denen derzeitig das deutsche Volk ausgesetzt" sei, und „Überfremdung" müssten verhindert werden. Dementsprechend will die NPD die Ausweisung der nichtdeutschen Bevölkerung aus der Bundesrepublik, die Wiedereinführung der Deutschen Mark und den Austritt Deutschlands aus internationalen Bündnissen wie NATO und EU durchsetzen. Die seit dem Ende des Zweiten Weltkrieges in Deutschland stationierten Streitkräfte der Vereinigten Staaten sollen abgezogen werden. Überhaupt ist der Antiamerikanismus mittlerweile ein prägendes Element der Ideologie dieser Partei. Auch fordert die NPD die Abschaffung des Asylrechts und hat einer angeblichen „Islamisierung" Deutschlands den Kampf angesagt. Die NPD kritisiert die hohen Nettozahlungen Deutschlands an die Europäische Union und ist gegen den EU-Beitritt der Türkei. Ferner lässt sich in der NPD sowohl latente als auch offene Feindschaft zum Staat Israel konstatieren, die unter anderem in antizionistisch motivierten Solidaritätsbekundungen, z. B. gegenüber der iranischen und venezolanischen Regierung, zum Ausdruck kommt. Ferner kommentierte der NPD-Bundesverband das 70-jährige Gründungsjubiläum des Staates Israel am 14. Mai 2018 auf Twitter mit dem Satz „Israel ist und bleibt der Feind aller Völker, die um nationale und soziale Befreiung ringen." Die Partei wendet sich gegen eine mögliche Militärintervention in Syrien, ebenso lehnt sie die Interventionseinsätze im Irak und in Afghanistan ab.

Die NPD plädiert für einen autoritären Staat, der den „Willen der Volksgemeinschaft" durchsetzen soll. Das Programm der NPD greift verschiedene nationalistische und antikapitalistische Aspekte auf. Dies erinnert nach Ansicht von Historikern vom Sprachgebrauch her an den Nationalsozialismus. So wird zum Beispiel die „deutsche Familie", in der die Frau vor allem Hausfrau und Mutter sein soll, als das beste Lebensmodell dargestellt. Die Tätigkeit als Hausfrau soll im Gegenzug als Beruf gesetzlich anerkannt werden. Schwangerschaftsabbrüche werden abgelehnt, ebenso „alle anderen Lebensformen außer der Familie". Auf dem Gebiet der Bildungspolitik wendet sich die Partei gegen einen aus ihrer Sicht bestehenden Egalitarismus, mit der eine „neue Gesellschaft" geschaffen werden solle, und fordert eine begabungs- und leistungsabhängige Förderung. In der Wirtschaftspolitik werden Parolen wie „Die Wirtschaft muss dem deutschen Volk dienen" oder „Der gesamte Grund und Boden ist Eigentum des Volkes" benutzt. Die NPD fordert „bei wiederholtem Sexual-, Kindes-, Raub- und Massenmord und bei schwersten Fällen des Drogenhandels" eine Volksabstimmung über die Wiedereinführung der Todesstrafe. Verstärkt bedient sich die Partei auch ökologischer Themen, so spricht sie sich für biologische Landwirtschaft sowie gegen Atomkraft, Gentechnik, Überfischung, Neobiota, Massentierhaltung oder Tierversuche aus.

Dies erfolgt allerdings unter nationalistischen, rassistischen und „volkshygienischen"
Gesichtspunkten.

Aufgrund der Mischung aus radikaler Fremdenfeindlichkeit, Homophobie, Antisemitismus, Behindertenfeindlichkeit, nationalistischem Gesellschaftsmodell, populistisch-antikapitalistischen Parolen und dem Glauben an eine autoritäre Führung sehen Experten Ähnlichkeiten zwischen der Programmatik der NPD und jener der NSDAP der 1920er- und frühen 1930er-Jahre. Wie diese möchte die Partei nicht nur bestimmte politische Ziele durchsetzen, sondern das heute herrschende System des demokratischen Rechts- und Verfassungsstaates beseitigen, weshalb die NPD als verfassungsfeindlich eingestuft wird. Entsprechend findet sich im Verfassungsschutzbericht des Landes Baden-Württemberg 1998 ein Ausschnitt aus der Eröffnungsrede des 1. Tages des nationalen Widerstandes von Holger Apfel, in welchem er die NPD als einzige organisierte Partei darstellt, „die das politische System in der BRD bis auf die Wurzel bekämpft, auch die Wurzel abnimmt. Ja, liebe Freunde, wir sind stolz darauf, dass wir alljährlich in den bundesdeutschen Verfassungsberichten stehen und dort als feindlich, verfassungsfeindlich, gegen dieses System gerichtet genannt sind. Jawohl, wir sind verfassungsfeindlich." Auf ihrer Internetseite bezeichnet die Partei das Grundgesetz als „Diktat der westlichen Siegermächte" und fordert mit Verweis auf Artikel 146 GG, dass es durch eine neue Verfassung abgelöst werden solle. In dieser Verfassung sollen laut ihr dann „Volksabstimmungen verankert, ein volksgewählter Bundespräsident mit starken Vollmachten institutionalisiert" und der von ihr als schädlich eingestufte Parteieneinfluss beschnitten sein. Sie gibt jedoch gleichzeitig an, einzelne, von ihr als positiv eingestufte Grundgesetzartikel schützen zu wollen, um sie beispielsweise gegen die EU einzusetzen.

Geschichtsrevisionismus

Die NPD fordert die Rückverschiebung der deutsch-polnischen Grenze und die Wiederherstellung der Staatsgrenzen Deutschlands auf dem Stand von Ende 1937. So sollen nach ihrem Willen Schlesien, Ost-Pommern, Ost-Brandenburg, Westpreußen und Ostpreußen wieder in das (neu zu schaffende) „Reich" eingegliedert werden.

Ebenso strebt die NPD eine umfassende Revision der Geschichtsschreibung über die Zeit des Nationalsozialismus an. Auf NPD-Webseiten wird behauptet, dass die Alliierten schuld am Ausbruch des Zweiten Weltkrieges gewesen seien, dass Deutschland 1945 nicht befreit wurde und seit der Kriegsniederlage unter Fremdherrschaft stehe. Die historische Schuld der NS-Täter, Kriegsverbrecher in SS und Wehrmacht sowie der Millionen Mitläufer, durch welche die Verbrechen des Nationalsozialismus erst möglich wurden, lässt die NPD, wenn überhaupt, nicht ohne Verweis auf die deutschen Opfer des Zweiten Weltkrieges gelten. Holger Apfel verdeutlicht, dass sich die Partei „nicht an einseitigen Sühnebekenntnissen beteiligen" werde. Zu einem in den Medien als skandalös betrachteten Vorfall entwickelte sich die Entscheidung der sächsischen NPD-Landtagsfraktion, der am 21. Januar 2005 abgehaltenen Schweigeminute für „alle Opfer" nicht beizuwohnen – man wollte alleinig der „deutschen Opfer des alliierten Bombenangriffs auf Dresden" gedenken. Zudem nutzt die NPD die breite gesellschaftliche Diskussion über Vergangenheitsbewältigung und Erinnerung an den Holocaust zur Verbreitung antisemitischer Propaganda. So heißt es in einer Pressemitteilung der Partei vom 6. Juni 2002, freies Denken und Handeln in Deutschland seien erst dann möglich, „wenn der Einfluss und die Macht des Zentralrates der Juden gebrochen" werde. Die Partei kann dabei an einen öffentlichen politischen Diskurs anknüpfen, in dem ein angebliches Übermaß an „Antisemitismusvorwürfen" und nicht der Antisemitismus problematisiert wird.

Grundsatzprogramm

Zudem im aktuellen Grundsatzprogramm, beschlossen auf ihrem Bundesparteitag am 4./5. Juni 2010 in Bamberg, übernahm die Partei mit den Schlagworten „Arbeit. Familie. Vaterland." die Losung Travail, Famille, Patrie des Vichy-Regimes.

Außenpolitik

Die außenpolitischen Grundsätze der NPD gehen auf die Prinzipien des Isolationismus und Neutralismus zurück. Sie lehnt Auslandseinsätze der Bundeswehr im Allgemeinen und das Einhalten der Bündnistreue gegenüber der NATO im Speziellen ab. Die NPD bezeichnet die Rechtmäßigkeit der Grenzen Deutschlands mit seinen direkten Nachbarn als von den damaligen Alliierten aufgezwungen und strebt eine Revidierung der im Potsdamer Abkommen gefällten territorialen Entscheidungen an.

Die NPD lehnt den EU-Beitritt der Türkei als nicht zu Europa gehörig ab und betont den diplomatischen Ausgleich mit Russland. Sie fordert darüber hinaus eine ersatzlose Streichung der so genannten Feindstaatenklausel, die bereits mit der Resolution 49/58 von der UN-Generalversammlung am 9. Dezember 1994 für „obsolet" erklärt wurde.

Bildungspolitik

Die NPD richtet sich gegen den Föderalismus im Bildungswesen und fordert für dieses eine Zentralisierung auf Bundesebene. Die Partei bekennt sich zum mehrgliedrigen Schulsystem, das eine unterschiedliche Leistungsfähigkeit der Schüler abbilden soll. Leistungsunterschiede aufgrund sozialer Unterschiede sollen durch Einrichtung einer Vorschule verringert werden. Im Hochschulwesen lehnt die Partei den Bologna-Prozess ab und fordert ein gebührenfreies Erststudium. Die Finanzierung der Hochschulen hat ausschließlich aus staatlichen Mitteln zu erfolgen.

Die NPD ist für die Segregation bzw. die so genannte Rassentrennung im Bildungswesen. Sie fordert darüber hinaus die Rückgängigmachung der Rechtschreibreform und die Erhebung eines Schutzes der deutschen Sprache zum Verfassungsrang. Ebenso richtet sich die NPD in ihrer Bildungspolitik gegen die deutsche Vergangenheitsbewältigung.

Energiepolitik

Die zentralen Ziele der Energiepolitik der NPD sind Versorgungssicherheit, Umweltverträglichkeit und Wirtschaftlichkeit. Durch die Stärkung inländischer Energieerzeuger und der erneuerbaren Energien soll eine Unabhängigkeit vom transnationalen Energiemarkt erreicht werden. Zusätzlich sollen im Sinne einer angestrebten Energieautarkie die Rohstoffreserven ausgeweitet werden. Die NPD betont den strategischen Energiehandel mit Russland als wichtiges Fundament in diesem Konzept.

Europapolitik

Angelehnt an den Ausspruch von Charles de Gaulle „Europa der Vaterländer" fordert die NPD auf Grundlage einer ethnischen Zugehörigkeit ein „Europa der Völker". Aus Gründen der nationalen Souveränität fordert die NPD, ebenso keine weiteren Hoheitsrechte an die EU abzutreten und vollzogene Kompetenzabtretungen rückgängig zu machen.

Familienpolitik

Die Familienpolitik der NPD richtet sich gegen die Gleichstellung der Geschlechter und betont als Mittel gegen eine vergreisende Gesellschaft die Bedeutung der heterosexuellen Familie. Zur Entlastung und Förderung der Familien fordert die NPD zur Ergänzung des Kindergeldes, ein Baby-Begrüßungsgeld, ein Müttergehalt und ein Familiendarlehen für (deutsche) Familien. Eine Mutterschaft sei auf die Altersrente anzurechnen. Die Partei richtet sich ebenso gegen das Ehegattensplitting.

Innenpolitik

Die NPD sieht die aktuelle Gesellschaft in einem Vor-Bürgerkriegs-Szenario und fordert daher die Beseitigung sozialer und ethnischer Brennpunkte in städtischen Ballungszentren. Ebenso sollen in Deutschland wieder Grenzkontrollen eingeführt und das Schengenabkommen einseitig aufgekündigt werden. Darüber hinaus möchte die Partei eine Einschränkung des Daten- und Informationsaustauschs mit ausländischen Sicherheitsbehörden. Des Weiteren verfolgt die NPD eine Auflösung des Verfassungsschutzes sowie härtere Strafen bei Verstößen gegen das Betäubungsmittelgesetz sowie in Fällen von Kinderpornographie und Pädophilie. Mitglieder der NPD sind unzuverlässig im Sinne des Waffengesetzes.

Sozialpolitik

Die NPD fordert eine eigene „Ausländersozialgesetzgebung", die durch Arbeitnehmer mit Migrationshintergrund und deren Arbeitgeber zu finanzieren ist. Sie wendet sich gegen die Sozialreform der Agenda 2010 und fordert eine beitragsgerechte Arbeitslosenhilfe und eine damit verbundene Einschränkung des Niedriglohnsektors.

Wirtschaftspolitik

Die NPD sieht die Unternehmen in einer sozialen Verpflichtung innerhalb einer (neuen) solidarischen Wirtschaftsordnung. Durch staatliche Eingriffe sollen klein- und mittelständische Unternehmen auf bzw. vor dem globalen Markt protegiert werden. Monopole sollen nach dem Willen der NPD unterbunden und die öffentliche Daseinsvorsorge soll komplett in staatlicher Hand verbleiben. Die NPD richtet sich gegen Spekulationen auf den Finanzmärkten und fordert u. a. ein Verbot von Hedgefonds.

Nach Fabian Fischer war die NPD den größeren Teil ihrer Geschichte keine antikapitalistische Partei. Erst unter der Ägide Udo Voigts und Jürgen Gansels mehrten sich antikapitalistische Deutungsmuster und damit eine ideologische Umorientierung der Partei.

Verfassungsrechtliche Bewertung der Inhalte durch das Bundesverfassungsgericht

Im Zuge des Verbotsverfahrens erging vom Bundesverfassungsgericht ein negatives Urteil, welches sich aus der nicht gegebenen Wahrscheinlichkeit eines Erfolgs der Partei bei der Durchsetzung ihrer Ziele ergab. Die von der Partei verfolgten Ziele wurden jedoch als verfassungsfeindlich eingestuft. Insbesondere wird geurteilt, dass es das Ziel der NPD ist, die freiheitlich, demokratische Grundordnung Deutschlands zu beseitigen und dass die NPD ein Menschenbild vertritt, welches gegen die Menschenwürde verstößt, da die Politik „auf die Ausgrenzung, Verächtlichmachung und weitgehende Rechtlosstellung von gesellschaftlichen Gruppen (Ausländern, Migranten, religiösen und sonstigen Minderheiten) gerichtet" sei. Ebenso missachte die NPD die Grundordnung auch aus demokratischer Sicht. Insgesamt sei eine "Wesensverwandtschaft" mit dem Nationalsozialismus vorhanden, welcher sich z. B. durch Verherrlichung von NS-Führungsfiguren ergibt und aus antisemitischen Äußerungen.

Parteipolitik

Dresdner Schule

Im November 2006 wurde erstmals die so genannte „Dresdner Schule" auf einer NPD-Pressekonferenz im sächsischen Landtag vorgestellt. Diese soll der NPD als „Denkfabrik" dienen und versteht sich als Gegensatz zur Frankfurter Schule um Max Horkheimer und Theodor W. Adorno. Sie „sagt den Multikulturalisten und Umvolkern den politischen Kampf an", um ein revisionistisches Geschichtsverständnis zu etablieren, das es ermöglichen soll, die Deutschen als „schuldkomplex-beladenes Volk seelisch wieder gesunden" zu lassen. Der Politikwissenschaftler Richard Stöss bezeichnet diesen Ansatz – wie schon andere Versuche zu einer Intellektualisierung der extremen Rechten (z. B. Thule-Seminar) – als „letztlich grandios gescheitert."

Verhältnis zu den Kameradschaften

Für einige Zeit gingen stringent nationalsozialistisch gesinnte Gruppierungen auf mehr Distanz zur NPD, weil diese ihnen zu bürgerlich erschien. Andererseits wurde auf dem NPD-Parteitag im thüringischen Leinefelde im Oktober 2004 der mehrfach vorbestrafte militante Neonazi Thorsten Heise in den NPD-Bundesvorstand gewählt. Dies verdeutlicht erneut Verbindungen der Partei mit den so genannten „freien Kameradschaften". Die NPD hofft, durch die Hilfe von Heise die rund 170 freien Kameradschaften, denen etwa 3000 Mitglieder zugerechnet werden, auf Dauer in ihre politische Arbeit einbeziehen zu können.

Gemäß dem Verfassungsschutzbericht 2004 wurde seit Anfang desselben Jahres eine Annäherung zwischen NPD und stärker nationalextremistischen Kräften beobachtet. Die Partei sei mit ihrem Konzept einer „deutschen Volksfront" zum Zentrum der Einigungsbemühungen im rechtsextremistischen Lager geworden. In einem Interview mit der Zeitung Junge Freiheit im Jahr 2004 formulierte der damalige Bundesvorsitzende Udo Voigt dieses Ziel folgendermaßen: „Natürlich ist der Nationalsozialismus als Strömung in Deutschland auch heute vorhanden. Für die NPD ist er nicht maßgebend, aber wir versuchen, neben Nationalliberalen und Nationalkonservativen eben auch die nationalsozialistische Strömung zu integrieren, da eine Abgrenzung nur dem politischen Gegner hilft."

Zahlreiche Mitglieder der verbotenen, gewaltbereiten Kameradschaft Skinheads Sächsische Schweiz sind inzwischen in der NPD aktiv, darunter der wegen Gründung einer kriminellen Vereinigung verurteilte ehemalige Kopf der Gruppe, Thomas Sattelberg und ein weiterer vorbestrafter Mitbegründer, Thomas Rackow.

Organisationsstruktur

Die Partei ist in allen 16 Bundesländern organisiert.

Jugendorganisation

Die Jugendorganisation der Partei sind die Jungen Nationalisten, die ca. 350 Mitglieder zählt. Die NPD ist die einzige als rechtsextrem geltende Partei in Deutschland, die über eine eigene Jugendorganisation verfügt. Die JN sind integraler Bestandteil der NPD und in ihrer Satzung dort verankert. Holger Apfel, der damalige JN-Bundesvorsitzende, erklärte 1998 auf dem JN-Landeskongress in Baden-Württemberg, als Vorbilder für die JN zählten „einzig und allein die Wehrmacht und die Soldaten der Waffen-SS". Derzeitiger Vorsitzender ist Paul Rzehaczek. Der Bundesvorsitzende der JN ist kraft seines Amtes Mitglied im Bundesvorstand der Partei.

Hochschulorganisation

Die Hochschulorganisation der NPD war von den 60ern bis in die 90er der Nationaldemokratische Hochschulbund. Heute ist die JN-Unterorganisation Nationaler Bildungskreis für die Hochschulpolitik der NPD zuständig.

Frauenorganisation

Mitte September 2006 gründete die NPD mit dem Ring Nationaler Frauen (RNF) eine bundesweite Frauenorganisation. Diese soll als NPD-Unterorganisation „den Frauen in der NPD als Sprachrohr dienen" und auch für „national denkende, parteienunge-bundene Frauen ein Ansprechpartner" sein. Die Bundesvorsitzende ist seit Ende Mai 2017 Antje Mentzel.

Kommunalpolitische Vereinigung

Die Kommunalpolitische Vereinigung (KPV) der NPD wurde im Jahr 2003 gegründet. Sie fasst die Abgeordneten der Partei in den kommunalen Parlamenten zusammen, sammelt ihre Erfahrungswerte und stimmt ihre Aktivitäten ab. Sie ist integraler Bestandteil der NPD und in ihrer Satzung dort verankert. Nach ihrem Selbstverständnis sind ihre Ziele, kommunale Wahlerfolge zu sammeln und die bereits vorhandenen Mandate zu verteidigen und auszubauen. Sie ist ebenso Interessenvertretung der Mandatsträger innerhalb der Partei. Der Vorsitzende der KPV ist der Dresdner Stadtrat Hartmut Krien. Er ist kraft seines Amtes Mitglied des Bundesvorstandes der NPD.

Presseorgan und andere Parteizeitungen

Die NPD hatte in ihrer Geschichte verschiedene Zeitungen. Offizielles Presseorgan waren zunächst die Deutschen Nachrichten. Nach einer Fusion mit der Deutsche Wochen-Zeitung (DWZ), 1986 vom Verleger und DVU-Vorsitzenden Gerhard Frey aufgekauft, wurde sie daraufhin in Deutsche Wochen-Zeitung – Deutscher Anzeiger umbenannt. 1999 wurde sie mit der ebenfalls von Frey herausgegeben National-Zeitung zusammengelegt.

Das aktuelle Presseorgan der Partei ist die Deutsche Stimme, die seit 1976 erscheint und zurzeit eine monatliche Auflage von 10.000 hat. Daneben existieren noch regionale und örtliche Publikationen wie die Sachsen-Stimme.

Finanzen

Einnahmen der NPD im Jahr 2013	EUR	Anteil
Staatliche Mittel	1.253.278,41	42,11 %
Spenden von natürlichen Personen	803.057,16	26,98 %
Mitgliedsbeiträge	488.859,96	16,42 %
Sonstige Einnahmen	179.775,35	6,04 %
Einnahmen aus Veranstaltungen, Vertrieb von Druckschriften und Veröffentlichungen und sonstiger mit Einnahmen verbundener Tätigkeit	139.101,25	4,67 %
Mandatsträgerbeiträge und ähnliche regelmäßige Beiträge	110.758,21	3,72 %

Einnahmen der NPD im Jahr 2013	EUR	Anteil
Spenden von juristischen Personen	909,00	0,03 %
Einnahmen aus sonstigem Vermögen	604,45	0,02 %
Einnahmen aus Unternehmenstätigkeit und Beteiligungen	0	0,00 %
Summe	2.976.343,79	100,00 %

Quelle: Wikipedia

Das Parteivermögen der NPD ist nur gering. Immobilien im Wert von etwa 700.000 Euro stand Ende 2005 eine Darlehens-, Bürgschafts- und Kreditlast von etwa einer Million Euro entgegen.

Unternehmensbeteiligungen

Die NPD ist mit 100 Prozent an der Deutsche Stimme Verlags GmbH in Riesa beteiligt. Der ursprünglich in Bayern angesiedelte Verlag bringt als Hauptprodukt die NPD-Zeitung Deutsche Stimme heraus.

Geldvermögen

Die Partei ist aufgrund geringer finanzieller Reserven auf Spenden angewiesen. Ihr Beitragsaufkommen macht nur eine halbe Million Euro aus. Etwa eine Million erhält sie durch Spenden und Mandatsträgerbeiträge. 2005 erhielt die Partei sieben Spenden von mehr als 10.000 Euro, hauptsächlich von eigenen Abgeordneten.

Ende 2006 wurde bekannt, dass die Bundestagsverwaltung rund 870.000 Euro an Parteienfinanzierung von der NPD zurückfordert, da im Landesverband Thüringen in den Jahren nach 1996 in großem Umfang falsche Spendenbescheinigungen ausgestellt wurden, was u. a. zu einer höheren Parteienfinanzierung geführt hat. Im Jahr 1997 machten diese Unregelmäßigkeiten sechs Prozent der gesamten Spendensumme der Partei aus, im Jahr 1998 zehn Prozent. Daher sieht die Bundestagsverwaltung die Rechenschaftsberichte der betreffenden Jahre als in wesentlichen Teilen unrichtig an, was zu einer kompletten Rückforderung der gesamten Parteienfinanzierung dieser Jahre führt. Als Folge dieser finanziellen Misere hat die Partei bereits zehn der zwölf Mitarbeiter der Bundesgeschäftsstelle entlassen. Darüber hinaus wurde berichtet, dass große Teile des Immobilienvermögens der NPD bereits mit Hypotheken belastet sind und somit möglicherweise nicht als Sicherheiten für die weitere Zahlung der Parteienfinanzierung zur Verfügung stehen.

Die Bundestagsverwaltung nimmt die Zuweisung von Mitteln der staatlichen Parteienfinanzierung aufgrund der von ihr monierten Unrichtigkeiten in den Rechenschaftsberichten der NPD der Jahre 1997, 1998 und 1999 nur noch gegen Sicherheitsleistungen vor. Eine dagegen vom Anwalt Jürgen Rieger für die NPD eingereichte Verfassungsbeschwerde wegen einer vorgeblichen Verletzung ihrer Rechte

gemäß Art. 3 Abs. 3 sowie Art. 21 des Grundgesetzes wurde vom Bundesverfassungs-
gericht mit Beschluss vom 8. Oktober 2007 wegen Unzulässigkeit nicht zur Entschei-
dung angenommen. Das Gericht stellte fest, dass die Beschwerdeführerin ihre Rechts-
mittel in den vorangegangenen Verwaltungsgerichtsverfahren nicht ausgeschöpft
habe. Weiterhin sei zwar nicht zu verkennen, dass die seit dem vierten Quartal 2006
nur noch eingeschränkt gewährten Zahlungen im Rahmen der Parteienfinanzierung
zu finanziellen Schwierigkeiten bei ihr führen könnten, aber ohne (nicht erfolgte) Dar-
legungen der weiteren Finanzlage der NPD könnten ihre diesbezüglichen Behauptun-
gen nicht im erforderlichen Maße nachvollzogen werden.

Am 7. Februar 2008 wurde die NPD-Bundeszentrale in Berlin und der „Deutsche
Stimme"-Verlag in Riesa von der Staatsanwaltschaft und der Kriminalpolizei durch-
sucht. Hintergrund der Razzia war ein Verfahren wegen Untreue zu Lasten der NPD
gegen den Bundesschatzmeister Erwin Kemna. Bei diesem wurde ein vom Amtsgericht
Münster erlassener Haftbefehl vollstreckt. Seit Anfang 2004 soll Kemna in mindestens
65 Fällen circa 627.000 Euro von der NPD über Umwege in seine Küchenfirma umge-
leitet haben.

Mit Urteil vom 20. Mai 2008 entschied das zuständige Verwaltungsgericht Berlin, dass
die Rückforderung von 869.353,89 Euro durch die Bundestagsverwaltung rechtmäßig
war. Die Rechenschaftsberichte der NPD wären in den Jahren 1997 und 1998 in we-
sentlicher Hinsicht unrichtig, da diese Spenden in erheblichem Umfang zu Unrecht
ausgewiesen hätten. Die NPD habe daher in den Jahren 1998 und 1999 ihren gesam-
ten Anspruch auf eine staatliche Teilfinanzierung verloren.

Immobilienvermögen

Das Immobilienvermögen der NPD bestand 2005 neben der Bundesgeschäftsstelle
in Berlin-Köpenick – dem Carl-Arthur-Bühring-Haus, einer Schenkung eines Sohns des
Architekten Carl James Bühring – und aus zwei unbebauten Grundstücken in Der-
schen.

Die NPD erwirbt Immobilien zur Eigennutzung. In einem Fall in Meßstetten in Baden-
Württemberg wurde aufgrund des hohen Gebots und des anschließenden Rückzugs
spekuliert, dass es sich um einen Scheinverkauf handelt, um einen Verhinderungskauf
durch Dritte zu initiieren. Es gibt jedoch auch getätigte Immobilienkäufe, insbeson-
dere in Regionen, in denen NPD einen gewissen Zulauf hat, beispielsweise ein Gebäude
als Vereinsheim in Eisenach, was nicht von der Stadt verhindert werden konnte. In ge-
wisser Regelmäßigkeit erhält die NPD Immobilienerbschaften von verstorbenen An-
hängern.

Geschichte

Gründung und Einzug in Landesparlamente (1964–1967)

Die NPD wurde am 28. November 1964 gegründet und ging im Wesentlichen aus
der Deutschen Reichspartei (DRP) (1950–1965) hervor. Aber auch aus anderen

Parteien und Gruppierungen kamen Mitglieder und spätere Funktionäre der NPD, so aus der Deutschen Partei (DP) sowie aus mehreren Kleingruppen wie der Vaterländischen Union. Auch der ehemals nationalliberale Flügel der FDP lieferte einige NPD-Funktionäre, beispielsweise den späteren hessischen NPD-Landesvorsitzenden Heinrich Fassbender, der zwischenzeitlich die DNVP neu gegründet hatte. An der Parteigründung nahmen auch die vier für die DP gewählten Abgeordneten in der bremischen Bürgerschaft teil, womit die NPD zum Zeitpunkt ihrer Gründung bereits in einem Landesparlament vertreten war. Der Bürgerschaftsabgeordnete Friedrich Thielen wurde erster Bundesvorsitzender der NPD. In einem Interview mit dem Spiegel distanzierte er sich damals vom Nationalsozialismus und antwortete auf die Frage, ob ein Jude NPD-Mitglied werden könne: „Sicherlich. Mitglied kann jeder werden, gleichgültig ob er Christ, Mohammedaner oder Jude ist. Er muß ein guter Deutscher sein."

Bereits bei der Bundestagswahl 1965 kam die Partei auf 2,0 Prozent. Ein Jahr später gelang der NPD der Einzug in die Landesparlamente von Hessen und Bayern. 1967 zog sie in die Landtage von Bremen, Rheinland-Pfalz, Niedersachsen und Schleswig-Holstein ein. Entscheidende Gründe für die Wahlerfolge der NPD in dieser Zeit waren unter anderem, dass ab Mitte 1966 die erste wirtschaftliche Rezession nach den Jahren des so genannten Wirtschaftswunders und damit eine wirtschaftliche Krise eintrat. Außerdem regierte 1966 bis 1969 eine Große Koalition im Bund: die Gesellschaft polarisierte sich teilweise. Auf der einen Seite war die linke Außerparlamentarische Opposition aktiv, auf der anderen radikalisierten sich vormals Konservative oder traten Reaktionäre und Neonazis wieder auf. Sie waren entweder von der Union enttäuscht oder hatten den nationalliberalen Flügel der FDP unterstützt. Die FDP aber hatte sich 1968 mit dem Übergang von Mende zu Scheel zum Teil umorientiert. Viele Beobachter verglichen die zeitgenössische wirtschaftliche und politische Situation mit der Weltwirtschaftskrise der 1930er-Jahre und den daraus resultierenden Wahlerfolgen der NSDAP. Verschiedentlich befürchtete man sogar das Ende der Bundesrepublik.

Erfolg in Baden-Württemberg und Wendepunkt bei der Bundestagswahl 1969

Am 9. Mai 1967 trat Thielen von seinem Amt als Bundesvorsitzender zurück und aus der Partei aus. Grund waren massive Spannungen in der Führung zwischen den alten DRP-Mitgliedern (vor allem Adolf von Thadden und Otto Hess) und der Gruppe um Friedrich Thielen. Anlass war die Wahl Adolf von Thaddens am 5. Februar 1967 zum niedersächsischen Landesvorsitzenden entgegen der vorherigen Absprache mit Thielen. Daraufhin schloss Friedrich Thielen am 10. März 1967 Adolf von Thadden, Otto Hess sowie die sechs niedersächsischen Funktionäre Wolf Dietrich Kauffmann, Heinz Rudolph, Ekkehard Stuhldreher, Hermann Ebeling, Helmut Koch und Hans Jähde aus der NPD aus. Noch am selben Abend verfügte der Landesverband Bremen einen Parteiausschluss Thielens. Am 11. März 1967 annullierte der Parteivorstand auf seiner Sitzung alle Parteiausschlüsse und wählte Wilhelm Gutmann zum Interimsvorsitzenden. Nach mehreren Gerichtsverfahren gab Thielen schließlich auf. Daraufhin *versuchte er vergeblich, die DP zu reaktivieren. Sein Nachfolger wurde Thadden aus Niedersachsen. Zeitgleich wurde ein Parteiprogramm verabschiedet, das nationalistisch und revisionistisch geprägt war.*

Bei der baden-württembergischen Landtagswahl am 28. April 1968 gelang es der NPD, mit 9,8 Prozent in den Landtag einzuziehen, was für die Partei das bislang erfolgreichste Ergebnis bei einer überregionalen Wahl in der Bundesrepublik war. Die Angaben zur Mitgliederzahl jener Zeit schwanken. Bis zum Jahr 1969 stiegen die Mitgliederzahlen rasant, gingen in den darauffolgenden Jahren aber wieder zurück. Die meisten Angaben gehen von 28.000 Anhängern im Jahr 1969 aus, einige Quellen berichten von bis zu 50.000 Mitgliedern 1969. In dieser Zeit traten der Partei auch Prominente bei; darunter der Ruderer und Olympiasieger Frank Schepke und der Physiker und Raketenpionier Hermann Oberth. Der größte Teil der NPD-Wähler war damals mittelständisch geprägt; auch Juristen und Mediziner waren, im Vergleich zu anderen Parteien, überdurchschnittlich stark unter der Anhängerschaft vertreten. Zeitgenössische Umfragen zeigen, dass mehrere Positionen der NPD, wie die Ansicht, dass der Nationalsozialismus „auch seine guten Seiten" gehabt habe und damals „wenigstens Ordnung und Sauberkeit" geherrscht hätten, ebenfalls mehrheitlich von den Wählern der im Bundestag vertretenen Parteien geteilt wurden. Gleiches galt für die Forderung nach der Wiedereinführung der Todesstrafe, wobei die Zustimmung hierzu unter CDU- und FDP-Wählern sogar leicht höher war.

1966 hatte die Große Koalition von Union und SPD ursprünglich vereinbart, das Mehrheitswahlrecht einzuführen. Dies war eine Forderung der Union gewesen, die sich dadurch größere Wahlerfolge versprach. Für die SPD war es teilweise attraktiv, weil auf diese Weise die NPD aus den Parlamenten gewehrt werden konnte. Tatsächlich ging man damals allgemein davon aus, dass die Partei 1969 den Sprung in den Bundestag schaffen würde. Schließlich aber verschob der SPD-Parteitag von 1968 die Einführung eines neuen Wahlrechts auf später. In der SPD gab es die Befürchtung, dass das Mehrheitswahlrecht eine strukturelle Mehrheit der Union mit sich bringen würde.

Die großen Parteien, Verbände, Gewerkschaften und zahlreiche private Initiativen begannen in dieser Zeit verstärkt, die NPD zu bekämpfen. Führende SPD-Politiker und Gewerkschaften versuchten seit 1967 die Bundesregierung für einen NPD-Verbotsantrag zu gewinnen, wogegen CDU und CSU jedoch eine politische Auseinandersetzung mit der Partei favorisierten. Im Frühjahr 1968 wurde bekannt, dass der Bundesinnenminister Ernst Benda (CDU) Belastungsmaterial für einen Verbotsantrag sammeln ließ. Das von ihm in Auftrag gegebene Rechtsgutachten nannte als mögliche Verbotsgründe, dass die NPD dem Gedanken der Völkerverständigung fernstünde, Staatsrechten und staatlicher Machtausübung absoluten Vorrang vor Bürgerrechten einräume, eine Ausstattung des Bundespräsidenten mit nahezu diktatorischen Vollmachten fordere und innerhalb der Partei rassistische Gedanken in Umlauf seien. Ihr damaliges Parteiprogramm bot allerdings kaum rechtliche Angriffspunkte. So bekannte sie sich offen zur freiheitlich-demokratischen Grundordnung, forderte aber einen direkt vom

Volk gewählten Bundespräsidenten mit weitreichenden Vollmachten und die Einführung von Volksabstimmungen auf Bundesebene. Sie begründete dies mit der These, dass wirkliche Demokratie in der Bundesrepublik niemals realisiert worden sei, „da den Volksmassen die zum Regieren erforderlichen Kenntnisse, der Überblick über das politische Geschehen und auch die nötige Besonnenheit naturgemäß fehlten", weshalb diese, in der indirekten Demokratie der Bundesrepublik, Berufsparlamentariern ausgeliefert seien, die von der Partei als volksfern angesehen werden. Daher plädierte sie für eine Mischung aus direkter Demokratie und größeren staatlichen Führungsvollmachten. Besonders viele Angriffspunkte bot das „Politische Lexikon" der Partei, welches in weiten Teilen von dem Journalisten Dieter Vollmer verfasst worden war, da es eine an den Nationalsozialismus erinnernde Sprache verwendete und eine Vermischung der „Menschenrassen" grundsätzlich ablehnte. Das „Rassenprinzip" wurde darin auch, in Anlehnung an ein Zitat des britischen Staatsmannes Benjamin Disraeli, als „Schlüssel der Weltgeschichte" bezeichnet und eine bewusste „Rassenpolitik" gefordert. Die Bundesregierung verzichtete jedoch auf den Verbotsantrag, weil, unter anderem, das von Benda gesammelte Belastungsmaterial nicht stichhaltig genug war, ein Verbotsverfahren vor den Wahlen 1969 sowieso nicht mehr zustande gekommen wäre und befürchtet wurde, dass die Partei durch einen gescheiterten Verbotsantrag gestärkt werden könnte.

Das Hoch in Baden-Württemberg bedeutete jedoch ebenso einen Umbruch: In den kommenden dreieinhalb Jahrzehnten gelang es der NPD nicht mehr, oberhalb der kommunalen Ebene die Fünf-Prozent-Hürde zu überspringen, so scheiterte sie beispielsweise beim erhofften Einzug in den Deutschen Bundestag im Jahr 1969 mit 4,3 Prozent nur knapp. Die Partei geriet daraufhin in Flügelkämpfe und in deren Folge in einen stetigen Abwärtsstrudel.

Krise (1971–1991)

Auf dem Bundesparteitag 1971 in Holzminden trat der damalige Bundesvorsitzende Adolf von Thadden nicht mehr zur Wahl an und wurde durch Martin Mußgnug ersetzt, der von Thaddens nationalkonservativen Kurs fortsetzte. Von Thadden hatte die Partei als „unführbar" bezeichnet, nachdem militante Gruppierungen deutlichen Einfluss in der Partei gewonnen hatten. Die NPD schaffte in keinen Landtag mehr den Wiedereinzug bzw. trat teilweise gar nicht erst zur Wahl an, beispielsweise 1972 in Baden-Württemberg, dem letzten Landesparlament, in dem sie noch vertreten war. Die NPD begründete ihr Vorgehen damit, dass sie eine mögliche absolute Mehrheit der CDU nicht gefährden und so erreichen wolle, dass die Ostverträge keine Mehrheit im Bundesrat erhielten. Bei der vorgezogenen Bundestagswahl 1972 erhielt die NPD nur noch 0,6 Prozent der Stimmen.

In der Folgezeit hatte die NPD in den 1970er- und 1980er-Jahren keinerlei innenpolitische Bedeutung mehr. Ende der 1970er stellte sich die Partei häufig überhaupt nicht mehr zur Wahl. Als sich der rechtsextreme Verein Deutsche Volksunion e. V. (DVU) des Verlegers Gerhard Frey im Jahr 1987 in eine Partei umwandelte, ging die NPD mit der

DVU fortan Wahlbündnisse ein. Aufgrund einer Besonderheit im Bremer Wahlrecht gelang der DVU im Zuge dessen der Einzug in die dortige Bürgerschaft mit einem Abgeordneten. Im Gegenzug gelang der NPD allerdings lediglich bei der Landtagswahl in Baden-Württemberg von 1988 mit 2,1 Prozent noch ein nennenswertes Ergebnis. Auch geriet Mußgnug, der damalige Bundesvorsitzende der NPD, wegen seines nationalkonservativen Kurses zunehmend in die Kritik. 1990 versuchten er und andere Parteifunktionäre die NPD zugunsten der von ihnen gegründeten Deutschen Allianz, der späteren Deutschen Liga für Volk und Heimat (DLVH), schleichend aufzulösen, was jedoch misslang. Mußgnug wurde daraufhin als Parteichef abgesetzt und trat aus der NPD aus. Anschließend versuchte er die DLVH zu einem Sammelbecken für enttäuschte ehemalige Mitglieder verschiedener rechter Parteien zu machen, was allerdings ebenfalls fehlschlug.

Weltanschauliche Radikalisierung (1991–1996)

Nach Mußgnug war Walter Bachmann ein dreiviertel Jahr lang kommissarischer Bundesvorsitzender. Am 8. August 1991 wurde der frühere stellvertretende Bundesvorsitzende Günter Deckert, der zwischenzeitlich die Partei verlassen hatte und erst kurz zuvor wieder Parteimitglied geworden war, neuer Bundesvorsitzender der NPD. Deckert unternahm eine inhaltliche und strategische Neupositionierung der Partei, indem er offen nationalsozialistische Elemente in der NPD verankerte und öffentlich den Holocaust leugnete. Daraufhin wurde er 1992, von einer großen Strafkammer des Landgerichts Mannheim, wegen Volksverhetzung zu einem Jahr Haft auf Bewährung und einer Geldstrafe von 10.000 DM verurteilt, wogegen er Revision einlegte, was zur Folge hatte, dass das Urteil im März 1994 durch den Bundesgerichtshof aufgehoben wurde, weil, laut diesem, der Tatbestand der Volksverhetzung durch Holocaustleugnung noch nicht ausreichend erfüllt sei. Dieser Beschluss wurde in der bundesdeutschen Öffentlichkeit als Skandal betrachtet und der Zentralrat der Juden forderte eine Gesetzesänderung, die Holocaustleugnung unter Strafe stellt. Die Bundesregierung ging auf diese Forderung ein, indem sie am 1. Dezember 1994 den Straftatbestand der Volksverhetzung um den der Holocaustleugnung erweiterte, sodass Deckert 1995 nun doch zu einer Freiheitsstrafe verurteilt werden konnte.

Trotz des Anfang der 1990er-Jahre aufkeimenden Rechtsextremismus und der aufkommenden Asyldebatte gelang es der NPD nicht, diese beiden Faktoren in Wahlerfolge umzumünzen, da sie die zu diesem Zeitpunkt herrschende Hegemonie aus Republikanern und DVU im rechten Spektrum nicht durchbrechen konnte. Auch die seit Ende der 1980er-Jahre praktizierte Allianz mit der DVU brachte der NPD im Gegensatz zu ihrem Bündnispartner keine Wahlerfolge; bei der Bürgerschaftswahl in Bremen von 1991, bei der die DVU mit 6,2 Prozent und sechs Abgeordneten in die dortige Bürgerschaft einzog, befanden sich allerdings unter den neu gewählten Abgeordneten insgesamt zwei NPD-Mitglieder (Karl-Heinz Vorsatz und Hans-Otto Weidenbach), die auf den dortigen DVU-Listen kandidiert hatten und Mitglied der DVU-Fraktion wurden. Während Vorsatz, der bereits von 1967 bis 1971 für die NPD in der Bürgerschaft saß, 1992 verstarb, trat Weidenbach im Laufe der Legislaturperiode zur DVU über. Etwa zur selben Zeit zerfiel das Bündnis mit der DVU, da in der NPD die persönlichen Widerstände gegen den DVU-Vorsitzenden Frey zugenommen hatten.

Konsolidierung und Wahlerfolge in Ostdeutschland (1996–2008)

Obwohl Deckert aufgrund seiner Haftstrafe auf dem Bundesparteitag am 23. März 1996 in Bad Dürkheim nicht anwesend sein konnte, trat er dort erneut für den Posten des Bundesvorsitzenden an, unterlag jedoch mit 86:88 Stimmen Udo Voigt, der somit sein Nachfolger wurde. Auch in den Folgejahren versuchte Deckert, das Amt zurück-zuerobern, Voigt konnte sich jedoch jeweils mit deutlicher Mehrheit durchsetzen.

Voigt setzte den Kurs der strategischen Neupositionierung fort und versuchte, die Ver-bindungen der Partei zu neonazistischen Gruppierungen zu stärken. Hierfür hob er alle Unvereinbarkeitsbeschlüsse der NPD auf. Dadurch gewannen Elemente eines „na-tionalen Sozialismus" an Bedeutung, ohne dass dies jedoch im Programm Ausdruck gefunden hätte. Es ist auch zu bemerken, dass es seitens der NPD einige Querfront-Versuche gibt.

Das von Bundesregierung, Bundestag und Bundesrat 2001 angestrengte Verbotsver-fahren vor dem Bundesverfassungsgericht scheiterte im Jahr 2003 aufgrund verfah-rensrechtlicher Fehler. Das Verfahrenshindernis lag nach Sichtweise der Sperrmino-rität der Verfassungsrichter in der Durchdringung der NPD durch V-Personen des Verfassungsschutzes. Aufgrund der Tatsache, dass wesentliche die Partei belas-tende Zitate von Verfassungsschutzmitarbeitern stammten, die vor allem den nord-rhein-westfälischen Landesverband der NPD in der Führung nahezu beherrscht hät-ten, wurde dieses Verfahren schließlich eingestellt. Die Verfahrenseinstellung aus den genannten formellen Gründen schloss ein späteres Verbotsverfahren allerdings nicht aus und bescheinigte der Partei auch keine Verfassungstreue.

Im Juni 2004 erzielte die NPD bei der Europa- und bei den Kommunalwahlen in Sach-sen nennenswerte Erfolge. Bei der Landtagswahl im Saarland am 5. September 2004 erreichte die NPD vier Prozent. Bei der Landtagswahl in Sachsen am 19. September 2004 konnte die NPD schließlich zum ersten Mal seit 1968 wieder in ein Landesparla-ment einziehen. Sie erzielte 9,2 Prozent der Stimmen. Fraktionsvorsitzender wurde Holger Apfel. Ein Grund für den Erfolg der Partei spielte neben ihrer Opposi-tion zu Hartz IV, dass sie als einzige rechtsextreme Partei antrat. In einer Absprache mit der DVU vereinbarten die beiden Parteien, dass bei den zeitgleich stattfindenden Landtagswahlen in Brandenburg und Sachsen die NPD nur in Sachsen und die DVU nur in Brandenburg antreten würde, um sich nicht gegenseitig Konkurrenz zu ma-chen. Die REP traten bei dieser Landtagswahl nicht an, da deren Landesvorsit-zende Kerstin Lorenz entgegen der Weisung des Bundesvorstandes die notwendigen Unterlagen für eine Teilnahme an der Wahl nicht einreichte. Lorenz trat einen Tag vor der Wahl in die NPD ein.

In bestimmten Regionen von Ostsachsen, insbesondere in der Sächsischen Schweiz, erreichte die NPD in einigen kleinen Ortschaften bis zu 20 Prozent der abgegebenen Stimmen. Besonders in der Wählergruppe der 18- bis 24-jährigen männlichen Erstwähler erreichte die NPD einen überproportionalen Stimmenanteil.

Nach dem Einzug der NPD in den sächsischen Landtag war die Mehrheit der übrigen Abgeordneten bestrebt, die NPD-Fraktion zu isolieren. Allerdings bekam der Landtagsabgeordnete Uwe Leichsenring, den die NPD als Kandidaten zur Ministerpräsidentenwahl aufgestellt hatte, zwei Stimmen mehr, als die NPD Sitze innehatte. Auch bei der Wahl der Ausländerbeauftragten erhielt der NPD-Kandidat zwei Stimmen mehr. Vermutungen gingen dahin, dass es sich bei den Abweichlern eventuell um CDU-Abgeordnete gehandelt haben könnte, die damit

Im Oktober 2004 kündigten NPD und DVU im sogenannten „Deutschlandpakt" an, bei allen künftigen Wahlen nicht mehr gegeneinander anzutreten. Sowohl NPD als auch DVU hatten einzeln an die Republikaner appelliert, mit ihnen zusammenzuarbeiten. Die Führung der Republikaner lehnte eine Zusammenarbeit mit der NPD jedoch ab, weshalb es in der Folgezeit zu etlichen Übertritten von Mitgliedern der REP zur NPD kam. So wechselte beispielsweise Anfang 2005 der Hamburger Landesvorstand der REP geschlossen zur NPD.

Bei den Landtagswahlen in Schleswig-Holstein und Nordrhein-Westfalen im Jahr 2005 trat jeweils nur die NPD an, wo sie über Ergebnisse von 1,9 Prozent (Schleswig-Holstein) bzw. 0,9 Prozent (Nordrhein-Westfalen) nicht hinauskam. Bei der Bundestagswahl 2005 bildeten NPD und DVU ein Bündnis, bei dem Kandidaten der DVU auf den Listen der NPD antraten und bei der die NPD mit 1,6 Prozent ihr bestes Bundestagswahlergebnis seit 1969 erreichte. Die Dresdner NPD-Kandidatin Kerstin Lorenz verstarb wenige Tage vor der Bundestagswahl nach einem Schlaganfall, den sie während einer NPD-Wahlkampfveranstaltung erlitten hatte. Daher musste eine Nachwahl in diesem Wahlkreis stattfinden, in dem die NPD den ehemaligen REP-Bundesvorsitzenden Schönhuber als Ersatzkandidaten nominierte, obwohl dieser kein Mitglied der NPD war.

Im September 2006 erzielte die NPD bei der Landtagswahl in Mecklenburg-Vorpommern 7,3 Prozent der Stimmen und konnte somit in ein weiteres Landesparlament einziehen. Den Vorsitz der Landtagsfraktion übernahm Udo Pastörs.

Die NPD hatte 2007 etwa 7.200 Parteimitglieder und galt damit als mitgliederstärkste Gruppierung am rechten Rand.

Das Verwaltungsgericht Berlin wies im Mai 2008 nach Unregelmäßigkeiten in der Parteienfinanzierung eine Klage der Partei zurück und bestätigte die Rückzahlung einer Geldsumme von knapp 870.000 Euro an die Bundestagsverwaltung, die sie Ende der 1990er Jahre als staatliche Parteienfinanzierung erhalten hatte.

Die NPD hat zu ihrem Bundesparteitag Ende Mai 2008 in Bamberg mehrere Journalisten der ARD ausgeschlossen, da sie ihrer Meinung nach „antidemokratischen Phantasien der BRD-Obrigkeit" anhängen. Unabhängige Beobachter erwarteten zudem heftige Kontroversen aufgrund der Misserfolge bei Wahlen in den westlichen Bundesländern, der ungeklärten Parteifinanzierung, in der Gewaltfrage und über den Fortbestand des „Deutschlandpaktes". Ebenso gab es Auseinandersetzungen über das Verhältnis zu parteinahen Organisationen wie den „Autonomen Nationalisten". Voigt wurde mit 199 Stimmen im Amt als Vorsitzender bestätigt.

Ein Mordversuch auf den Leiter der Polizei von Passau Alois Mannichl vor seinem Haus in Fürstenzell löste im Dezember 2008 eine erneute Debatte über das Verbot der NPD aus. Grund dafür war eine vom Opfer bezeugte Aussage des Täters während des Angriffes, die sich auf das Begräbnis des NPD-Mitglieds Friedhelm Busse bezogen habe, bei der Thomas Wulff eine Reichskriegsflagge mit Hakenkreuz auf seinem Sarg enthüllt hatte. Mannichl ließ das Grab wieder öffnen und die Fahne beschlagnahmen. Da auch mehrere hohe NPD-Funktionäre anwesend waren, wurde der Täter im Umfeld der Partei vermutet. Schon bald wurden bei den Ermittlungen aber auch andere mögliche Täterkreise berücksichtigt, da es keine weiteren Hinweise auf eine rechtsextremistisch motivierte Tat gab.

Finanzierungslücke und erneute Verbotsklage (2009–2017)

Im April 2009 verhängte die Bundestagsverwaltung aufgrund gravierender Mängel im Rechenschaftsbericht für das Jahr 2007 gegen die NPD eine Strafzahlung in Höhe von 1,7 Millionen Euro. Udo Pastörs, NPD-Fraktionsvorsitzender im Landtag von Mecklenburg-Vorpommern, sprach im Zusammenhang mit den finanziellen Problemen der Partei von einer „Existenzkrise". Einen Tag nach Bekanntgabe der Millionenstrafe reichte der Schatzmeister der NPD eine Selbstanzeige ein. Auch im Jahr 2006 gab es danach Unregelmäßigkeiten in der Bilanz der NPD in Höhe von 900.000 Euro.

Im Mai 2009 legten Innenminister und Innensenatoren einiger Bundesländer eine Dokumentation über die NPD und deren Aktivitäten vor, die (nach Angaben dieser Innenminister) ohne Einsatz von V-Männern erstellt wurde. Diese Dokumentation soll eine erneute Klage auf Verfassungswidrigkeit und Verbot der Partei vorbereiten. Die Gegnerschaft der NPD und ihrer Anhänger zu den wesentlichen Verfassungsprinzipien sei nicht bloß Bestandteil eines theoretisch abstrakten Meinungsstreites, sondern finde ihren Ausdruck in der aktiven Bekämpfung der Verfassungsordnung, heißt es in der aktuellen Dokumentation. „Die NPD verfolge ihre Ziele in einer Weise, die über eine originäre Rolle als Wahlpartei in einem demokratischen Repräsentativsystem weit hinaus reiche. Es gehe ihr nicht um Reformen, wie sie für das politische Leben üblich und notwendig seien, sondern sie verfolge planvoll und kontinuierlich die Beseitigung der freiheitlichen demokratischen Grundordnung. Dies betreffe insbesondere ihr Verhältnis zur Gewalt."

Bei den Europawahlen 2009 verzichtete die NPD gemäß den Absprachen des Deutschlandpakts zugunsten der DVU auf die Teilnahme an der Wahl. Nach dem Ergebnis von 0,4 % kündigte die NPD allerdings das Bündnis auf und entgegen der vorherigen Absprachen an, bei den Landtagswahlen in Thüringen und Brandenburg anzutreten. Bei den Landtagswahlen am 30. August 2009 musste die NPD Sachsen Stimmenverluste hinnehmen, übersprang aber erneut die für den Einzug in den Landtag erforderliche Fünf-Prozent-Hürde. Damit gelang der Partei erstmals seit ihrer Gründung der Wiedereinzug in einen Landtag. In Thüringen scheiterte die Partei trotz deutlicher Stimmgewinne an der 5-Prozent-Hürde. Während des Wahlkampfes führte die Partei eine Kampagne durch, welche auch gegen einzelne Personen gerichtet war, etwa in Thüringen gegen den CDU-Politiker Zeca Schall und in Sachsen gegen den SPD-Landtagskandidaten Henning Homann. Aus Anlass der Angriffe auf Schall kündigte der bayerische Innenminister Joachim Herrmann ein neues Verbotsverfahren für 2010 an. Ebenso scheiterte die NPD am 27. September 2009 bei den Landtagswahlen in Brandenburg an der 5-Prozent-Hürde. Bei der zeitgleich stattfindenden Bundestagswahl erzielte die Partei 1,5 %.

Die Absicht des Bundesvorsitzenden Udo Voigt, der Partei durch ein neues Programm ein moderneres Image zu geben, war beim Bundesparteitag 2010 in Bamberg stark umstritten. Insbesondere präsentierten der Landesverband Mecklenburg-Vorpommern unter Udo Pastörs und der Kreisverband Eichsfeld unter Thorsten Heise und Thomas Wulff eigene Programmentwürfe, die sich gegen den des Bundesvorstands richteten und einen radikalen und militanten Kurs der Partei forderten.

Im November bzw. Dezember 2010 beschlossen Parteitage von NPD und DVU die Fusion der Parteien, bei der Mitgliederbefragung der NPD befürworteten 95,2 %, bei der Mitgliederbefragung der DVU rund 87,5 % der teilnehmenden Mitglieder den Zusammenschluss. Am 29. Dezember 2010 unterzeichneten die beiden Parteivorsitzenden Voigt und Faust den Verschmelzungsvertrag. Die zum 1. Januar 2011 fusionierte Partei trägt den Namen Nationaldemokratische Partei Deutschlands – Die Volksunion (NPD – Die Volksunion). Die Fusion wurde vom Landgericht München I im Januar 2011 als rechtlich unwirksam gestoppt. Es gab dem Antrag von vier Landesverbänden der DVU auf eine einstweilige Verfügung statt, da es bei der Urabstimmung in der DVU erhebliche Mängel gegeben hatte. Die vier Landesverbände zogen ihre Klage am 26. Mai 2012 zurück und erklärten die DVU für nicht mehr existent. Die Funktionäre riefen teilweise zu der Unterstützung der Pro-Bewegung auf, eine Gruppe um Christian Worch gründete die Nachfolgepartei Die Rechte. Im August 2012 stellte das Verwaltungsgericht Berlin fest, dass die NPD nicht Rechtsnachfolgerin der DVU ist.

Bei der Landtagswahl in Sachsen-Anhalt im März 2011, vom dortigen NPD-Landesvorsitzenden Matthias Heyder als „Schicksalswahl für die gesamte nationale Bewegung in Deutschland" bezeichnet, scheiterte die rechtsextreme Partei mit 4,6 % der Stimmen an der 5-Prozent-Hürde.

2012 ergab eine Recherche des ARD-Politikmagazins Report Mainz, dass während der zehn Jahre zuvor rund 110 NPD-Funktionäre und Mandatsträger an die 120 Straftaten begangen hatten oder solcher beschuldigt worden waren. Rund 35 gehörten einem Landes- oder dem Bundesvorstand an. Ausgewertet wurden Ermittlungsverfahren, Strafbefehle und Urteile. Unter den Straftaten befanden sich Körperverletzung, Freiheitsberaubung, illegaler Waffen- und Sprengstoffbesitz sowie Raub und Erpressung. Nicht mitgezählt wurden dabei Propagandadelikte. Laut dem Staatsrechtler Jörn Ipsen sprechen besonders die von Funktionären begangenen Gewaltdelikte dafür, dass „diese ... zu einem großen Teil der Partei zuzurechnen" seien.

Im Februar 2013 stellte der Deutsche Bundestag seine Zahlungen im Rahmen der staatlichen Parteienfinanzierung an die NPD ein. Eine Sprecherin des Bundestages begründete diesen Schritt damit, dass die Partei eine Strafe in Höhe von 1,27 Millionen Euro, zu der sie das Bundesverwaltungsgericht aufgrund falscher Angaben im Rechenschaftsbericht verurteilt hatte, nicht beglichen habe. Auch die Landesparlamente wurden seitens des Bundestages dazu aufgefordert, ihre Zahlungen zurückzuhalten. Daraufhin musste die Partei Anfang April 2013 ihren sieben hauptamtlichen Mitarbeitern in der Berliner Parteizentrale die Kündigung aussprechen, die zwei bis drei Monate später wirksam werden solle. Laut Partei sollten diese Kündigungen wieder zurückgenommen werden, falls die finanzielle Situation bis dahin geklärt sei. Im Mai 2013 entschied das von der Partei angerufene Bundesverfassungsgericht, dass bis zu einer Entscheidung im Hauptsacheverfahren zumindest die beiden bis zur Bundestagswahl im September 2013 anstehenden Abschlagszahlungen nicht mit den Rückforderungen verrechnet werden dürften, da ansonsten die Chancen der Partei bei den Bundestagswahlen „unzulässig geschmälert" würden. Somit bekommt die NPD vorläufig weiterhin die staatliche Parteienunterstützung.

Beim kurzfristig anberaumten Bundesparteitag 2013 in Weinheim-Sulzbach (der Beginn am 20. April, Hitlers Geburtsdatum, sei laut Partei „Zufall" gewesen, da ein zwei Wochen früher an einem anderen Ort geplanter Termin abgesagt werden musste), der fast völlig abgeschirmt von der Öffentlichkeit stattfand, wurde Apfel gegen den Gegenkandidaten Uwe Meenen mit 122 von 172 abgegebenen Stimmen erneut zum Parteivorsitzenden gewählt.

Im Vorfeld der hessischen Landtagswahl 2013 und der Bundestagswahl 2013 wurden in Kommunen wie Hanau und Bad Hersfeld Wahlplakate der NPD nach Verstreichen einer gesetzten Frist von den Stadtverwaltungen entfernt. Aufschriften wie „Maria statt Scharia" oder „Geld für die Oma, statt für Sinti und Roma" verstießen nach Auffassung der Gemeinden gegen die öffentliche Sicherheit und Ordnung bzw. erfüllten den Tatbestand der Volksverhetzung. Nachdem die Partei dagegen geklagt hatte, wurden teilweise Kommunen gerichtlich dazu verpflichtet, die Plakate wieder aufzuhängen, da es, so das Verwaltungsgericht Kassel, auch denkbare Interpretationsmöglichkeiten gebe, die „nicht strafbar" seien. Auch die Vereinnahmung des erzgebirgischen Heimatdichters Anton Günther seitens der sächsischen NPD im Wahlkampf zur Bundestagswahl 2013 wurde von Biographen, Angehörigen des Dichters und dem Erzgebirgsverein kritisiert. Zudem forderten Helene Fischers Anwälte per Unterlassungsklage die Thüringer NPD auf, den Song „Atemlos" nicht mehr im Wahlkampf zur Landtagswahl in Thüringen 2014 zu benutzen. Ebenso erwirkte die Band Wir sind Helden eine einstweilige Verfügung gegen die Verwendung eines ihrer Lieder durch die NPD im thüringischen Landtagswahlkampf, aus demselben Grund beauftragte auch die Kölner Band Höhner ihren Anwalt, gerichtlich gegen die Partei vorzugehen. Manuela Schwesig äußerte sich in einem Interview zum Thüringer Landtagswahlkampf folgendermaßen: „Ziel Nummer eins muss sein, dass die NPD nicht in den Landtag kommt." Eine Klage der NPD vor dem Verfassungsgericht gegen Schwesig wegen Verletzung der parteipolitischen Neutralitätspflicht scheiterte. Zur Landtagswahl in Sachsen 2014 wandte sich die Partei in der Lausitz erstmals auch an die sorbische Minderheit, indem sie den Slogan „Heimat schützen" in sorbischer Sprache und als Bildmotiv ein für den sorbischen Brauch des Osterreitens geschmücktes Pferd in ihrer Wahlwerbung verwendete.

Ende Dezember 2013 wurde bekannt, dass aufgrund der anhaltenden Finanznot der Partei alle hauptamtlichen Mitarbeiter der Berliner Parteizentrale ihre Kündigung erhalten hätten, da die NPD für eine Auszahlung der Gehälter nicht mehr garantieren könne. Bei einer Krisensitzung in Frankfurt wurde ebenfalls beschlossen, dass nach dem Rücktritt des Parteivorsitzenden Holger Apfel Udo Pastörs den Vorsitz zunächst kommissarisch übernehmen soll. Ein neuer Bundesvorsitzender solle erst im Spätsommer 2014 offiziell bestimmt werden. Tatsächlich wurde jedoch bereits am 10. Januar 2014 Udo Pastörs vom NPD-Vorstand in Dresden zum neuen Vorsitzenden gewählt.

Im Juni 2014 berichtete NDR Info, dass die Partei die gesamte (auch nicht-hauptamtliche) Belegschaft ihrer Berliner Parteizentrale entlassen hat, da ein seinerzeit als Sicherheit für ein Darlehen Jürgen Riegers an diesen ausgestellter und mittlerweile nach Tilgung des Darlehens zurückerhaltener Grundschuldbrief nicht mehr auffindbar sei. Als Sicherheit für noch ausstehende Forderungen hätte dieser Brief der Bundestagsverwaltung angeboten werden können, um einen Teil der Parteienfinanzierung zu erhalten.

Auf dem Bundesparteitag in Weinheim wurde am 1. November 2014 Frank Franz zum neuen Parteivorsitzenden gewählt. Er setzte sich dabei gegen den saarländischen Landeschef Peter Marx sowie Sigrid Schüßler aus Bayern durch.

Ein zweites, von den Bundesländern angestrengtes Verbotsverfahren gegen die NPD wurde vom Bundesverfassungsgericht am 17. Januar 2017 als unbegründet zurückgewiesen, da die Partei zwar verfassungsfeindlich sei, jedoch aktuell keine Bedrohung für die freiheitlich demokratische Grundordnung darstelle. Beim Bundesparteitag 2017 in Saarbrücken wurde am 11. März der vorherige Parteivorsitzende Frank Franz in einer Kampfabstimmung gegen den eine radikalere Linie vertretenden Thorsten Heise mit deutlicher Mehrheit wiedergewählt.

Im Bundestagswahlkampf 2017 verwendete die Partei auf einem ihrer Wahlplakate ein Abbild des Reformators Martin Luther mit der Aufschrift „Ich würde NPD wählen. Ich könnte nicht anders.", was auf heftige Kritik stieß. Die Stiftung Luthergedenkstätten in Sachsen-Anhalt kündigte daraufhin eine Klage auf Unterlassung wegen Urheberrechtsverletzung am Bild an und schickte auch eine außergerichtliche Aufforderung auf Unterlassung an die Partei. Sowohl die Aufforderung als auch die Klageankündigung blieben jedoch folgenlos, und die Partei setzte das Bild zur Europawahl 2019 erneut zu Wahlkampfzwecken ein.

Entwicklung seit 2018

Anfang 2018 initiierte der NPD-Vize und Thüringer Landesvorsitzende Thorsten Heise die Kampagne „Völkischer Flügel", bei der es sich laut Eigendefinition um ein „nationalistisch und völkisch orientiertes Bündnis innerhalb der NPD" handelt, „welches auch eine parteiübergreifende Zusammenarbeit mit anderen, gleichgesinnten Organisationen und Personen anstrebt." In der am 30. Januar (dem Jahrestag der nationalsozialistischen „Machtergreifung") veröffentlichten Proklamation ist es das Ziel, die NPD als Partei „der ethnischen Deutschen" am „lebensrichtigen Menschenbild" auszurichten. Laut Frankfurter Rundschau sind mögliche Adressaten die freie Kameradschaftsszene sowie neonazistische Parteien wie Der III. Weg oder Die Rechte. Man wolle die NPD „zu einer wirklichen Weltanschauungsorganisation und Bewegung ... gestalten, anstatt sie weiter ... systemaffinen Politikjongleuren zu überlassen." Das Ziel sei, die Partei zu einem Sammelbecken radikaler Kräfte zu machen, die „an langfristigen, möglichst zeitlosen und existenziellen Kampagnen und Themen im Überlebenskampf unseres Volkes" arbeiten. Laut Meinung von Beobachtern wird damit eine weitere Radikalisierung angestrebt, womit sich die Erstunterzeichner (neben Heise zwei weitere Vorstandsmitglieder sowie sechs Vorsitzende westdeutscher Landesverbände) im internen Machtkampf von der Linie des Bundesvorstands abgrenzen wollen.

Im Juli 2018 rief die Partei in den Sozialen Netzwerken und auf einer Website bundesweit zur Bildung von Bürgerwehren auf. Ein vom Berliner Landesvorsitzenden Andreas Käfer auf Facebook veröffentlichtes Bild zeigte eine NPD-Bürgerwehr in Berlin. Der dazugehörige Slogan lautet „Schutzzonen schaffen", als Abkürzung laut taz nicht zufällig SS. Die Zeitung wertet diese Aktion als Versuch „einer durch die AfD überflüssig gemachten NPD", Aufmerksamkeit zurückzugewinnen. Bereits im Juni hatte ein YouTube-Video des NPD-Presseorgans Deutsche Stimme NPD-Mitglieder auf Streife in einer Berliner S-Bahn gezeigt. Das Konzept, das die antirassistische Aktion Noteingang kopiert, sieht auch Einrichtungen vor, die Deutschen Zuflucht gewähren sollen vor vermeintlicher „importierter Kriminalität" seitens Migranten, vor der der Staat laut NPD nicht schützen könne oder wolle. Die Berliner Polizei konnte in dem Video keine strafbaren Handlungen erkennen, betonte jedoch, bürgerwehrartige Strukturen strikt abzulehnen. Auch die S-Bahn Berlin distanzierte sich von dem Video und bekräftigte, dass die DB Sicherheit wie auch die Bundespolizei derartigen Hinweisen nachgehen würden. Überdies sei das Video, da ohne Drehgenehmigung entstanden, ein Verstoß gegen die Hausordnung.

Im November 2018 fand im hessischen Büdingen (wo die NPD 2016 bei den hessischen Kommunalwahlen zehn Prozent erreicht hatte – die AfD war dort nicht angetreten) der NPD-Bundesparteitag statt. Der Vorsitzende Franz gab bekannt, dass man in Westdeutschland nur noch bei Kommunalwahlen antreten wolle. Man werde sich stärker als „Weltanschauungspartei" profilieren. Rund 300 Menschen demonstrierten gegen die Veranstaltung. Die Stadt hatte versucht, der Partei die Halle zu verweigern, und war vor Gericht gescheitert.

Nachdem das Verwaltungsgericht Mainz und das Oberverwaltungsgericht Koblenz dem ZDF, das einen Europawahlwerbespot der NPD abgelehnt hatte, Recht gegeben hatten, entschied auch das Bundesverfassungsgericht Ende April 2019 nach einem Eilantrag der Partei zugunsten des Senders. In dem Spot wurde behauptet, Deutsche würden seit 2015 „und der seither unkontrollierten Massenzuwanderung fast täglich zu Opfern ausländischer Messermänner". Daher gelte es „zu handeln, um Schutzzonen für unsere Sicherheit zu schaffen". Bereits das Koblenzer Oberverwaltungsgericht hatte festgestellt, der Beitrag mache „in Deutschland lebende Ausländer in einer Weise bösartig verächtlich, die ihre Menschenwürde angreift und geeignet ist, den öffentlichen Frieden zu stören". Auch das Verwaltungsgericht Berlin lehnte Anfang Mai 2019 eine Klage der NPD ab, nachdem auch der RBB, der bei der Wahlwerbung für die Europawahlen im Auftrag der ARD handelt, die Ausstrahlung eines Wahlwerbespots verweigert hatte. In der Gerichtsbegründung hieß es, die NPD greife die Migranten und damit einen Teil der Bevölkerung an, „indem sie die Betroffenen aus verwerflichen Beweggründen als der Achtung der Bürger unwert und unwürdig hinstellt". Diese Wahlwerbung unterstelle Migranten pauschal sozial unerträgliche Verhaltensweisen und Eigenschaften. Anders als das ZDF wurde der RBB allerdings vom Bundesverfassungsgericht verpflichtet, den Spot auszustrahlen. Im Unterschied zu der dem ZDF vorliegenden ersten Fassung wurde in der überarbeiteten Version der Begriff ausländischer Messermänner weggelassen und es wurde kein Blut mehr gezeigt. Das Gericht befand nun, hier würden als Bedrohungen lediglich die Grenzöffnung und die behauptete Massenzuwanderung genannt, was aber noch keinen Angriff auf die Menschenwürde darstelle.

Anfang Dezember 2019 wurden Überlegungen seitens des NPD bekannt, den Parteinamen zu ändern. Eine Entscheidung darüber soll am 31. März 2020 beim Bundesparteitag gefällt werden.

Politische Tätigkeit

Parlamentarische Aktivitäten

Die NPD war auf Landesebene zwischen Ende der 1960er- und Anfang der 1970er-Jahre in bis zu sieben Landesparlamenten der Bundesrepublik Deutschland vertreten. 2004 wurde sie in den sächsischen Landtag gewählt. Sie befand sich dabei stets in der

Opposition, da sie keine eigene Mehrheit aufbringen konnte und keine andere Partei eine Koalition mit ihr eingehen wollte. Die NPD war daher noch auf keiner politischen Ebene (vergleiche Politisches System der Bundesrepublik Deutschland) an einer Regierung beteiligt.

In der Landtagsfraktion Mecklenburg-Vorpommern

Zwischen 2006 und 2016 war die NPD im Landtag von Mecklenburg-Vorpommern vertreten. Nach dem Ergebnis von 6,0 % bei der Landtagswahl vom 4. September 2011 stellte die NPD im Landtag eine Fraktion von fünf Abgeordneten. Dieser Fraktion standen jährlich Fraktionsmittel von zusammen 600.000 Euro zu.

Im Rahmen der Demonstrationen um den G8-Gipfel in Heiligendamm 2007 gab es Hinweise darauf, dass die NPD-Landtagsfraktion als Anmelderin von Versammlungen aktiv war. In zwei Fällen wurde sie vom Oberverwaltungsgericht als Antragstellerin hinsichtlich der betreffenden Demonstrationen und des damit verbundenen Rechtsstreits angesehen. Daraufhin erhob der Fraktionsvorsitzende der SPD in einer Landtagssitzung im Juni 2007 den Vorwurf, die NPD-Fraktion habe in dieser Angelegenheit Fraktionsmittel unzulässig verwendet und gleichzeitig gemeinsam mit der Partei illegale Parteienfinanzierung betrieben. Die NPD-Fraktion bestritt diesen Vorwurf. Die zuständige Präsidentin des Landtags von Mecklenburg-Vorpommern hat die gesammelten Unterlagen über mögliche Verstöße der NPD-Fraktion gegen das Parteiengesetz am 18. Juni 2007 in Düsseldorf dem für Angelegenheiten der Parteifinanzierung zuständigen Bundestagspräsidenten zusammen mit einer Prüfungsbitte übergeben. Am 4. September 2007 erklärte der Bundestagspräsident, dass es vorerst keine Ermittlungen gegen die NPD wegen illegaler Parteifinanzierung gebe, da es seitens des Rechnungshofs des Saarlandes noch keine Hinweise auf zweckwidrigen Einsatz von Fraktionsmitteln gebe.

Kommunale Ebene

Heute ist die NPD mit rund 360 Mandaten in den Kommunalparlamenten von 14 Ländern vertreten (Alle außer Bayern und Hamburg). Die meisten politischen Mandate besitzt sie in Sachsen, wo sie seit den Kommunalwahlen 2008 in allen Kreistagen und mehreren Gemeinderäten (v. a. in der Sächsischen Schweiz) vertreten ist und insgesamt 74 Mandate besitzt.

Außerparlamentarische Aktivitäten

Auf dem Bundesparteitag von 1996 wurde ein so genanntes „Drei-Säulen-Konzept" beschlossen, das den „Kampf um die Straße", den „Kampf um die Parlamente" und den „Kampf um die Köpfe" beinhaltet. So ist die NPD aufgrund dieser Strategie auch auf außerparlamentarischer Ebene sehr aktiv und initiiert zum Beispiel sehr oft Demonstrationen und andere außerparlamentarische Aktivitäten. Nicht selten zogen und ziehen diese Unternehmungen Medienberichte über gewaltbereite NPD-Mitglieder nach sich.

Ein praktisches Beispiel, wie für die NPD die Verknüpfung des „Kampfes um die Straße" mit dem „Kampf um die Parlamente" aussieht, gab es zu den Kommunalwahlen in Brandenburg im Jahr 2008. Hier trat Alexander Bode, der Haupttäter der Hetzjagd in Guben, bei der 1999 ein 28-Jähriger zu Tode kam, sowohl für die Wahl zur Gubener Stadtverordnetenversammlung als auch für den Kreistag im Landkreis Spree-Neiße für die NPD an.

Im August 2009 berichtete das ARD-Magazin Fakt, die NPD fordere ihre Mitglieder auf, verstärkt für das Schöffenamt zu kandidieren und so Einfluss auf die Rechtsprechung zu nehmen, um zum Beispiel ein höheres Strafmaß für Ausländer durchzusetzen. Laut dem Bericht sei es der Partei dabei gelungen, eine Kreistagskandidatin im Amtsgericht Riesa als Schöffin unterzubringen.

Der 2005 gegründete Verein Bildungswerk für Heimat und nationale Identität dient als parteinahe Stiftung für den sächsischen Landesverband der Partei.

Die NPD ist Mitglied der Allianz für Frieden und Freiheit und unterhält Kontakte zu anderen radikalen bzw. extremistischen Parteien. Davon sind aber nur wenige bei Wahlen erfolgreich. Nur die ungarische Jobbik und die griechische Chrysi Avgi sind oder waren in nationalen Parlamenten vertreten. Bis zur Krimkrise hat die NPD Kontakte mit ukrainischen Nationalisten wie der UNA-UNSO oder der Swoboda-Partei gepflegt, die jedoch inzwischen als angespannt gelten. Seitdem bemüht sich die NPD um ein gutes Verhältnis zu Russland.

Gegeninitiativen

Gegen die NPD sind einige zivilgesellschaftliche Zusammenschlüsse entstanden. So berichtet etwa der NPD-Blog, ein von Patrick Gensing seit 2005 betreuter Watchblog, regelmäßig kritisch über Aktivitäten der NPD. Die Kampagne NPD-Verbot jetzt hat eine deutschlandweite Unterschriftenaktion ins Leben gerufen, die sich für ein Verbot der NPD stark macht. Dabei konnten 175.445 Unterschriften gesammelt werden. Prominente Unterstützung erfuhr die Kampagne durch Hannelore Elsner, Frank Werneke und das Präsidium des 1. FC Nürnberg.

Die satirische Vereinigung Front Deutscher Äpfel greift seit 2004 deutschlandweit verschiedene Organisationsmerkmale und Verhaltensweisen der NPD auf und parodiert diese.

Zudem engagieren sich zahlreiche Bürgerinitiativen gegen die Aktivitäten der NPD. So inszenierte etwa der „Aktionskreis für Görlitz" zu der Landtagswahl in Sachsen 2009 medienwirksam die Anbringung von 600 Plakaten mit der Aufschrift „Görlitz sagt Nein! zur NPD". Die Fassade der Parteizentrale in Berlin-Köpenick wurde seit Einzug der NPD in das Gebäude mehrfach Ziel von Farbanschlägen und politischen Graffiti und wird daher von der Polizei bewacht.

Die Informations- und Beteiligungskampagne Endstation Rechts, als Initiative der Jusos in der SPD, ist ein tagesaktuelles Informationsportal und informiert über rechtsextreme und rechtskonservative Entwicklungen in Mecklenburg-Vorpommern und Sachsen. Ziel ist es, den Wiedereinzug der NPD in die Landtage beider Bundesländer zu verhindern. Als satirische Auseinandersetzung mit der Bekleidungsmarke Thor Steinar, die sich vor allem in der rechtsextremen Szene großer Beliebtheit erfreut, gründete Endstation Rechts das Modelabel Storch Heinar. Daraufhin führte Thor Steinar einen Rechtsstreit gegen Mathias Brodkorb, einen der Initiatoren der Projekte Endstation Rechts und Storch Heinar. Thor Steinar verlor 2010 den Prozess im sogenannten „Nürnberger Modeverbrecherprozess".

Verbotsverfahren

2001 wurde von der Bundesregierung unter Gerhard Schröder ein Antrag beim Bundesverfassungsgericht eingereicht, der das Ziel hatte, die NPD aufgrund festzustellender Verfassungswidrigkeit verbieten zu lassen; Bundestag und Bundesrat brachten eigene Verbotsanträge ein. Das Bundesverfassungsgericht stellte die Verfahren am 18. März 2003 aus Verfahrensgründen ein, nachdem bekannt geworden war, dass in den Reihen der NPD V-Leute des Verfassungsschutzes tätig waren. Die Verfassungsgemäßheit der Partei wurde nicht geprüft.

In der Folge wurde die Frage nach einem möglichen Verbot der NPD in der Politik kontrovers diskutiert. Der bayerische Innenminister Joachim Herrmann (Politiker, 1956) kündigte im September 2009 ein erneutes Verbotsverfahren in Zusammenarbeit mit den Ministerpräsidenten der SPD-regierten Bundesländer und entgegen der Meinung von Innenminister Wolfgang Schäuble an. Er kommentierte seinen Plan mit den Worten: „Bayern möchte dem Treiben der NPD nicht zusehen, bis sich diese Verfassungsfeinde in der Republik etabliert haben."

2012 beschlossen die CDU- und CSU-geführten Bundesländer, dass sie mittlerweile dazu bereit seien, die „V-Leute" aus der Partei abzuziehen, was ein erneutes Verfahren wahrscheinlicher macht. Die Innenminister der Länder sowie der Innenminister des Bundes beschlossen das Verbotsverfahren nun wieder voranzutreiben.

Im Zuge der öffentlichen Debatte um ein Verbot der NPD erhob diese eine Organklage vor dem Bundesverfassungsgericht, in welchem sie beantragte, „festzustellen, dass die Antragstellerin nicht verfassungswidrig im Sinne des Art. 21 Abs. 2 GG ist". Dieser und andere Anträge der NPD zur Sache wurden in der Entscheidung des 2. Senats des Bundesverfassungsgerichts vom 20. Februar 2013 (2 BvE 11/12) abgelehnt.

Ausgangspunkt der Argumentation des Bundesverfassungsgerichts war dessen Auffassung, dass politische Parteien „in der Wahrnehmung ihrer Rechte frei" seien, solange das Bundesverfassungsgericht nicht ihre Verfassungswidrigkeit festgestellt hat, und daher „darin nicht durch administratives Einschreiten unter Berufung auf die Behauptung ihrer Verfassungswidrigkeit gehindert werden" dürfen.

Weiterhin stellte das Bundesverfassungsgericht fest, dass politische Parteien sich „entsprechend ihrer Aufgabe, bei der politischen Willensbildung des Volkes mitzuwirken (Art. 21 Abs. 1 Satz 1 GG), der öffentlichen Auseinandersetzung" zu stellen hätten und: „Teil der öffentlichen Auseinandersetzung sind Äußerungen zur Einschätzung einer politischen Partei als verfassungsfeindlich, sofern sie sich im Rahmen von Recht und Gesetz halten. Solchen Äußerungen kann und muss die betroffene Partei mit den Mitteln des Meinungskampfes begegnen."

Nachdem 2003 ein beginnendes Verbotsverfahren gegen die NPD scheiterte, startete 2015 eine neue Runde zum Verbot der Partei, und bereits im März 2016 erfolgten die ersten drei Verhandlungstage durch das Bundesverfassungsgericht. Am 17. Januar 2017 wurde der Antrag vom Bundesverfassungsgericht als unbegründet zurückgewiesen. Die NPD sei zwar verfassungsfeindlich, aber aktuell keine Bedrohung für die freiheitlich-demokratische Grundordnung.

Wahlergebnisse

Ergebnisse der NPD bei Bundestagswahlen (1965 bis 2013)

Bundestagswahlergebnisse

Jahr	Stimmenanzahl	Stimmenanteil	Mandate
1965	664.193	2,0 %	-
1969	1.422.010	4,3 %	-
1972	207.465	0,6 %	-
1976	122.661	0,3 %	-
1980	68.096	0,2 %	-
1983	91.095	0,2 %	-
1987	227.054	0,6 %	-
1990	145.776	0,3 %	-
1994	n. a.	n. a.	-
1998	126.571	0,3 %	-
2002	215.232	0,4 %	-
2005	748.568	1,6 %	-
2009	635.525	1,5 %	-
2013	560.828	1,3 %	-
2017	176.715	0,4 %	-

Quelle: Wikipedia

Die Europawahl 2014 war die erste Europawahl, bei der in Deutschland keine Sperrklausel mehr galt, nachdem das Bundesverfassungsgericht die Drei-Prozent-Hürde und zuvor die Fünf-Prozent-Hürde für unzulässig erklärte. Ein Einzug ins EU-Parlament war schon mit etwa 0,5 % der Stimmen möglich, Udo Voigt wurde gewählt. 2019 galt dieselbe Regelung, die NPD erhielt aber nicht genug Stimmen für einen erneuten Einzug.

Von 2004 bis 2009 galt der Deutschlandpakt zwischen NPD und DVU. Daher trat die NPD in den Ländern Brandenburg, Bremen, Hamburg und Sachsen-Anhalt nicht an. In Thüringen war ebenfalls ein Verzicht der NPD vorgesehen, allerdings wurde die Vereinbarung hier rückgängig gemacht. Ab der Landtagswahl in Brandenburg 2009 ist der Deutschlandpakt aufgekündigt.

Bundesvorsitzende und Ehrenvorsitzende

Name	Beginn der Amtszeit	Ende der Amtszeit
Friedrich Thielen	1964	1967
Wilhelm Gutmann kommissarisch	1967	1967
Adolf von Thadden	1967	1971
Martin Mußgnug	1971	1990
Walter Bachmann kommissarisch	1990	1991
Günter Deckert	1991	1996
Udo Voigt	1996	2011
Holger Apfel	2011	2013
Udo Pastörs	2013	2014
Frank Franz	2014	

Quelle: Seite „Nationaldemokratische Partei Deutschlands". In: Wikipedia, Die freie Enzyklopädie. Bearbeitungsstand: 20. Februar 2020, 20:48 UTC. URL: https://de.wikipedia.org/w/index.php?title=Nationaldemokratische_Partei_Deutschlands&oldid=197003739 (Abgerufen: 23. Februar 2020, 07:48 UTC)

22. Aufstieg der AFD/Alternative für Deutschland

22.1 Die AFD

Die **Alternative für Deutschland** (Kurzbezeichnung: **AfD**) ist eine rechts-populisti-
sche, in Teilen rechtsextreme politische Partei in Deutschland.

Sie wurde 2013 als EU-skeptische und rechtsliberale Partei gegründet. Im Juli 2015
spaltete sich unter Bernd Lucke ein wirtschaftsliberaler Flügel ab und formierte sich
als Partei Allianz für Fortschritt und Aufbruch (ALFA), während sich der überwiegende Rest der Partei unter Frauke Petry und Jörg Meuthen deutlich nach rechts entwickelte. Unmittelbar nach der Bundestagswahl 2017 trat auch die damals amtierende Parteivorsitzende Frauke Petry aus der AfD aus und schloss sich der von ihr
initiierten Blauen Partei an.

Auf der gemeinsamen Basis von EU-Skepsis und Nationalismus gibt es heute in der AfD
verschiedene, teils widersprüchliche innerparteiliche Vereinigungen, informelle Parteiflügel und Einzelmeinungen. Neben nach den Parteispaltungen verbliebenen nationalkonservativen, wirtschaftsliberalen, wertkonservativen, christlich-fundamentalistischen und direktdemokratischen Kräften haben sich innerhalb der Partei Mitglieder organisiert, die autoritäre, völkisch-nationalistische, homophobe,antifeministi-
sche, antisemitische und geschichtsrevisionistische Positionen vertreten.

Als Sammelbecken der extrem rechten Kräfte innerhalb der Partei ragt der neofaschistische „Flügel" mit einer Unterstützung von etwa 40 Prozent der AfD-Mitglieder
heraus. Die 2017 gegründete Alternative Mitte versteht sich als Gegengewicht
zum Flügel.

Teile der Partei unterhalten Verbindungen zu neurechten Gruppierungen, beispielsweise zur rechtsextremen Identitären Bewegung und der islamfeindlichen Organisation Pegida. Die AfD ist die einzige im deutschen Bundestag vertretene Partei, deren
Umwelt- und Klimapolitik auf der Leugnung der menschengemachten globalen Erwärmung fußt.

2014 gelang der AfD bei der Europawahl erstmals der Einzug in ein überregionales
Parlament. In der Folge zog sie in alle deutschen Landesparlamente und nach
der Bundestagswahl 2017 mit 12,6 % der Stimmen in den 19. Deutschen Bundestag ein. Dort ist sie drittstärkste Kraft und stellt seit Bildung der Großen Koalition die
größte Oppositionsfraktion.

Die Zugewinne der AfD seit 2013 werden sowohl auf die Mobilisierung vormali-
ger Nichtwähler als auch auf Wechselwähler von CDU und FDP, in geringerem Maße
auch von SPD und Linkspartei zurückgeführt. Während zunächst überwiegend
von Protestwählern gesprochen wurde, beobachtet man inzwischen die

Herausbildung einer Stammwählerschaft, die durch die Ziele einer kulturell homoge-
nen Gesellschaft und einer restriktiven Zuwanderungspolitik vereint wird.

Profil

Auf ihrem Gründungsparteitag am 14. April 2013 hatte die AfD ein erstes Wahlpro-
gramm beschlossen, 2014 folgten politische Leitlinien und später eine Vielzahl von
Strategiepapieren und Resolutionen, unter anderem zur Verschärfung des Asyl-
rechts, zur Euro- und Ausländerpolitik, zum Islamismus und zum Waffenrecht.

Anfang Mai 2016 verabschiedete die Partei auf dem Mitgliederparteitag in Stuttgart
ihr Grundsatzprogramm basierend auf einem Programmentwurf, der in mehreren Ar-
beitsgruppen und unter Beteiligung von etwa 1000 Mitgliedern entstanden ist. Auf ei-
nem Parteitag 2019 soll es unter anderem im Hinblick auf die Sozialpolitik erweitert
werden.

Europa-, Finanz- und Wirtschaftspolitik

In ihren „Politischen Leitlinien" von 2014 setzt sich die Partei für die Politik der Sozi-
alen Marktwirtschaft im Sinn Ludwig Erhards ein. In ihrem Grundsatzprogramm von
2016 lehnt sie die EU als politisches Bündnis ab und befürwortet lediglich eine Wirt-
schaftsgemeinschaft ähnlich dem EU-Vorläufer EWG. Der Euro wird als Experiment
bezeichnet, das beendet werden solle; über den Verbleib in der Eurozone will die Par-
tei eine Volksabstimmung ansetzen.

Von einzelnen Vertretern wird analog zum britischen Brexit ein Austritt Deutschlands
aus der Europäischen Union verlangt. Offiziell und von der Parteispitze wird ein Aus-
tritt als Ultima Ratio für den Fall betrachtet, dass grundlegende Reformen der Euro-
päischen Union ausbleiben. Aufgrund „mangelnder Legitimation" der EU fordert die
AfD die Renationalisierung von Politikfeldern. Eine gemeinsame Haftung der Euro-
zone lehnt sie ab. 2015 sah Oskar Niedermayer die AfD nicht als „Anti-EU-Partei", viel-
mehr sei ihre Kritik am Euro und der Politik in der Eurokrise „rein sozio-ökonomisch
begründet". Er sah sie „eingebettet in eine … marktliberale, man könnte fast sa-
gen: marktfundamentalistische Position im Sozialstaatskonflikt." Dieter Plehwe er-
kannte 2016 eine „neue rechtsliberale" Politik, die auf die Kritik der Verträge von
Maastricht zurückgeht. Marcel Lewandowsky hob das Postulat einer „Krise der eige-
nen, nationalen Identität und Souveränität" hervor und identifizierte vier Dichoto-
mien: „Souveräne Nation versus europäischer Überstaat", „Subsidiarität versus Brüs-
seler Zentralismus", „Bürger versus Eliten" und „Deutsche Zahler – Ausländische Neh-
mer".

Die AfD strebt einen weiteren Abbau der Staatsverschuldung Deutschlands an. Haf-
tungsrisiken aus Bürgschaften, wie bei den Euro- und Bankenrettungsmaßnahmen,
sollten in der Finanzplanung ausgewiesen werden. Das Steuerrecht solle, etwa wie
im Kirchhof-Modell, vereinfacht werden. Die Erbschaftsteuer will die AfD abschaffen,
die Gewerbesteuer überprüfen.

Außen- und Verteidigungspolitik

Abgesehen von der Europapolitik bleibt das außenpolitische Programm der AfD zunächst fragmentarisch. Es liegt aber eine Reihe von Beschlüssen und Resolutionen unter anderem zur Syrienfrage vor. Die AfD bekennt sich zum NATO-Bündnis, das der Verteidigung der Nation dienen solle.

Im verteidigungspolitischen Konzept der AfD-Bundestagsfraktion von 2019 fordert sie eine „Restauration der Bundeswehr" durch Wiedereinführung der Wehrpflicht, Einsätze im Inneren und für den Grenzschutz sowie Konzentration auf die Landes- und Bündnisverteidigung innerhalb der NATO. Außerdem sollen ein deutscher Generalstab, eine eigene Wehrgerichtsbarkeit und ein neues Traditionsverständnis eingeführt werden.

Umwelt- und Klimapolitik

Die Positionen der Partei beruhen auf einer grundsätzlichen Leugnung der menschengemachten globalen Erwärmung. So lehnt sie in ihrem Grundsatzprogramm von 2016 Klimaschutzpolitik grundsätzlich ab. Diese beruhe auf untauglichen Computermodellen, und seit Ende der 1990er Jahre habe kein Temperaturanstieg mehr stattgefunden (Pause der globalen Erwärmung). CO_2 sei kein Schadstoff, sondern „unverzichtbarer Bestandteil allen Lebens". Das Erneuerbare-Energien-Gesetz, das Erneuerbare-Energien-Wärmegesetz und die Energieeinsparverordnung sollen ersatzlos abgeschafft und die Laufzeit deutscher Kernkraftwerke verlängert werden. Im EU-Parlament lehnte die AfD alle Vorschläge zum Klimaschutz seit dem Pariser Abkommen 2015 ab (Stand Februar 2019). Gemäß Alexander Gauland stellt die Kritik an der Klimaschutzpolitik der Regierung neben den Themen Euro und Zuwanderung das dritte zentrale Thema der AfD dar.

Die im „Bundesfachausschuss Energiepolitik" erarbeitete Energiepolitik der AfD wurde durch Mitglieder der Lobbyorganisation Europäisches Institut für Klima & Energie e. V. mitgestaltet, die die menschengemachte Erderwärmung bestritten.

Die AfD lehnt 2016 einen Kohleausstieg sowie eine CO_2-Steuer ab und plädiert hingegen für eine fortgeführte Forschung im Bereich Kernenergie und Atomreaktoren. Der Ausstieg aus der Atomenenergie soll rückgängig gemacht werden, weiterführende Forschungen befürwortet die Partei beim Fracking. Es sollen Meeresschutzgebiete geschaffen und der Bau von Windkraftanlagen auf offenem Meer gestoppt werden. Neben der Reduzierung von Plastikmüll fordert die Partei eine Bekämpfung „invasiver Arten", da diese laut AfD eine Gefahr für die heimischen Pflanzen und Tiere seien. Zusätzlich soll der Wolfsbestand in Deutschland einer „vernünftigen Regulierung" unterzogen werden.

Familien- und Geschlechterpolitik

Die AfD vertritt in der Geschlechterpolitik konservativ-antifeministische Positionen und lehnt Gleichstellungspolitik sowie Gender-Mainstreaming ab. Dabei stützt sie sich unter anderem auf christlich-fundamentalistische und völkische Vorstellungen. Fragen der Demografie erachtet die AfD als relevant. Sie tritt für die traditionelle Familie aus Mann und Frau ein und wendet sich sowohl gegen Frauenquoten als auch gegen eine vermeintliche Aufhebung der Geschlechtsidentitäten. Aufmerksamkeit erregt die AfD durch Kampagnen wie „Stoppt den Gender-Wahn" vor allem in den sozialen Medien. Die Landtagsfraktionen der Partei wandten sich 2016 in der Magdeburger Erklärung gegen die Sexualaufklärung in Kindergarten und Grundschule und speziell gegen die Aufklärung über sexuelle Vielfalt. Teile der Lebensschutz-Bewegung finden hier Anknüpfungspunkte und nehmen vor allem in den süddeutschen Landesverbänden Einfluss auf die Partei.

In ihrem Programm fordert die AfD an mehreren Stellen die Abschaffung des Genderns, in einer Resolution von 2016 explizit die Abschaffung einer geschlechtergerechten Sprache und „die Rückkehr zum generischen Maskulinum sowie den Verzicht auf alle gender-ideologischen Wendungen (erkünstelte Gerundium-Formen, überflüssige männlich-weibliche Doppelformen usw.)".

Arbeits- und Sozialpolitik

Arbeits- und Sozialpolitik solle zu den nationalen Aufgaben der Mitgliedstaaten gehören. Die AfD tritt für eine soziale Absicherung von Geringverdienern ein. Seit 2016 spricht sie sich für die Beibehaltung des Mindestlohns aus. Vor der Europawahl 2014 hieß es im Europaprogramm der AfD noch, ein gesetzlich festgelegter, flächendeckender Mindestlohn könne diese Absicherung nicht leisten und gefährde zudem Arbeitsplätze. Die AfD forderte, der Staat solle soziale Unterstützung in Form von Einkommensbeihilfen bereitstellen.

Sechs Jahre nach Gründung hat die Partei noch kein einheitliches Rentenkonzept erarbeitet; ein für das Jahr 2019 geplanter Rentenparteitag wurde auf das Jahr 2020 verschoben. Es existierten insgesamt sieben unterschiedliche Konzepte. Der Sozialforscher und Mathematiker Gerd Bosbach geht davon aus, dass die Partei „in wichtigen Teilen sogar die gesetzliche Rente zugunsten der unsozialen Privat-Rente opfern" wolle.

Das Rentenkonzept der Thüringer AfD von Björn Höcke sehe beispielsweise vor, die Beitragsbemessungsgrenze zunächst beizubehalten. Das sei laut Bosbach unsozial, weil Spitzenverdiener damit einen geringeren Anteil ihrer Einkommen entrichten müssten als Geringverdiener. Nutznießer dieses Konzepts seien die Arbeitgeber. Zudem werde eine Verlängerung der Lebensarbeitszeit sowohl durch Abschaffung der Obergrenze für den Renteneintritt als auch durch eine Senkung des Arbeitseintrittsalters angestrebt. Steuerfinanzierte Zuschläge für Bezieher kleiner Renten solle es nur für deutsche Staatsbürger geben. Dieses Konzept verstoße gegen Artikel 3 des Grundgesetzes für die Bundesrepublik Deutschland.

Ein von Parteichef Jörg Meuthen vertretenes Konzept sehe die Abschaffung der gesetzlichen Rente vor, die durch eine steuerfinanzierte Grundrente knapp oberhalb der Existenzsicherung ersetzt werden soll.

Migrations- und Asylpolitik

Die Positionen in der Migrationspolitik werden als ambivalente Mischung aus konservativem und neoliberalem Verständnis beschrieben: Einerseits werde die Bedeutung der Niederlassungsfreiheit, aber auch der Arbeitnehmerfreizügigkeit in Europa betont; „qualifizierte" und „integrationswillige" Zuwanderung nach kanadischem Vorbild werde bejaht. Andererseits knüpfe man an „rassistisch konnotierte Diskurse" an. Die AfD fordere „klare Kriterien" für Einwanderung; eine „Zuwanderung in die deutschen Sozialsysteme" lehne man ab. Nur wer Sozialversicherungsbeiträge zahle, könne auch Nutznießer von Arbeitslosen- und Kindergeld sein. Jedoch sollte Asylsuchenden in Deutschland ein Arbeitsrecht gewährt werden.

In ihrem ersten, auf dem Gründungsparteitag 2013 beschlossenen Wahlprogramm hatte die AfD sowohl eine großzügigere Asyl- als auch eine strengere Einwanderungspolitik gefordert. Als Reaktion auf die stark steigenden Flüchtlingszahlen legte der Bundesvorstand Anfang September 2015 ein Strategiepapier zur Migrations- und Asylpolitik vor. Darin fordert die Partei die Wiedereinführung von Kontrollen an den deutschen Grenzen, ein 48-Stunden-Asylverfahren in Grenznähe und die Abschaffung des sogenannten „Taschengelds" für Asylbewerber. Zudem sollen Menschen aus Staaten, die als sichere Herkunftsländer eingestuft werden, keinen Asylantrag mehr stellen dürfen.

Im November 2015 verabschiedete der Bundesparteitag eine Resolution, in der die Partei eine Unterordnung des Asylrechts unter die Sicherheit des Staates und seiner Bevölkerung forderte, sowie Obergrenzen bei der Aufnahme von Flüchtlingen und eine Abschaffung des Familiennachzugs.

Nach einer Analyse im September 2017 von Human Rights Watch fordere das Wahlprogramm der AfD in der Migrationspolitik eine verschärfende Grundgesetzänderung und möchte die Genfer Flüchtlingskonvention überarbeitet haben, um sie „an die Bedrohung Europas durch Bevölkerungsexplosionen und Migrationsströme" anzupassen.

Positionen zum Islam

In dem 2016 beschlossenen Grundsatzprogramm der AfD heißt es: „Der Islam gehört nicht zu Deutschland". Die Partei fordert insbesondere ein Verbot von Minaretten, des Muezzinrufs und der Vollverschleierung. Im Gegensatz zum französischen Gesetz aus dem Jahr 2010, das sich auf sichtbare Zeichen aller Religionen bezieht, sollen nach dem Willen der AfD im öffentlichen Dienst keine Kopfbedeckungen, in der Öffentlichkeit keine Burkas oder Niqabs erlaubt sein. Die AfD bekennt sich nach eigenem Bekunden zur Glaubensfreiheit, diese müsse jedoch gesetzes- und menschenrechtskonform ausgelebt werden. Muslime, die rechtstreu und integriert sind, seien als akzeptierte Mitglieder der Gesellschaft anzusehen. Verfassungsfeindlichen Vereinen soll der Bau und der Betrieb von Moscheen untersagt werden, ebenso wie die Auslandsfinanzierung durch islamische Staaten oder private Geldgeber. Zudem müssten Imame in Deutschland an Universitäten in deutscher Sprache ausgebildet werden. Im Bundestag beantragte die AfD-Fraktion 2018, die Bundesregierung solle „geeignete Maßnahmen" gegen angeblich rechtswidrige Inhalte des Koran ergreifen, ohne dass sie konkret benannte, welche Inhalte gemeint seien und was getan werden solle.

Direkte Demokratie

Nach Einschätzung von Alexander Häusler und Rainer Roeser (2016) ist die Forderung nach einer „direkten Demokratie" zentral im Wahlprogramm der AfD. Die AfD beziehe sich dabei auf die Volksinitiativen der rechtspopulistischen SVP „Gegen den Bau von Minaretten" und „Gegen Massenzuwanderung". Sie vollziehe damit „deutlich erkennbar Annäherungen an rechtspopulistische Forderungen". Das Parteiprogramm delegitimiert die gewählte Elite der Bundesrepublik, indem es behauptet, Souverän in Deutschland sei nicht das Volk, sondern „heimlich ... eine kleine, machtvolle politische Führungsgruppe innerhalb der Parteien", ein „Kartell", das für die Fehlentwicklungen der letzten Jahre verantwortlich sei und über ein weitgehendes Informationsmonopol verfüge. Diesen illegitimen Zustand gelte es zu beenden. Diese Aussage wird von dem Amerikanisten Michael Butter in die Nähe einer Verschwörungstheorie gerückt, da behauptet wird, sämtliche Parteien würden insgeheim kooperieren, während allein die AfD die „wahren Interessen des Volkes" vertrete.

Autoritäres Gesellschaftsmodell

Nach Einschätzung von Wilhelm Heitmeyer wendet sich die AfD „gegen die offene Gesellschaft und die liberale Demokratie". Basierend auf einer gruppenbezogenen Menschenfeindlichkeit werde Diskriminierung und Gewalt etwa gegen Einwanderer als Notwehr ausgegeben. Als Antwort auf persönliche oder wirtschaftliche Kontrollverluste wie einen „rabiaten globalisierten Finanzkapitalismus" werde rigide Kontrolle angestrebt. Dieser „autoritäre Nationalradikalismus" ziele auf gesellschaftliche und politische Institutionen wie Parlamente, Gerichte, Polizei, Schulen, Vereine oder Theater. „Er will destabilisieren, Verängstigungsdruck erzeugen und einen Systemwechsel in Gang setzen."

Als Beispiel für „Demokratieverachtung" bezeichneten Sebastian Pittelkow, Katja Riedel und Ronen Steinke in der Süddeutschen Zeitung Björn Höckes Buch Nie zweimal in denselben Fluss von 2018, in dem dieser behauptet hatte, die deutsche Demokratie befinde sich „im letzten Degenerationsstadium", in der Ochlokratie. Diese könne im Sinn eines Phasenmodells Niccolò Machiavellis nur durch einen Alleinherrscher überwunden werden. Dieser solle als perfekter Mann Mittler des Volkes sein. Er müsse sich seines „verkümmerten männlichen Selbstbewusstseins" entledigen und die Tugenden der Wehrhaftigkeit, Weisheit, Unerbittlichkeit, Härte gegen sich und besonders gegen *andere wieder kultivieren lernen. Denn anders könne man(n) es nicht ertragen, „wenn wir leider ein paar Volksteile verlieren werden, die zu schwach oder nicht willens sind, sich der fortschreitenden Afrikanisierung, Orientalisierung und Islamisierung zu widersetzen". In einem „Aderlass" sollten politische Gegner aus Deutschland ausgeschlossen werden.*

Höcke entwickelt eine Strategie zur „Rückeroberung" Deutschlands von „fremden Völkerschaften", ausgehend von einem Rückzug auf das Land. Er zitiert Hegel: „Brandige Glieder können nicht mit Lavendelwasser geheilt werden. Der Verwesung nahes Leben kann nur durch das gewaltsamste Verfahren reorganisiert werden." Unter Bezug auf Peter Sloterdijks „Politik der ‚wohltemperierten Grausamkeit'" fordert er ein „groß angelegtes Re-Migrationsprojekt", das Generationen dauern werde. Um die Zahl der in Deutschland lebenden Muslime zu verringern, sei dabei selbst eine deutsche Staatsbürgerschaft irrelevant.

Hajo Funke folgert aus einer Analyse dieser und weiterer Stellen aus Nie zweimal in denselben Fluss: „Wenn wir Höcke also an seiner Sprache messen, so geht es ihm um eine nicht nur ethnische, sondern auch politische ‚Säuberung' und um das Einsetzen staatlicher Gewalt gegen beliebig definierte Feinde."

Bezugnahme auf die friedliche Revolution in der DDR

In den Landtagswahlkämpfen in Sachsen, Brandenburg und Thüringen 2019 bezog sich die AfD wiederholt auf die friedliche Revolution in der DDR von 1989. Höcke etwa behauptete auf einem Treffen des „Flügels", es fühle „sich wieder so an wie damals in der DDR". Damit und mit Slogans wie „Vollende die Wende" oder „DDR 2.0" setzte die Partei das politische System der Bundesrepublik mit dem SED-Staat gleich und legte nahe, dass Widerstand gegen die Eliten nötig sei, die den Volkswillen nicht umsetzen würden. Dies wurde von ehemaligen DDR-Bürgerrechtlern in einem Offenen Brief scharf kritisiert, die darin eine „Geschichtslüge" sahen. Der Historiker Ilko-Sascha Kowalczuk warf der AfD vor, mit solchen Sprüchen nicht nur die DDR-Diktatur zu verharmlosen, sondern darauf abzuzielen, das zu „vernichten ..., wofür die Revolution von 1989 und die Bürgerrechtler von 1989 stehen und angetreten waren: Die Errichtung einer Offenen Gesellschaft".

Verbindungen zur extremen Rechten

Das politische Angebot der AfD mit „restriktiven Positionen in der Zuwanderungspolitik, einer konservativen Gesellschaftspolitik" und einer Haltung gegen das politische Establishment eignet sich als „radikaler Ersatz für die desorientierte politische Mitte" und bedient unter anderem „Ressentiment, Elitenhass und System-Entfremdung". Das hatte zur Folge, dass rechte Kleinparteien zum Teil erhebliche Mitgliederverluste an die AfD verzeichneten.

Als Reaktion auf diese Entwicklung empfahl der damalige Bundessprecher Bernd Lucke im Herbst 2013 per Schreiben an die Landesverbände einen bundesweiten

Aufnahmestopp für ehemalige Mitglieder rechter Splitterparteien. Eine Mitgliedschaft in der AfD sei unvereinbar mit ausländerfeindlichen, rassistischen, antisemitischen, islamfeindlichen, rechts- und linksextremen Gesinnungen. Frauke Petry, damals Vorsitzende des sächsischen Landesverbands und Mitglied des Bundesvorstands, sowie weitere ostdeutsche Landesverbände widersprachen Lucke und kündigten an, auch weiterhin Aufnahmeanträge von Überläufern der rechtsradikalen Partei Die Freiheit zu prüfen.

Unvereinbarkeitsliste

Es existiert zwar eine Unvereinbarkeitsliste, in der unter anderem verschiedene rechtsextreme Gruppen verzeichnet sind, deren Mitglieder nicht in die Partei aufgenommen werden sollen. Sie wird aber weder konsequent beachtet, noch ist sie eine zwingende Vorgabe für die Rekrutierung von Abgeordneten-Mitarbeitern.

Von den 91 im 19. Deutschen Bundestag vertretenen AfD-Abgeordneten unterhielten 13 Kontakte zu rechtsextremen Parteien bzw. Vereinigungen wie der Identitären Bewegung. Mindestens 27 Fraktions- und Abgeordnetenmitarbeiter haben nach Recherchen der Zeit „einen eindeutig rechtsradikalen bis rechtsextremen Hintergrund". Das Blatt spricht von einem „Nazi-Netzwerk im Deutschen Bundestag". Der AfD-Bundestagsabgeordnete Jan Nolte beschäftigt in seinem Büro einen Offizier der Bundeswehr, der verdächtigt wurde, zusammen mit dem ehemaligen Oberleutnant Franco Albrecht im so genannten Hannibal-Netzwerk an einem rechten Anschlagsplan gearbeitet zu haben. Er bekam einen Hausausweis für den Bundestag.

Im AfD-Landesverband Mecklenburg-Vorpommern wurde mit Haik Jaeger ein Mitglied der rechtsextremen Prepper-Gruppe Nordkreuz zum stellvertretenden Vorsitzenden des Landesfachausschusses „Innere Sicherheit, Justiz und Datenschutz" gewählt. Gegen den suspendierten Polizisten laufen Ermittlungen wegen des Verdachts der „Vorbereitung einer schweren staatsgefährdenden Gewalttat". Er soll mit seinem Dienstrechner für Nordkreuz Meldetaten von Personen beschafft haben, die auf einer Todesliste des rechtsextremen Netzwerks stehen.

Viele AfD-Abgeordnete und AfD-Mitarbeiter gehören rechten Burschenschaften an, darunter auch solchen der Deutschen Burschenschaft (DB), einem völkisch-nationalistischen Dachverband österreichischer und deutscher Studentenverbindungen.

Die Freiheit

Nach Schätzungen des Vorsitzenden der Partei Die Freiheit, René Stadtkewitz, traten bis September 2013 etwa 500 Mitglieder seiner Partei zur AfD über, von denen einige Führungspositionen in der AfD einnahmen. Nach der Bundestagswahl 2013 verzichtete die Kleinpartei zu Gunsten der AfD auf eine Teilnahme an weiteren Wahlen. Stadtkewitz und Matthias Wohlfarth, Sprecher der thüringischen AfD, erklärten übereinstimmend, die Programme beider Parteien stimmten in vielen Punkten überein. Der ehemalige bayerische Landesvorsitzende von Die Freiheit, Christian Jung, lotet als Verantwortlicher des AfD-nahen Medienportals Metropolico/JouWatch für die AfD-Bundestagsfraktion „Synergieeffekte und Kooperationsmöglichkeiten" mit ausgewählten Medien aus.

Identitäre Bewegung

Obwohl die AfD 2016 einen Unvereinbarkeitsbeschluss bezüglich der rassistischen Identitären Bewegung gefasst hatte, beschäftigen AfD-Bundestagsabgeordnete in ihren Abgeordnetenbüros nach Recherchen der Zeit Anhänger dieser Bewegung, beispielsweise den ehemaligen Landesvorsitzenden der Jungen Alternative in Brandenburg, Jean-Pascal Hohm und den Bundesvorsitzenden der Identitären, Daniel Fiß. Auch AfD-Bundessprecher Gauland beschäftigte demnach immer wieder Anhänger neonazistischer Gruppen.

Der damalige Landessprecher der AfD in Mecklenburg-Vorpommern Holger Arppe setzte sich für eine Zusammenarbeit mit den Identitären ein. Petr Bystron, bis 2017 Chef der bayerischen AfD, hatte die Identitären als „Vorfeldorganisation der AfD" bezeichnet und wurde vom bayerischen Verfassungsschutz beobachtet, weil er die AfD als „Schutzschild" für Identitäre und Pegida sehen wollte. Die Beobachtung wurde eingestellt, weil mit Bystrons Wahl in den Bundestag höhere rechtliche Hürden greifen.

Auf Bundesebene der AfD fordert die rechtsnationale Patriotische Plattform „eine engere Zusammenarbeit zwischen Identitärer Bewegung und AfD, denn auch die AfD ist eine identitäre Bewegung und auch die Identitäre Bewegung ist eine Alternative für Deutschland". Auch bei der Nachwuchsorganisation der AfD, der Jungen Alternative bestehen vielfältige Verbindungen zu den Identitären. So bekundete JA-Chef Markus Frohnmaier offen Unterstützung für den Wortführer der Identitären und Chef der Identitären Bewegung Österreich, Martin Sellner.

NPD

AfD-Abgeordnete im bayerischen Landtag beschäftigten Mitarbeiter mit Verbindungen zur NPD.

Im Vorfeld der Landtagswahl in Mecklenburg-Vorpommern 2016 schloss AfD-Spitzenkandidat Leif-Erik Holm nicht aus, im Landtag für Anträge der NPD-Fraktion zu stimmen. Auch Parteichef Meuthen stellte sich in einem Interview mit dem Mannheimer Morgen gegen den so genannten Schweriner Weg, der vorsieht, alle Anträge der Rechtsextremen geschlossen abzulehnen. Damit habe er „die bisherige offizielle Linie der Bundespartei in Form der strikten Abgrenzung zur NPD zu den Akten" gelegt.

Björn Höcke, prominenter Vertreter des völkisch-nationalistischen Flügels und Vorsitzender der AfD-Fraktion im Thüringer Landtag, wurde laut damaligem AfD-Bundesvorstand nachgewiesen, dass er „unter dem Namen ‚Landolf Ladig' in den NPD-Veröffentlichungen Volk in Bewegung und Eichsfeld-Stimme Artikel verfasst" hat, in denen er nicht nur die rechtsextremen Ideen der NPD lobte, sondern auch das NS-

Regime verherrlicht hatte. Er zeige „eine übergroße Nähe zum Nationalsozialismus". Ein Antrag auf Parteiausschluss des Bundesvorstands von Februar 2017 wurde im Mai 2018 vom Landesschiedsgericht der AfD Thüringen abgelehnt, da Höcke nicht gegen die Satzung oder Parteigrundsätze verstoßen habe. Der inzwischen anders besetzte Bundesvorstand verzichtete im Juni 2018 einstimmig auf Rechtsmittel.

Pegida

Ein Beschluss des Bundesvorstands vom Mai 2016, der eine Kooperation mit Pegida ablehnt, wurde auf Antrag der Patriotischen Plattform vom Bundesschiedsgericht Anfang August 2016 teilweise aufgehoben. Ein generelles Auftrittsverbot bei Pegida greife unzulässig in die Mitgliederrechte ein. Pegida werde bis dato nicht vom Verfassungsschutz beobachtet – was zumindest für Bayern und Thüringen nicht der Wahrheit entspricht. Ein im Dezember 2014 verabschiedetes Positionspapier von Pegida zeige zudem ein erhebliches Maß an inhaltlicher Übereinstimmung mit dem Grundsatzprogramm der AfD. Ein Verbot von Auftritten von Pegida-Vertretern bei AfD-Veranstaltungen sei hingegen zulässig.

Das Verhältnis zu Pegida entwickelte sich nach Felix Korsch (2016) in vier Phasen von „Anziehung und Ablehnung". AfD-Anhänger hätten laut einer Erhebung vom Dezember 2014 Verständnis für die Pegida-Demonstrationen, eine „tatsächliche Kooperation" gab es aber bis dahin nicht. Die Dresdner AfD befürwortete die Pegida-Kundgebungen seit November 2014 und auch die völkisch-nationalistische „Patriotische Plattform" unter dem damaligen sächsischen AfD-Vorstandsmitglied Hans-Thomas Tillschneider unterstützte Pegida von Anfang an. Während im Bundesvorstand vor allem Lucke und Henkel eine distanzierte Haltung vertraten, besuchte Gauland mit mehreren Fraktionskollegen im Dezember 2014 eine Pegida-Kundgebung und bezeichnete deren Anhänger als „natürliche Verbündete" der AfD. Frauke Petry traf sich mit Pegidas Vereinsvorstand im Landtag von Sachsen und sah inhaltliche „Schnittmengen". In anderen Landesverbänden blieb die Haltung ambivalent: Die hessische AfD kritisierte die Teilnahme an „Fragida", weil dieser Frankfurter Pegida-Ableger von der NPD mitorganisiert wurde, nicht aber die Teilnahme an „Kagida" in Kassel, die von einem AfD-Mitglied geführt wurde. Es seien letztlich mehrere „verhalten-zustimmende Äußerungen" zu verzeichnen.

Im Juli 2015 bezeichnete der damalige NRW-Landesvorsitzende Marcus Pretzell in seinem Grußwort zum Essener Parteitag die AfD als „Pegida-Partei". Häusler sieht im Jahr 2016 in der AfD einen „parteipolitischen Anker" für „gegen Einwanderer und Flüchtlinge gerichtete Initiativen" wie Pegida; die bei den Demonstrationen in Dresden „artikulierten Forderungen seien in vielen Fragen deckungsgleich mit Positionen der AfD". Von allen Parteien stehe jedenfalls die AfD der Pegida am nächsten.

Pro Deutschland

Am 11. November 2017 beschloss die rechtsextreme Bürgerbewegung pro Deutschland ihre Selbstauflösung und rief Mitglieder sowie ihre kommunalen Mandatsträger auf, sich der AfD anzuschließen. Man wolle die AfD stark machen und die eigenen Ziele künftig innerhalb der AfD weiterverfolgen. AfD-Fraktionssprecher Christian Lüth gab an, Pro Deutschland stehe auf der Unvereinbarkeitsliste seiner Partei, deren Mitglieder könnten dort nicht aufgenommen werden.

Internationale Verbindungen

Die AfD ist in keiner Europapartei organisiert.

Nach der Europawahl 2014 wurde die AfD mit 29 zu 26 Stimmen in die Fraktion der Europäischen Konservativen und Reformer (EKR) im Europaparlament aufgenommen. Der britische Premierminister David Cameron hatte die Europa-Abgeordneten seiner Partei aufgefordert, den Antrag der AfD abzulehnen, da Bundeskanzlerin Merkel die Aufnahme einer konkurrierenden Partei als „feindlich" auffassen und sich die Aufnahme negativ auf das Verhältnis zwischen Großbritannien und Deutschland auswirken würde. Laut einem Bericht des Spiegels hatte Merkel versucht, die Aufnahme zu verhindern, um die AfD politisch nicht weiter aufzuwerten.

Anfang 2016 trafen sich Frauke Petry und Marcus Pretzell mit dem FPÖ-Parteiobmann Heinz-Christian Strache und dem FPÖ-Generalsekretär Harald Vilimsky in Düsseldorf zum Kongress „Europäische Visionen – Visionen für Europa". Anschließend vereinbarte der bayerische AfD-Landesverband eine Kooperation unter dem Titel „Blaue Allianz" mit der FPÖ. Es kam in der Folge zu einem gemeinsamen Auftritt von Harald Vilimsky mit Alexander Gauland und Andreas Kalbitz bei einer Wahlveranstaltung in Nauen.

Nachdem die Europa-Abgeordnete Beatrix von Storch im Januar 2016 den Schusswaffeneinsatz gegen Flüchtlinge befürwortet hatte, wurden die AfD-Abgeordneten im Europaparlament im März 2016 aufgefordert, die Fraktion der Europäischen Konservativen und Reformer (EKR) zum 31. März 2016 zu verlassen. Anderenfalls werde die Fraktion einen formalen Ausschluss beantragen. Die Austrittsaufforderung geht auf die Initiative des niederländischen Christdemokraten Peter van Dalen zurück. Am 8. April 2016 verließ Beatrix von Storch daraufhin die Fraktion der EKR und trat in die Fraktion Europa der Freiheit und der direkten Demokratie (EFDD) ein. Drei Tage später wurde Marcus Pretzell aus der Fraktion ausgeschlossen. Am 1. Mai 2016 trat er in die Fraktion Europa der Nationen und der Freiheit ein. Nach Beatrix von Storchs Wahl in den Bundestag rückte Jörg Meuthen ins Europaparlament nach und schloss sich wie sie der EFDD an.

Im Juni 2019 wurde die europäische Fraktion nationalistischer Parteien Identität und Demokratie (ID) gegründet, der sich nach der Europawahl 2019 neben der FPÖ, der Lega Nord, dem Rassemblement National und anderen auch die AfD anschloss.

Parteistruktur

Die Organisationsstruktur der Alternative für Deutschland ist gegliedert in Bundesverband, Landesverbände und Unterverbände. Organe der Bundespartei sind der Bundesparteitag, der Konvent, der Bundesvorstand und die Europawahlversammlung.

Bundesparteitag

Der Bundesparteitag ist das oberste Organ der Partei. Er tritt mindestens einmal jedes Jahr zusammen und findet regulär als Vertreterversammlung (Delegiertenparteitag) statt. Außerdem muss er einberufen werden, wenn es der Bundesvorstand oder der Konvent mehrheitlich beschließen oder mindestens sechs Landesverbände beantragen. Der Parteitag setzt sich aus 600 von den Landesverbänden entsandten Delegierten und Mitgliedern des Bundesvorstands, die nicht gewählte Delegierte sind, zusammen. Letztere haben Antrags- und Rederecht, jedoch kein Stimmrecht. Die Sitze werden den Landesverbänden nach dem Hare-Niemeyer-Verfahren zugeteilt. Die Delegierten für den Bundesparteitag werden für höchstens zwei Jahre durch Mitglieder- oder Delegiertenversammlungen in den Landesverbänden gewählt.

Der Bundesparteitag bestimmt über alle grundsätzlichen organisatorischen Fragen der AfD. Er verabschiedet das Parteiprogramm und beschließt über die Bundessatzung und alle anderen für die Bundespartei geltenden Ordnungen. Alle zwei Jahre wählt der Parteitag den Bundesvorstand. Zudem wählt er das Bundesschiedsgericht und die Rechnungsprüfer. Außerdem kann der Parteitag dem Bundesvorstand und dem Konvent Weisungen erteilen und Anträge zur Entscheidung an den Konvent überweisen. Der Bundesparteitag kann als einziges Organ die AfD auflösen oder den Zusammenschluss mit anderen Parteien beschließen.

Nach den Bestimmungen des Parteitages wird ebenfalls die Europawahlversammlung durchgeführt.

Konvent

Der Konvent ist ebenfalls zuständig für politische und organisatorische Fragen der AfD und trifft Entscheidungen, die nicht einem anderen Organ durch Gesetz oder Satzung vorbehalten sind oder den Beschlüssen des Bundesparteitags entgegenstehen. Er entscheidet insbesondere über die Verteilung der Mittel aus der staatlichen Parteienfinanzierung, den Haushaltsplan und die Finanzplanung. Zudem beschließt er über die Gründung von Vereinigungen, über die Geschäftsordnungen der Gremien und über die Verfahrensordnung für Mitgliederentscheide.

Der Konvent besteht aus dem Bundesschatzmeister, vier weiteren Bundesvorstandsmitgliedern sowie fünfzig Vertretern der Landesverbände. Die Sitze werden den Landesverbänden aufgrund ihrer Mitgliederzahl nach dem Hare-Niemeyer-Verfahren zugeteilt. Dem Konvent stehen zwei gleichberechtigte Sprecher vor, wobei die Bundesvorstandsmitglieder und die Vertreter der Landesverbände jeweils einen Sprecher bestimmen. Eine Sitzung des Konvents findet auf Verlangen eines der beiden Sprecher im Benehmen mit dem jeweils anderen statt. Außerdem muss der Konvent einberufen werden, wenn es der Bundesvorstand oder drei Landesvorstände oder ein Viertel der Mitglieder des Konvents verlangen.

Bundesvorstand

Der Bundesvorstand leitet die Bundespartei. Er führt die Beschlüsse des Bundesparteitages und des Konvents durch und beruft den Bundesparteitag ein. Entsprechend der Bundessatzung besteht der Bundesvorstand aus zwei oder drei Bundessprechern, drei stellvertretenden Bundessprechern, dem Bundesschatzmeister, dem stellvertretenden Bundesschatzmeister, dem Schriftführer und sechs weiteren Mitgliedern. Der aktuelle Bundesvorstand wurde auf dem Bundesparteitag am 30. November/1. Dezember 2019 in Braunschweig gewählt.

Bundessprecher	*Jörg Meuthen, Tino Chrupalla*
Stellvertretende Bundessprecher	*Alice Weidel, Stephan Brandner, Beatrix von Storch*
Bundesschatzmeister	*Klaus-G. Fohrmann*
Stellvertretender Bundesschatzmeister	*Carsten Hütter*
Schriftführer	*Joachim Kuhs*
Beisitzer	*Sylvia Limmer, Andreas Kalbitz, Jochen Haug, Stephan Protschka, Alexander Wolf, Joachim Paul*
Ehrenvorsitzender	*Alexander Gauland*

Landesverbände

Die AfD hat Landesverbände in allen 16 deutschen Ländern. Die Landesverbände haben gemäß Bundessatzung Satzungs-, Finanz- und Personalautonomie, jedoch darf die Landessatzung der Bundessatzung nicht widersprechen. Die Vorsitzenden der AfD-Landesverbände werden in einigen Ländern Landessprecher genannt. Seit Oktober 2018 ist die AfD in allen 16 Landesparlamenten vertreten. Unterverbände

Neben den Landesverbänden existieren Bezirksverbände, Kreisverbände und Stadtverbände. Wenn ein Landesverband keine Bezirksverbände besitzt, gibt es dort statt Bezirksverbänden nur Kreisverbände und gegebenenfalls Stadtverbände.

Innerparteiliche Vereinigungen

Christen in der AfD

Wie in anderen Parteien auch, gründeten sich verschiedene Gruppen von Christen in der AfD. Sie vertreten meist Positionen, die auch evangelikal-konservative

Gemeinschaften vertreten, und sind laut Andreas Kemper dem „christlich-fundamen-talistischen" Flügel zuzuordnen. In der Bundespartei sind sie stark durch Beatrix von Storch repräsentiert. Der Pforzheimer Kreis vertritt laut der Tageszeitung taz christ-lich-fundamentalistische Positionen. Zusammen mit dem Arbeitskreis Christen in der Alternative für Deutschland bildet er die Vereinigung Christen in der AfD (ChrAfD), die in ihrer Grundsatzerklärung Schwangerschaftsabbrüche, Sterbehilfe sowie die Gleichstellung von Lebenspartnerschaften mit der Ehe ablehnt.

Der Flügel

Eine völkische, nationalistische und neofaschistische Gruppierung innerhalb der Par-tei ist „Der Flügel", der 2019 von etwa 40 Prozent der AfD-Mitglieder unterstützt und wohlwollend von der Parteiführung geduldet wird. Wichtigste Protagonisten sind Björn Höcke und Dubravko Mandic, der auch Mitglied der Patriotischen Platt-form ist. Sie erstellten die umstrittene „Erfurter Resolution", in der sie forderten, die AfD müsse „eine Bewegung unseres Volkes" gegen „Gesellschaftsexperimente" und „Widerstandsbewegung" gegen eine vermeintliche „Aushöhlung der Souveränität" Deutschlands sein.

Die „Patriotische Plattform" mit ihrem Vorsitzenden Hans-Thomas Tillschneider ver-tritt ebenso einen völkisch-nationalistischen Kurs. Im September 2018 beantragte der Vereinsvorstand die Selbstauflösung des Vereins, da das Ziel erreicht sei, auf allen Ebe-nen der Partei alles zu tun und zu sagen, was man wolle.

Weitere Organisationen in der AfD

Anfang 2014 gründete sich in Abgrenzung zu den insbesondere von Beatrix von Storch repräsentierten christlich-nationalen Positionen die Plattform KOLIBRI – Konserva-tive und Liberale in der AfD. Daneben existiert ein Bundesarbeitskreis Homosexuelle in der AfD, der sich für die völlige Gleichstellung Homosexueller einsetzt, jedoch gleichzeitig „die traditionellen Familien nicht aus den Augen verlieren" will.

Am 3. Oktober 2017 wurde als weitere innerparteiliche Vereinigung die Interessenge-meinschaft Alternative Mitte Deutschland gegründet. Die Anhänger galten innerhalb der AfD als gemäßigte Liberal-Konservative. Die Alternative Mitte versteht sich als Gegengewicht zum „nationalrevolutionären" Flügel um Björn Höcke und Alexander Gauland.

Die Bundesvereinigung jüdischer AfD-Mitglieder Juden in der AfD (JAfD) gründete sich am 7. Oktober 2018 in Wiesbaden. Zur Vorsitzenden wurde Vera Kosova gewählt. Ein Drittel der 24 Gründungsmitglieder stammt aus Staaten der ehemaligen Sowjet-union.

Jugendorganisation

Im November 2015 wurde die Junge Alternative (JA) durch den Bundesparteitag der AfD als Jugendorganisation der AfD anerkannt. Ihre Positionen gelten als weitgehend deckungsgleich mit denen des rechtskonservativen Flügels der Partei. Anfang September 2018 wurde bekannt, dass die drei JA-Landesverbände Bremen, Niedersachsen und Baden-Württemberg von den dortigen Verfassungsschutzbehörden beobachtet werden. Die JA löste den Landesverband Niedersachsen daraufhin am 4. November 2018 bei einem Bundeskongress in Barsinghausen auf.

Mitglieder

Mitgliederzahlen am 22. April 2016

	Mitglieder	Förderer	Gesamt
Männlich	17.495 (84,5 %)	1.036 (85,1 %)	18.531 (84,5 %)
Weiblich	3.211 (15,5 %)	181 (14,9 %)	3.392 (15,5 %)
Summe	20.706	1.217	21.923

Quelle: Wikipedia

Die Partei verzeichnete nach ihrer Gründung regen Zulauf. Sieben Wochen nach der Freischaltung ihrer Webseite wurden bereits 10.000 Mitglieder registriert. Nach Eigenangaben kamen von den 10.476 bis Ende April 2013 registrierten Mitgliedern zuvor 2.795 aus anderen Parteien: 1.008 von der CDU, 587 von der FDP, 558 von der SPD, 220 von der CSU, 143 von der Piratenpartei und 106 von Bündnis 90/Die Grünen. Es gab zudem Übertritte von den Freien Wählern. So traten große Teile des Berliner Landesverbandes einschließlich des Landesvorsitzenden der neuen Partei bei. Später kamen auch einige Hamburger Parteimitglieder dazu, darunter der spätere Landesvorsitzende Jörn Kruse. Bis September 2013 traten nach Schätzungen des Vorsitzenden der Partei Die Freiheit René Stadtkewitz etwa 500 Mitglieder seiner Partei zur AfD über.

Mit Stand vom Mai 2013 waren etwa 14 Prozent der Mitglieder Frauen; das Durchschnittsalter der AfD-Mitglieder lag bei 51 Jahren.

Seit Sommer 2014 berichteten Medien häufiger über Austritte von Parteimitgliedern, darunter auch ehemalige Funktionsträger. Vor allem Angehörige des liberalen Flügels verließen wegen des Rechtsrucks die AfD. Auf den Austritt des Parteigründers Bernd Lucke nach dem Essener Parteitag im Juli 2015 folgte eine Austrittswelle. Nach Parteiangaben verließen bis Ende August etwa 20 Prozent der AfD-Mitglieder die Partei.

Vor dem Parteitag in Hannover Ende November 2015 hatte die AfD knapp 20.000 Mitglieder, was in etwa dem Stand vor dem Auszug der Lucke-Anhänger entsprach. Im Mai 2016 lag die Mitgliederzahl bei 23.400. Im Juli 2017 erhöhte sich die Mitgliederzahl auf 28.000.

Nach Angaben der Partei waren im September 2019 insgesamt 82 Prozent der knapp 35.000 Mitglieder zuvor in keiner Partei Mitglied. 6,23 Prozent entstammten der CDU, 3,30 Prozent der SPD, 2,03 Prozent der FDP, 1,77 Prozent der SED und 0,63 Prozent den Grünen. Zahlen zu früheren Mitgliedschaften bei NPD oder Republikanern gab Parteisprecher Pfalzgraf nicht an.

Laut Satzung ist die Aufnahme von ehemaligen Mitgliedern extremistischer Organisationen grundsätzlich ausgeschlossen. Eine entsprechende Unvereinbarkeitsliste orientiert sich an den Berichten der Verfassungsschutzbehörden.

Finanzen

2016

Die AfD erzielte im Jahr 2016 laut ihrem vierten Rechenschaftsbericht Einnahmen in Höhe von 15,61 Millionen Euro und Ausgaben in Höhe von 11,1 Millionen Euro und damit einen Überschuss in Höhe von 4,51 Millionen Euro. Sie erhielt neben staatlichen Mitteln in Höhe von 6,13 Millionen Euro Spenden von natürlichen Personen in Höhe von 5,8 Millionen Euro und Spenden von juristischen Personen in Höhe von etwa 185.000 Euro. Die Mitgliederzahl der Partei lag dem Bericht zufolge Ende 2016 bei 25.015.2017

2017 erhielt die AfD von 29 Privatpersonen und Unternehmen Spenden über mindestens je 10.000,00 Euro. Darunter war eine Spende über 50.000,00 Euro des in Bangkok ansässigen Deutschen Mortimer von Zitzewitz. Eine Person gleichen Namens war in den 1970er Jahren Geschäftsführer einer Hamburger Firma, die verdächtigt wurde, für den Bundesnachrichtendienst Waffengeschäfte in Krisengebieten getätigt zu haben.

Bundessprecher

Die Bundessprecher sind vergleichbar mit Parteivorsitzenden in anderen Parteien.

- Konrad Adam, 2013 bis 2015
- Bernd Lucke, 2013 bis 2015
- Frauke Petry, 2013 bis 2017, (im Amt ausgetreten)
- Jörg Meuthen, seit 2015
- Alexander Gauland, 2017 bis 2019
- Tino Chrupalla, seit 2019

Geschichte

Gründungsphase 2012–2013

Als Vorläufer der Parteigründung gelten liberale, konservative und nationale politische Vereinigungen wie der Bund freier Bürger, die Friedrich A. von Hayek-Gesellschaft, die Initiative Neue Soziale Marktwirtschaft, das Bündnis Bürgerwille, die Wahlalternative 2013 und die Zivile Koalition. Als spiritus rector der Gründung

gilt Thilo Sarrazin. Spätere AfD-Funktionäre kamen vor allem aus der „zweiten Reihe"
von CDU und FDP. So sei ein „diskursiver Raum für den Rechtspopulismus" geöffnet
worden.

Im September 2012 gründeten Konrad Adam, Bernd Lucke, Alexander Gauland und
andere den „Verein zur Unterstützung der Wahlalternative 2013", der sich zur Bun-
destagswahl 2013 den Freien Wählern anschließen wollte. Im Gründungsaufruf hieß
es, das Euro-Währungsgebiet habe sich als ungeeignet erwiesen, südeuropäische
Staaten verarmten unter dem Wettbewerbsdruck des Euro und ganze Staaten stün-
den am Rand der Zahlungsunfähigkeit. Die Bundesregierung habe schon hunderte
Milliarden Euro verpfändet und setze diese Politik auf unabsehbare Dauer fort. Bei
der Landtagswahl in Niedersachsen im Januar 2013 kandidierte Lucke auf einer ge-
meinsamen Landesliste mit den Freien Wählern, die 1,1 Prozent der Zweitstimmen er-
hielt. Nach der Wahl führte ein Konflikt um organisatorische und inhaltliche Fragen
zum Ende der Zusammenarbeit. Die Freien Wähler lehnten die Rückkehr zur D-Mark
ab, die die Wahlalternative bundes- und europapolitisch anstrebte.

Am 6. Februar 2013 gründete eine 18-köpfige Gruppe in Oberursel im Taunus die Par-
tei. In einer Abstimmung wurde „Alternative für Deutschland" als Name der neuen
Partei bestimmt. Er bezieht sich auf die Äußerung von Bundeskanzlerin Merkel, die
Eurorettung sei „alternativlos". Von den 18 Gründern sind, Stand Juli 2017, noch vier
Mitglied der Partei, darunter der Bundestagsabgeordnete Martin Renner und der ehe-
malige Bundessprecher Konrad Adam.

Zur ersten öffentlichen Versammlung am 11. März 2013 in Oberursel kamen mehr als
1.200 Interessierte. Beim ersten AfD-Parteitag am 14. April 2013 in Berlin wurden Lu-
cke mit 96 Prozent der Stimmen, Petry mit 81 Prozent und Adam mit 80 Prozent zu
Parteisprechern gewählt. Durch Übertritte erhielt die AfD kurzzeitig einen Abgeord-
neten im hessischen Landtag und einige Mandatsträger in kommunalen Räten.

Bei der Bundestagswahl 2013 und der gleichzeitig stattfindenden Landtagswahl in
Hessen trat die AfD erstmals bei Wahlen an, erzielte mit 4,7 Prozent das stärkste Er-
gebnis einer neuen Partei auf Bundesebene seit 1953 und verfehlte den Einzug in
beide Parlamente.

Essener Parteitag und erste Parteispaltung 2015

Das Verhältnis zu Pegida entwickelte sich nach Felix Korsch (2016) in vier Phasen von
„Anziehung und Ablehnung" und ist Teil des beginnenden Richtungsstreits, der zur
ersten Parteispaltung führte. Die völkisch-nationalistische „Patriotische Plattform"
unter dem damaligen sächsischen AfD-Vorstandsmitglied Hans-Thomas Tillschnei-
der unterstützte Pegida von Anfang an, Gauland besuchte mit mehreren Fraktionskol-
legen im Dezember 2014 eine Pegida-Kundgebung, deren Anhänger er als „natürliche
Verbündete" der AfD bezeichnete, Frauke Petry sah inhaltliche „Schnittmengen"
und Marcus Pretzell bezeichnete die AfD als „Pegida-Partei". Dagegen vertraten im
Bundesvorstand vor allem Lucke und Henkel eine distanzierte Haltung.

„Erfurter Resolution" und „Weckruf 2015"

Im März 2015 initiierten Björn Höcke (Thüringen) und André Poggenburg (Sachsen-Anhalt), gegen den Kurs des Parteivorstands, die Erfurter Resolution, in der sie eine konservativere Ausrichtung der Partei fordern. Sie gaben sich und ihrem Umfeld den Namen „Der Flügel" und bezeichnen die Erfurter Resolution heutzutage auf ihrer Webpräsenz als „die Gründungsurkunde" ihrer Parteiströmung. In der Erfurter Resolution schreiben sie, viele Unterstützer verstünden die Partei „als Bewegung unseres Volkes gegen die Gesellschaftsexperimente der letzten Jahrzehnte (Gender-Mainstreaming, Multikulturalismus, Erziehungsbeliebigkeit usf.)" sowie als „Widerstandsbewegung gegen die weitere Aushöhlung der Souveränität und der Identität Deutschlands". Die Resolution kritisierte unter anderem mit Bezügen zu Pegida, die Partei habe „sich von bürgerlichen Protestbewegungen ferngehalten und in vorauseilendem Gehorsam sogar distanziert, obwohl sich tausende AfD-Mitglieder als Mitdemonstranten oder Sympathisanten an diesen Aufbrüchen beteiligen". Laut der Journalistin Melanie Amann formulierte Götz Kubitschek den ersten Entwurf der Resolution. Wenig später veröffentlichte Hans-Olaf Henkel gemeinsam mit drei weiteren Europaabgeordneten eine als Deutschland-Resolution bezeichnete Gegenerklärung und warf den Initiatoren zudem vor, die Partei spalten zu wollen. Bis zum 25. März 2015 hatten laut Initiatoren über 1600 Parteimitglieder die Erfurter Resolution unterzeichnet, darunter Vorstandsmitglied Alexander Gauland (Brandenburg).

Im Mai 2015 veranlasste Bernd Lucke die Gründung des Vereins Weckruf 2015, dem sich außer ihm mehrere Europaabgeordnete und etliche Landesvorsitzende und andere Spitzenfunktionäre aus dem „gemäßigten Lager" der AfD anschlossen. Die Mitglieder sahen die „Existenz und Einheit" der AfD durch eine Machtübernahme von Vertretern der „Neuen Rechten" als gefährdet an. Man wolle keine neue Partei gründen, sondern Parteiaustritte von gemäßigten Mitgliedern verhindern und den gemäßigten Flügel stärken. Ende Mai 2015 lief bereits die Gründung von Landesverbänden an; intern wurde der Verein als mögliche Parteigründung bezeichnet. Die Vereinsgründung wurde als Spaltversuch und Vorbereitung eines möglichen Massenaustritts von Lucke-Anhängern gedeutet. Die AfD-Vorstandsmitglieder Alexander Gauland und Frauke Petry kritisierten sie als parteischädigend und satzungswidrig. Im Verein waren etwa 4.000 Anhänger von Lucke organisiert, von denen etwa 2.600 nach Luckes Austritt aus der AfD im Juli 2015 die Gründung einer neuen euro-kritischen Partei befürworteten.

Im April 2015 traten Hans-Olaf Henkel und Patricia Casale aus dem Bundesvorstand aus. Der Europaabgeordnete Marcus Pretzell wurde von den gemeinsamen Delegationssitzungen ausgeschlossen.

Essener Parteitag und Abspaltung der ALFA

Nach einem monatelangen innerparteilichen Machtkampf wählte der Mitgliederparteitag in Essen Frauke Petry am 4. Juli 2015 in einer Kampfabstimmung anstelle von Bernd Lucke zur ersten Parteisprecherin. Petry erhielt 60 Prozent, Lucke 38,1 Prozent der Stimmen. Jörg Meuthen wurde als zweiter Parteisprecher gewählt. Die Ablösung Luckes wurde von Politikwissenschaftlern als Rechtsruck und Sieg des nationalkonservativen über den wirtschaftsliberalen Parteiflügel eingestuft.

Nach Luckes Abwahl kam es zu einer Austrittswelle: Bis zum 10. Juli 2015 verließen über 2.000 Mitglieder die Partei. Darunter waren die ehemaligen Bundesvorstandsmitglieder Hans-Olaf Henkel, der „einen scharfen Rechtskurs" sowie „Pöbelei, Protest und das Verbreiten von Vorurteilen" bei der AfD-Mehrheit beklagte, Joachim Starbatty, Ulrike Trebesius und Bernd Kölmel. Weitere Funktionsträger verließen die AfD, darunter Alexander Dilger, Piet Leidreiter, Klaus Remkes, Christian Schäfer und Uwe Zimmermann.

In der Folge trat Lucke aus der Partei aus. Als Gründe benannte er die Zunahme islam- und ausländerfeindlicher Ansichten in der AfD, eine „antiwestliche, dezidiert prorussische außen- und sicherheitspolitische Orientierung" sowie lauter werdende Forderungen, „bezüglich unserer parlamentarischen Demokratie die ‚Systemfrage'" zu stellen. Laut Parteiangaben traten bis Ende August etwa 20 % der AfD-Mitglieder aus der Partei aus.

Lucke erklärte, er habe „zu spät erkannt, in welchem Umfang Mitglieder in die Partei drängten, die die AfD zu einer Protest- und Wutbürgerpartei umgestalten wollen". Kritische Kommentatoren erinnerten an Luckes bisherigen Kurs, auch um Wähler am rechten Rand zu werben, Thilo Sarrazin für die AfD zu vereinnahmen, um mit diesem „Tabubruch" Medienbeachtung und Zustimmung in der Bevölkerung zu erhalten und mit Rechtspopulisten zusammenzuarbeiten.

Lucke gründete am 19. Juli 2015 die Partei Allianz für Fortschritt und Aufbruch (ALFA), der sich viele ehemalige AfD-Mitglieder anschlossen, darunter fünf Abgeordnete des EU-Parlaments, drei der Bremischen Bürgerschaft und einer des Thüringischen Landtags. Insgesamt traten im Zuge der Spaltung etwa 20 Prozent der Mitglieder aus.

Grundsatzprogramm, Probleme in den Ländern 2016

Im Anschluss an ein Treffen von Frauke Petry und Marcus Pretzell mit Vertretern der FPÖ Anfang 2016 vereinbarte der bayerische AfD-Landesverband eine Kooperation mit der FPÖ unter dem Titel „Blaue Allianz".

Die AfD-Europa-Abgeordneten waren im Frühjahr 2016 nach einer Entgleisung Beatrix von Storchs gezwungen, die Fraktion der Europäischen Konservativen und Reformer (EKR) zu verlassen. Von Storch trat in die Fraktion Europa der Freiheit und der direkten Demokratie (EFDD) ein, Marcus Pretzell wechselte zur Fraktion Europa der Nationen und der Freiheit (ENF).

Verfahren um Auflösung des Landesverbandes Saarland

Ende März 2016 beschloss der Bundesvorstand, den Landesverband Saarland aufzu-lösen, da er Verstöße gegen die politischen Ziele und die innere Ordnung der Partei sah. Grund dafür waren Recherchen des Stern, die eine Zusammenarbeit zwischen der AfD Saarland und NPD-Funktionären sowie von Verfassungsschutzbehörden beo-bachteten Organisationen aus dem NPD-Umfeld belegen sollen. Der Landesverband bestritt die Vorwürfe und rief das Bundesschiedsgericht der Partei an, das den Be-schluss Mitte April zunächst aussetzte. Der Bundesparteitag bestätigte Ende April die Ordnungsmaßnahme mit 51,9 gegen 42,0 Prozent der abgegebenen Stimmen. Das Bundesschiedsgericht lehnte Ende Oktober 2016 den Antrag endgültig ab. Eine Auflö-sung des Landesverbandes sei unverhältnismäßig. Die Bundessprecher Frauke Petry und Jörg Meuthen forderten den Landesverband daraufhin vergebens auf, nicht an der Landtagswahl 2017 teilzunehmen.

Verabschiedung des Grundsatzprogramms

Die AfD verabschiedete auf dem Mitgliederparteitag in Stuttgart Anfang Mai ein Grundsatzprogramm basierend auf einem Programmentwurf, der in mehreren Ar-beitsgruppen und unter Beteiligung von etwa 1000 Mitgliedern entstanden war.

Im August wurde ein Beschluss des Bundesvorstands vom Mai 2016 auf Antrag der Patriotischen Plattform teilweise aufgehoben, der eine Kooperation mit Pegida abgelehnt hatte.

Spaltung der baden-württembergischen Landtagsfraktion

Im Frühsommer 2016 führte die Antisemitismus-Kontroverse um Aussagen des Land-tagsabgeordneten Wolfgang Gedeon zur Spaltung der baden-württembergischen Landtagsfraktion. Gedeon hatte die Erinnerung an den Holocaust als „Zivilreli-gion des Westens" und Holocaustleugner als Dissidenten bezeichnet. Er bezog sich da-bei positiv auf die antisemitische Hetzschrift Protokolle der Weisen von Zion. Zudem stellte er das Judentum als den inneren und den Islam als den äußeren Feind des christlichen Abendlandes dar. Landeschef Jörg Meuthen knüpfte sein politisches Schicksal an einen Fraktionsausschluss Gedeons und kündigte an, er werde andern-falls die Landtagsfraktion verlassen. Gedeon bot an, seine Fraktionsmitgliedschaft bis zum Vorliegen einer gutachterlichen Beurteilung seiner Äußerungen ruhen zu lassen. Nachdem sich die Fraktion nicht auf drei Gutachter einigen konnte, kam es zur Ab-stimmung, in der die für einen Fraktionsausschluss notwendige Zweidrittelmehr-heit nicht zustande kam. Daraufhin verließ Meuthen mit dreizehn weiteren Abgeord-neten die AfD-Fraktion und gründete die Fraktion „Alternative für Baden-Württem-berg". Nach einer Intervention Frauke Petrys erklärte Gedeon seinen freiwilligen Aus-tritt aus der AfD-Fraktion.

Zweite Parteispaltung 2017

Konflikte um Björn Höcke und geschichtsrevisionistische Positionen

Die massiv kritisierte Rede im Ballhaus Watzke des thüringischen Landessprechers und Fraktionsvorsitzenden Björn Höcke im Januar 2017 führte nach anfänglichem Zögern des AfD-Bundesvorstands zu einem Parteiausschlussverfahren. Der Parteivorstand sah es als erwiesen an, dass Höcke „unter dem Namen ,Landolf Ladig' in den NPD-Veröffentlichungen ,Volk in Bewegung' und ,Eichsfeld-Stimme' Artikel verfasst" habe. Das Parteiausschlussverfahren scheiterte. Höcke wurde wegen dieser Rede die Teilnahme an der Gedenkveranstaltung am internationalen Holocaust-Gedenktag im KZ Buchenwald verwehrt, er hat dort Hausverbot.

Stephan Brandner, AfD-Abgeordneter und Vorsitzender des Rechtsausschusses des Bundestages, traf sich bei einem Besuch des KZ Buchenwald im August 2018 zu einem Gespräch mit dem Direktor der Stiftung Gedenkstätten Buchenwald und Mittelbau Dora, Volkhard Knigge, um unter anderem das Verhältnis zwischen der AfD und der Gedenkstätte zu verbessern. Dabei forderte er auch ein Ende einer „Ausgrenzungspolitik" seiner Partei gegenüber. Knigge wiederum erwartete Antworten auf Fragen zu Höckes Rede, zum von AfD-Funktionären behaupteten „Schuldkult" und weiteren geschichtsrevisionistischen Positionen in der AfD. Nach Einschätzung der Stiftung hatte sich Brandner „klar und eindeutig" zu Höckes Forderung nach einer Wende in der Erinnerungskultur bekannt und völkische und antisemitische Äußerungen als kurzzeitige Entgleisungen weniger Einzelner bagatellisiert. Daher habe es zu keinem inhaltlichen Sachgespräch zur Arbeit der Stiftung kommen können.

Kölner Parteitag

Dem Delegiertenparteitag in Köln im April 2017 war eine kontrovers geführte Diskussion um die Spitzenkandidatur zur Bundestagswahl 2017 vorausgegangen. Der Bundesvorstand hatte im November 2016 vorgeschlagen, mit einer Spitzenmannschaft in den Wahlkampf zu gehen. Eine Mitgliederbefragung bestätigte diese Empfehlung. Kurz vor dem Parteitag erklärte Frauke Petry ihren Verzicht auf eine Spitzenkandidatur. Als Spitzenkandidaten wurden Alexander Gauland und Alice Weidel mit 67,7 Prozent der Delegiertenstimmen gewählt. Die Delegierten lehnten es ab, sich mit einem sogenannten „Zukunftsantrag" von Petry zu befassen, der die Partei auf einen „realpolitischen Kurs" und das Ziel des Mitregierens festlegen wollte. Dies wurde allgemein als Niederlage für Petry und als weiterer Rechtsruck der Partei gewertet.

Zweite Parteispaltung nach der Bundestagswahl 2017

In der Woche vor der Bundestagswahl ging Petry zu den Spitzenkandidaten Gauland und Weidel auf Distanz und bekundete ihr Verständnis für Wähler, die über deren Äußerungen „entsetzt" seien. Sie bezog sich dabei auf Gaulands Vogelschiss-Rede und Weidels kurz zuvor bekannt gewordene E-Mail-Affäre. Am Tag nach der Bundestagswahl erklärte Petry, die als Direktkandidatin ein Mandat im Bundestag erhalten *hatte, nicht Mitglied der AfD-Bundestagsfraktion zu werden. Sie und ihr Ehemann Marcus Pretzell traten aus der Partei aus. Bis zum 11. Oktober traten mindestens weitere 15 Landesfunktionäre der Partei zurück.*

Die AfD zog nach der Bundestagswahl 2017 mit 12,6 Prozent der Zweitstimmen erstmals in den Deutschen Bundestag ein.

Bereits eine Woche vor der Bundestagswahl war Die Blaue Partei von Michael Muster, einem Vertrauten Petrys, gegründet worden. Ihr schlossen sich im Oktober 2017 Petry, ihr Ehemann Pretzell und Mario Mieruch, ein für die AfD in den Bundestag gewählter Abgeordneter, an.

Flügelkampf, Wahlen in östlichen Bundesländern 2019

Vor den Landtagswahlen 2019 in den drei Bundesländern Brandenburg, Sachsen und Thüringen begann in der Partei ein weiterer Kampf um die politische Ausrichtung.

In Schleswig-Holstein war Doris von Sayn-Wittgenstein zur Landessprecherin gewählt worden, obwohl der AfD-Bundesvorstand wegen ihrer aktiven Unterstützung rechtsradikaler Kreise ein Parteiausschlussverfahren betreibt. Aus dem Vorstand des Landesverbands Nordrhein-Westfalen traten neun von zwölf Vorstandsmitgliedern aus Protest gegen eine Dominanz der Nationalisten in der Partei zurück, und in Bayern erstatteten mehrere AfD-Abgeordnete Anzeige gegen die dem Höcke-Lager zugerechnete Fraktionsvorsitzende Katrin Ebner-Steiner.

Während sich Bundessprecher Jörg Meuthen im Vorfeld der Wahlen eher moderat äußerte, sagte Alexander Gauland in einer Rede beim Treffen des völkischen „Flügels" in Thüringen, um an die Macht zu kommen, könne man sich „ruhig einmal auf die Lippe beißen". Damit rufe er die Rechtsradikalen in der AfD nicht etwa dazu auf, ihre Positionen zu mäßigen, sondern nur ihre Sprache. Auf demselben Treffen drohte Björn Höcke dem Bundesvorstand, dieser werde „in dieser Zusammensetzung nicht wiedergewählt". Dies werde in der Partei als Kampfansage an Jörg Meuthen verstanden, der auf dem baden-württembergischen Parteitag gesagt hatte, dass in der AfD falsch sei, wer „gruppenbezogene Menschenfeindlichkeit ausleben" wolle. Meuthen wurde von seinem Kreisverband nicht zum Delegierten für den Bundesparteitag im November 2019 gewählt, sondern fast ausschließlich Personen, die dem völkischen Flügel nahestehen.

Höckes Auftreten beim Flügel-Treffen wurde in einem von mehr als 100 Parteikollegen unterzeichneten Appell als unsolidarisches, parteischädigendes Verhalten kritisiert, und ihm wurde vorgeworfen, den Personenkult um ihn zu fördern. Die von ihm vertretenen politischen Positionen wurden darin nicht kritisiert.

Nach einer Einschätzung des Spiegels ist der Flügel in der Partei nicht marginalisiert, sondern liegt längst im AfD-Mainstream. Der Flügel habe den Machtkampf in der Partei bereits gewonnen, da prominente Gegner wie beispielsweise die AfD-

Fraktionsvorsitzende im Bundestag, Alice Weidel, ihren Widerstand aufgegeben und sich aus Karrieregründen mit ihm verbündet hätten.

Den massiven Stimmenzuwachs bei den Landtagswahlen am 1. September 2019 in Sachsen und Brandenburg sieht der Rechtsextremismusforscher Matthias Quent als Hinweis auf eine beschleunigte Radikalisierung der AfD.

Wahlen und Wählerschaft

Sogenannte „Hochburgen" der AfD liegen zumeist im Osten, dabei gelten die Lausitz, der Spreewald und das Eichsfeld als Landstriche, in denen die Partei überdurchschnittlich erfolgreich ist.

2013: Bundestagswahl, Landtagswahl Hessen

Bei der Bundestagswahl 2013 und der gleichzeitig stattfindenden Landtagswahl in Hessen trat die AfD erstmals bei Wahlen an. Mit 4,7 % erzielte sie das stärkste Ergebnis einer neuen Partei auf Bundesebene seit 1953, verfehlte jedoch den Einzug in beide Parlamente. Zur Landtagswahl in Bayern trat die Partei nicht an, weil sie im Fall eines Misserfolgs ein Negativsignal für die Bundestagswahl eine Woche später befürchtete.

Bei der Bundestagswahl 2013 wurde die AfD nach den Ergebnissen der repräsentativen Wahlstatistik deutlich öfter von Männern als von Frauen gewählt. Den größten Zuspruch hatte die Partei in der Berufsgruppe der Arbeiter erfahren. Zudem wählten viele ehemalige Anhänger von FDP und Linke die AfD. 60 % der AfD-Wähler gaben an, nicht aus Überzeugung, sondern aus Enttäuschung über die anderen Parteien die AfD gewählt zu haben.

2014: Europa-, Landtags- und Kommunalwahlen

Die AfD zog mit sieben Abgeordneten bei einem Stimmenanteil von 7,1 Prozent in das Europäische Parlament ein und schloss sich der Fraktion Europäische Konservative und Reformer (EKR) an.

Bei den zeitgleich mit der Europawahl stattfindenden Kommunalwahlen in zehn deutschen Ländern zog die AfD in verschiedene Kommunalparlamente ein. Ihr bestes landesweites Kommunalergebnis erzielte die Partei in Sachsen. Nach eigenen Angaben wurden bei den Kommunalwahlen 485 Mandatsträger der AfD für die Gemeindevertretungen, Kreistage, Vertretungen in den jeweiligen kreisfreien Städten sowie den Bezirkstag Pfalz gewählt.

Bei allen drei Landtagswahlen des Jahres 2014 zog die Partei erstmals in die Landesparlamente ein. Bei der Landtagswahl in Sachsen erhielt die AfD mit 9,7 Prozent der Zweitstimmen 14 Landtagsmandate. Bei den zwei Wochen später stattfindenden Landtagswahlen in Brandenburg und Thüringen erhielt die AfD 12,2 Prozent bzw. 10,6 Prozent der Stimmen.

Basierend auf einer Studie des Instituts für Demoskopie Allensbach beschrieb Renate Köcher die AfD im Oktober 2014 als eine Partei, in der sich Wähler sammelten, denen die europäische Integration zu weit gehe und die Zuwanderung teilweise Unbehagen bereite. Die Gemeinschaftswährung und die europäische Ebene würden von AfD-Anhängern kritischer als vom Bevölkerungsdurchschnitt gesehen. Die Anhänger sähen in der EU ein Risiko für den Wohlstand Deutschlands, empfänden sie als schwerfällig und befürchteten, nationale Charakteristika gingen in ihr verloren. Dagegen spielten das Friedensthema und der große gemeinsame Wirtschaftsraum eine geringere Rolle als im Bevölkerungsdurchschnitt. Für AfD-Anhänger sei zudem wichtig, dass die AfD den Konsens der übrigen Parteien durchbreche. Viele sähen eine Partei, die sich deutlich von anderen Parteien unterscheide, Positionen vertrete, die in der Bevölkerung weit verbreitet seien, eine Lücke im Parteienspektrum einnehme und frischen Wind in die Politik bringe. Als Parteiziele sähen die Anhänger, die Zuwanderung zu begrenzen, härtere Asylgesetze anzustreben, den Euro abzuschaffen, die Bedeutung der europäischen Ebene zurückzudrängen und die nationalen Interessen entschiedener zu vertreten. Gleichzeitig sähen sie die AfD aber auch als Anwalt für mehr Bürgerbeteiligung, innere Sicherheit, Reformen, soziale Gerechtigkeit und die Interessen der Wirtschaft und des Mittelstandes. Fast drei Viertel der Anhänger glaubten, die AfD habe die besten Zukunftskonzepte aller Parteien. Nur bei den Unionsparteien sei das Vertrauen der Anhänger in ihre Partei ähnlich groß.

Die im Juni 2014 veröffentlichte achte Mitte-Studie der Universität Leipzig zu rechtsextremen Einstellungen in Deutschland befragte 2432 Personen, von denen 52 Personen angaben, sie würden bei einer anstehenden Bundestagswahl AfD wählen. Davon vertraten 26 (50 %) gemäß Einstufungsmuster der Mitte-Studie ausländerfeindliche, 15 (29 %) chauvinistische (überheblich nationalistische) und 7 (13 %) antisemitische Ansichten. Sie lagen bei diesen Einzelpositionen jeweils an zweiter Stelle hinter den Anhängern rechtsextremer Parteien. In einer von der SPD-nahen Friedrich-Ebert-Stiftung in Auftrag gegebenen und im November 2014 veröffentlichten Umfrage gaben 68 von 1915 Personen an, bei einer anstehenden Bundestagswahl AfD wählen zu wollen. Davon stimmten gemäß Einstufungsmuster der Umfrage überdurchschnittlich viele chauvinistischen (41 %), ausländerfeindlichen (16 %) und den Nationalsozialismus verharmlosenden (14 %) Aussagen zu.

Nach Analysen von forsa und dem Institut der deutschen Wirtschaft unterschied sich 2014 die Anhängerschaft der AfD deutlich von der rechtsextremer Parteien. So stammten AfD-Anhänger zu diesem Zeitpunkt eher aus der Ober- und Mittelschicht mit relativ hohem Einkommen und relativ hoher Schulbildung. Weniger als 10 % machten sich große Sorgen um die eigene wirtschaftliche Situation. Dennoch war Sympathisanten von AfD und Gruppierungen wie NPD oder DVU eine pessimistische allgemeine Wirtschaftserwartung gemeinsam, außerdem ein geringes Vertrauen in die Kompetenz der im Bundestag vertretenen Parteien sowie ein überdurchschnittlicher Anteil an Konfessionslosen und Männern. Insbesondere Angestellte und Rentner fanden Gefallen am Kurs der AfD; Selbständige, Beamte und Arbeiter in der

Wählerschaft eher weniger. 55 % der AfD-Sympathisanten verorteten sich in der politischen Mitte, 28 % rechts und 17 % links.

2015: Bürgerschaftswahlen in Hamburg und Bremen

Die Bürgerschaftswahlen fielen in eine Phase des innerparteilichen Machtkampfs. Die AfD übersprang jeweils knapp die Fünfprozent-Hürde und zog in beide Parlamente ein.

In einer im Oktober 2015 veröffentlichten repräsentativen Umfrage von Infratest dimap im Auftrag der ARD gaben 6 % der Befragten an, die AfD wählen zu wollen (vgl. Sonntagsumfrage). 95 % der AfD-Anhänger waren unzufrieden mit der Regierung (zufrieden: 5 %), der schlechteste Wert aller abgefragten Parteien. Die Folgen der Zuwanderung wurde von 93 % der AfD-Anhänger als eher nachteilig bewertet (eher Vorteile: 1 %) und 79 % sprachen sich für eine Lockerung der Russland-Sanktionen aus (Sanktionen beibehalten: 21 %). In einer weiteren Umfrage desselben Institutes vom November 2015 sprach sich eine Mehrheit von 93 % für die „Einrichtung von Transitzonen an den Grenzen aus" (dagegen: 5 %) und 83 % zeigten sehr großes bzw. großes Verständnis für Pegida (wenig/gar kein Verständnis: 12 %). In der Sonntagsfrage gaben 8 % an, die AfD wählen zu wollen (davon: Westdeutschland 7 %, Ostdeutschland 12 %). Die Zuwächse der AfD gegenüber der Bundestagswahl 2013 speisen sich insbesondere aus ehemaligen Wählern der Union (950.000 Wähler), der SPD (250.000 Wähler) und der Linkspartei (250.000 Wähler).

2016: Landtagswahlen in sechs Bundesländern

Kommunalwahlen in Hessen

Am 6. März 2016 erhielt die AfD bei den Kommunalwahlen in Hessen 11,9 Prozent der abgegebenen Stimmen.

Bei den Landtagswahlen 2016 wurde die AfD durch Verteilung der Gratiszeitung Extrablatt an Millionen von Haushalten unterstützt. Die Flugschrift stammte von der Schweizer Goal AG des SVP-nahen PR-Unternehmers Alexander Segert.

Laut einer Studie des Instituts der deutschen Wirtschaft hatte sich im April 2016 die Zusammensetzung der Wählerschaft wenig verändert im Vergleich mit 2014. Die Studie ergab, dass 33,9 Prozent der AfD-Wähler zum reichsten Fünftel der Bevölkerung gehören – im Gegensatz zum ökonomischen Hintergrund von NPD-Wählern – und man die AfD daher als eine Partei der Besserverdienenden bezeichnen könne. Zudem stellte sich nur ein sehr schwacher Zusammenhang zwischen den Sorgen wegen Zuwanderung und dem Nettohaushaltseinkommen heraus, die Ängste vor Zuwanderung seien demnach einkommensunabhängig.

Baden-Württemberg, Rheinland Pfalz und Sachsen-Anhalt

Bei den drei Landtagswahlen am 13. März trat die AfD erstmals an. Bei der Landtagswahl in Baden-Württemberg erreichte sie 15,1 Prozent der Stimmen, bei *der Landtagswahl in Rheinland-Pfalz 2016 12,6 Prozent und bei der Landtagswahl in Sachsen-Anhalt 24,3 Prozent. Sie wurde damit in Sachsen-Anhalt zur zweitstärksten Kraft nach der CDU und in den beiden anderen Ländern zur drittstärksten Fraktion. Sie gewann 15 Direktmandate in Sachsen-Anhalt und zwei Direktmandate in Baden-Württemberg. In Sachsen-Anhalt zog die AfD mit dem bisher besten Ergebnis einer neuen Partei in ein Landesparlament ein.*

Bei den Landtagswahlen im März 2016 gaben überdurchschnittlich viele Arbeiter und Arbeitslose der AfD ihre Stimme, in Baden-Württemberg knapp 30 Prozent, in Sachsen-Anhalt mehr als ein Drittel. Laut Robert Pausch, Mitautor einer Studie für die Otto-Brenner-Stiftung, hatten die meisten AfD-Wähler einen niedrigen bis mittleren Bildungsabschluss und gehörten der „sozialdemokratischen Kernklientel" an. Typisch für die AfD-Wähler sei eine Skepsis gegenüber gesellschaftlichen Modernisierungsprozessen, überdurchschnittlich viele ihrer Wähler, 35 Prozent, machten sich Sorgen über ihre eigene wirtschaftliche Lage und seien unzufrieden mit dem Funktionieren der Demokratie.

Landtagswahlen in Mecklenburg-Vorpommern und Berlin

Am 4. September erhielt die AfD bei den Landtagswahlen in Mecklenburg-Vorpommern 20,8 Prozent der abgegebenen Stimmen und wurde damit hinter der SPD zweitstärkste Kraft, bei der Wahl zum Abgeordnetenhaus von Berlin 2016 erreichte sie 14,2 Prozent.

In Mecklenburg-Vorpommern wurde die Partei den Ergebnissen einer repräsentativen Wahlstatistik von Forschungsgruppe Wahlen nach erneut deutlich öfter von Männern als von Frauen gewählt. Ihr bestes Ergebnis holte die AfD bei der Wahl zudem in der Gruppe der Arbeiter (27 Prozent), bei Angestellten (18 Prozent) und Beamten (17 Prozent) lagen ihre Ergebnisse hingegen unter dem Schnitt. Bei den Altersgruppen der 18- bis 29-Jährigen sowie der über 60-Jährigen erzielte sie jeweils 17 Prozent, während sie bei den 30- bis 59-Jährigen 24 Prozent erzielte.

Laut Ergebnissen der Forschungen von Verena Hambauer und Anja Mays habe sich „die AfD in Hinblick auf ihre Wählerschaft im Sommer 2016 ... zur Partei der ‚kleinen Leute' und der Ängstlichen gewandelt". Sie ziehe „im Vergleich zur Wählerschaft der anderen Parteien unterdurchschnittliche formal Gebildete, die sich auch in der Mehrheit der Unterschicht zugehörig fühlen", an.

In Kontrast zu diesen einzelnen Wahlergebnissen ergab eine Regressionsanalyse der Daten des Sozioökonomischen Panels von 2016, dass die Ablehnung von Flüchtlingszuwanderung den stärksten direkten Einfluss auf die Parteiidentifikation mit der AfD hatte. Über die Konkurrenz um Arbeitsplätze und Sozialleistungen wirke sich darauf der soziale Status aus, der nur als indirekte, wesentlich schwächere Einflussgröße erscheint. Der Autor Holger Lengfeld und die Autorin Clara Dilger schreiben somit der „These der kulturellen Bedrohung" eine höhere Plausibilität als der „Modernisierungsverliererthese" zu. Die Erklärungsansätze Populismus und Protestwahlverhalten waren in diesem Rahmen nicht untersuchbar. Zwar wurde nur ein Aspekt der in der Politikwissenschaft postulierten „Konfliktlinie zwischen Kosmopoliten und Kommunitaristen" betrachtet. Die Autoren folgern jedoch einen grundsätzlichen Wertekonflikt zu etablierten Parteien, der sich weder durch reine Verteilungspolitik noch durch die – zu eigenem Wählerverlust führende – Aufgabe einer liberaleren Zuwanderungspolitik lösen lasse. Daraus prognostizierten sie 2018 eine permanente Etablierung der AfD im Parteiengefüge.

2017: Wahlen im Saarland, in Schleswig-Holstein, NRW, zum Bundestag

Im März 2017 kam eine weitere Studie des Instituts der deutschen Wirtschaft zu dem Ergebnis, dass die AfD-Anhänger zur gesellschaftlichen Mitte gehörten. Ihr Einkommensniveau sei leicht überdurchschnittlich. 55 Prozent hätten ein mittleres Bildungsniveau (Realschule), 25 Prozent ein hohes und 20 Prozent ein niedriges. Von einem Randgruppenphänomen könne daher ebenso wenig gesprochen werden wie von einer „Prekariatspartei". Im Vergleich zur Gesamtgesellschaft seien AfD-Wähler pessimistisch, wobei Zuwanderung, Kriminalität und der soziale Zusammenhalt des Landes die größten Sorgen auslösten.

Saarland, Schleswig-Holstein, Nordrhein-Westfalen

Vor der Landtagswahl im Saarland am 26. März 2017 wurden 500.000 Exemplare eines zehnseitigen Extrablattes verteilt, mit dem der „Verein zur Erhaltung der Rechtsstaatlichkeit und der bürgerlichen Freiheiten" dazu aufrief, bei der Landtagswahl die AfD zu wählen. Die AfD erhielt bei der Landtagswahl im Saarland 6,2 Prozent der Wählerstimmen und zog mit drei Abgeordneten in den Landtag des Saarlandes ein.

Auch zur Landtagswahl in Schleswig-Holstein 2017 am 7. Mai verteilte der „Verein" ein Extrablatt in einer Auflage von ca. 500.000 Exemplaren. Dort erhielt die AfD 5,9 Prozent der Stimmen.

Der Verein zur Erhaltung der Rechtsstaatlichkeit und bürgerlichen Freiheiten verteilte in den Wochen vor der NRW-Wahl 2,6 Millionen Exemplare der Wahlkampfzeitung 'Extrablatt' und mietete rund 2000 Werbeflächen. Damit machte er Stimmung gegen Flüchtlinge und rief zur Wahl der AfD bei der Landtagswahl in NRW am 14. Mai 2017 auf. Die AfD erhielt 7,4 % der Wählerstimmen.

Bundestagswahl

Die AfD erhielt bei der Bundestagswahl 2017 12,6 % der Zweitstimmen und 94 Sitze. Außerdem errang sie in Sachsen drei Direktmandate und wurde dort gemessen an den Zweitstimmen mit 27 % stärkste Kraft. Insgesamt schnitt die AfD in den ostdeutschen Bundesländern deutlich stärker ab als im Westen, wobei sie ihre höchsten Ergebnisse in den grenznahen Regionen zu Polen und Tschechien erreichte und in ländlichen Gemeinden und Kleinstädten – vielfach als Partei mit den meisten Stimmen – stärker abschnitt als in größeren Städten. Münster war der einzige von insgesamt 299 Wahlkreisen, in dem die AfD weniger als fünf Prozent der Stimmen bekam.

Größte Wählergruppe waren in Ost und West Männer mittleren Alters, wobei laut dem Leipziger Soziologieprofessor Holger Lengfeld nicht unbedingt eine individuell unzufriedenstellende wirtschaftliche Situation ausschlaggebend für die Wahlentscheidung war, sondern eher eine „kulturelle Abgehängtheit" mit einem Überdruss an Veränderungen im Zuge einer globalisierten Welt.

Die Propagandaforscherin an der Oxford University Lisa-Maria Neudert ermittelte, dass die AfD 30 % des Datenaufkommens zur Bundestagswahl im Social Media während des Wahlkampfs ausmachte und damit die übrigen Parteien deutlich hinter sich ließ. Grund dafür waren keine Social Bots: Unterstützer, unter denen Neudert insbesondere die Reconquista Germanica zu erwähnen sah, hätten die AfD im Internet „größer erscheinen lassen als sie ist".

Wahlbeobachter der OSZE wiesen in ihrem Abschlussbericht auf die Besonderheit hin, dass durch den Verein zur Erhaltung der Rechtsstaatlichkeit und bürgerlichen Freiheiten mit etwa 600.000 Exemplaren der Wochenzeitung Deutschland-Kurier sowie speziell für die Bundestagswahl konzipierten Plakaten und Online-Anzeigen für die AfD geworben wurde. Die OSZE empfahl daher in ihrem Abschlussbericht, zukünftig eine Regulierung von Wahlkampagnen durch Dritte zu erwägen, um Transparenz und Rechenschaftspflicht im Wahlprozess zu gewährleisten. Unter den gewählten AfD-Bundestagsabgeordneten lag der Frauenanteil bei 10,6 %, niedriger als bei allen anderen im 19. Bundestag vertretenen Parteien, was insgesamt zum niedrigsten Frauenanteil unter den Abgeordneten seit der Bundestagswahl 1998 führte. Mit dem Austritt der Bundestagsabgeordneten Verena Hartmann aus der Fraktion und der Partei im Januar 2020 gehören der Fraktion noch neun Frauen an. Mit ihr verlor die Fraktion das fünfte Mitglied seit der Wahl 2017, sie schrumpfte auf 89 Abgeordnete.

Bei der Bundestagswahl 2017 wurde laut einer Wahlanalyse von Forschungsgruppe Wahlen die AfD erneut deutlich häufiger von Männern (16 %) als von Frauen (9 %) gewählt. Ihre besten Ergebnisse erzielte die AfD mit 16 % in der Altersgruppe 30 bis 49. Bei den Wählern über 60 sowie in der Altersgruppe 18 bis 29 schnitt die AfD hingegen schlechter als im Durchschnitt ab. Bei Menschen mit einem abgeschlossenen Studium kam die Partei nur auf 7 %. Die AfD wurde zudem überdurchschnittlich häufig von Arbeitslosen gewählt. Des Weiteren ist die AfD in Ostdeutschland deutlich erfolgreicher als in Westdeutschland.

Nach einer Bertelsmann-Studie kam die AfD bei der Bundestagswahl im sozial prekären Milieu auf 28 Prozent der Wählerstimmen und damit auf ihr stärkstes Ergebnis in allen Milieus. In der bürgerlichen Mitte erhielt die Partei 20 Prozent der Stimmen, womit sie im Vergleich zur vorigen Bundestagswahl um rund 15 Prozentpunkte zulegte, während CDU und CSU dort etwa genauso viel verloren. Knapp zwei Drittel aller AfD-Wähler kommen aus Milieus, die eher modernisierungsskeptisch sind. Die Kategorisierung der Personen zu den Milieus in der Studie erfolgte nach einer vom Sinus-Institut entwickelten Technik anhand der sozialen Lage, Werthaltungen, Lebensstilen und Grundorientierungen.

Landtagswahl Niedersachsen

Bei der Landtagswahl am 15. Oktober 2017 erhielt die AfD 6,2 Prozent der Stimmen und 9 der 137 Sitze im Landtag.

2019: Europawahl, Landtagswahl in Brandenburg, Sachsen, Thüringen

Bei der Europawahl in Deutschland 2019 kam die AfD bundesweit auf einen Stimmenanteil von 11 Prozent.

Bei der Landtagswahl in Sachsen 2019 erhielt die AfD 27,5 Prozent der Zweitstimmen, in Brandenburg waren es 23,5 Prozent. Damit wurde sie in beiden Länderparlamenten zur zweitstärksten Kraft. Dazu kommentierte der Politikwissenschaftler Aiko Wagner, dass die AfD im Osten zum Teil die Linke als „Protestpartei" ablöse. Das habe damit zu tun, dass die Linke inzwischen seit vielen Jahren in verschiedenen Regionen mitregiere und somit aus Sicht vieler Menschen „Teil des Establishments" sei. Bei AfD-Wählern handle es sich nicht unbedingt um Menschen, denen es schlechtgehe oder die Abstiegserfahrungen gemacht hätten, sondern die Partei spreche Menschen aus dem Kleinbürgertum an, „die in ihrer Wahrnehmung etwas dafür getan haben, dass es ihnen gutgeht", die jedoch diffuse Zukunftsängste hätten, wonach alles ganz schlimm werde, wenn es so weitergehe wie bisher. In manchen Gegenden, wie etwa im Südosten Brandenburgs, profitiere die Partei von „rechten Netzwerken" sowie einer Symbiose mit Pegida und neurechten Bewegungen. Es sei „kein Zufall", dass die AfD da stark sei, wo früher die NPD stark gewesen sei.

Eine Studie der Universitäten Bielefeld und Münster, veröffentlicht im Oktober 2019 im Fachmagazin Frontiers in Psychology, ergab, dass die AfD bei der Bundestagswahl 2017 dort erfolgreich war, wo im Vorjahr viele Menschen ohne Arbeit waren. Im Wahljahr wurden auch in Regionen, in denen die AfD Erfolg hatte, mehr Hasstaten, also Angriffe auf Geflüchtete und Flüchtlingsunterkünfte, registriert. Was den Ausländeranteil angeht, gibt es laut der Studie große regionale Unterschiede: In Gesamtdeutschland gebe es bei höherem Ausländeranteil weniger Hasstaten, im Osten sei es umgekehrt. Ähnliche Unterschiede ergaben sich für die Beziehung zwischen dem Ausländeranteil und dem Erfolg der AfD: Im Osten sei die Partei bei hohem Ausländeranteil in der betreffenden Region weniger erfolgreich gewesen, im Westen sei in einigen Regionen das Gegenteil festzustellen gewesen.

Bei der Landtagswahl in Thüringen 2019 erreichte die AfD 23,4 Prozent der Zweitstimmen bei einer Wahlbeteiligung von 64,9 Prozent und stellt damit die zweitgrößte Fraktion im Thüringer Landtag.

Rezeption und Deutung

Für die gesamte Geschichte der AfD sind einige Deutungsmuster gleichbleibend präsent. Als verbindendes Element wird die EU-Skepsis angesehen, mit der die AfD „eine Nische in der Parteienlandschaft" in Deutschland besetze.

Oft werden drei Hauptströmungen innerhalb der Partei unterschieden. Diese werden verbreitet als nationalkonservativ, rechtspopulistisch und wirtschaftsliberal bezeichnet oder mit vergleichbaren Eigenschaftsworten belegt. Daher wird die AfD immer wieder vor die Frage gestellt, ob sie „eine konservative, im Zweifel nationalkonservative Partei im Stile eines Alfred Dregger" sein oder sich weiter radikalisieren wolle.

Moderate Programme werden als Kontrast zu radikalen politischen Zielen gesehen, die in Rhetorik und Agitation von AfD-Politikern aufscheinen, teilweise auch als Kalkül zur Verschleierung dieser Ziele.

Gründungsphase

Die AfD richtete sich zu Beginn gegen den Euro und das Management der Schulden- und Bankenkrise, nicht jedoch gegen die Europäische Union. Auf diese Weise habe sie andere Parteien zu einem klareren europapolitischen Kurs gezwungen.

Gemeinhin wurde die AfD als Protestpartei betrachtet, die von den Unionsparteien geräumte Positionen nutzen und trotz ihrer nationalliberalen und konservativen Ausrichtung mit dem Euro-Thema auch linksgerichtete Wähler gewinnen könne. Über das Gewicht ihres populistischen Auftretens herrschte Uneinigkeit. Während es teilweise als nicht oder kaum vorhanden betrachtet wurde, bezeichneten „weite Teile der Politikwissenschaft" die gesamte Partei als rechtspopulistisch.

Eine Social-Media-Analyse durch linkfluence zeigte kaum Überschneidungen von AfD und NPD. In der Europapolitik wurde ihr eine große Differenz zu Front National, PVV und FPÖ attestiert. Eine Zusammenarbeit von UKIP und AfD schien dagegen denkbar, fasste es der britische Politikwissenschaftler Nicholas Startin zusammen: „Beide wollen die Zuwanderung um qualitative Kriterien erweitern, beide wollen die Rettungsschirme einstampfen, beide wollen die Entscheidungshoheit zurück in die Nationalstaaten holen." Auf Bundesebene habe die AfD klargemacht, dass Rechtsextremismus nicht geduldet werde. Dennoch öffnete sie sich teilweise für ehemals rechte Parteigänger.

Eine Analyse der Konrad-Adenauer-Stiftung beschrieb die AfD im April 2013 als „Partei von oben" mit einem erheblichen Demokratiedefizit, die einer Marketing-Kampagne ähnele. Eine inhaltliche Mitwirkung der neuen Parteimitglieder sei unerwünscht.

Etablierungsphase

Auch nach der Bundestagswahl 2013 wurde die AfD als liberal-konservativ und rechts- beziehungsweise nationalkonservativ oder nationalliberal und „rechts von der Union" dargestellt. „Defensiver Nationalismus", konservative Familienpolitik und „harte" Asyl- bzw. Einwanderungspolitik wurden als kennzeichnend betrachtet.

Die Partei wurde auch im Kontext und als „Resultat eines populistischen Zeitgeistes" betrachtet. Entgegen einzelnen Stimmen wurde sie nun vermehrt als zumindest in

Teilen rechtspopulistisch oder in der „Grauzone" zwischen rechtspopulistisch und rechtsextrem klassifiziert. „Massive Querelen und Richtungskämpfe" gingen mit einem „Rechtstrend an der Basis der Partei" einher. Auf kommunaler Ebene gebe es verbale fremdenfeindliche Ausfälle.

Helmut Kellershohn urteilte, dass nach der Landtagswahl in Sachsen 2014 der wert- und nationalkonservative Parteiflügel der AfD an Zuspruch gewonnen habe. Als drei wesentliche Eckpunkte der AfD nannte er nun: „Nationalliberalismus, christlicher Konservatismus und völkischer Nationalismus". Darüber hinaus versuche man konzeptionell u. a. mit plebiszitären Elementen und der Umgestaltung des Wahlrechts an den „Staatsumbau" der niedergehenden Weimarer Republik anzuknüpfen. Die AfD sei für die Neue Rechte ein „Hebel", um die Unionsparteien von rechts anzutreiben. Als langfristiges Ziel stehe publizistisch und parteipolitisch eine Art modernisierte „völkisch-konservative Bewegung".

In einer vergleichenden Analyse ihres Europawahlprogramms 2014, ihres Web- und Facebook-Auftritts konnte dagegen Kai Arzheimer der AfD weder Radikalismus, Nativismus noch Populismus nachweisen, sah sie aber aufgrund ihrer nationalen, marktliberalen Ausrichtung und „ihres Widerstandes gegen staatlich unterstützte Programme zur Förderung von sexueller Vielfalt und Gender-Mainstreaming" rechts der anderen Parteien. Ihr Programm gleiche am ehesten dem einer nicht auf Bayern beschränkten CSU. Allerdings würden Facebook-Posts auf radikalere Strömungen bei einfachen Mitgliedern und Anhängern hinweisen.

Nach den Landtagswahlen 2014 behauptete Werner J. Patzelt, die etablierten Parteien hätten die AfD unzutreffend als „rechtspopulistische Partei light" abgewertet, um sie loszuwerden. Laut Elmar Wiesendahl sei die AfD als Partei für Deutschland neu gewesen und mit den Republikanern in den USA vergleichbar. Wolfgang Renzsch hielt die AfD nicht für eine reine Protestpartei, sah aber Parallelen zu rechten Bewegungen und Parteien in anderen europäischen Ländern, die auch Protestwähler anzögen. Laut Jürgen W. Falter sprach die AfD „Tabu-Themen an, die andere Parteien vernachlässigen oder um die sie sich sogar ganz drücken". Sie ähnele programmatisch der CDU der 1980er Jahre und der SVP in der Schweiz.

2014 wurden vermehrt Parallelen zur Gründungsphase der Grünen gezogen, so auch von Politikern dieser Partei, wie Hubert Kleinert. Chaospotential und rechtsradikale Unterwanderung seien vergleichbare Probleme. Ausgrenzung und Verteufelung führten nicht zu einem Verschwinden der Partei, sondern zu „einer Art Verfolgtenbonus". 2015 konkretisierte Kleinert, die AfD sammle Euro-Kritiker, liberalkonservative Honoratioren, populistischen Protest gegen Einwanderung und vermeintliche Herrschaft der Political Correctness sowie „Geltungssüchtige, anderswo Gescheiterte, Quertreiber und Querulanten aller Art". Er prognostizierte, dass eine „Petry-AfD" das „demokratische Parteienspektrum verlassen" werde.

Ab dem Essener Parteitag

Nach dem Essener Parteitag 2015 wurde ein Rechtsruck bei der AfD konstatiert, den die Partei eventuell „nicht überleben" werde. Der Kampf um die Ausrichtung der Partei sei bei unscharfer Abgrenzung zum rechten Rand unter Frauke Petry zugunsten des rechtskonservativen Flügels entschieden worden. Ihre rechtspopulistischen Positionen seien nicht nur mit den wirtschaftsliberalen und national-konservativen Strömungen der Partei vereinbar, sondern „in gewisser Weise sogar aufeinander bezogen". Sie würden in einem nationalen „Besitzstands- oder Wettbewerbspopulismus" zusammengeführt.

Das Spektrum der AfD reiche von „konservativ bis rechtsextremistisch". Sie sei „in großen Teilen rechtsradikalisiert". Björn Höcke betreibe eine „faschistische Agitation". Mehrere Politik- und Geschichtswissenschaftler sahen die AfD in der Folge als völkisch-nationale Partei. So wurde beispielsweise die Familienpolitik der AfD mit christlich-fundamentalistischen, völkischen und negativen demographischen Vorstellungen in Verbindung gebracht, womit die Anschlussfähigkeit an die extreme Rechte gegeben sei.

Für den Politikwissenschaftler Torsten Oppelland hatten die zur ersten Parteispaltung führenden Konflikte „mehr mit unterschiedlichen Prioritäten, Politikstilen und Machtinteressen zu tun als mit programmatischen Differenzen." In den politischen Leitlinien der AfD fänden sich „Ansichten des liberal-konservativen und des national-konservativen Parteiflügels in gleicher Weise wieder."

Laut Samuel Salzborn ist die AfD, „vereinfacht gesprochen, die Partei der Durchschnittlichen und Mittelmäßigen, die sich deshalb als deklassiert empfinden, weil sie sich selbst für überdurchschnittlich halten". Sie biete Identifikationsmöglichkeiten und die Aussicht auf Durchsetzung eigener Interessen, „auch ungebremst durch die Interessen anderer." Für die „völkisch-nationalistische" Klientel der laut Eigenbezeichnung besorgten Bürger aus der teilweise akademisch gebildeten Mittelschicht, denen Aufklärung, rationales Denken und Gleichberechtigung verhasst seien, habe es zuvor an einer Partei gefehlt, die „das gesamte antiaufklärerische Ressentiment in sich vereinigte, aber zugleich fortwährend bestritt, rechtsextrem zu sein". Die AfD verspreche für diese Menschen die Befreiung von der Last der NS-Vergangenheit, vermeide die Frage nach der „eigenen sozioökonomischen Unfähigkeit" und biete „für beides Projektionsflächen", um diese Defizite „umso brutaler bei den anderen suchen und verfolgen" zu können. Es werde „mit antidemokratischer Stoßrichtung" das Grundrecht der Meinungsfreiheit falsch ausgedeutet und gegen andere Grundrechte wie die Menschenwürde oder das Gleichheitsgebot in Stellung gebracht. „Weder völkische Agitation, noch Rassismus, noch Sexismus, noch Antisemitismus stehen jedoch im Konsens mit der Verfassung". So werde versucht, „die Mittel der Demokratie gegen die Demokratie in Stellung zu bringen." Jede Unterstellung der Partei, man könne seine Meinung zu bestimmten Punkten nicht äußern, beweise in Wirklichkeit die hier geltende Meinungsfreiheit, da man auch eine solche Behauptung frei äußern dürfe.

Parteien gründeten sich laut Andreas Rödder immer an den „Abbruchkanten des politischen Konsenses". Solche entstanden nach der Entwicklung der Unionsparteien nach links in der Frage der „immer engeren Union" in Europa und der Flüchtlingsfrage sowie bezüglich der „Kultur der Diversität, der Antidiskriminierung und der Inklusion". Auch habe sich die AfD von westlichen Traditionen distanziert und sich deutschnationalen Traditionen zugewandt.

Nach Ansicht des Historikers Heinrich August Winkler verkörpert die AfD „ein solches Maß an reaktionär-rechtsradikalen Tendenzen", dass man durchaus Parallelen zu der Zeit vor 1933 erkennen könne, „nämlich bei den Deutschnationalen, die in ihrer Opposition gegen Weimar den Nationalsozialisten vorgearbeitet haben."

Aus Sicht des Sozialhistorikers Christoph Rass ist das Besondere und „besonders Gefährliche" an der Partei, dass sie „rechten Revisionismus in der Tradition vieler kleiner Parteien seit 1945 mit Bemühungen um gesellschaftliche Anschlussfähigkeit in Richtung Mitte verbindet". Sie verfüge über Anknüpfungspunkte zu ultrakonservativen Intellektuellen, die ihr eine „Vernetzung in Wissenschaft und neokonservative Denkfabriken" ermöglichen. Solche Zugänge hätten der NPD oder den Republikanern gefehlt, wenngleich sich das politische Profil zunehmend angleiche. Trotz vieler Strömungen habe die Partei die Bedeutung ihrer Geschlossenheit erkannt. Daher werde sich dieses Phänomen nicht von selbst erledigen, sondern es sei wichtig, dass sich die Bürger gegen das stellten, was hier passiere.

Für den Historiker Paul Nolte ist das Ziel der AfD „ein Deutschland nach dem Vorbild Viktor Orbáns, eine ‚illiberale Demokratie'". Sie propagiere ein „Weltbild des Ressentiments, mit immer neuen Verschwörungstheorien und Sündenböcken. Im Prinzip ist das ein Weltbild des permanenten Betrogenwerdens. Das Problem ist: Diese Vorstellung hat sich schon stark in die Gesellschaft eingefressen".

Dem Geschichtsbild der Partei liege „eine rechtsradikale Geschichtspolitik" zugrunde, der es „um kulturelle Hegemonie" gehe. Über das Mittel des Tabubruchs werde versucht, politische Geltung für Positionen zu erreichen, die „nur mühsam und in einem Jahrzehnte währenden Prozess aus dem politischen Raum verdrängt werden konnten". Diesen „Prozess der Zivilisierung" versuche die AfD umzukehren. Der Geschichtsrevisionismus innerhalb der AfD ziele darauf ab, ein Kategoriensystem neu zu etablieren, dem Deutschland nach 1945 abgeschworen hatte; das Prinzip der Gleichwertigkeit aller Menschen, das in Deutschland nach 1945 nie abstrakt begründet werden musste, werde angegriffen. Wohin es im Extremfall führe, „wenn man Menschen in solche von Wert und solche mit geringerem oder ohne Wert kategorisiert", habe „das moralische Bewusstsein dieses Landes in einzigartiger Weise gefestigt". Die AfD verfolge eine „Demoralisierungsstrategie", deren Erfolg bereits sei, dass Migranten „Rechte zunehmend leichtfertiger abgesprochen werden". Die Zeitung Der Tagesspiegel dokumentierte Anfang 2019 im Kontext einer großen Äußerungssammlung von Abgeordneten der AfD im Bundestag und in den Landesparlamenten sowie von AfD-Landesvorständen auch Angriffe auf das Prinzip der Gleichwertigkeit aller Menschen.

Seit Herbst 2018

Nach den fremdenfeindlichen Ausschreitungen in Chemnitz 2018 wurde die gemeinsame Demonstration mit Neonazis, Hooligans und Gewalttätern sowie eine mangelnde Abgrenzung breit kritisiert. Holger Stark sah Teile der „Partei als Schallverstärker für jenen rassistischen, gewaltbereiten Pöbel, der durch die Straßen von Chemnitz tobte", und warf „der AfD" vor, den „Mob" „entfesselt" zu haben, „indem sie am Sonntag, nur Stunden nach der Tat, ihre Anhänger auf die Straße rief". Detlef Esslinger schrieb in der SZ, die AfD sei „durchsetzt von rechtsradikalen Feinden der Demokratie. ... Niemand möge sich einreden, die AfD sei schon nicht so schlimm, sie meine es nicht wörtlich. Das wäre naiv, bequem und letztlich auch feige". In diesem Zusammenhang zog Esslinger auch Parallelen zu Max Frischs Drama Biedermann und die Brandstifter.

Im März 2019 kritisierte der n-tv-Journalist Benjamin Konietzny, dass sich führende AfD-Politiker, die nach islamistischen Attentaten „innerhalb von Minuten" die ersten Eilmeldungen kommentierten, sich nach einem antimuslimischen Anschlag wie in Christchurch erst Stunden später bzw. überhaupt nicht zu Wort melden. Das sei „keineswegs ein Zufall und die darin liegende Botschaft sei nicht zu überhören".

Für den Journalisten Jan Sternberg ist die AfD „unrettbar zerrissen zwischen West und Ost, den letzten Bürgerlichen und den immer radikaler werdenden Rechten, zwischen Verschwörungstheoretikern und Postenjägern". Sachpolitik und überhaupt Politik sei von ihr nicht zu erwarten; der „Schatten der AfD und ihrer Wut-Wähler" falle über das ganze politische System und lähme jede konstruktive Auseinandersetzung. Im Spiegel urteilte Christian Stöcker, die AfD mache sich „ständig ... der verbalen und nonverbalen Aggression und Hetze schuldig" und sei eine „Partei, der das Recht, der Anstand und die Logik gleichgültig sind".

Laut einer Untersuchung des Ökonomen Davide Cantoni gibt es bei AfD-Wahlergebnissen eine starke Korrelation zwischen den Wahlergebnissen in den Orten, in denen verstärkt die NSDAP gewählt wurde, und Orten, in denen heutzutage die AfD bei Wahlen erfolgreich gewesen ist. Für die Studie wurden die NSDAP-Stimmenanteile bei den Wahlen 1928, 1930 und 1933 herangezogen. Einen direkten inhaltlichen Vergleich zwischen AfD und NSDAP lehnte Cantoni ab, betonte aber, dass beide Parteien offensichtlich Menschen „mit relativ schnellen und national gefärbten Lösungen für Probleme und Krisen der Zeit, mit ihrem Insider-Outsider-Denken" ansprechen.

Im September 2018 stellte der Politikwissenschaftler Maik Fielitz eine deutliche Radikalisierung der Partei fest; aus wissenschaftlicher Sicht gehöre sie inzwischen „eindeutig zum Spektrum der rechtsradikalen Parteien in Europa". Bereits durch ihren Alleinvertretungsanspruch offenbare die Partei ihren „antidemokratischen Kern", zu beobachten seien weiterhin die Propagierung eines völkischen Weltbilds, die Ausgrenzung einer Vielzahl von Menschen sowie die Reduktion komplexer gesellschaftlicher

Vorgänge auf „manichäische Erklärungsmuster" mit ihrer Einteilung in „gut oder böse" bzw. „richtig oder falsch".

Anfang 2019 beurteilte Armin Pfahl-Traughber die AfD als eine rechtsextremistische Partei, wenngleich die „Extremismusintensität" geringer sei als bei der NPD und „rechtsdemokratische Minderheiten" fortexistierten. Die gemäßigten liberalkonservativen Kräfte in der Partei hätten ihren tragenden Stellenwert mittlerweile verloren. Für Gideon Botsch (2019) ist die AfD keine durchweg völkische oder rechtsextreme Partei, sondern eine „Sammlungspartei", sie sei jedoch, „mehr als früher, rechtsextrem dominiert". Die Distanzierung vom Extremismus sei „Rhetorik". Bei der Partei sei keine „Mäßigung durch parlamentarische Praxis" zu erkennen, sondern eine noch stärkere Radikalisierung. Der rechtsextreme Flügel übernehme von der NPD bestimmte Praktiken und verwerfe andere, erfolglosere. Ähnlich sah der SZ-Journalist Jens Schneider gegen eine drohende Beobachtung durch den Verfassungsschutz eingeleitete Maßnahmen wie die Auflösung des JA-Landesverbands Niedersachsen, Parteiausschlussverfahren oder die Erarbeitung von Handreichungen für verfassungsgemäßes Reden und Schreiben als „Camouflage" an. Von der Parteiführung sei „keine klare Absage an Fremdenfeindlichkeit oder Hetze gegen den Islam, sondern nur eine vermeintlich unangreifbare Wortwahl" gewollt.

Laut einer Studie der Medienwissenschaftler Thomas Hestermann und Elisa Hoven schürt die AfD in Pressemitteilungen zum Thema Kriminalität systematisch eine Furcht vor Zuwanderern. Anhand der 242 Pressemeldungen der AfD von 2018 zu diesem Thema und nach Vergleichen mit der Kriminalitätsstatistik kommen sie zu dem Schluss: „Soweit die AfD bei Tatverdächtigen die Nationalität nennt, sind dies zu 95 Prozent Ausländer, nur zu 5 Prozent Deutsche."

Der Historiker Patrice Poutrus bescheinigte der Partei 2019 ein Polemisieren „gegen vorhandene Regularien der freiheitlich-demokratischen Grundordnung". Auch am Versuch der Partei, die Wende 1989 in der DDR zu Wahlkampfzwecken für sich zu vereinnahmen, zeige sich, „wie weit das Personal dieser Partei von einer Anerkennung der Verfassungsordnung der Bundesrepublik entfernt ist". Laut Poutrus können die aus dem AfD-Programm abgeleiteten „Forderungen nach einem auszubauenden Überwachungs- und Polizeistaat und der Verfolgung von politischen Gegnern ..., ethnische Homogenität des Staatsvolkes bzw. Aberkennung von Bürger- und Menschenrechten für vermeintlich Gemeinschaftsfremde ... gut und gerne als die Idee von einer DDR 2.0 angesehen werden".

Die Amadeu-Antonio-Stiftung warnte im August 2019 davor, die AfD nur als rechtspopulistisch zu beschreiben. Die Partei sei inzwischen zu einer „modernisierten NPD" geworden, da sie viele NPD-Themen übernehme, wie Rassismus und NS-Relativierung, und auch entsprechende Vokabeln wie die von einer vermeintlichen „Umvolkung" verwende. Die Partei diffamiere demokratische Akteure und versuche sie mundtot zu machen, da sie mittlerweile in allen Teilen der Gesellschaft angekommen sei. Sie habe „sich zum parlamentarischen Arm der extremen Rechten entwickelt, die die

Demokratie wie nie zuvor in ihren Grundfesten angreift". Zivilgesellschaftliche Organisationen müssten sich stärker von der AfD abgrenzen, ein „Anbiedern an die AfD" stärke diese nur. Das wichtigste Mittel gegen die Inszenierungen der Parteiakteure sei, das Grundgesetz sowie „die eigenen Themen, das eigene Gesellschaftsbild und demokratische, pluralistische Narrative offensiv einzubringen und zu vertreten".

Dem Politikwissenschaftler und Rechtsextremismusforscher Hajo Funke zufolge (Oktober 2019) trägt die AfD eine Mitschuld für den rechten Terror. Dabei bezog sich Funke auf das gemeinsame Auftreten von AfD-Politikern wie Uwe Junge, Björn Höcke und Andreas Kalbitz mit Hooligans und Rechtsextremisten bei dem sogenannten Trauermarsch von Chemnitz am 1. September 2018. Dass hier eine Bundestagspartei mit Rechtsextremisten zusammengestanden sei, sei „ein Fanal mit weitreichenden Folgen" gewesen.

Anhand eines Postings der AfD Salzgitter, die anlässlich des Einzugs der AfD in den Bundestag geschrieben hatte, es beginne nun „die nächste Phase im Krieg gegen das widerwärtigste System, das je auf deutschem Boden existierte", stellte Katja Thorwarth (Frankfurter Rundschau) im Oktober 2019 fest: „Wer von Krieg fabuliert und bürgerkriegsähnliche Szenarien malt, der braucht sich nicht zu wundern, wenn strukturell weiter gedacht wird und der rechte Terror als politische Aktion seine Umsetzung findet."

Nach Ansicht von Gideon Botsch sind die AfD-Wahlerfolge, namentlich im Osten, sowie „die antiparlamentarische Radaupolitik der AfD-Parlamentsfraktionen" von der NPD und den „rechtsextremen Mobilisierungen in den 2000ern" beeinflusst worden, was die „Erfahrungen mit Aufmärschen" und die „parlamentarische Obstruktionsarbeit fundamentaloppositioneller Rechtsaußenfraktionen" betreffe. Offenkundig habe „ein Teil des hart rechtsextremen und antisemitischen Spektrums innerhalb der AfD ... in den 1990er und 2000er Jahren zum politisch-kulturellen Umfeld der NPD gehört" oder sei „zumindest von dessen Aktivitäten erfasst worden". NPD-Parolen und -Schlagworte wie „Lügenpresse", „Überfremdung" oder „Volksgemeinschaft" fänden immer öfter Eingang in den Sprachgebrauch der AfD und ihres Milieus und auch die bei der AfD fest zum Repertoire gehörenden rassistischen Beleidigungen entsprächen dem Sprachduktus der NPD und ihres Milieus.

Die Bemerkung Alexander Gaulands nach der Landtagswahl in Thüringen 2019, er verorte Björn Höcke in der „Mitte" der Partei, wertete der Rechtsextremismusforscher Matthias Quent als Beleg, dass die AfD „mittlerweile insgesamt im Rechtsradikalismus angekommen ist". Als Gesamtpartei sollte ihr damit die Aufmerksamkeit des Verfassungsschutzes „gesichert sein". Weiter forderte er dazu auf, die Partei als rechtsradikal zu bezeichnen, da von ihr „Grundrechte und Menschenrechte in Frage gestellt" würden. Dieses radikale Element müsse auch deshalb benannt werden, damit sich Wähler nicht mehr auf ihr vorgebliches Protestwählertum herausreden könnten, denn es handle sich dabei sehr wohl um eine „ideologische Übereinstimmung". Zwar sei nicht jeder in der AfD ein „ideologisch Rechtsradikaler", aber jedes Parteimitglied und jeder AfD-Wähler unterstützten „eine Partei mit einer Rechtsaußenzielsetzung".

Zum Umgang mit der AfD merkte David Hugendick im Oktober 2019 nach der Thüringen-Wahl in der Zeit an, die oft geäußerte „sozialtherapeutische Vorstellung", man müsse „einfach mehr zuhören", erwecke nicht nur den Eindruck, dass es „vor allem um fehlgeleitete Befindlichkeiten und um akutes Emotionsmanagement und weniger um manifeste Gesinnungen" gehe. Sie suggeriere auch, „der große Zuspruch der AfD sei vor allem das Produkt eines zuvor verfehlten Kommunikationsprozesses der anderen Parteien und nicht etwa der eines geglückten der AfD selbst". In der „Vorstellung des heilenden, weil angeblich zuvor versagten Zuhörens" stecke „die Selbstbezichtigungsbereitschaft einer liberalen Demokratie, die sich lieber selbst die Schuld an der Existenz von Rassisten, Menschenfeinden und deren Duldungsbereiten gibt, statt gegen diese rhetorisch entschieden vorzugehen", ein „Verstehen bis zur Lächerlichkeit". Zur selben Thematik schrieb am 1. November der Spiegel-Journalist Hasnain Kazim auf Twitter, es gehe nicht darum, „AfD-Wählerinnen und AfD-Wähler zu ‚erreichen'", sondern „sie auszugrenzen, zu ächten, ihnen das Leben schwer zu machen, sie dafür, dass sie Neonazis und Rassisten den Weg zur Macht ebnen wollen, zur Verantwortung zu ziehen". Verena Weidenbach zitierte im November 2019 in der Zeit Aussagen bürgerlicher Kreise sowie aus der neurechten Zeitschrift Sezession, wonach Ausgrenzung die AfD nur stärker mache und ihr Anhänger zutreibe, und warnte, man gehe „der rechten Selbstdarstellung auf den Leim, wenn man das Problem nicht mehr bei den Rechten selbst, sondern bei ihren Gegnern sucht. Bei jenen, die Podien mit Rechten boykottieren, die gegen die Präsenz rechter Verlage auf der Buchmesse protestieren oder antifaschistische Straßenbündnisse auf die Beine stellen". Denn Ausgrenzung wirke sehr wohl und verhindert laut Weidenbach vor allem mit Blick auf die alten Bundesländer „das Heraustreten aus der Non-Profit-Zone rechter Randständigkeit und die Mobilisierung einer breiten Massenbasis, die nur durch den Anschluss der ‚bürgerlichen Mitte' gelingen kann". Sie spricht sich dafür aus, „rechten Protagonisten so wenig ‚Resonanzraum' wie möglich (und so viel wie demokratisch nötig)" zu bieten und „unumgängliche Auseinandersetzungen in den Medien oder auf der politischen Bühne" dazu zu nutzen, „Camouflage-Techniken zu sabotieren, selbstverharmlosende Framing-Offensiven durch kritische Gegenreden zu durchkreuzen, verfassungsfeindliche Projekte als solche zu benennen und prädatorische Begriffsvereinnahmungen zu unterbinden". So blieben „die Feinde des Liberalismus und ihre Anhänger als solche erkennbar" und müssten „selbstverständlich bereit sein, die sozialen und politischen Kosten ihrer Normverletzungen zu tragen".

Der Politikwissenschaftler und Soziologe Floris Biskamp vertritt aufgrund von Daten aus Forschungsprojekten zur Verbreitung gruppenbezogen menschenfeindlicher und autoritärer Einstellungen die Ansicht, dass es in der Bundesrepublik „wohl immer ein Potenzial für eine im zweistelligen Bereich erfolgreiche rechtsradikale Partei" gegeben habe. Die AfD mobilisiere also ein bestehendes Potenzial. Zu der Verschiebung der „Grenzen des Sagbaren" stellte er fest, dass es auch in den Jahrzehnten der

*Nachkriegsgeschichte „Relativierungen des Nationalsozialismus, ... Rassismus, Antise-
mitismus, Sexismus, Heterosexismus wie heute bei der AfD" gegeben habe, und nannte
die Namen Helmut Kohl, Alfred Dregger, Martin Hohmann und Franz-Josef Strauß.
Die alltäglichen Formen von Rassismus und Sexismus würden heutzutage sogar viel
eher öffentlich problematisiert als in den 1990ern und könnten nicht mehr so unwi-
dersprochen geäußert werden. Die radikale und extreme Rechte ist laut Biskamp zwar
eine reale Gefahr, er sieht die Erfolge der AfD jedoch vor allem in der eingebüßten
Bindungskraft der Volksparteien begründet. Die Gefahr für die Demokratie bestehe
gegenwärtig vor allem darin, „dass andere Parteien rechtspopulistische Rhetorik und
Politik kopieren und normalisieren".*

*Die AfD ist nicht eine bürgerliche, sondern, wie der Sozialwissenschaftler Alexander
Häusler im November 2019 festhielt, „mehr und mehr eine offen rechtsradikale Partei". sie verfolge eine „populistische Eskalationsstrategie" und treibe „den politischen
Diskurs weiter nach rechts außen". Eine historische Parallele sieht Häusler darin, dass
es „unter dem Schlagwort der konservativen Revolution" im konservativen Bürgertum
„eine gewisse Affinität zu rechtsextremen Gruppierungen" gegeben habe.*

*Jens Schneider (Süddeutsche Zeitung) stellte anlässlich der Reaktionen aus der AfD
nach der Abwahl Stephan Brandners vom Vorsitz des Rechtsausschusses des Bundestags fest, dass die AfD-Politiker „– sobald sie unter Druck geraten – gar nicht bürgerlich auftreten können, weil ihnen Maß und Mitte fehlen und jede Fähigkeit zur Selbstkritik abgeht". Stattdessen übe die Partei „die bewährte Opferrolle vorwärts" und versuche „wie immer, Kapital aus der Sache zu schlagen". Alice Weidel spiele die Rolle
weiter, so Severin Weiland (Der Spiegel), und habe gegenüber Journalisten auf einer
Pressekonferenz von „dummen Fragen" gesprochen. „Soviel Verachtung für Medienvertreter" kenne man „aus dem Trump-Amerika, doch bisher nicht aus einem deutschen Parlament".*

*Nach dem AfD-Bundesparteitag am 30. November/1. Dezember 2019 in Braun-
schweig stellte Martin Schmidt (tagesschau.de) fest, dass die Partei mit ihrem neuen
Vorstand nicht weiter nach rechts gerückt sei, aber der extreme „Flügel" „bereits in
ihrer Mitte" sei. In der Sache bleibe die AfD „knallhart rechts". Schmidt kritisierte unter anderem die Benennung Stephan Brandners, der den Vorsitz des Rechtsausschusses im Bundestag wegen „einer Reihe extremer Tabubrüche rechtsaußen" verloren
hat, zu einem von drei stellvertretenden Parteivorsitzenden. Laut Jan Rosenkranz (Stern) hat sich – auch wenn Björn Höcke noch immer „nicht mal im Vorstand
der Partei" sitze – „im Windschatten" der neuen „scheinbar gemäßigten Spitze" ein
„wahrer Rechtsruck vollzogen". Auch Tino Chrupalla als neuer zweiter Parteisprecher
sei, obwohl nicht Mitglied des Flügels, dennoch dessen Wunschkandidat gewesen. Jens
Schneider (Süddeutsche Zeitung) zufolge hat es, da man „ja längst weit rechts im politischen Spektrum angekommen sei", auf dem Parteitag keinen weiteren Rechtsruck
gegeben. Auch auf dieser Veranstaltung sei es zu „Stimmungsmache gegen Flüchtlinge
und Migranten" sowie „Tiraden gegen alle, die nicht so deutschnational denken wie*

man selbst", gekommen. Björn Höckes Flügel habe „sich als anerkannter Machtfaktor in der Partei etabliert" und das rechte Lager habe bei der Wahl von Vorstandsmitgliedern die Kandidaten aus dem sogenannten gemäßigteren Lager blockiert. Laut Schneider befeuern die Partei-Anführer „die Verachtung und den Hass auf die anderen Parteien". Das Machtzentrum sei längst die AfD-Bundestagsfraktion; so bleibe Gauland, obwohl er sich aus der Parteispitze zurückgezogen habe, weiterhin eine „Schlüsselfigur". Mit Blick auf die neben Chrupalla und Meuthen anderen 14 Bundesvorstandsmitglieder werde klar, so Tilman Steffen in der Zeit, dass der Einfluss von Höckes radikalem Flügel auf der Bundesebene der Partei „unverändert groß" sei; u. a. nennt er als Beispiele die Wahl Brandners und Kalbitz'. Auch das Votieren westdeutscher Delegierter für Kandidaten des Flügel-Lagers geschehe „mittels vorabgesprochener Kandidaturen und Namenslisten", auch wenn das „im Gegensatz zu der Selbstinszenierung der AfD als besonders basisdemokratisch gesinnter Kraft" stehe.

Kritik an der Leugnung des menschengemachten Klimawandels seitens der AfD kommt von Klimaforschern wie Stefan Rahmstorf, Mojib Latif oder Hans Joachim Schellnhuber. Die Standard-Behauptungen der Klimaskeptiker seien „schlichtweg falsch", und da die Sachargumente fehlten, ginge es „immer auf die Person", wie beispielsweise bei der Diffamierung Greta Thunbergs. Laut ZDF belegt eine Studie Berner Wissenschaftler, dass der jetzige Klimawandel sich von bisherigen entsprechenden Veränderungen deutlich unterscheide. Jörg Meuthen habe behauptet, dass zwei Drittel der Studien zu keinem eindeutigen Ergebnis kämen, obwohl die Ursache des Klimawandels gar nicht deren Forschungsgegenstand war – wohingegen die Abhandlungen, die tatsächlich Aussagen zu den Gründen und Verantwortlichkeiten für den Klimawandel treffen, zu 97,1 Prozent den Menschen zum Hauptverursacher des derzeitigen Temperaturanstiegs erklären. Auch Gremien aus mehreren hundert Wissenschaftlern wie der Weltklimarat kämen zu entsprechenden Ergebnissen. Schon vor 30 Jahren habe es, so Latif, Studien zu dem jetzt von der AfD bestrittenen Zusammenhang zwischen CO_2-Ausstoß und Klimaveränderung gegeben, deren Ergebnisse durch die jetzigen Entwicklungen bestätigt würden.

Laut Michael Schäfer vom WWF kann sich Umweltpolitik nicht, wie im AfD-Europawahlprogramm gefordert, „an nationalen Bedürfnissen orientieren", sondern erfordere eine Kooperation aller Staaten wie bei der Pariser Klimakonferenz. Dieses Dilemma versuche die AfD zu lösen, indem sie die menschenverursachte Erderwärmung einfach leugnet.

Gaulands Aufruf an seine Partei, gegen die Klimapolitik anzutreten, stellt laut Stephan-Andreas Casdorff im Tagesspiegel „eine ungeheure Gefahr für den gesellschaftlichen Zusammenhalt" dar, da dies Potenzial für Protestbewegungen von Menschen biete, die im Klimaschutz eine Gefahr sähen „nach dem Motto: Nur Privilegierte können sich das leisten". So entstünden, analog zu der Gelbwestenbewegung in Frankreich, in Deutschland, „der AfD gemäß, Braunwesten". Spätestens mit ihrer Anti-

Klimaschutz-Politik erweise sich die AfD als „die für das demokratisch verfasste System gefährlichste Partei seit Jahrzehnten."

Die im Sommer 2019 erarbeitete Dresdner Erklärung der AfD zur Umweltpolitik bewertete der Umwelthistoriker Nils Franke als „zutiefst populistisch, nationalistisch", sie trage „Züge rechter Naturschutzideologien" und richte sich an den konservativen bzw. reaktionären Teil der Umweltbewegung. Es würden viele Versprechungen im Bereich Naturschutz gemacht, dahinter stehe „aber ein Wirtschaftssystem, das auf einen ungeheuren Raubbau an den Ressourcen setzt". Das Programm erinnere überdies an das NS-Reichsnaturschutzgesetz von 1935 und enthalte Anklänge an die NS-Blut-und-Boden-Ideologie, wenn die AfD schreibe, Bauernland gehöre „nicht in die Hände des internationalen Finanzkapitals – des jüdischen, könnte man hinzufügen –, sondern in ,Bauernhand'".

Der am Hannah-Arendt-Institut für Totalitarismusforschung arbeitende Politikwissenschaftler Steffen Kailitz stellte die Sprache der AfD der der Nationalsozialisten gegenüber. Dabei verglich er anhand von Beispielen die Sprache der AfD mit der Beschreibung, die der Romanist Victor Klemperer von der Sprache des Dritten Reiches gegeben hatte. Klemperer hatte in diesem Zusammenhang geschrieben: „Worte können sein wie winzige Arsendosen. Sie werden unbemerkt verschluckt und nach einiger Zeit ist die Giftwirkung doch da." Kailitz konstatierte, dass sich das Gift des ethnischen Volksbegriffs in der deutschen Demokratie verbreitet habe. Als Gegenmaßnahmen empfahl er, einerseits zentrale Begriffe wie Deutschland, Deutsche, Volk und Staatsbürger sowie weitere zentrale Kernsymbole der deutschen Demokratie nicht weiter vom Völkischen kontaminieren zu lassen und andererseits nicht „unbedarft rassistische Unterscheidungen wie ,Passdeutsche' und ,Biodeutsche'" nachzuplappern.

Für den Germanist und Literaturwissenschaftler Heinrich Detering zeigt sich eine „Verhexung des politischen Diskurses" durch von der AfD ausgehende „Schlagwörter und Kampfvokabeln, kalkulierte provozierende Verstöße gegen Höflichkeitsregeln und Taktempfinden, die sich die Verstoßenden als Trophäen ihres vorgeblichen Kampfes gegen Denkschablonen und Sprechverbote einer allgegenwärtigen political correctness ans Revers heften". Es gehe ihnen dabei „nicht um argumentative Überlegenheit, sondern um die Erschließung und Besetzung diskursiver Felder".

Die „Erfolgsdynamik" der Partei sieht der Politikwissenschaftler Wolfgang Schroeder in der „Mischung von pragmatisch und radikal" begründet. Zwar konsolidiere sie sich durch vom Staat zur Verfügung gestellte Ressourcen, habe jedoch „bisher keinen inneren Mechanismus gefunden, der wirklich die Konsolidierung der Partei im Sinne der Akzeptanz des parlamentarisch-repräsentativen Kontextes zur Folge gehabt hätte". Daher müsse man unterstellen, dass „der recht hohe Anteil der Rechtsextremisten in der AfD, der nur ein taktisches Verhältnis zu den Spielregeln der parlamentarischen Demokratie hat, dominiert".

Antisemitismus

Trotz Distanzierung vom Antisemitismus finden sich immer wieder antisemitische Äußerungen von AfD-Mitgliedern. Gideon Botsch sieht Antisemitismus „auf allen Ebenen" in der Partei stark ausgeprägt, zudem verharmlose die Partei Judenhass insbesondere bei der extremen Rechten und „ist auf der Straße stabile Bündnisse mit Akteuren eingegangen, die antisemitisch orientiert sind". Topoi wie die vom „verratenen Volk", von der „Lügenpresse", die eine „Meinungsdiktatur" errichte, oder vom „christlichen Abendland, das bedroht sei", gehörten zum klassischen Antisemitismus, was aber vielen, die sich dieser Begriffe bedienten, nicht bewusst sei. „Lippenbekenntnisse" der Partei zu Israel werden teilweise als Alibi interpretiert, um Antisemitismusvorwürfe zu widerlegen und Verbündete im Kampf gegen muslimische Einwanderung zu finden. Diesem Kampf diene auch ein „instrumenteller Anti-Antisemitismus". Der Grund, warum Israel für Juden lebenswichtig geworden sei, spiele für die AfD keine Rolle. In den Verlautbarungen der Partei werde Israel „als Bollwerk gegen den Islam" dargestellt. Salzborn meinte Ende 2018, wegen ihres verbreiteten geschichtsrevisionistischen Antisemitismus könne die AfD in keinem Fall für Juden „eine Art Verbündeter sein". Außerdem sei inzwischen die proisraelische Haltung der AfD weitgehend zu einem Mythos geworden. Salzborn verwies unter anderem darauf, dass auf dem Kölner Parteitag 2017 ein Antrag abgelehnt wurde, einen Absatz „Festigung der deutsch-israelischen Freundschaft" in die Bundestags-Wahlplattform aufzunehmen. Andererseits erwähnt der Historiker Michael Wolffsohn eine Unterstützung „unserer israelischen Freunde" durch die AfD-Bundestagsfraktion: Sie habe im Januar 2019 „als einzige Partei im Bundestag ohne Wenn und Aber sozusagen die amtsjüdische Position bezüglich des Nahostkonflikts vertreten ..., nämlich die Gründung eines Palästinenserstaats abzulehnen."

Salzborn sieht Antisemitismus in einem klassischen völkischen Denken verwurzelt. Trotz Versuchen, Begriffe wie Volksgemeinschaft als nicht genuin antidemokratisch darzustellen und vom nationalsozialistischen Erbe zu befreien (André Poggenburg und Frauke Petry), werde Volk nicht im Sinn von Nation durch rationale, demokratische Kriterien definiert wie die Entscheidung, dazuzugehören oder nicht, sondern „durch vorpolitische Aspekte wie die Fiktion einer vorgeblich gemeinsamen Abstammung eines Kollektivs." Daraus folge Ausgrenzung bis hin zu totalitärem Zwang und Unterdrückung, wenn die AfD Politik auf der Basis dieses ausschließend gemeinten Volksgemeinschafts-Konzepts mache.

Als Beispiele für Antisemitismus bei Funktionsträgern der AfD führt Salzborn den Umgang mit den Äußerungen Wolfgang Gedeons an. Die Partei sei unfähig gewesen, deren „klar und unmissverständlich antisemitischen" Charakter sofort zu erkennen, und habe erst in einem langen Prozess Experten bemüht, um Gedeons offensichtlich teilweise als akzeptabel betrachtete Weltanschauung einzuschätzen. Auch in vielen anderen Fällen habe die Partei nie offiziell und unzweideutig Antisemitismus in ihren Reihen anerkannt. Der Bad Münder Lokalpolitiker Gunnar Baumgart verbreitete unter anderem einen Link zu einem Artikel, der behauptete, „kein einziger Jude" sei durch „Zyklon B oder in den Gaskammern" umgekommen. Baumgart trat nach mehreren Strafanzeigen aus der Partei aus. Der hessische Landesschatzmeister Peter Ziemann ereiferte sich 2013 über „satanische Elemente in der Finanzoligarchie", Jan-Ulrich Weiß, Landespolitiker in Brandenburg, verbreitete auf Facebook eine antisemitische Karikatur. Antisemitische Aussagen veröffentlichten auch der nordhessische Kreistagsabgeordnete Gottfried Klasen und Kay Nerstheimer. Und Björn Höcke habe 2016 die „Neonazi-Aktivistin" Ursula Haverbeck verteidigt. Weiter nannte Salzborn den Bundestagsabgeordneten Wilhelm von Gottberg. Er sieht einen entscheidenden Schritt zum Rechtsextremismus in der Entscheidung der Parteiführung im Januar 2017, Björn Höcke nach seiner „revisionistischen und antisemitischen" Dresdner Rede nicht aus der Partei auszuschließen. So traf er (Herbst 2018) das Gesamturteil, „die AfD bewege sich von einer Partei für Antisemiten hin zu einer antisemitischen Partei." In einer Rede 2018 erklärte der sachsen-anhaltinische Landtagsabgeordnete Hans-Thomas Tillschneider in Anknüpfung an antisemitische Verschwörungsmythen, dass „der Islam" vom Zentralrat der Juden in Deutschland „benutzt werde, um in Deutschland multikulturelle Verhältnisse herbeizuführen". Dabei gehe es, so Tillschneider, überhaupt nicht um den Islam, sondern darum, „die deutsche Kultur zu schwächen", und „letzten Endes um die Abschaffung unseres Volkes". Im November 2019 legte Donatus Schmidt, AfD-Stadtrat in Halle (Saale), sein Mandat nieder. Er war wegen antisemitischer Äußerungen in die Kritik geraten, da er 2016 in einem Video erklärt hatte, vor den Terroranschlägen auf das World Trade Center am 11. September 2001 hätten alle dort beschäftigten Juden einen Jew Call erhalten, so dass „wohl kein wirklich wichtiger Jude am Arbeitsplatz" gewesen sei.

Im Oktober 2018 urteilte Charlotte Knobloch: „Zum ersten Mal hat eine Partei den Einzug in den Bundestag geschafft, deren Programm sich zusammenfassen lässt mit den Worten: Juden raus." Sie konkretisierte, dass die AfD „trotz jüdischer Parteimitglieder antisemitisch" sei und ein Programm propagiere, das jüdisches Leben unmöglich mache. Die Partei sei „gegen die rituelle Beschneidung und das Schächten von Schlachttieren". Michael Wolfssohn kritisierte hingegen Knoblochs Zusammenfassung des AfD-Programms als „völlig unzulässige, an den Fakten vorbeigehende provokatorische Feststellung". Bei differenzierter, sachlicher Untersuchung ergebe sich: „Ja, es gibt Antisemiten in der AfD, aber eben nicht nur." Die Feststellung, die AfD sei eine antisemitische Partei, sei somit „sehr problematisch". Die israelische Generalkonsulin in München, Sandra Simovich, sagte im September 2018 hingegen, man habe „von diplomatischer Seite keinerlei Verbindungen zur AfD, weder offiziell noch inoffiziell", denn diese Partei habe „offensichtlich ein sehr problematisches Verhältnis zur deutschen Vergangenheit". Sie halte das Bemühen der Partei, sich israelfreundlich darzustellen, „für eine Art Alibi". Der Botschafter Israels in Deutschland, Jeremy Issacharoff, äußerte im Mai 2019 über die Partei: „Mehrere Male hat ihr Führungspersonal Dinge gesagt, die ich als hochgradig beleidigend für Juden, für Israel und für das ganze Thema des Holocaust empfinde." Im Juli 2019 warf Salomon Korn, der Vorsitzende der Jüdischen Gemeinde Frankfurt am Main und ehemalige Vizepräsident des

Zentralrats der Juden in Deutschland, der AfD vor, einen „Umweg-Antisemitismus" zu befördern. Im Januar 2018 stellte Josef Schuster, der Präsident des Zentralrats der Juden in Deutschland, fest, dass nach seinem Eindruck die AfD versuche, „das Thema Antisemitismus bei Migranten zu instrumentalisieren, um Migranten generell zu verunglimpfen." Er gehe davon aus, „dass die AfD auch gegen Juden hetzen würde, wenn es für sie politisch von Vorteil wäre." Zu Frauke Petrys Äußerung, die AfD sei ein Garant jüdischen Lebens in Deutschland, sagte Schuster im Sommer 2017: „Wenn das jüdische Leben in Deutschland der Verteidigung durch die AfD bedürfte, hätte ich längst gesagt, alle Juden sollen Deutschland verlassen. Dann wäre ein jüdisches Leben hier nur schwer vorstellbar." Auch Michael Szentei-Heise, Verwaltungschef der Jüdischen Gemeinde Düsseldorf, macht die AfD für eine zunehmend feindliche Haltung gegenüber Juden in Deutschland mitverantwortlich. Sie sorge mit ihrem Auftreten und bestimmten Aussagen dafür, dass die Gesellschaft insgesamt verrohe, und verschiebe die Grenzen des Sagbaren. Dadurch sei die Partei ein „geistiger Brandstifter". Nach dem Anschlag auf eine Synagoge in Halle 2019 wies Abraham Lehrer, der Vizepräsident des Zentralrats der Juden in Deutschland, auf eine „braune Grenze" bei der AfD hin und sagte: „Dieses Tänzeln auf der Grenze und mit einem Fuß jenseits der Grenze stehen und aufpassen, dass man sich nicht strafrechtlich wirklich zu sehr beschädigt, das können die wunderbar." Der AfD-Bundesvorsitzende Jörg Meuthen sah hingegen Ende Dezember 2019 kein Antisemitismus-Problem in seiner Partei und sagte, die AfD sei „durch und durch pro-jüdisch"; sie bringe im Bundestag „pro-jüdische Anträge ein – wie … die Forderung nach einem Verbot der Hisbollah". Er verstehe nicht die Sorgen führender Repräsentanten der Juden im Hinblick auf die AfD und es sei ihm „ein Rätsel, was sich da eine Frau Knobloch und ein Herr Schuster alles zusammenreimen".

Wenn die AfD von der „demografischen Katastrophe" spreche, die der „linke Feminismus" ausgelöst habe und die nun angeblich durch „arabische Massenzuwanderung gelöst" werde, unterstützt von „linken Bildungsbürgern, die nichts von den Normen und Werten des Normalbürgers wüssten", dann ist laut Christian Bangel (Die Zeit) diese Argumentationsstruktur leicht mit Wesenszügen des Antisemitismus kombinierbar, wonach Juden Fremdkörper und „wurzellose Kosmopoliten" seien, die ihre eigenen Ziele verfolgten und denen Werte und Normen der Mehrheitsgesellschaft fremd seien. Es werde nicht ausgesprochen, sondern den Zuhörern überlassen, ihre eigenen Schlüsse zu ziehen. Bangel zufolge braucht der Antisemitismus der AfD keine Juden mehr, sondern nur noch die antisemitischen Stereotype.

2016 hatte die FES-Mitte-Studie ergeben, dass 19,4 % der AfD-Anhänger klassischen antisemitischen Stereotypen zustimmen – mehr als Sympathisanten anderer Parteien – und 47 % der AfD-Anhänger Positionen des israelbezogenen Antisemitismus beipflichten.

Eine Allensbach-Studie kam im Juni 2018 zum Ergebnis, dass antisemitische Einstellungen bei AfD-Anhängern weiter verbreitet sind als bei Anhängern aller anderen Parteien. Auf die Frage „Jemand sagt: Juden haben auf der Welt zu viel Einfluss. Stimmt das?" antworteten AfD-Wähler zu 55 % mit „ja" (und 23 % mit „nein"). Bei Anhängern der anderen Parteien lag die Zustimmung zwischen 16 % und 20 %. Insgesamt stimmten der Aussage 22 % aller Befragten zu. 17 % der AfD-Anhänger gaben überdies an, dass sie nicht gerne neben Juden wohnen würden. Im Bevölkerungsdurchschnitt waren es drei Prozent.

Bei einer Umfrage des Instituts INSA wurde deutlich, dass Wähler der AfD deutlich weniger Verständnis für Holocaust-Gedenkstätten haben als Anhänger aller anderen Parteien. Nur 49 % der AfD-Anhänger finden jene Gedenkstätten demnach „wichtig", während die Zustimmung zu den Erinnerungsstätten bei Sympathisanten der anderen größeren Parteien zwischen 75 und 86 % liegt. Der Aussage, dass „Holocaust-Erinnerungsstätten wichtig seien", stimmten hingegen 36 % der AfD-Wähler nicht zu, während die Ablehnung zur Aussage bei den Anhängern anderer Parteien nur zwischen 7 und 15 % liegt. Im Rahmen einer im November 2019 im Auftrag von RTL und n-tv durchgeführten Umfrage des Meinungsforschungsinstituts Forsa hielten zwei Prozent der Nicht-AfD-Wähler die Tatsache, dass die Nazis Millionen von Juden umgebracht haben, für „Propaganda der Siegermächte". Unter den AfD-Wählern waren es 15 Prozent.

Verhältnis zu den Medien

Julian Schärdel analysierte 2016, das Verhältnis der AfD zu den Medien sei seit ihrer Gründung „mehr als angespannt". So habe sie zur Europawahl 2014 zwar überproportionale Medienaufmerksamkeit erhalten, diese sei aber „über politische und journalistische Grenzen hinweg deutlich negativ" ausgefallen. Seit der ersten Parteispaltung sind wohlwollende Leitartikel über die Partei in den bürgerlichen Tageszeitungen wie der FAZ, dem Handelsblatt oder der Welt jedoch unterblieben. Nun sei die Berichterstattung in Mainstreammedien durchgängig negativ.

Laut Helmut Kellershohn hat die Partei von Beginn an Unterstützung von der Jungen Freiheit (JF) erhalten, die teilweise als inoffizielles Sprachrohr der Partei angesehen wird. Sie begleite innerparteiliche Auseinandersetzungen und diene so Mitgliedern und Sympathisanten der AfD immer wieder als Diskursplattform. JF-Chefredakteur Dieter Stein habe zunächst Lucke, später dann Petry unterstützt. Götz Kubitschek von der Sezession versuche nach anfänglicher Skepsis mit Höcke eine „Alternative in der Alternative" zu etablieren. Für dessen Ziele öffne auch er seine Zeitschrift. Mit der Erfurter Resolution habe Kubitschek eine „neurechte Sammlungsbewegung" innerhalb der Partei empfohlen. Laut Alexander Häusler unterstützt ein „neurechtes publizistisches Netzwerk", zu dem Häusler die Zeitungen und Zeitschriften Sezession, Compact und Junge Freiheit rechnet, einen „rechten Aufstand" in der Partei.

Der Deutsche Journalisten-Verband (DJV) kritisierte mehrfach, dass Journalisten von AfD-Mitgliedern oder -Sympathisanten angegriffen, bedroht und aus Veranstaltungen herausgedrängt worden seien. Dessen Bundesvorsitzender, Frank Überall, erklärte, die AfD habe „die Aufgabe des Journalismus als Korrektiv der Politik nicht verstanden". Teilweise wurden Medienvertreter von Parteiveranstaltungen ausgeschlossen.

AfD-Politiker setzen provokante Aussagen strategisch ein, die daraufhin relativiert oder dementiert werden, um sich Gehör in den Medien zu verschaffen. Mehrfach sorgten Äußerungen von Funktionären für Empörung, etwa zum Schusswaffengebrauch an der Grenze. Ende 2016 wurde diese Medienstrategie vom Parteivorstand für das Wahljahr 2017 beschlossen. Demnach solle die Partei „ganz bewusst und ganz gezielt immer wieder politisch inkorrekt sein", gleichzeitig solle jedoch Seriosität gewahrt werden und die Äußerungen sollen sich noch im Rahmen der freiheitlich demokratischen Grundordnung halten. Je klarer und kontroverser die AfD sich positioniere, desto weniger könnten die Medien sie ignorieren.

Alexander Nabert beschrieb in der TAZ ein Grundproblem bei Interviews mit AfD-Repräsentanten: „Ist ein Interview zu wenig kritisch, gibt man der AfD eine Möglichkeit, sich ohne viel Widerspruch in der Öffentlichkeit in Szene zu setzen. Ist ein Interview zu kritisch, sucht sie den Eklat, provoziert den Abbruch und polemisiert gegen die ohnehin verhasste Lügenpresse." Wie man ein Interview auch führe: Die AfD gewinne immer. Auch Jan Sternberg kommentierte im RedaktionsNetzwerk Deutschland, dass Vertreter der AfD häufig die Rolle des Opfers einnähmen. Die AfD-Vertreter versuchten, „die Spielregeln massiv in ihrem Sinne umzuschreiben", und ließen „ihrer Verachtung gegenüber der Pressefreiheit freien Lauf".

Bewertung durch den Verfassungsschutz

Gesamtpartei

Die AfD ist mit Stand April 2019 als Gesamtpartei weder auf Bundesebene noch auf Landesebene Beobachtungsobjekt einer Verfassungsschutzbehörde. Auf einer Pressekonferenz am 15. Januar 2019 hatte das Bundesamt für Verfassungsschutz (BfV) die Partei zunächst als „Prüffall" bezeichnet. Das Verwaltungsgericht Köln untersagte der Behörde jedoch einen Monat später mit Beschluss vom 26. Februar 2019, die Partei weiterhin öffentlich derart zu nennen, da hierfür keine Rechtsgrundlage bestehe. Die Bezeichnung habe in der Öffentlichkeit eine „negative Wirkung", womit vom BfV in das Parteiengrundrecht und Persönlichkeitsrecht der AfD auf rechtswidrige und unverhältnismäßige Weise eingegriffen worden sei. Die Behörde hatte bereits zuvor eine entsprechende Pressemitteilung von ihrer Homepage entfernt und erklärte nach Bekanntgabe der Entscheidung, diese nicht anfechten zu wollen. Inzwischen ist der Beschluss rechtskräftig. Bereits im Januar hatte die Behörde zudem ihre Mitarbeiter aufgefordert, Kontakte zur AfD intern offenzulegen. Damit soll möglichen Loyalitätskonflikten oder einer Einflussnahme von Mitgliedern oder Sympathisanten der Partei auf die Prüfung der Frage einer Beobachtung vorgebeugt werden. Auch gegen diese Maßnahme erhob die AfD Klage vor dem Verwaltungsgericht Köln, da sie das Gleichheitsgebot verletze und gegen die staatliche Neutralitätspflicht verstoße. Eine interne von Roland Hartwig geleitete Arbeitsgruppe der AfD stellte im

September 2019 fest, dass einige Anhaltspunkte des BfV „nachvollziehbar aufgeführt" seien. Äußerungen z. B. von Beatrix von Storch wurden von der parteiinternen Untersuchung als „inhaltlich mit der freiheitlichen demokratischen Grundordnung nicht vereinbar", Äußerungen von Björn Höcke als mehrdeutig und klarzustellen angesehen.

Neben dem BfV hatten auch die Verfassungsschutzbehörden von Nordrhein-Westfalen, Baden-Württemberg, Schleswig-Holstein, Mecklenburg-Vorpommern, Sachsen, Thüringen, Bremen und Niedersachsen die Einstufung der regionalen AfD-Landesverbände als „Prüffall" öffentlich gemacht. Eine Einstufung als „Prüffall" dient dazu, offen zugängliches Material zu sichten und anschließend zu entscheiden, ob ein Personenzusammenschluss zum Beobachtungsobjekt erklärt wird oder nicht.

Vereinigungen und Gruppen

Im Gegensatz zur Gesamtpartei hat das BfV am 15. Januar 2019 die Jugendorganisation „Junge Alternative für Deutschland" und die innerparteiliche Strömung „Der Flügel" um den Thüringer Landesvorsitzenden Björn Höcke zu Beobachtungsobjekten erklärt.

Diese werden vom Bundesamt als sogenannte „Verdachtsfälle" geführt. Darunter werden Gruppierungen verstanden, „die nicht eindeutig extremistisch sind, bei denen aber ‚tatsächliche Anhaltspunkte' für verfassungsfeindliche Bestrebungen vorliegen." In Sachsen und Berlin sind die „Junge Alternative für Deutschland" sowie der „Flügel" von den örtlichen Verfassungsschutzbehörden ebenfalls als „Verdachtsfälle" eingestuft worden. In Bayern werden sowohl die Jugendorganisation als auch der innerparteiliche Zusammenschluss „Der Flügel" vom Verfassungsschutz beobachtet. Die Zwischenstufe des Verdachtsfalls existiert dort nicht. Gegen die Beobachtung ihrer Jugendorganisation und des "Flügels" durch das BfV hat die AfD im Januar 2020 eine Klage vor dem Verwaltungsgericht Köln eingereicht.

Der Präsident des nordrhein-westfälischen Verfassungsschutzes Burkhard Freier bescheinigte 2017 der parteinahen Patriotischen Plattform (PP) und ihren rund 200 Mitgliedern „vermehrt offen rechtsextremistische, insbesondere ethnopluralistische Positionen". Im September 2018 beantragte der Vereinsvorstand die Selbstauflösung des Vereins. Das Ziel des Sammelbeckens – nämlich eine Entwicklung der AfD zu einer gemäßigten „Scheinalternative" zu verhindern, so ihr Vorsitzender Hans-Thomas Tillschneider – sei erreicht und so mache die Plattform die Mitglieder mittlerweile ohne Not angreifbar.

Einzelpersonen

In Bayern stand 2017 mit Petr Bystron zeitweilig der bayerische Landessprecher der Partei im Visier des Verfassungsschutzes. Nach dessen Wahl in den Bundestag wurde die Beobachtung jedoch eingestellt. Gleiches gilt für die Beobachtung von drei Mitgliedern desselben Landesverbands, die 2018 in den bayerischen Landtag einzogen, da *für eine Beobachtung von Abgeordneten vom Bundesverfassungsgericht höhere Hürden aufgestellt wurden. Nach wie vor beobachtet werden hingegen sieben weitere AfD-Mitglieder, drei von ihnen sitzen in kommunalen Bezirkstagen. Der bayerische Verfassungsschutz kann im Gegensatz zu anderen Verfassungsschutzbehörden auch Einzelpersonen beobachten, die keinem Personenzusammenschluss angehören.*

In Sachsen standen 2017 laut dem damaligen Innenminister Markus Ulbig (CDU) „einzelne Mitglieder" der AfD aufgrund ihrer Aktivitäten in die rechtsextreme Szene unter Beobachtung, explizit „nicht wegen ihrer Parteimitgliedschaft". Ähnliches meldete Anfang 2018 das Land Niedersachsen. Der thüringische Verfassungsschutz-Präsident Stephan J. Kramer sah zur selben Zeit eine Zunahme von „rechtsradikalistischen Äußerungen einzelner Mitglieder", deren Prägekraft für die Gesamtpartei abzuwarten sei.

Seit Jahresbeginn 2020 überwacht der Verfassungsschutz Björn Höcke, Andreas Kalbitz und Hans-Thomas Tillschneider mit nachrichtendienstlichen Mitteln; diese Beobachtung bezieht sich auf die außerparlamentarischen Aktivitäten, nicht jedoch auf die Arbeit in den Parlamenten.

Verortung durch die Bevölkerung

In mehreren repräsentativen Umfragen wurde die Bevölkerung befragt, wie sie die AfD politisch verortet: 67 Prozent der Befragten waren laut Forsa im September 2016 der Ansicht, die AfD sei „eine am rechtsradikalen Rand des Systems angesiedelte Partei". Im Januar 2017 stuften laut Emnid 59 Prozent der Befragten die AfD als rechtsextrem ein. Laut einer von Statista beauftragten YouGov-Umfrage vom Februar 2017 stimmten 64 Prozent der Befragten der Aussage zu, dass die AfD eine „rechtsextreme" Partei sei. Im September 2018 sahen 79 Prozent im Rechtsextremismus eine Gefahr für die Demokratie, 20 Prozent nicht. In einer Umfrage für das ZDF-Politbarometer vom September 2019 sagten 80 Prozent, dass ihrer Einschätzung nach rechtsextremes Gedankengut in der AfD weit beziehungsweise sehr weit verbreitet sei.

Quelle: Seite „Alternative für Deutschland". In: Wikipedia, Die freie Enzyklopädie. Bearbeitungsstand: 23. Februar 2020, 07:28 UTC. URL: https://de.wikipedia.org/w/index.php?title=Alternative_f%C3%BCr_Deutschland&oldid=197077782 (Abgerufen: 23. Februar 2020, 07:49 UTC)

22.2 Alexander Gauland

(Eberhardt Alexander Gauland *(* 20. Februar 1941 in Chemnitz) ist ein deutscher Jurist, Publizist und Politiker (seit 2013 AfD, davor CDU). Er ist seit 2017 einer von zwei Fraktionsvorsitzenden der Bundestagsfraktion seiner Partei und seit 2019 Ehrenvorsitzender der AfD. Von 2017 bis 2019 war Gauland einer von zwei AfD-Bundessprechern (Parteivorsitzenden).*

Gauland war von 1973 bis 2013 Mitglied der CDU. Er war im Laufe seiner Parteikarriere im Frankfurter Magistrat und im Bundesumweltministerium tätig und leitete von 1987 bis 1991 die Hessische Staatskanzlei unter Ministerpräsident Walter Wallmann, der sein Mentor war. Eine umstrittene, von Gauland in seiner Funktion als Leiter der Staatskanzlei getätigte Versetzungsentscheidung fand als Affäre Gauland Einzug in die deutsche Literatur. Er war nach der Wende bis 2005 Herausgeber der in Potsdam erscheinenden Tageszeitung Märkische Allgemeine und publizierte vielfältig, so auch die Anleitung zum Konservativsein. Zuletzt war er Vordenker des Berliner Kreises.

Gauland ist Gründungsmitglied der gegen den Euro gerichteten Wahlalternative 2013 und der daraus hervorgegangenen Partei „Alternative für Deutschland" (AfD). Er war Vorsitzender der AfD Brandenburg. Nach der Landtagswahl in Brandenburg 2014, bei der er Spitzenkandidat gewesen war, wurde er Fraktionsvorsitzender seiner Partei und Alterspräsident im Landtag Brandenburg. Er war zusammen mit Alice Weidel Spitzenkandidat der AfD für die Bundestagswahl 2017, gewann ein Bundestagsmandat und wurde daraufhin zum Ko-Fraktionsvorsitzenden gewählt. Am 2. Dezember 2017 wurde Gauland auf dem Parteitag in Hannover zusätzlich zum zweiten gleichberechtigten Bundessprecher der AfD neben Jörg Meuthen gewählt. Am 30. November 2019 wurde Tino Chrupalla zu seinem Nachfolger gewählt, nachdem Gauland auf eine erneute Kandidatur verzichtet hatte.

Insbesondere während des Bundestagswahlkampfes 2017 wurden Aussagen Gaulands mehrfach als rassistisch und revisionistisch aufgefasst. Gemäß einer im Januar 2019 vorgelegten Studie bescheinigt das Bundesamt für Verfassungsschutz Gauland „völkisch-nationalistische Gesellschaftsbilder". Durch „Diffamierung derjenigen, die nicht Bestandteil der eigenen, aufgewerteten Gruppe" seien, verstoße er gegen Art. 3 GG. Die Glaubwürdigkeit der parlamentarischen Demokratie werde von ihm „bewusst delegitimiert".

Alexander Gauland wurde 1941 als Sohn des 1936 in den Ruhestand versetzten Oberstleutnants der Schutzpolizei Alexander Gauland im sächsischen Chemnitz geboren. Der Vater war einst am sächsischen Königshof in Dresden tätig. Er benannte seinen Sohn nach dem russischen Zaren Alexander I. Alexander Gauland wuchs im großbürgerlich geprägten Chemnitz-Kaßberg auf und besuchte zunächst die André-Schule und die Goethe-Oberschule. Nach dem Abitur 1959 an der Friedrich-Engels-Oberschule in Karl-Marx-Stadt flüchtete er aus der DDR in die Bundesrepublik, da ihm das Studium verwehrt wurde. Er war anfangs im Notaufnahmelager Marienfelde (Berlin) und dann im hessischen Gießen untergebracht.

Jurastudium in Marburg und Gießen

Er absolvierte 1960 die westdeutsche Ergänzungsprüfung zum DDR-Abitur in Darmstadt und studierte ab 1960 Geschichte und Politikwissenschaft sowie Rechtswissenschaften an der Philipps-Universität Marburg und der Justus-Liebig-Universität

Gießen. In Marburg war er beim Ring Christlich-Demokratischer Studenten (RCDS) engagiert und leitete als Universitätsältester die studentische Vollversammlung (als ein Nachfolger von Walter Wallmann). Nach seinem Studium litt er an einer schweren Depression und verbrachte sechs Wochen in einer Nervenklinik in Bonn. 1970 wurde er beim Völkerrechtler Gerhard Hoffmann an der Rechts- und Staatswissenschaftlichen Fakultät der Universität Marburg mit der Dissertation Das Legitimitätsprinzip in der Staatenpraxis seit dem Wiener Kongress zum Dr. jur. promoviert. 1966 legte er die erste und 1971 die zweite juristische Staatsprüfung in Hessen ab.

Politischer Werdegang in der CDU

Stationen in Bonn, Edinburgh und Frankfurt

Nach der Promotion arbeitete er von 1970 bis 1972 für das Presse- und Informationsamt der Bundesregierung in Bonn, war von 1974 bis 1975 Presseattaché am Generalkonsulat im schottischen Edinburgh und danach für die CDU/CSU-Bundestagsfraktion in Bonn tätig.

Im Bundestag begegnete er seinem Mentor Walter Wallmann, seinerzeit stellvertretender Unionsfraktionsvorsitzender. Nachdem Wallmann Parlamentarischer Geschäftsführer geworden war, avancierte Gauland, der 1973 der CDU beitrat, auf Wallmanns Wunsch hin zu dessen persönlichem Referenten. Dieser setzte viel auf Gauland und würdigte ihn in seiner Autobiografie (2002) als „außergewöhnlich gebildet, keineswegs immer den Erfordernissen politischer Taktik aufgeschlossen, an allen Fragen interessiert und vor allem einen Mann, der Loyalität mit dem Mut zum Widerspruch in der Sache zu verbinden wusste". Er sei ein „wichtiger Ratgeber" gewesen.

Aufgrund des guten Ergebnisses der CDU Hessen bei den Kommunalwahlen in Hessen 1977 wechselte Gauland in den Römer nach Frankfurt am Main. Wallmann wollte dort mit seinen Mitstreitern durch einen Politikwechsel in der einstigen linken Hochburg den Erfolgskurs der Sozialdemokraten im Bund stoppen. Dort war er persönlicher Referent, Redenschreiber und Büroleiter des Oberbürgermeisters Wallmann. In der Funktion als Frankfurter Magistratsdirektor organisierte er u. a. die Verbringung von vietnamesischen Flüchtlingen (Boatpeople) in die hessische Metropole. Mit Wallmann, der erster Bundesminister für Umwelt, Naturschutz und Reaktorsicherheit im Kabinett Kohl II wurde, wechselte er 1986 in das Bundesministerium nach Bonn, wo er die Zentralabteilung mitaufbaute.

Staatssekretär in Hessen

Mit der gewonnenen Landtagswahl in Hessen 1987 wurde er als Staatssekretär Chef der Hessischen Staatskanzlei in Wiesbaden unter Ministerpräsident Wallmann. Der Politikwissenschaftler Eike Hennig sah in Gauland einen „liberalkonservativen" Politiker, der allerdings im Wahlkampf federführend an einer „antiintegrativen ausländerpolitischen Kampagne" beteiligt war. Um das Aktionsprogramm Hessen-Thüringen, ein Investitionsprogramm für den Aufbau Ost, umzusetzen, wurde er 1989 mit der Leitung einer Kabinetts-Arbeitsgruppe betraut, der auch die Staatssekretäre Dieter Posch (FDP) und Claus Demke (CDU) angehörten.

Am 16. Februar 1993 erschien in der Frankfurter Rundschau eine Anzeige, die auf eine öffentliche Diskussion am 24. Februar 1993 zum Thema „Staatsbürgerschaft, Einwanderung und Asyl im weltoffenen Deutschland" im Frankfurter Dominikanerkloster hinwies. Als Diskussionsteilnehmer werden neben Gauland Winfried Hassemer, Dieter Hooge und andere genannt. Der Text war verbunden mit einer von vielen Prominenten (darunter Ignatz Bubis, Daniel Cohn-Bendit, Joschka Fischer und Marcel Reich-Ranicki) unterzeichneten Erklärung. Sie enthielt Sätze wie „Zu gewinnen ist ein modernes und europafähiges Deutschland. Nötig ist eine pragmatische und humane Einwanderungspolitik. Wir brauchen eine intelligente und verantwortliche Asylpolitik, die an der Selbstverpflichtung der Gesellschaft zur Generosität grundsätzlich festhält." Die Rede war auch von einer „Republik, die als offene Gesellschaft das ‚völkische' Selbstverständnis hinter sich gelassen hat".

Sein Versuch, den Leitenden Ministerialrat Rudolf Wirtz (SPD) zu versetzen, um Platz für seinen Parteifreund Wolfgang Egerter zu machen, führte zu mehrinstanzlichen Verfahren vor Verwaltungsgerichten und einer landespolitischen Kontroverse, die unter dem Namen „Affäre Gauland" bekannt ist. In dieser wurde die Vergangenheit Egerters im Witikobund thematisiert und Gauland musste im Zuge des Verfahrens eidesstattliche Versicherungen abgeben. Diese erwiesen sich als falsch. Der Schriftsteller Martin Walser verarbeitete die Affäre mit ihren Protagonisten in dem vielbeachteten Schlüsselroman Finks Krieg, der 1996 im Suhrkamp Verlag erschien. Gauland ist dort reales Vorbild für eine der Hauptfiguren namens Tronkenburg. Er warf Walser als Reaktion Unkenntnis der Zustände vor Ort vor. Nach dem Rechtswissenschaftler Heinz Müller-Dietz stilisierte sich Gauland zum „Opfer des rechthaberischen Protagonisten".

Ideengeber des „Berliner Kreises"

Wie Hans-Joachim Schoeps und Günter Rohrmoser wurde er zu den Konservativen im Umfeld der Union gerechnet. Gauland, der in den letzten Jahren die Ausrichtung der CDU unter Bundeskanzlerin Angela Merkel kritisierte und zuletzt Ideengeber des konservativen „Berliner Kreises" innerhalb der Partei war, trat nach langjähriger Mitgliedschaft im März 2013 aus der CDU aus. Zuvor suchte er mit unterschiedlichen Vertretern im Rahmen von Partei-, Jugendorganisations- und Stiftungsveranstaltungen das Gespräch.

Herausgeber der „MAZ"

Gauland war von 1991 bis 2005 Mitgeschäftsführer (bzw. Generalbevollmächtigter) der damals zur Verlagsgruppe der Frankfurter Allgemeinen Zeitung (FAZ) gehörenden Märkischen Verlags- und Druck-Gesellschaft und Herausgeber der Märkischen Allgemeinen (MAZ) in Potsdam. Er war nach der Wende verantwortlich für den Prozess des Übergangs vom einstigen SED-Organ hin zu einer unabhängigen

Tageszeitung. Die Leser seien politisch unterschiedlich sozialisiert gewesen, was ihn vor größere Herausforderungen gestellt habe. Die unbedarfte Weiterbeschäftigung politisch vorbelasteter Redakteure führte zudem zu Glaubwürdigkeitsproblemen, gestand Gauland rückblickend selbstkritisch ein. 1993 war Gauland Mitunterzeichner des Appells Frankfurter Einmischung – Jens Reich soll Bundespräsident werden. Neben seiner Herausgebertätigkeit hat Gauland zudem als freier Publizist für die MAZ gewirkt. Der Historiker Michael Stürmer (2005) bezeichnete die veröffentlichten Beiträge als „philosophisch-politische Debattenstücke".

In dem 2011 durch die Politologin Ariane Mohl, Mitarbeiterin im Forschungsverbund SED-Staat, ausgearbeiteten Gutachten (Personelle und institutionelle Übergänge im Bereich der brandenburgischen Medienlandschaft) für die Enquete-Kommission 5/1 des Brandenburger Landtages hieß es, dass Gauland nicht „offensiv und für die Öffentlichkeit transparent die Vergangenheit der MAZ-Redakteure" in der DDR aufgearbeitet habe. Zwar seien zwei ehemalige Chefredakteure in seiner Amtszeit wegen ihrer Stasi-Vergangenheit entlassen worden, unklar bleibe allerdings, „nach welchen Kriterien Gauland bei der Einzelfallprüfung vorgegangen" war.

2011 vertrat Gauland in einem Artikel die Auffassung, dass Brandenburg „keine bürgerliche Geschichte und also auch keine bürgerliche Tradition" habe. Dies löste eine medial ausgetragene Debatte in der Landespolitik unter Beteiligung führender Politiker nahezu aller Fraktionen aus, in deren Verlauf ihm die Vorsitzende der CDU Brandenburg und der CDU-Fraktion im Brandenburger Landtag, Saskia Ludwig, vorwarf, „seine eigenen Fehler in der Nachwendezeit auf eine vermeintlich proletarisierte, unmündige Bevölkerungsstruktur in Brandenburg abzuwälzen". Die Presse nahm die Ereignisse in Potsdam als Effekt des Sommerlochs wahr.

Parteipolitische Neuorientierung

Parteifunktionär der AfD

Gemeinsam mit den CDU-Mitgliedern Konrad Adam und Bernd Lucke sowie Gerd Robanus war er im September 2012 Gründungsmitglied der Wahlalternative 2013. Er wurde im April 2013 auf dem Gründungsparteitag der Euro-kritischen AfD gemeinsam mit Patricia Casale und Roland Klaus zum stellvertretenden Sprecher gewählt. Im Februar 2014 wurde er auf einem Landesparteitag in Großbeeren bei einem Gegenkandidaten mit ca. 77 Prozent der Stimmen zum Vorsitzenden der AfD Brandenburg gewählt und trat somit die Nachfolge des im Dezember 2013 zurückgetretenen Roland Scheel an.

Schnell profitierte die Partei, so Beobachter, von seiner und Adams Berufserfahrung in den Medien. Gauland schärfte mit einem kontrovers diskutierten Grundsatzpapier das außenpolitische Profil der AfD, indem er sich für eine Annäherung an Russland einsetzte. In der Öffentlichkeit galt er als innerparteilicher Gegenspieler Luckes. Auch von Sozialwissenschaftlern wird er nicht zuletzt wegen seiner Themensetzung dem rechten Parteiflügel der AfD zugerechnet. Forscher wie David Bebnowski,

Franz Walter, Lars Geiges, Stine Marg, Alexander Häusler, Gudrun Hentges, Jürgen W. Falter, Frank Decker, Sebastian Friedrich, Lothar Probst, Susanne Merkle und Elmar Wiesendahl bezeichnen diesen und Gaulands Rolle in der Partei als überwiegend national- oder aber auch rechtskonservativ.

Nach Gauland bietet die AfD, die er als „Partei der kleinen Leute" bezeichnet, eine politische Heimat für ein „lange verschüttetes nationalliberales Lebensgefühl, das weder rechts noch links ist, sondern zutiefst menschlich, konservativ nicht im politischen Sinne, sondern im lebensweltlichen". Neben den „volkswirtschaftlich gebildeten Wirtschaftsliberalen" sei sie eine Bewegung von „Protestwählern" mit „nationalkonservativer" und „nationalliberaler" Ausrichtung. Er ist überzeugt, sie trete das Erbe der FDP an.

In einer von der Linken Brandenburg in Auftrag gegebenen Studie zur AfD Brandenburg („Wenn ich benenne, was Menschen umtreibt, bin ich Demokrat", 2014) thematisierten Christoph Kopke und Alexander Lorenz vom Potsdamer Moses Mendelssohn Zentrum für europäisch-jüdische Studien Gaulands Kontakt zu Jürgen Elsässers Magazin Compact und seine Vortragstätigkeit bei Burschenschaften. Auch Wolfgang Storz von der gewerkschaftsnahen Otto-Brenner-Stiftung, der eine Studie zum politisch-publizistischen Querfront-Netzwerk anfertigte, verwies auf Gaulands Interview- und Autorentätigkeit für Elsässers Magazin. Er nutze auch, so Beobachter, die neurechte Wochenzeitung Junge Freiheit, um innerparteiliche Debatten auszutragen. Weiterhin war er Referent bei der neurechten Bibliothek des Konservatismus in Berlin, bei der sogenannten Compact-Friedenskonferenz in Berlin und der Staats- und Wirtschaftspolitischen Gesellschaft in Hamburg, wie Kopke und Lorenz in einem Beitrag 2016 ergänzten.

Im März 2015 unterzeichnete er als einer der Ersten die durch die Landesvorsitzenden Björn Höcke aus Thüringen und André Poggenburg aus Sachsen-Anhalt initiierte sogenannte „Erfurter Resolution". Im April 2015 wurde er auf dem Landesparteitag in Pritzwalk (Landkreis Prignitz) mit 88,7 Prozent der Stimmen als Landesvorsitzender wiedergewählt. Auf dem außerordentlichen Bundesparteitag der AfD in Essen im Juli 2015, auf dem sich Petry gegen Lucke durchsetzte, wurde er bei zwei Mitbewerbern mit 83,8 Prozent der Stimmen erneut zum stellvertretenden Bundessprecher, diesmal neben Beatrix von Storch und Albrecht Glaser, gewählt.

Laut Kopke und Lorenz (2016) trimme Gauland in jüngster Zeit „die AfD weiter auf einen schärferen Rechtskurs", was überrasche, weil er bisher auch in der Wissenschaft als konservativ, aber integer galt. Sein Ausspruch, die Debatte um die Flüchtlingskrise in Deutschland ab 2015 sei ein „Geschenk" für seine Partei, stehe im Kontext von Profilierungsversuchen der AfD als „Anti-Flüchtlings-Partei" und damit als „politischer Profiteur der rassistischen Protestwelle", so Häusler und Virchow. Für Häusler, der Gauland einen mitunter „rechtspopulistischen Duktus" attestiert und ihn für einen „Spin-Doctor" der Partei hält, unterstütze der Politiker die Intention Höckes, die AfD als eine „rechte ‚Bewegungspartei'" aufzustellen. So trugen die beiden bei Demonstrationen in Ostdeutschland Reden mit „nationalistischem Pathos" vor und erprobten den Schulterschluss mit der radikalen Rechten in Europa: Im Jahr 2016 luden Gauland, Höcke und Poggenburg zu einer Parteiveranstaltung mit dem Generalsekretär der FPÖ und Mitglied des Europäischen Parlaments, Harald Vilimsky, im brandenburgischen Nauen. Ferner benutzte Gauland bei einer Kundgebung am 2. Juni 2016 in Elsterwerda im Zusammenhang mit der vermeintlichen Überfremdungsgefahr die Parole „Heute sind wir tolerant und morgen fremd im eigenen Land", was er in der Sendung Anne Will zuerst bestritt, aber nach einem Einspieler eingestand (ursprünglich stammte dieser Satz aus dem Refrain des Liedes Tolerant und geisteskrank von der CD Adolf Hitler lebt! der rechtsextremen Band „Gigi und Die braunen Stadtmusikanten" des Musikers Daniel Giese). Nach Ansicht von Elmar Wiesendahl werden damit eine rechts der Unionsparteien errichtete „Brandmauer eingerissen" und „Brücken ins Nationalkonservativ-Völkische gebaut", was auch „Rassenideologie" und „Rechtsextremismus" einschließen könne.

Auf dem Parteitag der AfD im April 2017 wurde er gemeinsam mit Alice Weidel zum Spitzenkandidaten für den Bundestagswahlkampf gewählt. Nach dem Parteitag beendeten die Spitzenkandidaten ihre Kommunikation mit AfD-Bundessprecherin Frauke Petry; diese bekundete im August 2017 ihre Gesprächsbereitschaft mit Weidel und Gauland.

Im Bundestagswahlkampf 2017 fiel Gauland mit rassistischen und revisionistischen Äußerungen auf. In der Woche vor der Wahl ging Petry zu Gauland und Weidel auf Distanz und bekundete ihr Verständnis für Wähler, die über deren Äußerungen „entsetzt" seien.

Abgeordneter des Brandenburger Landtags

Bereits bei der Bundestagswahl 2013 war Gauland Spitzenkandidat der AfD Brandenburg, die 6,0 Prozent der Zweitstimmen erhielt. Bei der Landtagswahl in Brandenburg 2014 war er erneut Spitzenkandidat und trat als Direktkandidat im Landtagswahlkreis Potsdam I (Wahlkreis 21) an. Wichtige Themen des Wahlkampfes waren u. a. der Flughafen Berlin Brandenburg, die Innere Sicherheit und die Zuwanderung. In Gaulands Offerte an sowohl linke als auch rechte Wähler in Brandenburg sieht das Wissenschaftlerkollektiv Nicole Berbuir, Marcel Lewandowsky und Jasmin Siri Anzeichen einer „Catch-all-Protestpartei". Er erreichte 7,2 Prozent der Erststimmen und 7,5 Prozent der Zweitstimmen und wurde über die Landesliste der AfD in den 6. Brandenburger Landtag gewählt.

Am 21. September 2014 wurde er einstimmig zum Fraktionsvorsitzenden gewählt. In seiner Rede als Alterspräsident bei der Konstituierung des Landtags sprach er über Thesen des britischen Staatsmanns und Philosophen Edmund Burke zur Rolle des imperativen Mandats. Diese wurde von den anderen Fraktionen überwiegend positiv aufgenommen.

Im Jahr 2015 traf Gauland in Sankt Petersburg Alexander Dugin.

Gaulands besonderes Interesse gilt seit Jahren der Kulturpolitik, die in seinen Augen „enorm an Stellenwert" verloren habe. Es mangele an Legitimität und Finanzierung. Insbesondere „die Hochkultur hat es immer schwerer". Im Brandenburger Landtag war er ordentliches Mitglied des Hauptausschusses A1 und des Ausschusses für Wissenschaft, Forschung und Kultur A6. Seit der Bundestagswahl 2017 gehört Gauland dem Brandenburger Landtag nicht mehr an.

Nach Aufgabe des Landesvorsitzes in Brandenburg ist Gauland Ehrenvorsitzender des AfD-Landesverbandes.

Abgeordneter des Bundestages und Parteivorsitzender

Alexander Gauland trat als Direktkandidat im Bundestagswahlkreis Frankfurt (Oder) – Oder-Spree an und unterlag dort mit 21,9 % dem CDU-Kandidaten Martin Patzelt, der 27,1 % der Erststimmen erhielt. Er war auf Platz eins der Landesliste der AfD Brandenburg gewählt worden und zog bei der Bundestagswahl 2017 über diese Landesliste in den Bundestag ein.

Am 2. Dezember 2017 wählte ihn der Bundesparteitag mit 68 Prozent der Stimmen zum Bundessprecher der Alternative für Deutschland, als einer von zwei Sprechern zusammen mit Jörg Meuthen.

Zur Bewältigung seiner Mandatsaufgaben und Unterstützung seiner parlamentarischen Arbeit stellte Gauland nach Recherchen von Zeit Online wie achtzehn weitere Abgeordnete seiner Fraktion Mitarbeiter aus dem rechtsextremen Milieu ein: Bis Januar 2018 beschäftigte er einen Ex-Kader der verbotenen Heimattreuen Deutschen Jugend (HDJ), der zuvor bereits mindestens seit Anfang 2015 als verkehrs- und europapolitischer Referent für die Brandenburgische AfD-Landtagsfraktion tätig gewesen war, wie Gauland gegenüber der FAZ bestätigte. Ein anderer aus Brandenburg stammender Mitarbeiter von Gauland bewegte sich gemäß Zeit Online in der Berliner Neonaziszene, im Frühjahr 2016 war eine Person seines Namens von den Veranstaltern eines Neonazikonzerts in Thüringen als Ordner angemeldet worden. Vor seiner Tätigkeit für Gauland war er als Praktikant in der AfD-Landtagsfraktion in Potsdam beschäftigt, wo er mit extrem rechten Ansichten auffiel.

Aufhebung der Immunität

Mit Beschluss des Bundestages wurde die Immunität Alexander Gaulands als Bundestagsabgeordneter am 30. Januar 2020 aufgehoben. Eine Mehrzahl der AfD-Abgeordneten enthielt sich der Stimme. Die Staatsanwaltschaft Frankfurt am Main hatte eine Aufhebung beantragt, um in einem Strafverfahren ermitteln zu können. Gauland steht laut der Frankfurter Oberstaatsanwältin Nadja Niesen im Verdacht einer privaten Steuerhinterziehung im fünfstelligen Bereich. Seine Wohnung in der Berliner Vorstadt in Potsdam wurde am Mittag von den Ermittlungsbehörden zwei Stunden lang durchsucht. Die Durchsuchungen betrafen allein die Meldeanschrift des Verdächtigen. Die Ermittler haben zwei Umschläge voller Dokumente zur Auswertung mitgenommen.

Bundestagsbüros wurden nicht durchsucht. Ein AfD-Fraktionssprecher sagte der AFP, in den Ermittlungen gehe es um ein altes Verfahren aus dem vorletzten Jahr. Die Fraktion wolle dazu ausführlicher Stellung nehmen.

Familie

Gauland ist Mitglied der evangelischen Kirche und gehört ihr nach eigener Aussage „aus Achtung der Familientradition" an. Er ist verheiratet und Vater der Tochter Dorothea (* 1983) aus einer früheren Ehe. Seit 1993 lebt er in einer Villa in der Potsdamer Berliner Vorstadt unweit des Heiligen Sees. Seine Lebensgefährtin Carola Hein war Lokalredakteurin bei der von ihm bis 2005 herausgegebenen Märkischen Allgemeinen.

Politisch-publizistische Positionen

Außen- und Sicherheitspolitik

Gauland vertritt den pragmatischen Standpunkt, dass es faktisch keine politisch konservative Außenpolitik gebe, sondern dass diese nur angelehnt an die Interessen eines Landes wie Deutschland entweder richtig oder falsch sein könne. Er verfolge, so Beobachter, eine an nationalen Interessen ausgerichtete Macht- und Realpolitik. Diese stehe zum Teil der Westbindung und der NATO entgegen.

Außenpolitisches Positionspapier

Vor der Bundestagswahl 2013 stellte Gauland ein von ihm ausgearbeitetes, sich an die Bündnispolitik Otto von Bismarcks anlehnendes außenpolitisches Positionspapier, das in der Wissenschaft auch „Bismarck-Papier" genannt wird, vor. Die Vorstellung erfolgte im Rahmen einer Pressekonferenz der AfD, es war jedoch nie Teil des offiziellen Partei- oder Wahlprogramms. Auf einem Parteikonvent im Oktober 2013 ermunterte Gauland die Partei dazu, seine Ausarbeitung in das Parteiprogramm der AfD zu übernehmen und „eigenständig nationale Interessen zu definieren". Auch Beobachter sehen eine Anschlussfähigkeit an die AfD-Programmatik. Gauland tritt konkret für eine stärkere Betonung nationaler Interessen ein. Allerdings unterstützte er die feste Verankerung Deutschlands in der westlichen Sicherheitsarchitektur der NATO unter Führung der USA. Gleichzeitig forderte er, das Verhältnis zu Russland sorgfältig zu pflegen, da Russland an entscheidenden Wegmarken der deutschen Geschichte positiv Pate gestanden, sich aber nicht immer auf westliche Versprechen habe verlassen können. Er lehnte Auslandseinsätze der Bundeswehr außerhalb des NATO-Gebietes wie in Afghanistan ab, schloss jedoch die Möglichkeit von Interventionen an Europas Peripherie wie in Nordafrika nicht prinzipiell aus, falls deutsche Kerninteressen berührt seien. Einem EU-Beitritt der Türkei erteilt Gauland eine klare Absage: „Nach Auffassung der AfD endet Europa am Bosporus. Mit der Aufnahme der Türkei verlöre Europa seine abendländische Identität." Einen Militärschlag gegen die Regierung Assad im Syrischen Bürgerkrieg lehnte Gauland ab. In Bezug auf Bundeskanzlerin Merkels wiederholte Zusicherungen, dass das Existenzrecht Israels Teil der Staatsräson der Bundesrepublik Deutschland sei, wies Gauland darauf hin, dass Deutschland im Konfliktfall weder rechtlich noch strategisch in der Lage sei, derartige Erklärungen tatsächlich „mit Leben zu füllen".

Laut dem Politikwissenschaftler Marcel Lewandowsky bilde das Papier „die EU-kritische Position der Partei ab". Es weise „nationalistische Untertöne" auf, so die Politologin Viola Neu. Laut den Politikwissenschaftlern Gunther Hellmann, Wolfgang Wagner und Rainer Baumann könnten durch Gaulands Vorstoß „anti-französische Ressentiments wieder hoffähig" werden.

Europapolitik und Positionen zu Russland

Er hält Europa für „keinen opportunistischen Begriff", sondern für „deutsche Staatsräson", da nationale Interessenpolitik ohne oder gar gegen Europa nicht mehr möglich sei. Deutschland könne nur Wirkung entfalten, indem es innerhalb der Europäischen Union Politik betreibe. Das Festhalten am historisch gewachsenen britischen „Sonderweg" und damit der gepflegten Distanz zu Kontinentaleuropa halte er für nicht zeitgemäß. Ein europäischer Föderalismus werde sich aus historischer Erfahrung heraus wegen der immer wieder aufkommenden Nationalismen nicht durchsetzen. Vielmehr habe sich das „europäische Projekt" spätestens 2005 „erschöpft". Er sehe auch deswegen den zukünftigen Erweiterungen der Europäischen Union (z. B. um die Türkei) Grenzen gesetzt.

Der Neuzeithistoriker Heinrich August Winkler hält Gauland für einen derjenigen Verteidiger Putins, die als „Apologeten der Annexion" der Krim während des Krieges in der Ukraine seit 2014 mit „völkischem Nationalismus" argumentierten. Gauland spiele isolationistischen Strömungen, so die Wissenschaftler Christian Nestler und Jan Rohgalf, in die Hände. Man könne etwa die EU-Osterweiterung verantwortlich für die Eskalation in der Region machen und sich selbst zum „Hüter des Weltfriedens" stilisieren.

Positionen zu den USA und zu Israel

Er sieht in dem Beitrag Was von Europa übrig bleibt (2002) die Vereinigten Staaten „als das neue Rom, ein amerikanisches Imperium, das die Welt nach seinen Vorstellungen ordnen möchte und immer weniger geneigt scheint, auf die Interessen, kulturellen Überlieferungen und historischen Traditionen anderer Rücksicht zu nehmen." Weiter befürwortet er eine Gleichgewichtspolitik und hält Altbundeskanzler Gerhard Schröder vor, sich gegen den Irakkrieg (2003) aus innenpolitischen und damit dem „Machterhalt dienenden Gründen" und „nicht aus historischer Kenntnis" heraus positioniert zu haben. Gauland lehnt das Ziel der Förderung von Demokratie durch die USA, wie sie in der National Security Strategy vom September 2002 (Bush-Doktrin) beschrieben wurde, ab.

Gaulands Forderung nach mehr Konservativer Skepsis gegen Amerika (2003) wurde durch den Politischen Soziologen Michael Zöller kritisiert. Zöller hielt die

Argumentation Gaulands für paradox. Das, was er vorlege, sei lediglich die „Verteidigung des Status quo". Gauland rücke für Europa „etwas weniger Freiheit, etwas mehr Staat, weniger individueller Reichtum und mehr soziale Gerechtigkeit" in den Vordergrund und verbreite unter dem Deckmantel des Realismus altbekannte Vorurteile gegen Amerika.

Der Kommunikationswissenschaftler Tobias Jaecker beurteilte 2014 einige von Gaulands Äußerungen aus den 2000er Jahren – der beispielsweise von einem Anstieg der „Skepsis gegen Amerika" (Gauland) spreche – als eingebettet in einen „antiamerikanischen Diskurs". So seien Gaulands Aussagen so zu lesen, als wären die US-Amerikaner „geistig beschränkt und engstirnig" und ein „zusammengewürfeltes Volk ohne eigene Kultur". Außerdem würden sie – wie er bei Gauland feststellte – „keine ernstzunehmende Geschichte" haben. Weiterhin problematisiere Gauland den Nahostkonflikt einzig in der „Existenz des Staates Israel und dessen Unterstützung durch Amerika". Israel sei gar ein „Fremdkörper" (Gauland).

Verteidigungspolitik

In einem Zeitungsbeitrag im Jahr 2012 attestierte er den Deutschen ein „gestörtes Verhältnis zur militärischen Gewalt", sprach sich für ein Verständnis des Kriegs als „Fortsetzung der Politik mit anderen Mitteln im Sinne von Clausewitz" aus und konstatierte einen „diffusen Pazifismus". Der Bundesverwaltungsrichter Dieter Deiseroth schrieb in einem Leserbrief, Gauland negiere „damit das nach den Verbrechen des Zweiten Weltkrieges als historische Errungenschaft der Menschheit in der UN-Charta verankerte Verbot jeder Anwendung militärischer Gewalt in den zwischenstaatlichen Beziehungen." Dieser umgehe die verfassungs- und völkerrechtlichen Bestimmungen und ziehe zur Rechtfertigung des Rechtsbruchs die Blut-und-Eisen-Rede Bismarcks heran.

Gesellschafts- und Sozialpolitik

In seinen Büchern Was ist Konservatismus? (1991) und Anleitung zum Konservativsein (2002) beschrieb er in Anlehnung an Edmund Burke „den schonenden Umgang mit Traditionen als die vornehmste konservative Aufgabe" und führte aus, „was Tempo verlangsamt, den Zerfall aufhält, indem es die Globalisierung einhegt, ist deshalb gut und richtig". In der derzeitigen Wirtschaftsordnung würden dagegen linke und aufgeklärte Werte vermittelt. Die Globalisierung und damit die Ökonomisierung nahezu aller Lebensbereiche sei eine abzulehnende Abstraktion von Gesellschaftsentwürfen. Das Wissenschaftlerkollektiv Hans-Jürgen Arlt, Wolfgang Kessler und Wolfgang Storz erkennt allerdings bei Gaulands konservativem Ansatz eine größer gewordene Nähe zur politischen Linken.

Gauland arbeitete in seinen theoretischen Überlegungen zwei zukünftige kulturelle Milieus heraus, auf der einen Seite ein „liberal-individualistisches" und auf der anderen ein „wertkonservatives". Bei dem von Gauland präferierten Modell handle es sich um einen zeitgemäßen, „konstruktiven Konservatismus" (Gauland), der nicht auf deutschnationale Identifikationen und die überwundene Vormoderne zurückfallen dürfe, vielmehr müssten Traditionen neu geordnet werden. Dafür wurde er zum Teil von konservativer Seite kritisiert, so hielt ihm der Historiker Hans-Christof Kraus „mangelndes Differenzierungsvermögen" im Umgang mit dem Konservatismus vor. Gauland versuche die Konservative Revolution der 1920er Jahre als ausschließlich fehlgeleitet darzustellen. Ganz im Gegenteil habe es in Anschluss an die Befreiungskriege keine Abkehr des Konservatismus vom „Westen" gegeben. Für die Politische Soziologin Karin Priester (2007) „flüchtet Gauland auf eine Metaebene". Diese stütze sich auf „Anthropologie, Philosophie oder Theologie" und lässt sozialhistorische Fragestellungen außer Acht. Sie prognostizierte einen aufkommenden Positionierungszwang des Konservatismus, der eher dem „Gang ins Volk" aus habituellen Gründen ablehnend gegenüber stehe, zum Populismus.

Positionen zu einzelnen Parteien

Gauland ist nach Einschätzung der Politikwissenschaftler Franz Walter, Christian Werwath und Oliver D'Antonio unzufrieden mit den konkreten Ergebnissen der durch Bundeskanzler Helmut Kohl versprochenen „geistig-moralischen Wende" der 1980er Jahre. Infolgedessen kritisierte er den zunehmenden Verlust des konservativen Profils der CDU. Insbesondere die Nationalkonservativen seien seit dem Ende des Warschauer Paktes fast vollkommen ausgestorben. Die vermeintliche „Sozialdemokratisierung" der CDU sieht er als bewusste Ausrichtung der Parteispitze um Angela Merkel (seit 2000), die zum Erfolgsfaktor bei Wahlen wurde. Bürgerlich-konservative Parteien könnten aber langfristig nur dann bestehen, wenn sie auch ein soziales Profil hätten, so Gauland. Die Entwicklung sei die spiegelbildliche Entwicklung der Gesellschaft und damit „Ausdruck der Konsensdemokratie und des Sicherheitsbedürfnisses". Der Zeithistoriker und Politikwissenschaftler Arnulf Baring glaubt, dass Gauland für eine wertkonservative und soziale CDU einstand.

Zum Verhältnis der Union zu Bündnis 90/Die Grünen (siehe Gesprächskreis Pizza-Connection) befürwortete Gauland einen „Wandel durch Annäherung" und spielte so auf das wertkonservative Milieu der in seinen Augen verbürgerlichten grünen Partei an. In einer Rezension von 1992 ließ er wissen: „An dem neuen Buch von Joschka Fischer ärgert mich am meisten, daß ich fast mit jedem Satz übereinstimme. Es ist richtig, daß der Sozialismus ein großer Irrtum war und in der früheren Sowjetunion ein riesiges Beinhaus hinterlassen hat. … Es ist ebenfalls richtig, daß der Ursprung all dessen schon in der Marxschen Theorie liegt, die fast zwangsläufig Geheimpolizei und Terror hervorbringen mußte. Es ist auch richtig, daß Rußland ohne dieses fürchterliche Experiment heute wahrscheinlich ein entwickeltes Industrieland wäre. Und natürlich hat Joschka Fischer recht, wenn er feststellt, daß das kapitalistische Modell dem sozialistischen überlegen ist. … Und natürlich kann man sich mit dem Schlußzitat von Manès Sperber identifizieren, daß es künftig notwendig sein wird, ‚außerhalb des Absoluten und gegen das Absolute zu leben'."

Er attestierte hingegen dem sozialdemokratischen Altbundeskanzler Gerhard Schröder einen aufstiegsorientierten Karrierismus, ohne dabei ein Gesellschaftskonzept angeboten zu haben. Der Politologe und Publizist Albrecht von Lucke kommentierte: „Eine erstaunliche Allianz vom konservativen Publizisten Alexander Gauland bis zum sozialdemokratischen Professor Franz Walter empfiehlt ... der SPD, sich auf ihre Tradition als Staatspartei zu besinnen". Den ehemaligen Bundesverfassungsrichter und Publizisten Udo Di Fabio bezeichnete Gauland als „Wendephilosophen", dessen „geistige Standortbestimmung für die Ausgangslage der Großen Koalition ... kaum zu überschätzen" sei. Dem hielt der Wirtschaftsjournalist und -publizist Rainer Hank entgegen, dass wohl nur „Menschen in Deutschland, die auf einen Ausweg aus der Stagnation" hofften, Di Fabio als „Chefdenker" begreifen würden.

Gauland stellt in weiteren Überlegungen eine zunehmende Diskrepanz zwischen Eliten aus Politik und Wirtschaft auf der einen Seite und der Bevölkerung auf der anderen Seite fest. In der Politik seien Manager, freie Berufe und andere nicht erwünscht, vielmehr bilde sie eine „Geschlossene Gesellschaft". Bereits 1991 forderte er ein, dass sich „die gesellschaftliche Zusammensetzung der classe politique ändern" müsse. Dies sei zwingend notwendig, um die Demokratie auf Dauer stabilisieren zu können.

Kultur- und Bildungspolitik

Er bemerkte zur 2000 angestoßenen Debatte um die „deutsche Leitkultur", dass Deutschland Schwierigkeiten mit der Anerkennung von kulturell-historischen Unterschieden hätte. Aufgrund seiner „späten Geburt" und mangelnder nationaler Überlieferung sei sie letztlich eine „Gesellschaft ohne Selbstvertrauen". Die Soziologin Eunike Piwoni attestierte ihm mit etwa Georg Paul Hefty, Jörg Schönbohm und Thomas Goppel ein „europäisch-kulturnationales Verständnis in Verbindung mit staatsbürgerlichem Nationalverständnis". Dieses stehe anderen Überlegungen, die eher auf Verfassungspatriotismus und Vaterlandsliebe abzielen, gegenüber.

Gauland kritisiert die Symbolik im modernen Deutschland, die im Vergleich zum Vereinigten Königreich defizitär sei. Der Kulturpolitiker Hilmar Hoffmann konstatierte, dass er „jene historische Gewißheit, daß in den von sozialen Gegensätzen geprägten Gesellschaften von ehedem solche Symbole nicht für alle gültig waren noch von allen akzeptiert gewesen sein dürften", ignoriere. Die Rechtsextremismusexperten Friedrich Paul Heller und Anton Maegerle bejahten Gaulands Zustandsanalyse, hielten der Wertung aber entgegen, dass „Symbolik und Rechtsextremismus eben dort entstanden, wo Bärenfellmützen die Briten sie angeblich binden". In einem Artikel von 2001 unterstrich Gauland in Anbetracht der Ereignisse in den USA die Bedeutung von europäischen Kulturtheoretikern wie Martin Heidegger, Oswald Spengler und Arnold J. Toynbee und warb mit: „Mythendeuter werden wieder gebraucht!" Später beklagte er, dass darüber hinaus Denker wie Gottfried Benn, Ernst Jünger und Hans Sedlmayr und andere heute als reaktionär gelten würden. Der moderne Mensch brauche in Zeiten der Globalisierung „kulturelle Verdauungsmöglichkeiten", so Gauland.

In einem Welt-Kommentar griff der Schriftsteller Rolf Schneider Gaulands Essay Zweifel an der Moderne (2007) auf. Er kritisierte, dass Gauland darin die „kulturelle und politische Moderne" vermenge. Gauland, so Schneider, lehne die Moderne Kunst fundamental aufgrund vermeintlich falschen Fortschrittsglaubens und Totalitarismus ab. Dabei ziehe er aber den Wiener Kunsthistoriker Hans Sedlmayr als „Kronzeugen" heran, der mit den Nationalsozialisten im Kampf gegen die „Entartete Kunst" konform gegangen war. Unterstützung erhielt Gauland vom politischen Publizisten und Politologen Felix Dirsch, der bei Gauland sehr wohl Unterscheidungsvermögen zwischen „antihumanistischen" und „nationalsozialistischen" Positionen erkennen konnte. Dem Literaturkritiker Stephan Reinhardt missfiel an anderer Stelle, dass Gauland „Mosebachs bizarr-reaktionärer Refeudalisierung" sekundierte und die Französische Revolution für eine vermeintlich intolerante und menschenverachtende Moderne verantwortlich machte.

Das Ziel, über Bildung eine Angleichung der Lebensverhältnisse zu erreichen, lasse sich nur bedingt verwirklichen, so Gauland. Er fordert neben der seiner Ansicht nach (und zu seinem eigenen Missfallen) immer mehr in den Hintergrund tretenden „christlichen Moral" neue, über das „sozialistische Heilsversprechen" hinausgehende Lösungsansätze für vom Bildungswesen nicht erreichte Personen. Nach Meinung des Politikwissenschaftlers Franz Walter erkenne er die „neosozialdemokratische Chimäre von der nivellierten Chancengesellschaft".

Justiz- und Religionspolitik

Gauland hält die politische Partizipation des Zivilen Ungehorsams im weiteren Sinne (siehe Daniel Cohn-Bendit) für ein nicht brauchbares Kriterium für den Widerstand gegen die Staatsgewalt. Er spricht sich eher für das Mittel Legalität gegen Illegalität aus.

Er stand der Verlegung der Bundeshauptstadt von Bonn nach Berlin (siehe Hauptstadtbeschluss) kritisch gegenüber. Nach Meinung des Politikwissenschaftlers und Publizisten Tilman Fichter führte Gauland aufgrund von „katholisch-konservativen Vorbehalten gegen Berlin" publizistisch eine Art „Kulturkampf". Für ihn schien die alte Bundesrepublik untergegangen, so Eckhard Jesse.

Gauland erkannte im Zuge der medialen Berichterstattung über den Missbrauchsskandal in der katholischen Kirche (2010) eine neue „Kultur des Verdachtes und ideologische Scheuklappen ... die aus jahrhundertealten Kämpfen resultieren und geradezu reflexartig ausgefahren werden, wenn die alten Schützengräben wieder benutzbar erscheinen".

Positionen zum Islam

2001 sagte Gauland, mit dem Islam stehe „uns nach der Säkularisierung des Westens ... die letzte große geschlossene geistige Kraft gegenüber, die wir in ihrem Eigenwert respektieren und der wir ein Recht auf autonome Gestaltung ihres Andersseins zugestehen müssen". Der Literaturwissenschaftler und Publizist Richard Herzinger versteht Gauland als einen konservativen Kulturpessimisten.

Er begrüßte „triumphierend", so der Religionswissenschaftler Michael Blume, zustimmende Meinungsumfragen zu Thilo Sarrazins gesellschaftlichen Thesen. So sprach Gauland in einem Beitrag von „Gegenöffentlichkeit" und „Abgehobenheit der Eliten". Der Politik- und Medienwissenschaftler Kai Hafez verortet Gauland eher auf Seiten der „gesellschaftlichen Islamophobie als auf der der multikulturellen Anerkennung". Ferner unterstütze Gauland im Umgang mit dem Islam den sogenannten „Volkswillen", was jedoch – so Hafez – nicht zur „Gleichberechtigung von Muslimen" führen könne. Gauland, bereits Mitglied der AfD, zeigte Ende 2014 Verständnis für die Dresdner „PEGIDA"-Demonstranten. Er sehe die Partei als „ganz natürlichen Verbündeten dieser Bewegung" an.

Positionen zum Judentum

Ein Beitrag Gaulands in der Frankfurter Allgemeinen Sonntagszeitung zum Thema Juden in unserer Gesellschaft noch immer ein Tabu (2000), in dem er zunächst positiv auf den konservativen britischen Staatsmann Benjamin Disraeli (einen Konvertiten zum anglikanischen Christentum) zu sprechen kam, rief beim Tribüne-Autor Heiner Otto Kritik hervor. Gauland bezeichnete den Vizepräsidenten des Zentralrates der Juden in Deutschland, Michel Friedman, als möglichen Vorwand für wachsenden Antisemitismus in unserer Gesellschaft. Seine einleitenden Worte, Friedman sei „aufreizend gut gekleidet", bedienten typische Stereotype vom „reichen" Juden. Dies arbeite dem Antisemitismus zu, so Otto. Der Erziehungswissenschaftler Benjamin Ortmeyer, Vorstandsmitglied der Gewerkschaft Erziehung und Wissenschaft, befand in einem Leserbrief, dass Gaulands Artikel „unbegründete und falsche antisemitische Stereotype" verbreite.

2014 sagte Gauland anlässlich antisemitischer Ausschreitungen von Muslimen während anti-israelischer Demonstrationen: „Wieder einmal zeigt sich, dass multikulturelle Träume an der Wirklichkeit zerschellen, wenn der Hass stärker ist als die integrierenden Tendenzen der aufnehmenden Gesellschaft." Man müsse diesem Hass entgegentreten „und klar zwischen erlaubtem Protest gegen Israel einerseits und menschenfeindlichem Antisemitismus andererseits ... unterscheiden". Grimm/Kahmann bezeichnen solche Kritik am Antisemitismus unter Muslimen und Einwanderern als „dann instrumentell und nicht Gegenstand ernstzunehmender Reflexionen, wenn sie primär der moralischen Begründung einer migrationsfeindlichen und nationalistischen Politik dient, die die Zuwanderung von Menschen aus islamischen Ländern pauschal verbieten möchte". So werde Antisemitismuskritik „gegen ein modernes Staatsbürgerschaftsrecht und eine moderne Einwanderungspolitik" ausgespielt, wobei gleichzeitig kaum eine der anderen Formen des Antisemitismus in der Gesellschaft problematisiert werde.

Wirtschafts- und Umweltpolitik

In wirtschaftlichen Fragen streicht Gauland heraus, dass „Konsens" und „Stabilität"
wichtige Pfeiler der sozialen Marktwirtschaft deutscher Prägung seien. Deutschland
habe sich nie mit den politischen Ansätzen von Margaret Thatcher und Ronald Rea-
gan gemein gemacht. Der Politologe Falk Illing kritisierte Gaulands undifferenzierte
Argumentation im Zuge der Subprime-Krise, der seinerzeit die Selbstregulierungs-
kraft des Marktes in Frage stellte und die Theorie von Adam Smith als „unchristlich"
und „ungerecht" anprangerte. Gauland bewege sich auf einer ähnlichen Argumenta-
tionslinie wie der österreichische Ökonom Walter Ötsch.

Den Wissenschaftsjournalisten Dirk Maxeiner und Michael Miersch zufolge, die zum
Fortschrittspessimismus arbeiteten, bediene sich Gauland „aus dem grünen und linken
Spektrum". Er adaptiere in Teilen den Ökologismus und mache sich den Antikapitalis-
mus zu eigen. Gauland setze auf die Kirche und Umweltverbände „als letzte Hüter
deutscher Identität". Das Kapital sei die „neue Linke", so Gauland, und dessen Schlag-
wörter „Flexibilisierung, Innovation und Deregulierung" würden komplett zerstörend
wirken. Nach dem Neuzeithistoriker Paul Nolte (2015) sei Gaulands Konservatismus
gar gegen die Marktwirtschaft an sich gerichtet.

Gauland bestreitet, dass es einen menschengemachten, durch Kohlendioxid-Ausstoß
verursachten Klimawandel gibt. 2019 bekräftigte Gauland den Widerstand seiner
Partei gegen Klimaschutzmaßnahmen und bezeichnete die „Kritik an der sogenann-
ten Klimaschutzpolitik ... nach dem Euro und der Zuwanderung als das dritte große
Thema für die AfD".

Zum politischen Diskurs

In einem Beitrag (Das politisch korrekte Deutschland, 2012) für den Tagesspiegel kri-
tisierte Gauland, dass „vom Mainstream abweichende Positionen ins moralische Aus"
gedrängt würden. Er führte exemplarisch die Themen Frauenquote, Klimawandel,
Thesen des Erfolgsbuchautors Thilo Sarrazin, Zuwanderung aus anderen Kulturkrei-
sen und Deutschland im Zweiten Weltkrieg an. Nach dem Sozialwissenschaftler Ale-
xander Häusler vom Forschungsschwerpunkt Rechtsextremismus/Neonazismus kann
der Artikel als Vorlage für Sarrazins Buch Der neue Tugendterror (2014) gelesen wer-
den, zumal Sarrazin direkten Bezug darauf nimmt. Häusler attestierte Gauland zum
einen Realitätsferne, zum anderen verbreite er „Grundaussagen rechtsgesinnter
Kampfansagen gegen eine angebliche ‚political correctness'", wie sie auch seit Jahren
„kampagnenförmig" in der Jungen Freiheit anzutreffen seien.

Während der Hohmann-Affäre (2003) vertrat Gauland: „Die Briefe, Anrufe und Mails
im Internet-Forum der CDU zu Hohmann sollten uns warnen: Es reicht nicht zu sagen,
der Mann hat keinen Platz in unseren Reihen, man muss auch begründen, warum in
Deutschland einer wie Hohmann keine zweite Chance bekommt, während Michel
Friedman die seine bereits nutzt." Für den Publizisten Jörg Lau bedienten sich Alexan-
der Gauland, Konrad Adam und Karl Kardinal Lehmann des Arguments der

Meinungsfreiheit, „als ginge es darum unterdrückten Wahrheiten ans Licht zu helfen, die man … aus Gründen der politischen Korrektheit nicht sagen dürfe". Ähnlich gelagert stand er dem Schriftsteller Martin Mosebach und der Moderatorin Eva Herman bei, so der Historiker Wolfgang Wippermann in einer Abhandlung über die „schweigende Mehrheit". Gauland habe letztere unterstützt mit: „Man mag von ihren intellektuellen Fähigkeiten und ihrer Einschätzung der Familienpolitik zwischen 1933 und 1945 halten was man will, ihr Ausschluss aus einer öffentlichen Fernsehdiskussion war ein Armutszeugnis für den Anspruch, ihr zu widersprechen und sie zu korrigieren."

Von der Frankfurter Allgemeinen Sonntagszeitung (FAS) zitierte Aussagen Gaulands zur deutschen Fußballnationalmannschaft und zum Nationalspieler Jérôme Boateng im Mai und Juni 2016 wurden breit in der Presse rezipiert und kommentiert: Der Historiker Andreas Wirsching, Direktor des Münchner Instituts für Zeitgeschichte (IfZ), sieht hinter dem Urteil, dass die Nationalmannschaft „schon lange nicht mehr deutsch" sei, „latent völkische Intentionen". Die Kommunikationswissenschaftlerin Margreth Lünenborg betrachtete den medialen Diskurs um das Zitat „Die Leute finden ihn als Fußballspieler gut. Aber sie wollen einen Boateng nicht als Nachbarn haben." vor allem als „unglaublichen Medienhype" bzw. „perfekte PR-Strategie" der AfD, nach der gezielt solche Äußerungen in die Presse lanciert werden, die Moral Panic und damit eine große Öffentlichkeit erzeugen.

Gauland selbst erklärte in einem Schreiben an die AfD-Mitglieder, das Gespräch mit den FAS-Redakteuren sei ein als vertraulich klassifiziertes Hintergrundgespräch gewesen, in dem es unter anderem um den „ungebremsten Zustrom raum- und kulturfremder Menschen nach Deutschland" gegangen sei. Er könne nicht mehr sagen, wer zuerst den Namen Boateng genannt habe, glaube jedoch, es sei einer der Redakteure gewesen, da ihm der Name wie auch der Fußballsport weitgehend fremd seien. Er habe „an keiner Stelle ein Werturteil über Jérôme Boateng abgegeben, den ich bis dato gar nicht kannte". Anders als abgemacht habe man ihm vor der Veröffentlichung keine Zitate zur Autorisierung vorgelegt. Ihm sei es darum gegangen, Gefühle zu beschreiben, „die wir alle überall in unserer Nachbarschaft wahrnehmen und die sich nicht dadurch vermindern, dass wir sie heuchlerisch nicht zur Kenntnis nehmen". Klaus D. Minhardt, Chef des Landesverbands Berlin-Brandenburg des Deutschen Journalisten-Verbands (DJV-BB), kritisierte das Vorgehen der FAS-Redakteure und warf ihnen Sensationslust und einen Jagdinstinkt vor, der sich auf unlautere Weise gegen die AfD richte. Der Vorwurf der Lügenpresse gründe sich auf solche voreingenommene Berichterstattung. Jede „Hetzjagd" auf die AfD würde deren Umfragewerte verbessern. Der Dachverband DJV distanzierte sich von Minhardts Aussagen.

Im Januar 2016 äußerte Gauland in Bezug auf die nationalkonservative polnische Regierung, es sei „die Sache der Polen, zu entscheiden, wie viele Flüchtlinge sie in ihrem Volkskörper haben wollen". Marc Grimm und Bodo Kahmann stellen dazu fest, dass Gauland sich durch die Verwendung des Begriffs „Volkskörper" eines der „zentralen Deutungsmuster eines radikalen Rechtsnationalismus zu eigen" gemacht habe.

Am 26. August 2017 ging Alexander Gauland die damalige Migrationsbeauftragte Aydan Özoğuz auf einer Wahlkampfveranstaltung in Leinefelde-Worbis öffentlich an. Er äußerte, dass Özoğuz im Mai 2017 zur Debatte um eine deutsche Leitkultur geäußert habe, dass eine „spezifisch deutsche Kultur ..., jenseits der Sprache, schlicht nicht identifizierbar" sei. Dies vorausgeschickt erklärte er:

„Das sagt eine Deutsch-Türkin. Ladet sie mal ins Eichsfeld ein und sagt ihr dann, was spezifisch deutsche Kultur ist. Danach kommt sie hier nie wieder her und wir werden sie dann auch, Gott sei Dank, in Anatolien entsorgen können."

Dem „Tagesspiegel" antwortete er später, er könne sich nicht erinnern, ob er den Begriff „entsorgen" benutzt habe. Nochmals betonte er dagegen, dass Özoğuz für ihr Amt ungeeignet sei. Führende Bundespolitiker kritisierten ihn für die Nutzung des Begriffs „entsorgen" heftig. Die Staatsanwaltschaft Mühlhausen nahm angesichts der Äußerung von Amts wegen Vorermittlungen aufgrund des Verdachts der Volksverhetzung auf. Am 17. Mai 2018 gab sie bekannt, mangels hinreichenden Tatverdachts von der Einleitung eines förmlichen Ermittlungsverfahrens abzusehen. Die Äußerung Gaulands sei vom Grundrecht auf Meinungsfreiheit gedeckt. Für eine juristische Bewertung sei sie „in den Kontext zu stellen und zu interpretieren": Gauland habe auf eine Aussage von Özoğuz reagiert, wonach eine spezifisch deutsche Kultur jenseits der Sprache nicht auszumachen sei. Damit habe sich Gauland im Rahmen der öffentlichen Meinungsbildung und „nicht aus privaten Interessen" in einer speziellen Wahlkampfsituation geäußert, was zu berücksichtigen gewesen sei. Der Germanist und Literaturwissenschaftler Heinrich Detering bescheinigte Gauland, einen „schlecht verkleideten Jargon von Gangstern" zu benutzen.

Auf einem „Kyffhäuser-Treffen" der AfD im September 2017 in Thüringen forderte Gauland einen Schlussstrich unter die Zeit des Nationalsozialismus. Gauland vertrat die Ansicht, Deutsche hätten „das Recht, stolz zu sein auf Leistungen deutscher Soldaten in zwei Weltkriegen". Auf Kritik reagierend erklärte Gauland nachfolgend, damit nichts anderes gesagt zu haben als Frankreichs damaliger Präsident François Mitterrand in einer Rede am 8. Mai 1995, wobei diese Interpretation von verschiedener Seite als falsch kritisiert wurde. Der Sozialwissenschaftler Samuel Salzborn stellte fest, dass Gauland damit „für eine vollständige Umdrehung des Täter-Opfer-Verhältnisses" eingetreten sei und „eine der zentralen Institutionen des antisemitischen Vernichtungskrieges, die deutsche Wehrmacht, mit den Alliiierten Armeen gleichsetze, die im Unterschied zu den Deutschen keinen Vernichtungskrieg geführt haben, sondern die deutsche Wehrmacht davon abgehalten haben, noch mehr Menschen zu ermorden". Die damalige Bundessprecherin Frauke Petry äußerte in einem Interview mit der Leipziger Volkszeitung Verständnis dafür, „wenn die Wähler entsetzt" seien wegen solcher Äußerungen, was das Blatt als Distanzierung zu Gauland bewertete.

Im Oktober äußerte Gauland in einem Gespräch mit dem rechten Magazin Compact über die rechtsextreme Identitäre Bewegung, er erwarte, „dass Menschen, die wie die AfD denken, auch bei uns mitmachen". Daher sehe er „überhaupt nicht ein, warum wir mit der Identitären Bewegung zusammenarbeiten sollten, denn die können alle zu uns kommen". Die Besetzung des Brandenburger Tors in Berlin durch Aktivisten der Identitären Bewegung Ende August 2016 lehnte Gauland ab, denn er wolle nicht, dass „das Symbol der deutschen Geschichte in irgendwelcher Weise für irgendwelche Politik missbraucht wird".

Anfang Juni 2018 sorgte Gaulands Äußerung auf dem Bundeskongress der AfD-Nachwuchsorganisation Junge Alternative für Deutschland (JA) im Rahmen eines Vortrags, Hitler und der Nationalsozialismus seien in 1000 Jahren deutscher Geschichte nur ein „Vogelschiss", bei Journalisten, politischen Gegnern ebenso wie bei einigen Parteigenossen für Kritik und Empörung. Gauland hatte hinzugefügt: „Nur wer sich zur Geschichte bekennt, hat die Kraft, die Zukunft zu gestalten ... Ja, wir bekennen uns zur Verantwortung für die zwölf Jahre ... Wir haben eine ruhmreiche Geschichte – und die, liebe Freunde, dauerte länger als die verdammten zwölf Jahre." Der Journalist Peter Huth von der Welt bezweifelte, dass Gauland provozieren wollte, und vermutete, „dass er exakt meint, was er sagt", das mache es so schlimm. Laut Eva Thöne vom Spiegel relativiere Gauland damit auch „die basalsten Strukturen des Zusammenlebens im Nachkriegsdeutschland, die eben nicht von den Jahrtausenden davor, sondern vor allem direkt durch die Erfahrungen der Nazi-Zeit geprägt wurden." Die CDU-Generalsekretärin Annegret Kramp-Karrenbauer bezeichnete es als „Schlag ins Gesicht der Opfer und eine solche Relativierung auch dessen, was in deutschem Namen passiert ist". SPD-Generalsekretär Lars Klingbeil sieht in Gaulands Worten eine „erschreckende Verharmlosung des Nationalsozialismus". Der Grünen-Vorsitzende Robert Habeck erklärte dazu, Sätze wie dieser seien „System"; die „Kurve der AfD von eurokritisch über ausländerfeindlich zu völkisch" sei „steil und abschüssig". Das Internationale Auschwitz Komitee nannte die „kühl kalkulierten und hetzerischen Aussagen Gaulands nur noch widerlich".

Auch aus Teilen der AfD kam Kritik: Der Bundestagsabgeordnete Uwe Witt twitterte „Der größte Massenmörder Deutschlands, Hitler, ist beileibe kein Vogelschiss!" und entschuldigte sich „als Politiker der AfD bei allen jüdischen Mitbürgern und den Opfern des Naziregimes sowie deren Familien für diese unglaubliche Bagatellisierung durch unseren Parteivorsitzenden". Die parteiinterne Gruppierung Alternative Mitte forderte eine öffentliche Entschuldigung Gaulands: „Einem Politiker, der über ein Mindestmaß an Fingerspitzengefühl und Verantwortungsbewusstsein für unsere Geschichte verfügt, darf das nicht passieren". Der Vorsitzende der Jungen Alternative Damian Lohr erklärte, er selbst hätte sich nicht so ausgedrückt und sei „grundsätzlich dagegen, über Geschichte zu reden, auch wenn wir natürlich die Gedenkkultur beibehalten wollen." Notwendige Veränderung in Deutschland und Europa erreiche man nicht mit Seminaren über die Vergangenheit. Gaulands Co-Vorsitzender Jörg Meuthen distanzierte sich, nahm ihn jedoch auch in Schutz: Die Äußerung sei

„ausgesprochen unglücklich und die Wortwahl unangemessen", aber im Kontext der Rede werde „deutlich, dass er dort in gar keiner Weise die entsetzlichen Greueltaten der Nazizeit verharmlost oder relativiert hat, wie ihm nun reflexartig unterstellt wird". Der thüringische AfD-Vorsitzende Björn Höcke bezeichnete Gaulands Kritiker als „Hypermoralisten" und „Ober-Phrasendrescher". Wer wie diese dafür gesorgt habe, dass die „Sozialversicherungssysteme zur Plünderung freigegeben" würden und die innere Sicherheit zerfalle, und „zumindest indirekt" dafür verantwortlich sei, dass „unsere Töchter und unsere Frauen angemacht, vergewaltigt und getötet" würden, habe jedes Recht verwirkt, sich moralisch über AfD-Politiker zu äußern. Gauland selbst erklärte später, er habe „eine der verachtungsvollsten Charakterisierungen" verwendet, die die deutsche Sprache kenne. Das könne „niemals eine Verhöhnung der Opfer dieses verbrecherischen Systems sein."

Wenige Wochen nach dieser umstrittenen Äußerung zog Gauland auf dem Augsburger AfD-Parteitag Ende Juni 2018 einen impliziten Vergleich zwischen Adolf Hitler und Bundeskanzlerin Merkel. Er sagte, Merkel sei mit Russland, Großbritannien, den USA, Italien und weiteren Staaten verfeindet, und fügte hinzu: „Der letzte deutsche Regierungschef, der eine solche Feindkonstellation gegen sich aufgebracht hat, ... Nein, lassen wir das lieber." Anschließend sagte er, er habe niemanden verglichen. Nachdem er bereits 2017 von einem sogenannten Bevölkerungsaustausch, der „auf Hochtouren laufe", gesprochen hatte, benutzte er in dieser Parteitagsrede erneut den außerhalb rechter Kreise als Verschwörungstheorie eingestuften Kampfbegriff, der einen vermeintlichen gewollten Austausch der weißen europäischen Bevölkerung durch Menschen aus anderen Teilen der Welt aufgrund geplanter und gesteuerter Migration ausdrücken soll. Gauland selbst äußerte, wenn Bevölkerungsaustausch ein rechter Kampfbegriff sei, dann sei Autobahn auch einer. Auf demselben Parteitag verglich Gauland auch die heutige Bundesrepublik mit der DDR kurz vor der Wende 1989. Er wolle die SED-Diktatur nicht bagetellisieren, aber er fühle sich heute „an die letzten Monate der DDR erinnert". Gauland sagte: „Wie damals besteht das Regime aus einer kleinen Gruppe von Parteifunktionären, einer Art Politbüro, und wieder steht ein breites gesellschaftliches Bündnis aus Blockparteifunktionären, Journalisten, TV-Moderatoren, Kirchenfunktionären, Künstlern, Lehrern, Professoren, Kabarettisten und anderen Engagierten hinter der Staatsführung und bekämpft die Opposition". Die „einzige Oppositionspartei AfD" sei „sozusagen das aktuelle Neue Forum". Der Historiker Ilko-Sascha Kowalczuk sah in diesen DDR-Vergleichen geschichtspolitische Verzerrungen und eine „billige Propagandalüge". Dem Historiker Patrice Poutrus zufolge zeigten diese Vergleiche, „wie weit das Personal dieser Partei von einer Anerkennung der Verfassungsordnung der Bundesrepublik entfernt ist und wie wenig ihre Politik auf eine Sicherung beziehungsweise den Ausbau demokratischer Verhältnisse ausgerichtet ist".

Die Ausschreitungen Rechtsradikaler in Chemnitz Ende August 2018, die als Reaktion auf ein Tötungsdelikt stattgefunden hatten und die zu gewalttätigen Übergriffen auf

Migranten und Journalisten geführt hatten, kommentierte Gauland: „Wenn eine sol-che Tötungstat passiert, ist es normal, dass Menschen ausrasten."

Anfang September 2018 äußerte Gauland, „das politische System im Sinne des Partei-ensystems" müsse beseitigt werden. Er meine damit „die Parteien, die uns regieren … das System Merkel." Zu diesem rechne er „diejenigen, die die Politik mittragen, das sind auch Leute aus anderen Parteien und leider auch aus den Medien. Die möchte ich aus der Verantwortung vertreiben." Wie das genau aussehen solle, ließ er offen. Ihm ginge es darum, „das Ungleichgewicht in den Medien endlich zu unseren Gunsten" um-zukehren. Er nenne das eine „friedliche Revolution". Diese Anspielung auf die Wende in der DDR bezeichnete der Journalist und Herausgeber Berthold Kohler in der FAZ als „schweren Fall von politischem Missbrauch". Früher habe man derartige partei- und medienpolitische Aktionen, wie sie Gauland vorschwebten, „Säuberung" genannt. Re-gierungswechsel seien, so der Germanist Heinrich Detering, in der Bundesrepublik „gerade keine Systemwechsel", sondern „im Gegenteil Bestandteile eines Systems freier Wahlen". Wer, wie Gauland im selben Interview es ausdrückte, ein „Pfahl im Fleische eines politischen Systems, das sich überholt" habe, sein wolle, der wolle nicht das Grundgesetz.

In der FAZ-Ausgabe vom 6. Oktober 2018 erschien ein Gastbeitrag Gaulands, dem eine Ähnlichkeit zu einer Rede Adolf Hitlers vorgeworfen wurde. Dieser hatte 1933 von ei-ner „kleinen wurzellosen Clique", die „die Völker gegeneinander hetzt", gesprochen, von „Menschen, die überall und nirgends zu Hause sind, sondern die heute in Berlin leben, morgen genauso in Brüssel sein können, übermorgen in Paris und dann wieder in Prag oder Wien oder in London, und die sich überall zu Hause fühlen." Damit habe Hitler laut dem Antisemitismusforscher Wolfgang Benz die Juden gemeint und an das antisemitische Bild des „heimatlosen Juden" angeknüpft. Gauland hatte in seinem Beitrag mit dem Titel Warum muss es Populismus sein? eine „globalisierte Klasse" kri-tisiert. Deren Mitglieder lebten laut Gauland „fast ausschließlich in Großstädten, spre-chen fließend Englisch, und wenn sie zum Jobwechsel von Berlin nach London oder Singapur ziehen, finden sie überall ähnliche Appartements, Häuser, Restaurants, Ge-schäfte und Privatschulen." Auch Christoph Heubner, Exekutiv-Vizepräsident des In-ternationalen Auschwitz-Komitees, warf Gauland daraufhin eine Stigmatisierung von Menschen „als Artfremde und Wurzellose" vor. Diese „Gaulandsche Strategie" sei Auschwitz-Überlebenden aus deren eigener Lebenserfahrung während der Nazi-Jahre bekannt. Laut Gaulands Berater Michael Klonovsky habe Gauland diesen Bei-trag selbst verfasst, wobei weder er (Klonovsky) noch Gauland den Wortlaut der Hit-ler-Rede gekannt hätten. Gauland selbst erläuterte im Januar 2019 seine Thesen in einem Vortrag unter dem Titel Populismus und Demokratie in den Räumlichkeiten ei-nes laut dem Historiker Bodo Mrozek „völkischen Kleinverlags in Sachsen-Anhalt". Gauland, unter dessen Zuhörern sich auch Björn Höcke vom nationalistischen Flü-gel befand, verwies auf das entsprechende Konzept des britischen Journalisten David Goodhart und beschloss die Rede mit einem Zitat von Botho Strauß („Zwischen den Kräften des Hergebrachten und denen des ständigen Fortbringens, Abservierens und

Auslöschens wird es Krieg geben.") Gaulands Betonung, auf eine „friedliche Lösung"
dieses „Konflikts" hinarbeiten zu wollen, entnahm Mrozek, dass dieser damit impli-
ziere, „dass es notfalls eben auch unfriedlich ausgehen könnte".

In der Bundestagsdebatte über den UN-Migrationspakt erklärte Gauland am 7. No-
vember 2018, „linke Träumer und globalistische Eliten" wollten Deutschland „klamm-
heimlich aus einem Nationalstaat in ein Siedlungsgebiet verwandeln". Daraufhin
wurde ihm vorgeworfen, eine Verschwörungstheorie zu verbreiten.

Nach dem Verfassungsschutz-Gutachten, aufgrund dessen Teile der Partei vom Ver-
fassungsschutz beobachtet werden und das die Gesamt-AfD als „Prüffall" einstuft,
sprach sich Gauland im Februar 2019 dafür aus, den Verfassungsschutz abzuschaffen,
und bestritt, dass es in der AfD verfassungswidrige Bestrebungen gebe. Des Weiteren
erklärte Gauland, er habe von dem Gutachten nur die ihn betreffenden Teile gelesen,
den Rest werde er nicht lesen. Gleichzeitig ließ Gauland jedoch seine Unterschrift als
Erstunterzeichner unter der „Erfurter Resolution" des völkischen Flügels der AfD
laut Zeit „klammheimlich" aus dem Netz nehmen.

In einer Rede auf dem Kyffhäuser-Treffen der rechts-nationalistischen AfD-Gruppie-
rung Der Flügel Anfang Juli 2019 sagte Gauland, um an die Macht zu kommen und
„unser Land wieder in Ordnung zu bringen", könne man sich „ruhig einmal auf die
Lippe beißen". Der Journalist Jan Sternberg bemerkte dazu, dass Gauland „die Hö-
ckes, Wittgensteins und sonstigen Rechtsradikalen in der AfD" nicht dazu aufrufe, ihre
Positionen zu mäßigen, sondern im Interesse der Machterlangung nur ihre Sprache.
Dass die AfD eine anderes Deutschland wolle, bestätige er mit diesen Sätzen ganz ne-
benbei.

Auf die Frage, ob es zu einer bürgerlichen Partei, wie Gauland die AfD immer wieder
bezeichnet, passe, dass die AfD im brandenburgischen Landtagswahlkampf Parolen
der NPD aufgegriffen habe, antwortete Gauland im September 2019 bejahend und
fügte hinzu, es könne ja sein, „dass irgendwer einen Gedanken hatte, der nicht von
vornherein falsch ist".

Im September 2019 war Gauland zu Gast bei Tina Hassel im ARD-„Sommerinterview",
bei dem die jeweiligen Gäste auch mit per Mail oder Video eingesandten Zuschauer-
fragen konfrontiert werden. Gauland verlangte, diese vorher einsehen zu können. Als
das abgelehnt wurde, sagte Gauland diesen Teil der Sendung ab mit der Begründung:
„Warum muss ich sozusagen in ein schwarzes Loch gucken?" Die bis zu diesem Zeit-
punkt im „Sommerinterview" teilnehmenden Politiker hatten der Online-Fragerunde
zugestimmt.

Öffentliche Wahrnehmung

Gauland wurde vor seiner AfD-Karriere in der Publizistik als konservativer Intellektu-
eller wahrgenommen und bisweilen als „christdemokratischer Schöngeist" (Tilman
Fichter 1990), „Jurist mit kulturellem Niveau" (Hilmar Hoffmann 1990) und „Salon-

Konservativer" (Nikolaus Blome 2013) etikettiert. Zum 60. Geburtstag (2001) bezeichnete ihn Heribert Klein in der FAZ als Vertreter einer „Skeptischen Rationalität aus dem Geiste der Aufklärung". Im Jahr 2009 entstand für das alpha-Forum im Bildungskanal ARD-alpha ein Prominentengespräch mit dem Theologen und Wirtschaftsethiker Michael Schramm. Gauland war über Jahre hinweg ein auch von Vertretern der politischen Linken geschätzter Gesprächspartner. Nach seiner Spitzenkandidatur für die AfD bei der Landtagswahl in Brandenburg 2014 begleiteten Medien wie die taz und die ZEIT Gaulands parteipolitische Veränderung kritisch. Jens Schneider, mit dem er jahrelang einen Politischen Salon abhielt, sprach 2015 in der Süddeutschen von einer „Verwandlung" Gaulands, dieser ließe sich nun als „Scharfmacher von johlenden Massen tragen", obwohl er einst als „Garant dafür galt, dass die AfD nicht ganz nach rechts driftet". Im medialen Diskurs der letzten Jahre wird Gauland oftmals als Nationalkonservativer beschrieben, vereinzelt als Reaktionär tituliert. Aufgrund seiner Russlandpolitik gilt er auch als „Putin-Versteher". Der Journalist Joachim Riecker, ehemals leitender Redakteur unter Gauland, bezeichnete ihn als „deutschnational, anglophil und prorussisch".

In politischer und habitueller Hinsicht verortet ihn der Politikwissenschaftler Herfried Münkler (2015) im Konservatismus. Auch für den Politikwissenschaftler Franz Walter handle es sich bei Gauland um einen eher abwartenden Konservativen. Die Politische Soziologin Karin Priester (2007) hält Gauland – wie Pim Fortuyn und Ernst Forsthoff – hingegen für einen Konservativen und einen Populisten zugleich, der die Moderne als Verlust des eigenen Freiheitsbegriffes empfindet. Später charakterisierte sie Gaulands Konservatismus als anglophil und reformkonservativ, ganz im Sinne Edmund Burkes. Vor allem „Vielfalt, Dezentralisierung und Föderalismus" seien die wichtigen Eckpfeiler seines politischen Denkens. Nach Priester (2016) stehe Gauland beispielhaft für den konservativen Part innerhalb einer rechtspopulistischen Bewegung, die wiederum ein „Sammelbecken" darstelle. „Schmitts Pluralismuskritik" sei – bei allen Bezügen Gaulands auf Burke – evident. Letztlich aufgrund des Ausspruchs „man muss, um erfolgreich zu sein, all jene mitnehmen, die die AfD nur deshalb wollen und wählen, weil sie anders ist, populistisch dem Volk aufs Maul schauen, und weil sie das politikfähig formuliert, was in Wohnzimmern und an Stammtischen gedacht und beklagt wird" bezeichnen ihn die Politikwissenschaftler Dieter Plehwe und Matthias Schlögl (2014) als einen „bekennenden Rechtspopulisten". Der Soziologe und Politikwissenschaftler Samuel Salzborn sieht als Grundlage für Gaulands Geschichtsbild eine „positive Identifizierung mit der deutschen Nation" im Sinne einer „Betonung und Überhöhung dessen, was als positiv wahrgenommen wird". In Gaulands Weltbild seien Deutsche „generell Opfer des Nationalsozialismus" und es scheine „keine Täter mehr zu geben, außer Hitler und vielleicht noch ein paar führende Nazis." Der Historiker Philipp Lenhard bezeichnet Gauland als „cleveren Mann, der sich gut verstellen" könne, wiederholt mit Stereotypen spiele und damit die rechtsextreme Parteiklientel bediene sowie an Verschwörungstheorien anknüpfe.

Nach Meinung von Christoph Kopke und Alexander Lorenz bediene der AfD-Landes-vorsitzende Gauland spätestens seit dem Anschlag auf Charlie Hebdo und der Geisel-nahme an der Porte de Vincennes in Paris „unkritische Ressentiments gegenüber dem Islam".

Im August 2017 äußerte Thomas Schmid nach Gaulands „Hassrede" gegen Aydan Özoğuz, Gauland sei „nicht mehr der britophile Ehren- und Edelmann, der er früher so gerne sein wollte. Mit voller Absicht reitet er auf den Wellen des Ressentiments. Es ist sein politischer Motor."

Das US-Magazin Foreign Policy zählte ihn für das Jahr 2017 zu den 70 wichtigsten „Neudenkern" der Welt, da „er im Herzen von Europa eine populistische Opposition zum Liberalismus angespornt" habe.

Quelle: Seite „Alexander Gauland". In: Wikipedia, Die freie Enzyklopädie. Bearbei-tungsstand: 17. Februar 2020, 19:52 UTC. URL: https://de.wikipedia.org/w/in-dex.php?title=Alexander_Gauland&oldid=196911365 (Abgerufen: 23. Februar 2020, 07:51 UTC)

22.3 Björn Höcke

Björn Höcke (* 1. April 1972 in Lünen) ist ein rechtsextremer deutscher Politiker (AfD). Er ist einer von zwei Sprechern der AfD Thüringen und seit der Landtagswahl in Thüringen 2014 Fraktionsvorsitzender der AfD im Thüringer Landtag. Bis zu sei-nem Einzug in den Landtag war er ein in Hessen beamteter Gymnasiallehrer. Bei der Landtagswahl in Thüringen 2019, in der er erneut als Spitzenkandidat der AfD antrat, wurde die AfD unter seiner Führung die zweitstärkste Kraft.

Mit der „Erfurter Resolution" (März 2015) begründete Höcke die rechtsextreme AfD-Strömung Der Flügel mit. Im Herbst 2015 organisierte er die Erfurter Demonstratio-nen. Er vertritt Konzepte der Neuen Rechten und strebt ein Bündnis rechtsnationalis-tischer Gruppen zur ethnischen Homogenisierung Deutschlands und Europas an. Der AfD-Bundesvorstand zog ein Amtsenthebungsverfahren gegen ihn im Juli 2015 zurück und stellte ein Parteiausschlussverfahren im Juni 2018 ein.

Sozialwissenschaftler und Historiker bezeichnen Höcke als Rechtsextremisten – wie auch das Bundesamt für Verfassungsschutz (BfV) – oder stellen in seinen Äußerungen Faschismus, Rassismus, Geschichtsrevisionismus, teilweise Antisemitismus und die Übernahme von Sprache und Ideen des Nationalsozialismus fest.

Seit Beginn des Jahres 2020 überwacht der Verfassungsschutz Höcke mit nachrichten-dienstlichen Mitteln.

Familie, Ausbildung, Beruf

Höcke wurde im westfälischen Lünen geboren. Kurz nach seiner Geburt zog die Familie nach Neuwied in Rheinland-Pfalz, später ins benachbarte Anhausen. Seine Großeltern väterlicherseits waren Vertriebene aus Ostpreußen. Sein Vater war Sonderschullehrer an der Landesschule für Blinde und Sehbehinderte (Neuwied), die Mutter Kranken- und Altenpflegerin. Höcke besuchte zunächst die Braunsburg-Grundschule in Anhausen, dann das Rhein-Wied-Gymnasium Neuwied. Nach seinem Abitur im Jahr 1991 leistete er Grundwehrdienst bei der Bundeswehr. Ab 1992 studierte er zwei Semester Jura in Bonn. Von 1993 bis 1998 studierte er an der Justus-Liebig-Universität Gießen und Philipps-Universität Marburg Sportwissenschaften und Geschichtswissenschaft für das Lehramt am Gymnasium. Nach seinem zweiten Staatsexamen (2001) absolvierte er von 2003 bis 2005 einen Masterstudiengang für Schulmanagement, den er mit dem Master of Arts abschloss. Bis September 2014 unterrichtete er an der Rhenanus-Schule in Bad Sooden-Allendorf Sport und Geschichte, zuletzt als Oberstudienrat. Höcke ist verheiratet, hat vier Kinder und lebt mit seiner Familie in Bornhagen im Landkreis Eichsfeld.

Politische Laufbahn

Entwicklung

Höcke wurde nach Eigenangaben stark von Erzählungen seiner Großeltern über Ostpreußen geprägt. 1986 als Vierzehnjähriger trat er in die Junge Union ein, weil er den damaligen Bundeskanzler Helmut Kohl für seine geistig-moralische Wende bewundert habe. Sein nationalkonservativ und antikommunistisch eingestellter Vater habe den Mauerfall von 1989 trotz der Freude darüber als Anfang vom „Ende des deutschen Volkes" gesehen, weil der multikulturelle Westen nun auch die noch intakte Vertrauensgemeinschaft im Osten zerstören werde. Das habe ihn stark beeindruckt. Sein Vater hatte die antisemitische Zeitschrift Die Bauernschaft des verurteilten Holocaustleugners Thies Christophersen abonniert und solidarisierte sich öffentlich mit Martin Hohmann, den die CDU wegen Aussagen, die als antisemitisch gewertet wurden, ausgeschlossen hatte.

2006 behauptete Björn Höcke in einem von der HNA veröffentlichten Leserbrief, anders als die deutschen Luftangriffe auf Coventry 1940 seien die britischen Luftangriffe auf Dresden 1945 eine völkerrechtswidrige, geplante Massentötung gewesen, die einer unverteidigten, mit Flüchtlingen aus den deutschen Ostgebieten überfüllten Stadt gegolten hätten und in so kurzer Zeit so viele Menschen wie nie davor und danach getötet hätten. Damit übernahm er Thesen des Geschichtsfälschers und Holocaustleugners David Irving, die damals schon widerlegt waren. Höcke musste seiner Schulleitung versprechen, sich als Lehrer nie wieder in dieser Weise öffentlich zu äußern.

Seit 2007 hatte Höcke Kontakt zu Vertretern der Neuen Rechten wie Dieter Stein und Heiner Hofsommer. 2008 regte er in der Zeitschrift Junge Freiheit eine Diskussion über einen „Dritten Weg" als Alternative zum „zinsbasierten Globalkapitalismus" an. 2011 versuchte er mit einigen Gleichgesinnten eine „Patriotische Deutsche Gesellschaft" zu gründen. Beim Gedenken an den 13. Februar 1945 in Dresden im Jahr 2010 demonstrierte er zusammen mit Neonazis, reckte die rechte Faust und rief im Chor „Wir wollen marschieren!", wie Barbara Lubichs Dokumentarfilm Come Together belegt.

Höcke war bei seinen Schülern beliebt und zeitweise Vertrauenslehrer. Nach Aussagen eines ehemaligen Schülers lobte er wiederholt das Hauptwerk des französischen Sozialpsychologen Gustave Le Bon Psychologie der Massen und zeigte sich fasziniert davon. Er habe oft über Charisma gesprochen und von einem Treffen seines Großvaters mit Adolf Hitler erzählt. Dessen „unglaublich blaue Augen" seien für Höcke zentrales Element des Führerkults gewesen. Er habe den Nationalsozialismus viel kürzer als andere Themen der deutschen Geschichte behandelt. Außerdem habe er sich als Anhänger des Deismus bezeichnet, der an den „Naturgeist" glaube, sich für nordische Mythologie begeistert und regelmäßig eine Halskette mit einem Thorshammer-Anhänger getragen, der seit etwa 1900 Erkennungszeichen für die völkische Bewegung war. Abiturienten beschrieben Höcke 2013, noch vor seinem AfD-Beitritt, satirisch als „Familienminister für die AfD", weil seine Ansichten bekannt waren.

Pseudonym „Landolf Ladig"

Höcke ist seit etwa 2008 mit dem NPD-Vertreter Thorsten Heise bekannt oder befreundet, der sechs Kilometer von Bornhagen entfernt wohnt. Seit 2013 verwendete Höcke in seinen Reden dieselben seltenen Sprachwendungen und Begriffe wie ein unter dem Pseudonym „Landolf Ladig" schreibender Autor, der ab 2011 Artikel für Heises Zeitschriften „Volk in Bewegung & Der Reichsbote" und andere NPD-Blätter verfasst hatte: darunter „organische Marktwirtschaft", „Versöhnungswerk von Ökologie und Ökonomie", „tatzeugende Kraft einer Vision", „Werte-, Sitten- und Normengefüge". Zudem hatte Ladig in einem Artikel Höckes Wohnhaus genau beschrieben. Dies belegte der Soziologe Andreas Kemper seit April 2015. Ladig lobte in seinen Artikeln die Ideen der NPD und verherrlichte das NS-Regime. Der AfD-Bundesvorstand forderte daraufhin eine Versicherung an Eides statt von Höcke, dass er nie unter jenem Pseudonym Texte verfasst, daran mitgewirkt oder sie wissentlich verbreitet habe. Höcke lehnte ab, bestritt, dass er jemals Artikel für NPD-Blätter verfasst habe, und drohte mit Rechtsschritten gegen jeden, der anderes behaupte. Auch Heise bestritt Höckes Identität mit Ladig und bestätigte nur spätere gelegentliche Kontakte mit Höcke. Dagegen beeideten 2018 zwei Bornhagener Bürger, Heise habe Höcke mehrfach zu Hause besucht und ihm beim Umzug geholfen.

Im April 2017 beantragte der von Frauke Petry geführte AfD-Bundesvorstand mit Kempers Belegen Höckes Parteiausschluss: Angesichts der „fast identischen" Wortwahl seien vernünftige Zweifel an Höckes Identität mit „Landolf Ladig" nicht mehr möglich. Höcke habe diese Identität gegenüber dem früheren AfD-Kreischef Heiko Bernardy offen zugegeben. Laut FAZ-Redakteur Justus Bender behauptete im Juni 2017 jedoch ein anderer Autor, er habe die mit „Landolf Ladig" signierten Texte zusammen mit zwei inzwischen verstorbenen Personen verfasst und die Belege dafür

dem AfD-Schiedsgericht zugestellt. Diese Belege tauchten jedoch nicht auf. Zwei Tage
später widersprach Heise Bender und stellte den Rechtsextremisten Rigolf Hennig als
„Landolf Ladig" vor. In einem Gutachten zur AfD vom 15. Januar 2019 urteilte das
Bundesamt für Verfassungsschutz mit Bezug auf Kempers Belege, Höckes Identität
mit „Landolf Ladig" sei „nahezu unbestreitbar" und „angesichts der plausibilisierten
Faktendichte nahezu mit Gewissheit anzunehmen." Höckes Wortwahl, etwa vom angeblich drohenden „Volkstod", erinnere dabei „sprachlich und argumentativ an bekannte Deutungsmuster" der NPD.

Höcke lehnte eine eidesstattliche Erklärung zu seiner Nichtidentität mit Landolf Ladig
im Sommer 2019 erneut ab und behauptete stattdessen ohne Beleg, die antifaschistische Junge Gemeinde Stadtmitte in Jena stecke hinter dem Pseudonym. Die Junge Gemeinde beschloss im Oktober 2019, Höcke wegen dieser Behauptungen zu verklagen.
Er dürfe „mit der Strategie, mit Dreck zu werfen", nicht durchkommen.

Aufstieg und Einfluss in der AfD

Im April 2013 gründete Höcke die AfD in Thüringen mit, wurde im August 2013 ihr
Sprecher und Thüringer AfD-Kandidat auf Listenplatz 2 für die Bundestagswahl 2013.
Im November 2013 gründete er einen Kreisverband in Worbis mit und wurde erster
Vorsitzender des AfD-Kreisverbands Nordhausen-Eichsfeld-Mühlhausen. Im August
2014 wurde er neben Stefan Möller erneut zum Sprecher der AfD Thüringen gewählt.

Bei der Landtagswahl in Thüringen 2014 errang Höcke als AfD-Spitzenkandidat über
die Landesliste ein Landtagsmandat. In Bornhagen erhielt er 38 Prozent der Erststimmen. Am 22. September 2014 wählte die AfD-Landtagsfraktion ihn zum Vorsitzenden.
Durch Landtagsbeschluss ist er Mitglied im Kuratorium der Landeszentrale für politische Bildung Thüringen und in der Versammlung der Thüringer Landesmedienan-
stalt. Im März 2015 veröffentlichte er mit André Poggenburg, Sprecher der AfD Sachsen-Anhalt, die „Erfurter Resolution". Damit leitete der „Flügel" die Ablösung des Par-
teichefs Bernd Lucke und einen Rechtsruck in der AfD ein. Höcke beschreibt die AfD
kontinuierlich als „fundamental-oppositionelle Bewegungspartei" zur grundlegenden
Änderung der deutschen Gesellschaftsordnung. Damit vertritt er laut dem Rechtsextremismusforscher Matthias Quent einen „Pseudokonservatismus", der zur Verteidigung traditioneller Werte und Institutionen „gegen mehr oder minder fiktive Gefahren bewußt oder unbewußt danach trachtet, sie abzuschaffen" (Theodor W. Adorno
1955).

Ab April 2015 nahm Höcke für die AfD am zweiten Thüringer NSU-Untersuchungsaus-
schuss teil. Wegen seiner Kontakte zu NPD-Vertretern wie Thorsten Heise und Interviews mit rechtsextremen Zeitschriften fürchtete Katharina König-Preuss (Die Linke),
Höcke könne interne und sensible Informationen aus dem Ausschuss an die Neonazi-
Szene weitergeben und der Ausschuss werde deswegen nicht scharf genug aufklären.

Anfang Mai 2015 erklärte Höcke, große Teile der NPD, nicht aber jedes einzelne NPD-
Mitglied könne man als extremistisch einstufen. Bernd Lucke forderte ihn daraufhin

zum Rücktritt und Parteiaustritt auf. Mitte Mai 2015 beschloss der AfD-Bundesvorstand ein Parteiverfahren mit dem Ziel, Höcke seiner Parteiämter zu entheben und zwei Jahre lang davon auszuschließen. Frauke Petry und Alexander Gauland stimmten im Vorstand dagegen. Der neue Bundesvorstand unter Frauke Petry und Jörg Meuthen stellte es im September 2015 ein. Petry und Meuthen distanzierten sich von Höckes umstrittenem Fernsehauftritt (18. Oktober 2015) und seiner Rede beim IfS (21. November 2015). Meuthen bezeichnete Höckes Aussagen als „inhaltliche wie politische Torheit", die zu „Fehldeutungen" einlade, vermied jedoch eine Rüge. Er tadelte auch Höckes Dresdner Rede vom Januar 2017, lehnte aber wiederum seinen Parteiausschluss ab. Frauke Petry dagegen beantragte Höckes Ausschluss und warb mit einer internen Mail an alle AfD-Mitglieder dafür. Er beschrieb sich daraufhin als Opfer innerparteilicher Machtkämpfe und berief sich auf Meinungsvielfalt in der AfD.

2016 rief Höcke auf einer Kundgebung in Erfurt Polizisten zum „Widerstand" gegen die Bundesregierung auf. Unter Bezug auf die Flüchtlingspolitik wies er darauf hin, dass Beamte „unrechtmäßige Weisungen" verweigern müssten, ansonsten könne es sein, dass man sie nach einem Machtwechsel „vor Gericht" stelle. Er forderte dazu auf, „dieser bösartigen Frau" nicht länger zu folgen.

Im Januar 2017 schloss Höcke seine Kandidatur zur Bundestagswahl 2017 aus und kündigte eine Kandidatur für das Amt des Thüringer Ministerpräsidenten bei der Landtagswahl in Thüringen 2019 an. Mitte Februar 2017 beschloss der AfD-Bundesvorstand ein erneutes Parteiausschlussverfahren gegen ihn. Gauland befürwortete weiterhin Höckes Bundestagskandidatur. Nach der Bundestagswahl und Petrys Austritt aus der AfD (25. September 2017) erwog Höcke diese im Fall von Neuwahlen sowie eine Kandidatur für den AfD-Bundesvorstand. Dazu stellte er sich in Interviews als gemäßigten, heimatverbundenen Politiker dar, der aus rhetorischen Fehlern gelernt habe, ohne von seinen Positionen abzurücken. Er beteiligte sich an Protesten gegen drohende Werkschließungen in östlichen Bundesländern und legte der AfD dort einen „sozialpatriotischen" Kurs (soziale Gerechtigkeit für Deutsche) nahe. Die jährlichen Kyffhäuser-Treffen, die 2017 auch vier AfD-Landeschefs sowie Gauland und Meuthen vom Bundesvorstand besuchten, verstärkten den Einfluss des Flügels auf die AfD. Gegenüber Gleichgesinnten betonte Höcke weiterhin, die AfD müsse eine „Bewegungspartei sein und bleiben".

Beim AfD-Bundesparteitag im Dezember 2017 griff Höcke die Vorsitzende der AfD-Bundestagsfraktion Alice Weidel scharf an. Er wurde nicht in den Vorstand gewählt, dafür aber der Flügel-Vertreter Andreas Kalbitz. Mit fast der Hälfte aller Delegierten war der rechte Parteiflügel zudem ausschlaggebend für die Wahl von Gauland und Meuthen zu AfD-Bundessprechern. Frauke Petry bezeichnete Gauland als „weitere Marionette" Höckes, so dass der gemäßigte Flügel nicht mehr im Vorstand vertreten sei. Über Höckes Ausschluss diskutierte der Parteitag nicht. Im Mai 2018 lehnte das Landesschiedsgericht der AfD Thüringen den Ausschlussantrag des AfD-Bundesvorstands ab, da Höcke nicht gegen die Satzung oder Parteigrundsätze verstoßen habe.

Im Juni 2018 verzichtete der Bundesvorstand einstimmig auf Rechtsmittel gegen dieses Urteil.

Beim Kyffhäusertreffen auf Schloss Burgscheidungen im Juni 2018 erklärte Höcke, man habe den Veranstaltungsort zur „maximalen Provokation des Establishments" gewählt. Er rief rund 1000 Zuhörer, darunter Meuthen und Gauland, auf, „mutige Verteidiger" der deutschen Kultur zu sein, sonst würden „in 50 Jahren fremde Völkerschaften" sie hinweggefegt und einen in Deutschland nie erlebten „Kultur- und Zivilisationsbruch" begangen haben. Er behauptete also, Zuwanderung zerstöre die deutsche Kultur, und dies sei schlimmer als der historische Zivilisationsbruch des Holocaust. Die „Dekadenz" halte „Westeuropa fest im Griff". Die Deutschen unterlägen einer „Schuldneurose", deren „psychotische Qualität" zu einer „kollektiven Autoaggressivität" geführt habe. Die AfD müsse „Remigrationsprogramme, die natürlich De-Islamisierungsprogramme inkludieren", auflegen. Sie könne der Linken mit glaubwürdigen Angeboten zur „sozialen Frage" ihr „Kronjuwel jetzt abjagen". Er schloss: „Das Alte und Morsche zerfällt vor unseren Augen. Der Mantel der Geschichte weht an uns vorbei. Ergreifen wir ihn." Damit spielte er auf Philipp Scheidemanns Ausrufung der Republik in Deutschland am 9. November 1918 an, also auf eine soziale Revolution.

Beim AfD-Landesparteitag am 13./14. Oktober 2018 forderte Höcke innerparteiliche Gegner um die Alternative Mitte (AM), die einen Personenkult um ihn kritisierten, und einen Kreisverbandsvertreter, der 2016 einen NPD-Eintrag in sozialen Medien geteilt hatte, zum Parteiaustritt auf. Dagegen protestierten etwa 20 AfD-Mitglieder, während der anwesende Gauland Höcke unterstützte. Die AfD Thüringen wählte Höcke für die Landtagswahl 2019 erneut zum Spitzenkandidaten. Die AM bezeichnete Höcke am Folgetag öffentlich als „Größenwahnsinnigen", der glaube, „in Deutschland gäbe es nun wieder ausreichend fruchtbaren Boden für eine rechtsextreme Partei und die AfD sei schon viel zu groß, um sie wieder klein kriegen zu können. ... Eine Höcke-AfD wäre eine rechtsextreme Partei."

Am 17. Oktober 2018 wurden Fotografien von der Reise einer AfD-Gruppe zu Lebensstationen Hitlers im Jahr 2015 bekannt, die der AM-Vertreter und frühere Thüringer AfD-Chef Matthias Wohlfarth dem AfD-Vorstand übermittelt hatte. Eins der drei Mitglieder des AfD-Schiedgerichts in Thüringen hatte vor dem Adolf-Hitler-Geburtshaus in Braunau am Inn eine Kerze entzündet, mit einer Porträtfotografie Hitlers in Händen und vor einem mit einer Hakenkreuzfahne und SS-Abzeichen bedeckten Tisch posiert. Einige AfD-Funktionäre forderten ein neues Ausschlussverfahren gegen Höcke. Dies lehnte die AfD Thüringen als „unzulässig" ab. Höcke sei „größtes Opfer" des Handelns jenes Schiedsrichters. Ein erneutes Verfahren sei rechtlich aussichtslos und politisch nicht begründbar. Höcke hatte von den Fotografien Wochen zuvor erfahren und den Schiedsrichter zum sofortigen Parteiaustritt gedrängt.

Anfang November 2018 bezeichnete Höcke Empfehlungen einer AfD-Arbeitsgruppe zum Vermeiden einer Beobachtung der AfD durch den Verfassungsschutz als „politische Bettnässerei". Gauland wies diese Meinung als „falsch und in keiner Weise zielführend" zurück. Ende November erwog der AfD-Vorstand, die in drei Bundeslän-dern vom Verfassungsschutz beobachtete Junge Alternative für Deutschland (JA) we-gen ihrer Kontakte zu Rechtsextremisten aufzulösen. Höcke verteidigte die JA: Die Ur-teile einiger AfD-Funktionäre seien unverhältnismäßig, ein Generalverdacht gegen die JA sei „völlig inakzeptabel". Weil die „jungen Mitstreiter" „ihre Karrieremöglich-keiten und manchmal gar ihre körperliche Unversehrtheit" riskierten, sei der Vor-stand verpflichtet, „zu ihnen zu stehen, ohne Fehlentwicklungen zu tolerieren".

Bei der Kommunalwahl im Mai 2019 in Thüringen gewann Höcke die zweitmeisten Stimmen der angetretenen Einzelkandidaten im Landkreis Eichsfeld und zog als einer von sechs AfD-Abgeordneten erstmals auch in den Kreistag Eichsfeld ein. In dieser Funktion sorgte er Ende Juni 2019 für einen Eklat, als Landrat Werner Henning (CDU) die beiden Personenschützer Höckes aufgefordert hatte, den Saal für den nichtöffent-lichen Teil der Sitzung zu verlassen (Thema war die Ausschreibung von Feuerwehr-fahrzeugen). Höcke protestierte dagegen und verließ, nachdem Henning darauf be-standen hatte, mit der AfD-Fraktion den Sitzungssaal. Höcke sprach von einer „absur-den Satzungsauslegung des Landrats" und kündigte eine rechtliche Prüfung an. Der SPD-Landesvorsitzende Wolfgang Tiefensee warf Höcke hingegen vor, die LKA-Perso-nenschützer „für seine persönliche Inszenierung" zu instrumentalisieren. Ähnlich äu-ßerte sich auch Thüringens Innenminister Georg Maier (SPD).

Beim Kyffhäusertreffen 2019 zog Höcke mit heroischer Musik und Fahnen schwenken-den Anhängern in den Saal ein und verlieh besonders treuen Anhängern das silberne Flügel-Abzeichen. Einer davon sagte: „Du bist unser Anführer, dem wir gerne bereit sind, zu folgen." Höcke kündigte an, er werde sich „mit großer Leidenschaft der Neu-wahl des Bundesvorstands hingeben". Die aktuelle Parteispitze werde es Ende des Jah-res nicht mehr geben. Daraufhin kritisierten mehr als 100 AfD-Politiker in einem Ap-pell „für eine geeinte und starke AfD", Höcke habe die „innerparteiliche Solidarität verletzt", und warfen ihm Personenkult vor. Höckes politische Positionen kritisierten sie nicht. Laut Matthias Kamann (Die Welt) geht es den Kritikern nur um die Person Höcke; inhaltlich stimmten sie weitgehend mit dem rechtsnationalen Flügel überein. So ähnele der Satz ihres Appells „Wir stehen für eine bürgerliche, freiheitliche und patriotische AfD, die sich als letzte Chance zum Erhalt unseres Vaterlandes versteht" Höckes Aussagen, die AfD sei „die letzte evolutionäre Chance für unser Vaterland". Mit dieser Wendung verknüpften Gegner wie Anhänger Höckes die „Schicksale von Partei und Land auf demokratietheoretisch höchst zweifelhafte Weise". Auch der Politikwis-senschaftler Steffen Kailitz wies darauf hin, dass den Gegnern Höckes „zum Teil weni-ger seine ideologischen Positionen, sondern der ‚Führerkult' um ihn negativ aufsto-ßen". Es handele sich demzufolge nicht „um eine Auseinandersetzung zwischen Rechtsextremisten und ‚Gemäßigten', sondern um Rechtsextremisten unterschiedli-cher Schattierung".

Einige AfD-Landeschefs und stellvertretende Bundesvorsitzende forderten Höcke nach seinem Kyffhäuser-Auftritt auf, beim AfD-Bundesparteitag im November 2019 für den Bundesvorstand zu kandidieren: Wer wie Höcke meine, es besser zu können, müsse den Mut haben, sich zu stellen, und dürfe sich nicht nur für eine nachgeordnete Position bewerben.

Im Wahlkampf zur Landtagswahl in Thüringen 2019 deutete Höcke die Möglichkeit groß angelegter Wahlfälschungen an. Es gebe, so Höcke, Indizien, dass „wir bei den Briefwahlen signifikant schlechter abschneiden" als bei Abstimmungen im Wahlbüro. Daher dürfe man „kein Risiko eingehen" und solle besser im Wahllokal wählen.

Bei der Landtagswahl in Thüringen 2019 trat Höcke als Spitzenkandidat an. Die AfD erreichte mit ihm 23,4 (+12,8) Prozent der Wählerstimmen. Er ließ zunächst offen, ob er beim AfD-Bundesparteitag im November 2019 für den Bundesvorstand der AfD kandidieren werde. Gauland behauptete, Höcke rücke die AfD nicht nach rechts, sondern sei „die Mitte der Partei". Der Flügel gewann damit nach ähnlichen Wahlerfolgen von Andreas Kalbitz (Brandenburg) und Jörg Urban (Sachsen) weiter an Einfluss in der Bundespartei. Höcke selbst unterlag im Kampf um das Direktmandat im Wahlkreis Eichsfeld I dem CDU-Politiker Thadäus König, für den 49 Prozent der Wähler stimmten; 21,4 Prozent gaben Höcke ihre Stimme.

Auf dem 10. Bundesparteitag der AfD Ende November 2019 wurden die Kritiker nach Einschätzung von Beobachtern wegen ihrer Äußerungen über Höcke abgestraft; so unterlag der frühere rheinland-pfälzische Landesvorsitzende Uwe Junge bei den Wahlen zum Bundesvorstand einem Höcke-Anhänger und wurde von den Delegierten ausgebuht.

Verhältnis zu anderen rechten Gruppen

2014 gab Höcke öfter Interviews in neurechten oder rechtsextremen Zeitschriften wie Sezession, Junge Freiheit, Zuerst! und Compact. Auf Kritik daran erwiderte er, er rede mit jedem. Sein zentrales Motiv für den Gang in die Politik sei der „Kampf um die Meinungsfreiheit". Ende 2014 forderte Höcke in einer parteiinternen E-Mail, die Paragrafen 86 und 130 StGB abzuschaffen, also das Verbreiten von Propagandamitteln verfassungswidriger Organisationen und Volksverhetzung mitsamt Holocaustleugnung zu erlauben. „Ethisch unvertretbare Meinungen" ließen sich „nicht durch Strafnormen vermeiden". Er übernahm damit eine Forderung der NPD.

Höcke ist mit dem neurechten Ideologen Götz Kubitschek verbunden und gilt als sein „Schüler", der sich rhetorisch und ideologisch beim Machtkampf in der AfD mit ihm abstimmt. Im Dezember 2014 tagte die AfD Thüringen in Kubitscheks Institut für Staatspolitik (IfS); man erörterte laut Sitzungsprotokoll „Möglichkeiten der Zusammenarbeit". Höcke bezieht seine Ansichten nach Eigenaussage aus Publikationen, die in Kubitscheks Verlag Antaios erscheinen. Gemäß der neurechten Strategie der „kulturellen Hegemonie" fordert er, wer die „Zukunftsverhinderungspolitik der Altparteien" beenden wolle, müsse deren „Begriffsherrschaft beenden". Im Mai 2016 arrangierte Höcke ein Treffen von Gauland und dem AfD-Philosophen Marc Jongen mit Kubitschek und Ellen Kositza, um deren Aufnahme in die AfD anzubahnen. Diese hatte der frühere AfD-Vorstand noch abgelehnt. Im Juli 2019 beschlossen Alice Weidel und Höcke nach Vermittlung durch Kubitschek, einander nicht mehr öffentlich anzugreifen.

Dieter Stein, der Chefredakteur der neurechten Jungen Freiheit, bezeichnete Höcke nach dessen Teilnahme am Kyffhäuser-Treffen 2019 dagegen als „Spalter" und „politisches Irrlicht". Kubitschek bot Höcke daraufhin in der Sezession die Plattform für ein Werben um seine Position sowie für eine Attacke gegen Stein, die JF und seine Gegner innerhalb der AfD.

Höcke sieht das rassistische, flüchtlings- bzw. fremdenfeindliche und islamfeindliche Pegida-Bündnis als Wegbereiter für AfD-Wahlerfolge und „parlamentarische Vorfeldorganisation", der er beim Thüringer AfD-Parteitag im April 2016 dankte. Er befürwortet eine „blaue Allianz" mit Pegida, der Freiheitlichen Partei Österreichs (FPÖ) und dem Front National (FN) in Frankreich „gegen den EU-Totalitarismus". Er grenzt sich anders als der AfD-Bundesvorstand auch nicht gegen die rechtsextreme Identitäre Bewegung ab und verwendete seit 2014 ähnliche Schlüsselbegriffe wie diese. Im neurechten Onlinemagazin Blaue Narzisse nannte er die AfD eine „identitäre Kraft".

Bereits Ende 2014, in der Frühphase von Pegida, lobte Höcke in einem Interview mit der Sezession die Forderungen der Bewegung, bemängelte jedoch ein Fehlen paganer Traditionen: „Wenn sich Pegida ‚für die Erhaltung und den Schutz unseres christlich-jüdischen Abendlandes' einsetzt, dann freut mich das einerseits, andererseits bemerke ich das Fehlen der antiken und germanischen Wurzeln desselben."

Am 29. Mai 2016 trat Höcke beim „Herkules-Kreis" in Friedlos auf, den einige rechte AfD-Mitglieder drei Monate zuvor in Kassel gegründet hatten. Darin wirken AfD-Mitglieder wie Andreas Lichert mit Rechtsextremisten, früheren „Reichsbürgern" und Identitären, dem „Bündnis Deutscher Patrioten" und der von Kubitschek und Jürgen Elsässer angestoßenen, gegen die Aufnahme von Flüchtlingen gerichtete Kampagne Ein Prozent für unser Land zusammen. Der Kreis steht nach Eigenangaben „politisch Interessierten des freiheitlich-konservativen Milieus" offen und soll nach Angaben Höckes „ein Forum für geistige Freiheit schaffen". Er soll nach Medienberichten Bündnisse zwischen lokalen und regionalen rechtsextremen Gruppen ohne Hemmnisse durch „Fesseln der Parteiraison" bilden und Höckes Rolle als Galionsfigur des rechten AfD-Flügels stärken. Anlässlich eines gemeinsamen Auftritts mit dem Pegida-Funktionär Siegfried Däbritz in Erfurt verkündete Höcke, sein Feind sei nicht der Islam, sondern „unser größter Feind" sei „die Dekadenz".

Im November 2016 verteidigte Höcke öffentlich die achtmal verurteilte Holocaustleugnerin Ursula Haverbeck und verharmloste ihre volksverhetzenden Straftaten als „sogenannte Meinungsdelikte". Er verschwieg, dass das letzte Urteil gegen Haverbeck noch nicht rechtskräftig war, und behauptete ohne Belege, Täter mit der „richtigen Herkunft" kämen für weitaus schlimmere Straftaten in Deutschland mit Bewährungsstrafen davon. Zu Weihnachten 2016 veröffentlichte Höcke auf seiner Facebookseite eine Strophe eines Liedes, das Herbert Napiersky, ein Lieddichter der Hitlerjugend, 1940 komponiert hatte.

Im Herbst 2017 nahm Höcke neben dem Leiter der Identitären Österreichs Martin Sellner und Pegida-Chef Lutz Bachmann an einer Compact-Konferenz Elsässers teil, die nach Ansicht von Antonie Rietzschel der Vernetzung der Neuen Rechten diente. Nachdem der AfD-Bundesvorstand das bisherige Kooperationsverbot mit Pegida aufgehoben hatte, trat Höcke am 14. Mai 2018 erstmals als Redner bei Pegida auf. Vor rund 1000 Zuhörern bezeichnete er Dresden als „Hauptstadt des berechtigten Widerstands" gegen eine angeblich aufgezwungene Neue Weltordnung. Unter den „Altparteien" sei Deutschland teils zu einer „despotischen Bananenrepublik" geworden. Darum sei nicht mehr nach „links oder rechts" zu fragen, sondern: „Bist du für Deutschland oder bist Du gegen Deutschland?" Er drohte, Bundeskanzlerin Angela Merkel werde sich eines Tages nach vollzogener „Wende in diesem Land" strafrechtlich zu verantworten haben. Denn sie bestreite „gegen den Buchstaben des Grundgesetzes, dass es so etwas wie das deutsche Volk überhaupt geben würde". Er behauptete eine von dunklen Hintermännern transatlantischer Eliten gesteuerte Migrationspolitik mit dem Ziel, die Bevölkerung auszutauschen. Diese Kräfte hätten Kriege und Völkermorde verursacht. „Das Volk" dürfe sich nicht von ihnen fremdbestimmen lassen, sondern müsse selbst entscheiden.

Am 1. September 2018 rief Höcke mit zu einem „Schweigemarsch" in Chemnitz auf. Obwohl er zuvor betont hatte, „Extremisten und Gewalttäter" seien nicht willkommen, stand er dort direkt neben Lutz Bachmann, Martin Sellner und Vertretern verbotener rechtsextremer Organisationen. Laut Extremismusforscher Steffen Kailitz dominiert Höckes Flügel die AfD in den östlichen Bundesländern, bildet eine Brücke zu Rechtsextremen und hat die AfD zum Sammelbecken für sie radikalisiert, so dass die NPD ihre anfängliche Ablehnung der AfD abgelegt habe. Höckes Aufrufe zum „Widerstand" und zu Gesetzesbrüchen wie dem eigenmächtigen Schutz der deutschen Staatsgrenzen würden wahrscheinlich in Teilen des rechten Spektrums als indirekter Gewaltaufruf verstanden und trügen zum Glauben vieler seiner Anhänger bei, sie stünden kurz davor, „das System zu kippen".

Auf Twitter und Facebook veröffentlichte Höcke im Oktober 2019 ein Foto, auf dem der Pegida-Frontmann Lutz Bachmann, der AfD-Politiker Andreas Kalbitz und er selbst zu sehen sind, dazu der Spruch: „Fünf Jahre Pegida – Danke für fünf Jahre friedlichen Bürgerprotest auf der Straße!"

Am 18. Februar 2020 hielt Höcke auf der 200. Kundgebung von Pegida eine Rede, in der er Kanzlerin Angela Merkel wegen ihrer Äußerungen bezüglich der Ereignisse um die Ministerpräsidentenwahl in Thüringen einen Putsch vorwarf, Politikern „verbrauchter Parteien" eine „geistige Störung" unterstellte und Deutschland als „ganz besonderes Irrenhaus" bezeichnete, in dem die Patienten dächten, sie seien die Ärzte. Man müsse Deutschland „wieder auf die Füße stellen" und „das Unterste wieder nach unten stellen". Die „sogenannte Zivilgesellschaft, die sich aus Steuergeldern speist", werde man nach Übernahme der Macht „leider trockenlegen müssen". Aufgrund einer Anzeige wegen Volksverhetzung leitete die Staatsanwaltschaft Dresden einen Prüfvorgang ein.

Im August 2020 erklärte Höcke in einem Interview mit dem MDR die COVID-19-Pandemie in Deutschland als beendet („Corona ist vorbei. Und es wird auch nicht wiederkommen!") und äußerte sich positiv über die Demonstrationen der „Querdenker", denn diese Menschen nähmen nur ihre „bürgerlichen Grundrechte" wahr. Da Höcke dazu aufgerufen hatte, an einer Ende August stattfindenden Anti-Infektionsschutz-Großdemonstration in Berlin teilzunehmen, wies der Interviewer Lars Sänger darauf hin, dass, wer dort mitmarschiere, dies in Gesellschaft und nach Aufforderung durch „eindeutig dem rechten Lager" zuzuordnende Organisationen tue. Die Gelegenheiten, sich dabei von der NPD zu distanzieren, ließ Höcke verstreichen und sprach stattdessen von der „maximalen Offenheit" der Straße.

Positionen

Familien-, Geschlechter- und Bildungspolitik

Im Landtagswahlkampf 2014 forderte Höcke, die „klassische Familie" sei „wieder zum Leitbild zu erheben." Kinder müssten „verstärkt in der Familie erzogen werden"; das Gender-Mainstreaming sei als Beispiel für „teure, steuerfinanzierte Gesellschaftsexperimente, die der Abschaffung der natürlichen Geschlechterordnung dienen" sofort zu beenden. Von Höcke stammt die AfD-Forderung nach einer „Drei-Kind-Familie" als politisches Leitbild. Dazu wollte er auch das Erziehungsgeld erhöhen. Er behauptete, die inklusive Pädagogik für behinderte und nichtbehinderte Kinder könne nicht funktionieren. Es gebe eine unnatürliche „Gleichschaltung" aller Geschlechter und „Frühsexualisierung der Schüler" mit dem Ziel, „die natürliche Polarität der Menschen in zwei Geschlechter aufzulösen", auf der die „Höherentwicklung der Menschheit" beruhe. Stattdessen forderte er eine gezielte Elitenauslese in der Bildung. Die „Polarität der Geschlechter" solle „kultiviert" werden, unter anderem beim Mann die „Wehrhaftigkeit, Weisheit und Führung" und bei der Frau die „Intuition, Sanftheit und Hingabe". Laut Kemper vertreten Höcke und seine Strömung in der AfD damit „eine völkische, maskulinistische, bevölkerungspolitische Familienpolitik".

Im Oktober 2016 behauptete Höcke in einem Facebook-Beitrag, Thüringens Landesregierung fördere einen „Analsex-Workshop" als „‚Fortbildung' homosexueller Männer" aus Mitteln für Schulbildung und streiche dafür Gelder für Klassenfahrten. Die gemeinte jährliche Tagung der Bundesstiftung Magnus Hirschfeld wird zu geringem Teil auch aus Landesetats, nicht aber Bildungsmitteln gefördert. Der außerschulische Workshop war nicht für Schüler bestimmt, sondern diente der Sexualaufklärung von Erwachsenen gleich welcher sexuellen Orientierung. Das Thüringer Bildungsministerium hatte das Budget für Klassenfahrten damals gekürzt, weil viele Schulen es zuvor nicht ausgeschöpft hatten. Stiftung und Landesregierung wiesen Höckes Falschdarstellung als Provokation aus Homosexuellenfeindlichkeit zurück. Sie verwiesen darauf, dass die NSDAP in den 1920er Jahren gegen den Sexualforscher Magnus Hirschfeld gehetzt und ihn ins Exil getrieben hatte. Höckes Diffamierung setze diese Tradition fort.

Nachdem das Bundesverfassungsgericht am 8. November 2017 die Wahlmöglichkeit eines dritten Geschlechts im Geburtenregister oder den Verzicht auf eine Geschlechtsangabe verlangt hatte, verglich Höcke Intersexualität mit Schizophrenie. Die Gleichbehandlung von Schwulen und Lesben im Eherecht werde benutzt, „um die traditionelle Familie (Vater, Mutter und ihre Kinder) zu torpedieren und einen familienpolitischen Relativismus zu installieren – etwa auf dem Wege der Durchsetzung einer ‚Ehe für alle' oder des Adoptionsrechtes für homosexuelle Paare". Im Mai 2018 behauptete Höcke im Thüringer Landtag, Homosexualität werde in deutschen Schulen heutzutage nicht nur als tolerierbar, sondern als exklusiv und erstrebenswert nahegelegt. Sie sei zwar zu tolerieren, jedoch „auf der Grundlage unserer Rechtsnorm nicht zu akzeptieren", da dies eine positive Zuschreibung und Befürwortung beinhalte.

Nationalismus und NS-Sprache

Bei den Erfurter Demonstrationen im Herbst 2015 nannte Höcke den damaligen SPD-Vorsitzenden Sigmar Gabriel einen „Volksverräter" und politische Gegner „Lumpenpack". Er forderte für „Deutschland nicht nur eine tausendjährige Vergangenheit", sondern „auch eine tausendjährige Zukunft." Die Zeit des deutschen Kaiserreichs zwischen 1871 und 1914 sei „eine Hochzeit unseres Volkes" gewesen. Solche Aussagen werden als nationalistische Überhöhung der Kaiserzeit und gezielte Tabubrüche mit Rückgriff auf die Sprache des Nationalsozialismus eingestuft. Der Historiker Maik Tändler sieht sie als rhetorisches Mittel, um belastetes Vokabular wieder salonfähig zu machen und öffentliche Aufmerksamkeit zu provozieren. Höcke vermeide eindeutige Parallelen und wähle seine Formulierungen so, dass er die Nähe zu NS-Sprache und NS-Gedankengut als Unterstellung zurückweisen könne. Tatsächlich spiele er bewusst mit Assoziationen dazu, etwa zu Hitlers bekannter Aussage, das von ihm geführte „Dritte Reich" werde 1000 Jahre Bestand haben, und zum nationalsozialistischen Straftatbestand des „Volksverrats".

Am 14. Oktober 2015 vor dem Magdeburger Dom rief Höcke „Otto, ich grüße dich!" mit Blick auf den dort begrabenen Otto den Großen und erinnerte an dessen siegreiche Schlacht auf dem Lechfeld. Diesem „großen König" sei es im Jahr 955 gelungen, mit einem Heer „aus allen deutschen Stämmen... die Ungarn vernichtend zu schlagen und die Gefahr vom Abendland abzuwenden. Deutschland und Europa waren gerettet. Heute sind es die Ungarn, die Europa verteidigen." Zudem verglich er eine angebliche kurzfristige Räumung einer Schule für Flüchtlinge mit der „Flucht nach dem Krieg". Laut Tändler kennt Höcke den historischen Kontext seiner Aussagen genau. Seine „perfide Argumentation" stelle Menschen, die heute vor Krieg und Terror flüchten, als vergleichbare Bedrohung für Europa dar und legitimiere so eine gewaltsame Abwehr und Sehnsucht nach einer autoritären Führungsgestalt. Er trenne wie im rechtsradikalen Spektrum üblich die Flucht und Vertreibung Deutscher aus Mittel- und

*Osteuropa 1945–1950 von der nationalsozialistischen Kriegsführung und Gewalt-
herrschaft und erkläre Deutschland so zum unschuldigen Opfer, heute von „anstür-
menden Flüchtlingsmassen".*

*Am 18. Oktober 2015, einen Tag nach dem rechtsextremen Attentat auf die Kölner
Bürgermeisterin Henriette Reker, war Höcke in Günther Jauchs Talkshow zum Thema
„Pöbeln, hetzen, drohen – wird der Hass gesellschaftsfähig?" eingeladen. Zu Beginn
hielt er eine Deutschlandflagge hoch und erklärte, das solle zeigen, „dass die AfD die
Stimme des Volkes spricht, gegen eine – das muss ich ganz deutlich sagen – verrückt-
gewordene Altparteienpolitik." Dann ließ Jauch Redeausschnitte Höckes aus Erfurt
einspielen:*

*„Ich sehe eine Gemeinschaft! Ich sehe ein Volk, das eine Zukunft haben will! Wir sind
das Volk!" „Erfurt, liebe Freunde, ist nicht spießig, Erfurt ist schön! Erfurt ist schön
deutsch! Und schön deutsch soll Erfurt bleiben! ... Die noch wenigen türkischen Kinder
in Erfurt, die sprechen Erfurterisch. Aber die wenigen deutschen Kinder in Berlin, die
sprechen Kanak-Sprach, liebe Freunde." „Vergessen wir nie: Der Syrer, der zu uns
kommt, der hat noch sein Syrien. Der Afghane, der zu uns kommt, der hat noch sein
Afghanistan, und der Senegalese, der zu uns kommt, der hat noch seinen Senegal.
Wenn wir unser Deutschland verloren haben, dann haben wir keine Heimat mehr."
„Thüringer! Deutsche! Dreitausend Jahre Europa! Tausend Jahre Deutschland! Ich
gebe Euch nicht her und ich weiß, ihr gebt sie auch nicht her." „Die Angsträume werden größer in unserem Land. Gerade für blonde Frauen werden sie leider immer größer. Und das im eigenen Land, liebe Freunde! Das ist unerträglich!"*

*Der Sozialwissenschaftler Felix Knappertsbusch findet darin „typische Motive ethno-
zentrischer Rhetorik. Migrant_innen werden mithilfe homogenisierender Kollektivsin-
gulare einer ebenso homogen konstruierten deutschen ‚Gemeinschaft' gegenüberge-
stellt. Zuwanderung erscheint dabei v.a. als Bedrohung nationaler Identität und Sicherheit" durch „Ausländer", die angeblich die deutsche Sprache ersetzen und sexuelle
Gewalt gegen „blonde" (als Code für weiß/deutsch und Ersatzwort für „Rasse")
Frauen üben würden. „Die zu schützende ‚Heimat' wird dabei durch den Verweis auf
‚3000 Jahre Europa' und ‚1000 Jahre Deutschland' auf eine quasi-essentielle Grundlage gestellt." So stelle Höcke Deutschsein als quasi-natürliche Abstammungsgemeinschaft dar, die sich gegenüber ebenfalls ethno-national identifizierbaren Fremdgruppen in einer Notwehrsituation befinde. Damit festige er rigide soziale Kategorisierungen und Wahrnehmungsmuster und lege entsprechende Abwehrreaktionen nahe. Somit könne diese Rhetorik diskriminierende Gewalt hervorrufen und verstärken. Dabei
sei es Höcke während des ganzen Gesprächs trotz scharfer Kritik gelungen, seine ethnozentrische Rhetorik als mit demokratischen und egalitären Normen vereinbar zu
präsentieren. Dem habe sein Eingangsbekenntnis zur deutschen Flagge gedient.*

*In der Talkshow bekräftigte Höcke, er wolle ein „tausendjähriges Deutschland" vertei-
digen und das „Bewährte behalten". Deutschland importiere mit den Flüchtlingen „sozialen Sprengstoff". Die Vergewaltigungsgefahr für blonde deutsche Frauen sei*

gestiegen. Rückfragen nach Belegen dafür blieben aus; nur die Journalistin Anja Reschke wies einiges zurück. Der Auftritt wurde weithin als Bejahung der Ausgangsfrage, Erfolg für Höckes Demagogie und Versagen des Moderators gewertet. Der Talkshowgast Justizminister Heiko Maas versäumte, auf die republikanische Herkunft der Deutschlandfarben Schwarz-Rot-Gold und ihre antifaschistische Verwendung durch die Sozialdemokratie in der Weimarer Republik hinzuweisen.

Fernsehmoderator Georg Restle sprach von einem „Goebbels-Tremolo" in Höckes Rhetorik, verglich ihn also mit dem nationalsozialistischen Propagandaminister Joseph Goebbels. Das bekräftigte das WDR-Magazin Monitor mit einem Video, das Ausschnitte aus Goebbels' Sportpalastrede neben Aussagen Höckes zeigte. Weitere Autoren veröffentlichten Zitatvergleiche. Nach Höckes Dresdner Rede vom Januar 2017 folgten ähnliche mediale Vergleiche. Nach Angaben aus zweiter Hand der AfD-Aussteigerin Franziska Schreiber soll Höcke mit Kubitschek gezielt Goebbelsreden analysiert und Versatzstücke daraus in veränderter Form übernommen haben. Er und andere rechtsradikale AfD-Vertreter hätten Bücher, Reden und Lehrmaterialien aus dem Nationalsozialismus studiert, „weil sie die Formel suchen, die in den Dreißigerjahren zum Erfolg geführt hat".

Beim Kyffhäuser-Treffen 2018 beschrieb Höcke die AfD vor rund 1000 Zuhörern als künftig „einzig relevante Volkspartei in Deutschland" und erklärte mit Bezug auf eine rhetorische Frage Bernhard von Bülows von 1899, ob die Deutschen lieber „Hammer oder Amboss" sein wollten: Heute laute die Frage „Schaf oder Wolf. Und ich, liebe Freunde, meine hier, wir entscheiden uns in dieser Frage: Wolf." Die „Zeit des Wolfes" sei nun gekommen. Wenn Gegner eine AfD-Demonstration behinderten, werde man der Polizei fortan fünf Minuten Zeit geben und dann mit 1000 „Patrioten" im Rücken der Gegendemonstration auftauchen. Zuvor hatte er die Bundespolizei aufgefordert, ihren Vorgesetzten nicht mehr zu folgen, andernfalls werde man sie nach der Machtübernahme „des Volkes" zur Rechenschaft ziehen. Der Tiervergleich spielt wohl auf Goebbels' Aussage über den Kurs der NSDAP von 1927 in der Zeitschrift Der Angriff an: „Wir kommen nicht als Freunde, auch nicht als Neutrale. Wir kommen als Feinde! Wie der Wolf in die Schafherde einbricht, so kommen wir!" Laut dem Journalisten Marc Röhlig vermied Höcke hier bewusst ein angreifbares Direktzitat und wählte für einen Angriffskurs der AfD eine Metapher, deren Herkunft und Sinn Nationalisten verstünden. Vor den Augen anwesender Polizisten griffen Zuhörer der Rede anschließend Journalisten körperlich an.

Im September 2019 sagte Höcke in einem ZDF-Interview, er glaube nicht, „dass es eine allgemein gültige Definition dessen gibt, was eine NS-Diktion, was NS-Sprache ist". Entsprechende Begriffe habe es vor und nach der NS-Zeit gegeben. Inzwischen seien das alles „Kampfbegriffe", die von einem „politisch-medialen Establishment so definiert" würden und so „dem Sprachgebrauch entzogen werden" sollten, um „ein politisches Ziel zu erreichen". Höcke sprach von einer Tendenz in Deutschland, „die Sprach- und Meinungskorridore immer weiter zu verengen". Kritiker, die ihm eine sprachliche

Nähe zum Nationalsozialismus vorwerfen, seien „Stellenmarkierer", die „kontaminieren wollten, was angeblich nicht mehr sagbar" sei. Nach rund 15 Minuten brach Höcke das Gespräch ab, sprach von „massiven Konsequenzen" und stellte fest: „Wir wissen nicht, was kommt." Auf Nachfrage, was er damit meine, antwortete Höcke: „Vielleicht werde ich mal 'ne interessante persönliche, politische Person in diesem Land. Könnte doch sein." Zuvor hatte Höckes Sprecher Günther Lachmann interveniert, dem ZDF „emotionalisierte Fragen" vorgeworfen und gefordert, man solle das „einfach wiederholen". Der das Interview führende ZDF-Journalist David Gebhard hatte dagegen erklärt, man komme in den sensiblen Bereich der Pressefreiheit, wenn man die Fragen so oft stellen solle, bis Höcke mit den Antworten zufrieden sei. Auch der Chefredakteur des ZDF Peter Frey betonte, dass man darüber berichten müsse, wenn die Partei rote Linien überschreite. Es sei ein „vorbildliches Interview" gewesen. Der Bundesvorsitzende des Deutschen Journalisten-Verbands Frank Überall kommentierte, es sei richtig gewesen, das Interview nicht in Höckes Sinne „weichzuspülen"; Höcke habe „ein weiteres dunkles Kapitel des gestörten Umgangs der AfD mit der Pressefreiheit im Allgemeinen und kritischen Journalistinnen und Journalisten im Besonderen aufgeschlagen". In der Zeit kritisierte Jens Jessen das Vorgehen des Interviewers als unfair: Man habe Höcke „überfallartig" mit „scheinhaften Beweisstücken … konfrontiert, die noch dazu auf eine Weise gewonnen wurden, die eher kabarettwürdig war als journalistisch seriös". Die Soziologin Franziska Schutzbach hielt es im Spiegel hingegen für „klug, jemandem wie Höcke zu verweigern, seine üblichen Spielwiesen zu betreten", und „die ideologischen Dimensionen seines Handelns zu dekonstruieren". Höcke gehe es „ja nicht um Tagespolitik, sondern um gesamtgesellschaftliche Veränderung". Mit dem Abbruch und seinen Drohungen habe Höcke „seinen autoritären Kern gezeigt". Schutzbach zufolge konnte sich Höcke jedoch mit dem Interview wieder als „Opfer der Medien und mutiger Tabubrecher inszenieren". Im Oktober 2019 sagte Höcke ein geplantes Interview mit der Thüringer Allgemeinen ab. Die Zeitung ließ den Raum frei, auf dem das Interview hätte erscheinen sollen. Ein Sprecher teilte mit, dass Höcke bis zur Landtagswahl Ende Oktober überhaupt keine Interviews mehr geben wolle. Auch ein Interview mit dem Sender MDR Aktuell hatte Höcke abgesagt. Der stattdessen interviewte AfD-Landessprecher Stefan Möller verwies dabei auf „schlechte Erfahrungen" und nannte auch das ZDF-Interview.

Rassismus

Auf Einladung Götz Kubitscheks sprach Höcke am 21. November 2015 am IfS über die deutsche Flüchtlingspolitik. Dabei behauptete er, die Evolution habe bei Afrikanern genetisch eine andere Fortpflanzungsstrategie erzeugt als bei Europäern. Die „r-Strategie" der Afrikaner ziele auf möglichst hohe Geburtenraten, die „K-Strategie" der Europäer dagegen darauf, den vorhandenen Lebensraum optimal auszunutzen. Aktuell treffe der „lebensbejahende afrikanische Ausbreitungstyp auf den selbstverneinenden europäischen Platzhalter-Typ". Solange Europa bereit sei, den hohen Bevölkerungsüberschuss Afrikas aufzunehmen, werde das die einheimische Bevölkerungsstruktur radikal verändern und unweigerlich einen „Staatszerfall" herbeiführen. Daher sei eine *völlige Schließung der Grenzen Europas für Migranten aus Afrika unbedingt notwendig.*

Die Rede wurde am 10. Dezember 2015 als Tonaufnahme veröffentlicht und vielfach als Rassismus kritisiert. Das Theorem der beiden Fortplanzungsstrategien stammt aus Aufsätzen Robert H. MacArthurs und Edward O. Wilsons über insulare Biogeographie (1963; 1967). Der kanadische Rassist John Philippe Rushton übertrug diese Theorie in seinem Buch „Rasse, Evolution und Verhalten" (2005) auf Menschen und behauptete, genitale und hormonelle Unterschiede zwischen „Negriden" (Schwarzafrikanern), „Mongoliden" (Asiaten) und „Europiden" (hellhäutigen Europäern) hätten eine Bevorzugung der eigenen Gruppe und Ablehnung „fremder Rassen" genetisch erzeugt. Andreas Vonderach rezensierte das Buch 2006 im IfS-Organ „Sezession" und behauptete dabei tatsachenwidrig, Rushtons Thesen seien nicht widerlegt worden und würden von Biologen zunehmend akzeptiert. Da Höcke die Sezession als Quelle seiner Theorie angab, gilt Rushton als sein Ideengeber.

Der Kulturwissenschaftler Jobst Paul analysierte Höckes Rede als „rassistische Demagogie" und pseudowissenschaftlichen Biologismus, der Gesetzmäßigkeiten aus der Pflanzen- und Tierwelt auf Menschen übertrage. Höckes Aussagen implizierten ein rein triebhaftes Sexualverhalten von Afrikanern, klammerten sozialökonomische Faktoren für Geburtenraten aus und legten nahe, dass die Europäer um ihrer Selbsterhaltung willen die Menschenrechte von Migranten aufheben und sie in Afrika oder an Europas Grenzen sterben lassen müssten. Höcke greife damit auf aus dem 19. Jahrhundert bekannte dehumanisierende Argumentationsmuster des Sozialdarwinismus zurück. Für Robert Lüdecke (Amadeu Antonio Stiftung) liegt Höckes Rede „auf einer Linie mit der Rassentheorie des Nationalsozialismus" und erinnert „an die Theorie einer Herrenrasse", da der Europäer als ein besserer Mensch und der Afrikaner als Invasor dargestellt werde. Die Stiftung ließ deshalb eine strafrechtliche Relevanz der Rede prüfen. Der Extremismusforscher Hajo Funke kritisierte, Höcke sehe wie der Nationalsozialismus „einen Rassenkampf zwischen der afrikanischen Rasse und der europäischen Rasse". Funke forderte, die AfD müsse Konsequenzen ziehen. Auch der Politologe Werner J. Patzelt bescheinigte Höcke in einem Gutachten zur AfD „klaren Rassismus". Der Mediziner Andreas Heinz betonte, Höckes von Rushton stammende Theorie sei nur primitiver als die nationalsozialistische Rassentheorie, nicht weniger menschenfeindlich.

Der Evolutionsbiologe Andreas Beyer widerlegte Höckes Theorie:

Schon weil die Unterschiede zwischen Genomen der Spezies Homo sapiens sapiens nur 0,1 % betragen, sei die Annahme „völlig abwegig", dass unterschiedliches Sexualverhalten verschiedener Gruppen dieser Spezies genetisch bedingt sei.

Da diese Spezies rund 190.000 Jahre lang nur in Afrika lebte, ist die genetische und kulturelle Vielfalt dort am größten. Afrikaner als homogene Gruppe mit gemeinsamer Fortpflanzungsstrategie anzusehen sei „naiv" und nicht belegbar.

Die Geburtenraten sind innerhalb Afrikas und Europas sehr uneinheitlich. Hohe Raten waren auch in den Industrienationen bis zum Pillenknick üblich. Ihr Rückgang sei nur historisch und sozioökonomisch zu erklären, etwa durch Entwicklung eines Sozialstaats und einer Bildungsgesellschaft.

Höckes Zuschreibung, ein Typ sei „Lebens-bejahend", der andere „selbst-verneinend", sei unbegründet und vermische erbliche Verhaltensmuster mit Weltanschauung und Lebenseinstellung. Viele Kinder hätten auch psychologisch nichts mit „Lebensfreude", wenige nichts mit „Selbstverneinung" der Eltern zu tun.

Höckes Ideen seien also gänzlich unhaltbar und tatsachenwidrig. Er vermische und verdrehe Fakten, die ihm bekannt sein müssten, mit Halbwahrheiten und Falschaussagen: Das kennzeichne jede pseudowissenschaftliche Argumentation. Von Politikern müsse man jedoch wegen der bekannten genozidalen Wirkung biologistischer Menschenbilder angemessene sprachliche und inhaltliche Sensibilität verlangen.

Ohne inhaltlich Stellung zu nehmen, ließ Höcke ausrichten, er lehne die „völlig absurde Rassentheorie des Nationalsozialismus" entschieden ab. Sie widerspreche seinem christlichen Menschenbild. Bei der Vorstellung des AfD-Positionspapiers zu Leitkultur, Identität, Patriotismus im Mai 2018 warf er der deutschen Politik „Identitätsauflösung und Heimatzerstörung" vor und sprach von „Multikulti-Extremisten", deren Forderung nach „bunter Vielfalt" auf die „Durchmischung der Bevölkerung mit Personengruppen anderer Hautfarbe" abziele. Durch „massenhaften Import" von Menschen aus fremden Kulturen werde das Sitten-, Werte- und Normengefüge zerstört. In einem Interview sprach er sich gegen eine Integration von Flüchtlingen und für eine Erhaltung von deren „Rückkehrfähigkeit" aus. Asylrecht sei lediglich ein Gastrecht auf Zeit. Es sei sein Ziel, 99 Prozent der Zuwanderer, die keinen Anspruch auf politisches Asyl hätten, „wieder loszuwerden", und auch anerkannte Flüchtlinge müssten das Land wieder verlassen. Im Juli 2019 setzte Höcke auf dem „Kyffhäusertreffen" die Migration und deren behauptete Auswirkungen auf die einheimische Bevölkerung mit einem Krieg gleich, indem er sagte, dass „die seit Jahrzehnten praktizierte Politik der offenen Grenzen …, dass diese von den Altparteien zu verantwortende irrationale Zuwanderungspolitik uns hat finanziell bluten lassen, als hätten wir einen weiteren Krieg verloren". Das Tötungsdelikt im Frankfurter Hauptbahnhof 2019, bei dem ein (seit 2006 in der Schweiz lebender) mutmaßlich psychisch erkrankter Eritreer einen 8-jährigen Jungen mit tödlichen Folgen vor einen einfahrenden ICE gestoßen hatte, bewertete Höcke (der den meteorologischen menschenverursachten Klimawandel bestreitet) als Resultat eines „menschengemachten … gesellschaftlichen Klimawandels in diesem Land", dessen Beginn er im September 2015 verortet, als Grenzen für Flüchtlinge nach Deutschland geöffnet worden seien.

Geschichtsrevisionismus

Zum Internationalen Gedenktag an die Opfer des Holocaust (27. Januar) 2015 wollten Höcke und die AfD Thüringen im ehemaligen KZ Buchenwald einen Kranz niederlegen.

Dessen Inschrift „Wir gedenken aller Opfer des Konzentrations- und Speziallagers Buchenwald" setzte NS-Opfer mit Opfern des Stalinismus gleich und griff damit das Holocaustgedenken der KZ-Überlebenden an. Höcke behauptete dazu „eine gewisse Asymmetrie in der gegenwärtigen Erinnerungskultur". Nach Eingriff der Gedenkstättenleitung unter Volkhard Knigge und Protesten ehemaliger KZ-Häftlinge änderte die AfD die Inschrift. Der Sozialwissenschaftler Samuel Salzborn stufte die Aktion als gezielte Provokation einer Debatte zur Umdeutung der Geschichte und Besetzung von Begriffen im Sinne der neurechten Wortergreifungsstrategie ein.

Beim „Kyffhäuser"-Treffen am 4. Juni 2016 erklärte Höcke, die AfD sei „die letzte evolutionäre Chance unseres lieben Vaterlandes". Der Flügel garantiere, dass sie danach handle. Die „über 1000-jährige Geschichte" sei „wieder neu anzueignen". Mythen wie die Kyffhäusersage hülfen in der gegenwärtigen „Wendezeit", „einen neuen Mythos für unser Volk zu erschließen" und mit der AfD durchzusetzen. „Das permanente Mies- und Lächerlichmachen unserer Geschichte hat uns wurzellos gemacht. ... Die Vergangenheitsbewältigung als gesamtgesellschaftliche Daueraufgabe lähmt ein Volk." Deshalb seien die Deutschen „wehrlos gegenüber fremden Kulturen und Ideologien", würden „deutsche Schüler gemobbt", „Frauen unsittlich berührt" und „unsere jungen Männer im eigenen Land geschlagen und manchmal sogar grundlos getötet." Darum sei die Erinnerung der NS-Zeit zu ersetzen: „Wir haben jetzt 70 Jahre lang Mahnmale gebaut, es ist hohe Zeit, dass wir endlich wieder Denkmäler errichten!" Dazu sei die „Thymos-Spannung", der Furor teutonicus, die „verlorene Männlichkeit" des deutschen Volkes wiederzugewinnen. Die „Altparteien" seien inhaltlich erstarrt und „entartet". Er genieße ihren Absturz, wolle sie „am Boden" sehen und gebe Kritikern recht: „Ja, ich will ein anderes Deutschland!" – Für die Journalistin und Autorin Mely Kiyak dokumentiert diese Rede Höckes Programm: Er und der Flügel wollten eine völlige Abkehr vom seit 1945 gültigen Gesellschaftskonsens, aus der NS-Zeit zu lernen, um deren Wiederkehr zu verunmöglichen. Um den Holocaust vergessen zu machen und „die Reinheit und Tapferkeit des ‚lieben' deutschen Volkes" zurückzuerlangen, benutze Höcke ständige Anspielungen, Zitate und Bilder aus der Sprache des Nationalsozialismus.

Am 17. Januar 2017 trat Höcke für die JA im Ballhaus Watzke in Dresden (laut Einladung „Hauptstadt des Widerstands") auf. Pegida-Ordner stellten den Saalschutz; die wöchentliche Pegida-Demonstration fiel dafür aus. Höcke erschien mit Kubitschek; Jürgen Elsässers rechte Zeitschrift Compact übertrug seine Rede auf YouTube, während anderen Journalisten der Zutritt verwehrt wurde. Höcke sagte über das Berliner Denkmal für die ermordeten Juden Europas: „... wir Deutschen, also unser Volk, sind das einzige Volk der Welt, das sich ein Denkmal der Schande in das Herz seiner Hauptstadt gepflanzt hat." Die Erinnerungskultur seit 1945 sei eine „dämliche Bewältigungspolitik". Deutschland müsse eine „erinnerungspolitische Wende um 180 Grad" vollziehen. Er verglich die alliierten Luftangriffe auf Dresden mit den Atombombenabwürfen auf Hiroshima und Nagasaki. Die Bombardierungen deutscher Städte hätten „uns unsere kollektive Identität rauben", „uns mit Stumpf und Stiel vernichten" und „unsere Wurzeln roden" sollen. „Mit der nach 1945 begonnenen Umerziehung" habe man das auch fast geschafft. Der deutsche Gemütszustand sei bis heute immer noch der „eines brutal besiegten Volkes". Statt die junge Generation in den Bildungseinrichtungen mit den vielen deutschen „großen Wohltätern, den bekannten, weltbewegenden Philosophen, den Musikern, den genialen Entdeckern und Erfindern in Berührung zu bringen", werde die deutsche Geschichte „mies und lächerlich" gemacht. Richard von Weizsäckers Rede Zum 40. Jahrestag der Beendigung des Krieges in Europa und der nationalsozialistischen Gewaltherrschaft (1985) habe sich „gegen das eigene Volk" gerichtet. Deutschland sei durch den „Import fremder Völkerschaften" bedroht. Es gebe „keine moralische Pflicht zur Selbstauflösung", sondern zur Weitergabe von deutscher Kultur, Wohlstand und „noch vorhandener staatlicher Wohlordnung" an die kommende Generation. Die AfD müsse gegen „Luckisten" in ihr und zusammen mit befreundeten gesellschaftlichen Bewegungen eine „inhaltliche Fundamentalopposition" bilden. Sie sei „die letzte evolutionäre und die letzte friedliche Chance für unser Vaterland". Es brauche ihren „vollständigen Sieg". Sie dürfe allenfalls als stärkerer „Seniorpartner" eine Koalition eingehen, müsse aber 51 % der Mandate anstreben.

Die Rede wurde in deutschen Medien stark beachtet und kritisiert. Laut Extremismusforscher Armin Pfahl-Traughber wollte Höcke damit eine nationalistische Geschichtsrevision einleiten und politische Schritte „weg von den Normen des demokratischen Verfassungsstaates" legitimieren. Historiker Martin Sabrow sah einen „erinnerungskulturellen Tabubruch": Höcke hole „die Sprache des Faschismus zurück in die Gegenwart" und stelle die historische Aufklärung in Frage. Justus Bender, Matthias Meisner und andere sahen Höckes Auftritt als „gezielten Tabubruch" gemäß der AfD-Strategie „sorgfältig geplanter Provokationen". Die Rede habe sich kaum von Reden der 1930er Jahre aus der „Hauptstadt der Bewegung" München unterschieden.

Am selben Tag behauptete Höcke, er habe nicht das Holocaustgedenken, sondern den Holocaust als „Schande" bezeichnet und dazu einen schon etablierten Ausdruck verwendet. Sprachwissenschaftler verweisen dagegen auf den Kontext: „Sich pflanzen" bedeute umgangssprachlich „sich unangemessen breitmachen". Zudem hatte Höcke den früheren CSU-Vorsitzenden Franz Josef Strauß zitiert, der für einen Schlussstrich bei der angeblich lähmenden „Vergangenheitsbewältigung" plädiert hatte, und ihn mit der Forderung einer erinnerungspolitischen Kehrtwende überboten. Höcke empfinde also eindeutig das Holocaustdenkmal als Schande für das deutsche Volk. Für den Politikwissenschaftler Jürgen W. Falter entlarvt sich Höcke mit der Rede „als echter Rechtsradikaler". Auch für den Sprachwissenschaftler Peter Schlobinski zeigt der Redekontext Höckes rechtsextreme Gesinnung. Wie der Germanist Heinrich Detering hervorhob, kam Höcke in seiner Rede unmittelbar nach der Schilderung der vermeintlichen Kriegsziele der Alliierten – laut Höcke ein Vernichtungsfeldzug gegen den physischen Bestand des deutschen Volkes einschließlich einer identitätsraubenden „Umerziehung" – auf das „Denkmal der Schande" zu sprechen. Daher sei die „Schande" für Höcke nicht das durch das Denkmal erinnerte Geschehen, wie er nachträglich behauptete, sondern das Denkmal selbst, als Ausdruck für den „Gemütszustand ... eines total besiegten Volkes". In Höckes Sätzen „ ... ich will es euch nicht leicht machen. Ich weise euch einen langen und entbehrungsreichen Weg." erkannte Detering „das Führerprinzip, erneuert in Dresden 2017 und geronnen zur autoritären Syntax." Josef Schuster (Zentralrat der Juden in Deutschland) kritisierte die Rede als Ausdruck eines antisemitischen und menschenfeindlichen Charakters der AfD: „Dass 70 Jahre nach der Schoah solche Aussagen eines Politikers in Deutschland möglich sind, hätte ich nicht zu glauben gewagt." Auch Bundes- und Landespolitiker und ausländische Medien kritisierten Höckes Rede. Während AfD-Vize Alexander Gauland sich mit Höcke solidarisierte, äußerte die Parteichefin Frauke Petry in der neurechten Jungen Freiheit, Höcke sei „mit seinen Alleingängen und ständigen Querschüssen zu einer Belastung für die Partei geworden".

Am 26. Januar 2017 schloss Landtagspräsident Christian Carius Höcke von der Veranstaltung des Thüringer Landtags zum internationalen Holocaustgedenktag (27. Januar) aus. Die Stiftung Gedenkstätten Buchenwald und Mittelbau-Dora lehnte Höckes Teilnahme an der Gedenkfeier im KZ Buchenwald ab, weil er das öffentliche Erinnern an die Vernichtung der Juden diffamiert habe. Als Höcke dennoch anreiste, ließ der Gedenkstättenleiter sein Hausverbot polizeilich durchsetzen.

In einem Interview im März 2017 nannte Höcke es ein großes Problem, dass Hitler als „absolut böse" dargestellt werde. In der Geschichte gebe es kein Schwarz und Weiß. Sogar der schlimmste Schwerverbrecher habe vielleicht irgendetwas Gutes. Auf Nachfrage, was an Hitler gut gewesen sei, erklärte er, er habe nicht gesagt, dass es etwas Gutes an ihm gebe, aber rein logisch sei ausgeschlossen, dass ein Mensch „nur dunkel ist". Nach Kritik behauptete Höcke, die Aussage sei aus dem rein philosophischen Kontext gerissen worden. Gauland verteidigte ihn: Höcke habe gemeint, dass man Hitler nicht aus der Geschichte nehmen könne und historisch betrachten müsse. Dass er durch Wahlen zur Macht gelangt und gefördert worden sei, werde durch den Begriff ‚absolut böse' ausgeklammert. Laut Ronald Lauder (Die Welt) dagegen klang Höcke „wie ein Fürsprecher von Hitler". Melanie Amann (Spiegel) fragte, was die unbestrittene Selbstverständlichkeit, dass Hitler bei allen Untaten nur ein Mensch war, zum historischen Diskurs beitrage, „wenn nicht Ablenkung, Relativierung, Verharmlosung".

In seinem Gesprächsband Nie zweimal in denselben Fluss (Juni 2018) deutet Höcke den europäischen und deutschen Kolonialismus zu einer Erfolgsgeschichte um: Man dürfe „Kolonisation" „nicht ausschließlich negativ betrachten". Von 1850 bis 1918 sei „aus dem Geist und der praktischen Tüchtigkeit der Deutschen" in den Kolonien ein „Wohlstandsaufbau" erfolgt. Damit begründete die AfD im Sommer 2018 eine Kampagne gegen die Rückgabe von in der Kolonialzeit geraubten Kunstwerken.

Antisemitismus

In einem Vortrag für die „Junge Alternative" im Jahr 2015 äußerte Höcke: „Christentum und Judentum stellen einen Antagonismus dar. Darum kann ich mit dem Begriff des christlich-jüdischen Abendlandes nichts anfangen." Auf Medienrückfragen bestätigte Höcke die Aussage. Jedoch habe er damit keine Kritik am Judentum verbunden. Dieses sei „eine großartige Religion". Die Begegnungsphilosophie des jüdischen Religionsphilosophen Martin Buber habe ihn stark beeinflusst.

Am 7. Dezember 2015 lobte Höcke auf Facebook das als revanchistisch und antisemitisch bewertete Buch Grundlagen einer neuen Politik von Wolfgang Gedeon als eine unabhängige, aber „gleichgerichtete Suchbewegung" in der AfD, schrieb, dass der Autor „auf die existenzielle Bedrohung der europäischen Völker und ihrer Kulturen" verweise sowie in „notwendige(r) Klarheit ... den Feind unserer Freiheit in Vielfalt" benenne, und empfahl es allen AfD-Anhängern. Gedeon sollte damals wegen antisemitischer Aussagen aus der AfD ausgeschlossen werden und war seinerseits aus der Landtagsfraktion der AfD Baden-Württemberg ausgetreten. Im von Höcke gelobten Werk erklärte er, der „Amerikanismus" sei der „alte jüdische Glaube vom neuen irdischen Jerusalem", dem der christliche Glaube vom jenseitigen Reich Gottes gegenüberstehe. Den USA gehe es um die schrittweise Annexion der westlichen Welt, unter anderem durch „Bevölkerungsaustausch" und „systematische Islamisierung christlicher Staaten". Dazu hätten sie in den Zweiten Weltkrieg eingegriffen, nicht um den Faschismus zu bekämpfen. Höcke beurteilte diese Verschwörungstheorie positiv: auch nach seiner Ansicht sei „die große Gleichschaltung in Form des Menschenrechts- und Religionsextremismus" der „Feind unserer Freiheit". Später solidarisierte sich Höcke wohl aus machttaktischen Motiven mit Gedeons Gegner Jörg Meuthen gegen Frauke Petry.

Mit Bezug auf solche und ähnliche Aussagen Höckes nennen die Politikwissenschaftler Marc Grimm und Bodo Kahmann ihn einen „weltanschaulich gefestigten Antisemiten". Die „antisemitische Feindbildkonstruktion" sei seiner „völkischen Agitation ... inhärent". Auch über Höckes Antiamerikanismus würden „antisemitische Bedeutungsinhalte transportiert ... und eine Anschlussfähigkeit zu antisemitischen Diskursen hergestellt".

Mit seiner Aussage von einem „internationalen Geldmachtkomplex mit seiner krakenhaften Machtstruktur" benutzt Höcke laut dem Historiker und Rechtsextremismusforscher Helmut Kellershohn ein „klassisch antisemitisches Bild". Ähnlich äußerte sich Matthias Kamann (Die Welt): In Reden und Interviews habe Höcke „außer dem Wort ‚Jude' alle Elemente antisemitischer Stereotype versammelt", so etwa, dass „eine kleine Geldmachtelite", nämlich „wenige Dunkelmänner im Hintergrund", in einem „völkerauflösenden Geist" auf eine „totalitäre Herrschaft neuen Typs" zusteuern würde. Henry Bernhard (Deutschlandfunk) kommentierte diese Äußerungen mit den Worten, Höcke warne nicht vor dem „Weltjudentum", aber „wer verstehen will, der versteht". Im Vergleich zu offenen Antisemiten wie Wolfgang Gedeon sei Höcke „rhetorisch geschickter".

Nach dem Anschlag in Halle (Saale) 2019 warf der bayerische Innenminister Joachim Herrmann (CSU) Höcke vor, „einer dieser geistigen Brandstifter" zu sein, „wenn es darum geht, wieder mehr Antisemitismus in unserem Land zu verbreiten."

Laut dem Verfassungsschutz Bayern verwendete Höcke in einer Rede anlässlich des „Süddeutschen Flügeltreffens" Anfang Mai 2019 Versatzstücke antisemitischer Rhetorik und bediente unterschwellig antisemitisches Gedankengut. Die EU beschrieb er als „neoliberalistische Globalisierungsagentur, die den volkszerstörenden und als pervers zu bezeichnenden Ungeist eines George Soros exekutiert". Mit der Bezugnahme auf Soros, einen US-amerikanisch-ungarischen Milliardär jüdischen Glaubens, der in mehreren Ländern zivilgesellschaftliche Akteure fördert, wird dem Verfassungsschutzbericht zufolge „einer Einzelperson unterstellt, sie würde im Geheimen die Geschicke ganzer Staaten lenken und dabei bewusst Unheil anrichten." Die in dieser Anschuldigung „zum Ausdruck kommende Imagination jüdischer Macht als vereinfachte Erklärung für komplexe gesellschaftliche Zusammenhänge ist kennzeichnend für antisemitische Propaganda". In denselben Zusammenhang seien Aussagen Höckes zu stellen, in denen er die Bundeskanzlerin als „Soros-Kundin" bezeichnete und damit eine vermeintliche Abhängigkeit der „Kartellparteienpolitiker" von „einer geschlossenen transatlantischen Elite" unterstellte.

„Nie zweimal in denselben Fluss"

In einem als Buch (Nie zweimal in denselben Fluss, Juni 2018) veröffentlichten Gespräch mit Sebastian Hennig entfaltet Höcke seine politischen Ansichten und Ziele. Eigene Kapitel behandeln eine „Volksopposition" und eine „Renovation" Deutschlands und Europas. Im Anschluss an Niccolò Machiavellis Traktat Der Fürst von 1513 behauptet Höcke eine Machtenergie („virtù") des Volkes, die sich besonders in einzelnen Führern („uomo virtuoso") zeige. Geschichte stellt er nach dem antiken Verfassungskreislauf als Abfolge von Herrschaftsformen und deren Verfall dar. Aktuell befinde sich die Demokratie „im letzten Degenerationsstadium" der Ochlokratie. Der „nationale Selbsthass" und die „Leugnung des Eigenen" hätten sich zu einem „Selbstauslöschungswahn gesteigert". Die „internationalen Finanzhaie", der „moderne Kasino-Kapitalismus" und das „polit-mediale Establishment" forcierten, so Höcke, eine „globalkapitalistische Verwüstung" mit dem „neoliberalen Migrationsdogma", um u. a. das deutsche Volk zugunsten einer „ökonomisch brauchbaren Species abzuschaffen". Führende „Grünen- oder Linken-Politiker und manche Medienleute" würden „über unseren bevorstehenden Volkstod durch den Bevölkerungsaustausch" jubeln. Die Aufnahme von „elf Millionen fremder Zuwanderer" als „Teil der Demografiestrategie der Bundesregierung" erfolge „unter der ausdrücklichen Inkaufnahme der damit unweigerlich verbundenen sozialen Spannungen". Nur ein Führer könne „als alleiniger Inhaber der Staatsmacht ein zerrüttetes Gemeinwesen wieder in Ordnung bringen". Die derzeitige „Neue Weltordnung" müsse durch eine Aufteilung von kulturell und ethnisch homogenen Großräumen ersetzt werden. Das von Carl Schmitt 1939 geforderte „Interventionsverbot raumfremder Mächte" sei zu ergänzen um das

„Investitionsverbot raumfremden Kapitals" und das „Migrationsverbot raumfremder Bevölkerungen". Deutschland habe im europäischen Großraum die Hauptaufgabe, den Islam auf „seinen" Raum bis zum Bosporus zurückzudrängen, und könne danach wie das Kaiserreich und das NS-Regime mit dem Islam zusammenarbeiten, denn hätte man „nicht die Massen an Orientalen und Muslimen in Europa", hätte man „auch kein elementares Problem mit dem Islam". Dieses „großangelegte Remigrationsprojekt" werde Generationen dauern und lasse sich nur „durch gewaltsamte Verfahren" realisieren. In der „erhofften Wendephase" stünden „harte Zeiten bevor, denn je länger ein Patient die drängende Operation verweigert, desto härter werden zwangsläufig die erforderlichen Schnitte werden". Diese „wohltemperierte Grausamkeit" (Zitat Peter Sloterdijks) sei notwendig in einem „Zustand, worin Gift, Meuchelmord gewöhnliche Waffen geworden sind" (Zitat Hegels): „Existenzbedrohende Krisen erfordern außergewöhnliches Handeln. Die Verantwortung dafür tragen dann diejenigen, die die Notwendigkeit dieser Maßnahmen mit ihrer unsäglichen Politik herbeigeführt haben." Völker bezeichnet Höcke als „leib-seelische Einheiten", dann man könne „den Körper nicht einfach von der Seele trennen und Körper haben nun einmal bestimmte Erscheinungsformen".

Den Widerstand gegen „die Festung der Etablierten", die „in die Zange genommen werden" müsse, sollen laut Höcke die AfD in Parlamenten, eine „protestierende Bürgerbasis" sowie eine „weitere Front aus den frustrierten Teilen des Staats- und Sicherheitsapparates" leisten, da diese die „Wahnsinnspolitik der Regierenden ausbaden" müssten. Staatsbeamte sollten dabei ihr Remonstrationsrecht gegen dienstliche Anordnungen nutzen. Die Zukunft hänge auch an „männlicher Ehre und Würde". Diese Tugenden seien auch gefragt, „wenn wir leider ein paar Volksteile verlieren werden, die zu schwach oder nicht willens sind, sich der fortschreitenden Afrikanisierung, Orientalisierung und Islamisierung zu widersetzen". Dennoch würden Höcke zufolge „am Ende noch genug Angehörige unseres Volkes vorhanden sein ..., mit denen wir ein neues Kapitel unserer Geschichte aufschlagen können". In einem Vergleich mit den „tapfer-fröhlichen Galliern" veranschaulicht Höcke die von ihm auf dem Land verortete „Volksgemeinschaft": „Wenn alle Stricke reißen", würde man sich in ländliche Refugien zurückziehen, und „die neuen Römer, die in den verwahrlosten Städten residieren", könnten „sich an den teutonischen Asterixen und Obelixen die Zähne ausbeißen". Eines Tages werde dann von diesen gallischen Dörfern „eine Rückeroberung" ihren Ausgang nehmen.

Laut Kailitz vertritt Höcke die NPD-Forderung einer umfassenden „Rückführung" der Migranten aus Deutschland offener als die NPD; Höckes Definition von Völkern sieht Kailitz „ganz verankert in einem ethnisch-rassistischen Weltbild". Kemper erkennt in Höckes Worten eine Wiederholung der aus der Neonazi-Szene stammenden Forderungen des „Herkules-Kreises" von 2016: Er vertrete kontinuierlich eine „faschistische Agenda" und einen „völkischen Machiavellismus", der unter anderen an Benito Mussolinis Machiavelli-Rezeption anschließe. Nach den Worten Marcel Tschekows lassen sich Höckes Vorstellungen nur durch eine „rechtsradikale Revolution" verwirklichen, die er als „Renovation" zu einer absolutistischen Alleinherrschaft umschreibe. Bei der „dritten Front" seiner „Volksopposition" berücksichtige er die starke Präsenz von Polizisten, Bundeswehrsoldaten und Justizbeamten in der AfD, setze auf eine Spaltung und langfristig auf die Entmachtung der Exekutive durch einen Umsturz oder Putsch. Raoul Löbbert zufolge kultiviert Höcke seinen „Hass auf den Islam und den Parlamentarismus als Ekstase der Hingabe ans Große", romantisiere die Politik und erhebe sie zum für Argumente und Fakten unzugänglichen „Religionsersatz". Laut Hajo Funke verfolgt Höcke „eine Strategie der Entfesselung und der Aufschaukelung von Ressentiments und Gewalt" mit dem Ziel eines Bürgerkriegs. Er vertrete einen Faschismus als „mythisches Nationsverständnis, das eine Massenbewegung mit allen Mitteln – auch denen der Gewalt und damit jenseits demokratisch-rechtsstaatlicher Verfahren – durchsetzen will und hierzu auf eine autoritäre beziehungsweise totalitäre politische Strategie (Führerprinzip) zurückgreift."

„Sozialpatriotismus"

Höckes volkswirtschaftliches Leitbild ist eine „organische Marktwirtschaft", die er gegen Einwanderung, Integration und das „globale Zinskapital" stellt. Damit steht er in der Tradition des Faschismus der 1930er und 1940er Jahre, die mit dem anatomischen Bild eines „gesunden Volkskörpers" zugleich das Fremde, Andere als das Kranke ausgrenzte. Als ideologischen Gegner der angestrebten „national organischen" Volkswirtschaft betrachtet Höcke den „materiellen Liberalismus", der zur „kulturellen Gleichschaltung dieses Landes geführt" habe. So sprach er 2019 von „EU-Apparatschiks und ihren willigen Vollstreckern in den deutschen Altparteien", die „Europa nur noch als ein wirtschaftstechnokratisches Siedlungs- und Ausbeutungsgebiet für alle Menschen dieser Welt träumen, geräumt von den lästigen Autochthonen, also einheimischen Völkern und ihren nationalen Kulturen, also von uns, den schon länger hier Lebenden". Gemäß dem neurechten Ethnopluralismus stellt er homogene Ethnien gegen einen angeblich drohenden „Globalisierungstotalitarismus", „Ordnung gegen Auflösung und Differenzierung gegen Gleichschaltung".

Um die AfD bei künftigen Landtagswahlen im Osten zur stärksten Partei zu machen und enttäuschte Wähler von SPD und Die Linke zu gewinnen, schlägt er zunehmend kapitalismuskritische Töne an: Seit Mai 2017 fordert er einen „solidarischen Patriotismus" und eine durch Steuern mitfinanzierte „Staatsbürgerrente" nur für Deutsche. Gekürzte Sozialleistungen führt er auf die Aufnahme von Geflüchteten durch die „Altparteien" zurück. Deren „neoliberale Ideologie" habe das eigene Volk verraten, die „Staaten zu Wurmfortsätzen global agierender Konzerne gemacht", zum Absinken von Investitionen, Löhnen, Renten und zum Niedergang der Volksparteien geführt, vor allem der SPD. Höckes sozialpopulistische Rhetorik wird von Gauland gegen den wirtschaftsliberalen AfD-Flügel unterstützt und ähnelt der des Front National in Frankreich, etwa seine Parole von ethnischer „Identität und Solidarität". So erklärte er vor dem AfD-Bundesparteitag 2018, man werde sich „verstärkt der ‚kleinen Leute' annehmen und die sozialen Errungenschaften von 150 Jahren Arbeiterbewegung gegen die zerstörerischen Kräfte des Raubtierkapitalismus verteidigen". Dabei schließt Höcke sich an Kampagnen von Götz Kubitschek und Oliver Hilburger zur Wahl rechter Betriebsräte an, die auf die erhebliche Zustimmung zu AfD-Positionen bei gewerkschaftlich organisierten Arbeitern setzen.

Gegen Werte- und Demokratieerziehung

Höcke äußerte in seinem ausführlichen „Interview" mit Sebastian Hennig seine Verachtung für die „Gutmenschen", die in einer „bleiernen und abtötenden Fürsorge" groß geworden seien und sich nie hätten „die Knie blutig stürzen" dürfen, sowie auch die „mediokren Schweinchen-Schlau-Figuren der Parteiendemokratie" und überhaupt den „aufgeblasenen Werteschaum" der westlichen Gesellschaft. Das Bekenntnis zu universalen Menschenrechten bezeichnet er als eine „ethnische Säuberung der ganz besonderen Art". Darüber hinaus will er eine „pogromartige Atmosphäre gegen Rechts" wahrgenommen haben und behauptet gar, dass „vor allem die AfD-Politiker und deren Anhänger ... unter der politischen Verrohung zu leiden" hätten.

Wie die AfD-Verbände anderer Bundesländer betreiben Höcke und die AfD Thüringen eine Kampagne gegen Demokratie- und Aufklärungsprojekte an Schulen, etwa Klassenausflüge zu KZ-Gedenkstätten und Unterricht mit Zeugen der NS-Zeit. In einem offenen Brief an alle Thüringer Schulen (Oktober 2018) behaupteten Höcke und Wiebke Muhsal Verstöße gegen die schulische Neutralitätspflicht und „einseitige politische Indoktrinationen und Einflussnahmen" durch Lehrer, die auf „Ausgrenzung und Diskriminierung bestimmter Auffassungen" hinwirkten. Zudem verlangt die AfD mit parlamentarischen Anfragen und Briefen an einzelne Schulen Aufklärung über Beschwerden von Schülern oder Eltern über politisch nicht neutrale Lehrer. Das Bildungsministerium erklärte dazu, der AfD-Brief sei juristisch unangreifbar. Jedoch sollten Lehrer sich „von rechten Machenschaften wie dem Lehrermeldeportal nicht einschüchtern lassen". Lehrkräfte könnten sich jederzeit vom Ministerium Unterstützung holen. Schulleiter könnten selbst entscheiden, wie sie mit „allgemeiner und anlassloser Infopost" umgehen. Der Thüringer Lehrerverband erklärte dazu, die AfD betreibe Stimmungmache und versuche indirekt, den Schulen ihr Verhalten vorzuschreiben. Meinungsvielfalt müsse gewahrt und gegensätzliche Standpunkte müssten mit den Schülern diskutiert werden. Dabei müssten Lehrer aber ihr eigene politische Meinung sagen können. Die Lehrer fühlten sich „genervt" davon, dass die AfD ständig mit „provokanten Äußerungen ohne echte Inhalte" Aufmerksamkeit erzeuge. Stattdessen solle sie sich gemäß ihren demokratischen Pflichten konstruktiv daran beteiligen, die „ohne Zweifel problematische Bildungssituation" in Thüringen zu verbessern. Der Thüringer Schulleiterverband kritisierte die AfD-Briefe scharf. Lehrer seien nicht neutral, sondern verpflichtet, sich am Grundgesetz zu orientieren und Schüler zur Demokratie zu erziehen.

Bezugnahme auf die friedliche Revolution in der DDR 1989

2019 zog Höcke Parallelen zwischen der friedliche Revolution in der DDR von 1989 und der aktuellen Situation:

„Ja, liebe Freunde, es fühlt sich wieder so an wie damals in der DDR. Aber das versprechen wir uns heute hier gemeinsam: Wir werden uns nie wieder in eine neue DDR führen lassen, wir werden uns nicht beugen. … Der Osten steht auf! Holen wir uns unser Land zurück.“

Nach Einschätzung der Soziologin Greta Hartmann und des Kulturwissenschaftlers Alexander Leistner prägte das Narrativ vom Widerstand gegen die Eliten, die den Volkswillen angeblich nicht mehr umsetzten, den AfD-Wahlkampf vor allem bei den ostdeutschen Landtagswahlen 2019. Laut dem Historiker Ilko-Sascha Kowalczuk verharmlost Höcke dadurch nicht nur die DDR-Diktatur, sondern zielt darauf ab, das zu „vernichten …, wofür die Revolution von 1989 und die Bürgerrechtler von 1989 stehen und angetreten waren: Die Errichtung einer Offenen Gesellschaft“.

Am 3. Oktober 2019, dem Tag der Deutschen Einheit, sagte Höcke, die Bundesrepublik im Jahre 2019 sei „noch keine neue DDR, die ein reiner Totalitarismus“ gewesen sei, er würde sie „als einen demokratisch verfassten Gesinnungsstaat bezeichnen“.

Rezeption

Wissenschaftler

Laut Sozialwissenschaftler Alexander Häusler zeigte Höcke Sympathie für die „islamfeindlichen Positionen“ Thilo Sarrazins und „keine Berührungsängste mit dem rechten Rand“. Höcke gehöre zu einem an der Neuen Rechten orientierten Lager in der AfD, das „nicht selten völkisch-nationalistisch“ klinge und dessen Positionen als „direkte Kampfansage“ an den damaligen Parteisprecher Bernd Lucke verstanden werden konnten. Höcke und Poggenburg hätten mit der Erfurter Resolution den Anti-Lucke-Kurs in der AfD gebündelt. Damit hätten deren völkisch-nationalistische Kräfte Luckes Ablösung als Parteivorsitzender („die erste grundlegende Machtwende“) eingeleitet. Im Spätsommer 2015 habe der Höcke-Flügel der AfD mit rechten Aufmärschen zusammen mit Pegida-Anhängern, Hooligans und Neonazis vor dem Erfurter Dom gegen die Aufnahme von Flüchtlingen mobilisiert und damit eine aktive „Bewegungsphase“ der AfD mit teilweise faschistoiden Zügen eingeleitet. Wegen Höckes Reden beim »Institut für Staatspolitik« (IfS) im November 2015, im Dresdner Brauhaus (Januar 2017) und gegen den Bau einer Moschee in Erfurt (28. Januar 2018) bezeichnen auch die Politikwissenschaftler Gero Neugebauer und Karl-Rudolf Korte Höcke als »eindeutig rechtsextremistisch« bzw. »rechtsextrem völkisch«. Laut Gero Neugebauer ist es evident, dass Höcke die AfD auf den Kurs der NPD bringen und somit zur Konkurrenz der NPD und sonstiger rechtsextremer Kleinstparteien machen wolle und ihr bisheriges Profil als „durch Wahlen legitimierte rechtspopulistische nationalkonservative Partei“ gefährde.

Andreas Kemper zählte Höcke schon 2015 zum „fundamentalistischen Flügel" einer gespaltenen Neuen Rechten und attestierte ihm mindestens „rechtsextreme Ideologie-fragmente". Man könne wie Roger Griffin bei Höcke von einem „palingenetischen Ultranationalismus und somit von einer faschistischen Ideologie" sprechen. David Bebnowski vom Göttinger Institut für Demokratieforschung stellte in Höckes Wahl-kampfreden 2015 einen „auch für Rechtsextreme typischen Duktus" mit „national-chauvinistischen Tönen" fest, etwa seine Aussage, Minarette in Europa seien „Symbole der Landnahme", die von einem „vom Islam dominierten Kontinent" künden würden. Helmut Kellershohn (2016) zählt Höcke zum „neurechten Flügel in der AfD". Eine Stu-die des „Kompetenzzentrums Rechtsextremismus" der Friedrich-Schiller-Universität Jena vom Januar 2016 attestiert Höcke gedankliche Nähe zur Ideologie der NPD.

Der Rechtsextremismusexperte Hajo Funke sieht Höckes Rhetorik als Beispiel für eine „Verrohung der Sprache" und bezeichnet ihn wie auch einen Großteil der AfD-Partei-spitze als „rechtsradikal". Höcke beherrsche eine „faschistische Agitation", sichtbar etwa bei Günther Jauch und den Erfurter Demonstrationen. Er sage sinngemäß: „Die Syrer, die zu uns kommen, haben immer noch Syrien. Wenn wir – durch die Syrer – unser Deutschland verloren haben, dann haben wir keine Heimat mehr." Etwas Infa-meres lasse sich kaum denken. Das Gleiche gelte für die Unterstellung, blonde Frauen würden vergewaltigt. Höckes Äußerungen seien in ihren rassistischen völkischen Ressentiments entfesselt; er argumentiere biologistisch-rassistisch. Höcke sei „ein au-toritärer Agitator für ein extrem rechtes Politik- und Gesellschaftskonzept", der eine „dunkle, einen tödlich gefährlichen Feind beschwörende Sprache" pflege; es handle sich bei ihm um einen völkisch-nationalistischen „Extremismus".

Für den Politikwissenschaftler Markus Linden hält Höcke bei den Demonstrationen in Ostdeutschland „völkische Reden". Der Historiker Norbert Frei sieht bisweilen in Hö-ckes Terminologie „Anleihen bei der NS-Bewegung der Weimarer Zeit". Für den Poli-tikwissenschaftler Richard Stöss verfügt Höcke „über gute Kontakte zu Repräsentan-ten des gemäßigten Rechtsextremismus"; er lehne „wohl auch eine Öffnung der AfD in diese Richtung nicht grundsätzlich ab".

Der Rechtsextremismusforscher Armin Pfahl-Traughber stützt seine Einschätzung der AfD als rechtsextreme Partei wesentlich auch auf Höckes Aussagen: dessen rassis-tische Redepassage beim IfS (2015), Aussagen in Dresden (2017), wo er Angela Merkel mit dem DDR-Regenten Erich Honecker verglichen, die Bundesregierung als „Regime" und die AfD als „letzte evolutionäre ... friedliche Chance" bezeichnet hatte, und seine Aussagen im Interviewbuch („Ein paar Korrekturen und Reförmchen werden nicht ausreichen. Aber die deutsche Unbedingtheit wird der Garant dafür sein, dass wir die Sache gründlich und grundsätzlich angehen. Wenn einmal die Wendezeit gekommen ist, dann machen wir Deutschen keine halben Sachen"). Damit habe Höcke eine Ge-walteskalation als Handlungsoption und einen Systemwechsel angekündigt. Seine ge-forderte „erinnerungspolitische Wende um 180 Grad" solle ein wissenschaftliches Ge-schichtsbild und Kritik am Nationalsozialismus den eigenen politischen Interessen unterordnen und in sein Gegenteil, ein „eher positives Bild", verkehren. Im Antrag für ein Parteiausschlussverfahren habe Frauke Petry Höckes „unmittelbar gegen die verfassungsgemäße Ordnung" gerichtete Reden mit denen Hitlers von 1932 verglichen und ihn damit sogar als Nationalsozialisten und nicht nur als Rechtsextremisten eingestuft. Weil Höcke AfD-Mitglied blieb, müsse die AfD sich seine Stellungnahmen zurechnen lassen.

Für den Historiker und Antisemitismusforscher Wolfgang Benz ist Höcke „ein bekennender völkischer Rassist", dessen Haltung der Hitlers von 1919/20 ähnele. „Das Unglück hat damals mit Populismus, Provokation und der zum Prinzip erhobenen Lüge begonnen": Darum könne man die Gefährlichkeit Höckes und der AfD nicht abwiegeln. Ihr Erfolg in wenigen Jahren sei Anlass zu wirklicher Sorge.

Bei einer Gedenkfeier für die Opfer des Nationalsozialismus im Thüringer Landtag (25. Januar 2019) nannte der Holocaustforscher Götz Aly Höcke, der anwesend war, einen „rechtsradikalen Ideologen". Höckes Äußerungen zeigten deutliche Parallelen zur NS-Ideologie: Er behaupte zum Beispiel eine „brutale Verdrängung der Deutschen aus ihrem angestammten Siedlungsgebiet", die „Teil der Demografiestrategie der Bundesregierung" sei. So wie Hitler für den Kampf gegen das „internationale, jüdisch dominierte Kapital" agitiert habe, so rede Höcke von „Strukturen des globalen Geldmachtkomplexes". Aus dem nationalen Sozialismus und der Volksgemeinschaft werde bei ihm der „solidarische Patriotismus". Es bestehe die Gefahr, dass viele deutsche Familien die Beteiligung der eigenen Vorfahren an den NS-Verbrechen beschönigten. Die Verantwortung für diese Taten nur wenigen Deutschen zuzuschreiben und die Holocausttäter aus der deutschen Geschichte auszuklammern sei historisch falsch.

Helmut Kellershohn (2019) zufolge zeigt Höcke durch die gezielte und aktualisierte Verwendung völkischer Begriffe, dass er „über ein geistiges faschistisches Potenzial verfügt". Als „Plagiator" setze er bestimmte Begrifflichkeiten ein und versuche in aggressiver Weise als „Stimmungsmacher, … Massen zu mobilisieren, auch aus dem neonazistischen Lager". Auch die Führerideologie, ein faschistisches Element, bediene Höcke stark und biete sich als „Erlöser" an.

Der Politikwissenschaftler Matthias Quent bezeichnete Höcke als „Prä-Faschisten", in der Tradition derjenigen, die eine „konservative Revolution" wollten und vor 1933 dem Nationalsozialismus den Weg bereitet haben, indem sie das Vertrauen in die liberale Demokratie zerstörten. Höcke agiere, schreibe und rede faschistoid. Anhand des MDR-Interviews im August 2020 wies Quent auf die Ambivalenz eines solchen Interviews und auf die grundsätzliche Problematik hin, Rechtsextremen diese Form der Präsentation zu bieten. Es sei eine „Situation, in der man nur weniger falsch vorgehen kann". Höcke habe auf sehr konkrete Fragen immer mit Bedrohungsszenarien, globalen Bedrohungen und Untergangsgeschichten geantwortet. Man hätte, so Quent, Höcke „auch als einen der wichtigsten rechtsextremen Hassprediger Deutschlands vorstellen und einführen können. Das hätte immer noch nicht das prinzipielle Dilemma gelöst, ob man den Intoleranten den Raum einräumen muss, die Toleranz abzuschaffen oder zumindest darauf hinzuwirken".

Der Historiker Hannes Heer sieht Höcke als denjenigen, „der die Programmatik des faschistischen Teils der AfD entworfen hat". Kommunale Themen interessierten ihn nicht, sondern er wage „den großen Wurf" und versuche, „die ganze Erinnerungspolitik umzugraben und das Thema Migration zu besetzen". Bei seinen Auftritten nehme er sich als Geschichtslehrer „aus dieser Welt die Bilder und die Gesten".

Gerichte

Am 3. Juli 2015 hob der Justizausschuss des Thüringer Landtags auf Antrag der Erfurter Staatsanwaltschaft Höckes parlamentarische Immunität auf, um Ermittlungen zu Betrugsvorwürfen zu ermöglichen. Höcke sollte für einen Wahlkreismitarbeiter Scheingehälter abgerechnet haben. Die Ermittlungen wurden im August 2016 wegen mangelnden Tatverdachts eingestellt.

Nach seinem Auftritt bei Günther Jauch und erneut nach seiner Rede beim IfS im Oktober 2015 wurde Höcke wegen Volksverhetzung angezeigt. Das für ihn zuständige Kultusministerium Hessen erklärte damals, nach dem hessischen und thüringischen Abgeordnetengesetz bestehe für Beamte außer Dienst keine politische Neutralitäts- und Mäßigungspflicht. Bei in Parlamente gewählten Beamten ruhten ihre Rechte und Pflichten. Im Dezember 2015 wurde Höcke wegen Volksverhetzung angeklagt. Daraufhin stellte Josef Kraus, Präsident des Deutschen Lehrerverbandes, öffentlich in Frage, dass er in den Schuldienst zurückkehren könne. Als die Anklage im Januar 2016 fallengelassen worden war, erklärte Hessens Kultusminister Ralph Alexander Lorz (CDU), er werde alles rechtlich Mögliche tun, um Höckes Rückkehr gegebenenfalls zu verhindern. Der auf Beamtenrecht spezialisierte Anwalt Gerd Tersteegen erklärte, auch beurlaubte Beamte könnten ihre Dienstpflichten verletzen. Bestimmte Aussagen Höckes seien auch ohne strafrechtliche Ermittlungen „durchaus geeignet, um ein Disziplinarverfahren wegen der Beeinträchtigung des Ansehens des Dienstherrn einzuleiten". Dies riet er dem Ministerium.

Nach Höckes Dresdner Rede ermittelte die Staatsanwaltschaft Dresden gegen ihn, stellte die Ermittlungen jedoch am 1. März 2017 ein: Höcke habe objektiv eine radikale Kritik an der Form der Vergangenheitsbewältigung geübt. Eine Volksverhetzung sei ihm nicht nachweisbar. Da er nicht direkt NS-Opfer angeredet habe, liege auch keine strafbare Verunglimpfung des Andenkens Verstorbener vor.

Im Mai 2017 verfälschte eine Fotomontage auf Höckes Facebook-Seite den Untertitel des Buchs von Bundesjustizminister Heiko Maas Aufstehen statt wegducken. Eine Strategie gegen Rechts zu „Eine Strategie gegen das Recht". Der Piper Verlag, der das Buch herausgab, klagte daraufhin gegen Höcke und die AfD auf Unterlassung, weil der Originaltitel nicht erkennbar sei und seine Verfremdung das Persönlichkeitsrecht des Unternehmens als juristische Person verletze. Im Oktober 2018 hob das Landgericht München eine einstweilige Verfügung gegen Höcke auf und wies die Klage ab, *weil die Fotomontage den Verlagsnamen nicht zeigte und nicht behauptete, Maas habe den Untertitel „Strategien gegen das Recht" verfasst. Dieser sei als Satire unmittelbar einsichtig und somit von der Meinungsfreiheit gedeckt.*

Im September 2018 zeigten die Angehörigen einer ermordeten Flüchtlingshelferin Höcke an, weil er ohne ihre Einwilligung eine Fahndungsfotografie des Mordopfers auf seiner Facebook-Seite veröffentlicht hatte, die zuvor auch beim „Trauermarsch" in Chemnitz in Großformat gezeigt worden war. Damit habe er, so die Angehörigen, das Bild widerrechtlich „für die eigene Gesinnung instrumentalisiert"; es sei auch beim Trauermarsch zur Stimmungmache gegen Flüchtlinge missbraucht worden. Am 14. Dezember genehmigte der Justizausschuss des Thüringer Landtages ein polizeiliches Ermittlungsverfahren zu dem Fall. Höcke wies die Vorwürfe zurück: Er habe eine öffentliche Kundgebung dokumentiert, an der er teilgenommen habe. Anfang Februar 2019 stellte die Chemnitzer Staatsanwaltschaft das Ermittlungsverfahren gegen Höcke ein, da ihrer Ansicht nach durch das auf der Demonstration gezeigte Foto „keine berechtigten Interessen" der getöteten Sophia L. oder ihrer Angehörigen verletzt worden seien. Eine Strafbarkeit wegen der Verwendung des Bildes auf Höckes Facebookseite sah die Staatsanwaltschaft ebenfalls als nicht gegeben, da es sich bei der abgebildeten Kundgebung „zweifelsfrei um ein Bild aus dem Bereich der Zeitgeschichte" handle und das Foto der Frau bereits zuvor in den Medien bei der Suche nach der Vermissten verwendet worden sei.

Gerichtsbeschluss zur Bezeichnung als Faschist

Das Verwaltungsgericht Meiningen hob am 26. September 2019 in einem Eilverfahren ein Verbot der Stadt Eisenach auf, Höcke bei einer Demonstration unter dem Motto „Protest gegen die rassistische AfD, insbesondere den Faschisten Höcke" öffentlich als Faschist zu bezeichnen. Die Stadtverwaltung Eisenach hatte zuvor versucht, das Motto verbieten zu lassen, da sie die öffentliche Sicherheit und Höckes Persönlichkeitsrechte bedroht sah. Die Antragsteller, darunter die Marxistisch-Leninistische Partei Deutschlands (MLPD), hätten jedoch „in einem für den Prüfungsumfang im Eilverfahren und angesichts der Kürze für die Entscheidung des Gerichts verbleibenden Zeit in ausreichendem Umfang glaubhaft gemacht, dass ihr Werturteil nicht aus der Luft gegriffen ist, sondern auf einer überprüfbaren Tatsachengrundlage beruht" und vor allem „die Auseinandersetzung in der Sache, und nicht – auch bei polemischer und überspitzter Kritik – die Diffamierung der Person im Vordergrund" stehe. Daher sei die Meinungsfreiheit in diesem Fall nicht durch Persönlichkeitsrechte eingeschränkt; auch die öffentliche Sicherheit sei nicht gefährdet gewesen. Die angeführten Belege stammten aus Höckes Buch „Nie zweimal in denselben Fluss" und Presseberichten, wonach Höcke von einem neuen Führer, dem angeblichen „Volkstod durch den Bevölkerungsaustausch" und einer „Reinigung" Deutschlands von politischen Gegnern gesprochen und den Hitler-Faschismus relativiert hatte.

Im März 2020 untersagte das Landgericht Hamburg in einer einstweiligen Verfügung dem Berliner FDP-Fraktionsvorsitzenden Sebastian Czaja unter Androhung eines

Ordnungsgeldes in Höhe von 250.000 Euro, zu verbreiten, Höcke sei von einem Gericht zum Faschisten erklärt worden. Es stellte fest, dass das Verwaltungsgericht Meiningen nur „über die Zulässigkeit einer konkreten Meinungsäußerung in einem konkreten Kontext" entschieden habe, es habe jedoch nicht positiv festgestellt, dass Höcke ein Faschist sei.

Verfassungsschutzbehörden

Am 6. September 2018 erklärte das Amt für Verfassungsschutz Thüringen die AfD des Landes zum Prüffall, um festzustellen, ob sie dauerhaft beobachtet werden muss. Ausschlaggebend dafür waren Höckes Aussagen zur „Zeit des Wolfes" sowie sein Aufruf zur Gehorsamsverweigerung an Bundespolizisten und Drohung gegen sie beim „Kyffhäusertreffen" 2018, seine Teilnahme mit Neonazis am sogenannten Trauermarsch in Chemnitz und die These seines Buchs, nur ein „alleiniger Inhaber der Staatsmacht" könne die „im letzten Degenerationsstadium" befindliche Demokratie ablösen und „wieder in Ordnung bringen". Das Amt verwies zudem auf die „Nähe zum Nationalsozialismus", die die Bundes-AfD Höcke bescheinigt hatte, sowie darauf, dass die Landes-AfD Höckes Ausschluss abgelehnt und sich somit dessen Positionen zu eigen gemacht hatte. Thüringens Verfassungsschutzleiter Stephan J. Kramer erklärte weitere Aussagen Höckes für verfassungsfeindlich: Die AfD sei „die letzte revolutionäre, ... die letzte friedliche Chance für unser Vaterland"; manchmal müsse man „das Recht in die eigenen Hände nehmen"; das Gedenken an die NS-Zeit sei ein „Erinnerungszwang", der „unser nationales Selbstwertgefühl" unterminieren solle. Derartige Aussagen zeigen für Kramer ein „völkisches" und antidemokratisches Politikverständnis Höckes.

Wie von Höcke angekündigt, reichte die Thüringer AfD am 11. Dezember 2018 Klage gegen eine mögliche Beobachtung durch den Verfassungsschutz ein. Stephan Kramer und Landesinnenminister Georg Maier hätten falsche Tatsachen behauptet, unterstellt, die AfD arbeite mit Extremisten zusammen, und damit gegen ihre Neutralitätspflicht und das Recht der Parteien auf Chancengleichheit verstoßen.

Das rund 400-seitige Gutachten des Bundesamtes für Verfassungsschutz zur AfD vom 15. Januar 2019 zitiert Höcke mehrere hundert Mal und stuft den „Flügel" der AfD vor allem wegen Höckes Aussagen als „Verdachtsfall" ein, gegen den nachrichtendienstliche Mittel eingesetzt werden können. Basis des Gutachtens sind Internetaussagen, auf Videos aufgezeichnete Reden außerhalb von Parlamenten, bei Höcke auch Aussagen unter dem Pseudonym Landolf Ladig vor seiner AfD-Mitgliedschaft, und aus seinem Buch „Nie zweimal in denselben Fluss". In diesen Belegen fanden die Gutachter „stark verdichtete Anhaltspunkte" für eine mit der Menschenwürde unvereinbare „extremistische Bestrebung". Seine „Sofort Agenda" gehe von einer „naturgegebenen Verschiedenheit von Völkern" aus, die jede Integration unmöglich mache. Aussagen Höckes über „multikriminelle" Gesellschaften und Moscheen als Symbole einer „Landnahme" seien „klar fremdenfeindlich". Sein „Flügel" diffamiere Menschen muslimischen Glaubens, auch mit deutscher Staatsbürgerschaft, als „niederwertig" und teile auch die antisemitische Verschwörungstheorien einer „Weltherrschaft über eine entkultivierte

Menschheit". Sein „ethnokultureller Ansatz" strebe die „Rechtlosstellung" von Ausländern, Muslimen und Andersdenkenden an. Höcke formuliere in „aller Klarheit", „wie sehr ihm das ganze System und die im Wettbewerb stehenden Parteien verhasst sind und wie offensichtlich das Feindbild Merkel lediglich eine Chiffre für die Verachtung der Bundesrepublik insgesamt ist". Wegen dieser als verfassungsfeindlich eingestuften Ausrichtung will das BfV den Flügel fortan systematisch beobachten.

Seit Beginn des Jahres 2020 überwacht der Verfassungsschutz Höcke mit nachrichtendienstlichen Mitteln. Die Beobachtung bezieht sich nur auf außerparlamentarische Aktivitäten, nicht auf die Arbeit im Parlament.

Satire und Kunst

Als Reaktion auf Höckes Dresdner Rede mietete das Zentrum für Politische Schönheit (ZPS) im April 2017 neben Höckes Wohnhaus in Bornhagen ein Grundstück, auf dem die ZPS-Aktionskünstler am 22. November 2017 einen verkleinerten Nachbau des Berliner Holocaustmahnmals mit 24 Stelen enthüllten. Sie verlangten von ihm, analog zu Willy Brandts Kniefall von Warschau 1970 auf die Knie zu fallen und aufrichtig um Vergebung für die deutschen Verbrechen im Zweiten Weltkrieg zu bitten. Künstler, Kunstwerk, Besucher und Journalisten wurden mehrfach angegriffen. Ein Ermittlungsverfahren wegen des Verdachts der versuchten Nötigung wurde im November 2018 eingestellt, weil die Aktion nicht geeignet und auch nicht auf den Zweck ausgerichtet sei, Höcke zu dem geforderten Kniefall zu bewegen. Vielmehr hätten die Künstler ein Zeichen gegen seine Äußerungen setzen und gesellschaftlich aufrütteln wollen. Der rechtsgerichtete Staatsanwalt Martin Zschächner leitete am 29. November 2017 Ermittlungen wegen „Bildung einer kriminellen Vereinigung" gegen das ZPS ein, kurz nachdem Höcke die Aktionskünstler auf einer Konferenz des Magazins Compact als „Terroristen" und „kriminelle Vereinigung" bezeichnet hatte. Das Verfahren wurde nach starker öffentlicher Kritik im April 2019 eingestellt. Das ZPS erhielt genügend Spenden, um den Erhalt des Kunstwerks noch mindestens sieben Jahre lang zu finanzieren (Stand Februar 2018).

Im Oktober 2018 stellte Höcke unter Polizeischutz sein Buch Nie zweimal in denselben Fluss auf der Frankfurter Buchmesse vor. Der Satiriker und EU-Abgeordnete Martin Sonneborn versuchte, als Claus Schenk Graf von Stauffenberg verkleidet eine Aktentasche in Höckes Nähe abzustellen, um an das Attentat vom 20. Juli 1944 auf Hitler zu erinnern. Sonneborn wurde jedoch nicht eingelassen.

„Bernd Höcke"

Im März 2015 gab die Thüringer Allgemeine Björn Höckes Vornamen irrtümlich mit „Bernd" an. Nachdem Höcke sich darüber öffentlich empört hatte, benutzte Oliver Welke in der heute-show absichtlich den falschen Vornamen. Andere Satiriker taten es ihm nach. Später benutzten auch Sprecher der Tagesschau, das heute-journal, B.Z., DWDL.de, FAZ, Neue Osnabrücker Zeitung, Nordwest-Zeitung, Spiegel TV, Hamburger Morgenpost, Huffpost, Münchner Merkur, Südwestrundfunk und weitere versehentlich den falschen Vornamen, sodass allgemeine Verunsicherung über den Vornamen besteht. Auch der FDP-Politiker Hans-Ulrich Rülke nannte im Oktober 2017 in einer Landtagsrede mehrfach den falschen Vornamen und bekräftigte auf Nachfrage: „Der Mann heißt Bernd. Ich weiß es definitiv aus der heute-show." Am 25. Januar 2018 erschien der Name „Bernd Höcke" sogar in einer Pressemitteilung des Bundestages, die noch am selben Tag korrigiert wurde. Oliver Welke feierte dies in der heute-show als ultimativen Erfolg seines Running Gags.

Quelle: Seite „Björn Höcke". In: Wikipedia, Die freie Enzyklopädie. Bearbeitungsstand: 14. Oktober 2020, 16:05 UTC. URL: https://de.wikipedia.org/w/index.php?title=Bj%C3%B6rn_H%C3%B6cke&oldid=204550092 (Abgerufen: 20. Oktober 2020, 16:04 UTC)

22.4 Andreas Kalbitz

Andreas Edwin Kalbitz (* 17. November 1972 in München) ist ein rechtsextremer deutscher Politiker (parteilos, früher AfD, Die Republikaner, CSU). Von 2017 bis zum Entzug der AfD-Mitgliedschaft am 15. Mai 2020 war er Landesvorsitzender der AfD Brandenburg und Mitglied des AfD-Bundesvorstandes. Seit 2017 – mit einer Unterbrechung vom 15. Mai bis zum 23. Juni 2020 – war er Fraktionsvorsitzender der AfD-Fraktion im Landtag Brandenburgs. Am 18. August 2020 gab Kalbitz bekannt, sein Amt als Fraktionsvorsitzender niederzulegen. Nach Erkenntnissen des Verfassungsschutzes war Kalbitz Mitglied der inzwischen verbotenen neonazistischen Heimattreuen Deutschen Jugend (HDJ).

Kalbitz gehörte dem Flügel, einem völkischen rechtsradikalen Parteiflügel um Björn Höcke, an und war zum Teil zeitgleich Mitglied in mehreren rechtsextremistischen und neonazistischen Vereinigungen bzw. war und ist ihnen verbunden. Am 13. Februar 2020 wurde bekannt, dass er – neben Björn Höcke und Hans-Thomas Tillschneider – seit Jahresbeginn vom Verfassungsschutz beobachtet wird.

Am 15. Mai 2020 erklärte der Bundesvorstand mehrheitlich Kalbitz' Mitgliedschaft in der AfD für nichtig, weil Kalbitz die Vormitgliedschaft in der Neonaziorganisation Heimattreue Deutsche Jugend und bei den Republikanern beim Parteieintritt nicht angegeben habe. Die Entscheidung wurde am 25. Juli 2020 durch das Bundesschiedsgericht der AfD bestätigt, sodass Kalbitz kein Mitglied der Partei mehr ist. Sein dagegen am 30. Juli 2020 eingereichter Eilantrag beim Landgericht Berlin wurde am 21. August 2020 zurückgewiesen: Die Aberkennung sei nicht offenkundig rechtswidrig.

Leben

Andreas Kalbitz war zunächst von 1994 bis 2005 Soldat auf Zeit als Fallschirmjäger. Laut Bundeswehr-Journal beendete er seine Laufbahn im Rang eines Oberfeldwebels. Danach begann er nach eigener Aussage ein Informatikstudium an der Fachhochschule Brandenburg. Nachforschungen der Märkischen Allgemeinen ergaben, dass er dort von 2005 bis 2007 eingeschrieben war, aber keine Prüfung ablegte. Folglich wurde er von der Hochschule zwangsexmatrikuliert. Kalbitz gibt in seinem Lebenslauf auf den Seiten des Landtags Brandenburg weiterhin „Studium der Informatik (ohne Abschluss)" an, gab aber in einem Interview zu, „nie wirklich studiert" zu haben, sondern nur „mal da" gewesen zu sein und „mit einer Professorin gesprochen" zu haben. An Namen könne er sich nicht mehr erinnern.

Nach eigenen Angaben absolvierte Kalbitz von 2006 bis 2008 eine Berufsausbildung zum Medienkaufmann Digital und Print. Von 2010 bis 2014 war er Geschäftsführer des Hörbuchverlages Edition Apollon in Königs Wusterhausen. Nach der Insolvenz des Verlags arbeitete er freiberuflich als IT-Berater.

Kalbitz ist seit etwa 1994 mit einer Britin verheiratet. Das Paar hat drei Kinder.

Politik

Partei

Parteipolitisch war er zunächst Mitglied der Jungen Union, wo er dem Bezirksverbandsausschuss angehörte, und der CSU. In der CSU war er Anfang der 1990er Jahre Landesdelegierter. In der Jungen Freiheit forderte er in dieser Zeit „einen rechten Aufbruch in der CDU/CSU". Mit 21 Jahren trat er den damals vom Verfassungsschutz beobachteten und als rechtsextrem eingestuften Republikanern bei. Journalisten beschrieben ihn rückblickend als Vertreter einer „konservativen Neuerung" in München.

Im März 2013 trat er der kurz zuvor gegründeten AfD bei. Er wurde unter anderem Mitglied des Kreisvorstands Dahme-Spreewald sowie Wahlkampfbeauftragter des Wahl- und Landkreises. Im März 2015 unterzeichnete er die von Björn Höcke und André Poggenburg initiierte Erfurter Resolution; beim sogenannten Kyffhäusertreffen im Juni 2015 trat er als Redner auf. Am 21. November 2015 wurde er zum ersten stellvertretenden Landesvorsitzenden der AfD Brandenburg gewählt. Im April 2017 wurde Kalbitz auf dem Landesparteitag als Nachfolger Alexander Gaulands zum Landesvorsitzenden der Brandenburger AfD gewählt.

Im Dezember 2017 wurde Kalbitz zu einem der sechs Beisitzer im AfD-Bundesvorstand gewählt. Im Juni 2018 berichtete der Stern, dass Kalbitz ein möglicher Nachfolger Gaulands als Bundesvorsitzender der Partei sei. Kalbitz selbst äußerte, er habe Geduld und sehe sich auf einem politischen „Langstreckenlauf". „Wo ich persönlich politisch innerhalb der AfD stehe, ist ja kein Geheimnis. Aber wir müssen den Ausgleich zwischen allen Kräften schaffen." Am 1. Dezember 2019 wurde Kalbitz mit 50,3 % zum zweiten AfD-Beisitzenden wiedergewählt.

Abgeordneter

Bei den Kommunalwahlen in Brandenburg 2014 wurde Kalbitz in die Stadtverordnetenversammlung in Königs Wusterhausen gewählt und ist dort seit Juni 2014 Fraktionsvorsitzender der AfD-Fraktion.

Bei der Landtagswahl in Brandenburg 2014 kandidierte er im Landtagswahlkreis Dahme-Spreewald II/Oder-Spree I als Direktkandidat und erreichte 10,4 Prozent. Er zog über die Landesliste (Listenplatz 9) in den Landtag Brandenburg ein und ist Mitglied im Ausschuss für Infrastruktur und Landesplanung (A10), dem Sonderausschuss BER sowie stellvertretendes Mitglied im Ausschuss für Wissenschaft, Forschung und Kultur (A6). Von 2015 bis 2019 war er Mitglied des Beirates der Investitionsbank des Landes Brandenburg (ILB).

Zunächst wurde Kalbitz stellvertretender Fraktionsvorsitzender und im November 2017 zum Nachfolger des in den Bundestag gewählten Fraktionsvorsitzenden Alexander Gauland gewählt.

Ferner ist er Beauftragter der AfD-Fraktion für die Angelegenheiten der Sorben und Wenden sowie medienpolitischer Sprecher.

Kalbitz war Spitzenkandidat der AfD bei der Landtagswahl in Brandenburg von 2019. Die Alternative für Deutschland erhielt 23,5 % der Stimmen und zahlreiche Direktmandate. Kalbitz trat im Wahlkreis Dahme-SpreewaldII/Oder-Spree I an, verpasste das Direktmandat jedoch deutlich.

Am 16. Dezember 2016 kritisierte der CDU-Abgeordnete Steeven Bretz die AfD in einer Rede scharf und äußerte, an deren Fraktionsmitglieder gerichtet: „Das Einzige, was Sie von Finanzen verstehen, ist Ihre persönliche Profitmaximierung" sowie „AfD heißt für mich nur noch Abzocke für Deutschland". Damit nahm er Bezug darauf, dass der AfD-Abgeordnete Alexander Gauland sein Landtagsmandat nach der von ihm angestrebten Wahl in den Bundestag zumindest übergangsweise behalten wollte. Andreas Kalbitz äußerte daraufhin gegenüber Bretz, seine Rede sei „Goebbels für Arme" gewesen. Nachdem Kalbitz eine Bitte um Entschuldigung hierfür verweigerte („Ich kann mich bei Ihnen nicht für Ihre erbärmliche Rede entschuldigen"), schloss Landtagspräsidentin Britta Stark (SPD) Kalbitz von der weiteren Sitzung aus. Daraufhin verließ die gesamte restliche AfD-Fraktion aus Protest ebenfalls den Saal. Auch später verteidigte Kalbitz seine Äußerung und gab an, es habe sich um eine Überspitzung gehandelt, die man in der Politik aushalten müsse.

Beim Kyffhäuser-Treffen des „Flügels" 2018 rief Kalbitz: „Masseneinwanderung ist Messereinwanderung", was vom Publikum mit „Abschieben, Abschieben"-Rufen beantwortet wurde.

Kalbitz leugnet den menschengemachten Klimawandel und machte in einer Debattenrunde mit Jugendlichen Windkraftanlagen für das Vogelsterben verantwortlich. Weiter bezeichnete Kalbitz in dieser Runde die Klimaschutzaktivistin Greta Thunberg als „zopfgesichtiges Mondgesichtmädchen".

Beim Wahlkampfauftakt der AfD vor der Brandenburger Landtagswahl 2019 sagte der aus Westdeutschland stammende Kalbitz: „Wir sind nicht 1989 in diesen Prozess eingetreten und die Menschen sind nicht auf die Straße gegangen, um das geliefert zu *bekommen, was wir jetzt hier erdulden müssen." Dieser Gleichsetzung der politischen Verhältnisse in der DDR mit denen der heutigen Bundesrepublik widersprach der Historiker Patrice Poutrus. Er warf der AfD vor, mit diesem Versuch der Vereinnahmung der damaligen Wende in der DDR „von einer Anerkennung der Verfassungsordnung der Bundesrepublik weit entfernt" zu sein. In einer weiteren Wahlkampfrede im Oktober 2019 in Erfurt sprach Kalbitz von Deutschen, die sich „nachts nicht mehr auf die Straße trauen oder an Bahnhöfe, weil da nämlich irgendwelche jungen syrischen oder afghanischen Deserteure (...) rumlungern. Hinter denen das Kopftuchgeschwader mit Mehrfachkinderwagen." Mehr als eine „sinnentleerte, hirnlose, selbstzerstörerische Willkommenskultur" brauche man, so Kalbitz, eine „konsequente Abschiebekultur".*

Seit Anfang des Jahres 2020 überwacht der Verfassungsschutz Kalbitz mit nachrichtendienstlichen Mitteln. Diese Beobachtung bezieht sich auf außerparlamentarische Aktivitäten, nicht auf die Arbeit im Parlament. Laut Bundeswehr-Journal hat ihn der Militärische Abschirmdienst für Reserveübungen gesperrt.

Entzug der AfD-Mitgliedschaft

Mitte April 2020 beschloss der Bundesvorstand der Partei, Kalbitz müsse „eine Liste der politischen Organisationen und Vereinigungen vorlegen, in denen er Mitglied gewesen ist oder zu denen er in Kontakt gestanden hat – mit Angaben von Jahreszahlen und Erklärung der Art der Verbindung". Die Vorwürfe gegen ihn schadeten „dem Ansehen der AfD massiv", hieß es in der Erklärung des 13-köpfigen Gremiums. Allerdings wurde der Beschluss des AfD-Bundesvorstands nur knapp gefasst, mit sieben Ja- bei vier Nein-Stimmen sowie zwei Enthaltungen.

Am 15. Mai 2020 beschloss der Bundesvorstand mit sieben gegen fünf Stimmen bei einer Enthaltung, Kalbitz' Mitgliedschaft für nichtig zu erklären, weil er in seinem Partei-Aufnahmeantrag „substanzielle Tatsachen verheimlicht" habe. Kalbitz' Name war nämlich auf einer Mitgliedsliste der rechtsextremen Heimattreuen Deutschen Jugend aufgetaucht. Kalbitz selbst bestreitet allerdings diesen Vorwurf; nach Informationen der Frankfurter Allgemeinen Sonntagszeitung ist Kalbitz' Aufnahmeantrag von 2013 verschollen. Jörg Meuthen sagte dazu, es gebe mindestens zwei Zeugen, die sich genau an die Prüfung des Formularinhalts erinnern würden. Von Beobachtern wurde die Entscheidung als Erfolg von Meuthen gewertet, der sich gegen die Fraktionsvorsitzenden Alexander Gauland und Alice Weidel sowie gegen den Co-Vorsitzenden Tino Chrupalla durchsetzte.

Der Entzug der Mitgliedschaft sei eine juristische und keine politische Entscheidung gewesen, sagte Meuthen. Die Frage des Rechtsextremismus habe sich im Zusammenhang mit der Entscheidung nicht gestellt.

Kritik und Proteste gegen die Entscheidung kamen von den Abgeordneten Björn Höcke, Jürgen Pohl und Frank Pasemann. Dennis Hohloch, parlamentarischer Geschäftsführer der Brandenburger AfD-Fraktion, nannte den Beschluss einen schwerwiegenden Fehler und forderte einen außerordentlichen Bundesparteitag mit Neuwahlen des

Bundesvorstandes. Drei Tage nach dem Beschluss zur Aberkennung der AfD-Mitgliedschaft entschied die AfD-Landtagsfraktion Brandenburg, dass Kalbitz weiterhin Fraktionsmitglied bleiben solle. Dafür stimmten bei einer Sondersitzung in Potsdam nach Fraktionsangaben 18 der 21 anwesenden Abgeordneten, zwei waren dagegen, ein Abgeordneter enthielt sich. Um einem Parteilosen die Zugehörigkeit zur Fraktion zu ermöglichen, änderte die Fraktion ihre Geschäftsordnung.

Am 19. Juni 2020 erklärte auf Kalbitz' Antrag hin das Landgericht Berlin die Annullierung der Parteimitgliedschaft bis zu einem Entschluss des Bundesschiedsgerichts für unzulässig, weil der Parteivorstand das in § 10 des Gesetzes über die politischen Parteien (PartG) vorgeschriebene Verfahren nicht beachtet habe, sodass ein Rechtsschutzbedürfnis für die vom Gericht erlassene Regelung bestehe. Nach dem Parteiengesetz könne der Bundesvorstand der AfD bereits aus verfahrensrechtlichen Gründen keinen – endgültigen – Ausschluss Kalbitz' erwirken. Auch inhaltliche Zweifel an den Begründungen des Bundesvorstands ließ das Landgericht durchscheinen: Unter anderem sei nicht hinreichend klar gelegt worden, ob die AfD seinerzeit Kalbitz definitiv nicht aufgenommen hätte, wenn er eine HDJ-Mitgliedschaft angegeben hätte.

Daraufhin wurde im Juni 2020 auf dem Bundeskonvent der AfD ein Antrag eingebracht, der Jörg Meuthen „unverantwortliche Spaltungsversuche" vorwarf und personelle Konsequenzen forderte. Antragsteller war u. a. Armin-Paul Hampel. Der Bundeskonvent stellte sich jedoch mehrheitlich hinter Meuthen. Nach der Gerichtsentscheidung wurde Kalbitz im Juni 2020 von der AfD-Fraktion im Potsdamer Landtag erneut zum Vorsitzenden gewählt. Kalbitz erklärte, er werde auch wieder den Parteivorsitz in Brandenburg wahrnehmen.

Das AfD-Schiedsgericht lehnte Ende Juni mit sieben zu einer Stimme bei einer Enthaltung einen Eilantrag von Kalbitz auf Wiedereinsetzung seiner Mitgliedschaft ab, da er im Hauptverfahren keine Aussicht auf Erfolg habe. Der Status seiner Mitgliedschaft galt damit zunächst als unklar. Kurz darauf nahm Kalbitz an einer Sitzung des AfD-Bundesvorstandes in Suhl teil. Meuthen räumte ein, Kalbitz habe das Recht dazu. Maßgeblich sei die Entscheidung des Landgerichts, wonach Kalbitz bis zur Hauptsacheentscheidung des Bundesschiedsgerichts wieder in seine Rechte eingesetzt sei.

Am 25. Juli 2020 entschied das Bundesschiedsgericht der AfD, dass es bei dem Ausschluss aus der Partei bleibe, wogegen Kalbitz wiederum zivilrechtlich vorging. Den Fraktionsvorsitz in Brandenburg behielt er zunächst bei, ließ ihn aber ruhen. Anfang August 2020 forderten die Vorsitzenden des Kreisverbandes Rhein-Kreis Neuss und des Kreisverbandes Aichach-Friedberg einen bundesweiten Mitgliederentscheid, um Kalbitz' Wiederaufnahme in die Partei durchzusetzen. Nach ihren Angaben sei das Vorgehen mit dem Thüringer Co-Landessprecher Stefan Möller abgestimmt. Mindestens 25 Kreisvorstände müssten dem Antrag zustimmen.

Das Landgericht Berlin hat am 21. August 2020 den weiteren Eilantrag von Kalbitz gegen die AfD wegen des Streits um das Fortbestehen seiner Parteimitgliedschaft abgewiesen. Das Gericht sah keine Anhaltspunkte dafür, dass der Beschluss des AfD-Bundesvorstandes über die Beendigung der Parteimitgliedschaft von Kalbitz evident rechtswidrig gewesen sei. Daher bestehe keine Grundlage für den Erlass einer einstweiligen Anordnung. Der frühere Brandenburger Landeschef bleibt damit aus der Partei ausgeschlossen.

Rücktritt vom Fraktionsvorsitz

Wenige Wochen später, am 18. August 2020, legte Kalbitz den Brandenburger Fraktionsvorsitz nieder, nachdem die Staatsanwaltschaft Potsdam wegen des Verdachts auf fahrlässige Körperverletzung Ermittlungen aufgenommen hatte, weil Kalbitz seinem kommissarischen Stellvertreter Dennis Hohloch bei einer Begrüßung mit der Faust in den Bauch geschlagen habe. Hohloch musste daraufhin wegen eines Milzrisses stationär behandelt werden. Die FAZ berichtete mit Berufung auf Parteikreise, es sei ein „offenes Geheimnis", dass Kalbitz Ausbrüche von Wut und Gewalt habe und bereits früher gegenüber einem Brandenburger AfD-Politiker scheinbar freundliche, aber für diesen schmerzhafte und bedrohliche Schläge ausgeteilt habe. Dazu sei einem Mitarbeiter der Fraktion wegen lauten Telefonierens fest ins Gesicht geschlagen worden. Ferner soll Kalbitz über Frank Pasemann fälschlich verbreitet haben, Hohloch sei eine Zyste in der Milz geplatzt. Hohloch erklärte, er liege mit einem „Milzriss" im Krankenhaus.

Aktivitäten im Rechtsextremismus

Heimattreue Jugend/Heimattreue Deutsche Jugend

Ende August 2019 ergaben gemeinsame Recherchen des ARD-Politikmagazins Kontraste und des rbb-Magazins Brandenburg aktuell, dass Kalbitz offenbar als Zwanzigjähriger im Juli 1993 an einem sogenannten Sommerlager des rechtsextremen Vereins Die Heimattreue Jugend in einem thüringischen Dorf teilgenommen hatte. Dies gehe aus einer Akte des Verfassungsschutzes hervor. 1993 habe die thüringische Polizei das Lager durchsucht und dabei die Personalien von Kalbitz aufgenommen. Laut Dietwald Claus, der sich bereits 1995 im rechtsextremen Thule-Netz über Kalbitz' Aktivitäten im HJ-Sommercamp äußerte, soll dieser „einer der härtesten" gewesen sein. Er habe zudem eine Reichskriegsflagge, antisemitische und Holocaustleugnungs-Literatur mitgeführt. Der Verein benannte sich später in Heimattreue Deutsche Jugend (HDJ) um.

Im März 2018 wurden Fotos veröffentlicht, die Kalbitz im Jahr 2007 in einem Lager der neonazistischen und seit 2009 verbotenen Heimattreuen Deutschen Jugend zeigen. Kalbitz gab die Teilnahme zu. Weitere Teilnahmen an Camps der HDJ hatte er verneint und auch die Teilnahme am Camp 1993 nicht erwähnt. Laut einer Mitgliederliste der HDJ aus dem Jahr 2007, die dem Bundesamt für Verfassungsschutz vorliege, habe die „Familie Andreas Kalbitz" die Mitgliedsnummer 01330. Nachweislich habe Kalbitz, so das BfV, vierzehn Jahre Kontakt mit der HDJ gehabt und sei auch Mitglied gewesen.

2009 erhielt Kalbitz laut Spiegel und Tagesspiegel neben sechs weiteren Adressaten eine E-Mail vom ehemaligen Bundesführer der HDJ. Der Bundesführer informierte sie über ein Interview zum Verbot der HDJ.

In der Verhandlung vor dem Landgericht Berlin vom 19. Juni 2020 betreffend den Parteiausschluss von Kalbitz legte dessen Anwalt Andreas Schoemaker zwei eidesstattliche Versicherungen von Kalbitz vor, in denen er angab, weder in der Heimattreuen Deutschen Jugend noch in ihrer Vorgängerorganisation Mitglied gewesen zu sein. Um Äußerungen des Verfassungsschutzes zu entkräften, eine „Familie Andreas Kalbitz" sei in einer HDJ-Mitgliederliste mit Nummer geführt, legte Kalbitz' Anwalt außerdem eine eidesstattliche Versicherung des früheren HDJ-Bundesführers Sebastian Räbiger vor, in der dieser erklärt, die Mitgliedersoftware der HDJ habe nicht zwischen Nummern von Mitgliedern und bloßen Interessenten unterschieden. (Die Abgabe einer falschen eidesstattlichen Erklärung ist strafbar.) Im Umfeld des Vereins HDJ bestanden so genannte „FFK" (= Freundes- und Familienkreise). Deren Zweck lag in einer begleitenden Unterstützung, auch materiell und organisatorisch, ohne dass die Betreffenden selbst Mitglied des Vereins waren.

Kalbitz bestreitet die Mitgliedschaft in der HDJ und reichte Ende Juni 2020 vor dem Verwaltungsgericht Köln Klage gegen das Bundesamt für Verfassungsschutz ein. Er fordert unter anderem Auskunft über die strittige Mitgliederliste, die in einem internen Gutachten des Verfassungsschutzes erwähnt sein soll, das die Beobachtung des „Flügels" betraf. Der Verfassungsschutz hatte dem Bundesvorstand der AfD zwar auf dessen Ersuchen hin das Gutachten zur Verfügung gestellt. Die Anlagen dazu, u. a. die Liste, hält der Verfassungsschutz jedoch unter Verschluss. Kalbitz verlangt die Herausgabe der Dokumente. Ob Kalbitz in der seit 2009 verbotenen Heimattreuen Deutschen Jugend (HDJ) oder ihrer Vorgängerorganisation Heimattreue Jugend Mitglied war, ist für seine AfD-Mitgliedschaft mitentscheidend, da die HDJ auf der Unvereinbarkeitsliste der AfD steht.

Junge Landsmannschaft Ostpreußen

Wegen seiner Mitgliedschaft in der rechtsextremen Jungen Landsmannschaft Ostpreußen (JLO) bzw. deren Nachfolger Junge Landsmannschaft Ostdeutschland wurde Kalbitz in seiner Zeit als Bundeswehrsoldat mehrfach vom Militärischen Abschirmdienst (MAD) verhört. Kalbitz gab 2001 gegenüber dem MAD zu, bereits seit vor seinem Eintritt in die Bundeswehr 1994, also zu dem Zeitpunkt seit mindestens sieben Jahren, Mitglied in der Vereinigung zu sein. Kalbitz gab ferner zu, dass er Ende 2000 und Anfang 2001 als Veranstaltungsleiter JLO-Veranstaltungen durchgeführt hatte. Zu diesem Zeitpunkt hatte sich die Landsmannschaft Ostpreußen schon von der Jugendorganisation getrennt, weil diese aufgrund von rechtsextremen Aktivitäten vom Verfassungsschutz beobachtet wurde. Kalbitz schrieb 2003 für das Vereinsorgan Fritz der JLO, zu einer Zeit, als diese bereits wesentlich neonazistisch geprägt war, von einem „Bewußtseinsethnozid in den Köpfen der bundesdeutschen Jugend" und bezüglich der Erinnerungspolitik von einer „Verständnisimplantation von 12 Jahren als 99 %

deutscher Geschichte". In einem anderen Artikel bezeichnete er ein Buch des für seine Verschwörungstheorien bekannten französischen Autors Thierry Meyssan über die Anschläge vom 11. September 2001 als eine „geistige Waffe", die es zu nutzen gelte. Laut MAD-Vermerk in Kalbitz' Stammakte ist er bis heute für Reservistendienstleistungen der Bundeswehr gesperrt.

Die JLO steht auf der Unvereinbarkeitsliste der AfD.

Teilnahmen an Neonazi-Veranstaltungen im Ausland

Teilnahmen an Neonazi-Veranstaltungen in Belgien

Andreas Kalbitz nahm mehrfach an der von flämischen Nationalisten organisierten Wallfahrt IJzerbedevaart bei Diksmuide teil. So zeigen Videoaufnahmen ihn dort bereits 1994 in einem „uniformähnlichen" Hemd im Gespräch mit Hans-Ulrich Kopp. 1994 zählten zu den deutschen Besuchern der Wallfahrt auch Holger Apfel, damaliger Funktionär der NPD-Jugend, sowie Funktionäre der später verbotenen FAP und der später verbotenen Wiking-Jugend. Der Militärische Abschirmdienst konfrontierte Kalbitz in einer Vorladung vom März 2001 damit, dass sein Auto 2000 während des von rechtsextremen Krawallen begleiteten Treffens gesichtet worden sei. Kalbitz gab zu, 1999 und 2000 dort gewesen zu sein, er sei aber nach eigenen Angaben nicht an Kameradschaftstreffen oder an den Ausschreitungen beteiligt gewesen.

Teilnahme an einer Neonazi-Reise nach Athen

2007 reiste Kalbitz mit 13 Neonazis, unter ihnen der damalige NPD-Vorsitzende Udo Voigt, nach Athen, um an einer Versammlung der neonazistischen Patriotischen Allianz (einer Abspaltung der Chrysi Avgi, „Goldene Morgenröte") teilzunehmen. Die deutsche Delegation übernachtete gemeinsam in einem Hotel in Athen und hisste dort nach Angaben der griechischen Nachrichtenagentur ANA eine zwei Meter große schwarz-weiß-rote Hakenkreuzflagge. Diese zog noch in der Nacht einen Brandanschlag nach sich und verbrannte vollständig. Danach wurde eine Flagge der NPD Gröditz aufgehängt. Kalbitz räumte ein, mit der Delegation nach Athen gereist zu sein, bestritt aber eine Teilnahme an den Vorgängen rund um die Fahnen und den Brandanschlag. In der „nachträglichen Bewertung dieser Veranstaltung" sei diese laut seinen Worten „nicht dazu angetan" gewesen, sein „weiteres Interesse oder Zustimmung zu wecken".

Filme

Gemeinsam mit seinem 2006 verstorbenen Schwiegervater Stuart Russell schrieb er das Drehbuch für die Filme Der unbekannte Soldat über Adolf Hitler im Ersten Weltkrieg und Von Garmisch in den Kaukasus über die 1. Gebirgsdivision der Wehrmacht.

Weitere Aktivitäten im Rechtsextremismus

Kalbitz schrieb unter anderem für die neurechte Wochenzeitung Junge Freiheit. Er war Mitglied des völkischen Witikobunds und Autor der Zeitschrift Witikobrief, in dem er 2001 von einem „Ethnozid am deutschen Volk" schrieb. 1993 nahm er an einer von dem Rechtsextremisten Hans-Ulrich Kopp geleiteten Podiumsdiskussion des Witiko-bundes teil. Kalbitz' Name und Anschrift fanden sich zudem auf einer Interessenten-liste der NPD. Er wurde Mitte der 1990er Jahre lobend („kein Weichei") im von Rechts-extremisten verwendeten Mailbox-System Thule-Netz erwähnt.

Verschiedene Medien, wie der Bayerische Rundfunk, weisen im Zusammenhang mit einem rechtsextremen Netzwerk in der Bundeswehr (Stichwort Hannibal) darauf hin, dass Andreas Kalbitz zwischen 1994 und 2005 mehrere Jahre Ausbilder an der dama-ligen Luftlande- und Lufttransportschule in Altenstadt (Oberbayern) gewesen sei, die für dieses Netzwerk von besonderer Bedeutung sei. Die Ostsee-Zeitung zitiert einen ehemaligen Vorgesetzten der Luftlandeschule Altenstadt mit den Worten: „Wenn Kalbitz jetzt auf AfD-Linie ist, muss er sich gehörig nach links entwickelt haben."

Kontakte hatte Kalbitz auch zu der wegen rechtsextremer Aktivitäten in Verfassungs-schutzberichten erwähnten Münchner Burschenschaft Danubia, die zeitweise an der-selben Adresse residierte wie die schlagende Schüler-Burschenschaft Saxonia-Czerno-witz, in der Kalbitz seit seiner Schulzeit Mitglied ist.

2008 erhielt Kalbitz eine Mail von dem wegen Volksverhetzung verurteilten Rechts-extremisten Horst Mahler, der die NPD als Anwalt im Verbotsverfahren vertreten hatte. In dieser Mail berichtete Mahler vom ersten Verhandlungstag am Landgericht Potsdam.

Von 2014 bis 2015 war Kalbitz Vorsitzender der vom ehemaligen SS-Hauptsturmfüh-rer und NPD-Funktionär Waldemar Schütz gegründeten rechtsextremen Vereinigung Kultur- und Zeitgeschichte, Archiv der Zeit. Zuvor saß Kalbitz seit 2010 mehrere Jahre, u. a. mit einem NPD-Funktionär, im Vorstand des Vereins. Der Rechtsextremismusfor-scher Hajo Funke kommentierte: „Mit seiner Rolle in seinem Kulturverein zeigt er sich als Rechtsextremer. Das ist eine rechtsextreme Vereinigung." Nach einem Bericht des rbb-Magazins Klartext, das die Zusammenhänge aufdeckte, verwies Kalbitz zunächst auf die eingeschränkte Aktivität des Vereins in den letzten Jahren, legte dann aber nach Informationen der AfD Brandenburg im Oktober 2015 sein Amt nieder und trat aus dem Verein aus.

Im März 2016 wurde nach zunächst gegenteiligen Behauptungen bekannt, dass Kalbitz den ehemaligen Neonazi Alexander Salomon aus Cottbus, der zuvor knapp zwei Jahre NPD-Mitglied war, im brandenburgischen Landtag als Mitarbeiter be-schäftigte. Kalbitz räumte ein, von Salomons Neonazi-Vergangenheit gewusst zu ha-ben. Anfang März 2020 wurde zudem öffentlich, dass ein weiterer Mitarbeiter der brandenburgischen AfD-Landtagsfraktion, der laut JA-Website stellvertretende Bun-desschriftführer der Jungen Alternative (JA) Tim Ballschuh, 2018 nach einer AfD-Wahlkampfkundgebung in Regensburg mit einer Schreckschusspistole auf Gegende-monstranten geschossen hatte. Überdies hat er laut einem Bericht des Bundesverfas-sungsschutzes frühere Kontakte zur NPD eingeräumt und war zudem „Mitglied in den *als rechtsextremistisch eingeordneten Burschenschaften Frankonia Erlangen und Halle-Leobener Burschenschaft". Auf einem Foto ist er während einer Neonazikundgebung im März 2008 in den Räumen der damaligen JN-Bundeszentrale in Bernburg zu sehen. Fragen nach der Vereinbarkeit der Zusammenarbeit wegen Ballschuhs Vita ließ Kalbitz unbeantwortet und ließ am Rande einer Pressekonferenz verlauten, dass man sich zu Mitarbeitern „grundsätzlich nicht" äußere.*

Bei einem Vortrag im neurechten Institut für Staatspolitik von Götz Kubitschek propagierte Kalbitz laut Stern „eine Art nationalen Sozialismus". Bei einer Rede auf einer AfD-Demonstration im Mai 2018 bedankte sich Kalbitz unter anderem bei der rassistischen Gruppierung Pegida und der neurechten Vereinigung Ein Prozent für unser Land von Götz Kubitschek und Philip Stein und beklagte, dass die AfD ausgegrenzt und geächtet werde, obwohl sie „die letzte evolutionäre Chance für unser Land" sei. Auch bei einer Rede am Kyffhäuserdenkmal in Thüringen äußerte er: „Die AfD ist die letzte evolutionäre Chance für dieses Land. Danach kommt nur noch ‚Helm auf'. Und das möchte ich nicht." Ferner äußerte er über Mitglieder der 68er-Bewegung, man werde „auf ihren Gräbern tanzen".

Quelle: Seite „Andreas Kalbitz". In: Wikipedia, Die freie Enzyklopädie. Bearbeitungsstand: 7. Oktober 2020, 12:31 UTC. URL: https://de.wikipedia.org/w/index.php?title=Andreas_Kalbitz&oldid=204340981 (Abgerufen: 20. Oktober 2020, 16:07 UTC)

22.5 Beatrix von Storch

Beatrix Amelie Ehrengard Eilika von Storch, *geborene Herzogin von Oldenburg (* 27. Mai 1971 in Lübeck), ist eine deutsche Politikerin (AfD) und seit Dezember 2019 stellvertretende Bundessprecherin ihrer Partei. Seit Oktober 2017 ist sie eine von fünf stellvertretenden Fraktionsvorsitzenden der AfD-Bundestagsfraktion und Mitglied des Bundestages, in den sie bei der Bundestagswahl 2017 über die Landesliste der AfD Berlin einzog. Von 2014 bis 2017 war sie Mitglied des Europäischen Parlaments und von April 2016 bis 2017 Mitglied der rechtspopulistischen Anti-EU Fraktion Europa der Freiheit und der direkten Demokratie (EFDD). Von Januar 2016 bis November 2017 agierte sie ferner ohne Legitimation durch eine gültige Wahl als eine von zwei Landesvorsitzenden der AfD Berlin; seither ist sie eine von drei stellvertretenden Landesvorsitzenden. Sie gehört dem rechtskonservativen Parteiflügel innerhalb der AfD an und ist Antisemitismusbeauftragte der Bundestagsfraktion der AfD.*

Gemeinsam mit ihrem Mann Sven von Storch ist sie in teilweise selbst initiierten und gesteuerten rechten Politiknetzwerken aktiv; sie gilt als Lobbyistin.

Familie

Beatrix von Storch entstammt dem Haus Oldenburg. Sie ist die älteste Tochter des Bauingenieurs Huno Herzog von Oldenburg (* 1940) und dessen Frau Felicitas (* 1941), geb. Gräfin Schwerin von Krosigk. Sie ist eine Enkelin des SA-Standartenführers und letzten Erbgroßherzogs Nikolaus von Oldenburg sowie von Johann Ludwig Graf Schwerin von Krosigk. Letzterer war von 1932 bis 1933 unter den Reichskanzlern Papen und Schleicher Reichsfinanzminister. Nach der Machtergreifung war er Reichsfinanzminister unter Adolf Hitler, diese Funktion hatte er bis zum Ende des Drittes Reiches 1945 inne. 1949 wurde er im Wilhelmstraßen-Prozess als Kriegsverbrecher zu zehn Jahren Haft verurteilt. Sie wuchs mit ihrer Schwester Sophie (* 1972) in der Gemeinde Kisdorf im Kreis Segeberg auf. Seit Oktober 2010 ist sie mit Sven von Storch verheiratet.

Ausbildung und Beruf

Nach dem Abitur am Gymnasium Kaltenkirchen 1990 und einer Ausbildung zur Bankkauffrau in Hamburg studierte sie Rechtswissenschaften an der Ruprecht-Karls-Universität Heidelberg und der Universität Lausanne. Die Erste Juristische Staatsprüfung absolvierte sie in Heidelberg, das Referendariat in Brandenburg. Seit 1998 lebt sie in Berlin. Nach dem zweiten Staatsexamen 2001 wurde sie als Rechtsanwältin zugelassen und spezialisierte sich auf Insolvenzrecht. 2008 arbeitete sie für die Wirtschaftskanzlei Voigt & Scheid Rechtsanwälte und nach deren Auflösung zum 1. Januar 2009 in der Kanzlei Voigt Salus. 2011 gab sie laut einem Tagesspiegel-Bericht ihre Arbeit als Anwältin für Insolvenzrecht auf und lebte von Erspartem, um sich ihren politischen Aktivitäten in vollem Umfang widmen zu können.

Netzwerkaktivitäten und Lobbyismus

Von Storch ist seit Mitte der 1990er Jahre politisch aktiv. Sie nutzt von ihr und ihrem Ehemann Sven gegründete und gelenkte Vereine und Initiativen als konservatives Netzwerk. Dazu gehören insbesondere der Göttinger Kreis, die Zivile Koalition e. V., der BürgerKonvent sowie die Internet-Präsenzen FreieWelt.net und Abgeordneten-Check.de. In der Öffentlichkeit wird sie verschiedentlich als Lobbyistin wahrgenommen.

Von Storch ist Autorin der Zeitschrift eigentümlich frei und Mitglied der Friedrich A. von Hayek-Gesellschaft, welche sie jedoch bereits mit Schreiben vom 9. Februar 2016 aufgefordert hat, aus der Hayek-Gesellschaft auszutreten.

„Göttinger Kreis" und „Allianz für den Rechtsstaat"

Von Storch ist Mitbegründerin des Vereins Göttinger Kreis – Studenten für den Rechtsstaat e. V., der sich für eine Wiedergutmachung der Vertreibungen und Enteignungen durch die Boden- und Industriereform in der Sowjetischen Besatzungszone einsetzt. Der Verein organisierte verschiedene Veranstaltungen unter anderem mit Michail Gorbatschow. Die von ihr geführte Allianz für den Rechtsstaat fordert ebenfalls die Rückgabe des Bodenreformlandes an die vorherigen Eigentümer.

Zivile Koalition

Von Storch war 2005 Mitgründerin und ist seitdem Erste Vorsitzende, Sprecherin und Schriftführerin der Zivilen Koalition e. V. Laut einem Bericht der Frankfurter Allgemeinen Zeitung entstammen alle sieben Gründungsmitglieder der eigenen Familie, ihr Mann Sven ist Zweiter Vorsitzender und Kassenführer. Der Verein versteht sich als ein Zusammenschluss von Bürgern, die sich für mehr zivilgesellschaftliches Engagement einsetzen und ihre gemeinsamen Interessen gegenüber Regierungen und Parlamenten vertreten. Zum Netzwerk gehören der Blog Die Freie Welt, deren Herausgeber ihr Mann Sven ist und für dessen Öffentlichkeitsarbeit Beatrix von Storch zuständig ist, sowie auch das Institut für Strategische Studien (ISSB) und die Allianz für den Rechtsstaat und Initiative Familienschutz.

Die Zivile Koalition initiierte und organisierte eine Sammelklage von über 5000 Bürgern vor dem Europäischen Gerichtshof (EuGH) gegen den Ankauf von Staatsanleihen verschuldeter EU-Länder durch die Europäische Zentralbank (EZB).

Das Handelsblatt bezeichnete die Zivile Koalition 2012 als ein Protest-Unternehmen, das sich einem konservativen Weltbild verpflichtet fühlt.

Entsprechend einem im Cicero erschienenen Artikel spielt von Storch über die Zivile Koalition – mit 14 Angestellten (Stand 2013) als Hauptstütze des von ihr organisierten Widerstands gegen den Euro-Rettungskurs – eine wichtige Rolle „im konservativen Lager außerhalb der Union". Sie verfüge über „knapp Hunderttausend" Unterstützer. Angeschlossen sei auch die Initiative Familienschutz, die unter anderem für das Betreuungsgeld und gegen die Homo-Ehe eintrete. Diese Angaben werden allerdings immer wieder in Zweifel gezogen. Laut einem Bericht des Tagesspiegels besteht der Verein ausschließlich aus Familienangehörigen, die Zahl der Unterstützer liege weit unter der angegebenen Marke von 100.000.

Laut Einschätzung von Andreas Kemper ist die Zivile Koalition „die politisch wirksamste christlich-fundamentalistische Kraft in der AfD".

Vorwurf privater Nutzung von Spendengeldern

Eine Woche vor der Bundestagswahl im September 2013 berichtete die Welt am Sonntag, dass ihr Dokumente, Aussagen und eidesstattliche Versicherungen vorlägen, die eine Finanzierung privater Ausgaben der von Storchs durch Spendengelder der Zivilen Koalition e. V. nahelegen würden. Danach habe Sven von Storch im Jahr 2012 innerhalb weniger Wochen 98.000 Euro in bar in sieben gleich hohen Tranchen von einem Vereinskonto abgehoben, für deren Verbleib es keine Belege gebe. Zudem seien aus Geldern des Vereins mehrere Stromrechnungen für eine Wohnung der von Storchs und für „Skulpturen und Gartenartikel" beglichen worden sowie die Miete für eine Wohnung am Kurfürstendamm. Auf einer mehrwöchigen Chile-Reise habe der dort gebürtige Sven von Storch außerdem 10.000 Euro in bar abgehoben. Fabian Leber kommentierte im Tagesspiegel: „Das Pikante daran ist, dass der Vorstand laut Vereinsregisterauszug nur aus dem Ehepaar von Storch besteht – sie ist Vorsitzende und Schriftführerin, er ihr Stellvertreter und Kassenprüfer."

Beatrix von Storch erklärte die Barabhebung ihres Mannes in Höhe von 10.000 Euro damit, dass dessen Bankkarte im Ausland nicht funktioniert habe. Das Darlehen sei mit vier Prozent verzinst worden. Zum Verbleib der 98.000 Euro aus dem Jahr 2012 erklärte sie wiederholt, das Geld sei wegen der Unsicherheit auf den Finanzmärkten und der Eurokrise in einem Schließfach deponiert worden. Dies habe ein Berliner Notar am 16. September 2013 testiert: „Sämtliche Belege liegen vor und werden selbstverständlich ordnungs- und fristgemäß dem zuständigen Finanzamt eingereicht." Sie wies alle „Vorwürfe und Mutmaßungen" als „haltlos und nicht begründet" zurück und sprach von einer „durchsichtigen Verleumdung", die auf den Angaben einer ehemaligen Mitarbeiterin beruhe, der Anfang 2013 gekündigt worden sei. Es sei „bezeichnend", dass diese Frau aktives FDP-Mitglied sei. Es handle sich um eine „Medienkampagne".

BürgerKonvent

Beatrix von Storch war unter anderem zusammen mit Vera Lengsfeld Vorstandsmitglied des überparteilichen Vereins BürgerKonvent. Der Verein wurde im Mai 2015 aufgelöst. Laut Satzung hatte der Verein das Ziel, „durch staatsbürgerliche Bildung die Mitwirkung an der politischen Willensbildung der Bevölkerung zu fördern" und zur „Verbesserung der Zukunftsfähigkeit der Gesellschaft in Deutschland und Europa" beizutragen. Führende Gründungsmitglieder waren der Bonner Politologe Gerd Langguth und der Sozialwissenschaftler und Publizist Meinhard Miegel.

Politik

Von Storch war 2011 kurzzeitig Mitglied der FDP. 2013 war sie eine der 68 Hauptzeichner der Wahlalternative 2013 und trat der im selben Jahr gegründeten Partei Alternative für Deutschland (AfD) bei. Beim Bundesparteitag der AfD im Juli 2015 in Essen wurde von Storch zur stellvertretenden Bundessprecherin (Bundesvorsitzenden) gewählt. Sie erhielt 86,7 Prozent der abgegebenen Stimmen. Im Januar 2016 wurde von Storch vom Berliner Landesparteitag zur Landesvorsitzenden der AfD Berlin gewählt. Sie erhielt 189 Stimmen bei 54 Nein-Stimmen und 22 Enthaltungen. Nach Betrugsvorwürfen wegen doppelter Stimmabgaben, notarieller Neu-Auszählung sowie der Feststellung zweier Parteigerichte, dass von Storch unrechtmässig im Amt war, erfolgte im November 2017 eine Neuwahl des Vorstandes. Der Aufforderung des Gerichts, die Parteimitglieder über die ungültige Wahl zu informieren, war von Storch bis September 2017 nicht nachgekommen. Seit dem Bundesparteitag im Dezember 2017 in Hannover ist von Storch nicht mehr stellvertretende Bundessprecherin, sondern Beisitzerin im vierzehnköpfigen Bundesvorstand.

Von Storch wendet sich gegen eine angebliche „Sexualisierung der Gesellschaft", vertritt einen konservativen Umgang mit Geschlechterrollen sowie ein traditionelles Familienbild und lehnt die gleichgeschlechtliche Ehe ab. Sie war laut eigener Aussage eine Mitorganisatorin der gegen den Bildungsplan 2015 gerichteten „Demo für alle" in Stuttgart und nahm im September 2014 in Berlin an der Demonstration „Marsch für das Leben" der Lebensrechtsbewegung gegen Abtreibung und Sterbehilfe teil. Sie lehnt die Kampagne „Mach's mit" der Bundeszentrale für gesundheitliche Aufklärung ab, die mit Plakaten für den Gebrauch von Kondomen zur Verhinderung von ungewollten Schwangerschaften und sexuell übertragbaren Krankheiten wirbt. Laut Storch soll es stattdessen eine öffentliche Kampagne für sexuelle Enthaltsamkeit geben.

Kandidatur zur Bundestagswahl 2013

Von Storch kandidierte bei der Bundestagswahl 2013 auf Platz 2 der Landesliste Berlin und als Direktkandidatin für den Bundestagswahlkreis Berlin-Mitte; sie erhielt 3,0 % der Erststimmen.

Während des Wahlkampfes schrieb von Storch einen offenen Brief an den katholischen Erzbischof Robert Zollitsch, in dem sie sich gegen die sogenannte Homo-Ehe wandte, ein konservatives Familienbild präsentierte und dem Vorsitzenden der Deutschen Bischofskonferenz wegen dessen öffentlicher Warnung vor der AfD Amtsmissbrauch vorwarf. Günther Lachmann verurteilte in der Welt zwar die politische Einflussnahme des Erzbischofs, bezeichnete den offenen Brief Storchs jedoch als ungeeignet, von diesem „Ausrutscher" politisch zu profitieren. Der Brief sei in seiner Wortwahl anmaßend und ein „zum Scheitern verurteilte(r) Versuch, einen Mann Gottes zu moralisieren." Von Storch liefere den Gegnern ihrer Partei Argumente, die die AfD „zur Strecke bringen" könnten.

Nach der Wahl beschäftigte sie den Landesvorsitzenden der AfD Mecklenburg-Vorpommern, Leif-Erik Holm, in ihrem Berliner Büro als Büroleiter.

Kandidatur zur Europawahl 2014

Am 25. Januar 2014 wurde von Storch vom Bundesparteitag der Alternative für Deutschland in Aschaffenburg mit 142 von 282 Stimmen auf Platz vier der Liste zur Europawahl 2014 gewählt. Laut einem Bericht in der Frankfurter Allgemeinen Zeitung soll von Storch bei dieser Wahl von der parteiinternen Gruppierung Christen in der Alternative für Deutschland unterstützt worden sein, die in ihrer Grundsatzerklärung u. a. ein Abtreibungsverbot sowie ein Verbot der Sterbehilfe fordert und die Gleichstellung gleichgeschlechtlicher Lebenspartnerschaften ablehnt. Im Vorfeld dieser Nominierung hatte von Storch nach Berichten des Spiegel und der taz die angebliche Macht einer sogenannten Schwulen-Lobby angeprangert.

Mitglied des Europäischen Parlaments

Bei der Europawahl in Deutschland 2014 wurde sie als Kandidatin der AfD zum Mitglied des Europäischen Parlaments gewählt. Dort war sie Mitglied im Ausschuss für bürgerliche Freiheiten, Justiz und Inneres (LIBE) und im Ausschuss für die Rechte der Frau und die Gleichstellung der Geschlechter (FEMM) sowie Stellvertreterin im Ausschuss für Wirtschaft und Währung (ECON). Sie gehörte außerdem der Delegation im Gemischten Parlamentarischen Ausschuss EU-Chile (D-CL) und der Delegation in der Parlamentarischen Versammlung Europa-Lateinamerika (DLAT) an. 2014 kandidierte sie erfolglos für das Amt der stellvertretenden Vorsitzenden des Frauenausschusses. Sie war bis Mai 2015 parlamentarische Geschäftsführerin. Mit ihrer Wahl in den Bundestag gab von Storch im November 2017 ihre Mitgliedschaft im Europäischen Parlament an Jörg Meuthen ab.

Äußerungen zur Flüchtlingssituation 2016 – Schusswaffeneinsatz gegen Flüchtlinge

In der Flüchtlingsdebatte erklärte von Storch in einem Facebook-Beitrag Ende Januar 2016, dass über Österreich nach Deutschland einreisende Menschen nach Paragraph 18, Absatz 2 des Asylgesetzes kein Recht auf Asyl hätten und man ihnen deshalb die Einreise verweigern solle. Unter Bezug auf § 11 des Gesetzes über den unmittelbaren Zwang (UZwG) folgerte sie: „Und wenn sie das HALT an der Grenze nicht akzeptieren, können die Vollzugsbeamten im Grenzdienst Schusswaffen auch gegen Personen einsetzen." Auf Nachfrage wollte sie davon auch Frauen und Kinder nicht ausnehmen. Nach Kritik nahm sie Kinder, nicht aber Frauen von ihrer Forderung aus; gegen Kinder sei der Schusswaffeneinsatz „richtigerweise nicht zulässig". Ihre, sowie eine ähnliche Aussage Frauke Petrys, wurden von Politikern aller anderen Parteien, Gesellschaftsvertretern und in der Medienöffentlichkeit heftig kritisiert und von der Gewerkschaft der Polizei zurückgewiesen.

Auf Kritik von Mitgliedern des AfD-Bundesvorstands, die Äußerungen Petrys und Storchs nach Angaben des Spiegels als „taktischen Fehler, gleichsam das Offenlegen der richtigen Gesinnung zum falschen Zeitpunkt", beanstandeten, erklärte von Storch gegenüber Parteifreunden, sie habe „Mist gebaut" und Petry „doch nur helfen wollen". Ihre Aussage, der Beitrag sei ein „technischer Fehler" gewesen, sie sei auf ihrer Computermaus „abgerutscht", sorgte für Hohn und Spott im Internet. Auf Facebook dementierte von Storch mit den Worten, dass sie „die Geschichte mit der Maus" nie gesagt habe, das sei „einfach zu dämlich".

Nach Meinung des Staatsrechtlers Christoph Schönberger ist der Einsatz von Schusswaffen durch Polizisten an der Grenze „allenfalls theoretisch" vorstellbar. Ein Schusswaffeneinsatz sei unverhältnismäßig, wenn eine unbewaffnete, nicht aggressive Person versuche, in die Bundesrepublik hineinzukommen. Das Gesetz habe die Konstellation vor Augen, dass eine Person sich systematisch der Kontrolle entziehe. Das gelte insbesondere bei Verbrechern oder bei Drogenkriminalität. Der bloße Schutz der Außengrenze vor der Einreise eines Flüchtlings reiche auf keinen Fall, um Schusswaffen einzusetzen.

Im Mai 2016 berichtete die Bild-Zeitung, dass von Storch wegen Morddrohungen gegen sie unter Polizeischutz stehe.

Ausschluss aus der Europapartei ECPM und Fraktionswechsel

Von Storch gehörte seit Juli 2014 der Europapartei Europäische Christliche Politische Bewegung (ECPM) als Einzelmitglied an. Laut einem Bericht des Reformatorisch Dagblad schloss der ECPM-Vorstand im März 2016 von Storch aus der Partei aus und nannte als Gründe hierfür ihre Äußerungen zum Schusswaffengebrauch an der Grenze gegen Frauen und Kinder sowie ihre Kontakte zur FPÖ.

Einem Ausschluss aus der Fraktion der Europäischen Konservativen und Reformisten (EKR) kam von Storch durch einen Austritt zuvor. Am 8. April 2016 verließ sie die Fraktion der EKR und trat in die rechtspopulistische Fraktion Europa der Freiheit und der direkten Demokratie (EFDD) ein.

Einzug in den 19. Deutschen Bundestag

Für die Bundestagswahl 2017 kandidierte Storch im Bundestagswahlkreis Berlin-Mitte, in dem sie mit 7,9 % der Erststimmen den fünften Platz der Direktkandidaten erreichte, und zog über die Landesliste der AfD Berlin in den 19. Deutschen Bundestag ein.

Am 5. Oktober 2017 wurde sie zu einer von fünf stellvertretenden Vorsitzenden der AfD-Bundestagsfraktion gewählt.

Anzeigen der Polizei Köln und anderer wegen des Verdachts der Volksverhetzung

Die Polizei Köln wünschte anlässlich der Silvesterfeierlichkeiten 2017 per Twitter allen Bürgern ein frohes neues Jahr. Dafür wurden vier inhaltlich identische Tweets in den Sprachen Deutsch, Englisch, Französisch und Arabisch (in dieser Reihenfolge) veröffentlicht. Beatrix von Storch kommentierte unter dem Tweet mit arabischem Neujahrswunsch:

„Was zur Hölle ist in diesem Land los? Wieso twittert eine offizielle Polizeiseite aus NRW auf Arabisch. Meinen Sie, die barbarischen, muslimischen, gruppenvergewaltigenden Männerhorden so zu besänftigen?" – BEATRIX VON STORCH: Twitter, 1. Januar 2018

Die Polizei Köln erstattete daraufhin Strafanzeige gegen Beatrix von Storch wegen des Verdachts der Volksverhetzung (§ 130 Strafgesetzbuch StGB). Bei der Staatsanwaltschaft gingen „mehrere hundert" weitere Strafanzeigen gegen von Storch ein. Twitter löschte den Tweet wegen Verstoßes gegen die Regeln über Hass-Inhalte des Unternehmens. Daraufhin wiederholte sie ihren Twitter-Eintrag und setzte den Inhalt auf Facebook ein mit dem Zusatz, dass sie „mit Blick auf Muslime nur diejenigen meine, wegen denen der Staat für Frauen Schutzzelte eingerichtet habe". Die AfD brachte die Sperrung des Twitter-Accounts in Zusammenhang mit dem Netzwerkdurchsetzungsgesetz, das am selben Tag vollständig in Kraft getreten war. Nach

Ansicht des Rechtswissenschaftlers Matthias Jahn erfüllte der Tweet nicht den Straf-tatbestand der Volksverhetzung. Er argumentierte, dass die Juristin und AfD-Abge-ordnete sich bewusst an der Grenze des Zulässigen bewege. Die Staatsanwaltschaft Berlin stellte das Ermittlungsverfahren Mitte Februar 2018 ein. Für den Germanis-ten Heinrich Detering hat von Storch das „muslimisch" zwischen „barbarisch" und „gruppenvergewaltigend" „so selbstverständlich eingeschoben, als gehöre es zum sel-ben Begriffsfeld".

Verfassungsschutz

Fünf Zitate von Storchs zählten zu einer auf Aussagen von 50 AfD-Funktionären fu-ßenden Begründung des Bundesamtes für Verfassungsschutz (BfV) im Januar 2019, dass es „Anhaltspunkte für eine gegen die freiheitliche demokratische Grundord-nung ausgerichtete Politik der AfD" gäbe. Insbesondere wird von Storch zitiert mit Darstellungen eines angeblichen Zusammenhangs zwischen islamischer Erziehung und gesteigerter Gewaltbereitschaft, Forderungen nach einer „Anti-Scharia-Gesetzge-bung" und pauschaler Überwachung von Moscheen, Pauschalisierung einer Nicht-In-tegrierbarkeit von Muslimen in westlich geprägte Gesellschaften und Gleichsetzungen des politischen System der Bundesrepublik mit Entwicklungen im NS-Staat. Das BfV sieht in den Zitaten Anhaltspunkte für Verletzung der Menschenwürde nach Art. 1 GG, der Religionsfreiheit nach Art. 4 GG, Forderungen zur Ausrichtung des Handels bzw. Tätigwerden des Verfassungsschutzes nicht an Recht und Gesetz, sondern an politi-schen Vorgaben sowie eine derartige Verächtlichmachung der politischen Verhält-nisse, dass von Anhaltspunkten für Bestrebungen gegen das Demokratieprinzip aus-gegangen werden kann. Auch eine daraufhin vom AfD eingerichtete Arbeitsgruppe unter Roland Hartwig kam acht Monate später zu dem Schluss, dass „8 Anhaltspunkte vom Amt nachvollziehbar aufgeführt" gewesen wären, darunter Vorwürfe gegen von Storch.

Politische Einordnung durch Politikwissenschaftler und Journalisten

Von Storch wird dem rechtskonservativen Flügel der Partei zugerechnet. Oskar Nie-dermayer bezeichnete sie als eine „Erzkonservative" im innerparteilichen Spektrum der AfD im Bereich der Familien- und Geschlechtspolitik. David Bebnowski vom Göt-tinger Institut für Demokratieforschung bezeichnet von Storch als „reaktionär". Sie sei „die radikale Kraft für die radikalen christlich-konservativen Belange" der AfD, stehe für „restaurative Forderungen" und gelte als „Repräsentantin" eines „klassi-schen' Familienmodells", eines „militanten Antikommunismus" und eines „nationaltü-melnden Patriotismus". Alexander Häusler bescheinigt von Storch ein „nationalisti-sches Verständnis von Demokratie".

Für Kathrin Haimerl, Nachrichten-Redakteurin bei Süddeutsche.de, wird die AfD mit der „ultrakonservativen" Storch „anschlussfähig an den äußersten rechten Rand des politischen Meinungsspektrums".

Rechtsstreit mit der Berliner Schaubühne

Am 15. Dezember 2015 wies das Landgericht Berlin Anträge von Storchs und Hedwig von Beverfoerdes ab, der Berliner Schaubühne am Lehniner Platz durch einstweilige Verfügung die Verwendung von Porträtfotos von ihnen in dem Stück FEAR von Falk Richter zu verbieten. „Richters Figuren", schrieb Daniel Müller in DIE ZEIT, „haben in FEAR Schreckensvisionen, fallen in fieberhafte Albträume, schreien, grunzen, leiden. Im Hintergrund flirren unablässig Bilder von faulzahnigen, blutgeilen Zombies über die Bühne, die unter anderem mit den Porträts von Beate Zschäpe und ... eben auch von Beatrix von Storch sowie ... Hedwig von Beverfoerde gegengeschnitten werden." Das Gericht sah darin aber keinen Eingriff in die Menschenwürde und auch keine schwere Persönlichkeitsverletzung. Eine Gleichstellung mit Massenmördern wie dem Rechtsterroristen Breivik oder Neonazis erfolge durch die Verwendung der Bildnisse nicht. Soweit durch das Theaterstück das Persönlichkeitsrecht der Antragstellerinnen gemäß Art. 2 Abs. 1 Grundgesetz verletzt werde – wenn auch nicht in besonders schwerer Weise –, stehe das Recht auf Kunstfreiheit gemäß Art. 5 Abs. 3 Grundgesetz gegenüber. Im Rahmen der zu treffenden Abwägung gehe die Kunstfreiheit vor.

Tweet anlässlich der Amokfahrt in Münster am 7. April 2018

Von Storch bezeichnete in einem Twitterbeitrag den deutschen Täter Jens R. der Amokfahrt in Münster am 7. April 2018 als „Nachahmer islamischen Terrors". Zuvor, bevor klar war, wer verantwortlich für die Tat ist, hatte sie das Merkel-Zitat „Wir schaffen das" in Versalien mit einem wütenden Emoticon getwittert und die Tat so in Zusammenhang mit der Flüchtlingspolitik gestellt. Bei der Amokfahrt waren vier Menschen getötet und zahlreiche weitere verletzt worden. Der Generalsekretär der CSU Markus Blume forderte daraufhin von Storch auf, ihr Bundestagsmandat aufzugeben. Auch der AfD-Vorsitzende Jörg Meuthen kritisierte sie. Vier Tage später entschuldigte sich von Storch.

Quelle: Seite „Beatrix von Storch". In: Wikipedia, Die freie Enzyklopädie. Bearbeitungsstand: 20. Februar 2020, 16:56 UTC. URL: https://de.wikipedia.org/w/index.php?title=Beatrix_von_Storch&oldid=196997462 (Abgerufen: 23. Februar 2020, 07:58 UTC)

22.6 Alice Weidel

Alice Elisabeth Weidel *(* 6. Februar 1979 in Gütersloh) ist eine deutsche Unternehmensberaterin und Politikerin (AfD). Sie war zusammen mit Alexander Gauland Spitzenkandidatin der AfD für die Bundestagswahl 2017 und ist seit September 2017 Co-Vorsitzende der AfD-Bundestagsfraktion und Oppositionsführerin im Bundestag. Seit dem 30. November 2019 ist sie stellvertretende Bundessprecherin ihrer Partei und seit Februar 2020 Vorsitzende des AfD-Landesverbandes Baden-Württemberg.*

Weidel wuchs in Harsewinkel im nordrhein-westfälischen Kreis Gütersloh auf und machte 1998 am CJD-Gymnasium in Versmold Abitur. Sie studierte Volks- und Betriebswirtschaftslehre an der Universität Bayreuth und schloss 2004 als eine der Jahrgangsbesten ab. Von Juli 2005 bis Juni 2006 arbeitete sie als Analystin im Bereich Vermögensverwaltung bei Goldman Sachs in Frankfurt am Main. Anschließend schrieb Weidel eine Doktorarbeit beim Gesundheitsökonomen Peter Oberender an der Rechts- und Wirtschaftswissenschaftlichen Fakultät in Bayreuth über die Zukunft des chinesischen Rentensystems; 2011 wurde sie summa cum laude promoviert. Ihre Promotion wurde von der Begabtenförderung der Konrad-Adenauer-Stiftung unterstützt. Für ihren Forschungsaufenthalt in China erhielt sie ein Stipendium des Deutschen Akademischen Austauschdienstes und des Bundesbildungsministeriums. Von März 2011 bis Mai 2013 arbeitete sie bei Allianz Global Investors Europe in Frankfurt am Main. Nach einer kurzen Station bei Heristo machte sie sich als Unternehmensberaterin selbständig. In dieser Funktion war sie 2015 kurzzeitig für Rocket Internet und das Start-up Foodora tätig.

Weidel lebt nach eigenen Angaben im baden-württembergischen Überlingen am Bodensee. Gemäß Schweizer Behörden war sie ab 2017 im 160 km entfernten schweizerischen Biel gemeldet, wo sie auch Steuern zahlte. In Biel lebte sie mit einer aus Sri Lanka stammenden Schweizer Film- und Fernsehproduktionsleiterin in einer eingetragenen Partnerschaft. Das Paar zieht gemeinsam zwei Söhne groß. Im November 2018 gab Weidel ihren Wohnsitz in Biel auf. Im August 2019 wurde bekannt, dass sie mit ihrer Familie in Einsiedeln im Kanton Schwyz in der Zentralschweiz wohnt. Ihr Hauptwohnsitz und Steuersitz sei jedoch in Deutschland.

Weidel ist Mitglied der Friedrich A. von Hayek-Gesellschaft.

Politik

Weidel trat im Oktober 2013 in die AfD Baden-Württemberg ein und wurde im Juni 2015 in den Bundesvorstand der AfD gewählt. Sie ist Mitglied der Bundesprogrammkommission, deren Vorsitz sie 2016 innehatte, und leitet den Bundesfachausschuss Euro und Währung.

Bei der Landtagswahl in Baden-Württemberg 2016 kandidierte sie erfolglos als Kandidatin im Landtagswahlkreis Bodensee; Anfang März 2017 unterlag sie auf dem Landesparteitag in Sulz am Neckar in einer Stichwahl um den Landesvorsitz Ralf Özkara mit 209 gegen 224 Stimmen. Im April 2017 wurde Weidel auf dem AfD-Bundesparteitag in Köln gemeinsam mit dem damals noch stellvertretenden Parteivorsitzenden Alexander Gauland zur Spitzenkandidatin für die Bundestagswahl 2017 gewählt, mit 67,7 % der Stimmen. Zur Bundestagswahl 2017 trat sie als Direktkandidatin im Bundestagswahlkreis Bodensee an, wo sie mit 10,4 % dem CDU-Kandidaten Lothar Riebsamen (41,4 %) unterlag und als Spitzenkandidatin der AfD Baden-Württemberg über Platz 1 der Landesliste Baden-Württemberg in den Bundestag einzog.

Weidel ist seit 26. September 2017 zusammen mit Alexander Gauland Vorsitzende der AfD-Bundestagsfraktion. Am 3. Dezember 2017 wurde sie vom AfD-Bundespartei-tag in Hannover als Mitglied des Bundesvorstands bestätigt.

Zur Bewältigung ihrer Mandatsaufgaben und Unterstützung ihrer parlamentari-schen Arbeit stellte Weidel nach Recherchen von Zeit Online wie auch achtzehn wei-tere Abgeordnete ihrer Fraktion Mitarbeiter aus dem rechtsextremen Milieu ein: Ihr Mitarbeiter Daniel Tapp war zuvor Geschäftsführer des Studienzentrums Weikers-heim, das mit seinen Vorträgen und Veranstaltungen Verbindungen zwischen Natio-nalkonservativen und extremen Rechten zu knüpfen versucht, sowie Mitarbeiter von Barbara Rosenkranz, der damaligen niederösterreichischen Spitzenkandidatin der rechtspopulistischen FPÖ.

Im September 2019 war Weidel bei einer „Sommerakademie" des neurechten Instituts für Staatspolitik (IfS) von Götz Kubitschek in Schnellroda (Sachsen-Anhalt) zu Gast und referierte dort über „Politik in Berlin". In Schnellroda waren zuvor vor allem AfD-Politiker zu Gast, die dem radikal rechten „Flügel" angehören bzw. diesem nahestehen. Journalisten waren zu dieser Veranstaltung nicht zugelassen. In einem Video des IfS ist Weidel im Gespräch mit Kubitschek und dem Institutsleiter Erik Lehnert zu sehen; über die Veranstaltung äußert sie: „Die Leute sind aktiv, die sind wissbegierig. Man hat so eine gewisse Dynamik, das gefällt mir recht gut." Weidels Auftritt wurde vom Szenebeobachter David Begrich als Versuch gewertet, bei den Anhängern des „Flü-gels" zu punkten. Dass Weidel in ihrem Vortrag beim IfS auch sagte, die „Herausfor-derung" sei, „nach den Regeln zu spielen, um sich nicht zu diskreditieren", und „Kra-wall schlagen" führe zu nichts, interpretierte Jan Sternberg in der Frankfurter Rund-schau dahingehend, dass es auch Weidels Ziel gewesen sei, „im rechten Aktivisten-Mi-lieu um Unterstützung für einen parlamentarischen Kurs der AfD zu werben und vor allzu radikalen Äußerungen zu warnen".

Am 30. November 2019 wurde Weidel auf dem AfD-Bundesparteitag in Braun-schweig zu einer von drei stellvertretenden Bundessprechern ihrer Partei gewählt.

Auf dem Landesparteitag der AfD Baden-Württemberg in Böblingen wurde Weidel am 15. Februar 2020 zur Vorsitzenden des Landesverbandes gewählt.

Positionen

Asyl- und Integrationspolitik

Weidel sieht in der Asylpolitik der Bundesregierung einen Verstoß gegen „internatio-nale Abkommen". Sie fordert eine „Festung Europa" und eine „effektive Entwicklungs-hilfe". Weidel lehnt die Krankenversicherung für Asylbewerber ab, kritisiert einen aus ihrer Sicht „naiven Umgang" mit islamischen Hasspredigern und hat vor überzogenen Erwartungen bei der Integration von Flüchtlingen in den Arbeitsmarkt ge-warnt. Den Zuzug von Flüchtlingen hält sie für eine unkalkulierbare Belastung für die Wirtschaft und den Sozialstaat. Den Wählern etablierter Parteien wirft sie vor, ihren

„Verstand verloren" zu haben. Ihr zufolge lasse sich „keine bedeutende Frage unserer Zeit … von der Migrationsfrage trennen". Weidel will Burka und Niqab verbieten und hat sich auch für ein Kopftuchverbot ausgesprochen: Das Kopftuch gehöre „aus dem öffentlichen Raum und von der Straße verbannt", da es als „absolut sexistisches Symbol" eine „Apartheid von Männern und Frauen" abbilde.

Im Dezember 2016 äußerte Weidel in der Talkshow Menschen bei Maischberger, Angela Merkel sei „selbstverständlich" mitverantwortlich für die Vergewaltigung und Ermordung von Maria Ladenburger. Maischberger wurde daraufhin kritisiert, Weidel in der Sendung ein Podium geboten zu haben.

Nachdem Weidel in ihrer Antrittsrede als Spitzenkandidatin unter anderem Angst vor „grapschenden Ausländern" geschürt und einen Einsatz „für unsere Werte, unsere Identität" versprochen habe, bezeichnete Alan Posener in Die Welt Weidel als „die Zukunft der AfD, die neue Petry. Charismatisch, gut aussehend, intelligent, rhetorisch begabt und anscheinend bereit, für die Macht Prinzipien zu opfern."

EU- und Wirtschaftspolitik

Wirtschaftspolitisch hat Weidel gegen eine Abschaffung des Bargeldes plädiert. Sie hat vorgeschlagen, Spanien und Portugal aus der Eurozone zu entlassen. Sie sprach sich auch für einen Euroaustritt Deutschlands aus und forderte die Rückkehr zu einer goldgedeckten Währung. Weidel hat Steuervereinfachungen und die Abschaffung der Erbschaftsteuer gefordert. Sie plädierte gegen den Mindestlohn.

Globale Erwärmung

Weidel hat 2019 Zweifel daran geäußert, dass die globale Erwärmung vorwiegend vom Menschen verursacht ist. Sie glaube nicht, „dass der menschliche Einfluss maßgeblich ist". Die AfD hatte zuvor im Wahlkampf zur Europawahl 2019 ihren Standpunkt dazu modifiziert und von Anzeichen eines menschlichen Einflusses gesprochen. Weidel berief sich auf den dänischen Physiker Henrik Svensmark, der den Einfluss des Kohlendioxids auf das Klima für überbewertet halte. Zudem hätten Forscher des Niels-Bohr-Instituts (NBI) gesagt, „dass es einen viel belastbareren Zusammenhang zur Sonnenaktivität" hinsichtlich hoher CO_2-Werte gebe. Am NBI ist Svensmark allerdings seit 1993 nicht mehr tätig, und das NBI befürwortet dessen Hypothesen auch nicht. Mit den von Weidel zitierten Aussagen über die Sonnenenergie bezog sich das Institut nicht auf die Erde, sondern auf den Mars. Weiter nannte Weidels Pressereferent als weitere Quelle neben Svensmark den Geophysiker Eigil Friis-Christensen, bis 2006 am NBI tätig. Dessen von Weidel und anderen Klimaskeptikern aufgegriffene diesbezügliche Forschungen sind jedoch unbelegt.

Im Hinblick auf die Fridays for Future-Kundgebungen sprach Weidel von „dieser Kampagnenfähigkeit, was da auf uns zurollt", und sagte: „Die Power dieser kumulierten Dummheit ist beängstigend."

Familienpolitik und gleichgeschlechtliche Ehe

Trotz anderslautender Bekundungen verschiedener AfD-Mitglieder und einer mindestens unklaren Parteilinie, die sich in ihrem Parteiprogramm zur „traditionellen Familie als Leitbild" bekennt und offenlässt, ob eine gleichgeschlechtliche Partnerschaft mit Kindern als Familie gilt, sieht Weidel die AfD als „Garant der Rechte von Homosexuellen". Sie verbindet diese Positionierung mit ihrer ablehnenden Haltung zu Asylrecht und Islam. Weidel äußerte, sie sehe die Familienpolitik liberaler als ihre Partei: „Familie ist dort, wo Kinder sind."

Kirchen

Den beiden großen christlichen Kirchen warf Weidel Ende 2017 vor, in ihrer Mehrheit „die gleiche unrühmliche Rolle zu spielen, die sie auch im Dritten Reich gespielt haben". Die Amtskirchen seien „durch und durch politisiert" und die Trennung von Staat und Kirche werde nicht mehr eingehalten. Die AfD sei laut ihren Worten nunmehr die einzige christliche Partei. Zuvor hatten Vertreter beider Kirchen wiederholt vor der AfD und deren Flüchtlingspolitik gewarnt. Diese Gleichsetzung mit dem Verhalten der Amtskirchen während der NS-Zeit, das laut Sächsischer Zeitung häufig von einem Arrangieren „fast bis zur Gleichschaltung" geprägt war, wurde von den Sprechern der Deutschen Bischofskonferenz bzw. der Evangelischen Kirche in Deutschland als „Polemik" und „Entgleisung" bezeichnet. Statt eines Kommentars wünsche man Frau Weidel „Besinnung" bzw. eine „licht- und erkenntnisreiche Weihnacht".

Innerparteiliches

Nach dem Parteitag 2017 beendeten Weidel und Gauland ihre Kommunikation mit Bundessprecherin Frauke Petry; diese bekundete im August 2017 ihre Gesprächsbereitschaft mit den Spitzenkandidaten. In der Woche vor der Bundestagswahl 2017 ging Petry zu beiden auf Distanz und bekundete ihr Verständnis für Wähler, die über deren Äußerungen „entsetzt" seien.

Laut Medienberichten stimmte Weidel im AfD-Bundesvorstand nach Björn Höckes Dresdner Rede für ein Ausschlussverfahren gegen ihn. Nach ihrer Wahl zur Spitzenkandidatin sagte sie, sie werde im bevorstehenden Wahlkampf auch mit Höcke gemeinsam um Wählerstimmen werben. Im Juli 2019 beschlossen Weidel und Höcke nach Vermittlung des neurechten Verlegers Götz Kubitschek, einander nicht mehr öffentlich anzugreifen. Im Februar 2020 – nach den Ereignissen um die Wahl des Ministerpräsidenten in Thüringen – lobte Weidel Höcke mit den Worten, das, was dieser dort geschafft habe, habe „noch keiner vor ihm geschafft". Dafür gebühre ihm „der höchste Respekt".

In der Debatte um die Äußerung Alexander Gaulands, die SPD-Politikerin Aydan Özoğuz „in Anatolien zu entsorgen", verteidigte Weidel Gauland. Die Äußerung sei „Geschmackssache", in der Sache habe Gauland Recht.

Rezeption

Extra-3-Affäre

Nach ihrer Nominierung zur Spitzenkandidatin für die Bundestagswahl 2017 äußerte Alice Weidel, sogenannte politische Korrektheit gehöre auf den „Müllhaufen der Geschichte". Christian Ehring griff dies daraufhin in der Satiresendung extra 3 auf: „Jawoll, Schluss mit der politischen Korrektheit. Lasst uns alle unkorrekt sein. Da hat die Nazi-Schlampe doch recht. War das unkorrekt genug? Ich hoffe." Die AfD bezeichnete Ehrings Äußerung als „beleidigend und verleumderisch" und kündigte die Prüfung rechtlicher Schritte an. Weidels Antrag auf Erlass einer einstweiligen Verfügung gegen den NDR lehnte das Landgericht Hamburg ab.

Verlassen einer Wahlsendung

Am 5. September 2017 verließ sie vorzeitig die ZDF-Wahlsendung Deutschland, wie geht's?, nachdem sie von CSU-Generalsekretär Andreas Scheuer aufgefordert worden war, sich von Alexander Gauland und Björn Höcke zu distanzieren. Nachdem bereits wenige Minuten später in einer Pressemitteilung von ihr lediglich Moderatorin Marietta Slomka, nicht aber Scheuer erwähnt wurde, nahmen Medienwissenschaftler wie z. B. Jo Groebel und Frank Brettschneider die Aktion als „Wahlkampftaktik" und kalkuliert wahr. Auch auf Mimikexperte Dirk Eilert wirkte Weidels Abgang nicht spontan, sie schien „sich in dieser Situation gefallen" zu haben. Chefredakteur Peter Frey sprach von einer „Inszenierung". Auch in der Satire-Sendung Extra 3 wurde es als Inszenierung eingeschätzt.

E-Mail-Affäre

Zwei Wochen vor der Bundestagswahl im September 2017 veröffentlichte die Welt am Sonntag eine E-Mail, die Weidel am 24. Februar 2013 versendete. In der E-Mail werden unter anderem Verschwörungstheorien aus dem Kontext der Reichsbürgerbewegung vertreten sowie Sinti, Roma und Araber als „kulturfremde Völker" bezeichnet, von denen „wir überschwemmt werden". Außerdem bezeichnete sie Mitglieder der Regierung Angela Merkels als „Verfassungsfeinde", „Marionetten der Siegermächte des Zweiten Weltkriegs" und „Schweine". In einer ersten Reaktion bestritt Weidel, diese E-Mail geschrieben zu haben, woraufhin die Welt angab, dass ihr eine eidesstattliche Erklärung des Empfängers vorliege. Laut der Welt am Sonntag bestätigte Weidels Anwalt schließlich, dass die E-Mail-Korrespondenz stattgefunden habe, und erhob auch hinsichtlich der konkreten E-Mail keine Fälschungsvorwürfe mehr. Dies kommentierte Weidel mit „Welt erfindet Kehrtwende, die es nicht gibt", und sie springe „weiter nicht über die Stöckchen dieser Schmutzkampagne". Frauke Petry, eine der beiden Bundessprecher der AfD, äußerte in einem Interview der Leipziger Volkszeitung (LVZ) Verständnis dafür, „wenn die Wähler entsetzt" wären wegen der E-Mail, was die LVZ als Distanzierung ihrerseits zur damaligen Spitzenkandidatin der Partei ansah.

Syrische Asylbewerberin als angebliche Haushaltskraft

Nach Recherchen der Wochenzeitung Die Zeit soll Weidel eine Asylbewerberin aus Syrien in Schwarzarbeit beschäftigt haben. Zunächst soll eine Studentin der Islamwissenschaft in Biel 2015 als Haushaltsfachkraft eingestellt worden sein, die der Zeit als Informantin dient. Diese gab dann, laut Angaben der Zeit, ihren Platz an die Geflüchtete weiter. Weidel weist die Vorwürfe zurück und ihr Anwalt teilte mit, dass es sich dabei nur um einen „freundschaftlichen Kontakt" handeln würde: „Dass die Asylbewerberin aber im Hause unserer Mandantin angestellt wurde oder als Angestellte gearbeitet hätte oder aber dafür Lohn bekommen hätte, ist jeweils falsch." Christian Lüth, Sprecher der AfD, wies darauf hin, dass Löhne für Hausangestellte unter 750 Franken im Jahr steuerfrei seien und nicht bei der „kantonalen Ausgleichskasse angemeldet werden" müssten. Die Studentin der Islamwissenschaft betonte jedoch gegenüber der Zeit, dass sie mehr als 750 Franken verdient habe. Dies sei dann auch bar ausgezahlt worden.

Bei einer Wahlkampfveranstaltung bezog Alice Weidel Stellung zu den Vorwürfen und stellte die Dienstleistungen als unentgeltliche Freundschaftsdienste zwischen ihr und der syrischen Flüchtlingsfamilie dar, die auf Gegenseitigkeiten beruhen würden.

Verhalten in sozialen Netzwerken

Als Alice Weidels AfD-Kollegin Beatrix von Storch wegen eines Tweets, der Muslime pauschal als Vergewaltiger verunglimpfte, auf Twitter gesperrt und von der Polizei Köln wegen des Verdachts auf Volksverhetzung angezeigt wurde, sprang Weidel daraufhin von Storch zur Seite und unterstellte nicht nur Muslimen, sondern grundsätzlich Migranten pauschal Straftaten.

„Das Jahr beginnt mit dem Zensurgesetz und der Unterwerfung unserer Behörden vor den importierten, marodierenden, grapschenden, prügelnden, Messer stechenden Migrantenmobs, an die wir uns gefälligst gewöhnen sollen. Die deutsche Polizei kommuniziert mittlerweile auf Arabisch, obwohl die Amtssprache in unserem Land Deutsch ist." – ALICE WEIDEL, AM 1. JANUAR 2018 AUF FACEBOOK[85]

Weidel bezieht sich damit auf einen Neujahrsgruß der Kölner Polizei an, der neben einer deutschen, englischen und französischen Fassung auch in arabischer Schrift publiziert wurde.

Deutsche Fußballnationalmannschaft

Im Mai 2018 brachte Weidel in der WDR-Sendung „1 zu 1" zum Ausdruck, dass sie aufgrund der Nominierung der türkischstämmigen Fußballer Mesut Özil und İlkay Gündoğan, die nach ihrer Meinung „offensichtlich ein Problem mit unserem Staat haben", da sie sich mit dem türkischen Präsidenten Erdoğan getroffen hatten, sie selbst „schon Probleme" habe, der deutschen Nationalmannschaft zu applaudieren.

Chemnitzer Ausschreitungen

Nach der tödlichen Messerattacke in Chemnitz Ende August 2018, in deren Folge es zu fremdenfeindlichen und gewalttätigen Krawallen gekommen war und in den sozialen Medien diverse Falschmeldungen die Runde gemacht hatten, äußerte Weidel sich über den Kriminalfall: „Das Abschlachten geht weiter." Der Historiker Volker Weiß befand, Weidel habe diese Tat in „ihr Narrativ von einer Verschwörung gegen das deutsche Volk" integriert. Holger Stark attestierte Weidel, die Proteste am 27. August 2018 noch mitangefacht zu haben, und schrieb: „Die Demonstranten von Chemnitz sind auch Weidels und Frohnmaiers Demonstranten."

Wahlkampfspenden aus dem Ausland

Im November 2018 wurde bekannt, dass der AfD-Kreisverband Bodensee zwischen Juli und September 2017 insgesamt rund 130.000 Euro, gestückelt in 18 Tranchen von meist 9000 Franken, als Wahlkampfspenden von dem Pharmaunternehmen PWS PharmaWholeSale International AG aus Zürich erhalten hatte. Nach Angaben des Verwaltungsrats des Unternehmens habe der Geschäftsführer die Überweisungen „treuhänderisch für einen Geschäftsfreund" erledigt. Die Identität dieser Person blieb zunächst unklar. Als stellvertretende Vorsitzende erlangte Weidel im Wahlkampf von der Kreisschatzmeisterin Kenntnis von den Spenden, die als „Wahlkampfspende Alice Weidel Socialmedia" gekennzeichnet waren. Letztere wendete sich zur weiteren Vorgehensweise an den Landesschatzmeister, der die Spenden als zulässig beurteilte. Daraufhin wurden von den Spenden Anwaltskosten in Höhe von 16.000 Euro und weitere 7000 Euro für einen Mitarbeiter im Internetwahlkampf (u. a. für die Erstellung von Beiträgen und das Kaufen von „Likes" für Facebook-Fanseiten) beglichen. Im April 2018 wurden die Spenden größtenteils zurückgezahlt. Bemerkenswert in diesem Zusammenhang ist, dass Weidel am 21. September 2017 auf ihrer Facebook-Seite behauptete, „die AfD erhalte im Gegensatz zu anderen Parteien keine Großspenden", weshalb Weidel normale Bürger zu Spenden von 25 oder 50 Euro aufrief.

Nach Bekanntwerden dieses Vorgehens in der Öffentlichkeit bat die Bundestagsverwaltung den AfD-Bundesverband um Stellungnahme. Gemäß § 25 Abs. 2 ParteiG kann es sich bei diesen Spenden um unzulässige Parteispenden handeln, wenn diese aus Ländern außerhalb der EU und nicht von deutschen Staatsbürgern stammen. Laut der Bundestagsverwaltung müssen unzulässige Parteispenden entweder unverzüglich zurückgeleitet oder an den Bundestagspräsidenten abgeführt, Einzelspenden über 50.000 Euro unverzüglich gemeldet werden. Als Einzelspende werden von der Bundestagsverwaltung auch gestückelte Spenden ausgelegt, wenn diese „auf einem einheitlichen Spendenentschluss der zuwendenden Person" beruhen. Der Co-Landesvorsitzende Ralf Özkara kündigte eine interne Aufarbeitung und Aufklärung an. Weidel schloss Konsequenzen für sich aus, da die Spenden nicht direkt an sie gegangen seien und sie auf die Prüfung durch den Landesschatzmeister vertraut habe.

Am 14. November 2018 informierte der AfD-Bundesverband über eine weitere Spende an den Kreisverband Bodensee in Höhe von 150.000 Euro, die am 13. Februar 2018 von einer Stiftung mit Sitz in den Niederlanden erhalten, nach einer juristischen Prüfung nicht angenommen und am 9. Mai 2018 zurück überwiesen wurde, da man „weder die Spenderidentität noch die Spendermotivation zweifelsfrei habe feststellen" können. Diese Bekanntgabe erfolgte nach Recherchen von WDR, NDR und SZ, die am Wochenende zuvor Weidel mit der zweiten Großspende konfrontiert hatten. Zunächst gab die AfD an, dass diese zweite Spende aus Belgien stamme, korrigierte sich aber einen Tag später. Der neurechte Staatsrechtler Karl Albrecht Schachtschneider, der von der AfD mit der internen Prüfung der beiden Zahlungseingänge aus dem Ausland betraut wurde, bezeichnete Weidels Handeln als „in jeder Hinsicht korrekt".

Ebenfalls am 14. November wurde bekannt, dass die Staatsanwaltschaft Konstanz ein Ermittlungsverfahren wegen des Anfangsverdachts des Verstoßes gegen § 31d ParteiG, welcher das Verbot enthält, die Herkunft oder die Verwendung von Geldern einer Partei zu verschleiern, einleiten möchte. Hierfür muss wegen des Abgeordnetenstatus Weidels zunächst ihre Immunität aufgehoben werden, worüber zunächst der Präsident des Bundestages sowie Weidel selbst informiert werden müssen. Nach Ablauf der dafür nötigen 48 Stunden Sperrfrist teilte die Staatsanwaltschaft am 20. November mit, dass sie Ermittlungen gegen Weidel und drei weitere Personen aufgenommen hat.

Im April wurde bekannt, dass die Spenden über Strohleute für den deutsch-schweizerischen Immobilienunternehmer und Milliardär Henning Conle abgewickelt wurden.

Brand von Notre-Dame

Nach dem Brand der Kathedrale Notre-Dame in Paris im April 2019 knüpfte Weidel an Verschwörungstheorien an, die das Feuer mit Angriffen gegen Christen und Anschlägen auf Kirchen in Verbindung brachten. Auf Twitter zitierte sie einen Bericht der Beobachtungsstelle gegen Intoleranz und Diskriminierung von Christen in Europa, der „allein im Februar" 47 Angriffe in Frankreich gezählt habe, und wies zugleich auf den Vorfall in der Pariser Kirche Saint-Sulpice hin, wo einen Monat zuvor, im März 2019, eine Tür des Südquerhauses gebrannt hatte.

Tötungsdelikte im Frankfurter Hauptbahnhof und in Augsburg

Nachdem Ende Juli 2019 ein mutmaßlich psychisch erkrankter Eritreer in Frankfurt einen Jungen und dessen Mutter vor einen ICE gestoßen hatte und das Kind dabei getötet worden war, kommentierte Weidel auf Twitter die Tat des „Afrikaners" mit den Worten: „Schützt endlich die Bürger unseres Landes – statt der grenzenlosen Willkommenskultur!" Als am Folgetag bekannt wurde, dass der Mann bereits seit 2006 in der Schweiz gelebt hatte und es also keinen Zusammenhang mit einer deutschen „Willkommenskultur" für Flüchtlinge gibt, meinte Weidel, dass das Kind noch leben würde, wenn der Grenzschutz funktioniert hätte. Der Journalist Stephan Hebel warf Weidel in der Frankfurter Rundschau vor, „mit der Herkunft des mutmaßlichen Täters ihr schmutziges Süppchen zu kochen", und wies darauf hin, dass sie eine Woche zuvor, als im hessischen Wächtersbach ein Eritreer zum Opfer eines offensichtlichen Mordversuchs geworden war, dazu nichts getwittert habe. Werner Kolhoff schrieb in der Westdeutschen Zeitung, dass Weidel sich auch nicht für einen fast gleichartigen Fall eine Woche zuvor in Voerde interessiert habe, als eine 34-jährige Deutsche auf dem Bahnhof gestorben sei. Der Täter hierbei war ein legal hier lebender 28-jähriger in Lemgo geborener Mann mit serbischem Pass, den, wie Kohlhoff betonte, ein Iraker festgehalten habe. Weidel werde, so Kolhoff, „seit langem nur dann aktiv, wenn Flüchtlinge kriminell werden, vor allem Schwarze und Muslime".

Nachdem im Dezember 2019 in Augsburg auf dem Königsplatz ein 49-jähriger Mann nach dem Faustschlag eines in Augsburg geborenen 17-jährigen Deutschen, der auch noch die türkische sowie die libanesische Staatsangehörigkeit besitzt, gestorben war, twitterte Weidel von „Migrantengewalt" und einer „Umkehr in der Einwanderungspolitik". Ronen Steinke bezeichnete in der SZ diese „Instrumentalisierung" als „ekelerregend". Würde der mutmaßliche Täter nicht noch zusätzlich über eine Herkunft aus einem anderen Land verfügen, würden „Weidel und ihre Konsorten ... seine Straftat, die schon schlimm genug ist, kaum noch zusätzlich reißerisch aufbauschen". Weidel lebe von dem „Reflex", dass „Ausländer halt krimineller" seien. Entscheidend sei jedoch der soziale Hintergrund, nicht eine Nationalität. Schläger wie in Augsburg könne man bestrafen, aber „als Individuen, nicht als Repräsentanten einer etwaigen ethnischen Gruppe".

Quelle: Seite „Alice Weidel". In: Wikipedia, Die freie Enzyklopädie. Bearbeitungsstand: 20. Februar 2020, 15:00 UTC. URL: https://de.wikipedia.org/w/index.php?title=Alice_Weidel&oldid=196992615 (Abgerufen: 23. Februar 2020, 07:59 UTC)

22.7 Der Flügel

Der Flügel war der Name einer Gruppierung innerhalb der Partei Alternative für Deutschland (AfD), in der sich völkisch-nationalistische und rechtsextreme Kräfte um den Thüringer AfD-Vorsitzenden Björn Höcke sammeln. Weitere zentrale Akteure sind Hans-Thomas Tillschneider und Andreas Kalbitz. Sicherheitsbehörden gingen im Jahr 2019 von einer Unterstützung von 40 Prozent der Parteimitglieder in Ostdeutschland aus, im Westen sei die Zahl niedriger.

Im März 2020 wurde Der Flügel vom Bundesamt für Verfassungsschutz als „gesichert rechtsextremistische Bestrebung gegen die freiheitliche demokratische Grundordnung" eingestuft. Seitdem werden seine Vertreter nachrichtendienstlich beobachtet.

Nach der Aufforderung des AfD-Bundesvorstands, den Zusammenschluss bis Ende April 2020 aufzulösen, gingen Online-Angebote der Gruppierung vom Netz. Über eine tatsächliche Auflösung liegen dem Verfassungsschutz keine gesicherten Erkenntnisse vor.

Geschichte und Profil

Im März 2015 initiierten Björn Höcke und André Poggenburg gegen den Kurs des Parteivorstands die Erfurter Resolution, in der sie eine „konservativere" Ausrichtung der Partei fordern. Die informelle völkisch-nationalistische Strömung, rechtsextremer Parteiflügel innerhalb der Partei Alternative für Deutschland (AfD), nannte sich in der Folge Der Flügel und gilt als einer der bedeutendsten Personenzusammenschlüsse in der Partei. Zentrale Akteure sind Björn Höcke, Andreas Kalbitz und Hans-Thomas Tillschneider.

Die Erfurter Resolution bezeichneten sie in ihrem Netzauftritt als „Gründungsurkunde" ihrer Parteiströmung. Darin schrieben sie, viele Unterstützer verstünden die Partei als „Bewegung unseres Volkes" gegen „Gesellschaftsexperimente" sowie als „Widerstandsbewegung" gegen eine vermeintliche „Aushöhlung der Souveränität und der Identität Deutschlands". Sie kritisierten unter anderem mit Blick auf Pegida, die Partei habe „sich von bürgerlichen Protestbewegungen ferngehalten" und sich „in vorauseilendem Gehorsam" von ihnen distanziert.

Laut der Journalistin Melanie Amann formulierte der Vordenker der Neuen Rechten, der Verleger und Polit-Aktivist Götz Kubitschek, den ersten Entwurf der Resolution. Bis zum 25. März 2015 hatten nach Angaben der Initiatoren über 1600 Parteimitglieder die Erfurter Resolution unterzeichnet, unter ihnen Alexander Gauland, Vorstandsmitglied und seit 2019 Ehrenvorsitzender der AfD.

Die Resolution war ein erster Schritt, die „Agenda der Neuen Rechten" in die AfD zu tragen, und war maßgeblich für die Niederlage des AfD-Gründers und damaligen Bundessprechers Bernd Lucke gegen Frauke Petry bei der Wahl des Parteivorsitzes. Die Parteiströmung verhinderte, dass Lucke die Rechtsaußen-Kräfte bedeutungslos machen konnte.

Als Reaktion veröffentlichte Hans-Olaf Henkel gemeinsam mit drei weiteren AfD-Abgeordneten eine Gegenerklärung unter dem Titel Deutschland-Resolution und warf den Flügel-Anhängern vor, die Partei spalten zu wollen.

Ende November 2019 wurden zahlreiche Flügel-kritische AfD-Funktionäre aus ihren Ämtern gewählt; die Anhänger des Flügels Stephan Brandner, Andreas Kalbitz und Stephan Protschka gelangten in den AfD-Bundesvorstand. Führungsleute dieses Parteiflügels knüpfen laut dem Extremismusforscher Steffen Kailitz bewusst an rechtsextremistischen und nationalsozialistischen Sprachgebrauch an. Er gilt als Sammelbecken radikaler Kräfte innerhalb der Partei und als Hausmacht des Thüringer AfD-Vorsitzenden Björn Höcke.

Nach parteiinternen Angaben wurde die innerparteiliche Unterstützung für den rechtsextremen Parteiflügel Anfang des Jahres 2019 auf bis zu vierzig Prozent geschätzt. Eine Einschätzung von Sicherheitsbehörden ging im selben Jahr für Ostdeutschland von einer Unterstützung von 40 Prozent aus, im Westen sei die Zahl niedriger. Laut dem AfD-Bundestagsabgeordneten Jens Maier bekannten sich im Jahr 2019 geschätzt 70 Prozent der AfD Sachsen zum Flügel. Der Verfassungsschutz geht unter Berufung auf AfD-Angaben von rund 7.000 Anhängern aus.

Seit März 2020 stuft das Bundesamt für Verfassungsschutz den rechten Parteiflügel als „gesichert rechtsextremistische Bestrebung gegen die freiheitliche demokratische Grundordnung" ein und beobachtet ihn mit nachrichtendienstlichen Mitteln.

Forderung nach Auflösung und Folgen

AfD-Vorstandsbeschluss

Eine Woche nach der Einstufung des Parteiflügels als rechtsextrem beriet der AfD-Bundesvorstand am 20. März 2020 über Konsequenzen. Zuvor war aus westdeutschen Landesverbänden bereits die Forderung nach einer „vollständigen Auflösung" und nach einem Unvereinbarkeitsbeschluss gekommen; es wurde befürchtet, nun Wähler und insbesondere Beamte zu verlieren, da diese wegen ihres Eides auf die Verfassung Probleme mit ihren Dienststellen bekämen.

Parteichef Jörg Meuthen beantragte, den Flügel bis Ende März aufzulösen, fand aber im Vorstand dafür keine Mehrheit. Alexander Gauland, Alice Weidel und Tino Chrupalla stimmten dagegen. Man wolle Flügel-Leute nicht vor den Kopf stoßen. Deren Antrag lautete, der Flügel solle erklären, dass er „bereit ist, die vorhandenen Strukturen zurückzubauen mit einem konkreten Zeit- und Maßnahmenplan". Schließlich einigte sich der Vorstand auf einen Kompromiss: „Der Bundesvorstand erwartet als Ergebnis des morgigen ‚Flügel'-Treffens eine Erklärung darüber, dass sich der informelle Zusammenschluss 'Flügel' bis zum 30.04.2020 auflöst." Elf der dreizehn Vorstände stimmten zu, Kalbitz dagegen und Brandner enthielt sich. Es wurden aber keine personellen Konsequenzen bezüglich Kalbitz und Höcke gezogen, wie es zuvor aus den eigenen Reihen gefordert worden war.

Noch am selben Tag wurden in einer Analyse von n-tv Zweifel geäußert, ob es überhaupt möglich ist, einen informellen Kreis aufzulösen: „So eindeutig wie sowohl die Erklärung des Verfassungsschutzes als auch Meuthens Forderung waren, so unklar sind deren Adressaten. Denn auch wenn der Flügel – mit eigenem Logo, eigener Internetpräsenz, eigenen Veranstaltungen – aussieht, wie eine trennscharf greifbare Parteiströmung, so ist er das in Wirklichkeit nicht." Befürworter dieses Appells wüssten das, und dem Vorstand müsse es absurd erscheinen: „Wen oder was fordern Sie da auf, sich aufzulösen? Soll Björn Höcke die Telefonnummer von Andreas Kalbitz aus seinem Handy löschen? Sollen die Flügel-Aktivisten ihre Fahnen im Keller einlagern, die Internetseite abstellen und dann ist das Problem beseitigt?"

Der Spiegel meldete am 21. März zunächst, Höcke habe die Auflösung verkündet. Er bezog sich dabei auf ein Gespräch Höckes mit dem Verleger Götz Kubitschek, das auf dem Blog der neurechten Zeitschrift Sezession veröffentlicht wurde. Auf die Meldung folgten widersprüchliche Äußerungen von verschiedenen Flügel-Vertretern. So wies

*Höcke diese Interpretation zurück und auch Kalbitz wollte die Auflösung nicht bestä-
tigen. Drei Tage später kündigte Kalbitz an, man werde „den Bundesvorstandsbe-
schluss umsetzen", er könne aber „keine Mitgliederverzeichnisse schreddern, die es
nicht gibt".*

*In einem Schreiben an die „Freunde des Flügels", das im Netz veröffentlicht wurde,
heißt es: „Grundsätzlich kann nicht aufgelöst werden, was formal nicht existiert". „Um
die Einheit der Partei zu wahren", hätten Höcke und Kalbitz „jedoch entschieden, dem
Wunsch des Bundesvorstands nachzukommen". Sie forderten „alle, die sich der Inte-
ressensgemeinschaft angehörig fühlen, auf, bis zum 30. April ihre Aktivitäten im Rahmen des 'Flügels' einzustellen". Der „kräftige Zusammenhalt" bestehe fort und die Arbeit gehe weiter.*

*Ab 1. Mai 2020 waren der Netzauftritt und die Präsenzen der Strömung in den sozia-
len Medien nicht mehr erreichbar. Der im Mai 2020 vom Bundesvorstand der AfD erklärte Entzug der Parteimitgliedschaft von Andreas Kalbitz wegen nicht deklarierter
Vormitgliedschaften in der Neonaziorganisation Heimattreue Deutsche Jugend und
bei den Republikanern hielt einer gerichtlichen Prüfung nicht stand. Ende Juli 2020
bestätigte das Bundesschiedsgericht der AfD Kalbitz' Ausschluss.*

*Nach der Aufforderung des AfD-Bundesvorstands zur Auflösung des Zusammenschlus-
ses lagen weder dem Verfassungsschutz Sachsen noch dem Verfassungsschutz Thüringen gesicherten Erkenntnisse über eine tatsächliche Auflösung des Flügels vor. Man
halte an einer Beobachtung fest.*

Einordnung aus Politik und Gesellschaft

*Der Verfassungsschutz Brandenburg sprach von einer „Scheinauflösung". Man gehe
davon aus, dass sich die Anhänger weiterhin treffen und vernetzen. Insbesondere in
Brandenburg sei „die AfD durch und durch verflügelt". Behördenchef Jörg Müller verglich den Flügel mit Aspirin: „Erst lag die Tablette neben dem Glas, jetzt löst sie sich
im Glas auf. Und der Wirkstoff wirkt natürlich weiter". Stephan Kramer, Chef des Thüringer Verfassungsschutzes, bezeichnete die Ankündigung der Auflösung als „szenety-
pisches Verhalten" und nennt sie „nicht viel mehr als einen taktischen Schachzug".
„Das ist eine Nebelkerze". Der Flügel werde pro forma aufgelöst, setze seine Arbeit
jedoch fort. In ihrem Brief an die „Freunde des Flügels" hatten Höcke und Kalbitz diese
zwar aufgefordert, Aktivitäten einzustellen, ihre Arbeit aber sollten sie weiterführen.
Dazu schrieben Höcke und Kalbitz: „Jede Organisationsform kann nur Mittel zum
Zweck sein. Der politische Einsatz geht weiter und fordert unsere ganze Kraft."*

*Der Politikwissenschaftler Hendrik Hansen, Professor an der Hochschule des Bundes
für öffentliche Verwaltung, beurteilt die Auflösung als „ein recht durchsichtiges Manöver, das der Irreführung der Öffentlichkeit dient". Der Flügel werde bestehen bleiben. Nach seiner Einschätzung ist er keine feste Organisation, sondern ein loses Netzwerk von Personen. Einzelne AfD-Landesverbände, insbesondere in Ostdeutschland,
könnten „fast geschlossen dem 'Flügel' zugerechnet werden".*

Der Extremismusforscher Matthias Quent vom Institut für Demokratie und Zivilgesellschaft stellt klar, dass die angekündigte „Auflösung" des Flügels nichts an der extremistischen Haltung der Anhänger ändert. „Rechtsextreme passen sich taktisch an und haben zu Organisations- und Parteistrukturen ein instrumentelles Verhältnis, so lange sie ihnen nutzen". Zwar werde jetzt die Auflösung des Flügels verkündet, dies jedoch ohne inhaltliche Einsicht oder Distanzierung. Kritiker könnten so beschwichtigt und die programmatische Rechtsradikalisierung trotzdem weiter betrieben werden.

Auch der Soziologe und AfD-Experte Andreas Kemper geht davon aus, dass sich die Flügel-Leute „sehr ähnlich organisieren wie bisher" und es weiterhin Treffen geben wird. „Wer jetzt annimmt, dass da irgendetwas aufgelöst wird, sitzt einem Fake auf." Nicht nur die beiden Frontleute des faschistischen Flügels, Kalbitz und Höcke, die hohe Ämter in der Partei bekleiden, träten ganz klar antidemokratisch auf, sondern auch viele der AfD-Mitglieder, die nicht offen zu diesem Flügel gehörten. „Diese Leute machen also ihre „Flügel"-Politik weiter, ohne den Begriff noch zu verwenden. So wie sie weiter eine faschistische Politik betreiben, ohne das Wort „Faschismus" in den Mund zu nehmen."

Der Jurist Jan-Hendrik Dietrich, Direktor am Center for Intelligence and Security Studies der Bundeswehr-Uni in München, stellt klar: „Wer innerhalb der AfD zu den 7000 Flügel-Anhängern gerechnet werden kann und wer nicht, dürfte im Einzelfall nicht leicht zu klären sein". Ob eine „gemeinsame ideologische Verankerung festzustellen" sei, könne sich für den Verfassungsschutz über die verschiedenen Treffpunkte im Internet ergeben.

Der Thüringer Innenminister Georg Maier machte klar, dass der rechtsextreme Parteiflügel „natürlich" Beobachtungsobjekt bleibt, „denn es kommt überhaupt nicht auf eine feste, formale Organisationsform an."

CSU-Generalsekretär Markus Blume kommentierte: „Die Auflösung des Flügels ist ein Nichtereignis. Mit dem rechtsextremen Gedankengut geht's jetzt einfach mitten in der AfD weiter."

Die Chefin der AfD Bayern, Corinna Miazga, kann sich nicht vorstellen, dass der von ihr als Seilschaft bezeichnete Flügel für immer verschwindet. Der Schritt habe „eher einen symbolischen Charakter". Sie sagte: „Die Auflösung des Flügels hat ja vor allem den Effekt, dass die nicht mehr mit eigenem Logo, eigenen Veranstaltungen und eigenen Fanartikeln Parallelstrukturen zur Partei etablieren."

In einer Analyse für n-tv heißt es: „So eindeutig wie sowohl die Erklärung des Verfassungsschutzes als auch Meuthens Forderung waren, so unklar sind deren Adressaten. Denn ... der Flügel ist eher ein loses Netzwerk von Ultrakonservativen, Rechtsradikalen, Geschichtsrevisionisten. Ein Verzeichnis, wer dabei ist und wer nicht, gibt es nicht. Die Organisation ist informell, kein eingetragener Verein oder ähnliches."

Im Oktober 2020 sagte Verfassungsschutzpräsident Thomas Haldenwang, dass es innerhalb der aufgelösten Gruppierung weiterhin einen engen Zusammenhalt und einen Austausch gebe. Der Einfluss des Flügels, z. B. bei parteiinternen Wahlen, werde größer, auch wenn laut Haldenwang „in der AfD versucht wird, klar erkennbare Rechtsextremisten wie den früheren ‚Flügel'-Wortführer Andreas Kalbitz aus der Partei zu entfernen". Für die zunehmende Bedeutung des Flügels in der Gesamtpartei spielt Haldenwang zufolge der Thüringer Landes- und Fraktionsvorsitzende Björn Höcke eine zentrale Rolle.

Konservativ! e. V.

Der Verein Konservativ! e. V. wurde nach Angaben der AfD Thüringen von „Freunden des Flügels" gegründet, um Veranstaltungen der parteiinternen Gruppe zu organisieren. Der Verein wird demnach vom Thüringer MdB Jürgen Pohl geleitet. Ebenfalls im Vorstand des Vereins ist der frühere Vize-Bundesschatzmeister und Bundestagsabgeordnete Frank Pasemann (seit August 2020 aus der AfD ausgeschlossen). Der Verein soll Veranstaltungen des Flügels wie das Kyffhäuser-Treffen mitfinanziert haben. Björn Höcke schrieb in seiner Weihnachtsmail 2018, wer den „Flügel unterstützen wolle, solle an den Verein Konservativ! spenden." Bundessprecher Alexander Gauland kritisierte laut Bild am Sonntag diesen Aufruf aus Sorge, dass solche Zuwendungen als illegale Parteispenden gewertet werden könnten.

Politische Einordnung

Politikwissenschaft

Hajo Funke schrieb in seiner im September 2016 erschienenen Studie, radikale Kräfte in der AfD hätten seit dem Sommer 2015 die Zügel in der Hand. Nichts gehe ohne den radikalen „Flügel". Er sei mächtiger denn je und stets dazu bereit, offizielle Repräsentanten der AfD vor sich herzutreiben. Steffen Kailitz sieht durch das abgelehnte NPD-Verbotsverfahren mehr Spielraum dafür, da die Gruppierung nun wisse, dass sie selbst bei einer Radikalisierung nicht verboten würde. Laut Alexander Häusler gibt es eine unfreiwillige Arbeitsteilung in der AfD, wobei Höcke und Der Flügel das offen rechtsradikale Milieu insbesondere in Ostdeutschland bedienen. Der AfD als Gesamtpartei ermöglicht dies nach Marcel Lewandowsky eine „Anschlussfähigkeit im rechtsextremen Lager". Nach Ansicht von Armin Pfahl-Traughber stellt sich die Extremismusfrage für den Flügel oder die Patriotische Plattform kaum noch, könnten dort doch eindeutige Positionen und Tendenzen ausgemacht werden. Matthias Quent schätzt den Flügel als neofaschistisch ein. Karin Priester bezeichnet den Flügel als „Motor" von islamfeindlichen sowie anti-westlichen und pro-russischen Tendenzen innerhalb der AfD.

Journalismus

In einem Beitrag in der Wochenzeitung Die Zeit beschrieb Mely Kiyak den Flügel Anfang 2017 als ein „Sammelbecken für alles, was rechts von rechts steht; Pegida,

Identitäre, Burschenschaften, Patriotische Plattform und viele mehr". Patrick Gensing schrieb im Februar 2017 in einer Analyse, Der Flügel spreche sich offen für eine Kooperation mit der Identitären Bewegung aus, sehe die AfD als parlamentarischen Arm einer nationalistischen Bewegung und sammle rechte Ideologen, die eine nationalistische Fundamentalopposition gegen die „Altparteien" propagierten und von einer nationalen Revolution träumten. Die AfD sei dabei lediglich Mittel zum Zweck. Johann Osel (SZ) zufolge geht es dem Flügel „nicht um ein rechtskonservatives Gegengewicht innerhalb des Systems, weil die Union einstige Positionen aufgegeben" habe, und auch nicht um Koalitionen. Man spiele „nur auf Sieg, auf die Mehrheit – um alles radikal umzukrempeln", da man „ein anderes Land" wolle. Laut Henry Stern (Augsburger Allgemeine) ist es das Ziel des Flügels, „den bestehenden liberalen Verfassungsstaat auszuhebeln und durch einen national durchfärbten Populismus zu ersetzen, der selbst für Rechtsextremisten à la NPD offen ist".

Bewertung durch den Verfassungsschutz

Das Bundesamt für Verfassungsschutz (BfV) hat am 15. Januar 2019 die Gesamtpartei AfD zu einem „Prüffall" und die Sammlungsbewegung Der Flügel sowie die Jugendorganisation der AfD (Junge Alternative) zu „Verdachtsfällen" erklärt.

„Es liegen auch hier hinreichend gewichtige Anhaltspunkte dafür vor, dass es sich um eine extremistische Bestrebung handelt. Das propagierte Politikkonzept ist auf Ausgrenzung, Verächtlichmachung und weitgehende Rechtlosstellung von Ausländern, Migranten, insbesondere Muslimen, und politisch Andersdenkenden gerichtet. Es verletzt die Menschenwürdegarantie sowie das Demokratie- und das Rechtsstaatsprinzip. Die Relativierung des historischen Nationalsozialismus zieht sich zudem wie ein roter Faden durch die Aussagen der „Flügel"-Vertreter. Einzelne Mitglieder des „Flügels" weisen nach Informationen des BfV zudem Bezüge zu bereits extremistisch eingestuften Organisationen auf."

Im Oktober 2019 äußerte Verfassungsschutzpräsident Thomas Haldenwang gegenüber dem Spiegel, Der Flügel werde „immer extremistischer".

Die Verdachtsfallbearbeitung ermöglicht eine personenbezogene Auswertung und die Speicherung von personenbezogenen Daten durch den Verfassungsschutz. Dieser kann auch nachrichtendienstliche Mittel einsetzen.

Das Bayerische Landesamt für Verfassungsschutz hat den Flügel und die JA am 22. Januar 2019 zu Beobachtungsobjekten erklärt, was in Bayern der Einordnung als „Verdachtsfall" entspricht. Die Kategorie „Verdachtsfall" gibt es in Bayern nicht.

Laut dem Verfassungsschutzbericht Baden-Württemberg 2019 „verfolgt ‚Der Flügel' ein Politikkonzept, das primär auf die Ausgrenzung, Verächtlichmachung und weitgehende Rechtlosstellung von Ausländern, Migranten – insbesondere muslimischen Glaubens – und politisch Andersdenkenden gerichtet ist". Dadurch verletze es „alle Elemente der freiheitlichen demokratischen Grundordnung".

Gegen die Beobachtung ihrer Jugendorganisation und des Flügels durch das BfV hat die AfD im Januar 2020 eine Klage vor dem Verwaltungsgericht Köln eingereicht.

Das Bundesamt für Verfassungsschutz sah im März 2020 seinen Anfangsverdacht vom Januar 2019 bestätigt, nach dem es sich bei dem Flügel um eine „gesichert rechtsextremistische Bestrebung gegen die freiheitliche demokratische Grundordnung" handelt. Der Präsident des Dienstes Thomas Haldenwang berichtete auf einer Pressekonferenz am 12. März 2020, man habe in den zurückliegenden Monaten eine neue Dynamik im Rechtsextremismus und eine Vermischung unterschiedlicher Milieus festgestellt. Da die Führungsfigur des Flügels Björn Höcke in Thüringen wirkt, stufte der Landesverfassungsschutz Thüringen den AfD-Landesverband Thüringen vom Prüf- zum Verdachtsfall hoch. Damit reagierte das Landesamt auf die neue Bewertung des Flügels durch den Bundesverfassungsschutz. In einem 258-seitigen Gutachten kommt der Verfassungsschutz zu dem Schluss, dass sich die bisherigen Anhaltspunkte für Verfassungsfeindlichkeit zur Gewissheit verdichtet haben. Der Chef des Landesamts Stephan J. Kramer sagte, das Bild des Flügels zeichne sich „durch eine Verschärfung, Radikalisierung und Verfestigung seiner rechtsextremistischen Positionen und Verbindungen in die rechtsextremistische Szene in den vergangenen Monaten aus".

Wikipedia® ist eine eingetragene Marke der Wikimedia Foundation Inc.

Quelle: Seite „Der Flügel". In: Wikipedia, Die freie Enzyklopädie. Bearbeitungsstand: 13. Oktober 2020, 20:31 UTC. URL: https://de.wikipedia.org/w/index.php?title=Der_Fl%C3%BCgel&oldid=204526219 (Abgerufen: 20. Oktober 2020, 17:26 UTC)

23. Nazis – und sie haben doch nichts gelernt

Vor allem die politischen Strömungen in den Bereichen Neokonservativismus, Rechtskonservatismus, Nationalismus, Populismus und Radikalismus haben die Entwicklung zu einem neuen Nazismus stark befördert. Sie werden im folgenden skizziert.

23.1 Rechtskonservatismus

Rechtskonservatismus bezeichnet eine Spielart des Konservatismus, die im politischen Spektrum rechts von der Mitte, insbesondere rechts der Christdemokratie angesiedelt ist. Nicht zum Rechtskonservatismus gerechnet werden gemeinhin die radikale und extreme Rechte, die im Gegensatz zu diesem den Verfassungsrahmen und die Demokratie teilweise oder vollständig ablehnen.

Nationalkonservatismus wird heute teilweise synonym verwandt, teilweise aber auch als Teilbereich des Rechtskonservatismus unter Betonung „nationaler Belange" (nicht in völkischer Hinsicht) verstanden.

Politikwissenschaftliche Verwendung

Der Rechtskonservatismus fand ab den 1980er Jahren, parallel zur Etablierung der Partei Die Republikaner Eingang in den politischen Sprachgebrauch der Bundesrepublik. Ziel der damaligen Parteigründung war die Etablierung „einer rechtskonservativen Alternative" zu den Unionsparteien. Laut Holger Czitrich waren die Republikaner anfangs Ausdruck einer „zunehmend eigenständigen organisatorischen Profilierung des Rechtskonservatismus".

In der Politikwissenschaft wird der Begriff für Positionen rechts im konservativen Spektrum verwendet, die sich weder dem Rechtsradikalismus noch dem Rechtsextremismus zuordnen lassen. Die Einschätzung und Verwendung des Begriffs ist jedoch starker Fluktuation unterworfen. Als Merkmal rechtskonservativer Parteien gilt beispielsweise nach jüngerer Standardliteratur, dass „sie über keinerlei Affinitäten zum völkischen Nationalismus verfügen und sich weder gegen die Grundprinzipien der Demokratie noch gegen die bestehende Verfassungsordnung richten."

Daneben werden Modernisierungsskepsis und ein Vorrang der Gemeinschaft gegenüber dem Individuum als charakteristisch betrachtet. Der Übergang zur Neuen Rechten ist fließend.

Geschichtswissenschaftliche Verwendung

Im historischen Kontext werden auch Parteien wie die Deutschkonservative Partei des Kaiserreichs oder die DNVP und die Bayerische Mittelpartei in der Weimarer Republik als rechtskonservativ bezeichnet. Diese zeittypischen politischen Ausprägungen schließen auch völkische und antisemitische Positionen in den Begriff mit ein. Gleiches gilt für die Konservative Revolution mit ihrem demokratiefeindlichen Weltbild.

Im Zusammenhang mit Akteuren der Neuen Rechten, die sich in der Tradition dieser Konservativen Revolution sehen, berichten Heiko Kauffmann, Helmut Kellershohn und Jobst Paul von einer diffusen Bezeichnungspraxis: „Einer der Gründe dafür liegt zweifellos im betont nebulösen, strategischen Umgang mit Begriffen, den völkisch-rechtskonservativ denkende Akteure an den Tag legen. Dass sie damit die wissenschaftliche Arena oft kokett und demonstrativ unterlaufen, erweist sich allerdings nur als Nebenprodukt einer umfassenderen populistischen Vision: Mit dem rechtslastigen Spiel mit mäandernden Begriffen kann das Terrain der gesellschaftlichen Mitte aufgebrochen werden.“

Selbstbezeichnung

Bekenntnisse zum Rechtskonservatismus finden sich fast durchgehend bei Autoren und Organisationen der Neuen Rechten, um sich gegen Rechtsradikalismus und Rechtsextremismus abzugrenzen. Das traf auch auf die 1992 bis 2006 vom Verfassungsschutz beobachtete Partei Die Republikaner zu, die zur Landtagswahl in Baden-Württemberg 2001 mit dem Slogan Die Republikaner – rechtskonservativ, demokratisch und verfassungstreu warben. Auch die Junge Freiheit bezeichnet sich als rechtskonservativ.

Quelle: Seite „Rechtskonservatismus“. In: Wikipedia, Die freie Enzyklopädie. Bearbeitungsstand: 30. August 2020, 17:47 UTC. URL: https://de.wikipedia.org/w/index.php?title=Rechtskonservatismus&oldid=203252050 (Abgerufen: 20. Oktober 2020, 17:43 UTC)

23.2 Populismus

Dem Begriff **Populismus** *(von lateinisch populus ‚Volk‘) werden von Sozialwissenschaftlern mehrere Attribute zugeordnet. Charakteristisch ist eine mit politischen Absichten verbundene, auf Volksstimmungen gerichtete Themenwahl und Rhetorik. Dabei geht es einerseits um die Erzeugung bestimmter Stimmungen, andererseits um die Ausnutzung und Verstärkung vorhandener Stimmungslagen zu eigenen politischen Zwecken. Oft zeigt sich Populismus auch in einem spezifischen Politikstil und dient als Strategie zum Machterwerb. Nur gelegentlich erscheint er in der Forschung auch als Bestandteil einzelner Ideologien.*

In der politischen Debatte ist Populismus oder populistisch ein häufiger Vorwurf, den sich Vertreter unterschiedlicher Denkrichtungen gegenseitig machen, wenn sie die Aussagen und Forderungen der anderen Seite für populär, aber unrealistisch oder nachteilig halten. Man spricht dann auch von einem politischen Schlagwort, bzw. „Kampfbegriff“.

Oft thematisieren Populisten einen Gegensatz zwischen „Volk" und „Elite" und nehmen dabei in Anspruch, auf der Seite des „einfachen Volkes" zu stehen. So geht Populismus häufig mit der Ablehnung von Machteliten und Institutionen einher, mit Anti-Intellektualismus, einem scheinbar unpolitischen Auftreten, der Berufung auf den „gesunden Menschenverstand" (common sense), und auf die „Stimme des Volkes". In der politischen Auseinandersetzung setzen Populisten oft auf Polarisierung, Personalisierung, Moralisierung und Argumente ad populum oder ad hominem. Ebenfalls bezeichnend ist die Ablehnung traditioneller politischer Parteien. Die Funktion von Parteien, an der politischen Willensbildung der Bürger mitzuwirken (siehe Artikel 21 des Grundgesetzes für die Bundesrepublik Deutschland), deuten Populisten gern als eine Bevormundung mündiger Bürger und fordern stattdessen unmittelbare Willensartikulation durch direkte Demokratie. Populismus gründet sich nicht auf ein bestimmtes Wertesystem und kann daher mit ganz unterschiedlichen Ideologien und Zielsetzungen einhergehen. Oft ist er Stilmittel von Protestparteien und -politikern, oder auch von sozialen Bewegungen. Historisch sind etwa der Peronismus und der Poujadismus als populistische Bewegungen bekannt. Geläufig sind die Begriffe „Linkspopulismus" und „Rechtspopulismus". Letzterer hat Anfang des 21. Jahrhunderts in Europa und in den USA an Einfluss stark zugenommen, vor allem in Verbindung mit einer Abwehrhaltung gegenüber Migranten und zugewanderten Flüchtlingen. Als Ursachen für den populistischen Auftrieb gelten die aus fortschreitender Globalisierung und verstärkter Migration resultierenden Probleme und kulturellen Verunsicherungen in manchen Teilen der Gesellschaft, sowie ein verbreiteter Mangel an Zufriedenheit mit Entscheidungsprozessen und politischer Praxis. Sind populistische Parteien in Deutschland eine relativ junge Erscheinung, gilt dies für andere europäische Länder nicht. So wurde die Freiheitliche Partei Österreichs in den 1950er Jahren gegründet, der Front National zu Beginn der 70er Jahre. Es kann daher nur bedingt davon gesprochen werden, dass der Populismus per se eine Reaktion auf die Migrationsfrage ist.

Seite „Populismus". In: Wikipedia, Die freie Enzyklopädie. Bearbeitungsstand: 7. Oktober 2020, 13:19 UTC. URL: https://de.wikipedia.org/w/index.php?title=Populismus&oldid=204342150 (Abgerufen: 24. Oktober 2020, 13:06 UTC)

23.3 Neokonservatismus

Der **Neokonservatismus**, auch **Neokonservativismus**, (griechisch νέος néos, deutsch ‚neu' und lateinisch conservare ‚erhalten, bewahren') ist eine politische Strömung. Der Begriff bezieht sich vornehmlich auf Teile des Konservatismus in den Vereinigten Staaten, dort spricht man zur Abgrenzung zu anderen konservativen Strömungen von den **Neocons**.

Definition

Der Neokonservativismus hat sich seit Ende der 1960er Jahre zu seiner heutigen Gestalt entwickelt. Fundamentale Merkmale des Konservatismus wie die Vorrangigkeit von Familie, Heimat, Staat und Nation sowie die Betonung von Religion sind auch dem Neokonservatismus eigen. Er unterscheidet sich jedoch von anderen Formen des tradierten Konservatismus (oder Konservativismus) in zentralen Punkten, weil neokonservative Theoretiker das Verhältnis von Freiheit und Ordnung bzw. Überlieferung und Fortschritt anders gewichten. Der Neokonservatismus strebt nach aktiver Veränderung, statt nach reinem Festhalten an Vergangenem, und wird deshalb gelegentlich auch als „Neue konservative Revolution" (New Conservative Revolution) bezeichnet.

Die Weltsicht vieler Neokonservativer wird durch Francis Fukuyamas Theorem vom „Ende der Geschichte" geprägt: Die marktwirtschaftlich organisierte Demokratie westlichen Musters habe sich demzufolge als quasi endgültiges gesellschaftliches Konstrukt weltweit geschichtlich durchgesetzt. Gleichzeitig bestünden überkommene oder neu belebte Konflikte fort (vgl. u. a. Samuel P. Huntington und dessen These vom „Clash of Civilizations", dem „Kampf der Kulturen"), denen man sich offensiv, notfalls militärisch stellen müsse. Allerdings sei bei dem weltweit angestrebten und von Vertretern des Neokonservatismus postulierten „Übergang zum demokratischen Kapitalismus" die Frage der Vorherrschaft im „westlichen Lager" selbst zu klären, weil es hier europäisch-amerikanische Gegensätze gebe. Fukuyama distanziert sich von der Realpolitik der Neokonservativen. Er kritisierte z. B. den Irakkrieg der neokonservativ geprägten Bush-Regierung und nannte ihn „leninistisch".

Der Neokonservatismus gewann in der Person führender Politiker wie Paul Wolfowitz oder Richard Perle prägenden Einfluss auf die Grundzüge der amerikanischen Außenpolitik unter George W. Bush 2001 bis 2009. Diese Politiker und Intellektuellen gelten wegen ihrer Befürwortung militärischer Konfliktregulierung oftmals als Hardliner („Falken") und werden als Architekten eines interventionistischen Unilateralismus der USA angesehen. Vielfach wird auch ein „imperiales Projekt" dieser Kreise ausgemacht, das die US-amerikanische Hegemonie in der Welt sichern und internationale Organisationen als Garanten des Weltfriedens entweder ablösen oder – sozusagen unter US-„Schirmherrschaft" – umfassend transformieren will. Diese hegemoniale Vision gilt manchen aufgrund ihrer tiefgreifenden Implikationen als kaum durchsetzbar, zumal sie – historisch gesehen – in Anspruch und Ausmaß den bislang wohl weitreichendsten Entwurf einer „Neuen Weltordnung" (George Bush Senior) darstellt.

Aus Quelle: Seite „Neokonservatismus". In: Wikipedia, Die freie Enzyklopädie. Bearbeitungsstand: 12. Juli 2020, 15:21 UTC. URL: https://de.wikipedia.org/w/index.php?title=Neokonservatismus&oldid=201814603 (Abgerufen: 20. Oktober 2020, 17:54 UTC)

23.4 Autonome Nationalisten

Als „Autonome Nationalisten" (AN) bezeichnen sich zumeist jugendliche Neonazis aus den Reihen der freien Kameradschaften. Ihren Ursprung hat diese Strömung im Jahr 1990, als Neonazis aus dem Umfeld der Nationalen Alternative (NA) in Berlin-

Lichtenberg ein Haus besetzten und damit besonders augenfällig eine Aktionsform der linken Hausbesetzer-Bewegung übernahmen. Aber erst seit etwa 2002 traten sie unter dem Namen Autonome Nationalisten auf und imitierten in ihren Aktionsformen bewusst die autonome Bewegung. Dazu gehören neben Hausbesetzungen das Erregen von Aufmerksamkeit durch Aufkleber und Sprühereien, Anti-Antifa-Tätigkeiten und das einheitliche Auftreten als Schwarzer Block auf Demonstrationen. Bisweilen werden auch schwarze Handschuhe mit Protektoren getragen oder demonstrativ in den Gesäßtaschen eingesteckt, die wie in Teilen der Autonomen oder bei Hooligans als Zeichen der Gewaltbereitschaft zu deuten sind.

Aus Quelle: Seite „Rechtsextremismus". In: Wikipedia, Die freie Enzyklopädie. Bearbeitungsstand: 19. Oktober 2018, 09:36 UTC. URL: https://de.wikipedia.org/w/index.php?title=Rechtsextremismus&oldid=181933215(Abgerufen: 22. Oktober 2018, 06:24 UTC)

23.5 Radikalismus

Als **Radikalismus** bezeichnet man eine politische Einstellung, die grundlegende Veränderungen an einer herrschenden Gesellschaftsordnung anstrebt. Das Adjektiv „radikal" ist vom lateinischen radix (Wurzel) abgeleitet und beschreibt das Bestreben, gesellschaftliche und politische Probleme „an der Wurzel" zu greifen und von dort aus möglichst umfassend, vollständig und nachhaltig zu lösen.

Der Begriff „Radikalismus" stammt ursprünglich aus der liberalen Freiheits- und Demokratiebewegung des 19. Jahrhunderts und stand lange Zeit als politischer Richtungsbegriff für die bürgerliche Linke (das linksliberale politische Spektrum). Die radikalen Demokraten traten für das allgemeine Wahlrecht, eine konsequente Entmachtung der Kirche und die Republik als Staatsform ein. Besonders in romanischen Ländern (etwa Frankreich und Italien) steht die Bezeichnung auch heute noch für linksliberale und radikaldemokratische Parteien.

Vor allem im deutschen Sprachraum hat sich im Laufe des 20. Jahrhunderts ein Bedeutungswandel vollzogen, sodass die Bezeichnung heute Strömungen jedweder politischen Couleur meinen kann, die ihre Ziele kompromisslos und häufig in Opposition zur herrschenden Ordnung verfolgen. In diesem Sinne spricht man etwa vom Links- oder Rechtsradikalismus.

Im Sprachgebrauch der Staatsschutzbehörden in der Bundesrepublik Deutschland wurde der bis dahin verwendete Begriff „Radikalismus" seit 1975 endgültig durch den Begriff „Extremismus" abgelöst. Bezeichnet werden damit äußerste Randpositionen im Verhältnis zur angenommenen Mitte des politischen Spektrums, die eine Ablehnung des demokratischen Verfassungsstaates und in der Regel Gewaltbereitschaft einschließen.

Seite „Radikalismus". In: Wikipedia, Die freie Enzyklopädie. Bearbeitungsstand: 2. August 2020, 08:56 UTC. URL: https://de.wikipedia.org/w/index.php?title=Radikalismus&oldid=202430285 (Abgerufen: 24. Oktober 2020, 13:05 UTC)

23.6 Neonazismus

Neonazismus (altgriechisch νέος néos ‚neu', ‚jung' und Nazismus) 1 ist die Wiederaufnahme nationalsozialistischen Gedankenguts nach dem Zweiten Weltkrieg und dem Ende der NS-Diktatur. Vertreter des Neonazismus werden Neonazis genannt; der Begriff steht im Gegensatz zu Altnazis (auch Alt-PG, „Parteigenosse"), den Trägern der nationalsozialistischen Ideologie, die diese bereits während der nationalsozialistischen Herrschaft übernommen hatten.

Bis in die 1970er Jahre war die in Parteien wie der SRP oder der NPD organisierte rechtsextreme Szene in der Bundesrepublik Deutschland im Wesentlichen von sogenannten Altnazis bestimmt, die schon während der Zeit des Nationalsozialismus Anhänger desselben gewesen waren. Seit Ende der 1970er Jahre wird das Bild dieser Szene jedoch überwiegend von Nachgeborenen bestimmt, die keine eigenen Erfahrungen mehr mit der NS-Diktatur und dem Zweiten Weltkrieg gemacht, sondern sich die Ansichten der Altnazis meist kritiklos angeeignet haben. Sie unterscheiden sich von diesen in der Regel auch durch eine erheblich höhere Gewaltbereitschaft. 2

Die Neonazis (in ihren Grundüberzeugungen sind sie den Altnazis gleichzusetzen) zeichnen sich im Allgemeinen durch ihre extreme Fremdenfeindlichkeit aus. Juden und Ausländer – insbesondere Asylbewerber und türkischstämmige Einwanderer, aber auch Deutsche mit Migrationshintergrund – dienen neben politisch Linken aller Art als Feindbild. Die Neonazis beabsichtigen gemäß der Ideologie des völkischen Nationalismus die Schaffung eines ethnisch homogenen Nationalstaats, in dem weder die deutschen Juden, noch von Ausländern abstammende oder eingebürgerte Deutsche Platz hätten. Die Ablehnung von Minderheiten wird sozialdarwinistisch begründet und drückt sich im Hass auf gesellschaftliche Randgruppen wie Behinderte, Homosexuelle und sozial Schwache – z. B. Obdachlose – aus. Ein großer Teil der Neonazis leugnet oder relativiert die Verbrechen des Nationalsozialismus, speziell den Holocaust.

Das Bundesamt für Verfassungsschutz registrierte Ende 2017 mit rund 6000 Neonazis ca. 1000 mehr als noch im Jahr 2009. 3 Die Zahl der gewaltorientierten Rechtsextremisten wurde auf 12700 (Zunahme gegenüber Vorjahr: 5 %) geschätzt.

Viele Neonazis vertreten ihre Ansichten aktiv und gewalttätig. Seit Anfang der 1990er-Jahre kommt es in Deutschland vermehrt zu Anschlägen auf Asylbewerberwohnheime und Politiker, zu Übergriffen auf Ausländer und zu Demonstrationen, bei denen gewaltsame Auseinandersetzungen mit Gegendemonstranten und der Polizei zur Tagesordnung gehören.

Zwischen 2000 und 2007 verübte die neonazistische Terrorgruppe Nationalsozialisti-scher Untergrund neun Morde an Migranten, den Mord an der Polizistin Michèle Kie-sewetter und ein Nagelbomben-Attentat in Köln.

Quelle: Seite „Neonazismus". In: Wikipedia, Die freie Enzyklopädie. Bearbeitungs-stand: 22. September 2018, 09:50 UTC. URL: https://de.wikipedia.org/w/in-dex.php?title=Neonazismus&oldid=181123621(Abgerufen: 22. Oktober 2018, 06:26 UTC)

23.7 Enormes Interesse an der Neuauflage von „Mein Kampf"

Adolf Hitlers Buch kann man wieder beim Buchhändler kaufen, als eine kri-tisch kommentierte Ausgabe von Historikern, die das Machwerk mit Fakten konfrontieren. Die Nachfrage ist enorm, trotz extrem hoher Preise. Man muss sich schon fragen, warum es gerade in der heutigen Zeit wieder eine so hohe Nachfrage nach diesem Buch gibt.

23.8 Bleibt das deutsche Volk für immer ein Nazivolk?

Im Jahr 1966 hat sich Israels Altpremier David Ben-Gurion in Gesprächen mit Moshe Pearlman über das Verhältnis Israels zu Deutschland geäu-ßert.*:[1]

In diesen Gesprächen beschreibt er das gewaltige Problem der Beziehungen zwischen Deutschland und Israel, als es 1952 um Anerkennung der Repara-tionsleistung Westdeutschland ging. Ein großer Teil der Knesset Abgeord-neten war der Meinung, das deutsche Volk sei ein Nazivolk und würde im-mer ein Nazivolk bleiben und dass man aus diesem Grund keinerlei Bezie-hungen zu Deutschland pflegen dürfte. Trotz der starken Widerstände wurde der Vertrag letztendlich geschlossen, die Befürworter haben sich von den gefühlsmäßigen Eindrücken der Vergangenheit frei gemacht und den Veränderungen in der Welt Rechnung getragen. Es ging darum, den Aufbau Israels voranzutreiben und eine militärische Macht zu werden, um zu ver-hindern, dass sich die Gräuel der Nazis wiederholen können. Ben-Gurion hat pragmatische Lösungen sich für im Verhältnis zu Deutschland

---

[1] Moshe Pearlman: "Gespräche mit Ben -Gurion". Kindler Verlag, München

ausgesprochen, auch wenn ihm bewusst war, dass es in Westdeutschland noch immer Nazis und Antisemiten gibt. Er glaubte aber nicht daran, dass sich Hitlerdeutschland wieder etablieren könnte, da die geopolitische Gestaltung Europas und der Welt dies verhindern würde.

Ob er angesichts der aktuellen Entwicklungen noch genauso urteilen und entscheiden würde?

23.9 Rechtsextreme Jugendkulturen im heutigen Deutschland

Aber wie sieht es heute in Deutschland aus?

Nazis scheinen in Deutschland wieder Zulauf zu bekommen – gerade auch bei den Jugendlichen.

Rechtsextreme treten in der Öffentlichkeit auf und ködern unbehindert und unverfroren Jugendliche mit Nazirock, Heimatseiten und Schulhof-CDs. Musik ist eines der wichtigsten Rekrutierungselemente der Rechtsextremen geworden, und zudem eine wichtige Umsatzquelle.

Neonazis treten heute in einem anderen Gewand auf. Es sind längst nicht mehr die Glatzköpfe in Bomberjacken und Springerstiefeln.

Laut Archiv der Jugendkulturen gehören ein Drittel der ca. 15.000 Skinheads in Deutschland zur rechtsextremen Szene. Das sind die, die mit hochgestrecktem rechten Arm durch die Straßen laufen und rassistische Parolen grölen. In der gesamten rechten Szene waren und sind die Skinheads aber eine Minderheit

Musik- und Kleidungsstil und Symbole, in denen sich die Nazis heute ausdrücken, sind vielfältig und nicht auf den ersten Blick erkennbar. Sie zielen darauf, eine rechte Jugendkultur zu etablieren und sie in der Neonazi-Bewegung zu verankern.

Die rechte Musikszene hat sich in den letzten Jahren grundlegend verändert. Neben der Skinhead-Musik-Kultur haben rechtsextreme Inhalte Zugang zu zahlreichen anderen Jugendkulturen gefunden. (Dark Wave, Black Metal u.a.). Der sächsische Verfassungsschutz bewertete dies schon in 2005: "Durch die unterschiedlichen Musikrichtungen und die musikalische Qualität einiger Szenebands wird die rechtsextremistische Musik auch für bisher unpolitische Jugendliche und Anhänger anderer Sub- und Jugendkulturen interessant."

„Neonazis können sich heute hinter der Aufmachung fast jeder Jugendkultur verbergen. Dies gilt für den Kleidungs- und Musikstil, wie für den Internetauftritt, für Flyer oder Plakate. Oftmals wähnt man sich auf den ersten Blick auf der Seite eines Online-Shops für Streetwear und Graffitiutensilien oder einer links-autonomen Informationsseite. Den rechten Hintergrund erkennt man erst durch ein genaueres Betrachten der transportierten Inhalte. Und selbst die rechtsextreme Argumentation ähnelt vordergründig nicht selten linker Globalisierungs- oder USA-Kritik."

vgl. dazu auch Bundeszentrale für politische Bildung

23.10 Rechtsextremismus im Fussball

Rechtsextreme nutzen auch sehr erfolgreich den Fußball für ihre Zwecke, rechtsextreme Gewalt nimmt in den Stadien zu, vor allem nachdem sich Hooligans und Rechtsextreme verbündet haben.

Diese Entwicklung wurde schon 2014 beobachtet:

„Bei vielen Profi-Klubs tobt ein Krieg um die Kurve. Zwischen gewaltbereiten Hooligans und einer jungen Ultra-Generation" die zunehmend politische Botschaften vertritt."

Vgl. https://www.bild.de/sport/fussball/hooligan/krieg-um-die-fan-kurve-35383740.bild.html

23.11 Finanzierung der rechtsextremen Szene

Neonazis sind in manchen Bundesländern nicht mehr auf die Parteienfinanzierung angewiesen. Mit Musik und Merchandising verdienen sie viel Geld.

Für Rechtsextreme ist die Parteienfinanzierung längst nicht mehr die Haupteinnahmequelle. Mit kommerziellen Merchandising- und Musikvertrieben erzielt die deutsche Neonaziszene inzwischen Einnahmen in Millionenhöhe. Darauf verwiesen Experten auf einer Fachtagung des sächsischen und brandenburgischen Verfassungsschutzes zum Thema Finanzströme im Rechtsextremismus in Potsdam.

Die Vertriebe hätten finanztechnisch eine immer größer werdende strategische Bedeutung, erklärte zum Beispiel Martin Döring von der Landeszentrale für politische Bildung Sachsen. Etwa drei Millionen Euro nimmt die NPD demzufolge durch Spenden, Mitgliedsbeiträge und die Parteienfinanzierung ein. Mit dem Verkauf von Nazi-Merchandising und rechtsextremer Musik hätten Nazis in Sachsen dagegen im vergangenen Jahr bis zu 3,5 Millionen Euro erwirtschaften können, sagte Döring

Im Freistaat würden Erlöse aus diesen Unternehmen auch in unpolitische Strukturen wie Tattoo- und Sonnenstudios, Getränkemärkte, Sicherheitsdienste oder den Textilhandel fließen. "Die Rechtsextremisten bauen eine eigene Parallelgesellschaft auf", sagte Döring: "Dies darf nicht unterschätzt werden." Auf diese Weise würden zudem sozialversicherungspflichtige Jobs für Kameraden geschaffen, die andernorts wegen ihrer Gesinnung nur schwer vermittelbar seien.

Notfalls auf die Gewerbesteuer verzichten

"Manche Rechtsextremisten leben regelrecht vom Rechtsextremismus – und teilweise recht gut", sagte auch Brandenburgs Innenminister *Dietmar Woidke* (SPD). Deshalb müsse der Szene, wo immer möglich, der Geldhahn abgedreht werden. Behörden, Politik und Zivilgesellschaft seien gefordert.

Gerade in ländlichen Regionen ist dies aber schwierig. Experte Döring verwies darauf, dass florierende Neonazi-Unternehmen armen Kommunen nun mal hohe Gewerbesteuereinnahmen böten. "Es kommt im Kampf gegen Rechtsextremisten auf die Standfestigkeit kommunaler Vertreter an", betonte daher Winfriede Schreiber, die Leiterin des brandenburgischen Verfassungsschutzes.

Entnommen aus https://www.zeit.de/gesellschaft/zeitgeschehen/2012-08/rechtsextremismus-finanzierung-musiklabel/seite-2

23.12 Rechtsextremismus in Ostdeutschland

Diese Entwicklung kann man über ganz Deutschland hinweg beobachten, in Ostdeutschland findet man allerdings einen höheren Anteil an Rechts-extremen in der Bevölkerung. Nachdem dieses Phänomen lange ignoriert wurde, beschäftigen sich nun Wissenschaft und Politik mit den Gründen.

Es sei an dieser Stelle auf die umfangreiche Studie des Göttinger Instituts für Demokratieforschung aus 2017 verwiesen, die allerdings nicht unumstritten ist. Sie beschreibt drei Gründe dafür, warum es vor allem in den neuen Bundesländern so viele Rechte gibt:

„Die DDR steckt Immer noch in den Köpfen". Vor allem die bei vielen Ostdeutschen vorhandene Enttäuschung über die Ergebnisse der Wende (Wendeverlierer) treibt sie in die Fänge der Rechtsextremen, die diese Enttäuschung aufgreifen und für ihre Zwecke politisieren.

„Der Osten braucht mehr Zuwanderer". Dass so wenig Ausländer in Ostdeutschland leben, sorgt für einen Teufelskreis von Ängsten und Vorurteilen. Die Aufnahme von Flüchtlingen wird als krisenhaft wahrgenommen und im Gegenzug wird die eigene Identität hervorgehoben.

„Politiker haben das Phänomen zu lange ignoriert". Vor allem in Sachsen haben Politiker den Rechtsextremismus oft geleugnet, da er das saubere Image beschädigt. Politiker und auch die Polizei haben rechte Gewalttaten immer wieder verharmlost.

Dabei darf aber auch nicht geleugnet werden, dass es auch in der DDR Rechtsextremismus gab, der vom Regime lange Zeit ignoriert und vertuscht worden ist. Die Nazizeit ist in der DDR nicht aufgearbeitet worden, galt doch die DDR als antifaschistischer Staat, in dem es keine Nazis geben kann. Aber es gab sehr wohl rechtsradikale Tendenzen und Menschen, die sich eher verdeckt zum Nationalsozialismus bekannten. Es gab auch sehr wohl einen großen Teil von Altnazis in der SED und in der öffentlichen Verwaltung. Neben den alten Nazis gab es auch viele „Rechtsradikale im Geist", „die in einem rassistischen Deutschtum lebten."

Vgl. dazu die Ausarbeitung von Dr. Bernd Wagner in der Bundeszentrale für politische Bildung: http://www.bpb.de/geschichte/deutsche-geschichte/stasi/218421/neonazis

Der Mangel an praktischer politischer Bildung wird gerade in Sachsen als eine wesentliche Ursache für die Anfälligkeit vieler Menschen für fremdenfeindliche Einstellungen gesehen.

Rechtsextremismus kann besser bekämpft werden, wenn er nicht länger verharmlost wird. Allerdings bewirkt der „Generalverdacht" der Westdeutschen gegenüber den Ostdeutschen gerade das Gegenteil. Vertreter aus Politik und Zivilgesellschaft müssen gemeinsam überlegn, wie man in den nächsten 10 Jahren gegen den wachsen Rechtsextremismus vorgeht.

„Mittlerweile sollte allen klar sein, dass das kein Problem ist, das kurzfristig gelöst werden kann.

Vgl. dazu http://www.zusammenhalt-durch-teilhabe.de/143723/die-lo-esung-liegt-vor-ort-ostbeauftragte-gleicke-stellt-studie-zu-rechtsextremis-mus-und-fremdenfeindlichkeit-in-ostdeutschland-vor

23.13 Die Pegida

*Pegida, kurz für **Patriotische Europäer gegen die Islamisierung des Abendlandes** (Akronym: PEGIDA), ist eine islam- und fremdenfeindliche, völkische, rassistische und rechtspopulistische Organisation. Sie veranstaltet seit dem 20. Oktober 2014 in Dresden Demonstrationen gegen eine von ihr behauptete Islamisierung und die Einwanderungs- und Asylpolitik Deutschlands und Europas. Ähnliche, deutlich kleinere Demonstrationen finden, zum Teil durch rechtsextreme Personen oder Gruppierungen angemeldet und organisiert, in weiteren Städten statt.*

Bei Pegida in Dresden treten neurechte und rechtspopulistische Akteure aus Deutschland und anderen Staaten Europas auf. Wissenschaftler, Politiker, Vertreter von Religionsgemeinschaften und weitere zivilgesellschaftliche Organisationen warnen vor Nationalismus, Islamfeindlichkeit, Fremdenfeindlichkeit und Rassismus, die von diesen Demonstrationen ausgingen. Verfassungsschutzbehörden der Länder weisen auf rechtsextreme Tendenzen bei Ablegern von Pegida hin. Insgesamt radikalisiere sich die Bewegung seit 2015. Ob mit Pegida-Organisatoren oder Demonstranten ein Dialog geführt werden kann und soll, wird kontrovers diskutiert.

Gegen mehrere Pegida-Organisatoren und Redner sind Strafverfahren anhängig bzw. Verurteilungen erfolgt. Von führenden deutschen Politikern wurde namentlich Pegida nach dem Mordanschlag eines mutmaßlichen Rechtsextremisten auf die damalige Kölner Oberbürgermeisterkandidatin Henriette Reker vorgeworfen, den geistigen Boden für die Tat bereitet zu haben.

Seite „Pegida". In: Wikipedia, Die freie Enzyklopädie. Bearbeitungsstand: 10. Oktober 2020, 12:50 UTC. URL: https://de.wikipedia.org/w/index.php?title=Pegida&oldid=204419390 (Abgerufen: 24. Oktober 2020, 13:09 UTC)

23.14 Was haben die Nazis, was wir nicht haben?

Offensichtlich sind die NPD und andere rechtsradikale Gruppierungen für eine ganze Reihe von Menschen nicht nur politisch, sondern auch kulturell attraktiv. Als verschmähte Liebhaber, denen die Wähler die Nazis vorziehen, sollten sich die anderen Parteien auch diese Frage stellen: was haben die, was wir nicht haben?

Sicherlich decken die Nazis eine ganze Palette illegitimer Bedürfnisse ab: eigene Größenvorstellungen, Herabwürdigung Anderer, Hass auf Fremdes, Legitimierung von Gewalt. Aber ich vermute, dass sie auch durch Befriedigung ganz legitimer menschlicher Bedürfnisse attraktiv sind, Bedürnisse, für die die anderen Parteien oder legitimen Gruppierungen im gesellschaftlichen Umfeld keinen Platz oder kein Verständnis haben. Welche Bedürfnisse sind das?

Denn ausschließlich mit Repression kann man den Rechtsradikalen wahrscheinlich nicht beikommen.

Vgl. dazu https://www.zeit.de/gesellschaft/zeitgeschehen/2012-08/rechtsextremismus-finanzierung-musiklabel/seite-2

24. Rechter Terror und Rassismus

24.1 NSU

Der sogenannte **Nationalsozialistische Untergrund** (NSU) war eine neonazistische terroristische Vereinigung in Deutschland, die um 1999 zur Ermordung von Menschen mit Migrationshintergrund aus rassistischen und fremdenfeindlichen Motiven gebildet wurde. Die Mitglieder Uwe Mundlos, Uwe Böhnhardt und Beate Zschäpe stammten aus Jena und lebten ab 1998 untergetaucht in Chemnitz und Zwickau. Sie ermordeten zwischen 2000 und 2007 neun Migranten und eine Polizistin, verübten 43 Mordversuche, drei Sprengstoffanschläge (Nürnberg 1999, Köln 2001 und 2004) und 15 Raubüberfälle. Die Zahl der an den Taten Beteiligten und ihrer lokalen, überregional vernetzten Unterstützer ist umstritten. Ihr Umfeld wird auf 100 bis 200 Personen geschätzt, darunter V-Personen und Funktionäre rechtsextremer Parteien.

Der NSU wurde ab dem 4. November 2011 öffentlich bekannt, als Mundlos und Böhnhardt tot in einem ausgebrannten Wohnmobil gefunden wurden und Zschäpe ihre Zwickauer Wohnung abbrannte sowie Bekennervideos versandte. Bis dahin hatten die Ermittler der Polizei rechtsextreme Hintergründe der Verbrechen weitgehend ausgeschlossen und Täter im Umfeld der Opfer gesucht, was viele Angehörige stigmatisierte. V-Leute, die auf die rechtsextreme Szene im NSU-Umfeld angesetzt wurden, waren jahrelang mit teils sechsstelligen Beträgen finanziert worden. Das vielschichtige Versagen führte zu einer tiefen Krise der deutschen Sicherheitspolitik. Einige Beamte des Verfassungsschutzes vernichteten nach Bekanntwerden des NSU relevante Akten, weshalb 2012 die Leiter des Bundesamts für Verfassungsschutz (BfV) und der Landesbehörden Thüringens, Sachsens und Berlins zurücktraten. NSU-Untersuchungsausschüsse im Bundestag und in acht Landesparlamenten untersuchten den Einsatz von V-Personen, Ermittlungspannen, organisatorische Defizite und mögliche lokale Unterstützer.

Der NSU-Prozess gegen Zschäpe und vier mutmaßliche Gehilfen lief ab Mai 2013 vor dem Oberlandesgericht München. Am 11. Juli 2018 wurde Zschäpe als Mittäterin der Morde und Sprengstoffanschläge, wegen Mitgliedschaft im NSU und wegen schwerer Brandstiftung zu lebenslanger Haft verurteilt und die besondere Schwere ihrer Schuld festgestellt; vier NSU-Helfer erhielten zeitige Freiheitsstrafen.

Entstehung

Herkunft und Radikalisierung der Haupttäter

Mundlos (* 1973), Zschäpe (* 1975) und Böhnhardt (* 1977) stammen aus Jena. Sie lernten sich im Jugendclubhaus „Winzerclub" in Jena-Winzerla kennen, den Mundlos seit 1991 regelmäßig besuchte. Dort freundete er sich mit Zschäpe, später auch mit Böhnhardt an. Auch Ralf Wohlleben, André Kapke und andere Weggefährten waren Gäste des Winzerclubs. Mundlos hatte sich in den späten 1980er Jahren der Skinhead-Szene der DDR angeschlossen. Nach dem Zusammenbruch der DDR erfuhren auch Zschäpe und Böhnhardt, wie viele Jugendliche, das Fehlen von staatlicher oder elterlicher Autorität und Orientierung. Die ausländerfeindlichen Übergriffe Anfang der 1990er Jahre, wie die Ausschreitungen in Hoyerswerda oder in Rostock, prägten die drei Jugendlichen, sodass Heike Kleffner sie der „Generation Terror" zurechnet. Während sich viele aus ihrer frühen Peergroup nicht vollständig auf die rechtsextreme Szene einließen, radikalisierte sich 1993 die politische Einstellung von Mundlos und anderen Winzerclub-Besuchern immer mehr, weshalb sie dort nicht mehr willkommen waren. Sie protestierten mit Hakenkreuz-Graffiti an den Außenwänden des Clubs dagegen. Zudem gingen Mundlos und Böhnhardt gelegentlich in nachgeahmten Uniformen der SS durch Winzerla, das sie als „national befreite Zone" betrachteten. Mundlos leistete 1994/95 seinen Wehrdienst ab und erhielt mehrfach Disziplinararreste. Dabei befragte ihn der Militärische Abschirmdienst (MAD); die Akten dazu wurden nach 15 Jahren vernichtet. Seitdem legte das Bundesamt für Verfassungsschutz (BfV) Akten über Mundlos und Zschäpe an. Thomas Richter berichtete als V-Mann „Corelli" Anfang 1995 über Mundlos und seine Kameradschaft Jena.

Zwischen 1994 und 1998 verdoppelte sich die Zahl der Rechtsextremen in Thüringen auf 1200 Personen, etwa die Hälfte davon in Parteien wie der NPD oder DVU, die anderen (mit vielen Überschneidungen) in der militant-aktionistischen Szene, der sich das Trio anschloss. Aus einer im Herbst 1994 formierten Thüringer Anti-Antifa entstand vermutlich 1996 der Thüringer Heimatschutz (THS). Dieser hatte Kontakte zur Burschenschaft Jenensia, zu der 1999 von ihr abgespaltenen Burschenschaft Normannia Jena und zur Jungen Landsmannschaft Ostpreußen (JLO). Zschäpe, Böhnhardt, Mundlos sowie Kapke, Wohlleben und Holger Gerlach gehörten zur Kameradschaft Jena (später Sektion Jena) des THS. Böhnhardt war neben Mundlos deren stellvertretender Leiter. Der THS umfasste 1998 etwa 120, 2000 etwa 160 Mitglieder. Tino Brandt, der stellvertretende Vorsitzende der Thüringer NPD, baute den THS und die rechtsextremen Strukturen in Thüringen maßgeblich auf. Brandt verwendete dazu auch Gelder des Thüringer Verfassungsschutzes, dessen V-Mann er von 1994 bis zu seiner Enttarnung 2001 war. In engem Kontakt mit ihm radikalisierte sich das spätere NSU-Trio zwischen 1995 und 1997.

So meldete Zschäpe im Februar 1995 in Jena eine Demonstration der Interessengemeinschaft Thüringer Heimatschutz mit dem Motto „Zur Bewahrung Thüringer Identität, gegen die Internationalisierung durch die EG" an. Die Stadt untersagte die Veranstaltung. Am 25. März 1995 wurde Mundlos bei einem Skinheadtreffen in Triptis in Gewahrsam genommen. Am 3. Mai plakatierten Zschäpe, Mundlos, Böhnhardt und Kapke ohne Genehmigung Zettel mit der Aufschrift: „08. Mai 1945–08. Mai 1995 Wir feiern nicht! Schluß mit der Befreiungslüge!" Am 29. Juni wurde Mundlos wegen des Verwendens von Kennzeichen verfassungswidriger Organisationen verurteilt. Im

Sommer 1995 verbrannten etwa 20 Neonazis, unter ihnen Böhnhardt, Zschäpe und Wohlleben, nahe Jena Kreuze. Die Staatsanwaltschaft Gera erhob damals Anklage, nachdem sie bei Zschäpe Fotos gefunden hatte, auf denen ein brennendes Kreuz und Personen beim Hitlergruß zu sehen waren. Am 14. April 1996 hängte Böhnhardt einen menschengroßen Puppentorso mit gelbem Judenstern an einer Autobahnbrücke bei Jena auf und deponierte zusätzlich eine Bombenattrappe. Der Torso wurde von Polizeibeamten zunächst abgehängt und später aus ermittlungstaktischen Gründen wieder angebracht. Im Oktober 1997 sprach die Berufungsinstanz Böhnhardt wegen nicht ausreichender Indizien vom Anbringen der Judensternpuppe frei.

Am 17. August 1996 nahmen Zschäpe, Mundlos, Wohlleben und Gerlach in Worms an einer von den Rechtsextremisten Thomas Wulff, Holger Apfel und Jens Pühse organisierten unangemeldeten Demonstration zum Gedenken an Hitlerstellvertreter Rudolf Heß teil. Am 26. September 1996 besuchten Kapke, Mundlos, Böhnhardt, Wohlleben und andere, bekleidet mit Bomberjacken und Springerstiefeln, eine Verhandlung gegen den Rechtsterroristen Manfred Roeder vor dem Amtsgericht Erfurt. Böhnhardt und Mundlos verfolgten dabei den späteren Thüringer Ministerpräsidenten Bodo Ramelow, der im Prozess als Zeuge der Anklage auftrat. Im Gerichtsgebäude entrollten sie ein Transparent mit der Aufschrift „Unsere Großväter waren keine Verbrecher". Am 6. Oktober 1996 wurde auf dem Jenaer Ernst-Abbe-Sportfeld eine mit der Aufschrift „Bombe" und einem Hakenkreuz bemalte Holzkiste gefunden, die dem Trio 1998 zugeordnet werden konnte.

Am 1. November 1996 erschienen Böhnhardt, Mundlos (beide mit SA-ähnlichen Uniformen bekleidet), Kapke und andere in der Gedenkstätte KZ Buchenwald und erhielten daraufhin dort Hausverbot. Am 21. April 1997 wurde Böhnhardt wegen Volksverhetzung zu zwei Jahren und drei Monaten Jugendstrafe verurteilt, in die mehrere Vorstrafen für verschiedene Delikte einbezogen wurden. Am 23. Januar 1998 gingen die Prozessakten beim zuständigen Jugendrichter ein, der den Termin für Böhnhardts Haftantritt bestimmen sollte. Drei Tage später tauchte er unter.

Im Januar 1997 gingen mehrere Briefbombenattrappen bei Jenaer Institutionen ein. Am 2. September 1997 wurde eine Bombe mit einigen Gramm TNT – allerdings ohne Zündvorrichtung – in einem weiteren mit Hakenkreuz bemalten Koffer vor dem Theaterhaus Jena abgelegt. Gegen mehrere THS-Mitglieder wurde deshalb ermittelt und auch Zschäpe, Böhnhardt und Mundlos vernommen, aber nicht festgenommen. Im Juni 1997 wurden Zschäpe und Kapke auf dem Weg zu einer Tagung des Rechtsextremisten Jürgen Rieger in Hetendorf in einem Fahrzeug von der Polizei kontrolliert. Am 16. Oktober 1997 wurde Böhnhardt wegen Verstoßes gegen das Waffengesetz (Tatdatum 16. April 1997) zu einer Geldstrafe von 50 Tagessätzen verurteilt. Am 26. Dezember 1997 entdeckten Spaziergänger an der Gedenkstätte für den ermordeten KZ-Häftling Magnus Poser auf dem Jenaer Nordfriedhof einen mit Hakenkreuz bemalten Koffer, der später dem Trio zugeordnet wurde. Am 24. Januar 1998 nahmen die drei mit der Parole Nationalismus – eine Idee sucht Handelnde an einer NPD-Demonstration gegen die Wehrmachtsausstellung in Dresden teil.

Garagendurchsuchung

Am Morgen des 26. Januar 1998 durchsuchte die Polizei drei Garagen in Jena, da nach einer Überwachung durch das Landesamt für Verfassungsschutz Böhnhardt verdächtigt wurde, dort die Bombenattrappen hergestellt zu haben. Die Durchsuchung begann in zwei Garagen nahe Böhnhardts Wohnung in seiner Anwesenheit, ohne dass etwas Verdächtiges gefunden wurde, weshalb ihm gestattet wurde, sich mit seinem Auto zu entfernen. Erst bei der anschließenden Durchsuchung der dritten, von Zschäpe angemieteten Garage an der Saale wurden vier funktionsfähige Rohrbomben ohne Zünder und 1,4 kg TNT sowie Mundlos' Reisepass und rechtsextreme Materialien sichergestellt. Daraufhin ordnete die Staatsanwaltschaft am Vormittag die vorläufige Festnahme des Trios an, ließ am Nachmittag die Wohnungen der drei durchsuchen und an weiteren Orten nach ihnen fahnden, ohne sie zu finden.

Neben Fanzines fand sich eine Diskette mit ausländerfeindlichen Aussagen („Türkenschwein, das heut noch stirbt – so ein Pech"; „Alidrecksau, wir hassen dich"), die einem der 2011 sichergestellten NSU-Bekennervideos ähneln („Ali muss weg"). Ferner fand man eine „Garagenliste" mit 39 computer- und 13 handgeschriebenen Kontaktdaten der bundesweiten Neonaziszene, darunter vier damaligen V-Personen (Tino Brandt, Thomas Starke, Thomas Richter und Kai Dalek) und einigen späteren Helfern des Trios beim Abtauchen in Chemnitz. Die Liste wurde von einem abgeordneten BKA-Beamten ausgewertet, aber damals nicht an die Zielfahnder weitergegeben.

Der damals ermittelnde Kriminalpolizist Mario Melzer berichtete mehrfach seinen Vorgesetzten, er werde in seiner Arbeit behindert. So waren die verantwortlichen Ermittler nicht an der Durchsuchung beteiligt, da sie an dem Tag krank oder auf einem Lehrgang waren. Melzer musste an einem anderen Fall arbeiten und wurde, nachdem er sich erneut beschwert hatte, versetzt. Er verdächtigt den Thüringer Verfassungsschutz, dieser habe durch den V-Mann Tino Brandt vom Bombenbau gewusst und das Trio damals entkommen lassen, um seine Topquelle zu schützen.

Abtauchen und Leben im Untergrund

Am 28. Januar 1998 erließ das Amtsgericht Jena Haftbefehle gegen Mundlos, Böhnhardt und Zschäpe, die inzwischen abgetaucht waren. Sie flohen mit einem auf Wohlleben zugelassenen Fahrzeug nach Chemnitz und bezogen eine leerstehende Plattenbauwohnung im Wohngebiet Fritz Heckert, wo auch andere Rechtsextremisten wohnten. Die Wohnung vermittelte ihnen der führende sächsische Rechtsextremist und Freund Zschäpes Thomas Starke. Möglicherweise hatten manche Behörden Hinweise auf den Aufenthaltsort der drei Personen. Eine Woche später, nach Beginn der öffentlichen Fahndung, zogen sie in die Wohnung des Szene-Einsteigers Max-Florian Burkhardt. Später erhielt Mundlos Burkhardts Reisepass und nahm dessen Identität als Tarnung an. Das Trio bewegte sich im Umfeld von Jan Werner, dem europaweit vernetzten Inhaber eines Versandhandels für rechte Musik, und stellte das Spiel Pogromly her, eine judenverhöhnende Variante des Brettspiels Monopoly, das Kapke von Jena aus vertrieb. Verschiedene Behörden überwachten zeitweise die Kommunikation vieler dieser Helfer. Ende August 1998 zog das Trio in eine Einzimmerwohnung in die Nähe einer Szene-Größe im nördlichen Heckert-Viertel. Im Oktober bot ihnen das Landeskriminalamt über Familie Böhnhardt, die bis 2002 Kontakt zum Trio hatte, den Ausstieg aus der Szene an. Das Angebot scheiterte Ende Februar 1999. Nachdem Jan Werners Wohnung durchsucht worden war, zog das Trio im April 1999 in eine andere Wohnung im Heckert-Viertel, die André Eminger anmietete. Er blieb bis November 2011 in engem Kontakt mit ihnen.

Mitte Dezember 1998 überfielen Böhnhardt und Mundlos einen Supermarkt in Chemnitz. Damit begann die Finanzierung des Untergrundlebens durch Raubüberfälle, wie Zschäpe im NSU-Prozess bestätigte. Dabei erbeuteten sie insgesamt rund 600.000 Euro, von denen nach dem Auffliegen noch 114.000 gefunden wurden. Hätte das Trio tatsächlich von 486.000 Euro in 13 Jahren gelebt, dann hätten jeder Person pro Monat nur rund 1.000 Euro zur Verfügung gestanden. Daher werden weitere Einnahmequellen vermutet, etwa bezahlte Aufträge aus der organisierten Kriminalität oder der Vertrieb von Kinderpornografie.

Im Sommer 2000 erwähnten Medienberichte die drei mehrfach als mögliche Rechtsterroristen. Zum 1. Juli 2000 mieteten sie auf den Namen Burkhardt eine Wohnung in Zwickau. Sie blieben in dieser Stadt bis zuletzt und bewegten sich dort im Umfeld von Ralf Marschner, einem Freund Jan Werners und V-Mann für das BfV, der diesem nie über das Trio berichtete. Damals hielten sie Kontakt zu bekannten Neonazis aus Baden-Württemberg. Sie hatten Kontakte zu vielen Personen, oft aber nur kurz und sporadisch. Von ihren Straftaten wussten mutmaßlich weniger als 24 Personen des engeren Umfelds. Da sie den ersten Mord erst zwei Jahre nach dem Abtauchen verübten, wird angenommen, dass sie erst im Untergrund planten, eine terroristische Zelle zu bilden. Sie brachen den Kontakt zu den meisten Helfern ab, wenn diese nicht mehr gebraucht wurden. Daher wird angenommen, dass nie mehr als fünf Personen gleichzeitig zum Netzwerk gehörten.

Im Mai 2001 zogen sie ins Erdgeschoss eines Eckhauses der Innenstadt in eine größere, von mehreren Seiten einsehbare Wohnung. Dort freundete sich Zschäpe mit Nachbarinnen an. Sie hielt allgemein regelmäßigen Kontakt mit Nachbarn; dadurch wahrte das Trio die bürgerliche Fassade und erregte kaum Verdacht. Am 23. Juni 2003 stellte die Staatsanwaltschaft Gera die Ermittlungsverfahren gegen die drei und die Zielfahndung ein.

Im April 2008 zog das Trio in eine Obergeschosswohnung in der Frühlingsstraße 26 in Weißenborn (Zwickau). Wie zuvor meldeten sie die Wohnung auf den Namen des mutmaßlichen Helfers Matthias D. an. Dem Wasserverbrauch zufolge (70 Liter pro Tag nach zuvor 144 Liter; deutscher Durchschnittswert pro Person/Tag: 127 Liter) hielten sich nicht alle drei stets dort auf. Sie bauten die Wohnung zu einem stark befestigten „Safehouse" um, mit Überwachungskameras und einer eingebauten Zelle, in der mutmaßlich die NSU-Dokumente und Waffen lagerten. Sie teilten die Doppelwohnung mit einer beweglichen Sperrholzwand in einen für Bekannte zugänglichen und einen konspirativen Teil. Den Eingang sicherte eine schwere und schallisolierte Holztür, die Kellertür ein Bewegungsmelder. Wie früher fuhren sie jeden Sommer zum mehrwöchigen Campingurlaub an die Ostsee und gaben einer bezahlten Katzenpflegerin den Wohnungsschlüssel.

Ideologische Vorbilder und kommunikative Strategie

Der NSU bewegte und radikalisierte sich in einem personellen und ideologischen Netzwerk mit transnationalen Bezügen, vor allem nach Großbritannien und in die USA. William Luther Pierce wurde seit 1945 eine Schlüsselfigur des rassistischen Denkens europäischer Rechtsextremisten. Er sah die „weiße Rasse" in einem heranbrechenden Rassenkrieg, in dem sich amerikanische und europäische Rechtsextreme zusammenschließen müssten. Sein Roman The Turner Diaries beschreibt einen gewaltsamen Umsturz, ausgelöst durch rechte Terroranschläge. Die Ideen der White Supremacy-Bewegung, führerloser Widerstand autonomer Zellen und einsamer Wölfe (besonders Louis Beam) wurden in Deutschland aufgegriffen. So rief ein Szenemagazin der deutschen Sektion von Blood and Honour 1996 zum führerlosen „Terrorismus für Jedermann" auf. Der NSU orientierte sich mutmaßlich direkt an diesen Schriften und an der amerikanischen Terrorgruppe The Order, die sich wiederum auf die Turner Diaries bezogen hatte. Das BfV nennt den schwedischen Neonazi John Ausonius, der 1991/92 auf einige Migranten geschossen hatte und im „Feldhandbuch" des Blood-and-Honour-Netzwerks als Vorbild geschildert wurde, seit 2011 als möglichen Ideengeber des NSU.

Der NSU benutzte eine ausgefeilte Strategie und bereitete seine Verbrechen intensiv vor, indem er weit auseinanderliegende Tatorte ausspähte und über eine komplexe Infrastruktur an Waffen und Wohnungen verfügte. Seine langfristig geplanten, „kalten", hinrichtungsartigen Taten unterscheiden sich von den bei vielen Rechtsextremen üblichen „heißen", aus einer Aggressionsstimmung spontan erwachsenen Taten mit Schlag- und Stichwaffen oder Tritten mit Springerstiefeln, die das Töten eher in Kauf nehmen als anstreben. Der Nagelbombenanschlag des NSU lehnte sich möglicherweise an drei Nagelbombenanschläge gegen Schwule und Migranten an, die der britische Rechtsterrorist David Copeland 1999 in London ausgeführt hatte. Der Soziologe Christoph Busch erklärt diese NSU-Taten aus rassistischer Mordlust. Die wichtige Rolle einer Frau und das Alter (Anfang bis Mitte zwanzig) seien nicht unüblich bei Rechtsterroristen, jedoch der bildungsbürgerliche Hintergrund von Mundlos und Böhnhardt. Mit der Konzentration auf Migranten und der mutmaßlich relativ beliebigen Opferauswahl übertraf der NSU die seit 1945 bekannte rechte Gewalt in Deutschland durch enorme Zerstörungsbereitschaft. Zugleich unterschied er sich dadurch, dass nicht mehr offensichtlich Marginalisierte, sondern erfolgreich etablierte Personen im „Herz der Einwanderungsgesellschaft" angegriffen wurden, was der

Migrationsforscher Bernd Kasparek als Reaktion auf die stärkere Akzeptanz von Zuwanderung in der deutschen Gesellschaft ab den späten 1990ern gedeutet hat.

Die Schlagworte „Erhalt Deutschlands" im ersten Bekennervideo 2001, „Taten statt Worte" im Video 2007 werden in der rechtsextremen Szene häufig verwendet. Zschäpe veröffentlichte diese Videos erst nach dem Tod ihrer Mittäter: Diese nachträgliche Mitteilung ist für Terroristen ungewöhnlich. Es entsprach aber dem Handbuch des britischen Combat 18, keine Spuren und keinen Hinweis auf die Täterschaft zu hinterlassen. Vielleicht plante der NSU, mit Hilfe der Ermittlungsbehörden unter den Migranten Schrecken zu verbreiten und fremdenfeindliche Ressentiments zu schüren, oder das Schweigen nach außen sollte auch nur vor Entdeckung schützen. Die schließliche Selbstenttarnung sollte Migranten verunsichern, richtete sich als symbolische Gewalt aber auch an die Gesamtbevölkerung und Behörden und demonstrierte ihnen die Unterwanderung des staatlichen Gewaltmonopols und den unbedingten Willen zum Umsturz der Verhältnisse.

Verbrechen

Sprengstoffanschlag in Nürnberg

Am 23. Juni 1999 explodierte eine zur Rohrbombe umgebaute, mit Sprengstoff gefüllte Taschenlampe auf der Herrentoilette der Gastwirtschaft eines Türkeistämmigen in Nürnberg. Der Pächter hatte den Betrieb drei Monate zuvor übernommen, und seitdem verkehrten dort ganz überwiegend Türkeistämmige, was auf Ortskunde der Täter oder ihrer Hinweisgeber schließen lässt. Der Pächter hatte die Taschenlampe gefunden, angeschaltet und so die Explosion ausgelöst. Er wurde nur leicht verletzt, weil die Bombe fehlerhaft konstruiert war. Bei den Ermittlungen wurden der Verletzte und sein Umfeld verdächtigt. Ihm wurde vorgeworfen, nicht zu kooperieren; seinem Hinweis, am Vorabend sei zum zweiten Mal ungewöhnlicherweise ein Deutscher unter den Gästen gewesen, wurde nicht nachgegangen. Im NSU-Prozess sagte Carsten Schultze im Juni 2013 aus, Böhnhardt oder Mundlos hätten erwähnt, sie hätten eine Taschenlampe in einem „Laden" abgestellt, doch das „Vorhaben" habe nicht geklappt. Diese Tat war weder der Öffentlichkeit noch den Ermittlern bis dahin bekannt; die Ermittlungen waren nach einem halben Jahr und ohne zu einem politischen Hintergrund zu ermitteln eingestellt worden. Ein Ermittlungsverfahren gegen Zschäpe wegen dieses Anschlages wurde im Mai 2015 eingestellt. Der Geschädigte erkannte bei Vorlage eines Lichtbilds 2013 eine mutmaßliche Helferin des NSU. Durch Carsten Schultzes Aussage kam die Bundesanwaltschaft zum Ergebnis, dass Böhnhardt und Mundlos diese Tat – „das erste rassistische, extremistisch motivierte Sprengstoffdelikt" des NSU – gemeinsam ausgeführt hatten.

Sprengstoffanschlag in Köln

Am 19. Januar 2001 explodierte in einem Lebensmittelgeschäft in Köln eine mit Schwarzpulver gefüllte und Zünder präparierte Metalldose, die ein als Kunde auftretender Mann unter den Waren abgelegt hatte. Dabei wurde die deutsch-

iranische Tochter des Betriebsinhabers schwer verletzt. Bei den nach fünf Monaten eingestellten Ermittlungen wurde vor allem das Umfeld der Familie erforscht und ihre Telefone, Geschäfte und Finanzen überwacht; in politische Richtung wurde nur der iranische Geheimdienst erwogen, nicht aber Rechtsextreme. Durch ein Phantombild des Täters, geriet 2012 ein V-Mann des Verfassungsschutzes Nordrhein-Westfalen in den Verdacht einer Tatbeteiligung. Er bestritt diese jedoch und wurde nicht dazu vernommen. Die Bundesanwaltschaft hält es wegen Zschäpes Aussage, Bekenntnissen in allen drei Bekennervideos und wegen vom NSU gesammelter Zeitungsberichte zu dem Anschlag für erwiesen, dass Böhnhardt und Mundlos die Bombe bauten und einer der beiden sie am Tatort platzierte.

Ceska-Mordserie

Vom 9. September 2000 bis zum 6. April 2006 ermordete der NSU in deutschen Großstädten neun männliche Kleinunternehmer mit Migrationshintergrund, die ersten vier innerhalb von elf Monaten, fünf weitere 2004 bis 2006. Acht der Opfer stammten aus der Türkei, einer (Theodoros Boulgarides) aus Griechenland. Auf sie wurde jeweils wie bei einer Hinrichtung aus kurzer Distanz mehrmals geschossen. Dazu wurde ab dem fünften Mord ein Schalldämpfer benutzt. Die Opfer wurden in Alltagssituationen überrascht, um die Schockwirkung zu vergrößern. Bei allen Morden traten die Täter unmaskiert auf. Nach mehreren Taten fotografierten sie ihre Opfer. Die Tatwaffe war immer eine Pistole des Typs Česká ČZ 83, Kaliber 7,65 mm Browning. Sie wurde am 11. November 2011 im Schutt der Zwickauer NSU-Wohnung gefunden.

Zu allen Morden ermittelte die Polizei bis 2011 vorwiegend im persönlichen Umfeld der Opfer, verdächtigte die Angehörigen selbst oder versuchte, mit Falschbehauptungen (etwa nach der Reid-Methode) ihr Vertrauen in den Verstorbenen zu erschüttern. Dies wird als sekundäre Viktimisierung bezeichnet. Von Juli 2005 bis Januar 2008 befassten sich bis zu 160 Polizeibeamte der BAO Bosporus unter Leitung Wolfgang Geiers mit den Mordfällen: eine der größten polizeilichen Sonderkommissionen der bundesdeutschen Geschichte blieb bei der Suche nach den Tätern erfolglos. In Richtung rechtsextremer Täter wurde kaum ermittelt. Zwar vermutete Alexander Horn in einer operativen Fallanaylse im Mai 2006 zwei „missionsgeleitete" Täter und nannte „eine gewisse Nähe zur rechten Szene wahrscheinlich". Die Profiler der Kriminalämter Hamburgs und des Bundes hielten das jedoch für abwegig und forderten aus Baden-Württemberg ein Gegengutachten an. Wegen Horns Annahme, Nürnberg sei Sitz der Täter, wurde auch unter dortigen Rechtsextremisten ermittelt, jedoch ohne Erfolg. Die Gründe für die über Jahre fehlgeleiteten und erfolglosen Ermittlungen sind Gegenstand einer Debatte in der Organisationssoziologie.

Im Mai 2006 in Kassel und im Juni in Dortmund organisierten die Opferfamilien Schweigemärsche unter dem Motto „Kein 10. Opfer!", forderten dabei eine umfassende Aufklärung der Mordserie, warfen der Polizei einseitige und unzureichende Ermittlungen vor und riefen Zeugen auf, sich zu melden. Die Medien bezeichneten die Fälle ab April 2006 weithin als „Döner-Morde" oder „Mordserie Bosporus". Das wurde seit

2011 als klischeehaft und latent rassistisch kritisiert, „Döner-Morde" wurde Unwort des Jahres 2011 (siehe Hauptartikel).

Ab 11. November 2011 übernahm der Generalbundesanwalt die weiteren Ermittlungen und bezeichnete die Serie nach der Tatwaffe als Ceska-Morde. Die Anklageschrift vom November 2012 betont, dass der NSU die Morde mit politischer Absicht gezielt als serienmäßige Hinrichtungen erscheinen lassen wollte. Das Anklagepladoyer vom Juli 2017 nennt Böhnhardt und Mundlos unter anderem wegen Zeugenaussagen als ausführende Täter, Zschäpe als Mitwisserin und Mitplanerin aller NSU-Morde.

Nagelbombenanschlag in Köln

Am 9. Juni 2004 verübte der NSU einen Anschlag mit einer Nagelbombe in Mülheim (Köln), zu dem er sich in einem der Videos von 2011 bekannte. Am Tatort, der belebten Keupstraße, befinden sich vornehmlich türkische Geschäfte. Die Explosion und umherfliegende Nägel verletzten 22 Personen, einige davon lebensgefährlich. Ein Friseursalon wurde vollständig verwüstet, mehrere Ladenlokale und zahlreiche parkende Pkw wurden erheblich beschädigt. Da keine gezielte Opferwahl erkennbar war, schlossen die Ermittler bis 2011 auch hier einen terroristischen Hintergrund aus. Ein Nebenklagevertreter im NSU-Prozess wies darauf hin, dass André Eminger am Vorabend in Euskirchen war und Ralf Wohlleben einige Monate später Elektroteile eines solchen Bausatzes, wie er beim Anschlag verwendet wurde, bei eBay als „nagelneu" anbot; beiden konnte eine Beteiligung nicht nachgewiesen werden.

Polizistenmord von Heilbronn

Am 25. April 2007 wurde die 22-jährige Bereitschaftspolizistin Michèle Kiesewetter in ihrem Dienstfahrzeug bei der Heilbronner Theresienwiese erschossen. Ihr Kollege überlebte schwer verletzt einen Kopfschuss. Zunächst ermittelte die Sonderkommission Parkplatz der Heilbronner Polizei dazu, im Februar 2009 übernahm das Landeskriminalamt Baden-Württemberg den Fall. Die Ermittlungen führten auf falsche Spuren wie das Heilbronner Phantom und blieben ergebnislos. Erst der Fund der Dienstwaffen beider Opfer im Wohnmobil von Mundlos und Böhnhardt, das Abschlussbild im Paulchen-Panther-Bekennervideo und der Fund einer Hose mit Blutspritzern Kiesewetters und Mundlos' DNA in der Zwickauer NSU-Wohnung erwiesen im November 2011 die Täter.

Die Bundesanwaltschaft rechnet die Tat nur Mundlos und Böhnhardt zu und nimmt an, dass sie die beiden Polizisten zufällig auswählten und als Vertreter des verhassten Staates ermordeten. Weil Zeugen aussagten, sie hätten kurz nach den Schüssen beim Tatort mehrere auffällige, teils blutverschmierte Personen gesehen, werden jedoch Tatgehilfen oder andere Täter vermutet. Weil Kiesewetter jahrelang gegenüber einer von Neonazis betriebenen und besuchten Gaststätte in Thüringen wohnte, wird auch vermutet, dass die Täter sie schon früher kannten. Kiesewetters Stiefvater bestritt jedoch jeden Kontakt seiner Familie mit dem NSU. Im August 2011 behauptete ein Aussteiger aus der rechtsextremen Szene, er kenne Kiesewetters Mörder. 2013 wollte das

Landeskriminalamt ihn dazu befragen. Am selben Tag wurde er tot aufgefunden; ein Suizid wird angenommen. Im Juli 2012 wurde bekannt, dass zwei Polizisten aus Kiesewetters Umfeld zuvor Mitglieder bei den European White Knights of the Ku Klux Klan (EWK KKK) gewesen waren. Auch der Thüringer V-Mann „Corelli" hatte seit 1995 Kontakt zum NSU und war Mitglied im EWK KKK. Jedoch bestreiten die Behörden eine Verbindung Kiesewetters zum NSU. Nahe dem Tatort sollen sich am Tattag mehrere Geheimdienstagenten befunden haben: Das führte zu Spekulationen über Kiesewetters Beteiligung an Anti-Terror-Maßnahmen.

Beide NSU-Untersuchungsausschüsse Baden-Württembergs haben sich mit den Tatumständen befasst. Diese sind weiterhin ungeklärt.

Raubüberfälle

Böhnhardt und Mundlos überfielen zwischen Dezember 1998 und November 2011 Post- und Sparkassenfilialen in Sachsen, Mecklenburg-Vorpommern und Thüringen. Anders als die Mordserie beschränkten sie diese Straftaten auf ostdeutsche Orte, meist nahe bei ihrem Wohnsitz. Die meisten Überfälle sollen sie gemeinsam, einen mit einer weiteren Person, einen nur Böhnhardt begangen haben. Für zwei dieser Überfälle mietete der als Gehilfe angeklagte André Eminger die Tatfahrzeuge an. Die durchgehend ähnliche Begehungsweise war äußerst brutal. Bei einigen Überfällen verletzten und traumatisierten die Täter Angestellte und Kunden. Beim ersten Überfall schossen sie auf der Flucht gezielt auf Kopf und Brust eines 16-Jährigen, ohne ihn zu treffen. Beim elften Überfall verletzten sie einen Auszubildenden mit einem Bauchschuss lebensgefährlich und dauerhaft. Beide Fälle wertete die Bundesanwaltschaft im NSU-Prozess als versuchten Mord. Die Nebenklage kritisierte dilettantische Ermittlungen ab 2011, die das NSU-Umfeld außer Acht ließen, während die Raubermittlungen bis zur Aufdeckung des NSU den Tätern – anders als bei den anderen NSU-Taten – nahe gekommen seien.

Aufdeckung

Erweiterter Suizid der beiden Haupttäter

Am 4. November 2011 gegen 9:30 Uhr überfielen Mundlos und Böhnhardt maskiert die Wartburg-Sparkasse in Eisenach und flüchteten auf Fahrrädern mit der Beute zu ihrem etwas entfernt abgestellten Wohnmobil. Die Polizei leitete umgehend eine Ringfahndung nach den Räubern ein. Anwohnern war am Vortag ein weißes Wohnmobil mit einem Kfz-Kennzeichen aus dem Vogtlandkreis aufgefallen. Ein Passant beobachtete am Morgen auf einem Parkplatz nahe der Sparkasse, wie zwei Männer ihre Fahrräder in diesem Wohnmobil verstauten, und informierte die Polizei. Diese fand das Wohnmobil in der Anliegerstraße Am Schafrain im nahegelegenen Eisenacher Stadtteil Stregda. Als sich Beamte gegen 11:55 Uhr näherten, hörten sie zwei Schussgeräusche aus dem Innern. Kurz darauf geriet das Wohnmobil in Brand, bis die herbeigerufene Feuerwehr die Flammen löschte. Darin fand man die Leichen von Mundlos und Böhnhardt. Zschäpe sagte im NSU-Prozess aus, für den Fall einer Entdeckung durch die Polizei sei eine Selbsttötung abgesprochen gewesen. Wenn auch schwer bewaffnet und kaltblütig, waren sie sich durch ihr Abhören des Polizeifunks wohl gewahr, dass viele Einsatzkräfte auf dem Weg zu ihnen waren und ein Freischießen daher kaum in Frage kam.

André Kapke, ein Beschuldigter im NSU-Verfahren, hatte sich am 4. November 2011 vorübergehend im Raum Eisenach aufgehalten und war mit seinem Handy gegen 14 Uhr für zwölf Minuten in der Funkzelle eingebucht, in der auch das Wohnmobil stand. Kapke erklärte als Zeuge im NSU-Prozess, er sei auf der von der Funkzelle erfassten Bundesautobahn 4 unterwegs gewesen, um ein Auto zu kaufen. Von der Existenz des NSU habe er nichts gewusst. Die Ermittler bewerteten seine Aussage bezüglich des Pkw-Kaufs als glaubwürdig.

Zu den Todesursachen gab es zunächst verschiedene Vermutungen. Das Bundeskriminalamt (BKA) und die Bundesanwaltschaft gehen von einem erweiterten Suizid aus: Mundlos habe zuerst Böhnhardt erschossen, dann den Brand gelegt und dann sich selbst erschossen. Der erste Thüringer NSU-Untersuchungs-ausschuss nannte 2014 Indizien gegen einen Suizid – etwa das Fehlen von Ruß in Mundlos' Lunge, nachdem BKA-Präsident Jörg Ziercke dessen Vorhandensein zunächst behauptet hatte. Der zweite Thüringer Untersuchungsausschuss bestätigte 2016 nach eingehender Prüfung die Rekonstruktion des BKA und verwarf Spekulationen über eine dritte, für die Tode verantwortliche Person im Wohnmobil oder eine steuernde Hand im Hintergrund. Clemens Binninger, der Vorsitzende des zweiten NSU-Bundestagsausschusses, sah 2017 am erweiterten Selbstmord „keinen vernünftigen Zweifel" mehr. Der Blog NSU-Watch resümierte, der Thüringer Ausschuss habe „viele Detailfragen beantwortet", die „teils auch konträr zu kursierenden (Verschwörungs-)Theorien über die Geschehnisse" stünden (siehe die Rezeption in Politthrillern). Auch die Hauptbeteiligten im NSU-Prozess gehen von einem erweiterten Suizid aus. Beate Zschäpe bestätigte vor Gericht, dass ihre Freunde seit langem geplant hätten, sich selbst zu töten, sollten sie von der Polizei entdeckt werden.

Festnahme von Beate Zschäpe

Am 4. November 2011 kurz nach 15:00 Uhr kam es in der letzten Zwickauer NSU-Wohnung zu einer Explosion, die das Wohnhaus in Brand setzte. Die Polizei fahndete deshalb auch nach Zschäpe, die sich nach einer ziellosen mehrtägigen Bahnreise durch verschiedene ost- und norddeutsche Städte am 8. November der Polizei in Jena stellte. Am 13. November erließ der Bundesgerichtshof Haftbefehl gegen sie wegen des dringenden Verdachts der Gründung und Mitgliedschaft in einer terroristischen Vereinigung sowie der besonders schweren Brandstiftung.

Laut Anklage des Generalbundesanwalts hatte Zschäpe vom Suizid ihrer beiden Freunde erfahren und kurz darauf die gemeinsame Wohnung mit Benzin in Brand gesetzt, um Spuren zu vernichten. Dabei habe sie möglicherweise Menschenleben gefährdet. Die Überreste des Hauses wurden im April und Mai 2012 abgerissen.

Waffenfunde

Im Wohnmobil von Mundlos und Böhnhardt fand die Polizei drei Langwaffen und vier Pistolen, darunter die Dienstwaffen Michèle Kiesewetters und ihres Kollegen. Im Schutt der ausgebrannten NSU-Wohnung fand sich die Česká-Pistole, mit der der NSU seit dem Jahr 2000 neun Migranten ermordet hatte. Laut Anklageschrift wurden im Schutt der NSU-Wohnung insgesamt 2,5 Kilogramm Schwarzpulver, 20 Schusswaffen, davon zwei Maschinenpistolen, 1600 Patronen und Munitionsteile gefunden.

2004 (nach dem fünften Mord) hatte das BKA in der Schweiz zunächst Käufer der für einige Morde benutzten seltenen Munition zu ermitteln versucht, nicht aber Käufer des Waffenmodells. Zudem fragte es nur nach türkischen Staatsangehörigen, weil es türkische Hintermänner und illegalen Waffenbesitz annahm. 2006 stellten Ballistiker fest, dass die Tatwaffe zu einer für Schalldämpfer geeigneten Ceska-Sonderedition gehörte, von der 27 Stück in die Schweiz geliefert und dort verkauft worden waren. Ab 2007 suchte das BKA Ceska-Käufer in der Schweiz. Ein Verdächtiger (Anton G.) war als Käufer registriert, bestritt den Kauf aber. Er wurde erst im Oktober 2009 im Rahmen der Amtshilfe direkt vom BKA vernommen und sein Haus durchsucht, jedoch ergebnislos. 2012 gestand er, die Tatwaffe besessen zu haben.

2009 hatte die „Sonderkommission Bosporus" festgestellt, dass 31 Stück jener Sonderedition an das Ministerium für Staatssicherheit (MfS) der DDR geliefert worden waren. Es wurde jedoch ausgeschlossen, dass die Mordwaffe vom MfS stammte. 16 der Schweizer Exemplare wurden aufgespürt, jedoch (trotz Hausdurchsuchungen und Fernseh-Aufrufen) nicht die übrigen.

Bekennervideos und Datenträger

Im Schutt der NSU-Wohnung lagen über 35 DVDs mit einem 15-minütigen Film, auf dem sich die Täter auf zynische Weise zu ihren Anschlägen und Morden bekannten. Der Film repräsentiert eine neue Form terroristischer Bekennervideos. Zu Beginn erscheint eine Tafel mit der Erklärung: „Der Nationalsozialistische Untergrund ist ein Netzwerk von Kameraden mit dem Grundsatz 'Taten statt Worte'. Solange sich keine grundlegenden Änderungen in der Politik, Presse, Polizei und Meinungsfreiheit vollziehen, werden die Aktivitäten weitergeführt." Zum Schluss heißt es knapp: „Steh zu deinem Volk, steh zu deinem Land". Jede konkrete Forderung und ideologische Rechtfertigung fehlen. Nachrichtenausschnitte aus Fernsehen und Printmedien zu den Taten sind zusammengestellt, jeweils gefolgt von Fotografien der Mordopfer und Verletzten. In drei Fällen fotografierten die Täter ihre Opfer selbst. Sie bezeichneten die Morde als „Deutschlandtour". Die Sequenzen sind mit ausgewählten originalen Tonspuren aus der Zeichentrickfilmserie „Der rosarote Panther" unterlegt, der wie ein Sprecher die gezeigten Taten vorführt. Die Kommentare feiern diese, verhöhnen die ermordeten Opfer, zeigen Freude an ihrem Leid und an der Ahnungslosigkeit der Fahnder, die sie triumphierend mit dem Täterwissen kontrastieren. Ein Ausschnitt bezieht sich auf den Nagelbombenanschlag in der Kölner Keupstraße 2004 und zeigt auch das von den

Tätern benutzte Fahrrad. Eine Bildmontage stellt die Anschlagsopfer mit Nägeln im Kopf dar und kommentiert: „Heute Aktion Dönerspieß". In einer Sequenz erschießt der Panther einen Polizisten. Einmal erscheint das Logo der Rote Armee Fraktion aus den 1970er Jahren. Ein Digitalfoto mit Zeitstempel 28. Juni 2001 – dem Tag der Ermordung Süleyman Taşköprüs – zeigt eine Patronenhülse. Das Schlussbild zeigt Nachrichtenbilder vom Tatort und der Trauerfeier für Michèle Kiesewetter sowie die Dienstwaffe ihres Kollegen. Am Ende wird eine zweite DVD mit „Paulchen's neuen Streichen" angekündigt. Der Abspann aus der Zeichentrickserie („... ich komm wieder, keine Frage") ist somit eine Morddrohung.

Der Film wurde mit hohem technischen und zeitlichen Aufwand hergestellt, wahrscheinlich von Mai 2006 bis Januar 2008. Dies ergab sich aus Vorläuferversionen, die sich auf einer externen Festplatte in den Resten der Zwickauer NSU-Wohnung fanden. Die Dateien dazu waren präzise geordnet, mit dem pauschalen Opfernamen „Ali" bezeichnet und nummeriert. Da sich bei André Eminger und Holger Gerlach ebenfalls (jedoch undatierbare) Dateien mit der Comicfigur Paulchen Panther fanden, wurde ihre Beteiligung an der Herstellung vermutet. Ferner fanden sich handschriftliche Notizen mit einem Abfolgeplan der Filmsequenzen und Anmerkungen zu den verwendeten Clips, deren Schriftbild auf Mundlos und Böhnhardt zurückgeführt wurde, sowie Zeitungsartikel über die Verbrechen. Einige davon trugen Zschäpes Fingerabdrücke. Ein Videomitschnitt eines Fernsehbeitrags über den Nagelbombenanschlag in Köln wurde erstellt, bevor Mundlos und Böhnhardt nach Zwickau zurückgekehrt sein konnten.

Der Rechtsextremismusforscher Hajo Funke schloss aus der Machart des Videos auf einen Sadismus gestörter Persönlichkeiten. Die Täter hätten das Video zu Lebzeiten nicht veröffentlicht, um keine Enttarnung zu riskieren: „Das Trio konnte effizienter morden, weil die Propaganda zweitrangig war." Sie benutzten die vorhersehbaren Medienreaktionen im Video für ihre „Propaganda der Tat", ebenso die nachträgliche Veröffentlichung. Laut dem Sozialwissenschaftler Jan Schedler diente die sadistische Darstellungsform dazu, „die Verachtung für die Opfer klarzumachen". Die Comic-Ästhetik solle die Taten verharmlosen, die jahrelang erfolgreiche Täuschung der Ermittler feiern und vor allem andere Migranten verunsichern: „Ihr könnt genauso Opfer werden."

Mindestens 50 Exemplare dieser DVD hielt der NSU versandbereit vorrätig. 15 davon wurden nach dem 4. November 2011 an politische, religiöse und kulturelle Einrichtungen sowie an Presseorgane verschickt. An zwei Briefumschlägen wurden Fingerspuren Zschäpes gefunden; sie räumte den Versand ein. In Nürnberg wurde ein Briefumschlag unfrankiert – also persönlich – eingeworfen. Eine DVD erhielt die Selimiye-Moschee in Völklingen, wo zwischen September 2006 und September 2011 zehn Brandanschläge auf Wohngebäude von türkischstämmigen Einwanderern, Arabern und Afrikanern verübt worden waren. Weitere sechs DVD-Exemplare und drei USB-Sticks mit Digitalversionen des Films fanden die Fahnder in einem Tourenrucksack *aus dem ausgebrannten Wohnmobil – allerdings erst am 1. Dezember, nachdem die Tatortgruppe darin am 5. November 2011 Geldbündel mit über 23.000 Euro aus dem Bankraub in Arnstadt sowie drei Kartons mit Patronen sichergestellt hatte. Wie die Tatortgruppe die DVDs übersehen konnte, ist ungeklärt.*

Ferner fanden die Ermittler auf einem USB-Stick eine Liste mit Namen und Adressen von 88 Personen, darunter zwei Bundestagsabgeordnete und Repräsentanten türkischer und islamischer Organisationen. Zudem wurden Stadtpläne mit handschriftlich eingetragenen, ausgekundschafteten Adressen in 14 Städten gefunden, die insgesamt 191 Objekte und Straßen verzeichneten. Auf einem weiteren Datenträger wurde eine Adressliste gefunden. Unter den 10.000 Adressen sind auch solche von Politikern, Kirchen, lokalen Parteiorganisationen und Vereinen gegen Rechtsextremismus.

In den Resten der Zwickauer Küche wurden auf Festplatten von zum Teil durch den Brand beschädigten Computern weitere Videos rekonstruiert, die bereits 2001 erstellt wurden. Auf einem Video vom März des Jahres wird die Ermordung von Şimşek gefeiert und zwei Musik-Stücke der Gruppe Noie Werte zur Untermalung verwendet, in denen es unter anderem heißt: „Alle, die sich unsere Feinde nennen, die werden wir ewig hassen, und kämpfen werden wir gegen sie, bis sie unser Land verlassen." In diesem Video wird erstmals der „NSU" erwähnt und dessen an die SA erinnerndes Logo verwendet. Ein anderes Video von Oktober 2001 verhöhnt die Ermordeten Özüdoğru, Taşköprü und Kılıç. Eine weitere Videosequenz zeigt 14 umrandete Felder, von denen fünf ausgefüllt sind mit den Daten dieser vier Morde sowie dem 19. Januar 2001, an dem die Bombe in der Kölner Probsteigasse explodierte.

Überprüfung weiterer Straftaten

Bundesanwaltschaft und BKA prüften nach Bekanntwerden des NSU Verbindungen zu weiteren ungeklärten Straftaten und leiteten am 1. Dezember 2011 eine Öffentlichkeitsfahndung ein, um weitere Taten sowie Hintermänner und Unterstützer zu ermitteln. In der BAO Trio arbeiteten zeitweise bis zu 400 Personen, ab September 2012 verkleinert als EG Trio. Auch nach der Veröffentlichung der Anklageschrift durch die Bundesanwaltschaft im November 2012 gab es weitere Verdachtsfälle und Ermittlungen. Bis November 2016 wurden 1500 Hinweise und 7000 Asservate ausgewertet und über 100 Zeugen vernommen, es ergaben sich aber keine weiteren Ermittlungsansätze, insbesondere zu vermuteten Depots und weiteren Wohnungen; von den etwa 4700 Tagen im Untergrund bleibt zu 4500 fast nichts bekannt. An den 27 bekannten Tatorten (zehn Morde, zwei Sprengstoffanschläge und 15 Banküberfälle) wurden keine DNA-Spuren von Mundlos, Böhnhardt oder Zschäpe festgestellt, aber nicht zuordenbare andere DNA-Spuren. An Gegenständen aus ihrem Besitz wurden 43 DNA-Spuren festgestellt, die keiner den Ermittlungsbehörden bekannten Person zugeordnet werden können. Clemens Binninger forderte im Herbst 2016 eine „Generalrevision" dieser DNA-Proben und einen Abgleich mit möglichen NSU-Unterstützern. Zudem ermittelt die Bundesanwaltschaft gegen neun namentlich bekannte Personen aus dem Unterstützerumfeld des NSU; Binninger rechnet nicht damit, dass gegen sie

Anklage erhoben wird. Zusätzlich läuft ein Strukturermittlungsverfahren „gegen Unbekannt" zu verschiedenen Personen des NSU-Unterstützerkreises, in dem 112 Zeugen bis Juli 2015 vernommen wurden. Die Bundesanwaltschaft verwehrte im NSU-Prozess Akteneinsicht dazu.

Das BKA überprüft etwa 4000 bisher unaufgeklärte Tötungs- und mehr als 100.000 Sprengstoff-Delikte auf eine Verbindung zum NSU. Die Dauer dieser Arbeit wird auf 20 Jahre geschätzt. Im März 2017 wurden noch ausschließlich die Tötungen untersucht; ob in einer nächsten Phase Banküberfälle, Sprengstoff-, Waffen- und Vereinigungsdelikte auf eine Verbindung hin überprüft werden, war laut dem hessischen Innenminister Peter Beuth offen. Bei einer im März 1999 an Ignaz Bubis geschickten Briefbombenattrappe vermerkte das BKA Ähnlichkeit mit den Jenaer Attrappen. Ermittelt wurde zu den Sprengstoffanschlägen in Saarbrücken 1999 (Wehrmachtsausstellung), in Düsseldorf 2000 und in Berlin auf das Grab Heinz Galinskis 1998 sowie auf den Jüdischen Friedhof Heerstraße 2002. Zudem wurden die Ermordung des Rabbis Abraham Grünbaum 2001 in Zürich, der Mord an Fefzi Ufuk vor einer Moschee in Rheda-Wiedenbrück 2006 und der Wohnhausbrand in Ludwigshafen am Rhein überprüft, bei dem 2008 neun Türkeistämmige gestorben waren. Bei keinem dieser Anschläge wurde ein Zusammenhang mit dem NSU festgestellt. Ein ZDF-Dokumentarfilm zur NSU-Liste mit 10.000 potenziellen Zielobjekten sorgte im Juni 2018 für die Forderung nach gründlicheren Ermittlungen.

2016 wurde ein Stofffetzen mit DNA-Spuren Böhnhardts am Leichenfundort der 2001 neunjährig verschwundenen Peggy Knobloch gefunden. Daraufhin weiteten bayerische und thüringische Behörden ihre bisherigen Ermittlungen auf eine mögliche Verbindung des NSU zu Prostitution Minderjähriger und Kinderpornografie aus, mehrere Bundesländer ordneten die Überprüfung unaufgeklärter Fälle von vermissten und ermordeten Kindern an. Im März 2017 teilte die Staatsanwaltschaft Bayreuth mit, dass es sich um eine Trugspur handle; der Stofffetzen sei während der Spurensicherung der Polizei am 3. Juli 2016 an den Leichenfundort Peggys gelangt. Der Übertragungsweg bleibt ungeklärt.

Mutmaßliche Unterstützer

Weitere Verhaftungen

Holger Gerlach (1974), ein mutmaßlicher Unterstützer der Gruppe, wurde am 13. November 2011 in Lauenau bei Hannover ebenfalls festgenommen. Der Generalbundesanwalt warf ihm vor, seit 2007 Ausweisdokumente zur Verfügung gestellt zu haben. Zudem wurden mehrfach Wohnmobile für die Gruppierung auf seinen Namen angemietet. Am 25. Mai 2012 hob der Bundesgerichtshof den Haftbefehl gegen Gerlach auf, da kein dringender Tatverdacht zur Beihilfe für die Überfälle und Morde des Nationalsozialistischen Untergrundes mehr vorlag. Er ist im NSU-Prozess aber wegen verschiedener Hilfsleistungen angeklagt.*

Am 24. November 2011 verhaftete die GSG 9 der Bundespolizei André Eminger in Mühlenfließ. Er wurde vom Generalbundesanwalt verdächtigt, den Bekennerfilm hergestellt zu haben. Als Inhaber einer Medienfirma zusammen mit seinem Bruder Maik habe er Fachkenntnis und technische Möglichkeiten dazu. Im Juni 2012 ordnete der Bundesgerichtshof seine Freilassung an, er ist dennoch als mutmaßlicher Unterstützer angeklagt. Im Frühjahr 2013 durchsuchte die Polizei ein zweites Mal die Wohnung von E., da sie davon ausgeht, dass E. ein enger Vertrauter des NSU-Trios war. So soll er Zschäpe bei der Flucht geholfen sowie eine Wohnung, Wohnmobile und Bahncards organisiert haben. E.s Frau wird verdächtigt, Zschäpe nach der Brandstiftung in Zwickau saubere und damit spurenfreie Kleidung zur Verfügung gestellt zu haben. Die Bundesanwaltschaft ermittelt in diesem Zusammenhang gegen sie. Die Bundesanwaltschaft verdächtigt André Eminger zudem der Beihilfe zum Sprengstoffanschlag in Mülheim von 2004.

Am 29. November 2011 wurde Ralf Wohlleben, ehemaliger stellvertretender Landesvorsitzender und Pressesprecher der NPD Thüringen sowie Vorsitzender des NPD-Kreisverbandes Jena, verhaftet. Wohlleben wird vorgeworfen, dem NSU 2001 oder 2002 eine Schusswaffe nebst Munition verschafft zu haben. Dies sei als Beihilfe zu sechs vollendeten Morden und einem versuchten Mord zu werten. Weiterhin soll er das Trio bei der Flucht im Jahr 1998 und in der Folge auch finanziell unterstützt haben. Zudem soll er den Kontakt zu Holger Gerlach vermittelt haben.

Am 11. Dezember 2011 wurde der 36-jährige Matthias D. an seinem Wohnort im Erzgebirgskreis mit Haftbefehl vom 8. Dezember 2011 durch ein Spezialeinsatzkommando der Polizei festgenommen – wegen des Verdachts, im Mai 2001 und März 2008 jeweils eine Wohnung in Zwickau angemietet und der Gruppe überlassen zu haben. Ihm wurde vorgeworfen, die Ziele der Gruppe geteilt und ihre Verbrechen zumindest gebilligt zu haben. Am 29. Mai 2012 wurde er auf Anordnung der Bundesanwaltschaft wieder freigelassen.

Im Düsseldorfer Stadtteil Oberbilk wurde am 1. Februar 2012 der 31-jährige Diplom-Sozialpädagoge Carsten S. festgenommen. Er soll zusammen mit Ralf Wohlleben 2001 oder 2002 an der Beschaffung einer Waffe mit Schalldämpfer beteiligt gewesen sein sowie im Jahr zuvor Gelder übergeben und eine Unterkunft für Böhnhardt, Mundlos und Zschäpe gesucht haben. Zudem soll er von Böhnhardt und Mundlos beauftragt worden sein, in die von der Polizei versiegelte Wohnung in Jena einzubrechen, um Ausweispapiere und einen Aktenordner mitzunehmen. Dabei sei eine zweite Person anwesend gewesen. Im Anschluss soll Carsten S. die Papiere mit Wohlleben im Wald vergraben haben. Er legte ein umfassendes Geständnis ab und wurde ins Zeugenschutzprogramm aufgenommen. Am 29. Mai 2012 wurde er auf Anordnung der Bundesanwaltschaft wieder freigelassen.

Unterstützernetzwerk

BKA und BfV nannten im März 2013 nach Überprüfung von 415 Personen 129 mögliche Unterstützer des NSU; die Namen wurden nicht veröffentlicht. Die Liste enthält als Kategorien: Täter, Beschuldigte, Personen mit nachgewiesenen Kontakten zu Tätern oder Beschuldigten und Personen, bei denen ein solcher Kontakt nicht ausgeschlossen werden könne. Auf der Liste stehen laut Berliner Zeitung (BZ) acht V-Leute des Verfassungsschutzes und ein V-Mann des Berliner Landeskriminalamtes. Der Vorsitzende des 2. Bundestages-NSU-Untersuchungs-ausschusses Clemens Binninger schätzte die Zahl der Personen im NSU-Umfeld im Juli 2018 auf etwa 100. Das antifaschistische Pressearchiv und Bildungszentrum Berlin (apabiz) ging im April 2013 von 200 Unterstützern aus. Eine Unterstützerzahl von bis zu 200 Personen nennen auch die Brandenburger Landeszentrale für politische Bildung und die Neue Zürcher Zeitung unter Berufung auf Nebenklagevertreter im NSU-Prozess und Rechtsextremismusexperten.

Einige Experten sehen klare Hinweise, dass der NSU aus mehr als drei Leuten bestehe, etwa der Politikwissenschaftler Hajo Funke für den Polizistenmord von Heilbronn, bei dem Zeugen mögliche Fluchthelfer gesehen haben. Laut einer Zeugenaussage vom Mai 2000 wurden Zschäpe und Mundlos mit zwei weiteren Personen in unmittelbarer Nähe der Berliner Synagoge Rykestraße, die auf einer Liste potenzieller Anschlagsziele steht, beim Studieren eines Stadtplans beobachtet. Der Politikwissenschaftler Steffen Kailitz sieht für eine Verstrickung lokaler Rechtsextremisten einige Indizien und hält es für naheliegend, dass für einige NSU-Morde Ortsansässige den Auftrag oder Informationen gegeben haben. Auch die Beziehungen in die lokale rechtsextreme Szene in Chemnitz und Zwickau während des Untertauchens bleiben unvollständig aufgeklärt.

Rechtsextreme Szene

Welche Kenntnis des NSU-Trios und seiner Taten die rechtsextreme Szene vor 2011 hatte, ist nicht vollständig geklärt. Uwe Mundlos soll nach dem Untertauchen Autor mehrerer Artikel des von Jan Werner herausgegebenen sächsischen Blood and Honour-Magazins White Supremacy gewesen sein, das zwischen 1998 und 2001 erschien und für das er auch das Layout gemacht haben soll. In Ausgabe 1/1998 schrieb er: „Wer nicht bereit ist sich aktiv am Kampf und der Bewegung zu beteiligen, der unterstützt passiv alles was sich gegen unser Volk und unser Land und unsere Bewegung richtet!!!" Die Texte, die zu „Taten" in diesem nicht näher ausgeführten „Kampf" aufrufen, sind laut dem NSU-Nebenklageanwalt Alexander Hoffmann als eine Art vorgezogenes Bekennerschreiben des NSU zu verstehen.

Im Jahr 2002 bedankte sich das Szenemagazin Der Weiße Wolf, herausgegeben vom späteren NPD-Funktionär David Petereit, beim damals öffentlich unbekannten NSU für eine Spende mit der fett gedruckten Zeile: „Vielen Dank an den NSU, es hat Früchte getragen ;-) Der Kampf geht weiter ...". Eine Spende von mehreren hundert DM wurde später bei Petereit in einem Brief mit Logo des NSU gefunden. Der Brief beschrieb den

NSU als „neue politische Kraft im Ringen um die Freiheit der deutschen Nation", dessen Aufgaben „in der energischen Bekämpfung der Feinde des deutschen Volkes" bestünden – „getreu dem Motto «Sieg oder Tod» wird es kein Zurück geben". Eine Datei mit gleichlautendem Text vom März 2002 wurde auf einem Rechner in der Zwickauer Wohnung des Trios gefunden. Das rechtsextreme Blatt Fahnenträger erhielt samt einer Spende denselben Brief, in dem es unter anderem auch heißt: „Worte sind genug gewechselt, nur mit Taten kann ihnen Nachdruck verliehen werden". Später fanden Ermittler eine Liste mit insgesamt zehn Adressen rechtsextremer Organisationen und Zeitschriften, darunter das Deutsche Rechtsbüro, die Hilfsorganisation für nationale politische Gefangene und deren Angehörige und die Publikationen Foiersturm, Nation und Europa, Nordische Zeitung und Der Landser, die offenbar ebenfalls das Schreiben erhalten sollten. Die rechtsextreme Band Eichenlaub besang das Untertauchen des Trios 1999 im Lied 5. Februar, Daniel Giese veröffentlichte 2010 das Lied Döner Killer, das die Ceska-Mordserie höhnisch glorifiziert. Unter Blood-and-Honour-Anhängern war das Trio offenbar weithin bekannt; noch 2008 soll bei einem von ihnen organisierten Konzert für die Untergetauchten gesammelt worden sein.

Auch nach der Selbstenttarnung nehmen viele Akteure der rechtsextremen Szene auf den NSU Bezug, darunter in sozialen Netzwerken wie Facebook. Ein Thüringer Neonazi veröffentlichte dort Anfang Dezember 2012 ein Foto, auf dem zehn Personen mit NSU-Bezugnahme Waffen im Anschlag halten. Wegen ähnlicher Facebook-Aktivitäten wurde der Nürnberger Rainer Biller aus der NPD ausgeschlossen und wegen Volksverhetzung zu einer viermonatigen Bewährungsstrafe verurteilt. Im Mai 2013 entfernte Facebook eine Fanpage mit dem Namen „Paulchen Panther – NSU is watching you", auf der die Taten des NSU verherrlicht wurden. Der Neonazi Norman Bordin und ein Fotograf aus der Anti-Antifa-Szene spielten am 21. Januar 2012 die Paulchen-Panther-Melodie während eines Neonazi-Aufmarschs ab, am 26. April 2012 stellten Weißenburger Neonazis elf etwa 1,50 m große Paulchen-Panther-Figuren mit der Aufschrift „Wir sind keine Terroristen" auf.

Bis Mitte 2015 wurden dem BKA 259 Straftaten mit NSU-Bezug übermittelt, unter anderem kurz vor Beginn des NSU-Prozesses, bis Juli 2018 359, insbesondere Schändungen der Gedenkorte an die NSU-Opfer. Die Bundesregierung sah keine „größeren Auswirkungen auf das rechtsextremistische Spektrum" durch den NSU, der Verfassungsschutz beobachtete jedoch, wie sich die Szene um die nach dem NSU-Prozess freigelassenen Helfer Wohlleben und Eminger versammelte, nachdem für sie schon während des Verfahrens Solidaritätskundgebungen, Prozessbesuche und Spendensammlungen stattgefunden hatten.

Im Dezember 2018 wurde eine rechtsextreme Chatgruppe bei der Frankfurter Polizei bekannt. Ein von der Gruppe versendetes Fax, das gegen die Tochter der NSU-Opferanwältin Seda Başay-Yıldız Drohungen aussprach, wurde in Anlehnung an den Nationalsozialistischen Untergrund mit „NSU 2.0" unterschrieben.

Verhalten der Sicherheitsbehörden

Die Rolle des Verfassungsschutzes bei der Überwachung der Gruppe, insbesondere des Thüringer Landesamtes für Verfassungsschutz und seines ehemaligen Präsidenten Helmut Roewer, ist Gegenstand einer breiten politischen und medialen Debatte.

Dabei geriet insbesondere der Umgang mit V-Personen in Kritik. Sieben Sicherheitsbehörden führten über 40 V-Personen im Umfeld des NSU, die z. T. erhebliche Straftaten begangen haben. Unter den Thüringer V-Leuten galt Tino Brandt als Topquelle, der den THS mitgründete und seit 1995 zu einer der größten rechtsextremen Organisationen Deutschlands ausbaute. Im Lauf seiner V-Mann-Tätigkeit flossen zwischen 1994 und 2001 staatliche Mittel in Höhe von 200.000 DM an ihn, die er weitgehend für seine „politische Arbeit" verwendete. Brandt war ein enger Vertrauter des Trios, hielt auch nach dem Untertauchen sporadischen Kontakt und wird von Ralf Wohlleben beschuldigt, das Geld für einen Waffenkauf des NSU zur Verfügung gestellt zu haben.

Für besonderes Aufsehen sorgte die Operation Rennsteig. Die erst im Lauf der Arbeit des ersten Bundestags-Untersuchungsausschusses öffentlich bekannt gewordene Geheimaktion war eine Zusammenarbeit des Thüringer und des BfV mit dem MAD. Die von Herbst 1996 bis 2002 oder 2003 laufende Operation sollte die rechtsextreme Szene Thüringens unter die Kontrolle staatlicher Behörden bringen und sie damit steuern, strukturieren und beherrschbar halten. Insbesondere ging es um die Anwerbung möglicher V-Personen im Umkreis des Thüringer Heimatschutzes, um diesen behördlich überwachen zu können, weshalb – vom Lebensalter zu den Aktivisten der rechtsextremen Szene passend – insbesondere Wehrdienstleistende angesprochen wurden. Insgesamt sollen 40 der 140 Personen in dieser Organisation V-Leute gewesen sein. An dieser Zusammenarbeit wird kritisiert, dass die beträchtliche staatliche Finanzierung das Wachstum und den Organisationsgrad der rechtsextremen Strukturen – aus denen der NSU hervorgegangen ist – maßgeblich befördert hat, ohne eine Radikalisierung zu verhindern. Behördenvertreter haben betont, dass keiner der in der Operation Rennsteig angeworbenen V-Männer der Führungsebene des Thüringer Heimatschutzes angehörte oder zum NSU-Trio Auskunft gegeben habe.

Nach wie vor gibt es zahlreiche Ungereimtheiten, Fragen sowie Verdachtsmomente aufgrund der zahlreichen Fehler und Versäumnisse im Umfeld der NSU-Observierung. Insbesondere nach Aufdeckung des NSU kam es zu umfangreichen Vernichtungen von Akten mit NSU-Bezug, weshalb fünf Vorsitzende deutscher Verfassungsschutzbehörden zurücktraten, siehe #Personelle Konsequenzen.

Behördenverhalten und V-Leute

Im Umfeld von Beate Zschäpe, Uwe Böhnhardt und Uwe Mundlos waren vor und nach deren Untertauchen diverse V-Leute platziert. So war bis 1998 mit Tino Brandt der damalige Führer des Thüringer Heimatschutzes Informant des Thüringer Verfassungsschutzes. Über Brandt versuchte die Behörde der Gruppe nach ihrem

Untertauchen rund 2000 DM für Pässe zukommen zu lassen, um so Hinweise auf ihren Aufenthaltsort zu erhalten. Das Vorhaben scheiterte jedoch aus unbekannten Gründen. Der V-Mann Michael See (Deckname: „Tarif") verfügte über Kontakte zum Thüringer Heimatschutz und will das BfV darüber informiert haben, dass ein Rechtsextremist ihn 1998 um Hilfe bei der Suche nach einer Unterkunft für das Trio gebeten habe. Die Behörde und sein V-Mann-Führer bestreiten dies. Die Originalakte über Michael See wurde vernichtet, so dass nur die Aussagen der Beteiligten vorliegen. Unklar ist auch, ob Uwe Mundlos 1997 einen Artikel in der rechtsextremen Zeitschrift Voice of Zwickau veröffentlicht hat, die der V-Mann Ralf Marschner (Deckname: „Primus") herausgab. Eine Textanalyse des BfV aus dem Jahr 2012 sieht ihn als möglichen Autor. Marschner wurde zudem beschuldigt das Trio beschäftigt zu haben, was er bestreitet; die Zeugenaussagen dazu sind uneindeutig. Versuche, den inzwischen im Ausland lebenden Marschner als Zeugen im NSU-Prozess oder im Bundestags-Untersuchungsausschuss zu laden, schlugen fehl.

Eine vom ehemaligen Bundesrichter Gerhard Schäfer geleitete Kommission zu den Umständen des Untertauchens am 26. Januar 1998 warf den Thüringer Behörden strukturelle Fehler und handwerkliche Defizite vor. Es habe an Abstimmungen, Informationsweitergaben und Auswertungen von Erkenntnissen gemangelt. Jedoch seien Spekulationen entkräftet worden, dass Böhnhardt, Mundlos und Zschäpe staatlich gedeckt worden seien oder als V-Personen gearbeitet hätten.

Im August 1998 wies der damalige V-Mann Carsten Szczepanski (Deckname: „Piatto") den Verfassungsschutz Brandenburg darauf hin, dass sich ein gesuchtes Skinhead-Trio in Chemnitz aufhalte und Banküberfälle plane. Der zuständige Sachbearbeiter stufte dies als einen Hinweis auf Rechtsterrorismus ein und schlug eine Weiterleitung an die Polizei vor. Der damalige Referatsleiter lehnte dies jedoch offenbar aus Gründen des Quellenschutzes ab. Ebenfalls 1998 stellte sich heraus, dass eine unbekannte Person an einem Geldautomaten der Sparkasse in Jena 1.800 DM von Böhnhardts Konto abgehoben hatte. Ein Video der Überwachungskamera wurde später an den Verfassungsschutz ausgehändigt und von dort nicht an die Zielfahnder weitergeleitet. Der Militärische Abschirmdienst berichtete dem Thüringer Verfassungsschutz im Dezember 1999, bei der Befragung eines Szenekontakts sei herausgekommen, die Untergetauchten „hätten sich schon auf der Stufe von Rechtsterroristen bewegt, die mit einer gewissen Zielsetzung eine Veränderung dieses Staates herbeiführen" wollten. Auch diese Information erreichte die Zielfahnder nicht.

Der MDR berichtete im November 2011, dass im Jahr 1998 oder 1999 ein Thüringer Spezialeinsatzkommando (SEK) bereit für einen Zugriff auf das aufgespürte Trio gewesen sei, das Zielfahnder zuvor im Chemnitz entdeckt hätten. Der Einsatz sei kurz vor der Abfahrt des SEK abgebrochen worden. Das LKA Thüringen bestritt den Bericht und erklärte zu keinem Zeitpunkt Kenntnis vom Aufenthaltsort der Gesuchten gehabt zu haben. Ein abgebrochener SEK-Einsatz sei daher gar nicht möglich gewesen. Laut dem Fernsehmagazin Fakt wurde das Mobiltelefon des untergetauchten Böhnhardt vier Wochen lang abgehört. Dabei fielen mehrere Stunden Gesprächsmaterial mit Fluchthelfern sowie den Eltern von Böhnhardt und Zschäpe an. Mangels Hinweisen auf den Aufenthaltsort des Trios wurde das Material damals gelöscht.

Der Polizist Marco G. sagte vor dem Thüringer NSU-Ausschuss aus, dass der spätere LKA-Präsident Werner Jakstat ihm im Jahr 2003 in einem einminütigen Telefonegespräch angewiesen habe, die Fahndung gegen Böhnhardt nur zum Schein zu betreiben. Eine solche Anweisung wurde sowohl von Kollegen des Polizisten als auch von Jakstat selbst bestritten. Dieser bezeichnete die Aussage von G. als „irrsinnig" und wies auf Auseinandersetzungen zwischen ihm und dem gewerkschaftlich organisierten Beamten hin. Laut „Süddeutscher Zeitung" liegt der Schluss nahe, dass die Länder bemüht waren, die Bundesanwaltschaft systematisch aus dem Ermittlungsverfahren gegen das untergetauchte Trio herauszuhalten. Diese konnte nur anhand von Zeitungsartikeln prüfen, ob die Voraussetzungen für eine Übernahme vorlagen.

Auch bei Personen, die im NSU-Prozess als Helfer des NSU-Trios angeklagt sind, kam es zu Behördenversagen. Niedersächsische Behörden räumten schwere Fehler bei der Observierung Holger Gerlachs ein, der als Mitläufer eingestuft wurde. Im Juli 2013 wurden dutzende streng vertrauliche Dokumente zu Anwerbungsversuchen des Thüringer Verfassungsschutzes bekannt. Demnach hatte es bis zum Jahr 2007 in Thüringen hunderte Anwerbungsvorgänge gegeben, darunter auch einen Anwerbungsversuch des als NSU-Helfer verurteilten Carsten Schultze.

Der Rechtsextremist Thomas Starke lieferte 1995 oder 1996 rund 1,1 kg TNT an Uwe Mundlos, das zum Bau der später von der Polizei in angemieteten Garagen beschlagnahmten Rohrbomben verwendet wurde. Starke war von 2000 bis 2011 als V-Mann für das Berliner Landeskriminalamt tätig und soll dabei auch Hinweise auf das gesuchte Trio gegeben haben. Er gibt an nichts von dessen inzwischen terroristischen Aktivitäten gewusst zu haben. Ein entsprechendes Ermittlungsverfahren gegen ihn wurde eingestellt.

Aktenvernichtungen

In einer Sitzung des Untersuchungsausschusses im Bundestag im Juni 2012 wurde bekannt, dass am 11. November 2011 im Kölner Hauptsitz des BfV die zuvor vom Generalbundesanwalt angeforderten Akten zur Operation Rennsteig vernichtet wurden. Anschließend wurde die Aktenvernichtung vom Referatsleiter offenbar auf den Januar 2011 zurückdatiert. Familien der Opfer erstatteten deswegen im Juli 2012 Strafanzeigen gegen das BfV und den thüringischen Verfassungsschutz mit dem Vorwurf der Strafvereitelung im Amt. Im September 2016 wurde bekannt, dass dem für die Aktenvernichtung verantwortlichen Referatsleiter (Tarnname „Lothar Lingen") laut eigener Aussage „bereits am 10./11. November 2011 völlig klar" gewesen sei,

„dass sich die Öffentlichkeit sehr für die Quellenlage des BfV in Thüringen interessieren wird. Die bloße Bezifferung der seinerzeit in Thüringen vom BfV geführten Quellen mit acht, neun oder zehn Fällen hätte zu der ... Frage geführt, aus welchem Grunde die Verfassungsschutzbehörden über die terroristischen Aktivitäten der drei eigentlich nicht informiert worden sind. Die nackten Zahlen sprachen ja dafür, dass wir wussten, was da läuft, was aber nicht der Fall war. Und da habe ich mir gedacht, wenn ... die Anzahl unserer Quellen ... in Thüringen nicht bekannt wird, dass dann die Frage, warum das BfV von nichts gewusst hat, vielleicht gar nicht auftaucht."

Mehrere Nebenkläger stellten daraufhin erneut Strafanzeige wegen Strafvereitelung und Urkundenunterdrückung. Weitere Ermittlungen wurden vorerst sistiert, bis die Staatsanwaltschaft Köln am 11. November 2016 Ermittlungen gegen den Referatsleiter einleitete, da er eine – wenige Tage nach der ersten Aktenvernichtung aufgetauchte – Akte mit NSU-Bezug wiederum hatte vernichten lassen, obwohl der BfV-Präsident des BfV bereits eine Überprüfung angeordnet hatte. Im März 2018 stellte der zuständige Staatsanwalt hinreichenden Tatverdacht des Verwahrungs-bruchs gegen Lingen fest, stellte das Verfahren jedoch gegen Zahlung von 3000 Euro vorläufig ein (§ 153a Absatz 1 StPO).

Bis zu einer Anordnung Anfang Juli 2012 wurden beim BfV weitere Rechtsextremismus-Akten vernichtet, insgesamt 310 zwischen dem 4. November 2011 und dem 4. Juli 2012; bei den meisten schließt das Bundesamt einen NSU-Bezug aus. Jedoch wurden im November und Dezember 2011 vier Abhörprotokolle und eine V-Mann-Meldung von Jan Werner, einem Beschuldigten der NSU-Ermittlungen, vernichtet, und noch im Februar 2012 wurde darüber diskutiert, ob die Unterlagen zu Thomas Starke vernichtet werden dürften. Die interne Untersuchung ergab keine Anhaltspunkte für eine Vertuschungsabsicht, insbesondere bei Berichten, die auf Überwachungsmaßnahmen beruhen, da diese gesetzlich nach einer bestimmten Frist zu löschen sind. Dabei geriet die uneinheitliche Löschpraxis in die Kritik. In der Abteilung für Verfassungsschutz des Landes Berlin kam es im Mai/Juni 2012 zur Vernichtung von Akten des Verfahrens zur rechtsextremen Band „Landser", die eigentlich hätten archiviert werden sollen; es handelte sich nach den Erkenntnissen eines Sonderermittlers um das Versehen eines einzelnen Mitarbeiters. Zudem waren im Juli 2010 Akten zum Netzwerk Blood and Honour vernichtet worden. Die teilweise rekonstruierten Akten enthielten einige Hinweise auf Personen aus dem NSU-Umfeld (Thorsten Heise, Thomas Starke, Jan Werner); das Trio selbst wurde darin nicht erwähnt. Bei weiteren Behörden wurden Dokumente mit NSU-Bezug zerstört. Teile der Akten ließen sich rekonstruieren, viele Abschriften von Telefonaten und Treffberichte sind jedoch verloren.

Im Dezember 2013 geriet auch die Staatsanwaltschaft Chemnitz in den Verdacht der Urkundenunterdrückung und der versuchten Strafvereitelung im Amt, als bekannt wurde, dass dort die Akten zum ersten NSU-Raubüberfall vom 18. Dezember 1998 vorzeitig im Jahr 2006 vernichtet worden waren; die Staatsanwaltschaft Görlitz stellte 2014 die Ermittlungen ergebnislos ein. Die Bundesanwaltschaft ließ im Jahr 2014 das Notizbuch des mutmaßlichen NSU-Helfers Jan Werner vernichten, was zu einer Strafanzeige von Nebenklägern im NSU-Prozess führte, die zuständige Staatsanwaltschaft aber keine Ermittlungen aufnehmen ließ. Im Frühjahr 2015 wurden beim

Brandenburger Verfassungsschutz Akten mit Bezug zum V-Mann Carsten Szczepanski (Deckname „Piatto") vernichtet, die Aufschluss über die mangelnde Kommunikation mit sächsischen Behörden in der Frühphase des Abtauchens des NSU-Trios hätten geben können.

Personelle Konsequenzen

Nach Bekanntwerden der Aktenvernichtungen zogen Verfassungsschutz-Leiter in der zweiten Jahreshälfte 2012 persönliche Konsequenzen. Am 2. Juli 2012 bat BfV-Präsident Heinz Fromm aufgrund der Ermittlungspannen um seine vorzeitige Entlassung, was Bundesinnenminister Hans-Peter Friedrich (CSU) annahm. Am 3. Juli 2012 wurde der Präsident des Thüringer Landesamtes für Verfassungsschutz Thomas Sippel in den einstweiligen Ruhestand versetzt. Am 11. Juli 2012 trat der Präsident des Landesamts für Verfassungsschutz Sachsen Reinhard Boos zurück, am 13. September 2012 derjenige Sachsen-Anhalts, Volker Limburg. Im November 2012 räumte die Leiterin der Berliner Landesbehörde für Verfassungsschutz Claudia Schmid weitere Fälle von rechtswidriger Aktenvernichtung in ihrer Behörde ein und trat unmittelbar darauf zurück. Nach einem Fund bisher nicht bekannter Akten mit Bezug zum Rechtsterrorismus wurde auch der bisherige Vizepräsident des sächsischen Verfassungsschutzes, Olaf Vahrenhold, abberufen. Er wurde zum 1. Juli 2013 Abteilungsleiter beim Sächsischen Staatsarchiv.

Untersuchungsausschüsse

Im Januar 2012 setzte der 17. Deutsche Bundestag einen Untersuchungsausschuss ein, um die rechtsextremen Verbrechen des NSU und das Versagen der deutschen Sicherheitsbehörden und der beteiligten Landesbehörden für Verfassungsschutz bei der Verhinderung der Verbrechen zu untersuchen. Der Ausschuss wurde vom SPD-Abgeordneten Sebastian   Edathy geleitet. Der   ehemalige   Bundesinnenminister Otto Schily (SPD) übernahm politische Verantwortung für Ermittlungsfehler und die langsame Aufklärung der Anschlagsserie, sah aber bei sich keine persönliche Fehleinschätzung. Der frühere bayerische Innenminister Günther Beckstein (CSU) nahm die Dienststellen seines Landes in Schutz und gab an, keine Versäumnisse zu erkennen. Der langjährige BfV-Vizepräsident und spätere Geheimdienstkoordinator Klaus-Dieter Fritsche beklagte, der Ausschuss beteilige sich an einem „Skandalisierungswettbewerb"; die durch Behörden gebremste Aufklärung begründete er damit, dass ein Bekanntwerden von Staatsgeheimnissen „Regierungshandeln unterminieren" könne.

In etwa anderthalb Jahren wurden etwa hundert Zeugen und Sachverständige befragt und über 12.000 Bände Akten eingesehen. Im Abschlussbericht vom August 2013 werden schwere Fehler und Versäumnisse der Strafverfolgungsbehörden und Inlandsgeheimdienste bei der Suche nach den Untergetauchten und der Ermittlung ihrer Straftaten festgehalten. Keine Einigkeit erzielten die beteiligten Abgeordneten darüber, ob institutioneller oder struktureller Rassismus in der Behördenarbeit eine Rolle spielte. Ungeklärt blieben die Motive für die umfangreichen Aktenvernichtungen bei Behörden im NSU-Umfeld; insbesondere die Umstände der Selbstenttarnung am 4. November 2011 wurden zurückgestellt. Es wurden eine Reihe von Empfehlungen ausgesprochen, insbesondere, um rassistisch motivierte Gewalttaten besser erkennen und aufklären zu können und den Einsatz von V-Personen transparenter zu gestalten.

Am 14. Oktober 2015 beantragten die Fraktionen des 18. Deutschen Bundestages die Einsetzung eines weiteren NSU-Untersuchungsausschusses, um offene Fragen – auch hinsichtlich der Arbeit der Behörden – zu klären. Dieser Ausschuss beschäftigte sich intensiv mit der Ermittlungsarbeit, mit V-Personen, örtlichen Unterstützer-netzwerken und entstandenen Verschwörungstheorien, von denen er einige widerlegte. Die vertretenen Fraktionen waren sich über die zu ziehenden Konsequenzen nicht einig, sahen aber alle weiteren Aufklärungsbedarf; die Linksfraktion forderte einen anschließenden Ausschuss zu Rechtsterrorismus und der Rolle von Geheimdiensten.

Acht Landtage richteten Untersuchungsausschüsse zur Aufklärung einzelner Tatkomplexe, möglicher regionaler Unterstützernetzwerke und der jeweiligen Arbeit der Landesbehörden ein. In Berlin und Hamburg kamen trotz eklatanter Behördenfehler im NSU-Komplex keine Untersuchungsausschüsse zustande, in Brandenburg 2016 und in Mecklenburg-Vorpommern 2018. Die Arbeit wird unterschiedlich bewertet. Während dem Bundestag und dem Thüringer Landtag allgemein gründliche und mutige Arbeit bescheinigt wurde, wurden die Landtage Hessens und Brandenburgs wegen parteipolitischer Blockaden häufig kritisiert. Die langsame Aufklärung in Sachsen wurde durch die Teilnahme eines NPD-Abgeordneten und Desinteresse am Thema behindert; in Bayern – wo die meisten Morde stattgefunden hatten und wo die Ermittlungsarbeit bis 2011 koordiniert worden war – arbeitete der Ausschuss sein Pflichtprogramm in einem Jahr ab. Insgesamt wurden die schwierigen Arbeitsbedingungen kritisiert, da viele Behörden die Kooperation blockieren; Akteneinsicht wurde verweigert und die Aktenübermittlung über Monate hingezogen, die Aussagegenehmigungen von V-Leuten stark beschränkt und diesen teilweise Rechtsbeistände für die Aussagen organisiert und bezahlt.

Gerichtsverfahren

Der Strafprozess gegen die als Mittäterin angeklagte Beate Zschäpe und vier weitere als Gehilfen Angeklagte – Ralf Wohlleben, André Eminger, Holger Gerlach und Carsten Schultze – begann am 6. Mai 2013 vor dem Oberlandesgericht München. Vor Beginn kam es zu einer Kontroverse um die Akkreditierung von Journalisten und um einen festen Zuschauerplatz für den türkischen Botschafter.

An diesem größten Strafverfahren seit der Wiedervereinigung waren über hundert Personen beteiligt, neben dem Vorsitzenden Richter Manfred Götzl und vier Beisitzern 14 Verteidiger, 95 Nebenkläger und deren 60 Rechtsanwälte. Die Anklageschrift umfasst 488 Seiten, die Ermittlungsakten umfassten zum Prozessende 1200 Ordner. Viele Nebenklageanwälte konzentrierten ihre Arbeit vollständig auf diesen Prozess und *setzten sich für eine umfassende Aufklärung des NSU-Komplexes vor Gericht ein, um einen vereinfachten „Schlussstrich" zu verhindern.*

Eine Reihe von Beweisanträgen zu lokalen Helfern und zu V-Leuten im Umfeld des Trios lehnte der Senat mit dem Hinweis ab, dass sich das Gericht auf die Bewertung strafrechtlich relevanten Verhaltens der Angeklagten in dem Rahmen beschränken muss, den die Anklageschrift absteckt. Die Hinweise darauf, dass einige Sicherheitsbehörden das Untertauchen des Trios möglicherweise duldeten, reichen demnach nicht aus, um nachzuweisen, dass staatliche Stellen die Taten geschehen ließen – ein „staatlich betreutes Morden", von dem die Vorsitzende des Thüringer NSU-Untersuchungsausschusses Dorothea Marx sprach, sei nach dem bisherigen Stand der Aufklärung nicht anzunehmen. Forderungen nach weitergehenden Ermittlungen kam die Bundesanwaltschaft nicht nach.

Im Dezember 2015 sagten Zschäpe und Wohlleben aus, nachdem sie vorher ihr Aussageverweigerungsrecht wahrgenommen hatten. Zschäpe ließ ihren Anwalt Mathias Grasel eine mehrstündige Aussage vorlesen, in der sie die Mundlos und Böhnhardt vorgeworfenen Taten einräumte, jede eigene vorherige Kenntnis davon aber abstritt (mit Ausnahme der Raubüberfälle). Die Aussage zeichnete das Bild einer schwachen, abhängigen Person; Zschäpe entschuldigte sich auch bei den Opfern. Allgemein wurde ihre Aussage als taktisch motiviert und nicht glaubhaft aufgenommen. Auch Wohlleben räumte in seiner Aussage, die er als vorbereiteten Text vortrug, keine eigene Verantwortung für die NSU-Taten ein. Beide ließen sich im Anschluss dazu befragen, Zschäpe antwortete nur schriftlich über ihre Anwälte. Der Psychiater Henning Saß stellte im Januar 2017 Zschäpes volle Schuldfähigkeit und weiter bestehende Gefährlichkeit fest. Am 18. Juli 2017 ging die Beweisaufnahme nach 373 Verhandlungstagen zu Ende. Insgesamt wurden nach 774 Ladungen 540 Zeugen und 56 Sachverständige gehört sowie 248 Beweisanträge gestellt. Es wurden 13 Verfassungsschützer und 8 V-Leute vernommen.

Am 11. Juli 2018 wurde das Urteil verkündet. Zschäpe wurde gemäß der Forderung der Anklage zu lebenslanger Haft verurteilt und die besondere Schwere ihrer Schuld festgestellt. Wohlleben wurde zu zehnjähriger, Gerlach und Carsten Schultze zu je dreijähriger, Eminger zu zweieinhalbjähriger Haft verurteilt. Die Verteidiger legten Revision gegen die jeweiligen Urteile ein, die Bundesanwaltschaft gegen das Urteil zu Eminger, die vor dem Bundesgerichtshof verhandelt werden. Mehrere Nebenklagevertreter haben Folgeverfahren vor dem Bundesverfassungsgericht und dem Europäischen Gerichtshof für Menschenrechte angekündigt.

Die Angehörigen zweier Mordopfer, Enver Şimşek und İsmail Yaşar, reichten im Juni 2017 durch ihren Rechtsanwalt Mehmet Daimagüler jeweils Schadensersatzklagen wegen fehlerhafter Ermittlungsarbeit gegen den Bund, Bayern und Thüringen beim Landgericht Nürnberg-Fürth ein. Weitere Zivilprozesse Betroffener sind in Vorbereitung. Die Schadensersatzklage der Angehörigen Mehmet Kubaşıks gegen den Freistaat Thüringen wurde im August 2017 vom Landgericht Erfurt ausgesetzt, weil die

Thüringer Landesregierung die NSU-Opferangehörigen außergerichtlich entschädigte.

Rezeption

Politik

Die Entdeckung des NSU sorgte für eine Erschütterung der deutschen Politik und Gesellschaft, die laut dem Spiegel in einen „Schockzustand" gerieten. Die Morde an Migranten waren in den Medien trotz Erörterung möglicher rechtsextremer Hintergründe meist auf eine angebliche Verstrickung der Opfer in kriminelle Aktivitäten innerhalb der deutschtürkischen Gemeinschaft zurückgeführt worden. So hatte Bundesinnenminister Hans-Peter Friedrich nach den Anschlägen in Norwegen noch im Juli 2011 erklärt, er sehe keine unmittelbare Gefahr für rechtsextremistische Terroranschläge in Deutschland. Generalbundesanwalt Rainer Griesbaum zeigte sich überrascht, „weil wir bei unseren Ermittlungen in den letzten Jahren nicht feststellen konnten, dass es in der rechtsextremen Szene rechtsterroristische – also festgefügte – Strukturen gab." Der Politologe Kien Nghi Ha stellte fest, die gesellschaftlichen Eliten, Wissenschaftler, Medien und antifaschistische Aktivisten hätten in ihrer „kritischen Wächterfunktion" versagt, was sich nach der Aufdeckung des NSU mit der traumatisierenden, verschleppten Aufarbeitung, fortlaufenden Enthüllungen und Spekulationen sowie scheinheiligen Inszenierungen fortsetze. Das Ausmaß der behördlichen Verstrickungen in den NSU-Komplex sei spektakulär und einzigartig, lasse sich aber dem Grunde nach auf Kontinuitäten insbesondere der Nachrichtendienste zu den NS-Eliten zurückführen, sodass dort nach wie vor eine nationalkonservative Kultur mit Verbindungen in die rechte Szene vorherrsche.

Die politische Wirkung zeigt sich an den parlamentarischen Untersuchungsausschüssen und Rücktritten in Sicherheitsbehörden, am Medieninteresse zum NSU-Prozess und einer verstärkten Diskussion über Rassismus und Integration. Das Bewusstsein für die Gefahr des Rechtsterrorismus stieg. Insbesondere die deutsche Sicherheitsarchitektur wurde in Frage gestellt, eine Herausforderung, die auch Jahre nach der NSU-Entdeckung anhält. Expertenkommissionen forderten Reformen der Sicherheitsbehörden, in Thüringen unter Leitung Gerhard Schäfers, in Berlin unter Dirk Feuerberg und in Sachsen unter Monika Harms. Eine von Karl Peter Bruch und Heino Vahldieck geleitete Bund-Länder-Kommission zum Rechtsterrorismus hielt der Politik unzureichende Kontrolle der Sicherheitsbehörden und Defizite im Umgang mit der rechtsextremen Szene vor.

Die Justiz- und Innenminister von Bund und Ländern einigten sich Mitte November 2011 darauf, eine zentrale Datei zur Erfassung von Neonazi-Strukturen und -Personen anzulegen sowie Bundespolizei und Verfassungsschutz besser zu verzahnen. Bundesinnenminister Friedrich gründete Mitte Dezember 2011 nach dem Vorbild des gegen islamistischen Terrorismus 2004 gegründeten GTAZ ein Gemeinsames Abwehrzentrum gegen Rechtsextremismus (GAR), das im November 2012 zum GETZ

(Gemeinsames Extremismus- und Terrorismusabwehrzentrum) ausgebaut wurde und in dem sich Experten von Bund und Ländern aus mehr als 40 Behörden austauschen. Am 20. August 2012 wurde das Rechtsextremismus-Datei-Gesetz verabschiedet. Die Kriterien für die Erfassung von Todesopfern rechtsextremer Gewalt wurden revidiert und deren Zahl nach oben korrigiert. Ein erneutes NPD-Verbotsverfahren wurde ab 2013 vor dem Bundesverfassungsgericht verhandelt; während das erste Verfahren ab 2001 noch an der starken Einflussnahme staatlicher Stellen in die Partei – unter anderem durch V-Leute wie den NSU-Unterstützer Tino Brandt – gescheitert war, lehnte das Gericht das Verbot im Januar 2017 wegen der gesunkenen Bedeutung der NPD ab.

Das öffentliche Ansehen der Ämter für Verfassungsschutz nannte Thomas Grumke 2016 „nahezu irreparabel" beschädigt. Gewichtige Stimmen fordern eine Abschaffung dieser Institutionen oder zumindest des V-Person-Wesens, andere eine Reform, die auf eine „Brechung des Juristenmonopols" unter den Mitarbeitern sowie verbesserte Fachkenntnisse und Analysekompetenz zielt. Mit dem Gesetz zur Verbesserung der Zusammenarbeit im Bereich des Verfassungsschutzes wurde 2015 das BfV an Mitteln und Zuständigkeiten gestärkt und erstmals ein bundesweiter Rechtsrahmen für den Einsatz von V-Personen geschaffen. Einige Publizisten haben das fehlende Lernen aus dem NSU-Skandal scharf kritisiert; so sahen Hajo Funke und Micha Brumlik die Bundesrepublik 2013 auf dem Weg in den von Geheimdiensten unterwanderten tiefen Staat. Die Zeitschrift Der Journalist attestierte den deutschen Medien 2017 blinde Flecken in der Berichterstattung über rechtsextreme Strukturen und Taten; die öffentliche Kontrolle der Behörden in diesem Feld versage weiterhin.

Insbesondere hatte der NSU Auswirkungen auf die migrantische Bevölkerung: Viele verloren ihr Vertrauen in den Staat und wurden zunehmend von der Mehrheitsgesellschaft entfremdet. Stephan J. Kramer, bis Januar 2014 Generalsekretär des Zentralrats der Juden, resümierte im Oktober 2016 als neuer Präsident des Thüringer Verfassungsschutzes, durch die schwache Aufklärungsarbeit seien nicht weniger, sondern eher mehr Fragen zum NSU offen; die Arbeit der parlamentarischen Untersuchungsausschüsse nahm er von der Kritik aus. Er führte die langjährige Unterschätzung des Rechtsextremismus auch auf „Sympathisanten rechten Gedankengutes in den Sicherheitsbehörden" zurück. Der Publizist Tanjev Schultz konstatierte Ende 2016, weite Teile der Gesellschaft interessierten sich nicht für das Problem des Rechtsextremismus, das gegenüber dem islamistischen Terrorismus in den Hintergrund getreten sei.

Zivilgesellschaft und Publizistik

Es entstanden zivilgesellschaftliche Initiativen wie das Watchblog NSU-Watch, das die Aufklärungsarbeit kritisch begleitet, und lokale Initiativen wie Keupstraße ist überall, Initiative 6. April Kassel und NSU-Tatort Hamburg, die das Gedenken an die Opfer zu stärken und gesellschaftliche Einstellungen zu verändern versuchen. Die Zeitung Jungle World urteilte Ende 2016, mit der Gründung von NSU-Watch habe eine intensive und überregional vernetzte Beschäftigung linker Initiativen mit dem NSU-

Komplex begonnen, die „inzwischen so groß und heterogen geworden" sei, dass sie „Bewegungscharakter" erreicht habe. Hundert Personen in sieben Städten organisierten im Mai 2017 unter dem Titel NSU-Komplex auflösen ein „NSU-Tribunal" in Köln, bei dem vor 3000 Besuchern die Betroffenen ihre Stimmen und eine über das Juristische hinausgehende Anklage erhoben. Nach weiteren Interventionen wie Kundgebungen, temporäre Straßenumbenennungen und der Verlesung ihrer Anklageschrift im NSU-Prozess erhielt die Aktion den Amadeu-Antonio-Preis 2017. Das Kulturbüro Sachsen unterstützt Projekte wie Geschichtswerkstätten zum NSU mit Jugendlichen in Chemnitz und Zwickau, wo ein Informations- und Bildungszentrum im Gespräch ist. Jana Hensel resümierte im Juli 2018, das Geschehen sei in Ostdeutschland weitgehend verdrängt worden; eine ostdeutsche Perspektive fehle, zumal der NSU-Prozess in München aus dem Blickfeld des Ostens ausgeschieden sei. Ostdeutsche Publizisten versuchen laut Hensel, das NSU-Trio durch Parallelisierung mit anderen Lebensläufen der breiten Bevölkerung verständlich zu machen.

Eine Reihe von Sachbüchern und Sammelbänden zum NSU-Komplex ist erschienen, darunter 2014 Heimatschutz. Der Staat und die Mordserie des NSU der Journalisten Stefan Aust und Dirk Laabs. Der Soziologe Samuel Salzborn nannte es „einen der bisher wichtigsten Beiträge" zum NSU, der eine Erklärung für das Behördenversagen liefere, der Terrorismusexperte Holger Schmidt eine „Fleißarbeit", die „zu suggestiv" und fehlerbehaftet sei, aber zu einem Standardwerk zu werden verspreche. Der erste Gesamtüberblick nach dem Ende des NSU-Prozesses, NSU: Der Terror von rechts von Tanjev Schultz, ist laut Schmidt nüchtern, differenziert und realistisch, laut Friedrich Burschel „kundig, detailgenau, umfassend", er verliere sich aber „in endlosen Rekonstruktionen" – und wirke durch allzu gedämpfte Kritik am staatlichen Handeln systemstabilisierend. Aufgrund der großen Komplexität der Materie und vieler ungeklärter Fragen besonders zur Rolle von Behörden zweifeln viele am Narrativ der Bundesanwaltschaft zum NSU, insbesondere der Annahme, es habe sich um eine isolierte Zelle gehandelt, die sämtliche Taten ohne Unterstützer vorbereitete und ausführte. Parlamentarier, Opferanwälte, investigative Journalisten, Publizisten und Wissenschaftler haben darum eigene Recherchen, Analysen und Hypothesen angestellt.

Zugleich sind, insbesondere in rechtspopulistischen bis rechtsextremen Kreisen, Verschwörungstheorien verbreitet, die – analog der These des RAF-Phantoms – eine Verantwortung der mutmaßlichen Terroristen und der rechtsextremen Szene insgesamt in Zweifel ziehen oder sie als Opfer staatlicher Machenschaften darstellen („NSU-Phantom"). Diesen breitenwirksamen Strang der NSU-Rezeption sehen die Leitmedien allgemein als gefährliche Desinformation, die einer Aufklärung abträglich sei. Der NSU-Skandal habe Verschwörungstheorien, so Tanjev Schultz, zusammen mit dem etwa zeitgleichen NSA-Skandal einen generellen Popularitätsschub gegeben.

Zu diesen Verschwörungstheorien zählt Tanjev Schultz auch die Spekulationen über den Tod von Uwe Mundlos und Uwe Böhnhardt am 4. November 2011, die Wolfgang

Schorlau in seinem Kriminalroman Die schützende Hand zum fiktionalisierten Aus-
gangspunkt einer Kritik an den NSU-Ermittlungen macht – und dabei die von den Be-
hörden vertretene Version des Doppelsuizids verwirft. Schorlaus im November 2015
erschienener Roman gelangte auf Platz 1 der Spiegel-Bestsellerliste – laut dem Verle-
ger Helge Malchow, weil der Fall „uns so nahe" sei, „dass er in seinem Glutkern noch
strahlt." Nach dem Erscheinen einer erweiterten Taschenbuchausgabe im April sen-
dete das ZDF im November 2017 eine Verfilmung als Politthriller. Zwei weitere, 2016
erschienene Kriminalromane kreisen um den Tod der NSU-Terroristen, die Thril-
ler Dunkelmacht von Harald Lüders und Wolfsspinne von Horst Eckert. Eisenach am
4. November 2011 sei auf dem besten Weg, ein „deutsches Dallas" zu werden, merkte
Die Welt im September 2016 an. Deutschlandfunk Kultur registrierte im deutschspra-
chigen Politthriller-Genre einen Aufschwung, da die Grenzen zur Fiktion im NSU-Kom-
plex fließend seien und sich damit ein „Möglichkeitsraum für Geschichten" eröffne, der
vor der Selbstenttarnung der Terrorzelle nicht vorhanden war.

Gedenken an die Opfer und Umgang mit den Angehörigen

Am 13. November 2011 organisierte die Türkische Gemeinde in Deutschland eine
Mahnwache vor dem Berliner Brandenburger Tor und rief zu Solidarität gegen Ras-
sismus und rechtsextreme Gewalt auf. Die Teilnehmer, darunter Kenan Kolat und Ste-
phan J. Kramer, trugen Schilder mit den Namen der NSU-Mordopfer. Der Bundestag
gedachte am 21. November 2011 in einer Schweigeminute der Opfer; Präsi-
dent Norbert Lammert bat im Namen der Abgeordneten um Entschuldigung für „Ver-
dächtigungen und Anfeindungen" und sagte, er schäme sich für die Arbeit der Sicher-
heitsbehörden. Bundespräsident Christian Wulff lud die Angehörigen der NSU-Opfer
am 23. November 2011 zu persönlichen Gesprächen ins Schloss Bellevue, was viele als
wichtige Geste bezeichneten. Am 20. Dezember 2011 wurde die frühere Berliner Aus-
länderbeauftragte Barbara John zur „Ombudsfrau der Bundesregierung für die Opfer
und Opferangehörigen der Zwickauer Zelle" ernannt, die aus über siebzig Personen in
33 Familien (23 der Kölner Bombenanschläge und 10 der Mordopfer) bestehen. John
stellte fest, dass ihnen bis November 2011 fast keine Unterstützung durch staatliche
Stellen zuteilgeworden war und sie nur durch Rechtsanwälte, den Weißen Ring und
teilweise durch das Opferentschädigungsgesetz notdürftige Hilfe erhalten hatten. Bis
April 2013 erhielten die Opferfamilien insgesamt knapp eine Million Euro Härteleis-
tungen.

Am 23. Februar 2012 fand im Berliner Schauspielhaus am Gendarmen-
markt ein Staatsakt zum Gedenken an die Opfer des NSU statt. Für die Angehörigen
sprachen der Vater Halit Yozgats und die Töchter Enver Şimşeks und Mehmet Ku-
başıks, für die Bundesrepublik – anstelle des inzwischen zurückgetretenen Wulff – An-
gela Merkel. Semiya Şimşek sagte: „Elf Jahre durften wir nicht einmal reinen Gewis-
sens Opfer sein", Merkel bat im Namen der Bundesrepublik um Verzeihung und ver-
sprach: „Wir tun alles, um die Morde aufzuklären und die Helfershelfer und Hinter-
männer aufzudecken und alle Täter ihrer gerechten Strafe zuzuführen" und zugleich

„alles in den Möglichkeiten unseres Rechtsstaates Stehende zu tun, damit sich so etwas nie wiederholen kann." Dieses Versprechen wurde im Lauf der schleppenden und teilweise behinderten Aufklärung in den nächsten Jahren immer wieder kritisch aufgegriffen.

Im April 2012 veröffentlichten die sieben Städte, in denen Menschen vom NSU ermordet wurden, eine gemeinsame Erklärung, in der die Taten der „neonazistischen Verbrecher" verurteilt wurden:

„Neun Mitbürger, die mit ihren Familien in Deutschland eine neue Heimat fanden, und eine Polizistin. Wir sind bestürzt und beschämt, dass diese terroristischen Gewalttaten über Jahre nicht als das erkannt wurden, was sie waren: Morde aus Menschenverachtung. Wir sagen: Nie wieder!"

Diese Städte – Nürnberg, Hamburg, München, Rostock, Dortmund, Kassel, Heilbronn – ließen zwischen Ende 2012 und Anfang 2014 Mahnmale für die zehn Todesopfer mit dem Text der Erklärung aufstellen. Die 2013 eingeweihten Mahnmale in Nürnberg und Dortmund hatten zunächst einen falschen Todestag eingraviert. An einzelnen Tatorten sind individuelle Gedenkorte geschaffen worden, so in Dortmund, in Kassel mit dem Halitplatz, in Rostock sowie in Nürnberg an den drei Mord-Tatorten. In Köln wurde im November 2016 der Denkmalsentwurf Ulf Amindes für die NSU-Anschläge von 2001 und 2004 ausgewählt, ein der Begegnung dienendes „virtuelles Haus" nahe der Keupstraße.

Nach einer Umfrage der Welt am Sonntag kam es in vier dieser sieben Städte zu Vandalismus an den Gedenkstädten: In Kassel war der Gedenkstein für Halit Yozgat 2014 mit einer Bitumenmasse übergossen worden, in Rostock wurde der Gedenkort für Mehmet Turgut seit 2014 dreimal beschädigt. In Nürnberg entfernten Unbekannte 2015 eine Gedenktafel, eine Stele war im November 2017 mit einem Hakenkreuz beschmiert worden. In Heilbronn gruben Unbekannte 2008 eine Gedenkstele für Michèle Kiesewetter aus und warfen sie in den Neckar. 2014 wurde eine Gedenktafel besprüht.

Nachdem Bundespräsident Joachim Gauck zunächst eine Gedenkveranstaltung und ein Treffen abgelehnt hatte, lud er für den 18. Februar 2013 NSU-Opfer und Angehörige zu Gesprächen ein. Mehrere Angehörige schlugen die Einladung aus, da nicht auch ihre Nebenklagevertreter eingeladen wurden; sie forderten Aufklärung statt Betroffenheit. Im Juni 2014 besuchte Gauck zum 10. Jahrestag des Nagelbombenanschlags die Keupstraße und hielt eine Ansprache vor 70.000 Besuchern der Kundgebung Birlikte, die seitdem jährlich zum Engagement gegen rechtsextreme Gewalt aufruft.

Die Zwickauer Oberbürgermeisterin Pia Findeiß lehnte 2013 ein Mahnmal speziell für die NSU-Opfer ab: Sie befürchte, die Wohnorte des NSU könnten Anlaufstellen für Rechtsextreme werden. Am 8. September 2019 wurde auf der Ziegelwiese im nördlichen Teil des Zwickauer Schwanenteichparks zum Gedenken an Enver Şimşek eine Deutsche Eiche gepflanzt. Wochen später wurde der Baum von

Unbekannten abgesägt, für Findeiß ein Zeugnis „von Intoleranz, mangelndem Demokratieverständnis und von Verachtung gegenüber Terroropfern und deren Angehörigen". Auch eine an gleicher Stelle aufgestellte Holzbank mit Inschrift war nach kurzer Zeit beschädigt worden. Bei einer Gedenkfeier bei zehn neu angepflanzten Gedenkbäumen und Gedenktafeln am 3. November 2019 kam es wegen fehlerhafter Schreibweise der Namen der Mordopfer sowie Nicht-Einladung von Überlebenden und Angehörigen zu Kritik.

Im September 2017 beschloss die rot-rot-grüne Mehrheit im Thüringer Landtag, einen Entschädigungsfonds für die NSU-Opfer und eine Gedenkstätte für die NSU-Taten einzurichten. Die AfD lehnte beides aus ideologischen Gründen ab, die CDU, weil sie eine gerichtliche Klärung abwarten und keine „Pilgerstätte für Neonazis" schaffen wolle. Bis zum Ablauf der Einreichungsfrist im Oktober 2018 wurden 68 Anträge gestellt und die zur Verfügung gestellten 1,5 Millionen Euro bis Ende des Jahres fast vollständig aufgeteilt. Die Politikerin Katharina König-Preuß forderte im März 2019 die Einrichtung eines Archivs zum NSU für die weitergehende Aufklärung. Der Jenaer Oberbürgermeister Thomas Nitzsche lehnte im April 2019 die vom Ortsteilrat initiierte und in einer Bürgerbefragung unterstützte Benennung eines Enver-Şimşek-Platzes in Winzerla ab.

Die bis zur NSU-Selbstenttarnung vorherrschende dehumanisierende Umschreibung der Mordopfer mit dem Begriff „Döner" und ihr Nicht-Betrauern in der allgemeinen Öffentlichkeit hat die Soziologin Jasmin Siri als „extremste Form der Exklusion" bezeichnet. Viele Hinterbliebene waren enttäuscht über den schleppenden NSU-Prozess; sie kritisierten, dass die Angeklagten sowie Behördenvertreter kaum zur Aufklärung beitrugen. Ihre Skepsis gegenüber der Justiz ist geblieben. Es gibt laut Esther Dischereit kein größeres Forum, in dem die NSU-Opfer jenseits ihres Status als Opfer oder Migrant als Personen mit ihren ganzen Biographien gewürdigt würden. Dadurch, dass sie weiter als „Zufallsopfer" bezeichnet werden, dominiert laut dem Kulturanthropologen Lee Hielscher die Tätersicht weiterhin die öffentliche Wahrnehmung; die Opfer würden „geschichts- und ortlos gemacht". Die Wanderausstellung „Die Opfer des NSU und die Aufarbeitung der Verbrechen" ist seit November 2013 an über hundert Orten in Deutschland gezeigt worden. Die ARD sendete am 11. Dezember 2011 die Dokumentation Acht Türken, ein Grieche, eine Polizistin, die den Opfern erstmals „ein Gesicht geben" sollte. Semiya Şimşek veröffentlichte 2013 das Buch Schmerzliche Heimat, das den Tod ihre Vaters und den folgenden Umgang der Ermittler mit den Angehörigen aufarbeitet und dem ARD-Fernsehfilm Die Opfer – Vergesst mich nicht 2016 als Grundlage diente und laut Stuttgarter Zeitung „vielleicht genau die Lücke in der Rezeption" schloss, indem er „einen emotionalen Zugang" zu den „gesichtslosen Nebenklägern im NSU-Prozess" verschaffe.

Quelle: Seite „Nationalsozialistischer Untergrund". In: Wikipedia, Die freie Enzyklopädie. Bearbeitungsstand: 1. März 2020, 17:26 UTC.

24.2 Anschlag in Hanau 2020

*Bei den **Anschlägen in Hanau** wurden am 19. Februar 2020 in der hessischen Stadt Hanau zehn Personen ermordet. Der Täter erschoss neun Personen in und vor zwei Shishabars und auf der Fahrt zwischen beiden Orten. Später wurden er und seine Mutter in der Wohnung seiner Eltern tot aufgefunden. Wegen Terrorverdachts zog der Generalbundesanwalt die Ermittlungen an sich, da „gravierende Indizien für einen rassistischen Hintergrund" vorlägen.*

Tathergang

Gegen 22 Uhr gab der Täter mehrere Schüsse auf der Straße, in einem Kiosk sowie vor und in Shishabars der Hanauer Innenstadt und im Hanauer Stadtteil Kesselstadt ab. Dabei wurden insgesamt neun Menschen getötet sowie sechs weitere verletzt, darunter eine Person schwer.

Nach einem Bericht des Generalbundesanwaltes Peter Frank vor dem Innenausschuss des Bundestages erschoss der Attentäter um 21.58 Uhr zuerst einen Menschen auf offener Straße. Am ersten Tatort erschien eine Polizeistreife um 22.03 Uhr. Bei der Flucht tötete er einen zweiten Menschen, bevor er weiter zur Shishabar Midnight fuhr und dort vier Schüsse durch die Tür abgab; dabei starb ein Opfer. Auf der Weiterfahrt tötete er einen weiteren Menschen. Im Vorraum eines Kiosks erschoss er vier Menschen. In der benachbarten Arena Bar gab es einen weiteren Toten und mehrere Verletzte. Die Tatdauer betrug insgesamt etwa zwölf Minuten. Sein Kraftfahrzeug befand sich um 22.10 Uhr am Wohnort seiner Eltern und wurde um 23.10 durch Zeugenaussagen und Videoaufnahmen festgestellt, woraufhin eine Polizeistreife dort zunächst erfolglos klingelte. Ein Spezialeinsatzkommando drang – nach Beobachtung durch einen Drohnenaufstieg – um 3.03 Uhr in die Wohnung ein und fand den Täter und dessen Mutter tot vor. Neben drei Waffen wurden 350 Stück Munition in einem Rucksack gefunden. Hinweise über mögliche Mitwisser oder Unterstützer gäbe es bislang nicht, jedoch warte man auf Auskünfte des FBI zu möglichen Kontakten des Täters während seiner Reise in die Vereinigten Staaten im November 2018.

Ermittlungen

Die Polizei erhielt durch Augenzeugen Hinweise auf ein flüchtendes Fahrzeug, das nach einer Großfahndung im Stadtteil Kesselstadt ermittelt wurde. Bei der Erstürmung seiner Wohnung durch ein SEK wurde der Täter tot aufgefunden. Dort wurde zudem die Leiche seiner 72-jährigen Mutter gefunden. Beide Leichen wiesen Schusswunden auf. In der Wohnung wurde auch der körperlich unversehrte Vater des Attentäters angetroffen. Ferner wurden bei den Ermittlungen ein Pamphlet und ein Video gefunden.

Noch in der Nacht zum 20. Februar 2020 übernahm der Generalbundesanwalt beim Bundesgerichtshof wegen Terrorverdachts die Ermittlungen. Die Äußerungen im Pamphlet deuteten auf ein rassistisches Motiv hin.

Der hessische Innenminister Peter Beuth bestätigte am 20. Februar 2020 im Landtag, dass erste Ermittlungsergebnisse auf ein fremdenfeindliches Motiv hindeuteten. Der Täter sei bis dahin weder dem Landesamt für Verfassungsschutz Hessen bekannt, noch bis zur Tat polizeilich auffällig gewesen.

Opfer

Der Täter erschoss acht Männer und eine Frau mit Migrationshintergrund, die zwischen 20 und 37 Jahre alt waren, sowie seine 72-jährige Mutter und sich selbst. Fünf Opfer (einschließlich der Mutter des Täters) hatten die deutsche Staatsbürgerschaft, eins davon außerdem die afghanische. Zwei Opfer hatten die türkische, jeweils eines die bosnische, die bulgarische und die rumänische Staatsangehörigkeit. Von den Opfern gehörten mindestens zwei zur kurdischen Gemeinschaft. Nach dem Roma Anti-discrimination Network waren „drei der Ermordeten Roma". Mercedes K. war „deutsche Romni mit polnischen Wurzeln", Kalojan V. „ bulgarischer Rom" und Vili Viorel P. war „rumänischer" Rom. Ferner gab es nach Angaben des LKA Hessen fünf Verletzte, davon jeweils zwei Menschen mit deutscher und mit türkischer Staatsangehörigkeit, sowie einer mit deutsch-afghanischer Zugehörigkeit.

Insgesamt kamen durch das Tatgeschehen neben dem mutmaßlichen Täter zehn Personen zu Tode:

Der 22-jährige Ferhat Ü. war als Kind kurdischer Eltern in Deutschland geboren und aufgewachsen; in der Türkei war er nie gewesen. Sein Großvater war als Gastarbeiter nach Deutschland gekommen. Ferhat Ü. hatte gerade eine Ausbildung zum Gas- und Wasserinstallateur abgeschlossen und traf sich oft mit Freunden in der Arena Bar.

Die 35-jährige Mercedes K. war deutsche Staatsbürgerin und Angehörige der nationalen Minderheit der Roma. Sie hatte am Tatabend in der Arena Bar gearbeitet und hinterlässt zwei Kinder, einigen Medienberichten zufolge war sie mit einem dritten Kind schwanger.

Der 30-jährige Sedat G. war der Besitzer der Shishabar Midnight. Er hinterlässt einen Bruder.

Der 37-jährige Gökhan „Gogo" G. war in Hanau geboren, seine aus Ağrı stammende kurdische Familie lebte seit 1968 in Hanau. Er war gelernter Maurer und arbeitete nebenberuflich als Kellner.

Die Familie des 20-jährigen Hamza K., der ebenfalls in der Shishabar Midnight erschossen wurde, stammte aus Prijedor, Bosnien und Herzegowina, bereits sein Vater wie auch seine zwei Brüder und seine Schwester waren in Deutschland geboren.

Hamza K. hatte gerade seine Ausbildung abgeschlossen und wohnte in der Nähe des Täters.

Der 33-jährige Bulgare Kalojan V. lebte laut dem bulgarischen Außenministerium seit zwei Jahren in Deutschland, war der Wirt der Bar La Votre neben der Shishabar Midnight. Er war Rom und hinterlässt einen kleinen Sohn.

Der 23-jährige Rumäne Vili Viorel P. war als 16-jähriger nach Deutschland gekommen, um Geld für eine medizinische Behandlung seiner Mutter zu verdienen. Er arbeitete bei einem Kurierdienst. Er war Rom und das einzige Kind seiner Eltern.

Der 21-jährige Said Nesar H. war Deutsch-Afghane mit doppelter Staatsbürgerschaft und in Hanau aufgewachsen. Er war ausgebildeter Maschinen- und Anlagenführer. Sein 23-jähriger Bruder überlebte schwer verletzt.

Der 34-jährige Fatih S. war vor drei Jahren aus Regensburg nach Hanau gezogen, auch er starb in der Shishabar Midnight.

Die 72-jährige Gabriele R. war die Mutter des Täters und Hausfrau.

Täter

Der mutmaßliche Täter Tobias Rathjen wurde 1977 in Hanau geboren. In den 1980er-Jahren spielte er Fußball bei der Jugend von Eintracht Frankfurt. Nach dem Abitur 1996 an der Hohen Landesschule und dem Zivildienst absolvierte er eine Berufsausbildung zum Bankkaufmann in Frankfurt. Im Jahr 2000 begann er an der Universität Bayreuth ein Studium der Betriebswirtschaftslehre, das er 2007 mit dem Diplom abschloss. Vorübergehend arbeitete er von 2008 bis 2011 in Trier als Kundenberater der MLP. Von 2013 bis 2018 wohnte und arbeitete er in München bei check24. Zuletzt war er arbeitslos und lebte bei seinen Eltern in Hanau.

Er war Sportschütze in Frankfurt und in München und legal Eigentümer von drei Pistolen. Neben der Tatwaffe, einer Pistole des Typs Glock 17 mit Kaliber 9 × 19 mm, hatte er auch eine Sig Sauer 226, Kaliber 9 Millimeter, und eine Walther PPQM2, Kaliber 22. Zur Tatzeit war er auch im Besitz einer Česká zbrojovka CZ 75, Kaliber 9 Millimeter, die er sich etwa zwei Wochen vor der Tat bei einem Waffenhändler auf legale Weise geliehen hatte. Seit Sommer 2013 hatte er eine Waffenbesitzkarte. Der Main-Kinzig-Kreis hatte noch 2019 die Zuverlässigkeit des Sportschützen überprüft.

Vor der Tat war er laut Polizei nicht durch Straftaten in Erscheinung getreten. In den Jahren 2002 und 2004 hatte er bei der Bayreuther Polizei Strafanzeigen wegen „illegaler Überwachung" erstattet, 2019 weitere Strafanzeigen bei der Staatsanwaltschaft in Hanau. Anfang November 2019 hatte er sich mit seinen Verschwörungstheorien in einer „Strafanzeige gegen eine unbekannte geheimdienstliche Organisation" an den Generalbundesanwalt Peter Frank gewandt.

Der Täter hat vor seinem Anschlag ein Pamphlet verfasst mit einer Mischung aus militant rassistischen und verschwörungstheoretischen Motiven, aus dem hervorging, dass er umfassende Vernichtungsphantasien hatte und unter Wahnvorstellungen litt. Teile des Dokuments legen außerdem ein rechtsextremes Weltbild nahe. Weite Passagen des Schriftstücks deuteten laut einer Analyse der Journalisten Yassin Musharbash und Tom Sundermann vom Folgetag des Verbrechens im Nachrichtenportal Zeit Online „auch darauf hin, dass er verwirrt war und sich verfolgt und überwacht fühlte." Sein 24-seitiges Pamphlet veröffentlichte er im Internet. Darin schrieb er über seinen Lebensweg, sein rassistisches, islamfeindliches, antisemitisches und von verschiedenen Verschwörungstheorien geprägtes Weltbild und rief zum gewaltsamen Kampf und zur Vernichtung der Bevölkerung ganzer Staaten auf. Auch auf antifeministische und misogyne Motive in seinem Weltbild wurde hingewiesen. Diese Elemente hätten bereits bei vorangegangenen Amokläufen und Attentaten (Utøya 2011, Christchurch 2019, Halle an der Saale 2019) eine Rolle gespielt. Wenige Tage vor der Tat veröffentlichte er ein Video auf YouTube, das sich an das US-amerikanische Volk richtete.

Der Inhalt des Pamphlets und des Videos wird von Beobachtern teilweise als Hinweis auf eine psychische Erkrankung des Täters, insbesondere eine Schizophrenie, gedeutet. Der BKA-Präsident Holger Münch sprach von einer „schweren psychotischen Krankheit". Auch nach Einschätzung der forensischen Psychiaterin Nahlah Saimeh wiesen die Äußerungen im Pamphlet des Täters auf eine schwere psychotische Erkrankung, wahrscheinlich eine paranoid-halluzinatorische Schizophrenie, hin. Ähnlich äußerte sich die Kriminologin Britta Bannenberg. Während die rechtsextreme Einstellung des Täters die Art der Radikalisierung, die Art der Tat und die Auswahl der Opfer beeinflusst habe, sei die paranoide Schizophrenie als Ursache der Tat zu betrachten.

Reaktionen

Politik und Gesellschaft

Am Abend des 20. Februar fanden in Hanau und vielen weiteren Städten Mahnwachen statt. Bundesinnenminister Horst Seehofer ordnete für alle öffentlichen Gebäude Trauerbeflaggung an.

Politiker aller Bundestagsparteien bekundeten ihr Entsetzen und Beileid. Wie Angela Merkel, Frank Walter Steinmeier und Recep Tayyip Erdoğan drückten auch UN-Generalsekretär Antonio Guterres und der Präsident des Europäischen Parlaments David Sassoli den Familien der Opfer ihr Beileid aus. Während die Vertreter der meisten Parteien im Bundestag den mutmaßlich rassistischen Hintergrund der Taten verurteilten, erkannten Vertreter der AfD keinen politisch motivierten Hintergrund bei der Tat, sondern eine psychische Störung des Täters. Laut der Braunschweiger Zeitung ist jedoch eine solche Pathologisierung des Täters eine Verharmlosung der Tat. Verschwörungsideologien seien „nicht nur irre Hirngespinste", sondern „Teil des Prozesses der Radikalisierung". Die Partei wolle „sich vor dieser Debatte drücken".

Josef Schuster, der Präsident des Zentralrats der Juden in Deutschland, erklärte, es sei „davon auszugehen, dass der Täter bewusst Menschen mit Migrationshintergrund treffen wollte". Die Gefahr rechter Gewalttäter sei zu lange verharmlost worden. Polizei und Justiz warf er vor, „auf dem rechten Auge eine Sehschwäche" zu haben.

Der Vorsitzende des Zentralrats der Muslime in Deutschland Aiman Mazyek sagte, dass rechtsextreme Terroristen „durch die jahrzehntelange Untätigkeit von Politik und Sicherheitsbehörden zum Schutz deutscher Muslime und Minderheiten" sich zu solchen Taten ermutigt fühlten. Auch muslimische Gotteshäuser und Repräsentanten der Religionsgemeinschaft müssten besser geschützt werden. Zugleich rief er die Muslime auf, eigene Schutzmaßnahmen zu ergreifen.

Der Vorsitzende des Zentralrats Deutscher Sinti und Roma, Romani Rose, erklärte: „Der Zentralrat und alle Sinti und Roma in Deutschland trauern mit den Angehörigen um die ermordete junge Frau, die Mutter von zwei Kindern. Wir trauern um sie und um alle Opfer dieses rechtsterroristischen Anschlags." Der Anschlag zeige auf brutale Weise auf, wie weit die Hemmschwelle unter Rechtsradikalen und Rassisten gesunken sei, auch dadurch, dass die etablierten Parteien der AfD immer mehr Raum gäben und damit die Abgrenzung zu den Extremisten auch innerhalb der AfD unterlaufen werde.

Auch die Kurdische Gemeinde Deutschland drückte ihre Bestürzung aus und forderte, keine Angst zu haben und Farbe zu bekennen. Dem kurdischen Dachverband in Deutschland KON-MED (Konföderation der Gemeinschaften Kurdistans in Deutschland) zufolge stellten sich die politischen Verantwortlichen den rechten Netzwerken und dem Rechtsterrorismus nicht entschieden entgegen.

Der Anschlag führte zu einer erneuten Debatte um das Waffenrecht in Deutschland. Während der Präsident des Bundes deutscher Kriminalbeamter Sebastian Fiedler sich für eine abwartende Haltung aussprach, setzten sich Bündnis 90/Die Grünen für eine Verschärfung ein. Der Bundesinnenminister Horst Seehofer kündigte eine Prüfung an, während der Deutsche Schützenbund strengere Regelungen ablehnt. Ebenso sprach sich die Stiftung gegen Gewalt an Schulen – hervorgegangen nach dem Amoklauf in Winnenden – für eine regelmäßige Überprüfung von Waffenbesitzern sowie der Zusammenführung der Erkenntnisse in den Behörden aus. Roman Grafe wiederholte die Forderung seiner Initiative Keine Mordwaffen als Sportwaffen! im NDR: „Das Risiko sportlicher Waffen ist nicht regulierbar. Das einzige, was hilft, ist diese Waffen zu verbieten." Die Initiative habe nach eigenen Angaben mehr als 270 Opfer dokumentiert und wurde ebenfalls nach dem Amoklauf von Winnenden gegründet.

Auf diversen sozialen Medien wurden nach der Tat Verschwörungstheorien bezüglich der vermeintlichen „Wahrheit über Hanau" verbreitet, so die Behauptung, es habe sich um eine „Geheimdienstoperation" gehandelt mit dem Ziel, der AfD zu schaden.

Die NdM-Vorsitzende Sheila Mysorekar machte die Alternative für Deutschland (AfD) für den Anschlag mitverantwortlich. Die AfD Hessen hätte mit ihren Internet-

Memes über mehrere Wochen explizit gegen Shishabars gehetzt und diese mit „Ausländerkriminalität" in Verbindung gebracht.

Politikwissenschaft

Der Terrorismusexperte am King's College London Peter R. Neumann sah in dem Pamphlet des Täters ein „Muster von sozial isolierten Männern, die sich im Internet aus verschiedenen Elementen selbst eine Ideologie zusammenbasteln." Der Mann habe eindeutig einer rechtsextremen Ideologie angehangen und der Text weise zudem darauf hin, dass der Täter erheblich psychisch gestört gewesen sei. Er wies darauf hin, dass es ähnliche Fälle von politisch motivierten Taten in der Vergangenheit häufig gegeben habe und viele Täter „in virtuellen Subkulturen aktiv" gewesen seien. Die Sicherheitsbehörden müssten in solchen Subkulturen „noch viel stärker unterwegs sein und diese Online-Foren überwachen und infiltrieren". Was im Bereich Dschihadismus bereits passiere, müsse auch im Bereich Rechtsextremismus umgesetzt werden. Das Internet werde noch zu wenig „als Ort verstanden, in dem sich Extremisten vernetzen." Zur These des einsamen Wolfes sagte der Politikwissenschaftler, dass sich in den meisten Fällen später herausstelle, dass es ein soziales Umfeld gegeben habe, mit dem kommuniziert worden sei.

Der Rechtsextremismusforscher Jan Rathje erklärte, dass das Ziel der Täter sei, durch ihre Videos und Manifeste Nachahmer anzuregen. Der Repressionsdruck auf den Rechtsextremismus müsse erhöht werden. In einigen Parteien werde jedoch „gegen jede Form des Extremismus" gekämpft. Dadurch werde „die reelle Bedrohungslage durch den Rechtsextremismus relativiert".

Der Politikwissenschaftler Rüdiger Schmitt-Beck bezeichnete rechte Hetze sowie Björn Höckes Aufruf zum politischen Umsturz als „Lizenz für Anschläge".

Auch der Rechtsextremismusforscher Hajo Funke verwies auf Höcke-Äußerungen wie dessen Appell für eine „Politik wohltemperierter Grausamkeit". So schaffe man „das Milieu, die Bereitschaft, die Atmosphäre" und „die Entfesselung von Ressentiments". „Über Jahrzehnte bis weit in die Aufarbeitungsversuche des NSU" sei vom BKA und dem Verfassungsschutz „eher verdrängt worden", was von rechts gekommen sei. Von Seiten der Sicherheitsbehörden käme es jedoch mittlerweile „immer öfter zu verschärften, präventiven Reaktionen".

Der Kulturkritiker Georg Seeßlen warf die Frage auf, wie gesund oder krank eine Gesellschaft ist, die solche Täter hervorbringt. Hierzu schrieb er: „Die Täter tun wirklich, wovon zu schwadronieren längst erlaubt, gewohnt und hingenommen ist." Seeßlen zog eine Analogie zwischen Rechtsextremismus und einer Droge und zeigte hierfür mehrere Parallelen auf, so unter anderem: „Das Euphorisierende, das Sich-stark-und-unbesiegbar-fühlen, ... die Abfolge von Rausch und Entzug, die zur Notwendigkeit führt, die Dosis zu erhöhen". Er betonte zugleich, dass dies nichts an der persönlichen Verantwortung der Täter, ihrer Helfer und ihrer Anstifter ändere.

Der Experte für Verschwörungstheorien Michael Butter wies darauf hin, dass es im Manifest und in den Videos des Täters keine Bezüge zu den derzeit populärsten Verschwörungstheorien, die etwa unter Rechtsextremen zirkulieren, gebe. Man könne von einer Art privaten Verschwörungstheorie sprechen, wenn Tobias R. von dem angeblichen Geheimdienst berichtet, der seine Gedanken abhöre. Die Idee einer privaten Verschwörungstheorie sei jedoch widersinnig, denn Verschwörungstheorien zeichnen sich gerade dadurch aus, dass sie sozial geteilt und von mehr als einer Person geglaubt werden. Das sei ein Kriterium, mit dem man sie üblicherweise von paranoiden Wahnvorstellungen abgrenze.

Sicherheitsmaßnahmen

Muslimische Verbände forderten nach der Tat in Hanau Schutz und Solidarität. Als Reaktion auf den Anschlag will Bundesinnenminister Horst Seehofer die Sicherheitsvorkehrungen in Deutschland verstärken. Die nordrhein-westfälische Landesregierung verstärkte die Sicherheitsmaßnahmen für Muslime. Nordrhein-Westfalens Innenminister Herbert Reul erklärte, die Polizei gehe auf Streife, wo sich vor allem muslimische Mitbürger aufhielten, und nannte konkret die landesweit 900 Moscheen; der Schutz der Muslime werde während des Freitagsgebets erhöht.

Quelle: Seite „Anschlag in Hanau 2020". In: Wikipedia, Die freie Enzyklopädie. Bearbeitungsstand: 3. März 2020, 00:26 UTC. URL: https://de.wikipedia.org/w/index.php?title=Anschlag_in_Hanau_2020&oldid=197361766 (Abgerufen: 3. März 2020, 07:57 UTC)

25. Ist die Nazi Ideologie wirklich verarbeitet?

Wenn man lange Zeit als Fremder in Deutschland lebt und Diskussionen über die Naziideologie verfolgt, so vernimmt man oftmals eine automatische und stereotype Reaktion: „Das wurde alles in der Schule durchgenommen". Fragt man ganz genau nach den Ursachen, so werden automatisch zwei Ursachen genannt: zum einen die Inflation (allerdings ist dies historisch nicht wahr denn die Inflation dauerte von 1914-1923) und zum anderen die Arbeitslosigkeit, die Hitler angeblich bekämpft hat. Was die Arbeitslosigkeit anbetraf, hat Hitler nur eine Ausgabe finanzieren können, weil er den Stahlbaronen versprochen hatte aufzurüsten; und damit erhielten sie Aufträge des Staates im Stahlbereich, denn er brauchte Kanonen, Panzer und Munition.

Die Grundarbeiten zur Stabilisierung der deutschen Wirtschaft wurden jedoch durch die geschmähte Weimarer Republik geleistet. Der größte Teil der Bevölkerung hat immer noch nicht verstanden, warum die Weimarer Republik gescheitert ist. Und dies wurde nicht in der Schule behandelt. Es wurde auch nicht den Kindern und jetzigen Erwachsenen beigebracht, dass das Scheitern der Weimarer Republik an unfähigen Eliten gelegen hat - seien es gesellschaftliche oder bei der Wehrmacht. Denn diese Leute folgten eigentlich keiner Demokratie, sie waren immer noch Anhänger des alten Regimes.

Zudem haben die Versager des ersten Weltkriegs wie Moltke und Hindenburg von ihrer Schuld abgelenkt, die sie mit der Lüge der Dolchstoßlegende in die Welt gesetzt haben. Dadurch hatten demokratische Prozesse von Anfang an kaum Chancen auf Erfolg.

Nicht zu vergessen ist, dass während der Weimarer Republik Deutschland drei von vier deutschen Friedensnobelpreisträgern gestellt hat.

Die Konservativen und die Rechtsextremen haben dazu geführt, dass Hitler an der Macht gelangt ist. Dabei hätte im übrigen Hindenburg auch bis 1933 Hitler verhindern können.

Tatsächlich kann man objektiv nicht von einer realen Verarbeitung der Nazizeit sprechen. Dies wurde auch dadurch verhindert, dass mehrere Tausend Nazis nach dem Krieg geflüchtet sind, oder dass in sehr vielen Familien die Schuldfrage während des Naziregimes totgeschwiegen wurde, oder dass ein Teil der Vertriebenen die Schuld für ihren Verlust lediglich bei den Russen sahen und sie sich als Opfer sahen und nicht als Täter.

Die Stärke heute und der Stolz der heutigen deutschen Gesellschaft beruht darauf, dass man wieder wer ist. Vor allem ist Deutschland wieder Weltmeister im Export und damit in der Wirtschaft. Und das sollte Europa sich als Vorbild nehmen, nach dem Motto „Am deutschen Wesen soll die Welt genesen".

Eine regelrechte historische Verarbeitung der Nazizeit und die Durchsetzung von notwendigen Konsequenzen zur Abwehr einer Wiederholung sind bis heute jedenfalls nicht gründlich und nachhaltig durchgeführt worden oder die durchgeführten Maßnahmen haben versagt.

26. Versagen der politischen Eliten

Die Frage, ob die politischen Eliten versagt haben, muss bejaht werden, denn vor allem die CDU und CSU waren seit Jahren auf dem rechten Auge blind und haben immer geleugnet, dass ein gewisser Rassismus und Faschismus nicht nur an den Rändern der Gesellschaft zu finden sind. Gauland war CDU Mitglied, der größte Teil der AfD war CDU- bzw. CSU Mitglied. Ein Björn Höcke ist sogar Beamter des Landes Hessen und zwar als Lehrer für Geschichte. Dieses Beispiel ist so unfassbar, dass man es nicht glaubt. An diesem Beispiel zeigt sich das Versagen der Kontrollinstanzen gegenüber solchen Extremen.

Hier darf darauf hingewiesen werden, dass es in den Jahren 1974-1980 den sogenannten Radikalen Erlass gab, mit dem verhindert werden sollte, dass linke oder extreme linke Gesinnung in den öffentlichen Dienst vordringt. Es fragt sich, warum so etwas nicht für die extremen Rechten existiert und vor allem nicht für solche Eliten, die nichts anderes sind als geistige Brandstifter und die danach streben die gesamte Demokratie von innen zu zerstören.

Insoweit ist der Autor der festen Überzeugung, dass die politischen Eliten insbesondere in CDU/CSU, SPD und FDP bei ihrer Kontrollfunktion versagt haben.

27. Versagen des Bildungswesens

Wenn man im Fernseher diesen Mob der extremen Rechten, Rassisten, Neonazis sieht so fragt man sich, was die Schule dazu beigetragen hat um die jungen Generationen über den Aufstieg der NSDAP unter Hitler und der Rassistenbeigetragen hat.

Auf den ersten Blick ist man erschrocken, weil auch hier ein reines Versagen festzuhalten ist.

Der größte Teil dieser Anhänger sind entweder im Leben gescheiterte Menschen oder Feiglinge, die sich nur eher stärker aus der Masse herbeireden. Dies hätte die Bildung verhindern. Diese Menschen hätten von Anfang an von der Bildung besonders angesprochen werden müssen, um ihnen aufzuzeigen, welche Konsequenzen dieser Weg für sie selber haben wird. Insoweit haben Lehrer, Bildungsministerien und Schulen hier auf der ganzen Linie versagt.

28. Versagen der Medien

Betrachtet man die Rolle der Medien und des von ihnen oktroyierten Mainstreams, so muss man feststellen, dass die Medien schlicht einfach die Probleme der Jugend und die Probleme dieser Randgruppen nicht ausreichend beachten. Mit dem Zeigefinger allein kann man keine Meinung und Einstellung verändern. In den Augen dieses Teils der Bevölkerung leidet zunehmend die Glaubwürdigkeit vieler Medien, vor allem deren Eliten. Und damit leidet auch die Aufklärung über diese Entwicklung, die letztendlich eine Tretmine für die gesamte Gesellschaft darstellt. Diese Tretminen werden die sozialen Strukturen und den sozialen Frieden in erheblichem Maß zerstören. Hier müssen die Medien endlich mit allen ihnen zur Verfügung stehenden Mittel dafür Sorge tragen, dass ihre Glaubwürdigkeit wieder erhöht wird und dass sie schlicht einfach die Probleme der Gesellschaft beim Namen nennen - und zwar im Klartext. Hierbei ist wichtig, dass sie schlicht einfach die hier seit Generationen lebenden „Fremden" als Teil der Gesellschaft ansehen und nicht als irgendeine Parallelgesellschaft.

29. Versagen der Familie

Betrachtet man die Gesamtproblematik noch genauer, so muss festgestellt werden, dass diese Zunahme des Rassismus, des Faschismus, des Antisemitismus und der Islamophobie ursächlich auch und vor allem ein Problem der Familie ist, die die Kinder und Heranwachsenden vernachlässigt. Denn die Familie ist Ursprung und Kern der Sozialisierung der Kinder. Indem die Familie die Erziehung der Kinder unkontrolliert dem Fernsehen und sozialen Medien überlassen, verstoßen sie gegen Grundelemente der Erziehung.

Soziale Medien und Fernsehen sind nicht die verantwortlichen Erzieher von Kindern und Heranwachsenden, sondern die Eltern und zwar die beiden Eltern. Angesicht die Zunahme von Scheidungen und Single Erzieherhaushalten lässt sich fragen, ob die Liberalisierung der Ehe und der Scheidung nicht eine Sünde an den Kindern ist.

30. Versagen der Kirchen

Es darf nicht vergessen werden, dass die Kirche einer der Verursacher des Antisemitismus ist und dabei verleugnet , dass Jesus Christus kein geborener Christ war, sondern ein geborener Jude. Die Geschichte der Kirche zeigt dass der Antisemitismus stets gefördert wurde, sei es durcg die katholische Kirche und ihre Päpste - die stets für die Isolierung der Juden waren - oder aber auch durch Persönlichkeiten wie Martin Luther, der nach Ansicht mancher Historiker auch Antisemit war.

Ein Zusatzproblem ist, dass die Kirche nicht mehr glaubwürdig ist. Kirche und Religion können zunehmend nicht mehr in Übereinstimmung gebracht werden . Dies hat damit zu tun, dass die Kirche sich von Verfolgten zu Verfolgern entwickelt hat.

Zu dem Hauptwiderspruch der Kirche gehören die kriminellen Machenschaften der letzten Jahre und Jahrzehnte. Sei es die Rolle des Papstes während der Nazizeit, der Missbrauchsskandal an Kindern und Heranwachsenden, der besonderen Rechtsbarkeit der Kirche, die nicht der staatlichen Justiz unterliegt. Oder auch die Übertragung des mit den Nazis verabschiedeten Konkordats in das heutige Grundgesetz der Bundesrepublik. Und vor allem der Reichtum der Kirche, die nur darauf besonnen ist für immer ihre Macht zu erhalten, um jeden Preis und unter jedem Diktator.

Zudem hat die Glaubwürdigkeit der Kirche darunter gelitten, dass die Rolle der Frauen in erheblichem Mass immer noch und geschichtlich bedingt eine Unterdrückung bedeutet. Ein weiterer Widerspruch besteht darin, dass die Kirche und vor allem Rom in totalem Widerspruch zu dem Hirten Jesus steht, der in Armut gelebt hat.

31. Sind Rassismus und Nazitum salonfähig?

In den letzten Jahren ist zunehmend zu hören: „Man darf ja wohl seine Meinung sagen." Dieser Satz hat den Autor sehr stark beunruhigt, denn er hat gemerkt, dass schlicht einfach eine gewisse Salonfähigkeit für Rassismus und Nazitum in der Gesellschaft, und zwar der mittleren Schicht der Gesellschaft, langsam Fuß gefasst hat. Was Mitte der sechziger Jahre und Mitte der Siebzigerjahre tabu war, ist seit der Wiedervereinigung mehr oder weniger salonfähig. Es ist erstaunlich, dass immer mehr Deutsche, die immer noch angeblich wegen ihres Migrationshintergrunds als Menschen zweiter Klasse angesehen werden und an verschiedenen Orten gar nicht erwünscht sind, sich gezwungen sehen, für sich selber einen Ort zu finden, in dem sie unter ihresgleichen reden, sei es in ihrer alten Muttersprache oder über ihr Herkunftsland.

Festzuhalten ist, dass - selbst wenn man 60 Jahre in Deutschland lebt- man fremd ist und bleibt, denn die deutsche Gesellschaft ist im Vergleich zu anderen Gesellschaften eine äußerste geschlossene Gesellschaft. Festzuhalten ist auch, dass seit einigen Jahren eine Gegenreaktion dazu stattfindet, vor allem bei Deutschen ausländischer Herkunft aus der Türkei und Nordafrika. Angesichts der Tatsache, dass in der Türkei ein gefährlicher Demagoge an der Macht ist und der diese Entwicklung registriert hat und mit gezielter Ansprache der dritten Generation erreicht hat, dass zu einem sehr großen Teil seiner Wählerschaft frühere Gastarbeiter und deren Familien sind, die in Deutschland ansässig sind.

Zudem entwickelt sich auch unter sehr vielen Migranten eine zunehmende Radikalisierung, wobei der in Saudi-Arabien propagierte Islam mehr oder weniger zur Richtschnur des Islam wird und eine treibende Rolle spielt. Dies bedeutet einen erheblichen Rechtsruck auch in diesen Familien. Vor dem Hintergrund, dass ein großer Teil der Deutschen mit Migrations-Hintergrund und vor allem Türken unter Pauschalverdacht gestellt werden, entwickelt sich eine zunehmende Radikalisierung und mit der Zeit entstehen sogenannte parallele Gesellschaften, die die gesamte staatliche Rechtsbarkeit und vor allem das westlich orientierten Werte- und Normensystem ablehnen.

Es fragt sich, wie das zustande gekommen ist. Hier trägt die CDU/CSU in erheblichem Maß Schuld, denn sie hat immer behauptet, dass es sich nur um Gastarbeiter handelt, die hierher nur zum Arbeiten gekommen sind und nach getaner Arbeit wieder nach Hause gehen. Denkfehler: sie wollten reine Arbeiter und es kamen Menschen.

Als Gegenreaktion und aufgrund der Ablehnung durch die deutsche Gesellschaft und angefeuert von geistigen Brandstiftern, die diesen Teil der Gesellschaft als äußerst gefährlich und zerstörerisch für die deutsche Gesellschaft brandmarken, kam es immer mehr zu einer Radikalisierung des rechten Spektrums, in dem der Begriff Rasse eine Rolle spielt.

Nicht jeder der schwarze Haare trägt, kann ein richtiger Deutscher sein. Es gibt Deutsche erster Klasse und Deutsche zweiter Klasse - und somit wird die NS Ideologie durch die Hintertür wieder salonfähig. In übrigen finden sich diese Meinung und diese Tendenzen nicht nur bei dem dummen Mob, sondern und vor allem sind sie bei der Mittelschicht angekommen. Auch Akademiker tragen zunehmend zu dieser Meinung bei. Insoweit ist Rassismus einen Teil der heutigen deutschen Gesellschaft geworden, auch, wenn die politische Elite dies nicht wahrhaben will. Ob es schon zu spät ist für eine effektive Bekämpfung bleibt dahingestellt.

32. Liegt das in den Genen der Deutschen?

Für viele ausländische Beobachter stellt sich zunehmend die Frage, ob die Eigenheiten und Verhaltenweisen in Deutschland automatisch zu Rassismus und zu Nazitum führen würden.

Viele kritische Beobachter verzweifeln an der Feststellung einer gewissen Neigung zu Rassismus in Teilen der Gesellschaft, ob dies der plumpe und primitive oder der verfeinerte Rassist ist. Insbesondere Wirtschaftserfolge und Erfolge im Sport wie im Fußball führen dazu, dass viele Deutsche der Überzeugung sind, dass sie fähiger und besser sind als andere Völker. Dies stimmt natürlich nicht, denn Intelligenz ist gleichverteilt in der ganzen Welt.

Aber angesichts dieser tief verankeren Überzeugung stellt sich bei den Beobachtern die Frage, ob diese ein Bestandteil der Gene bei den Deutschen ist oder ob Verunsicherung und Minderwertigkeitskomplexe zu einer Entwicklung analog zu 1931- 1933 führen können.

33. Wo bleibt die Verfassung durch das Volk?

Helmut Kohl hatte im Prozess der Wiedervereinigung erhebliche zeitliche Probleme, denn die deutsche Regierung war sich nicht sicher, wie lange das historische Fenster für die Möglichkeit einer Wiedervereinigung bestehen würde. Insoweit war die Entscheidung, dass die DDR dem Grundgesetz beitreten sollte zu dieser Zeit richtig. Das Grundgesetz sieht jedoch im Art. 146 über die Geltung und Geltungsdauer des Grundgesetzes folgendes vor: „dieses Grundgesetz, das nach Vollendung der Einheit und Freiheit Deutschlands für das gesamte deutsche Volk gilt, verliert seine Gültigkeit an dem Tage, an dem eine Verfassung in Kraft tritt, die vom deutschen Volk in freier Entscheidung beschlossen worden ist".

Seit der Wiedervereinigung bis heute sind immerhin 30 Jahre vergangen (im Jahr 2020) und keine politische Partei hat sich die Mühe gemacht, eine neue Verfassung für ganz Deutschland zu schreiben bzw. zu entwickeln und dem gesamten Volk zur Entscheidung vorgelegt. Insoweit wurde eine historische Chance vertan. Man darf sich daher nicht wundern, wenn immer mehr Bürger die jetzige Parteiendemokratie ablehnen, denn sie behandelt das Volk wie Kleinkinder.

Man darf sich auch nicht wundern, dass immer mehr Wähler die jetzigen Wahlen zu einer Farce werden lassen. Und dass ein zunehmender Teil der Bevölkerung an Verschwörungstheorien glaubt. Es kann sich auch nicht darüber wundern, dass diese Wähler die politischen und die Medieneliten zu ihren Gegnern erklären.

Die Angst der Parteien vor Machteinbußen führt dazu, dass reale Machteinbußen bei den Parteien entstehen werden. Immerhin gehen zwischen 22 und 25 % der Wähler bei Bundestagswahlen nicht mehr zu Wahl. Und dass zwischen 30 und 50 %der Wähler bei Landtagswahlen den Wahlen fernbleiben, darf nicht mit Pseudoerklärungen abgetan werden. Das Verhalten dieser politischen Elite führt dazu, dass immer mehr Demokratie-Müdigkeit sich sogar in der Mittelschicht der Bevölkerung breitmacht. Dies könnte auf Dauer auch auf den Rechtsstaat übergehen und so können parallele Rechtsstaatlichkeiten entstehen. Um diese Entwicklung zu bekämpfen muss endlich eine neue Verfassung dem Volk zur Entscheidung vorgelegt werden.

34. Wo bleiben die formalen Friedensverträge mit den Nachbarn?

Hier ist auf den 2 + 4 Vertrag hinzuweisen, der lediglich eine Art von Friedensvertrag ist. Ob der 2 + 4 Vertrag gleichwertig mit einem formalen Friedenvertrag ist, bleibt bei einem Teil der internationalen Staatsrechtler umstritten. Anbei eine Darstellung des 2 + 4 Vertrags, der aus Neutralitätsgründen aus Wikipedia entnommen ist.

*Der **Zwei-plus-Vier-Vertrag** (vollständiger amtlicher Titel: Vertrag über die abschließende Regelung in bezug auf Deutschland; daher auch kurz als Regelungsvertrag bezeichnet) ist ein Staatsvertrag zwischen der Bundesrepublik Deutschland und der Deutschen Demokratischen Republik einerseits sowie Frankreich, der Sowjetunion, Großbritannien und den Vereinigten Staaten von Amerika andererseits. Er machte den Weg für die Wiedervereinigung Deutschlands frei, wurde am 12. September 1990 in Moskau unterzeichnet und trat am 15. März 1991, dem Tag der Hinterlegung der letzten Ratifikationsurkunde durch die Sowjetunion, mit einer offiziellen Zeremonie in Kraft.*

Als die politisch geforderte und rechtlich notwendige Friedensregelung mit Deutschland nach dem Zweiten Weltkrieg markiert der Zwei-plus-Vier-Vertrag das Ende der Nachkriegszeit – Deutschland einschließlich Berlins ist infolgedessen endgültig von besatzungsrechtlichen Beschränkungen befreit – und gilt als ein maßgeblicher diplomatischer Beitrag zur Friedensordnung in Europa. Der Vertrag wird als sogenannter Statusvertrag angesehen, dessen Rechtswirkungen sich auch auf dritte Staaten erstrecken.

Der Paraphierung des Vertrages für eine „abschließende Regelung" (im Englischen final settlement) der bis dahin teils ungeklärten deutschen Frage gingen die Zwei-plus-Vier-Gespräche voraus, in denen die außenpolitischen Bedingungen für die Vereinigung der beiden deutschen Staaten wie Grenzfragen, Bündniszugehörigkeit und Truppenstärke besprochen wurden. Nachdem am Rande der „Open-Skies"-Konferenz der KSZE in Ottawa am 13. Februar 1990 grundsätzlich eine Einigung auf solche Gespräche erzielt und die sog. „Zwei-plus-vier-Formel" verabschiedet worden war, fanden diese in vier Runden am 5. Mai in Bonn, am 22. Juni in Ost-Berlin, am 17. Juli in Paris (unter Beteiligung der Republik Polen) sowie am 12. September in Moskau statt. Ort war das Hotel Oktjabrskaja („Oktober"), der bisherige Tagungsort des Warschauer Vertrags.

Die „Zwei-plus-Vier"-Verhandlungen werden als ein Meisterstück der internationalen Diplomatie beurteilt. Innerhalb kürzester Zeit wurden Probleme gelöst, die eine ganze Epoche geprägt und gestaltet hatten.

Bis zuletzt war der Ausgang der Verhandlungen in Moskau fraglich gewesen. Nachdem der sowjetische Präsident Michail Gorbatschow und Bundeskanzler Helmut Kohl am 10. September telefonisch den besonders umstrittenen Abzug der sowjetischen Truppen aus dem Bundesgebiet auf den Zeitraum bis Ende 1994 festgelegt hatten, wuchsen vor allem die Bedenken auf französischer und britischer Seite. Die Regierungen beider Länder waren bis dahin davon ausgegangen, dass die Wiedervereinigung wegen sowjetischer Bedenken erst in weiter Zukunft zustande kommen würde. Letztlich erkannte die Sowjetunion, dass sie „von einem saturierten sowie einem fest in die westlichen Gemeinschaften integrierten Deutschland größere Wirtschaftshilfe erwarten konnte." Man ging davon aus, dass der „reduzierte Einfluß der Sowjetunion in Mitteleuropa ... politisch kompensiert werde durch die in Aussicht genommenen neuen Formen der Zusammenarbeit mit dem vereinten Deutschland", wie etwa die dem deutsch-sowjetischen Verhältnis verliehene „neue Qualität".

Die britische Regierung unter Margaret Thatcher unternahm noch einen letzten Versuch, die Einigung zu verzögern, indem sie forderte, nach einer Wiedervereinigung auch auf dem Gebiet der ehemaligen DDR militärische Manöver abhalten zu dürfen. Von sowjetischer Seite wurde dies, wie von den Briten erwartet, entschieden abgelehnt. In einer nächtlichen Verhandlungsrunde vom 11. auf den 12. September, setzte der US-amerikanische Außenminister James Baker auf Betreiben seines deutschen Amtskollegen Hans-Dietrich Genscher bei den Briten insoweit einen Verzicht auf weitreichende NATO-Manöver im Osten Deutschlands durch, als man sich auf eine zusätzliche Protokollnotiz einigte, wonach diese nur unter Berücksichtigung der Sicherheitsinteressen der Sowjetunion abgehalten werden sollen. Somit war Thatchers Versuch vereitelt worden.

„Die Französische Republik, die Union der Sozialistischen Sowjetrepubliken, das Vereinigte Königreich Großbritannien und Nordirland und die Vereinigten Staaten von Amerika beenden hiermit ihre Rechte und Verantwortlichkeiten in bezug auf Berlin und Deutschland als Ganzes. Als Ergebnis werden die entsprechenden, damit zusammenhängenden vierseitigen Vereinbarungen, Beschlüsse und Praktiken beendet und alle entsprechenden Einrichtungen der Vier Mächte aufgelöst." – ARTIKEL 7 ABS. 1 VERTRAG ÜBER DIE ABSCHLIEßENDE REGELUNG IN BEZUG AUF DEUTSCHLAND

Unter dem Titel „Vertrag über die abschließende Regelung in bezug auf Deutschland" verzichteten die vier Mächte, die Hauptalliierten im Zweiten Weltkrieg, auf ihr Vorbehaltsrecht in Bezug auf Deutschland. Der Zwei-plus-Vier-Vertrag wurde erst 1991 durch alle Vertragsstaaten – zuletzt am 4. März 1991 durch den Obersten Sowjet der UdSSR – ratifiziert, wobei die Annahme des Vertrags bis zum Schluss hochumstritten und keineswegs gesichert war. Aufgrund dessen gaben die Vertreter Frankreichs, der UdSSR, Großbritanniens und der USA am 1. Oktober 1990 (BGBl. II, S. 1331 f.) in New York eine Erklärung ab, nach der ihre „Rechte und Verantwortlichkeiten in bezug auf Berlin und Deutschland als Ganzes mit Wirkung vom Zeitpunkt der Vereinigung

Deutschlands bis zum Inkrafttreten des Vertrags über die abschließende Regelung in bezug auf Deutschland ausgesetzt" seien.

Am 13. März 1991 flog das sowjetische Militär den ehemaligen Staatschef der DDR Erich Honecker trotz deutschen Haftbefehls vom 30. November 1990 gemeinsam mit seiner Frau Margot aus dem Militärhospital Beelitz-Heilstätten bei Potsdam nach Moskau aus und entzog Honecker somit vorläufig einem Prozess in Deutschland. Dies bedeutete tatsächlich eine Verletzung der deutschen Souveränität: Die sowjetischen Militärbehörden verstießen damit de facto gegen den Vertrag vom 12. Oktober 1990 über die Bedingungen des befristeten Aufenthalts und die Modalitäten des planmäßigen Abzugs der sowjetischen Truppen aus dem Gebiet der Bundesrepublik Deutschland und gegen das Völkerrecht. Die UdSSR rechtfertigte die Aktion als „humanitäre Hilfeleistung" für Honecker, der sich als „politischer Flüchtling" verstand, wobei der Vorgang „nicht politisch befrachtet werden sollte", so der sowjetische Gesandte in Berlin, Igor Maximytschew. Die deutsche Bundesregierung verhinderte Honeckers Verbringung nach Moskau nicht und reagierte erst 30 Stunden später mit der Einbestellung des sowjetischen Botschafters ins Kanzleramt. Die Ratifikationsurkunde wurde von sowjetischer Seite erst am 15. März 1991, also nach Honeckers Flucht, von Botschafter Wladislaw Terechow an Bundesaußenminister Genscher übergeben und der gebilligte „2+4"-Vertrag trat erst dadurch in Kraft, gleichwohl schon mit der Aussetzungs-Erklärung der Außenminister der vier Großmächte offiziell „die Tätigkeit aller entsprechenden Einrichtungen ... ab dem Zeitpunkt der Vereinigung Deutschlands ebenfalls ausgesetzt" worden war.

Bestimmungen des Vertrages

Die völkerrechtlich festgeschriebene Oder-Neiße-Grenze seit 1990: Auch wenn es in den Ostgebieten nach 1945 keine deutsche rechtsprechende Gewalt mehr gab, waren sie nicht aus dem Jurisdiktionsbereich Deutschlands entlassen worden. Erst mit dem Zwei-plus-Vier-Vertrag verlor Deutschland die territoriale Souveränität über die Gebiete östlich von Oder und Neiße.

Der Vertrag – er wird auch als Souveränitätsvertrag bezeichnet – regelt in zehn Artikeln einvernehmlich die außenpolitischen Aspekte wie auch sicherheitspolitischen Bedingungen der deutschen Vereinigung und wird hinsichtlich seiner Wirkung auch als Friedensvertrag zwischen Deutschland und den Siegermächten sowie Polen behandelt, auch wenn – weil „praktisch gegenstandslos" – er „ausdrücklich diese Bezeichnung nicht erhielt" (s. u.) und selbst im Potsdamer Abkommen stattdessen eine „friedensvertragliche Regelung" vorgesehen war. Der Zwei-plus-Vier-Vertrag bildet damit „praktisch das außenpolitische Grundgesetz des vereinten Deutschland". Durch die Beendigung noch bestehender alliierter Hoheitsrechte wurden unter anderem die bis dahin gültigen Potsdamer Beschlüsse abgelöst. Das Ergebnis war die Wiederherstellung der deutschen Einheit und nach Beendigung der Rechte und Verantwortlichkeiten – Restbestände der aus der Berliner Erklärung von 1945 herrührenden „Supreme Authority" (oberste Regierungsgewalt) – der Regierungen der Französischen

Republik, der Sowjetunion, des Vereinigten Königreichs und der Vereinigten Staaten die Wiedererlangung der „demgemäß vollen Souveränität Deutschlands über seine inneren und äußeren Angelegenheiten".

„... in dem Bewußtsein, daß ihre Völker seit 1945 miteinander in Frieden leben, ... eingedenk der Prinzipien der in Helsinki unterzeichneten Schlußakte der Konferenz über Sicherheit und Zusammenarbeit in Europa, in Anerkennung, daß diese Prinzipien feste Grundlagen für den Aufbau einer gerechten und dauerhaften Friedensordnung in Europa geschaffen haben, ... in Anerkennung dessen, daß dadurch und mit der Vereinigung Deutschlands als einem demokratischen und friedlichen Staat die Rechte und Verantwortlichkeiten der Vier Mächte in bezug auf Berlin und Deutschland als Ganzes ihre Bedeutung verlieren, ..."
– PRÄAMBEL DES VERTRAGES ÜBER DIE ABSCHLIEßENDE REGELUNG IN BEZUG AUF DEUTSCHLAND

Das Staatsgebiet des vereinten Deutschlands wird die Gebiete der Bundesrepublik Deutschland, der Deutschen Demokratischen Republik und ganz Berlins umfassen.

Die bestehenden Grenzen sind endgültig. Das vereinigte Deutschland verpflichtet sich, keine Gebietsansprüche zu erheben, beispielsweise auf die seit dem Zweiten Weltkrieg de facto, jedoch damals nicht völkerrechtlich zu Polen und der Sowjetunion gehörenden Gebiete des Deutschen Reiches östlich der Oder-Neiße-Linie. Die DDR hatte sie bereits 1950 im Görlitzer Abkommen als „Staatsgrenze zwischen Deutschland und Polen" anerkannt und als „unantastbare Friedens- und Freundschaftsgrenze" bezeichnet. Die Bundesrepublik anerkannte sie in den Ostverträgen 1970 (Warschauer und Moskauer Vertrag), ohne allerdings die Möglichkeit einer einvernehmlichen Neuregelung in einem späteren Friedensvertrag auszuschließen.

Das vereinigte Deutschland bekräftigt sein Bekenntnis zum Frieden und verzichtet auf atomare, biologische und chemische Waffen.

Die Truppenstärke der deutschen Streitkräfte wird von weit über 500.000 auf 370.000 Mann reduziert und beschränkt.

Die sowjetische Westgruppe der Truppen (GSTD) wird vom Gebiet der ehemaligen DDR und des Landes Berlin bis spätestens 1994 abgezogen.

Kernwaffen und ausländische Truppen dürfen auf ostdeutschem Gebiet nicht stationiert oder dorthin verlegt werden; damit ist Ostdeutschland eine atomwaffenfreie Zone.

Die Viermächte-Verantwortung in Bezug auf Berlin und Deutschland als Ganzes wird beendet.

Der Vertrag stellt die volle innere und äußere Souveränität des vereinigten Deutschland her.

„Die Regierungen der Bundesrepublik Deutschland und der Deutschen Demokratischen Republik werden sicherstellen, daß die Verfassung des vereinten Deutschland *keinerlei Bestimmungen enthalten wird, die mit diesen Prinzipien unvereinbar sind. Dies gilt dementsprechend für die Bestimmungen, die in der Präambel und in den Artikeln 23 Satz 2 und 146 des Grundgesetzes für die Bundesrepublik Deutschland niedergelegt sind." (Art. 1 Absatz 4)*

„Die Regierungen der Bundesrepublik Deutschland und der Deutschen Demokratischen Republik erklären, daß das vereinte Deutschland keine seiner Waffen jemals einsetzen wird, es sei denn in Übereinstimmung mit seiner Verfassung und der Charta der Vereinten Nationen." (Art. 2 Satz 3)

Eine zusätzliche Note schrieb deutscherseits die Bodenreform in der DDR für alle Zeiten fest.

Die Unterzeichner waren die Außenminister Hans-Dietrich Genscher für die Bundesrepublik, Lothar de Maizière für die DDR (nach dem Ausscheiden von Markus Meckel aus der Regierung de Maizière), Roland Dumas für Frankreich, Eduard Schewardnadse für die UdSSR, Douglas Hurd für Großbritannien und James Baker für die USA. Da die Volkskammer das Staatssymbol der DDR mit Hammer, Zirkel und Ährenkranz bereits abgeschafft hatte, führte die DDR-Delegation keinen amtlichen Stempel mit. Die Sowjetunion hätte ohne das Siegel die Unterschrift für die DDR und somit die Echtheit der Urkunde aber nicht anerkannt, deshalb musste eigens ein Sondergesandter aus der nahegelegenen Botschaft einen ausgedienten Stempel mit dem Emblem herbeischaffen.

„Die beiden deutschen Staaten handelten nur im eigenen Namen und nicht als Vertreter Deutschlands .... Gemäß Art. 8 I 2 des Vertrages hat dann jedoch die Ratifikation ‚auf deutscher Seite durch das vereinte Deutschland' zu erfolgen; der Vertrag soll ‚für das vereinte Deutschland' in Kraft treten (Art. 9 S. 1) und ‚daher für das vereinte Deutschland' auch gelten (Art. 8 I 2). Politisch soll durch die gewählte Verfahrensweise sichergestellt werden, daß Brüche und Verwerfungen in den zwischenstaatlichen Beziehungen, wie sie in Fällen der Staatensukzession vorkommen können, vermieden werden. Es ist zwar ungewöhnlich, daß ein Rechtssubjekt als ‚Verhandlungsstaat' den Vertragstext abfaßt und annimmt, ein anderes Rechtssubjekt aber seine Zustimmung bekundet, durch den Vertragstext gebunden zu sein; es ist jedoch grundsätzlich möglich, daß ein Staat einer vertraglichen Regelung zustimmt und rechtlich gebunden wird, obgleich er nicht ‚Verhandlungsstaat' war. Vgl. Wiener Übereinkommen über das Recht der Verträge vom 23. 5. 1969." – DIETER BLUMENWITZ: Neue Juristische Wochenschrift (NJW) 1990, S. 3041

Die sowjetischen Ehrenmale und Friedhöfe wie in Berlin im Treptower Park oder Tiergarten als sowjetische Kriegsgräberstätten waren im Rahmen des Vertrags ein wichtiger Verhandlungspunkt der sowjetischen Seite zur deutschen Wiedervereinigung. Die Bundesrepublik verpflichtete sich daher im Jahr 1992 im Abkommen vom 16. Dezember 1992 zwischen der Regierung der Bundesrepublik Deutschland und der Regierung der Russischen Föderation über Kriegsgräberfürsorge, deren Bestand dauerhaft zu gewährleisten, sie zu unterhalten und zu reparieren. Jedwede Veränderungen der Denkmale bedürfen daher der Zustimmung Russlands.

Anstatt eines Friedensvertrages

Die Annahme des Zwei-plus-Vier-Vertrages war Voraussetzung der Vier Mächte zu deren Zustimmung zur deutschen vollständigen Souveränität, da ein gesonderter Friedensvertrag nach dem Zweiten Weltkrieg nicht abgeschlossen wurde: „Ein zusätzlicher Friedensvertrag ist daher weder geplant noch machte er Sinn. Alles, was ein Friedensvertrag füglich enthalten sollte, ist mithin geregelt. Der Zwei-plus-vier-Vertrag ersetzt damit kraft seines auf mehr als Frieden gerichteten Inhalts jeden Friedensvertrag mit den Kriegsgegnern".

Ein Friedensvertrag ist völkerrechtlich nicht die einzige Möglichkeit der Kriegsbeendigung: Diese kann auch durch einseitige Erklärungen, gestufte Teilregelungen oder schlicht durch faktische Wiederaufnahme der friedlichen Beziehungen erfolgen. Das bestehende Einverständnis findet sich im übertragenen Sinne in der Sprachregelung anstatt eines Friedensvertrages wieder; diese wurde auch getroffen, um „u. a. eventuell noch nicht erledigten Reparationsforderungen einzelner Drittstaaten" nicht nachkommen zu müssen. Dies bezog sich insbesondere auf Griechenland, dessen Forderungen in der Vergangenheit mit Verweis auf einen künftigen Friedensvertrag abgewiesen wurden. An einem „Friedensvertrag" könne man „aus finanziellen Erwägungen kein Interesse haben", so der Staatssekretär Friedrich Voss. Es „hätte zwangsläufig alle früheren Kriegsgegner des Deutschen Reiches als potentielle Vertragspartner auf den Plan gerufen ...", woran aber „weder die Vier Mächte noch die beiden deutschen Staaten ... ein Interesse haben konnten". Es überwog vor allem das Argument, dass die vier Mächte USA, Frankreich, Großbritannien und UdSSR die ausschließliche Kompetenz über Deutschland als Ganzes innehatten. Insofern konnte die westdeutsche Diplomatie die unmittelbare Beteiligung anderer Staaten an der vertraglichen „abschließenden Regelung in bezug auf Deutschland" verhindern. Darin waren sich alle beteiligten Vertragspartner einig. Denn „die Beteiligung der europäischen Nachbarn, aller 35 KSZE-Staaten oder gar der 65 Kriegsgegner des Zweiten Weltkrieges hätte nicht nur das Verfahren unzuträglich verlängert; weitere Beteiligte hätten ihre Zustimmung vermutlich gern an die Erfüllung alter und neuer Reparationsforderungen geknüpft."

Diese Frage „kann materiell als erledigt betrachtet werden, nachdem bereits 1953 Polen und die Sowjetunion ihren Verzicht erklärt haben." Bei der Londoner Schuldenkonferenz war festgelegt worden, dass alle Reparationsforderungen nach einem Friedensvertrag ausgehandelt würden. Zudem war besonders für die Bundesrepublik der Begriff des Friedensvertrages seit dem Versailler Vertrag negativ besetzt und war nicht zuletzt auch angesichts der Zeit, die seit Ende des Zweiten Weltkriegs vergangen war – er sei „vielfach als ‚anachronistisch' empfunden" worden –, und der veränderten politischen Realität nicht angemessen.

„Nach dem Zweiten Weltkrieg hat es – zumindest für die Bundesrepublik Deutschland – keine dem Versailler Vertrag vergleichbaren Reparationsregelungen und damit auch keine nachvollziehbaren längerfristigen Reparationszahlungen gegeben. Vielmehr haben die Siegermächte einseitig Reparationen entnommen, die insgesamt gesehen ein Mehrfaches des von der Potsdamer Konferenz ursprünglich in Aussicht genommenen Gesamtumfangs ausmachen. Im Rahmen der Deutschen Einigung wurde der Vertrag über die abschließende Regelung in Bezug auf Deutschland – der so genannte Zwei-plus-Vier-Vertrag – abgeschlossen. Die Bundesregierung hat diesen Vertrag in dem Verständnis abgeschlossen, dass damit auch die Reparationsfrage endgültig erledigt ist. Der Zwei-plus-Vier-Vertrag sieht keine weiteren Reparationen vor." – ANFRAGEBEANTWORTUNG DES PARLAMENTARISCHEN STAATSSEKRETÄRS BEIM BUNDESMINISTER DER FINANZEN, KARL DILLER, 30. JANUAR 2003

Am 15. März 1991 wurde die Nachkriegsordnung mit abschließender Gültigkeit beseitigt. „Für den ‚2+4'-Prozess konnte nur das Wiedervereinigungsmodell der Teilordnungslehre, aufbauend auf der rechtlichen Gleichordnung von Bundesrepublik und DDR, in Betracht kommen .... Dies schließt die rechtliche Identität des vereinten Deutschlands mit der (alten) Bundesrepublik Deutschland und mit dem Deutschen Reich nicht aus ...." Die Forderung nach einem Friedensvertrag ist daher im besten Wortsinn „historisch überholt"; die Vielzahl erheblich stärkerer völkerrechtlicher Vertragsbindungen sichert, dass die Mitgliedstaaten in Frieden zueinander stehen, wie z. B. innerhalb der NATO oder in der EU. „Außerdem wird sowohl im amtlichen Titel des Vertrages als auch in Absatz 12 der Präambel der ‚abschließende' Charakter des Vertrages in bezug auf Deutschland betont."

„Die mir nicht unwillkommene Debatte nutzte ich dazu, das stillschweigende Einverständnis der Vier, es werde keinen Friedensvertrag und keine friedensvertragsähnliche Regelung mehr geben, offenkundig zu machen: »Die Bundesregierung schließt sich der Erklärung der vier Mächte an und stellt dazu fest, daß die in der Erklärung der vier Mächte erwähnten Ereignisse und Umstände nicht eintreten werden, nämlich daß ein Friedensvertrag oder eine friedensvertragsähnliche Regelung nicht beabsichtigt sind.«
Für das Protokoll erklärte der französische Außenminister, der den Vorsitz führte: »Ich stelle Konsens fest.« Damit war einvernehmlich niedergelegt, daß weder das Potsdamer Abkommen noch die Pariser Verträge der alten Bundesrepublik mit den drei Westmächten in Zukunft als Grundlage für die Forderung nach einem Friedensvertrag dienen konnten. Die Forderung nach einem Friedensvertrag konnte also definitiv nicht mehr erhoben werden – damit war uns auch die Sorge vor unübersehbaren Reparationsforderungen von den Schultern genommen. Es wurde besiegelt, was Dieter Kastrup auf Beamtenebene schon durchgesetzt hatte." – HANS-DIETRICH GENSCHER, BUNDESMINISTER DES AUSWÄRTIGEN A.D.: Erinnerungen. Siedler, Berlin 1995, S. 846

Der Zwei-plus-Vier-Vertrag wird heute als „Meisterwerk der Diplomatie" gewürdigt und ist 2011 von der UNESCO in das Programm „Memory of the World" aufgenommen worden. Er zählt damit zum Weltdokumentenerbe. Das einzige Vertragsoriginal wird im Politischen Archiv des Auswärtigen Amts verwahrt; ein Faksimile befindet sich im Genscher-Haus in Halle (Saale).

Wikipedia® ist eine eingetragene Marke der Wikimedia Foundation Inc.

Quelle: Seite „Zwei-plus-Vier-Vertrag". In: Wikipedia, Die freie Enzyklopädie. Bearbeitungsstand: 2. Oktober 2020, 13:43 UTC. URL: https://de.wikipedia.org/w/index.php?title=Zwei-plus-Vier-Vertrag&oldid=204181414 (Abgerufen: 3. Oktober 2020, 07:06 UTC)

Festzuhalten ist jedoch, dass von einigen nationalistischen neuen Regierungen in Osteuropa wie beispielsweise in Polen, Tschechien, selbst in Griechenland der 2 + 4 Vertrag nicht als Friedenvertrag angesehen wird, sodass diese Länder eine Klage wegen Kriegsschäden anstreben. In Polen strebt die PIS Regierung eine Klage über 850 Milliarden € an. Das gleiche gilt für die griechische Regierung, die über eine Klage über 300 Milliarden € nachdenkt.

In unruhigen Zeit wie zur Zeit in Europa und weltweit, wo die Demokratien in der Defensive sind und wo autokratische Systeme auf dem Vormarsch sind, könnte das Fehlen eines formalen internationalen Friedensvertrages durchaus zu ernsten Verwerfungen mit den Nachbarn führen.

35. Ist die Bundesrepublik Nachfolgerin des Deutschen Reichs?

Dazu die Stellungnahme der Pressestelle des Deutschen Bundestags vom 30.6.2015

Völkerrechtssubjekt "Deutsches Reich"

Auswärtiges/Antwort - 30.06.2015 (hib 340/2015)

Berlin: (hib/AHE) Das Bundesverfassungsgericht hat in ständiger Rechtsprechung festgestellt, dass das Völkerrechtssubjekt "Deutsches Reich" nicht untergegangen und die Bundesrepublik Deutschland nicht sein Rechtsnachfolger, sondern mit ihm als Völkerrechtssubjekt identisch ist. Darauf verweist die Bundesregierung in ihrer Antwort (18/5178) auf eine Kleine Anfrage der Fraktion Die Linke zum Potsdamer Abkommen von 1945 (18/5033). Die Abgeordneten hatten sich unter anderem nach der "These von der Fortexistenz des Deutschen Reiches" erkundigt und gefragt, ob die Bundesregierung diese als öffentlich als unhaltbar zurückweisen werde, "damit diese Behauptung nicht von Neonazis und der so genannten Reichsbürgerbewegung für ihren Gebietsrevisionismus gegenüber den EU-Nachbarländern instrumentalisiert werden kann".

Diese Stellungnahme stellt erhebliche Fragen, gerade für Nichtjuristen stiftet sie Verwirrung.

Der Autor ist unzufrieden mit der Klarstellung des Bundestages.

36. Sind die Deutschen ein verfluchtes Volk?

36.1 Vorbemerkung

Dieser Frage nähert sich der Autor über verschiedene Kategorien an. Es ist festzuhalten, dass Deutschland vor 1870 bzw. vor dem Erscheinen von Bismarck und Wilhelm I eine relativ ausgeprägte und ereignisreiche Geschichte erlebt hat. Allerdings haben die Fürsten und die gewählten Kaiser stets darauf geachtet, dass ein Unheil aus Deutschland nicht auf die Nachbarländer übertragen wurde. Festzuhalten ist auch, dass während dieser Zeit unter den Fürsten Deutschlands weltweit anerkannte und prägende Philosophen und Schriftsteller gewirkt haben, die für Aufklärung und für rationales Denken standen. Deutschland hat mit Luther auch eine Revolution in der katholischen Kirche hervorgebracht. Im folgenden Abschnitt über die Bilanz Deutschlands bis Bismarck werden wesentliche Highlights der Geschichte genannt.

36.2 „Bilanz" Deutschlands bis Bismarck:

Folgende Herrscher prägten Deutschland bis Wilhelm I:

Unter anderen: Otto I der Große, Otto II, Otto III, Heinrich II, Konrad II, Heinrich III, Heinrich IV, Konrad III, Rudolf von Rheinfelden, Hermann von Luxemburg, Heinrich V, Lothar III Konrad III Konrad IV. Friedrich I Barbarossa, Heinrich VI, Philipp von Schwaben, Otto IV von Braunschweig, Friedrich II, Heinrich VII, Heinrich Raspe IV, Konrad IV, Wilhelm von Holland, Richard von Cornwall, Alfons von Kastilien, Rudolf I von Habsburg, Adolf von Nassau, Albrecht I von Habsburg, Heinrich VII von Luxemburg, Ludwig IV der Bayer, Friedrich der Schöne, Karl IV von Luxemburg, Günther von Schwarzburg, Wenzel von Luxemburg, Jobst von Mähren, Sigmund von Luxemburg, Albrecht II, Friedrich III, Maximilian I, Karl V, Ferdinand I, Maimilian II, Rudolf II, Matthias, Ferdinand II, Ferdinand III, Ferdinand IV, Leopold I, Josef I, Karl VI, Karl VII, Franz I, Josef der zweite, Leopold II, Franz II.

Neben diesen Kaisern und Königen sind die bekanntesten Könige und Fürsten wie Friedrich II von Preußen oder Friedrich der Große zu erwähnen. Insbesondere Friedrich der Große galt in der Zeit der Aufklärung   als

Repräsentant eines aufgeklärten Absolutismus und verkörperte das Prinzip der Toleranz.

Dass die Kaiser lediglich durch die Mehrheit der Fürsten gewählt und nicht von Geburt bestimmt wurden, war eine gewisse demokratische Komponente bei ihrer Wahl.

Neben dieser Kaisern wurde Deutschland dadurch geprägt, dass ein Revolutionär mit Namen Luther die Kirche sehr stark beeinflusst und verändert hat. Dieser angebliche Ketzer hatte die Privilegien der katholischen Kirche als Hauptangriffsziel und mithilfe einer weltweit revolutionären Technologie- nämlich Guttenbergs Erfindung des Buchdrucks - wurde die Bibel endlich in die Muttersprache übersetzt und verbreitet.

In diesem Zeitraum hatte Deutschland auch sehr bedeutende Philosophen und Schriftsteller, die sehr stark humanistisch ausgerichtet waren. Wesentliche Dichter, die die europäische Kultur mitgeprägt haben waren Wolfram von Eschenbach, Hermann von Auer, Ulrich von Hüten, Hans Sachs. In der Literatur haben Martin Opitz, Nicholas Friedrich, Moses Mendelssohn, Gotthold Ephraim Lessing (Nathan der Weise), Johannes Wolfgang von Goethe, Friedrich Schiller, Paul Gerhardt, Johannes Rist, Hans Jakob Christoffel, Jean Paul, Heinrich von Kleist, oder in der Romantik mit August Wilhelm und Friedrich Schlegel, Wilhelm Heinrich Wackenröder, Achim von Arnim, Clemens Brentano, E.T.H Hoffmann, die Brüder Jacob und Wilhelm Grimm, Joseph von Eichendorff, Heinrich Heine, August von Platen, Johann Nepomuk Nestroy, Ferdinand Raimund, Georg Büchner, Theodor Fontane, Georg Friedrich Hegel, Wilhelm Raabe, Gustav Freytag, Gottfried Keller, Theodor Fontane, Marie von Ebner-Eschenbach, Gerhard Hauptmann.

Aber auch die deutsche Philosophie war nicht untätig, insbesonders der Zeitraum der Renaissance und der Aufklärung mit Nicolas Kopernikus, Christian Thomasius, Christian Wolf, Moses Mendelssohn, Lessing, Immanuel Kant, Herder. Die Kant'sche Philosophie wurde im 19. Jahrhundert prägend für die wichtigen und maßgebenden Philosophen für die Welt. Weitere sind dann folgend Hegel, Karl Marx, Schopenhauer, Nietzsche, Hegel, Fichte, Schelling, und viele andere.

Insoweit war Deutschland für die Entwicklung in der Kultur sowie Philosophie ein sehr wichtiger Ort und Bezugspunkt für Europa, das zu diesem Zeitpunkt das Zentrum der Welt war. Dieser positive Beitrag Deutschlands an die Welt kann niemand infrage stellen.

Umso mehr stellt sich jedoch die Frage, wie ein Land mit einer solchen kulturellen Vielfalt und vor allem dem kritischen Denken so tief sinken kann in Aberglauben, Wahnsinn und Selbstzerstörung.

36.3 Fluch der Geschichte

Die Geschichte Deutschlands wurde unter anderem auch bestimmt durch den Dreißigjährigen Krieg, die Auseinandersetzungen zwischen Katholiken und Evangelischen, den schon im Mittelalter vorhandenen Antisemitismus. Hierzu zu zählen sind die sogenannten jüdischen Regale, die Ausplünderung der Juden in separierten Gassen d. h. im Getto und die Vertreibung der Juden aus Frankfurt unter Kaiser Karl V.

Selbst im 19. Jahrhundert wurden trotz der Ausrufung von Menschenrechten und Demokratie immer noch die Rechte des jüdischen Teils der Bevölkerung nicht anerkannt und nicht gleichgesetzt. Bereits 1896 gab es eine Fraktion im Reichstag, die antisemitisch war. Die volle Rehabilitierung der Juden ist erst durch Wilhelm II erreicht worden. Anfangs des 20. Jahrhunderts haben schon Verschwörungstheoretiker wie Guido von List und Helena Petrovna Blavatsky wesentlich zum Aufkommen von Antisemitismus, Rassismus und Nationalismus in Deutschland beigetragen.

Letztendlich hat von Bismarck stets die nationalistische Karte ausgespielt und die Durchsetzung der Herrschaft Preußens über das restliche Deutschland mit diplomatischer List unerlässlich verfolgt. Mit dem Krieg auch gegen seine Nachbarn - insbesondere Frankreich – wurde der Grundstein gelegt für den sogenannten modernen 30-jährige Krieg (1914-1945). Stahl Barone gepaart mit Großmannssucht des Militärs wie von Moltke, Hindenburg, haben Wilhelm II in den ersten Weltkrieg gedrängt. Die große Lüge der Dolchstoßlegende diente dazu, die junge Demokratie zu disqualifizieren. Der verheerende Friedensvertrag von Versailles und die daraus resultierende oder verstärkte Inflation führten zur Verarmung und Elend in der Bevölkerung.

Für Ebert und Stresemann ergab sich dennoch die Chance, sowohl die Inflation zu bekämpfen als auch das Ansehen Deutschlands wiederaufzubauen. Immerhin hat die Weimarer Republik drei der vier deutschen Friedensnobelpreisträger hervorgerufen. Sie hat Philosophen und Schriftsteller hervorgebracht, die weltweit Respekt erworben haben: Heinrich und Thomas Mann, die Filmgrößen der zwanziger und dreißiger Jahre, Physiker wie Albert Einstein und seine Mitstreiter, Robert Koch, Robert Bosch, Siemens.

Unfassbar dass Deutschland danach in einen selbstzerstörerischen Wahnsinn verfiel, den ein kleiner Gefreiter aus Österreich mit Hilfe von schweren Verschwörungstheorien, Lug und Trug und Nationalismus hervorgerufen hat und mit denen er angeblich die Deutschen verführt hat. Hitler hat über eine Diktatur und eine Philosophie des Antisemitismus und dem Anspruch von Lebensraum für die Deutschen einen Weltkrieg ohne Beispiel angezettelt.

Der erste und zweite Weltkrieg hat zwischen 70-80 Millionen Toten und immenser Zerstörung einen unvorstellbaren Verlust an materiellen und immateriellen Gütern und Werten zur Folge gehabt. Allein der zweite Weltkrieg ist mit ca. 40-50.000.000 Toten einzigartig in der Menschheitsgeschichte. Und dies hat die Deutschen auf Dauer gestempelt.

Und wieder einmal fingen die Deutschen nach 1945 und der Teilung Deutschlands von Null auf an. Der materielle Erfolg wurde schon nach zwei Jahrzehnten erreicht.

Und dann erhielten die Deutschen 1990 die Chance auf eine friedliche Wiedervereinigung.

Es folgten 30 Jahre Wiederaufbau Ost-Deutschlands, das durch den Kommunismus verarmt war.

Und wieder einmal bahnte sich in Deutschland eine Entwicklung an, die mit dem Neonazismus und dem Aufkommen von Antisemitismus und Islamophobie verbunden war und die Angst vor den Deutschen in Europa und weltweit entfachte. Ein oft zitierter Ausspruch ist: „Und die fangen schon wieder an".

Wenn diese Entwicklung seit 1870 sich bis heute periodisch mit mehr oder weniger den gleichen Merkmalen wiederholt, so kommt man nicht umhin zu fragen, woran das liegt. Für manche Soziologen liegt das in einer angeblichen Veranlagung zur Selbstzerstörung der Deutschen. Für manchen Historiker liegt es daran, dass die Deutschen noch lange nicht demokratie-fähig sind.

Für viele neutrale Beobachter stellt sich die Frage nach der Motivation der heutigen geistigen Brandstifter wie Gauland und Höcke und Co., die selbst vertriebene und Aussiedler aus Ostpreußen sind. D. h. ihre Familien haben unter den Konsequenzen des Krieges und des Nationalismus sehr stark gelitten und trotzdem versuchen sie schon wieder mit Hilfe dieser alten Ideologien, die sie nicht ablegen können, Macht zu erlangen.

Bei so viel Zynismus und Verlogenheit muss man sich fragen, ob die Masse der Deutschen überhaupt noch einen kritischen Verstand hat. Insoweit ist ein Teil der Beobachter im Ausland geneigt zu glauben, dass die Deutschen allein durch ihre Geschichte ein verfluchtes Volk sind.

36.4 Fluch durch den Nationalstaat

Manche der Denkfabriken in Deutschland haben nach dem zweiten Weltkrieg darauf gedrängt, dass Westdeutschland ein föderales System wird, aus Furcht davor, dass ein wiedererstarktes Deutschland mit Kriegen gegenüber seinen Nachbarn losgehen könnte. Die DDR war im Sinne von Stalin eine Provinz und als Teil der UDSSR betrachtet; sie ist niemals zu einem föderalen Land geworden.

Festzuhalten jedoch ist, dass wenn man die gesamte Geschichte Deutschland betrachtet, Unheil für seine Nachbarn erst durch den National Staat entstanden ist. Daher ist für sehr viele Nachbarn die föderale Struktur Deutschlands heute eine Art von Garantie dafür, dass dieser Nationalstaat nicht wieder in den Krieg ziehen würde.

Es ist äußerst unbefriedigt festzustellen, dass diese Erscheinungen des Nationalstaats nicht kritisch genug von den deutschen Historikern unter die Lupe genommen werden. Tatbestand ist immerhin, dass seit Ausrufung des Nationalstaats drei Kriege von Deutschland ausgingen, davon zwei Weltkriege. Fakt ist aber auch, dass die schmerzhafte Rechnung immer durch das Volk zu tragen war. Fakt ist es aber auch, dass die daraus abzuleitenden Konsequenzen in der Gesellschaft nicht fest genug eingebrannt sind, denn sonst würden die heutigen Entwicklungen nicht stattfinden und die Angst um die Demokratie nicht so hoch sein.

Wenn jedoch klar festgestellt ist, dass die heutige Demokratie nicht fest genug ist, so muss die Frage gestellt werden, ob die Deutschen überhaupt demokratiefähig sind.

36.5 Fluch durch Bismarck und die Hohenzollern

Für ausländische Beobachter stellt die Figur von Bismarck ein äußerst negatives Bild dar, im Gegensatz zu dem Bild, das die die Bevölkerung im Inland hat. Bismarck hat durch List und Rücksichtslosigkeit einen Nationalstaat geschaffen, der gleichzeitig eine militärische Größe und eine imperialistische Haltung hat. Es darf nicht vergessen werden, dass dieser Nationalstaat mit zynischen Mitteln und mit der Macht Preußens aufgebaut worden ist.

Es darf nicht vergessen werden, das selbst am Abend der Ausrufung des Nationalstaat in Versailles der Kaiser selber noch Zweifel daran hatte, ob dies ein guter Weg für Deutschland sei. Bismarck hat jedoch nicht nur den Nationalstaat an sich ausgerufen, er hat einen Nationalstaat mit einem militärischen Sieg nach außen dokumentiert. Dies ist letztendlich schuld daran, dass der erste Weltkrieg und der zweite Weltkrieg als Folge seiner Politik entbrannt sind. Es darf nicht vergessen werden, dass die angeblich von Bismarck durchgesetzte Sozialgesetzgebung lediglich einem rein politischen Machtkalkül folgte. Die Hohenzollern mit Wilhelm I und Wilhelm II und die von ihnen durchgeführte Militarisierung sowie die durch Bismarck verkörperte Großmannssucht waren für Deutschlands Nachbarn äußerst problematisch.

Hätte Bismarck nicht den Nationalstaat ausgerufen und eine Weltmacht angestrebt, so wäre höchstwahrscheinlich kein weiterer Krieg nötig gewesen. Für viele Nachbarn Deutschland stellt daher Bismarck die wesentliche Ursache für das von Deutschland ausgehende Unheil dar.

36.6 Fluch des Vertrags von Versailles

Als ein weiterer Fluch, der zu der katastrophalen Entwicklung Deutschlands im 20. Jahrhundert beigetragen hat, kann der Friedensvertrag von Versailles 1919 angesehen werden. Festzuhalten ist jedoch, dass die Verschlechterung der Versorgung der Bevölkerung insbesondere mit Nahrung und die damit verbundene Inflation bereits durch die Kriegswirtschaft im Jahre 1914 begonnen hat. Fakt ist aber auch, dass Georges Clemenceau sozusagen der Bismarck der französischen Politik vom Anfang des 20. Jahrhunderts war. Er vertrat die Forderung, dass die Verluste Frankreichs im Krieg von Sedan wiedergutzumachen wären und dass Deutschland nie wieder eine Wirtschafts-, Militär- und politische Macht neben Frankreich sein dürfte.

Das französische Diktat mit den Forderungen an Deutschland war mit dem Verlust von Schiffen, Zügen und Kohlelieferungen für Deutschland nicht zu verkraften. Hinzu kamen horrende Reparationszahlungen. Deutschland war zu diesem Zeitpunkt nicht mehr in der Lage, sich selbst zu ernähren d. h. die Selbstversorgung Deutschlands mit Nahrungsmitteln war nicht gegeben, selbst dann, wenn diese Scharen von Soldaten nicht zurückgekommen wären. Dies hat in übrigens Meinhard Keynes vorhergesagt und ist von seinem Amt als englischer Verhandlungsführer in Jahre 1918 zurückgetreten.

Hinzu kommt, dass während dieser Zeit eine Verschwörungstheorie, die sogenannte Dolchstoßlegende, verbreitet wurde, mit der die Verursacher des verlorenen Kriegs, namentlich von Moltke, Hindenburg und die Militärs die Schuldfrage von sich abwenden wollten. Der Fluch der Versailler Verträge und die aufkommende Inflation in den Jahren 1914-1923 hätten theoretisch eine heilbare Lehre gegen Kriegstreiberei sein können. Das Gegenteil wurde jedoch erreicht, denn die Militärs, die soziale Elite und die politische Elite waren gegen die Demokratie und vor allem waren sie gegen den Frieden, den Stresemann mit aller Kraft mit Frankreich zu erreichen versuchte und deswegen den Friedens Nobelpreis gemeinsam mit Poincaré verliehen bekommen hat.

Der Versailler Vertrag hat die Forderungen Hitlers auf Wiedergutmachung und Wiederherstellung der Ehre angetrieben, diese wurden abgeleitet von der Erniedrigung Deutschlands sowie der moralischen Schuldzuschreibung für den ersten Weltkrieg insbesondere durch die Amerikaner und Franzosen. Insoweit stellt der Vertrag von Versailles einen weiteren Fluch in der Geschichte Deutschlands dar.

36.7 Erste Chance durch die Weimarer Republik

Nach dem Versailler Vertrag erhielt Deutschland mit der Ausrufung der Weimarer Republik eine nicht zu erwartende Chance, da die Regierung letztendlich nicht mehr in Berlin tagte, sondern in Weimar. Fakt ist, dass die Inflation dank der umsichtigen Arbeit von Ebert und von Stresemann 1923 beendet werden konnte. Ein bescheidenes wirtschaftliches Wachstum machte sich bemerkbar und die Arbeitslosigkeit sank langsam. Demgegenüber war in der deutschen Gesellschaft eine tiefe Spaltung zwischen Arm und Reich zu verzeichnen, denn die Kriegsprofiteure waren noch da. Fakt ist auch, dass während der Jahre 1923-29 ein wirtschaftlicher und ein kultureller Aufschwung stattfand, mit Stresemann und Quidde zwei Friedensnobelpreisträger ausgezeichnet wurden. Deutschland wurde im Völkerbund aufgenommen und im Rahmen des Völkerbunds teilweise rehabilitiert.

Tatbestand ist aber auch, dass Berlin wieder zu einer kulturellen Stadt voller Leben aufgeblüht ist. Dies war eigentlich eine Chance um Deutschland weiterzuentwickeln.

Demgegenüber standen in dieser Zeit die Revanchisten, die in der alten Struktur der Gesellschaft fest verankert waren und die die Demokratie von Grund auf hassten und sich wieder nach einem Kaiser oder König sehnten. Deren Führung war immer noch intakt, obwohl sie die Hauptschuldigen des Kriegs und der Kriegsverluste waren, insbesondere Hindenburg, der letztendlich sogar Präsident der Weimarer Republik geworden ist. Die Konservativen und Rechtskonservativen machten sich bereit und demgegenüber machten sich die Sozialisten und Kommunisten auch bereit, sodass sich die Konfrontation ab den Jahren 1928-1929 tagtäglich auf der Straße bemerkbar machte.

Festzustellen ist auch, dass der plötzliche Tod von Gustav Stresemann der Todesstoß für die Weimarer Republik war, die letztendlich nie eine reale Chance hatte, sich voll zu installieren, denn die gesamte Elite Deutschlands hasste die Republik. Und letztendlich hat Hindenburg abermals versagt, denn er hatte bis zum Schluss die Chance Hitler zu verhindern, was er nicht getan hat.

36.8 Irrwitz der Geschichte: Wenn ein österreichischer kleiner Korporal Deutschland in den Wahn führt

Manche ausländische Beobachter, die sich mit der deutschen Geschichte und der deutschen Entwicklung genau beschäftigen, bewerten es als einen Witz der Geschichte, dass ein kleiner Gefreiter mit Hilfe von Verschwörungstheorien, durch Vernebelung und durch Mobilisierung der niedrigsten menschlichen Instinkte schlicht einfach ein ganzes Volk inklusive seine intellektuellen Eliten in seinen Bann zieht.

Es ist nicht nachzuvollziehen, wie durch die Verletzung der Gefühle des Volkes durch die Versailler Verträge und die missbräuchliche Verschwörungstheorien einem ganzen Volk sein Verstand abhandengekommen war. Es ist nicht mehr nachzuvollziehen, dass sogar Philosophen wie Heidegger ihre Werteskala aufgeben und sich dem Nationalsozialismus verschreiben.

Es gab im Grunde keine materiellen Probleme, die das unabdingbare Hervorrufen einer Diktatur begründet hätten. Es wurde propagiert, dass die Pläne für den Autobahnbau von Hitler selbst stammten, was nachweislich falsch ist. Die Pläne zur Wiederbelebung der Wirtschaft waren schon vorhanden bevor Stresemann starb. Das einzige Problem war jedoch, dass die Finanzierung bzw. die Anschubfinanzierung noch nicht vorhanden waren.

Tatsache ist auch, dass ausländische Konzerne – unter anderem FORD, IBM und die Stahlbarone die Anschubfinanzierung der Hitlerprogramme durchgeführt haben. Fakt ist aber auch, dass vor allem die Frauen der wirtschaftlichen Eliten schlicht einfach einem Schauspieler verfielen. Jeder der hätte sehen wollen, hätte den Werdegang von Hitler schon seit 1923 gesehen und hätte ihn blockieren können. Es ist mit normalem Verstand und normaler Logik nicht zu verstehen, wie diese Massenhysterie und dieser Hype um einen Scharlatan gemacht werden konnte.

Im Übrigen neigen die Deutschen bis heute sehr schnell zu einem Hype. Der Versuch, den Aufstieg von Hitler mit 6 Millionen Arbeitslosen zu begründen, stellt mehr ein Feigenblatt als eine reale Begründung dar.

Tatbestand ist jedoch, dass der Erfolg von Hitler und der Niedergang der Weimarer Republik zum großen Teil durch unfähige Eliten verursacht worden ist und vor allem durch die mangelhafte Einschaltung des kritischen Denkens (einst eine Auszeichnung der Deutschen) gegenüber den Eliten. Das Buch „Der Untertan" von Heinrich Mann gibt ein verheerendes Bild über den sozialen und geistigen Zustand der Deutschen in der damaligen Zeit. Leider ist aber auch diese Beschreibung auf den heutigen Tag übertragbar.

36.9 Der Nürnberger Prozess

Mit dem Nürnberger Prozess wurde weltweit und in der Geschichte der Menschheit einzigartig der Prozess für die noch lebenden Eliten des NS Reichs gemacht. Sie saßen stellvertretend für das gesamte deutsche Volk auf der Anklagebank. Noch nie wurde in der Menschheitsgeschichte ein solcher Prozess durchgeführt um die Taten eines Unrechtssystems zu sanktionieren. Tatbestand ist ja, dass zu diesem Zeitpunkt Deutschland aus der menschlichen Gesellschaft verbannt worden war. Dies allein hätte ein Anstoß für das deutsche Volk sein sollen, über seine Taten nachzudenken, aber auch über seine Entscheidungen und vor allem darüber, wie der Aufstieg eines solch zerstörerischen Systems ermöglicht wurde. Fakt ist jedoch, dass sie zum größten Teil versucht haben, sich vom System loszusagen, das sie ermöglicht hatten und sich für unschuldig zu erklären, indem sie die Schuld auf einen einzigen Mann geschoben haben, nämlich auf Hitler. Hitler war nicht allein. Ohne die Mitwirkung und zwar mit wenige Ausnahmen des gesamten Volks wäre diese Katastrophe nicht über Deutschland gekommen. „Keiner war dabei, keiner war Schuld und wir haben es nicht gewusst" war und ist die Maxime eines großen Teils der Bevölkerung. Diese war verlogen, denn die geistige Auseinandersetzung hat nie stattgefunden. Schon gar nicht in der DDR, denn sie waren alle gegen Hitler.

Diese leeren Aussagen stellen bis heute ein nicht bewältigtes Problem für die ältere, aber auch für die junge Generation dar. Insoweit trägt ein Teil der Nachkommen bewusst oder unbewusst einen Teil der Schuld mit, auch wenn die persönlich noch nicht einmal auf der Erde waren. Die Lehre aus dem Nürnberger Prozess wurde jedoch sehr schnell ad acta gelegt. Denn während des Aufbaus Deutschlands waren abermals sehr viele Nazirädchen im System und sie haben davon sehr gut gelebt. Insoweit war der Verlust relativ und die Schmerzgrenze war nicht erreicht. Wenn eine Gesellschaft oder eine einzelne Person jedoch ein solches Erlebnis miterlebt hat, sollten logischerweise die Konsequenzen knallhart sein und jegliche politischen Gruppierungen der Rechtsradikalen oder mit rassistischem Antlitz nicht nur verboten, sondern auch geächtet werden.

Dies ist leider bis heute nicht der Fall. Insoweit stellt der Nürnberger Prozess einen gescheiterten Wiederanfang für Deutschland da.

36.10 Die Teilung Deutschlands

Die deutsche Teilung, die immerhin fast 40 Jahre gedauert hat, dürfte eine Lehre sein gegen jede Art von Rechtsradikalismus, das Aufkommen von Nationalismus, Antisemitismus und sonstigem Rassismus. Fakt ist jedoch, dass aus den verfolgten und unterdrückten (DDR-Einwohner und Ostdeutschen) teilweise Unterdrücker geworden sind. Tatsache ist auch, dass abermals der Ruf nach Demokratie bei der sogenannten friedlichen Revolution höchstwahrscheinlich nur wirtschaftlichen Gründe hatte. Selbst Helmut Kohl hat in einer ruhigen Stunde geäußert, dass de facto der deutsche Markt die Revolution bewirkt hat und nicht der Glaube an die Demokratie. Die Teilung in die beiden deutschen Staaten und damit die fehlende Souveränität der beiden Staaten hat direkt oder indirekt dazu geführt, dass letztendlich jeder der beiden Staaten seine eigene Nische gebildet hat und darin gut gelebt hat. Die deutsche Teilung hätte auch zu der Erkenntnis führen müssen, dass jegliche Art von Konservatismus, Rassismus, Antisemitismus und Fremdenhass mit einem erheblichen Preis zu bezahlen ist. Es lässt sich fragen, ob die nachkommenden Generationen nach dem Krieg die Lehre aus der deutschen Teilung gezogen haben. Bekanntlich hält das allgemeine Erinnern lediglich zwei Generationen an.

Es stellt sich die Frage, ob die heutigen Deutschen sich verdeutlicht haben, dass in der Erfahrung mit der Teilung Deutschland stets verbunden ist mit einem Hype über politische oder geistige Führer oder sonstigen Eliten. Die Zunahme von Verschwörungstheoretikern, von Nationalisten, Rassisten und Neonazis stellt stark infrage, ob die Deutschen die Konsequenzen aus der Teilung Deutschlands verstanden haben. Insbesondere für das Ausland stellt dies eine sehr große unbeantwortete Frage dar.

36.11 Berlin oder das falsche Symbol

Berlin steht für Bismarck, es steht für Wilhelm I, es steht für den ersten Weltkrieg, es steht nicht für die Weimarer Republik, es steht für Hitler, ist das sichtbare Zeichen für die Teilung, es steht für die DDR und sein Unrechtssystem und es steht heute möglicherweise für Deutschland. Außerhalb Deutschlands und in der ganzen Welt steht Berlin bei geistigen Eliten für die falschen Symbole, die Deutschland sendet.

Außer in den Jahren der Teilung in West- und Ostberlin und der Auseinandersetzung zwischen dem Westen und dem Osten steht Berlin stets für Krieg, Unrecht, Schmerzen und Leid da. Insoweit müsste die Rolle Berlins noch einmal genau definiert werden. Nicht mit der Großmannssucht die zurzeit wieder einzieht, denn diese unterscheidet Berlin nicht von der Hauptstadt, die den ersten Weltkrieg verursacht hat. Sie unterscheidet sich auch nicht von der Hauptstadt der Nazis und sie unterscheidet sich nicht von der Hauptstadt der DDR. Demgegenüber stellt immer noch Frankfurt mit der Paulskirche und der Revolution von 1848 ein positives Bild des kritisch denkenden deutschen Volkes dar.

Berlin ist das Gegenteil davon. Insoweit stellt Berlin als Hauptstadt in den Augen eines Teils unserer Nachbarn das falsche Symbol für das neue Deutschland dar.

36.12 Die DDR

Die DDR sowie ihre Entstehung und ihre Geschichte sind eine Episode des Ost-West-Konflikts und ist insbesondere der stalinistischen Abrechnung mit Hitler Deutschland geschuldet. Es darf in diesem Zusammenhang nicht vergessen werden, dass der Preis für die Sowjetunion mit über 44 Millionen Toten durch Hitlers Angriffskrieg unermesslich hoch war. Das Bedürfnis der Russen nach einer Absicherung gegen das Wiedererstarken eines großen Deutschlands war daher so tief in der gesamten Bevölkerung und deren Führung verankert. Die DDR steht aber für einen angeblichen Kommunismus, der letztendlich nichts anderes ist als der Staats-Kapitalismus, denn lediglich eine kleine Clique der Parteibonzen hat von den schwer erwirtschafteten Erfolgen der Bevölkerung profitiert.

Es darf nicht vergessen werden, dass es für die DDR keinen Marshallplan gab und sogar die Sowjetunion vorhandene technische Infrastrukturen abmontiert hat und in ihr Land brachte. Die DDR hat dabei jedoch immer die Unschuld des östlichen Teils der Bevölkerung betont und die Gesamtschuld den Nazis in Westdeutschland zugeschoben. Mit deren Worten gab es in der Bevölkerung der DDR keinen einzigen Nazi, aber alle Widerstandskämpfer gegen Hitler. Hier zeigt sich die Lächerlichkeit des Systems. Es gilt jedoch als psychologische Regel: wenn man einer Masse mehrfach die gleiche Lüge erzählt, dann nimmt sie diese als Wahrheit an. Und dies ist in der DDR passiert. Die kleine Elite, die real für die Demokratie gekämpft hat, war zu klein als dass eine friedliche Demonstration möglich gewesen wäre. Tatsache ist, dass die DDR bereits Mitte der achtziger Jahre wirtschaftlich am Ende und kaum noch handlungsfähig war. Tatsache ist aber auch, dass die Bevölkerung auf der Straße geschrien hat „wir wollen die Deutsche Mark, entweder kommt sie zu uns oder wir gehen zu ihr". Insoweit ist es schlicht ein Selbstbetrug, dass plötzlich 10 Millionen Widerstandskämpfer gegen die DDR auf der Straße waren.

Ja, es gab eine friedliche Demonstration. Man darf jedoch nicht vergessen, dass ohne Gorbatschow dieser friedliche Verlauf niemals garantiert gewesen wäre; es hätte auch wie in Ungarn passieren können, als die Panzer gegen das Volk aufgefahren wurden. Diesen Erfolg der friedlichen Demonstrationen allein für die Bevölkerung von Leipzig und Dresden zu vereinnahmen, ist schlicht einfach falsch.

36.13 Die zweite Chance

Und wieder einmal erhielten die Deutschen mit einem kleinen Fenster in der Geschichte eine zweite Chance um sich wieder zu vereinen. Und wieder einmal ist das geglückt, da Gorbatschow und die drei westlichen Mächte erkannt hatten, dass ein friedliches Deutschland in der Mitte von Europa durchaus ein Ort der Stabilität sein könnte und vor allem weil die Konfrontation zwischen Ost und West zugunsten des Westens beeinflusst würde.

Die Sowjetunion war nicht mehr in der Lage dem wirtschaftlichen Druck der ständigen militärischen Aufrüstungen standzuhalten. Und die Satellitenstaaten waren nicht mehr bereit, die notwendigen Beiträge an Russland zu leisten. Fakt ist, dass die westdeutsche Politik überrumpelt wurde von der Schnelligkeit der Ereignisse und gleichzeitig sehr schnell reagiert hatte, sodass die Wiedervereinigung Deutschland selbst dann sehr schnell über die Bühne ging.

Für den externen Beobachter war dies eine erhoffte Chance, damit endlich das deutsche Problem aus Europa verschwand. Denn die Teilung Deutschlands war mit der Teilung Europas verbunden und vor allem mit der enormen Zunahme an Rüstungsausgaben, die sowohl Ost und West nicht mehr in der Lage waren langfristig zu tragen.

Insoweit stellte der Wiedervereinigungs-Prozess eine reale Chance dar, unabhängig davon ob ein Beitritt zum Grundgesetz erfolgte oder nicht. Es muss hier aber auch festgehalten werden, dass Ostdeutschland den Beitritt zum Grundgesetz wollte. Die Westdeutschen haben nicht darauf gedrängt. Vielmehr war die desolate wirtschaftliche Lage der DDR für den größten Teil der Bevölkerung ihr Motiv für den Beitritt zum Grundgesetz und zwar so schnell wie möglich, damit die Deutsche Mark als Währung auch in Ostdeutschland installiert werden konnte.

36.14 Wiederaufbau Ostdeutschlands

Und wieder mal wurde Deutschland bzw. Westdeutschland aufgerufen, die Finanzierung des Wiederaufbaus der maroden ostdeutschen Gebiete voranzutreiben. Bei vielen Ostdeutschen wird noch heute verdrängt, dass nicht die Westdeutschen schuld waren an dem maroden Zustand und den Strukturen Ostdeutschlands. Wenn heute so getan wird, als ob die Westdeutschen mit schuld waren an dem damaligen Niedergang der DDR, ist dies falsch und verlogen. Ihre ständige indirekte Schuldzuschiebung für den Zustand der DDR ist nichts anderes als der Ausdruck ihres Unvermögens, Selbstkritik üben zu können.

Und wieder wurde aus einer maroden Landschaft eine blühende Landschaft. Tatsache ist jedoch, dass die Wirtschaftsstrukturen nicht vorhanden waren. Tatsache ist aber auch, dass sehr viel zerschlagen worden ist, und dass sehr viele westdeutsche Unternehmen sich bereichert haben. Es ist aber festzuhalten, dass immerhin knapp über 1000 Milliarden Investitionen von Westdeutschland zu Ostdeutschland geflossen sind. Tatsache ist auch, dass im Ergebnis die Infrastrukturen in Ostdeutschland vielfach auf neuestem Stand sind. Demgegenüber sind manche Infrastrukturen in Westdeutschland, insbesondere im Ruhrgebiet oder im Saarland, regelrecht heruntergekommen.

Tatsache ist aber auch, dass auch in Ostdeutschland heutzutage bestimmte Leuchttürme mit Städten wie Leipzig Dresden und die Hauptstädte Schwerin, Magdeburg, Potsdam existieren, die den modernsten Anforderungen entsprechen. Insoweit ist der Wiederaufbau Ost ein Erfolg. Der Wiederaufbau von wirtschaftlicheren Strukturen wird unterdessen noch eine gewisse Zeit dauern. Es darf auch nicht vergessen werden, dass die gesamte Bevölkerung Ostdeutschlands zahlenmäßig so groß ist wie die Bevölkerung eines einzigen Bundeslands wie NRW.

36.15 Unzufriedenheit in Ostdeutschland: Es reicht!

Die angebliche Unzufriedenheit der ostdeutschen Bevölkerung ruft beim größten Teil der Außenbeobachter und einem großen Teil der Bevölkerung Westdeutschlands eine zunehmende Wut hervor. Diese Wut ist dadurch bedingt, dass der gesamte Neuaufbau Ostdeutschlands von Westdeutschland finanziert wurde und zu dessen Lasten ging. Denn heute sind die Infrastrukturen Westdeutschlands zu großen Teilen marode und müssen von Grund auf überholt werden.

Diese ständig geäusserte Befindlichkeit der Ostdeutschen sich als Deutsche zweiter Klasse zu fühlen, ist letztendlich lästig geworden und bewirkt das Gegenteil von dem was die Ostdeutschen wollen. Eine zunehmende Entfernung zwischen Westdeutschen zu den Ostdeutschen ist festzustellen, was letztendlich für die politischen und wirtschaftlichen Eliten Sorgen bereiten sollte. Allein die Entscheidung, dass Berlin zur Hauptstadt ganz Deutschlands wurde, hat immer noch bei vielen Westdeutschen schmerzhafte Risse hinterlassen. Tatsache ist aber auch ,dass die ständigen mehr oder weniger direkt ausgesprochenen Äußerungen wie „Entweder erhalten wir mehr oder wir werden uns den extremen rechten Parteien zuwenden" bei vielen Westdeutschen das Gefühl hervorrufen, solchen erpresserischen Methoden nicht mehr nachzugeben zu wollen. Viele Westdeutschen fühlen sich durch dieses Verhalten vieler Ostdeutscher angeekelt und setzen sich nur noch für ihre eigenen lokalen Belange, unabhängig davon ob die Ostdeutschen zufrieden oder nicht sind.

Tatsache ist jedoch, dass insbesondere die CDU/CSU erheblich mitverantwortlich ist für die Zunahme der Rechtskonservativen, des Rassismus, des Antisemitismus, denn sie hat stets diese Probleme klein geredet. Ob die Ostdeutschen weniger demokratisch oder nicht sind, spielt für einen großen Teil der Westdeutschen keine Rolle mehr. Ob 20% oder 30 % der Wähler zur AfD und zu den Nazis tangieren oder nicht spielt letztendlich keine Rolle mehr. Denn für viele Westdeutschen steht zurzeit die Wiederherstellung der Infrastrukturen Westdeutschlands an erster Stelle. Die Anzahl der Wähler in ganz Ostdeutschland stellt de facto eine kleine Minderheit an der Anzahl der gesamte Wähler dar. Insoweit stellt diese ständige Unzufriedenheit der Ostdeutschen für die westdeutsche Bevölkerung keine Belastung mehr dar: sie wird einfach ignoriert.

36.16 Und wieder gibt es Rechtsextreme

Und wieder steigt der Anzahl der Rechtsextremisten in erheblichem Maß, sodass die Sicherheitsbehörden den Rechtsextremismus als eine Hauptgefährdung für Deutschland sehen.

Es fragt sich wie diese Rechtsextremen in den letzten Jahren so stark werden konnten. Hier muss man feststellen, dass die politische Vernachlässigung des Themas gerade in Ostdeutschland nach der Wiedervereinigung wesentlich dazu beigetragen hat. Der Rechtsextremismus war schon zuvor mangelhaft aufgearbeitet worden, weder im Westen Deutschlands und schon gar nicht in Ostdeutschland. Per Definition der politischen Führung gab es keinen Rechtsextremismus in der DDR. Mit dieser Leugnung wurde aber auch eine Grundlage für das Aufkommen des neuen Rassismus in Deutschland gelegt.

Tatsache ist jedoch, dass diese Rechtsextremen mit rassistisch, antisemitisch, islamophober und neonazistischer Ausrichtung reichlich Zeit hatten um neue Netze aufzubauen, neue wirtschaftliche Abhängigkeiten zu schaffen und vor allem im Dunkeln zu agieren. Dies wird vom Auslandgenau beobachtet und versetzt einen Teil mancher europäischer Länder in Unruhe.

Der deutsche Rechtsextremismus darf nicht vernachlässigt werden und die Hauptschuldigen stehen fest: die Protagonistren der Sparorgien der letzten 15 Jahre.

Tatsache ist auch, dass zur Aufarbeitung des Nazizeitraums dieses Thema in den Schulen nicht in ausreichendem Maße gelehrt und vor allem nur sehr schemenhaft beschrieben worden ist. Tatsache ist auch, dass die Führung bemüht war die Schuldigen auf einen kleinen Teil der Bevölkerung zu beschränken. Die bei den Vätern und Großvätern stattgefundene Verdrängung wurde respektiert, um keine Schwierigkeiten in den Familien zu haben.

Eine katastrophale Migrationspolitik seitens der Konservativen und der CDU führte zur Bildung von Ghettos mit eigener Sprache und eigener alternativer Justiz. Dies wiederum fördert auf der anderen Seite mehr Rassismus, denn integriert wurde kaum jemand. Insbesondere die hohe Zahl von Türken stellt die Gesellschaft vor erhebliche Probleme und die politische Elite hat immer noch nicht verstanden, ein schlüssiges Konzept zu definieren und umzusetzen, um eine Integration dieser Gruppen zu erreichen. Die laschen Ermittlungen gegen Rechtsxtremismus immerhin in den letzten zehn Jahren sowie die möglicherweise von Rechts unterwanderte Sicherheits-Infrastruktur Deutschlands könnten durchaus dazu beigetragen haben, dass die Mörder lange Zeit durch Sicherheitsbehörden gedeckt worden sind.

Aus dem Ausland wird aber auch die Befürchtung vermittelt, dass dieser Prozess der Weiterradikalisierung der deutschen Bevölkerung hin zu Nationalismus und zu Rassismus zunehmen wird und dass dies durch die zunehmenden wirtschaftlichen Probleme noch verstärkt wird, die durch die Coronakrise erzeugt werden.

36.17 Und wieder gibt es Verschwörungstheorien: Die Reichsbürgerbewegung

Und schon wieder entstehen Verschwörungstheorien. Aberglaube und verzerrte Geschichtsbilder werden vor allem über die sozialen Netze propagiert. Die Protagonisten nennen als Schuldige an der von ihnen beschriebenen gesamten Misere meistens die Juden, die Ausländer, die Flüchtlinge, die da oben und vor allem auch die Medien und Journalisten.

Und schon wieder gibt es Entwicklungen wie 100 Jahre zuvor bei Guido von List oder sonstigen Esoterikern, die letztendlich einfache Antworten auf komplexe Probleme liefern.

Und schon wieder wird der Boden vorbereitet für aufkommende autokratische Systeme.

Und schon wieder machen die politische Elite und die Medienelite die gleichen Fehler, die schon so oft gemacht worden sind, indem sie nicht direkt und klar die Probleme des kleinen Mannes eindeutig benennen und den notwendigen Abstand der Medien von politischen und wirtschaftlichen Eliten garantieren.

Reichsbürgerbewegung ist ein Sammelbegriff für eine organisatorisch und ideologisch sehr heterogene Szene aus meist Einzelpersonen, seltener teilweise sektenartigen Klein- und Kleinstgruppen, die die Existenz der Bundesrepublik Deutschland als legitimer und souveräner Staat bestreiten und deren Rechtsordnung ablehnen. Zu den von sogenannten Reichsbürgern vertretenen Ideologien gehören oft die Ablehnung der Demokratie, Ideologieelemente des Monarchismus, Rechtsextremismus, Geschichtsrevisionismus und teilweise Antisemitismus oder die Leugnung des Holocausts. Sie teilen eine Haltung der Ablehnung einer offenen und pluralistischen Gesellschaft und weigern sich, unter anderem Steuern und Bußgelder zu zahlen oder Gerichtsbeschlüsse und Verwaltungsentscheidungen zu befolgen. Dabei berufen sich „klassische" Reichsbürger darauf, dass ihrer Meinung nach das Deutsche Reich statt der Bundesrepublik weiterhin fortbestehe, entsprechend ihrer Ideologie entweder in den Grenzen des Deutschen Kaiserreichs oder in denen von 1937. Dieses werde als Organisation durch eine „kommissarische Reichsregierung" (KRR) oder Ähnliches vertreten, deren Befugnisse die oft miteinander konkurrierenden Gruppen jeweils für sich beanspruchen. Der Szene zugeordnet werden ebenso die in den 2010er Jahren vermehrt auftretenden sogenannten Selbstverwalter, die behaupten, durch einseitige Erklärungen aus der Bundesrepublik und ihrer Gesetzgebung austreten zu können. Dabei beziehen sie sich allerdings nicht unbedingt auf das Deutsche Reich.

Die Innenbehörden bezeichnen die gesamte Szene als „Reichsbürger und Selbstverwalter". Selbstbezeichnungen sind beispielsweise „Reichsbürger", „Reichsregierung", „Selbstverwalter" oder „Natürliche Personen"; Fremdbezeichnungen sind „Reichsbürger"-Szene oder Anhänger der „Reichsideologie" bzw. Reichsideologen.

Die „Reichsbürger"-Szene entstand in den 1980er Jahren und tritt seit 2010 verstärkt in Erscheinung, einzelne Akteure seit 2013 auch mit gewaltbereiter Militanz. Das Bundesamt für Verfassungsschutz (BfV) rechnete dem Spektrum mehr als 19.000 Personen zu. Davon gelten mindestens 950 Personen als Rechtsextremisten (Stand: 10. Juli 2020). Das BfV, die Landesbehörden für Verfassungsschutz und das Bundeskriminalamt schätzten 2018, dass von 2015 bis Mitte 2017 über 10.500 Straftaten durch „Reichsbürger" begangen wurden.

Das Deutsche Reich bestehe (statt der Bundesrepublik) fort

Häufig verwendetes Zeichen der Reichsbürgerbewegung: die schwarz-weiß-rote Flagge des Deutschen Reichs. Die schwarz-rot-goldene Bundesflagge wird dagegen zumeist abgelehnt (siehe rechtsextreme Symbole und Zeichen)

Die Verschwörungstheorien der Reichsbürgerbewegung gehen üblicherweise davon aus, dass das Deutsche Reich fortbestehe, da die Weimarer Reichsverfassung von 1919 niemals abgeschafft wurde (siehe Fortgeltung der Verfassung nach 1933). Die Bundesrepublik sei nicht mit dem Deutschen Reich identisch, sondern völker- und verfassungsrechtlich illegal und de jure nicht existent. Allein das Deutsche Reich als Organisation bestehe in rechtsgültiger Weise fort. Verschiedene Akteure der Szene vertreten die Auffassung, es habe eine Regierung in Gestalt einer meist von ihnen selbst gebildeten „kommissarischen Reichsregierung", die zwar noch keine faktische Staatsgewalt innehabe, jedoch rechtsgültig die Regierungs- und Amtsgeschäfte für Deutschland ausführe. Gesetze, Gerichte und die erhobenen Steuern der Bundesrepublik seien dagegen unrechtmäßig.

Diese erwiesen unwahren Tatsachenbehauptungen gründen auf juristischen Diskussionen und politischen Interessenlagen, die sich aus der Besatzungszeit und der darauf folgenden deutschen Teilung ergaben (siehe auch Deutsches Reich: Staatsrechtliche Fragen nach 1945). Nach der bedingungslosen Kapitulation der Wehrmacht übernahmen zunächst die Alliierten gemeinsam die Regierungsgewalt über Deutschland. 1949 wurden dann sowohl das Grundgesetz der Bundesrepublik Deutschland als auch die Verfassung der Deutschen Demokratischen Republik verabschiedet. Beide jeweils mit dem Anspruch, alleinig „Deutschland" zu repräsentieren und auch die Bürger des jeweils anderen Staates als Staatsbürger zu behandeln. Die Bundesrepublik ging dabei davon aus, dass sie das (räumlich teilidentische) weiterbestehende Deutsche Reich sei. Die Annahme einer völkerrechtlichen Identität der als westdeutscher Teilstaat errichteten Bundesrepublik Deutschland mit dem Reich schließt die gleichzeitige Annahme des Fortbestandes eines von der Bundesrepublik getrennten Völkerrechtssubjekts Deutsches Reich aus. Da die Existenz der DDR im Widerspruch zu diesem Weiterbestehen stand, erkannte die Bundesrepublik diese bis zur Unterzeichnung des Grundlagenvertrages von 1972 nicht an. Die DDR verstand sich hingegen zwar anfangs ebenfalls als identisch mit dem Deutschen Reich, vertrat aber später die These von dessen Untergang und sah sich einzig als dessen Rechtsnachfolger. Seit dem Beitritt der DDR zur Bundesrepublik Deutschland und der (Wieder-)Erlangung der vollen Souveränität ist das vereinte Deutschland – die vergrößerte Bundesrepublik – auch bezogen auf seine räumliche Ausdehnung völkerrechtlich vollidentisch (subjektsidentisch) mit dem Deutschen Reich. In der Literatur entwickelte Ansätze, wonach das Deutsche Reich mangels effektiver Staatsgewalt endgültig untergegangen und auf seinem Staatsgebiet ein neuer Staat entstanden sei, vermochten nicht zu überzeugen.

Eine der wichtigsten Argumentationsgrundlagen für diese Gruppierungen ist eine Entscheidung des Bundesverfassungsgerichts aus dem Jahre 1973 (BVerfGE 36, 1 ff.) – wohlgemerkt lange vor der deutschen Wiedervereinigung im Jahr 1990 und den sich daraus ergebenden Konsequenzen für Gesamtdeutschland im Hinblick auf die „normative Kraft des Faktischen" (Jellinek) –, in der es in erster Linie um die Frage der Rechtmäßigkeit des Grundlagenvertrags zwischen der Bundesrepublik (Westdeutschland) und der DDR ging. Im Rahmen dieser Entscheidung stellte das Gericht auch dar, welche völkerrechtlichen Probleme sich nach Ende des Zweiten Weltkrieges durch die Teilung Deutschlands hinsichtlich des deutschen Staates („als Ganzes") aufgetan hatten. Die für die Reichsideologen wichtigsten Sätze des Urteils lauten:

„Das Grundgesetz – nicht nur eine These der Völkerrechtslehre und der Staatsrechtslehre! – geht davon aus, dass das Deutsche Reich den Zusammenbruch 1945 überdauert hat und weder mit der Kapitulation noch durch Ausübung fremder Staatsgewalt in Deutschland durch die alliierten Okkupationsmächte noch später untergegangen ist; das ergibt sich aus der Präambel, aus Art. 16, Art. 23, Art. 116 und Art. 146 GG. Das entspricht auch der ständigen Rechtsprechung des Bundesverfassungsgerichts, an der der Senat festhält. Das Deutsche Reich existiert fort (BVerfGE 2, 266 277; 3, 288 319 f.; 5, 85 126; 6, 309 336, 363), besitzt nach wie vor Rechtsfähigkeit, ist allerdings als Gesamtstaat mangels Organisation, insbesondere mangels institutionalisierter Organe selbst nicht handlungsfähig. ... Mit der Errichtung der Bundesrepublik Deutschland wurde nicht ein neuer westdeutscher Staat gegründet, sondern ein Teil Deutschlands neu organisiert (vgl. Carlo Schmid in der 6. Sitzung des Parlamentarischen Rates – StenBer. S. 70). Die Bundesrepublik Deutschland ist also nicht ‚Rechtsnachfolger' des Deutschen Reiches ...."

Diverse „Reichsregierungen" hielten sich für die laut Bundesverfassungsgericht fehlenden Organe und behaupteten, durch ihre Existenz das Deutsche Reich auf der Grundlage der ihrer Meinung nach noch gültigen Weimarer Verfassung wieder handlungsfähig zu machen oder schon gemacht zu haben. Zudem stützen sie sich auf die Aussage, die Bundesrepublik sei nicht Rechtsnachfolger des Deutschen Reiches. Daher, so die „Reichsregierungen", habe sie auch keinerlei Befugnisse, für das Deutsche Reich zu handeln. Bemerkenswert ist, dass der letzte Satz der oben zitierten Passage freilich noch etwas weitergeht und vollständig lautet (vgl. ergänzend hierzu die Bundesverfassungsgerichtsentscheidung von 1987 (Az.: 2 BvR 373/83 = BVerfGE 77, 137 ff.)):

„Die Bundesrepublik Deutschland ist also nicht ‚Rechtsnachfolger' des Deutschen Reiches, sondern als Staat identisch mit dem Staat ‚Deutsches Reich', – in bezug auf seine räumliche Ausdehnung allerdings ‚teilidentisch', so daß insoweit die Identität keine Ausschließlichkeit beansprucht."

„Reichsbürger" verwickeln sich bei Verwendung dieses Arguments zudem in den Selbstwiderspruch, dass sie von der Rechtsgültigkeit des Urteils des Bundesverfassungsgerichts ausgehen, dessen Legitimität als Verfassungsorgan der Bundesrepublik Deutschland sie doch eigentlich ablehnen.

Die Bundesrepublik habe keine (gültige) Verfassung

Eine weitere Argumentationslinie vieler „Reichsbürger" ergibt sich aus der Aufhebung des Artikels 23 des Grundgesetzes von 1949 im Rahmen der deutschen Wiedervereinigung. Der Artikel regelte den Geltungsbereich des Grundgesetzes vor dem Hintergrund der deutschen Teilung und ermöglichte den Beitritt anderer Teile Deutschlands zu diesem Wirkungsbereich. Der Artikel wurde nach Beschluss vom 12. September 1990 (erklärt im Zwei-plus-Vier-Vertrag) für obsolet befunden, da mit dem Beitritt der DDR die Einigung Deutschlands in seinen endgültigen Grenzen vollzogen werde. Mit Wirksamkeit des Beitritts am 3. Oktober 1990 wurde der Art. 23 GG in seiner alten Fassung aufgehoben. Manche „Reichsbürger" beziehen sich dabei auf mündliche Äußerungen der Außenminister James Baker und Eduard Schewardnadse; diese hätten am 17. Juli 1990 bei den Zwei-plus-Vier-Verhandlungen in Paris Artikel 23 außer Kraft gesetzt. Das habe ein generelles Erlöschen des Grundgesetzes zur Folge gehabt, da es seit diesem Tag über keinen definierten Geltungsbereich mehr verfüge. Ohne geltendes Grundgesetz sei Deutschland nicht mehr als souveräner Staat zu betrachten. Diese Argumentation übersieht zum einen, dass Wortbeiträge von Außenministern nicht die Verfassung eines Drittstaates außer Kraft setzen können. Zudem ist im Einigungsvertrag (Art. 3) klar der Geltungsbereich des Grundgesetzes definiert:

„Mit dem Wirksamwerden des Beitritts tritt das Grundgesetz für die Bundesrepublik Deutschland ... in den Ländern Brandenburg, Mecklenburg-Vorpommern, Sachsen, Sachsen-Anhalt und Thüringen sowie in dem Teil des Landes Berlin, in dem es bisher nicht galt, ... in Kraft."

Gleichzeitig wurden in Artikel 4 Nr. 1 des Vertrags die neue Präambel des Grundgesetzes und insbesondere dessen Geltung für Gesamtdeutschland festgelegt:

„Die Deutschen in den Ländern Baden-Württemberg, Bayern, Berlin, Brandenburg, Bremen, Hamburg, Hessen, Mecklenburg-Vorpommern, Niedersachsen, Nordrhein-Westfalen, Rheinland-Pfalz, Saarland, Sachsen, Sachsen-Anhalt, Schleswig-Holstein und Thüringen haben in freier Selbstbestimmung die Einheit und Freiheit Deutschlands vollendet. Damit gilt dieses Grundgesetz für das gesamte Deutsche Volk."

Auch die Präambel stellt einen rechtlich wirksamen Gesetzesbestandteil dar, durch die Aufhebung des Art. 23 GG durch den Einigungsvertrag (Art. 4 Nr. 2) ergab sich also nie die Situation eines unklaren oder nicht bestehenden Wirkungsbereichs des Grundgesetzes. Davon abgesehen ist bereits die diesem Argument der Reichsanhänger zugrunde liegende Behauptung falsch, Gesetze ohne ausdrücklich genannten Geltungsbereich seien unwirksam:

„In der Regel gelten Gesetze und Rechts-VOn d. h. Rechtsverordnungen für das ganze Gebiet der Körperschaft, deren Gesetzgeber oder Verordnungsgeber sie erlassen haben. Wird von dieser Regel eine Ausnahme gemacht, so muß das Gebiet, für das eine Sondervorschrift gesetzt wird, im Gesetz bezeichnet werden." – Deutsches Verwaltungsblatt

Schließlich ist nach gängiger Staatstheorie eine Verfassung oder ein Grundgesetz auch kein entscheidendes Kriterium für eine eventuelle Staatlichkeit.

Ein weiteres Argument einiger „Reichsbürger" ist ihr Verweis auf den Wortlaut von Artikel 146 des Grundgesetzes, nach dem das Grundgesetz seine Gültigkeit verliert, wenn eine vom Volk beschlossene Verfassung in Kraft tritt. Die „Reichsbürger" leiten aus den unterschiedlichen Begriffen „Verfassung" und „Grundgesetz" ab, dass Letzteres keine Staatsverfassung sei. Diese Interpretation ist falsch, der Parlamentarische Rat hatte ausdrücklich die Aufgabe, eine Verfassung zu erstellen, der Name „Grundgesetz" war lediglich ein symbolisches politisches Zugeständnis an eine erhoffte baldige Wiedervereinigung, die durch den Erlass einer „Verfassung" nicht getrübt werden sollte.

Verschiedene Reichsideologen behaupten zudem, das Grundgesetz habe keine direkte demokratische Legitimation, da es ohne Plebiszit auf Geheiß der Siegermächte des Zweiten Weltkriegs verabschiedet wurde. Allerdings ist eine demokratische Legitimierung für eine Verfassung nicht notwendig. Zudem waren die Mitglieder des Parlamentarischen Rates Delegierte der zuvor demokratisch gewählten deutschen Landtage.

Die Bundesrepublik sei eine privatrechtliche Organisation

Ein neuerer Ansatz innerhalb der Szene ist, mittels unterschiedlichster Argumentationen zu behaupten, die Bundesrepublik wäre kein Staat, sondern eine privatrechtliche Organisation, aus der man austreten könnte bzw. welche keine hoheitlichen Befugnisse gegenüber den „Reichsbürgern" habe.

Unter Bezugnahme auf die UN-Resolution A/RES/56/83 versuchen vor allem sogenannte „Selbstverwalter", mithilfe einer überstaatlichen Rechtsnorm eine eigene staatliche Souveränität zu begründen, verkennen dabei allerdings den Inhalt dieser UN-Resolution. Der Wortlaut der Bestimmung, auf die sie sich beziehen, findet sich in Artikel 9 der Resolution:

„Das Verhalten einer Person oder Personengruppe ist als Handlung eines Staates im Sinne des Völkerrechts zu werten, wenn die Person oder Personengruppe im Falle der Abwesenheit oder des Ausfalls der staatlichen Stellen faktisch hoheitliche Befugnisse ausübt und die Umstände die Ausübung dieser Befugnisse erfordern."

Bei dem Dokument handelt es sich jedoch um eine Resolution der Vollversammlung. Eine solche hat selbst für die Mitgliedstaaten der Vereinten Nationen nur Empfehlungscharakter, d. h. sie ist rechtlich nicht bindend und gibt wegen der grundsätzlich fehlenden Rechtsverbindlichkeit keine Rechtsgrundlage. In ihrem Kern gewährt die

UN-Resolution mitnichten das Recht zur Selbstverwaltung, sondern beschreibt die Verantwortlichkeit von Personen, die quasi-staatliche Macht in einem Gebiet ausüben, in dem es keine staatliche Autorität gibt. Mit ihrer Bezugnahme setzen die „Reichsbürger" also (unausgesprochen) voraus, dass die Bundesrepublik nicht (mehr) existiert bzw. keine legitime Regierung oder Verwaltung besitzt.

Darüber hinaus argumentieren „Reichsbürger", die Bundesrepublik Deutschland existiere zwar, doch wäre sie kein Staat, sondern eine GmbH („BRD GmbH"), also ein Unternehmen, und ihre Bürger wären nur deren „Personal", was schon das Vorhandensein eines Personalausweises beweisen würde. Diese Verschwörungstheorie missachtet jedoch die Tatsache, dass der ‚Personalausweis' bereits im Reichsgesetzblatt aus dem Jahr 1916 in der Ausgabe Nr. 143, Gesetznr. 5291, S. 601–609, „Bekanntmachung, betreffend Ausführungsvorschriften zu der Paßverordnung", auf S. 603 als „Paßersatz" erwähnt und auf S. 609 die zugehörige Mustervorlage abgebildet wurde.

Außerdem verweisen sie auf die in Frankfurt am Main ansässige Bundesrepublik Deutschland – Finanzagentur GmbH, ein im Eigentum der Bundesrepublik befindliches Finanzdienstleistungsunternehmen. Die Bundesrepublik habe ihrer Ansicht nach keine Hoheitsgewalt, die Bundeskanzlerin sei nur eine Art Geschäftsführerin, und vor allem sei es möglich, aus dieser GmbH jederzeit auszutreten.

Deutschland sei noch immer besetzt

Verschiedene „Reichsbürger"-Gruppierungen behaupten, Deutschland sei noch immer von den Alliierten besetzt und befinde sich weiterhin im Kriegszustand. Aus diesem Grund müssten die Alliierten hierzulande mangels eigener Souveränität Deutschlands nach den Regeln der Haager Landkriegsordnung (HLKO) vorgehen. Nicht selten wird von „Reichsideologen" das Grundgesetz als eine Maßnahme nach Art. 36 der Haager Landkriegsordnung betrachtet, die nach spätestens 60 Jahren aufgehoben werden müsse. Diese Behauptung ist unsinnig, da weder die HLKO noch ein anderer Völkervertrag eine solche Forderung enthält. Im Übrigen ist die Bundesrepublik seit dem Inkrafttreten des Deutschlandvertrages 1955 nicht mehr besetzt, und die wiedervereinigte Bundesrepublik Deutschland seit dem Zwei-plus-Vier-Vertrag 1990 ein souveräner Staat.

Unter Bezugnahme auf die Haager Landkriegsordnung bedrohen „Reichsbürger" verschiedene Behörden, die Gebührenbescheide oder Zwangsvollstreckungen anordnen, mit der Todesstrafe. Die Bescheide werden dabei als „völkerrechtlich verbotene Plünderungen" der Zivilbevölkerung bezeichnet, die nach Art. 47 HLKO verboten sind. Die Todesstrafe wird allerdings in der HLKO nicht erwähnt, Strafen werden nach ihr von den einzelnen Staaten selbst definiert. Einige „Reichsbürger" versuchten zudem erfolglos, Unterhaltszahlungen einzuklagen, da Art. 7 HLKO Kriegsbesoldung durch die angeblichen Besatzer im Rahmen des Unterhaltes vorsehe.

Weitere Behauptungen

Nach Erkenntnissen des Bundesamts für Verfassungsschutz (BfV) sind die Behauptungen von „Reichsbürgern" und „Selbstverwaltern" durchaus unterschiedlich. In Begründungen taucht etwa die Berufung auf ein historisches Deutsches Reich auf oder es werden verschwörungstheoretische Argumentationsmuster verwendet. Auch ein selbst definiertes Naturrecht wird manchmal angeführt. „Reichsbürger" und „Selbstverwalter" argumentieren, dass mit der Aufhebung des Einführungsgesetzes zum Gesetz über Ordnungswidrigkeiten 2007 auch das Ordnungswidrigkeitengesetz selber rechtsunwirksam geworden wäre, weshalb alle diesbezüglichen Bußgelder nichtig seien. Da das Einführungsgesetz von 1968 aber nur Übergangsbestimmungen regelte, war es obsolet und konnte daher ohne weitere Rechtsfolgen aufgehoben werden, die Gültigkeit des Ordnungswidrigkeitengesetzes wurde dadurch nicht tangiert.

Eine andere Argumentation, mit der „Reichsbürger" in den neuen Bundesländern arbeiten, ist die Behauptung, es gäbe dort keine gültigen Landes- und Kommunalverfassungen und mithin fehle den ostdeutschen Ländern und Gemeinden die Rechtsgrundlage zur Erhebung von Abgaben, Bußgeldern und Steuern. Zur Begründung wird auf das Ländereinführungsgesetz der Volkskammer vom 22. Juli 1990 verwiesen, das die Wiedereinführung von Ländern auf dem Gebiet der DDR auf den 14. Oktober 1990 festlegte. Dies sei aber nie rechtsgültig geworden, da der Einigungsvertrag vom 31. August 1990 den Beitritt der DDR auf den 3. Oktober 1990 festlegte. Diese Argumentation ignoriert aber Art. 1 des Einigungsvertrages, in dem unter Bezugnahme auf das Ländereinführungsgesetz die Bildung der fünf neuen Länder auf das Datum der Wiedervereinigung vorverlegt wurde.

Schätzungen bezüglich der Anhängerschaft

Im Hinblick auf die Anzahl derjenigen Menschen, die sich dem „Reichsbürger-Spektrum" zugehörig fühlen oder die der Gruppe zugerechnet werden, konnte die Bundesregierung nach einer Kleinen Anfrage im Jahr 2012 keine Angaben machen. Man vermutete jedoch, dass „der extremistische Anteil" bei einer „unteren dreistelligen Zahl" liegt. Eine weitere Kleine Anfrage unter Beteiligung der im Wesentlichen selben Anfragesteller, dem gleichen Anfragetitel und zum Teil gleich- oder ähnlich lautender Detailfragen wie bei der zuvor genannten Anfrage (u. a. zur geschätzten Personenzahl) wurde im Juli 2016 wie folgt beantwortet: „Aufgrund der Zersplitterung und Heterogenität liegen zur ‚Reichsbürgerszene' keine belastbaren Gesamtzahlen zum Personenpotenzial vor."

Erst seit dem Mord an einem SEK-Beamten und verschiedenen anderen schweren Gewalttaten gegenüber Polizeibeamten im Jahr 2016 wird die Szene bundesweit einheitlich vom Bundesamt und den Landesbehörden für Verfassungsschutz beobachtet und gezählt: Seit Herbst 2016 werden Anhänger der sogenannten Reichsbürger- und Selbstverwalterszene vom BfV als „staatsfeindliche Bewegung" wahrgenommen und seit dem 1. Dezember 2016 stehen „Reichsbürger und Selbstverwalter" als sogenanntes Sammel-Beobachtungsobjekt im Visier von Bund und Ländern und dadurch unter intensivierter Beobachtung.

Nach Angaben der Landesbehörden für Verfassungsschutz nahm die Anzahl der von den Behörden erfassten „Reichsbürger" bis Januar 2018 auf etwa 15.600 bundesweit zu. Ihre Zahl sei damit innerhalb eines Jahres um 56 Prozent gestiegen. Ein großer Teil dieses Anstieges resultiert allerdings daraus, dass die „Reichsbürger" erst seit 2016 bundesweit systematisch gezählt werden, seitdem also vor allem das vorhandene Dunkelfeld schrittweise aufgeklärt wurde.

Auf eine Anfrage der Partei Die Linke teilte das Bundesinnenministerium (BMI) im Mai 2018 mit, es gebe keine Dienstvorschrift für Bundespolizei, Bundeszollverwaltung und Bundeskriminalamt, wonach die Vorlage szenetypischer Fantasiedokumente der „Reichsbürger" zu erfassen und zu dokumentieren sei. Dies erfolge nur im Zusammenhang mit etwaigen Straftaten. Derzeit gehe man von etwa 18.000 Mitgliedern aus, andere Schätzungen nennen rund 19.000 Anhänger.

Aktivitäten und Ziele

Ausstellung von Scheindokumenten und Geldmacherei

Eine Haupttätigkeit der „Reichsregierungen" besteht darin, gestützt auf absurde Theorien und eine abwegige juristische Argumentation allerlei „offizielle" Papiere gegen zum Teil exorbitant hohes Entgelt auszugeben, wie etwa „Reichsführerscheine", „Reichsbaugenehmigungen" oder „Reichsgewerbescheine", vor allem aber „Reichspersonal-" oder „-personenausweise" (zum Teil auch als „Reichspässe" bezeichnet). Den Käufern dieser Papiere machen sie vor, sich damit der Jurisdiktion der Bundesrepublik entziehen und so Gebührenbescheide, Gerichtsurteile usw. ignorieren zu können. Dabei handelt es sich zwar um einen reinen Fantasiepass, sodass eine Strafbarkeit wegen Urkundenfälschung nicht in Betracht kommt, solange die von den „Reichsregierungen" herausgegebenen Papiere „in keiner Weise den Anschein amtlicher Dokumente erwecken". Das heißt aber nicht, dass bei Gebrauch je nach Situation eine Strafbarkeit wegen Urkundenfälschung nicht möglich wäre, z. B. beim Versuch der Kontoeröffnung unter Vorlage eines „Reichspersonalausweises". Mithin stellen „Reichsdokumente" in der Regel keine Urkundenfälschung dar, da es sich bei ihnen um Fantasiedokumente handelt. Allenfalls kann, je nach Ausgestaltung und Zweck des „Reichsausweises", eine Ordnungswidrigkeit nach § 124 OWiG wegen unbefugter Benutzung („missbräuchliche Verwendung des Bundesadlers") vorliegen.

Neben der Einnahmequelle des Ausstellens von Fantasiepapieren gegen Entgelt finanzieren sich die selbsternannten „Reichsregierungen" mittels Erhebung von Beiträgen gegenüber Mitgliedern und Sympathisanten, die als „Reichssteuern" bezeichnet werden. Außerdem werden diverse Merchandising-Produkte wie Krawattennadeln oder Aufkleber vertrieben.

Vermeidung von Gebühren, Strafzahlungen und Gerichtsbeschlüssen

Zahlreiche Anhänger der Szene versuchen, Sozialleistungen mit Berufung auf die Haager Landkriegsordnung einzuklagen, die Kraftfahrzeugsteuer zu hinterziehen oder die Rechtskraft von Bußgeld-, Gebühren- oder Steuerbescheiden zu bestreiten mit der Begründung, die Bundesrepublik sei nicht berechtigt, etwa eine Steuer zu erheben oder Sanktionen nach Straf- und Bußgeldverfahrensrecht vorzunehmen. In solchen Fällen lässt sich nicht immer differenzieren, ob der Bezug auf die Argumentation der „Reichsbürger" von dem Wunsch, die Zahlung prinzipiell abzuwenden, oder aus Gutgläubigkeit heraus motiviert ist. Mitarbeiter in Gerichten und Behörden werden mit Todesstrafe bedroht, die die angesichts des angeblich fortlaufenden Besatzungszustands gültige Haager Landkriegsordnung bei Plünderung vorsehe. Gerichtsverfahren werden durch ausführliche pseudojuristische Argumentationen in die Länge gezogen, Mitarbeiter von Kommunalverwaltungen werden mit der Forderung, die „Gründungsurkunde" der jeweiligen Gemeinde vorzuweisen, verunsichert.

Teilweise bauen Akteure der Szene als Reaktion auf Geldforderungen von Behörden eine eigene Drohkulisse auf und verlangen im Gegenzug „Gebühren" und „Strafen" von deren Mitarbeitern. Sie argumentieren, die gegen sie erhobenen Forderungen beruhten auf privatrechtlichen Verträgen, deren Zustandekommen die „Reichsbürger" schlicht ablehnen könnten. Sie drohen dann damit, das Stellen weiterer Forderungen mit selbst erdachten „Vertragsstrafen" in beträchtlicher Höhe gegenüber den Mitarbeitern der Behörde zu belegen. Diese Fantasiestrafen tragen die „Reichsbürger" anschließend in das Register des amerikanischen Uniform Commercial Code (UCC) ein (wo keine rechtliche Prüfung der Forderungen stattfindet). Danach treten sie ihre „Forderungen" an ein in Malta ansässiges Inkassounternehmen ab, welches schlussendlich einen Mahnbescheid beim lokalen Amtsgericht gegen den Behördenmitarbeiter beantragt (siehe „Malta-Inkasso"). Die zuständigen Gerichtsbehörden lehnten solche Forderungen jedoch bisher grundsätzlich als unbegründet ab.

Straftaten und Militanz

Das BfV und das BKA schätzten in einem Lagebericht vom April 2018, dass von 2015 bis Mitte 2017 mehr als 10.500 Straftaten durch „Reichsbürger" begangen wurden. Nachdem das Gros der von Anhängern der Szene anfangs begangenen Straftaten und Ordnungswidrigkeiten wie z. B. das Verweigern von Strafzahlungen und das Fahren ohne Fahrerlaubnis von den Behörden eher als lästig wahrgenommen wurde, änderte sich diese Einschätzung mit zunehmender Militanz von Teilen der Szene in den 2010er Jahren. Im Jahr 2012 verhinderten „Reichsbürger", die sich in einer bürgerwehrähnlichen Organisation, dem sogenannten Deutsche Polizei Hilfswerk, zusammengeschlossen hatten, eine Zwangsvollstreckung bei einem ihrer Mitglieder, indem sie einen Gerichtsvollzieher zu fesseln versuchten und an der Flucht hinderten. Des Weiteren bedrängten Mitglieder der Gruppe Mitarbeiter verschiedener Finanzbehörden. Im August 2016 bedrohte ein „Selbstverwalter" ein SEK bei einer Razzia auf seinem Grundstück mit einer Schusswaffe und verletzte einen der Beamten leicht. Zwei

Monate später tötete ein Angehöriger der Szene, ebenfalls bei einer durchgeführten Razzia, durch Schüsse einen SEK-Polizisten. Etwa fünf Prozent der Szene werden im Verfassungsschutzbericht 2018 als waffenaffin beschrieben.

Milieumanager

Als sogenannte „Milieumanager" werden Protagonisten der Szene bezeichnet, die aus eigennützigen Gründen ein Interesse an einem Nachlassen der Unterstützung für das politische System der Bundesrepublik haben. Sie nutzen politische Krisensituationen wie die Eurokrise oder den Krieg in der Ukraine seit 2014 aus und suchen gezielt die Öffentlichkeit, um mit dem Verkauf von Rechts- und Steuerberatung, Seminaren, Geldanlagen, Büchern und anderen Medien Geld zu verdienen. Beliebte Medien für ihre Öffentlichkeitsarbeit sind das Internet oder z. B. die „Montagsdemonstrationen". Sie sind nicht zwingend Rechtsextremisten und verfolgen häufig eine bewusst legalistische Strategie. Ein Beispiel für solche Vertreter ist der Verschwörungstheoretiker Jo Conrad, der 2012 mit seinem Projekt „Aufbruch Gold-Rot-Schwarz" (GRS) und seinem sogenannten „Deutschland-Projekt" versuchte, das unstrukturierte „Reichsbürger"-Milieu für eine „Neuordnung Deutschlands" zu gewinnen.

Rechtsextremismus und Neigung zu irrationalen Ansichten

Reichsideologen befinden sich vorwiegend im Umfeld von Verschwörungstheorien und teilweise der rechtsesoterischen und rechtsextremistischen Szene. Neben diesen gibt es eine große Anzahl untereinander konkurrierender Klientelen: selbsternannte Justizopfer, Querulanten oder anderweitig Verhaltensauffällige können sich dahinter verbergen. Ebenso fällt eine Vielzahl von Anhängern esoterischer, sektiererischer und fantastischer Ideen darunter, die sich der streng logischen Struktur einer rechtswissenschaftlichen Argumentation verschließen. Beispielsweise ist die selbsternannte Außenministerin der ursprünglichen KRR-Gruppierung Ingrid Schlotterbeck Verlegerin der sich mit parawissenschaftlichen Themen beschäftigenden Zeitschrift Magazin 2000plus. Die Ur-„Reichsregierung" wurde nach Informationen u. a. der Thüringischen Landeszeitung vom 11. Februar 2004 vom Berliner Landesamt für Verfassungsschutz dem rechtsradikalen Milieu zugerechnet, eine Einschätzung, die der niedersächsische und thüringische Verfassungsschutz auch bezüglich der Exilregierung teilen. Doch gibt es auch Landesbehörden für Verfassungsschutz – so zunächst in Berlin –, denen die KRRs allerhöchstens suspekt und nicht beobachtungswürdig erscheinen: Im Tübinger Tagblatt vom 21. Februar 2002 war zu lesen, dass der Berliner Verfassungsschutz „sie nicht für rechtsextremistisch, sondern für harmlos, weil beknackt" halte.

Der tatsächliche Einfluss der Exilregierung in der rechtsextremistischen Szene wird im Verfassungsschutzbericht 2005 des Verfassungsschutzes Niedersachsen als gering eingestuft. „Ein Teil der so genannten Reichsbürger ist einfach nur ein bisschen spinnert, ein anderer Teil ist klar rechtsextrem", so die Leiterin des brandenburgischen Verfassungsschutzes und ehemalige Polizeipräsidentin von Frankfurt (Oder), Winfriede Schreiber.

Selbstverwalter

Als „Selbstverwalter" wird eine heterogene Gruppe von Einzelpersonen bezeichnet, die dem „Reichsbürger-Spektrum" nahestehen und die der Überzeugung sind, sie seien nicht mehr den Gesetzen der Bundesrepublik Deutschland unterworfen. „Selbstverwalter" sehen sich als völlig autonome Wesen und meinen, an keinerlei staatliche oder kommunale Einschränkungen gebunden zu sein, wodurch sie nach eigenem Ermessen darüber entscheiden könnten, Bescheide anzuerkennen oder auch nicht. Im Unterschied zu den Reichsideologen ist ihre politische Ausrichtung nicht zwingend auf das Deutsche Reich fokussiert. Gemeinsam ist die Verwendung nahezu identischer Argumentationsmuster. „Selbstverwalter" berufen sich allerdings häufig auf ein Urteil des Bundesverfassungsgerichts vom 31. Juli 1973 und den Fortbestand des Deutschen Reiches. Sie bezeichnen sich oft als „natürliche Person im Sinne des § 1 des staatlichen BGB". Teilweise sehen sie sich als eigener Staat mit Verfassung, die dann z. B. im Umkreis von fünf Metern um die „selbstverwaltete Person" gelten soll.

Einige dieser Personen berufen sich auf die UN-Resolution A/RES/56/83 („Staatliche Selbstverwaltung gem. UN Resolution A/Res/56/83"). Diese Resolution beschreibt indes eine Willensbekundung und kein bindendes Recht. Andere beziehen sich auf das Deutsche Reich, von dessen Weiterbestehen sie überzeugt sind, wieder andere behaupten, durch eine Erklärung aus der Bundesrepublik ausscheiden zu können, bzw. diese sei gar nicht existent. Die dafür genutzten Argumente sind meist deckungsgleich mit denen der Reichsideologen; von einigen Autoren werden „Selbstverwalter" daher ebenfalls zu den „Reichsbürgern" gezählt.

Die entsprechenden Argumente sind 2009 erstmals in der Reichsbürger-Szene aufgetaucht. Im Gegensatz zu den vor allem in Westdeutschland vertretenen „Reichsregierungen" sind „Selbstverwalter" vor allem in Ostdeutschland verbreitet. Im Vergleich zu anderen „Reichsbürgern" ist Rechtsextremismus bei ihnen weniger stark vertreten. Ihre Motivation scheint hier vor allem das Reagieren auf politische Unzufriedenheit sowie das „Lösen" persönlicher finanzieller Probleme zu sein. Das BKA bewertet die „Selbstverwalter" laut einem internen Lagebild als tendenziell gefährlicher und mit einem höheren Eskalationspotential versehen. Denn anders als die von einem autoritären Staatsverständnis geprägten „Reichsbürger" lehnen „Selbstverwalter" (fremd-)staatliche Bevormundung vollständig ab und seien zum Teil bereit, ihre Autonomie auch mit Waffengewalt zu verteidigen. Beispiele für „Selbstverwalter", die dies in die Tat umsetzten, sind der Täter, der im Oktober 2016 bei einer Razzia auf seinem Grundstück in Georgensgmünd einen Polizisten erschoss, sowie Adrian Ursache, welcher im August 2016 bei der Zwangsräumung in seinem selbstverwalteten Mini-„Staat Ur" in Reuden einen Polizisten anschoss und bei der Schießerei selbst schwer verletzt wurde.

Ein weiterer bekannter Vertreter dieser Theorien ist seit dem „Putsch" in der Republik Freies Deutschland deren Gründer Peter Frühwald, der die Arbeitsgemeinschaft Staatliche Selbstverwaltung (sogenannte StaSeVe; auch Arbeitsgemeinschaft der Staatlichen Selbstverwaltungen..., kurz StaSeVe-ARGE oder ARGE StaSeVe) aufbaute, die entsprechende Theorien erarbeitet und im Internet zum Download anbietet. Der 2014 für die Alternative für Deutschland (AfD) in den Stadtrat von Bad Kreuznach gewählte Rainer Wink, der 2011 und 2014 auch als Parteiloser für das Amt des Oberbürgermeisters von Bad Kreuznach kandidierte, behauptete noch im Jahr seiner Wahl in einem Schreiben an den Stadtrat, dass es seit 1990 keinen deutschen Staat mehr gäbe und er selbst deswegen auch kein Staatsbürger der Bundesrepublik Deutschland sein könne. Er beanspruchte daher für sich eine „staatliche Selbstverwaltung", auch erkenne er nur die „kaiserliche Verfassung aus dem Jahre 1850" sowie die Rechtsordnung vor dem 1. Januar 1914 an. Wink wurde daraufhin aus dem Stadtrat ausgeschlossen.

Umgang staatlicher Behörden mit „Reichsbürgern" im Allgemeinen

Nachdem es immer häufiger vorgekommen war, dass Schreiben von „Reichsregierungen" oder „Reichsbürgern" an Verwaltungsbehörden oder an Polizeidienststellen verschickt wurden, haben einzelne Landesverfassungsschutzämter diverse Ratgeber-Broschüren zum geeigneten Umgang von Behörden mit solchen Schreiben herausgegeben. Darin wird den echten Behörden empfohlen, sich auf keine Diskussionen mit Bürgern einzulassen, die dergleichen Argumentationen vorbringen. Der dienstliche Schriftwechsel mit solchen Bürgern soll auf das Notwendige beschränkt werden. Auf eingereichte Proklamationen von Scheinstaaten oder Scheinregierungen soll nicht reagiert werden. Zudem sollen eingelegte Widersprüche oder ähnliche Schriftsätze, die die Rechtmäßigkeit der Bundesrepublik Deutschland bestreiten, unverzüglich als unbegründet zurückgewiesen werden.

Einzelne „Reichsdeutsche" versuchen auch immer wieder, ihre Vorstellungen vor Gericht damit zu verfolgen, dass sie die Gültigkeit des deutschen Grundgesetzes und somit die Gültigkeit der gesamten bundesdeutschen Gesetzgebung bestreiten, was aber lapidar dahingehend beantwortet wird, dass ihnen „ideologisch bedingte Wahnvorstellungen" unterstellt werden. In den Urteilen deutscher Gerichte, die dazu ergangen sind, wurden solche Einwände von „Reichsdeutschen" stets als unbegründet abgewiesen. Die Gerichte stellen in solchen Fällen meistens ausdrücklich fest, dass die Bundesrepublik Deutschland in den Grenzen von 1990 (nach der Wiedervereinigung) der gegenwärtige deutsche Nationalstaat ist und es einen anderen deutschen Staat oder eine andere deutsche Gesetzgebung nicht gibt.

Das Brandenburgische Institut für Gemeinwesenberatung (demos) mit Sitz in Potsdam veröffentlichte im Januar 2016 die Publikation „Reichsbürger" – Ein Handbuch, das Verwaltungsmitarbeitern Handlungsempfehlungen im Umgang mit „Reichsbürgern" geben soll. Mehrere der Autoren wie Michael Hüllen und Heiko Homburg sind Mitarbeiter des Verfassungsschutzes Brandenburg.

Der Bundesvorsitzende der Deutschen Polizeigewerkschaft, Rainer Wendt, stellte im August 2016 fest, dass es eine zunehmende Gewaltbereitschaft selbsternannter „Reichsbürger" gebe, die zu einer Gefahr für die Beamten im Alltag werde: „Öffentlich Beschäftigte, die mit Reichsbürgern in Kontakt kommen, müssen mit massiver Gegenwehr und auch mit Gewalt rechnen". Insbesondere gefährdet seien Gerichtsvollzieher.

Am 19. Oktober 2016 kam es dann bei einem Polizeieinsatz in Georgensgmünd und dem Versuch eines Spezialeinsatzkommandos der Bayerischen Polizei, nach Entzug der Waffenbesitzkarte bei einem „Reichsbürger" die im Haus gelagerten 31 Waffen zu beschlagnahmen, zu einem Schusswechsel, bei dem drei Polizisten verletzt wurden und einer an seinen Verletzungen gestorben ist. Von der Rechtsextremismus-Expertin Birgit Mair wurde der Waffenbesitzer als „extrem rechts" eingestuft. Der tödliche Schuss änderte die gesamte Wahrnehmung der Reichsbürger- und Selbstverwalterbewegung durch die Sicherheitsbehörden.

In der Folgezeit verabredeten die Innenminister der Länder, sogenannten Reichsbürgern die waffenrechtlichen Erlaubnisse zu entziehen und ihnen auf diese Weise den legalen Waffenbesitz zu verwehren. Lehnt jemand die Rechtsordnung der Bundesrepublik Deutschland offensiv ab und verneint damit zugleich die Verbindlichkeit ihrer Gesetze für sich, so ist nicht mehr gewährleistet, dass er mit Waffen und Munition ordnungsgemäß entsprechend den Vorschriften des Waffengesetzes umgeht, weshalb er als waffenrechtlich nicht zuverlässig im Sinne des § 5 WaffG anzusehen sei. Auch kann einem sogenannten Reichsbürger die Fahrerlaubnis entzogen werden, wenn er sich mit umfangreichen wirren Schriftsätzen an die Fahrerlaubnisbehörde wendet und so den Verdacht einer psychischen Störung begründet. Allerdings darf die Anordnung einer Fahreignungsüberprüfung nicht allgemein darauf gestützt werden, dass der Betroffene der Reichsbürgerbewegung angehört.

Infolge dieser und weiterer Vorfälle erwog das BMI eine bundesweite Beobachtung der Reichsbürger-Szene durch das BfV: „Insbesondere Vorfälle wie in Sachsen-Anhalt und in Bayern, als Reichsbürger gewalttätig wurden und Waffen einsetzten, zeigen, dass eine Beobachtung des BfV sinnvoll sein kann." Bis zum 21. November 2016 wurde die Szene zwar in einigen Bundesländern, nicht aber als Ganzes im Bund beobachtet. Insbesondere soll unter Einbeziehung der Länder geprüft werden, ob es bei der bisherigen Bewertung („heterogen und zersplittert") bleiben kann. Bereits im August 2016 habe man „darauf hingewirkt, dass Verfassungsschutz- und Waffenbehörden der Länder bei der Entziehung der waffenrechtlichen Erlaubnis bei Rechtsextremisten noch enger zusammenarbeiteten". Das Verwaltungsgericht Gießen beschloss im Juni 2018, dass „Reichsbürgern" der Waffenschein entzogen werden darf; der Beschluss ist noch nicht rechtskräftig.

In der Folge tauschten die Behörden Informationen darüber aus, wer als Reichsbürger einzustufen sei. Schon das Verwaltungsgericht Gera hatte im September 2015 erkannt, einfache Sympathiebekundungen gegenüber reichsbürgerlichen Behauptungen allein führten nicht zur waffenrechtlichen Unzuverlässigkeit nach § 5

WaffG. Ständige Rechtsprechung ist es allerdings, dass die Gerichte annehmen, bei den als gefährlich einzustufenden Waffen bestehe ein gewisses Restrisiko, das aber nur hingenommen werden müsse, wenn davon auszugehen sei, dass der Besitzer auch verantwortlich mit Waffen und Munition umgehe, sich insbesondere an die gesetzlichen Vorgaben zur Aufbewahrung halte. Gerade letzteres sei bei Anhängern der Reichsbürger-Szene nicht anzunehmen, da sich diese nur von Fall zu Fall entschieden, ob ein Gesetz nun gerade für sie gelte oder nicht. Daher sei bei Personen, die die deutsche Rechtsordnung der Bundesrepublik Deutschland offensiv ablehnen, grundsätzlich von einer waffenrechtlichen Unzuverlässigkeit auszugehen.

Das Oberverwaltungsgericht Rheinland-Pfalz hat am 3. Dezember 2018 entschieden, Reichsbürger seien „waffenrechtlich unzuverlässig" und müssten ihre Waffen samt Munition abgeben.

Auch können Reichsbürger das Schöffenamt nicht bekleiden, es fehlt ihnen ebenso die für den Pilotenschein nötige Zuverlässigkeit, Luftfahrzeuge zu führen.

Die hartnäckige Leugnung der Geltung einer Reihe von Gesetzen, das Beharren darauf, der Reichsbürger habe sich dem geltenden System entzogen, und die wiederholte Forderung nach Schadensersatz in Form von Feinunzen Gold können die Vermutung einer psychischen Störung mit verkehrsrechtlicher Relevanz im Sinne der Nummer 7 der Anlage 4 zur FeV begründen. Verweigert der Reichsbürger die Mitarbeit an der MPU, so ist ihm die Fahrerlaubnis zu entziehen. Völlig diffuse Wahrnehmungen des bestehenden Rechtssystems offenbaren massive Zweifel an der Kraftfahreignung im Sinne einer möglichen Psychose und rechtfertigen die Anordnung einer MPU durch die Behörde. Weigert sich der „Reichsbürger", daran mitzuwirken, so ist ihm die Fahrerlaubnis zu entziehen.

Begriff

Dieser Artikel oder nachfolgende Abschnitt ist nicht hinreichend mit Belegen (beispielsweise Einzelnachweisen) ausgestattet. Angaben ohne ausreichenden Beleg könnten demnächst entfernt werden. Bitte hilf Wikipedia, indem du die Angaben recherchierst und gute Belege einfügst.

Der Begriff „Reichsbürger" soll insbesondere eine sprachliche Abgrenzung zu „Bundesbürgern" darstellen, da sich die Anhänger dieser Ideologie selbst nicht als Staatsbürger der Bundesrepublik Deutschland, sondern des Deutschen Reichs, teilweise auch als staatenlos, begreifen. Jedoch hat der Begriff auch weitere (historische) Hintergründe: Insbesondere referiert er auf das nationalsozialistische Reichsbürgergesetz von 1935, welches den Begriff Reichsbürger als neue Kategorie von deutschen Staatsbürgern einführte, die im Gegensatz zu bloßen „Reichsangehörigen" volle Bürgerrechte besaßen. Damit sollten „Staatsangehörige deutschen oder artverwandten Blutes" von „Angehörigen rassefremden Volkstums", insbesondere Juden, abgegrenzt werden. Bis dahin waren alle Bürger des Deutschen Reichs schlichtweg als „Staatsangehörige" bezeichnet worden.

Einzelne Reichsbürger-Gruppierungen und Akteure

Die Reichsbürger-Szene ist inhomogen, d. h. sie ist keine Bewegung im engeren Sinne, weil organisatorisch und ideologisch äußerst heterogen und vielschichtig. Es existiert keine dominante Gruppe. Etliche „Reichsregierungen" erkennen sich untereinander nicht an, manche kooperieren miteinander. Es kommt häufig zu internem Streit unter den Aktivisten einer selbsternannten „Reichsregierungs"-Gruppe, was oft die Gründung (Abspaltung) einer neuen reichsideologischen Gruppierung zur Folge hat.

Laut Bayerischem Landesamt für Verfassungsschutz sind nur etwa 10 Prozent der Angehörigen der Szene in Gruppen und Organisationen organisiert.

Manfred Roeder

Der Jurist und spätere Rechtsterrorist Manfred Roeder (1929–2014) spielte in den 1970er Jahren eine bedeutende Rolle bei der Verbreitung der Reichsideologie. Im Nationalsozialismus als Schüler parteinaher Erziehungsanstalten und vom Volkssturm geprägt, widmete er sich in den 1960er und 70er Jahren der Holocaustleugnung und der Wiederherstellung der Handlungsfähigkeit des Deutschen Reiches. Er gründete die Freiheitsbewegung Deutsches Reich und behauptete, der Nationalsozialismus und das Deutsche Reich würden weiter bestehen, seien allerdings nicht handlungsfähig, da nur ein Waffenstillstand und kein Friedensvertrag bestehe. Die Regierung Dönitz sei weiterhin rechtmäßig, nie zurückgetreten und nur durch einen verbrecherischen Akt verhaftet worden. Roeder kontaktierte Karl Dönitz, konnte diesen aber nicht von seiner Argumentation überzeugen und rief sich so selbst 1978 zum „Reichsverweser" aus. Ein Berufsverbot sowie diverse Geld- und Haftstrafen unter anderem wegen Verunglimpfung des Andenkens Verstorbener, der Verbreitung von Propagandamitteln verfassungswidriger Organisationen und der Verunglimpfung des Staates veranlassten Roeder zur Flucht in den Untergrund. Später agierte Roeder als Rädelsführer der Deutschen Aktionsgruppen, die 1980 sieben Sprengstoff- und Brandanschläge auf Asylbewerberunterkünfte verübten, und wurde 1982 verhaftet. Nach seiner Haftentlassung 1990 agitierte Roeder weiter bis in die 2000er Jahre im Verbreiten der Holocaustleugnung, des Antisemitismus und der Reichsideologie.

Kommissarische Reichsregierung (KRR)

Als Kommissarische Reichsregierung (KRR) werden zum einen eine der prägenden Gruppierungen der Reichsbürgerbewegung sowie unzählige unabhängige Nachfolgeorganisationen bezeichnet. Teils wird der Begriff zum anderen aber auch synonym zu Reichsbürger-Organisationen im Allgemeinen verwendet. Die Kommissarische Reichsregierung ist von den früheren geschäftsführenden Reichsregierungen zu unterscheiden, die vor der Gründung der Bundesrepublik Deutschland bestanden.

Der Eisenbahner Wolfgang Gerhard Günter Ebel (1939–2014) gründete 1985 als eine der ersten bekannten Reichsbürgergruppen die sogenannte Kommissarische Reichsregierung. Die KRR gilt als Ursprung der heutigen Ausprägungen der „Reichsbürger"-

Szene. Ebel, ein West-Berliner, hatte bis zum Reichsbahnerstreik 1980 bei der Deut-
schen Reichsbahn als Fahrdienstleiter in Berlin-Halensee gearbeitet. In Folge des
Streiks wurde Ebel entlassen und strengte verschiedene Gerichtsverfahren zwecks sei-
ner finanziellen Absicherung an. Die Erlebnisse seiner Prozesse prägten Ebels spätere
reichsideologische Agitation. Die Gründung der KRR erfolgte nach Ebels Angaben im
Auftrag des alliierten Oberkommandos, dessen Abgesandter ihm gegenüber behaup-
tet hätte, dass das Deutsche Reich fortbestehe, aber besetzt sei und weder einen Frie-
densvertrag noch eine politische Führung besäße. Ebel bezeichnete sich selbst als
„Reichskanzler des Staates Deutsches Reich". Den usurpierten Titel und den Namen
seiner Organisation entlehnte er den offiziellen Organbezeichnungen der Reichsregie-
rung in der Zeit vor 1945.

Seine sogenannten 21 Thesen lehnte er dabei eng an die Theorien von Roeder an und
veränderte sie nur in Nuancen. Ebel und seine Gruppe boten kostenpflichtige Lehr-
gänge über ihre Sicht der Rechtslage an und verkauften selbst produzierte „Reichsdo-
kumente". Gerichtsverfahren gegen Ebel wegen Amtsanmaßung, Titelmiss-
brauchs und Todesdrohungen mussten wegen Schuldunfähigkeit eingestellt werden.

Obwohl sich Ebel dem Nationalsozialismus gegenüber ablehnend äußerte, erkennt
der Politologe Jan Rathje Versatzstücke rechtsextremer Ideologie in den Forderungen
der KRR. So fordere die KRR ein „2tes Deutsches Reich" in den Grenzen vom 31. De-
zember 1937 und verletze damit geschichtsrevisionistisch die Oder-Neiße-Grenze. E-
bel formulierte zudem antisemitisch konnotierte Verschwörungstheorien, indem er
z. B. behauptete und andeutete, Helmut Kohl sei Freimaurer und jüdischen Glau-
bens, und die Bundesrepublik als Deckmantel einer „jüdisch-freimaurerischen" Ver-
schwörung ansah.

Deutsches Kolleg, Völkische Reichsbewegung, Horst Mahler

Das Deutsche Kolleg und die Völkische Reichsbewegung waren die ersten größeren,
ernstzunehmenden Gruppierungen in der Reichsbürger-Szene. Der Rechtsextre-
mist Horst Mahler und seine ehemalige Lebensgefährtin, die verurteilte Holocaust-
leugnerin Sylvia Stolz, zählen zu den bekanntesten Aktivisten unter den „Reichsbür-
gern". Ihr behauptetes Ziel ist die Wiederherstellung der „Handlungsfähigkeit
des Deutschen Reiches". Als Ziel wird angeführt, das deutsche Volk aus der „Knecht-
schaft" einer „jüdischen Weltverschwörung" zu befreien. Für dieses Ziel engagierte
sich Mahler zusammen mit Uwe Meenen und Reinhold Oberlercher im von Oberler-
cher 1994 gegründeten rassistischen Eliten-Schulungszentrum Deutsches Kol-
leg, welches er auch viele Jahre leitete. Dieses propagiert eine antisemitisch militante
Ideologie und verklärt die nationalsozialistische Diktatur. Die Gruppe bezeichnet den
Jahrestag der Machtergreifung Hitlers als Jubiläum der „Deutschen Revolution". Wei-
ter gründete Mahler die ähnlich ausgerichtete sogenannte Reichsbürgerbewegung,
die später in der als Sammlungsbewegung Gleichgesinnter gegründeten sogenann-
ten Völkischen Reichsbewegung aufging. Beide Gruppen und das Deutsche Kolleg ver-
folgen als Ziel ein „Viertes Reich" und die Beseitigung der parlamentarischen

Demokratie. Sie erklären, dass die Bundesrepublik „geistig enthauptet" sei, und fordern deren „physische Enthauptung". Das Deutsche Kolleg proklamiert im Falle eines Untergangs der Bundesrepublik die alleinige Staatsgewalt für sich. Dies beinhalte das Recht, selbstverfasste Urteile zu vollstrecken und „Reichsfeinde militärisch unter Beschluss und Beschuss zu nehmen".

Aktuell haben beide Gruppen an Bedeutung innerhalb der Reichsbürger-Szene eingebüßt, das Deutsche Kolleg gilt seit 2004 als inaktiv.

Freistaat Preußen

Unter dem Namen Freistaat Preußen fungiert eine 1995 mit Sitz in Verden (Aller) gegründete Gruppierung sowie eine unabhängige, namensgleiche Gruppe, die 2012 in Niederkrüchten in Nordrhein-Westfalen gegründet wurde. Die Verdener Gruppe betätigt sich als Herausgeber der antisemitischen Zeitschrift Stimme des Reiches. Wegen in dieser Zeitschrift veröffentlichter Texte wurden die Rechtsextremisten Rigolf Hennig und Ursula Haverbeck zu Gefängnisstrafen wegen Volksverhetzung verurteilt. Strafrechtlich in Erscheinung getreten ist die Gruppe nicht nur durch Volksverhetzung, sondern auch durch Urkundenfälschung, Beleidigung, Verschaffen von falschen amtlichen Ausweisen, Verunglimpfung des Bundespräsidenten, Amtsanmaßung, Verunglimpfung des Staates und seiner Symbole, Widerstand gegen Vollstreckungsbeamte und Fahren ohne Fahrerlaubnis.

In Brandenburg ist eine Gruppe mit diesem Namen aktiv, welche behauptet, die Bundesrepublik Deutschland habe keine gültige Verfassung und sei kein souveräner Staat. Da kein Friedensvertrag existiere, bestünde nach wie vor der Kriegszustand. Preußen sei nach dem Zweiten Weltkrieg völkerrechtswidrig aufgelöst worden, der eigene Freistaat Preußen hingegen souverän. Die Gruppierung verkauft Fantasiepapiere wie z. B. einen sogenannten „Staatsangehörigkeitsausweis". Voraussetzung für die Mitgliedschaft ist ein sogenannter „Ahnennachweis", welcher zurückgehend bis ins Jahr 1913 nachweist, väterlicherseits aus einer preußischen Familie zu stammen. Der Verfassungsschutz Brandenburg sieht durchaus Bezüge der Gruppe zu klassisch rechtsextremistischer Ideologie. Auf ihrer Homepage schreibt die Gruppe, dass sie über das Dritte Reich „nicht viel schreiben" könne. „Die meisten Bücher" würden aber „sehr einseitig und verfälscht die Geschichte wiedergeben", die Nationalsozialisten hätten „im Gegensatz zu einer Diktatur nicht die ‚Macht' ergriffen", im Gegenteil wäre „Adolf Hitler ... vom deutschen Volk in freier Selbstbestimmung ... gewählt" worden. „Von einer Nazi-Diktatur könne daher wohl kaum die Rede sein."

Im Juni 2017 ließ der Juraprofessor und AfD-Politiker Ralph Weber einen „Reichsbürger" aus dem Umfeld des Freistaats Preußen bei einer Zusatzveranstaltung zu seiner Vorlesung an der Universität Greifswald einen Vortrag halten, den dieser für die Verbreitung von Verschwörungstheorien und antisemitischer Polemik nutzte. Zu seiner Verteidigung gab Weber an, er habe vom ideologischen Hintergrund des Referenten, der ihm empfohlen worden sei, nichts gewusst.

Exilregierung Deutsches Reich

Die sogenannte Exilregierung Deutsches Reich wurde am 8. Mai 2004 in Hannover als Abspaltung von Ebels KRR um ihren „Reichskanzler" Norbert Schittke gegründet. Die Gruppe ist dezidiert rechtsextremistisch ausgerichtet. Dies umfasst die Ablehnung der Rolle der Alliierten nach dem Zweiten Weltkrieg (demzufolge leitet man die eigene Legitimation nicht mehr vom Alliierten Oberkommando ab, weil das ehemalige Besatzungsrecht nicht über das Prinzip der Volkssouveränität gesetzt werden dürfe) sowie die Forderung nach Wiedererrichtung der deutschen Grenzen von 1914 und Nichtanerkennung des Versailler Vertrages. Die Gruppierung wird vom Verfassungsschutz in Brandenburg, Niedersachsen und Sachsen-Anhalt als rechtsextrem eingestuft und beobachtet. Die „realitätsfernen Verlautbarungen der ‚Exilregierung'", so urteilt das thüringische Landesamt für Verfassungsschutz, „dürfen allerdings nicht darüber hinwegtäuschen, dass hier mit pseudojuristischer Akribie versucht wird, einen gesellschaftlichen Resonanzboden für rechtsextremistisches Gedankengut zu schaffen und teilweise personelle Überschneidungen zu anderen rechtsextremistischen Gruppierungen bestehen".

2012 spaltete sich ein großer Teil der Aktivisten der Exilregierung Deutsches Reich ab und gründete die fast identisch benannte Exil-Regierung Deutsches Reich. Sie ist laut Verfassungsschutz Brandenburg die bundesweit zahlenmäßig größte Gruppe im Reichsbürgermilieu. Die Gruppe lehnt die bestehende politische Ordnung als fundamental schlecht ab und will die Demokratie durch ein traditionalistischeres, monarchisches Staatsmodell ablösen. Sie postuliert eine Gemeinschaftsordnung auf Basis ethnischer Identität und verbreitet auf ihrer Internetseite nationalsozialistische Diktion und fremdenfeindliche, antisemitische und rassistische Anspielungen. So dürfe „das deutsche Volk ... nicht weiter bestehen wie bisher." Eigenschaften nehme man einem „Volk durch Senkung des Bildungsstandes und rassische Mischung und damit genetische Kreuzung." Zudem warnte die Gruppierung vor einer bevorstehenden Weltherrschaft des „politischen Zionismus" und sprach im Hinblick auf das Thema Migration davon, dass der „Holocaust gegen die deutschen Völker" eine neue Qualität erreicht habe.

Reichsbewegung – Neue Gemeinschaft von Philosophen

Die Reichsbewegung – Neue Gemeinschaft von Philosophen (NGvP) war erstmals 2005 aktiv und verschickte in unregelmäßigen Abständen rechtsextremistische und insbesondere antisemitische Propaganda. Sie bezog sich positiv auf die Attentate des Massenmörders Anders Breivik in Oslo und Utøya und rief zur Bildung von „Freien Reichsstreitkräften" auf. Sie wurde vor allem durch im Jahr 2012 per Brief verschickte und im Internet veröffentlichte Morddrohungen an jüdische und islamische Gemeinden und Privatpersonen bekannt. Sie adressierte ihren Aufruf an „alle raum-, wesensund kulturfremden Ausländer in Deutschland, insbesondere an Türken, Muslime und Negroide". Die Adressaten wurden aufgefordert, Deutschland bis zum 1. August des Jahres zu verlassen, da sonst „nicht für deren Sicherheit garantiert werden könne" und die Verbliebenen ab dem Beginn eines postulierten zukünftigen Krieges zwischen Russland und der NATO „standrechtlich erschossen" werden sollten. Die Urheber konnten bisher nicht ermittelt werden, es wurden jedoch bisher keine Fälle bekannt, in denen diese Drohungen umgesetzt wurden.

Die Gruppe verfolgt laut Eigenangabe die Gründung einer „Reichsbewegung", deren Ziel die „Wiedererstehung des Deutschen Reiches" von 1871 sei, und behauptet, die Bundesrepublik Deutschland sei eine Firma, die von einer „jüdisch-freimaurerischen Marionettenregierung" regiert würde, die wiederum von den Alliierten beauftragt worden sei.

Volks-Bundesrath und Volks-Reichstag / Deutsche Gesundheitskasse

Der sogenannte Volks-Bundesrath und der Volks-Reichstag wurde von dem Einzelaktivisten Erhard Lorenz, einem ehemaligen Mitglied der Exilregierung Deutsches Reich, gegründet. Daneben betreibt er aus eher geschäftlichen Motiven den virtuellen Deutschen Reichsanzeiger und die Deutsche Reichszeitung sowie verschiedene, die „Selbstverwaltung" propagierende Internetseiten wie die Interessengemeinschaft für Menschen mit gemeinsamen Zielen. Des Weiteren verwaltet Lorenz als selbsternannter „Staatssekretär des Deutschen Reichs" von Kaarst aus mehr als 18 Fantasieämter, unter anderem ein „Reichsschatzamt" und sogar die „Reichspolizei". Er behauptet, die Verfassung des Deutschen Reiches von 1871 bis 1918 gelte auch heute noch, alle danach folgenden Regierungen seien von einer Fremdverwaltung eingesetzt worden. Um Mitglied seines „Reiches" zu werden, müssen Interessenten z. B. „Reichs-Personenausweise", „Reichs-Fahrerlaubnisse" oder „Reichs-Gewerbeanmeldungen" für jeweils 20 bis 30 € bei ihm kaufen. Mit seiner „Reichsdruckerei" erwirtschaftete Lorenz durch den Verkauf der in der Szene beliebten Fantasie-Ausweise eine sechsstellige Summe.

Lorenz versuchte zudem, zusammen mit anderen Akteuren der Szene im April 2017 die sogenannte Deutsche Gesundheitskasse (DeGeKa) mit Sitz in Dresden, eine eigene Krankenkasse für „Reichsbürger", zu gründen. Laut Eigenauskunft bietet die Degeka Leistungen für Arzt-, Zahnarzt- und Krankenhausbehandlungen sowie für Behandlungen durch Heilpraktiker und die Erstattung von Naturheilverfahren an. Als Geschäftsgebiet bezeichnet sie „ganz Deutschland in seinen Außengrenzen, wie diese am 31. Juli 1914 bestanden". Die Degeka nehme nur „geschäftsfähige Staatsangehörige" auf. Ein solcher werde man, wenn man anerkenne, dass „Reichsgesetze den Landesgesetzen vorgehen und BRD-Gesetze keinen Geltungsbereich nachweisen". Die Bundesanstalt für Finanzdienstleistungsaufsicht (BaFin) warnte vor der Gesundheitskasse, da diese im Verdacht stehe, unerlaubte Versicherungsgeschäfte zu betreiben. Zum 30. August 2017 wurde die Kasse von der BaFin zur Einstellung und Abwicklung ihres unerlaubten Versicherungsgeschäfts aufgefordert. 2020 publizierte Lorenz' Plattform weitere „Gesetzgebungen" betreffend der Deutschen Gesundheitskasse.

Interimpartei Deutschland (IPD)

2006 wurde von „Reichsbürgern" die Partei Interim Partei Deutschland DAS REICHT! (IPD) gegründet. Die IPD ist eine bundesweit agierende Partei mit Landesverbänden in Baden-Württemberg, Hamburg, Hessen, Niedersachsen und Schleswig-Holstein. Sie bedient sich der Argumentation der Reichsbürgerbewegung, wonach das Deutsche Reich weiterbestehen würde, weil nach dem Zweiten Weltkrieg mit Deutschland kein Friedensvertrag geschlossen wurde. Die Partei wird vom Verfassungsschutz Schleswig-Holstein als rechtsextrem eingeschätzt. Gründer und Vorsitzender bis Anfang 2010 war der im gleichen Jahr verstorbene Holocaustleugner Edgar Romano Ludowici (laut anderer Quellen „Ludovici"), der sich auch als „Graf von Roit zu Hoya", Rechtsanwalt, Arzt oder auch als „Erster Bürgermeister des Reichslandes Freistaat Freie und Hansestadt Hamburg" ausgab. Bei der Landtagswahl in Schleswig-Holstein 2009 erhielt die Partei weniger als 0,1 % der gültigen Zweitstimmen.

Während der Weihnachtsfeiertage 2008 wurde bekannt, dass der parteilose Bürgermeister der mecklenburgischen Kleinstadt Warin, Hans-Peter Gossel, von mutmaßlichen Rechtsextremisten bedroht werde und darum unter Polizeischutz gestellt worden sei. Hintergrund sei die Absicht der Stadt, von ihrem Vorkaufsrecht Gebrauch zu machen und damit den Erwerb eines Grundstücks durch die IPD zu verhindern.

Germaniten / Staat Germanitien / Volksgruppe Ringvorsorge / Justiz-Opfer-Hilfe

2007 gründeten einige Personen in der Ortschaft Westerheim den Pseudostaat Germanitien. Sie sehen sich als Bürger eines vorgeblich souveränen Staates und stellen „hoheitliche" Dokumente aus. Ein Akteur der Gruppe wurde als Betrüger enttarnt, der mit der Nürnberger Firma GFE Anleger um hohe Geldbeträge brachte. Das Unternehmen hatte angeblich einen Rapsölmotor für Blockheizkraftwerke erfunden. Betrogene Kunden zeigten das Unternehmen schließlich an. 2014 wurde der „Diplomat" zu fünfeinhalb Jahren Haft verurteilt.

Enge Verbindungen bestehen zwischen Akteuren der Germaniten und der Reichsbürgergruppierung Volksgruppe – Ringvorsorge. Deren Mitglieder betrachten sich als „Justizopfer" in den „Fängen der Justiz der BRD", die durch „Willkür und Rechtsbeugung systematisch niedergerungen, entrechtet und enteignet" werden würden. Die Gruppe bezeichnet sich als „Weltanschauungsgemeinschaft" und versteht darunter, die Existenz der Bundesrepublik Deutschland zu verneinen. Diese habe nur das Grundgesetz, aber keine Verfassung, und sei folglich „menschenrechtsfrei". Die Gruppe rät zum „Austritt" aus der Bundesrepublik Deutschland und bietet dazu eine Austrittserklärung an. Ihre Anhänger bombardieren Behörden und Gerichte mit seitenlangen Pamphleten, um sich Verpflichtungen diesen gegenüber zu entziehen.

Eine Vorgängerorganisation der Germaniten ist die sogenannte Justiz-Opfer-Hilfe, kurz JOH, mit Sitz in Löhne (laut Eigendarstellung in Rinteln). Sie ist bundesweit aktiv und berät und unterstützt ihre Mitglieder gegen Gebühr gegenüber staatlichen

Maßnahmen mit dem Ziel der Einstellung oder zumindest der Lähmung verwaltungs-rechtlicher Verfahrensabläufe. Die Gruppe umfasst bei hoher Fluktuation bis zu 60 Mitglieder.

Staatenlos.info

Die zu den „Selbstverwaltern" zu zählende Gruppierung Staatenlos.info (auch Staatenlos.info e.V.) behauptet basierend auf diversen Verschwörungstheorien in „Reichs-bürgermanier", das Dritte Reich würde weiter bestehen, wobei sie im Gegensatz zu anderen Reichsbürgern glauben, die Bundesrepublik sei mit dem Reich identisch und handele nach nationalsozialistischen Gesetzen. Aus der Ablehnung dieses Staates be-gründet sich ihre Selbstsicht als Antifaschisten. Der Hauptsitz der Gruppe ist in Ber-lin. Die Gruppe beruft sich auf die Weimarer Reichsverfassung von 1919 und propa-giert die vermeintliche Pflicht der Deutschen, die Bundesrepublik vom Grundgesetz „zu befreien". Die Gruppe bedient sich zudem antisemitischer Ideologiefrag-mente. Staatenlos.info geht von einer geheimen Weltregierung unter der Führung ei-nes gewissen „Tothschilds" aus, welcher den Ersten und Zweiten Weltkrieg sowie mit Hilfe seiner „Marionette" Adolf Hitler den Holocaust organisiert hätte. Überdies kon-trolliere „Tothschild" die Familie Rothschild, die wiederum die Banken unter Kontrolle habe.

*Die Auftritte ihrer Mitglieder vor Gericht werden in der Regel von Störungen, Gerangel und verbalen Ausfällen begleitet. Vor dem Reichstagsgebäude in Berlin infor-miert Staatenlos.info seit mehreren Jahren über die Ziele der Gruppe und demons-triert dabei z. B. für „Heimat und Weltfrieden", „gegen Justizwillkür ... und Einrichtung der faschistischen Diktatur in Deutschland" oder für die „Befreiung Deutschlands vom Faschismus und Nazismus". Hauptakteur ist dabei der ehemalige NPD-Funktionär Rüdiger Hoffmann (geb. Klasen, * 1967). Er wurde für einen Brandanschlag auf ein Asylbewerberheim verurteilt und erhielt darüber hinaus 2016 eine Geldstrafe, weil er in Briefen über eine angebliche NS-Vergangenheit der Familie eines Amtsge-richtsdirektors spekulierte. Seit 2014 rief Hoffmann wiederholt dazu auf, das Reichs-tagsgebäude zu stürmen, so auch bei der Corona-Demonstration vom 29. August 2020 in Berlin. Mehrere Stunden später gelang es etwa dreihundert Personen, die Ab-sperrung am Platz der Republik zu durchbrechen und die Treppe des Gebäudes zu be-setzen.*

Fürstentum Germania

Im Februar 2009 gründeten Michael Freiherr von Pallandt, Jessie Marsson, Jo Con-rad und weitere Personen in einem als „Schloss" bezeichneten ehemaligen Guts-haus im brandenburgischen Krampfer, Gemeinde Plattenburg das sogenannte Fürs-tentum Germania als „basisdemokratischen Kirchenstaat". Dieser Initiative schlossen sich auch Vertreter des „Reichsbürger"-Konzepts an, und ihre Vorstellungen flossen in die „Verfassung" des fiktiven Staates ein. Das Projekt fand jedoch schon nach drei

Monaten ein Ende, als das Gebäude wegen schwerer baurechtlicher Verstöße von der Polizei geräumt und versiegelt wurde.

Europäische Aktion

Die Europäische Aktion (EA) ist eine Dachorganisation verschiedener Holocaust-Leugner und Rechtsextremisten in Deutschland, der Schweiz und Österreich, aber auch Großbritannien und Frankreich mit Kontakten zu Gesinnungsgenossen in weiteren europäischen Ländern. Sie wurde 2010 von Bernhard Schaub unter der damaligen Bezeichnung „Bund Freies Europa" gegründet. Deutscher Vorsitzender ist der NPD-Politiker und „Freistaat Preußen"-Vorsitzende Rigolf Hennig.

Das Ziel der EA ist die Errichtung einer europäischen Eidgenossenschaft aus starken, weitgehend selbständigen Nationalstaaten mit einer gemeinsamer Außen- und Verteidigungspolitik unter Führung des nach dem Führerprinzip auszurichtenden „Deutschen Reiches". Ideologisch vertritt sie rassistische, antisemitische und nationalsozialistische Positionen. Sie fordert den Ausstieg aus dem Euro und fordert, „rassisch" nicht in Europa beheimatete Bevölkerungsteile, insbesondere „Mischlinge" und deren Angehörige, nach ihrer Machtübernahme auch mit militärischen Mitteln abzuschieben. Die EA bezeichnet sich als „Bewegung zur politisch-kulturellen Erneuerung ganz Europas" und richtet sich gegen den „American Way of Life" samt der „Pax Americana" und die Political Correctness.

Die EA erklärt geschichtsrevisionistisch Deutschland und Österreich zu von den Alliierten völkerrechtswidrig errichteten Staaten. Verschiedene ihrer Protagonisten fordern die Anerkennung des angeblich weiterbestehenden Deutschen Reiches in den Grenzen vom 31. August 1939. Strafrechtlich ist die EA durch Sachbeschädigung, Volksverhetzung, Verstöße gegen das Versammlungsgesetz und Propagandadelikte in Erscheinung getreten.

Deutsche Polizei Hilfswerk (DPHW)

Im April 2012 gründete Volker Schöne, ein ehemaliger Funktionär der Deutschen Polizeigewerkschaft Sachsen e.V., das Deutsche Polizei Hilfswerk (DPHW). Kurz vorher war er aus der Gewerkschaft entlassen worden, da er auf ihrer Homepage einen offenen Brief veröffentlicht hatte, in dem er behauptete, die deutschen Gesetze seien nicht gültig, weil ihnen der Geltungsbereich fehle. Schöne behauptet, mit der Bürgerwehr DPHW gegen Polizeigewalt und Behördenversagen angehen zu wollen. Mitglieder des DPHW traten als „Ersatzpolizisten" in täuschend echten Fantasieuniformen auf und berieten Menschen bei Gerichtsprozessen.

Die ermittelnde Polizei sprach von etwa 100 aktiven Mitgliedern. Wenngleich sich die Gruppe in der Öffentlichkeit und gegenüber vielen ihrer „einfachen Mitglieder" als gesetzestreue Ergänzung der offiziellen Staatsorgane ausgab, ordnen Rechtsextremismusexperten und Behördenvertreter das DPHW aufgrund ideologischer Überschneidungen der Reichsbürgerbewegung zu. Mehrere Gründungsmitglieder waren zuvor in

anderen Reichsbürger-Gruppierungen aktiv oder verbreiten reichsideologische Inhalte auf ihren privaten Homepages. Mehrere Führungspersonen des DPHW trafen
sich zudem zu einem Koordinierungsgespräch mit Protagonisten der „Republik Freies
Deutschland". Der Politikwissenschaftler Jan Freitag ordnete das DPHW als größte,
aus der Reichsbürger-Szene hervorgehende Gefahr ein, da es Andersdenkende aktiv
einschüchtere und versuche, durch Drohungen die Behörden von ihrer Arbeit abzu-
halten. Zudem galt es damals als einzige bewaffnete und passend geschulte Gruppe in
der Szene.

Angehörige des DPHW versuchten in einer öffentlichkeitswirksamen Aktion im November 2013, einen Gerichtsvollzieher während einer Zwangsvollstreckung zu fesseln
und hinderten ihn an der Flucht. Zwischen Dezember 2015 und März 2016 verhängte
das Amtsgericht Meißen in erstinstanzlichen Urteilen Freiheitsstrafen zwischen zehn
und 30 Monaten, fast ausnahmslos ohne Bewährung, gegen insgesamt 13 an der Aktion gegen den Gerichtsvollzieher beteiligte Personen. Seit den Verurteilungen sind in
Sachsen keine Aktionen des DPHW mehr bekannt geworden. Das DPHW existierte bis
Ende Juni 2013, als es auf seiner Homepage seine vermutliche Auflösung verkündete.

Republik Freies Deutschland (RFD)

Der Scheinstaat Republik Freies Deutschland wurde am 1. Mai 2012 von Peter Frühwald in Leipzig ausgerufen. Die RFD versteht sich an Stelle der „Staatssimulation Bundesrepublik" als einzig legitimer Rechtsnachfolger des Deutschen Reiches. Frühwald
behauptete dazu, dass eine Treuhandverwaltung nach der Haager Landkriegsordnung die immer noch andauernde Herrschaft der Alliierten tarne. Diese würden zusammen mit Israel Deutschland knebeln und „melken" und dabei Pressezensur ausüben. Frühwald wurde am 17. September 2012 von seinen Mitstreitern als „Kommissarischer Präsident" abgesetzt. Frühwald bezeichnete dies als „Putsch", kündigte an, die
Republik als Freies Deutschland ohne den Zusatz „Republik" weiter zu führen, und
tritt seitdem als „Selbstverwaltung Peter Frühwald" auf. Die verbliebenen „Putschis-
ten" führten die „Regierung" der „Republik Freies Deutschland" fort. Die Anhänger der
RFD kamen vor allem aus den neuen Bundesländern. Sie brachten Schilder mit der
Aufschrift „Republik Freies Deutschland Hoheitsgebiet" an ihren Grundstücken an und
erhofften sich dadurch Immunität gegenüber Gerichtsvollziehern und anderen Vollzugsbeamten.

Daraufhin kam es zu Konfrontationen mit den echten Behörden, insbesondere zur Verhaftung des Sprengmeisters Daniel S. in Berlin. Dieser hatte sich zur RFD bekannt und
zentnerweise Pyrotechnik auf seinem Grundstück gehortet. Bekannt geworden ist
auch der Fall einer Spedition in Malschwitz, deren Inhaber unter Berufung auf die Republik Freies Deutschland eine geraume Zeit lang Steuern und Mautgebühren nicht
bezahlten, bis die Behörden schließlich die Insolvenz der Firma einleiteten.

Die Gruppe machte außerdem beträchtliche Geschäfte mit dem Verkauf eigener Ausweisdokumente. Laut Polizei seien dafür Zahlungen von 32.000 Euro in die

„Staatskasse" geflossen. Einige 2017 teilweise zur Bewährung ausgesetzten Urteile über Haft- und Geldstrafen wegen gewerbsmäßiger Urkundenfälschung sind noch nicht rechtskräftig.

Königreich Deutschland (KRD)

Im September 2012 gründete der gelernte Koch, Kampfsportler, Betreiber eines Esoterikladens und Autor esoterischer Bücher Peter Fitzek auf einem früheren Krankenhausgelände in Wittenberg das sogenannte Königreich Deutschland und ließ sich zum „König von Deutschland" und „Imperator Fiduziar" krönen. Laut Eigenaussage versteht sich dieses „Königreich" als eigener, durch Sezession entstandener Staat auf dem Gebiet des völkerrechtlich weiter existierenden Deutschen Reiches. Dieses Gebiet werde nur übergangsweise von der Bundesrepublik verwaltet, die Fitzek als „Besatzungskonstrukt" oder „Firma der Alliierten" bzw. „Deutschland GmbH" bezeichnet. Im Falle einer Ausbreitung seiner Rechtsordnung proklamierte das KRD für sich die völlige Rechtsnachfolge des Deutschen Reiches. Vorher gehörte Fitzek bereits zu den Mitbegründern des Vereins Neu-Deutschland, dessen Ziel es war, das Deutsche Reich in den Grenzen von 1937 wieder zu errichten und Deutschlands angeblich verlorene Souveränität wiederzuerlangen. Fitzek gab seinen amtlichen Führerschein zurück, da er diesen nach eigenen Angaben nicht mehr brauche, weil er nunmehr im Besitz eines Führerscheins des Königreichs Deutschland sei.

In der Folge errichtete Fitzek mehrere krankenkassenähnliche Einrichtungen und veranstaltete kostenpflichtige pseudojuristische Seminare zu den Themen der Staatsbürgerschaft und der Verfassung seines „Königreichs", aber auch alternativer Heilmethoden oder freier Energie.

Er gründete zudem mit der sogenannten „Königlichen Reichsbank" eine eigene Bank, bei der mehrere Hundert seiner Anhänger fast drei Millionen Euro anlegten, mit denen er angab, seine Projekte zu verwirklichen. Im Zuge einer antisemitisch konnotierten Zinskritik kreierte Fitzek außerdem die eigene Alternativ- und Regionalwährung „Engel", mit der er auch seine Anhänger für ihre Arbeit in seinem „Königreich" bezahlte.

Wegen unerlaubter Einlagengeschäfte in seiner „Reichsbank" verhängte die Bundesanstalt für Finanzdienstleistungsaufsicht Zwangsgelder gegen Fitzek. Im März 2017 wurde Fitzek wegen Veruntreuung der bei seiner Bank angelegten Gelder und unerlaubter Bankgeschäfte zu einer Haftstrafe von drei Jahren und acht Monaten, in der Berufungsverhandlung vom 10. August 2017 wegen Betrugs und wiederholten Fahrens ohne Führerschein dann zu 2 Jahren und 6 Monaten Haft verurteilt. Am 15. Mai 2017 wurde das ehemalige Krankenhausgelände im Auftrag der BaFin zwangsgeräumt, um die verhängten Zwangsgelder in Millionenhöhe zu begleichen.

Neue Ordnung

Im Februar 2013 berichtete Report Mainz, im Kontext des Todes von Jörg L., über die Reichsbürgergruppierung Neue Ordnung um Meinolf Schönborn, den ehemaligen

Anführer der 1992 verbotenen „Nationalistischen Front". Die vom Verfassungsschutz Brandenburg beobachtete Gruppe tritt offen neonazistisch auf: Sie propagiert eine ausländerfeindliche und rassistische Weltanschauung und verfolgt eine an den Nationalsozialismus angelehnte Idee einer „Volksgemeinschaft". Sie beruft sich auf den sogenannten „Reichsgedanken" und proklamiert den Widerstand gegen „Verwahrlosung" und „Landnahme durch Migranten und Fremdherrschaft". Sie empfiehlt den Beitritt zu Schützenvereinen, Kampfsportschulen sowie die Teilnahme an Orientierungsmärschen zum Erwerb der Fähigkeiten zum Selbstschutz. Sie will eigenen Angaben zufolge eine „effektive und straff organisierte Bewegung" sein, in der eine „Elite für den Entscheidungskampf vorbereitet wird". Die „Neue Ordnung" bedient sich klassischer Reichsbürgerargumente und erkennt die Bundesrepublik nicht an. Diese sei ein Besatzungskonstrukt, Ziel sei die Wiederherstellung der „Handlungsfähigkeit des Reiches".

Staat Ur / Adrian Ursache

Adrian Ursache war der erste „Reichsbürger", der sich mit Waffengewalt gegen eine polizeiliche Maßnahme wehrte. Im Jahr 2014 rief er auf seinem Grundstück den sogenannten Staat Ur mit eigener, an die Reichsflagge angelehnter Flagge aus. Als im August 2016 ein Gerichtsvollzieher die Zwangsräumung seines Hauses umsetzen wollte, wurde dies von Ursache und bis zu 120, von ihm zuvor per Internet mobilisierten Unterstützern aus der Rechtsextremisten- und Reichsbürger-Szene verhindert. Unter ihnen befand sich auch der „Reichsbürger", der kurze Zeit später bei einer Razzia einen SEK-Beamten ermordete. Ursache drohte dem Gerichtsvollzieher zudem öffentlich mit dem Tod. Tags darauf nahmen insgesamt 200 Polizisten, darunter ein SEK, Ursache fest. Seine Unterstützer bewarfen die Beamten dabei mit Flaschen und Steinen und verletzten einen Polizisten durch Bisse. Ursache bedrohte die Beamten mit einem Revolver und wurde durch Schüsse der Polizisten schwer verletzt. Ein SEK-Beamter wurde bei der Festnahme durch ein Geschoss leicht verletzt. Ursache stieg durch seine Festnahme zu einem Helden der Reichsbürger-Szene auf und erfuhr eine breite Solidarität innerhalb der Szene. 2019 wurde Ursache u. a. wegen versuchten Mordes zu sieben Jahren Haft verurteilt.

Heimatgemeinde Chiemgau

Die vom Verfassungsschutz Bayern erfasste Gruppe wurde 2015 im Raum Oberbayern gegründet und umfasst laut Verfassungsschutz ca. 20 Mitglieder aus einem Umfeld von ca. 300 Sympathisanten. Die Gruppe lehnt die Bundesrepublik Deutschland als Staat ab und betrachtet viele Regierungsinstitutionen als in internationalen Firmenregistern eingetragene GmbHs, die insofern dem Handelsrecht unterlägen. Die „Heimatgemeinde" lehnt die bundesdeutsche Gesetzgebung ab und sieht sich ausschließlich den bayerischen Gesetzen von 1914 verpflichtet. Mitglieder der Gruppe verwenden selbst ausgestellte Ausweise und nichtamtliche Kraftfahrzeugkennzeichen. Ein gewisses Medienecho erzeugte die Suspendierung des

Ersten Polizeihauptkommissars und Seminarleiters im Polizei-Fortbildungsinstitut in Ainring wegen seines Engagements für die Gruppe.

Bundesstaat Bayern

Die Gruppe Bundesstaat Bayern wurde im Dezember 2015 mit Sitz in Landsham bei München gegründet, besteht aus ca. 30 Personen (Stand April 2017) und ist vor allem in Oberbayern aktiv. Seit Oktober 2016 wird sie vom bayerischen Verfassungsschutz beobachtet. Sie beruft sich auf einen „gültigen Rechtsstand" zum Zeitpunkt von „2 Tagen vor Ausbruch des 1. Weltkriegs". Ziel der Gruppe ist die „Reorganisation des Bundesstaats Bayern" unter Berufung auf eine selbstverfasste „Verfassung des Bundesstaats Bayern" mit 88 Artikeln. Bayern wird hierbei als Republik dem Deutschen Reich zugeordnet. Die „administrative Regierung" der Gruppe verschickte im November 2016 eine „Anordnung" an öffentliche Einrichtungen, in welcher „BRD-Bediensteten" mit Strafen gedroht wurde, falls sie auf bayerischem Gebiet hoheitlichen Verwaltungsakten nachgehen sollten. Die Staatsanwaltschaft München ermittelte gegen die Gruppe wegen des dringenden Tatverdachts der banden- und gewerbsmäßig begangenen Urkundenfälschung und Amtsanmaßung und veranlasste im Februar 2017 bundesweit Hausdurchsuchungen, bei denen neben einschlägigen Dokumenten auch Waffen und Munition sichergestellt wurden. Der bayrische Verfassungsschutz geht davon aus, dass zumindest Teile der Aktivisten der Gruppe latent gewaltbereit sind. Der Täter, der im Oktober 2016 bei einem Einsatz in Georgensgmünd drei SEK-Beamte anschoss und durch Splitter verwundete, von denen einer später starb, ist Anhänger der Gruppierung. Der Amerikanist Michael Butter wertet die Schießerei von Georgensgmünd als Beleg für die These, dass der Glaube an Verschwörungstheorien bedenkliche Auswirkungen haben könne und diese somit grundsätzlich gefährlich seien.

Freie Wählergemeinschaft Einiges Deutschland

Die Kleinpartei Freie Wählergemeinschaft Einiges Deutschland mit Sitz in Chemnitz und bundesweitem Anspruch wurde im Januar 2017 gegründet. Sie bestreitet die Staatseigenschaft der Bundesrepublik Deutschland und ihre völkerrechtliche Souveränität und strebt die Fortsetzung des Kaiserreiches und die Anwendung dessen Rechts mit Stand vom 27. Oktober 1918 an. Diese überregional aktive Reichsbürger-Gruppierung behauptet, die Abdankungsurkunde von Kaiser Wilhelm II. sei eine Fälschung, und geht deshalb davon aus, dass der Deutsche Bundestag privatrechtlich aufgestellt und die Bundesrepublik eine Nichtregierungsorganisation sei. Ihre Protagonisten behaupten offen antisemitisch, dass der Erste Weltkrieg von den „Rothschilds" geplant worden sei, um „den Engländern Jerusalem abzukaufen" bzw. „um dort einen satanischen Tempel zu bauen". Die Gruppe klagt über „Logenfilz" und behauptet, der Nationalsozialismus würde heute seine „rechtsmißbräuchliche Fortsetzung" im „Nationalzionismus" finden. Das Bundesverfassungsgericht verwehrte der Vereinigung „Einiges Deutschland" die Teilnahme an der Bundestagswahl 2017 mit *der Begründung, es habe kein Parteitagsbeschluss über das eingereichte Parteiprogramm vorgelegen.*

Geeinte deutsche Völker und Stämme

Die Geeinten deutschen Völker und Stämme (GdVuSt) und der Ableger Osnabrücker Landmark waren eine rassistische und antisemitische Vereinigung von Reichsbürgern um die szeneweit bekannte Heike Werding. Formal waren die Aktivisten als eingetragener Verein organisiert. Er bestritt die Existenz der Bundesrepublik, sah sie als Unternehmen, bedrohte und verunglimpfte ihre Vertreter und wollte einen „Naturstaat" nach ihrem Verständnis errichten. Mit dem bundesweiten Verbot der GdVuSt im März 2020 ging Bundesinnenminister Horst Seehofer erstmals in dieser weitreichenden Form gegen eine Gruppierung der Reichsbürgerbewegung vor. Die GdVuSt existierten mindestens seit 2016.

Ähnliche Gruppen in anderen Ländern

In anderen Ländern gibt es – ausgehend von den Vereinigten Staaten – ähnliche Gruppierungen wie die Freemen on the Land oder One People's Public Trust. Letztere ist im deutschen Sprachraum besonders in Österreich aktiv, wo sich auch die „Staatsverweigerer" des Staatenbunds Österreich finden.

Wikipedia® ist eine eingetragene Marke der Wikimedia Foundation Inc.

Seite „Reichsbürgerbewegung". In: Wikipedia, Die freie Enzyklopädie. Bearbeitungsstand: 14. Oktober 2020, 18:05 UTC. URL: https://de.wikipedia.org/w/index.php?title=Reichsb%C3%BCrgerbewegung&oldid=204553067 *(Abgerufen: 17. Oktober 2020, 14:20 UTC)*

37. 20 Jahre wirtschaftliche Stabilität

Es darf nicht vergessen werden, dass all diese Entwicklungen der letzten Jahre und die Zunahme von Rassismus, Antisemitismus, Gewalt, Unsicherheit, Islamophobie, Neonazismus in einer Phase von wirtschaftlicher Stabilität und moderaten Einkommenszuwächse stattgefunden haben.

Gleichzeitig muss jedoch festgestellt werden, dass die Spaltung der Gesellschaft zwischen Arm und Reich analog wie in der Weimarer Republik zugenommen hat. Allerdings leben die Armen in Deutschland nicht in einer extremen Armut, sondern in einer relativen Armut. Was nicht bedeutet, dass sie Luxus haben; im Gegenteil sie werden auch von dem sozialen und kulturellen Leben ferngehalten. Die katastrophale Einwanderungspolitik von CDU CSU, SPD, FDP, und Grünen führte dazu, dass immer mehr Teile der deutschen Bevölkerung sich bedroht fühlen durch eine Zunahme von Wirtschaftsflüchtlingen, die letztendlich kein politisches Asyl haben dürften.

Die inkonsequente Handhabung der Rückführung von kriminellen Flüchtlingen und kriminellen Ausländern führt dazu, dass ein großer Teil der Bevölkerung immer empfänglicher ist für einfache Lösungen, die die Rechtsradikalen analog wie 1928-1933 durch Hitler und Co. in der Bevölkerung verbreiten. Diese einseitigen und vereinfachten Lösungsansätze der Rechtskonservativen finden immer mehr Zustimmung in Deutschland.

Unabhängig davon stellt die nicht geklärte Frage über die Nachfolge des Deutschen Reiches immer noch eine erhebliche Gefahr dar, denn immer mehr Anhänger der Reichsbürger Bewegung vernetzen sich, um die Bundesrepublik Deutschland als Staat zu vernichten.

Der Reichtum Deutschlands wird auch heute nicht gerecht verteilt und es ist noch sehr viel Armut vorhanden. Man muss aber darüber nachdenken, welchen politischen Sprengstoff soziale Auseinandersetzungen im Rahmen der Coronakrise und des wirtschaftlichen Abschwungs enthalten. Insoweit bedeuten die vergangenen 16 Jahre der Ära Merkel schlicht einfach 16 Jahre verlorene Zeit um die notwendigen sozialpolitische Reformen durchzusetzen und zumindestens die Demokratie zu festigen.

38. Sind die Deutschen Extremen zugeneigt?

Immer häufiger wird im Ausland, sei es in Europa oder in Übersee, die Frage gestellt, wie sicher die Demokratie in Deutschland ist. Die Verbreitung von Nachrichten über die Zunahme von Rechtsradikalismus und Neonazismus bewirkt auch, dass wieder die Frage gestellt wird, ob die Deutschen zu Extremen neigen. Dies weckt latent vorhandene Vorurteile, die letztendlich durch Personen wie Willy Brandt, Helmut Schmidt, Helmut Kohl und selbst Gerhard Schröder minimiert worden sind. Sie erleben eine Renaissance seit der Propagierung der alternativlosen Kanzlerin und ihren alternativlosen Lösungen.

Für das Ausland bedeutet die Beschreibung der Alternativlosigkeit einer politischen Führung in Deutschland automatisch die Assoziation mit dem Bild des „von der Vorsehung geschickten Führers". Dieser Satz ist äußerst negativ belegt durch die Person von Hitler, der stets der Führer über alles war, und der sich nicht irren konnte. Die Fähigkeit der Deutschen, aus relativ normalen Vorkommnissen einen Hype zu machen, stößt bei den kritischen Beobachtern im Ausland sehr oft auf Unverständnis. Der Hype um die sogenannte Alternativlosigkeit der Kanzlerin stellt bei vielen kritischen ausländischen Beobachtern die Frage über die Festigkeit der Demokratie in Deutschland.

Denn Demokratie hat grundsätzlich Alternativen, ob sie gut oder schlecht sind ist eine andere Frage. Alternativen sind aber grundsätzlich in Demokratien ein Kernelement des politischen Denkens und Handelns. Insoweit stellt der Hype um Angela Merkel schlicht einfach das Prinzip des demokratischen Verständnisses infrage. Es stellt sich die Frage, ob hier die Deutschen nicht überwältigt von Gefühlen wirklich an die Alternativlosigkeit Angela Merkels glauben. Was würde passieren, wenn wirklich Angela Merkel aus dem Amt scheiden oder sterben würde, wurde der Autor sehr oft gefragt.

Es ist zu befürchten, dass das Vorurteil, dass man den Deutschen alles Gute und alles Schlechte zutraut, schon wieder an Virulenz zuimmt.

39. Sind die Deutschen ein verfluchtes Volk?

Es stellte sich die Frage, ob auf dem deutschen Volk seit 1871 bis heute ein Fluch liegen würde.

Die Antwort hat unter Berücksichtigung der Schlüsselereignisse Deutschlands zu erfolgen: die Entwicklung zum Zentralstaat unter Bismarck, Wilhelm II und dem ersten Weltkrieg, der Friedensvertrag von Versailles und seine verheerenden Konsequenzen, die Inflation von 1914-1923, der Aufstieg von Hitler und der zweite Weltkrieg sowie der Rassenwahn.

Die Teilung Deutschlands und die Verluste von Schlesien, Ostpreußen und dem Sudetenland sowie die Entstehung der DDR und ihres Unrechtssystems, die Wiedervereinigung und deren Konsequenzen, die Pegida und die Zunahme an Rassismus und rechtem Terrorismus, den rechten Mördern der NSU und in Hanau.

Kann dies nicht irgendwie als ein Fluch angesehen werden?

Der wieder zunehmende Antisemitismus trotz oder wegen der Denkverbote könnte dies belegen. Die Entwicklung der AFD sowie ihre Führer wie ein Alexander Gauland oder ein Björn Höcke, die letztendlich alle Nachkommen von Vertriebenen aus Ostpreußen sind und immer noch nichts daraus gelernt haben, stellt die Frage, ob diese Verblendung und Unehrlichkeit gegenüber der Schuldfrage nicht irgendwie ein Fluch sein kann.

Der Autor kann keine Antwort darauf geben.

40. Was kann man dagegen tun?

40.1 Vorbemerkung

Wenn ein Mahner auf die Gefahren der Entwicklung der Demokratie zu einem autokratischen System hinweist, ist es wichtig, den Adressaten mögliche Alternativen und Auswege aufzuzeigen. Die Demokratie ist zurzeit in der Welt, in Europa und in Deutschland gefährdet. Allein in der EU sind lediglich nur noch wenige real funktionierende Demokratien vorhanden. Dieser alarmierende Zustand soll einen realen Weckruf der Anständigen auslösen, um die liberalen Freiheiten und die liberal orientierten Demokratien zu schützen und ggfs. zu erneuern.

Zu erneuern ist auch der Bund zwischen Bevölkerung und Eliten, der nach Ansicht vieler Soziologen, Philosophen und Denker und Mahner und auch nach Ansicht des Autors in einem desolaten Zustand ist. Diesen desolaten Zustand haben wir alle in den letzten Jahren zugelassen.

Wir haben zugelassen, dass mittelmäßige Politiker an die Macht gekommen sind, wir haben zugelassen, dass gesteuerte öffentliche Medien uns manipuliert haben.

Wir haben zugelassen, dass eine neoliberale Wirtschaftsordnung an der Zerstörung unserer demokratischen Prozesse und Prinzipien gesägt hat.

Wir haben zugelassen, dass unter dem Mantel der Verschlankung des Staates die Glaubwürdigkeit des Rechtsstaats zerstört wurde. Wir haben zugelassen, dass Parteien unsere Ordnung und unseren Staat zur Beute gemacht haben.

Es ist daher notwendig aufzustehen und mittels einem Stoppschild durch unsere Wahlentscheidungen diejenigen abzuwählen, die diesen Staat ruiniert haben – unabhängig von ihrer Parteizugehörigkeit. Gleichzeitig dürfen wir nicht mehr auf den Leim der Prediger von einfachen Lösungen oder auf den Leim der Prediger der Bewahrung von Mutter Erde gehen. Die einen und die anderen sind nur daran interessiert, sozialen Aufstieg und Pfründe zu ernten.

Die folgenden Gesichtspunkte sind nach Ansicht des Autors notwendig zur Erhaltung von Demokratie und Freiheit. Dem Autor ist voll bewusst, dass der Anspruch von Demokratie und Freiheit mit erheblichen Verwerfungen in der Gesellschaft verbunden ist und diese scheinen manchmal wie eine Fata Morgana zu sein, die durchaus auch Erwartungen enttäuschen kann.

Diese Enttäuschungen dürfen uns aber nicht dazu verleiten, die Opfer unserer Vorgänger für die Erreichung dieser Ziele zu verraten. Wir sind dazu verpflichtet, aus Respekt für die Opferbereitschaft unserer Vorfahren und aus Verantwortung gegenüber unseren Nachkommen.

40.2 Wiederherstellung der Glaubwürdigkeit des Rechtsstaates

Wichtig ist für eine Demokratie, dass die Justiz unabhängig von der Exekutive ist. Dies ist ein alleinstehendes Merkmal einer Demokratie. Damit jedoch die Justiz von Volke anerkannt und angenommen wird, muss sie glaubwürdig sein. Die Glaubwürdigkeit der Justiz besteht darin, dass jeder Mann, Frau, Unternehmen, Organisation gleichgestellt vor ihr sind. Und dass ihre Urteile und die Behandlung der Menschen gleich sind auf dem gesamten deutschen Gebiet. Zudem darf nicht durch Verfahren, Strategien und Trixereien der Eindruck geweckt werden, dass die Mächtigen unbestraft bleiben und die Schwachen doch eben nicht. Um die Glaubwürdigkeit der Justiz zu bewahren ist es notwendig, dass jedes Fehlverhalten sofort und in einer überschaubaren Verfahrensdauer seine Strafe erhält.

Der Rechtsstaat ist nicht dazu da, sein eigenes Funktionieren als Kernaufgabe zu sehen, er ist da, um den Glauben an die Gewaltenteilung zu erhalten und für die allgemeine Befolgung der Regeln zu sorgen, die die Gesellschaft vereinbart hat. Es ist daher notwendig, um dieses Funktionieren garantieren zu können, dass der Einfluss der Parteien abnimmt.

Es kann nicht angehen, dass frühere Politiker Richter werden können; jedoch ist es durchaus wünschenswert, dass frühere Richter Politiker werden zu können um das Verständnis der Justiz bei den Gewählten zu erhöhen. Zudem muss der Rechtsstaat mit ausreichenden Mitteln ausgestattet sein. Es kann nicht angehen, dass Bund und Länder lediglich anteilig 1,5 bzw. 2,7%/% ihres Haushalts für die Justiz ausgeben. Es kann nicht angehen, dass fast die Hälfte der Staatsanwälte und Richter ein Durchschnittsalter von 55 Jahren haben und keinerlei Vorsorge für die junge Generation getroffen wird.

Die Wiederherstellung des Rechtsstaats ist auch verbunden mit der Person der Angela Merkel, die durch ihre einsamen Entscheidungen der gesamten

Bevölkerung gezeigt hat, dass der Rechtstaat so wie er jetzt konzipiert und umgesetzt ist, sehr leicht aus den Angeln zu heben ist. Die Bilder der Ohnmacht an den Grenzen, der desolate Zustand in der Justiz oder der Polizei führten zum Verlust des Schutzanspruchs jedes Bürgers gegen seinen Staat.

Hier ist der Staat in der Bringschuld und er hat in den letzten 14 Jahren versagt. Damit dokumentiert sich der Verlust der Glaubwürdigkeit des Rechtsstaats hinsichtlich der Zunahme von Parallelgesellschaften, die ihre eigenen Gesetze und eigene Moral haben und die die deutsche Rechtsstaatlichkeit ablehnen und letztendlich einen Staat im Staat bilden, ohne dass der Staat jedoch wirksame Mittel hat um dies zu bekämpfen. Dieses zweierlei Maß, das viele Bürger empfinden, führt dazu, dass sie nicht mehr an die Rechtsstaatlichkeit in der Demokratie glauben und sich wünschen, dass ein starker Mann ohne Rücksicht auf Verluste den Missstand beseitigt. Letztendlich machte dies den Erfolg von Donald Trump aus. Es ist daher notwendiger denn je, dass die Glaubwürdigkeit des Rechtsstaats wiederhergestellt wird.

40.3 Wiederherstellung der Staatskontrolle

Der Staat an sich ist die wesentliche Grundlage für die Demokratie, für Freiheit und für den Schutz des einzelnen. Die Rolle der Identität, die maßgebend ist für das Handeln und Verhalten von Bevölkerungsteilen, ist unlöslich verbunden mit dem Staat. In Deutschland wird jedoch der Staat negativ betrachtet, denn Staat und Nation werden sehr oft fälschlicherweise mit Nationalismus bzw. nationalistischen Parteien verbunden. Dies trifft nicht zu. Man darf sich nicht einreden, dass ein Krimineller der Geschichte sich selbst nach seinem Tod der deutschen Identität bemächtigen will. Die neoliberale Wirtschaftsordnung und hemmungslose Globalisierung versuchen den Menschen glaubhaft zu machen, dass es nur noch eine Weltbevölkerung gäbe, nur noch einen Weltmarkt und dass der freie Verkehr zwischen Menschen und Waren das Primat der Lebensweisheiten ist.

Dies ist vom Prinzip her falsch und trägt zur Zerstörung der Demokratie bei, denn wenn ein einzelner sich nicht mehr sicher in seinem Umfeld fühlt, fällt er in Angst und Zweifel. Damit wird er eine leichte Beute für die geistigen Brandstifter, die sehr häufig in der Geschichte da waren und den Weg zu Diktatur und Autokratien vorbereitet haben. Wodurch zeichnet sich ein Staat aus? Nach Ansicht von Psychologen, Soziologen, Philosophen, Politologen und Ethikern:

- eine Grenze muss irgendwie vorhanden sein
- eine Rechtsstaatlichkeit, die auch auf Sprache, Geschichte Kultur der Bevölkerung zugeschnitten werden muss
- Bevölkerung, die eine zum größten Teil gemeinsame Geschichte erlebt hat. D.h. nicht, dass die Einwanderer in diesem Land ausgeschlossen werden
- Die Festlegung von gemeinsamen Werten und Regeln
- Demokratische Regeln ausarbeiten und in einer Verfassung vereinbaren
- Eine Sprache und Kultur teilen
- Die Bereitschaft dieser Gemeinschaft zu dienen und zu helfen, ohne zu fragen was die Gemeinschaft bereit ist zurück zu geben
- Zu der Geschichte stehen und die Lehren aus der Geschichte ziehen.

Alle diese Punkte können durchaus in der EU verwirklicht werden, indem nicht die Einheitlichkeit als einzige Vorgabe gilt, sondern auch die Verschiedenheit. Dies gilt auch innerhalb des Staats an sich.

40.4 Wiederherstellung des Nationalstaates gegen Globalisierung

Es ist zu beobachten, dass die Globalisierung, wie sie bis jetzt durchgeführt wurde, und die Organisation der WTO, so wie sie heute aussieht, nur wenigen Staaten helfen, denn die Gewinner der Globalisierung sind maximal 4 Staaten: Deutschland, China, Japan und die Niederlande. Alle anderen Staaten sind die wirtschaftlichen Verlierer. Denn ihre Wirtschaft hat zu Recht oder zu Unrecht viel verloren. Damit verbunden sind jedoch soziale Verwerfungen und der Anstieg der Staatsverschuldung, was wiederum zum Sparen des Staates geführt hat und dies wiederum dazu, dass die sozialen Ausgaben noch höher gestiegen sind und dies wiederum zur Steigerung der Schulden. So entsteht für diese Länder eine Schuldenspirale ohne Ende.

Es darf daher nicht verwundern, wenn die Zunahme von AfD und den neuen Nazi-Parteien sowie die Zunahme von populistischen Bewegungen dazu führen, dass eine Spaltung der Gesellschaft stattfindet. Damit können Pseudo Autokraten und Populisten am besten leben, denn sie verschärfen diese Spaltung der Gesellschaft, weil ein Teil der Gesellschaft ihre Wählerschaft ist. Wenn diese politischen Bewegungen den Rechtsstaat, die freie Presse, die Mahner, kritische Beobachter, sei es durch brutale Mittel sei es schleichend ausschalten wird eine gleichgeschaltete Gesellschaft eher bereit sein, diese Art des Regierens zu akzeptieren und auf pseudo rationale und pseudo nationale Begründungen einzugehen. Daher ist es notwendiger denn je, diesen Kasino Kapitalismus und grenzenlose Globalisierung in realen Grenzen einzubetten, um auf Dauer nicht die Demokratie zu zerstören. Man kann durchaus den freien Verkehr befürworten, aber der muss geleitet werden durch gegenseitige faire Methoden und bei dem freien Verkehr von Personen kann durchaus ein Modell angedacht werden, das den Schutz der eigenen Bevölkerung als Grundlage des Handelns sieht und ggfs. auch Menschen an den Grenzen abzuweisen in der Lage ist.

40.5 Flexibles Europa mit verschiedenen Geschwindigkeiten- Nicht nach deutschen Vorgaben!

Unsere eigene Chance in Europa in der Auseinandersetzung um die Weltmacht zwischen den 5 großen Bereichen USA, China, Indien, Russland und dem asiatisch-pazifischen Raum zu überleben, ist dass die Europäer sehr eng miteinander kooperieren und dabei einen festen Kern der europäischen Staaten zu einem Block bilden. Die anderen Staaten wie die VISEGARD Staaten (Polen, Tschechien, Slowenien, Slowakei und Ungarn) sowie die baltischen Länder sind als ein Bereich zu definieren, der noch erheblich Entwicklung erfordert, sei es im demokratischen Verständnis, sei es in der Öffnung der Gesellschaft, sei es in der Entwicklung von Toleranz, sei es in der wirtschaftlichen Entwicklung, geopolitischen Entwicklungen noch relativ an der langen Leine zu halten und sie von Entwicklungen innerhalb Kerneuropas auszuschließen, bis gewisse Voraussetzungen freiwillig erfüllt werden. Das Auf-Oktroyieren eines normierten Verhaltens und politischer Entscheidung durch die EU-Verwaltung, Frankreich und Deutschland bedingt, dass sie in starkem Masse Vergleiche mit dem Comecon und dem Verhalten der Sowjetunion ziehen, die in allen diesen Ländern ein Trauma ist.

Würde sich Kerneuropa auf die 6-8 Länder konzentrieren, so würde die Entwicklung Kerneuropas wesentliche Fortschritte machen, sodass der restliche Teil durchaus nach und nach bei Erreichen der Standards sich anschließen könnte. Gleichzeitig müsste endlich Europa nicht alles bestimmen dürfen und somit soll die europäische Union sich eindeutig auf wesentliche Aufgaben wie u.a. auf die äußeren Beziehungen oder Forschung oder strategische Projekte konzentrieren (aber auch auf Menschenrechte usw.) Zudem bedarf es eines nachhaltigen Umbaus in Hinblick auf die Stärkung des

Europa Parlaments, dass es und nur es die Exekutive der EU-Verwaltung wählen kann und eine Kontrollfunktion über einen eigenen Haushalt erhält. Und nur dieser demokratische Prozess wird die Akzeptanz der EU wiederherstellen. Es darf keinerlei Politik der Hinterzimmer mehr geben (Bevorzugte Methode von Angela Merkel). Hier hofft der Autor endlich auf Einsichten, die im Übrigen von Emanuel Macron geteilt werden und die zu Unrecht zurzeit boykottiert werden.

40.6 Politiker nur auf Zeit – Zuhören Lernen

Einer der größten Fehler der deutschen Verfassung ist, dass Abgeordnete nicht auf Zeit befristet werden. Dadurch versuchen die Politiker, sei es in ihren eigenen Parteien, sei es in Pseudo-Koalitionen, auf Ewigkeit ihre Positionen zu halten. Dies ist für das Verständnis der Demokratie tödlich. Angela Merkel selbst hat Kohl vorgeworfen, er würde an seinem Stuhl kleben. Kohl ist wenigstens nach einer Wahlniederlage zurückgetreten. Sie nicht. Damit wird das Prinzip der Demokratie, nämlich der Wechsel, ad absurdum geführt. Es gibt keinen Wechsel. Viele Bürger kennen nur Angela Merkel als Kanzlerin. Es ist daher vonnöten endlich eine Befristung der Mandate, und zwar durchgehend, selbst innerhalb der Parteien einzuführen. Die amerikanische Verfassung könnte uns ein Vorbild sein, indem sie die Amtszeit der Präsidenten auf 2 Perioden beschränkt.

Es ist daher notwendiger denn je, dies in Angriff zu nehmen, um den Zerfall der jetzigen Parteienlandschaft zu verhindern. Zudem ist es ein Drama der Politiker und der Eliten – so Rainer Mausfeld. „Besonders die sogenannten gebildeten Schichten sind anfällig für die Illusion des Informiert Seins. Diese Schichten sind aus naheliegenden Gründen durch die herrschenden Ideologien indoktriniert – das war im Nationalsozialismus nicht anders als heute. Sie sind durch ihre schweigende Duldung ein wichtiges Stabilisierungselement der jeweils herrschenden Ideologien."

Betrachtet man diese Aussage, so stellt man fest, dass die schweigende Mehrheit der Deutschen es zugelassen hat, dass sich eine mittelmäßige politische Elite etabliert hat, die einer wilden kapitalismusorientierten neoliberalen Wirtschaftspolitik nach dem Mund redet. Nicht nur dass die wenigen Mahner und kritischen Betrachter diskriminiert werden, sie werden gleichzeitig in eine nicht gewollte politische Ecke geschoben. Viele von denen haben sich frustriert in die innere Migration zurückgezogen, viele kämpfen aber noch. Der Typ der Merkel'schen Politik meint, durch seine

Pseudo-Intelligenz und Verhalten alles wissen zu können. Zudem soll er der Nachbar von nebenan sein.

Mit anderen Worten: wir hatten in den letzten 13 Jahren sowohl mit einer geistigen Diktatur der Dummen als auch mit einer der Gutmenschen zu tun. Es ist an der Zeit, dass wir uns s aus dieser Fessel befreien, durch freie Wahlen und durch den Respekt der Andersdenkenden.

40.7 Am deutschen Wesen soll die Welt nicht genesen

Weil wir mit unserem Wirtschaftsmodell einen gewissen wirtschaftlichen Erfolg erzielt haben setzen wir voraus, dass unsere europäischen Nachbarn dies uns mindestens gleichtun könnten und selbstverständlich geben wir dafür eine flüssige Darstellung und Begründung. Aus unserer Sicht. Die anderen Länder und die anderen Völker stellen ihre eigene Sicht dar, warum sie unsere Maßstäbe und unsere Ziele nicht verfolgen wollen. Aus ihrer Sicht auch eine flüssige Begründung und Darstellung. Die beiden Sichten sind in sich flüssig aber sie korrespondieren nicht, da sie verschiede Ausgangssituationen haben. Ob wir mit unserer pseudo-preußischen Vorgehensweise, Organisation und Fähigkeiten in einem lateinisch geprägten Land den gleichen Erfolg haben könnten ist mehr als zweifelhaft.

Der Deutsche darf weder innerhalb Deutschlands noch in Europa glauben, dass ein einziger Weg und eine einzige Gewichtung der Werte geschweige die deutsche Gewichtung der alleinige Maßstab und Garant für den Erfolg ist – sei es wirtschaftlich, gesellschaftlich, kulturell. Manche Psychologen und Soziologen behaupten, dass in dem Spruch „Am deutschen Wesen soll die Welt genesen" der Beginn eines Starrsinns zum Ausdruck kommt. Gelinde gesagt, die Inflexibilität des Denkens – schon gar nicht vernetzten Denkens. Manche Historiker glauben sogar, dass dies Ursache und Konsequenz der Nazi-Zeit ist.

Insoweit müssen wir zulassen, dass in Deutschland und in Europa die bunte Vielfalt der Ansichten, des kritischen Denkens möglich ist. Früher waren wir ein Land der Dichter und Denker, d.h. die Vielfalt des Denkens war noch möglich. In diesem Zusammenhang verweist der Autor auf die Revolution von 1848 „Die Gedanken sind frei"

40.8 Politik und Politiker mit Visionen

Fragt man Angela Merkel nach Visionen, dann sagt sie, sie würde die Sache immer vom Ende her denken und Problemlöserin sein und dass Visionen defacto nicht mehr notwendig sein würden. Außerdem strebe sie die Macht nur an, um zu regieren. Die Haltung, die dahintersteckt, ist nicht nur falsch, sondern auch gefährlich. Denn Politiker müssen vorausschauende Politik für ein Volk und ein Land machen. Vorausschauende Politik basiert auf Visionen. Der Politiker muss in der Lage sein, in die Zukunft gerichtete Ziele für die Ausrichtung und Veränderung der Gesellschaft geben zu können. Und er muss in der Lage sein für diese Ideen politisch zu kämpfen, d.h. von seinen Ideen zu überzeugen. Angela Merkel hat es geschafft, dass sie mehrmals gewählt worden ist aufgrund ihres Mottos „Ihr kennt mich, also wählt mich bitte". Die Bilanz dieser Kanzlerin ist die schlechteste Bilanz seit Kriegsende. Sie hat lediglich einen Zustand verwaltet und zudem noch verschlechtert.

Es daher notwendiger denn je der Bevölkerung Politiker zu präsentieren, die Ziele und Visionen haben und bereit sind, für diese Visionen zu kämpfen und ggfs. Politische Niederlagen zu erleiden, wieder aufzustehen und wieder zu kämpfen und für diese Ziele gerade zu stehen. Und gerade zu stehen für diejenigen, die diese Ziele und Visionen teilen. Angela Merkel steht für die Beliebigkeit, weil sie keine Visionen hat und nicht bereit ist den Preis dafür zu bezahlen. Sie steht für nichts und für niemanden da, denn dies würde einen Preis verlangen. Im Übrigen: nur Politiker die Visionen hatten, haben die Geschichte der Menschheit geprägt. Selbst dann, wenn sie politische Niederlagen erlitten haben. Es liegt an uns, Politiker auszuwählen, nicht nach der Verpackung schön, hübsch oder sympathisch oder der Typ von nebenan, sondern nach dem Inhalt, wofür sie stehen und kämpfen. Politiker die keine Visionen haben, sollten wir nicht wählen.

40.9 Gegen die Verrohung der Sprache

Viele Politiker, Journalisten, Pseudo-Eliten, Öffentliche Personen beklagen sich über die Verrohung und Aggressivität in der Sprache. Wenn man jedoch nicht schon die Kinder, Schüler, Studenten zwingt, die Sprache so zu benutzen, dass sie Respekt und Gegenrespekt ausdrückt, so darf man sich nicht wundern, dass durch die Medien des Internet und die geglaubte Anonymität des Netzes jegliche Hemmungen und Tabus fallen. Es ist daher notwendiger denn je, dass zuhause von Kind an, sei es im Kindergarten, in der Schule, in den weiterbildenden und berufsbildenden Schulen und Universitäten sehr genau auf die Benutzung der Sprache und deren Gebrauch im Internet geachtet wird. Es müssen klare und schnelle Sanktionen erfolgen, die auch ihren Niederschlag in einer Art von Umerziehung finden könnten. Insbesondere die Kinder und Jugendlichen mit Migrationshintergrund gefährden den richtigen Gebrauch der Sprache. Hier müssen die Schulen zusätzliche Bildung anbieten, fordern und durchführen, damit nicht neben dem normalen Sprachgebrauch eine deutsche Sprache 2. Klasse entwickelt wird. Sprache ist das wichtigste Mittel der Kommunikation und wird in den ersten 3-4 Jahren vor allem durch die Mütter an die Kinder übermittelt. Jedes Wort, das das Kind lernt, wird mit einem Adjektiv belegt: gut, schlecht, gefährlich, schön, moralisch, unmoralisch. etc. Dieser Kern der Persönlichkeit bleibt dem Menschen sein Leben lang erhalten. Umso wichtiger ist es darauf zu achten, dass die jungen Mütter begleitet werden.

Ein weiterer Gesichtspunkt ist der Sprachgebrauch der Politiker, der Elite, denn sie haben Vorbildfunktion. Wenn man im Bundestag manch eine Rede anhört, wie z.B. von Politikern wie Gauland, der die NS-Zeit als einen Vogelschiss der Geschichte bezeichnet, so muss man fragen, ob dieser Mann verstanden hat, welche Botschaft er damit sendet.

Es darf niemals vergessen werden, dass die Nazizeit in Zusammenhang mit der wilhelminischen Zeit des 1. Weltkriegs und der Tötung von mehr als ca. 100 Mio. Menschen das größte Unheil in der deutschen Geschichte darstellt. In der gesamten deutschen Geschichte vor dieser Zeit incl. des 30-jährigen Kriegs haben nach neuen Erkenntnissen der Historiker bis zu 20 Mio. Menschen gewaltsam ihr Leben verloren. H. Gauland: sie sind ein ungebildeter geistiger Brandstifter! Wenn man von Alice Weigel hört, dass das Mainstream Denken auf den Müll der Geschichte gehört und bedenkt, dass diese Frau immerhin eine Wissenschaftlerin ist, so muss man sie fragen von welcher Geschichte sie redet und ob das Maß an Zerstörung, Tod und Leid in den beiden Weltkriegen nicht ausreicht. Frau Weigel: sie sind eine Schande für die Ökonomie!

40.10 Diskussion und Diskurs zur Rettung der Demokratie

Die Demokratie hat sich in Griechenland auf den Marktplätzen oder im Theater in Athen entwickelt. Diese waren Orte des Austauschs und Diskurs, Diskussionen und geistiger Auseinandersetzung über wirtschaftliche politische und" geopolitische" und Machtthemen. Und somit haben die Lehrer ihre Lehren gezogen, die Eliten ihre Entscheidungen korrigiert oder realisiert. Diese Menschen waren jedoch nicht die Analphabeten von Athen, sondern gehörten einer privilegierten Schicht an. Sie waren ausgebildet und konnten sich mit philosophischen oder sonstigen Fragen befassen.

Wenn man jedoch heutzutage die Diskussionen im Bundestag anhört, so muss festgestellt werden, dass diese nur noch Ja-Sager oder Widerspruch haben. Der Diskurs, d.h. der Wettbewerb der Ideen ist nicht mehr vorhanden. Es wird vorausgesetzt, dass die Durchschnittsbürger die angeblich so intelligenten Parteiprogramme gelesen und verstanden haben. Dies trifft nicht zu. So werden insbesondere in den letzten 14 Jahren Scheindebatten im Bundestag geführt um den Eindruck zu erzeugen, dass wir eine lebendige Demokratie haben. Dies hat seit 14 Jahren nicht mehr stattgefunden. Vergleicht man dies mit den Debatten in den 70er und 80er Jahren so ist ein Niedergang klar festzustellen. Da ja Angela Merkel die Politik der Hinterzimmer bevorzugt und nur sehr widerwillig Rechenschaft ablegen will. Dies darf nicht mehr vorkommen, ansonsten werden alle Politiker, alle Parteien als eine einzige Clique von Pharisäern angesehen. Dies liegt im eigenen Interesse des einzelnen Politikers und der Parteien. Die irrsinnige Organisation der Fraktionen und vor allem die sog. Fraktionsdisziplin ist die Ursache für die Parteien- und Politiker-Verdrossenheit. Dabei hat der Gewählte gem. dem Grundgesetz nur sein eigenes Gewissen zu befolgen. Und er hat eine Kontrollfunktion gegenüber der Exekutive, auch wenn diese aus seiner eigenen Partei entstanden ist. Dies ist wie nie zuvor von Angela Merkel und ihrem langjährigen Fraktionsvorsitzenden Kauder pervertiert worden. Dies muss im Rahmen der Neuaufstellung der politischen Organisationen Vorrang haben: die Stärkung der Stellung des einzelnen Abgeordneten gegenüber der Exekutive, selbst dann, wenn dies die eigene Partei betrifft. Zudem ist durch die zeitliche Beschränkung der Mandate eine wirksame Hilfe zu mehr Zivilcourage der Abgeordneten zu fordern und zu fördern. Der politische Diskurs ist eine unabdingbare Voraussetzung für die Demokratie.

Neue wissenschaftliche Untersuchungen in den Sprachwissenschaften in England, Frankreich und den USA zeigen, dass die Sprache in bestimmten Bereichen des Gehirns verarbeitet wird, die einen wesentlichen Einfluss auf das Verhalten nehmen. Es wurde experimentell geprüft ob falsche Nachrichten oder Lügen, wenn sie täglich wiederholt werden, von den Probanden nach relativ kurzer Zeit als wahre Nachtrichten empfunden und verstanden werden. Obwohl die Fakten nachweislich dem wiedersprachen. Alle

Probanden, sowohl verschiedener Kulturebenen, als auch Probanden mit niedrigem Bildungsstand, Durchschnittsbürger und sogar Absolventen der Hochschule gaben diese Nachrichten wieder. Selbst Studenten der Psychologie und Philosophie konnten manipuliert werden. Dies hat den Autor erstaunt und sehr irritiert, denn das Verhalten von Donald Trump scheint auf dieser Ebene zu funktionieren und damit ist ein erhebliches Manipulationspotential vorhanden.

Andere Arten von Experimenten untersuchten, was aggressive Sprache und Sprache, die benutzt wird um Ängste vor Fremden hervorzurufen, bei den Probanden auslöst. Es zeigte sich, je öfter und je aggressiver die Sprache war, es vermehrt dazu führte, dass die Probanden sich in Abwehrsituationen verpflichtet fühlten ihre Umgebung zu verteidigen. Das reichte bis zu aggressivem Verhalten und tätlichem Eingreifen gegenüber den angeblichen Angreifern.

40.11 Politische Bildung als Voraussetzung zur Volljährigkeit

Damit Jugendliche die Erlaubnis bekommen, ein Fahrzeug zu führen, müssen sie eine Führerscheinprüfung ablegen und bestehen. Jedoch ist mit der Volljährigkeit auch die aktive und passive Teilhabe an politischen Entscheidungen verbunden und damit auch die Möglichkeit, Veränderungen herbeizuführen. Die Gesellschaft fordert von dem Jugendlichen nicht den Nachweis, dass er unser staatliches Wesen, die Grundlage der Demokratie, das Funktionieren der Demokratie, die Geschichte und unsere Werte verstanden hat. Er muss keinerlei Prüfungen durchführen. Es ist daher notwendig, dass eine gewisse Ausbildung bereits in der Grundschule erfolgt und dass diese Ausbildung und deren Bewertung einen wesentlichen Einfluss auf die Gesamtnote bekommen. Gleichzeitig haben ja mit der Abschaffung der Wehrpflicht durch Angela Merkel die Heranwachsenden die Chance verloren, zumindest eine politische Grundbildung in den ersten 3 Monaten bei der Bundeswehr zu erhalten. Auch hier hat Angela Merkel der Gesellschaft Schaden zugefügt. Politische Bildung und soziale Kompetenzen müssen in den Lehrplänen, in der Bildung in der Grundschule und in den weiterführenden Schulen einen festen Platz erhalten. Sollten die Kultusminister dies nicht umsetzen, so müssen sie und ihre Parteien bestraft werden. Es ist daher notwendig bei den Wahlentscheidungen die kommenden Politiker auf diese Frage festzunageln.

40.12 Europa als Wertegemeinschaft stärken!

Europa war, ist und bleibt die Wiege unserer Zivilisation, unseres Handelns und Denkens. Es ist daher bitter, sie durch ein demokratisches Monstrum in Brüssel verkommen zu lassen und auf Netto Zahler und Netto Empfänger zu reduzieren. Einer unserer gemeinsamen Väter ist nun einmal Karl der Große, neben der griechischen und römischen Kultur sowie der christlichen und jüdischen Religion. Dies war und ist eine gesamtheitliche Basis auch wenn wir durch verschiedene Kulturen, Sprachen, Sprachentwicklungen, Geschichte, Kunst, Literatur unterschiedlich sind. Diese Werte können nicht radiert werden, weder durch die Globalisierung noch durch die neoliberale Wirtschaftspolitik. Selbst unsere blutige Geschichte verbindet uns. Selbst durch die Kriege, die wir gegeneinander geführt haben, war auf beiden Seiten Tod und Leid. Zudem bedeuten die wilhelminische Zeit, der erste und zweite Weltkrieg für uns eine einzigartige Geschichte, wie sie sich in keinem anderen Kontinent wiederfindet.

Es ist daher notwendiger denn je, dass die wirtschaftlich stärksten Mächte des Kontinents diesen zum Zusammenhalt zwingen (nicht durch Bürokratie), selbst dann, wenn auf opportunistische, politisch kurzfristige Erfolge verzichtet werden muss. Das Märchen der Populisten und Neoliberalen, dass wir die größten Netto Zahler in der EU sind, ist schlicht und einfach falsch, denn der deutsche Bürger bezahlt pro Kopf und Jahr netto 176€ oder 0,48 € pro Kopf und pro Tag. Demgegenüber erwirtschaftet er 1.300 – 2.000€ pro Kopf und pro Jahr (Exportüberschuss). Es ist daher notwendiger denn je die Diskussion über Europa an Werten festzuhalten und schlicht und einfach im demokratischen Prozess zu verankern - zu Lasten der technokratischen Ausrichtung. D.h. die Kommission muss von europäischen Parlamenten gewählt werden und nicht durch die Staatschefs ernannt werden. Jede Entscheidung darf nicht mehr vom Europarat getroffen werden, sondern vom Parlament, das seine Führung wählt und gleichzeitig die Kontrolle über einen eigenen Haushalt und die Verwendung der Mittel erhält. Im Übrigen ist dies Teil der Vorschläge von E. Macron, die Angela Merkel bis heute nach über 2 Jahren immer noch nicht beantwortet hat.

40.13 Die Rechtsparteien unter scharfe Kontrollen!

Es ist erstaunlich dass Deutschland in den siebziger Jahren mit dem Extremisten Erlass die Bekämpfung der extremen Linken angegangen ist und dass sie heute nicht in der Lage ist, ein ähnliches Gesetz zu verabschieden, die die Rechten und Populisten sowie ihre Vernetzung mit extrem rechten Parteien stärker kontrolliert. Angela Merkel hat zugelassen, dass die Vernetzung der Populisten in Deutschland und europaweit so weit fortgeschritten ist, und dass eine Vernetzung zwischen Nazi- und kriminellen Rockergruppen entstehen konnte, sodass Sicherheitsfachleute von einem ernsten Risiko für den deutschen Staat ausgehen. Dies vor dem Hintergrund, dass Angela Merkel und ihre früheren Minister durch unsinnige Sparmaßnahmen Justiz und Innere Sicherheit kaputtgespart haben. Daher sind Bilder wie kürzlich in Sachsen oder auch in Dortmund möglich geworden.

Es ist notwendiger denn je, dass das Parlament neue Gesetze erlässt und die notwendigen Mittel an die Sicherheitsbehörden gibt, damit populistische Aussagen, Vernetzungen und Verknüpfungen mit extremen Rechten und Nazis frühzeitig entdeckt und öffentlich gemacht werden, mit Nennung des Namens. Zusätzlich müssen alle Unternehmer dazu angehalten werden Mitgliedern dieser Parteien und deren Helfershelfern keine wirtschaftliche Existenz mehr anzubieten. Es ist aus Sicht vieler Sicherheitsfachleute eine Null-Toleranz Politik durchzuführen. Mitglieder dieser politischen Bewegungen, Parteien und Netzwerke müssen ausgeschlossen werden von öffentlichen Unternehmen und Aufträgen. Der Autor selbst ist in dieser Frage zwiegespalten, aber trotzdem will er darauf hinweisen, dass es gewisse Parallelen zum Aufstieg Hitlers und der Nazis in den Jahren 1929-1931 gibt.

40.14 Regieren durch Spalten und Ausgrenzen: Nein Danke!!

Es ist zurzeit an der Tagesordnung, dass viele populistische, autokratische und pseudo demokratische Regierungen an der Macht sind, sei es in Polen, Dänemark, Schweden, Italien, Slowakei, Slowenien, Tschechien, Ungarn und auch in anderen Ländern, zuvorderst in den USA, aber auch in Brasilien und dort eine Spaltung der Gesellschaft verursachen. D.h. ein fester Block für extrem konservative Politik, die teilweise xenophob und intolerant ist, den Rest der Gesellschaft von der Ernte der Früchte des Regierens ausschließt und sie als Feinde deklarieren. In allen diesen Ländern sind die Parteien an der Macht mit max. 35-40% Zustimmung der Bevölkerung.

So hat sich der Autor an die Aussage seines Lehrers erinnert: „die Zunahme des Bösen ist bedingt durch das Stillschweigen des Guten". Insoweit müssen die Mehrheiten in den Völkern aufstehen und deutlich machen, bei den nächsten Wahlen, dass sie in der Mehrheit sind und nicht in der Minderheit.

Die stillschweigende Mehrheit ist heutzutage nicht mehr zu verantworten. Nicht mehr zu verantworten in Anlehnung an das was unsere Eltern uns beigebracht haben, in Erinnerung an das, was unsere Vorfahren erlitten haben und vor allem aus Verantwortung für unsere Nachkommen, denen wir wenigstens die Chance weitergeben müssen, dass autokratische Systeme zumindest in Deutschland nicht mehr an die Macht kommen. Langfristig werden die Systeme in den oben genannten Ländern keinen Erfolg haben, sei es wirtschaftlich, gesellschaftlich, kulturell oder wertmäßig und der Schaden für diese Gesellschaften wird höher sein als man glaubt (dies sind unisono Aussagen von Philosophen, Politologen Ethikern, Soziologen aus diesen Ländern). Insoweit ist die politische Aussage der Populisten in Deutschland keine Alternative. Für den Autor ist daher Regieren durch Spalten und Ausgrenzen ein absolutes No-Go.

40.15 Aufmerksamkeit erlangen durch Opferrolle: Nein Danke!

In den letzten Jahren haben sich sehr viele Mitbürger ausländischer Herkunft in Biographien oder sonstigen Ausführungen als Opfer von Rassismus, Ausgrenzung, Bekleidungen und Missachtung beklagt. Wenn dagegen beispielhaft eine Alibi-Frau, die selbst teilweise korrupt ist und durch die Medien wegen ihrer Herkunft, ihrer sexuellen Orientierung hoch stilisiert wird zur kritischsten Journalistin Deutschlands, sorgt dies dafür, dass diejenigen, die tagtäglich mit Mobbing, Ausgrenzung, Beleidigung konfrontiert werden, überhaupt nicht mehr ernst genommen werden. Denn Aussagen von vielen Beobachtern: ihr profitiert ja wie diese Dame von dem System oder ihr könnt ja auch nach Hause gehen. Dieser Teil der Bevölkerung hat jedoch in erheblichem Maß zum Wohlstand dieser Gesellschaft beigetragen und tut es noch, und trägt durch ihren tagtäglichen Beitrag zur Aufrechterhaltung des sozialen Friedens bei.

Es ist daher äußerst gefährlich, wenn Minderheiten hochstilisiert werden und gleichgelagerte Teile der Gesellschaft vernachlässigt werden. Es ist auch äußerst gefährlich, dass die Suche nach Aufmerksamkeit um jeden Preis für diesen Teil der betroffenen Bevölkerung nicht in der Öffentlichkeit in seiner Gesamtheit dargestellt wird und nur auf einzelne sog. berühmte Persönlichkeiten reduziert wird. Im Übrigen sei darauf hingewiesen, dass diese bekannte Persönlichkeit durch ihre Veröffentlichungen zusätzliche Einnahmen generiert hat.

41. Fazit

In diesem Buch wurden die Geißeln der Menschheit beschrieben, denn ohne Rassismus, Antisemitismus, Islamophobie, Abgrenzung und Verunglimpfungen von anderen können kaum Bürgerkriege entstehen geschweige denn Kriege. Diese Reiter der Apokalypse stellen ein Grundproblem auch der modernen Gesellschaften der. Nach dem zweiten Weltkrieg hat man geglaubt, dass man diese Reiter der Apokalypse im Griff haben würde. Leider war dies ein Trugschluss. Betrachtet man die menschliche Geschichte und die durch die katholische Kirche mit Abgrenzung und Ausgrenzung verursachten Gräueltaten, so dürfte dies nach Ansicht führenden Historiker mindestens 100-300.000.000 Menschenleben gekostet haben. Insoweit es ist Pflicht der Mahner, Ethiker, kritischen Beobachter von Gesellschaften stets dieses Problem anzumahnen und die Konsequenzen ihres Handelns aufzuzeigen.

Und dies ist besonders in der heutigen Zeit wichtig.

Als Fazit ist festzuhalten, dass eine äußerst gefährliche Entwicklung in Deutschland stattfindet. Die Gefahr besteht nicht nur für Deutschland selbst, sondern auch für seine Nachbarn. Der Eindruck, dass die deutsche Bevölkerung schlicht einfach vergessen hat was Geschichte bedeutet, ist in diesem Ausmaß bei aller Sympathie für Deutschland erschreckend. Insbesondere die schleichende Entwicklung, dass in Deutschland die Bevölkerung nach Klassen unterteilt wird zwischen echten Deutschen, Halb -Deutschen und Deutschen dritter Klasse ist nicht mehr zu ertragen.

Die Bildung von Parallelgesellschaften wird dadurch erzeugt, dass der Staat mit seiner neoliberalen Politik schlicht einfach Polizei und Justiz kaputtgespart hat. Erschreckend ist das Versagen der Schulen, der sozialen Eliten, der Medien und der politischen Eliten. Die jahrelange Weigerung der CDU/CSU anzuerkennen, dass die sogenannte Gastarbeiter-Generation zu Deutschen geworden sind: auch wenn sie anders aussehen und sie einen anderen Glauben haben, haben sie zur Entwicklung Deutschlands beigetragen.

Die Zulassung von rechtsradikalen Parteien und Rechtsradikalen im öffentlichen Dienst (Bjorn Höcke) führt dazu, dass unter dem Feigenblatt der Liberalität und Toleranz gefährliche Entwicklungen stattfinden können. Nazitum, Rassismus, Antisemitismus und Islamophobie spiegeln im Grunde genommen eine Entwicklung wieder, nämlich zu glauben, dass die

Deutschen mit deutscher Herkunft den anderen überlegen sind. Dies wird angefeuert durch die ständigen Meldungen von Exportüberschüssen oder Weltmeisterschaft im Export, weil die Menschen weltweit angewiesen auf die deutschen Produkte sind.

Nicht nur das dies von Grund auf falsch ist: es ist wiederum nichts anderes als das versteckte Bild der Nazis über die Überlegenheit der deutsche Rasse. Es ist festzuhalten, dass anscheinend die Erfahrung von Diktatur, Rassenwahn und Leid lediglich eine Generation lang Wirkung zeigt. Es zeigt sich aber auch, dass ein Versagen der Bildung, der Eltern, der Gesellschaft, der Eliten und der Medien vorliegt, die nicht in der Lage sind, in der Gesellschaft ein Bewußtsein dafür zu schaffen, welches Leid anderen Völkern während des Bestehens des Nationalstaats seit 1871 in Deutschland zugefügt worden ist.

42. Epilog

Im Ergebnis der vorstehenden Betrachtungen ist die Frage, ob das deutsche Volk mit einem Fluch belegt ist, aus neutraler Sicht fast zu bejahen. Denn betrachtet man das Bestehen des Nationalstaats mit der Unterbrechung der Weimarer Republik, so muss festgestellt werden, dass Bismarck den Nationalstaat nach dem Bild der Preußen erzwungen hat. Dabei hatte er ignoriert, dass der Vielvölkerstaat Deutschland stets von anderen Ländern geachtet und respektiert worden war. Er hat mit dem französisch-preußischen Krieg von 1871/1872 die Grundlage gelegt für den ersten Weltkrieg, den immerhin Wilhelm II unter dem Druck von Moltke und Hindenburg geführt hat und dessen Verlust mit dem unsäglichen Versailler Vertrag endete. Dies und die damit verbundene Inflation von 1914-1923 führte anschließend zur Ablehnung der Demokratie seitens der politischen Elite. Dies wiederum hatte den Aufstieg von Hitler und den zweiten Weltkrieg zur Konsequenz, mit dem Verlust von Ostpreußen, Schlesien und des Sudetenlands sowie die Teilung Deutschlands und eine Besatzung bis zur Wiedervereinigung.

Während der Jahre 1945-1990 war nichts zu befürchten von der Bundesrepublik Deutschland. Sie war eingebettet in die NATO und eingebettet in die EU und somit hatten ihre Nachbarn kaum Befürchtungen vor deutschem Nationalismus und Rassismus.

Dies hat sich jedoch mit der Wiedervereinigung schleichend verändert und damit verbunden war die Zunahme des Rechtsradikalismus. Deren Geburtshilfe war die Migrationspolitik der CDU/CSU, die Deutschland nicht als Einwanderungsland angesehen hat. Dabei war Deutschland immer ein Durchgangsland für verschiedene fremde Völker. Mit dem strategischen Fehler von Angela Merkel (eine Ostdeutsche) begann eine Zunahme von Rassismus mit NSU und Hanau.

Und jeder gute Deutsche, der sich für einen guten Deutschen hielt, sah sich berufen gegenüber Migranten der zweiten und dritten Generation vorzugehen.

Die Benachteiligung von diesen in Deutschland geborenen Menschen, die letztendlich auch Deutsche sind und die weitestgehend als Deutsche zweiter oder dritter Klasse angesehen werden, grenzt an die Theorien des Nazi Regimes.

Das Erstarken der AfD mit dem Nachwuchs von Hitlers Finanzminister sowie unbelehrbaren Vertriebenen aus Ostpreußen wie Gauland und Höcke führt dazu, dass im Ausland abermals der Ruf laut wird „Und sie fangen schon wieder an".

Es ist äußerst bitter zu erkennen, dass ein Fluch über diesem Volk liegt, der immer wieder zu seinem Niedergang führen würde.

Insoweit beinhalten auch Sagen wie das Nibelungen Lied ein Quentchen von Wahrheit, die dieses Volk fast als Bestandteil seiner Identität betrachten müsste.

43. Literaturverzeichnis

Rassismus

- *Chris Allen: Justifying Islamophobia: A Post-9/11 Consideration of the European Union and British Contexts. In: The American Journal of Islamic Social Sciences 21 (3), 2004. S. 1–14. (Volltext; PDF; 127 kB)*

- *Chris Allen: A Brief History of Islamophobia. In: Arches Quarterly 4 (7), 2010. S. 14–23.*

- *Chris Allen: Islamophobia. Ashgate Publishing, London 2010. ISBN 978-0-7546-5139-0.*

- *Étienne Balibar: Is there a 'Neo-Racism'? In: Étienne Balibar, Immanuel Wallerstein: Race, Nation, Class: Ambiguous Identities. Verso, London und New York 1991. ISBN 0-86091-542-5, S. 17–28.*

- *Malcolm D. Brown: Conceptualising Racism and Islamophobia. In: Jessica ter Wal, Maykel Verkuyten: Comparative Perspectives on Racism. Ashgate Publishing, Aldershot 2000. ISBN 0-7546-1123-X, S. 73–90.*

- *Achim Bühl: Islamfeindlichkeit in Deutschland. Ursprünge, Akteure, Stereotypen. VSA-Verlag, Hamburg 2010. ISBN 978-3-89965-444-8.*

- *Naime Cakir: Islamfeindlichkeit. Anatomie eines Feindbildes in Deutschland. Bielefeld 2014. ISBN 978-3-8376-2661-2.Literatur*

- *Benjamin Bauer: Kultur und Rasse. Determinismus und Kollektivismus als Elemente rassistischen und kulturalistischen Denkens. In: Berliner Debatte Initial, 30. Jg., Heft 1 (2019), S. 15–26, ISBN 978-3-947802-23-4.*

- *Etienne Balibar, Immanuel Wallerstein: Rasse Klasse Nation. Ambivalente Identitäten, 3. Auflage, Argument, Hamburg 2014, ISBN 978-3-88619-386-8.*

- *Jost Müller: Ideologische Formen. Texte zu Ideologietheorie, Rassismus, Kultur, Mandelbaum Verlag, Wien 2017, ISBN 978-3-85476-661-2.*

- *Jost Müller: Mythen der Rechten. Nation, Ethnie, Kultur, Edition ID-Archiv, Berlin 1995, ISBN 978-3-85476-661-2.*

- *Philip Cohen: Gefährliche Erbschaften: Studien zur Entstehung einer multirassistischen Kultur in Großbritannien. In: Annita Kalpaka/Nora Räthzel: Die Schwierigkeit, nicht rassistisch zu sein. Köln 1994.*

- *Stuart Hall 1989: Rassismus als ideologischer Diskurs. In: Das Argument Nr. 178.*

- *Christian Koller: Rassismus (UTB Profile). Ferdinand Schöningh, Paderborn u. a. 2009, ISBN 978-3-8252-3246-7.*

- *Gazi Çağlar: Der Mythos vom Krieg der Zivilisationen. Der Westen gegen den Rest der Welt. Eine Replik auf Samuel P. Huntingtons „Kampf der Kulturen". Münster: Unrast, 2002. ISBN 3-89771-414-0.*

- *Siegfried Jäger: Rassismus und Rechtsextremismus – Gefahr für die Demokratie (dort zu Stuart Hall), Kalpaka, N. Räthzel Hrsg: Die Schwierigkeit nicht rassistisch zu sein, 2. Auflage, Leer: Mundo, 1990.*

- *Angelika Magiros (2004): Kritik der Identität. 'Bio-Macht' und 'Dialektik der Aufklärung' – Werkzeuge gegen Fremdenabwehr und (Neo-)Rassismus. (dort S. 6 f. ausführlich zur Debatte um den Theorieansatz)*

- *Shulamit Volkov: Antisemitismus als kultureller Code. Zehn Essays. 2. Auflage, Beck, München 2000, ISBN 3-406-42149-0.*

- *Ulrich Bielefeld: Das Eigene und das Fremde. Neuer Rassismus in der Alten Welt? 2. Aufl. Hamburg: Junius, 1992. ISBN 3-88506-190-2.*

- Giaco Schiesser (1991): Rassismus ohne Rassen. Zur Geschichte und Theorie eines Begriffs. In: WoZ, Nr. 44. (Rezension von: Robert Miles: Einführung in die Geschichte und Theorie eines Begriffs. Hamburg 1991)

Historische Ansätze

- Jean Delumeau: Angst im Abendland. Die Geschichte kollektiver Ängste im Europa des 14. bis 18. Jahrhunderts (= Rowohlts Enzyklopädie. Band 503: Kulturen und Ideen). Rowohlt, Reinbek bei Hamburg 1989, ISBN 3-499-55503-4 (Originaltitel: La peur en occident. Übersetzt von Monika Hübner).
- Bassam Tibi: Islamische Zuwanderung. Die gescheiterte Integration. Deutsche Verlags-Anstalt, München 2002, ISBN 3-421-05633-1.
- Iman Attia (Hrsg.): Orient- und IslamBilder. Interdisziplinäre Beiträge zu Orientalismus und antimuslimischem Rassismus. Unrast, Münster 2007, ISBN 978-3-89771-466-3.
- Karl Besemer: Die Angst der Deutschen vor dem Islam. Shaker, Aachen 2007, ISBN 3-8322-6492-2.
- Martin Biersack, Teresa Hiergeist und Benjamin Loy, Hrsg., Parallelgesellschaften: Instrumentalisierungen und Inszenierungen in Politik, Kultur und Literatur, Romanische Studien: Beihefte 8 (München: Akademische Verlagsgemeinschaft München, 2019), 200 Seiten, http://www.romanischestudien.de/index.php/rst/issue/view/parallel.

Philosophische Ansätze

- Karl R. Popper: Die offene Gesellschaft und ihre Feinde. Band 1: Der Zauber Platons (= Sammlung Dalp), Franke, Bern 1957 (Originaltitel: The Open Society and its Enemies - The Spel of Plato, übersetzt von P. K. Feyerabend), DNB 453822452; 7. Auflage, Mohr, UTB 1724, Tübingen 1992, ISBN 3-8252-1724-8.)

Soziologische Ansätze

- Werner Köster (Hrsg.): Parallelgesellschaften. Diskursanalysen zur Dramatisierung von Migration. Klartext, Essen 2009, ISBN 978-3-89861-822-9.
- Lewis A. Coser: Theorie sozialer Konflikte (Originaltitel: Sociological Theory, 1964). Neuwied am Rhein 1965 DNB 363436715.
- Kien Nghi Ha: Ethnizität und Migration Reloaded. Kulturelle Identität, Differenz und Hybridität im postkolonialen Diskurs. Münster 1999; Überarbeitete und erweiterte Neuauflage, Berlin 2004, ISBN 3-86573-009-4.
- Hito Steyerl, Encarnación Gutiérrez Rodríguez (Hrsg.): Spricht die Subalterne deutsch? Migration und postkoloniale Kritik. Unrast, Münster 2003, ISBN 3-89771-425-6.
- María do Mar Castro Varela, Nikita Dhawan: Postkoloniale Theorie. Eine kritische Einführung. Bielefeld 2005, ISBN 3-89942-337-2.
- Rauf Ceylan: Ethnische Kolonien. Entstehung, Funktion und Wandel am Beispiel türkischer Moscheen und Cafés. VS Verlag, Wiesbaden 2006, ISBN 3-531-15258-0 (Dissertation Universität Bochum 2006, 272 Seiten).
- Kien Nghi Ha, Nicola Lauré al-Samarai, Sheila Mysorekar (Hrsg.): Re-, Visionen. Postkoloniale Perspektiven von People of Color auf Rassismus, Kulturpolitik und Widerstand in Deutschland. Unrast, Münster 2007, ISBN 978-3-89771-458-8.
- **Politikwissenschaftliche Ansätze**
- Barbara Pfetsch: Themenkarrieren und politische Kommunikation. Zum Verhältnis von Politik und Medien bei der Entstehung der politischen Agenda. In: APuZ, B 39, Bonn 1994.
- Jürgen Nowak: Leitkultur und Parallelgesellschaft. Argumente wider einen deutschen Mythos. Brandes & Apsel, Frankfurt am Main 2006, ISBN 3-86099-831-5.

- Marie N. Loewe: Die offene Gesellschaft und ihre neuen Feinde. Die neuen Bedrohungen der offenen Gesellschaft-Terrorismus und Terrorismusbekämpfung als Feinde der Freiheit. Saarbrücken 2007, ISBN 3-8364-2253-0.
- Gerda Heck: ›Illegale Einwanderung‹. Eine umkämpfte Konstruktion in Deutschland und den USA. Münster 2008, ISBN 978-3-89771-746-6.

Presse

- Leon de Winter: Niederlande. Vor den Trümmern des großen Traums. In: Die Zeit, Nr. 48/2004
- Christian Semler: Kampfbegriffe „Parallel- Gesellschaften". In: taz, 24. November 2004
- Franz Walter, Matthias Micus: Der Aufstieg aus den Armutsquartieren.
- Monographien und Sammelbände
- Étienne Balibar: Rasse, Klasse, Nation. Ambivalente Identitäten. Argument, Hamburg 1998, ISBN 3-88619-386-1 (zusammen mit Immanuel Wallerstein).
- Martin Barker: The New Racism. Junction Books, London 1981, ISBN 0-86245-038-1.
- Heidi Beutin et al.: Rassenideologie. Ihre Karriere in den deutschsprachigen Ländern seit 1815 und ihre wissenschaftliche Auflösung in der Gegenwart. Ossietzky Verlag, 29413 Dähre 2015, ISBN 978-3-944545-06-6.
- Frank Böckelmann: Die Gelben, die Schwarzen, die Weißen. Eichhorn, Frankfurt 1999, ISBN 3-8218-4475-2.
- Ljubomir Bratić: Politischer Antirassismus, Selbstorganisation, Historisierung als Strategie und diskursive Interventionen, Wien: Löcker 2010, ISBN 978-3-85409-533-0, 239 Seiten
- María do Mar Castro Varela, Paul Mecheril (Hrsg.): Die Dämonisierung der Anderen. Rassismuskritik der Gegenwart (= X-Texte zu Kultur und Gesellschaft), transcript, Bielefeld 2016, ISBN 978-3-8394-3638-7.
- Luca Cavalli-Sforza, Francesco Cavalli-Sforza: Verschieden und doch gleich. Ein Genetiker entzieht dem Rassismus die Grundlage. Droemer Knaur, München 1996, ISBN 3-426-77242-6.
- Margrit Bensch: Rassismus als kulturelle Entwicklungstheorie. Formen biologischen Denkens im Sozialdarwinismus. Dissertation, Technische Universität Berlin 2008.
- Alex Demirovic (Hrsg.): Konjunkturen des Rassismus. Westfälisches Dampfboot, Münster 2002, ISBN 3-89691-516-9.
- Frantz Fanon: Schwarze Haut, weiße Masken. Suhrkamp, Frankfurt 1986, ISBN 3-518-37686-1.
- Michael G. Hanchard: The Spectre of Race: How Discrimination Haunts Western Democracy. Princeton University Press, Princeton 2018, ISBN 978-1-4008-8957-0.
- Alice Hasters: Was weiße Menschen nicht über Rassismus hören wollen aber wissen sollten. Hanser, München 2019, ISBN 978-3446264250.
- Wulf D. Hund: Rassismus. Die soziale Konstruktion natürlicher Ungleichheit. Westfälisches Dampfboot, Münster 1999, ISBN 3-89691-453-7.
- Ds.: Negative Vergesellschaftung. Dimensionen der Rassismusanalyse. Westfälisches Dampfboot, Münster 2006, ISBN 3-89691-634-3.
- Ds.: Rassismus, Transcript, Bielefeld 2007, ISBN 3-89942-310-0.
- Ds. (Hrsg.): Entfremdete Körper. Rassismus als Leichenschändung. ebd. 2009, ISBN 978-3-8376-1151-9.
- Siegfried Jäger, Jürgen Link (Hrsg.): Die vierte Gewalt. Rassismus und die Medien. DISS-Verlag, Duisburg 1993, ISBN 3-927388-36-X.
- Claus Melter, Paul Mecheril (Hrsg.): Rassismuskritik. Band 1: Rassismustheorie und -forschung. Wochenschau Verlag, Schwalbach/Ts. 2009. 2. Auflage 2011 (= Politik und Bildung 47), ISBN 978-3-89974-367-8.

- Albert Memmi: Rassismus. Athenäum, Frankfurt 1987, ISBN 3-445-04872-X.

- Robert Miles: Rassismus. Einführung in die Geschichte und Theorie eines Begriffs. Argument, Hamburg 1992, ISBN 3-88619-389-6.

- Kurt Möller / Florian Neuscheler (Hrsg.): „Wer will die hier schon haben?". Ablehnungshaltungen und Diskriminierung in Deutschland. Kohlhammer, Stuttgart 2017, ISBN 978-3-17-032799-3.

- Paul Jobst: Das „Tier"-Konstrukt und die Geburt des Rassismus. Zur kulturellen Gegenwart eines vernichtenden Arguments. Unrast, Münster 2004, ISBN 3-89771-731-X.

- Nora Räthzel: Theorien über Rassismus, Argument, Hamburg 2000, ISBN 3-88619-258-X.

- Thomas Schirrmacher: Rassismus. Alte Vorurteile und neue Erkenntnisse. SCM Hänssler, Holzgerlingen 2009, ISBN 978-3-7751-4999-0.

- Mark Terkessidis: Psychologie des Rassismus. Westdeutscher Verlag, Opladen 1998, ISBN 3-531-13040-4.

- Bernd Winter: Gefährlich fremd. Deutschland und seine Einwanderung. Lambertus, Freiburg 2004, ISBN 3-7841-1543-8.

- Wolfgang Wippermann: Rassenwahn und Teufelsglaube. Frank & Timme, Berlin 2005, ISBN 3-86596-007-3.

- Charles Rojzman & Ralf Mansour-Agather (Übers.): Der Hass, die Angst und die Demokratie. Einführung in eine Sozialtherapie des Rassismus. Aus dem Franz. – AG Spak & Regenbogen Bayern, München 1997, ISBN 3-930830-05-1.

Zur Geschichte des Rassismus

- Boris Barth: Rassismus. In: Europäische Geschichte Online, hrsg. vom Institut für Europäische Geschichte (Mainz), 2011. urn:nbn:de:0159-2010092160

- Christian Delacampagne: Die Geschichte des Rassismus. Artemis & Winkler, Düsseldorf 2005, ISBN 3-538-07206-X.

- Oliver Demny: Rassismus in den USA. Historie und Analyse einer Rassenkonstruktion. Unrast-Verlag, Münster 2001, ISBN 3-89771-007-2.

- George M. Fredrickson: Rassismus. Ein historischer Abriß. Hamburger Edition, Hamburg 2004, ISBN 3-930908-98-0. Reclam 2011, ISBN 978-3-15-018839-2.

- Imanuel Geiss: Geschichte des Rassismus. Suhrkamp, Frankfurt am Main 1993, ISBN 3-518-11530-8.

- Christian Geulen: Geschichte des Rassismus. C. H. Beck, München 2007. 2. Auflage 2014, ISBN 978-3-406-53624-3, 3. durchgesehene Aufl. 2017, ISBN 978-3-406-67796-0.

- Peter Glanninger: Rassismus und Rechtsextremismus. Rassistische Argumentationsmuster und ihre historischen Entwicklungslinien. (Mensch und Gesellschaft. Schriftenreihe für Sozialmedizin, Sozialpsychiatrie und medizinische Anthropologie, Band 16) Peter Lang Verlag, Frankfurt am Main 2009, ISBN 978-3-631-57501-7.

- Wulf D. Hund, Christian Koller, Moshe Zimmermann (Hrsg.): Racisms made in Germany (= Yearbook Racism Analysis, Band 2). Berlin etc.: Lit-Verlag 2011.

- Christian Koller: Rassismus. Stuttgart: UTB 2009, ISBN 978-3-8252-3246-7.

- Christian Koller: Metamorphosen des modernen Rassismus, in: Lernen aus der Geschichte: Rassismus als Ideologie in Geschichte und Gegenwart, 17. September 2014.

- Peter Martin: Schwarze Teufel, edle Mohren. Afrikaner in Bewußtsein und Geschichte der Deutschen. Junius, Hamburg 2001, ISBN 3-930908-64-6.

- George L. Mosse: Die Geschichte des Rassismus in Europa. Fischer, Frankfurt am Main 2006, ISBN 3-596-16770-1.

- Rosa A. Plumelle-Uribe: Weisse Barbarei. Vom Kolonialrassismus zur Rassenpolitik der Nazis. Rotpunktverlag, Zürich 2004, ISBN 3-85869-273-5.

- *Léon Poliakov: Geschichte des Antisemitismus in 8 Bänden, Heintz, Worms (Band 1 bis 6) und: Athenäum, Jüdischer Verlag, Frankfurt am Main (ab Band 7, 1988):*
- *Von der Antike bis zu den Kreuzzügen. 1977, ISBN 3-921333-99-7.*
- *Das Zeitalter der Verteufelung und des Ghettos. 1978, ISBN 3-921333-96-2.*
- *Religiöse und soziale Toleranz unter dem Islam. 1979, ISBN 3-921333-93-8.*
- *Die Marranen im Schatten der Inquisition. 1981, ISBN 3-921333-98-9.*
- *Die Aufklärung und ihre judenfeindliche Tendenz. 1983, ISBN 3-921333-88-1.*
- *Emanzipation und Rassenwahn. 1987, ISBN 3-921333-86-5.*
- *Zwischen Assimilation und „jüdischer Weltverschwörung". 1988, ISBN 3-610-00417-7.*
- *Am Vorabend des Holocaust. 1988, ISBN 3-610-00418-5.*
- *Léon Poliakov, Christian Delacampagne, Patrick Girard: Rassismus. Über Fremdenfeindlichkeit und Rassenwahn, Luchterhand-Literaturverlag, Hamburg 1992, ISBN 3-630-71061-1.*
- *Léon Poliakov: Der arische Mythos. Zu den Quellen von Rassismus und Nationalismus, Junius Verlag, Hamburg 1993, ISBN 3-88506-220-8.*
- *Karin Priester: Rassismus. Eine Sozialgeschichte. Reclam, Leipzig 2003, ISBN 3-379-20076-X.*
- *Hering Torres, Max Sebastián: Rassismus in der Vormoderne. Die „Reinheit des Blutes" im Spanien der Frühen Neuzeit, Campus Verlag, Frankfurt am Main 2006, ISBN 3-593-38204-0.*

Antisemitimus

Begriff

- *Thomas Nipperdey, Reinhard Rürup: Antisemitismus. In: Otto Brunner (Hrsg.): Geschichtliche Grundbegriffe: Historisches Lexikon zur politisch-sozialen Sprache in Deutschland. 7 Bände, Klett, Stuttgart 1972; Neuausgabe (in 9 Bänden): 1982, ISBN 3-12-903870-1.*
- *Gustav Weil: Semitische Völker. in Carl von Rotteck, Carl T. Welcker (Hrsg.): Das Staats-Lexikon. Keip, Frankfurt am Main 1990, ISBN 3-8051-0054-X (Reprint der Ausgabe Altona 1845).*
- *Ferdinand Hitzig: Semitische Völker und semitisches Recht. In: Johann Caspar Bluntschli, Karl Brater (Hrsg.): Deutsches Staatswörterbuch. Keip, Frankfurt am Main 1983 (Reprint der Ausgabe Stuttgart 1865).*
- *Georg Christoph Berger Waldenegg: Antisemitismus. Eine „gefährliche Vokabel"? Diagnose eines Wortes. Böhlau, Wien 2003, ISBN 3-205-77096-X (über die Terminologie, mögliche Ersatzbegriffe).*

Allgemein

- *Hannah Arendt: Elemente und Ursprünge totaler Herrschaft. Piper, München 1986, ISBN 3-492-21032-5.*
- *Alex Bein: Die Judenfrage. DVA, Stuttgart 1980, ISBN 3-421-01963-0.*
- *1: Biographie eines Weltproblems.*
- *2: Anmerkungen, Exkurse, Register.*
- *Werner Bergmann: Geschichte des Antisemitismus. Beck, München 2002, ISBN 3-406-47987-1.*
- *Detlev Claussen: Grenzen der Aufklärung: Zur gesellschaftlichen Geschichte des modernen Antisemitismus. Fischer TB, Frankfurt am Main 1987, ISBN 3-596-26634-3.*
- *Detlev Claussen (Hrsg.): Vom Judenhaß zum Antisemitismus. Materialien einer verleugneten Geschichte. Luchterhand, Darmstadt 1988, ISBN 3-630-61677-1. (Teilabdruck).*
- *Nora Goldenbogen (Hrsg.): Antisemitismus und Massenmord. Beiträge zur Geschichte der Judenverfolgung. (Texte zur politischen Bildung, 16). Rosa-Luxemburg-Stiftung Sachsen, Leipzig 1994, ISBN 3-929994-14-3.*

- Jacob Katz: *Vom Vorurteil bis zur Vernichtung. Der Antisemitismus 1700–1933.* Beck, München 1989, ISBN 3-372-00379-9.

- Stefan Lehr: *Antisemitismus: Religiöse Motive im sozialen Vorurteil.* Christian Kaiser, München 1974, ISBN 3-459-00894-6.

- Michael Ley: *Kleine Geschichte des Antisemitismus.* Wilhelm Fink, München 2003, ISBN 3-8252-2408-2.

- David Nirenberg, *Anti-Judaismus. Eine andere Geschichte des westlichen Denkens,* C.H. Beck, München 2015.

- Léon Poliakov: *Geschichte des Antisemitismus. Band 6: Emanzipation und Rassenwahn.* Athenaeum, Bodenheim 1991, ISBN 3-610-00416-9.

- Léon Poliakov: *Geschichte des Antisemitismus. Band 7: Zwischen Assimilation und jüdischer Weltverschwörung.* Jüdischer Verlag, Frankfurt am Main 1988, ISBN 3-633-54029-6.

- Till van Rahden, *Ideologie und Gewalt. Neuerscheinungen über den Antisemitismus in der deutschen Geschichte des 19. und frühen 20. Jahrhunderts,* in: Neue Politische Literatur 41 (1996), S. 11–29.

- Samuel Salzborn: *Antisemitismus als negative Leitidee der Moderne. Sozialwissenschaftliche Theorien im Vergleich.* Campus, Frankfurt am Main 2010, ISBN 978-3-593-39187-8.

- Julius H. Schoeps, Joachim Schlör: *Bilder der Judenfeindschaft. Antisemitismus, Vorurteile und Mythen.* Bechtermünz, Augsburg 2000, ISBN 3-8289-0734-2.

- Herbert A. Strauss, Norbert Kampe (Hrsg.): *Antisemitismus. Von der Judenfeindschaft zum Holocaust.* Campus, Frankfurt am Main 1988, ISBN 3-593-33464-X.

- zuerst: *Schriftenreihe der Bundeszentrale für politische Bildung, 213.* Bonn 1984.

- Shulamit Volkov: *Antisemitismus als kultureller Code.* Beck, München 2000, ISBN 3-406-42149-0.

- dies.: *Kontinuität und Diskontinuität im deutschen Antisemitismus 1878–1945.* In: VfZ. Jg. 33, H. 2, 1985, S. 221–243 (PDF; 9,2 MB).

Voraussetzungen

- Micha Brumlik: *„Deutscher Geist" und Judenhass. Das Verhältnis des philosophischen Idealismus zum Judentum.* Luchterhand, München 2000, ISBN 3-630-62028-0.

- Nicoline Hortzitz: *Die Sprache der Judenfeindschaft in der frühen Neuzeit 1450–1700. Untersuchungen zu Wortschatz, Text und Argumentation.* Winter, Heidelberg 2005, ISBN 3-8253-1365-4.

- Reinhard Rürup: *Kontinuität und Diskontinuität der „Judenfrage" im 19. Jahrhundert. Zur Entstehung des modernen Antisemitismus.* In: Hans-Ulrich Wehler (Hrsg.): Sozialgeschichte heute. Festschrift für Hans Rosenberg zum 70. Geburtstag (= Kritische Studien zur Geschichtswissenschaft. Band 11). Göttingen 1974, S. 388–415.

Deutschland

- Peter Alter (Hrsg.): *Die Konstruktion der Nation gegen die Juden.* Wilhelm Fink, München 1999, ISBN 3-7705-3326-7. (Onlineversion auf: digi20.digitale-sammlungen.de).

- Olaf Blaschke: *Katholizismus und Antisemitismus im deutschen Kaiserreich.* Vandenhoeck und Ruprecht, Göttingen 1999 (2. Aufl.), ISBN 3-525-35789-3.

- David Bronsen (Hrsg.): *Jews und Germans from 1860 to 1933: The Problematic Symbiosis.* (Beiträge zur Literatur- und Sprachwissenschaft, 9). Heidelberg 1979.

- Ismar Elbogen, Eleonore Sterling: *Die Geschichte der Juden in Deutschland.* EVA, Hamburg 1993, ISBN 3-434-46207-4.

- Nicoline Hortzitz: *Früh-Antisemitismus in Deutschland 1789–1871/72.* Niemeyer, Tübingen 1988, ISBN 3-484-31083-9.

- Arbeitskreis Kritik des deutschen Antisemitismus (Hrsg.): Antisemitismus: die deutsche Normalität. Geschichte und Wirkungswahn des Antisemitismus. Ça ira Verlag, Freiburg 2001, ISBN 3-924627-69-X.

- Klemens Felden: Die Übernahme des antisemitischen Stereotyps als soziale Norm durch die bürgerliche Gesellschaft Deutschlands 1875–1900. Diss. phil. Heidelberg 1963.

- Hermann Greive: Geschichte des modernen Antisemitismus in Deutschland. WBG, Darmstadt 1988, ISBN 3-534-80016-8.

- Wanda Kampmann: Adolf Stoecker und die Berliner Bewegung. Ein Beitrag zur Geschichte des Antisemitismus. In: GWU. 13, 1962, S. 558–579.

- Gordon R. Mork: German Nationalism and Jewish Assimilation. The Bismarck Period. In: Robert Welsh (Hrsg.): Publications of the Leo Baeck Institute. (Year Book 22). London 1977, S. 81–92.

- Rosemarie Leuschen-Seppel: Sozialdemokratie und Antisemitismus im Kaiserreich. Die Auseinandersetzung mit den konservativen und völkischen Strömungen des Antisemitismus 1871–1914. Hrsg. vom Forschungsinstitut der Friedrich-Ebert-Stiftung, Reihe Politik und Gesellschaftsgeschichte. Bonn 1978.

- Rudolf Lill: Die deutschen Katholiken und die Juden in der Zeit von 1850 bis zur Machtübernahme Hitlers. In: Karl Heinrich Rengstorf, Siegfried von Kortzfleisch (Hrsg.): Kirche und Synagoge. Handbuch zur Geschichte von Christen und Juden. Darstellung mit Quellen. 2. Auflage. Stuttgart 1970, S. 370–420.

- Paul Wilhelm Massing: Vorgeschichte des politischen Antisemitismus. (Frankfurter Beiträge zur Soziologie, 8). Frankfurt am Main M. 1959. (englisch: New York 1949).

- Walter Mohrmann: Antisemitismus. Ideologie und Geschichte im Kaiserreich und in der Weimarer Republik. Berlin (DDR) 1972.

- Peter G. J. Pulzer: Die Entstehung des politischen Antisemitismus in Deutschland und Österreich 1867–1914. Sigbert Mohn, Gütersloh 1966. (engl. zuerst 1964) (überarb. Neuausgabe Vandenhoeck & Ruprecht, Göttingen 2004, ISBN 3-525-36954-9.)

- Edmund Silberner: Sozialisten zur Judenfrage. Ein Beitrag zur Geschichte des Sozialismus von Anfang des 19. Jahrhunderts bis 1914. Berlin 1962.

- Armin Pfahl-Traughber: Antisemitismus in der deutschen Geschichte. VS Verlag, Wiesbaden 2002, ISBN 3-8100-3691-9.

- Peter G. Pulzer: Die Entstehung des politischen Antisemitismus in Deutschland und Österreich 1867–1914. Vandenhoeck & Ruprecht, Göttingen 2004, ISBN 3-525-36954-9.

- Eva G. Reichmann: Die Flucht in den Hass. 7. Auflage. EVA, 1969.

- Massimo Ferrari Zumbini: Die Wurzeln des Bösen. Gründerjahre des Antisemitismus von der Bismarckzeit bis Hitler. Klostermann, Frankfurt am Main 2003, ISBN 3-465-03222-5.

- Götz Aly: Warum die Deutschen? Warum die Juden? Gleichheit, Neid und Rassenhass 1800 bis 1933. Fischer, Frankfurt am Main 2011, ISBN 978-3-10-000426-0.

Zeit des Nationalsozialismus

- Bundesarchiv ..., Götz Aly u. a. (Hrsg.): Die Verfolgung und Ermordung der europäischen Juden durch das nationalsozialistische Deutschland 1933–1945. Band 1: Deutsches Reich 1933–1937. Bearb. Wolf Gruner. Oldenbourg, München 2008, ISBN 978-3-486-58480-6.

- Susanne Blumesberger: Von Giftpilzen, Trödeljakobs und Kartoffelkäfern. Antisemitische Hetze in Kinderbüchern während des Nationalsozialismus. (PDF; 113 kB) auf: medaon.de, Magazin für jüdisches Leben in Forschung und Bildung.

- Philippe Burrin: Warum Deutschland? Antisemitismus, Nationalsozialismus, Genozid. Propyläen, Berlin 2004, ISBN 3-549-07232-5.

- Michaela Christ: (Un-)Sichtbare Körper. Über die Wirkungsmacht von jüdischen Körperbildern während des Nationalsozialismus. (PDF; 133 kB) auf: medaon.de, Magazin für jüdisches Leben in Forschung und Bildung.
- Hermann Graml: Reichskristallnacht. Antisemitismus und Judenverfolgung im Dritten Reich. (Deutsche Geschichte der neuesten Zeit vom 19. Jahrhundert bis zur Gegenwart). München 1988.
- Moishe Postone: Nationalsozialismus und Antisemitismus. Ein theoretischer Versuch. In: Dan Diner (Hrsg.): Zivilisationsbruch. Denken nach Auschwitz. Fischer TB, Frankfurt am Main 1988, ISBN 3-596-24398-X, S. 242–254.
- Gerhard Paul: Aufstand der Bilder. Die NS-Propaganda vor 1933. 2. Auflage. Bonn 1992, ISBN 3-8012-5015-6.
- Walter H. Pehle: Der Judenpogrom 1938. Von der „Reichskristallnacht" zum Völkermord. Frankfurt am Main 1988.

Andere Länder

- Michael Selzer (Hrsg.): „Kike!": A documentary history of anti-semitism in America. World Publications, New York 1972, ISBN 0-529-04471-4.
- Steven A. Carr: Hollywood and anti-semitism: A cultural history up to World War II. Cambridge University Press 2001, ISBN 0-521-57118-9.
- W. Kostyrtschenko (Hrsg.): Gosudarstwennyi antisemitism w SSSR. Ot natschala do kulminatsii 1938–1953. Materik, Moskau 2005. (Dokumentensammlung über staatlichen Antisemitismus in der UdSSR, russisch).
- Beata Lakeberg: Das Judenbild in den Presseorganen der deutschen Sozialisten in der Zweiten Polnischen Republik. (PDF; 178 kB) auf: medaon.de, Magazin für jüdisches Leben in Forschung und Bildung.
- Karl Heinrich Rengsdorf (Hrsg.): Kirche und Synagoge. Handbuch zur Geschichte von Christen und Juden. Darstellung mit Quellen. 2 Bände, dtv #4478, München 1988, ISBN 3-12-906720-5 (Bd. 1), ISBN 3-12-906730-2 (Bd. 2). (Lizenz Klett-Cotta).
- Bruce F. Pauley: Eine Geschichte des österreichischen Antisemitismus. Von der Ausgrenzung zur Auslöschung. Deutsche Übersetzung von Helga Zoglmann, Kremayr und Scheriau, Wien 1993, ISBN 3-218-00567-1.
- Heiko Haumann: Geschichte der Ostjuden. dtv, München 1998, ISBN 3-423-30663-7.
- Daniel Gerson: Die Kehrseite der Emanzipation in Frankreich. Judenfeindschaft im Elsass 1778–1848. Klartext, Essen 2005, ISBN 3-89861-408-5.
- Susanne Terwey: Moderner Antisemitismus in Großbritannien 1899–1919. Königshausen & Neumann, 2006, ISBN 3-8260-3460-0.
- Hanna Zweig-Strauss: Antisemitische Verbalinjurien und Tätlichkeiten vor Zürcher Gerichten 1920–1937. In: Schweizerische Zeitschrift für Geschichte. Bd. 55, 2005, S. 325–334 (doi:10.5169/seals-81397)

Dreyfus-Affäre

- Hannah Arendt: Die Dreyfus-Affäre und folgende Kapitel. In: Elemente und Ursprünge totaler Herrschaft. (Englisch 1951, deutsch 1955), Piper, München 2005, ISBN 3-492-21032-5, S. 212–272.
- Maurice Barrès: Scènes et doctrines du nationalisme. Éditions du Trident, Paris 1987, ISBN 2-87690-040-8.
- Louis Begley: Der Fall Dreyfus: Teufelsinsel, Guantánamo, Alptraum der Geschichte. Suhrkamp, Frankfurt 2009, ISBN 978-3-518-42062-1.
- Léon Blum: Beschwörung der Schatten. Die Affäre Dreyfus. Aus dem Französischen mit einer Einleitung und mit Anmerkung von Joachim Kalka. Berenberg, Berlin 2005, ISBN 3-937834-07-9.

- Jean-Denis Bredin: *The Affair: The Case of Alfred Dreyfus*. George Braziller, New York 1986, ISBN 0-8076-1109-3.
- James Brennan: *The Reflection of the Dreyfus Affair in the European Press, 1897–1899*. Peter Lang, New York 1998, ISBN 0-8204-3844-8.
- Leslie Derfler: *The Dreyfus Affair*. Greenwood Press, Westport, CT 2002, ISBN 0-313-31791-7.
- Alfred Dreyfus: *Fünf Jahre meines Lebens. Erinnerungen 1894-1899*. Comino, Berlin 2019, ISBN 978-3-945831-17-5.
- Vincent Duclert: *L'affaire Dreyfus*. Découverte, Paris 2006 (1. Auflage 1994).
- Deutsche Ausgabe: *Die Dreyfusaffäre. Militärwahn, Republikfeindschaft, Judenhaß*. Wagenbach, Berlin 1994, ISBN 3-8031-2239-2.
- *Biographie d'Alfred Dreyfus, l'honneur d'un patriote*. Fayard, Paris 2006, ISBN 2-213-62795-9. Fayard/Pluriel 2016, ISBN 978-2-8185-0508-3.
- Eckhardt Fuchs, Günther Fuchs: „J'accuse!" *Zur Affäre Dreyfus*. Decaton, Mainz 1994, ISBN 3-929455-27-7.
- Ruth Harris: *The Man on Devil's Island. Alfred Dreyfus and the Affair that divided France*. Penguin Books, London 2011, ISBN 978-0-14-101477-7.
- Caspar Hirschi: *Dreyfus, Zola und die Graphologen — Vom Expertenversagen zum Intellektuellensieg*. In Historische Zeitschrift Band 303, 2016, S. 705–747.
- Caspar Hirschi: *Skandalexperten, Expertenskandale. Zur Geschichte eines Gegenwartsproblems*. Matthes & Seitz, Berlin 2018, ISBN 978-3-95757-525-8, Die Affäre Dreyfus als Expertenskandal, S. 197–252.
- Martin P. Johnson: *The Dreyfus Affair – Honour and Politics in the Belle Époque*. Macmillan Press, Basingstoke 1999, ISBN 978-0-312-22159-1.
- Elke-Vera Kotowski, Julius H. Schoeps (Hrsg.): *J'accuse…! …ich klage an! Zur Affäre Dreyfus. Eine Dokumentation*. Begleitkatalog zur Wanderausstellung in Deutschland Mai bis November 2005. Hrsg. im Auftrag des Moses-Mendelssohn-Zentrum. Verlag für Berlin-Brandenburg, Potsdam 2005, ISBN 3-935035-76-4.
- Alain Pagès (Hrsg.): *Emile Zola – Die Dreyfus-Affäre; Artikel – Interviews – Briefe*. Haymon, Innsbruck 1998, ISBN 3-85218-265-4 (übersetzt und ergänzt von Karl Zieger; Originaltitel: *Emile zola, un intellectuel dans l'affaire dreyfus*. Seguier 1996, ISBN 2-87736-190-X).
- Julius H. Schoeps, Hermann Simon (Hrsg.): *Dreyfus und die Folgen*. Edition Hentrich, Berlin 1995, ISBN 3-89468-154-3.
- George R. Whyte: *The Dreyfus Affair. A Chronical History*. Foreword by Sir Martin Gilbert. Palgrave Macmillan, Basingstoke 2005, ISBN 978-1-4039-3829-9 (Rezension). Deutsche Ausgabe: George Whyte: *Die Dreyfus-Affäre. Die Macht des Vorurteils*. Mit einem Vorwort von Sir Martin Gilbert. Übersetzt aus dem Englischen von Oliver Mallick. Peter Lang, Frankfurt am Main 2010, ISBN 978-3-631-60218-8.
- Stephen Wilson: *Ideology and Experience – Antisemitism in France at the Time of the Dreyfus Affair*. The Littman Library of Jewish Civilization, Portland 2007, ISBN 978-1-904113-59-1.

Holocaust

- Frank Bajohr u. Andrea Löw (Hrsg.): *Der Holocaust: Ergebnisse und neue Fragen der Forschung*. Frankfurt: Fischer, 2015.
- Raul Hilberg: *Die Vernichtung der europäischen Juden*. (englischsprachiges Original 1961) 3 Bände. Fischer, Frankfurt am Main 1990. Band 1: ISBN 3-596-10611-7, Band 2: ISBN 3-596-10612-5, Band 3: ISBN 3-596-10613-3.
- Sybille Steinbacher: *Auschwitz. Geschichte und Nachgeschichte* (= Beck'sche Reihe. 2333). Beck, München 2004, ISBN 3-406-50833-2 (Mehrere Auflagen).

- Joseph Walk (Hrsg.): Das Sonderrecht für die Juden im NS-Staat. Eine Sammlung der gesetzlichen Maßnahmen und Richtlinien – Inhalt und Bedeutung. Mitarbeit von Daniel Cil Becher, Bracha Freundlich, Yoram Konrad Jacoby und Hans Isaak Weiss mit Beiträgen von Robert W. Kempner und Adalbert Rückerl. Müller, Juristischer Verlag, Heidelberg/Karlsruhe 1981, ISBN 3-8114-1081-4.
- Wolfgang Schumann, Ludwig Nestler und andere: Europa unterm Hakenkreuz. Die Okkupationspolitik des deutschen Faschismus (1938–1945). Achtbändige Dokumentenedition, hrsg. von einem Kollegium. Bände 1 bis 5, Berlin 1988 bis 1991, Band 6, hrsg. vom Bundesarchiv, bearbeitet und eingeleitet von Martin Seckendorf, Band 7, hrsg. vom Bundesarchiv, bearbeitet und eingeleitet von Fritz Petrick, Band 8 (= Ergänzungsbände 1 und 2) zusammengestellt und eingeleitet von Werner Röhr, Berlin/Heidelberg 1992 bis 1996.
- Lea Rosh, Eberhard Jäckel: Der Tod ist ein Meister aus Deutschland. Deportation und Ermordung der Juden. Kollaboration und Verweigerung in Europa. DTV, München 1993, ISBN 3-423-30306-9.
- Götz Aly: „Endlösung". Völkerverschiebung und der Mord an den europäischen Juden. Fischer-Taschenbuch-Verlag, Frankfurt am Main 1998, ISBN 3-596-14067-6.
- Eberhard Jäckel u. a. (Hrsg.): Enzyklopädie des Holocaust. Die Verfolgung und Ermordung der europäischen Juden. Piper, München 1998, ISBN 3-492-22700-7.
- Leny Yâhîl: Die Shoah. Überlebenskampf und Vernichtung der europäischen Juden. Luchterhand, München 1998, ISBN 3-453-02978-X.
- Peter Longerich: Politik der Vernichtung. Eine Gesamtdarstellung der nationalsozialistischen Judenvernichtung. Piper, München 1998, ISBN 3-492-03755-0.
- Dieter Pohl: Holocaust. Die Ursachen – das Geschehen – die Folgen. 2. Auflage, Herder, Freiburg 2000, ISBN 3-451-04835-3.
- Christian Gerlach: Krieg, Ernährung, Völkermord. Deutsche Vernichtungspolitik im Zweiten Weltkrieg. Pendo, Zürich 2001, ISBN 3-85842-404-8.
- Jürgen Matthäus, Klaus-Michael Mallmann (Hrsg.): Deutsche – Juden – Völkermord. Der Holocaust in Geschichte und Gegenwart. WBG, Darmstadt 2006, ISBN 3-534-18481-5.
- Götz Aly, Wolf Gruner und andere (Hrsg.): Die Verfolgung und Ermordung der europäischen Juden durch das nationalsozialistische Deutschland 1933–1945. Band 1 bis 7. Oldenbourg, München, seit 2008, ISBN 978-3-486-58480-6.
- Wolfgang Benz: Der Holocaust. 7. Auflage. Beck, München 2008, ISBN 978-3-406-39822-3.
- Saul Friedländer: Das Dritte Reich und die Juden. Deutscher Taschenbuch Verlag, Gesamtausgabe, 2008, ISBN 978-3-423-34519-4.
- Band 1. Die Jahre der Verfolgung 1933–1939. 2. Auflage, DTV, München 2000, ISBN 3-423-30765-X.
- Band 2. Die Jahre der Vernichtung 1939–1945. Beck, München 2006, ISBN 3-406-54966-7.
- Frank McDonough, John Cochrane: The Holocaust. Palgrave MacMillan, 2008, ISBN 978-0-230-20387-7.
- David Bankier (Hrsg.): Secret Intelligence and the Holocaust. Collected Essays from the Colloquium at The City University of New York Graduate Center. Enigma books, New York/Yad Vashem, Jerusalem 2004, ISBN 1-929631-60-X.
- Hans Mommsen: Das NS-Regime und die Auslöschung des Judentums in Europa. Wallstein, Göttingen 2014, ISBN 978-3-8353-1395-8.
- Peter Hayes: Warum? Eine Geschichte des Holocaust. Aus dem Englischen von Ursel Schäfer. Campus, Frankfurt a. M. 2017, ISBN 978-3-593-50745-3.
- **Judenverfolgung ab 1933**
- Christopher R. Browning: Die Entfesselung der „Endlösung". Nationalsozialistische Judenpolitik 1939–1942. Propyläen, Berlin 2006, ISBN 3-549-07187-6.
- Uwe D. Adam: Judenpolitik im Dritten Reich. Droste, Düsseldorf 2003, ISBN 3-7700-4063-5.

- Bundesarchiv, Institut für Zeitgeschichte, Lehrstuhl für Neuere und Neueste Geschichte an der Albert-Ludwigs-Universität Freiburg und Lehrstuhl für Geschichte Ostmitteleuropas an der Freien Universität Berlin (Herausgeberschaft; Götz Aly, Wolf Gruner und andere für diese): Die Verfolgung und Ermordung der europäischen Juden durch das nationalsozialistische Deutschland 1933–1945. Band 1– Deutsches Reich 1933–1937. (Kurzform VEJ 1; Quellenedition). Bearbeitet von Wolf Gruner. Verlag Oldenbourg, München.
- Joseph Walk (Hrsg.): Das Sonderrecht für die Juden im NS-Staat. Eine Sammlung der gesetzlichen Maßnahmen und Richtlinien. 2. Auflage. Müller, Heidelberg 1996, ISBN 3-8252-1889-9.
- Konzentrations- und Vernichtungslager
- Wolfgang Benz, Barbara Distel: Der Ort des Terrors. Geschichte der nationalsozialistischen Konzentrationslager. ISBN 978-3-406-52960-3.
- Martin Broszat (Hrsg.): Studien zur Geschichte der Konzentrationslager. Deutsche Verlags-Anstalt, Stuttgart 1970.
- Jean-Claude Pressac: Die Krematorien von Auschwitz. Die Technik des Massenmordes. Piper, München 1995, ISBN 3-492-12193-4 (englisches Original online).
- Eugen Kogon: Der SS-Staat. Das System der deutschen Konzentrationslager. Verlag Karl Alber, München 1946.
- Gerd R. Ueberschär: Orte des Grauens. Verbrechen im Zweiten Weltkrieg. Primus, Darmstadt 2003, ISBN 3-89678-232-0.
- Nikolaus Wachsmann: KL. Die Geschichte der nationalsozialistischen Konzentrationslager. Siedler Verlag, München 2016, ISBN 978-3-88680-827-4.
- **Einzelregionen**
- Ilja Altman: Opfer des Hasses. Der Holocaust in der UdSSR 1941–1945. Muster-Schmidt-Verlag, Gleichen/Zürich 2008, ISBN 978-3-7881-2032-0.
- Vincas Bartusevicius u. a. (Hrsg.): Holocaust in Litauen. Krieg, Judenmorde und Kollaboration im Jahre 1941. Böhlau, Köln 2003, ISBN 3-412-13902-5.
- Bundesarchiv, Institut für Zeitgeschichte, Lehrstuhl für Neuere und Neueste Geschichte an der Albert-Ludwigs-Universität Freiburg und Lehrstuhl für Geschichte Ostmitteleuropas an der Freien Universität Berlin (Herausgeberschaft; Götz Aly, Wolf Gruner und andere für diese): Die Verfolgung und Ermordung der europäischen Juden durch das nationalsozialistische Deutschland 1933–1945. Band 7 (Sowjetunion, Kurzform VEJ 7; Quellenedition). Verlag Oldenbourg, München.
- **Entscheidungsprozess**
- Philippe Burrin: Hitler und die Juden. Die Entscheidung für den Völkermord. Fischer, Frankfurt am Main 1993, ISBN 3-10-046308-0.
- Peter Longerich: Der ungeschriebene Befehl. Hitler und der Weg zur „Endlösung". Piper, München 2001, ISBN 3-492-04295-3.
- Christopher R. Browning: Der Weg zur „Endlösung". Entscheidung und Täter. Rowohlt, Reinbek 2002, ISBN 3-499-61344-1.
- **Täter und Mitläufer**
- Rainer C. Baum: The Holocaust and the German Elite. Genocide and National Suicide in Germany, 1871–1945. Rowman and Littlefield, Totowa, London 1981, ISBN 0-7099-0656-0.
- Daniel Goldhagen: Hitlers willige Vollstrecker. Ganz gewöhnliche Deutsche und der Holocaust. Goldmann, München 2000, ISBN 3-442-15088-4.
- Raul Hilberg: Täter, Opfer, Zuschauer. Die Vernichtung der Juden 1933–1945. Fischer, Frankfurt am Main 2003, ISBN 3-596-13216-9.
- Richard Rhodes: Die deutschen Mörder. Die SS-Einsatzgruppen und der Holocaust. Lübbe, Bergisch Gladbach 2004, ISBN 3-7857-2183-8.

- Karin Orth: Die Konzentrationslager-SS. Sozialstrukturelle Analysen und biographische Studien. DTV, München 2004, ISBN 3-423-34085-1.
- Peter Longerich: „Davon haben wir nichts gewusst." Die Deutschen und die Judenverfolgung 1933–1945. Siedler, München 2006, ISBN 3-88680-843-2.
- Bernward Dörner: Die Deutschen und der Holocaust. Was niemand wissen wollte, aber jeder wissen konnte. Propyläen, Berlin 2007, ISBN 978-3-549-07315-5.
- Michael Wildt: Volksgemeinschaft als Selbstermächtigung. Gewalt gegen Juden in der deutschen Provinz 1919 bis 1939. Hamburger Edition, Hamburg 2007, ISBN 978-3-936096-74-3.
- Klaus Kellmann: Dimensionen der Mittäterschaft. Die europäische Kollaboration mit dem Dritten Reich. Böhlau, Wien 2019, ISBN 978-3-205-20053-6.
- *Opfer*
- Wolfgang Benz (Hrsg.): Dimension des Völkermords. Die Zahl der jüdischen Opfer des Nationalsozialismus. DTV, München 1996, ISBN 3-423-04690-2.
- Alexandra Rossberg, Johan Lansen (Hrsg.): Das Schweigen brechen. Berliner Lektionen zu Spätfolgen der Schoa. Suhrkamp, Frankfurt am Main 1997, ISBN 3-518-39231-X.
- Claude Lanzmann: Shoah. Trotzdem, Grafenau 1999, ISBN 3-922209-87-4 (Interviews mit Überlebenden; Begleitbuch zu Lanzmanns Filmdokumentation auf DVD).
- Martin Doerry (Hrsg.): Monika Zucht (Fotografien): Nirgendwo und überall zu Haus. Gespräche mit Überlebenden des Holocaust. DVA, 2006, ISBN 3-421-04207-1 (Fotobeispiele; PDF; 1,5 MB).
- **Widerstand- und Hilfsaktionen**
- **Juden als Personengruppen**
- Michael Berger, Gideon Römer-Hillebrecht (Hrsg.): Jüdische Soldaten – Jüdischer Widerstand in Deutschland und Frankreich. Schöningh Verlag, Paderborn 2012, ISBN 978-3-506-77177-3.
- Arno Lustiger: Zum Kampf auf Leben und Tod. Das Buch vom Widerstand der Juden 1933–1945. Kiepenheuer & Witsch, Köln 2002, ISBN 3-89996-269-9.
- Wilfried Löhken, Werner Vathke (Hrsg.): Juden im Widerstand. Drei Gruppen zwischen Überlebenskampf und politischer Aktion, Berlin 1939–1945. Edition Hentrich, Berlin 1993, ISBN 3-89468-068-7.
- **Nichtjüdische Deutsche**
- Kurt R. Grossmann: Die unbesungenen Helden. Menschen in Deutschlands dunklen Tagen. arani Verlags-Gesellschaft, Berlin 1961 (Neuauflage: Ullstein, 1984, ISBN 3-548-33040-1).
- Anton M. Keim (Hrsg.): Benyamin Z. Barslai: Yad Vashem: Die Judenretter aus Deutschland. 2. Auflage, Matthias-Grünewald, 1984, ISBN 3-7867-1085-6.
- Wolfram Wette (Hrsg.): Zivilcourage. Empörte, Helfer und Retter aus Wehrmacht, Polizei und SS. Fischer Taschenbuchverlag, Frankfurt am Main 2004, ISBN 3-596-15852-4.
- Zentrum für Antisemitismusforschung der TU Berlin (Hrsg.): Solidarität und Hilfe für Juden während der NS-Zeit. Metropol, Berlin 1996 ff. (bisher sieben Bände).
- *Andere*
- Carol Rittner, Sondra Myers: The Courage to Care: Rescuers of Jews During the Holocaust. New York University Press, 1986, ISBN 0-8147-7397-4.
- Nechama Tec: When light pierced the darkness: Christian Rescue of Jews in Nazi-Occupied Poland. Oxford University Press, Oxford 1986, ISBN 0-19-503643-3.
- Alexander Bronowski: Es waren so wenige. Retter im Holocaust. (1991) Hänssler, 2002, ISBN 3-7751-3811-0.
- Wolfram Wette (Hrsg.): Stille Helden. Judenretter im Dreiländereck während des Zweiten Weltkrieges. Herder-Taschenbuch, Freiburg 2005, ISBN 3-451-05461-2.
- Franz Severin Berger, Christiane Holler, Holly Holunder: Überleben im Versteck. Schicksale in der NS-Zeit. Ueberreuter, Wien 2002, ISBN 3-8000-3836-6.

- *Juristische Aufarbeitung*
- *Der Prozess gegen die Hauptkriegsverbrecher vor dem Internationalen Militärgerichtshof. Nürnberg 14. November 1945 – 1. Oktober 1946. 23 Bände. Nürnberg 1947.*
- *Hermann Langbein: Der Auschwitz-Prozeß. Eine Dokumentation. 2 Bände. Europa, Wien 1965.*
- **Gedenken**
- *Stefanie Endlich: Wege zur Erinnerung. Gedenkstätten und -orte für die Opfer des Nationalsozialismus in Berlin und Brandenburg. Metropol, Berlin 2007, ISBN 978-3-938690-45-1.*
- *Claudia Bruns, Asal Dardan, Anette Dietrich (Hrsg.): „Welchen der Steine du hebst." Filmische Erinnerung an den Holocaust. Reihe: Medien-Kultur 3. Bertz + Fischer Verlag, Berlin 2012, ISBN 978-3-86505-397-8 (Inhalt).*
- *S. Lillian Kremer: Holocaust Literature. An Encyclopedia of Writers and Their Work. Routledge, New York 2002. Band 1: ISBN 0-415-92983-0, Band 2: ISBN 0-415-92984-9 (englisch).*
- *Mirjam Schmid: Darstellbarkeit der Shoa in Roman und Film. Sonnenberg, Annweiler 2012, ISBN 978-3-933264-70-1.*
- *Günther Jikeli u. a. (Hrsg.): Ansichten zum Holocaust unter Muslimen im internationalen Vergleich. Campus Verlag, Frankfurt am Main 2013, ISBN 978-3-593-39855-6 (Einleitung)*
- *Alvin H. Rosenfeld: Das Ende des Holocaust (Originaltitel: The End of the Holocaust. Übersetzt von Manford Hanowell). Vandenhoeck & Ruprecht, Göttingen 2015, ISBN 978-3-525-54042-8.*
- *James E. Young: Formen des Erinnerns: Gedenkstätten des Holocaust. Passagen-Verlag, Wien 1997, ISBN 3-85165-174-X (englisch 1993).*
- *Nora Sternfeld: Kontaktzonen der Geschichtsvermittlung. Transnationales Lernen über den Holocaust in der postnazistischen Migrationsgesellschaft, Zaglossus, Wien 2013, ISBN 978-3-902902-02-3.*
- **Gedenken**
- *Internationale Übersicht von NS-Gedenkstätten und Institutionen, derzeit kein Zugang*
- *Europäische Holocaustgedenkstätte*
- *Filme*
- *Der Holocaust im Film, von Kulturarchiv Hannover. Kurzbeschreibungen, je 5 Dokumentar- bzw. Spielfilme, weiterführende Lit.*
- *Cinematographie des Holocaust, Filmdatenbank. Leitung des Projekts Ronny Loewy, Fritz-Bauer-Institut zur Geschichte und Wirkung des Holocaust, Stand 2006, 1731 Filme*
- *Magisterarbeit (PDF; 733 kB) Michael Aschenbach: Holocaust und Film. Die Rezeption populärer Spielfilme über die Shoah in der Bundesrepublik Deutschland und ihr Einfluss auf die Erinnerungskultur. Universität Hannover, Historisches Seminar, 2004 (zahlreiche Lit.)*
- *Wolfgang Benz (Hrsg.): Handbuch des Antisemitismus: Judenfeindschaft in Geschichte und Gegenwart. De Gruyter / Saur*
- *Band 1: Länder und Regionen. München 2008, ISBN 978-3-598-24071-3*
- *Band 2: Personen. Berlin 2009, ISBN 978-3-598-44159-2*
- *Band 3: Begriffe, Theorien, Ideologien. Berlin 2010, ISBN 978-3-598-24074-4*
- *Band 4: Ereignisse, Dekrete, Kontroversen. Berlin 2011, ISBN 978-3-598-24076-8*
- *Band 5: Organisationen, Institutionen, Bewegungen. Berlin 2012, ISBN 978-3-598-24078-2*
- *Band 6: Publikationen. Berlin 2013, ISBN 978-3-11-025872-1*
- *Band 7: Film, Theater, Literatur und Kunst. Berlin 2005, ISBN 978-3-11-025873-8*
- *Samuel Salzborn: Antisemitismus. Geschichte, Theorie, Empirie. Nomos, Baden-Baden 2014, ISBN 978-3-8487-1113-0.*

- Christoph Nonn: Antisemitismus. Wissenschaftliche Buchgesellschaft, Darmstadt 2008, ISBN 978-3-534-20085-6, S. 92–105
- Walter Laqueur: Gesichter des Antisemitismus. Von den Anfängen bis heute. Propyläen, Berlin 2008, ISBN 978-3-549-07336-0
- Werner Bergmann: Geschichte des Antisemitismus. Beck, München 2002, ISBN 978-3-406-47987-8
- **Deutschsprachige Staaten**
- Enrico Heitzer, Martin Jander, Anetta Kahane, Patrice G. Poutrus: Nach Auschwitz. Schwieriges Erbe DDR. Plädoyer für einen Paradigmenwechsel in der DDR-Zeitgeschichtsforschung. Wochenschau Verlag Wissenschaft, Frankfurt am Main 2018, ISBN 978-3-7344-0705-5
- Maximilian Gottschlich: Unerlöste Schatten. Die Christen und der neue Antisemitismus. Ferdinand Schöningh, Paderborn 2015, ISBN 978-3-506-78247-2
- Dana Ionescu, Samuel Salzborn (Hrsg.): Antisemitismus in deutschen Parteien. Nomos, Baden-Baden 2014, ISBN 978-3-8487-0555-9
- Claudia Globisch: Radikaler Antisemitismus: zur Analyse gegenwärtiger antisemitischer Semantiken von links und rechts in Deutschland. Springer VS, Wiesbaden 2013, ISBN 978-3-531-93156-2
- Monika Schwarz-Friesel, Jehuda Reinharz: Die Sprache der Judenfeindschaft im 21. Jahrhundert. De Gruyter, Berlin 2013, ISBN 978-3-11-027768-5
- Monika Schwarz-Friesel (Hrsg.): Aktueller Antisemitismus. Ein Phänomen der Mitte. Saur, München 2010, ISBN 3-11-023010-0
- Klaus-Michael Bogdal, Klaus Holz, Matthias N. Lorenz (Hrsg.): Literarischer Antisemitismus nach Auschwitz. J.B. Metzler, Stuttgart / Weimar 2007, ISBN 978-3-476-05224-7
- Birgit Schmidt: Kein Licht auf dem Galgen. Ein Beitrag zur Diskussion um KPD/SED und Antisemitismus. Unrast, Münster 2005, ISBN 3-89771-436-1
- Arbeitsgruppe Antifaschismus / Antirassismus im Studentenrat der Universität Halle (Hrsg.): Trotz und wegen Auschwitz: nationale Identität und Antisemitismus nach 1945. Unrast, Münster 2004, ISBN 3-89771-428-0
- Lars Rensmann: Demokratie und Judenbild. Antisemitismus in der politischen Kultur der Bundesrepublik Deutschland. Springer VS, Wiesbaden 2004, ISBN 3-531-14006-X
- Wolfgang Benz: Was ist Antisemitismus? Beck, München 2004, ISBN 3-406-52212-2
- Wolfgang Benz: Bilder vom Juden. Studien zum alltäglichen Antisemitismus. Beck, München 2001, ISBN 3-406-47575-2
- Joachim Perels: Antisemitismus in der Justiz nach 1945? In: Fritz-Bauer-Institut (Hrsg.): Beseitigung des jüdischen Einflusses ...: antisemitische Forschung, Eliten und Karrieren im Nationalsozialismus. Campus, Frankfurt am Main 1999, ISBN 3-593-36098-5, S. 241–252.
- Werner Bergmann, Rainer Erb: Das Fortleben des Antisemitismus nach 1945. Antisemitismus in Deutschland 1945–1996. In: Wolfgang Benz, Werner Bergmann: Vorurteil und Völkermord. Entwicklungslinien des Antisemitismus. Herder, Freiburg im Breisgau 1997, ISBN 3-451-04577-X
- Wolfgang Benz (Hrsg.): Antisemitismus in Deutschland. Zur Aktualität eines Vorurteils. dtv, München 1995, ISBN 3-423-04648-1
- Werner Bergmann, Rainer Erb (Hrsg.): Antisemitismus in der politischen Kultur nach 1945. Westdeutscher Verlag, Opladen 1990, ISBN 3-531-11923-0
- **Linke**
- Wolfgang Kraushaar: „Wann endlich beginnt bei Euch der Kampf gegen die heilige Kuh Israel?" Rowohlt, Reinbek bei Hamburg 2013, ISBN 978-3-498-03411-5
- Wolfgang Frindte: Inszenierter Antisemitismus: Eine Streitschrift. Springer VS, Wiesbaden 2006, ISBN 3-531-15101-0
- Matthias Brosch und andere (Hrsg.): Exklusive Solidarität: Linker Antisemitismus in Deutschland. Metropol, Berlin 2006, ISBN 3-938690-28-3

- *Thomas Haury: Antisemitismus von Links: Kommunistische Ideologie, Nationalismus und Antizionismus in der frühen DDR. Hamburger Edition, Hamburg 2002, ISBN 3-930908-79-4.*
- **Muslime**
- *Matthias Küntzel: Djihad und Judenhaß. Über den neuen antijüdischen Krieg. ça-ira, Freiburg im Breisgau 2003, ISBN 978-3-924627-06-5*
- **Europa**
- *Agentur der Europäischen Union für Grundrechte: Diskriminierung und Hasskriminalität gegenüber Juden in den EU-Mitgliedstaaten: Erfahrungen und Wahrnehmungen im Zusammenhang mit Antisemitismus. Amt für Veröffentlichungen der EU, Luxemburg 2013, ISBN 978-92-9239-467-7*
- *Hans-Christian Petersen, Samuel Salzborn: Antisemitism in Eastern Europe. History and present in comparison. Peter Lang, Frankfurt am Main 2010, ISBN 978-3-631-59828-3*
- *Klaus Faber, Julius H. Schoeps, Sacha Stawski (Hrsg.): Neu-alter Judenhass: Antisemitismus, arabisch-israelischer Konflikt und europäische Politik. Verlag für Berlin-Brandenburg, Berlin 2006, ISBN 978-3-86650-163-8*
- **Medien**
- *Fritz Bauer Institut und andere (Hrsg.): Neue Judenfeindschaft? Perspektiven für den pädagogischen Umgang mit dem globalisierten Antisemitismus. Campus, Frankfurt am Main 2006, ISBN 978-3-593-38183-1*
- *Tobias Jaecker: Antisemitische Verschwörungstheorien nach dem 11. September: Neue Varianten eines alten Deutungsmusters. Lit Verlag, Münster 2004, ISBN 3-8258-7917-8*
- *Siegfried Jäger, Margarete Jäger: Medienbild Israel: zwischen Solidarität und Antisemitismus. Lit, Münster 2003, ISBN 3-8258-6446-4*
- *Horst Dichanz (Hrsg.): Antisemitismus in den Medien. Bundeszentrale für politische Bildung, Bonn 1997, ISBN 3-89331-275-7*
- *Erfahrungsberichte*
- *Juna Grossmann: Schonzeit vorbei: Über das Leben mit dem täglichen Antisemitismus. Droemer, 2018, ISBN 978-3-426-27775-1*
- **Antisemitismus im Rechtsextremismus**
- *Argumentationsmuster im rechtsextremistischen Antisemitismus (2006) (PDF; 1,4 MB) Bundesamt für Verfassungsschutz*
- *Rainer Erb: Organisierte Antisemiten*
- *Klaus Wahl: Fremdenfeindliche Täter*
- **Antisemitismus bei linksgerichteten Gruppen**
- *Stephan Grigat: Antisemitismus und Antizionismus in der Linken. In: haGalil.com, 18. April 2002*
- *Antisemitismus in der Linken. In: ak antisemitismus, 26. Juli 2002, München*
- *Daniel Kilpert: Antisemitismus von links. In: Bundeszentrale für politische Bildung, 28. November 2006*
- *Veit Medick: Radikal antijüdisch. In: die tageszeitung, 6. Oktober 2007*
- **Gegenwartsdiskussion**
- *Wolfgang Geiger: Hilflose Aufklärung? Über Lehrbücher zum Holocaust und Ursachenforschung für Antisemitismus. haGalil; zuerst erschienen in: Kommune, Forum für Politik-Ökonomie-Kultur, 6/2004*
- *Tobias Jaecker: Antizionistisches Einerlei. Antisemitismus im akademischen Milieu. In: haGalil.com, 24. Februar 2006*
- *Johannes Valentin Schwarz: Antisemitische Karikaturen und Cartoons. Fremdbilder – Selbstbilder (PDF, zur Ausstellung: Antijüdischer Nippes, populäre Judenbilder und aktuelle Verschwörungstheorien im Jüdischen Museum Hohenems, 2005; 1,82 MB)*

- *Nahostkonflikt, Israelbild und der neue Antisemitismus. (PDF; 6,5 MB) Honestly Concerned e. V., 17. September 2007 (Beispiele für antisemitische Berichterstattung in europäischen und arabischen Medien)*
- *Christian Mentel: Antisemitism and Holocaust Denial – New Perspectives. In: H-Soz-u-Kult, 29. Januar 2011 (Tagungsbericht). Audiomitschnitt der meisten Vorträge und Diskussionsbeiträge*
- ***Statistiken***
- *European Attitudes Toward Jews: A Five Country Survey. (PDF; 316 kB) Anti-Defamation League, 2002 (englisch)*
- *Wilhelm Heitmeyer: Die gespaltene Gesellschaft. In: Die Zeit, Nr. 50/2004; Umfrage 2004 des Projektes „Gruppenbezogene Menschenfeindlichkeit" mit Schwerpunkt Antisemitismus der Universität Bielefeld,*
- *Antisemitische Straftaten 2001–2003 (PDF; 23 kB) petra-pau.de; Bundesregierung*
- *Chroniken antisemitischer Vorfälle*
- *Ulli Jentsch: Antisemitische Angriffe und Einstellungen nehmen zu: Chronischer Judenhass (mit Link zu Chronologie antisemitischer Vorfälle 2002)*
- *Chronologie und Einschätzungen der rassistischen Vorfälle in der Schweiz. Stiftung gegen Rassismus und Antisemitismus (GRA)*
- *Chronologie antisemitischer Vorfälle 2007. (PDF; 105 kB) Antifaschistisches Pressearchiv und Bildungszentrum Berlin e. V.*
- *Global Anti-Semitism: Selected Incidents Around the World in 2009#Germany. Anti-Defamation League (englisch)*
- *Chronik antisemitischer Vorfälle. Amadeu Antonio Stiftung*

Wiedervereinigung

- *Arnd Bauerkämper (Hrsg.): Doppelte Zeitgeschichte: deutsch-deutsche Beziehungen 1945–1990. Dietz, Bonn 1998, ISBN 3-8012-4090-8.*
- *Klaus Bittermann (Hrsg.): Gemeinsam sind wir unausstehlich. Die Wiedervereinigung und ihre Folgen. Edition Tiamat, Berlin 1990, ISBN 3-923118-42-2 (= Critica diabolis, Band 27).*
- *Kai Diekmann, Ralf Georg Reuth: Helmut Kohl: Ich wollte Deutschlands Einheit. Ullstein, München 2000, ISBN 3-548-36264-8.*
- *Robert Grünbaum: Deutsche Einheit. Ein Überblick 1945 bis heute. 2. überarbeitete Auflage, Metropol, Berlin 2010, ISBN 978-3-940938-94-7.*
- *Lothar de Maizière: Anwalt der Einheit. Ein Gespräch mit Christine de Maizières. Argon, Berlin 1996, ISBN 3-87024-792-4.*
- *Walter Franz Schleser: Auf dem langen Weg zur deutschen Einheit: DDR-Flüchtlinge in Ungarn und Österreich vor einer friedlichen Revolution in ihrer Heimat. Ein Zeitzeugenbericht zum 20. Jahrestag des Falles der Berliner Mauer am 9. November 1989. W. F. Schleser, Wien 2010, DNB 1005053863.*
- *Claus J. Duisberg: Das deutsche Jahr – Innenansichten der Wiedervereinigung 1989/1990. wjs, Berlin 2005, ISBN 3-937989-09-9.*
- *Stephan Eisel: Der Beitrittsbeschluss der DDR-Volkskammer. In: Historisch-Politische Mitteilungen, hrsg. von der Konrad-Adenauer-Stiftung, St. Augustin 2005.*
- *Michail Gorbatschow: Wie es war: die deutsche Wiedervereinigung. Ullstein, Berlin 1999, ISBN 3-550-07005-5.*
- *Petra Heß, Christoph Kloft (Hrsg.): Der Mauerfall – 20 Jahre danach. Rhein-Mosel-Verlag, Zell/Mosel 2009, ISBN 978-3-89801-045-0.*
- *Ilko-Sascha Kowalczuk: Die Übernahme. Wie Ostdeutschland Teil der Bundesrepublik wurde. Beck, München 2019, ISBN 978-3-406-74020-6.*
- *Hanns Jürgen Küsters, Daniel Hofmann (Hrsg.): Deutsche Einheit: Sonderedition aus den Akten des Bundeskanzleramtes 1989/90. Oldenbourg, München 1998, ISBN 3-486-56361-0.*

- Gerhard Lehmbruch: Die deutsche Vereinigung: Kaltstart oder Fehlstart? Eine Bilanz des Vereinigungsprozesses (online).
- Tilman Mayer (Hrsg.): 20 Jahre Deutsche Einheit. Erfolge, Ambivalenzen, Probleme (= Schriftenreihe der Gesellschaft für Deutschlandforschung, Bd. 97), mit Grußworten von Angela Merkel und Thomas de Maizière, Duncker & Humblot, Berlin 2010, ISBN 978-3-428-13416-8.
- Ehrhart Neubert: Unsere Revolution. Die Geschichte der Jahre 1989/90. Piper, München 2008, ISBN 978-3-492-05155-2.
- Alexander von Plato: Die Vereinigung Deutschlands – ein weltpolitisches Machtspiel: Bush, Kohl, Gorbatschow und die geheimen Moskauer Protokolle. Bundeszentrale für politische Bildung, Bonn 2003, ISBN 3-89331-462-8.
- Gerhard A. Ritter: Der Preis der deutschen Einheit. Die Wiedervereinigung und die Krise des Sozialstaats. Beck, München 2006, ISBN 3-406-54972-1.
- Andreas Rödder: Deutschland einig Vaterland. Die Geschichte der Wiedervereinigung. Beck, München 2009, ISBN 978-3-406-56281-5.
- Andreas Rödder: Geschichte der deutschen Wiedervereinigung. Beck, München 2011, ISBN 978-3-406-62233-5 (Beck'sche Reihe 2736).
- Wolfgang Schäuble, Dirk Koch (Hrsg.), Klaus Wirtgen (Vorwort): Der Vertrag. Wie ich über die deutsche Einheit verhandelte. DVA, Stuttgart 1991, ISBN 3-421-06605-1.
- Klaus Schroeder: Preis der Einheit. Eine Bilanz. Hanser, München/Wien 2001, ISBN 3-446-19940-3.
- Klaus Schroeder: Die veränderte Republik. Deutschland nach der Wiedervereinigung. Vögel, Stamsried 2006, ISBN 3-89650-231-X (= Berlin & München, Bd. 4).
- Richard Schröder: Die wichtigsten Irrtümer über die deutsche Einheit. Herder, Freiburg im Breisgau/Basel/Wien 2007, ISBN 978-3-451-29612-3.
- Horst Teltschik: 329 Tage. Innenansichten der Einigung. Siedler, Berlin 1991, ISBN 3-88680-424-0.
- Werner Weidenfeld, Karl-Rudolf Korte (Hrsg.): Handbuch zur deutschen Einheit: 1949–1989–1999. Campus, Frankfurt am Main 1999, ISBN 3-593-36240-6.
- Philip Zelikow, Condoleezza Rice: Sternstunde der Diplomatie. Die deutsche Einheit und das Ende der Spaltung Europas. Ullstein, München 2001, ISBN 3-548-26561-8.
- Joachim Jauer: Kennzeichen D. Friedliche Umwege zur deutschen Einheit, Camino, Stuttgart 2015, ISBN 978-3-460-50001-3.
- Thomas Großmann: Fernsehen, Revolution und das Ende der DDR, Wallstein, Göttingen 2015, ISBN 978-3-8353-1596-9 (zugl. Diss., FU Berlin, 2013).
- Detlev Brunner, Michaela Kuhnhenne, Hartmut Simon (Hrsg.): Gewerkschaften im deutschen Einheitsprozess – Möglichkeiten und Grenzen in Zeiten der Transformation, transcript Verlag, Bielefeld 2017, ISBN 978-3-8376-4219-3.

AfD

- Constantin Magnis: Ihr Hauptberuf ist Protest. In: Cicero, 12. Juni 2013.
- Andreas Kemper: „... die neurotische Phase überwinden, in der wir uns seit siebzig Jahren befinden". Die Differenz von Konservativismus und Faschismus am Beispiel der „historischen Mission" Björn Höckes (AfD). Rosa-Luxemburg-Stiftung Thüringen, Jena 2016 (PDF)
- Jürgen P. Lang: Biographisches Porträt: Björn Höcke. In: Jahrbuch Extremismus & Demokratie 30, Baden-Baden 2018, ISBN 978-3-8487-5542-4.
- Jobst Paul: Der Niedergang – der Umsturz – das Nichts. Rassistische Demagogie und suizidale Perspektive in Björn Höckes Schnellrodaer IfS-Rede. In: Helmut Kellershohn, Wolfgang Kastrup (Hrsg.): Kulturkampf von rechts. AfD, Pegida und die Neue Rechte. Unrast, Münster 2016, ISBN 978-3-89771-767-1, S. 122–146.
- Norbert Beleke (Hrsg.): Wer ist wer? Das deutsche Who's Who. 42. Ausgabe 2003/2004, Schmidt-Römhild, Lübeck 2003, ISBN 3-7950-2036-0, S. 411. (siehe lexikalischer Eintrag zu: Gauland, Alexander).
- Wolfgang Emmerich, Bernd Leistner (Hrsg.): Literarisches Chemnitz. Autoren – Werke – Tendenzen. Verlag Heimatland Sachsen, Chemnitz 2008, ISBN 978-3-910186-68-2, S. 133. (siehe lexikalischer Eintrag zu: Gauland, Alexander).

- *Heribert Klein: Alexander Gauland 60 Jahre. In: Frankfurter Allgemeine Zeitung, 19. Februar 2001, Nr. 42, S. 22.*
- *Alexander Gauland, in Internationales Biographisches Archiv 02/2015 vom 6. Januar 2015, im Munzinger-Archiv (Artikelanfang frei abrufbar).*
- *Jan Philipp Sternberg: Der konservative Westimport. Alexander Gauland. In: Kulturland Brandenburg e.V. (Hrsg.): Bürgerland Brandenburg. Demokratie und Demokratiebewegungen in Brandenburg. Konzeption und Redaktion von Uwe Rada. Koehler & Amelang, Leipzig 2009, ISBN 978-3-7338-0368-1, S. 176 f.*
- *Olaf Sundermeyer: Gauland – Die Rache des alten Mannes. C. H. Beck, München 2018, ISBN 978-3-406-72710-8.*
- *Antje Sirleschtov: „Untragbare Belastungen für den Bürger". In: Der Tagesspiegel, 7. August 2013.*
- *Jan-Philipp Hein & Alexander-Georg Rackow: Der Wolf im Wolfspelz. In: Focus. Nr. 37 (2019)*
- *Sebastian Hennig (Hrsg.): Nie zweimal in denselben Fluß: Björn Höcke im Gespräch mit Sebastian Hennig. (Mit Vorwort von Frank Böckelmann.) 2. verbesserte Auflage, Manuscriptum, Berlin 2018, ISBN 978-3-944872-72-8.*
- *Andreas Kemper: Rechte Euro-Rebellion. Alternative für Deutschland und Zivile Koalition e.V. Münster, edition assemblage 2013, ISBN 978-3-942885-49-2.*
- *David Bebnowski: Die Alternative für Deutschland. Aufstieg und gesellschaftliche Repräsentanz einer rechten populistischen Partei. Springer VS, Wiesbaden 2015, ISBN 978-3-658-08285-7.*
- *Tobias Frank: Die AfD bei der Bundestagswahl 2013: Determinanten und Erklärungen ihres Wahlerfolgs (= Schriftenreihe des Instituts für Politikwissenschaft der Universität Duisburg-Essen; Band 23). Tectum, Marburg 2015, ISBN 978-3-8288-3675-4 (Magisterarbeit Universität Duisburg-Essen, 2014/15, 103 Seiten).*
- *Alexander Häusler, Rainer Roeser: „Erfurt ist schön deutsch – und schön deutsch soll Erfurt bleiben!" Das politische Erscheinungsbild der Partei „Alternative für Deutschland" (AfD) in Thüringen. Friedrich-Ebert-Stiftung, Landesbüro Thüringen, Erfurt 2015, ISBN 978-3-95861-322-5, S. 23–30 (PDF).*
- *Alexander Häusler, Rainer Roeser: Die rechten ›Mut‹-Bürger. Entstehung, Entwicklung, Personal & Positionen der „Alternative für Deutschland". VSA Verlag, Hamburg 2015, ISBN 978-3-89965-640-4.*
- *Hajo Funke: Von Wutbürgern und Brandstiftern: AfD – Pegida – Gewaltnetze. vbb, Berlin 2016, ISBN 978-3-945256-64-0.*
- *Michael Wildt: Volk, Volksgemeinschaft, AfD. Hamburger Edition, Hamburg 2017, ISBN 3-86854-309-0.*
- *Sebastian Friedrich: Die AfD. Analysen – Hintergründe – Kontroversen (= Politik aktuell. Bd. 5). Bertz + Fischer, erweiterte und aktualisierte Neuauflage, Berlin 2019, ISBN 978-3-86505-741-9.*
- *Melanie Amann: Angst für Deutschland, die Wahrheit über die AfD: wo sie herkommt, wer sie führt, wohin sie steuert. Droemer, München 2017, ISBN 978-3-426-27723-2.*
- *Justus Bender: Was will die AfD? Eine Partei verändert Deutschland. Pantheon Verlag, München 2017, ISBN 978-3-570-55353-4.*
- *Jürgen Beetz: Auffällig feines Deutsch. Verborgene Schlüsselwörter eines Parteiprogramms. Alibri, Aschaffenburg 2017, ISBN 978-3-86569-230-6.*
- *Stefan Dietl: Die AfD und die soziale Frage. Zwischen Marktradikalismus und „völkischem Antikapitalismus". Unrast Verlag, Münster 2017, ISBN 978-3-89771-238-6.*
- *Stephan Hebel: Sehr geehrter AfD-Wähler, wählen Sie sich nicht unglücklich! Westend Verlag, Frankfurt 2016, ISBN 978-3-86489-170-0.*
- *Werner J. Patzelt: CDU, AfD und die politische Torheit. Weltbuch Verlag, Dresden 2019, ISBN 978-3-906212-43-2.*
- *Eva Walther, Simon D. Isemann (Hrsg.): Die AfD – psychologisch betrachtet. Springer Fachmedien, Wiesbaden 2019, ISBN 978-3-658-25578-7.*
- *Stephan Grigat (Hrsg.): AfD & FPÖ. Antisemitismus, völkischer Nationalismus und Geschlechterbilder (Reihe: Interdisziplinäre Antisemitismusforschung, Band 7). Nomos Verlag, Baden-Baden 2017, ISBN 978-3-8487-3805-2.*
- *Alexander Häusler (Hrsg.): Die Alternative für Deutschland. Programmatik, Entwicklung und politische Verortung. Springer Fachmedien, Wiesbaden 2016, ISBN 978-3-658-10638-6.*

- *Helmut Kellershohn, Wolfgang Kastrup (Hrsg.): Kulturkampf von rechts. AfD, Pegida und die Neue Rechte (= Edition DISS. Band 38). Unrast, Münster 2016, ISBN 978-3-89771-767-1.*
- *Frank Decker: Alternative für Deutschland und Pegida: Die Ankunft des neuen Rechtspopulismus in der Bundesrepublik. In: Frank Decker, Bernd Henningsen, Kjetil Jakobsen (Hrsg.): Rechtspopulismus und Rechtsextremismus in Europa. Die Herausforderung der Zivilgesellschaft durch alte Ideologien und neue Medien (= International Studies on Populism. Bd. 2). Nomos, Baden-Baden 2015, ISBN 978-3-8487-1206-9, S. 75–90.*
- *Alexander Häusler, Rainer Roeser: Die „Alternative für Deutschland" – eine Antwort auf die rechtspopulistische Lücke? In: Stephan Braun, Alexander Geisler, Martin Gerster (Hrsg.): Strategien der extremen Rechten: Hintergründe – Analysen – Antworten. 2. aktualisierte und erweiterte Auflage, Springer Fachmedien, Wiesbaden 2015, ISBN 978-3-658-01983-9, S. 101–128.*
- *Helmut Kellershohn: Die AfD, die jungkonservative Neue Rechte und die Demokratiekritik von Rechts. In: Wolfgang Kastrup, Helmut Kellershohn (Hrsg.): Kapitalismus und / oder Demokratie? Beiträge zur Kritik „marktkonformer" Demokratieverhältnisse (= Edition DISS. Edition des Duisburger Instituts für Sprach- und Sozialforschung. Bd. 36). Unrast, Münster 2014, ISBN 978-3-89771-765-7, S. 127–140.*
- *Susanne Merkle: Populistische Elemente in der Kommunikation der Alternative für Deutschland. Eine qualitative Analyse der Wahlwerbung und Pressemitteilungen im Europawahlkampf 2014. In: Christina Holtz-Bacha (Hrsg.): Europawahlkampf 2014: Internationale Studien zur Rolle der Medien. Springer VS, Wiesbaden 2016, ISBN 978-3-658-11019-2, S. 129–152.*
- *Oskar Niedermayer: Eine neue Konkurrentin im Parteiensystem? – Die „Alternative für Deutschland". In: ders. (Hrsg.): Die Parteien nach der Bundestagswahl 2013. Springer VS, Wiesbaden 2014, ISBN 978-3-658-02852-7, S. 175–207.*
- *Jan Rohgalf: Subsidiarität als Kampfbegriff. Politik und Emotionalisierung am Beispiel der AfD. In: Karl-Rudolf Korte (Hrsg.): Emotionen und Politik. Begründungen, Konzeptionen und Praxisfelder einer politikwissenschaftlichen Emotionsforschung. Nomos, Baden-Baden 2015, ISBN 978-3-8487-2246-4, S. 297–316.*
- *Aiko Wagner, Marcel Lewandowsky, Heiko Giebler: Alles neu macht der Mai? Die Alternative für Deutschland (AfD) und die Europawahl 2014. In: Michael Kaeding, Niko Switek (Hrsg.): Die Europawahl 2014. Spitzenkandidaten, Protestparteien, Nichtwähler. Springer VS, Wiesbaden 2015, ISBN 978-3-658-05737-4, S. 137–148.*
- ***Fachartikel***
- *Holger Lengfeld, Clara Dilger: Kulturelle und ökonomische Bedrohung. Eine Analyse der Ursachen der Parteiidentifikation mit der „Alternative für Deutschland" mit dem Sozio-oekonomischen Panel 2016. In: Zeitschrift für Soziologie. Band 47, Nr. 3, 7. August 2018, ISSN 2366-0325, S. 181–199, doi:10.1515/zfsoz-2018-1012 (degruyter.com abgerufen am 21. August 2018).*
- *Sara Ceyhan: Konservativ oder doch schon rechtspopulistisch? Die politischen Positionen der AfD-Parlamentskandidaten im Parteienvergleich. In: Zeitschrift für Politikwissenschaft 26 (2016), S. 1–28.*
- *Alexander Häusler: Zerfall oder Etablierung? Die Alternative für Deutschland (AfD) als Partei des Rechtspopulismus. In: Zeitschrift für Geschichtswissenschaft 63 (2015), S. 741–758.*
- *Marcel Lewandowsky: Eine rechtspopulistische Protestpartei? Die AfD in der öffentlichen und politikwissenschaftlichen Debatte. In: Zeitschrift für Politikwissenschaft (ZPol) Jahrgang 25 (2015), Heft 1, S. 119–134, doi:10.5771/1430-6387-2015-1-119 (Nomos Elibrary).*
- *Christian Nestler, Jan Rohgalf: Eine deutsche Angst – Erfolgreiche Parteien rechts von der Union. Zur AfD und den gegenwärtigen Gelegenheitsstrukturen des Parteienwettbewerbs. In: Zeitschrift für Politik, 2014, Heft 4, S. 389–413 (Nomos Elibrary).*
- *Armin Pfahl-Traughber: Die AfD und der Antisemitismus. Eine Analyse zu Positionen, Skandalen und Verhaltensweisen. In: Jahrbuch für Antisemitismusforschung 25 (2016), S. 271–297.*

Vertreibung

- *Mathias Beer: Flucht und Vertreibung der Deutschen. Voraussetzungen, Verlauf, Folgen. C.H. Beck, München 2011, ISBN 978-3-406-61406-4.*

- *Detlef Brandes: Der Weg zur Vertreibung 1938–1945. Pläne und Entscheidungen zum „Transfer" der Deutschen aus der Tschechoslowakei und aus Polen. 2., überarb. und erw. Aufl., Oldenbourg, München 2005, ISBN 3-486-56731-4.*
- *Detlef Brandes, Holm Sundhaussen, Stefan Troebst (Hrsg.): Lexikon der Vertreibungen. Deportation, Zwangsaussiedlung und ethnische Säuberung im Europa des 20. Jahrhunderts. Böhlau, Wien/Köln/Weimar 2010, ISBN 978-3-205-78407-4.*
- *Dieter Blumenwitz: Flucht und Vertreibung. Carl Heymanns Verlag, Köln 1987.*
- *Bundesministerium für Vertriebene, Flüchtlinge und Kriegsgeschädigte (Hrsg.): Dokumentation der Vertreibung der Deutschen aus Ost-Mitteleuropa*
- *Die Vertreibung der deutschen Bevölkerung aus den Gebieten östlich der Oder-Neiße. 2 Bände in 3 Teilbänden Bonn (1954);*
- *Das Schicksal der Deutschen in Ungarn. Bonn 1956;*
- *Das Schicksal der Deutschen in Rumänien. Bonn 1957;*
- *Die Vertreibung der deutschen Bevölkerung aus der Tschechoslowakei. 2 Bände, Bonn 1957;*
- *Das Schicksal der Deutschen in Jugoslawien. Bonn 1961;*
- *Ortsregister, 1963.*
- *Felix Ermacora: Die sudetendeutschen Fragen. Rechtsgutachten. Langen-Müller Verlag, München 1992, ISBN 3-7844-2412-0. (Eintrag in der Deutschen Digitalen Bibliothek)*
- *Wolfgang Fischer: Heimat-Politiker? Selbstverständnis und politisches Handeln von Vertriebenen als Abgeordnete im Deutschen Bundestag 1949–1974. Droste Verlag, Düsseldorf 2010, ISBN 978-3-7700-5300-1.*
- *Hans Henning Hahn, Eva Hahn: Die Vertreibung im deutschen Erinnern. Legenden, Mythos, Geschichte. Ferdinand Schöningh Verlag, Paderborn 2010, ISBN 978-3-506-77044-8.*
- *Dierk Hoffmann, Marita Krauss, Michael Schwartz (Hrsg.): Vertriebene in Deutschland – Sondernummer. Interdisziplinäre Ergebnisse und Forschungsperspektiven, Schriftenreihe der Vierteljahrshefte für Zeitgeschichte, München 2000, ISBN 3-486-64505-6.*
- *Grzegorz Hryciuk/Małgorzata Ruchniewicz/Bożena Szaynok/Adrzej Żbikowski: Atlas Zwangsumsiedlung, Flucht und Vertreibung. Ostmitteleuropa 1939–1959. Polen, Deutsche, Juden, Ukrainer. Warschau 2009.*
- *Erika Steinbach: Die Macht der Erinnerung. 2. überarbeitete und ergänzte Auflage, Universitas-Verlag, München/Wien 2011, ISBN 978-3-8004-1495-6.*
- *Tadeusz Bialecki u. a.: Stettin/Szczecin 1945–1946, Dokumente – Erinnerungen, Dokumenty – Wspomnienia. Hinstorff, Rostock 1994, ISBN 3-356-00528-6.*
- *Ray M. Douglas: 'Ordnungsgemäße Überführung'. Die Vertreibung der Deutschen nach dem Zweiten Weltkrieg. Aus dem Englischen übersetzt von Martin Richter, C.H. Beck, München 2012, ISBN 978-3-406-62294-6.*
- *Christian Lotz: Die Deutung des Verlusts. Erinnerungspolitische Kontroversen im geteilten Deutschland um Flucht, Vertreibung und die Ostgebiete (1948–1972). Köln 2007.*
- *Brunnhilde Scheuringer: 30 Jahre danach. Die Eingliederung der volksdeutschen Flüchtlinge und Vertriebenen in Österreich, Braumüller, 1983, ISBN 3-7003-0507-9.*
- *Norman M. Naimark: Fires of Hatred. Ethnic Cleansing in Twentieth-Century Europe. Harvard University Press, Cambridge 2001.*
- *Alfred-Maurice de Zayas: Die Nemesis von Potsdam. Herbig Verlag, München 2005.*
- *Alfred M. de Zayas: Heimatrecht ist Menschenrecht. München 2001, ISBN 3-8004-1416-3.*
- *Steffen Prauser, Arfon Rees: The Expulsion of the "German" Communities from Eastern Europe at the End of the 2nd World War. European University Institute, Florenz 2004.*

DDR

- *Mary Fulbrook: The People's State. East German Society from Hitler to Honecker. New Haven: Yale University Press 2005.*
- *Arnd Bauerkämper: Die Sozialgeschichte der DDR (= Enzyklopädie deutscher Geschichte. Band 76). Oldenbourg, München 2005, ISBN 3-486-57637-2.*

- *Gabriele Baumgartner, Dieter Hebig (Hrsg.): Biographisches Handbuch der SBZ/DDR 1945–1990. 2 Bände. Saur, München 1996 f., ISBN 3-598-11130-4.*
- *Bundesarchiv, Stiftung Archiv der Parteien und Massenorganisationen der DDR (Hrsg.): Für Frieden und Sozialismus – Plakate der Parteien und Massenorganisationen der DDR, The Yorck Project, Berlin 2006, ISBN 978-3-936122-36-7.*
- *Alexander Burdumy: Sozialpolitik und Repression in der DDR. Ost-Berlin 1971–1989. Klartext, Essen 2013, ISBN 3-8375-0908-7.*
- *Alexander Fischer (Hrsg.): Ploetz – Die DDR (Deutsche Demokratische Republik). Daten, Fakten, Analysen. Aktualisiert von Friedemann Bedürftig. Neuausgabe, Komet, Köln 2004, ISBN 3-89836-347-3.*
- *Gerd Dietrich: Kulturgeschichte der DDR. 3 Bände. Vandenhoeck & Ruprecht, Göttingen 2018, ISBN 3-525-30192-8.*
- *Rainer Eppelmann, Horst Möller, Günter Nooke, Dorothee Wilms (Hrsg.): Lexikon des DDR-Sozialismus. Das Staats- und Gesellschaftssystem der Deutschen Demokratischen Republik. 2 Bände. Schöningh, Paderborn/München/Wien/Zürich 1997, ISBN 3-506-99485-9.*
- *Christian Härtel, Petra Kabus (Hrsg.): Das Westpaket – Geschenksendung, keine Handelsware. Ch. Links, Berlin 2000, ISBN 3-86153-221-2.*
- *Andreas Herbst, Winfried Ranke, Jürgen Winkler: So funktionierte die DDR. 3 Bände. Reinbek, Rowohlt 1994, ISBN 3-499-16348-9, ISBN 3-499-16349-7, ISBN 3-499-16350-0.*
- *Günther Heydemann: Die Innenpolitik der DDR (= Enzyklopädie deutscher Geschichte. Band 66). Oldenbourg, München 2003, ISBN 3-486-55770-X.*
- *Dierk Hoffmann: Von Ulbricht zu Honecker. Die Geschichte der DDR 1949–1989 (= Deutsche Geschichte im 20. Jahrhundert. Band 15). Be.bra, Berlin 2013, ISBN 3-89809-415-4.*
- *Beate Ihme-Tuchel: Die DDR (= Kontroversen um die Geschichte). 3. Auflage. WBG, Darmstadt 2010, ISBN 3-534-23689-0.*
- *Peter Krewer: Geschäfte mit dem Klassenfeind. Die DDR im innerdeutschen Handel 1949–1989. Kliomedia, Trier 2008, ISBN 3-89890-122-X.*
- *Ulrich Mählert: Kleine Geschichte der DDR. C.H. Beck, 5. Auflage, München 2007, ISBN 3-406-47550-7.*
- *Hedwig Richter: Die DDR (= UTB Profile). Schöningh, Paderborn 2009, ISBN 3-8252-3252-2.*
- *Joachim Scholtyseck: Die Außenpolitik der DDR (= Enzyklopädie deutscher Geschichte. Band 69). Oldenbourg, München 2003, ISBN 3-486-55748-3.*
- *Michael F. Scholz: Die DDR 1949–1990 (= Handbuch der deutschen Geschichte. Band 22). 10., völlig neu bearbeitete Auflage. Klett-Cotta, Stuttgart 2009, ISBN 3-608-60022-1.*
- *Klaus Schroeder: Der SED-Staat. Geschichte und Strukturen der DDR 1949–1990. Vollständig überarbeitete und stark erweiterte Neuauflage, Böhlau, Wien/Köln/Weimar 2013, ISBN 3-412-21109-5.*
- *Klaus Schroeder: Die DDR. Geschichte und Strukturen. (= Kompaktwissen für Schülerinnen und Schüler). Reclam, Stuttgart 2011, ISBN 3-15-015233-X.*
- *André Steiner: Von Plan zu Plan. Eine Wirtschaftsgeschichte der DDR. DVA, München 2004, ISBN 3-421-05590-4.*
- *Hermann Weber: Geschichte der DDR. area Verlag, Erftstadt 2004, ISBN 3-89996-026-2.*
- *Hermann Weber: Die DDR 1945–1990 (= Oldenbourg Grundriss der Geschichte. Band 20). 5. Auflage. Oldenbourg, München 2012, ISBN 978-3-486-70440-2.*
- *Stefan Wolle: Die heile Welt der Diktatur. Alltag und Herrschaft in der DDR 1949–1989. 3 Bände, Ch. Links Verlag, Berlin 2011 ff., ISBN 3-86153-754-0.*
- *Stefan Wolle: DDR. Eine kurze Geschichte. Fischer-Taschenbuch, Frankfurt am Main 2011, ISBN 3-596-19036-3.*
- *Sarah Wassermann: Modegruppen und Textilzirkel in der DDR, Schriftenreihe Museum Europäischer Kulturen, Band 21, Verlag der Kunst, Dresden 2017, ISBN 978-3-86530-239-7.*

Berlin

- *Georg Holmsten: Die Berlin-Chronik. Daten, Personen, Dokumente. Droste, Düsseldorf 1984.*
- *Felix Escher: Berlin und sein Umland. Zur Genese der Berliner Stadtlandschaft bis zum Beginn des 20. Jahrhunderts (= Einzelveröffentlichungen der Historischen Kommission zu Berlin. Bd. 47). Berlin 1985.*
- *Wolfgang Ribbe (Hrsg.): Geschichte Berlins (= Veröffentlichungen der Historischen Kommission zu Berlin). 2 Bde. Berlin 1987; 3., erweiterte und aktualisierte Auflage 2002 (Standardwerk anlässlich des 750-Jahre-Jubiläums).*
- *Wolfgang Ribbe: Geschichte der Berliner Verwaltungsbezirke. Bd. 1 ff. 1988 ff.*
- *Horst Ulrich, Uwe Prell, Presse- und Informationsamt des Landes Berlin (Hrsg.): Berlin Handbuch. Das Lexikon der Bundeshauptstadt. FAB, Berlin 1992, ISBN 3-927551-27-9.*
- *Ingo Materna, Wolfgang Ribbe: Geschichte in Daten. Berlin/München 1997.*
- *Autorenkollektiv: Chronik Berlin. Chronik, Gütersloh/München 1997, ISBN 3-577-14444-0.*
- *Gerd Heinrich: Kulturatlas Berlin – Ein Stadtschicksal in Karten und Texten. Berlin 2007, ISBN 978-3-00-021714-2.*
- *Michael Schwibbe, P. Huth et al.: Zeit Reise – 1200 Jahre Leben in Berlin. Zeitreise, Berlin 2008, ISBN 978-3-00-024613-5.*
- *Bernd Stöver: Geschichte Berlins. C.H. Beck, München 2010, ISBN 978-3-406-60067-8.*
- *Andreas Venzke: Berlin Berlin – Geschichte einer Nation. Würzburg 2011, ISBN 978-3-401-06143-6.*
- *Maik Kopleck: PastFinder Berlin. PastFinder-Verlag, Düsseldorf 2011, ISBN 978-988-99788-0-8. PastFinder Berlin 1933–1945. Ch. Links, Berlin 2005, ISBN 978-3-86153-326-9; PastFinder Berlin 1945– 1989. PastFinder-Verlag, Düsseldorf 2011, ISBN 978-988-99788-1-5.*
- *Julius H. Schoeps: Berlin. Geschichte einer Stadt. be.bra, Berlin 2012, ISBN 978-3-8148-0193-3.*

Bundesrepublik

- *Uwe Andersen, Wichard Woyke (Hrsg.): Handwörterbuch des politischen Systems der Bundesrepublik Deutschland. 7., aktualisierte Auflage, Springer VS, Heidelberg 2013 (Onlineabfrage der Stichwörter über die bpb).*
- *Eckart Conze: Die Suche nach Sicherheit. Eine Geschichte der Bundesrepublik von 1949 bis in die Gegenwart. Siedler, München 2009, ISBN 978-3-88680-919-6.*
- *Enzyklopädie deutscher Geschichte. Hrsg. von Lothar Gall. In Verbindung mit Peter Blickle, Elisabeth Fehrenbach, Johannes Fried, Klaus Hildebrand, Karl Heinrich Kaufhold, Horst Möller, Otto Gerhard Oexle, Klaus Tenfelde. R. Oldenbourg Verlag, München 1988 ff.*
- *Margarete Graf: Schnellkurs Deutschland. DuMont, Köln 2007, ISBN 978-3-8321-7760-7.*
- *Marcus Höreth: Die komplexe Republik. Kohlhammer, Stuttgart 2016, ISBN 978-3-17-026333-8.*
- *Neil MacGregor: Deutschland. Erinnerungen einer Nation. C.H. Beck, München 2015, ISBN 978-3-406-67920-9.*
- *Reinhard Mehring: Die neue Bundesrepublik. Zwischen Nationalisierung und Globalisierung. Kohlhammer, Stuttgart 2019, ISBN 978-3-17-033941-5.*
- *Roland Steinacher, Stefan Donecker, Patrick Oelze, Michael Gehler, Oliver Domzalski, Steffen Raßloff, Daniel Mollenhauer: Deutsche Geschichte. Die große Bild-Enzyklopädie. Dorling Kindersley Verlag, München 2018, ISBN 978-3-8310-3542-7.*